W0333859

Schülerduden

RECHTSCHREIBUNG

Weitere Schülerduden zum Thema Sprache

Fremdwörter
Grammatik
Synonyme (in Vorbereitung, erscheint voraussichtlich im Juni 2021)

Schülerduden

RECHTSCHREIBUNG

13., überarbeitete und erweiterte Auflage

Herausgegeben und bearbeitet von der Dudenredaktion

Dudenverlag
Berlin

Die Lehrerhandreichung finden Sie unter
www.duden.de/schuelerduden-rechtschreibung
als kostenlosen Download.

Die **Duden-Sprachberatung** beantwortet Ihre Fragen zu Rechtschreibung, Grammatik, Zeichensetzung u. Ä. montags bis freitags zwischen 09:00 und 17:00 Uhr.
Aus Deutschland: **09001 870098** (1,99 € pro Minute aus dem Festnetz)
Aus Österreich: **0900 844144** (1,80 € pro Minute aus dem Festnetz)
Aus der Schweiz: **0900 383360** (3.13 CHF pro Minute aus dem Festnetz)
Die Tarife für Anrufe aus den Mobilfunknetzen können davon abweichen.
Den kostenlosen Newsletter der Duden-Sprachberatung können Sie unter www.duden.de/newsletter abonnieren.

Bibliografische Information der Deutschen Nationalbibliothek
Die Deutsche Nationalbibliothek verzeichnet diese Publikation in der Deutschen Nationalbibliografie; detaillierte bibliografische Daten sind im Internet über http://dnb.dnb.de abrufbar.

Das Wort **Duden** ist für den Verlag Bibliographisches Institut GmbH als Marke geschützt.

Kein Teil dieses Werkes darf ohne schriftliche Einwilligung des Verlages in irgendeiner Form (Fotokopie, Mikrofilm oder ein anderes Verfahren), auch nicht für Zwecke der Unterrichtsgestaltung, reproduziert oder unter Verwendung elektronischer Systeme verarbeitet, vervielfältigt oder verbreitet werden.

Alle Rechte vorbehalten. Nachdruck, auch auszugsweise, nicht gestattet.

© Duden 2021
D C B
Bibliographisches Institut GmbH
Mecklenburgische Straße 53, 14197 Berlin

Redaktionelle Bearbeitung
Dr. Kathrin Kunkel-Razum (Projektleitung)
Dr. Ralf Osterwinter, Carsten Pellengahr (A–Z-Teil)
Maria Geipel (Rechtschreibregeln, Wortkunde, Lehrerhandreichung)
Thorsten Frank, Anna Konovalova (computerlinguistische Arbeiten)

Herstellung Ursula Fürst

Umschlaggestaltung sauerhöfer design, Neustadt
Typografie Horst Bachmann
Satz Sagittarius-A GmbH, Hirschberg
Druck und Bindearbeit GGP Media GmbH
Karl-Marx-Straße 24, 07381 Pößneck
Printed in Germany
ISBN 978-3-411-05164-9 (gebunden)
ISBN 978-3-411-05187-8 (kartoniert)
www.duden.de

PEFC
PEFC/04-31-1897

PEFC-zertifiziert
Dieses Produkt stammt aus nachhaltig bewirtschafteten Wäldern und kontrollierten Quellen.

www.pefc.de

Vorwort

Mit dem neuen »Schülerduden – Rechtschreibung und Wortkunde« liegt das Standard-Orthografiewörterbuch – für alle Schülerinnen und Schüler der Sekundarstufe in allen Schulformen – nun in der 13. Auflage vor. Zum ersten Mal erschien dieser Titel 1969.

Der A–Z-Teil wurde gründlich überarbeitet und um rund 1000 Stichwörter erweitert. Zahlreiche Neueinträge gewährleisten, dass der zum Schulalltag oder zur Lebenswelt der Schülerinnen und Schüler gehörende Wortschatz auf dem aktuellen Stand ist. Zu den Wörtern, die sich im Lauf der letzten Jahre fest im Gebrauchswortschatz der deutschen Standardsprache etablieren konnten und die jetzt aufgenommen wurden, zählen beispielsweise *Artenschutz, Bienensterben, Flugscham* und *In-Ear-Kopfhörer.* Aufgenommen wurden aber auch schon einige Wörter, die sich im Zusammenhang mit der Coronapandemie in der Sprache etabliert und den Sprachgebrauch des Jahres 2020 maßgeblich beeinflusst haben. Dazu gehören *Coronavirus, Coronatest, Covid-19/COVID-19* und *Impfquote.*

Der Teil zur Wortkunde wurde ursprünglich von den beiden erfahrenen Sprachdidaktikern Prof. Dr. Thomas Lindauer und Prof. Dr. Afra Sturm, die beide am *Zentrum Lesen* der Pädagogischen Hochschule der Fachhochschule Nordwestschweiz forschen und lehren, erarbeitet und nun von Maria Geipel, Studienrätin an einem Leipziger Gymnasium, überarbeitet. Er deckt die für den Deutschunterricht der Jahrgangsstufen 5 bis 8 verbindlichen Unterrichtsinhalte *Wortbildung, Wortfamilien* und *Wortfelder* ab. Besonderes Gewicht liegt auf zahlreichen motivierenden Anregungen zur selbstständigen Arbeit mit dem Wortschatz der Muttersprache, die auch die Recherchemöglichkeiten des Internets gebührend berücksichtigen.

Auch in unserer modernen Informations- und Wissensgesellschaft wird die Fähigkeit, korrekt zu schreiben, ihren hohen Stellenwert behaupten. Mit dieser neuen Auflage des »Schülerdudens – Rechtschreibung und Wortkunde« liegt wiederum ein zuverlässiges Lern- und Arbeitsmittel vor, das den Deutschunterricht in seiner Zielsetzung unterstützt, die

Schülerinnen und Schüler zur sicheren Beherrschung und Anwendung der geltenden Rechtschreibnormen zu führen.

Für Deutschlehrerinnen und Deutschlehrer stellen wir im Internet (unter www.duden.de/schuelerduden-rechtschreibung) eine kostenlos herunterladbare Unterrichtseinheit zur Verfügung. Mit deren Hilfe können sie Schülerinnen und Schüler der Klassen 5 bis 8 systematisch an die praktische Arbeit mit diesem Rechtschreibwörterbuch heranführen.

Die Dudenredaktion dankt allen Benutzerinnen und Benutzern, die durch ihre Rückmeldungen und Anregungen zur Gestaltung des Werkes beigetragen haben.

Berlin, im Januar 2021
Die Dudenredaktion

Inhalt

Hinweise zur Benutzung

A Die Anordnung und Behandlung der Stichwörter

Die Stichwörter in diesem Wörterbuch sind grundsätzlich **halbfett** gedruckt und in alphabetischer Reihenfolge angeordnet. In der Regel beginnt jeder Stichwortartikel am Anfang einer neuen Zeile:

die **Blind|schlei|che**

blin|ken; du blinkst; er blinkte; er hat mit der Taschenlampe geblinkt
der **Blin|ker;** des Blinkers; die Blinker

Die Umlaute ä, ö, ü, äu werden im Alphabet wie a, o, u, au behandelt:

der **Kum|mer;** des Kummers

küm|mer|lich
sich **küm|mern;** du kümmerst dich ...

Für manche Wörter gibt es zwei oder mehr richtige Schreibweisen. Um dir eine einheitliche Rechtschreibung zu erleichtern, findest du in diesen Fällen jeweils die Schreibung gelb markiert, die von der Dudenredaktion empfohlen wird:

auf|wen|dig *oder* **auf|wän|dig** ...
das **Bett|tuch** *oder* **Bett-Tuch**
in|fra|ge *oder* **in Fra|ge** ...
die **Schuh|creme** *oder* **Schuh|crème**

Wenn diese Schreibvarianten an verschiedenen Stellen des Alphabets stehen, findest du manchmal Verweisartikel, die zum Hauptstichwort führen. Dort sind dann alle möglichen Wortschreibungen einschließlich der von uns empfohlenen gezeigt:

braun; eine braun gebrannte oder braungebrannte Frau ...
der **Braun|bär**
brau|nen ...
braun|ge|brannt ↑ braun

Auch innerhalb der Beugungsformen und in den Beispielen zum typischen Gebrauch eines Stichworts werden Doppelschreibungen angegeben:

an|stel|le *oder* **an Stel|le;** anstelle *oder* an Stelle des Vaters
der **Del|fin** *oder* **Del|phin;** des Delfins *oder* Delphins; die Del|fi|ne *oder* Del|phi|ne

die **Kar|te;** … die Gelbe *oder* gelbe Karte, die Rote *oder* rote Karte *(Sport)*
plan|schen *oder* **plant|schen;** du planschst *oder* plantschst;
er planschte *oder* plantschte; er hat in der Badewanne geplanscht *oder* geplantscht; plansch[e] *oder* plantsch[e] nicht so!

Rechtschreiblich besonders schwierige Wörter und Schreibweisen, beispielsweise **deutsch/Deutsch** oder **recht/Recht,** werden in farbig unterlegten Infokästchen besonders übersichtlich und ausführlich dargestellt.

Sprachliche »Stolpersteine«, wie zum Beispiel leicht verwechselbare Wörter **(Lid ↔ Lied),** findest du in kurzen Hinweisartikeln erklärt, die mit einem Ausrufezeichen gekennzeichnet sind.

Wenn du ein zusammengesetztes Wort nicht im Wörterverzeichnis findest, dann zerlege es in seine Bestandteile und schlage das Grundwort nach, wenn nötig auch die anderen Teilwörter:

Siegerpokal ↑ **Sieger** und **Pokal**
Fuchspelzmütze ↑ **Fuchs** und **Pelz** und **Mütze**
hinüberschwimmen ↑ **hinüber** und **schwimmen**

B Die Darstellung der Worttrennung

Wie du weißt, können Wörter am Zeilenende getrennt werden. Auf den Seiten 637–639 dieses Buches findest du die Regeln der Worttrennung erklärt.

An welchen Stellen du ein Wort trennen kannst, wird im Stichwort durch senkrechte Striche (|) angezeigt. Ein Beispiel:

das **Ca|b|ri|o|let** (Auto mit aufklappbarem Verdeck); …

An den Trennstrichen kannst du ablesen, dass man das Wort **Cabriolet** folgendermaßen trennen kann:

Ca-briolet *oder* Cab-riolet *oder* Cabri-olet *oder* Cabrio-let

Für das Wort **Apostroph** sind nach den gültigen Regeln folgende Trennungen erlaubt:

Apo-stroph *oder* Apos-troph *oder* Apost-roph

Alle diese Möglichkeiten sind korrekt und werden deshalb im Schülerduden gezeigt.

In manchen Wörtern kannst du andere Wörter ziemlich klar erkennen. Dann wird die Worttrennung nur zwischen den Bestandteilen, aus denen sich das ganze Wort zusammensetzt, angezeigt. Ein Beispiel hierfür ist:

Pro|grạmm

In den wenigen Fällen, in denen durch eine Trennung der Sinn eines Wortes verzerrt würde, fehlt der entsprechende Strich: **ab|erken|nen** (nicht: aber-kennen), **Frus|tra|ti|on** (nicht: Frust-ration).

C Die Darstellung der Aussprache

Der Punkt unter einem Vokal

(Selbstlaut) gibt betonte Kürze an, z. B. **schwịmmen.**

Der Strich unter einem Vokal

(Selbstlaut) gibt betonte Länge an, z. B. der **I̲gel.**

Die Lautschrift

steht bei schwer auszusprechenden Wörtern hinter dem Stichwort in eckigen Klammern. Dabei folgt die verwendete Lautschrift dem Zeichensystem der International Phonetic Association (IPA). Zwei aufeinander gestellte Dreiecke nach dem Vokal bedeuten dessen Länge, z. B. Plateau [pla'to:]. Der Hauptakzent steht vor der betonten Silbe, z. B. Baseball ['be:sbɔ:l]. Die Ausspracheangaben bei Fremdwörtern beziehen sich auf die in der deutschen Standardsprache übliche Lautung, die manchmal nicht genau mit derjenigen der fremden Sprache übereinstimmt.

Zeichen der Lautschrift, Beispiele und Umschreibung			
[a]	Rushhour ['raʃ...]	[ɛ̃:]	Teint [tɛ̃:]
[a:]	Chaos ['ka:ɔs]	[ə]	Bronze ['brõ:sə]
[ɐ]	Bulldozer [...dɔʊ̯:zɐ]	[i]	Chirurg [çi'...]
[ɐ̯]	Friseur [fri'zø:ɐ̯]	[i̯]	Ingenieur [...ni̯ø:ɐ̯]
[ã]	Ensemble [ã'sã:bl̩]	[i:]	Chemie [çe'mi:]
[ã:]	Engagement [...'mã:]	[ɪ]	City ['sɪti]
[aɪ̯]	live [laɪ̯f]	[l̩]	Shuttle [...tl̩]
[aʊ̯]	Rushhour [...ʔaʊ̯ɐ]	[n̩]	jetten [...tn̩]
[ç]	Chirurg [çi'...]	[ŋ]	Meeting ['mi:tɪŋ]
[dʒ]	Gin [dʒɪn]	[o]	logieren [lo'ʒi:rən]
[e]	Regie [re'ʒi:]	[o:]	Plateau [pla'to:]
[e:]	Baby ['be:bi]	[ɔ]	online ['ɔnlaɪ̯n]
[ɛ]	Handicap ['hɛndikɛp]	[ɔ:]	Baseball ['bɛɪ̯sbɔ:l]
[ɛ:]	fair [fɛ:ɐ̯]	[õ]	Montblanc [mõ'blã:]
[ɛ̃]	Mannequin ['manəkɛ̃]	[õ:]	Ballon [ba'lõ:]

Zeichen der Lautschrift, Beispiele und Umschreibung (Fortsetzung)			
[ø]	pasteurisieren [...tøri...]	[uː]	Route [ˈruː...]
[øː]	Fritteuse [...ˈtøːzə]	[u̯]	Silhouette [ziˈlu̯ɛtə]
[œ]	Feuilleton [fœjəˈtõː]	[ʊ]	Bouillon [bʊlˈjõː]
[œ̃ː]	Parfum [parˈfœ̃ː]	[v]	Cover [ˈkavɐ]
[o̯a]	loyal [lo̯aˈjaːl]	[w]	Wales [wɛɪ̯lz]
[ɔɪ̯]	Cowboy [ˈkau̯bɔɪ̯]	[x]	Rochade [rɔˈxaːdə]
[s]	City [ˈsɪti]	[y]	Budget [byˈdʒeː]
[ʃ]	Chiffre [ˈʃifrə]	[yː]	Fondue [fõˈdyː]
[ts]	Zeremonie [tsere...]	[y̆]	Etui [eˈty̆iː]
[tʃ]	Match [mɛtʃ]	[ʏ]	synchron [zʏnˈkroːn]
[θ]	Thriller [ˈθrɪlɐ]	[z]	Bulldozer [...dou̯ːzɐ]
[u]	Routine [ru...]	[ʒ]	Genie [ʒe...]

D Erklärung einiger weiterer Zeichen

Eckige Klammern [ ]

bedeuten, dass die zwischen ihnen stehenden Buchstaben [e] oder Zeichen [,] auch weggelassen werden können; die **Ein|kom|men[s]|steu|er.**

Runde Klammern ( )

umschließen Worterklärungen und Angaben zu dem Fachgebiet, in dem ein Wort vorkommt: der **Be|fund** (*Medizin:* Untersuchungsergebnis)...

Der Pfeil ↑

sagt aus: Schlage das Wort hinter dem Pfeil nach. Dort findest du weitere Angaben, z. B. der **Montag** ↑Dienstag.

Drei Punkte ...

deuten an, dass ein Satzteil weggelassen ist, z. B. es sei denn, dass...

A

das **A** (Buchstabe); des A; die A; ABER: das a in Land; das A-Dur, ABER: das a-Moll (Tonart); von A bis Z (*umgangssprachlich für:* alles, von Anfang bis Ende)

@ [ɛt] (Gliederungszeichen in der E-Mail-Adresse)

das **Aa** (*Kindersprache:* Kot); des Aa *oder* Aas; Aa machen

der **Aal;** des Aals *oder* Aa|les; die Aa|le; *Verkleinerungsform:* das Äl|chen

sich **aa|len** (sich behaglich strecken, ausruhen); du aalst dich; sie aalt sich; sie aalte sich; sie hat sich auf dem Sofa geaalt

aal|glatt

a. a. O. = am angeführten, angegebenen Ort (Hinweis auf eine Buchseite o. Ä.)

das **Aas;** des Aa|ses; die Aa|se *und* (als Schimpfwort) die Äser

aa|sen (*umgangssprachlich für:* verschwenderisch umgehen); du aast; er aas|te; er hat mit dem Geld geaast

ab; ab und zu; Jugendliche ab zwölf Jahren, *auch:* Jahre; ab morgen; ab sein; der Knopf ist ab; der Knopf war ab; der Knopf ist ab gewesen; ... weil der Knopf ab ist, ab war

der **AB** = Anrufbeantworter

Abb. = Abbildung

der **Ab|bau;** des Abbau[e]s

ab|bau|en; er baut das Gerüst ab; er hat es abgebaut; Vorurteile abbauen

ab|bei|ßen; sie biss ein Stück Brot ab; sie hat es abgebissen; beiß *oder* beiße ab!

ab|be|kom|men; sie bekam ihr[en] Teil ab

ab|be|stel|len; er hat diese Zeitschrift abbestellt

ab|bie|gen; sie bog ab; sie hat das Blech abgebogen; das Auto ist abgebogen

das **Ab|bild;** des Abbilds *oder* Ab|bil|des; die Ab|bil|der

ab|bil|den; wie oben abgebildet

die **Ab|bil|dung** (*Abkürzung:* Abb.)

ab|bin|den; er band das Bein ab; der Gips hat abgebunden (ist fest geworden)

die **Ab|bit|te;** Abbitte leisten (um Verzeihung bitten)

ab|blen|den; du blendest ab; sie blendete ab; sie hat abgeblendet

das **Ab|blend|licht**

ab|blit|zen (*umgangssprachlich für:* abgewiesen werden); du blitzt ab; er blitzte bei ihr ab; er ist bei ihr abgeblitzt

ab|bre|chen; du brichst ab; sie brach ab; sie hat abgebrochen; brich nichts ab!

ab|brin|gen; ich habe ihn von seinem Vorhaben abgebracht

der **Ab|bruch;** des Abbruchs *oder* Ab|bru|ches; die Ab|brü|che

ab|bruch|reif; abbruchreife Häuser

ab|bu|chen; du buchst ab; sie buchte ab; die Bank hat den Betrag abgebucht; buch *oder* buche das Geld ab!

das **Abc** *oder* **Abe|ce;** des Abc *oder* Abece; die Abc *oder* Abece

ab|che|cken (*umgangssprachlich für:* überprüfen); er hat die Busverbindungen abgecheckt

der **Abc-Schüt|ze** *oder* **Abe|ce|schüt|ze**

die **Abc-Schüt|zin** *oder* **Abe|ce|schüt|zin**

ab|dan|ken; sie hat abgedankt

die **Ab|dan|kung**

ab|de|cken; sie hat den Tisch abgedeckt; deck *oder* decke den Tisch ab!

ab|dre|hen; er dreht ab; das Flugzeug hat abgedreht

ab|drif|ten; du driftest ab; das Boot driftete ab; das Boot ist abgedriftet

der **Ab|druck;** die Ab|drü|cke (in Gips, Lehm u. a.); ABER: die Ab|dru|cke (von Bildern, Zeitschriften u. a.)

ab|dru|cken; die Zeitung druckt das Interview ab; sie hat es abgedruckt

ab|drü|cken; sie zielte und drückte ab; die Spur hat sich im Boden abgedrückt

---

der **Abend, abends**

Das Nomen »Abend« schreibt man groß:

- eines Abends
- gegen Abend
- am Abend
- zu Abend essen
- Guten Abend *oder* guten Abend sagen
- gestern, heute, morgen Abend
- der Dienstagabend; an einem Dienstagabend

Das Adverb »abends« schreibt man klein:

- von morgens bis abends
- [um] 8 Uhr abends
- dienstagabends *oder* dienstags abends
- spätabends; ABER: abends spät

---

das **Abend|brot**
das **Abend|es|sen**
abend|fül|lend
das **Abend|kleid**
das **Abend|land**
abend|lich
das **Abend|mahl;** die Abend|mah|le
das **Abend|rot** *oder* die **Abend|rö|te**
abends *vergleiche:* **Abend**
das **Aben|teu|er**
die **Aben|teu|er|ge|schich|te**
die **Aben|teu|e|rin** *oder* **Aben|teu|re|rin;** die Abenteuerinnen *oder* Abenteurerinnen
aben|teu|er|lich
aben|teu|er|lus|tig
der **Aben|teu|rer**
die **Aben|teu|re|rin, Aben|teu|e|rin;** die Abenteurerinnen *oder* Abenteuerinnen
aber; wir waren nicht reich, aber glücklich
das **Aber;** es ist ein Aber dabei; er brachte viele Wenn und Aber vor
der **Aber|glau|be**
aber|gläu|bisch
aber|hun|dert; hundert und aberhundert *oder* Hundert und Aberhundert Stechmücken; hunderte und aberhunderte *oder* Hunderte und Aberhunderte kleiner Vögel; ↑hundert
ab|er|ken|nen; ich erkenne ab, *selten:* ich aberkenne; du erkennst ab, *selten:* du aberkennst; das Gericht erkannte ihm die bürgerlichen Ehrenrechte ab
aber|mals
aber|tau|send ↑aberhundert
aber|wit|zig (wahnwitzig); ein aberwitziger Plan
ab|fah|ren; der Zug fährt ab; der Zug ist abgefahren
die **Ab|fahrt;** die Ab|fahr|ten
der **Ab|fahrts|lauf** (Skilauf)
der **Ab|fall;** des Abfalls *oder* Ab|fal|les; die Ab|fäl|le
der **Ab|fall|ei|mer**
ab|fal|len; die Blätter fallen ab; ein ganzer Ast fiel ab; die verwelkten Blüten sind abgefallen; er ist vom Glauben abgefallen (er hat sich von ihm losgesagt); für sie war nichts abgefallen (sie bekam nichts)
ab|fäl|lig; abfällige Bemerkungen
ab|fäl|schen; der Ball wurde von dem Spieler gekonnt abgefälscht
ab|fan|gen; die Nachricht wurde abgefangen
ab|fär|ben; die Hose färbt beim Waschen ab; der Lack hat abgefärbt
ab|fe|dern (federnd abfangen); soziale Härten abfedern
ab|fer|ti|gen; du fertigst das Paket ab; sie hat es abgefertigt
die **Ab|fer|ti|gung**
der **Ab|fer|ti|gungs|schal|ter**
ab|fin|den; sie haben ihn abgefunden; sich mit etwas abfinden müssen
die **Ab|fin|dung**
ab|flau|en (schwächer werden); der Wind flaut ab; der Wind flaute ab; der Wind ist abgeflaut
ab|flie|gen; sie fliegt ab; sie ist abgeflogen
ab|flie|ßen; das Wasser fließt ab; es floss ab; das Wasser ist abgeflossen
der **Ab|flug**
der **Ab|fluss**
das **Ab|fluss|rohr**
die **Ab|fol|ge** (Reihenfolge); die Abfolge der Ereignisse
die **Ab|fra|ge** (Ermittlung bestimmter Informationen; Gewinnung von Daten aus einem Datenspeicher)
ab|fra|gen; sie fragt ab; sie hat mich *oder* mir die Vokabeln abgefragt
die **Ab|fuhr;** die Ab|fuh|ren; man hat ihm eine Abfuhr erteilt
ab|füh|ren; dieser Weg führt vom Ziel ab; die Gefangenen wurden abgeführt
das **Ab|führ|mit|tel**
ab|fül|len; die Milch wird in Flaschen abgefüllt
die **Ab|ga|be**
der **Ab|ga|be|ter|min**
der **Ab|gang;** des Abgangs *oder* Ab|gan|ges; die Ab|gän|ge
das **Ab|gangs|zeug|nis**
das **Ab|gas;** die Ab|ga|se
die **Ab|gas|af|fä|re** (Abgasskandal)
ab|gas|arm
die **Ab|gas|rei|ni|gung**
der **Ab|gas|skan|dal** (systematische Manipulation der Abgaswerte bestimmter Autos)

die **Ab|gas|soft|ware** (bei Verbrennungsmotoren)
die **Ab|gas|un|ter|su|chung** (Messung des Kohlenmonoxidgehalts im Abgas bei Leerlauf des Motors; *Abkürzung:* AU)
ab|ge|ar|bei|tet
ab|ge|ben; du gibst ab; sie hat den Aufsatz abgegeben
ab|ge|brannt (*umgangssprachlich auch für:* ohne Geldmittel)
ab|ge|brüht (unempfindlich)
ab|ge|dro|schen (zu oft gebraucht); eine abgedroschene Redensart
ab|ge|fah|ren (*umgangssprachlich auch für:* begeisternd, toll)
ab|ge|hackt; abgehackt sprechen
ab|ge|hen; der Schüler ging von der Schule ab; ein Knopf ist abgegangen
ab|ge|hetzt
ab|ge|kämpft
ab|ge|kar|tet; ein abgekartetes Spiel
ab|ge|klärt
ab|ge|lau|fen; abgelaufene Schuhe; ein abgelaufenes Verfallsdatum
ab|ge|le|gen
ab|gel|ten (eine Schuld begleichen)
ab|ge|macht!
ab|ge|neigt
ab|ge|nutzt
der **Ab|ge|ord|ne|te;** ein Abgeordneter; die Abgeordneten; zwei Abgeordnete
die **Ab|ge|ord|ne|te;** eine Abgeordnete
das **Ab|ge|ord|ne|ten|haus**
ab|ge|rockt (*umgangssprachlich für:* abgenutzt)
die **Ab|ge|sand|te;** eine Abgesandte
der **Ab|ge|sand|te;** ein Abgesandter; die Abgesandten; zwei Abgesandte
ab|ge|schie|den (*gehoben für:* einsam [gelegen]); ein abgeschiedenes Dorf
ab|ge|schlafft (*umgangssprachlich für:* müde, erschöpft)
ab|ge|schla|gen
ab|ge|schlos|sen; eine abgeschlossene Wohnung; eine abgeschlossene Geschichte
ab|ge|schmackt (geschmacklos, platt)
ab|ge|schnit|ten
ab|ge|se|hen; abgesehen davon, dass ...
ab|ge|spannt
ab|ge|stan|den; abgestandene Limonade
ab|ge|stumpft
ab|ge|tö|tet; abgetötete Viren
ab|ge|tra|gen; ein abgetragenes Kleid
ab|ge|win|nen; wir konnten dem Vorschlag nichts abgewinnen
ab|ge|wöh|nen; sie gewöhnt es sich ab; sie hat ihm das Rauchen abgewöhnt
ab|ge|zockt (*salopp für:* routiniert und dreist)
ab|gie|ßen; sie goss das Wasser ab
der **Ab|gott;** des Abgotts *oder* Ab|got|tes; die Ab|göt|ter
ab|göt|tisch
ab|gren|zen (sich unterscheiden; sich distanzieren); die Teile des Referats sind genau abgegrenzt; sich von Terror und Gewalt abgrenzen
die **Ab|gren|zung**
der **Ab|grund;** des Abgrunds *oder* Abgrun|des; die Ab|grün|de
ab|grün|dig
ab|grund|tief
ab|gu|cken *oder* **ab|ku|cken** *(umgangssprachlich);* er guckt *oder* kuckt ab; er hat abgeguckt *oder* abgekuckt
der **Ab|guss;** des Ab|gus|ses; die Ab|güs|se
ab|ha|cken; sie hat den toten Zweig abgehackt
ab|ha|ken; sie hat den Posten in der Liste abgehakt
ab|hal|ten; du hältst ab; die Regierung hat Wahlen abgehalten
ab|han|deln; sie hat das Thema abgehandelt
ab|han|den|kom|men; das Buch kam uns abhanden; der Schlüssel ist mir abhandengekommen
die **Ab|hand|lung** (wissenschaftliche Untersuchung); die Ab|hand|lun|gen
der **Ab|hang;** die Ab|hän|ge
ab|hän|gen; es hing vom Wetter ab; es hat von ihr abgehangen
ab|hän|gen (*umgangssprachlich auch für:* abschütteln); er hängte das Bild ab; sie hat alle Konkurrenten abgehängt; ↑hängen
ab|hän|gig
die **Ab|hän|gig|keit**

sich **ab|här|ten;** er härtet sich ab; er hat sich abgehärtet

ab|hau|en (*umgangssprachlich auch für:* davonlaufen); er hieb den Ast ab; er hat den Ast abgehauen; wir hauten ab; wir sind abgehauen

ab|he|ben; sie hob den Hörer ab; sie hat Geld [vom Konto] abgehoben

ab|hef|ten; sie heftet das Blatt ab; sie hat es abgeheftet; hefte es ab!

die **Ab|hil|fe**

ab|ho|len; sie hat ihn am Bahnhof abgeholt

die **Ab|hol|sta|ti|on**

ab|hol|zen; die Wälder wurden abgeholzt

ab|hor|chen; die Ärztin horchte seine Brust ab

ab|hö|ren; das Telefongespräch wurde abgehört; sie hat mir *oder* mich die Vokabeln abgehört

das **Abi** (*Kurzwort für:* Abitur); des Abis; die Abis

der **Abi|ball**

das **Ab|i|tur** (Reifeprüfung); des Abiturs; die Ab|i|tu|re

der **Ab|i|tu|ri|ent** (jemand, der das Abitur macht oder gemacht hat); des/dem/den Ab|i|tu|ri|en|ten; die Ab|i|tu|ri|en-ten

die **Ab|i|tu|ri|en|tin;** die Abiturientinnen

Abk. = Abkürzung

ab|kan|zeln (scharf tadeln); er hat den Schüler abgekanzelt

sich **ab|kap|seln** (verschließen); sie hat sich von der Umwelt abgekapselt; kaps[e]le dich nicht ab!

ab|kas|sie|ren *(umgangssprachlich);* ich kassiere ab; du kassierst ab; die Bürger wurden abkassiert

ab|kau|fen; das kauft dir keiner ab (*umgangssprachlich:* glaubt dir niemand)

die **Ab|kehr;** der Abkehr

ab|klä|ren; das sollte dringend abgeklärt werden

der **Ab|klatsch** (wertlose Nachahmung); die Ab|klat|sche

ab|knut|schen (*umgangssprachlich für:* heftig küssen); du knutschst mich ab; sie knutschte ihn ab; sie haben sich abgeknutscht; knutsch *oder* knutsche mich nicht immer ab!

ab|ko|chen; er kochte das Wasser ab

ab|kom|men; sie ist vom Weg abgekommen

das **Ab|kom|men** (Vertrag); ein Abkommen treffen, schließen

der **Ab|kömm|ling** (Nachkomme)

ab|kop|peln; du koppelst ab; sie koppelte ab; er hat abgekoppelt; kopple *oder* koppele den Anhänger ab!

ab|ku|cken *vergleiche:* **ab|gu|cken**

ab|küh|len; der Tee ist noch nicht abgekühlt

ab|kür|zen; sie kürzt ab; er hat abgekürzt

die **Ab|kür|zung** (*Abkürzung:* Abk.)

ab|la|den; sie luden das Gerüst vor dem Haus ab

die **Ab|la|ge**

die **Ab|la|ge|rung**

der **Ab|lass** (Nachlass von Sündenstrafen); des Ab|las|ses; die Ab|läs|se

ab|las|sen; sie ließ ab; sie hat Dampf abgelassen

der **Ab|la|tiv** (Woherfall, 5. Fall); des Ablativs; die Ab|la|ti|ve

der **Ab|lauf**

ab|lau|fen; es ist alles nach Plan abgelaufen

ab|le|cken; du leckst ab; sie leckte ab; sie hat den Deckel abgeleckt; der Hund hat mich abgeleckt; leck *oder* lecke die Gabel ab!

ab|le|gen; er legt den Mantel ab; leg *oder* lege bitte ab!; das Schiff hat abgelegt

der **Ab|le|ger** (Pflanzentrieb); des Ablegers; die Ableger

ab|leh|nen; sie lehnt den Vorschlag ab; sie hat es abgelehnt; lehn *oder* lehne das Angebot lieber ab!

die **Ab|leh|nung**

ab|lei|ten; sie leitete das Wasser ab; ein abgeleitetes Wort

die **Ab|lei|tung**

ab|len|ken; er lenkt ihn ab; er hat ihn abgelenkt; lenk *oder* lenke ihn nicht ab!

die **Ab|len|kung**

das **Ab|len|kungs|ma|nö|ver**

ab|le|sen; alle zwei Monate wird der Stromzähler abgelesen

ab|lie|fern; wo wurde das Paket abgeliefert?

die **Ab|lö|se** (Ablösesumme); der Ablöse; die Ablösen; der Verein zahlt eine hohe Ablöse

ab|lö|sen; sie löste den Verband vorsichtig ab; sie hat ihn bei der Arbeit abgelöst

die **Ab|lö|se|sum|me** (Geldsumme, für die ein Verein einen Sportler freigibt)

die **Ab|lö|sung**

ab|luch|sen (*umgangssprachlich für:* jemandem auf listige Weise wegnehmen); du luchst mir das Messer ab; sie hat es mir abgeluchst

die **ABM** = Arbeitsbeschaffungsmaßnahme

ab|ma|chen; sie macht ab; wir haben nichts abgemacht (vereinbart)

die **Ab|ma|chung**

ab|ma|gern; du magerst ab; er ist abgemagert

ab|ma|len; er hat das Bild abgemalt

ab|mel|den; das Kind wurde von der Schule abgemeldet

ab|mil|dern; du milderst ab; sie hat die Kritik abgemildert; mildere sie ab!

die **ABM-Stel|le** ↑ ABM

ab|mü|hen; er müht sich ab; sie hat sich mit der Arbeit abgemüht

ab|murk|sen (*umgangssprachlich für:* umbringen); man hat ihn abgemurkst

die **Ab|nah|me**

ab|neh|men; sie nimmt ab; sie hat mir den Weg abgenommen

der **Ab|neh|mer;** des Abnehmers; die Abnehmer; Person, die eine Ware kauft; jemand, der etwas von einem anderen annimmt

die **Ab|neh|me|rin;** die Abnehmerinnen

die **Ab|nei|gung**

ab|nib|beln *oder* **ab|nip|peln** (*landschaftlich umgangssprachlich für:* sterben); ich nibb[e]le ab; er nibbelte ab; sie ist abgenibbelt

ab|norm (vom Normalen abweichend)

ab|nut|zen *oder* **ab|nüt|zen;** der Stoff hat sich schnell abgenutzt *oder* abgenützt; ↑ *auch:* benutzen

das **Abo** (*Kurzwort für:* Abonnement); des Abos; die Abos

das **Abon|ne|ment** [abɔnˈmɑ̃ː] (Dauerbezug von Zeitungen, Eintrittskarten, digitalen Angeboten u. Ä.); die Abonnements

der **Abon|nent** (Inhaber eines Abonnements); des/dem/den Abon|nen|ten; die Abon|nen|ten

die **Abon|nen|tin;** die Abonnentinnen

abon|nie|ren (regelmäßig erhalten); sie hat eine Tageszeitung abonniert

die **Ab|ord|nung**

der **Ab|ort** (*veraltend für:* Toilette); die Ab|or|te

ab|pfei|fen; die Schiedsrichterin pfiff das Spiel ab

der **Ab|pfiff**

ab|pral|len; das prallt von ihm ab; das ist von ihm abgeprallt

sich **ab|ra|ckern** (sich abarbeiten); sie rackert sich ab; sie hat sich abgerackert; rackere dich doch nicht so ab!

Ab|ra|ham (Stammvater Israels)

ab|ra|ten; sie riet ihm davon ab; er hat ihr abgeraten

ab|räu|men; er räumt ab; er hat den Tisch abgeräumt

ab|re|agie|ren *(Psychologie);* er hat sich, seinen Ärger an den Kindern abreagiert

ab|rech|nen; er hat mit ihm abgerechnet

die **Ab|rech|nung**

ab|rei|ben; sie hat das Silber mit einem Tuch abgerieben

die **Ab|rei|bung**

die **Ab|rei|se**

ab|rei|sen; du reist ab; sie reist ab; sie ist abgereist

ab|rei|ßen; du reißt das Blatt ab; sie reißt das Blatt ab; sie riss das Blatt ab; sie hat das Blatt abgerissen; reiß[e] das Blatt ab!

der **Ab|reiß|ka|len|der**

ab|rich|ten; er richtet seinen Hund ab

ab|rie|geln; sie riegelte ab; er hat abgeriegelt

der **Ab|riss;** des Ab|ris|ses; die Ab|ris|se

die **Ab|riss|par|ty** (*umgangssprachlich für:* Party vor dem Abriss od. Umbau eines Gebäudes)

der **Ab|ruf;** auf Abruf bereitstehen

ab|ruf|bar; die Vokabeln sind jederzeit abrufbar

ab|ru|fen (sich etwas Bereitstehendes

A abr B C D E F G H I J K L M N O P Q R S T U V W X Y Z

geben lassen); du rufst ab; sie rief ab; er hat abgerufen; ruf *oder* rufe ab; Informationen, Daten abrufen
ab|run|den; sie hat die Summe abgerundet; runde die Summe ab!
ab|rupt (plötzlich)
ab|rüs|ten
die **Ab|rüs|tung**
ab|rut|schen; du rutschst ab; sie rutscht ab; sie ist abgerutscht
das **ABS** = Antiblockiersystem
Abs. = Absatz; Absender/-in
ab|sa|cken (*umgangssprachlich für:* [ab]sinken; nachlassen); das Flugzeug sackt ab; er ist in seinen Leistungen abgesackt
die **Ab|sa|ge;** eine Absage erhalten
ab|sa|gen; sie sagte das Treffen ab; das Treffen ist abgesagt
der **Ab|satz;** die Ab|sät|ze
ab|satz|stark (*besonders Wirtschaft*)
ab|schaf|fen; man schaffte die Todesstrafe ab; sie hat das Auto abgeschafft
die **Ab|schalt|ein|rich|tung**
ab|schal|ten; sie schaltet den Strom ab; sie hat abgeschaltet (hört nicht mehr zu)
die **Ab|schalt|vor|rich|tung**
ab|schät|zen; du schätzt ab; sie hat den Wert abgeschätzt
der **Ab|scheu;** des Abscheus *oder* Ab|scheu|es; Abscheu erregen; ein Abscheu erregender *oder* abscheuerregender Anblick; ABER NUR: ein großen Abscheu erregender Anblick; ein äußerst abscheuerregender, noch abscheuerregenderer Anblick
ab|scheu|lich
die **Ab|schie|be|ak|ti|on**
die **Ab|schie|be|haft**
ab|schie|ben; sie schoben ihn ab; er hat die Schuld auf ihn abgeschoben
der **Ab|schie|be|stopp**
das **Ab|schie|be|ver|bot**
die **Ab|schie|bung** (Abgeschobenwerden); den Flüchtlingen droht die Abschiebung in ihr Heimatland
der **Ab|schied;** des Abschieds *oder* Ab|schie|des; Abschied nehmen
die **Ab|schieds|fei|er**
ab|schie|ßen; sie hat den Vogel abgeschossen (alle übertroffen)
ab|schir|men; sie schirmte ab; er hat abgeschirmt
der **Ab|schlag** (Teilzahlung); des Abschlags *oder* Ab|schla|ges; die Ab|schlä|ge
ab|schla|gen; sie schlug den Ast ab; sie hat mir die Bitte abgeschlagen
ab|schlä|gig; der Antrag wurde abschlägig beschieden (abgelehnt)
der **Ab|schlepp|dienst**
ab|schlep|pen; sie schleppt ab; sie hat den Wagen abgeschleppt
der **Ab|schlepp|wa|gen**
ab|schlie|ßen; du schließt ab; sie schließt ab; sie schloss ab; sie hat abgeschlossen; schließ *oder* schließe die Tür ab!
ab|schlie|ßend (zum Schluss); ein abschließendes Urteil; eine abschließende Bemerkung; ..., sagte er abschließend
der **Ab|schluss;** des Ab|schlus|ses; die Ab|schlüs|se
die **Ab|schluss|fahrt**
ab|schme|cken; er schmeckte die Suppe mit Salz und Pfeffer ab
ab|schnei|den; sie schneidet den Faden ab; sie hat gut abgeschnitten
der **Ab|schnitt**
ab|schnitts|wei|se
ab|schot|ten (gegen äußere Einflüsse abschließen); du schottest dich ab; sie schottete sich ab; er hat sich abgeschottet; schotte dich nicht immer ab!
ab|schre|cken; du schreckst ab; der Preis hat die Käufer abgeschreckt
ab|schre|ckend; das ab|schre|ckendste Beispiel
die **Ab|schre|ckung**
ab|schrei|ben; er schreibt ab; er hat abgeschrieben; schreib *oder* schreibe nicht ab!
die **Ab|schrift**
ab|schrub|ben; er schrubbt ab; er hat den Tisch abgeschrubbt
der **Ab|schuss;** des Ab|schus|ses; die Ab|schüs|se
ab|schüs|sig
die **Ab|schuss|lis|te**
ab|schüt|teln; ich schütt[e]le die Verfolger ab; wir haben sie abgeschüttelt; schüttle *oder* schüttele sie ab!

ab|schwä|chen; er schwächt seine Behauptung ab; er hat seine Behauptung abgeschwächt

die **Ab|schwä|chung**

ab|schwei|fen; wir schweiften ab; wir sind vom Thema abgeschweift; schweif *oder* schweife nicht ab!

der **Ab|schwung**

ab|seg|nen (*umgangssprachlich für:* genehmigen); ich segne das ab; sie segnet die Idee ab; er hat den Text abgesegnet; das hat meine Lehrerin so abgesegnet

ab|seh|bar; in absehbarer Zeit (bald)

ab|se|hen; wir haben von einer Anzeige abgesehen (darauf verzichtet)

ab|seits; abseits des Weges; der Stürmer war abseits *(Sport)*

das **Ab|seits;** der Schiedsrichter pfiff Abseits

ab|seits|ste|hen; die abseitsstehenden Kinder; der Stürmer stand abseits *(Sport);* die Stürmerin hat abseitsgestanden; ABER: sie stand im Abseits

ab|sen|den; sie sendet ab; sie sandte, *seltener:* sendete ab; sie hat einen Brief abgesandt, *seltener:* abgesendet; sende den Brief bald ab!

der **Ab|sen|der** (*Abkürzung:* Abs.); des Absenders; die Absender

die **Ab|sen|de|rin;** die Absenderinnen

ab|set|zen; du setzt die Tasse ab; sie setzte den Koffer ab; man hat den Direktor abgesetzt

die **Ab|set|zung**

ab|si|chern; er sicherte sich lieber ab; möchten Sie das mit einem Joker absichern?; du sollst deine Argumentation sachlich, fachlich absichern

die **Ab|sicht;** die Ab|sich|ten

ab|sicht|lich

ab|so|lut; das ist absolut (völlig) unmöglich; ein absoluter (unbeschränkter) Herrscher; der absolute Nullpunkt *(Physik);* die absolute Mehrheit

die **Ab|so|lu|ti|on** (Lossprechung, insbesondere von den Sünden); die Ab|so|lu|ti|o|nen

der **Ab|so|lu|tis|mus** (unbeschränkte Herrschaft eines Monarchen)

ab|so|lu|tis|tisch

der **Ab|sol|vent** (Schulabgänger mit Abschlussprüfung); des/dem/den Ab|sol|ven|ten; die Ab|sol|ven|ten

die **Ab|sol|ven|tin;** die Absolventinnen

ab|sol|vie|ren (durchlaufen, [erfolgreich] beenden; ableisten); wir haben einen Lehrgang absolviert

ab|son|der|lich (seltsam)

ab|son|dern; der Baum sondert Harz ab; sie hat sich von der Gruppe abgesondert

die **Ab|son|de|rung**

ab|sor|bie|ren (aufsaugen); der Filter absorbiert Schadstoffe

die **Ab|sorp|ti|on**

der **Ab|spann** (eines Films oder einer Fernsehsendung); des Abspanns *oder* Ab|span|nes; die Ab|span|ne *oder* Ab|spän|ne

ab|spe|cken (*umgangssprachlich für:* [gezielt] abnehmen); er hat drei Kilo abgespeckt

ab|spei|chern; speichere öfter ab!; speichern Sie die Daten bitte jetzt ab!

ab|spei|sen; sie hat uns mit leeren Versprechungen abgespeist

ab|spens|tig; jemandem einen Freund abspenstig machen

das **Ab|sperr|band**

ab|sper|ren; sperr *oder* sperre die Tür ab!

die **Ab|sper|rung**

ab|spie|len; was hat sich abgespielt?; sie spielte die Bänder ab; spiel den Ball ab!

die **Ab|spra|che**

ab|spre|chen; sie haben den Plan miteinander abgesprochen

ab|sprin|gen; sie springt ab; sie ist abgesprungen

der **Ab|sprung**

ab|stam|men; er stammt von einer alten Familie ab

die **Ab|stam|mung**

der **Ab|stand;** des Abstands *oder* Ab|stan|des; die Ab|stän|de

das **Ab|stands|ge|bot**

die **Ab|stands|re|gel** *meist Plural*

ab|stat|ten; sie stattete uns gestern einen Besuch ab

ab|stau|ben (*umgangssprachlich auch*

für: unbemerkt mitnehmen); er staubt die Möbel ab; er hat ein Handy abgestaubt

der **Ab|ste|cher;** des Abstechers; die Abstecher; einen Abstecher zum See machen

ab|ste|hend; abstehende Ohren

ab|stei|gen; sie stieg vom Rad ab; der Verein ist abgestiegen

der **Ab|stei|ger;** des Absteigers; die Absteiger

ab|stel|len; stell *oder* stelle bitte das Radio ab!

das **Ab|stell|gleis**

ab|ster|ben; mir stirbt der Arm ab; der Arm starb ab; abgestorbene Äste

der **Ab|stieg;** des Abstiegs *oder* Ab|stie-ges; die Ab|stie|ge

der **Ab|stiegs|kampf** (*Sport:* Bemühung, einen Abstieg abzuwenden)

die **Ab|stiegs|run|de**

ab|stim|men; sie stimmt ab; sie hat sich mit ihm abgestimmt

die **Ab|stim|mung**

ab|s|ti|nent (enthaltsam)

die **Ab|s|ti|nenz**

der **Ab|stoß;** des Ab|sto|ßes; die Ab|stö-ße

ab|sto|ßen; du stößt ab; sie stieß ab; sie hat das Boot vom Ufer abgestoßen

ab|sto|ßend

der **Ab|s|tract** ['ɛpstrɛkt] (kurze Inhaltsangabe eines Artikels oder Buches); des Abstracts; die Abstracts

ab|stra|fen; sie wurde abgestraft

ab|s|tra|hie|ren (verallgemeinern); wir haben aus den Daten ein Grundmuster abstrahiert

ab|s|trakt (unwirklich, begrifflich, nur gedacht); ab|s|trak|ter; am ab|s|trak-tes|ten; abstrakte Kunst

die **Ab|s|trak|ti|on;** die Ab|s|trak|ti|o|nen

ab|strei|ten; er streitet ab; er hat alles abgestritten; streite das nicht ab!

der **Ab|strich;** Abstriche machen

ab|s|t|rus (verworren, schwer verständlich)

ab|stump|fen; du stumpfst ab; er ist abgestumpft

der **Ab|sturz;** des Ab|stur|zes; die Ab|stür-ze

ab|stür|zen; du stürzt ab; mein PC ist abgestürzt (die laufende Anwendung reagiert nicht mehr)

ab|su|chen; du suchst alles ab; sie hat alles abgesucht; such *oder* suche die Gegend ab!

ab|surd (unvernünftig, sinnwidrig, sinnlos); ab|sur|der; am ab|sur|des|ten; absurdes Drama

die **Ab|sur|di|tät** (etwas Absurdes); der Absurdität; die Ab|sur|di|tä|ten

der **Ab|s|zess** (eitrige Geschwulst); des Ab-s|zes|ses; die Ab|s|zes|se

die **Ab|s|zis|se** (x-Achse)

der **Abt** (Klostervorsteher); des Abts *oder* Ab|tes; die Äb|te

Abt. = Abteilung

ab|tas|ten; die Ärztin tastete das Gelenk vorsichtig ab; sie hat es abgetastet

die **Ab|tei** (Kloster, dem ein Abt oder eine Äbtissin vorsteht); die Ab|tei|en

das **Ab|teil;** des Abteils *oder* Ab|tei|les; die Ab|tei|le

die **Ab|tei|lung** (Abtrennung)

die **Ab|tei|lung** (Teil eines Unternehmens oder einer Behörde; *Abkürzung:* Abt.)

der **Ab|tei|lungs|lei|ter**

die **Ab|tei|lungs|lei|te|rin;** die Abteilungsleiterinnen

die **Äb|tis|sin** (Klostervorsteherin); die Äb|tis|sin|nen

ab|tö|ten; alle Keime werden abgetötet

ab|tra|gen; er trug ab; er hat die Schulden abgetragen

ab|träg|lich (*gehoben für:* schädlich); Rauchen ist der Gesundheit abträglich

ab|trei|ben; das Boot treibt ab; es ist abgetrieben; sie hat abgetrieben (eine Schwangerschaft abgebrochen)

die **Ab|trei|bung**

ab|tren|nen; sie trennte die Kapuze vom Mantel ab

ab|tre|ten; sie trat vom Podium ab (verließ es); er hat mir seinen Platz abgetreten (überlassen)

ab|trock|nen; er trocknete [das Geschirr] ab; trockne dir die Hände ab!; ich habe mich abgetrocknet

ab|trün|nig (treulos)

ab|tun; sie hat den Vorschlag als unsinnig abgetan

Abu Dha|bi (Scheichtum der Vereinigten Arabischen Emirate; deren Hauptstadt)
Abu|ja [aˈbuːdʒa] (Hauptstadt Nigerias)
ab|ver|lan|gen; du verlangst dir oft zu viel ab; ihr Verhalten verlangt uns Respekt ab
ab|wä|gen; sie wägt ab; sie hat alles gegeneinander abgewogen *oder* abgewägt
ab|wäh|len; die Regierung wurde abgewählt
die **Ab|wan|de|rung**
die **Ab|wär|me** (nicht genutzte Wärmeenergie)
ab|war|ten (auf jemanden, etwas warten); den Briefträger abwarten; sie wartete einen günstigen Augenblick ab; wir haben das Ende des Spiels nicht abgewartet
ab|wärts; der Fluss ist abwärts dahingeflossen; sich abwärts entwickeln; abwärts ging es besser als aufwärts; ↑aufwärts
ab|wärts|ge|hen; sie geht den Hügel abwärts; seit Jahren ging es abwärts; sie ist diesen Weg abwärtsgegangen; mit seinen Leistungen ist es abwärtsgegangen (sie sind schlechter geworden); ↑aufwärts
der **Ab|wärts|trend** (Trend zum Schlechteren hin)
ab|wasch|bar
ab|wa|schen; du wäschst ab; er wusch das Geschirr ab; er hat abgewaschen; wasch *oder* wasche ab!
das **Ab|was|ser;** die Abwässer
ab|wech|seln; sie wechseln [sich] ab; sie haben [sich] abgewechselt
ab|wech|selnd
die **Ab|wechs|lung**
ab|wechs|lungs|reich
ab|we|gig
die **Ab|wehr**
ab|weh|ren; sie wehrte den Matchball ab; sie hat ihn abgewehrt
der **Ab|wehr|spie|ler** *(Sport)*
die **Ab|wehr|spie|le|rin;** die Abwehrspielerinnen
ab|wehr|stark *(Sport)*
ab|wei|chen; er ist vom Plan abgewichen; sie hat das Etikett abgeweicht
die **Ab|wei|chung**
ab|wei|sen; er weist ihn ab; er hat ihn abgewiesen; weise ihn nicht ab!
ab|wen|den; sich abwenden; sie wendet sich ab; sie wandte *oder* wendete sich ab; sie hat sich abgewandt *oder* abgewendet
ab|wer|ben; die Firma hat sie abgeworben; wirb sie ab!
ab|wer|fen; sie wirft Ballast ab; die Hochspringerin warf die Latte ab; der Torwart hat abgeworfen; wirf (leg die Karte) ab!
ab|wer|ten; die Regierung hat das Geld abgewertet
die **Ab|wer|tung**
ab|we|send
der **Ab|we|sen|de;** ein Abwesender; die Abwesenden; zwei Abwesende
die **Ab|we|sen|de;** eine Abwesende
die **Ab|we|sen|heit**
ab|wi|ckeln; sie wickelt das Garn ab; das Verfahren wurde abgewickelt
die **Ab|wick|lung**
die **Ab|wick|lungs|bank** *(Bankwesen);* die Ab|wick|lungs|ban|ken
ab|wie|geln; ich wieg[e]le ab
ab|wie|gen; sie wog ein halbes Pfund Zucker ab
ab|wim|meln ([mit Ausreden] abweisen); sie hat uns abgewimmelt; wimmle *oder* wimmele die Leute nicht so ab!
ab|wi|schen; du wischst ab; ich wischte mir den Schweiß ab; er hat den Tisch abgewischt; wisch *oder* wische den Tisch ab!
ab|wra|cken; das alte Schiff wurde abgewrackt
der **Ab|wurf;** die Ab|wür|fe
ab|zah|len; sie zahlt ab; sie hat ihre Schulden abgezahlt
ab|zäh|len; sie zählt ab; sie hat abgezählt
der **Ab|zähl|reim**
die **Ab|zah|lung**
die **Ab|zäh|lung**
das **Ab|zei|chen**
ab|zeich|nen (sich abzeichnen; etwas

abzeichnen); das hat sich abgezeichnet; er zeichnet die Figur ab

das **Ab|zieh|bild**

ab|zie|hen; sie zieht ab; sie zog ab; sie hat den Ring abgezogen; ABER: der Feind ist abgezogen; zieh *oder* ziehe ab!

ab|zie|len; sie zielt auf das Mitgefühl der Zuhörenden ab

ab|zo|cken (*umgangssprachlich für:* jemanden [auf betrügerische Art] um sein Geld bringen); sie zockt ihn ab; er hat mich abgezockt

der **Ab|zug**

ab|züg|lich

! Nach der Präposition *abzüglich,* die besonders in der Kaufmannssprache gebraucht wird, steht der Genitiv (abzüglich des gewährten Rabatts, abzüglich der Gebühren). Im Plural ist der Dativ korrekt, wenn der Genitiv nicht erkennbar ist: »Abzüglich Getränken kostet das Essen 10 Euro.« Ein allein stehendes, stark gebeugtes Nomen im Singular bleibt gewöhnlich ungebeugt: »abzüglich Porto«.

ab|zwei|gen; der Weg zweigt ab; der Weg ist abgezweigt; sie hat ein paar Euro für Süßigkeiten abgezweigt

die **Ab|zwei|gung**

das **Ac|ces|soire** [aksɛˈso̯aːɐ̯] (modisches Zubehör, z. B. Gürtel, Schmuck); des Accessoires, die Accessoires

der *oder* das **Ac|count** [əˈkau̯nt] (*EDV:* Zugangsberechtigung z. B. zum Internet); des Accounts; die Accounts; einen *oder* ein Account einrichten

Ac|cra (Hauptstadt Ghanas)

das **Ace|tat** *vergleiche:* **Aze|tat**

ach!; ach so!

das **Ach;** des Achs; die Ach *oder* Achs; mit Ach und Krach

der **Achat** (ein Halbedelstein); des Achats *oder* Acha|tes; die Acha|te

die **Achil|les|fer|se** (verwundbare Stelle)

die **Achil|les|seh|ne** (Sehne zwischen Ferse und Wadenmuskel)

die **Ach|se;** die Achsen

die **Ach|sel;** die Achseln; er zuckte die Achseln

das **Ach|sel|zu|cken**

ach|sel|zu|ckend (sie wandte sich achselzuckend ab)

acht, Acht

Das Zahlwort »acht« schreibt man klein:

- wir sind acht *oder* wir sind zu acht
- die ersten acht, die letzten acht
- acht und eins ist neun
- die Zahlen von acht bis zwölf
- acht Millionen Mal
- sie haben acht zu vier (8 : 4) gespielt
- ein Kind von acht Jahren
- er ist über acht
- es ist acht Uhr
- es schlägt eben acht
- es ist ein Viertel vor acht, halb acht, gegen acht
- wir essen immer Punkt acht
- im Jahre acht
- die Linie acht

Groß schreibt man die Ziffer oder Zahl, wenn sie als Nomen gebraucht wird:

- die Zahl Acht, die Ziffer Acht
- die Achten
- eine Acht schreiben
- eine arabische Acht, eine römische Acht
- eine Acht beim Eislauf fahren
- wir sind mit der Acht (mit der Linie 8) nach Hause gefahren

die **Acht** (Aufmerksamkeit); auf das Kind Acht geben *oder* achtgeben; gib Acht! *oder* gib acht!; ABER NUR: sehr, gut, besonders achtgeben; gib gut acht!; auf etwas Acht haben *oder* achthaben; sich in Acht nehmen; etwas [völlig] außer Acht lassen; außer aller Acht lassen; ABER: das Außerachtlassen, die Außerachtlassung

die **Acht** (Ächtung); in Acht und Bann tun

acht|bar

ach|te; der achte Mai; ABER: am Achten (des Monats); er war der Achte beim Wettlauf; sie ist die Achte in der Klasse; jeder Achte; Heinrich der Achte

das **Acht|eck**

acht|eckig

ach|tel; ein achtel Zentner; ein achtel

Liter; ABER *(wenn das Maß gemeint ist):* ein Achtelliter

das **Ach|tel;** des Achtels; die Achtel; ein Achtel vom Zentner; ein Achtel des Weges; ein Achtel Rotwein; drei Achtel des Ganzen; ABER: im Dreiachteltakt *(mit Ziffern:* im $^3/_8$-Takt)

das **Ach|tel|fi|na|le**

die **Ach|tel|no|te**

ach|ten; du achtest; sie achtet; sie achtete; sie hat geachtet; achte darauf!

äch|ten; du ächtest; sie ächtet; sie ächtete; sie hat ihn geächtet

ach|tens

der **Ach|ter** (Ziffer 8; Form einer 8; ein Boot für acht Ruderer); des Achters; die Achter

die **Ach|ter|bahn**

ach|tern *(Seemannssprache:* hinten); nach achtern

acht|fach *(mit Ziffer:* 8-fach *oder* 8fach); die achtfache *oder* 8-fache *oder* 8fache Menge

das **Acht|fa|che** *(mit Ziffer:* 8-Fache *oder* 8fache); um das Achtfache *oder* 8-Fache *oder* 8fache steigen

acht|ge|ben, acht|ha|ben ↑ Acht

acht|hun|dert

acht|jäh|rig *(mit Ziffer:* 8-jährig)

der **Acht|jäh|ri|ge** *(mit Ziffer:* 8-Jährige); ein Achtjähriger; die Achtjährigen; zwei Achtjährige

die **Acht|jäh|ri|ge** *(mit Ziffer:* 8-Jährige); eine Achtjährige

acht|los

acht|mal *(mit Ziffer:* 8-mal); achtmal so groß wie ...; acht- bis neunmal; ABER: acht mal zwei *(in Ziffern:* 8 mal 2) ist sechzehn; ↑ *auch:* Mal

die **Acht|sam|keit**

acht|tau|send

acht|und|zwan|zig

die **Ach|tung;** Achtung!

die **Äch|tung**

acht|zehn; mit achtzehn (im Alter von achtzehn Jahren) kann man den Führerschein machen

acht|zig; sie ist achtzig Jahre alt; mit achtzig kannst du das nicht mehr; sie fährt Tempo achtzig; der Mensch über achtzig; Mitte achtzig; in die achtzig kommen

die **Acht|zig** (Zahl)

acht|zi|ger *(mit Ziffern:* 80er); ein achtziger Jahrgang (aus dem Jahre achtzig); in den achtziger Jahren *oder* Achtzigerjahren (eines bestimmten Jahrhunderts); in den achtziger Jahren *oder* Achtzigerjahren (über achtzig Jahre alt); Mitte der Achtziger; in den Achtzigern (über achtzig Jahre alt) sein

der **Acht|zi|ger** (Mann, der über 80 Jahre alt ist; Wein aus dem Jahre achtzig eines Jahrhunderts); des Achtzigers; die Achtziger

die **Acht|zi|ge|rin** (Frau, die über 80 Jahre alt ist); die Achtzigerinnen

der **Acht|zy|lin|der|mo|tor**

äch|zen; du ächzt; sie ächzt; sie ächzte; sie hat geächzt; ächze nicht so laut!

der **Acker;** des Ackers; die Äcker

der **Acker|bau;** des Ackerbaus *oder* Acker|bau|es

ackern; sie ackert; sie ackerte; sie hat geackert; ackre *oder* ackere doch nicht so!

das **Ac|ryl** (eine Chemiefaser)

das **Ac|ryl|amid** (krebserregende Substanz, die beim Erhitzen von Stärke entsteht); des Acrylamids *oder* Ac|ryl|ami|des

der **Act** [ɛkt] (Popgruppe; Auftritt; *umgangssprachlich auch für:* großer Aufwand); des Acts; die Acts; mein Zimmer zu streichen war vielleicht ein Act!

die **Ac|tion** [ˈɛkʃn̩] (turbulente, oft von Kämpfen, Verfolgungsjagden, Katastrophen und Ähnlichem geprägte Handlung in Filmen, Romanen, Comics)

die **Ac|tion|cam** [...kɛm] (Actionkamera); die Actionscams

der **Ac|tion|film**

die **Ac|tion|ka|me|ra** (kleine, robuste Digitalkamera)

a. D. = außer Dienst

A. D. = Anno Domini (im Jahre des Herrn)

der **ADAC** = Allgemeiner Deutscher Automobil-Club

ada|gio [aˈdaːdʒo] (sanft, langsam)

das **Ada|gio** (Musikstück in langsamem Tempo); des Adagios; die Adagios

Adam (männlicher Vorname in der Bibel: der erste Mensch)

der **Ad|ap|ter** (Verbindungsstück zum Anschluss von [Zusatz]geräten); des Adapters; die Adapter

ad|äquat (angemessen); dein Verhalten war nicht adäquat; einen adäquaten Praktikumsplatz suchen

der **Ad|blo|cker** [ˈɛt...] (*EDV:* Werbeblocker); des Adblockers; die Adblocker

ad|den [ˈɛdn̩] (*EDV:* als Kontakt in einem sozialen Netzwerk hinzufügen); du addest (*seltener:* addst); sie addete; er hat geaddet; add *oder* adde ihn!

ad|die|ren (zusammenzählen); sie hat addiert; addiere die Zahlenreihe!

Ad|dis Abe|ba [*auch:* ... aˈbe:ba] (Hauptstadt Äthiopiens)

die **Ad|di|ti|on** (das Zusammenzählen); die Ad|di|ti|o|nen

ade! (veraltend)

das **Ade;** des Ades; die Ades; Ade *oder* ade sagen

der **Adel;** des Adels

adeln; du adelst; sie adelt; sie adelte; sie hat ihn geadelt

Ade|nau|er (erster deutscher Bundeskanzler)

die **Ader;** *Verkleinerungsform:* das Äderchen

der **ADFC** = Allgemeiner Deutscher Fahrrad-Club

die **Ad|hä|si|on** (das Aneinanderhaften zweier Stoffe oder Körper)

ad hoc ([eigens] zu diesem [Zweck]; aus dem Augenblick heraus)

das **ADHS** = Aufmerksamkeitsdefizit-Hyperaktivitätsstörung

adi|eu! (lebe [lebt] wohl!)

das **Ad|jek|tiv** (Eigenschaftswort); des Adjektivs; die Ad|jek|ti|ve

der **Ad|ju|tant** (beigeordneter Offizier); des/dem/den Ad|ju|tan|ten; die Ad|ju|tan|ten

der **Ad|ler;** des Adlers; die Adler

die **Ad|ler|fe|der**

ad|lig

die **Ad|li|ge;** eine Adlige

der **Ad|li|ge;** ein Adliger; die Adligen; zwei Adlige

die **Ad|mi|nis|t|ra|ti|on** (Verwaltung; verwaltende Behörde; Regierung der USA); der Administration, die Ad|mi|nis|t|ra|ti|o|nen; die neue Administration in Washington

ad|mi|nis|t|ra|tiv (zur Verwaltung gehörend); administrative Maßnahmen

der **Ad|mi|ral** (ranghoher Offizier der Marine); des Admirals; die Ad|mi|ra|le, *auch:* Ad|mi|rä|le

ad|op|tie|ren (als Kind annehmen); sie hat den Jungen adoptiert

die **Ad|op|ti|on;** die Ad|op|ti|o|nen

das **Ad|op|tiv|kind**

die **Ad|op|tiv|mut|ter**

der **Ad|op|tiv|sohn**

die **Ad|op|tiv|toch|ter**

der **Ad|op|tiv|va|ter**

Adr. = Adresse

das **Ad|re|na|lin** (*Medizin:* ein Hormon); des Adrenalins

der **Ad|re|na|lin|jun|kie** (*umgangssprachlich scherzhaft für:* Draufgänger/-in)

der **Ad|res|sat** (Empfänger); des/dem/den Ad|res|sa|ten; die Ad|res|sa|ten

die **Ad|res|sa|tin;** die Adressatinnen

das **Ad|ress|buch**

die **Ad|res|se**

ad|res|sie|ren; sie hat adressiert; adressiere den Brief!

die **Ad|ria** (das Adriatische Meer)

das **ADS**

der **Ad|vent;** des Advents *oder* Ad|ven|tes

der **Ad|vents|ka|len|der**

der **Ad|vents|kranz**

das **Ad|verb** (Umstandswort); des Adverbs; die Ad|ver|bi|en

ad|ver|bi|al; eine adverbiale Bestimmung (Umstandsbestimmung)

das **Ad|ver|bi|a|le** (*Sprachwissenschaft:* Umstandsbestimmung); des Adverbiales; die Ad|ver|bi|a|li|en

der **Ad|vo|kat** (Rechtsanwalt); des/dem/den Ad|vo|ka|ten; die Ad|vo|ka|ten

die **Ad|vo|ka|tin** (Rechtsanwältin); die Advokatinnen

die **Ad|ware** [ˈɛtwɛ:ɐ̯] (*EDV:* Computerprogramme, die unerwünschte Werbung einblenden); der Adware; die Adwares *(Plural selten)*

das *oder* die **Ae|ro|bic** [ɛˈro:bɪk] (tänzerische Gymnastik); des Aerobics *oder* der Aerobic; sie macht Aerobic
die **Ae|ro|dy|na|mik** (Wissenschaft von den strömenden Gasen, besonders von der strömenden Luft)
die **AfD** = Alternative für Deutschland (Partei)
die **Af|fä|re** (Angelegenheit, Vorfall, Streitsache); die Affären
der **Af|fe;** des/dem/den Affen; die Affen; *Verkleinerungsform:* das Äff|chen
der **Af|fekt** (Gemütsbewegung); des Affekts *oder* Af|fek|tes; die Af|fek|te
af|fek|tiert (geziert, gekünstelt)
af|fen|ar|tig
die **Af|fen|hit|ze** (*umgangssprachlich für:* sehr große Hitze)
af|fig (eitel)
die **Äf|fin;** die Äffinnen
die **Af|fi|ni|tät** (Verwandtschaft, Ähnlichkeit und dadurch bedingte Anziehung); zu jemandem oder etwas Affinität fühlen
der **Af|front** [aˈfrõ:] (Beleidigung); des Affronts; die Affronts
der **Af|gha|ne** (Einwohner von Afghanistan); des/dem/den Afghanen; die Afghanen
die **Af|gha|nin;** die Afghaninnen
af|gha|nisch
Af|gha|ni|s|tan (Staat in Vorderasien)
Af|ri|ka [ˈa:frika *oder* ˈaf...]
der **Af|ri|ka|ner;** des Afrikaners; die Afrikaner
die **Af|ri|ka|ne|rin;** die Afrikanerinnen
af|ri|ka|nisch
der **Af|ro|ame|ri|ka|ner** (Amerikaner schwarzafrikanischer Abstammung)
die **Af|ro|ame|ri|ka|ne|rin**
der **Af|ro|deut|sche** (Deutscher schwarzafrikanischer Abstammung)
die **Af|ro|deut|sche**
der **Af|ter**
das **Af|ter|shave** [ˈa:ftɐʃɛɪf] (*kurz für:* Aftershave-Lotion)
die **Af|ter|shave-Lo|tion** *oder* **Af|ter-shave|lo|tion** [...lɔʊʃn̩] (Rasierwasser zum Gebrauch nach der Rasur)
der **A-Füh|rer|schein** (Fahrerlaubnis für Motorräder)

die **AG** = Aktiengesellschaft; Arbeitsgemeinschaft
die **Ägä|is** (das Ägäische Meer)
der *oder* das **Agar-Agar** (Gallerte aus ostasiatischen Algen); des Agar-Agars
die **Aga|ve** ([sub]tropische Pflanze); die Agaven
die **Agen|da** (Dinge, die zu tun sind; Merkbuch; Liste von Gesprächspunkten); der Agenda; die Agenden; das steht ganz oben auf der Agenda; die Politiker beschlossen die Agenda 21
der **Agent** (Vermittler; Spion); des/dem/den Agen|ten; die Agen|ten
die **Agen|tin;** die Agentinnen
die **Agen|tur** (Vertretung; Vermittlungsbüro); die Agen|tu|ren
das **Ag|gre|gat** (Vereinigung zusammenwirkender Maschinen, Teile); die Aggre|ga|te
der **Ag|gre|gat|zu|stand** (eine Erscheinungsform eines Stoffes)
die **Ag|gres|si|on** (Angriff, feindseliges Verhalten); die Ag|gres|si|o|nen
ag|gres|siv (angriffslustig)
die **Ag|gres|si|vi|tät**
die **Ägi|de** (Schutz, Obhut); der Ägide; unter der Ägide von ...
agie|ren (handeln; als Schauspieler auftreten); sie agierte selbstständig; 50 Figuren haben in dieser Szene agiert
agil (flink, wendig, beweglich)
die **Agi|ta|ti|on** (politische Hetze; intensive politische Aufklärungstätigkeit)
der **Agi|ta|tor** (jemand, der Agitation betreibt); des Agitators; die Agi|ta|toren
agi|tie|ren; sie hat agitiert
der **Ag|ra|ri|er** (Großgrundbesitzer); des Agrariers; die Agrarier
die **Ag|rar|po|li|tik** (Politik, die die Landwirtschaft betrifft)
die **Ag|rar|wis|sen|schaft**
das **Ag|ree|ment** [əˈgri:mənt] (Abmachung); des Agreements; die Agreements; ein Agreement treffen
Ägyp|ten (Staat in Nordostafrika)
der **Ägyp|ter;** des Ägypters; die Ägypter
die **Ägyp|te|rin;** die Ägypterinnen
ägyp|tisch
ah!; ah so!
aha! [*auch:* aˈha:]

A aha B C D E F G H I J K L M N O P Q R S T U V W X Y Z

die **Ah|le** (Werkzeug)
der **Ahn** (Stammvater, Vorfahr); des Ahns *oder* Ah|nes *oder* Ah|nen; die Ah|nen
ahn|den (bestrafen); das Verbrechen wurde geahndet
äh|neln; du ähnelst ihr; er ähnelt ihr; er ähnelte ihr; er hat ihr geähnelt
ah|nen; du ahnst es schon; ich ahnte nichts Böses; sie hat etwas geahnt
der **Ah|nen|kult**
die **Ah|nin;** die Ahninnen
ähn|lich; ähnliche Gedanken; sie sehen einander ähnlich; das Ähnliche; Ähnliches und Verschiedenes; etwas, nichts Ähnliches; oder Ähnliche[s] (*Abkürzung:* o. Ä.); und Ähnliche[s] (*Abkürzung:* u. Ä.)
die **Ähn|lich|keit**
ähn|lich|se|hen (von jemandem nicht anders zu erwarten sein); es sieht ihm ähnlich, uns nichts davon zu erzählen; das hat ihr mal wieder ähnlichgesehen!; ABER: einander ähnlich sehen
die **Ah|nung**
ah|nungs|los
ahoi! (*Seemannssprache:* Anruf [eines Schiffes]); Boot ahoi!
der **Ahorn** (ein Laubbaum); des Ahorns; die Ahor|ne
die **Äh|re**
das **Ai** (Faultier); des Ais; die Ais
Ai|da (eine Oper)
Aids [eɪ̯ts] (eine gefährliche Infektionskrankheit)
aids|krank
die **Aids|kran|ke**
der **Aids|kran|ke**
der **Air|bag** [ˈɛːɐ̯bɛk] (Luftkissen im Auto, das sich zum Schutz der Insassen bei einem Aufprall automatisch aufbläst); des Airbags; die Airbags
Air|bnb [ˈɛːɐ̯biːənˈbiː] (*Markenbezeichnung:* Internetdienst, der Privatunterkünfte vermittelt); *Genitiv:* Airbnbs
das **Air|board** [ˈɛːɐ̯bɔːɐ̯t] (aufblasbarer Rodelschlitten); des Airboards; die Airboards
der **Air|bus** [ˈɛːɐ̯...] (*Markenbezeichnung:* Großraumflugzeug des gleichnamigen europäischen Herstellers); des Airbus *oder* des Airbusses; die Airbusse; wir sind mit dem neuen Airbus geflogen

die **Air|con|di|tion** [ˈɛːɐ̯kɔndɪʃn̩] *oder* **Air-Con|di|tion** (Klimaanlage)
die **Air|line** [ˈɛːɐ̯laɪ̯n] (Fluglinie, Fluggesellschaft); der Airline; die Airlines
das **Air|play** [ˈɛːɐ̯pleɪ̯] (das Senden eines Liedes o. Ä. im Radio); des Airplays
der **Air|port** [ˈɛːɐ̯pɔːɐ̯t] (Flughafen); des Airports; die Airports
der **Aja|tol|lah** (Ehrentitel im iranischen Islam); des Ajatollah *oder* Ajatollahs; die Ajatollahs
die **Aka|de|mie** (gelehrte Gesellschaft; Hochschule); die Aka|de|mi|en
der **Aka|de|mi|ker** (jemand, der eine Universität erfolgreich besucht hat); des Akademikers; die Akademiker
die **Aka|de|mi|ke|rin;** die Akademikerinnen
aka|de|misch; akademischer Grad (Rang)
die **Aka|zie** (ein tropischer Laubbaum oder Strauch); die Aka|zi|en
die **Ake|lei** (eine Zier- und Wiesenpflanze); die Akeleien
sich **ak|kli|ma|ti|sie|ren** (sich an ein verändertes Klima, an veränderte Verhältnisse anpassen); sie hat sich akklimatisiert
der **Ak|kord** (Zusammenklang; Stücklohn); des Akkords *oder* Ak|kor|des; die Ak|kor|de
die **Ak|kord|ar|beit**
das **Ak|kor|de|on** (Handharmonika); des Akkordeons; die Akkordeons
die **Ak|kre|di|tie|rung**
der **Ak|ku** (*Kurzwort für:* Akkumulator); des Akkus; die Akkus
ak|ku|be|trie|ben
der **Ak|ku|mu|la|tor** (ein Stromspeicher); des Akkumulators; die Ak|ku|mu|la|to|ren
ak|ku|rat (sorgfältig, ordentlich; genau); ak|ku|ra|ter; am ak|ku|ra|testen
der **Ak|ku|sa|tiv** (Wenfall, 4. Fall); des Akkusativs; die Ak|ku|sa|ti|ve
der **Ak|ku|schrau|ber** (akkubetriebener Schraubendreher); des Akkuschraubers; die Akkuschrauber
die **Ak|ne** (Hautausschlag)
ak|qui|rie|ren (Kunden werben; Spenden herbeischaffen); du akqui-

rierst; sie akquirierte; er hat akquiriert; akquirier *oder* akquiriere mehr Spenden

die **Ak|qui|si|ti|on** (Gewinnung von Kunden, Aufträgen oder Fördergeldern); der Akquisition, die Ak|qui|si|ti|o|nen

ak|ri|bisch (ganz genau, höchst sorgfältig)

der **Ak|ro|bat** (ein Turnkünstler); des/dem/den Ak|ro|ba|ten; die Ak|ro|baten

die **Ak|ro|ba|tik** (große körperliche Gewandtheit, Körperbeherrschung)

die **Ak|ro|ba|tin;** die Akrobatinnen

der **Akt** (Aufzug eines Theaterstückes; Handlung, Vorgang); des Akts *oder* Ak|tes; die Ak|te

die **Ak|te** (Schriftstück; Urkunde); die Akten

die **Ak|ten|ta|sche**

der **Ak|teur** [ak'tøːɐ̯] (Handelnder; Spieler; Schauspieler); des Akteurs; die Ak|teure; die Hauptakteure der Fußballmannschaft

die **Ak|teu|rin;** der Akteurin; die Ak|teurin|nen

die **Ak|tie** (Anteilschein); die Ak|ti|en

die **Ak|ti|en|ge|sell|schaft** (*Abkürzung:* AG)

der **Ak|ti|en|in|dex** (Kennziffer für die Kursentwicklung am Aktienmarkt)

der **Ak|ti|en|kurs** (an der Börse festgestellter Preis von Wertpapieren); die Aktienkurse steigen, fallen, erholen sich, ziehen an

die **Ak|ti|on** (Unternehmung; Handlung); die Ak|ti|o|nen

der **Ak|ti|o|när** (Besitzer von Aktien); des Aktionärs; die Ak|ti|o|nä|re

die **Ak|ti|o|nä|rin;** die Aktionärinnen

der **Ak|ti|o|nis|mus** (übertriebener Tätigkeitsdrang); blinder Aktionismus

ak|tiv (tätig, wirksam)

das **Ak|tiv** (in der Grammatik: die Tatform, Tätigkeitsform)

ak|ti|vie|ren (zu einer Tätigkeit bewegen); ich aktiviere meinen Kreislauf; die Trainerin aktivierte ihre Mannschaft; jemanden, etwas aktivieren; die Jugend politisch aktivieren; das Immunsystem wird aktiviert

die **Ak|ti|vi|tät** (Tätigkeit)

ak|tu|a|li|sie|ren (auf den neuesten Stand bringen); sie aktualisiert die Daten; das Lehrbuch wurde aktualisiert; ich muss meine Software aktualisieren

die **Ak|tu|a|li|sie|rung**

die **Ak|tu|a|li|tät** (Wichtigkeit für die Gegenwart)

ak|tu|ell (zeitgemäß)

die **Aku|punk|tur** (*Medizin:* Heilbehandlung durch Nadelstiche)

die **Akus|tik** (Lehre vom Schall, von den Tönen; Klangwirkung)

akus|tisch

akut (dringlich, brennend); aku|ter; am aku|tes|ten

das **AKW** = Atomkraftwerk

der **AKW-Geg|ner**

die **AKW-Geg|ne|rin**

der **Ak|zent** (Betonung; Tonfall); des Akzents *oder* Ak|zen|tes; die Ak|zente

ak|zep|ta|bel (annehmbar); akzeptabler, am akzeptabelsten; akzeptable Bedingungen

die **Ak|zep|tanz** (Bereitschaft, etwas zu akzeptieren); der Akzeptanz; die Akzeptanzen *Plural selten;* eine hohe, geringe Akzeptanz in der Bevölkerung finden

ak|zep|tie|ren (annehmen, billigen); sie hat den Vorschlag akzeptiert

der **Ala|bas|ter** (eine Gipsart); des Alabasters

der **Alarm;** des Alarms *oder* Alar|mes; die Alar|me

alar|mie|ren; sie hat die Polizei alarmiert; alarmiere die Feuerwehr!

das **Alarm|si|g|nal**

Alas|ka (Teil Nordamerikas; Staat der USA)

alas|kisch; die alaskische Tierwelt

die **Alb** (Gebirge); die Schwäbische Alb

der **Al|ba|ner;** des Albaners; die Albaner

die **Al|ba|ne|rin;** die Albanerinnen

Al|ba|ni|en (Balkanstaat)

al|ba|nisch

der **Al|ba|t|ros** (ein Seevogel); des Albatros; die Al|ba|t|ros|se

das **Alb|drü|cken** *oder* **Alp|drü|cken**

al|bern; du alberst; er alberte; er hat gealbert; albere nicht!

A alb B C D E F G H I J K L M N O P Q R S T U V W X Y Z

al|bern (dumm, kindisch); albernes Geschwätz

die **Al|bern|heit**

der **Al|bi|no** (Mensch, Tier, dessen Haut, Haare, Augen keinen Farbstoff bilden; Pflanze ohne Farbstoffbildung); des Albinos; die Albinos

der **Alb|traum** *oder* **Alp|traum**

das **Al|bum** (Erinnerungs- oder Sammelbuch; *auch für:* Tonträger mit mehreren Musikstücken); des Albums; die Alben

das **Äl|chen** (kleiner Aal)

der *oder* das **Al|co|pop** *oder* **Al|ko|pop** (*umgangssprachlich für:* alkoholhaltiges Mischgetränk mit Limonade); des Alcopop[s] *oder* Alkopop[s]; die Alcopops *oder* Alkopops

der **Ale|man|ne** (Angehöriger eines germanischen Volksstammes); des/dem/den Alemannen; die Alemannen

die **Ale|man|nin;** die Alemanninnen

ale|man|nisch

das *oder* der **Alert** [ə'lœːɐ̯t] (*EDV:* Internetdienst, der bestimmte Neuigkeiten meldet); des Alerts; die Alerts

der **Ale|vis|mus** (eine Glaubensrichtung des Islams); des Alevismus

der **Ale|vit** (Anhänger des Alevismus); des Aleviten; die Aleviten

die **Ale|vi|tin;** die Alevitinnen

ale|vi|tisch

Ale|x|an|der (männlicher Vorname; altgriechischer König)

die **Al|ge** (eine Wasserpflanze); die Algen

die **Al|ge|b|ra** (Lehre von den mathematischen Gleichungen)

al|ge|b|ra|isch

Al|ge|ri|en (Staat in Nordafrika)

der **Al|ge|ri|er;** des Algeriers; die Algerier

die **Al|ge|ri|e|rin;** die Algerierinnen

al|ge|risch

Al|gier ['alʒiːɐ̯] (Hauptstadt Algeriens)

der **Al|go|rith|mus** (Schema, nach dem ein Rechenvorgang abläuft); des Algorithmus; die Algorithmen

ali|as (anders; sonst, auch ... genannt); Horst Schlämmer alias Hape Kerkeling; der Beschuldigte Meier alias Müller

das **Ali|bi** (Nachweis der Abwesenheit vom Tatort); des Alibis; die Alibis

der, *auch:* das **Ali|en** ['eɪli̯ən] (außerirdisches Lebewesen; Ausländer, Fremder); des Aliens; die Aliens

Al Kai|da [*auch:* - 'kaːida] *vergleiche:* **El Kai|da**

das **Al|ka|li** (laugenhafte chemische Verbindung); des Alkalis; die Al|ka|li|en

al|ka|lisch (laugenhaft)

der **Al|ko|hol;** des Alkohols; die Al|ko|hole

al|ko|hol|frei; alkoholfreie Getränke

der **Al|ko|ho|li|ker;** des Alkoholikers; die Alkoholiker

die **Al|ko|ho|li|ke|rin;** die Alkoholikerinnen

al|ko|ho|lisch

der **Al|ko|hol|miss|brauch**

das **Al|ko|hol|ver|bot**

die **Al|ko|hol|ver|gif|tung**

der *oder* das **Al|ko|pop** *vergleiche:* **Al|co|pop**

all, al|le, al|les; alle beide; vor allem; allen Ernstes; alle ehrlichen Menschen; alle vier Jahre; alle neun[e] (beim Kegeln); alles und jedes; wer alles; all das Schöne; alles Gute, Schöne; alles Mögliche; alles Übrige; alles Beliebige; mein Ein und [mein] Alles

das **All** (das Weltall)

all|abend|lich (jeden Abend)

Al|lah (der Name Gottes im Islam)

die **Al|lee** (mit Bäumen eingefasste Straße); die Al|le|en

die **Al|le|go|rie** (Sinnbild, Gleichnis); die Al|le|go|ri|en

al|le|g|ro (lebhaft, schnell)

das **Al|le|g|ro** (Musikstück in lebhaftem Tempo); des Allegros; die Allegros *oder* Allegri

al|lein; allein sein, bleiben; darf ich Sie kurz allein (ohne Gesellschaft) lassen?; ABER: er hat seinen Partner alleingelassen (im Stich gelassen); das Kind kann allein stehen; ABER: er will im Alter nicht alleinstehen; eine allein erziehende *oder* alleinerziehende Mutter; die allein Erziehende *oder* Alleinerziehende

der **Al|lein|er|zie|hen|de** *oder* **al|lein Er|zie|hen|de;** ein Alleinerziehender *oder* allein Erziehender; die Alleinerziehenden *oder* allein Erziehenden; zwei Alleinerziehende *oder* allein Erziehende

die **Al|lein|er|zie|hen|de** *oder* **al|lein Er|zie|hen|de;** eine Alleinerziehende *oder* allein Erziehende

der **Al|lein|gang** (etwas allein ohne die Hilfe oder Zustimmung anderer unternehmen); sie machte das im Alleingang; der Spieler startete zu einem Alleingang

al|lei|nig (ausschließlich, einzig; uneingeschränkt); sie ist die alleinige Erbin; er ist der alleinige Vertreter

das **Al|lein|sein**

al|lein|ste|hen ↑ allein

al|lein|ste|hend; ein alleinstehender Mann

die **Al|lein|ste|hen|de;** eine Alleinstehende

der **Al|lein|ste|hen|de;** ein Alleinstehender; die Alleinstehenden; mehrere Alleinstehende

al|le|mal (*umgangssprachlich für:* natürlich, in jedem Fall); das kann sie allemal besser; ABER: ein für alle Mal; ein für alle Male

al|len|falls

al|lent|hal|ben (*gehoben für:* überall)

al|ler|bes|te; es ist am allerbesten; es ist das Allerbeste, wenn er schweigt; es ist das Allerbeste, was sie tun kann

al|ler|dings

al|l|er|gen (Allergien auslösend); allergene Stoffe

das **Al|l|er|gen** (*Medizin:* Stoff, der eine Allergie hervorrufen kann)

die **Al|l|er|gie** (*Medizin:* krankhafte Überempfindlichkeit); die Al|l|er|gi|en

al|l|er|gisch (überempfindlich)

al|ler|hand; allerhand Neues; das ist ja allerhand

Al|ler|hei|li|gen (katholisches Fest zu Ehren aller Heiligen)

das **Al|ler|hei|ligs|te;** des Allerheiligsten

al|ler|lei; allerlei Wichtiges

das **Al|ler|lei;** die Allerlei; Leipziger Allerlei

al|ler|letzt; im allerletzten Moment; ABER: das ist ja das Allerletzte!; zuallerletzt

al|ler|meis|te; die allermeisten *oder* Allermeisten waren einverstanden; ABER NUR: das freut mich am allermeisten

al|ler|or|ten (*gehoben für:* überall)

Al|ler|see|len (katholischer Gedächtnistag zu Ehren aller Verstorbenen)

al|ler|seits *oder* **all|seits**

al|ler|we|nigs|te; das ist das allerwenigste *oder* Allerwenigste, was ich tun kann; ABER NUR: das hatte ich am allerwenigsten erwartet

al|les *vergleiche:* **all**

al|le|samt (*umgangssprachlich für:* alle zusammen, alle miteinander, alle ohne Ausnahme); wir standen allesamt auf

der **Al|les|fres|ser**

al|le|zeit *oder* **all|zeit** (*veraltend für:* immer); ich werde allezeit *oder* allzeit an dich denken; ABER: du hast alle Zeit der Welt

das **All|gäu** (süddeutsche Landschaft)

der **All|gäu|er;** des Allgäuers; die Allgäuer

die **All|gäu|e|rin;** die Allgäuerinnen

all|ge|gen|wär|tig (überall und immer gegenwärtig); die allgegenwärtige Technik

all|ge|mein; die allgemeine Schulpflicht; die Allgemeine *oder* allgemeine Hochschulreife; allgemein gültige *oder* allgemeingültige Regeln; eine allgemein verständliche *oder* allgemeinverständliche Anleitung; die allgemein bildenden *oder* allgemeinbildenden Schulen; im Allgemeinen (gewöhnlich); er bewegt sich stets nur im Allgemeinen (beachtet nicht das Besondere); Allgemeine Ortskrankenkasse (*Abkürzung:* AOK); Allgemeiner Deutscher Automobil-Club (*Abkürzung:* ADAC)

das **All|ge|mein|be|fin|den**

all|ge|mein|bil|dend ↑ allgemein

die **All|ge|mein|bil|dung**

all|ge|mein|gül|tig ↑ allgemein

die **All|ge|mein|heit**

all|ge|mein|ver|ständ|lich ↑ allgemein

das **All|ge|mein|wohl**

das **All|heil|mit|tel**

die **Al|li|anz** (Bündnis); die Al|li|an|zen; die Heilige Allianz (ein Bündnis zwischen Preußen, Russland und Österreich 1815)

A

all

der **Al|li|ga|tor** (eine Panzerechse); des Alligators; die Al|li|ga|to|ren

die **Al|li|ier|ten** (die gegen Deutschland verbündeten Länder im 1. und 2. Weltkrieg) *Plural*

all|jähr|lich

die **All|macht**

all|mäch|tig

der **All|mäch|ti|ge** (Gott)

all|mäh|lich

das **Al|lo|t|ria** (Unfug); des Allotria *oder* Al|lo|t|ri|as

der **All-over-Print** [ɔːlˈʔɔʊ̯vɐ...] (vollständige Bedruckung); des All-over-Prints; die All-over-Prints

der **All|rad|an|trieb**

all|seits *oder* **al|ler|seits**

der **All|tag**

all|täg|lich

all|tags; alltags wie sonntags

die **All|tags|fra|ge**

all|um|fas|send

die **Al|lü|ren** (auffallendes Benehmen) *Plural*

all|wis|send

die **All|wis|sen|heit**

all|zeit *vergleiche:* **al|le|zeit**

all|zu; allzu früh; allzu gern; allzu lang *oder* allzu lange; allzu oft; allzu sehr; allzu selten; allzu viel; allzu weit

die **Alm** (Bergweide); die Al|men

der **Al|ma|nach** (Kalender, Jahrbuch); des Almanachs; die Al|ma|na|che

das **Al|mo|sen** ([milde] Gabe, kleine Spende); des Almosens; die Almosen

die **Aloe** (Pflanze mit Wasser speichernden dicken Blättern); die Alo|en; Aloe vera

das **Al|pa|ka** (langhaariges, schwarzbraunes Lama in den Anden); des Alpakas; die Alpakas

das **Alp|drü|cken** *oder* **Alb|drü|cken**

die **Al|pen** (ein Gebirge) *Plural*

die **Al|pen|ro|se**

das **Al|pen|veil|chen**

das **Al|pen|vor|land**

das **Al|pha|bet** (Abc); des Alphabets *oder* Al|pha|be|tes; die Al|pha|be|te

al|pha|be|tisch; in al|pha|be|ti|scher Ordnung

das **Alp|horn;** des Alphorns *oder* Alp|hor|nes; die Alp|hör|ner

al|pin (in den Alpen, im Hochgebirge vorkommend); der alpine Skilauf

der **Al|pi|nist** (sportlicher Bergsteiger im Hochgebirge); des/dem/den Al|pi|nis|ten; die Al|pi|nis|ten

die **Al|pi|nis|tin;** die Alpinistinnen

die **Al|pin|po|li|zei** (Gebirgspolizei in Österreich)

der **Alp|traum** *oder* **Alb|traum**

al-Qai|da; *vergleiche* El Kaida

als; sie ist größer als ihre Schwester; sie ist größer, als ihre Schwester im gleichen Alter war; als ob; als dass; es ist besser, er fährt langsam, als dass er einen Unfall verursacht

als|bald

als|dann

al|so

alt

äl|ter; am äl|tes|ten

- alt werden; sie ist alt geworden
- alt aussehen

Klein schreibt man das Adjektiv »alt«:

- alte Sprachen (Griechisch, Latein)
- die alten Bundesländer

Groß schreibt man die Nominalisierung:

- der Alte, die Alte
- er ist immer der Alte (derselbe)
- es bleibt alles beim Alten
- das ist etwas Altes
- ein Fest für Alt und Jung (jedermann)
- der Streit zwischen Alt und Jung (alten und jungen Menschen)
- aus Alt mach Neu *oder* aus alt mach neu
- Altes und Neues
- meine Älteste (meine älteste Tochter)

Groß schreibt man auch in Namen und in bestimmten namenähnlichen Verbindungen:

- das Alte Testament (in der Bibel)
- der Alte Fritz (Friedrich der Große)

der **Alt** (tiefe Frauen- oder Knabenstimme; Sängerin mit dieser Stimme)

der **Al|tar;** des Altars *oder* Al|ta|res; die Al|tä|re

der **Alt|bau;** die Alt|bau|ten
alt|be|kannt
alt|ehr|wür|dig *(gehoben);* ein altehrwürdiger Name
alt|ein|ge|ses|sen (seit Langem an einem Ort wohnend); eine alteingesessene Familie
das **Al|ten|heim**
das **Al|ter;** des Alters; im Alter von 30 Jahren
al|tern; er alterte; er ist gealtert
al|ter|na|tiv (wahlweise; eine andere, menschlichere und umweltfreundlichere Lebensweise vertretend)
die **Al|ter|na|ti|ve** (andere Möglichkeit)
al|ters; seit alters; vor alters; von alters her
der **Al|ters|di|a|be|tes**
die **Al|ters|frei|ga|be;** die Altersfreigabe eines Films
das **Al|ters|heim**
die **Al|ters|span|ne**
das **Al|ter|tum;** das klassische Altertum
al|ter|tüm|lich
das **Alt|glas**
der **Alt|glas|con|tai|ner**
alt|her|ge|bracht
das **Alt|kleid** *meist Plural*
der **Alt|klei|der|con|tai|ner**
die **Alt|klei|der|samm|lung**
alt|klug
die **Alt|last** (aus der Vergangenheit stammende, noch nicht beseitigte Belastung, Schädigung [besonders der Umwelt])
alt|mo|disch
das **Alt|pa|pier**
die **Alt|par|tei** (lange im Parlament vertretene Partei) *meist Plural*
die **Alt|stadt;** die Tübinger Altstadt
die **Alt|stadt|sa|nie|rung**
das **Alu** *(umgangssprachlich für:* Aluminium); des Alus
die **Alu|fo|lie**
das **Alu|mi|ni|um** (ein chemisches Element, Leichtmetall; *Zeichen:* Al)
der **Alz|hei|mer** (Kurzform von Alzheimerkrankheit)
die **Alz|hei|mer|krank|heit** *oder* **Alz|hei|mer-Krank|heit** (Krankheit, bei der die Erkrankten das Gedächtnis verlieren)
am (an dem); am nächsten Sonntag, dem *oder* den 27. März; am besten

die **Ama|ryl|lis** (Pflanze mit großen Blüten auf hohem Stiel); der Amaryllis; die Amaryllen
der **Ama|teur** [amaˈtøːɐ̯] (jemand, der eine Tätigkeit aus Liebhaberei, aber nicht berufsmäßig ausübt); des Amateurs; die Ama|teu|re
die **Ama|teu|rin;** die Amateurinnen
Ama|zon [*auch:* ˈæməzn̩] (*Markenbezeichnung:* ein Onlinekaufhaus); Amazons *(ohne Artikel)*
der **Ama|zo|nas** (Fluss in Südamerika); des Amazonas
das **Am|bi|en|te** (Umgebung, Milieu, Atmosphäre); des Ambiente
die **Am|bi|ti|on** (der Ehrgeiz); die Am|bi|ti|o|nen
am|bi|ti|o|niert (ehrgeizig)
am|bi|va|lent (in sich widersprüchlich; zwiespältig)
die **Am|bi|va|lenz** (Doppelwertigkeit; Zwiespältigkeit); die Am|bi|va|len|zen
der **Am|boss;** des Am|bos|ses; die Am|bos|se
am|bu|lant (wandernd; ohne festen Sitz); ambulante Behandlung (Behandlung, bei der man nicht im Krankenhaus bleiben muss)
die **Am|bu|lanz** (*Medizin:* Krankentransportwagen; Klinikabteilung für ambulante Behandlung); die Am|bu|lan|zen
die **Amei|se**
der **Amei|sen|bär** (Säugetier, das sich von Termiten und Ameisen ernährt)
der **Amei|sen|hau|fen**
amen; in Ewigkeit, amen!
das **Amen** (feierliche Bekräftigung); des Amens; die Amen; er sagte zu allem Ja und Amen *oder* ja und amen
Ame|ri|ka
der **Ame|ri|ka|ner;** des Amerikaners; die Amerikaner
die **Ame|ri|ka|ne|rin;** die Amerikanerinnen
ame|ri|ka|nisch; amerikanische Musik
der **Ame|thyst** (violetter Halbedelstein); des Amethysts *oder* Ame|thys|tes; die Ame|thys|te
der **Ami** *(umgangssprachlich für:* Amerikaner)
die **Ami|no|säu|re** (*Biochemie:* bestimmte organische Säure; Eiweißbaustein)

der *oder* die **Ami|sche** (Mitglied einer christlichen Glaubensgemeinschaft); des *oder* der Amischen, die Amischen/zwei Amische

Am|man (Hauptstadt Jordaniens)

die **Am|me** (*früher für:* Frau, die ein fremdes Kind stillt und betreut); die Ammen

die, *auch:* der **Am|mer** (ein Singvogel); der Ammer, *auch:* des Ammers; die Ammern

das **Am|mo|ni|ak** (gasförmige Verbindung aus Stickstoff und Wasserstoff); des Ammoniaks

der **Am|mo|nit** (ausgestorbener Kopffüßer oder dessen Versteinerung); des/dem/den Am|mo|ni|ten; die Am|mo|ni|ten

die **Am|ne|sie** (Gedächtnisverlust)

die **Am|nes|tie** (Begnadigung, Straferlass); die Am|nes|ti|en

am|nes|tie|ren; man amnestierte sie; man hat sie amnestiert

die **Amö|be** (ein Einzeller); die Amöben

der **Amok** [*auch:* aˈmɔk]; Amok laufen (blindwütig [umherlaufen und] töten); er läuft Amok; er ist Amok gelaufen

der **Amok|lauf**

der **Amok|läu|fer**

die **Amok|läu|fe|rin**

Amor (römischer Liebesgott); Amors Pfeile

die **Amor|ti|sa|ti|on** (allmähliche Tilgung einer Schuld; Deckung der Anschaffungskosten)

amor|ti|sie|ren; er hat seine Schulden amortisiert; die Investition hat sich amortisiert

die **Am|pel;** die Ampeln

das **Am|pere** [amˈpeːɐ̯] (Einheit der elektrischen Stromstärke); des Ampere *oder* Amperes; die Ampere

die **Am|phi|bie** (Tier, das im Wasser und auf dem Land lebt); die Am|phi|bi|en

das **Am|phi|bi|en|fahr|zeug** (Land-Wasser-Fahrzeug)

das **Am|phi|the|a|ter** (meist dachloses Theatergebäude der Antike in Form einer Ellipse mit stufenweise aufsteigenden Sitzreihen)

die **Am|p|li|tu|de** (größter Ausschlag einer Schwingung)

die **Am|pul|le** (Glasröhrchen mit Flüssigkeit [besonders für Injektionsspritzen]); die Ampullen

die **Am|pu|ta|ti|on** (Abtrennung eines Körperteils)

am|pu|tie|ren; das Bein musste amputiert werden

Am|rum (eine Nordseeinsel)

die **Am|sel** (ein Singvogel); die Amseln

Ams|ter|dam [*auch:* ˈamstɐdam] (Hauptstadt der Niederlande)

das **Amt;** des Amts *oder* Am|tes; die Äm|ter

die **Amt|frau**

amt|lich

der **Amt|mann;** die Amt|män|ner *oder* Amt|leu|te

der **Amts|an|tritt** (Antritt eines Amtes); seit ihrem Amtsantritt

der **Amts|chef**

das **Amts|ge|richt**

der **Amts|miss|brauch**

die **Amts|mü|dig|keit**

der **Amts|rich|ter**

die **Amts|rich|te|rin**

der **Amts|schim|mel** (*umgangssprachlich für:* bürokratisches Verhalten einer Behörde)

die **Amts|zeit** (Zeitspanne, in der jemand ein Amt innehat); während seiner Amtszeit konnte er viel verändern

das **Amu|lett** (Glücksbringer, Zaubermittel); des Amuletts *oder* Amu|let|tes; die Amu|let|te

der **Amur** (Fluss in Asien); des Amur *oder* Amurs

amü|sant (unterhaltend; vergnüglich); amü|san|ter; am amü|san|tes|ten

amü|sie|ren; es hat ihn amüsiert; sich amüsieren; du hast dich köstlich amüsiert; amüsier *oder* amüsiere dich gut!

an; er stand an dem Zaun; sie stellte sich an den Zaun; an [und für] sich; an sein; das Licht soll an sein; das Licht ist an; das Licht war an; das Licht ist an gewesen; wenn das Licht an ist; wäre doch das Licht an!

das **Ana|bo|li|kum** (muskelbildendes Dopingpräparat); des Anabolikums; die Anabolika

ana|chro|nis|tisch (nicht zeitgemäß, veraltet)

ana|log (ähnlich, entsprechend); ein analoger Fall

die **Ana|lo|gie** (Entsprechung); die Ana|lo|gi|en

der **Ana|log|kä|se** (Käseersatz)

der **An|al|pha|bet** ['an...] (jemand, der nicht lesen und schreiben kann); des/dem/den An|alpha|be|ten; die An|alpha|be|ten

die **An|al|pha|be|tin;** die Analphabetinnen

der **An|al|pha|be|tis|mus** (Unfähigkeit, zu lesen und zu schreiben)

die **Ana|ly|se** (Zergliederung)

ana|ly|sie|ren; sie hat analysiert; analysiere diese Lösung!

ana|ly|tisch (zergliedernd, zerlegend); analytische Geometrie

der **Ana|ly|zer** ['ɛnəlaɪ̯zɐ] (elektronisches Analysegerät; *EDV:* Analysesoftware); des Analyzers; die Analyzer

die **Ana|nas** (eine tropische Frucht); *Plural:* die Ananas *oder* Ananasse

die **An|ar|chie** (herrschaftsloser oder gesetzloser Zustand); die An|ar|chi|en

an|ar|chisch (herrschaftslos, ohne feste Ordnung)

der **An|ar|chist;** des/dem/den An|ar|chis|ten; die An|ar|chis|ten

die **An|ar|chis|tin;** die Anarchistinnen

an|ar|chis|tisch; anarchistische Zustände

die **Ana|to|mie** ([Lehre von] Form und Körperbau der Lebewesen); die Ana|to|mi|en

ana|to|misch; anatomische Besonderheiten

an|bag|gern (*umgangssprachlich für:* jemanden ansprechen); er hat sie angebaggert; baggere mich nicht an!

an|bän|deln (eine Liebesbeziehung anknüpfen; *auch für:* einen Streit anfangen); du bändelst mit ihr an; er bändelte mit ihr an; er hat mit ihr angebändelt; bändle *oder* bändele nicht mit ihr an!

der **An|bau** (das Anbauen; angebauter Gebäudeteil); des Anbaus; die Anbauten; der Anbau eines Stalles war nötig geworden; ein Hauptgebäude und zwei Anbauten

an|bei (*Amtssprache:* als Anlage); anbei übersenden wir die Bescheinigung

an|bei|ßen; du beißt an; er beißt an; beiß an!; er biss das Stück Kuchen an; der Fisch hat angebissen; ABER: zum Anbeißen (*umgangssprachlich für:* reizend) aussehen

an|be|lan|gen; was jemanden, etwas anbelangt

an|be|rau|men (einen Termin bestimmen); du beraumst an; sie beraumte an; er hat anberaumt; beraum *oder* beraume die Klassenbesprechung morgen an!

an|be|ten; du betest an; er betete an; er hat sie angebetet; bete ihn nicht so an!

sich **an|bie|dern;** du biederst dich an; er biederte sich an; er hat sich angebiedert; biedere dich nicht so an!

an|bie|ten; du bietest an; sie bietet an; er bot an; an ihrer Schule wird Spanisch angeboten; biete ihm auch einen Kaugummi an!

der **An|bie|ter;** die Konkurrenz zwischen öffentlichen und privaten Anbietern

an|bin|den; du bindest den Hund an; sie bindet ihn an; sie band ihn an; sie hat ihn angebunden; bind *oder* binde ihn an!

die **An|bin|dung;** die Anbindung an das öffentliche Verkehrssystem

der **An|blick;** des Anblicks *oder* An|bli|ckes; die An|bli|cke

an|bli|cken; du blickst ihn an; er hat den Jungen angeblickt

an|bre|chen; du brichst an; sie bricht an; brich an!; sie hat eine neue Packung angebrochen; der Tag brach an; der Tag ist angebrochen

an|bren|nen; das Gemüse brennt an; brannte an; ist angebrannt

an|brin|gen (befestigen; vorbringen); ich bringe an, sie brachte an, er hat angebracht; eine Lampe anbringen; eine Kritik anbringen; in einem Text Verbesserungen anbringen

der **An|bruch** (Beginn); bei Anbruch des Tages

die **An|dacht;** die Andachten

an|däch|tig

an|dachts|voll

an|dan|te (mäßig langsam)
das **An|dan|te** (Musikstück in gemessenem Tempo); des Andante *oder* Andantes; die Andantes
an|dau|ernd
die **An|den** (Gebirge in Südamerika) *Plural*
das **An|den|ken;** des Andenkens

an|de|re, and|re

Im Allgemeinen wird »andere, andre« kleingeschrieben – auch nach einem Begleiter:

- der/die/das and[e]re
- alles and[e]re
- kein and[e]rer, keine and[e]re
- das ist etwas and[e]res, nichts and[e]res
- wir sprachen von etwas and[e]rem
- ich bin and[e]rer Meinung
- und and[e]res mehr
- unter and[e]rem
- sich eines and[e]ren, andern besinnen
- and[e]re ähnliche Fälle

Wenn »and[e]re« nicht Zahladjektiv ist, sondern als Nomen verwendet wird, kann es auch großgeschrieben werden:

- der, die, das and[e]re *oder* And[e]re (Andersartige)
- sie suchte nach dem and[e]ren *oder* And[e]ren (nach einer neuen Welt)

an|der|mal; ein andermal; ABER: ein and[e]res Mal
än|dern; du änderst; sie änderte; sie hat ihren Plan geändert; ändere deinen Plan!; sich ändern; sie hat sich sehr geändert
an|dern|falls, *auch:* **an|de|ren|falls**
an|ders; jemand, niemand anders; wo anders (wo sonst) soll ich suchen?; ABER: sie lebt jetzt woanders (irgendwo sonst); er ist anders als ich; anders denken; ein anders Denkender *oder* ↑Andersdenkender; anders geartete *oder* andersgeartete Fehler; anders lautende *oder* anderslautende Texte
an|ders|ar|tig; andersartige Werke
der **An|ders|den|ken|de** *oder* **an|ders Den|ken|de;** ein Andersdenkender *oder* anders Denkender; die Andersdenkenden *oder* anders Denkenden; zwei Andersdenkende *oder* anders Denkende
die **An|ders|den|ken|de** *oder* **an|ders Den|ken|de;** eine Andersdenkende *oder* anders Denkende
an|der|seits, an|de|rer|seits, and|rer|seits
an|ders|ge|ar|tet ↑anders
an|ders|gläu|big
der **An|ders|gläu|bi|ge;** ein Andersgläubiger; die Andersgläubigen; zwei Andersgläubige
die **An|ders|gläu|bi|ge;** eine Andersgläubige
an|ders|he|r|um
an|ders|lau|tend ↑anders
an|ders|wo (*umgangssprachlich für:* woanders); hier ist es schöner als anderswo
an|dert|halb; in anderthalb Stunden; anderthalb Pfund
die **Än|de|rung**
an|deu|ten; du deutest an; sie deutete an; sie hat ihre Absicht angedeutet; deute kurz an, was du meinst!
die **An|deu|tung**
an|do|cken (ein Raumfahrzeug an ein anderes ankoppeln); das Raumschiff hat an der Raumstation angedockt
An|dor|ra (Staat in den Pyrenäen)
der **An|dor|ra|ner;** des Andorraners; die Andorraner
die **An|dor|ra|ne|rin;** die Andorranerinnen
an|dor|ra|nisch
der **An|drang;** des Andrangs *oder* An|dran|ges
das **An|d|re|as|kreuz** (Verkehrszeichen an Bahnübergängen)
an|dre|hen; du drehst an; sie drehte an; sie hat das Licht angedreht
das **An|d|ro|id** [andro'(?)iːt] (*Markenbezeichnung:* freies Betriebssystem für mobile Geräte); des Android *oder* Androids *(meist ohne Artikel)*
an|ecken (Missfallen erregen); mit diesem Benehmen ist er bei allen angeeckt
sich **an|eig|nen;** sie eignet sich an; sie hat sich dieses Buch angeeignet
an|ei|n|an|der; wir werden aneinander denken; ihr sollt aneinander vorbeigehen; ↑aufeinander

an|ei|n|an|der|fü|gen; sie fügen die Teile aneinander; sie haben die Teile aneinandergefügt
an|ei|n|an|der|ge|ra|ten; sie gerieten heftig aneinander; sie sind aneinandergeraten
an|ei|n|an|der|gren|zen; aneinandergrenzende Gärten; die Grundstücke grenzen aneinander
die **An|ek|do|te** (eine kurze Geschichte); die Anekdoten
die **Ane|mo|ne** (Windröschen)
an|er|kannt (allgemein geschätzt, angesehen; unbestritten); eine international anerkannte Wissenschaftlerin
an|er|ken|nen; sie erkennt an, *seltener:* anerkennt; sie erkannte an, *seltener:* anerkannte; sie hat anerkannt; erkenne ihn an!, *seltener:* anerkenne ihn!
die **An|er|ken|nung**
an|fah|ren; du fährst an; sie fährt an; sie fuhr mit ihrem Auto an; sie ist mit ihrem Auto angefahren; ABER: er hat eine alte Frau angefahren; er hat ihn kräftig angefahren (zurechtgewiesen); fahre vorsichtig an!
der **An|fall;** des Anfalls *oder* An|fal|les; die An|fäl|le
an|fal|len (plötzlich angreifen; sich ergeben); der Hund fiel das Kind an; es ist viel Arbeit angefallen
an|fäl|lig
der **An|fang;** des Anfangs *oder* An|fan|ges; die An|fän|ge
an|fan|gen; sie fängt an; sie hat endlich angefangen
der **An|fän|ger;** des Anfängers; die Anfänger
die **An|fän|ge|rin;** die Anfängerinnen
an|fäng|lich
an|fangs
der **An|fangs|buch|sta|be**
die **An|fangs|pha|se**
an|fas|sen; du fasst an; sie hat das Problem geschickt angefasst; fass *oder* fasse mich nicht an!
an|fech|ten (gegen etwas Einspruch erheben; beunruhigen); du fichst an; sie focht an; er hat angefochten; ficht diese Note an!; das ficht mich nicht an *(gehoben)*
an|fer|ti|gen; du fertigst an; sie fertigte an; sie hat angefertigt; fertige bitte das Protokoll an!
an|feu|ern; ich feuere an; sie hat ihre Mannschaft angefeuert; feure *oder* feuere uns an!
an|for|dern; die Firma fordert die Bewerbungsunterlagen an; die Polizei hat Hilfe angefordert
die **An|for|de|rung;** die Anforderungen
die **An|fra|ge**
an|fra|gen; sie fragt an; sie hat angefragt
sich **an|freun|den;** ich freunde mich an; er freundete sich mit dem Nachbarn an; ihr habt euch mit dem Plan angefreundet
an|füh|ren; sie führt an; sie hat diese Bande angeführt
der **An|füh|rer**
die **An|füh|re|rin**
das **An|füh|rungs|zei|chen**
die **An|ga|be** (*umgangssprachlich auch für:* Prahlerei, Übertreibung)
an|ge|ben; er gibt mir die Adresse an; er hat gewaltig angegeben (geprahlt)
der **An|ge|ber;** des Angebers; die Angeber
die **An|ge|be|rin;** die Angeberinnen
an|ge|be|risch; angeberische Typen
an|geb|lich
an|ge|bo|ren; angeborene Muttermale
das **An|ge|bot;** des Angebots *oder* An|ge|bo|tes; die An|ge|bo|te
an|ge|bracht
an|ge|hen; das geht mich nichts an; er ging ihn um Geld an; er ist, *auch:* hat ihn um Geld angegangen
an|ge|hend (künftig); eine angehende Praktikantin
der **An|ge|hö|ri|ge;** ein Angehöriger; die Angehörigen; mehrere Angehörige
die **An|ge|hö|ri|ge;** eine Angehörige
der **An|ge|klag|te;** ein Angeklagter; die Angeklagten; viele Angeklagte
die **An|ge|klag|te;** eine Angeklagte
die **An|gel;** die Angeln
die **An|ge|le|gen|heit**
der **An|gel|ha|ken**
an|geln; du angelst; er angelte; er hat geangelt
der **An|gel|punkt** (Hauptsache)
der **An|gel|sach|se** (Angehöriger westgermanischer Stämme in England; Person

englischer Abstammung und Muttersprache)

die **An|gel|säch|sin**

an|gel|säch|sisch

an|ge|mes|sen; etwas für angemessen halten; etwas in angemessener Weise tun

die **An|ge|mes|sen|heit**

an|ge|nehm

an|ge|nom|men; angenommen[,] dass

an|ge|passt; er ist sehr angepasst

an|ge|sagt (*umgangssprachlich für:* in Mode, sehr gefragt); solche Hosen sind angesagt; angesagte Musik machen

an|ge|schla|gen (erschöpft; beschädigt); eine angeschlagene Gesundheit

an|ge|se|hen (geachtet)

das **An|ge|sicht;** die An|ge|sich|ter *oder* An|ge|sich|te

an|ge|sichts; angesichts des Todes

an|ge|spannt; die angespannte Lage

an|ge|stammt (durch Erbschaft oder Tradition erworben); angestammte Rechte

der **An|ge|stell|te;** ein Angestellter; die Angestellten; zwei Angestellte

die **An|ge|stell|te;** eine Angestellte

an|ge|strebt; die angestrebte Position

an|ge|tan; sie war sehr angetan (begeistert) von der Reise

an|ge|trun|ken (leicht betrunken)

an|ge|wandt; angewandte Mathematik

an|ge|wie|sen; wir sind darauf angewiesen

sich **an|ge|wöh|nen;** er gewöhnt sich dies an; er hat sich dies angewöhnt

die **An|ge|wohn|heit**

an|ge|wur|zelt; er stand da wie angewurzelt

die **An|gi|na** (*Medizin:* Mandelentzündung); die Anginen

an|glei|chen; du gleichst an; sie glich an; er hat angeglichen; gleich *oder* gleiche das an!; das Taschengeld den Preisen / an die Preise angleichen

der **Ang|ler;** des Anglers; die Angler

die **Ang|le|rin;** die Anglerinnen

An|go|la (Staat in Afrika)

der **An|go|la|ner;** des Angolaners; die Angolaner

die **An|go|la|ne|rin;** die Angolanerinnen

an|go|la|nisch

die **An|go|ra|wol|le** (feine, seidige Wolle)

an|grei|fen; er greift an; er hat angegriffen; greif *oder* greife ihn nicht an!

der **An|grei|fer;** des Angreifers; die Angreifer

die **An|grei|fe|rin;** die Angreiferinnen

der **An|griff**

an|griffs|lus|tig

die **Angst;** die Ängs|te; in Angst sein; Angst haben; einem Menschen Angst machen; ABER: mir ist, mir wird angst [und bange]

angst|er|füllt

der **Angst|ha|se;** des/dem/den Angsthasen; die Angsthasen

ängs|ti|gen; er ängstigt sie; er hat sie geängstigt; sich ängstigen; er hat sich geängstigt

ängst|lich; ängstliche Fragen

die **Angst|stö|rung** *(Psychologie)*

an|ha|ben (*umgangssprachlich:* ein Kleidungsstück tragen; *nur im Infinitiv in Verbindung mit Modalverben:* jemandem, einer Sache Schaden zufügen); der Sturm konnte dem Boot nichts anhaben

an|hal|ten; du hältst die Luft an; das schöne Wetter hält an; er hielt den Wagen an; er hat angehalten; halt an!

an|hal|tend (andauernd, ununterbrochen); anhaltender Regen

der **An|hal|ter;** des Anhalters; die Anhalter; per Anhalter fahren

die **An|hal|te|rin;** die Anhalterinnen

der **An|halts|punkt;** es gab keine Anhaltspunkte für seine Behauptung

an|hand; anhand des Buches; anhand von Unterlagen

der **An|hang;** des Anhangs *oder* An|han|ges; die An|hän|ge

der **An|hän|ger;** des Anhängers; die Anhänger

an|häng|lich (treu)

an|hau|en (*umgangssprachlich für:* um etwas bitten); einen Freund um einen Zehner anhauen

an|heim|fal|len (*gehoben für:* zufallen, zum Opfer fallen); das Erbe fiel der Kirche anheim; es ist der Kirche anheimgefallen

an|heim|stel|len (*gehoben für:* überlassen); ich stelle das Ihnen anheim; es blieb ihr anheimgestellt, die Aufgabe anzunehmen oder nicht

an|heu|ern (auf einem Schiff in Dienst stellen oder in Dienst treten); er heuert auf einem Frachter an

An|hieb; auf Anhieb (sofort)

an|him|meln; ich himmle *oder* himmele ihn an!; er hat sie angehimmelt

an|hö|ren; du hörst ihn an; ich habe mir alles angehört; hör *oder* höre mich an!

die **An|hö|rung**

ani|ma|lisch (tierisch); animalische Triebe

der **Ani|ma|teur** [anima'tøːɐ̯] (jemand, der bei Freizeitveranstaltungen und Reisen die Gäste mit Spielen u. Ä. unterhält); des Animateurs; die Ani|ma|teu|re

die **Ani|ma|teu|rin;** die Animateurinnen

die **Ani|ma|ti|on** (organisierte Sport- und Freizeitaktivitäten für Urlauber; Bewegung der Figuren im Trickfilm); die Ani|ma|ti|o|nen

ani|mie|ren (anregen, ermuntern); du animierst; er animierte mich; er hat mich zum Malen animiert

das **An|ion** (negativ geladenes elektrisches Teilchen); des Anions; die An|io|nen

der **Anis** (eine Gewürzpflanze); des Anis *oder* Ani|ses; die Ani|se

An|ka|ra (Hauptstadt der Türkei)

der **An|ker;** des Ankers; die Anker; vor Anker gehen; vor Anker liegen

das **An|ker|zen|t|rum** (zentrale Einrichtung zur Unterbringung von Flüchtlingen)

die **An|kla|ge**

an|kla|gen; er klagt an; sie hat ihn angeklagt

der **An|klä|ger**

die **An|klä|ge|rin**

der **An|klang** (Ähnlichkeit); Anklänge von Stolz empfinden; Anklang finden (mit Zustimmung aufgenommen werden)

an|kli|cken; du klickst an; sie klickte an; sie hat das Programm zweimal angeklickt; klick *oder* klicke an!

an|klop|fen; du klopfst an; er hat angeklopft; klopf *oder* klopfe gefälligst an!

an|knip|sen; sie knipst das Licht an

an|knüp|fen; du knüpfst an; sie knüpfte an; er hat angeknüpft; knüpf *oder* knüpfe daran an; an einen Gedanken anknüpfen; ein Gespräch anknüpfen

an|kom|men; sie kam in Frankfurt an; sie ist gut angekommen; darauf kommt es mir nicht an (das ist nicht wichtig)

der **An|kreis** (Kreis, der ein Dreieck von außen und zwei verlängerte Seiten von innen berührt)

an|kreu|zen; du kreuzt an; er kreuzt an; er hat das Feld angekreuzt; kreuz *oder* kreuze an!

an|kün|di|gen; er kündigt an; er hat angekündigt; kündige es an!

die **An|kün|di|gung**

die **An|kunft**

das **An|kunfts|zen|t|rum** (für Flüchtlinge und Asylsuchende)

an|kur|beln (in Gang bringen, in Schwung bringen); die Wirtschaft ankurbeln, den Tourismus ankurbeln

die **An|la|ge**

der **An|lass;** des An|las|ses; die An|läs|se

der **An|las|ser;** des Anlassers; die Anlasser

an|läss|lich; anlässlich des Festes

> **!** Nach der Präposition *anlässlich* steht in der Schriftsprache der Genitiv: »Sie besuchte ihn anlässlich seines Geburtstages.« Außerhalb der Amts- und Verwaltungssprache sollten aber Formulierungen bevorzugt werden, die weniger förmlich wirken: »Sie besuchte ihn zum Geburtstag.«

an|lass|los (ohne Anlass [erfolgend])

der **An|lauf**

der **An|laut** (erster Laut eines Wortes oder einer Silbe)

an|le|gen; das Schiff legt an; sie hat ihr Geld sicher angelegt; er hat sich mit uns angelegt (er hat mit uns Streit gesucht)

der **An|le|ger** (jemand, der Geld anlegt); des Anlegers; die Anleger

die **An|lei|he** (Geldaufnahme am Kapitalmarkt; Wertpapier)

der **An|lei|he|zins**

die **An|lei|tung**

an|lie|gen (sich der Körperform anpassen; *umgangssprachlich für:* zu erledigen sein); ein Surfanzug muss eng anliegen; was liegt heute an?

das **An|lie|gen** (Wunsch); des Anliegens; die Anliegen

der **An|lie|ger** (Anwohner, Besucher in einer Straße); des Anliegers; die Anlieger

die **An|lie|ge|rin;** die Anliegerinnen
an|lo|cken; er lockt die Katze an; sie lockten die Kunden mit günstigen Angeboten an; der Lärm hatte uns angelockt; lock *oder* locke mal das Schäfchen an
Anm. = Anmerkung
an|ma|chen; du machst das Licht an; er hat sie angemacht (*umgangssprachlich für:* er hat sie angesprochen oder belästigt); mach mich nicht an!
an|ma|len; du hast dich angemalt; mal *oder* male dich nicht so an!
sich **an|ma|ßen;** du maßt dir an; er maßte sich an; er hat sich ein Urteil angemaßt; maß *oder* maße dir kein Urteil an!
an|ma|ßend (überheblich)
an|mel|den; er meldet sich an; sie hat ihren Besuch angemeldet
die **An|mel|dung**
an|mer|ken; ich lasse mir nichts anmerken
die **An|mer|kung**
an|mot|zen (beschimpfen, tadeln); du motzt ihn an; sie hat ihn angemotzt; motz *oder* motze mich nicht an!
die **An|mut**
an|mu|tig
an|nä|hen; du nähst den Knopf an; er hat ihn angenäht; näh *oder* nähe den Knopf an!
an|nä|hernd; annähernd gleich groß
die **An|nä|he|rung** (das Herankommen, das Sich-näher-Kommen); die Annäherung feindlicher Flugzeuge; die Annäherung der beiden geschah ganz heimlich
die **An|nah|me**
an|neh|men; er nimmt an; er hat dies angenommen
die **An|nehm|lich|keit**
an|nek|tie|ren (sich gewaltsam aneignen); er hat fremdes Land annektiert
die **An|ne|xi|on** ([gewaltsame] Aneignung)
an|no (*gehoben für:* im Jahre); anno elf; anno dazumal
An|no Do|mi|ni (im Jahre des Herrn)
die **An|non|ce** [aˈnõːsə] (Zeitungsanzeige); die Annoncen
an|non|cie|ren; er hat in der Zeitung annonciert; annoncier *oder* annonciere!
an|nul|lie|ren (für ungültig erklären); er hat den Vertrag annulliert

die **Ano|de** (Elektrode, die Elektronen aufnimmt); die Anoden
an|öden (*umgangssprachlich für:* langweilen); sein dummes Gerede ödet mich an; es hat mich angeödet
an|o|mal (unregelmäßig, regelwidrig)
an|o|nym (ungenannt)
die **An|o|ny|mi|tät** (die Unbekanntheit des Namens)
der **Ano|rak** (Kapuzenjacke aus winddurchlässigem, wasserabweisendem Material); des Anoraks; die Anoraks
an|ord|nen; sie hat die Untersuchung des Falls angeordnet
die **An|ord|nung**
an|or|ga|nisch (zur unbelebten Natur gehörend); die anorganische Chemie
an|pa|cken (in Angriff nehmen; mit jmdm. umgehen); wir packen die Sache jetzt an; der Lehrer hat die Schüler hart angepackt; pack *oder* packe mal mit an
an|pas|sen; du passt an; er hat sein Verhalten den Anforderungen angepasst; pass *oder* passe dich an!
die **An|pas|sung**
der **An|pfiff** (Pfiff des Schiedsrichters als Zeichen für den Beginn oder die Fortsetzung eines Spiels)
an|pflau|men (unhöflich anreden); sie hat ihn angepflaumt
an|pran|gern (öffentlich tadeln); du prangerst an; sie prangerte an; er hat angeprangert; prangere ihn nicht an!
an|prei|sen; etwas wie sauer Bier anpreisen (für etwas werben, was niemand haben will)
das **An|ra|ten;** auf Anraten des Arztes
an|rech|nen (in etwas einbeziehen; in einer bestimmten Weise werten); du rechnest an, sie rechnete an, er hat angerechnet; rechne alles an!; die Gutschrift wurde auf die Handygebühren angerechnet; das rechne ich dir hoch an; etwas als strafmildernd anrechnen
das **An|recht** (Anspruch); die Klasse hat ein Anrecht auf Unterricht
die **An|re|de**
an|re|den; du redest sie an; er hat ihn mit »Sie« angeredet
an|re|gen; du regst an; er regte an; er hat angeregt; reg *oder* rege das doch einmal an!

an|re|gend; eine anregende Unterhaltung
die **An|re|gung;** Anregungen geben
das **An|re|gungs|mit|tel**
an|rei|chen (helfend zureichen; hinüberreichen)
an|rei|chern; du reicherst an; sie reicherte an; er hat angereichert; reichere das an!; Lebensmittel mit Vitaminen anreichern
an|rei|sen; ich reise morgen an; sie reiste gestern an; er ist extra angereist; reis *oder* reise frühzeitig an!
der **An|reiz**
an|rem|peln; ich remp[e]le ihn an; sie hat ihren Bruder angerempelt; remple *oder* rempele mich nicht an!
an|rich|ten; er richtet Verwirrung an; er hat das Essen angerichtet
an|rü|chig; eine anrüchige Kneipe
der **An|ruf;** des Anrufs *oder* An|ru|fes; die An|ru|fe
der **An|ruf|be|ant|wor|ter**
an|ru|fen; er rief mich an; er hat nicht angerufen; ruf *oder* rufe mich morgen an!
an|rüh|ren (anfassen; *gehoben auch:* jemanden innerlich berühren); das Leid der Flüchtlinge rührte ihn an; eine anrührende Geschichte
die **An|sa|ge**
der **An|sa|ger;** des Ansagers; die Ansager
die **An|sa|ge|rin;** die Ansagerinnen
an|säs|sig; sie ist in München ansässig
der **An|satz|punkt;** ein Ansatzpunkt zur Kritik
an|satz|wei|se (in Ansätzen zu erkennen)
die **An|schaf|fung**
an|schau|en; er schaute uns an; ich habe mir alles angeschaut
an|schau|lich; eine anschauliche Darstellung
die **An|schau|ung;** aus eigener Anschauung
der **An|schein;** allem Anschein nach
an|schei|nend; er hört anscheinend aufmerksam zu; ↑ABER: scheinbar
an|schie|ben; sie schiebt an; er schob an; sie haben das Auto angeschoben; schieb *oder* schiebe es an!
der **An|schlag;** des An|schlags *oder* An|schla|ges; die An|schlä|ge
das **An|schlag|brett**
an|schla|gen; er schlägt an; sie schlug an; er hat ein Plakat angeschlagen; sich anschlagen; sie hat sich das Knie angeschlagen
an|schlie|ßen; du schließt den Herd an; er schließt ihn an; sie hat sich uns angeschlossen
an|schlie|ßend (folgend)
der **An|schluss;** die An|schlüs|se
der **An|schluss|tref|fer** (Treffer, der den Abstand zur gegnerischen Mannschaft [auf 1] verkürzt)
an|schme|cken (probieren; am Geschmack bemerken); man schmeckt dem Getränk den Süßstoff an
an|schmie|ren (*umgangssprachlich auch für:* betrügen); er hat dich angeschmiert
an|schnal|len; er schnallt sein Kind an; ich habe mich angeschnallt; schnall *oder* schnalle dich an!
der **An|schnall|gurt**
die **An|schrift**
die **An|schul|di|gung**
an|schwel|len; der Fluss schwillt an; er ist angeschwollen
an|se|hen; du siehst dir das an; er sah sie an; er hat sie angesehen; sieh an!
das **An|se|hen;** des Ansehens; ohne Ansehen der Person
an|sehn|lich; eine ansehnliche (große) Menge
die **An|sicht;** meiner Ansicht nach
die **An|sichts|kar|te**
das **An|sin|nen** ([unannehmbare] Forderung); des Ansinnens; die Ansinnen; ein seltsames Ansinnen
an|sons|ten (*umgangssprachlich für:* im Übrigen, anderenfalls)
an|span|nen; er spannt an; er hat die Pferde angespannt
die **An|span|nung**
das **An|spiel**
an|spie|len; einen Stürmer anspielen; auf etwas anspielen (versteckt hinweisen)
die **An|spie|lung** (versteckter Hinweis)
der **An|sporn** (Anreiz); des Ansporns *oder* An|spor|nes; die An|spor|ne
an|spor|nen; sie spornt an; der Trainer hat ihn angespornt

die **An|spra|che**
an|spre|chen; sie spricht ihn an; sie sprach ihn an; sie hat ihn angesprochen
an|spre|chend; ein ansprechendes Äußeres
der **An|sprech|part|ner**
die **An|sprech|part|ne|rin;** Ansprechpartnerin ist die Vertrauenslehrerin
die **An|sprech|per|son**
an|sprin|gen; der Hund hat sie angesprungen; der Motor ist nicht angesprungen
der **An|spruch;** des Anspruchs *oder* Anspru|ches; die An|sprü|che
an|spruchs|los
an|spruchs|voll
an|sta|cheln; ich stach[e]le an; er hat sie zur Tat angestachelt; stachle *oder* stachele ihn nicht dazu an!
die **An|stalt**
der **An|stand**
an|stän|dig
die **An|stän|dig|keit**
an|stands|hal|ber
an|stands|los
an|statt; anstatt dass; anstatt dessen
an|ste|cken; er steckt die Blume an; er hat die Blume angesteckt; sich anstecken; er hat sich bei mir angesteckt
an|ste|ckend
die **An|ste|ckung**
die **An|ste|ckungs|ge|fahr**
die **An|ste|ckungs|ket|te**
an|stei|gen (aufwärtsführen; zunehmen, wachsen); die Straße steigt an; die Preise stiegen an; die Besucherzahlen sind stark angestiegen
an|stel|le *oder* **an Stel|le;** anstelle *oder* an Stelle des Vaters
an|stel|len; er stellt an; er hat ihn angestellt; sich anstellen; stell dich nicht so an!
an|stel|lig (geschickt)
der **An|stieg;** des Anstiegs *oder* An|stie|ges; die Anstiege
an|stif|ten; wer hat euch dazu angestiftet?
der **An|stif|ter;** des Anstifters; die Anstifter
die **An|stif|te|rin;** die Anstifterinnen
an|stim|men; sie stimmte an; er hat angestimmt; ein Lied anstimmen
der **An|stoß;** des An|sto|ßes; die An|stö|ße
an|sto|ßen; er stößt überall an; wir haben miteinander angestoßen (uns zugetrunken)
an|stö|ßig; anstößige Witze
an|stre|ben; alle streben die Versetzung an; er strebte den Posten des Klassensprechers an; streb *oder* strebe etwas an im Leben!
der **An|strei|cher;** des Anstreichers; die Anstreicher
die **An|strei|che|rin;** die Anstreicherinnen
sich **an|stren|gen;** sie strengt sich an; sie hat sich angestrengt; streng *oder* strenge dich an!
an|stren|gend
die **An|stren|gung**
der **An|sturm;** des Ansturms *oder* An|stur|mes; die An|stür|me *Plural selten;* ein Ansturm von Autogrammjägern
An|ta|na|na|ri|vo (Hauptstadt Madagaskars)
an|tan|zen (*umgangssprachlich für:* kommen, *auch für:* sich jemandem [zu Betrugszwecken] tanzend nähern); der Dieb hat sein Opfer angetanzt
die **Ant|ark|tis** (Südpolgebiet)
ant|ark|tisch
der **An|teil;** des Anteils *oder* An|tei|les; an etwas Anteil nehmen
an|tei|lig; der anteilige Gewinn
die **An|teil|nah|me**
die **An|ten|ne**
die **An|tho|lo|gie** (Sammlung [z. B. von Gedichten]; Auswahl); der Anthologie; die Anthologien
der **An|th|ra|zit** (glänzende Steinkohle)
an|th|ra|zit|far|ben
die **An|th|ro|po|lo|gie** (Wissenschaft vom Menschen)
die **An|th|ro|po|so|phie** (Lehre, nach der der Mensch höhere seelische Fähigkeiten entwickeln und dadurch übersinnliche Erkenntnisse erlangen kann)
an|ti... (gegen...)
das **An|ti|ag|res|si|ons|trai|ning**
der **An|ti|al|ko|ho|li|ker** (Alkoholgegner)
die **An|ti|al|ko|ho|li|ke|rin**
die **An|ti|atom|[kraft|]be|we|gung, Anti-Atom[|kraft]-Be|we|gung**
die **An|ti|ba|by|pil|le** [...'be:bi...] (ein Empfängnisverhütungsmittel)
die **An|ti|bio|ti|ka|re|sis|tenz**

das **An|ti|bio|ti|kum** (Wirkstoff gegen Krankheitserreger); des Antibiotikums; die Antibiotika
das **An|ti|blo|ckier|sys|tem** (*Abkürzung:* ABS)
der **An|ti|christ** (Gegner des Christentums); des/dem/den An|ti|chris|ten; die An|tichris|ten
das **An|ti|dis|kri|mi|nie|rungs|ge|setz**
die **An|ti|do|ping|agen|tur** *oder* **An|ti-Doping-Agen|tur**
der **An|ti|fa|schis|mus** (Ablehnung von Faschismus und Nationalsozialismus)
an|ti|fa|schis|tisch; eine antifaschistische Grundhaltung
an|tik (altertümlich)
die **An|ti|ke** (das klassische Altertum und seine Kultur)
der **An|ti|kör|per** (*Medizin:* Abwehrstoff im Blut gegen artfremde Eiweiße)
die **An|ti|lo|pe** (ein Huftier)
an|ti|mus|li|misch, *selten:* **an|ti|mos|lemisch**
die **An|ti|pa|thie** (Abneigung, der Widerwille); die An|ti|pa|thi|en
der **An|ti|po|de** (jemand, der auf der gegenüberliegenden Seite der Erdkugel wohnt); des/dem/den Antipoden; die Antipoden
die **An|ti|po|din;** die Antipodinnen
der **An|ti|quar** (Händler mit Altertümern oder mit alten Büchern); des Antiquars; die An|ti|qua|re
das **An|ti|qua|ri|at** (Geschäft, in dem alte Bücher ge- und verkauft werden); des Antiquariats *oder* An|ti|qua|ri|a|tes; die An|ti|qua|ri|a|te
die **An|ti|qua|rin;** die Antiquarinnen
an|ti|qua|risch
die **An|ti|qui|tät** (altes Möbelstück, alter Kunstgegenstand); die An|ti|qui|tä|ten
der **An|ti|qui|tä|ten|händ|ler**
die **An|ti|qui|tä|ten|händ|le|rin**
der **An|ti|se|mi|tis|mus** (ablehnende Haltung gegenüber Juden)
der **An|ti|ter|ror|kampf**
das **Ant|litz;** des Ant|lit|zes; die Ant|lit|ze
an|tör|nen (*umgangssprachlich für:* erregen; berauschen); die Musik törnt mich an; sie hat mich angetörnt
der **An|trag;** des Antrags *oder* An|tra|ges; die An|trä|ge; einen Antrag stellen
der **An|trag|stel|ler;** des Antragstellers, die Antragsteller
die **An|trag|stel|le|rin**
an|trei|ben; du treibst an; er trieb ihn zur Eile an; sie hat mich angetrieben; treib *oder* treibe mich nicht an!
an|tre|ten; er tritt eine Reise an; sie trat das Amt an; er ist angetreten
der **An|trieb;** des Antriebs *oder* An|trie|bes; die An|trie|be
der **An|tritt;** des Antritts; die An|trit|te
die **Ant|wort;** die Ant|wor|ten; gib Antwort!
ant|wor|ten; du antwortest; er antwortete; er hat geantwortet; antworte!
die **Ant|wort|zeit** *(besonders EDV)*

annullieren

! Das aus dem Lateinischen stammende Verb *annullieren* bedeutet »etwas [amtlich] für ungültig erklären« und wird mit zwei *n* und zwei *l* geschrieben.

an|ver|trau|en; ich vertraue es dir an; er vertraute ihr sein Geheimnis an; sie hat ihm ihre Katze anvertraut; vertrau *oder* vertraue mir das doch an!
der **An|walt;** des Anwalts *oder* An|wal|tes; die An|wäl|te
die **An|wäl|tin;** die Anwältinnen
der **An|wär|ter**
die **An|wär|te|rin**
die **An|wart|schaft**
an|wei|sen; du weist an; sie wies ihn an; er hat ihn angewiesen[,] uns zu helfen
die **An|wei|sung**
an|wen|den; er wendet an; sie wendete *oder* wandte an; er hat alle Mittel angewendet *oder* angewandt
der **An|wen|der;** des Anwenders, die Anwender
die **An|wen|de|rin;** die Anwenderinnen
die **An|wen|dung**
das **An|we|sen** (Grundstück)
an|we|send; die anwesenden Gäste
der **An|we|sen|de;** ein Anwesender; die Anwesenden; mehrere Anwesende
die **An|we|sen|de;** eine Anwesende
die **An|we|sen|heit**
an|wi|dern; es widert mich an; es hat mich angewidert
an|win|keln; du winkelst die Arme an; er hat die Arme angewinkelt

der **An|woh|ner;** des Anwohners, die Anwohner
die **An|woh|ne|rin;** die Anwohnerinnen
die **An|zahl**
die **An|zah|lung**
an|zap|fen (eine Flüssigkeit zapfend entnehmen; *umgangssprachlich:* heimlich abhören *und* von jemandem Geld leihen); ein Fass anzapfen; das Telefon anzapfen; zapf *oder* zapfe mich nicht an!
das **An|zei|chen**
die **An|zei|ge**
an|zei|gen; sie zeigt ihn an; sie hat ihn angezeigt
das **An|zei|gen|blatt** *(Zeitungswesen)*
an|zet|teln (*umgangssprachlich für:* vorbereiten und in die Wege leiten); einen Aufstand anzetteln
an|zie|hen; du ziehst dich an; sie zog das Kleid an; sie hat sich angezogen
an|zie|hend (reizvoll)
die **An|zie|hungs|kraft**
der **An|zug;** des Anzugs *oder* An|zu|ges; die An|zü|ge
an|züg|lich (zweideutig; anstößig); anzügliche Bemerkungen
an|zün|den; er zündet an; er hat das Streichholz angezündet
die **AOK** = Allgemeine Ortskrankenkasse
die **Aor|ta** (*Anatomie:* Hauptschlagader); die Aorten
der **Apa|che** [aˈpatʃə] (Angehöriger eines Indianerstammes); des Apachen; die Apachen
die **Apa|chin;** die Apachinnen
apart (reizvoll, schön); apar|ter; am apar|tes|ten; sie trug ein apartes Kleid
die **Apart|heid** (völlige Trennung zwischen Weißen und Farbigen in einem Staat)

> **!** Das Wort *Apartheid* stammt aus dem Afrikaans, der Sprache, die in Südafrika gesprochen wird. Deshalb endet es mit einem *d.*

das **Apart|ment** [aˈpartmənt] (kleinere Wohnung); des Apartments; die Apartments; ↑ABER: Appartement
apa|thisch (teilnahmslos)
der **Ape|ri|tif** (appetitanregendes alkoholisches Getränk); des Aperitifs; die Aperitifs *oder* Ape|ri|ti|fe
der **Ap|fel;** des Apfels; die Äpfel
der **Ap|fel|baum**
die **Ap|fel|saft|schor|le** (Getränk aus Apfelsaft und Mineralwasser)
die **Ap|fel|si|ne**
die **Apo|ka|lyp|se** (schreckliches Weltende)
apo|ka|lyp|tisch (auf das Weltende hinweisend; Unheil bringend)
Apol|lo (ein griechisch-römischer Gott; Name eines amerikanischen Raumfahrtprogramms)
der **Apo|s|tel;** des Apostels; die Apostel
die **Apo|s|tel|ge|schich|te**
apo|s|to|lisch (nach Art der Apostel); ABER: das Apostolische Glaubensbekenntnis; der Apostolische Nuntius, Stuhl
der **Apo|s|t|roph** (Auslassungszeichen, zum Beispiel in »so 'n Blödsinn!« für »so ein Blödsinn!«); des Apostrophs; die Apo|s|t|ro|phe
die **Apo|the|ke**
der **Apo|the|ker;** des Apothekers; die Apotheker
die **Apo|the|ke|rin;** die Apothekerinnen
die *oder* das **App** [ɛp] (zusätzliches Anwendungsprogramm für Smartphones); der App *oder* des Apps; die Apps
der **Ap|pa|rat** (technisches Gerät); des Apparats *oder* Ap|pa|ra|tes; die Ap|pa|ra|te
das **Ap|par|te|ment** [apart(ə)ˈmɑ̃ː] (einige zusammenhängende Räume in einem Hotel); des Appartements; die Appartements; ↑ABER: Apartment
der **Ap|pell** (Aufruf, Mahnruf; *beim Militär:* Befehlsempfang); des Appells; die Ap|pel|le
ap|pel|lie|ren (sich wenden an); er hat appelliert; appelliere an sein Gewissen!
der **Ap|pe|tit;** des Appetits *oder* Ap|pe|ti|tes; die Ap|pe|ti|te
ap|pe|tit|an|re|gend; appetitanregende Mittel; ABER: den Appetit anregende Mittel
ap|pe|tit|lich
die **Ap|pe|tit|lo|sig|keit**
app|fä|hig (*vergleiche:* App)
ap|plau|die|ren (Beifall klatschen); sie hat applaudiert; applaudier *oder* applaudiere doch!
der **Ap|plaus** (Beifall); des Ap|plau|ses
das **App|let** [ˈɛplət] (*EDV:* kleineres

Anwendungsprogramm); des Applets; die Applets

die **Ap|pli|ka|ti|on** (Anwendung); die Ap|pli|ka|ti|o|nen

die **Ap|po|si|ti|on** (hauptwörtliche Beifügung; meist im gleichen Fall wie das Bezugswort)

die **Ap|pre|tur** (Glanz, Festigkeit eines Gewebes); der Appretur; die Ap|pre|tu|ren

die **Ap|ri|ko|se;** die Aprikosen

die **Ap|ri|ko|sen|mar|me|la|de**

der **Ap|ril;** des April *oder* Aprils

der **Ap|ril|scherz**

ap|ro|pos (nebenbei bemerkt; übrigens)

die **Ap|sis** (halbrunde Nische als Abschluss eines Kirchenraums); die Ap|si|den

der, *auch:* das **Aquä|dukt** (über eine Brücke geführte antike Wasserleitung); des Aquädukts *oder* Aquä|duk|tes; die Aquä|duk|te

das **Aqua|rell** (ein mit Wasserfarben gemaltes Bild); des Aquarells; die Aqua|rel|le

das **Aqua|ri|um** (Behälter zur Haltung kleiner Wassertiere und -pflanzen); des Aquariums; die Aqua|ri|en

der **Äqua|tor** (größter Breitenkreis); des Äquators

äqui|va|lent (gleichwertig)

das **Äqui|va|lent** (gleichwertiger Ersatz, Gegenwert); des Äquivalents *oder* Äquivalentes; die Äquivalente

das, *auch:* der **Ar** (ein Flächenmaß); die Are

die **Ära** (Zeitalter); die Ära der Raumfahrt

die **Ara|bel|li|on** (Aufstände und Proteste in mehreren arabischen Staaten)

der **Ara|ber** [*auch:* ˈaːrabɐ] (Bewohner Arabiens; Pferd einer edlen Rasse); des Arabers; die Araber

die **Ara|be|rin;** die Araberinnen

ara|bisch; ara|bi|sches Vollblut

der **Aral|see** *oder* **Aral-See** (See in Mittelasien)

die **Ar|beit;** Arbeit suchen; Arbeit suchend *oder* arbeitsuchend; ein Arbeit suchender *oder* arbeitsuchender Maurer; die Arbeit Suchenden *oder* ↑Arbeitsuchenden; ↑ABER: arbeitssuchend

ar|bei|ten; du arbeitest; er arbeitete; er hat gearbeitet; arbeite!

der **Ar|bei|ter;** des Arbeiters; die Arbeiter

die **Ar|bei|te|rin;** die Arbeiterinnen

der **Ar|beit|ge|ber;** des Arbeitgebers; die Arbeitgeber

die **Ar|beit|ge|be|rin;** die Arbeitgeberinnen

der **Ar|beit|neh|mer;** des Arbeitnehmers; die Arbeitnehmer

die **Ar|beit|neh|me|rin;** die Arbeitnehmerinnen

der **Ar|beit|neh|mer|schutz** (*besonders österreichisch, schweizerisch für:* Arbeitsschutz)

die **Ar|beits|agen|tur** (*amtlich:* Agentur für Arbeit)

das **Ar|beits|amt** (*früher für:* Arbeitsagentur)

die **Ar|beits|be|schaf|fungs|maß|nah|me** (*Abkürzung:* ABM)

das **Ar|beits|blatt**

die **Ar|beits|er|laub|nis**

ar|beits|fä|hig

die **Ar|beits|ge|mein|schaft**

das **Ar|beits|le|ben**

der **Ar|beits|lohn**

ar|beits|los

der **Ar|beits|lo|se;** ein Arbeitsloser; die Arbeitslosen; zwei Arbeitslose

die **Ar|beits|lo|se;** eine Arbeitslose

das **Ar|beits|lo|sen|geld**

die **Ar|beits|lo|sen|quo|te**

die **Ar|beits|lo|sen|ver|si|che|rung**

die **Ar|beits|lo|sig|keit**

der **Ar|beits|markt**

der **Ar|beits|platz**

die **Ar|beits|stel|le**

ar|beits|su|chend; die arbeitssuchende Lehrerin; ABER: die Arbeit suchende *oder* arbeitsuchende Lehrerin; ↑*auch:* Arbeitsuchende

! Das erste *s* in *arbeitssuchend* kennzeichnet die Verbindungsstelle der Zusammensetzung. Deshalb dürfen Wörter mit einem solchen Fugen-s nie getrennt geschrieben werden.

ar|beit|su|chend ↑Arbeit

der **Ar|beit|su|chen|de** *oder* **Ar|beit Su|chen|de;** ein Arbeitsuchender *oder* Arbeit Suchender; die Arbeitsuchenden *oder* Arbeit Suchenden; zwei Arbeitsuchende *oder* Arbeit Suchende

die **Ar|beit|su|chen|de** *oder* **Ar|beit Su|chen|de;** eine Arbeitsuchende *oder* Arbeit Suchende

A arb B C D E F G H I J K L M N O P Q R S T U V W X Y Z

die **Ar|beits|wei|se**
die **Ar|beits|zeit**
ar|cha|isch (aus sehr früher Zeit [stammend], altertümlich)
der **Ar|chäo|lo|ge** (Altertumsforscher); des/dem/den Archäologen; die Archäologen
die **Ar|chäo|lo|gie** (Altertumskunde)
die **Ar|chäo|lo|gin** (Altertumsforscherin); die Archäologinnen
ar|chäo|lo|gisch
der **Ar|chä|o|p|te|ryx** (Urvogel); des Archäopteryx; die Ar|chä|o|p|te|ry|xe *oder* Ar|chä|o|p|te|ry|ges
die **Ar|che** (kastenartiges Schiff); die Arche Noah
Ar|chi|me|des (altgriechischer Mathematiker)
ar|chi|me|disch; archimedisches Prinzip *(Physik);* archimedischer Punkt
der **Ar|chi|tekt;** des/dem/den Ar|chi|tek|ten; die Ar|chi|tek|ten
die **Ar|chi|tek|tin;** die Architektinnen
ar|chi|tek|to|nisch (baulich; baukünstlerisch); die architektonische Schönheit eines Gebäudes; ein architektonisches Meisterstück
die **Ar|chi|tek|tur** (Baukunst; Baustil)
das **Ar|chiv** (Urkundensammlung); des Archivs; die Ar|chi|ve
der **Ar|chi|var** (Archivbeamter); des Archivars; die Ar|chi|va|re
die **Ar|chi|va|rin;** die Archivarinnen
ar|chi|vie|ren (in ein Archiv aufnehmen; speichern); du archivierst; sie archivierte; er hat archiviert; archivier *oder* archiviere diese Daten!
die **ARD** = Arbeitsgemeinschaft der öffentlich-rechtlichen Rundfunkanstalten der Bundesrepublik Deutschland
das **Are|al** (Fläche, Gelände); die Areale; das Areal der Schule ist von Bäumen umgeben
die **Are|na** (Kampfplatz, Manege im Zirkus); die Arenen
arg; är|ger; am ärgs|ten; im Argen liegen; zum Ärgsten kommen; vor dem Ärgsten bewahren; das Ärgste verhüten; nichts Arges denken
Ar|gen|ti|ni|en (Staat in Südamerika)
der **Ar|gen|ti|ni|er;** des Argentiniers; die Argentinier
die **Ar|gen|ti|ni|e|rin;** die Argentinierinnen
ar|gen|ti|nisch; argentinische Rinder
der **Är|ger;** des Ärgers
är|ger|lich
är|gern; er hat ihn geärgert; ärgere ihn nicht!; sich ärgern; er hat sich geärgert
das **Är|ger|nis;** des Är|ger|nis|ses; die Är|ger|nis|se

> **!** Nomen auf *-nis* werden im Nominativ Singular nur mit einem *s* geschrieben, obwohl der Genitiv Singular und die Pluralformen mit Doppel-s gebildet werden.

arg|los; arg|lo|ser; am arg|lo|ses|ten
das **Ar|gu|ment** (Beweis, Begründung); des Arguments *oder* Ar|gu|men|tes; die Ar|gu|men|te
die **Ar|gu|men|ta|ti|on** (Beweisführung); die Ar|gu|men|ta|ti|o|nen; ihre Argumentation ist schlüssig
ar|gu|men|tie|ren; er hat gut argumentiert
der **Arg|wohn;** des Argwohns *oder* Arg|woh|nes
arg|wöh|nen; du argwöhnst; er argwöhnt; er argwöhnte; er hat geargwöhnt
arg|wöh|nisch
die **Arie** (ein Sologesangsstück mit Instrumentalbegleitung); die Ari|en
der **Aris|to|krat** (Angehöriger des Adels; vornehmer Mensch); des/dem/den Aris|to|kra|ten; die Aris|to|kra|ten
die **Aris|to|kra|tie**
die **Aris|to|kra|tin;** die Aristokratinnen
aris|to|kra|tisch
Aris|to|te|les (altgriechischer Philosoph)
die **Arith|me|tik** (Zahlenlehre)
arith|me|tisch (auf die Arithmetik bezogen); das arithmetische Mittel (*Mathematik:* Durchschnittswert aus mehreren Zahlen)
die **Ar|ka|de** (Bogen auf zwei Pfeilern oder Säulen; *meist Plural:* Bogenreihe)
die **Ark|tis** (Gebiet um den Nordpol)
ark|tisch; ark|ti|sche Kälte
arm; är|mer; am ärms|ten; arme *oder* Arme Ritter (eine Süßspeise); Arm und Reich (*veraltet für:* jedermann); Arme und Reiche; bei Armen und Reichen; der Arme und der Reiche; wir Armen
der **Arm;** des Arms *oder* Ar|mes; die Ar|me; ein, zwei Arm voll *oder* Armvoll Reisig

die **Ar|ma|tur** (Bedienungs- und Messgerät an technischen Anlagen); die Armaturen
das **Ar|ma|tu|ren|brett**
das **Arm|band**
die **Arm|band|uhr**
die **Arm|brust** (eine alte Schusswaffe); die Arm|brüs|te, *auch:* Arm|brus|te
die **Ar|mee** (Heer; Heeresabteilung); die Armee|en
der **Är|mel;** des Ärmels; die Ärmel
das **Ar|mel|leu|te|vier|tel**
Ar|me|ni|en (Staat in Vorderasien)
der **Ar|me|ni|er;** des Armeniers; die Armenier
die **Ar|me|ni|e|rin;** die Armenierinnen
ar|me|nisch
arm|lang; ein armlanger Stiel; ABER: der Stiel ist einen Arm lang
ärm|lich
arm|se|lig
die **Ar|mut**
die **Ar|muts|ein|wan|de|rung** *Plural selten*
ar|muts|ge|fähr|det (von wirtschaftlicher Armut bedroht)
die **Ar|muts|ge|fähr|dung** *Plural selten*
das **Ar|muts|zeug|nis;** damit hat er sich selbst ein Armutszeugnis ausgestellt (seine eigene Unfähigkeit bewiesen)
die **Ar|muts|zu|wan|de|rung** *(Politikjargon) Plural selten*
der **Arm|voll** ↑Arm
die **Ar|ni|ka** (eine Heilpflanze); die Arnikas
das **Aro|ma** (Duft, Geruch); des Aromas; die Aromen *oder* Aromas *oder* Aromata
aro|ma|tisch; aromatischer Kaffee
die **Aro|nia** *oder* **Aro|nia|bee|re** (Apfelbeere, ein Obststrauch); der Ariona; die Aro|ni|as
das **Ar|ran|ge|ment** [arɑ̃ʒəˈmɑ̃ː] (Übereinkunft); des Arrangements; die Arrangements; ein Arrangement treffen
ar|ran|gie|ren [arɑ̃ˈʒiːrən] (einrichten, zustande bringen); er hat das geschickt arrangiert
der **Ar|rest** (Haft[strafe]); des Arrests *oder* Ar|res|tes; die Ar|res|te
ar|ro|gant (anmaßend); ar|ro|gan|ter; am ar|ro|gan|tes|ten
die **Ar|ro|ganz**
der **Arsch** (*derb für:* Gesäß; derbes Schimpfwort); des Ar|sches; die Är|sche
die **Arsch|bom|be** (*derb für:* Sprung ins Wasser mit nach vorne hochgezogenen Beinen)
das **Arsch|loch** *(derb)*
das **Ar|sen** (ein Gift); des Arsens
das **Ar|se|nal** (Geräte-, Waffenlager); des Arsenals; die Ar|se|na|le
die **Art;** die Ar|ten
der **Ar|ten|schutz**
das **Ar|ten|ster|ben**
die **Ar|ten|viel|falt**
die **Ar|te|rie** (Schlagader); die Ar|te|ri|en
die **Ar|te|rio|skle|ro|se** (*Medizin:* Arterienverkalkung)
der **Art|ge|nos|se**
art|ge|recht; artgerechte Tierhaltung
die **Ar|th|ro|se** (chronische Gelenkerkrankung)
ar|tig (sich gut benehmend); artige Kinder
der **Ar|ti|kel** [*auch:* arˈtɪkl̩] (Geschlechtswort; Abschnitt eines Gesetzes); des Artikels; die Artikel
die **Ar|ti|ku|la|ti|on** (*Sprachwissenschaft:* Lautbildung; [deutliche] Aussprache); die Ar|ti|ku|la|ti|o|nen
ar|ti|ku|lie|ren ([deutlich] aussprechen); du artikulierst; sie artikulierte; er hat artikuliert; artikulier *oder* artikuliere deutlicher!
die **Ar|til|le|rie** (eine Waffengattung); die Ar|til|le|ri|en
die **Ar|ti|scho|cke** (eine Zier- und Gemüsepflanze)
der **Ar|tist** (Zirkuskünstler); des/dem/den Ar|tis|ten; die Ar|tis|ten
die **Ar|tis|tin;** die Artistinnen
ar|tis|tisch; artistische Vorführungen
die **Arz|nei;** die Arzneien
das **Arz|nei|mit|tel** (Medikament)
der **Arzt;** des Arz|tes; die Ärz|te
die **Ärz|tin;** die Ärztinnen
ärzt|lich; ein ärztliches Attest
die **A-Sai|te** (z. B. auf der Geige)
der *oder* das **As|best** (ein hitzefestes Mineral); des Asbests *oder* As|bes|tes
die **Asche**
die **Äsche** (ein Fisch)
die **Aschen|bahn**
der **Aschen|be|cher**
das **Aschen|brö|del** *oder* **Aschen|put|tel**

(eine Märchengestalt); des Aschenbrödels *oder* Aschenputtels

der **Ascher|mitt|woch** (Mittwoch nach Fastnacht); am Aschermittwoch ist alles vorbei

asch|grau; ABER: bis ins Aschgraue (bis zum Überdruss)

äsen; das Reh äst; das Reh hat geäst

Aser|bai|d|schan (Staat am Kaspischen Meer)

der **Aser|bai|d|scha|ner;** des Aserbaidschaners; die Aserbaidschaner

die **Aser|bai|d|scha|ne|rin;** die Aserbaidschanerinnen

aser|bai|d|scha|nisch

der **Asi|at;** des/dem/den Asi|a|ten; die Asi|a|ten

die **Asi|a|tin;** die Asiatinnen

asi|a|tisch

Asi|en

die **As|ke|se** (enthaltsame Lebensweise)

der **As|ket** (enthaltsam lebender Mensch); des/dem/den As|ke|ten; die As|ke|ten

as|ke|tisch

aso|zi|al (*oft diskriminierend:* unfähig zum Leben in der Gemeinschaft; am Rand der Gesellschaft lebend)

der **As|pekt** (Gesichtspunkt); des Aspekts *oder* As|pek|tes; die As|pek|te

das **As|per|ger-Syn|drom**, **As|per|ger|syn|drom** (*Medizin:* sich ab dem Vorschulalter entwickelnde Form des Autismus)

der **As|phalt** (ein Straßenbelag); des Asphalts *oder* As|phal|tes; die As|phal|te

as|phal|tie|ren; er hat die Straße asphaltiert

das **Ass** (eine Spielkarte; Spitzenkönner/-in; *Tennis:* unerreichbarer Aufschlagball); des As|ses; die As|se

die **As|sel** (ein Krebstier); die Asseln

der **As|ses|sor** (Anwärter der höheren Beamtenlaufbahn); des Assessors; die As|ses|so|ren

die **As|ses|so|rin;** die Assessorinnen

die **As|si|mi|la|ti|on** (Angleichung)

der **As|sis|tent** (Gehilfe, Mitarbeiter); des/dem/den As|sis|ten|ten; die As|sis|ten|ten

die **As|sis|ten|tin;** die Assistentinnen

der **As|sis|tenz|arzt**

die **As|sis|tenz|ärz|tin**

as|sis|tie|ren (zur Hand gehen); er hat ihr assistiert; assistier *oder* assistiere mir bitte!

die **As|so|zi|a|ti|on** (Vereinigung; Vorstellungsverknüpfung)

as|so|zi|a|tiv (durch Gedankenverbindung entstehend); assoziatives Denken

as|so|zi|ie|ren (verknüpfen); du assoziierst; sie assoziierte; er hat assoziiert; ich assoziiere damit schöne Erinnerungen

der **Ast;** des Asts *oder* As|tes; die Äs|te

die **As|ter** (eine Zierpflanze); die Astern

die **Äs|the|tik** (Wissenschaft vom Schönen)

äs|the|tisch (die Ästhetik betreffend; ausgewogen, schön)

das **Asth|ma** (Kurzatmigkeit durch eine Erkrankung der Bronchien oder des Herzens)

der **Asth|ma|ti|ker;** des Asthmatikers; die Asthmatiker

die **Asth|ma|ti|ke|rin;** die Asthmatikerinnen

asth|ma|tisch

ast|rein (*umgangssprachlich für:* sehr gut); eine astreine Party

der **As|t|ro|lo|ge** (Sterndeuter); des/dem/den Astrologen; die Astrologen

die **As|t|ro|lo|gie** (Sterndeutung)

die **As|t|ro|lo|gin;** die Astrologinnen

der **As|t|ro|naut** (Weltraumfahrer); des/dem/den As|t|ro|nau|ten; die As|t|ro|nau|ten

die **As|t|ro|nau|tin;** die Astronautinnen

der **As|t|ro|nom** (Stern-, Himmelsforscher); des/dem/den As|t|ro|no|men; die As|t|ro|no|men

die **As|t|ro|no|mie** (Stern-, Himmelskunde)

die **As|t|ro|no|min;** die Astronominnen

as|t|ro|no|misch (die Astronomie betreffend; *auch für:* riesenhaft, sehr hoch); astronomische Preise

Asun|ci|ón [asun'sjɔn] (Hauptstadt Paraguays)

das **Asyl** (Zufluchtsort, Heim); des Asyls; die Asy|le; jemandem Asyl gewähren

der **Asyl|an|trag**

asyl|be|rech|tigt

der **Asyl|be|wer|ber** (jemand, der sich um politisches Asyl bewirbt)

die **Asyl|be|wer|be|rin**

der **Asyl|geg|ner**

die **Asyl|geg|ne|rin**

das **Asyl|recht**

Asyl su|chend *oder* **asyl|su|chend**

die **Asy̲l|su|chen|de** *oder* **Asy̲l Su|chen|de;** eine Asylsuchende *oder* Asyl Suchende
der **Asy̲l|su|chen|de** *oder* **Asy̲l Su|chen|de;** ein Asylsuchender *oder* Asyl Suchender; die Asylsuchenden *oder* Asyl Suchenden; zwei Asylsuchende *oder* Asyl Suchende
a̲sym|me|t|risch (nicht symmetrisch)
die **Asym|p|to̲|te** (*Mathematik:* Gerade, der sich eine ins Unendliche verlaufende Kurve beliebig nähert, ohne sie zu erreichen)
das **A. T.** = Altes Testament
das **Ate|li|er** [ateˈli̯eː] (Arbeitsraum eines Künstlers oder Fotografen; Raum für Filmaufnahmen; Modegeschäft); des Ateliers; die Ateliers
der **A̲tem;** Atem holen; außer Atem sein
der **A̲tem|al|ko|hol|test**
a̲tem|be|rau|bend; atemberaubende Spannung
das **A̲tem|ho|len**
a̲tem|los
die **A̲tem|not**
der **A̲tem|test**
der **A̲tem|zug;** bis zum letzten Atemzug (bis zuletzt); im selben Atemzug (gleichzeitig)
der **Athe|i̲st** (jemand, der die Existenz eines Gottes leugnet); des/dem/den Athe|is|ten; die Athe|is|ten
die **Athe|i̲s|tin;** die Atheistinnen
athe|i̲s|tisch; atheistische Strömungen
Athe̲n (Hauptstadt Griechenlands)
der **Ä̲ther,** *fachsprachlich:* **E̲ther** (ein Betäubungsmittel); des Äthers, *fachsprachlich:* Ethers; die Äther, *fachsprachlich:* Ether
Äthi|o̲|pi|en (Staat in Ostafrika)
der **Äthi|o̲|pi|er;** des Äthiopiers; die Äthiopier
die **Äthi|o̲|pi|e|rin;** die Äthiopierinnen
äthi|o̲|pisch
der **Ath|le̲t** (ein Kraftmensch, ein Wettkämpfer); des/dem/den Ath|le|ten; die Ath|le|ten
die **Ath|le̲|tin;** die Athletinnen
ath|le̲|tisch; eine athletische Figur
der **At|la̲n|tik** (der Atlantische Ozean)
At|la̲n|tis (sagenhaftes, im Meer versunkenes Inselreich)
at|la̲n|tisch; ein atlantisches Tief; ABER: der Atlantische Ozean
der **A̲t|las** (ein Kartenwerk); des Atlas *oder* At|las|ses; die At|las|se *oder* At|lan|ten
a̲t|men; du atmest; er atmete; er hat geatmet; atme durch die Nase!
die **At|mo|sphä̲|re** (Lufthülle; Druckmaß; Stimmung)
at|mo|sphä̲|risch
die **A̲t|mung**
der **Ä̲t|na** [*auch:* ˈɛtna] (Vulkan auf Sizilien); des Ätna *oder* Ätnas
das **Ato̲ll** (ringförmige Koralleninsel); des Atolls; die Atol|le
das **Ato̲m** (kleinste Einheit eines chemischen Elements); des Atoms; die Ato|me
ato|ma̲r (das Atom, die Atomenergie betreffend; mit Atomwaffen versehen); atomare Waffen
der **Ato̲m|aus|stieg** (Ausstieg aus der zivilen Nutzung der Kernenergie)
die **Ato̲m|bom|be**
die **Ato̲m|ener|gie**
der **Ato̲m|kern**
die **Ato̲m|kraft** (Kernenergie); der Atomkraft
das **Ato̲m|kraft|werk** (*Abkürzung:* AKW)
der **Ato̲m|müll**
die **Ato̲m|wen|de** (Atomausstieg)
das **A̲t|ri|um** (Innenhof); des Atriums; die Atrien
ä̲tsch! (*Kindersprache*)
At|ta̲c = Association pour une Taxation des Transactions pour l'Aide aux Citoyens (internationale globalisierungskritische Bewegung)
die **At|ta̲|cke** (Angriff; *Medizin:* Anfall); die Attacken
at|ta|cki̲e|ren (angreifen); er hat ihn mit Fäusten attackiert
das **At|ten|ta̲t** (Anschlag auf einen politischen Gegner); des Attentats *oder* At|ten|ta|tes; die At|ten|ta|te
der **A̲t|ten|tä|ter**
die **A̲t|ten|tä|te|rin;** die Attentäterinnen
das **At|te̲st** (ärztliche Bescheinigung); des Attests *oder* At|tes|tes; die At|tes|te
at|tes|ti̲e|ren (bescheinigen, bestätigen); ich attestiere dir gutes Benehmen; er attestierte die gute Qualität der Ware; sie hat mir eine rasche Auffassungsgabe attestiert; attestier *oder* attestiere ihm das bitte
die **At|ti|tü̲|de** ([innere] Einstellung; affek-

A
att
B C D E F G H I J K L M N O P Q R S T U V W X Y Z

auf	
1. Rechtschreibung:	**2. Grammatik:**
Kleinschreibung:	*Die Präposition »auf« kann mit Dativ oder Akkusativ stehen:*
– auf einmal – auf und ab – auf und nieder – auf und davon gehen – aufs (auf das) – aufs, auf das Beste *oder* beste (sehr gut) informiert sein; ABER: aufs, auf das Beste hoffen – es aufs Neue (wieder) versuchen; aufs *oder* auf das Neue (die Neuigkeit) gespannt sein	– das Buch liegt (wo?) auf dem Tisch – ich lege das Buch (wohin?) auf den Tisch *Getrenntschreibung in Verbindung mit »sein«:* – auf sein (geöffnet sein) – der Kranke ist auf (er liegt nicht mehr im Bett); er war auf; er ist auf gewesen – ... weil er auf ist; ... weil er auf war
Großschreibung der Nominalisierung:	*Zusammen- oder Getrenntschreibung ist möglich bei:*
– das Auf und Ab – das Auf und Nieder	– aufgrund *oder* auf Grund – aufseiten *oder* auf Seiten

tiert wirkende Geste); der Attitüde; die Attitüden

die **At|trak|ti|on** (Anziehungskraft; Glanznummer)

at|trak|tiv (anziehend, reizvoll); ein attraktives Angebot

die **At|trak|ti|vi|tät** (Anziehungskraft); der Attraktivität; die Sache gewinnt an Attraktivität; von ihm geht eine gewisse Attraktivität aus

die **At|trap|pe** (täuschend ähnliche Nachbildung)

das **At|tri|but** (Beifügung); des Attributs *oder* At|tri|bu|tes; die At|tri|bu|te

at|tri|bu|tiv *(Sprachwissenschaft);* ein attributives Adjektiv

ät|zen (zerfressend, zersetzend auf etwas wirken); die Säure ätzt; sie hat geätzt

ät|zend; ätzende Chemikalien; ätzender (beißender, verletzender) Spott; Hausaufgaben sind ätzend (*umgangssprachlich für:* schrecklich)

au!; auweh!; au Backe!

die **Au** *oder* **Aue** (eine feuchte Niederung); die Au|en

die **AU** = Abgasuntersuchung

die **Au|ber|gi|ne** [obɛrˈʒiːnə] (Pflanze mit gurkenähnlichen violetten Früchten); die Auberginen

auch; wenn auch; auch wenn

die **Au|di|enz** (Empfang, Unterhaltung); die Au|di|en|zen

das **Au|dio** (*umgangssprachlich für:* akustisches Element, Programm); des Au|dios, die Au|di|os; sich ein Audio aus dem Internet herunterladen

das **Au|dio|book** (Kassette oder CD mit gesprochenem Text; Hörbuch); des Audiobooks; die Audiobooks

die **Au|dio|da|tei** (*EDV:* digitale Datei, die Musik, gesprochenen Text, Geräusche u. Ä. enthält)

der **Au|dio|guide** [...gaɪ̯d] (elektronischer, Tonaufnahmen abspielender Museums- oder Stadtführer); des Audioguides; die Audioguides

der **Au|dio|kom|men|tar**

die **Au|dio|nach|richt** (als Tonsignal aufgezeichnete Nachricht)

au|dio|vi|su|ell (Hören und Sehen ansprechend); audiovisuelle Medien

das **Au|di|to|ri|um** (ein Hörsaal [der Hochschule]; Zuhörerschaft); des Auditoriums; die Auditorien

der **Au|er|hahn**

der **Au|er|och|se**

auf *siehe Kasten*

die **Auf|ar|bei|tung;** die Aufarbeitung des Konflikts ging schneller als erwartet der **Auf|bau** (das Errichten; die Wiedererrichtung); des Aufbaus *oder* Aufbaues; die Aufbauten; der Aufbau der Tribünen; der Aufbau der zerstörten Stadt

auf|bau|en; sie baute auf; sie hat das Zelt aufgebaut; bau *oder* baue das Zelt auf!

das **Auf|bau|stu|di|um**

auf|be|geh|ren (sich wehren); du begehrst auf; sie begehrte auf; er hat aufbegehrt; begehr *oder* begehre nicht auf!

auf|be|kom|men; er bekommt auf; er bekam auf; er hat viele Hausaufgaben aufbekommen

auf|be|rei|ten; du bereitest auf; sie bereitete auf; er hat aufbereitet; bereite *oder* bereit das auf!; einen Roman fürs Fernsehen aufbereiten; Trinkwasser aufbereiten (reinigen, klären)

die **Auf|be|rei|tung;** die Aufbereitung des Atommülls

auf|be|wah|ren; er bewahrte auf; er hat meinen Koffer aufbewahrt

auf|bie|ten; du bietest auf; sie bot auf; er hat aufgeboten; biet *oder* biete etwas mehr auf!; alle Kräfte aufbieten (einsetzen)

auf|bin|den; sie band ihre Schnürsenkel auf; man hat dir einen Bären aufgebunden *(umgangssprachlich)*

auf|blei|ben; er bleibt noch auf; sie blieb gestern lange auf; er ist bis spät in die Nacht aufgeblieben; bleib *oder* bleibe nicht zu lange auf!

auf|brau|chen (bis auf den letzten Rest verbrauchen); du brauchst auf; sie brauchte auf; er hat aufgebraucht; brauch *oder* brauche das erst auf!

auf|bre|chen; er brach die Tür auf; wir sind früh aufgebrochen (fortgegangen); brich auf!

der **Auf|bruch;** des Aufbruchs *oder* Aufbru|ches; zum Aufbruch drängen

auf|brum|men *(umgangssprachlich für:* zu etwas verpflichten); er brummt dem Schüler viele Hausaufgaben auf; sie hat ihm eine Strafe aufgebrummt

auf|bür|den (jemanden mit etwas belasten); du bürdest auf; sie bürdete auf; er hat aufgebürdet; bürde dir nicht zu viel auf!

auf|drän|gen; du drängst dich ihm auf; er hat mir das Geld aufgedrängt; dräng *oder* dränge dich nicht auf!

auf|dre|hen; sie dreht den Hahn auf; sie hat die Musik aufgedreht (lauter gestellt)

auf|dring|lich

auf|ei|n|an|der

Man schreibt »aufeinander« vom folgenden Verb getrennt, wenn beide Bestandteile, »aufeinander« und das folgende Verb, betont werden:

- aufeinander achten; aufeinander auffahren; aufeinander warten
- aufeinander wartende Freunde

Liegt die Betonung nur auf »aufeinander«, schreibt man es mit dem folgenden Verb zusammen:

- aufeinanderlegen; aufeinanderprallen
- aufeinandergelegte Papiere

Im Zweifelsfall kann getrennt oder zusammengeschrieben werden:

- aufeinander folgen *oder* aufeinanderfolgen
- an zwei aufeinander folgenden *oder* aufeinanderfolgenden Tagen

auf|ei|n|an|der|le|gen; sie legt die Kissen aufeinander; sie hat die Kissen aufeinandergelegt

auf|ei|n|an|der|tref|fen; die Sieger treffen im Halbfinale aufeinander; sie sind aufeinandergetroffen

der **Auf|ent|halt;** des Aufenthalts *oder* Auf|ent|hal|tes; die Auf|ent|hal|te; bei ihrem Aufenthalt in Heidelberg

der **Auf|ent|halts|be|reich**

die **Auf|ent|halts|ge|neh|mi|gung**

der **Auf|ent|halts|ort**

die **Auf|er|ste|hung**

auf|es|sen; du isst auf; er isst auf; er aß auf; sie hat alles aufgegessen; iss auf!

der **Auf|fahr|un|fall**

auf|fal|len; er fällt auf; sie ist aufgefallen

auf|fal|lend

auf|fäl|lig

die **Auf|fäl|lig|keit**
auf|fas|sen; etwas als Vorwurf auffassen (verstehen)
die **Auf|fas|sung**
die **Auf|fas|sungs|ga|be**
auf|flie|gen (*umgangssprachlich auch für:* entdeckt werden); der Betrug ist aufgeflogen
auf|for|dern; er fordert ihn auf; er hat ihn aufgefordert
die **Auf|for|de|rung**
auf|fres|sen; du frisst alles auf; er frisst alles auf; er fraß alles auf; der Esel hat das Futter aufgefressen; friss auf!
die **Auf|füh|rung**
die **Auf|ga|be;** die Aufgaben
auf|ge|ben; sie gibt das Spiel auf; sie hat ein Telegramm aufgegeben
das **Auf|ge|bot;** ein starkes Aufgebot von Polizeikräften
auf|ge|bracht (*auch für:* erzürnt, voller Wut)
auf|ge|dreht (*umgangssprachlich für:* überaus angeregt, in Stimmung)
auf|ge|hen; die Sonne geht auf; sie ist aufgegangen
auf|ge|klärt (frei von Aberglauben und Vorurteilen)
auf|ge|kratzt (in guter Stimmung)
auf|ge|legt; gut aufgelegt sein (gut gelaunt sein); zum Spazierengehen aufgelegt (bereit) sein
auf|ge|löst (*auch für* außer Fassung)
auf|ge|passt!
auf|ge|räumt (*auch für:* gut gelaunt); in aufgeräumter Stimmung sein
auf|ge|raut; ein aufgerauter Stoff
auf|ge|regt; auf|ge|reg|ter; am auf|ge-reg|tes|ten
auf|ge|schmis|sen; aufgeschmissen (*umgangssprachlich für* hilflos) sein
auf|ge|ta|kelt (übertrieben zurechtgemacht)
auf|ge|weckt (klug)
auf|grund *oder* **auf Grund;** aufgrund *oder* auf Grund einer Anzeige; aufgrund *oder* auf Grund von Zeugenaussagen
auf|ha|ben; er hat einen Hut auf; er hat einen Hut aufgehabt; wir haben für die Schule viel aufgehabt (*umgangssprachlich*)
auf|hän|gen; er hängt den Mantel auf; er hat ihn aufgehängt; häng *oder* hänge die Jacke auf!
der **Auf|hän|ger;** des Aufhängers; die Aufhänger
auf|he|beln; ich heb[e]le auf; er hebelte die Tür auf; er hat die Tür aufgehebelt
auf|he|ben; sie hebt den Stein auf; er hob ihn auf; man hat die Strafe aufgehoben
die **Auf|he|bung** (das Außerkraftsetzen)
auf|het|zen; er hetzt ihn auf; er hat ihn aufgehetzt
die **Auf|hol|jagd**
auf|hö|ren; sie hörte auf; er hat damit aufgehört; hör *oder* höre auf zu schimpfen!
auf|klä|ren (Klarheit in etwas Ungeklärtes bringen; jemanden genau informieren); sie klärte das Missverständnis auf; sie hat ihn über das Risiko aufgeklärt
die **Auf|klä|rung**
der **Auf|kle|ber;** des Aufklebers; die Aufkleber
auf|kom|men (entstehen; einstehen); Wind kommt auf; für den Schaden kam er selbst auf; sie ist für ihn aufgekommen
das **Auf|kom|men** (Summe der Einnahmen; Entstehung eines Phänomens); das Aufkommen an Steuern; das Aufkommen des Militarismus
auf|la|den; du lädst auf; er lädt auf; er lud die Säcke auf; lad *oder* lade die Säcke auf!
die **Auf|la|ge** (Polster, Schicht; Anzahl an gedruckten Exemplaren; Verpflichtung); der Auflage, die Auflagen; der Stuhl hat eine weiche Auflage; die erste Auflage des Schulbuchs ist vergriffen; er hat die Auflage, 500 Euro zu bezahlen
der **Auf|lauf** (Ansammlung; überbackene [Mehl]speise); des Auflaufs *oder* Auf-lau|fes; die Auf|läu|fe
auf|le|ben (neue Lebenskraft bekommen); er lebte pötzlich wieder auf
auf|le|gen; sie legt auf; er hat eine CD aufgelegt
sich **auf|leh|nen;** die Bauern haben sich gegen den Adel aufgelehnt

auf|lö|sen; sie löste auf; sie hat die Brause aufgelöst; lös *oder* löse die Tablette auf!

die **Auf|lö|sung**

auf|ma|chen; sie macht auf; sie hat die Tür aufgemacht

der **Auf|marsch;** des Aufmarschs *oder* Aufmar|sches; die Auf|mär|sche; der Aufmarsch der Polizei

auf|merk|sam; sie war die aufmerksamste seiner Schülerinnen; er machte ihn auf den Unfall aufmerksam

die **Auf|merk|sam|keit**

die **Auf|merk|sam|keits|de|fi|zit-Hy|per-ak|ti|vi|täts|stö|rung, Auf|merk|sam-keits|de|fi|zit|hy|per|ak|ti|vi|täts|stö-rung** (*Medizin, Psychologie:* in der Kindheit beginnende Verhaltens- und emotionale Störung; *Abkürzung* ADHS)

das **Auf|merk|sam|keits|de|fi|zit-Syn-drom, Auf|merk|sam|keits|de|fi|zit-syn|drom** (*Medizin, Psychologie:* Störung der Konzentrationsfähigkeit; *Abkürzung:* ADS)

auf|mö|beln (*umgangssprachlich für:* aufmuntern; erneuern); ich möb[e]le den alten Kahn wieder auf; sie hat ihn wieder aufgemöbelt; möble *oder* möbele ihn auf!

auf|mun|tern; sie hat ihn aufgemuntert; muntere ihn ein wenig auf!

auf|müp|fig (*landschaftlich für:* aufsässig, trotzig)

die **Auf|nah|me**

die **Auf|nah|me|ein|rich|tung**

die **Auf|nah|me|prü|fung**

auf|neh|men; er nahm uns auf; sie hat es auf Tonband aufgenommen

auf|pas|sen; sie passt auf; sie hat aufgepasst; pass *oder* passe besser auf!

auf|plop|pen (*umgangssprachlich für:* sich mit einem Geräusch öffnen); es ploppt auf; es ploppte auf; eine Nachricht ist auf dem Bildschirm aufgeploppt

der **Auf|prall;** des Aufpralls *oder* Aufpralles; die Aufpralle *Plural selten*

der **Auf|preis** (Mehrpreis)

auf|rau|en; du raust den Stoff auf; er raute auf; sie hat die Oberfläche aufgeraut

auf|räu|men; er räumt auf; sie hat aufgeräumt

auf|recht; aufrecht sitzen, stehen, stellen; er kann sich nicht aufrecht halten; ↑ABER: aufrechterhalten

auf|recht|er|hal|ten (weiterhin bestehen lassen); sie erhält aufrecht; er erhielt aufrecht; sie hat ihre Behauptung aufrechterhalten

sich **auf|re|gen;** er regt sich auf; sie hat sich aufgeregt; reg *oder* rege dich bloß nicht auf!

auf|re|gend

das **Auf|re|ger|the|ma**

die **Auf|re|gung**

auf|rei|ßen; du reißt auf; sie reißt auf; er riss die Verpackung auf; er hat wieder jemanden aufgerissen (*umgangssprachlich für:* er hat wieder eine Beziehung angefangen)

auf|rei|zend; ein aufreizender Gang

auf|rich|ten; du richtest den Mast auf; sie hat uns aufgerichtet (getröstet)

auf|rich|tig (ehrlich, offen)

der **Auf|riss** (Vorder- oder Seitenansicht); des Auf|ris|ses; die Auf|ris|se

auf|rü|cken; sie rückte auf; sie ist zur Klassenbesten aufgerückt; rück *oder* rücke auf!

der **Auf|ruf;** des Aufrufs *oder* Auf|ru|fes; die Auf|ru|fe

auf|ru|fen; die Lehrerin rief den Schüler auf; er hat sie aufgerufen

der **Auf|ruhr;** des Aufruhrs; die Auf|ruh|re

auf|rüh|re|risch

die **Auf|rüs|tung**

auf|sa|gen; er sagt auf; sie hat das Gedicht aufgesagt

auf|säs|sig

der **Auf|satz;** des Auf|sat|zes; die Auf|sät|ze

das **Auf|satz|heft**

das **Auf|satz|the|ma**

auf|schie|ben; sie schiebt auf; er schob auf; er hat den Plan aufgeschoben

der **Auf|schlag** (*Sport:* Schlag, der das Spiel eröffnet oder fortsetzt); des Aufschlags *oder* Auf|schla|ges; die Aufschlä|ge

auf|schla|gen; er schlägt auf; sie schlug das Buch auf; wir haben das Zelt aufgeschlagen; du schlägst auf (*Sport:* du führst den Aufschlag aus)

A auf B C D E F G H I J K L M N O P Q R S T U V W X Y Z

der **Auf|schluss;** des Auf|schlus|ses; die Auf|schlüs|se; Aufschluss erhalten, geben

auf|schluss|reich (informativ)

auf|schnei|den; er schneidet die Wurst auf; schneid *oder* schneide nicht so auf! (*umgangssprachlich für:* prahle nicht so!)

der **Auf|schnei|der;** des Aufschneiders; die Aufschneider

die **Auf|schnei|de|rin;** die Aufschneiderinnen

der **Auf|schnitt;** kalter Aufschnitt

auf|schre|cken (vor Schreck hochfahren); du schreckst auf; sie schrak *oder* schreckte auf; er war aufgeschreckt

auf|schre|cken (jemanden erschrecken); er schreckte ihn auf; sie hatte ihn aufgeschreckt; schreck *oder* schrecke die anderen nicht auf!

der **Auf|schrei**

auf|schrei|ben; sie schreibt auf; er schrieb auf; ich habe mir die Nummer aufgeschrieben; schreib *oder* schreibe auf!

die **Auf|schrift** (kurzer Text als Hinweis); der Aufschrift, die Aufschriften; das Schild, die Flasche trägt die Aufschrift

der **Auf|schub;** des Aufschubs *oder* Auf|schu|bes; die Auf|schü|be

der **Auf|schwung;** des Aufschwungs *oder* Auf|schwun|ges; die Auf|schwün|ge

auf|se|hen (aufblicken; bewundernd verehren); du siehst zu ihr auf; sie sah von ihrer Arbeit auf; er hat kurz aufgesehen; sieh zu mir auf!; zu jemanden aufsehen

das **Auf|se|hen;** des Aufsehens; [großes] Aufsehen erregen; Aufsehen erregend *oder* aufsehenerregend; ein Aufsehen erregender *oder* aufsehenerregender Fall; ABER NUR: ein großes Aufsehen erregender Fall; ein äußerst aufsehenerregender, noch aufsehenerregenderer Fall

auf|se|hen|er|re|gend ↑ Aufsehen

der **Auf|se|her;** des Aufsehers; die Aufseher

auf|sei|ten *oder* **auf Sei|ten;** aufseiten *oder* auf Seiten der Regierung

auf|set|zen; du setzt dir eine Mütze auf; er hat einen Brief aufgesetzt

die **Auf|sicht;** Aufsicht haben, führen; der Aufsicht führende *oder* aufsichtführende Lehrer; ↑ *auch:* Aufsichtführende

auf|sicht|füh|rend ↑ Aufsicht

der **Auf|sicht|füh|ren|de** *oder* **Auf|sicht Füh|ren|de;** ein Aufsichtführender *oder* Aufsicht Führender; die Aufsichtführenden *oder* Aufsicht Führenden; zwei Aufsichtführende *oder* Aufsicht Führende

die **Auf|sicht|füh|ren|de** *oder* **Auf|sicht Füh|ren|de;** eine Aufsichtführende *oder* Aufsicht Führende

die **Auf|sichts|pflicht**

der **Auf|sichts|rat** (Kontrollorgan einer Aktiengesellschaft); die Auf|sichts|rä|te

auf|spie|len; er spielt sich auf (macht sich wichtig); die Kapelle hat zum Tanz aufgespielt

der **Auf|stand;** des Aufstands *oder* Auf|stan|des; die Auf|stän|de

auf|stän|disch

auf|ste|hen; er steht auf; sie stand auf; sie ist aufgestanden

auf|stei|gen; du steigst auf; er steigt auf; er stieg auf; der Verein ist aufgestiegen

der **Auf|stei|ger;** des Aufsteigers; die Aufsteiger

die **Auf|stei|ge|rin;** die Aufsteigerinnen

auf|stel|len; du stellst dich auf; sie hat einen Rekord aufgestellt

die **Auf|stel|lung;** der Aufstellung; die Aufstellungen; die Aufstellung der Mannschaft; Aufstellung nehmen

der **Auf|stieg;** des Aufstiegs *oder* Auf|stie|ges; die Auf|stie|ge

das **Auf|stiegs|spiel** *(Sport)*

auf|stö|bern; der Hund stöbert auf; er hat den Hasen aufgestöbert

auf|sto|cken; du stockst auf; sie stockte auf; er hat aufgestockt; stock *oder* stocke bitte mein Taschengeld auf; das Haus wird aufgestockt; ich stocke dein Taschengeld um den folgenden Betrag auf

auf|su|chen (sich zu jemandem begeben); du suchst ihn auf; er suchte sie auf; sie hat ihn aufgesucht; such *oder* suche endlich den Arzt auf!

der **Auf|takt** (Beginn; unvollständiger Anfangstakt); des Auftakts *oder* Auf|tak|tes; die Auf|tak|te

auf|tan|ken; sie tankt auf; das Flugzeug hat aufgetankt; der Wagen steht aufgetankt in der Einfahrt; tank *oder* tanke ihn auf!
auf|tau|chen (an die Wasseroberfläche kommen; erscheinen); du tauchst auf; es tauchte auf; wir sind aufgetaucht; tauch *oder* tauche endlich wieder auf!; das U-Boot taucht wieder auf; in der Ferne tauchten Berge auf
auf|tei|len; du teilst auf; sie teilte auf; er hat aufgeteilt; teil *oder* teile den Kuchen auf!
auf|ti|schen (zum Essen auf den Tisch bringen; *umgangssprachlich für:* erzählen); sie hat uns Lügen aufgetischt; tisch *oder* tische nicht immer die alten Geschichten auf!
der **Auf|trag;** des Auftrags *oder* Auf|tra|ges; die Auf|trä|ge; im Auftrag (*Abkürzung:* i. A.)
der **Auf|trag|ge|ber;** des Auftraggebers; die Auftraggeber
die **Auf|trag|ge|be|rin**
der **Auf|trags|stand**
auf|trei|ben (*umgangssprachlich auch für:* finden); etwas zu essen auftreiben
auf|tre|ten; du trittst auf, sie trat auf, er ist aufgetreten; tritt leise auf!
das **Auf|tre|ten** (Benehmen, Verhalten; Vorführung); des Auftretens; *kein Plural*
der **Auf|trieb;** des Auftriebs *oder* Auf|trie|bes; die Auf|trie|be
der **Auf|tritt;** des Auftritts *oder* Auf|trit|tes; die Auf|trit|te
auf|trump|fen; du trumpfst auf; er trumpft auf; er hat aufgetrumpft; trumpf *oder* trumpfe bitte damit nicht auf!
auf|wa|chen; du wachst auf; er wacht auf; sie ist aufgewacht; wach *oder* wache auf!
auf|wach|sen; du wächst auf, sie wuchs auf, er ist aufgewachsen
der **Auf|wand;** des Aufwands *oder* Auf|wan|des
auf|wän|dig *vergleiche:* **auf|wen|dig**
auf|wär|men; er wärmt das Essen auf; der Sportler hat sich aufgewärmt
auf|war|ten (*gehoben für:* anbieten, zu bieten haben); mit großen Neuigkeiten aufwarten können; mit einem fünfgängigen Menü aufwarten

auf|wärts

auf- und abwärts

Man schreibt »aufwärts« mit dem folgenden Verb zusammen, wenn »aufwärts« den Hauptakzent trägt:

- aufwärtsfahren
- glaubst du, dass es nach der Biegung immer noch aufwärtsgeht?; ABER: aufwärts geht es langsamer als abwärts
- mit seiner Gesundheit ist es aufwärtsgegangen (besser geworden)

der **Auf|wasch;** des Aufwaschs *oder* Auf|wa|sches; das machen wir in einem Aufwasch (*umgangssprachlich für:* das lässt sich alles zusammen erledigen)
auf|wei|sen (durch etwas gekennzeichnet sein); du weist auf, sie wies auf, er hat aufgewiesen; Parallelen zu etwas aufweisen, einen Mangel aufweisen
auf|wen|den; sie wendet viel Zeit auf; er wandte *oder* wendete viel Zeit auf; sie hat viel Zeit aufgewandt *oder* aufgewendet
auf|wen|dig *oder* **auf|wän|dig;** aufwendige *oder* aufwändige Werbung
auf|wer|fen; er wirft eine Frage auf (bringt sie zur Sprache); sie hat die Tür aufgeworfen (mit Wucht geöffnet)
auf|wer|ten; eine Währung aufwerten
die **Auf|wer|tung**
auf|wie|geln; ich wieg[e]le niemanden gegen dich auf; er hat die Bevölkerung aufgewiegelt; wiegel *oder* wiegele sie nicht auf!
der **Auf|wind** (aufsteigender Wind); des Aufwinds *oder* Auf|win|des; die Auf|win|de
auf|zäh|len; ich zähle Sachverhalte auf; sie haben Begriffe aufgezählt
die **Auf|zäh|lung**
auf|zeich|nen; er zeichnet den Grundriss auf; sie hat die Rede aufgezeichnet (mitgeschnitten)
die **Auf|zeich|nung** (Festhalten durch Schrift, Bild, Ton); das war eine Aufzeichnung und keine Livesendung

A auf B C D E F G H I J K L M N O P Q R S T U V W X Y Z

der **Auf|zug;** des Aufzugs *oder* Auf|zu|ges; die Auf|zü|ge

der **Aug|ap|fel;** des Augapfels; die Augäpfel; sie behütet die Puppe wie ihren Augapfel (besonders sorgsam)

das **Au|ge;** des Auges; die Augen

der **Au|gen|arzt**

die **Au|gen|ärz|tin**

der **Au|gen|blick**

au|gen|blick|lich (sofort)

die **Au|gen|braue**

au|gen|fäl|lig (nicht zu übersehen)

die **Au|gen|hö|he;** auf Augenhöhe (gleichberechtigt) diskutieren

das **Au|gen|lid** ↑Lid

das **Au|gen|maß;** des Augenmaßes; mit Augenmaß (Besonnenheit)

das **Au|gen|merk;** des Augenmerks; *kein Plural;* sein Augenmerk auf etwas richten

der **Au|gen|schein;** sie wollte das Bild in Augenschein nehmen (genau betrachten)

au|gen|schein|lich (offenbar)

der **Au|gen|zeu|ge;** des Augenzeugen; die Augenzeugen

die **Au|gen|zeu|gin;** die Augenzeuginnen

au|gen|zwin|kernd

der **Au|gust;** des August *oder* Augusts *oder* Au|gus|tes; die Au|gus|te

die **Auk|ti|on** (Versteigerung); die Auk|ti|onen

das **Auk|ti|ons|haus** (Unternehmen, das Dinge versteigert)

auk|to|ri|al (*Literaturwissenschaft:* aus einer übergeordneten, allwissenden Perspektive [erzählend]); eine auktoriale Erzählerin

die **Au|la** (der Fest-, Versammlungssaal); die Aulen *oder* Aulas

au pair [o ˈpɛːɐ̯] (ohne Bezahlung, nur gegen Unterkunft und Verpflegung)

das **Au-pair-Mäd|chen** (junge Frau, die gegen Unterkunft und Verpflegung im Ausland arbeitet, um die Sprache des betreffenden Landes zu lernen)

die **Au|ra** (besondere Ausstrahlung); die Auren

aus; aus dem Haus; aus und ein gehen (verkehren); ABER: aus- und eingehende Waren; weder aus noch ein wissen; das Spiel ist aus (*umgangssprachlich für:* ist zu Ende); das Handy ist aus (*umgangssprachlich für:* ist ausgeschaltet)

das **Aus** (der Raum außerhalb des Spielfeldes); der Ball ist im Aus

aus|ar|bei|ten; sie arbeitet aus; sie hat ein Konzept ausgearbeitet

die **Aus|ar|bei|tung;** der Lehrer verlangte die Ausarbeitung des Referats

aus|bal|do|wern (*umgangssprachlich für:* herausbekommen); ich baldowere die Sache aus; er hat es ausbaldowert

der **Aus|bau** (des Ausbaus *oder* Ausbaues) *Plural selten;* ein zügiger Ausbau des Straßennetzes; sie planen den Ausbau des Hauses

aus|bau|en (herausnehmen; erweitern); ein Türschloss ausbauen; den Flughafen ausbauen

aus|bes|sern; ich bessre *oder* bessere aus; du besserst aus; er besserte aus; sie hat den Schaden ausgebessert; bessre *oder* bessere es aus!

die **Aus|beu|te** (Ertrag; Gewinn)

aus|beu|ten; sie beutet aus; er hat die Arbeiter ausgebeutet

der **Aus|beu|ter;** des Ausbeuters; die Ausbeuter

die **Aus|beu|te|rin;** die Ausbeuterinnen

die **Aus|beu|tung**

aus|bil|den; sie hat ihn zum Facharbeiter ausgebildet

der **Aus|bil|der;** des Ausbilders; die Ausbilder

die **Aus|bil|de|rin;** die Ausbilderinnen

die **Aus|bil|dung**

der **Aus|bil|dungs|be|ruf**

die **Aus|bil|dungs|bör|se**

die **Aus|bil|dungs|mes|se**

der **Aus|bil|dungs|platz**

aus|bil|dungs|reif (schon für eine Ausbildung geeignet)

der **Aus|bil|dungs|ver|trag**

aus|blei|ben (nicht eintreten; fernbleiben); die erhoffte Wirkung bleibt aus; die Gäste blieben aus; sie ist die ganze Nacht ausgeblieben

der **Aus|blick;** des Ausblicks *oder* Aus|bli|ckes; die Aus|bli|cke

aus|bre|chen; er bricht aus; ein Krieg brach aus; der Häftling ist ausgebrochen

aus|brei|ten; sie breitet aus; er hat das Tuch ausgebreitet; breite das Tuch aus!;

sich ausbreiten; die Krankheit hat sich rasch ausgebreitet

der **Aus|bruch;** des Ausbruchs *oder* Aus|bru|ches; die Aus|brü|che

Ausch|witz (im 2. Weltkrieg Vernichtungslager der Nationalsozialisten in Polen)

die **Aus|dau|er**

aus|dau|ernd; ausdauernde Läufer

aus|den|ken; du denkst dir das aus; sie dachte sich eine Geschichte aus; er hat sich das Ganze ausgedacht

der **Aus|druck;** des Ausdrucks *oder* Aus|dru|ckes; die Aus|drü|cke *und (vom Computer:)* Aus|dru|cke

aus|drü|cken; du drückst dich gut aus; er drückte den Pickel aus; sie hat sich falsch ausgedrückt; drück *oder* drücke den Schwamm aus

aus|drück|lich

aus|ei|n|an|der; auseinander sein; ↑aufeinander

aus|ei|n|an|der|ge|hen; sie gingen wortlos auseinander; sie sind als Freunde auseinandergegangen; in letzter Zeit ist er sehr auseinandergegangen (*umgangssprachlich für:* dick geworden)

aus|ei|n|an|der|set|zen; der Lehrer wird euch auseinandersetzen; sie hat sich mit dem Problem auseinandergesetzt (beschäftigt)

die **Aus|ei|n|an|der|set|zung**

aus|er|wählt (für etwas bestimmt)

die **Aus|fahrt;** die Aus|fahr|ten

aus|fal|len (sich lösen; nicht stattfinden); der Unterricht fällt aus; seine Haare fielen aus; die Schule ist ausgefallen

aus|fin|dig; jemanden oder etwas ausfindig machen (finden)

aus|flip|pen (*umgangssprachlich für:* sich aus der Realität zurückziehen, zum Beispiel durch Drogenkonsum; außer sich geraten); du flippst aus; er ist total ausgeflippt; flipp *oder* flippe doch nicht gleich aus!

die **Aus|flucht;** die Aus|flüch|te

der **Aus|flug;** des Ausflugs *oder* Aus|flu|ges; die Aus|flü|ge

die **Aus|fuhr;** die Aus|fuh|ren

aus|füh|ren (exportieren; verwirklichen; jemanden spazieren führen; erläutern); die Firma führt Waren aus; sie führte den Plan aus; er hat seine Oma ausgeführt; führ *oder* führe das mal genauer aus

aus|führ|lich

die **Aus|führ|lich|keit**

die **Aus|füh|rung** (das Verwirklichen; die Darlegung); die Ausführung der Arbeit war sehr gelungen; ihre Ausführungen waren hochinteressant

aus|fül|len; sie füllt das Formular aus; füll *oder* fülle das bitte aus!; die Arbeit hat ihn immer ausgefüllt (zufrieden gemacht)

die **Aus|ga|be;** seine Ausgaben aufschreiben

der **Aus|gang;** des Ausgangs *oder* Aus|gan|ges; die Aus|gän|ge

der **Aus|gangs|punkt** (Ursprung; Stelle, wo etwas beginnt)

aus|ge|ben (austeilen; spendieren; Geld verbrauchen; *EDV:* anzeigen); Essen wird in der Mensa ausgegeben; ich gebe dir ein Eis aus; wie viel hast du ausgegeben?; einen Text auf dem Bildschirm ausgeben

aus|ge|bucht; ein ausgebuchtes Hotel, Flugzeug

aus|ge|fal|len; ausgefallene Ideen

aus|ge|feilt (bis ins Einzelne ausgearbeitet); aus|ge|feil|ter; am aus|ge|feil|testen

aus|ge|fuchst (*umgangssprachlich für:* durchtrieben)

aus|ge|gli|chen; ein ausgeglichener Mensch; eine ausgeglichene Bilanz

aus|ge|hen; sie geht aus; er ist ausgegangen

die **Aus|geh|mei|le** (Straße mit vielen Lokalen)

das **Aus|geh|vier|tel**

aus|ge|klü|gelt; ein ausgeklügeltes System

aus|ge|las|sen (besonders fröhlich und wild); in ausgelassener Stimmung sein; ausgelassen tanzen

die **Aus|ge|las|sen|heit**

aus|ge|nom|men

aus|ge|prägt (deutlich; nicht zu übersehen)

aus|ge|rech|net (eben, gerade); ausgerechnet mir muss das passieren!

aus|ge|reift; aus|ge|reif|ter; am aus|ge-reif|tes|ten
aus|ge|schlos|sen; das ist ganz ausgeschlossen
aus|ge|spro|chen (sehr, besonders)
aus|ge|stor|ben; abends ist die Innenstadt völlig ausgestorben
aus|ge|sucht; aus|ge|such|ter; am aus-ge|such|tes|ten; ausgesuchte (erlesene) Früchte
aus|ge|wach|sen (zur vollen Größe herangewachsen); ein ausgewachsener (großer) Skandal
aus|ge|wählt (nach besonderer Auswahl zusammengestellt); wir brauchen heute nur ausgewählte Bücher
aus|ge|wie|sen (nachweislich); ein ausgewiesener Fachmann
aus|ge|wo|gen; eine ausgewogene Ernährung
aus|ge|zeich|net
aus|gie|big (reichlich); wir haben ausgiebig gefrühstückt
der **Aus|gleich;** des Ausgleichs *oder* Aus-glei|ches
aus|glei|chen; du gleichst aus; sie glich aus; er hat ausgeglichen; gleich *oder* gleiche das aus!; kurz vor dem Schlusspfiff konnten wir noch ausgleichen
der **Aus|gleichs|sport**
aus|gra|ben; du gräbst den Strauch aus; sie gräbt den Strauch aus; er grub einen Graben aus; sie haben die Kiste ausgegraben; grab *oder* grabe das Loch aus!
die **Aus|gra|bung**
aus|gren|zen; sie fühlt sich ausgegrenzt
der **Aus|guss;** des Aus|gus|ses; die Aus|güs-se
aus|hal|ten; du hältst die Schmerzen aus; er hält die Schmerzen aus; sie hielt die Schmerzen aus; sie hat das ausgehalten; halt *oder* halte die Schmerzen aus!
aus|han|deln; ich handle *oder* handele das aus; sie hat die Sache geschickt ausgehandelt
aus|hän|di|gen; du händigst aus; sie händigte aus; er hat ausgehändigt; händige ihm das aus!
das **Aus|hän|ge|schild**
aus|har|ren (geduldig weiter warten); du harrst aus; sie harrte aus; er hat ausgeharrt; harr *oder* harre so lange hier aus!
aus|hel|fen; du hilfst aus; er half aus; sie hat bei uns ausgeholfen; hilf bitte aus!
die **Aus|hil|fe**
aus|höh|len; du höhlst aus; sie höhlte aus; er hat ausgehöhlt; höhl *oder* höhle den Kürbis aus!
sich **aus|ken|nen**
aus|klam|mern; eine heikle Frage ausklammern (ausschließen)
aus|kom|men; er kam mit dem Geld nicht aus
das **Aus|kom|men;** sein Auskommen haben
die **Aus|kunft;** die Aus|künf|te
aus|la|chen; er lacht ihn aus; sie hat ihn ausgelacht; lach *oder* lache ihn nicht aus!
aus|la|dend (weit ausgreifend)
das **Aus|land**
der **Aus|län|der;** des Ausländers; die Ausländer
aus|län|der|feind|lich
die **Aus|län|de|rin;** die Ausländerinnen
die **Aus|län|der|maut** *(Politikjargon);* der Ausländermaut; die Ausländermaut auf deutschen Autobahnen ist gescheitert
aus|län|disch
aus|las|sen; er lässt keine Gelegenheit aus; sie hat einen Buchstaben ausgelassen; lass *oder* lasse das aus!
die **Aus|las|sungs|punk|te** *Plural*
der **Aus|lauf;** des Auslaufs *oder* Aus|lau|fes; die Aus|läu|fe
aus|lau|fen (herausfließen; in See stechen; zu Ende gehen); die Farbe läuft aus; die Gorch Fock lief gestern aus; diese Serie ist schon ausgelaufen
die **Aus|lei|he**
aus|lei|hen; ich habe mein Fahrrad ausgeliehen; wir leihen uns Bücher aus; leih *oder* leihe dir nichts aus!
sich **aus|log|gen** (*EDV:* die Verbindung zu einer Datenverarbeitungsanlage beenden); du loggst dich aus; er loggte sich aus; sie hat sich ausgeloggt; logg *oder* logge dich bitte aus!
aus|lö|schen; du löschst aus; sie löschte aus; er hat ausgelöscht; lösche *oder* lösche das Licht aus!

aus|lo|sen; er lost aus; sie hat den Gewinner ausgelost; los *oder* lose aus!
aus|lö|sen (in Gang setzen); sie löst aus; er hat den Mechanismus ausgelöst; lös *oder* löse aus!
der **Aus|lö|ser** (auslösender Mechanismus; Geschehen, das etwas auslöst); des Auslösers; die Auslöser
die **Aus|lo|sung** (durch das Los getroffene [Aus]wahl)
aus|lo|ten (ermitteln); sie lotete aus; er hat ausgelotet; die Bedingungen ausloten
aus|ma|chen; sie machte das Licht aus; sie hat das Licht ausgemacht; mach *oder* mache das Licht aus!
aus|ma|len; er malte das Bild aus; sie hat sich die Ferien so schön ausgemalt (sie hat sich die Ferien so schön vorgestellt)
das **Aus|maß;** des Aus|ma|ßes, die Aus|ma|ße; ein Skandal großen Ausmaßes
aus|mer|zen (radikal beseitigen); du merzt aus; er merzte aus; sie hat den Fehler ausgemerzt; merz *oder* merze den Fehler aus!
die **Aus|nah|me**
der **Aus|nah|me|zu|stand** (kritische Situation, in der der Staat besondere Vollmachten erhält)
aus|nahms|los
aus|nahms|wei|se
aus|nut|zen *oder* **aus|nüt|zen;** du nutzt *oder* nützt ihn aus; du hast seine Schwächen ausgenutzt *oder* ausgenützt; nutz[e] *oder* nütz[e] sie nicht aus!; ↑ *auch:* benutzen
aus|pa|cken; sie hat ausgepackt; pack *oder* packe aus!
aus|pfei|fen; das Publikum hat ihn ausgepfiffen
aus|plün|dern; er hat die Urlauber ausgeplündert
aus|po|sau|nen (*umgangssprachlich für:* [etwas, was nicht bekannt werden sollte] überall erzählen); du posaunst aus; sie hat alles gleich ausposaunt
die **Aus|prä|gung**
der **Aus|puff;** des Auspuffs *oder* Aus|puf|fes; die Aus|puf|fe
aus|rech|nen; du rechnest aus; sie hat die Entfernung ausgerechnet
die **Aus|re|de**
aus|re|den; sie hat endlich ausgeredet; sie hat ihn ausreden lassen; sie hat ihm den Plan ausgeredet (sie hat ihn von seinem Plan abgebracht)
aus|rei|chen; für das Verfassen des Referats wird eine Woche ausreichen
aus|rei|chend; er bekam die Note »ausreichend«; sie hat den Test mit »ausreichend« bestanden; ABER: sie hat nur ein [knappes] Ausreichend bekommen
die **Aus|rei|se**
aus|rei|sen; sie reist aus; er ist damals aus der DDR ausgereist
aus|rei|ßen; du reißt aus; er reißt aus; sie riss das Unkraut aus; sie hat das Unkraut ausgerissen; ABER: er ist zu Hause ausgerissen; reiß *oder* reiße nie wieder aus!
der **Aus|rei|ßer;** des Ausreißers; die Ausreißer
die **Aus|rei|ße|rin;** die Ausreißerinnen
aus|ren|ken; er renkte den Arm aus; er hat den Arm ausgerenkt; sich den Arm ausrenken; sie hat sich den Arm ausgerenkt; renk *oder* renke ihr den Arm nicht aus!
aus|rich|ten; unser Verein richtet das Turnier aus; sie hat einiges ausrichten können; richt *oder* richte deinen Eltern schöne Grüße aus
aus|rot|ten; du rottest aus; sie rottete aus; er hat das Unkraut ausgerottet
aus|rü|cken (*umgangssprachlich auch für:* fliehen, sich heimlich davonmachen); er ist schon dreimal ausgerückt
der **Aus|ruf;** des Ausrufs *oder* Aus|ru|fes; die Aus|ru|fe
das **Aus|ru|fe|zei|chen**
sich **aus|ru|hen;** sie ruht sich aus; sie hat sich ausgeruht; ruh *oder* ruhe dich ein wenig aus!
die **Aus|rüs|tung;** die perfekte Ausrüstung für die Radtour
aus|rut|schen; du rutschst aus; mir ist das Messer ausgerutscht
die **Aus|saat**
aus|sä|en; du säst Getreide aus; sie säte Getreide aus; sä *oder* säe aus!
die **Aus|sa|ge**
die **Aus|sa|ge|kraft**

aus|sa|ge|kräf|tig; aussagekräftige Statistiken

aus|sa|gen (ausdrücken; eine Aussage machen); dieses Verhalten sagt etwas über ihre Einstellung aus; sie hat vor der Polizei ausgesagt

der **Aus|satz** (eine Krankheit); des Aus|sat|zes

aus|sät|zig

aus|schal|ten; du schaltest aus; er hat das Licht ausgeschaltet; schalt *oder* schalte aus!

die **Aus|schau;** nach jemandem oder etwas Ausschau halten

aus|schau|en; er schaute nach dem Schiff aus; *(süddeutsch, österreichisch:)* die Sache schaut gut aus; sie hat schlecht ausgeschaut

aus|schei|den; das Insekt scheidet einen Duftstoff aus; der Verein schied aus dem Wettbewerb aus

die **Aus|schei|dung**

der **Aus|schei|dungs|kampf**

aus|schimp|fen; du schimpfst ihn aus; er hat mich ausgeschimpft; schimpfe sie nicht aus!

der **Aus|schlag;** des Ausschlags *oder* Aus|schla|ges; die Aus|schlä|ge; der Ausschlag des Pendels; ein juckender Ausschlag

aus|schlag|ge|bend; ihre Stimme war bei der Wahl ausschlaggebend; ABER: die den Ausschlag gebende Stimme

aus|schlie|ßen; man schloss ihn aus dem Verein aus; ein Versehen ist ausgeschlossen; schließ *oder* schließe sie nicht aus!

aus|schließ|lich; das ist ausschließlich ihr Verdienst; die Kosten ausschließlich des genannten Betrages

der **Aus|schluss;** des Aus|schlus|ses; die Aus|schlüs|se

der **Aus|schnitt;** des Ausschnitts *oder* Aus|schnittes, die Ausschnitte

der **Aus|schuss;** des Aus|schus|ses; die Aus|schüs|se

aus|schwei|fend (maßlos; sittenlos); ein ausschweifendes Leben führen

aus|se|hen; es sieht nach Regen aus; sie sah krank aus; mit ihm hat es schlimm ausgesehen

das **Aus|se|hen**

au|ßen; von außen [her]; nach innen und außen; außen spielen *(Sport);* die außen liegenden *oder* außenliegenden Kabinen; ein außen Stehender *oder* ↑Außenstehender

der **Au|ßen** (*Sport:* Außenspieler)

die **Au|ßen|gren|ze;** die Außengrenzen der EU

au|ßen|lie|gend ↑außen

der **Au|ßen|mi|nis|ter**

die **Au|ßen|mi|nis|te|rin**

die **Au|ßen|po|li|tik**

au|ßen|po|li|tisch; die außenpolitische Lage ist entspannt

der **Au|ßen|sei|ter;** des Außenseiters; die Außenseiter

die **Au|ßen|sei|te|rin;** die Außenseiterinnen

der **Au|ßen|ste|hen|de** *oder* **au|ßen Ste|hen|de;** ein Außenstehender *oder* außen Stehender; die Außenstehenden *oder* außen Stehenden; zwei Außenstehende *oder* außen Stehende

die **Au|ßen|ste|hen|de** *oder* **au|ßen Ste|hen|de;** eine Außenstehende *oder* außen Stehende

au|ßer

Konjunktion:

- wir fahren mit dem Fahrrad, außer [wenn] es regnet
- niemand kann seine Schrift lesen außer er selbst

Präposition:

- niemand kann seine Schrift lesen außer ihm selbst
- ich bin außer mir
- ich gerate außer mir vor Freude
- etwas außer Acht lassen
- außer Haus
- außer allem Zweifel
- er ist außer Rand und Band
- außer Landes gehen

Zusammen- oder Getrenntschreibung ist möglich bei:

- außerstande *oder* außer Stande sein
- sich außerstande *oder* außer Stande sehen
- außerstand *oder* außer Stand setzen

au|ßer|dem
äu|ße|re; die äußere Tür
das **Äu|ße|re;** ihr Äußeres
au|ßer|ge|wöhn|lich
au|ßer|halb; außerhalb Münchens; außerhalb des Campingplatzes
au|ßer|ir|disch
äu|ßer|lich
die **Äu|ßer|lich|keit**
äu|ßern; du äußerst; er hat diesen Verdacht geäußert; äußere doch etwas!; sie hat sich schlecht darüber geäußert
au|ßer|or|dent|lich
au|ßer|par|la|men|ta|risch; die außerparlamentarische Opposition
äu|ßerst; auf das, aufs äußerste *oder* Äußerste (sehr) erschrocken sein; ABER NUR: auf das, aufs Äußerste gefasst sein; das Äußerste befürchten; es zum Äußersten kommen lassen; bis zum Äußersten gehen
au|ßer|stan|de *oder* **au|ßer Stan|de** ↑außer
die **Äu|ße|rung**
aus|set|zen; sie setzt eine Belohnung aus; sie setzte ein Spiel aus; er hat seinen Hund ausgesetzt; sie hat daran nichts auszusetzen (nichts zu kritisieren)
die **Aus|sicht**
aus|sichts|los; aus|sichts|lo|ser; am aus|sichts|lo|ses|ten; ein aussichtsloser Fall
die **Aus|sichts|lo|sig|keit**
der **Aus|sied|ler;** des Aussiedlers; die Aussiedler
die **Aus|sied|le|rin;** die Aussiedlerinnen
sich **aus|söh|nen;** sie hat sich mit ihrem Freund ausgesöhnt; söhn *oder* söhne dich mit ihm aus!
die **Aus|söh|nung**
aus|son|dern; du sonderst aus; er sonderte aus; sie hat ausgesondert; sondere die schlechten Exemplare aus!
die **Aus|son|de|rung**
aus|span|nen; du spannst die Pferde aus; sie hat ihr den Freund ausgespannt (abspenstig gemacht); er versucht, am Sonntag auszuspannen (er versucht, sich am Sonntag zu erholen)
aus|sper|ren; er hat sie (durch Verschließen der Tür) ausgesperrt; man versucht, die Arbeiter auszusperren (von der Arbeit auszuschließen)
die **Aus|sper|rung** (Maßnahme, durch die die Arbeitnehmer von der Arbeit ausgeschlossen werden)
die **Aus|spra|che**
aus|spre|chen; du sprichst den Laut undeutlich aus; sie sprach [ihm] ihr Mitgefühl aus; sie haben sich [darüber] ausgesprochen; sprich dich aus! (äußere dich unbefangen!)
der **Aus|spruch;** des Ausspruchs *oder* Ausspru|ches; die Aus|sprü|che
aus|staf|fie|ren (herausputzen); er staffierte ihn als Indianer aus (er verkleidete ihn als Indianer)
der **Aus|stand** (Streik); des Ausstands *oder* Aus|stan|des; die Aus|stän|de
aus|stat|ten; viele Autos sind mit Airbags ausgestattet
die **Aus|stat|tung**
aus|ste|hen; jemanden nicht ausstehen können
aus|stei|gen; sie steigt aus; sie ist ausgestiegen; steig *oder* steige schnell aus!
aus|stel|len; er stellte mir einen Pass aus; er hat seine Bilder ausgestellt
der **Aus|stel|ler**
die **Aus|stel|lung**
aus|ster|ben; diese Pflanzenart stirbt aus; die Dinosaurier starben aus; die Dinosaurier sind ausgestorben
die **Aus|steu|er** (Brautausstattung)
der **Aus|stieg;** des Ausstiegs *oder* Aus|stie|ges; die Aus|stie|ge
aus|strah|len; die Lehrerin strahlte Ruhe aus; Nachrichten in alle Welt ausstrahlen
die **Aus|strah|lung;** die Ausstrahlung des Fußballspiels war gesichert
aus|su|chen; sie suchte drei Bilder aus; ich habe mir etwas ausgesucht; such *oder* suche dir etwas Schönes aus!
der **Aus|tausch;** des Austauschs *oder* Aus|tau|sches; die Aus|tau|sche *oder* Aus|täu|sche *Plural selten*
aus|tau|schen; er tauschte das Teil aus; tausch *oder* tausche die Batterien aus!
das **Aus|tausch|jahr**
der **Aus|tausch|schü|ler**
die **Aus|tausch|schü|le|rin**
die **Aus|ter** (essbare Meeresmuschel); die Austern

A aus B C D E F G H I J K L M N O P Q R S T U V W X Y Z

Aus|t|ra|li|en
der **Aus|t|ra|li|er;** des Australiers; die Australier
die **Aus|t|ra|li|e|rin;** die Australierinnen
aus|t|ra|lisch
aus|trick|sen; er trickst dich aus; sie hat die Abwehrspielerin ausgetrickst
aus|trin|ken; ich trinke aus; er trank das Bier aus; er hat sein Glas ausgetrunken; trink *oder* trinke aus!
aus|üben; ich übe drei Sportarten aus; meine Schwester übt ihr Wahlrecht aus; üb *oder* übe mal Einfluss auf ihn aus!
aus|ufern (über die Ufer treten; das Maß überschreiten); der See ufert aus; die Diskussion ist ausgeufert
der **Aus|ver|kauf;** des Ausverkaufs *oder* Aus|ver|kau|fes; die Aus|ver|käu|fe
aus|ver|kau|fen; die Eintrittskarten sind ausverkauft; wir haben alle Sonnenschirme ausverkauft
die **Aus|wahl;** der Auswahl; die Aus|wahlen
aus|wäh|len; er wählt aus; sie hat die Bewerberinnen ausgewählt
der **Aus|wan|de|rer**
die **Aus|wan|de|rin**
aus|wan|dern; ich wandere demnächst aus; er wandert aus; er ist ausgewandert
aus|wär|tig; auswärtiger Dienst; ABER: das Auswärtige Amt; der Minister des Auswärtigen
aus|wärts; auswärts (in einer Gaststätte) essen; von auswärts kommen; nach auswärts gehen; ↑auswärtsgehen, aufwärts
aus|wärts|ge|hen (mit auswärtsgerichteten Füßen gehen); sie ging auswärts; er ist auswärtsgegangen
die **Aus|wärts|hür|de** *(Sport)*
das **Aus|wärts|spiel** *(Sport)*
aus|wa|schen; sie wusch die Flecken aus; sie hat die Flecken ausgewaschen; wasch *oder* wasche das mal aus!
aus|wech|seln; ich wechs[e]le das Teil aus; der Trainer hat den Torwart ausgewechselt; wechsle *oder* wechsele die Daten aus!
der **Aus|wech|sel|spie|ler** *(Sport)*
die **Aus|wech|sel|spie|le|rin** *(Sport)*
die **Aus|wech|se|lung** *oder* **Aus|wechs|lung**

der **Aus|weg;** des Auswegs *oder* Ausweges, die Auswege; wegzuschauen ist kein Ausweg
aus|wei|chen; sie wich aus; sie ist meiner Frage ausgewichen; weich *oder* weiche bitte nicht dauernd aus!
der **Aus|weis;** des Aus|wei|ses; die Aus|wei|se
aus|wei|sen; sie weist ihn aus; er wies sie aus; er hat ihn ausgewiesen; weis *oder* weise ihn aus!; sich ausweisen; sie hat sich ausgewiesen
aus|wei|ten; die Unruhen weiten sich zum Bürgerkrieg aus
aus|wen|dig; etwas auswendig lernen
aus|wer|ten; sie hat die Zahlen ausgewertet
die **Aus|wer|tung**
die **Aus|wir|kung;** der Auswirkung; die Aus|wir|kun|gen
aus|wi|schen; du wischst aus; sie hat mir eins ausgewischt; wisch *oder* wische das bitte aus!
der **Aus|wuchs** (Übertreibung); Auswüchse der Fantasie
aus|zah|len; das zahlt sich nicht aus (*umgangssprachlich für:* das lohnt sich nicht)
aus|zeich|nen; er zeichnete sich durch Schnelligkeit aus; man hat sie mit einem Preis ausgezeichnet
die **Aus|zeich|nung**
die **Aus|zeit** (*Sport:* Spielunterbrechung); die Aus|zei|ten
aus|zie|hen; du ziehst die Schuhe aus; er zog den Mantel aus; er ist aus der Wohnung ausgezogen; zieh *oder* ziehe endlich aus!; sich ausziehen; sie hat sich ausgezogen
der **Aus|zu|bil|den|de;** ein Auszubildender; die Auszubildenden; zwei Auszubildende
die **Aus|zu|bil|den|de;** eine Auszubildende
aus|zu|cken (*österreichisch umgangssprachlich für:* die Beherrschung verlieren)
der **Aus|zug;** des Auszugs *oder* Aus|zu|ges; die Aus|zü|ge; ein Auszug aus einem Roman
au|t|ark ([wirtschaftlich] unabhängig, selbstständig)
die **Au|t|ar|kie** (wirtschaftliche Unabhängigkeit [vom Ausland])
au|then|tisch (echt, den Tatsachen ent-

sprechend); eine authentische Darstellung

die **Au|then|ti|zi|tät** (Echtheit; Glaubwürdigkeit)

das **Au|to;** des Autos; die Autos; Auto fahren; ich bin Auto gefahren; Auto und Rad fahren; Rad und Auto fahren

die **Au|to|bahn** (*Zeichen:* A, z. B. A 14)

die **Au|to|bio|gra|fie** *oder* **Au|to|bio|gra|phie** (Beschreibung des eigenen Lebens); die Au|to|bio|gra|fi|en *oder* Au|to|bio|gra|phi|en

der **Au|to|di|dakt** (jemand, der etwas im Selbstunterricht lernt); des/dem/den Au|to|di|dak|ten; die Au|to|di|dak|ten

die **Au|to|di|dak|tin;** die Autodidaktinnen

au|to|di|dak|tisch

das **Au|to|fah|ren;** ABER: er kann Auto fahren

der **Au|to|fah|rer**

die **Au|to|fah|re|rin**

au|to|frei; autofreier Sonntag

das **Au|to|gramm** (eigenhändig geschriebener Name); des Autogramms; die Au|to|gram|me

der **Au|to|mat;** des/dem/den Au|to|ma|ten; die Au|to|ma|ten

die **Au|to|ma|tik** (Vorrichtung, die einen technischen Vorgang steuert)

au|to|ma|tisch (selbsttätig; zwangsläufig); automatische Bewässerung; der Vertrag verlängert sich automatisch

au|to|ma|ti|sie|ren (auf vollautomatische Fabrikation umstellen)

das **Au|to|mo|bil;** des Automobils; die Au|to|mo|bi|le

au|to|nom (selbstständig)

die **Au|to|no|mie** (Selbstständigkeit, Unabhängigkeit); die Au|to|no|mi|en

der **Au|tor** (Verfasser); des Autors; dem/den Autor; die Au|to|ren

das **Au|to|ra|dio**

die **Au|to|rin;** die Autorinnen

au|to|ri|tär (unbedingten Gehorsam fordernd); autoritäre Erziehung

die **Au|to|ri|tät** (Ansehen; bedeutende[r] Fachgelehrte[r]); die Au|to|ri|tä|ten

der **Au|to|schlos|ser**

die **Au|to|schlos|se|rin**

der **Au|to|scoo|ter** *oder* **Au|to|skoo|ter** [...skuːtɐ] (elektrisches Kleinauto auf Jahrmärkten)

autsch!

au|weh!

avant|gar|dis|tisch [avɑ̃gardˈɪstɪʃ] (vorkämpferisch; eine fortschrittliche Haltung einnehmend)

das **Ave-Ma|ria** (Gebet an die Muttergottes); des Ave-Maria *oder* Ave-Marias; die Ave-Maria *oder* Ave-Marias

die **Avo|ca|do** (südamerikanische Baumfrucht); die Avocados

das **Axi|om** (nicht ableitbarer Grundsatz); des Axioms; die Axi|o|me

die **Axt;** die Äx|te

der *oder* das **Ay|ran** (ein Joghurtgetränk); des Ayran *oder* Ayrans; die Ayran *oder* Ayrans

die **Aza|lee** [atsaˈleːə] (eine Zierpflanze); die Aza|le|en

das **Aze|tat,** *fachsprachlich:* **Ace|tat** (Salz der Essigsäure; eine Chemiefaser); des Azetats, *fachsprachlich:* Acetats; die Aze|ta|te, *fachsprachlich:* Ace|ta|te

die **Azo|ren** (Inselgruppe im Atlantischen Ozean) *Plural*

der **Az|te|ke** (Angehöriger eines Indianerstamms in Mexiko); des/dem/den Azteken; die Azteken

die **Az|te|kin;** die Aztekinnen

der **Azu|bi** (*kurz für:* Auszubildender); des Azubis; die Azubis

die **Azu|bi** (*kurz für:* Auszubildende); die Azubis

die **Azu|bi|ne** (*umgangssprachlich scherzhaft für:* Auszubildende); die Azubinen

B

das **B** (Buchstabe); des B; die B; ABER: das b in Abend; das B-Dur, ABER: das b-Moll (Tonarten)

bab|beln (*landschaftlich für:* schwatzen); ich babble *oder* babbele; sie babbelte; er hat gebabbelt; babble *oder* babbele nicht so viel!

Ba|bel (die Stadt Babylon)

das **Ba|by** [ˈbeːbi] (Säugling, Kleinkind); des Babys; die Babys

Ba|by|lon (Ruinenstadt am Euphrat)

ba|by|lo|nisch

die **Ba|by|pau|se** (*umgangssprachlich für:* Unterbrechung der Berufstätigkeit durch die Geburt eines Kindes)
der **Ba|by|po, Ba|by|po|po** (*familiär*)
das **Ba|by|schwim|men**
der **Ba|by|sit|ter** (jemand, der Kleinkinder bei Abwesenheit der Eltern beaufsichtigt); des Babysitters; die Babysitter
die **Ba|by|sit|te|rin;** die Babysitterinnen
das **Ba|by|sit|ting** (Betreuung von Kleinkindern); des Babysitting[s]
der **Bach;** des Bachs; die Bä|che
der **Ba|che|lor** ['bɛtʃəlɐ] (Hochschulabschluss, besonders in englischsprachigen Ländern); des Bachelors *oder* Bachelor, die Bachelor
der **Ba|che|lor|stu|di|en|gang**
das **Ba|che|lor|stu|di|um**
das **Back|bord** (die linke Schiffsseite [von hinten gesehen]); des Backbords *oder* Back|bor|des; die Back|bor|de
die **Ba|cke;** *Verkleinerungsform:* das Bäckchen
ba|cken; du bäckst *oder* backst; der Bäcker bäckt *oder* backt; die Bäckerin backte, *älter:* buk; der Bäcker hat das Brot gebacken; back *oder* backe den Kuchen!
der **Ba|cken|zahn**
der **Bä|cker;** des Bäckers; die Bäcker
die **Bä|cke|rei**
die **Bä|cke|rin;** die Bäckerinnen
der **Back|fisch** (*veraltet auch für:* weiblicher Teenager)
das **Back|obst**
der **Back|ofen**
der **Back|pa|cker** ['bɛkpɛkɐ] (Rucksacktourist); des Backpackers; die Backpacker
die **Back|pa|cke|rin;** die Backpackerinnen
die **Back|pfei|fe** (*landschaftlich für:* Ohrfeige)
das **Back|pul|ver**
der **Back|stein**
der **Ba|con** ['beɪk(ə)n] (Frühstücksspeck); des Bacons; Eier mit Bacon
das **Bad;** des Bads *oder* Ba|des; die Bä|der
der **Ba|de|an|zug**
die **Ba|de|ho|se**
der **Ba|de|meis|ter**
die **Ba|de|meis|te|rin**
ba|den; du badest; sie hat gebadet; bade jetzt!; baden gehen
Ba|den-Würt|tem|berg
ba|den-würt|tem|ber|gisch
die **Ba|de|shorts**
die **Ba|de|wan|ne**
das **Ba|de|zim|mer**
ba|disch (aus Baden stammend); die badische Küche
das **Bad|min|ton** ['bɛtmɪntn̩] (ein Federballspiel); des Badminton
baff (*umgangssprachlich für:* verblüfft); sie ist ganz baff
das **BAföG** *oder* **Ba|fög** (= Bundesausbildungsförderungsgesetz; Stipendium); des BAföG *oder* BAföGs, *auch:* des Bafög *oder* Bafögs
die **Ba|ga|ge** [ba'ga:ʒə] (*umgangssprachlich für:* Gruppe von Menschen, über die sich jemand ärgert)
die **Ba|ga|tel|le** (eine unbedeutende Kleinigkeit); die Bagatellen
Bag|dad (Hauptstadt Iraks)
der **Bag|ger;** des Baggers; die Bagger
bag|gern; ich baggere; er hat gebaggert
der **Bag|ger|see**
die, *auch:* das **Ba|guette** [ba'gɛt] (französisches Stangenweißbrot); der Baguette, *auch:* des Baguettes; die Ba|guet|ten, *auch:* die Baguettes
der **Ba|ha|ma|er;** des Bahamaers; die Bahamaer
die **Ba|ha|ma|e|rin;** die Bahamaerinnen
ba|ha|ma|isch
die **Ba|ha|mas** (Inselgruppe und Staat im Karibischen Meer) *Plural*
die **Bahn;** die Bah|nen
bahn|bre|chend; die bahnbrechende Erfindung; ABER: eine sich Bahn brechende Entwicklung
die **Bahn|Card®** *oder* **Bahn|card** [...ka:ɐ̯t] (*Markenbezeichnung:* Kundenkarte der Deutschen Bahn); der BahnCard *oder* Bahncard; die BahnCards *oder* Bahncards
bah|nen; ich bahne mir einen Weg; sie hat sich einen Weg gebahnt; bahn *oder* bahne dir einen Weg!
das **Bahn|gleis**
der **Bahn|hof** (*Abkürzungen:* Bf., Bhf.)
der **Bahn|steig**
der **Bahn|über|gang**
die **Bah|re**
die **Bai** (die Bucht); die Bai|en

das **Bai|ser** [bɛˈzeː] (Schaumgebäck); des Baisers; die Baisers
die **Ba|ke** (festes Orientierungszeichen im Verkehr); die Baken
die **Bak|te|rie** (*Biologie, Medizin:* einzelliges Kleinstlebewesen); die Bak|te|ri|en
bak|te|ri|ell (*Biologie, Medizin:* durch Bakterien hervorgerufen, die Bakterien betreffend); bakterielle Erkrankungen
die **Bak|te|ri|en|kul|tur**
die **Ba|la|lai|ka** (russisches Saiteninstrument); die Balalaikas *oder* Balalaiken
die **Ba|lan|ce** [baˈlãːs(ə)] (Gleichgewicht); Balance halten
ba|lan|cie|ren [balãˈsiːrən] (das Gleichgewicht halten); du balancierst; sie balancierte; er ist auf dem Seil balanciert; sie hat ein Ei auf dem Kopf balanciert
bald; eher; am ehes|ten; möglichst bald; so bald als *oder* wie möglich
der **Bal|da|chin** (Traghimmel; Betthimmel); des Baldachins; die Bal|da|chi|ne
bal|dig; er freut sich auf ein baldiges Wiedersehen
bal|digst (schnellstens)
der **Bal|d|ri|an** (eine Heilpflanze); des Baldrians; die Bal|d|ri|a|ne
der **Bal|d|ri|an|tee**
der **Balg** (die Tierhaut); des Balgs *oder* Bal|ges; die Bäl|ge
der *oder* das **Balg** (ein unartiges Kind); des Balgs *oder* Bal|ges; die Bäl|ger
sich **bal|gen** (raufen); du balgst dich; er hat sich mit ihm gebalgt; balge dich nicht!
die **Bal|ge|rei**
der **Bal|kan** (Gebirge in Südosteuropa)
die **Bal|kan|halb|in|sel** *oder* **Bal|kan-Halb|in|sel**
die **Bal|kan|rou|te** (Flucht- oder Schmuggelroute durch verschiedene Balkanstaaten)
der **Bal|ken;** des Balkens; die Balken
der **Bal|kon** [balˈkɔŋ, *auch:* balˈkoːn]; des Balkons; die Balkons *oder* Bal|ko|ne
der **Ball;** des Balls *oder* Bal|les; die Bäl|le; Ball spielen; ABER: das Ballspielen
die **Bal|la|de** (episch-dramatisches Gedicht)
der **Bal|last** [*auch:* baˈlast] (tote Last; Bürde); des Ballasts *oder* Bal|las|tes; die Bal|las|te *Plural selten*
der **Bal|last|stoff** (Nahrungsbestandteil, den der Körper nicht verwertet) *meist Plural;* reich an Ballaststoffen
das **Bäl|le|bad**
bal|len; sie ballte die Faust; die Wolken haben sich geballt
der **Bal|len** (Muskelpolster an Hand und Fuß; Packen); des Ballens; die Ballen; zwei Ballen Baumwolle
die **Bal|le|ri|na** (Balletttänzerin); die Ballerinen
das **Bal|lett** (der Bühnentanz; die Tanzgruppe); des Balletts *oder* Bal|let|tes; die Bal|let|te
der **Bal|lett|tän|zer** *oder* **Bal|lett-Tän|zer**
die **Bal|lett|tän|ze|rin** *oder* **Bal|lett-Tän|ze|rin**
die **Bal|lett|trup|pe** *oder* **Bal|lett-Trup|pe**
die **Bal|lis|tik** (Lehre von der Bewegung geschleuderter oder geschossener Körper)
bal|lis|tisch
der **Bal|lon** [baˈlɔŋ, baˈlõː]; des Ballons; die Ballons *oder* Bal|lo|ne
das **Bal|lungs|ge|biet** (Gebiet mit dichter Besiedlung und Industrie)
der **Bal|lungs|raum**
das **Bal|sa|holz** (eine sehr leichte Holzart)
der **Bal|sam** ([lindernde] Salbe); des Balsams; die Bal|sa|me
die **Ba|lus|t|ra|de** (Brüstung, Geländer); die Balustraden
die **Balz** (Paarungszeit bestimmter Vögel); die Bal|zen
bal|zen (um ein Weibchen werben [von bestimmten Vögeln]); der Auerhahn balzt; er hat gebalzt
der **Bam|bi** (ein Filmpreis in Form eines kleinen Rehs [nach W. Disneys 1941 entstandenem Zeichentrickfilm »Bambi«]); des Bambis; die Bambis
der **Bam|bi|ni|lauf** *(Sport)*
der **Bam|bus** (ein Riesengras); des Bambus *oder* Bambusses; die Bambusse
der **Bam|mel** (*umgangssprachlich für:* Angst); des Bammels; Bammel haben
ba|nal (geistlos; alltäglich)
ba|na|li|sie|ren; du banalisierst; sie banalisierte; er hat die Sache banalisiert; banalisier *oder* banalisiere das Geschehen nicht!
die **Ba|na|li|tät;** Banalitäten sagen
die **Ba|na|ne**

der **Ba|nau|se** (Mensch ohne Kunstverständnis); des Banausen; die Banausen

das **Band** ([Gewebe]streifen; Magnetband, Tonband); des Bands *oder* Ban|des; die Bän|der

das **Band** (Fessel); des Bands *oder* Ban|des; die Ban|de *meist Plural;* sie ist außer Rand und Band (ausgelassen)

der **Band** (einzelnes Buch [einer Reihe]); des Bands *oder* Ban|des; die Bän|de; eine Goetheausgabe in zehn Bänden

die **Band** [bɛnt] (eine Gruppe von Musikern, besonders eine Jazzband); die Bands

die **Ban|da|ge** [ban'daːʒə] (stützender oder schützender Verband); die Bandagen

ban|da|gie|ren [banda'ʒiːrən]; sie bandagierte den Knöchel; bandagier *oder* bandagiere das Knie!

die **Band|brei|te** (Bereich, Umfang, Spannweite); der Bandbreite; die Bandbreiten

die **Ban|de** (organisierte Gruppe von Verbrechern; *abwertend oder scherzhaft für:* Gruppe von Jugendlichen)

die **Ban|de** (Einfassung, z. B. Billardbande); der Bande; die Banden; wir bowlen mit Bande

der *oder* das **Bän|del** ([schmales] Band, Schnur); des Bändels; die Bändel

der **Ban|den|chef**

die **Ban|den|che|fin**

die **Ban|de|ro|le** (Papierstreifen, mit dem eine Ware versehen und verschlossen wird); die Banderolen

der **Bän|der|riss** *(Medizin)*

bän|di|gen; du bändigst; sie hat das Pferd gebändigt; bändige das Pferd!

der **Ban|dit** (Räuber); des/dem/den Ban|diten; die Ban|di|ten

die **Ban|di|tin;** die Banditinnen

der **Band|lea|der** ['bɛntliːdɐ] (Leiter einer Jazz- oder Rockgruppe); des Bandleaders; die Bandleader

die **Band|lea|de|rin;** die Bandleaderinnen

das **Band|maß**

die **Band|schei|be** (knorpelige Scheibe zwischen je zwei Wirbeln der Wirbelsäule)

der **Band|wurm**

bang *oder* **ban|ge;** ban|ger *oder* bän|ger; am bangs|ten *oder* am bängs|ten; mir ist angst und bang[e]; mir wird ganz bang; Bange machen; sie hat mir ganz schön Bange gemacht; das Bangemachen

ban|gen (*gehoben für:* fürchten; in Sorge sein); du bangst; sie bangte; er hat gebangt; ihnen bangt vor der Zukunft; er hat um sein Praktikum gebangt

Bang|kok (Hauptstadt Thailands)

Ban|g|la|desch (Staat in Südasien)

der **Ban|g|la|de|scher;** des/dem/den Bangladescher; die Bangladescher

die **Ban|g|la|de|sche|rin;** die Bangladescherinnen

ban|g|la|de|schisch

das **Ban|jo** [*auch:* 'bɛndʒo] (Musikinstrument); des Banjos; die Banjos

die **Bank** (Sitzgelegenheit); die Bän|ke

die **Bank** (Geldinstitut); die Ban|ken

der **Bank|au|to|mat**

der **Bän|kel|sän|ger** (fahrender Sänger)

die **Bän|kel|sän|ge|rin**

die **Ban|ken|ret|tung** *(Politik, Wirtschaft) Plural selten*

der **Ban|ken|stress|test**

die **Ban|ken|uni|on** (*Politik, Wirtschaft:* Zentralisierung der Finanzaufsicht in der EU) *Plural selten*

der **Ban|ker** ['bɛŋkɐ] *oder* **Bän|ker** (Bankfachmann); des Bankers *oder* Bänkers; die Banker *oder* Bänker

die **Ban|ke|rin** ['bɛŋkə...] *oder* **Bän|ke|rin;** der Bankerin *oder* Bänkerin; die Bankerinnen *oder* Bänkerinnen

das **Ban|kett** (Festmahl); des Banketts *oder* Ban|ket|tes; die Ban|ket|te

das **Bank|ge|heim|nis**

der **Ban|ki|er** [baŋ'ki̯eː] (Inhaber eines Bankhauses); des Bankiers; die Bankiers

das **Bank|kon|to**

der **Bank|kun|de**

die **Bank|kun|din;** die Bankkundinnen

die **Bank|leit|zahl** (*Abkürzung:* BLZ)

die **Bank|no|te**

der **Bank|raub**

ban|k|rott (zahlungsunfähig; *auch übertragen für:* am Ende, erledigt); bankrott sein, werden

der **Ban|k|rott** (Zahlungsunfähigkeit); des Bankrotts *oder* Ban|k|rot|tes; die Ban|k|rot|te; Bankrott machen

ban|k|rott|ge|hen (zahlungsunfähig werden); du gehst bankrott; sie ist bankrottgegangen

der **Bann** (Ausschluss [aus einer Gemeinschaft]); des Banns *oder* Ban|nes; die Ban|ne
die **Bann|bul|le** (Bannurkunde des Papstes)
ban|nen; du bannst; sie hat die Gefahr gebannt; die Gefahr ist jetzt gebannt
das **Ban|ner** (Fahne); des Banners; die Banner
die **Bann|mei|le** (Bezirk, in dem Versammlungsverbot herrscht)
der **Bap|tist** (Anhänger einer evangelischen Lehre, die nur die Erwachsenentaufe zulässt); des/dem/den Bap|tis|ten; die Bap|tis|ten
die **Bap|tis|tin;** die Baptistinnen
bar (bloß); bar aller Vernunft; sie hat viel bares Geld; ABER: sie hat viel Bargeld; bar bezahlen; in bar geben; gegen bar verkaufen; das ist barer Unsinn
die **Bar** (kleines [Nacht]lokal; Theke); die Bars
der **Bär** (ein Raubtier); des/dem/den Bä|ren; die Bä|ren; der Große, der Kleine Bär (Sternbilder); sie hat ihm einen Bären aufgebunden (sie hat ihm glaubhaft etwas Unwahres erzählt)
die **Ba|ra|cke** (einfacher, flacher [Holz]bau, der meist als Ersatzwohnung dient); die Baracken
der **Bar|ba|di|er** (Bewohner von Barbados); des Barbadiers; die Barbadier
die **Bar|ba|di|e|rin;** die Barbadierinnen
bar|ba|disch
Bar|ba|dos (Inselstaat in der Karibik)
der **Bar|bar** (roher Mensch); des/dem/den Bar|ba|ren; die Bar|ba|ren
die **Bar|ba|rei** (Rohheit, Unmenschlichkeit, Grausamkeit)
die **Bar|ba|rin;** die Barbarinnen
bar|ba|risch
die **Bar|be** (ein Fisch)
das **Bar|be|cue** ['ba:ɐ̯bɪkju:] (Grillfest im Garten); des Barbecue *oder* Barbecues; die Barbecues
bär|bei|ßig (grimmig; verdrießlich)
der **Bä|ren|dienst;** jemandem einen Bärendienst (einen schlechten Dienst) erweisen
bä|ren|stark (*umgangssprachlich für:* sehr stark; hervorragend); eine bärenstarke Leistung

das **Ba|rett** (eine Mütze); des Baretts *oder* Ba|ret|tes; die Ba|ret|te
bar|fuß; barfuß gehen
bar|fü|ßig
der **Bar|fuß|pfad** (Weg, auf dem die nackten Füße unterschiedliche Materialien und Stoffe fühlen können)
das **Bar|geld;** des Bargelds *oder* Bar|gel|des
bar|geld|los; bargeldloser Zahlungsverkehr
bar|häup|tig
der **Ba|ri|ton** (mittlere Männerstimme; *auch:* Sänger mit dieser Stimme); des Baritons; die Ba|ri|to|ne
das **Ba|ri|um** (chemisches Element, Leichtmetall; *Zeichen:* Ba); des Bariums
die **Bar|kas|se** (ein Motorboot)
die **Bar|ke** (kleines Boot)
der **Bar|kee|per** ['ba:ɐ̯ki:pɐ] (jemand, der in einer Bar [alkoholische] Getränke mixt und ausschenkt); des Barkeepers; die Barkeeper
die **Bar|kee|pe|rin;** die Barkeeperinnen
barm|her|zig; barmherzige Leute; ABER: Barmherzige Brüder, Barmherzige Schwestern (religiöse Genossenschaften für Krankenpflege)
die **Barm|her|zig|keit**
der **Bar-Miz|wa** *oder* **Bar Miz|wa** (Jude nach Vollendung des 13. Lebensjahres); des Bar-Mizwa *oder* Bar Mizwa; die Bar-Mizwas *oder* Bar Mizwas
die **Bar-Miz|wa** *oder* **Bar Miz|wa** (feierliche Aufnahme der Bar-Mizwas in den Kreis der Erwachsenen); der Bar-Mizwa *oder* Bar Mizwa; die Bar-Mizwas *oder* Bar Mizwas
ba|rock (im Stil des Barocks; verschnörkelt, überladen); ein barocker Bau; einen barocken Geschmack haben
das *oder* der **Ba|rock** (ein Kunststil); des Barocks
das **Ba|ro|me|ter** (Luftdruckmesser)
der **Ba|ron** (ein Adelstitel); des Barons; die Ba|ro|ne
die **Ba|ro|nin;** die Baroninnen
das **Bar|rel** ['bɛrəl] (in Großbritannien und den USA verwendetes Hohlmaß); des Barrels; die Barrels; ABER: 3 Barrel Öl
der **Bar|ren** (ein Turngerät); des Barrens; die Barren
der **Bar|ren** ([Stangen]form, in der Edel-

metalle gehandelt werden); des Barrens; die Barren; zwei Barren Gold

die **Bar|ri|e|re** (Schranke; Sperre); die Barrieren

bar|ri|e|re|frei (von Gebäuden, Verkehrsmitteln u. Ä.) von Menschen mit Behinderung ohne Erschwernis oder fremde Hilfe nutzbar)

die **Bar|ri|ka|de** (Hindernis); die Barrikaden

barsch (unfreundlich, rau); bar|scher; am bar|sches|ten

der **Barsch** (ein Raubfisch); des Barschs *oder* Bar|sches; die Bar|sche

die **Bar|schaft**

der **Bar|scheck** (in bar einzulösender Scheck)

der **Bart;** des Barts *oder* Bar|tes; die Bär|te

bär|tig; bärtige Männer

bart|los

die **Bar|zah|lung**

der **Ba|salt** (ein Gestein); des Basalts *oder* Ba|sal|tes; die Ba|sal|te

der **Ba|sar** *oder* **Ba|zar** (orientalisches Händlerviertel; Wohltätigkeitsverkauf); des Basars *oder* Bazars; die Ba|sa|re *oder* Ba|za|re

die **Ba|se** (chemische Verbindung; Cousine); die Basen

der **Base|ball** [ˈbe̯ɪsbɔːl] (amerikanisches Schlagballspiel); des Baseballs

das *oder* die **Base|cap** [ˈbe̯ɪskæp] (Schirmmütze); des Basecaps *oder* der Basecap; die Basecaps

ba|sie|ren (beruhen); die Meldung basiert auf Tatsachen

die **Ba|si|li|ka** (altrömische Halle; Kirche mit überhöhtem Mittelschiff); die Basiliken

das **Ba|si|li|kum** (eine Gewürzpflanze); des Basilikums; die Basilikums *oder* Basiliken

die **Ba|sis** (Grundlage, Unterbau); die Basen

das **Ba|sis|wis|sen** (Grundwissen)

der **Bas|ket|ball** (Korbball[spiel])

der **Bass** (tiefe Männerstimme; Sänger; Streichinstrument; Bassgitarre); des Bas|ses; die Bäs|se

das **Bas|sin** [baˈsɛ̃ː] (künstliches Wasserbecken); des Bassins; die Bassins

der **Bas|sist** (Basssänger; Kontrabassspieler; Bassgitarrist)

die **Bas|sis|tin**

der **Bass|sän|ger** *oder* **Bass-Sän|ger**

der **Bass|schlüs|sel** *oder* **Bass-Schlüs|sel** (ein Notenschlüssel)

der **Bast** (eine Pflanzenfaser); des Basts *oder* Bas|tes; die Bas|te

bas|ta (*umgangssprachlich für:* genug!); [und] damit basta!

der **Bas|tard** (ein Mischling); des Bastards; die Bas|tar|de

bas|teln; ich bast[e]le; du bastelst; er bastelt; er bastelte; er hat gebastelt; bastle *oder* bastele doch mal!

die **Bas|til|le** [basˈtiːjə] (befestigtes Schloss, besonders das 1789 erstürmte Staatsgefängnis in Paris)

die **Bas|ti|on** (Bollwerk); die Bas|ti|o|nen

der **Bast|ler;** des Bastlers; die Bastler

die **Bast|le|rin;** die Bastlerinnen

die, *seltener:* der **Ba|tik** (Textilfärbeverfahren unter Verwendung von Wachs); des Batiks, *seltener:* der Batik; die Ba|ti|ken

ba|ti|ken; du batikst; sie batikte; sie hat gebatikt; batike!

der **Ba|tist** (ein feines Gewebe); des Batists *oder* Ba|tis|tes; die Ba|tis|te

die **Bat-Miz|wa** *oder* **Bat Miz|wa** (Jüdin nach Vollendung des 12. Lebensjahres); der Bat-Mizwa *oder* Bat Mizwa; die Bat-Mizwas *oder* Bat Mizwas

die **Bat-Miz|wa** *oder* **Bat Miz|wa** (feierliche Aufnahme der Bat-Mizwas in den Kreis der Erwachsenen); der Bat-Mizwa *oder* Bat Mizwa; die Bat-Mizwas *oder* Bat Mizwas

bat|teln *oder* **batt|len** [ˈbɛtl̩n] (*Musikjargon, Jugendsprache:* eine Battle austragen); du battelst [dich]; er battelte [sich]; sie hat [sich] gebattelt; battel *oder* battele *oder* battle [dich]!

die **Bat|te|rie** (eine Stromquelle; eine Artillerieeinheit); die Bat|te|ri|en

bat|te|rie|be|trie|ben; batteriebetriebene Uhren; die Uhr ist batteriebetrieben; ABER: die Uhr wird mit einer Batterie betrieben

die **Bat|te|rie|la|dung**

die **Bat|te|rie|zel|le**

die *oder* der **Bat|tle** [ˈbɛtl̩] (*besonders Musikjargon:* [spielerischer] Wettstreit); der Battle *oder* des Battles; die Battles

batt|len [ˈbɛtl̩n] *vergleiche:* **bat|teln**

der **Bat|zen** (eine frühere Münze; der Klumpen); des Batzens; die Batzen; das kostet einen Batzen (eine Menge) Geld

der **Bau;** des Baus *oder* Baues; *Plural (für Gebäude:)* die Bauten, *(für Tierwohnungen:)* die Baue

der **Bau|ar|bei|ter**

die **Bau|ar|bei|te|rin**

der **Bauch;** des Bauchs *oder* Bau|ches; die Bäu|che; *Verkleinerungsform:* das Bäuchlein

bau|chig

die **Bauch|lan|dung**

der **Bauch|na|bel**

bauch|re|den; sie kann bauchreden; er hat bauchgeredet

der **Bauch|red|ner**

die **Bauch|red|ne|rin**

der **Bauch|schmerz** *meist Plural*

die **Bauch|spei|chel|drü|se**

der **Bauch|tanz**

die **Bauch|tän|ze|rin**

die **Bauch|ta|sche**

das **Bauch|weh** *(umgangssprachlich für:* Bauchschmerzen)

bau|en; ich baue; du baust; sie baute; er hat gebaut; bau *oder* baue ein Vogelhaus!

das, *auch:* der **Bau|er** (Vogelkäfig); des Bauers; die Bauer

der **Bau|er** (Landwirt; eine Schachfigur; eine Spielkarte); des Bauern, *selten:* Bauers; die Bauern

die **Bäu|e|rin;** die Bäuerinnen

bäu|er|lich; sie leben alle ganz bäuerlich

der **Bau|ern|hof**

der **Bau|ern|krieg**

bau|ern|schlau (pfiffig, gerissen)

die **Bau|ern|schläue**

bau|fäl|lig

der **Bau|herr**

die **Bau|her|rin**

das **Bau|jahr;** unser Auto ist Baujahr 2012

der **Bau|kas|ten**

das **Bau|kas|ten|sys|tem**

der **Bau|kre|dit**

die **Bau|kunst**

bau|lich; bauliche Veränderungen

der **Baum;** des Baums *oder* Bau|mes; die Bäu|me

der **Bau|markt**

der **Bau|meis|ter**

die **Bau|meis|te|rin**

bau|meln; ich baum[e]le; sie baumelt; sie baumelte; sie hat mit den Beinen gebaumelt; baumle *oder* baumele nicht so!

die **Baum|gren|ze**

die **Baum|kro|ne**

der **Baum|kro|nen|pfad** (Waldlehrpfad auf Höhe der Baumkronen)

die **Baum|schu|le**

der **Baum|stamm**

der **Baum|wip|fel|pfad** (Baumkronenpfad)

die **Baum|wol|le**

baum|wol|len; baumwollene Hemden

der **Bau|plan**

der **Bau|platz**

die **Bäu|rin** *(süddeutsch, österreichisch neben:* Bäuerin)

der **Bau|satz**

der **Bausch;** die Bau|sche *oder* Bäu|sche; in Bausch und Bogen (alles in allem)

bau|schig

bau|spa|ren

> **!** Das Verb sollte nur im Infinitiv gebraucht werden: »Sie will unbedingt *bausparen.*« Wenn das Verb wie ein Nomen gebraucht wird, muss man es großschreiben: »*Das Bausparen* hat viele Vorteile.«

der **Bau|spa|rer**

die **Bau|spa|re|rin**

die **Bau|spar|kas|se**

der **Bau|spar|ver|trag**

der **Bau|stein;** des Bausteins *oder* Bausteines; die Bausteine

die **Bau|stel|le**

die **Bau|stof|fe** *Plural*

das **Bau|werk**

der **Bau|xit** (ein Mineral); des Bauxits; die Bau|xi|te

der **Bay|er;** des/dem/den Bayern; die Bayern

die **Bay|e|rin** *oder* **Bay|rin;** die Bayerinnen *oder* Bayrinnen

bay|e|risch *oder* **bay|risch;** die bay[e]rischen Seen; ABER: der Bayerische Wald

Bay|ern (deutsches Bundesland)

Bay|reuth (Stadt im deutschen Bundesland Bayern); die Richard-Wagner-Festspiele von Bayreuth

der **Ba|zar** *vergleiche:* **Ba|sar**
der **Ba|zil|len|trä|ger**
der **Ba|zil|lus** (ein Krankheitserreger); des Bazillus; die Bazillen
die **BBC** [bi:bi:ˈsi:] = British Broadcasting Corporation (britische Rundfunkgesellschaft)
Bd. = Band (bei Büchern)
Bde. = Bände
be|ab|sich|ti|gen (vorhaben); du beabsichtigst; sie beabsichtigte; er hat beabsichtigt
die **Beach|par|ty** [ˈbi:tʃ...] (Strandparty)
be|ach|ten; du beachtest; er beachtete; sie hat ihn nicht beachtet; beachte es!
be|ach|tens|wert
be|acht|lich
die **Be|ach|tung**
der, *auch:* das **Beach|vol|ley|ball** [ˈbi:tʃvɔli-bal] *oder* **Beach-Vol|ley|ball** (auf Sand gespielte Variante des Volleyballspiels)
bea|men [ˈbi:mən] (*EDV:* Daten auf eine Leinwand projizieren)
der **Bea|mer** [ˈbi:mɐ] (*EDV:* Gerät zur Projektion von Daten auf eine Leinwand); des Beamers, die Beamer
der **Be|am|te;** ein Beamter; die Beamten; zwei Beamte
die **Be|am|tin;** die Beamtinnen
be|ängs|ti|gend; beängstigende Stille
be|an|spru|chen; du beanspruchst; sie beanspruchte; sie hat meine Zeit beansprucht; beanspruch *oder* beanspruche Schadenersatz!
die **Be|an|spru|chung**
be|an|stan|den (bemängeln); du beanstandest; er beanstandete die Rechnung; er hat ihre Schrift beanstandet
die **Be|an|stan|dung**
be|an|tra|gen; du beantragst; sie hat beantragt; beantrag *oder* beantrage eine Ermäßigung!
be|ant|wor|ten; du beantwortest; sie beantwortete; er hat beantwortet; beantworte mir meine Frage!
die **Be|ant|wor|tung;** ich warte auf die Beantwortung meiner Fragen
be|ar|bei|ten; du bearbeitest; du hast das Holz bearbeitet; bearbeit *oder* bearbeite das bitte!
die **Be|ar|bei|tung**
der **Beat** [bi:t] (*Musik:* Schlagrhythmus; betonter Taktteil; *kurz für* Beatmusik); des Beat *oder* Beats
die **Beat|box** [ˈbi:t...] (elektronisches Gerät, das rhythmische Geräusche erzeugt); der Beatbox; die Beatboxes *oder* Beatboxen
bea|ten [ˈbi:tn̩] (nach Beatmusik tanzen)
be|at|men (*Medizin:* jemandem Luft in die Atemwege blasen); du beatmest; er beatmete; er hat den Patienten beatmet
die **Be|at|mung**
die **Beat|mu|sik** ([Tanz]musik mit betontem Schlagrhythmus)
die **Beau|fort|ska|la** *oder* **Beau|fort-Ska|la** [boˈfo:ɐ̯...] (Skala für Windstärken)
be|auf|sich|ti|gen; du beaufsichtigst; sie hat ihn beaufsichtigt; beaufsichtige sie!
die **Be|auf|sich|ti|gung**
be|auf|tra|gen; du beauftragst; sie beauftragte; sie hat ihn beauftragt; beauftrage ihn!
der **Be|auf|trag|te;** ein Beauftragter, des/eines Beauftragten; die Beauftragten/zwei Beauftragte
die **Be|auf|trag|te;** eine Beauftragte
be|äu|gen; du beäugst; sie beäugte; er hat beäugt; beäug *oder* beäuge das nicht so kritisch!
be|bau|en; du bebaust; er bebaute; er hat sein Grundstück bebaut; bebau *oder* bebaue das Land!
die **Be|bau|ung**
be|ben; du bebst; er bebte vor Angst; die Erde hat gebebt
das **Be|ben** (Erdbeben); des Bebens; die Beben
der **Be|cher;** des Bechers; die Becher
das **Be|cken;** des Beckens; die Becken
das **Bec|que|rel** [bɛkəˈrɛl] (Einheit der Radioaktivität); des Becquerel *oder* Becquerels; die Becquerel; 1000 Becquerel
be|dacht; auf eine Sache bedacht sein
der **Be|dacht;** mit Bedacht
be|däch|tig
sich **be|dan|ken;** du bedankst dich; sie hat sich bedankt; bedank *oder* bedanke dich bei ihr!

der **Be|da̱rf;** des Bedarfs *oder* Be|dar|fes; nach Bedarf; sie hat Bedarf daran

be|dau|er|lich

be|dau|ern; ich bedau[e]re; du bedauerst; er bedauerte; er hat sie bedauert; bedaure *oder* bedauere dich nicht dauernd selbst!

das **Be|dau|ern**

be|de̱|cken; du bedeckst ihn; sie bedeckt ihn; sie bedeckte ihn; sie hat ihn bedeckt; bedeck *oder* bedecke ihn mit deinem Mantel!; sich bedecken; sie hat sich mit einem Mantel bedeckt

be|de̱ckt; bedeckter Himmel

be|de̱n|ken; du bedenkst; sie bedenkt; sie bedachte; sie hat bedacht; bedenk *oder* bedenke ihn mit einem kleinen Geschenk!; bedenk[e] die Folgen!; sich bedenken; sie hat sich kurz bedacht

das **Be|de̱n|ken;** des Bedenkens; die Bedenken *meist Plural;* ich habe keine Bedenken

be|de̱nk|lich

die **Be|de̱nk|zeit**

be|deu|ten; das bedeutet nichts; das hat ihr viel bedeutet

be|deu|tend; be|deu|ten|der; am be|deu|tends|ten; um ein Bedeutendes zunehmen; das Bedeutendste; etwas, nichts Bedeutendes

be|deut|sam

die **Be|deu|tung**

be|deu|tungs|los

be|die|nen; du bedienst ihn; er hat ihn bedient; bedien *oder* bediene dich!; bedien *oder* bediene die Gäste!; sich einer Sache bedienen

be|diens|tet (angestellt); bei jemandem bedienstet sein

die **Be|die|nung**

die **Be|die|nungs|an|lei|tung**

be|di̱n|gen (voraussetzen; zur Folge haben); das eine bedingt das andere; das eine hat das andere bedingt

be|di̱ngt (eingeschränkt); dies gilt nur bedingt

die **Be|di̱n|gung**

be|di̱n|gungs|los; bedingungslose Kapitulation

der **Be|di̱n|gungs|satz** (*Sprachwissenschaft:* Konditionalsatz)

be|drä̱n|gen; du bedrängst ihn; er hat ihn bedrängt; bedräng *oder* bedränge sie nicht!

die **Be|drä̱ng|nis;** die Bedrängnisse; sie hat ihn in Bedrängnis (in eine schwierige Lage) gebracht

be|dro̱|hen; du bedrohst sie; er hat sie bedroht; bedroh *oder* bedrohe sie nicht!

be|dro̱h|lich

die **Be|dro̱|hung**

der **Be|du|i|ne** (arabischer Nomade); des/dem/den Beduinen; die Beduinen

die **Be|du|i|nin;** die Beduininnen

be|dü̱r|fen; du bedarfst ihrer; er bedarf ihrer; sie bedurfte seiner; er hat ihrer Hilfe bedurft

das **Be|dü̱rf|nis;** des Bedürfnisses; die Bedürfnisse

be|dü̱rf|tig; einer Sache bedürftig sein

die **Be|dü̱rf|tig|keit** (Armut)

das **Beef|steak** [ˈbiːfsteɪ̯k] (gebratenes Rindsstück); des Beefsteaks; die Beefsteaks

sich **be|ei|len;** du beeilst dich; sie beeilte sich; sie hat sich beeilt; beeil *oder* beeile dich!

be|ein|dru|cken; du beeindruckst mich; er beeindruckte mich; sie hat mich beeindruckt; ich bin beeindruckt

be|ein|fluss|bar

be|ein|flus|sen; du beeinflusst ihn; sie beeinflusst ihn; sie hat ihn beeinflusst; beeinfluss *oder* beeinflusse ihn nicht!

die **Be|ein|flus|sung**

be|ein|träch|ti|gen; du beeinträchtigst mich; er beeinträchtigte mich; der Regen hat das Konzert beeinträchtigt

die **Be|ein|träch|ti|gung**

der **Beel|ze|bub** (oberster Teufel im Neuen Testament); des Beelzebub

be|e̱n|den; du beendest; sie beendete; er hat beendet; beend *oder* beende das!

die **Be|e̱n|di|gung** *Plural selten*

be|e̱r|ben; er beerbte seinen Vater; sie hat ihn beerbt

be|e̱r|di|gen; man beerdigt sie; man hat sie beerdigt

die **Be|e̱r|di|gung**

die **Bee|re**

das **Bee|ren|obst**

das **Beet;** des Beets *oder* Bee|tes; die Beete

Beet|ho|ven (deutscher Komponist)
be|fä|hi|gen; eine sehr befähigte (begabte) Lehrerin; seine Lesekompetenz befähigte ihn, den Text schnell zu verstehen
be|fahr|bar
be|fah|ren; sie befährt; er befuhr; sie hat die Straße befahren
be|fal|len; hohes Fieber befiel ihn; von einer Krankheit befallen sein
be|fan|gen (schüchtern); sie ist befangen
die **Be|fan|gen|heit**
sich **be|fas|sen** (sich beschäftigen); du befasst dich damit; sie hat sich damit befasst; befass *oder* befasse dich damit!; sich mit einer Frage, mit einer Angelegenheit befassen
der **Be|fehl;** des Befehls *oder* Be|feh|les; die Be|feh|le
be|feh|len; du befiehlst; er befiehlt; er befahl; sie hat befohlen; befiehl es ihm!
be|feh|li|gen (das Kommando haben); ich befehlige; du befehligst; er befehligte; er hat eine Division befehligt
der **Be|fehls|ha|ber;** des Befehlshabers; die Befehlshaber
die **Be|fehls|ha|be|rin;** die Befehlshaberinnen
be|fes|ti|gen; du befestigst; sie befestigte; er hat befestigt; befestige die Skier auf dem Wagendach!
die **Be|fes|ti|gung**
sich **be|fin|den;** du befindest dich; sie befindet sich; er befand sich; die Brille hat sich auf dem Tisch befunden
das **Be|fin|den** (Gesundheitszustand); des Befindens; ihr Befinden ist gut
be|find|lich (vorhanden)

> **!** Das Adjektiv *befindlich* darf nicht mit *sich* verbunden werden. Es heißt also nicht »der sich im Kasten befindliche Schmuck«, sondern entweder »der im Kasten befindliche Schmuck« oder »der sich im Kasten befindende Schmuck«.

die **Be|find|lich|keit** (Zustand, in dem sich jemand befindet)
be|flis|sen (eifrig bemüht)
die **Be|flis|sen|heit**
be|flü|geln (*gehoben für:* anregen, anspornen); das Buch beflügelt seine Fantasie; das Lob der Lehrerin beflügelte sie
be|fol|gen; du befolgst; sie hat meinen Rat befolgt; befolg *oder* befolge meinen Rat!
be|för|dern; ich befördere; du beförderst; sie befördert; er hat ihn befördert
die **Be|för|de|rung**
be|fra|gen; ich befrage; du befragst; sie befragt; sie befragte ihn; er hat die Zeugen befragt; befrag *oder* befrage sie!
die **Be|fra|gung**
be|frei|en; du befreist ihn; sie befreite ihn; sie hat ihn befreit; befrei *oder* befreie ihn!; sich befreien; er hat sich daraus befreit
die **Be|frei|ung**
der **Be|frei|ungs|schlag** *(beim Eishockey und Fußball)*
be|frem|den; ihr Brief befremdet mich (erstaunt mich, ist mir unverständlich)
das **Be|frem|den;** des Befremdens; er reagierte mit Befremden (mit Erstaunen)
be|fremd|lich
sich **be|freun|den;** du befreundest dich mit ihr; sie hat sich mit ihr befreundet; befreunde dich doch mit ihr!
be|freun|det; die beiden sind eng befreundet; befreundete Schüler
be|frie|di|gen (zufriedenstellen); ich befriedige meine Neugier; er befriedigte seine Rachsucht; seine Arbeit hat ihn befriedigt
be|frie|di|gend; sie hat die Note »befriedigend« erhalten; er hat mit [der Note] »befriedigend« bestanden
die **Be|frie|di|gung**
be|fris|tet; ein befristetes Praktikum
be|fruch|ten; sie befruchteten; die Bienen haben die Blüten befruchtet
die **Be|fruch|tung**
die **Be|fug|nis;** die Befugnisse
be|fugt; befugt sein; sie ist zum Betreten des Raumes befugt
der **Be|fund** (*Medizin:* Untersuchungsergebnis); des Befunds *oder* Be|fun|des; die Be|fun|de; der Befund ist negativ, positiv; ohne Befund (ohne erkennbare Krankheit)

be|fürch|ten; du befürchtest gleich das Schlimmste; er hat das befürchtet; befürcht *oder* befürchte nichts von mir!

die **Be|fürch|tung** (Erwartung einer unangenehmen Sache)

be|für|wor|ten (empfehlen, unterstützen); du befürwortest; sie befürwortete; sie hat den Antrag befürwortet

der **Be|für|wor|ter;** des Befürworters; die Befürworter

die **Be|für|wor|te|rin;** die Befürworterinnen

be|gabt; be|gab|ter; am be|gab|tes|ten; ein begabtes Mädchen

die **Be|ga|bung**

die **Be|gat|tung**

sich **be|ge|ben** (irgendwohin gehen; sich ereignen); du begibst dich; sie begibt sich; sie begab sich nach Hause; es hat sich etwas Erstaunliches begeben

die **Be|ge|ben|heit** (Ereignis)

be|geg|nen; du begegnest ihm; sie begegnet ihm; er begegnete ihr; sie ist ihm begegnet; sie sind sich gestern begegnet

die **Be|geg|nung**

der **Be|geg|nungs|tag**

be|ge|hen (als Fußgänger benutzen; etwas Schlechtes tun; *gehoben für:* feiern); du begehst; sie beging; er hat begangen; begeh *oder* begehe keinen Fehler!; der Bürgersteig ist nicht zu begehen; ein Unrecht begehen; sie beging ihren Geburtstag sehr fröhlich

be|geh|ren; ich begehre; du begehrst; sie hat Einlass begehrt

das **Be|geh|ren** (*gehoben für:* Verlangen; Wunsch); des Begehrens; die Begehren *Plural selten;* sein leidenschaftliches Begehren; was ist dein Begehren? (was willst du?)

die **Be|gehr|lich|keit** (Verlangen, Wunsch); etwas weckt Begehrlichkeiten

be|gehrt (gefragt, beliebt); be|gehr|ter; am be|gehr|tes|ten; eine begehrte Praktikumsstelle

be|geis|tern; ich begeistere; du begeisterst; sie begeisterte; sie hat die Zuschauer begeistert; ich war begeistert; begeisterte Zustimmung

die **Be|geis|te|rung**

be|geis|te|rungs|fä|hig

die **Be|gier**

die **Be|gier|de;** die Begierden

be|gie|rig

be|gie|ßen; sie hat die Pflanzen begossen

der **Be|ginn;** des Beginns *oder* Be|gin|nes; von Beginn an; zu Beginn

be|gin|nen; du beginnst; sie beginnt; sie begann; er hat begonnen; beginn *oder* beginne mit der Arbeit!

be|glau|bi|gen; ich beglaubige; du beglaubigst; sie hat die Kopie beglaubigt

die **Be|glau|bi|gung**

be|glei|chen (bezahlen); du begleichst; er beglich; er hat seine Schulden beglichen; sie hat eine Rechnung zu begleichen

be|glei|ten (mitgehen, -fahren); du begleitest; sie begleitet; sie begleitete; sie hat ihn begleitet; begleit *oder* begleite ihn!; begleitetes Fahren (jugendlicher Fahranfänger)

der **Be|glei|ter;** des Begleiters; die Begleiter

die **Be|glei|te|rin;** die Begleiterinnen

die **Be|gleit|er|schei|nung**

die **Be|glei|tung**

be|glü|cken; du beglückst mich; sie beglückte uns; *ironisch:* er hat uns mit seinem Besuch beglückt

be|glü|ckend

be|glück|wün|schen; ich beglückwünsche ihn; du beglückwünschst ihn; sie hat ihn beglückwünscht; beglückwünsche ihn!

be|gna|det (hochbegabt); eine begnadete Künstlerin

be|gna|di|gen (jemandem seine Strafe erlassen); ich begnadige; du begnadigst; sie begnadigte den Verurteilten; das Gericht hat ihn begnadigt

die **Be|gna|di|gung**

sich **be|gnü|gen;** du begnügst dich; sie begnügte sich; sie hat sich damit begnügt; begnüg *oder* begnüge dich damit!

die **Be|go|nie** (eine Zierpflanze); die Be|go|ni|en

be|gra|ben; du begräbst; sie begräbt;

sie begrub; begrab *oder* begrabe den toten Hund!; sie hat ihre Hoffnung begraben (aufgegeben)

das **Be|gräb|nis;** des Begräbnisses; die Begräbnisse

be|grei|fen; du begreifst; sie begreift; sie begriff; er hat begriffen; begreif *oder* begreife das doch endlich!

be|greif|lich

be|greif|li|cher|wei|se

be|gren|zen; du begrenzt; ein Zaun hat die Wiese begrenzt

be|grenzt; begrenzte Möglichkeiten

die **Be|gren|zung**

der **Be|griff;** des Begriffs *oder* Be|grif|fes; die Be|grif|fe; im Begriff[e] sein[,] mit dem Auto wegzufahren

be|griff|lich

be|griffs|stut|zig (schwer begreifend)

be|grün|den; du begründest; sie begründete ihren Vorschlag; sie hat die Firma begründet (gegründet)

der **Be|grün|der;** des Begründers; die Begründer

die **Be|grün|de|rin;** die Begründerinnen

die **Be|grün|dung**

be|grü|ßen; du begrüßt; sie begrüßt; sie begrüßte; sie hat die Gäste begrüßt; begrüß *oder* begrüße die Gäste!

die **Be|grü|ßung**

be|güns|ti|gen; du begünstigst; sie begünstigte; der Schiedsrichter hat die Heimmannschaft begünstigt

die **Be|güns|ti|gung**

be|gut|ach|ten; sie begutachtet; er hat die Arbeit begutachtet

die **Be|gut|ach|tung**

be|hä|big

die **Be|hä|big|keit**

be|ha|gen; es behagt ihr; es behagte ihr; es hat ihm behagt

das **Be|ha|gen;** des Behagens

be|hag|lich

be|hal|ten; du behältst; sie behält; sie behielt; er hat etwas behalten; behalt *oder* behalte es!

der **Be|häl|ter;** des Behälters; die Behälter

das **Be|hält|nis;** des Behältnisses; die Behältnisse

be|hän|de (flink, gewandt); mit behänden Schritten

be|han|deln; du behandelst; er behandelte; sie hat ihn schlecht behandelt; behandle *oder* behandele ihn gut!

die **Be|hän|dig|keit**

die **Be|hand|lung**

die **Be|hand|lungs|op|ti|on** *(Medizin)*

be|har|ren; du beharrst; sie beharrte; sie hat auf ihrer Meinung beharrt; beharre nicht auf deiner Meinung!

be|harr|lich

die **Be|harr|lich|keit**

be|haup|ten; du behauptest; sie behauptete; er hat dies behauptet; behaupte nichts Falsches!; sich behaupten (sich durchsetzen)

die **Be|haup|tung**

die **Be|hau|sung**

be|he|ben (wieder in Ordnung bringen; beseitigen); sie hat den Schaden behoben

be|hei|ma|tet; er ist in Berlin beheimatet

der **Be|helf** (Notlösung); des Behelfs *oder* Be|hel|fes; die Be|hel|fe

sich **be|hel|fen;** sie hat sich mit einer Decke beholfen

be|helfs|mä|ßig

be|hel|li|gen (belästigen); er behelligt ihn; er behelligte ihn; sie hat ihn behelligt; behellige ihn nicht länger damit!

be|her|ber|gen; du beherbergst; sie beherbergt; sie hat die Fremde beherbergt

be|herr|schen; du beherrschst; sie beherrschte drei Sprachen; sich beherrschen (sich zusammennehmen); sie hat sich beherrscht; beherrsch *oder* beherrsche dich!

be|herrscht (in sich gefestigt, gezügelt); eine beherrschte Miene aufsetzen; beherrscht auftreten

die **Be|herr|schung**

be|her|zi|gen; du beherzigst; sie beherzigt; sie beherzigte; sie hat deine Worte beherzigt; beherzige diese Warnung!

be|herzt (entschlossen); beherz|ter; am beherz|tes|ten

be|hilf|lich

be|hin|dern; du behinderst; er behindert; sie hat ihn behindert; behindere mich nicht immer!

be|hin|dert; ein behindertes Kind

der **Be|hin|der|te;** ein Behinderter; die Behinderten; zwei Behinderte

die **Be|hin|der|te;** eine Behinderte

be|hin|der|ten|ge|recht

die **Be|hin|de|rung** (Beeinträchtigung); der Behinderung, die Be|hin|de|run-gen

die **Be|hör|de**

be|hü|ten; du behütest; sie behütete; er hat ihn behütet; behüt *oder* behüte ihn gut!; behüt' dich Gott!

be|hut|sam

die **Be|hut|sam|keit**

bei; bei Weitem *oder* weitem; bei all[e]dem; bei dem allem/allen; bei diesem allem/allen; bei der Hand sein

bei|be|hal|ten; er behält bei; sie hat die Methode beibehalten

die **Bei|be|hal|tung** *Plural selten;* unter Beibehaltung der Klassenregeln

bei|brin|gen; sie bringt ihm etwas bei; sie hat ihm das Kochen beigebracht

die **Beich|te**

beich|ten; du beichtest; sie beichtete; er hat gebeichtet; beicht *oder* beichte deine Sünden!

das **Beicht|ge|heim|nis**

der **Beicht|stuhl**

bei|de, bei|des; alles beides; beide jungen Leute; alle beide; wir beide, *seltener:* wir beiden; ihr beiden, *auch:* ihr beide; wir beiden jungen Leute; sie beide; diese beiden; dieses beides; einer von beiden; die beiden; für uns beide; beide Mal; beide Male

bei|der|lei; beiderlei Geschlecht[e]s

bei|der|sei|tig (von beiden Seiten ausgehend); in beiderseitigem Einverständnis

bei|der|seits; beiderseits des Flusses

bei|des *vergleiche:* **bei|de**

bei|ei|n|an|der; beieinander (zusammen) sein; gut beieinander sein (gesund sein); er ist noch gut beieinander; ↑aufeinander

bei|ei|n|an|der|ha|ben; wir müssen alle Unterlagen beieinanderhaben; wir haben tatsächlich alles beieinandergehabt

bei|ei|n|an|der|sit|zen; wir saßen beieinander; wir haben beieinandergesessen

bei|ei|n|an|der|ste|hen; wir standen beieinander; wir haben beieinandergestanden

der **Bei|fah|rer;** des Beifahrers; die Beifahrer

die **Bei|fah|re|rin;** die Beifahrerinnen

der **Bei|fah|rer|sitz**

der **Bei|fall;** des Beifalls *oder* Bei|fal|les

bei|fäl|lig; beifällig klatschen

bei|fü|gen; du fügst etwas bei; er fügte etwas bei; sie hat etwas beigefügt; füg *oder* füg[e] das bei!

die **Bei|fü|gung** (Attribut)

beige [be:ʃ] (sandfarben); ein beige [bɛːʒə] Kleid; ↑blau

! Achtung: Einige aus fremden Sprachen stammenden Farbadjektive wie *beige* können nicht gesteigert werden. Werden sie als Attribute zu Nomen gebraucht, sollte man die gebeugten Formen (ein beiges Kleid, die beigen Schuhe) vermeiden, da sie als umgangssprachlich gelten. Standardsprachlich korrekt sind entweder die nicht flektierten Formen (ein beige Kleid, die beige Schuhe) oder Zusammensetzungen mit *-farben* oder *-farbig:* ein beigefarbenes Kleid, beigefarbige Schuhe.

das **Beige** (ein Farbton)

beige|far|ben *oder* **beige|far|big**

die **Bei|hil|fe;** der Beihilfe; die Beihilfen; Beihilfe (Geld) vom Staat beantragen; jemanden wegen Beihilfe zum Mord verurteilen

bei|kom|men; ihm ist nicht beizukommen (er ist nicht zu fassen, zu besiegen)

das **Beil;** des Beils *oder* Bei|les; die Bei|le

die **Bei|la|ge**

bei|läu|fig (nebensächlich, nebenher)

bei|le|gen; du legst ein Foto bei; sie legte ein Foto bei; sie haben ihren Streit beigelegt (geschlichtet); ihr Streit ist beigelegt

bei|lei|be (bestimmt); beileibe nicht

das **Bei|leid;** des Beileids *oder* Bei|lei|des

bei|lie|gen; der Sendung liegt die Rechnung bei; die beiliegenden Unterlagen

bei|mes|sen (zuschreiben); du misst

bei; sie maß bei; er hat beigemessen; miss dem nicht zu viel Bedeutung bei!

das **Bein;** des Beins *oder* Bei|nes; die Beine

bei|nah *oder* **bei|na|he**

der **Bei|na|he|zu|sam|men|stoß** (besonders bei Flugzeugen)

bein|am|pu|tiert; ein beinamputierter Mann

die **Bein|ar|beit** *(Sport)*

der **Bein|bruch**

be|in|hal|ten (enthalten, bedeuten); es beinhaltete; beinhaltet

der **Bei|pack|zet|tel** ([einem Medikament] beiliegender Zettel mit Angaben zur Zusammensetzung und Verwendung)

der **Bei|rat;** des Beirats *oder* Bei|ra|tes; die Bei|rä|te

be|ir|ren; sich nicht beirren lassen

Bei|rut [baɪ̯ˈruːt, *auch:* ˈbeɪ̯ruːt] (Hauptstadt Libanons)

bei|sam|men; beisammen sein (zusammen sein; *auch für:* in guter körperlicher und geistiger Verfassung sein); wir sind lange beisammen gewesen; für sein Alter ist er noch gut beisammen

bei|sam|men|blei|ben; wir sind noch lange beisammengeblieben

das **Bei|sam|men|sein;** des Beisammenseins

bei|sam|men|sit|zen; wir saßen beisammen; wir haben beisammengesessen

bei|sam|men|ste|hen; wir standen beisammen; wir haben beisammengestanden

der **Bei|schlaf** (*gehoben für:* Geschlechtsverkehr)

das **Bei|sein;** des Beiseins; im Beisein der Klassenlehrerin

bei|sei|te; Spaß beiseite!

bei|sei|te|le|gen (weglegen; sparen); sie legt das Buch beiseite; sie hat Geld beiseitegelegt

bei|sei|te|schaf|fen (beseitigen, verstecken); er schaffte das Geld heimlich beiseite; er hat es heimlich beiseitegeschafft

bei|set|zen (begraben); sie ist gestern beigesetzt worden; die Angehörigen haben die Verstorbene beigesetzt

die **Bei|set|zung**

das **Bei|spiel;** des Beispiels *oder* Bei|spie|les; die Bei|spie|le; zum Beispiel

bei|spiel|haft

bei|spiel|los; eine beispiellose Frechheit

bei|spiels|wei|se

bei|ßen; du beißt; er beißt; er biss; er hat gebissen; beiß *oder* beiße ihn nicht!; der Hund beißt ihn (*auch:* ihm) ins Bein

die **Beiß|zan|ge**

der **Bei|stand;** des Beistands *oder* Bei|stan|des; die Bei|stän|de; Beistand leisten

bei|ste|hen; du stehst ihr bei; sie steht ihr bei; sie stand ihr bei; er hat ihr beigestanden; steh *oder* stehe ihr bei!

bei|steu|ern (beitragen); sie hat gute Ideen zur Diskussion beigesteuert

der **Bei|strich** (Komma); des Beistrichs *oder* Bei|stri|ches; die Bei|stri|che

der **Bei|trag;** des Beitrags *oder* Bei|tra|ges; die Bei|trä|ge

bei|tra|gen; du trägst zur Unterhaltung bei; sie hat ihr Teil dazu beigetragen

der **Bei|trags|zah|ler**

die **Bei|trags|zah|le|rin;** die Beitragszahlerinnen

bei|tre|ten; du trittst der Partei bei; sie trat dem Verein bei; er ist beigetreten; tritt bei!

der **Bei|tritt;** des Beitritts *oder* Bei|trit|tes; die Bei|trit|te

die **Bei|tritts|er|klä|rung**

das **Bei|tritts|land** *(Politik);* des Beitrittslands *oder* Beitrittslandes; die Beitrittsländer

die **Bei|tritts|ver|hand|lung** *meist Plural*

bei|zei|ten (rechtzeitig)

bei|zen; du beizt; sie beizt; sie beizte; sie hat gebeizt; beiz *oder* beize die Tür!

be|ja|hen; ich bejahe; du bejahst; sie hat dies bejaht

be|jam|mern; ich bejammere mein Schicksal; du bejammerst; sie hat den Verlust bejammert

be|ju|beln; du bejubelst; sie hat den Sieg bejubelt

be|kämp|fen; du bekämpfst; er hat

den Gegner bekämpft; bekämpf *oder* bekämpfe dieses Vorurteil!

die **Be|kämp|fung;** der Bekämpfung; die Be|kämp|fun|gen *Plural selten;* die Bekämpfung des Mobbings an der Schule

be|kannt

be|kann|ter; am be|kann|tes|ten

Mit Ausnahme von »bekannt sein« können Verbindungen aus »bekannt« und einem Verb getrennt oder zusammengeschrieben werden:

- wir werden die Entscheidung bekannt geben *oder* bekanntgeben (verkünden)
- das Gesetz wurde bekannt gemacht *oder* bekanntgemacht (veröffentlicht); ich habe meine Schwester mit ihr bekannt gemacht *oder* bekanntgemacht (sie ihr vorgestellt)
- der Brief ist bekannt geworden *oder* bekanntgeworden (veröffentlicht worden, in die Öffentlichkeit gelangt); ich bin mit ihr bekannt geworden *oder* bekanntgeworden (ich habe sie kennengelernt)
- ABER: bekannt sein

der **Be|kann|te;** ein Bekannter; die Bekannten; zwei Bekannte

die **Be|kann|te;** eine Bekannte

be|kann|ter|ma|ßen (wie bekannt ist)

die **Be|kannt|ga|be**

be|kannt|ge|ben ↑bekannt

der **Be|kannt|heits|grad** *Plural selten;* sein Bekanntheitsgrad stieg immer mehr

be|kannt|lich

be|kannt|ma|chen ↑bekannt

die **Be|kannt|ma|chung**

die **Be|kannt|schaft**

be|kannt|wer|den ↑bekannt

be|keh|ren; du bekehrst ihn; sie bekehrte ihn; er hat ihn bekehrt; bekehr *oder* bekehre ihn!

die **Be|keh|rung**

be|ken|nen; du bekennst; sie bekennt; sie bekannte; er hat es bekannt; bekenn *oder* bekenne dich zu ihr!; bekennende Christen; ABER: die Bekennende Kirche

das **Be|ken|ner|vi|deo** (Videobotschaft, mit der sich jemand zu einer Straftat bekennt)

das **Be|kennt|nis;** des Bekenntnisses; die Bekenntnisse

be|kla|gen; du beklagst; er hat den Tod seines Freundes beklagt; sich beklagen; sie hat sich darüber beklagt; beklag *oder* beklage dich nicht!

der **Be|klag|te** (Angeklagte); ein Beklagter; die Beklagten; zwei Beklagte

die **Be|klag|te;** eine Beklagte

be|kle|ckern *(umgangssprachlich);* sie hat ihre Hose mit Ketchup bekleckert; sich bekleckern

be|klei|den; du bekleidest; sie war nur mit einem T-Shirt bekleidet; sie hat ein wichtiges Amt bekleidet

die **Be|klei|dung**

be|klem|mend (bedrückend); ein beklemmendes Gefühl

die **Be|klem|mung**

be|klom|men (ängstlich, bedrückt)

die **Be|klom|men|heit**

be|kom|men; du bekommst; er bekommt; er bekam; er hat Arbeit bekommen; das Essen ist mir gut bekommen

be|kömm|lich; leicht bekömmliches *oder* leichtbekömmliches Essen; ABER NUR: ein besonders leicht bekömmliches Essen

be|kräf|ti|gen (mit Nachdruck bestätigen); du bekräftigst, sie bekräftigte, er hat bekräftigt; bekräftig *oder* bekräftige mir das!

be|krän|zen; du bekränzt; sie bekränzte; sie hat ihm die Stirn mit Lorbeer bekränzt

sich **be|kreu|zi|gen;** du bekreuzigst dich; sie bekreuzigte sich; er hat sich bekreuzigt

be|küm|mert (traurig)

be|kun|den *(gehoben für:* zum Ausdruck bringen); du bekundest deine Freude; sie bekundete ihr Interesse; er hat seine Solidarität bekundet

be|lä|cheln; du belächelst; sie belächelte; er hat belächelt; belächle *oder* belächele das ruhig!

be|la|den; du belädst; sie belädt; sie belud; er hat den Wagen beladen; belad *oder* belade den Wagen!

der **Be|lag;** des Belags *oder* Be|la|ges; die Be|lä|ge

der **Be|la|ge|rer;** des Belagerers; die Belagerer *meist Plural*

be|la|gern; du belagerst; er belagert; er belagerte; die Armee hat die Stadt belagert

die **Be|la|ge|rung**

be|läm|mert (*umgangssprachlich für:* niedergedrückt; scheußlich)

der **Be|lang** (Bedeutung); des Belangs *oder* Be|lan|ges; [nicht] von Belang sein

be|lan|gen (verantwortlich machen); du belangst ihn; man hat ihn wegen Diebstahls belangt

be|lang|los (unwichtig)

be|las|sen; du belässt; sie beließ; er hat belassen; belass *oder* belasse es dabei!; jemanden in dem Glauben belassen, dass ...; wir haben es dabei belassen (bewenden lassen)

be|last|bar; belastbare (zuverlässige) Daten

be|las|ten; du belastest; sie hat ihn belastet; belaste die Umwelt nicht!

be|las|tend

be|läs|ti|gen; du belästigst; er hat ihn belästigt; belästige ihn nicht!

die **Be|läs|ti|gung**

die **Be|las|tung**

die **Be|las|tungs|gren|ze**

sich **be|lau|fen** (ausmachen, betragen, ergeben); die Summe beläuft sich auf 500 Euro; die Kosten haben sich auf 50 Euro belaufen

be|lau|schen; du belauschst ihn; er belauschte uns; sie hat uns belauscht

be|le|ben (anregen; lebendiger gestalten); du belebst; sie belebte; er hat belebt; einen Text mit Bildern beleben; der Gedanke belebte sie

be|lebt; be|leb|ter; am be|leb|tes|ten; eine belebte Fußgängerzone

die **Be|le|bung**

der **Be|leg;** des Belegs *oder* Be|le|ges; die Be|le|ge; einen Beleg anbringen, anführen

be|le|gen; du belegst; sie hat den Platz belegt; beleg *oder* belege einen Platz!

das **Be|leg|ex|em|p|lar** (Exemplar eines Buches oder Artikels, das dem Autor oder der Autorin und anderen Stellen als Nachweis der Veröffentlichung zugeschickt wird)

die **Be|leg|schaft** (die Gesamtheit der Beschäftigten in einem Betrieb)

be|legt (besetzt; ein wenig heiser; mit etwas ausgestattet); das Zimmer ist belegt; meine Stimme ist belegt; belegte Brötchen

be|leh|ren; du belehrst ihn; er belehrte ihn; sie hat ihn belehrt; belehr *oder* belehre ihn nicht!; sie belehrte ihn eines and[e]ren *oder* andern; ABER: sie belehrte ihn eines Besser[e]n *oder* Bessren

die **Be|leh|rung**

be|lei|di|gen; du beleidigst ihn; er hat ihn beleidigt; beleidige ihn nicht!

be|lei|digt; er ist beleidigt

die **Be|lei|di|gung**

be|leuch|ten; du beleuchtest; sie beleuchtete; sie hat den Saal beleuchtet

die **Be|leuch|tung**

Bel|gi|en

der **Bel|gi|er;** des Belgiers, die Belgier

die **Bel|gi|e|rin;** die Belgierinnen

bel|gisch

Bel|grad (Hauptstadt Serbiens)

be|lie|ben (*gehoben für:* Lust haben, etwas zu tun); es beliebte ihr; es hat ihr beliebt, lange zu schlafen

das **Be|lie|ben;** nach Belieben; es steht in ihrem Belieben

be|lie|big; x-beliebig; ein beliebiges Beispiel; alles Beliebige; etwas Beliebiges; jeder Beliebige

be|liebt; be|lieb|ter; am be|lieb|tes|ten

die **Be|liebt|heit**

der **Be|liebt|heits|wert**

be|lie|fern; du belieferst; sie belieferte; er hat beliefert; beliefere den Laden!; der Bäcker beliefert uns mit Brötchen

bel|len; der Hund bellte; der Hund hat gebellt

die **Bel|le|t|ris|tik** (Unterhaltungsliteratur)

bel|le|t|ris|tisch

be|lo|bi|gen (loben, auszeichnen); du

belobigst ihn; er belobigte sie; er hat sie belobigt; belobige sie!

die **Be|lo|bi|gung**

be|loh|nen; du belohnst ihn; sie belohnte ihn; er hat sie belohnt; belohn *oder* belohne ihn!

die **Be|loh|nung**

be|lü|gen; du belügst sie; er belügt sie; er belog sie; sie hat ihn belogen; belüg *oder* belüge sie nicht!

sich **be|mäch|ti|gen;** du bemächtigst dich des Geldes; er bemächtigte sich des Geldes; sie hat sich des Geldes bemächtigt

be|ma|len; du bemalst; er hat die Wand bemalt

die **Be|ma|lung**

be|män|geln (tadeln); ich bemängele; du bemängelst; sie bemängelte; sie hat die Ausführung bemängelt

be|män|teln (beschönigen); du bemäntelst; er bemäntelte; er hat seine Fehler bemäntelt

be|merk|bar; sich bemerkbar machen

be|mer|ken; du bemerkst; sie bemerkte; er hat den Diebstahl bemerkt

be|mer|kens|wert (beachtlich); eine bemerkenswerte Leistung

die **Be|mer|kung**

be|mes|sen; du bemisst; sie bemaß; es hat sich bemessen; knapp bemessene Zeit; das Taschengeld bemisst sich nach dem Alter

sich **be|mü|hen;** du bemühst dich; sie bemühte sich; er hat sich bemüht; bemüh *oder* bemühe dich!

be|müht (angestrengt, eifrig); bemüh|ter; am be|müh|tes|ten; er wirkt nicht sehr bemüht; ein allzu bemühtes Referat

die **Be|mü|hung**

be|nach|bart; eine benachbarte Familie

be|nach|rich|ti|gen; du benachrichtigst ihn; sie benachrichtigte ihn; sie hat ihn benachrichtigt; benachrichtige ihn!

die **Be|nach|rich|ti|gung**

be|nach|tei|li|gen; du benachteiligst sie; er benachteiligte sie; er hat sie benachteiligt; benachteilige sie nicht!

die **Be|nach|tei|li|gung**

die oder der **Bench|mark** ['bɛntʃmark] (Maßstab für Leistungsvergleiche); der Benchmark *oder* des Benchmarks; die Benchmarks; wer setzt hier die Benchmark?

der **Be|ne|dik|ti|ner** (Angehöriger eines katholischen Ordens); des Benediktiners; die Benediktiner

das **Be|ne|fiz|kon|zert** (Wohltätigkeitskonzert)

sich **be|neh|men;** du benimmst dich; sie benimmt sich; sie benahm sich; sie hat sich gut benommen; benimm dich!

das **Be|neh|men**

be|nei|den; du beneidest sie; er beneidet sie; er hat sie beneidet; beneid *oder* beneide sie nicht!

be|nei|dens|wert

die **Be|ne|lux|staa|ten** *oder* **Be|ne-lux-Staa|ten** [*auch:* bene'lʊks...] (die in einer Wirtschaftsunion vereinigten Länder Belgien, Niederlande und Luxemburg) *Plural*

be|nen|nen; du benennst; sie benannte; er hat benannt; benenn *oder* benenne das richtig!

be|net|zen; du benetzt; sie benetzte die Lippen; Tränen haben ihre Wangen benetzt

der **Ben|ga|le** (Einwohner von Bengalen); des/dem/den Bengalen; die Bengalen

Ben|ga|len (Provinz in Indien)

die **Ben|ga|lin;** die Bengalinnen

ben|ga|lisch; bengalisches Feuer (Buntfeuer)

der **Ben|ga|lo** (*umgangssprachlich für:* bengalisches Feuer)

der **Ben|gel** (*umgangssprachlich für:* [frecher] Junge); des Bengels; die Bengel

Be|nin (Staat in Afrika)

der **Be|ni|ner** (Einwohner von Benin); des Beniners; die Beniner

die **Be|ni|ne|rin;** die Beninerinnen

be|ni|nisch

be|no|ten; sie hat die Klassenarbeit benotet

be|nö|ti|gen (nötig haben; brauchen); du benötigst; sie benötigte; er hat benötigt; ich benötige ein Smartphone

A B ben C D E F G H I J K L M N O P Q R S T U V W X Y Z

die **Be|no̱|tung**
be|nu̦tz|bar
be|nu̦t|zen, *landschaftlich auch:* **be|nü̦t|zen;** sie benutzte, *auch:* benützte ein Taschentuch; sie hat die Gelegenheit dazu benutzt, *auch:* benützt

! Während das Verb *benutzen* mit *u* geschrieben wird, schreibt man die landschaftliche Variante *benützen* mit Umlaut: du *benutzt* oder *benützt* eine Unterlage; *benutz[e]* oder *benütz[e]* dieses Wörterbuch. Das Gleiche gilt für alle abgeleiteten Formen: *benutzbar, benützbar; Benutzer, Benützer; Benutzerin, Benützerin; benutzerfreundlich, benützerfreundlich.*

der **Be|nu̦t|zer;** des Benutzers; die Benutzer
die **Be|nu̦t|ze|rin;** die Benutzerinnen
das **Be|nu̦t|zer|kon|to,** *seltener:* **Be|nü̦t|zer|kon|to** (Account)
die **Be|nu̦t|zer|ober|flä|che** (*EDV:* auf einem Computerbildschirm sichtbare Darstellung eines Programms)
die **Be|nu̦t|zung** *Plural selten*
das **Ben|zi̱n;** des Benzins; die Ben|zi|ne
der **Ben|zi̱n|preis**
das **Ben|zo̱l** (*Chemie:* als Lösungsmittel verwendeter Kohlenwasserstoff); des Benzols; die Ben|zo|le
be|o̱b|ach|ten; du beobachtest; sie beobachtet; sie beobachtete; er hat gut beobachtet; beobachte ihn genau!
der **Be|o̱b|ach|ter;** des Beobachters; die Beobachter
die **Be|o̱b|ach|te|rin;** die Beobachterinnen
die **Be|o̱b|ach|tung**
die **Be|o̱b|ach|tungs|ga|be**
sich **be|ö̱|len** (*umgangssprachlich für:* sich sehr amüsieren)
be|que̱m
sich **be|que̱|men;** du bequemst dich; er bequemte sich; sie hat sich bequemt; bequem *oder* bequeme dich doch dazu!
die **Be|que̱m|lich|keit**
be|ra̦p|pen (*umgangssprachlich für:* bezahlen); du berappst; sie berappte; er hat berappt
be|ra̱|ten; du berätst; sie berät; sie beriet; er hat sie beraten; berat *oder* berate ihn!; sich beraten; sie hat sich mit ihr beraten; eine beratende Ärztin
der **Be|ra̱|ter;** des Beraters; die Berater
die **Be|ra̱|te|rin;** die Beraterinnen
die **Be|ra̱|tung**
der **Be|ra̱|tungs|aus|schuss**
das **Be|ra̱|tungs|pro|to|koll** *(Bankwesen)*
be|ra̱|tungs|re|sis|tent (keiner Beratung zugänglich)
die **Be|ra̱|tungs|stel|le**
be|rau̱|ben; du beraubst sie; er beraubte sie; er hat sie beraubt
be|rau̱|schend (faszinierend, begeisternd); ein berauschendes Erlebnis
die **Ber|be|ri̦t|ze** (Sauerdorn, ein Zierstrauch); die Berberitzen
be|re̱|chen|bar (voraussehbar, sich einschätzen lassend); unser Deutschlehrer ist so berechenbar
be|re̦ch|nen; du berechnest; sie hat die Kosten berechnet; berechne die Fläche!
die **Be|re̦ch|nung**
be|re̦ch|ti|gen; der Ausweis berechtigt dich zu verbilligtem Eintritt
be|re̦ch|tigt (begründet); ein berechtigter Vorwurf
die **Be|re̦ch|ti|gung**
be|re̱d|sam (redegewandt); ein beredsamer Verkäufer
die **Be|re̱d|sam|keit**
be|re̱dt (redegewandt); beredtes (vielsagendes) Schweigen; ↑ABER: beredsam
be|re̱g|nen; sie beregnet den Rasen; sie hat den Rasen beregnet
die **Be|re̱g|nung**
der, *selten:* das **Be|rei̱ch;** des Bereichs *oder* Be|rei|ches; die Be|rei|che
be|rei̱|chern; du bereicherst; er hat seine Sammlung bereichert; bereichere dich nicht!
die **Be|rei̱|che|rung**
be|rei̱|fen (mit Reifen ausstatten); du bereifst das Auto; sie hat ihr Auto neu bereift
be|rei̱ft (mit Reif bedeckt); die Bäume sind bereift
die **Be|rei̱|fung**
be|rei̱|ni|gen (klären); du bereinigst; sie bereinigte; er hat bereinigt; berei-

nig *oder* bereinige das mit ihm!; einen Streit, ein Missverständnis bereinigen

be|rei|sen; du bereist; sie bereiste; er hat bereist; bereis *oder* bereise mal Norditalien!; ein Land bereisen

be|reit; zu etwas bereit sein; sich zu etwas bereit erklären *oder* bereiterklären; ich habe alles bereit gemacht *oder* bereitgemacht; sich zu etwas bereit machen *oder* bereitmachen; ABER: bereitfinden usw.

be|rei|ten (vorbereiten; verursachen; zubereiten); du bereitest ein Bad; sie hat mir Freude bereitet; bereit *oder* bereite das Essen!

be|reit|er|klä|ren ↑ bereit

sich **be|reit|fin|den;** sie fand sich bereit; sie hat sich bereitgefunden

be|reit|hal|ten; sie hielt das Geld bereit; er hat es bereitgehalten; wir haben uns bereitgehalten

be|reit|le|gen; sie legte die Bücher bereit; er hat die Bücher bereitgelegt

be|reit|lie|gen; das Buch liegt bereit; es lag bereit; es hat bereitgelegen

be|reit|ma|chen ↑ bereit

be|reits

die **Be|reit|schaft**

der **Be|reit|schafts|dienst**

be|reit|ste|hen; das Essen hat bereitgestanden

be|reit|stel|len; ich habe die Kisten bereitgestellt

be|reit|wil|lig

be|reu|en; du bereust; er bereute; sie hat es bereut; bereu *oder* bereue deine Tat!

der **Berg;** des Bergs *oder* Ber|ges; die Berge

berg|ab

berg|an

berg|auf

der **Berg|bau;** des Bergbaus *oder* Bergbau|es

ber|gen; du birgst; sie birgt; sie barg; sie hat den Verschütteten geborgen; birg die Verschütteten!

die **Berg|fahrt** (Fahrt den Strom, den Berg hinauf)

der **Berg|fried** (Hauptturm von Burgen, Wehrturm); des Bergfrieds *oder* Bergfrie|des; die Berg|frie|de

der **Berg|füh|rer**

die **Berg|füh|re|rin**

ber|gig

der **Berg|kris|tall** (ein Mineral); des Bergkristalls; die Berg|kris|tal|le

der **Berg|mann;** die Bergleute

die **Berg|pre|digt** (auf einem Berg gehaltene bedeutungsvolle Predigt Christi)

der **Berg|scha|den** (durch Bergbau hervorgerufener Schaden an der Erdoberfläche)

berg|stei|gen ↑ bergwandern

der **Berg|stei|ger;** des Bergsteigers; die Bergsteiger

die **Berg|stei|ge|rin;** die Bergsteigerinnen

die **Berg-und-Tal-Fahrt**

die **Ber|gung**

die **Ber|gungs|mann|schaft**

die **Berg|wacht**

berg|wan|dern

> **!** Das Wort sollte nur im Infinitiv gebraucht werden: »In den Alpen kann man sehr gut *bergwandern.*« Wenn das Verb wie ein Nomen gebraucht wird, muss man es großschreiben: »Hier findest du einige Tipps für sicheres *Bergwandern.*«

das **Berg|werk;** des Bergwerks *oder* Bergwer|kes; die Berg|wer|ke

der **Be|richt;** des Berichts *oder* Be|rich|tes; die Be|rich|te; Bericht erstatten

be|rich|ten; du berichtest; sie berichtete; sie hat berichtet; bericht *oder* berichte darüber!

der **Be|richt|er|stat|ter;** des Berichterstatters; die Berichterstatter

die **Be|richt|er|stat|te|rin;** die Berichterstatterinnen

die **Be|richt|er|stat|tung**

be|rich|ti|gen; du berichtigst; sie berichtigte; sie hat ihn berichtigt; berichtige ihn!; sich berichtigen; er hat sich berichtigt

die **Be|rich|ti|gung**

be|rie|chen; der Hund beriecht ihn; der Hund beroch ihn; er hat sie berochen

be|rie|seln; ich beries[e]le das Feld; sie berieselte das Feld; sie hat es berieselt

die **Be|rie|se|lung, Be|ries|lung**

das **Be|ring|meer** *oder* **Be|ring-Meer** (nördlichstes Randmeer des Pazifiks)
die **Be|ring|stra|ße** *oder* **Be|ring-Stra|ße**
Ber|lin (Hauptstadt und Land der Bundesrepublik Deutschland)
die **Ber|li|na|le** (*Bezeichnung für:* die Filmfestspiele in Berlin)
der **Ber|li|ner;** des Berliners; die Berliner
die **Ber|li|ne|rin;** die Berlinerinnen
ber|li|ne|risch *oder* **ber|li|nisch**
ber|li|nern (berlinerisch sprechen); du berlinerst; sie berlinerte; er hat berlinert
die **Ber|mu|da|shorts** *oder* **Ber|mu|da-Shorts** [...ʃoːɐ̯ts] (fast knielange Shorts) *Plural*
der **Bern|stein** (fossiles Harz, das als Schmuck[stein] verarbeitet wird)
der **Ber|ser|ker** (wilder Krieger; *auch für:* blindwütig tobender Mensch); des Berserkers; die Berserker
bers|ten; das Eis birst; das Eis barst; das Eis ist geborsten
be|rüch|tigt; ein berüchtigter Betrüger; die Gegend ist berüchtigt
be|rück|sich|ti|gen; du berücksichtigst; sie hat ihn berücksichtigt; berücksichtige ihn!
die **Be|rück|sich|ti|gung**
der **Be|ruf;** des Berufs *oder* Be|ru|fes; die Be|ru|fe
be|ru|fen; er beruft ihn; er berief ihn zum Vorsitzenden; er hat sich auf sie als Zeugin berufen
be|ru|fen (befähigt, geeignet); er fühlt sich berufen, die Partei zu führen
be|ruf|lich
die **Be|rufs|aka|de|mie** (*Abkürzung:* BA)
der **Be|rufs|an|fän|ger**
die **Be|rufs|an|fän|ge|rin**
die **Be|rufs|aus|bil|dung**
die **Be|rufs|aus|sich|ten** *Plural*
be|rufs|be|glei|tend; berufsbegleitendes Studium
die **Be|rufs|be|ra|tung**
das **Be|rufs|bild**
be|rufs|bil|dend; berufsbildende Schulen
die **Be|rufs|er|fah|rung**
die **Be|rufs|fin|dung** (Wahl des Berufs); die Berufsfindungen
die **Be|rufs|ge|nos|sen|schaft**
das **Be|rufs|le|ben;** bald stehst du im Berufsleben
der **Be|rufs|nach|wuchs**
das **Be|rufs|prak|ti|kum**
die **Be|rufs|schu|le**
be|rufs|tä|tig; berufstätige Mütter
der **Be|rufs|tä|ti|ge;** ein Berufstätiger; die Berufstätigen; zwei Berufstätige
die **Be|rufs|tä|ti|ge;** eine Berufstätige
der **Be|rufs|ver|kehr** (starker Verkehr zu Beginn und am Ende der üblichen Arbeitszeit)
die **Be|rufs|wahl;** der Berufswahl
der **Be|rufs|wunsch**
die **Be|ru|fung**
das **Be|ru|fungs|ge|richt** (*Rechtssprache:* Gericht, das über die Berufung zu entscheiden hat)
be|ru|hen; auf einem Irrtum beruhen; die Sache auf sich beruhen lassen (nicht weiterverfolgen)
be|ru|hi|gen; du beruhigst ihn; sie beruhigt ihn; sie hat ihn beruhigt; beruhige ihn!; sich beruhigen; er hat sich beruhigt
die **Be|ru|hi|gung**
be|rühmt; be|rühm|ter; am be|rühm|tes|ten
die **Be|rühmt|heit**
be|rüh|ren; du berührst; er hat ihn berührt; berühr *oder* berühre ihn nicht!
die **Be|rüh|rung**
die **Be|rüh|rungs|angst;** sie kennen keine Berührungsängste
bes. = besonders
be|sa|gen (ausdrücken; bedeuten); der Abschnitt besagt Folgendes; das besagte nichts
be|sagt (erwähnt); da steht die besagte Person
be|sänf|ti|gen; er besänftigt; sie hat besänftigt
der **Be|satz;** des Be|sat|zes; die Be|sät|ze
der **Be|sat|zer** (*umgangssprachlich abwertend für:* Angehöriger einer Besatzungsmacht)
die **Be|sat|ze|rin;** die Besatzerinnen
die **Be|sat|zung**
die **Be|sat|zungs|macht** (Staat, der fremdes Staatsgebiet besetzt hält); nach dem Zweiten Weltkrieg gab es

vier Besatzungsmächte in Deutschland

beige

! Viele Fremdwörter werden ganz anders geschrieben, als sie gesprochen werden. Dazu gehört auch das aus dem Französischen übernommene Farbadjektiv »beige«, dessen Aussprache *besch* lautet.

be|schä|di|gen; du beschädigst; er hat das Auto beschädigt; beschädige es nicht!

die **Be|schä|di|gung**

be|schaf|fen; du beschaffst; sie beschaffte; er hat beschafft; beschaff *oder* beschaffe mir die Bücher!

die **Be|schaf|fen|heit** (wie eine Sache beschaffen ist); die Beschaffenheit des Materials überprüfen

be|schäf|ti|gen; du beschäftigst ihn; sie beschäftigte ihn; sie hat ihn beschäftigt; beschäftige ihn!

die **Be|schäf|tig|ten|zahl**

die **Be|schäf|ti|gung**

das **Be|schäf|ti|gungs|ver|hält|nis;** in einem Beschäftigungsverhältnis stehen

be|schä|men; du beschämst ihn; sie beschämte ihn; er hat ihn beschämt; beschäm *oder* beschäme ihn nicht!; er ist von ihrer Güte beschämt

be|schä|mend; ein beschämender Auftritt

be|schau|lich (idyllisch); ein beschaulicher, kleiner Ort

der **Be|scheid;** des Bescheids *oder* Be-schei|des; die Be|schei|de; Bescheid geben, sagen, wissen

be|schei|den; er ist bescheiden

die **Be|schei|den|heit**

be|schei|ni|gen; du bescheinigst; sie bescheinigte; er hat bescheinigt; der Arzt bescheinigte ihm, dass er bei der Klassenarbeit krank war

die **Be|schei|ni|gung**

be|schei|ßen (*derb für:* betrügen); du bescheißt; er bescheißt; er beschiss; sie hat mich um zehn Euro beschissen

be|sche|ren ([be]schenken); du bescherst; sie beschert; das Schicksal hat ihr Glück beschert; bescher *oder* beschere die Kinder!

die **Be|sche|rung**

be|scheu|ert (*derb für:* dumm, schwer von Begriff)

be|schimp|fen; du beschimpfst ihn; er beschimpfte ihn; sie hat ihn beschimpft; beschimpf *oder* beschimpfe ihn nicht!

der **Be|schlag;** des Beschlags *oder* Be-schla|ges; die Be|schlä|ge; etwas in Beschlag nehmen

be|schla|gen; du beschlägst; sie beschlägt; sie beschlug; sie hat das Pferd beschlagen; beschlag *oder* beschlage es!

be|schla|gen (kenntnisreich); ein beschlagener Fachmann

die **Be|schlag|nah|me**

be|schlag|nah|men (im amtlichen Auftrag wegnehmen; für sich in Anspruch nehmen); du beschlagnahmst; sie beschlagnahmte; er hat beschlagnahmt; beschlagnahm *oder* beschlagnahme nicht die ganze Familie!; die Polizei beschlagnahmte das Diebesgut; du beschlagnahmst meine Zeit

be|schleu|ni|gen; du beschleunigst; sie beschleunigte; sie hat den Wagen beschleunigt; beschleunige das Tempo!

die **Be|schleu|ni|gung**

be|schlie|ßen; du beschließt; sie beschließt; sie beschloss; sie hat beschlossen

be|schlos|sen; das ist beschlossene Sache

der **Be|schluss;** des Be|schlus|ses; die Be-schlüs|se; einen Beschluss fassen

be|schluss|fä|hig; eine beschlussfähige Versammlung

be|schmie|ren; du beschmierst; er hat die Wand beschmiert; beschmier *oder* beschmiere sie nicht!; sich beschmieren; sie hat sich die Hände beschmiert

be|schmut|zen; du beschmutzt; sie beschmutzte; er hat seine Jacke beschmutzt; beschmutz *oder* beschmutze deine Finger nicht!; sich beschmutzen; er hat sich die Finger beschmutzt

die **Be|schnei|dung**

be|schrän|ken (einschränken, begrenzen); du beschränkst; sie beschränkte; er hat beschränkt; beschränk *oder* beschränke dich!; für das Referat ist die Redezeit beschränkt

be|schränkt (dumm, engstirnig)

die **Be|schrän|kung;** die Beschränkung der Geschwindigkeit

be|schrei|ben; du beschreibst; sie beschreibt; sie beschrieb; sie hat es gut beschrieben; beschreib *oder* beschreibe diesen Vorgang!

die **Be|schrei|bung**

be|schrei|ten (*gehoben für:* einschlagen); neue Wege beschreiten

be|schul|di|gen; du beschuldigst; er beschuldigte; er hat mich beschuldigt; beschuldige mich nicht!

die **Be|schul|di|gung**

be|schum|meln (*umgangssprachlich für:* ein wenig betrügen)

der **Be|schuss;** des Beschusses; unter Beschuss geraten (öffentlich kritisiert werden)

be|schüt|zen; du beschützt ihn; sie beschützte ihn; er hat ihn beschützt; beschütz *oder* beschütze ihn!

die **Be|schwer|de**

sich **be|schwe|ren;** du beschwerst dich; sie beschwerte sich; er hat sich beschwert; beschwer *oder* beschwere dich doch!

be|schwer|lich

be|schwich|ti|gen; du beschwichtigst; er beschwichtigt; er hat beschwichtigt; beschwichtige ihn!

be|schwingt (heiter, schwungvoll)

be|schwipst (*umgangssprachlich für:* leicht betrunken)

be|schwö|ren; du beschwörst ihn; er beschwor ihn; er hat Geister beschworen; beschwör *oder* beschwöre die Vergangenheit nicht!

die **Be|schwö|rung**

be|seelt (innerlich erfüllt)

be|sei|ti|gen; du beseitigst; er hat das Unkraut beseitigt; beseitige es!

die **Be|sei|ti|gung**

der **Be|sen;** des Besens; die Besen

der **Be|sen|stiel**

be|ses|sen; vom Teufel besessen sein

be|set|zen; du besetzt; sie besetzt; er hat besetzt; besetz *oder* besetze den Platz!

be|setzt; die Praktikumsstelle ist schon besetzt

das **Be|setzt|zei|chen**

die **Be|set|zung**

be|sich|ti|gen; du besichtigst; sie besichtigte; sie hat den Dom besichtigt; besichtige den Dom!

die **Be|sich|ti|gung**

be|sie|deln; sie besiedelten das Land

die **Be|sie|de|lung** *oder* **Be|sied|lung**

be|sie|geln; du besiegelst; er besiegelte; sie hat den Vertrag besiegelt

be|sie|gen; du besiegst die Krankheit; sie hat die Krankheit besiegt; besieg *oder* besiege sie!

be|sin|gen; du besingst; sie besang; er hat besungen; besing *oder* besinge!; der Rhein ist oft besungen worden; eine CD mit Liedern besingen

sich **be|sin|nen;** du besinnst dich; sie besinnt sich; sie besann sich; sie hat sich besonnen; besinn *oder* besinne dich!

be|sinn|lich (nachdenklich)

die **Be|sin|nung**

be|sin|nungs|los

der **Be|sitz;** des Be|sit|zes; die Be|sit|ze

be|sit|zen; du besitzt; sie besitzt; sie besaß; sie hat ein Auto besessen

der **Be|sit|zer;** des Besitzers; die Besitzer

be|sitz|er|grei|fend; sie hat ein besitzergreifendes Wesen

die **Be|sit|ze|rin;** die Besitzerinnen

be|sof|fen (*derb für:* betrunken)

be|son|de|re; zur besonderen Verwendung; insbesond[e]re; das Besond[e]re (Außergewöhnliche); etwas, nichts Besond[e]res; im Besonder[e]n, im Besondren

die **Be|son|der|heit**

be|son|ders (*Abkürzung:* bes.)

be|son|nen (überlegt, umsichtig); ein besonnener Schulsprecher

be|sor|gen; du besorgst; sie besorgte; er hat ein Geschenk besorgt; besorg *oder* besorge eine Kleinigkeit!

die **Be|sorg|nis;** die Besorgnisse; Besorgnis erregen; Besorgnis erregend *oder* besorgniserregend; ein Besorgnis erregender *oder* besorgniserregender Zustand; ABER NUR: ein große Besorgnis erregender Zustand; ein äußerst besorgniserregender, noch besorgniserregenderer Zustand

be|sorgt; be|sorg|ter, am be|sorg|testen

be|spre|chen; sie bespricht es; sie besprach es; er hat es mit mir besprochen; besprich es mit ihr!

die **Be|spre|chung**

das **Be|spre|chungs|zim|mer**

bes|ser

Kleinschreibung:

- er hat die besseren Argumente
- es ist besser, wenn du gleich kommst

Großschreibung der Nominalisierung:

- jemanden eines Besser[e]n, *auch:* Bessren belehren
- sich eines Besser[e]n, *auch:* Bessren besinnen
- sich zum Besser[e]n, *auch:* Bessren wenden
- du hast wohl nichts Besseres, *auch:* Bessres zu tun?

Getrennt- oder Zusammenschreibung:

- musst du immer alles besser wissen?
- mit diesen Schuhen kann ich besser gehen als mit den alten; dem Kranken wird es bald besser gehen *oder* bessergehen
- sie gehört zu den besser verdienenden *oder* besserverdienenden Angestellten
- die besser Verdienenden *oder* Besserverdienenden

bes|ser|ge|hen ↑besser

sich **bes|sern;** ich bessere, *auch* bessre mich; deine Leistungen haben sich gebessert

die **Bes|se|rung,** *auch:* **Bess|rung**

bes|ser|ver|die|nend ↑besser

der **Bes|ser|wis|ser;** des Besserwissers; die Besserwisser

die **Bes|ser|wis|se|rin;** die Besserwisserinnen

der **Be|stand;** des Bestands *oder* Be|standes; die Be|stän|de

be|stan|den; mit Wald bestanden (bewachsen)

be|stän|dig; beständige Leistungen

die **Be|stands|auf|nah|me** (Erfassen dessen, was vorhanden ist); eine Bestandsaufnahme machen

der **Be|stand|teil**

be|stär|ken; du bestärkst sie; sie bestärkte ihn; er hat uns bestärkt; bestärk *oder* bestärke sie darin!

be|stä|ti|gen; du bestätigst; sie bestätigte; sie hat diese Nachricht bestätigt; bestätige diese Aussage!

die **Be|stä|ti|gung**

be|stat|ten (beerdigen); du bestattest sie; er bestattete sie; man hat sie gestern bestattet

die **Be|stat|tung**

der **Be|stat|tungs|wald**

be|stäu|ben; Bienen haben die Blüten bestäubt

die **Be|stäu|bung**

be|stau|nen; du bestaunst; sie bestaunte; er hat bestaunt; er bestaunte ihre großen Kenntnisse

bes|te; bestens; bestenfalls; wir fangen am besten gleich an; wir arbeiten aufs, auf das beste *oder* Beste zusammen; ABER: es ist wohl das Beste, wenn ...; er ist der Beste in der Klasse; er hat sein Bestes getan; mit ihrer Gesundheit steht es nicht zum Besten; er hat/hält ihn zum Besten (zum Narren); es ist nur zu deinem Besten; sie nimmt das erste Beste

be|ste|chen; du bestichst ihn; er besticht ihn; er bestach ihn; er hat ihn mit Geld bestochen; bestich ihn nicht!

be|ste|chend (hervorragend); eine bestechende Leistung

be|stech|lich

die **Be|stech|lich|keit**

die **Be|ste|chung**

das **Be|steck;** des Bestecks *oder* Be|ste|ckes; die Be|ste|cke

be|ste|hen; du bestehst; sie besteht; die Tür bestand aus Holz; sie hat den Test bestanden; besteh *oder* bestehe auf deinem Recht!

das **Be|ste|hen;** des Bestehens; seit Bestehen dieser Schule

be|stei|gen; du besteigst dein Pferd; sie bestieg das Fahrrad; er hat sein Mofa bestiegen

be|stel|len; du bestellst; sie hat ein Buch bestellt; bestell *oder* bestelle es!

die **Be|stell|lis|te** *oder* **Be|stell-Lis|te**

die **Be|stell|num|mer**
die **Be|stel|lung**
bes|ten|falls
bes|tens; auf die Arbeit bin ich bestens vorbereitet
be|steu|ern (mit Steuern belegen); das Einkommen wird besteuert
bes|ti|a|lisch (unmenschlich, grausam)
die **Bes|tie** (ein wildes Tier; Unmensch); die Bes|ti|en
be|stim|men; du bestimmst; er bestimmte; sie hat dies bestimmt; bestimm *oder* bestimme!
der **Be|stim|mer** *(umgangssprachlich)*
die **Be|stim|me|rin** *(umgangssprachlich)*
be|stimmt; der bestimmte Artikel
die **Be|stimmt|heit**
die **Be|stim|mung**
das **Be|stim|mungs|wort** (erster Bestandteil einer Zusammensetzung, der das Grundwort näher bestimmt); die Bestim|mungs|wör|ter
die **Best|leis|tung**
die **Best|mar|ke** (*Sport:* Rekord)
best|mög|lich; *falsch:* bestmöglichst
be|stra|fen; du bestrafst; sie bestrafte; er hat ihn bestraft; bestraf *oder* bestrafe ihn nicht!
die **Be|stra|fung**
das **Be|stre|ben** (das Bemühen, Trachten); des Bestrebens; das Bestreben, frei zu sein
be|strei|ten; du bestreitest es; sie bestritt es; er hat es bestritten; bestreite das nicht!
der **Best|sel|ler** (Buch o. Ä., das sehr gut verkauft wird); des Bestsellers; die Bestseller
die **Best|sel|ler|lis|te**
be|stü|cken (ausstatten, ausrüsten); du bestückst; sie bestückte; er hat bestückt; eine gut bestückte Wursttheke
be|stürzt (fassungslos, ratlos)
die **Be|stürzt|heit**
die **Best|zeit** (*Sport:* beste, kürzeste erzielte Zeit); das war seine persönliche Bestzeit
der **Be|such;** des Besuchs *oder* Be|su|ches; die Be|su|che
be|su|chen; du besuchst sie; sie besuchte ihn; sie hat ihn besucht; besuch *oder* besuche ihn!
der **Be|su|cher;** des Besuchers; die Besucher
das **Be|su|cher|berg|werk**
die **Be|su|che|rin;** die Besucherinnen
der **Be|su|cher|re|kord**
die **Be|su|cher|zahl;** die Besucherzahlen des Festivals steigen jedes Jahr
be|tagt (*gehoben für:* alt); be|tag|ter, am be|tag|tes|ten
be|tä|ti|gen; du betätigst dich; sie betätigte den Hebel; er hat sich sportlich betätigt; betätige dich doch mal künstlerisch!
die **Be|tä|ti|gung**
be|täu|ben; du betäubst; sie betäubte; sie hat ihn betäubt; betäub *oder* betäube ihn nicht!
die **Be|täu|bung**
das **Be|täu|bungs|mit|tel**
be|tei|li|gen; du beteiligst ihn; sie beteiligte ihn; sie hat ihn beteiligt; beteilige ihn!; sich beteiligen; sie hat sich an diesem Wettbewerb beteiligt
die **Be|tei|li|gung**
be|ten; du betest; sie betete; er hat gebetet; bet *oder* bete zu Gott!

! Das Partizip II des Verbs »beten« heißt *gebetet;* die Form *gebeten* ist das zweite Partizip des Verbs »bitten«.

der **Be|ter;** des Beters; die Beter
die **Be|te|rin;** die Beterinnen
be|teu|ern; du beteuerst; er beteuerte; er hat seine Unschuld beteuert; beteure *oder* beteuere nicht dauernd deine Unschuld!
die **Be|teu|e|rung**
Beth|le|hem, *ökumenisch:* **Bet|le|hem** (Geburtsort Jesu südlich von Jerusalem)
be|ti|teln (mit einem Titel versehen oder anreden; *umgangssprachlich für:* nennen, beschimpfen); ein Buch betiteln; sie hat ihn mit Idiot betitelt
der **Be|ton** [beˈtõː, *auch:* beˈtɔŋ] (Baustoff aus Zement, Wasser, Sand usw.); des Betons; die Betons *oder* Be|to|ne
be|to|nen; du betonst; sie betont; sie betonte; sie hat dies besonders betont; beton *oder* betone das Wort richtig!
be|to|nie|ren (mit Beton [aus]bauen); du betonierst; er betonierte; er hat den Hof betoniert; betonier *oder* betoniere die Einfahrt!

die **Be|ton|misch|ma|schi|ne**
be|tont (ausdrücklich, bewusst); sich betont lässig anziehen
die **Be|to|nung**
be|tö|rend (*gehoben für:* bezaubernd, faszinierend); eine betörende Stimme
betr. = betreffend
Betr. = Betreff
der **Be|tracht;** in Betracht kommen, ziehen; außer Betracht bleiben
be|trach|ten; du betrachtest; sie betrachtete; sie hat das Bild betrachtet; betracht *oder* betrachte es genau!
der **Be|trach|ter;** des Betrachters; die Betrachter
die **Be|trach|te|rin;** die Betrachterinnen
be|trächt|lich; eine beträchtliche Summe; um ein Beträchtliches höher
die **Be|trach|tung**
die **Be|trach|tungs|wei|se** (Art und Weise, wie man etwas betrachtet); das ist eben meine Betrachtungsweise
der **Be|trag;** des Betrags *oder* Be|tra|ges; die Be|trä|ge
sich **be|tra|gen;** du beträgst dich; er beträgt sich; er betrug sich; er hat sich schlecht betragen
das **Be|tra|gen**
be|trau|en; ich betraue dich damit; sie wurde mit dieser Aufgabe betraut; mit etwas betraut sein
der **Be|treff** (*Amtssprache:* Angelegenheit, um die es geht; Thema eines [Geschäfts]briefs oder einer E-Mail; *Abkürzung:* Betr.); des Betreffs *oder* Be-tref|fes; die Betreffs; was steht im Betreff?
be|tref|fen; dies betrifft mich; dies betraf mich; dies hat mich betroffen
be|tref|fend; der betreffende Verein; die Schule betreffend
be|treffs *(Amtssprache);* betreffs des Neubaus (*besser:* wegen des Neubaus)
be|trei|ben; ich betreibe; er betrieb sein Geschäft erfolgreich; sie hat den Umbau energisch betrieben
der **Be|trei|ber;** des Betreibers; die Betreiber; der Betreiber der Schulkantine
die **Be|trei|be|rin;** die Betreiberinnen
be|tre|ten; du betrittst; sie betritt; sie betrat; sie hat das Zimmer betreten; betritt bitte nicht diesen Raum!
be|tre|ten (verlegen); ein betretenes Schweigen; ein betretenes Lächeln
be|treu|en; du betreust; er betreute dich; er hat die Kinder betreut
der **Be|treu|er;** des Betreuers; die Betreuer
die **Be|treu|e|rin;** die Betreuerinnen
die **Be|treu|ung**
der **Be|trieb;** des Betriebs *oder* Be|trie-bes; die Be|trie|be; eine Maschinenanlage in Betrieb setzen; die Anlage ist in *oder* im Betrieb; der Fahrstuhl ist außer Betrieb
be|trieb|lich; betriebliche Altersvorsorge
be|trieb|sam (sehr beschäftigt)
die **Be|triebs|an|lei|tung**
der **Be|triebs|aus|flug**
der **Be|triebs|bahn|hof**
be|triebs|be|reit
die **Be|triebs|fe|ri|en** *Plural*
be|triebs|fer|tig
der **Be|triebs|rat**
das **Be|triebs|sys|tem** *(EDV)*
der **Be|triebs|un|fall**
die **Be|triebs|ver|samm|lung** (Versammlung der Arbeitnehmer und Arbeitnehmerinnen eines Betriebes)
die **Be|triebs|wirt|schaft**
be|triebs|wirt|schaft|lich; betriebswirtschaftliche Maßnahmen
be|trin|ken; ich betrinke mich; er betrank sich; sie hat sich betrunken
be|trof|fen
der *und* die **Be|trof|fe|ne**
die **Be|trof|fen|heit**
be|trübt; sie ist darüber sehr betrübt
der **Be|trug;** des Betrugs *oder* Be|tru|ges
be|trü|gen; du betrügst; er betrog; er hat sie betrogen; betrüg *oder* betrüge sie nicht!; sich betrügen; er hat sich damit selbst betrogen
der **Be|trü|ger;** des Betrügers; die Betrüger
die **Be|trü|ge|rin;** die Betrügerinnen
be|trü|ge|risch
die **Be|trugs|ma|sche** *(umgangssprachlich)*
der **Be|trugs|ver|such**
be|trun|ken
das **Bett;** des Betts *oder* Bet|tes; zu Bett gehen
die **Bett|de|cke**
bet|teln; du bettelst; er bettelte; er hat gebettelt; bettle *oder* bettele nicht!

der **Bet|tel|or|den**
das **Bet|tel|ver|bot**
bet|ten; du bettest dich gut; er bettete sich; das Kind wurde gebettet; sich weich betten (sich ein angenehmes Leben verschaffen)
die **Bet|ten|steu|er** (*umgangssprachlich für:* auf Übernachtungen erhobene Abgabe)
bett|lä|ge|rig; bettlägerig sein
der **Bett|ler;** des Bettlers; die Bettler
die **Bett|le|rin;** die Bettlerinnen
das **Bett|tuch** *oder* **Bett-Tuch** (Bettlaken)
der **Bett|vor|le|ger**
die **Bett|wä|sche**
die **Bett|zeit** (Zeit, ins Bett zu gehen)
be|tucht (*umgangssprachlich für:* vermögend, wohlhabend)
be|tu|lich (in umständlicher Weise freundlich und geschäftig; gemächlich)
beu|gen (*auch für:* flektieren, deklinieren, konjugieren); du beugst; sie beugte; sie hat ihren Arm gebeugt; beug *oder* beuge das Nomen!
die **Beu|gung** (*auch für:* Flexion, Deklination, Konjugation)
die **Beu|le**
be|un|ru|hi|gen; du beunruhigst dich; sie beunruhigte mich; das hat mich beunruhigt; beunruhige dich nicht!
be|un|ru|hi|gend
be|ur|lau|ben; sie beurlaubte ihn; sie hat ihn beurlaubt; beurlaub *oder* beurlaube ihn!
be|ur|teil|len [*oder* bəˈʔʊrtai̯lən]; sie beurteilte es; sie hat ihn beurteilt; beurteil *oder* beurteile sie!
die **Be|ur|teil|lung;** der Beurteilung, die Beurteilungen
die **Beu|te** (etwas, was jemand erbeutet hat)
der **Beu|tel;** des Beutels; die Beutel
das **Beu|tel|tier**
be|völ|kern
die **Be|völ|ke|rung**
die **Be|völ|ke|rungs|dich|te**
die **Be|völ|ke|rungs|grup|pe** (größere Gruppe innerhalb der Bevölkerung)
die **Be|völ|ke|rungs|py|ra|mi|de** (grafisch dargestellte Zusammensetzung der Bevölkerung nach Alter und Geschlecht)
das **Be|völ|ke|rungs|wachs|tum**
be|voll|mäch|ti|gen; ich bevollmächtige; du bevollmächtigst; sie bevollmächtigte ihn; sie hat ihn bevollmächtigt
be|vor
be|vor|ste|hen; es steht bevor; es stand bevor; es hat bevorgestanden; die bevorstehenden Klassensprecherwahlen
be|vor|zu|gen; du bevorzugst; sie bevorzugte; sie hat ihn bevorzugt; bevorzug *oder* bevorzuge niemanden!
die **Be|vor|zu|gung;** das ist eine Bevorzugung der Jungen
be|wa|chen; sie bewachte; sie hat den Schatz bewacht; bewach *oder* bewache ihn!
be|waff|nen (mit Waffen ausstatten); du bewaffnest dich; sie bewaffneten sich; er hat sie bewaffnet
be|wah|ren (behüten, schützen; aufbewahren; erhalten); du bewahrst; sie bewahrte; sie hat ihn vor Schaden bewahrt; bewahr *oder* bewahre Ruhe!; ABER NUR: Gott bewahre dich!
sich **be|wäh|ren;** du bewährst dich; sie bewährte sich; sie hat sich bewährt; bewähr *oder* bewähre dich!
sich **be|wahr|hei|ten** (sich als wahr oder richtig erweisen); es bewahrheitet sich; es hat sich bewahrheitet; das Gerücht bewahrheitete sich
die **Be|wäh|rung** (Erprobung)
die **Be|wäh|rungs|frist**
der **Be|wäh|rungs|hel|fer** (Betreuer während der Bewährungsfrist)
die **Be|wäh|rungs|hel|fe|rin**
die **Be|wäh|rungs|pro|be**
die **Be|wäh|rungs|stra|fe** (zur Bewährung ausgesetzte Freiheitsstrafe); sie erhielt eine Bewährungsstrafe von einem Jahr
be|wäl|ti|gen; sie bewältigte; sie hat alle Schwierigkeiten bewältigt
die **Be|wäl|ti|gung;** der Bewältigung; die Bewältigungen
be|wan|dert (erfahren); be|wan|der|ter, am be|wan|derts|ten
die **Be|wandt|nis;** die Bewandtnisse
be|wäs|sern
die **Be|wäs|se|rung**
be|we|gen (die Lage ändern); du bewegst den Stuhl; sie bewegte den Stuhl; sie hat den Stuhl bewegt; beweg *oder* bewege den Stuhl!
be|we|gen (veranlassen); du bewegst

ihn; sie bewegt ihn; sie bewog ihn; sie hat ihn bewogen[,] ihr zu verzeihen; beweg *oder* bewege sie dazu!

be|we|gend (ergreifend); ein bewegendes Schauspiel

der **Be|weg|grund** (Motiv); er hat seine Beweggründe

be|weg|lich

die **Be|weg|lich|keit**

be|wegt (ergriffen); bewegt sein

die **Be|we|gung**

der **Be|we|gungs|ap|pa|rat** (Knochen, Gelenke, Bänder und Skelettmuskeln)

die **Be|we|gungs|frei|heit** (Möglichkeit, sich frei zu bewegen); ein Hund braucht Bewegungsfreiheit

be|we|gungs|los

be|we|gungs|un|fä|hig

der **Be|weis;** des Be|wei|ses; die Be|wei|se

be|weis|bar

be|wei|sen; du beweist; sie beweist; sie bewies ihr Können; sie hat es bewiesen; beweis *oder* beweise es!

die **Be|weis|füh|rung**

be|weis|kräf|tig

das **Be|weis|mit|tel** *(Rechtssprache);* die Polizei hat noch keine Beweismittel

sich **be|wer|ben;** du bewirbst dich; sie bewirbt sich; sie bewarb sich; sie hat sich beworben; bewirb dich um diese Stelle!

der **Be|wer|ber;** des Bewerbers; die Bewerber

die **Be|wer|be|rin;** die Bewerberinnen

die **Be|wer|bung**

die **Be|wer|bungs|frist**

das **Be|wer|bungs|ge|spräch**

das **Be|wer|bungs|schrei|ben**

die **Be|wer|bungs|un|ter|la|ge** *meist Plural*

be|wer|fen; du bewirfst ihn; er wurde beworfen; bewirf sie nicht noch einmal!; jemanden mit Dreck bewerfen

be|werk|stel|li|gen (zustande bringen); du bewerkstelligst; sie bewerkstelligte den Verkauf; sie hat das bewerkstelligt

be|wer|ten; du bewertest; er bewertete; er hat seine Leistung bewertet

die **Be|wer|tung**

das **Be|wer|tungs|por|tal** *(EDV)*

be|wil|li|gen (genehmigen); du bewilligst; sie bewilligte; sie hat mir den Urlaub bewilligt

die **Be|wil|li|gung**

be|wir|ken (hervorrufen, herbeiführen); du bewirkst; sie bewirkte; er hat bewirkt; der Biologieunterricht bewirkte ein Umdenken

be|wir|ten; du bewirtest; er bewirtete; sie hat bewirtet; bewirt *oder* bewirte doch die Gäste!

be|wirt|schaf|ten (wirtschaftend leiten, betreiben; landwirtschaftlich bearbeiten); du bewirtschaftest; sie bewirtschaftete; er hat bewirtschaftet; bewirtschafte das Feld!; eine Gaststätte bewirtschaften

die **Be|wirt|schaf|tung**

die **Be|wir|tung**

be|woh|nen; du bewohnst; sie bewohnte; sie hat ein großes Haus bewohnt

der **Be|woh|ner;** des Bewohners; die Bewohner

die **Be|woh|ne|rin;** die Bewohnerinnen

be|wölkt; der bewölkte Himmel

die **Be|wöl|kung**

der **Be|wun|de|rer** *oder* **Be|wund|rer;** des Bewunderers *oder* Bewundrers; die Bewunderer *oder* Bewundrer; sie hat viele Bewunderer *oder* Bewundrer

die **Be|wun|de|rin** *oder* **Be|wund|re|rin;** die Bewunderinnen oder Bewundrerinnen

be|wun|dern

be|wun|derns|wert

die **Be|wun|de|rung**

der **Be|wund|rer** *vergleiche:* **Be|wun|de|rer**

die **Be|wund|re|rin** *vergleiche:* **Be|wun|de|rin**

be|wusst; ich bin mir keines Vergehens bewusst; er hat den Fehler bewusst (mit Absicht) gemacht; sie hat mir den Grund bewusst gemacht *oder* bewusstgemacht (klargemacht)

be|wusst|los

die **Be|wusst|lo|sig|keit**

be|wusst|ma|chen ↑bewusst

das **Be|wusst|sein**

Bez. = Bezeichnung; Bezirk

be|zahl|bar (nicht zu teuer); die Hose ist für mich bezahlbar

der **Be|zahl|dienst** (Dienstleister, der Zahlungen abwickelt; kostenpflichtiges [digitales] Angebot)

be|zah|len; du bezahlst; sie bezahlte; sie

hat dafür bezahlt; bezahl *oder* bezahle die Rechnung!; jemanden gut bezahlen; eine gut bezahlte *oder* gutbezahlte Arbeit

das **Be|zahl|mo|dell** (ein Geschäftsmodell [besonders im Internet])

die **Be|zahl|op|ti|on** (Methode, etwas zu bezahlen)

die **Be|zah|lung**

be|zau|bern; du bezauberst; er bezauberte; er hat sie bezaubert

be|zau|bernd; ein bezauberndes Lächeln

be|zeich|nen; du bezeichnest; sie bezeichnete; sie hat es als gut bezeichnet

be|zeich|nend; es ist bezeichnend für ihn

be|zeich|nen|der|wei|se (wie es für jemanden oder etwas typisch ist)

die **Be|zeich|nung**

be|zeu|gen (bestätigen; nachweisen); sie bezeugt; sie hat ihre Aussage bezeugt; bezeug *oder* bezeuge die Wahrheit!

be|zich|ti|gen (beschuldigen); du bezichtigst ihn; sie bezichtigte ihn; sie hat ihn der Tat bezichtigt; bezichtige ihn nicht!

be|zie|hen; du beziehst; sie bezieht; sie bezog; sie hat die neue Wohnung bezogen; er hat das Bett frisch bezogen; sich auf eine Sache beziehen

die **Be|zie|hung;** in Beziehung setzen

der **Be|zie|hungs|sta|tus** (besonders in sozialen Netzwerken) *Plural selten*

be|zie|hungs|wei|se (*Abkürzung:* bzw.)

be|zif|fern; du bezifferst; sie bezifferte; er hat beziffert; der Schaden bezifferte sich auf 100 Euro

der **Be|zirk** (abgegrenztes Gebiet); des Bezirks *oder* Be|zir|kes; die Be|zir|ke

die **Be|zirks|li|ga** *(Sport);* wir spielen jetzt Bezirksliga

der **Be|zug;** des Bezugs *oder* Be|zu|ges; die Be|zü|ge; in Bezug auf [Ihren Brief]; mit Bezug auf; auf etwas Bezug nehmen (*dafür besser:* sich auf etwas beziehen); Bezug nehmend *oder* bezugnehmend auf (*dafür besser:* mit Bezug auf)

be|züg|lich; *mit Genitiv:* bezüglich (wegen) des Briefes; bezügliches Fürwort (Relativpronomen)

die **Be|zugs|per|son** (Person, zu der jemand eine persönliche Beziehung hat, die ihm Halt und Orientierung gibt)

be|zu|schus|sen *(Amtssprache);* du bezuschusst; sie bezuschusste; er hat bezuschusst; bezuschusst die Schule das Vorhaben der SV?

be|zwei|feln; ich bezweif[e]le das

be|zwin|gen (besiegen; überwinden); du bezwingst; sie bezwang; er hat bezwungen; die gegnerische Mannschaft bezwingen; seine Neugier bezwingen

Bf., Bhf. = Bahnhof

der **B-Füh|rer|schein** (Fahrerlaubnis für Personenkraftwagen)

das **BGB** = Bürgerliches Gesetzbuch

der **BGH** = Bundesgerichtshof

der **BH** = Büstenhalter; des BHs *oder* BH; die BHs *oder* BH

der *oder* das **Bi|ath|lon** (Kombination aus Skilanglauf und Scheibenschießen); des Biathlons; die Biathlons

bib|bern (*umgangssprachlich für:* vor Kälte zittern); ich bibbere; du bibberst; er bibberte; er hat gebibbert

die **Bi|bel;** die Bibeln

> **!** In einer Reihe von Wörtern wird der lang gesprochene i-Laut ohne anschließendes -e oder Dehnungs-h geschrieben. Dazu gehören sowohl die *Bibel* als auch der *Biber.*

der **Bi|ber** (ein Nagetier); des Bibers; die Biber

bibl. = biblisch

die **Bi|b|lio|thek** (die Bücherei); die Bi|b|lio|the|ken; die Deutsche Bibliothek (in Frankfurt)

der **Bi|b|lio|the|kar** (Angestellter einer Bücherei); des Bibliothekars; die Bi|b|lio|the|ka|re

die **Bi|b|lio|the|ka|rin;** die Bibliothekarinnen

bi|b|lisch; eine biblische Geschichte (eine Erzählung aus der Bibel); ABER: die Biblische Geschichte (das Lehrfach)

die **Bick|bee|re** (*norddeutsch für:* Heidelbeere)

bie|der

der **Bie|der|mann;** die Biedermänner
das **Bie|der|mei|er** (Kunststil vor 1848)
bie|der|mei|er|lich
bie|gen; du biegst; sie biegt; sie bog; sie hat den Stab gebogen; bieg *oder* biege den Stab!; sich biegen; der Stab hat sich gebogen; ABER: es geht auf Biegen oder Brechen
bieg|sam
die **Bie|gung**
die **Bie|ne**
die **Bie|nen|kö|ni|gin**
der **Bie|nen|korb**
das **Bie|nen|ster|ben**
das **Bie|nen|wachs**
die **Bi|en|na|le** (zweijährliche Veranstaltung, besonders in der bildenden Kunst und im Film); der Biennale; die Biennalen
das **Bier;** des Biers *oder* Bie|res; die Bie|re; ABER: 3 [Glas] Bier
der **Bier|de|ckel**
der **Bier|gar|ten** (Lokal im Freien mit Selbstbedienung)
das **Biest** (Schimpfwort); des Biests *oder* Bies|tes; die Bies|ter
bie|ten; du bietest; sie bietet; sie bot; sie hat geboten; biete mehr!
der **Bie|ter;** des Bieters; die Bieter
die **Bie|te|rin;** die Bieterinnen
die **Big Band** *oder* **Big|band** ['bɪkbɛnt] (großes Jazz- oder Tanzorchester); die Big Bands *oder* Bigbands
der **Big Bro|ther** [bɪk'braðɐ] ([heimlicher] Beobachter, Überwacher); des Big Brothers; die Big Brothers
Big Da|ta (riesige Datenmengen; Technologien zu deren Verarbeitung und Auswertung); *Genitiv:* Big Datas
das **Bike** [baɪ̯k] (Motorrad; Fahrrad); des Bikes; die Bikes
das **Bike|sha|ring** *oder* **Bike-Sha|ring** [...ʃɛːrɪŋ] (organisierte Fahrradnutzung durch mehrere Personen); des Bikesharing[s] *oder* Bike-Sharing[s]
der **Bi|ki|ni** (zweiteiliger Damenbadeanzug); des Bikinis; die Bikinis
die **Bi|lanz** (die Gegenüberstellung von Vermögen und Kapital für ein Geschäftsjahr; Ergebnis); die Bi|lan|zen
bi|la|te|ral (zweiseitig, von zwei Seiten ausgehend); bilaterale Verträge
das **Bild;** des Bilds *oder* Bil|des; im Bilde sein
die **Bild|auf|lö|sung** *(EDV)*
der **Bild|band** (vorwiegend Bilder enthaltendes Buch); des Bildbands *oder* Bildbandes; die Bildbände
die **Bild|be|ar|bei|tung** *(EDV)*
die **Bild|be|schrei|bung**
bil|den; du bildest; sie bildete; sie hat einen Satz gebildet; bilde ein Wort aus 3 Buchstaben!; die bildende Kunst
der **Bil|der|bo|gen**
das **Bil|der|buch**
die **Bil|der|buch|ehe** (sehr gute Ehe)
die **Bil|der|ge|schich|te**
das **Bil|der|rät|sel**
die **Bild|flä|che;** auf der Bildfläche erscheinen (plötzlich auftauchen); von der Bildfläche verschwinden (sich rasch entfernen)
der **Bild|hau|er;** des Bildhauers; die Bildhauer
die **Bild|hau|e|rin;** die Bildhauerinnen
bild|lich
das **Bild|nis;** des Bildnisses; die Bildnisse
die **Bild|qua|li|tät**
der **Bild|schirm**
die **Bil|dung**
die **Bil|dungs|ein|rich|tung**
die **Bil|dungs|emp|feh|lung** (Empfehlung für den Besuch einer bestimmten weiterführenden Schule)
bil|dungs|fern
die **Bil|dungs|po|li|tik**
bil|dungs|re|sis|tent (*bildungssprachlich abwertend für:* Bildung ablehnend)
das **Bil|dungs|sys|tem** (System, in dem das Bildungswesen organisiert ist)
die **Bild|un|ter|schrift** (erläuternder Text unter einem Bild)
das **Bil|lard** ['bɪljart] (ein Kugelspiel; dazugehöriger Tisch); des Billards; die Bil|larde
die **Bil|li|ar|de** (tausend Billionen); die Billiarden
bil|lig; das ist nur recht und billig
bil|li|gen (für gut halten); du billigst; sie billigte meinen Entschluss; sie hat meinen Entschluss gebilligt
der **Bil|lig|flie|ger** (*umgangssprachlich für:* Billigfluglinie)
die **Bil|li|gung**

die **Bil|li|on** (eine Million Millionen); die Bil|li|o|nen

bim|meln; du bimmelst; sie bimmelte; sie hat gebimmelt; bimmle nicht unentwegt mit dieser Glocke!

der **Bims|stein**

bi|när (aus zwei Einheiten bestehend); binäre Ziffern

die **Bin|de**

das **Bin|de|ge|we|be** (umhüllendes und verbindendes Gewebe)

die **Bin|de|haut** (die durchsichtige Schleimhaut des Auges)

bin|den; du bindest; er bindet; er band; er hat gebunden; bind *oder* binde eine Schleife!

der **Bin|de|strich**

der **Bind|fa|den**

die **Bin|dung**

das **Binge-Wat|ching** [ˈbɪndʒwɔtʃɪŋ] (stundenlanges Ansehen von Fernsehserien); des Binge-Watching[s]

bin|nen; *mit Dativ:* binnen Kurzem *oder* kurzem; binnen einem Jahr (*gehoben auch mit Genitiv:* binnen eines Jahres); binnen drei Tagen (*gehoben auch:* binnen dreier Tage); binnen Jahr und Tag

die **Bin|nen|gren|ze** (Grenze innerhalb einer staatlichen Gemeinschaft); die Binnengrenzen der EU

der **Bin|nen|ha|fen**

das **Bin|nen-I** (*Sprachwissenschaft:* Großbuchstabe zur Darstellung des männlichen und weiblichen Plurals in demselben Wort); das Binnen-I bei »SchülerInnen«

das **Bin|nen|land**

der **Bin|nen|markt** (*Wirtschaft:* Markt innerhalb der Grenzen eines Staates)

der **Bin|nen|schif|fer**

die **Bin|nen|schif|fe|rin**

die **Bin|nen|schiff|fahrt**

das **Bi|nom** (*Mathematik:* Summe aus zwei Gliedern); des Binoms; die Bi|no|me

bi|no|misch (zweigliedrig); binomischer Ausdruck; binomischer Lehrsatz

die **Bin|se;** in die Binsen gehen (verloren gehen)

die **Bin|sen|wahr|heit** (allgemein bekannte Wahrheit)

die **Bin|sen|weis|heit** (allgemein bekannte Tatsache)

die **Bio** (*Schülersprache:* Biologieunterricht); *meist ohne Artikel*

der **Bio|bau|er**

die **Bio|che|mie** (Lehre von den chemischen Vorgängen in Lebewesen)

der **Bio|che|mi|ker**

die **Bio|che|mi|ke|rin**

bio|che|misch

bio|deutsch (*meist ironisch abwertend für:* deutscher Abstammung und in Deutschland heimisch)

der **Bio|die|sel** (aus nachwachsenden Rohstoffen hergestellter Dieselkraftstoff)

das **Bio|gas** (Faulgas als Energiequelle)

die **Bio|gas|an|la|ge**

der **Bio|graf** *oder* **Bio|graph** (Verfasser einer Biografie); des/dem/den Bio|grafen *oder* Bio|gra|phen; die Bio|gra|fen *oder* Bio|gra|phen

die **Bio|gra|fie** *oder* **Bio|gra|phie** (Lebensbeschreibung); die Bio|gra|fi|en *oder* Bio|gra|phi|en

die **Bio|gra|fin** *oder* **Bio|gra|phin**

bio|gra|fisch *oder* **bio|gra|phisch**

die **Bio|kost**

der **Bio|la|den**

der **Bio|lo|ge;** des/dem/den Biologen; die Biologen

die **Bio|lo|gie** (Lehre von der belebten Natur)

der **Bio|lo|gie|un|ter|richt**

die **Bio|lo|gin;** die Biologinnen

bio|lo|gisch

der **Bio|müll** (organische Abfälle)

das **Bio|sphä|ren|re|ser|vat** (geschütztes Gebiet für nachhaltige Entwicklung)

die **Bio|tech** [ˈbiːotɛk, *auch:* ˈbaɪ̯oʊ̯tɛk] (*kurz für:* Biotechnologie); der Biotech

die **Bio|tech|no|lo|gie** (Verfahren, biologische Vorgänge nutzbar zu machen)

der *oder* das **Bio|top** (durch bestimmte Pflanzen- und Tiergesellschaften gekennzeichneter Lebensraum); des Biotops; die Bio|to|pe

das **BIP** = Bruttoinlandsprodukt (Wert aller Waren und Dienstleistungen, die in einem Jahr innerhalb eines Landes produziert werden)

das **Bir|cher|müs|li**

die **Bir|ke** (ein Laubbaum)

der **Birk|hahn**

das **Birk|huhn**

Bir|ma (*früherer Name von* ↑Myanmar)

der **Bir|ma|ne;** des/dem/den Birmanen; die Birmanen

die **Bir|ma|nin;** die Birmaninnen

bir|ma|nisch

der **Birn|baum**

die **Bir|ne**

bis; bis hierher; bis jetzt; bis [nach] München; bis auf Weiteres *oder* weiteres

die **Bi|sam|rat|te**

der **Bi|schof** (ranghoher Geistlicher in christlichen Kirchen); des Bischofs; die Bi|schö|fe

die **Bi|schö|fin;** die Bischöfinnen

bi|schöf|lich

bis|her (bis jetzt)

bis|he|rig; der bisherige Direktor; im Bisherigen (weiter oben); das Bisherige

das, *auch:* der **Bis|kuit** [bɪsˈkviːt, *auch:* bɪsˈkvɪt] (feines Gebäck aus Eierschaum); des Biskuits *oder* Bis|kui|tes; die Biskuits *oder* Bis|kui|te

der **Bis|kuit|teig**

bis|lang (bis jetzt)

Bis|marck (Gründer und erster Kanzler des Deutschen Reiches)

der **Bi|son** (nordamerikanischer Büffel); des Bisons; die Bisons

der **Biss;** des Bis|ses; die Bis|se

biss|chen; das bisschen; ein bisschen (ein wenig); ein klein bisschen; mit ein bisschen Geduld

der **Bis|sen;** des Bissens; die Bissen

bis|sig

das **Bis|t|ro** (kleines Lokal); des Bistros; die Bistros

das **Bis|tum** (Amtsbezirk eines katholischen Bischofs); des Bistums; die Bis|tü|mer

bis|wei|len

das **Bit** (Informationseinheit); des Bit *oder* Bits; die Bit *oder* Bits; ABER: 30 Bit

Bit|coin [ˈbɪtkɔɪ̯n] (*Markenbezeichnung:* ein Zahlungssystem im Internet); *Genitiv:* Bitcoins *(ohne Artikel)*

der *oder* die **Bit|coin** [ˈbɪtkɔɪ̯n] (Einheit der digitalen Währung von Bitcoin *[s. o.]*); des Bitcoins *oder* der Bitcoin; die Bitcoins

bit|te; du musst bitte *oder* Bitte sagen

die **Bit|te**

bit|ten; du bittest; er bittet; er bat; er hat ihn um [einen] Rat gebeten; bitte ihn um Nachsicht!; ↑*auch:* beten

bit|ter; eine bittere Medizin

bit|ter|bö|se

bit|ter|ernst

bit|ter|kalt; es ist bitterkalt; ein bitterkalter Wintertag

die **Bit|ter|keit**

bit|ter|lich

das **Bi|wak** (Feldlager); des Biwaks; die Biwaks *oder* Bi|wa|ke

bi|zarr (seltsam); bizarre Formen

der **Bi|zeps** (Oberarmmuskel); des Bizeps *oder* Bi|zep|ses; die Bi|zep|se

das **BKA** = Bundeskriminalamt; des BKA

die **Black|box** [ˈblɛkbɔks] *oder* **Black Box** [blɛk ˈbɔks] (Teil eines kybernetischen Systems; Flugschreiber); die Black|boxes *oder* Black Bo|xes

der **Black Me|tal** [blɛk ˈmɛtl̩] (Subkultur und Variante des Heavy Metal)

der *oder* das **Black|out** [blɛkˈʔaʊ̯t] *oder* **Black-out** (Erinnerungslücke); des Blackout[s] *oder* Black-out[s]; die Blackouts *oder* Black-outs

blä|hen; der Wind bläht die Segel; der Wind hat die Segel gebläht; sich blähen; der Vorhang hat sich im Wind gebläht

die **Blä|hung**

bla|ma|bel (beschämend); bla|mab|ler; am bla|ma|bels|ten; eine blamable Niederlage

die **Bla|ma|ge** [blaˈmaːʒə] (Schande, Bloßstellung); die Blamagen

sich **bla|mie|ren;** du blamierst dich; er blamierte sich; er hat sich blamiert; blamiere dich nicht!

blank; etwas blank reiben *oder* blankreiben, blank polieren *oder* blankpolieren; die blank polierte *oder* blankpolierte Tasse; er hat die Tasse [ganz] blank poliert; seine Nerven liegen blank (er ist sehr angespannt); ABER: der Blanke Hans (die stürmische Nordsee)

der *oder* das **Blank** [blɛŋk] (*EDV:* [Wort]zwischenraum, Leerstelle); des Blanks; die Blanks

blank|po|liert ↑blank

blank|rei|ben ↑blank

die **Bla|se**

der **Bla|se|balg;** die Bla|se|bäl|ge

bla|sen; du bläst; er bläst; er blies; er hat die Trompete geblasen

der **Blä|ser** (*Musik:* jemand, der ein Blasinstrument spielt); des Bläsers; die Bläser

die **Blä|se|rin;** die Bläserinnen

bla|siert (hochnäsig)

das **Blas|in|s|t|ru|ment**

die **Blas|ka|pel|le**

die **Blas|phe|mie** (Gotteslästerung, verletzende Äußerung über Heiliges)

blass; blas|ser, *auch:* bläs|ser; am blas|ses|ten, *auch:* bläs|ses|ten; blass sein; blass werden

die **Bläs|se** (Blassheit)

> ! Nicht verwechseln: Obwohl beide Wörter gleich ausgesprochen werden, schreibt man die ein bleiches Aussehen bezeichnende *Blässe* anders als die *Blesse* mit der Bedeutung »weißer Fleck oder Streifen auf der Stirn oder dem Nasenrücken bestimmter [Haus]tiere«.

das **Bläss|huhn** *oder* **Bless|huhn**

das **Blatt** (*Abkürzung:* Bl. [Papier]); des Blatts *oder* Blat|tes; die Blät|ter; ABER: 5 Blatt Papier

blät|te|rig *oder* **blätt|rig**

blät|tern; du blätterst; er blätterte; er hat im Buch geblättert; blättere nicht dauernd in diesem Buch!

blat|ter|nar|big (*älter für:* pockennarbig)

der **Blät|ter|teig**

das **Blatt|gold**

das **Blatt|grün**

die **Blatt|laus**

blau *siehe Kasten*

das **Blau** (die blaue Farbe); des Blaus; die Blau, *umgangssprachlich:* Blaus; das Blau des Himmels; er ist in Blau gekleidet; das ist mit Blau bemalt

blau|äu|gig (arglos, naiv); eine sehr blauäugige Darstellung

die **Blau|bee|re** (Heidelbeere)

bläu|en (*veraltend für:* schlagen); sein Vater hat ihn gebläut

bläu|en (blau machen, färben); sie bläute das Kleid

blau|fär|ben ↑blau

blau|ge|streift ↑blau

bläu|lich; bläulich grün; bläulich rot

das **Blau|licht;** die Blau|lich|ter

blau|ma|chen (*umgangssprachlich für:* ohne zwingenden Grund nicht zur Arbeit, Schule o. Ä. gehen); er macht heute blau; er hat einen Tag blaugemacht; ↑ABER: blau

die **Blau|mei|se**

die **Blau|pau|se** (Lichtpause auf bläulichem Papier)

die **Blau|säu|re**

die **Blau|tan|ne**

der **Blau|wal**

der **Bla|zer** ['ble̯ɪzɐ] (sportlich-elegante Jacke); des Blazers; die Blazer

das **Blech;** des Blechs *oder* Ble|ches; die Ble|che

ble|chen (*umgangssprachlich für:* zahlen); du blechst; er blechte; er hat geblecht

ble|chern (aus Blech)

der **Blech|scha|den**

das **Blei** (ein Metall); des Bleis *oder* Blei|es

die **Blei|be** (Unterkunft); eine Bleibe suchen

blei|ben; du bleibst; er bleibt; er blieb; er ist noch länger geblieben; bleib *oder* bleibe hier!; er hat es bleiben lassen *oder* bleibenlassen (unterlassen), *seltener:* bleiben gelassen *oder* bleibengelassen

das **Blei|be|recht** (*Rechtssprache:* Aufenthaltsrecht von Ausländern im Inland)

bleich (sehr blass)

blei|chen (bleich machen); die Wäsche bleicht; die Wäsche hat gebleicht; bleich *oder* bleiche die Wäsche!

das **Bleich|ge|sicht**

blei|frei; bleifreies Benzin

der **Blei|stift**

die **Blen|de** (*Optik:* Vorrichtung, die einfallende Lichtstrahlen abschirmt)

blen|den; du blendest; er blendete; das Licht hat geblendet; blend *oder* blende ihn nicht!

blen|dend; ein blendend weißes Kleid; der Schnee war blendend weiß; sie amüsiert sich blendend (ausgezeichnet)

die **Bles|se** (weißer Stirnfleck; *auch für:* Tier mit weißem Fleck); ↑ABER: Blässe

das **Bless|huhn** *oder* **Bläss|huhn**

der **Blick;** des Blicks *oder* Bli|ckes; die Bli|cke

blau

blau|er; am blaus|ten *oder* blau|es|ten

1. Groß- und Kleinschreibung:

Kleinschreibung:

- das blaue Kleid
- blauer Fleck (Bluterguss)
- sein blaues Wunder erleben (*umgangssprachlich für:* staunen)
- ein blauer *oder* Blauer Brief (ein Mahnschreiben)
- Augen: blau *(in Pässen o. Ä.)*
- blau sein (*umgangssprachlich auch für:* betrunken sein)

Groß schreibt man das Farbadjektiv »blau«, wenn es als Nomen gebraucht wird. Die Nominalisierung erkennt man meist daran, dass dem Adjektiv »blau« ein Begleiter vorangeht, ohne dass ein Nomen direkt folgt:

- das Blau des Himmels
- etwas ins Blaue reden
- eine Fahrt ins Blaue
- die Farbe Blau

Auch in Namen schreibt man »blau« groß:

- die Blaue Grotte (von Capri)
- der Blaue Engel (Siegel für umweltschonende Produkte)
- der Blaue *oder* blaue Planet (die Erde)

2. Getrennt- oder Zusammenschreibung:

Bezeichnet »blau« das Ergebnis des vom folgenden Verb beschriebenen Vorgangs, kann getrennt oder zusammengeschrieben werden:

- den Pullover blau färben *oder* blaufärben; *aber bei mehrteiligen Adjektiven:* etwas dunkelblau färben

Vergleiche auch: blaumachen

- ein blau gestreifter *oder* blaugestreifter Stoff

In zusammengesetzten Farbbezeichnungen sollte ein Bindestrich gesetzt werden, um das Nebeneinander zweier Farben von einer Mischfarbe abzugrenzen:

- ein blaurotes Kleid (die Farbe des Kleids ist ein bläuliches Rot)
- ein blau-rotes Kleid (das Kleid hat die Farben Blau und Rot)

bli|cken; du blickst; er blickte; er hat geblickt; blick *oder* blicke nicht so böse!

das **Blick|feld;** etwas ins Blickfeld rücken (die allgemeine Aufmerksamkeit auf etwas lenken)

der **Blick|punkt;** des Blickpunkts oder Blickpunktes; die Blickpunkte

der **Blick|win|kel;** des Blickwinkels; die Blickwinkel

blind; blind sein; blind werden

der **Blind|darm**

der **Blin|de;** ein Blinder; die Blinden; mehrere Blinde

die **Blin|de;** eine Blinde

Blin|de|kuh; Blindekuh spielen

das **Blin|den|leit|sys|tem**

die **Blin|den|schrift**

der **Blind|flug**

die **Blind|heit**

blind|lings; blindlings losrennen

die **Blind|schlei|che**

blind|wü|tig; blindwütiger Hass

blin|ken; du blinkst; er blinkte; er hat mit der Taschenlampe geblinkt

der **Blin|ker;** des Blinkers; die Blinker

das **Blink|feu|er** (ein Seezeichen)

das **Blink|licht;** die Blink|lich|ter

der **Blink|schuh** *meist Plural*

blin|zeln; du blinzelst; er blinzelte; er hat geblinzelt; blinzle *oder* blinzele nicht!

der **Blitz;** des Blit|zes; die Blit|ze

der **Blitz|ab|lei|ter**

blitz|blank

blit|zen; es blitzte; es hat geblitzt

blitz|ge|scheit

das **Blitz|licht;** die Blitz|lich|ter

blitz|schnell

der **Bliz|zard** ['blɪzɐt] (schwerer Schneesturm in Nordamerika); des Blizzards; die Blizzards

der **Block;** des Blocks *oder* Blo|ckes; die Blö|cke *und* (für Abreißblocks, Häuserblocks u. a.:) die Blocks

die **Blo|cka|de** (Sperrung eines Durchgangs oder einer Zufahrt)

der **Block|bus|ter** ['blɔkbastɐ] (erfolgreicher Kinofilm); des Blockbusters; die Blockbuster

die **Block|chain** [...tʃɛɪ̯n] (*EDV:* dezentrale, kryptografisch verkettete Datenbank, z. B. für Kryptowährungen); die Blockchains

die **Block|flö|te**

das **Block|haus;** die Block|häu|ser

blo|ckie|ren ([ab]sperren; aufhalten, unterbrechen); er blockierte die Straße; er hat die Straße blockiert; blockier *oder* blockiere nicht den Verkehr!

die **Block|schrift**

blöd *oder* **blö|de** (*umgangssprachlich für:* dumm); sich blöd stellen; ABER: so etwas Blödes!

blö|deln (Unsinn reden); du blödelst; er blödelte; er hat geblödelt; blöd[e]le nicht so!

der **Blöd|sinn**

blöd|sin|nig (blöd)

das *oder* der **Blog** (tagebuchartig geführte, öffentlich zugängliche Webseite); des Blogs, die Blogs

der **Blog|ein|trag**

blog|gen (an einem Blog [mit]schreiben); sie bloggt; er hat gebloggt

der **Blog|ger** (jemand, der an einem Blog [mit]schreibt)

die **Blog|ge|rin;** die Bloggerinnen

die **Blo|go|sphä|re** (Gesamtheit der Weblogs im Internet) *Plural selten*

der **Blog|post** [...pɔʊ̯st] (Blogeintrag)

blö|ken; das Schaf blökte; es hat geblökt

blond; blonde Haare; sie hat blond gefärbtes *oder* blondgefärbtes Haar; sie hat ihr Haar [ganz] blond gefärbt

blond|ge|färbt ↑blond

die **Blon|di|ne** (Frau mit blondem Haar)

bloß; er fing die Schlange mit der bloßen (nackten) Hand; was ist bloß (nur) los mit ihr?; es dauert bloß ein paar Tage; wenn die Nerven bloß liegen *oder* bloßliegen

die **Blö|ße**

bloß|lie|gen ↑bloß

bloß|stel|len (blamieren); du stellst ihn bloß; er hat ihn bloßgestellt

die **Blue|jeans** ['blu:dʒi:ns] (blaue Hose aus festem Baumwollgewebe) *Plural*

der **Blues** [blu:s] (Musik der Afroamerikaner; ein Tanz); des Blues; die Blues

der oder das **Blue|tooth** ['blu:tu:θ] (*Markenbezeichnung:* Datenschnittstelle mit Funkübertragung für Kurzstrecken); des Bluetooth *oder* Bluetooths *(meist ohne Artikel);* Daten per Bluetooth drahtlos mit dem PC tauschen

der **Bluff** [blœf, *auch:* blaf] (Täuschung); des Bluffs; die Bluffs

bluf|fen; du bluffst; er bluffte; er hat geblufft; bluffe nicht!

blü|hen; die Blume blüht; sie hat lange geblüht

die **Blu|me**

der **Blu|men|kohl**

der **Blu|men|strauß**

der **Blu|men|topf**

die **Blu|men|va|se**

der *oder* das **Blu-Ray** *oder* **Blu-ray®** ['blu:rɛɪ̯] (*Markenbezeichnung:* ein Aufzeichnungs- und Wiedergabeverfahren bei Datenträgern); des Blu-Ray, Blu-ray *oder* Blu-Rays, Blu-rays *(meist ohne Artikel)*

die **Blu-Ray** *oder* **Blu-ray®** ⟨*kurz für:* Blu-Ray-Disc⟩ (*Markenbezeichnung:* eine mit Blu-ray® *[s. o.]* aufgezeichnete Disc); die Blu-Rays *oder* Blu-rays

die **Blu|se**

das **Blut;** des Bluts *oder* Blu|tes; Blut spenden; Blut saugen; Blut saugende *oder* blutsaugende Insekten; ein Blut stillender *oder* blutstillender Verband; ABER NUR: der Verband wirkte blutstillend

blut|arm (zu wenig rote Blutkörperchen besitzend)

die **Blut|bank** (Sammelstelle für Blutkonserven); die Blut|ban|ken

blut|be|schmiert; ein blutbeschmiertes Hemd; ABER: ein mit Blut beschmiertes Hemd

der **Blut|druck**

die **Blü|te**
blu|ten; du blutest; er blutete; er hat geblutet
der **Blü|ten|stand** (Vereinigung mehrerer Blüten)
der **Blü|ten|staub**
der **Blu|ter** (jemand, der zu schwer stillbaren Blutungen neigt); des Bluters; die Bluter
der **Blut|er|guss**
die **Blu|te|rin;** die Bluterinnen
die **Blü|te|zeit;** die Blütezeit des antiken Athen
das **Blut|ge|fäß**
die **Blut|ge|rin|nung**
die **Blut|grup|pe**
blu|tig
blut|jung (sehr jung)
die **Blut|kon|ser|ve** (haltbar gelagertes, für Bluttransfusionen verwendetes Blut)
das **Blut|kör|per|chen;** die roten, weißen Blutkörperchen
der **Blut|kreis|lauf**
das **Blut|plas|ma**
das **Blut|plätt|chen**
die **Blut|pro|be;** eine Blutprobe entnehmen
die **Blut|ra|che**
blut|rot
blut|sau|gend ↑ Blut
die **Blut|spen|de**
blut|stil|lend ↑ Blut
bluts|ver|wandt
die **Blut|trans|fu|si|on**
die **Blu|tung**
die **Blut|ver|gif|tung**
die **Blut|zu|fuhr**
die **BLZ** = Bankleitzahl
der **BMI** = Body-Mass-Index
der **BMW** (*Markenbezeichnung:* von BMW *[s. o.]* gebautes Kraftfahrzeug)
BMW = Bayerische Motoren Werke [AG] (*Markenbezeichnung:* ein deutsches Kraftfahrzeugunternehmen)
das **BMX-Rad** (geländegängiges Fahrrad)
der **BND** = Bundesnachrichtendienst; des BND[s]
die **Bö** *oder* **Böe** (heftiger Windstoß); die Bö|en
die **Boa** (Riesenschlange); die Bo|as
das *oder* der **Board** [bɔːɐ̯t] (*kurz für:* Kickboard, Skateboard, Snowboard und Ähnliches); des Boards, die Boards
der **Bob** (Rennschlitten); des Bobs; die Bobs
die **Bob|bahn**
der **Bob|by** (*umgangssprachlich für:* englischer Polizist); des Bobbys; die Bobbys
das *oder* die **Boc|cia** [ˈbɔtʃa] (ein Kugelspiel); des Boccia *oder* der Boccia; die Boccias
der **Bock** (männliches Säugetier; Turngerät); des Bocks *oder* Bo|ckes; die Böcke; Bock springen, ABER: das Bockspringen; keinen, null Bock auf etwas haben (*umgangssprachlich für:* keine Lust zu etwas haben)
bock|bei|nig (*umgangssprachlich für:* trotzig, widerspenstig); ein bockbeiniges Kind
das **Bock|bier**
bo|ckig (trotzig, störrisch)
die **Bock|wurst**
der **Bo|den;** des Bodens; die Böden
der **Bo|den|frost**
die **Bo|den|schät|ze** *Plural*
der **Bo|den|see**
bo|den|stän|dig (lange ansässig; fest an einem Ort verwurzelt)
das **Bo|den|tur|nen**
der **Bo|dy** [ˈbɔdi] (eng anliegende, einteilige Unterkleidung); des Bodys; die Bodys
das **Bo|dy|buil|ding** [ˈbɔdibɪldɪŋ] (Training zur besonderen Ausbildung der Körpermuskulatur); des Bodybuilding *oder* Bodybuildings
die **Bo|dy|cam** (Körperkamera); der Bodycam; die Bodycams
der **Bo|dy|guard** [ˈbɔdigaːɐ̯t] (Leibwächter); des Bodyguards; die Bodyguards
die **Bo|dy|lo|tion** [ˈbɔdiloʊ̯ʃn̩] (Körperlotion); die Bodylotions
der **Bo|dy-Mass-In|dex** (Formel zur Bestimmung des normalen Körpergewichts; *Abkürzung:* BMI)
die **Böe** *vergleiche:* **Bö**
die **Boe|ing** [ˈboːɪŋ] (*Markenbezeichnung:* Flugzeugtyp des gleichnamigen amerikanischen Herstellers); der Boeing; die Boeings
der **Bo|gen;** des Bogens; die Bogen, *landschaftlich auch:* Bögen; in Bausch und Bogen (ganz und gar)

das **Bo|gen|schie|ßen**
Bo|go|tá (Hauptstadt Kolumbiens)
die **Boh|le** (dickes Brett)

> ! Nicht verwechseln: Obwohl beide Wörter gleich ausgesprochen werden, schreibt man die meist als Bauholz verwendete *Bohle* anders als das bekannte Getränk aus Wein, Sekt und Früchten (die *Bowle*).

Böh|men (Landschaft in der Tschechischen Republik)
der **Böh|mer|wald** (ein Gebirge)
die **Boh|ne**
der **Boh|nen|kaf|fee**
das **Boh|nen|kraut**
die **Boh|nen|stan|ge**
boh|nern; ich bohnere; du bohnerst; er bohnerte; er hat den Boden gebohnert
das **Boh|ner|wachs**
boh|ren; du bohrst; er bohrte; er hat ein Loch gebohrt; bohr *oder* bohre nicht in der Nase!
der **Boh|rer;** des Bohrers; die Bohrer
die **Bohr|in|sel** (ins Meer gebaute Plattform für Öl- und Erdgasförderung)
bö|ig; böiger Wind
der **Boi|ler** (Warmwasserbereiter); des Boilers; die Boiler
die **Bo|je** (schwimmendes Seezeichen)
der **Bo|le|ro** (spanischer Tanz; kurze Jacke); des Boleros; die Boleros
der **Bo|li|vi|a|ner;** des Bolivianers; die Bolivianer
die **Bo|li|vi|a|ne|rin;** die Bolivianerinnen
bo|li|vi|a|nisch
Bo|li|vi|en (Staat in Südamerika)
der **Böl|ler** (Feuerwerkskörper); des Böllers; die Böller
böl|lern (Feuerwerk zünden); ich böllere, du böllerst; wir böllerten; sie haben geböllert
das **Boll|werk**
die **Bo|lo|g|ne|se|so|ße** *oder* **Bo|lo|g|ne|se|sau|ce** [bolɔnˈjeːzə..., *auch:* boloˈneːzə...] (eine Hackfleischsoße)
bol|zen (derb Fußball spielen); du bolzt; er bolzte; er hat gebolzt; bolz *oder* bolze nicht so!
der **Bol|zen;** des Bolzens; die Bolzen
der **Bol|zen|schnei|der** (ein Werkzeug)
der **Bolz|platz**
bom|bar|die|ren; du bombardierst; er bombardierte; er hat ihn ständig mit Fragen bombardiert
die **Bom|be** (mit Sprengstoff angefüllter Hohlkörper; *umgangssprachlich für* wuchtiger Schuss aufs [Fußball]tor)
der **Bom|ben|an|schlag**
der **Bom|ben|er|folg** (*umgangssprachlich für:* großer Erfolg)
das **Bom|ben|ge|schäft** (*umgangssprachlich für:* sehr gutes Geschäft)
bom|ben|si|cher; ein bombensicherer Keller; ABER *(mit Doppelbetonung):* **bom|ben|si|cher** (*umgangssprachlich für:* sehr sicher); ein bombensicheres Geschäft
der **Bom|ber;** des Bombers; die Bomber
die **Bom|mel** (*norddeutsch für:* Quaste)
die **Bom|mel|müt|ze**
der **Bon** [bõː] (Gutschein); des Bons; die Bons
der *oder* das **Bon|bon** [bɔŋˈbɔŋ, bõˈbõː] (Süßigkeit zum Lutschen); des Bonbons; die Bonbons
die **Bo|ni|tät** (*Kaufmannssprache:* guter Ruf einer Person oder Firma in Bezug auf ihre Zahlungsfähigkeit); der Bonität
Bonn (Stadt am Rhein)
der **Bo|no|bo** [*auch:* ...ˈnoː...] (in Zentralafrika lebender Menschenaffe); des Bonobos; die Bonobos
der **Bon|sai** (japanischer Zwergbaum); des Bonsai *oder* Bonsais; die Bonsais
der **Bo|nus** (Vergütung; Rabatt); des Bonus *oder* Bonusses; die Bonusse *oder* Boni
das **Bo|nus|ma|te|ri|al** (zusätzliche Aufnahme auf einer CD oder DVD [als Kaufanreiz])
der **Bon|ze** (sturer [Partei]funktionär); des/dem/den Bonzen; die Bonzen
der **Boom** [buːm] (Hochkonjunktur); des Booms; die Booms
boo|men [ˈbuːmən] (*umgangssprachlich für:* einen Aufschwung erleben); es boomt, es boomte, es hat geboomt; die Castingshows boomen
das **Boot;** des Boots *oder* Boo|tes; die Boote; *Verkleinerungsform:* das Bötchen
der **Boot** [buːt] (hoher [Wildleder]schuh); des Boots; die Boots *meist Plural*
boo|ten [ˈbuːtn̩] (*EDV:* einen Computer neu starten); du bootest; sie bootete; er

hat gebootet; boot *oder* boote den Computer!

der **Boot|loa|der** [ˈbuːtlɔʊ̯dɐ] (*EDV:* das Betriebssystem startende Software)

das **Bord** (Bücherbord); des Bords *oder* Bordes; die Bor|de

der **Bord** (Schiffsrand, Schiffsdeck); des Bords *oder* Bor|des; die Bor|de; an, von Bord gehen; Mann über Bord!

die **Bör|de** (fruchtbare Ebene); die Magdeburger Börde

der **Bor|deaux** [bɔrˈdoː] (ein Wein nach der gleichnamigen französischen Stadt); des Bordeaux; die Bordeaux

das **Bor|dell** (Haus, in dem Prostituierte ihr Gewerbe ausüben); des Bordells; die Bor|del|le

der **Bord|stein** (am Bürgersteig)

bor|gen; du borgst ihm Geld; er borgte ihm Geld; er hat ihm Geld geborgt; borg *oder* borge kein Geld!

die **Bor|ke** (Rinde); die Borken

der **Bor|ken|kä|fer**

der **Born** (*dichterisch für:* Quelle, Brunnen); des Borns *oder* Bor|nes; die Bor|ne

Bor|neo (Insel in Südostasien)

bor|niert (geistig beschränkt)

die **Bör|se** (*Wirtschaft:* Markt für Wertpapiere; *veraltend für:* Portemonnaie)

der **Bör|sen|gang** (erstmalige Zulassung zum Handel an der Börse); der geplante Börsengang des Fußballklubs wurde verschoben

der **Bör|sen|kurs** (an der Börse ermittelter Kurs eines Wertpapiers)

bör|sen|no|tiert (*Wirtschaft:* durch einen an der Börse festgelegten Kurs bewertet); ein börsennotierter Fußballverein

der **Bör|si|a|ner** (*umgangssprachlich für:* jemand, der an der Börse spekuliert, Börsenmakler); des Börsianers; die Börsianer

die **Bors|te** (starkes Haar); eine Bürste aus reinen Borsten

bors|tig

die **Bor|te** ([gemustertes] Band, das zur Verzierung auf Stoff genäht wird); die Borten

bös ↑böse

bös|ar|tig

die **Bö|schung**

bö|se; ein böser Blick; jenseits von Gut und Böse; das Gute und das Böse; im Guten wie im Bösen

der **Bö|se|wicht;** die Bö|se|wich|te

bos|haft

die **Bos|heit**

Bos|ni|en (Gebiet im Norden von Bosnien und Herzegowina)

Bos|ni|en und Her|ze|go|wi|na (Staat in Südosteuropa)

der **Bos|ni|er;** des Bosniers; die Bosnier

die **Bos|ni|e|rin;** die Bosnierinnen

bos|nisch

der **Boss** (Chef); des Bos|ses; die Bos|se

bös|wil|lig

der **Bot** (automatisiertes [Schad]programm); des Bots; die Bots

die **Bo|ta|nik** (Pflanzenkunde)

bo|ta|nisch; botanische Gärten; ABER: der Botanische Garten in München

das **Böt|chen** (kleines Boot)

der **Bo|te;** des/dem/den Boten; die Boten

die **Bo|tin;** die Botinnen

das **Bot|net** *oder* **Bot|netz** (*EDV:* zahlreiche vernetzte Bots); des Botnets *oder* Botnet|zes; die Botnets *oder* Bot|net|ze

die **Bot|schaft** (wichtige Nachricht; diplomatische Vertretung eines Staates im Ausland)

der **Bot|schaf|ter;** des Botschafters; die Botschafter

die **Bot|schaf|te|rin;** die Botschafterinnen

der **Bött|cher** (Bottichmacher); des Böttchers; die Böttcher

die **Bött|che|rin;** die Böttcherinnen

der **Bot|tich** (große Holzwanne); des Bottichs *oder* Bot|ti|ches; die Bot|ti|che

die **Bouil|lon** [bʊlˈjõː] (Fleischbrühe); die Bouillons

boul|dern [ˈbɔʊ̯l...] (*Sport:* ungesichert über Felsblöcke oder an Kletterwänden klettern); ich bouldere; du bouldertest; sie hat gebouldert

der **Bou|le|vard** [bʊlˈvaːɐ̯] (breite, oft prächtige Straße); des Boulevards; die Boulevards; wir schlenderten die Boulevards entlang

die **Bou|le|vard|zei|tung** (sensationell aufgemachte Zeitung, die besonders viel Gesellschaftsklatsch enthält)

das **Bou|quet** [buˈkeː] *vergleiche:* **Bu|kett**

die **Bou|tique** [buˈtɪk] (kleiner Laden für modische Artikel); die Boutiquen die **Bow|le** ['bo:lə] (Getränk aus Wein, Sekt und Früchten); die Bowlen; ↑ ABER: Bohle

bow|len ['bɔʊ̯lən] (Bowling spielen); du bowlst; sie bowlte; er hat gebowlt; wir gehen bowlen

das **Bow|ling** ['bɔʊ̯lɪŋ] (amerikanische Art des Kegelspiels); des Bowlings; die Bowlings

das **Bow|ling|cen|ter** [...s...]

die **Box** (Behälter; abgeteilter Raum; einfache Kamera); die Bo|xen

bo|xen; ich boxe; du boxt; er boxte; er hat geboxt; box *oder* boxe mit ihm!

der **Bo|xer** (Faustkämpfer; eine Hunderasse); des Boxers; die Boxer

die **Bo|xe|rin;** die Boxerinnen

der **Box|hand|schuh**

der **Box|kampf**

der **Box|sack** *(Sport)*

der **Boy** [bɔɪ̯] (Junge; [Hotel]diener); des Boys; die Boys

die **Boy|band** [...bɛnt] (Boygroup)

der **Boy|friend** [...frɛnt] (*umgangssprachlich für:* Freund einer jungen Frau)

die **Boy|friend|jeans** *oder* **Boy|friend-Jeans** [...dʒi:ns] (Jeans für Frauen mit weitem, maskulinem Schnitt)

die **Boy|group** [...gru:p] (Popgruppe aus jungen attraktiven Männern); die Boygroups

der **Boy|kott** (Verweigerung; Ausschluss); des Boykotts; die Boy|kot|te

boy|kot|tie|ren; ich boykottiere; du boykottierst; sie boykottierte; sie hat dieses Geschäft boykottiert; boykottier *oder* boykottiere den neuen Mitschüler nicht!

BR = Bayerischer Rundfunk; des BR

brach (unbestellt, unbebaut)

die **Bra|che** (Brachfeld); die Brachen

das **Brach|feld**

bra|chi|al (mit roher Körperkraft); brachiale Gewalt

brach|lie|gen (nicht genutzt werden); ihr Talent lag brach; es hat brachgelegen

bra|ckig (schwach salzig und daher ungenießbar)

das **Brack|was|ser** (Gemisch aus Süß- und Salzwasser in den Flussmündungen); die Brackwasser

Brahms (deutscher Komponist)

die **Bran|che** ['brã:ʃə] (Wirtschaftszweig); die Branchen

der **Bran|chen|füh|rer** (führendes Unternehmen einer Branche)

der **Bran|chen|ken|ner** (jemand, der sich in einer Branche gut auskennt)

die **Bran|chen|ken|ne|rin;** die Branchenkennerinnen

das **Bran|chen|ver|zeich|nis**

der **Brand;** des Brands *oder* Bran|des; die Brän|de; in Brand stecken

der **Brand|an|schlag** (Anschlag, bei dem Feuer gelegt wird)

die **Brand|bla|se**

brand|ei|lig (*umgangssprachlich für:* sehr eilig)

bran|den (schäumend hochschlagen); es brandete; es hat gebrandet; das Meer brandet gegen die Felsen

Bran|den|burg (Stadt und deutsches Bundesland)

der **Bran|den|bur|ger;** des Brandenburgers; die Brandenburger

die **Bran|den|bur|ge|rin;** die Brandenburgerinnen

das **Bran|den|bur|ger Tor** (in Berlin)

bran|den|bur|gisch

brand|mar|ken (öffentlich bloßstellen); du brandmarkst; man brandmarkte ihn; man hat ihn gebrandmarkt

brand|neu *(umgangssprachlich)*

der **Brand|schutz**

die **Brand|stät|te**

der **Brand|stif|ter;** des Brandstifters; die Brandstifter

die **Brand|stif|te|rin;** die Brandstifterinnen

die **Brand|stif|tung**

die **Bran|dung**

die **Brand|wun|de**

der **Brannt|wein**

Bra|si|lia *oder* **Bra|sí|lia** (Hauptstadt Brasiliens)

der **Bra|si|li|a|ner;** des Brasilianers; die Brasilianer

die **Bra|si|li|a|ne|rin;** die Brasilianerinnen

bra|si|li|a|nisch

Bra|si|li|en (Staat in Südamerika)

bra|ten; du brätst; sie brät; sie briet; sie hat den Fisch gebraten; brat *oder* brate das Fleisch!

der **Bra|ten;** des Bratens; die Braten

die **Brat|kar|tof|fel**

der **Brat|ling** (*Kochkunst:* gebratener Kloß aus Gemüse oder Getreide)
die **Brat|sche** (ein Streichinstrument)
der **Brat|scher** *oder* **Brat|schist** (Bratschenspieler); des Bratschers *oder* Brat|schis|ten; die Bratscher *oder* Brat|schis|ten
die **Brat|sche|rin** *oder* **Brat|schis|tin;** die Bratscherinnen oder Bratschistinnen
die **Brat|wurst**
der **Brauch;** des Brauchs *oder* Brau|ches; die Bräu|che
brauch|bar
brau|chen; du brauchst einen neuen Mantel; er hat einen neuen Hut gebraucht; ABER: er hat es nicht zu tun brauchen (nicht tun müssen)
das **Brauch|tum;** des Brauchtums; die Brauch|tü|mer
das **Brauch|was|ser** (für Gewerbe und Industrie)
brau|en; ich braue; du braust; er braute; er hat Bier gebraut
die **Brau|e|rei**
braun; eine braun gebrannte *oder* braungebrannte Frau; ↑blau
der **Braun|bär**
bräu|nen; die Sonne bräunte ihn, hat ihn gebräunt; sich bräunen lassen
braun|ge|brannt ↑braun
die **Braun|koh|le**
bräun|lich
die **Brau|se**
brau|sen; das Wasser brauste; es hat gebraust; sich brausen; er hat sich gebraust
das **Brau|sen;** des Brausens; das Brausen des Meeres
die **Brau|se|ta|b|let|te**
die **Braut;** die Bräu|te
der **Bräu|ti|gam;** des Bräutigams; die Bräu|ti|ga|me
das **Braut|kleid**
bräut|lich
brav (gehorsam, artig); ein braver Junge
bra|vo! (gut!); ↑*auch:* Bravo
das **Bra|vo** (Beifallsruf); des Bravos; die Bravos; Bravo *oder* bravo rufen
Braz|za|ville [braza'vil] (Hauptstadt der Republik Kongo)
die **BRD** = Bundesrepublik Deutschland
das *oder* der **Break** [breɪ̯k] (*Tennis:* Durchbrechen des gegnerischen Aufschlags); des Breaks; die Breaks
der **Break|beat** (*Musik:* Stilrichtung der elektronischen Musik)
der **Break|dance** ['breɪ̯kda:ns] (akrobatischer Tanz zu Popmusik); des Breakdance *oder* Break|dan|ces
der **Break|dan|cer;** des Breakdancers; die Breakdancer
die **Break|dan|ce|rin;** die Breakdancerinnen
bre|chen; der Ast bricht; der Ast brach; der Ast ist gebrochen; brich nicht den Stab über ihn!
der **Bre|cher** (Sturzwelle); des Brechers; die Brecher
die **Brech|stan|ge**
der **Brei;** des Breis *oder* Brei|es; die Breie
brei|ig
breit; brei|ter; am brei|tes|ten; eine breite Straße; weit und breit ist niemand zu sehen; er hat die Geschichte des Langen und Breiten (umständlich) erzählt; ins Breite gehen, fließen; die Straße breit, breiter machen; ABER: sich breitmachen (*umgangssprachlich für:* viel [Platz] in Anspruch nehmen, sich immer weiter ausbreiten); die Schuhe breit treten oder breittreten; ↑ABER: breittreten; ein breit gefächertes *oder* breitgefächertes Angebot
der **Breit|band|an|schluss** (*Fachsprache, besonders Elektrotechnik:* Internetzugang mit hoher Übertragungsgeschwindigkeit)
der **Breit|band|aus|bau** (*Elektrotechnik*)
die **Brei|te;** die Breiten; nördliche, südliche Breite
brei|ten; du breitest; sie breitete; er hat gebreitet; breit *oder* breite die Decke aus!; ein Tuch über den Tisch breiten
der **Brei|ten|grad**
der **Brei|ten|kreis**
breit|ge|fä|chert ↑breit
sich **breit|ma|chen** (*umgangssprachlich für:* viel [Platz] in Anspruch nehmen, sich immer weiter ausbreiten); sie hat sich auf dem Sofa breitgemacht
breit|tre|ten (etwas unnötigerweise weiterverbreiten); er hat diese Geschichte überall breitgetreten; ↑*auch:* breit

Bre|men (Hafenstadt an der Weser)
der **Bre|mer;** des Bremers; die Bremer
Bre|mer|ha|ven (Hafenstadt an der Wesermündung)
die **Bre|me|rin;** die Bremerinnen
bre|misch
die **Brem|se** (Hemmvorrichtung; Stechfliege)
brem|sen; du bremst; er bremste; er hat gebremst; brems *oder* bremse nicht so spät!
die **Brems|spur**
das **Brenn|ele|ment** (*Kernphysik:* aus zahlreichen, gebündelten, gasdicht abgeschlossenen Brennstäben bestehende Einheit)
bren|nen; die Kerze brennt; sie brannte; es hat gebrannt; er hat eine CD gebrannt
der **Bren|ner;** des Brenners; die Brenner
das **Brenn|glas**
die **Brenn|nes|sel** *oder* **Brenn-Nes|sel;** die Brennnesseln *oder* Brenn-Nesseln
der **Brenn|punkt** *(Optik, Geometrie)*
die **Brenn|punkt|schu|le** (in einem schwierigen sozialen Milieu liegende Schule)
der **Brenn|stab** (von einer stabförmigen Hülse umgebener Kernbrennstoff, der in den Kernreaktor eingebracht wird)
der **Brenn|stoff;** die Brenn|stof|fe *meist Plural*
die **Brenn|stoff|zel|le** (*Chemie, Technik:* einer Batterie ähnliche Stromquelle)
die **Brenn|wei|te**
brenz|lig (*umgangssprachlich für:* gefährlich); eine brenzlige Situation
die **Bre|sche** (*veraltet für:* große Lücke); noch in eine Bresche schlagen; in die Bresche springen
das **Brett;** des Bretts *oder* Bret|tes; die Bretter; das Schwarze *oder* schwarze Brett (Anschlagtafel)
das **Bre|vier** (ein Gebetbuch); des Breviers; die Bre|vie|re
der **Bre|xit** (*besonders Politikjargon:* Austritt Großbritanniens aus der EU); des Brexits
die **Bre|zel** (salziges oder süßes Gebäck); die Brezeln
das **Bridge** [brɪtʃ] (ein Kartenspiel); des Bridge; Bridge spielen
der **Brief;** des Briefs *oder* Brie|fes; die Brie|fe
der **Brief|freund**
die **Brief|freun|din**
das **Brief|ge|heim|nis**
der **Brief|kas|ten**
brief|lich
die **Brief|mar|ke**
die **Brief|tau|be**
der **Brief|trä|ger**
die **Brief|trä|ge|rin**
der **Brief|um|schlag**
der **Brief|wech|sel**
das **Brief|zen|t|rum**
die **Bri|ga|de** (Truppenabteilung; Arbeitsgruppe in der DDR)
das **Bri|kett** (in Form gepresste Braun- oder Steinkohle); des Briketts; die Briketts *oder* Bri|ket|te
bril|lant [brɪlˈjant] (glänzend, fein); bril|lan|ter; am bril|lan|tes|ten
der **Bril|lant** (geschliffener Diamant); des Bril|lan|ten; die Bril|lan|ten
die **Bril|le**
die **Bril|len|schlan|ge** (*umgangssprachlich scherzhaft auch für:* Brillenträger/-in)
bril|lie|ren (glänzen; sich hervortun); du brillierst; sie brillierte; er hat brilliert; er brillierte durch seine Aufsätze
brin|gen; ich bringe; du bringst; er bringt; er brachte; er hat den Korb gebracht; bring *oder* bringe ihm das Essen!
der **Brin|ger** (*umgangssprachlich für:* jemand, der Erfolg hat, etwas Erfolgreiches)
die **Bring|zo|ne;** *meist in:* Hol- und Bringzone (Elternhaltestelle)
bri|sant (sehr aktuell; heikel); bri|santer; am bri|san|tes|ten; eine brisante Nachricht
die **Bri|sanz** (Sprengkraft; *nur Singular:* brennende Aktualität); die Brisanz seiner Aussage
die **Bri|se** (ein gleichmäßiger Segelwind)
der **Bri|te** (Einwohner von Großbritannien); des Briten; die Briten
die **Bri|tin;** die Britinnen
bri|tisch
der **Broad|way** [ˈbrɔːdweɪ̯] (Hauptstraße in New York); des Broadways
der **Broc|co|li** *vergleiche:* **Brok|ko|li**
brö|cke|lig *oder* **bröck|lig**
brö|ckeln; der Putz bröckelte; der Putz

ist von der Wand gebröckelt; er hat das Brot in die Suppe gebröckelt

der **Bro|cken** (größeres, unregelmäßig geformtes Stück [das von etwas abgebrochen ist]); des Brockens; die Brocken

der **Bro|cken** (Berg im Harz); des Brockens

bröck|lig *oder* **brö|cke|lig**

bro|deln ([beim Kochen] Blasen bilden und in starker Bewegung sein); das Wasser brodelt; es brodelte; es hat gebrodelt

der **Bro|ker** [*auch:* 'brɔʊ̯kɐ] (*englische Bezeichnung für:* Börsenmakler); des Brokers; die Broker

die **Bro|ke|rin;** die Brokerinnen

der **Brok|ko|li** *oder* **Broc|co|li** (Spargelkohl); des Brokkoli *oder* Brokkolis, die Brokkoli *oder* Brokkolis

die **Brom|bee|re**

die **Bron|chie** (*Anatomie:* Luftröhrenast); die Bron|chi|en

die **Bron|chi|tis** (*Medizin:* Entzündung der Bronchien)

der **Bron|to|sau|ri|er** *oder* **Bron|to|sau|rus** (eine ausgestorbene Riesenechse); des Brontosauriers *oder* Brontosaurus; die Brontosaurier

die **Bron|ze** ['brɔ̃:sə] (eine Metallmischung)

die **Bron|ze|me|dail|le**

bron|zen (aus Bronze)

die **Bron|ze|zeit** (vorgeschichtliche Epoche)

die **Bro|sche**

die **Bro|schü|re** (leicht geheftete Druckschrift); die Broschüren

das **Brot;** des Brots *oder* Bro|tes; die Bro|te

das **Bröt|chen**

die **Brot|do|se**

die **Brot|krus|te**

die **Brot|schnei|de|ma|schi|ne**

die **Brot|zeit** (*süddeutsch für:* Zwischenmahlzeit); die Brot|zei|ten

der **Brow|nie** ['braʊ̯ni] (ein Schokoladengebäck); des Brownies; die Brownies

der **Brow|ser** ['braʊ̯zɐ] (*EDV:* Software zum Verwalten, Finden und Ansehen von Dateien); des Browsers; die Browser

das **Brow|ser-Plug-in** [...plag'ʔɪn] (die Funktionen eines Browsers erweiterndes Progamm)

der **Bruch** (*umgangssprachlich auch für:* Einbruch); des Bruchs *oder* Bru|ches; die Brü|che; zu Bruch gehen; in die Brüche gehen

der *oder* das **Bruch** (Sumpfland); des Bruchs *oder* Bru|ches; die Brü|che, *landschaftlich auch:* Brü|cher

brü|chig

die **Bruch|lan|dung**

bruch|rech|nen

> **!** Das Verb sollte nur im Infinitiv gebraucht werden: »Er kann gut *bruchrechnen.*« Wenn das Verb wie ein Nomen gebraucht wird, muss man es großschreiben: »Ihr fällt *das Bruchrechnen* leicht.«

der **Bruch|teil**

die **Bruch|zahl**

die **Brü|cke**

die **Brü|cken|sa|nie|rung**

die **Brü|cken|tech|no|lo|gie** (unvollkommene und daher nur übergangsweise genutzte Technologie)

der **Bru|der;** des Bruders; die Brüder; die Brüder Grimm

brü|der|lich

die **Brü|der|lich|keit**

die **Bru|der|schaft** (religiöse Vereinigung)

die **Brü|der|schaft** (brüderliches Verhältnis); Brüderschaft trinken

die **Brü|he**

brü|hen; du brühst; er brühte; er hat die Tomaten gebrüht

brüh|warm

brül|len; du brüllst; er brüllte; er hat gebrüllt; brüll *oder* brülle nicht!

brum|men; du brummst; er brummte; er hat gebrummt; brumm *oder* brumme nicht!

brum|mig

der **Brunch** [brantʃ] (reichhaltiges, das Mittagessen ersetzendes Frühstück); des Brunchs *oder* Brun|ches; die Brunchs *oder* Brun|ches *oder* Brun|che

brü|nett (braunhaarig, braunhäutig)

die **Brunft** (Brunst beim Wild); die Brünf|te

der **Brun|nen**

die **Brunst** (Paarungszeit bei einigen Tierarten); die Brüns|te

brüns|tig

brüsk (barsch; schroff)

Brüs|sel (Hauptstadt Belgiens)

die **Brust;** die Brüs|te

das **Brust|bein**

der **Brust|beu|tel**

A B bru C D E F G H I J K L M N O P Q R S T U V W X Y Z

sich **brüs|ten;** du brüstest dich; er brüstete sich; er hat sich mit seinem Mut gebrüstet; brüste dich nicht so!

der **Brust|korb**

der **Brust|krebs**

brust|schwim|men *oder* **Brust schwim|men;** er kann gut brustschwimmen *oder* Brust schwimmen; ABER NUR: er schwimmt Brust; ABER: das **Brust|schwim|men**

die **Brüs|tung** (Geländer)

die **Brut;** die Bru|ten

bru|tal (roh; gewalttätig)

die **Bru|ta|li|tät**

brü|ten; das Huhn brütete; es hat gebrütet

der **Brü|ter** (Kernreaktor, der mehr spaltbares Material erzeugt, als er verbraucht); Schneller *oder* schneller Brüter

die **Brut|pfle|ge** *(Zoologie)*

brut|to (mit Verpackung; ohne Abzüge)

das **Brut|to|ge|wicht**

das **Brut|to|in|lands|pro|dukt** (*Wirtschaft:* Gesamtwert aller Dienstleistungen und Produkte, die innerhalb eines Jahres in einem Land erwirtschaftet werden)

der **Brut|to|lohn**

das **Brut|to|so|zi|al|pro|dukt** (*Wirtschaft:* das gesamte Ergebnis des Wirtschaftsprozesses in einem Staat während eines Jahres; *Abkürzung:* BSP)

brut|zeln (in zischendem Fett braten); das Schnitzel brutzelte; es hat gebrutzelt; sich etwas brutzeln

BSE = bovine spongiforme Enzephalopathie (Rinderwahnsinn)

der **Bub** (*süddeutsch, österreichisch, schweizerisch für:* Junge); des Bu|ben; die Buben

der **Bu|be** (eine Spielkarte); des Buben; die Buben

das **Buch;** des Buchs *oder* Bu|ches; die Bücher; Buch führen; die Buch führende *oder* buchführende Geschäftsstelle

der **Buch|druck;** des Buchdrucks *oder* Buch|dru|ckes

die **Bu|che** (ein Laubbaum)

die **Buch|ecker;** die Bucheckern

bu|chen (eintragen; im Voraus bestellen); ich buche; er buchte den Betrag auf sein Konto; er hat gestern die Reise gebucht

der **Bü|cher|bus** (mit einer Leihbücherei ausgestatteter Bus)

die **Bü|che|rei;** die Büchereien

der **Buch|fink**

buch|füh|rend ↑Buch

die **Buch|füh|rung**

die **Buch|hal|tung**

der **Buch|han|del**

der **Buch|händ|ler**

die **Buch|händ|le|rin**

die **Buch|hand|lung**

die **Buch|mes|se**

die **Buch|se** (runde Öffnung, in die ein Stecker gesteckt werden kann); die Buchsen

die **Büch|se** ([Konserven]dose; Jagdgewehr)

der **Buch|sta|be;** des Buchstabens; die Buchstaben

buch|sta|bie|ren; du buchstabierst; sie buchstabierte; sie hat buchstabiert; buchstabier *oder* buchstabiere!

buch|stäb|lich (genau nach dem Wortlaut; tatsächlich); sie waren buchstäblich erfroren

die **Bucht;** die Buch|ten

die **Bu|chung;** der Buchung; die Bu|chungen; die Buchung des Urlaubs wurde bestätigt

das **Bu|chungs|por|tal** (im Internet)

der **Bu|ckel** (Höcker, Rücken); des Buckels; die Buckel

bu|cke|lig *oder* **buck|lig**

sich **bü|cken;** du bückst dich; er bückte sich; er hat sich gebückt; bück *oder* bücke dich!

der **Bück|ling** (geräucherter Hering)

Bu|da|pest (Hauptstadt Ungarns)

bud|deln (*umgangssprachlich für:* [im Sand] graben); ich budd[e]le; du buddelst; er buddelte; sie hat im Sand gebuddelt; buddle *oder* buddele ein Loch in den Sand!

Bud|dha (indischer Religionsstifter)

der **Bud|dha** (Bild, Verkörperung von Buddha); die Buddhas

der **Bud|dhis|mus** (nach Buddha benannte Weltreligion)

der **Bud|dhist;** des/dem/den Bud|dhis|ten; die Bud|dhis|ten

bud|dhis|tisch

die **Bu|de**

das **Bud|get** [byˈdʒeː] (Haushaltsplan); des Budgets; die Budgets

das **Bu|do** (Sammelbezeichnung für Judo, Karate u. Ä.); des Budos

Bu|e|nos Ai|res (Hauptstadt Argentiniens)

das **Bü|fett** *oder* **Buf|fet** [bʏˈfeː] (Geschirrschrank mit einer Fläche zum Bereitstellen von Speisen; Theke); des Büfetts *oder* Bü|fet|tes *und* des Buffets; die Büfetts *oder* Bü|fet|te *und* die Buffets; ein kaltes, warmes Büfett (angerichtete Speisen zur Selbstbedienung)

der **Büf|fel** (wild lebende Rinderart); des Büffels; die Büffel

das **Büf|fel|le|der**

büf|feln (*umgangssprachlich für:* angestrengt lernen); ich büff[e]le; du büffelst; sie büffelte; er hat für den Test gebüffelt; büffle *oder* büffele nicht zu viel!

das **Buf|fet** [bʏˈfeː] *vergleiche:* **Bü|fett**

der **Bug** (Schulterstück, z. B. des Pferdes oder Rindes; Schiffsvorderteil); des Bugs *oder* Bu|ges; die Bu|ge *oder* Bü|ge

der **Bug** [bag] (*EDV:* Fehler in Hardware oder Software; Programmierfehler); des Bugs; die Bugs

der **Bü|gel;** des Bügels; die Bügel

der **Bü|gel-BH**

das **Bü|gel|ei|sen**

bü|geln; ich büg[e]le; du bügelst; er bügelte; er hat die Hose gebügelt; bügle *oder* bügele die Bluse!

der **Bug|gy** [ˈbagi] (zusammenklappbarer Kinderwagen); des Buggys; die Buggys

bug|sie|ren (ins Schlepptau nehmen, mühsam an einen Ort befördern); ich bugsiere; du bugsierst; er bugsierte den Dampfer; er hat mich ins Vorzimmer bugsiert

buh! (Ausruf als Ausdruck des Missfallens)

buh|len (*veraltet für:* sich um etwas bemühen); um jemandes Gunst buhlen

der **Buh|mann** (böser Mann; Prügelknabe); die Buhmänner

die **Buh|ne** (Damm zum Uferschutz)

die **Büh|ne** (erhöhte Fläche, auf der Schauspieler oder Musiker vor einem Publikum spielen)

das **Büh|nen|bild**

Bu|ka|rest (Hauptstadt Rumäniens)

das **Bu|kett** *oder* **Bou|quet** [buˈkeː] (Blumenstrauß; Duft des Weines); des Buketts *oder* Bu|ket|tes *oder* Bouquets; die Buketts *oder* Bu|ket|te *oder* Bouquets

die **Bu|let|te** (gebratenes Fleischklößchen); die Buletten

der **Bul|ga|re;** des/dem/den Bulgaren; die Bulgaren

Bul|ga|ri|en

die **Bul|ga|rin;** die Bulgarinnen

bul|ga|risch

das **Bull|au|ge** (rundes Schiffsfenster)

die **Bull|dog|ge** (eine Hunderasse)

der **Bull|do|zer** [ˈbʊldoːzɐ] (Planierraupe)

der **Bul|le** (Stier, männliches Zuchtrind; *umgangssprachlich oft abwertend für:* Polizist); des/dem/den Bullen; die Bullen

die **Bul|le** (päpstlicher Erlass)

die **Bul|len|hit|ze** (*umgangssprachlich für:* sehr große Hitze)

bul|lig

der **Bu|me|rang** (ein gekrümmtes Wurfholz); des Bumerangs; die Bumerangs *oder* Bu|me|ran|ge

der **Bum|mel** (*umgangssprachlich für:* Spaziergang); des Bummels; die Bummel; einen Bummel machen

bum|meln; ich bumm[e]le; du bummelst; sie bummelte; sie hat gebummelt (gefaulenzt); ABER: er ist durch die Straßen gebummelt (geschlendert)

der **Bumm|ler;** des Bummlers; die Bummler

die **Bumm|le|rin;** die Bummlerinnen

bums!

bum|sen (*umgangssprachlich für:* dumpf dröhnen, dumpf dröhnend [auf]schlagen; Geschlechtsverkehr haben); du bumst; er bumste; er ist mit dem Wagen gegen den Baum gebumst; es hat gebumst

BUND = Bund für Umwelt und Naturschutz Deutschland; des BUND *oder* BUNDs

das **Bund** (Gebinde); des Bunds *oder* Bundes; die Bun|de; ABER: 5 Bund Stroh

der **Bund** (Vereinigung; Gurtband eines Rockes, einer Hose); des Bunds *oder* Bun|des; die Bün|de

das **Bün|del;** des Bündels; die Bündel

bün|deln; ich bünd[e]le; du bündelst; er bündelte; er hat die Zeitungen gebündelt

das **Bun|des|aus|bil|dungs|för|de|rungs|ge|setz** (*Abkürzung:* BAföG, *auch:* Bafög)

die **Bun|des|bank**

der **Bun|des|bür|ger**

die **Bun|des|bür|ge|rin**

bun|des|deutsch

der **Bun|des|el|tern|rat**

die **Bun|des|el|tern|rä|tin**

der **Bun|des|frei|wil|li|gen|dienst** (freiwillige, staatlich organisierte Tätigkeit im Rahmen gemeinnütziger Projekte und Einrichtungen; *Kurzform:* Bufdi); des Bundesfreiwilligendienst[e]s

das **Bun|des|ge|biet**

das **Bun|des|ge|richt**

der **Bun|des|ge|richts|hof;** des Bundesgerichtshofs *oder* Bun|des|ge|richts|ho|fes

die **Bun|des|haupt|stadt**

die **Bun|des|ju|gend|spie|le** *Plural*

der **Bun|des|kanz|ler**

die **Bun|des|kanz|le|rin**

das **Bun|des|kar|tell|amt;** des Bundeskartellamts *oder* Bun|des|kar|tell|am|tes

das **Bun|des|kri|mi|nal|amt;** des Bundeskriminalamts *oder* Bun|des|kri|mi|nal|am|tes

die **Bun|des|la|de** (im Alten Testament)

das **Bun|des|land;** die neuen Bundesländer

die **Bun|des|li|ga** (höchste deutsche Spielklasse in verschiedenen Sportarten); die Erste, Zweite Bundesliga

das **Bun|des|li|ga|spiel**

der **Bun|des|li|gist** (Verein, der in der Bundesliga spielt); des Bun|des|li|gis|ten; die Bun|des|li|gis|ten

der **Bun|des|mi|nis|ter**

die **Bun|des|mi|nis|te|rin**

das **Bun|des|mi|nis|te|ri|um**

der **Bun|des|nach|rich|ten|dienst** (deutscher Geheimdienst; Abkürzung: BND)

der **Bun|des|prä|si|dent**

die **Bun|des|prä|si|den|tin**

der **Bun|des|rat**

die **Bun|des|re|gie|rung**

die **Bun|des|re|pu|b|lik Deutsch|land** (*nicht amtliche Abkürzung:* BRD)

der **Bun|des|schü|ler|rat**

die **Bun|des|schü|ler|rä|tin**

der **Bun|des|staat**

die **Bun|des|stra|ße** (*Zeichen:* B, z. B. B 38)

der **Bun|des|tag**

der **Bun|des|tags|ab|ge|ord|ne|te**

die **Bun|des|tags|ab|ge|ord|ne|te**

die **Bun|des|tags|frak|ti|on**

der **Bun|des|tags|prä|si|dent**

die **Bun|des|tags|prä|si|den|tin**

die **Bun|des|tags|wahl**

der **Bun|des|trai|ner**

die **Bun|des|trai|ne|rin**

das **Bun|des|ver|dienst|kreuz**

das **Bun|des|ver|fas|sungs|ge|richt;** des Bundesverfassungsgerichts *oder* Bun|des|ver|fas|sungs|ge|rich|tes

die **Bun|des|wehr**

bun|des|weit; bundesweite Verbreitung

bün|dig (überzeugend, schlüssig); etwas kurz und bündig beantworten

das **Bünd|nis;** des Bündnisses; die Bündnisse; Bündnis 90/Die Grünen (eine politische Partei)

der **Bünd|nis|part|ner**

der **Bun|ga|low** ['bʊŋgalo] (eingeschossiges Haus); des Bungalows; die Bungalows

das **Bun|gee-Jum|ping** *oder* **Bun|gee|jum|ping** ['bandʒidʒampɪŋ] (Springen aus großen Höhen, wobei der Springer durch ein starkes Gummiseil gesichert ist); des Bungee-Jumpings *oder* Bungeejumpings

das **Bun|gee-Tram|po|lin** *oder* **Bun|gee|tram|po|lin** ['bandʒi...] (Trampolin, bei dem man an elastischen Gurten hängt)

der **Bun|ker** ([meist unterirdische] Anlage zum Schutz gegen militärische Angriffe; Großbehälter zum Lagern von Massengütern, z. B. Kohle, Erz, Getreide); des Bunkers; die Bunker

der **Bun|sen|bren|ner** (Gasbrenner)

bunt; bun|ter; am bun|tes|ten; ein bunter Abend; bunt bemalen; bunt schillernde *oder* buntschillernde Fische; ein bunt gemischtes *oder* buntgemischtes Programm; ↑ABER: buntscheckig

das **Bunt|pa|pier**

der **Bunt|sand|stein** (überwiegend roter Sandstein)

bunt|sche|ckig (bunt gefleckt); buntscheckige Kühe

bunt|schil|lernd ↑bunt

der **Bunt|stift**

die **Bür|de**
der **Bu|re** (Nachkomme der niederländischen und deutschen Ansiedler in Südafrika); des/dem/den Buren; die Buren
die **Burg**
der **Bür|ge;** des/dem/den Bürgen; die Bürgen
bür|gen; ich bürge; du bürgst; er bürgte; er hat für dich gebürgt
der **Bur|ger** ['bœːɐ̯gɐ] (nach Art des Hamburgers belegtes Brötchen); des Burgers; die Burger
der **Bür|ger;** des Bürgers; die Bürger
das **Bür|ger|be|geh|ren** (Forderung nach der Entscheidung einer wichtigen Sache durch die Bürgerinnen und Bürger); des Bürgerbegehrens; die Bürgerbegehren
der **Bür|ger|ent|scheid** (Entscheidung einer wichtigen Sache durch die Bürgerinnen und Bürger); des Bürgerentscheids oder Bürgerentscheides; die Bürgerentscheide
das **Bür|ger|haus**
die **Bür|ge|rin;** die Bürgerinnen
die **Bür|ger|in|i|ti|a|ti|ve**
der **Bür|ger|krieg**
bür|ger|lich; bürgerliche (einfache) Küche; ABER: das Bürgerliche Gesetzbuch (*Abkürzung:* BGB)
der **Bür|ger|meis|ter**
die **Bür|ger|meis|te|rin**
das **Bür|ger|recht;** die Bür|ger|rech|te
der **Bür|ger|recht|ler** (jemand, der für die Verwirklichung der Bürger- und Menschenrechte kämpft); des Bürgerrechtlers; die Bürgerrechtler
die **Bür|ger|recht|le|rin;** die Bürgerrechtlerinnen
die **Bür|ger|rechts|be|we|gung**
die **Bür|ger|schaft** (alle Bürger und Bürgerinnen eines Gemeinwesens; Parlament oder Stadtrat); der Bürgerschaft; die Bür|ger|schaf|ten *Plural selten;* die komplette Bürgerschaft ist dagegen; sie ist in die Hamburger Bürgerschaft gewählt worden
der **Bür|ger|steig**
das **Bür|ger|tum** (Gesellschaftsschicht der Bürger); des Bürgertums; das besser gestellte Bürgertum
die **Bür|gin**
die **Bürg|schaft**

die **Bur|ka** (Kopf und Körper bedeckender Umhang); der Burka; die Burkas
der **Bur|ki|ni** (islamischen Vorschriften entsprechender, den ganzen Körper bedeckender Badeanzug für Frauen); des Burkinis; die Burkinis
die **Bur|les|ke** (Posse); die Burlesken
das *oder* der **Burn-out** *oder* das *oder* der **Burn|out** ['bœːɐ̯nʔaʊ̯t] (*kurz für:* Burn-out-Syndrom; Syndrom der völligen seelischen und körperlichen Erschöpfung); des Burn-outs *oder* Burnouts; die Burn-outs *oder* Burnouts
das **Bü|ro;** des Büros; die Büros
der **Bü|ro|krat** (jemand, der sich ohne Rücksicht auf besondere Umstände nur pedantisch an seine Vorschriften hält); des Bürokraten; die Bürokraten
die **Bü|ro|kra|tie**
die **Bü|ro|kra|tin;** die Bürokratinnen
bü|ro|kra|tisch
der **Bursch** *oder* **Bur|sche;** des/dem/den Bur|schen; die Bur|schen; *Verkleinerungsform:* das Bürsch|chen
der **Bur|sche** (Junge, junger Mann)
die **Bürs|te**
bürs|ten; du bürstest; er bürstete; er hat die Schuhe gebürstet; bürste deine Schuhe!
der **Bus;** des Busses; die Busse

! *Bus* wird im Nominativ Singular nur mit einem *s* geschrieben, obwohl Genitiv Singular und Pluralformen mit Doppel-s gebildet werden.

der **Bus|bahn|hof**
der **Busch;** des Buschs *oder* Bu|sches; die Bü|sche
das **Bü|schel;** des Büschels; die Büschel
bu|schig
der **Bu|sen;** des Busens; die Busen
der **Bus|fah|rer**
die **Bus|fah|re|rin**
die **Bus|hal|te|stel|le**
das **Busi|ness** ['bɪznɪs, 'bɪsnɛs] (Geschäft[sleben]); des Business
der **Bus|sard** (ein Greifvogel); des Bussards; die Bus|sar|de
die **Bu|ße** (Reue mit dem Willen zur Besserung; Geldstrafe)
bü|ßen; du büßt; sie büßte; sie hat die Tat gebüßt; büße für deine Sünden!

das **Buß|geld**
der **Buß|tag**
der **Buß- und Bet|tag**
die **Büs|te**
der **Büs|ten|hal|ter** (*Abkürzung:* BH); des Büstenhalters; die Büstenhalter
bu|sy ['bɪzi] (*umgangssprachlich für:* sehr beschäftigt; geschäftig); sie ist immer busy
der **But|ler** ['batlɐ] (Diener in vornehmen [englischen] Häusern); des Butlers; die Butler
der **Butt** (Scholle); des Butts *oder* But|tes; die But|te
die **Büt|te** (ein Gefäß)
die **Büt|ten|re|de**
die **But|ter**
die **But|ter|blu|me**
das **But|ter|brot**
der **But|ter|keks**
die **But|ter|milch**
but|tern (Butter herstellen); ich buttere; du butterst; er butterte; er hat gebuttert
but|ter|weich
der **But|ton** ['batn̩] (Ansteckplakette); des Buttons; die Buttons
b. w. = bitte wenden!
das **Byte** [bai̯t] (*EDV:* Einheit von acht Bits); des Byte *oder* Bytes; die Byte *oder* Bytes
bzw. = beziehungsweise

C

C = Celsius
das **C** (Buchstabe); des C; die C; ABER: das c in Licht; das C-Dur, ABER: das c-Moll (Tonarten)
ca. = circa *oder* zirka
das **Ca|b|rio** (*Kurzform von:* Cabriolet); des Cabrio[s]; die Cabrios
das **Ca|b|ri|o|let** ['ka:briole, *auch, österreichisch nur* kabrio'le:] (Auto mit aufklappbarem Verdeck); des Cabriolets; die Cabriolets
der **Cache** [kɛʃ, *auch:* kaʃ] (Zwischenspeicher für Dateien; Geocache); des Cache; die Caches
das **Cad|mi|um** *vergleiche:* **Kad|mi|um**
das **Ca|fé** (Kaffeehaus); des Cafés; die Cafés; ↑ABER: Kaffee
die **Ca|fe|te|ria** (Café oder Restaurant mit Selbstbedienung); die Ca|fe|te|ri|as *oder* Ca|fe|te|ri|en
Cal|ci|um *vergleiche:* **Kal|zi|um**
das **Call|cen|ter** *oder* **Call-Cen|ter** ['kɔ:lsɛntɐ] (Stelle, in der die für ein Unternehmen eingehenden Anrufe von besonders geschultem Personal entgegengenommen und bearbeitet werden); des Callcenters *oder* Call-Centers; die Callcenter *oder* Call-Center
Cal|vin (Genfer Reformator)
der **Ca|mem|bert** ['kaməmbe:ɐ̯, *auch:* kamɑ̃'bɛ:ɐ̯] (ein Weichkäse); des Camemberts; die Camemberts
das **Camp** [kɛmp] (Zeltlager, Ferienlager; Gefangenenlager); des Camps; die Camps; seine Ferien in einem Camp verbringen
cam|pen ['kɛmpn̩] (im Zelt oder Wohnwagen leben); ich campe; du campst; sie campte; sie hat in den Ferien gecampt
der **Cam|per** ['kɛmpɐ]
die **Cam|pe|rin**
das **Cam|ping** ['kɛmpɪŋ] (das Wohnen im Zelt oder Wohnwagen während der Ferien); des Campings
die **Cam|ping|aus|rüs|tung**
der **Cam|ping|platz**
der **Cam|pus** (Gelände einer Universität); des Campus; die Campus *oder* Campusse; die Teilnehmer der Kinderuni treffen sich auf dem Campus
Can|ber|ra ['kɛnbərə] (Hauptstadt Australiens)
der *oder* das **Can|na|bis** (Hanf; Haschisch); des Cannabis
der **Ca|ñon** ['kanjɔn *oder* 'kɛnjən] (steilwandiges Tal); des Cañons; die Cañons
der **Ca|nos|sa|gang** (*gehoben für:* demütigender Bußgang)
die, der *oder* das **Cap** [kɛp] (Schirmmütze); der Cap *und* des Caps; die Caps
das **Cape** [keɪ̯p] (ärmelloser Umhang); des Capes; die Capes
der **Cap|puc|ci|no** [kapʊ'tʃi:no] (ein Kaffeegetränk); des Cappuccino *oder* Cappuccinos; die Cappuccino *oder* Cappuccinos *oder* Cappuccini; zwei Cappuccino bestellen

der **Cap|tain** ['kɛptn̩] (Mannschaftsführer, -sprecher); des Captains; die Captains

Ca|ra|cas (Hauptstadt Venezuelas)

der **Ca|ra|van** [*auch:* kara'va:n] (Wohnwagen); des Caravans; die Caravans

das **Car|bid** *vergleiche:* **Kar|bid**

das **Car|bo|nat** *vergleiche:* **Kar|bo|nat**

CARE [kɛ:ɐ̯] = Cooperative for American Remittances to Europe (Hilfsorganisation nach dem 2. Weltkrieg)

die **Ca|ri|tas** (der Deutsche Caritasverband); ↑Karitas

die **Car|re|ra-Bahn** *oder* **Car|re|ra|bahn** (*Markenbezeichnung:* eine Modellautorennbahn)

der *oder* das **Car|toon** [kar'tu:n] (Karikatur, Witzzeichnung; kurzer Comicstrip); des Cartoon *oder* Cartoons; die Cartoons

car|ven (mit Skiern oder dem Snowboard auf der Kante fahren); ich carve; du carvst; sie carvte; sie ist gecarvt

das **Car|ving** ([beim Ski- und Snowboardfahren] das schwungvolle Fahren auf der Kante, ohne zu rutschen); des Carving *oder* Carvings

der **Car|ving|ski** *oder* **Car|ving-Ski** ↑Ski

der **Ca|sa|no|va** (*umgangssprachlich für:* Frauenheld, -verführer); des Casanova *oder* Casanovas; die Casanovas

Ca|sa|no|va (italienischer Abenteurer, Schriftsteller und Frauenheld)

Cä|sar (römischer Feldherr und Staatsmann)

cash [kɛʃ] (bar); cash bezahlen

das **Cash** (Kasse, Bargeld; Barzahlung); des Cash

das **Ca|si|no** *oder* **Ka|si|no** (Speiseraum [für Offiziere]; *kurz für* Spielcasino); des Casinos *oder* Kasinos; die Casinos *oder* Kasinos

cas|ten (jemanden für eine Rolle auswählen); ich caste; er castet; sie hat die Band gecastet

das **Cas|ting** (Rollenbesetzung); des Casting *oder* Castings; die Castings

cat|chen ['kɛtʃn̩]; ich catche; du catchst; er catchte; er hat gecatcht

der **Cat|cher** ['kɛtʃɐ] (Berufsringer); des Catchers; die Catcher

der **Ca|te|rer** ['ke̯ɪtərɐ] (Bewirtungsservice); des Caterers; die Caterer

CB = Citizen-Band (für den privaten Funkverkehr freigegebener Wellenbereich)

der **CB-Funk**

die **CD** = Compact Disc; die CDs

der **CD-Bren|ner** (Gerät zum Beschreiben von CDs)

das **CD-Lauf|werk** (für CDs oder CD-ROMs)

der **CD-Play|er** [...ple̯ɪɐ] (Abspielgerät für CDs); des CD-Players; die CD-Player

die **CD-ROM** (CD, deren Inhalt nicht gelöscht oder überschrieben werden kann); die CD-ROM *oder* CD-ROMs

die **CDU** = Christlich Demokratische Union

die **C-Dur-Ton|lei|ter**

der **Cel|list** [tʃɛ'lɪst] (Cellospieler); des/dem/den Cel|lis|ten; die Cel|lis|ten

die **Cel|lis|tin;** die Cellistinnen

das **Cel|lo** ['tʃɛlo] (ein Streichinstrument); des Cellos; die Cellos *oder* Celli

das **Cel|lo|phan** *vergleiche:* **Zel|lo|phan**

das **Cel|lu|loid** *vergleiche:* **Zel|lu|loid**

die **Cel|lu|lo|se** *vergleiche:* **Zel|lu|lo|se**

das **Cel|si|us** (Temperaturgrad auf der Celsiusskala; *Zeichen:* C); die Wassertemperatur beträgt 5° C (*fachsprachlich:* 5 °C)

die **Cel|si|us|ska|la**

das **Cem|ba|lo** ['tʃɛmbalo] (ein altes, dem Klavier ähnliches Tasteninstrument); des Cembalos; die Cembalos *oder* Cembali

der **Cent** [tsɛnt *oder* sɛnt] (Untereinheit von Dollar und Euro; *Abkürzung:* c *oder* ct); des Cent *oder* Cents; die Cent *oder* Cents; das kostet 80 Cent

das **Cen|ter** ['sɛntɐ] (Einkaufszentrum); des Centers; die Center

der **Cen|tre-Court** *oder* **Cen|tre|court** ['sɛntɐkɔ:ɐ̯t] (Hauptplatz großer Tennisanlagen); des Centre-Courts *oder* Centrecourts; die Centre-Courts *oder* Centrecourts

die **Ce|vap|ci|ci** *oder* **Će|vap|či|ći** [tʃe'vaptʃitʃi] (gegrillte Hackfleischröllchen) *Plural*

Cey|lon ['tsa̯ɪlɔn] (*früherer Name von* ↑Sri Lanka)

der **C-Füh|rer|schein** (Fahrerlaubnis für Lastkraftwagen)

der **Cha-Cha-Cha** ['tʃa'tʃa'tʃa] (ein Tanz); des Cha-Cha-Cha *oder* Cha-Cha-Chas; die Cha-Cha-Chas

die *oder* der **Chal|lenge** ['tʃɛləntʃ] (Wettbewerb [im Internet], bei dem Spaß oder sozialer Nutzen im Vordergrund steht; Herausforderung); die Challenge; die Chal|len|ges

das **Cha|mä|le|on** [ka'mɛ:leɔn] (Echse, die ihre Farbe ändert); des Chamäleons; die Chamäleons

! Bei Fremdwörtern hängt die Aussprache des »ch« am Wortanfang von der Herkunftssprache ab: In Wörtern aus dem Griechischen wird es wie »k« ausgesprochen (zum Beispiel in *Charakter, Chlor, chronisch*), in französischen Ausdrücken wie »sch« *(charmant, Chefin, Chiffre)* und in Wörtern aus der englischen Sprache wie »tsch« *(chatten, checken, Chip)*.

der **Cham|pa|g|ner** [ʃam'panjɐ] (ein Schaumwein); des Champagners; die Champagner

der **Cham|pi|g|non** ['ʃampɪnjɔŋ] (ein Edelpilz); des Champignons; die Champignons

der **Cham|pi|on** ['tʃɛmpi̯ən] (Meister in einer Sportart); des Champions; die Champions

die **Cham|pi|ons League®** *oder* **Cham|pions|league** ['tʃɛmpi̯ənsli:g] (*Markenbezeichnung, Sport:* wichtigster Pokalwettbewerb im europäischen Vereinsfußball)

die **Chan|ce** [ʃã:s, *auch:* 'ʃaŋs(ə), 'ʃã:sə] (günstige Gelegenheit); die Chancen

die **Chan|cen|gleich|heit**

chan|cen|los

der **Chan|nel** ['tʃɛnl̩] (*EDV:* Gesprächsgruppe beim Chat im Internet); des Channels; die Channels

das **Chan|son** [ʃã'sɔ̃:] (meist aus Frankreich stammendes populäres Lied mit poetischem Text); des Chansons; die Chansons

das **Cha|os** ['ka:ɔs] (Durcheinander); des Chaos

der **Cha|ot** (unordentlicher, verwirrter Mensch; gewalttätiger Demonstrant); des/dem/den Cha|o|ten; die Cha|o|ten

die **Cha|o|tin;** die Chaotinnen

cha|o|tisch; chaotische Zustände

der **Cha|rak|ter** [ka'raktɐ]; des Charakters; die Cha|rak|te|re

die **Cha|rak|ter|ei|gen|schaft**

der **Cha|rak|ter|feh|ler**

cha|rak|ter|fest

cha|rak|te|ri|sie|ren (treffend beschreiben; für etwas kennzeichnend sein); er charakterisiert; sie hat charakterisiert

die **Cha|rak|te|ri|sie|rung**

die **Cha|rak|te|ris|tik** (treffende Schilderung); die Cha|rak|te|ris|ti|ken

cha|rak|te|ris|tisch

cha|rak|ter|lich

cha|rak|ter|los

das **Cha|ris|ma** ['ça(:)rɪsma *oder* 'ka(:)...] (besondere Ausstrahlung); des Charismas; die Charismen; er besaß kein Charisma

cha|ris|ma|tisch

char|mant [ʃar'mant] (liebenswürdig, bezaubernd); char|man|ter; am char|man|tes|ten

der **Charme** [ʃarm] (liebenswürdige Art); des Charmes

die **Char|ta** ['karta] ([Verfassungs]urkunde); der Charta; die Chartas

der **Char|ter|flug** ['tʃartɐ...]

die **Char|ter|ge|sell|schaft**

die **Char|ter|ma|schi|ne**

char|tern ['tʃartɐn] (ein Schiff oder Flugzeug mieten); ich chartere; du charterst; sie charterte; sie hat ein Flugzeug gechartert

die **Charts** [tʃarts] (Hitliste[n]) *Plural*

der **Chat** [tʃɛt] ([zwanglose] Kommunikation im Internet); des Chats; die Chats

die **Chat|group** *oder* **Chat-Group** ['tʃɛtgru:p] (Gruppe von Personen, die chatten); die Chatgroups *oder* Chat-Groups

die **Cha|ti|quet|te** [tʃɛti'kɛtə] (Umgangsformen beim Chatten); der Chatiquette, die Chatiquetten

der **Chat|room** *oder* **Chat-Room** ['tʃɛtru:m] (Internetdienst, der das Chatten ermöglicht); des Chatrooms *oder* Chat-Rooms; die Chatrooms *oder* Chat-Rooms

chat|ten ['tʃɛtn̩] (sich über Tastatur und Bildschirm im Internet unterhalten); du chattest; er chattete; er hat gechattet; chatte nicht wieder stundenlang!

der **Chauf|feur** [ʃɔ'fø:ɐ̯] (jemand, der berufsmäßig andere Personen im Auto fährt); des Chauffeurs; die Chauf|feu|re

die **Chauf|feu|rin;** die Chauffeurinnen

chauf|fie|ren (als Chauffeur arbeiten);

ich chauffiere; du chauffierst; er chauffierte; er hat ihn jahrelang chauffiert

die **Chaus|see** [ʃɔ'se:] (ausgebaute Landstraße); die Chaus|se|en

der **Chau|vi** ['ʃo:vi] (*umgangssprachlich für:* Mann, der sich Frauen überlegen fühlt); des Chauvis; die Chauvis

der **Chau|vi|nis|mus** (übersteigerter Nationalismus; [männliches] Überlegenheitsgefühl); des Chauvinismus

der **Check** [ʃɛk] *vergleiche:* **Scheck**

der **Check** (Prüfung, Kontrolle; *Eishockey:* Behinderung, Rempeln); des Checks; die Checks

che|cken ['tʃɛkn̩] (prüfen; *umgangssprachlich auch für:* begreifen); ich checke; du checkst; er checkte die Anlage; er hat das noch immer nicht gecheckt; check *oder* checke das Gerät!

die **Check|lis|te** (Kontrollliste)

der **Check|point** (Kontrollpunkt an Grenzübergängen); des Checkpoints; die Checkpoints

das **Cheer|lea|ding** ['tʃi:ɐ̯li:dɪŋ] (turnerisch-tänzerische Anfeuerung bei Sportwettkämpfen); des Cheerleading *oder* Cheerleadings

der **Cheese|bur|ger** ['tʃi:sbœ:ɐ̯gɐ] (mit Käse überbackener Hamburger); des Cheeseburgers; die Cheeseburger

der **Chef** [ʃɛf]; des Chefs; die Chefs

der **Chef|arzt**

die **Chef|ärz|tin**

die **Che|fin;** die Chefinnen

der **Chef|re|dak|teur** (Leiter einer Redaktion); des Chefredakteurs; die Chefredakteure

die **Chef|re|dak|teu|rin;** die Chefredakteurinnen

der **Chef|trai|ner;** des Cheftrainers; die Cheftrainer

die **Chef|trai|ne|rin;** die Cheftrainerinnen

die **Che|mie** [çe'mi:]

der **Che|mie|un|ter|richt**

die **Che|mi|ka|lie** (industriell hergestellter chemischer Stoff); die Che|mi|ka|li|en

der **Che|mi|ker;** des Chemikers; die Chemiker

die **Che|mi|ke|rin;** die Chemikerinnen

che|misch; die chemische Reinigung; chemisches Element; chemische Waffen

die **Che|mo|the|ra|pie** (*Medizin:* Heilbehandlung mit chemischen Mitteln, besonders bei Krebskrankheiten)

chic [ʃɪk] *oder* **schick** (modisch, elegant); der Mantel ist chic *oder* schick

> **!** In den gebeugten Formen wird nur die eingedeutschte Schreibung gebraucht: »Sie trägt ein schickes Kleid.«

der **Chic** *oder* **Schick** ([modische] Feinheit); diese Dame hat Chic *oder* Schick

Chi|ca|go [ʃi'ka:go], *deutsch auch:* **Chi|ka|go** (Stadt in den USA)

der *oder* die **Chi|co|rée** (ein Gemüse); des Chicorées *und* der Chicorée

der **Chiem|see** ['ki:mze:]

die **Chif|f|re** ['ʃifrə, *auch:* 'ʃifɐ] (Ziffer, Geheimzeichen; Kennwort); die Chiffren

chif|f|rie|ren (verschlüsseln, in Geheimschrift umsetzen); ich chiffriere; du chiffrierst; sie chiffrierte; sie hat den Text chiffriert

Chi|ka|go *vergleiche:* **Chi|ca|go**

Chi|le ['tʃi:le, *auch:* 'çi:le] (Staat in Südamerika)

der **Chi|le|ne;** des/dem/den Chilenen; die Chilenen

die **Chi|le|nin;** die Chileninnen

chi|le|nisch

chil|len ['tʃɪlən] (*umgangssprachlich für:* sich entspannen); du chillst; er chillte; sie hat gechillt; chill *oder* chille nicht so lange!

chil|lig ['tʃɪlɪç] (*umgangssprachlich für:* erholsam; entspannt)

die **Chi|mä|re** *vergleiche:* **Schi|mä|re**

der **Chim|bo|ras|so** [tʃɪmbo'raso] (Berg in Ecuador)

Chi|na ['çi:na]

der **Chi|ne|se;** des/dem/den Chinesen; die Chinesen

die **Chi|ne|sin;** die Chinesinnen

chi|ne|sisch

das **Chi|nin** (*Pharmazie:* ein Fiebermittel); des Chinins

der **Chip** [tʃɪp] (Spielmarke; Plättchen mit elektronischen Schaltelementen; *meist Plural:* gebackene Kartoffelscheibe); des Chips; die Chips

die **Chip|kar|te** (Karte mit einem elektronischen Chip, die als Ausweis, Zahlungsmittel o. Ä. verwendet wird)

der **Chi|r|urg** [çi'rʊrk] (*Medizin:* Facharzt,

der operiert); des/dem/den Chi|r|ur|gen; die Chi|r|ur|gen

die **Chi|r|ur|gie** (*Medizin:* Heilung durch Operation)

die **Chi|r|ur|gin;** die Chirurginnen

chi|r|ur|gisch *(Medizin);* chirurgische Instrumente

der **Chi|tin|pan|zer** [çi'ti:n...] (stabile Körperhülle von Insekten, Krebsen u. a.)

das **Chlor** [klo:ɐ̯] (ein chemisches Element); des Chlors

das **Chlo|ro|form** (ein Betäubungsmittel); des Chloroforms

chlo|ro|for|mie|ren (betäuben); ich chloroformiere; du chloroformierst; er chloroformierte; der Arzt hat ihn chloroformiert

das **Chlo|ro|phyll** (Blattgrün); des Chlorophylls

die **Cho|le|ra** ['ko:ləra] (eine Infektionskrankheit)

der **Cho|le|ri|ker** [ko'le:rɪkɐ] (jähzorniger Mensch); des Cholerikers; die Choleriker

die **Cho|le|ri|ke|rin;** die Cholerikerinnen

cho|le|risch; ein cholerischer Typ

das **Cho|les|te|rin** [kolɛste'ri:n, *auch:* çolɛste'ri:n] (*Medizin:* fettähnlicher Stoff im menschlichen und tierischen Körper); des Cholesterins

der **Cho|les|te|rin|spie|gel** (Anteil des Cholesterins im Blut)

der **Chor** [ko:ɐ̯] (Singgruppe; Kirchenraum mit Altar); des Chors *oder* Cho|res; die Chö|re

der **Cho|ral** [ko'ra:l] (Kirchengesang, -lied); des Chorals; die Cho|rä|le

die **Cho|reo|gra|fie** *oder* **Cho|reo|gra|phie** [koreogra'fi:] (künstlerische Gestaltung, Einstudierung eines Balletts); die Cho|reo|gra|fi|en *oder* Cho|reo|gra|phi|en

Koryphäe

! Viele Fremdwörter werden anders geschrieben, als sie ausgesprochen werden, oder ganz anders als vergleichbare Fremdwörter. Dazu gehört das Nomen *Koryphäe,* dessen Anfang mit *k* und nicht mit *ch* geschrieben wird.

die **Cho|se** ['ʃo:zə] (*umgangssprachlich für:* Sache, Angelegenheit); die Chosen

der **Christ** [krɪst] (Anhänger des Christentums); des/dem/den Chris|ten; die Chris|ten

der **Christ|baum** (*landschaftlich für:* Weihnachtsbaum)

der **Christ|de|mo|krat** (Anhänger einer christlich-demokratischen Partei)

die **Christ|de|mo|kra|tin**

die **Chris|ten|heit**

das **Chris|ten|tum**

die **Chris|ten|ver|fol|gung**

die **Chris|tin;** die Christinnen

das **Christ|kind;** des Christkinds *oder* Christ|kin|des

christ|lich; die christliche Seefahrt; ABER: die Christlich Demokratische Union (*Abkürzung:* CDU); die Christlich-Soziale Union (*Abkürzung:* CSU)

Chris|tus (Jesus Christus); vor/nach Christo *oder* Christus; vor/nach Christi Geburt; Christi Himmelfahrt

das **Chris|tus|mo|no|gramm**

das **Chrom** [kro:m] (ein Metall); des Chroms

das **Chro|mo|som** [kromo'zo:m] (Kernschleife im Zellkern); des Chromosoms; die Chro|mo|so|men *meist Plural*

die **Chro|mo|so|men|zahl**

die **Chro|nik** ['kro:nɪk] (Aufzeichnung geschichtlicher Ereignisse nach ihrer Zeitfolge); die Chro|ni|ken

chro|nisch (langsam verlaufend, langwierig); eine chronische Krankheit

der **Chro|nist** (Verfasser einer Chronik); des/dem/den Chro|nis|ten; die Chro|nis|ten

die **Chro|nis|tin;** die Chronistinnen

die **Chro|no|lo|gie** (Zeitrechnung; zeitliche Folge); die Chro|no|lo|gi|en

chro|no|lo|gisch (zeitlich geordnet)

die **Chry|san|the|me** [kryzan'te:mə] (eine Zierpflanze); die Chrysanthemen

die *oder* der **CIA** [si:aɪ̯'ʔɛɪ̯] = Central Intelligence Agency (US-amerikanischer Geheimdienst); der *oder* des CIA

ciao! [tʃaʊ̯] *vergleiche:* **tschau!**

der **Ci|d|re** ['si:drə] (französischer Apfelwein); des Cidres

cir|ca *oder* **zir|ka** (ungefähr, etwa; *Abkürzung:* ca.); das kostet circa *oder* zirka 15 Euro

der **Cir|cus** *vergleiche:* **Zir|kus**

cis|gen|der (in der Geschlechtsidentität

mit dem körperlichen Geschlecht übereinstimmend); sie ist cisgender

der **Cis|gen|der;** des Cisgender; die Cisgender

die **Cis|gen|der;** der Cisgender; die Cisgender

die **Ci|ty** [ˈsɪti] (Innenstadt); die Citys

die **Ci|ty|maut** (Gebühr, die beim Befahren der Innenstadt bezahlt werden muss)

der oder das **Claim** [klɛɪ̯m] (Anspruch; Werbeslogan); des Claims; die Claims

der **Clan** [klaːn, *auch:* klɛ(ː)n] *oder* **Klan** (durch gemeinsame Interessen oder verwandtschaftliche Beziehungen verbundene Gruppe); des Clans *oder* Klans; die Clans *oder* Klans

die **Clan|kri|mi|na|li|tät** *oder* **Klan|kri|mi|na|li|tät**

clean [kliːn] (*umgangssprachlich für:* nicht mehr [drogen]abhängig)

die **Cle|men|ti|ne** *oder* **Kle|men|ti|ne** (kernlose Mandarine); die Clementinen *oder* Klementinen

cle|ver [ˈklɛvɐ] (klug, gewitzt); ein cleveres Kerlchen

die **Cle|ver|ness**

der **Click|wor|ker** […vœːɐ̯kɐ] (jemand, der im Internet freiberuflich bezahlte Aufträge erledigt); des Clickworkers; die Clickworker

die **Click|wor|ke|rin;** die Clickworkerinnen

der **Cli|ent** [ˈklaɪ̯ənt] (*EDV:* Rechner, der vom Server Dienste abruft); des Clients; die Clients

der **Clinch** [klɪntʃ, *auch:* klɪnʃ] (Umklammerung beim Boxen); sie liegt mit seinen Eltern im Clinch (*umgangssprachlich für:* sie hat Streit mit seinen Eltern)

der **Clip** *oder* **Klipp** (Klemme, Schmuckstück [am Ohr]); des Clips *oder* Klipps; die Clips *oder* Klipps; ↑ *auch:* Videoclip

die **Cli|que** [ˈklɪkə, *auch:* ˈkliːkə] (Freundeskreis; Klüngel); die Cliquen

der **Clo|chard** [klɔˈʃaːɐ̯] (Landstreicher); des Clochard *oder* Clochards; die Clochards

der **Clog** (Holzpantoffel); des Clogs; die Clogs *meist Plural*

der **Clou** [kluː] (Höhepunkt, Kernpunkt); des Clous; die Clous

die **Cloud** [klaʊ̯t] (*EDV:* Netzwerk des Cloud-Computings); der Cloud; die Clouds

cloud|ba|siert [klaʊ̯t…] (auf der Cloud aufbauend)

das **Cloud-Com|pu|ting** *oder* **Cloud|com|pu|ting** […kɔmpjuː…] (Nutzung mehrerer verteilter Rechner über ein Netzwerk, z. B. das Internet); des Cloud-Computings *oder* Cloudcomputings

der **Clown** [klaʊ̯n, *auch:* kloːn] (Spaßmacher [im Zirkus oder Varieté]); des Clowns; die Clowns

der **Club** *vergleiche:* **Klub**

die **Club|sze|ne** *vergleiche:* **Klub|sze|ne**

cm = Zentimeter

der **Coach** [kɔʊ̯tʃ] (Trainer; beratender Betreuer); des Coach *oder* Coachs; die Coachs

coa|chen [ˈkɔʊ̯tʃn̩] (trainieren, betreuen); du coachst; er coachte; er hat den Torwart gecoacht

die **Coa|chin;** die Coachinnen

das **Coa|ching** (das Coachen, besonders während des Wettkampfs); des Coaching *oder* Coachings; die Coachings

der **Co-Au|tor, Co|au|tor** *oder* **Ko-Au|tor, Ko|au|tor** (Mitverfasser)

die **Co-Au|to|rin, Co|au|to|rin** *oder* **Ko-Au|to|rin, Ko|au|to|rin**

das **Co|balt** *vergleiche:* **Ko|balt**

das *oder* die **Co|ca** (*umgangssprachlich kurz für:* Coca-Cola); des Coca *oder* Cocas *oder* der Coca; die Cocas

das *oder* die **Co|ca-Co|la** (*Markenbezeichnung:* eine koffeinhaltige Limonade); des Coca-Cola *oder* Coca-Colas *oder* der Coca-Cola; 5 [Flaschen] Coca-Cola

das **Cock|pit** (Pilotenkabine; Fahrersitz im Rennsport); des Cockpits; die Cockpits

der **Cock|tail** [ˈkɔktɛɪ̯l] (alkoholisches Mischgetränk); des Cocktails; die Cocktails

der **Code** *oder* **Kode** [koːt] (System verabredeter Zeichen); des Codes *oder* Kodes; die Codes *oder* Kodes

die **Code|num|mer** *oder* **Kode|num|mer** (Geheimnummer)

co|die|ren, ko|die|ren (durch einen Code verschlüsseln); du codierst *oder* kodierst; er codierte *oder* kodierte; er hat die Mitteilung codiert *oder* kodiert

die **Co|die|rung** *oder* **Ko|die|rung**

das **Cof|fe|in** *vergleiche:* **Kof|fe|in**

A B **C** cof D E F G H I J K L M N O P Q R S T U V W X Y Z

der **Co|g|nac** ['kɔnjak] (*Markenbezeichnung:* ein französischer Weinbrand); des Cognacs; die Cognacs; ↑ ABER: Kognak

der **Co̲|i|tus** *vergleiche:* **Ko̲|i|tus**

das *oder* die **Co̲|la** (*umgangssprachlich kurz für:* koffeinhaltiges Erfrischungsgetränk); des Cola *oder* Colas *oder* der Cola; die Colas

die **Col|la|ge** [kɔ'la:ʒə] (durch Zusammenfügen verschiedener Materialien hergestelltes Kunstwerk); die Collagen

das **Cọl|lege** ['kɔlɪdʒ] (Schule in England oder den USA); des College *oder* Colleges; die Col|le|ges; sie geht aufs College

der **Cọlt** (*Markenbezeichnung:* ein Revolver); des Colts; die Colts

die **Cọm|bo** (kleines Jazz- oder Tanzmusikensemble); die Combos

das **Come|back** [kam'bɛk] *oder* **Come-back** (erfolgreiches Wiederauftreten eines bekannten Künstlers, Sportlers, Politikers nach längerer Pause); des Comeback[s] *oder* Come-back[s]; die Comeback[s] *oder* Come-back[s]

der **Co|me|di|an** [kɔ'mi:di̯ən] (humoristischer Unterhaltungskünstler); des Comedians; die Comedians

die **Co|me|di|an** (humoristischer Unterhaltungskünstlerin); der Comedian; die Comedians

die **Co|me|dy** ['kɔmədi] (humoristische Sendung); der Comedy; die Comedys; er mag Comedys mehr als Talkshows

der, *auch:* das **Co|mic** ['kɔmɪk] (*kurz für:* Comicstrip); des Comics; die Comics

das **Cọ|mic|heft**

der **Co|mic|strip** ['kɔmɪkstrɪp] (Bildgeschichte [mit Sprechblasentext]); des Comicstrips; die Comicstrips

der **Co|ming-of-Age-Film** [kamɪŋʔɔfʔɛɪ̯tʃ...] (Film über das Erwachsenwerden)

das **Co|ming-out** *oder* **Co|ming|out** [kamɪŋ'ʔau̯t] (öffentliches Sichbekennen zu seiner Homosexualität)

die **Com|mu|ni|ty** [kɔm'ju:nɪti] (Gruppe von Menschen mit gleichen Interessen; Internetplattform zur Kommunikation); der Community; die Communitys

die **Com|pact Disc** ['kɔmpɛkt 'dɪsk] *oder* **Com|pact Disk** (durch Laserstrahl abtastbare Speicherplatte; *Abkürzung:* CD); die Compact Discs *oder* Compact Disks

der **Com|pu|ter** [kɔm'pju:tɐ] (elektronische Rechenanlage; Rechner); des Computers; die Computer; Computer spielen; er spielt Computer; er hat stundenlang Computer gespielt; er nutzt jede Gelegenheit, um Computer zu spielen; ABER: das Computerspielen

die **Com|pu|ter|ani|ma|ti|on** (durch Computer erzeugte bewegte Bilder)

der **Com|pu|ter|freak** (*umgangssprachlich*)

com|pu|ter|ge|steu|ert; ein computergesteuertes Trainingsprogramm

die **Com|pu|ter|gra|fik** *oder* **Com|pu|ter|gra|phik**

das **Com|pu|ter|pro|gramm**

das **Com|pu|ter|spiel**

der, *auch:* das **Com|pu|ter|vi|rus** (Computerprogramm, das unbemerkt in einen Rechner eingeschleust wird mit der Absicht, die vorhandene Software zu manipulieren oder zu zerstören)

der **Com|pu|ter|wurm**

das **Com|pu|ter|zeit|al|ter**

die **Con|nec|tion** [kɔ'nɛkʃn̩] (*umgangssprachlich für:* Beziehung, Verbindung); der Connection; die Connections; ich habe da gute Connections

der **Con|tai|ner** [kɔn'te:nɐ] (Großbehälter); des Containers; die Container

con|tai|nern [...'te:...] (*umgangssprachlich für:* weggeworfene, noch genießbare Lebensmittel aus einem Müllcontainer holen und selbst verbrauchen)

der **Cọn|test** (Wettbewerb); des Contest *oder* Contests; die Contests; er hat den Contest gewonnen

cọn|t|ra *vergleiche:* **kọn|t|ra**

cool [ku:l] (überlegen, gelassen; hervorragend); cool bleiben; ein cooler Typ

das *oder* der **Cool|pack** ['ku:lpɛk] (Kühlelement, -akku); des Coolpacks; die Coolpacks

der **Cọp** (*amerikanische umgangssprachliche Bezeichnung für:* Polizist); des Cops; die Cops

der **Co̲-Pi|lot, Co̲|pi|lot** *oder* **Ko̲-Pi|lot, Ko̲|pi|lot** (zweiter Flugzeugführer; zweiter Fahrer)

die **Co̲-Pi|lo|tin, Co̲|pi|lo|tin** *oder* **Ko̲-Pi|lo|tin, Ko̲|pi|lo|tin**

der **Co̲-Pro|du|zent, Co̲|pro|du|zent** *oder* **Ko̲-Pro|du|zent, Ko̲|pro|du|zent** (jemand, der mit jemand anderem zusammen einen Film, eine Fernsehsendung o. Ä. produziert)

die **Co̲-Pro|du|zen|tin, Co̲|pro|du|zen|tin** *oder* **Ko̲-Pro|du|zen|tin, Ko̲|pro|du|zen|tin**

das **Co|py|right** [ˈkɔpirai̯t] (Urheberrecht; *Zeichen:* ©); des Copyrights; die Copyrights

der **Co̲rd** *oder* **Ko̲rd** (geripptes Gewebe); des Cord[e]s *oder* Kord[e]s; die Cor|de *oder* Kor|de *und* die Cords *oder* Kords

die **Co̲rd|ho|se** *oder* **Ko̲rd|ho|se**

der **Co̲-Re|gis|seur, Co̲|re|gis|seur** *oder* **Ko̲-Re|gis|seur, Ko̲|re|gis|seur**

die **Co̲-Re|gis|seu|rin, Co̲|re|gis|seu|rin** *oder* **Ko̲-Re|gis|seu|rin, Ko̲|re|gis|seu|rin**

die **Corn|flakes** [ˈkɔːɐ̯nfleɪ̯ks] (geröstete Maisflocken) *Plural*

Co|ro̲|na (*umgangssprachlich für:* Coronavirus[erkrankung]); *ohne Artikel*

der **Co|ro̲|na|test**

das *oder* der **Co|ro̲|na|vi|rus** (*besonders Medizin:* ein Virustyp mit Hüllmembran)

cos = Kosinus

das **Co̲-Shop|ping** *oder* **Co̲|shop|ping** (das Bilden einer Käufergemeinschaft beim Einkauf im Internet)

das **Co̲s|play** [...pleɪ̯] (das Sichverkleiden als Figur aus einem Manga o. Ä.); des Cosplay[s]; die Cosplays

Co̲s|ta Ri̲|ca (Staat in Mittelamerika)

der **Cos|ta Ri|ca̲|ner** *oder* **Cos|ta-Ri|ca̲|ner**

die **Cos|ta Ri|ca̲|ne|rin** *oder* **Cos|ta-Ri|ca̲|ne|rin**

cos|ta-ri|ca̲|nisch

die **Côte d'Azur** [ˈkoːt daˈzyːɐ̯] (französische Riviera)

der **Co̲-Trai|ner, Co̲|trai|ner** *oder* **Ko̲-Trai|ner, Ko̲|trai|ner** (Assistenztrainer)

die **Co̲-Trai|ne|rin, Co̲|trai|ne|rin** *oder* **Ko̲-Trai|ne|rin, Ko̲|trai|ne|rin**

der *oder* das **Cot|ton** [ˈkɔtn̩] (*englische Bezeichnung für:* Baumwolle); des Cottons

die **Couch** [kau̯tʃ] (Liegesofa); die Couches, *auch:* Cou|chen

der *und* die **Couch-Po|ta|to** *oder* **Couch|po|ta|to** [ˈkau̯tʃpɔteɪ̯tɔʊ̯] (jemand, der am liebsten fernsehend auf der Couch sitzt); des Couch-Potato[s] *oder* Couchpotato[s] *und* der Couch-Potato *oder* Couchpotato; die Couch-Potato[e]s *oder* Couchpotato[e]s

das **Couch|sur|fing** [ˈkau̯tʃsœːɐ̯fɪŋ] ([Internetnetzwerk für] kostenloses Übernachten in Wohnungen anderer Mitglieder)

die **Cou|leur** [kuˈløːɐ̯] (bestimmte Eigenart, Prägung); der Couleur; es kamen Politiker verschiedener Couleur

der, *selten:* das **Count|down** *oder* **Count-down** [ˈkau̯ntdau̯n] (das Rückwärtszählen bis zum Startzeitpunkt; letzte Kontrollen und Vorbereitungen); des Countdown[s] *oder* Count-down[s]; die Countdowns *oder* Count-downs

die **Coun|t|ry|mu|sic** [ˈkantrimjuːzɪk] (Volksmusik in den Südstaaten der USA)

der **Coup** [kuː] (kühnes, erfolgreiches Unternehmen); des Coups; die Coups

das **Cou|pé** [kuˈpeː] (Auto mit sportlicher Karosserie); des Coupés, die Coupés

der **Cou|pon** [kuˈpõː] *oder* **Ku|pon** (abtrennbarer Zettel; Zinsschein); des Coupons *oder* Kupons; die Coupons *oder* Kupons

die **Cou|ra|ge** [kuˈraːʒə] (Mut); Courage zeigen

cou|ra|gi̲ert (beherzt); cou|ra|gier|ter; am cou|ra|gier|tes|ten

der **Court** [kɔːɐ̯t] (Tennisplatz); des Courts; die Courts

der **Cou|sin** [kuˈzɛ̃ː] (Vetter); des Cousins; die Cousins

die **Cou|si̲|ne** [kuˈziːnə] *oder* **Ku|si̲|ne** (Tochter des Bruders oder der Schwester eines Elternteils); die Cousinen *oder* Kusinen

das **Co|ver** [ˈkavɐ] (Titelbild; Hülle von CDs, Büchern u. a.); des Covers; die Cover *oder* Covers

die **Co|ver|band** [...bɛnt] (Band, die Stücke von berühmten Bands [originalgetreu] spielt); die Coverbands

co|vern [ˈkavɐn] (eine Coverversion aufnehmen); ich covere

der **Co|ver|song**

die **Co|ver|ver|si|on** [*auch:* ...vœːɐ̯ʃn] (neue Fassung eines älteren Musikstücks); *Plural auch:* die Coverversions

A B C COV D E F G H I J K L M N O P Q R S T U V W X Y Z

die *oder* das **Co|vid-19,** *fachsprachlich meist:* **COVID-19** [koːvɪtˈnɔi̯ntseːn] (durch ein bestimmtes Coronavirus verursachte Lungenerkrankung); *meist ohne Artikel*

die **Co|vid-19-Pan|de|mie,** *fachsprachlich meist:* **COVID-19-Pan|de|mie**

der **Cow|boy** [ˈkau̯bɔɪ̯] (berittener amerikanischer Rinderhirt); des Cowboys; die Cowboys

das **Cow|girl** [ˈkau̯gœːɐ̯l]; des Cowgirls; die Cowgirls

das **Co-Wor|king** *oder* **Co|wor|king** [...vœːɐ̯kɪŋ] (gemeinsames Arbeiten in [gemieteten] Gemeinschaftsbüros)

CO_2 = *chemische Formel für* Kohlendioxid

die **CO_2-Ab|ga|be** [tseːoˈtsvai̯...] (*besonders schweizerisch für:* Umweltabgabe auf fossile Brennstoffe)

der **CO_2-Grenz|wert**

CO_2-neu|t|ral ([in der Summe] keinen CO_2-Ausstoß verursachend)

die **CO_2-Steu|er** (Steuer auf fossile Brennstoffe)

das **CO_2-Zer|ti|fi|kat** (*Umweltpolitik, Wirtschaft:* verbrieftes Recht, eine bestimmte Menge Kohlendioxid auszustoßen)

der **CO_2-Aus|stoß**

der **Crack** [krɛk] (*Sport:* aussichtsreicher Spitzensportler); des Cracks; die Cracks

das **Crack** (Kokain enthaltendes synthetisches Rauschgift); des Cracks

der **Cra|cker** [ˈkrɛkɐ] *oder* **Krä|cker** (Kleingebäck); des Crackers *oder* Kräckers; die Cracker[s] *oder* Kräcker

der **Crash** [krɛʃ] (Zusammenstoß; Zusammenbruch); des Crashs; die Crashs

der **Crash|kurs** (Lehrgang, in dem der Unterrichtsstoff besonders konzentriert und in kurzer Zeit vermittelt wird)

der **Crash|test** (Test, mit dem das Unfallverhalten von Fahrzeugen ermittelt wird)

das **Crawl** [krau̯l, krɔːl] ↑Kraul

craw|len ↑kraulen

das **Cre|do** *oder* **Kre|do** (Glaubensbekenntnis); des Credos *oder* Kredos; die Credos *oder* Kredos

die **Creme** [kreːm] *oder* **Crème** [krɛːm] (Salbe zur Hautpflege; Süßspeise; Tortenfüllung); die Cremes *oder* Crèmes

creme|far|ben *oder* **crème|far|ben**

creme|far|big *oder* **crème|far|big**

cre|men; du cremst; er cremte; er hat die Hände gecremt

cre|mig; eine cremige Masse

der **Crêpe** *vergleiche:* **Krepp**

die **Crêpe** [krɛp], **Krepp** (dünner Eierkuchen); die Crêpes *oder* Krepps

cre|scen|do [krɛˈʃɛndo] (*Musik:* anschwellend)

die **Crew** [kruː] (Mannschaft [eines Schiffes, eines Flugzeugs]); die Crews

das **Crois|sant** [kro̯aˈsãː] (Blätterteighörnchen); des Croissants; die Croissants

das **Cross|dres|sing** (das Tragen von Kleidung, Schmuck u. Ä. des anderen Geschlechts); des Crossdressings

Cross|me|dia (Transport von Inhalten über unterschiedliche Medien); Crossmedia nutzen

cross|me|di|al

das **Cross|min|ton** (mit Schlägern gespieltes Ballspiel); des Crossmintons

der **Crou|pi|er** [kruˈpi̯eː] (Bankhalter beim Glücksspiel in einem Spielkasino); des Croupiers; die Croupiers

die **Crou|pi|è|re** [kruˈpi̯eːrə]; die Croupièren

das **Crowd|fun|ding** [ˈkrau̯dfandɪŋ] (*Wirtschaft:* Finanzierung durch zahlreiche Kleinstbeträge neuer Investoren); des Crowdfunding *oder* Crowdfundings

das **Crowd|sour|cing** [ˈkrau̯dsɔːɐ̯sɪŋ] (*Wirtschaft:* [unentgeltliche] Übernahme von Arbeitsaufgaben durch eine Gruppe Freiwilliger über das Internet); des Crowdsourcing *oder* Crowdsourcings

das **Crowd|tes|ting** [ˈkrau̯d...] (*EDV:* Erprobung neuer Software über das Internet durch eine große Gruppe von Testpersonen); des Crowdtesting *oder* Crowdtestings

das **Crys|tal Meth** [ˈkrɪstl̩ ˈmɛθ] (eine synthetische Droge)

die **CSU** = Christlich-Soziale Union

der **Cup** [kap] (Pokal); des Cups; die Cups

der **Cup|cake** [ˈkapkɛɪ̯k] (in einer tassenförmigen Backform gebackenes Törtchen); des Cupcakes; die Cupcakes

das **Cur|ri|cu|lum Vi|tae** (Lebenslauf); des Curriculum Vitae; die Curricula Vitae

der *oder* das **Cur|ry** ['kœri] (ein indisches Gewürz); des Currys
die **Cur|ry|wurst**
der **Cur|sor** ['kœːɐ̯zɐ] (*EDV:* Zeichen auf dem Bildschirm, das die Eingabestelle anzeigt); des Cursors, die Cursors
der **Cut|ter** ['katɐ] (Schnittmeister bei Film und Funk); des Cutters; die Cutter
die **Cut|te|rin;** die Cutterinnen
der **Cy|b|ath|lon** ['saɪ̯...] (in alltagsnahen Disziplinen ausgetragener Wettkampf für Menschen mit Behinderung); des Cybathlon[s]; die Cybathlons
cy|ber..., Cy|ber... ['saɪ̯bɐ...] (die von Computern erzeugte virtuelle Welt betreffend)
die **Cy|ber|at|ta|cke** ['saɪ̯bɐ...] (Angriff über das Internet)
das *oder* die **Cy|ber|crime** ['saɪ̯bɐkraɪ̯m] (illegale Handlung im Computer- oder Telekommunikationsbereich, besonders im Internet); des Cybercrime *oder* Cybercrimes; die Cybercrimes
das **Cy|ber|groo|ming** ['saɪ̯bɐgruːmɪŋ] (Grooming übers Internet)
die **Cy|ber|kri|mi|na|li|tät**
das **Cy|ber|mob|bing** [...mɔbɪŋ] (Schikanieren, Diffamieren von Personen über das Internet)
der **Cy|ber|space** ['saɪ̯bɐspɛɪ̯s] (*EDV:* virtueller Raum); des Cyberspace; die Cy|ber-spa|ces
das **Cy|ber|stal|king** [...stɔːkɪŋ] (Belästigung, Verleumdung, Bedrohung u. Ä. einer Person über das Internet); des Cyberstalking *oder* Cyberstalkings

D

das **D** (Buchstabe); des D; die D; ABER: das d in Wild; der Buchstabe D; das D-Dur, ABER: das d-Moll (Tonarten)
da; hier und da; da und dort; da (weil) sie krank war, fehlte sie; da sein (dort sein); er will um 5 Uhr da (an jener Ecke) sein; ich bin schon oft da (an dieser Stelle) gewesen; da sein (anwesend sein); wir sind alle rechtzeitig da gewesen; etwas noch nie da Gewesenes *oder* Dagewesenes (Vorgekommenes); ↑ABER: das Dasein; dableiben, dalassen usw.
DAB = Digital Audio Broadcasting (digitaler Hörfunk)
da|bei; ohne sich etwas dabei zu denken; dabei sein; er wollte dabei sein; er ist dabei gewesen; alle dabei Gewesenen *oder* Dabeigewesenen; ↑ABER: dabeibleiben, dabeisitzen, dabeistehen
da|bei|blei|ben (bei einer Gesellschaft); er ist an diesem Abend dabeigeblieben; ABER: **da|bei blei|ben** (bei seiner Meinung bleiben); trotz aller Einwände will er dabei bleiben
da|bei|sit|zen; er hat während der Unterhaltung dabeigesessen; ABER: **da-bei sit|zen** (nicht stehen); er muss dabei (bei dieser Arbeit) sitzen
da|bei|ste|hen (stehend zugegen sein); er hat bei dem Unfall dabeigestanden; ABER: **da|bei ste|hen;** er musste dabei (bei dieser Arbeit) stehen
da|blei|ben (nicht weggehen); er ist noch eine Weile dageblieben; ABER: **da blei|ben;** er ist da (dort) geblieben, wo er war
da ca|po (*Musik:* noch einmal von Anfang an)
das **Da|ca|po** *oder* **Da|ka|po** (*Musik:* Wiederholung); des Dacapo[s] *oder* Dakapo[s]; die Dacapos *oder* Dakapos
das **Dach;** des Dachs *oder* Da|ches; die Dächer
der **Dach|bo|den**
der **Dach|de|cker;** des Dachdeckers; die Dachdecker
die **Dach|de|cke|rin;** die Dachdeckerinnen
das **Dach|ge|schoss** (*Abkürzung:* DG)
die **Dach|rin|ne**
der **Dachs;** des Dach|ses; die Dach|se

! Nicht verwechseln: Obwohl beide Wörter gleich ausgesprochen werden, schreibt man das Säugetier *(Dachs)* anders als die Abkürzung aus dem Börsenwesen *(DAX)*.

die **Dach|ter|ras|se**
der **Dach|ver|band** (übergeordneter Verband, in dem mehrere Verbände zusammengeschlossen sind)
der **Dach|zie|gel**

der **Da|ckel** (eine Hunderasse); des Dackels; die Dackel

dad|deln (*umgangssprachlich für:* am Spielautomaten spielen); ich daddele *oder* daddle; du daddeltest; wir haben gedaddelt; daddel *oder* daddele *oder* daddle nicht so viel!

der **Dad|dy** [ˈdɛdi] (*englisch für:* Papa); des Daddys; die Daddys

da|durch

da|für; das Auto ist gebraucht, dafür aber billig; ich kann nicht dafür sein (kann nicht zustimmen)

da|für|kön|nen; er behauptet, dass er nichts dafürkann *oder* dafür kann; ABER NUR: dafür konnte er nichts

da|für|spre|chen *oder* **da|für spre|chen;** weil vieles dafürspricht oder dafür spricht; ABER NUR: dafür spricht ihre lange Erfahrung

da|ge|gen; dagegen sein; wenn Sie nichts dagegen haben; es spricht nichts dagegen

da|ge|gen|spre|chen *oder* **da|ge|gen spre|chen;** weil nichts dagegenspricht *oder* dagegen spricht; ABER NUR: dagegen spricht überhaupt nichts

da|heim; daheim sein; von daheim kommen; ABER: das **Da|heim;** unser Daheim

da|heim|blei|ben; sie ist daheimgeblieben

da|heim|sit|zen; er hat den ganzen Abend daheimgesessen

da|her; daher (von da) ist er; daher, dass; daher, weil

da|her|kom|men; sieh nur, wie er daherkommt (herbeikommt)!; ABER: **da|her kom|men;** ihre Krankheit ist daher gekommen (ist darin begründet)

da|her|re|den; er hat dumm dahergeredet

da|hin; wie weit ist es bis dahin?; dahin (an ein bestimmtes Ziel) fahren, gehen, kommen; ↑ABER: dahingehen, dahinsiechen

da|hi|n|ab

da|hi|n|auf

da|hi|n|aus

da|hi|n|ein

da|hin|ge|hen; wie schnell sind die Tage dahingegangen (vergangen); ABER: **da-hin ge|hen;** du sollst dahin (und nicht dorthin) gehen

da|hin ge|hend *oder* **da|hin|ge|hend;** sie äußerte sich dahin gehend *oder* dahingehend

da|hin|ge|stellt; es ist, bleibt dahingestellt (fraglich), ob sie gelogen hat

da|hin|sie|chen (lange sehr krank und dem Tod nahe sein); er ist dahingesiecht

da|hin|ten; dahinten steht mein Bruder

da|hin|ter|kom|men (*umgangssprachlich für:* herausfinden); wir werden bald dahinterkommen, wer der Dieb ist; ABER: dahinter [hinter dem Bauernhof] kommen Wiesen

da|hin|ter|ste|cken *(umgangssprachlich);* was mag dahinterstecken (was mag das bedeuten)?; ABER: der Zettel, der dahinter [hinter dem Scheibenwischer] steckt

da|hin|ter|ste|hen (*umgangssprachlich für:* unterstützen); es geht nur, wenn alle dahinterstehen; ABER: der Stuhl sollte dahinter [hinter dem Tisch] stehen

die **Dah|lie** (eine Zierpflanze); die Dahli|en

die **Dai|ly Soap** [ˈdɛɪli ˈsɔʊp] (werktäglich ausgestrahlte triviale Fernsehserie); der Daily Soap; die Daily Soaps

Da|kar (Hauptstadt Senegals)

da|las|sen; sie lässt mir etwas Geld da; sie hat ihren Mantel dagelassen (zurückgelassen); ABER: **da las|sen;** du kannst deinen Mantel da (an dieser Stelle) lassen, wo er jetzt hängt

der **Dal|ma|ti|ner** (Hund, dessen weißes Fell kleine dunkle Flecken hat); des Dalmatiners; die Dalmatiner

da|ma|lig; der damalige Rektor

da|mals

Da|mas|kus (Hauptstadt Syriens)

der **Da|mast** (ein Gewebe); des Damasts *oder* Da|mas|tes; die Da|mas|te

die **Da|me** (*ohne Artikel kurz für:* Damespiel); wir haben gestern Dame gespielt

da|men|haft; damenhaftes Benehmen

der **Dam|hirsch**

da|mit; sie sprach langsam, damit es alle verstanden

däm|lich (*umgangssprachlich für:* dumm)

der **Damm;** des Damms *oder* Dam|mes; die Däm|me

däm|men (abschwächen, isolieren); das Material dämmt den Schall; es hat den Schall gedämmt

däm|mern; es dämmerte; der Abend hat gedämmert

die **Däm|me|rung**

der **Dä|mon** (Teufel, böser Geist); des Dämons; die Dä|mo|nen

dä|mo|nisch (teuflisch, unheimlich)

der **Dampf;** des Dampfs *oder* Damp|fes; die Dämp|fe

damp|fen; es dampfte; die Suppe hat gedampft

dämp|fen; du dämpfst; sie dämpfte; sie hat das Gemüse gedämpft

der **Damp|fer;** des Dampfers; die Dampfer

der **Dämp|fer;** des Dämpfers; die Dämpfer; sie hat einen Dämpfer bekommen (eine Rüge einstecken müssen)

der **Dampf|kes|sel**

die **Dampf|ma|schi|ne**

die **Dampf|nu|del**

die **Dampf|wal|ze**

das **Dam|wild**

da|nach; sich danach richten

der **Dan|dy** ['dɛndi] (Mann, der sich sehr modisch anzieht); des Dandys; die Dandys

der **Dä|ne** (Bewohner von Dänemark); des/dem/den Dänen; die Dänen

da|ne|ben; daneben steht ein Regal; die Rechnung liegt direkt daneben; sein Benehmen war völlig daneben (*umgangssprachlich für:* unpassend, unangebracht)

da|ne|ben|fal|len; die Äpfel sind danebengefallen (neben den Korb gefallen)

da|ne|ben|ge|hen (*umgangssprachlich für:* misslingen); die Prüfung ist danebengegangen

da|ne|ben|hau|en; er hat mit dem Hammer danebengehauen; er hat mit seiner Antwort wieder danebengehauen (*umgangssprachlich für:* er hat sich wieder geirrt)

da|ne|ben|lie|gen (*umgangssprachlich auch für:* sich irren); er hat mit seiner Vermutung völlig danebengelegen

Dä|ne|mark

die **Dä|nin;** die Däninnen

dä|nisch

dank

> ! Nach *dank* kann im Singular der Dativ oder Genitiv stehen: »dank deinem guten Willen« oder »dank deines guten Willens«. Im Plural wird *dank* meist mit dem Genitiv verbunden (»dank seiner Hinweise«); der Dativ (»dank seinen Hinweisen«) gilt als umgangssprachlich. Wenn auf *dank* jedoch ein allein stehendes, stark gebeugtes Nomen im Plural folgt, wird der Dativ auch im geschriebenen Deutsch gebraucht, weil durch den Genitiv der Kasus nicht deutlich würde: »dank Fortschritten der Medizin«.

der **Dank;** Gott sei Dank!; vielen Dank!; tausend Dank!; habt Dank!; er schuldet, sagt ihm Dank; ↑*auch:* danksagen

dank|bar

die **Dank|bar|keit**

dan|ke!; du musst danke *oder* Danke sagen; danke schön!; ich möchte ihr danke schön *oder* Danke schön sagen; sie sagte: »Danke schön!«; ↑ABER: Dankeschön

dan|ken; du dankst; sie dankte; sie hat ihm herzlich gedankt; danke ihm dafür!

das **Dan|ke|schön;** sie sagte ein herzliches Dankeschön

dank|sa|gen *oder* **Dank sa|gen;** er danksagte *oder* er sagte Dank; er hat dankgesagt *oder* er hat Dank gesagt; ABER NUR: ich sage vielen Dank

dann; dann und wann; von dannen

da|r|an, *umgangssprachlich:* **dran;** daran denken, teilnehmen, zweifeln; daran sein; es wird schon etwas daran sein; du wirst gut daran tun, dir das zu merken; ↑ABER: darangehen, daransetzen

da|r|an|ge|hen (mit etwas beginnen); er ist endlich darangegangen, sein Zimmer aufzuräumen

da|r|an|set|zen (einsetzen); sie hat alles darangesetzt, Erfolg zu haben; ABER:

da|r|an set|zen; du kannst dich auch daran (an diesen Tisch) setzen

da|r|auf, *umgangssprachlich:* **drauf;** darauf vertrauen, dass ...; darauf (auf das Ziel) losgehen; darauf folgen; am darauf folgenden *oder* darauffolgenden Tag; ↑ABER: draufgehen, drauflosreden

da|r|auf|hin (aus diesem Grund; danach); daraufhin wurde er verhaftet; ABER: darauf hindeuten; alles deutet darauf hin

da|r|aus, *umgangssprachlich:* **draus;** daraus trinken; es wird wohl nichts daraus

dar|ben (*gehoben für:* Not, Hunger leiden); du darbst; er darbte; er hat zeitlebens gedarbt

dar|bie|ten (*gehoben für:* in einer Vorführung zeigen; anbieten); du bietest dar; sie bot dar; er hat dargeboten; biet *oder* biete doch etwas dar!; den Gästen wurden erfrischende Getränke dargeboten

die **Dar|bie|tung** (Auf-, Vorführung)

da|r|in, *umgangssprachlich:* **drin;** darin sitzen, wohnen

da|r|in|nen, *umgangssprachlich:* **drinnen**

das **Dark|net** *oder* **Dark Net;** des Darknets *oder* Dark Nets

der **Dark Wave** ['da:ɐ̯k 'wɛɪ̯v] (u. a. aus dem New Wave hervorgegangener Musikstil); des Dark Wave

dar|le|gen; sie hat ihm ihre Gründe dargelegt

das **Dar|le|hen** (geliehenes Geld); des Darlehens; die Darlehen

der **Darm;** des Darms *oder* Dar|mes; die Där|me

der **Darm|ka|tarrh**

der **Darß** (eine Halbinsel an der Ostseeküste); des Dar|ßes

dar|stel|len; sie hat es sehr anschaulich dargestellt; die darstellende Kunst (Schauspiel- und Tanzkunst)

der **Dar|stel|ler** (Schauspieler); des Darstellers; die Darsteller

die **Dar|stel|le|rin;** die Darstellerinnen

die **Dar|stel|lung**

das **Darts, Dart** (Wurfspiel); des Darts

da|r|ü|ber, *umgangssprachlich:* **drü|ber;** sie ist darüber sehr böse; wir haben uns darüber gestritten; darüber hinaus (außerdem) habe ich keine Fragen; ↑ABER: darüberfahren, darüberlegen

da|r|ü|ber|fah|ren (über etwas streichen); sie ist mit der Hand darübergefahren

da|r|ü|ber|le|gen; er hat ein Brett darübergelegt; ABER: er sollte das Brett darüber (nicht hierüber) legen

da|r|um, *umgangssprachlich:* **drum;** sie lässt darum bitten; nicht darum herumkommen; darum, dass ...; darum, weil ...

da|r|um|kom|men (etwas verpassen, nicht bekommen); er ist darumgekommen; ABER: **da|r|um kom|men;** darum (aus diesem Grund) ist er gekommen

da|r|un|ter, *umgangssprachlich:* **drunter;** sie hat sehr darunter (unter dieser Sache) gelitten

da|r|un|ter|le|gen; er legte eine Decke darunter; die Zeitung hat daruntergelegen

Dar|win (englischer Naturforscher)

das; das Schiff, das (welches) heute kommt; ich glaube, das (dieses) Schiff kommt heute; ABER: ich glaube, dass das Schiff heute kommt; alles das, was ich gesagt habe

das/dass *siehe Kasten*

das **Da|sein** (Existenz); des Daseins; ABER: ich werde da sein; ↑da

der **Da|seins|kampf**

das **Dash|board** ['dɛʃbɔ:ɐ̯t] (*EDV:* Computerprogramm, das relevante Informationen übersichtlich darstellt); des Dashboards; die Dashboards

die **Dash|cam** ['dɛʃkɛm] (kleine Kamera in einem Fahrzeug, die die Fahrt aufzeichnet); der Dashcam; die Dashcams

das|je|ni|ge; *Genitiv:* desjenigen; *Plural:* diejenigen

dass; auf dass; so dass *oder* sodass; ohne dass; ich glaube, dass ...; ↑das

das|sel|be; *Genitiv:* desselben; *Plural:* dieselben; es ist ein und dasselbe

da|ste|hen (sich in einer bestimmten Lage befinden); du stehst da; sie stand da; er hat dagestanden; nach einem Erfolg großartig dastehen; ABER: er soll da (dort) stehen, nicht hier

das **Date** (*umgangssprachlich für:* Verabredung, Treffen); des Dates; die Dates; ich habe heute ein Date

die **Da|tei** (gespeicherte Datensammlung); die Da|tei|en

die **Da|ten** (*Plural von* Datum; Zahlenwerte;

das/dass

Mit nur einem »s« schreibt man das Relativpronomen »das«. In diesem Fall bezieht sich »das« auf ein Nomen im vorangegangenen (Haupt)satz und lässt sich durch »welches« ersetzen:

- Er betrachtete das Bild, das an der Wand hing.

Ebenfalls mit nur einem »s« schreibt man das Demonstrativpronomen »das« (hier lässt sich »das« meist durch »dies[es]« ersetzen):

- Das habe ich nicht gewollt.

Schließlich wird auch der sächliche Artikel mit nur einem »s« geschrieben:

- Sie hoffte, das Krankenhaus bald verlassen zu können.

In allen anderen Fällen handelt es sich um die mit zwei »s« zu schreibende Konjunktion »dass«. Sie leitet meistens Nebensätze ein, die sich auf Verben wie »denken«, »meinen«, »sagen«, »glauben«, »hoffen« usw. beziehen:

- Ich weiß, dass es heute schon ziemlich spät ist.

Angaben); Daten verarbeitende *oder* datenverarbeitende Maschinen

die **Da|ten|au|to|bahn** (*EDV:* Einrichtung zur schnellen Übertragung großer Datenmengen)

die **Da|ten|bank** (technische Anlage, in der Daten zentral gespeichert sind); die Daten|ban|ken

die **Da|ten|bril|le** (*EDV:* Gerät, das Bilder oder Texte augennah darstellt)

der **Da|ten|hand|schuh** (*EDV:* ein digitales Eingabegerät)

der **Da|ten|klau** (*umgangssprachlich für:* Diebstahl von elektronisch gespeicherten Daten); des Datenklaus

das **Da|ten|leak** [...li:k] *oder* **Da|ten|leck** ([versehentliche] Offenlegung vertraulicher Daten)

die **Da|ten|men|ge**

der **Da|ten|miss|brauch**

der **Da|ten|schutz** (gesetzlicher Schutz vor unbefugter Erhebung, Speicherung und Weitergabe persönlicher Daten)

der **Da|ten|schutz|be|auf|trag|te**

die **Da|ten|schutz|be|auf|trag|te**

der **Da|ten|schüt|zer** (Datenschutzbeauftragter); des Datenschützers; die Datenschützer

die **Da|ten|schüt|ze|rin;** die Datenschützerinnen

das **Da|ten|schutz|ge|setz**

die **Da|ten|ski|bril|le** (Skibrille, die dem Träger, der Trägerin nützliche Informationen anzeigt)

die **Da|ten|spi|o|na|ge**

der **Da|ten|trä|ger** (Speichermedium wie CD, DVD oder USB-Stick)

die **Da|ten|über|tra|gung**

da|ten|ver|ar|bei|tend ↑ Daten

die **Da|ten|ver|ar|bei|tung;** elektronische Datenverarbeitung (*Abkürzung:* EDV)

die **Da|ten|ver|ar|bei|tungs|an|la|ge**

die **Da|ten|wei|ter|ga|be**

die **Da|ten|wol|ke** (Cloud)

der **Da|ten|zu|griff**

da|tie|ren (mit einem Datum versehen); du datierst; sie datierte; sie hat den Brief falsch datiert

die **Da|tie|rung**

das **Da|ting** ['deɪtɪŋ] (das Sichverabreden zum Kennenlernen); des Datings; die Datings

die **Da|ting-App** ['deɪtɪŋ...] (App zur Anbahnung von Partnerschaften)

der **Da|tiv** (Wemfall, 3. Fall); des Dativs; die Da|ti|ve

das **Da|tiv|ob|jekt**

die **Dat|scha** (Wochenendhaus); die Datschas *oder* Datschen

die **Dat|sche** (Grundstück mit Wochenendhaus); die Datschen

die **Dat|tel;** die Datteln

das **Da|tum;** des Datums; die Daten

die **Da|tums|an|ga|be**

die **Dau|er**

der **Dau|er|frost**

dau|er|haft

der **Dau|er|lauf**

dau|ern; die Versammlung hat zwei Stunden gedauert

A B C D dau E F G H I J K L M N O P Q R S T U V W X Y Z

dau|ernd; dauernde Störungen

die **Dau|er|schlei|fe** (endlose Wiederholung)

die **Dau|er|wel|le**

der **Dau|men;** des Daumens; die Daumen; *Verkleinerungsform:* das Däum|chen; am Daumen lutschen; Däumchen drehen (unbeschäftigt sein)

der **Däum|ling** (Daumenschutzkappe; *nur im Singular:* eine Märchengestalt); des Däumlings; die Däum|lin|ge

die **Dau|ne** (Flaumfeder der Gans oder Ente [als Füllung von Kissen und Decken])

die **Dau|nen|de|cke**

der **Da|vis|cup** *oder* **Da|vis-Cup** [ˈdeɪvɪskap] *und* **Da|vis|po|kal** *oder* **Da|vis-Po|kal** (internationaler Tenniswanderpreis); des Daviscups *oder* Davis-Cups *und* des Davispokals *oder* Davis-Pokals

da|von; es ist viel, nichts davon übrig; davon, dass ...

da|von|blei|ben (etwas nicht anfassen); sie blieb davon; sie ist davongeblieben; ABER: es ist nichts davon (von dieser Sache) geblieben

da|von|ge|hen (weggehen); er ist davongegangen; ABER: auf und davon gehen

da|von|kom|men (Glück haben); sie ist noch einmal davongekommen; ABER: **da|von kom|men;** davon (daher) kommt dein Husten

da|von|lau|fen (weglaufen); er ist davongelaufen; ABER: auf und davon laufen

da|von|tra|gen (wegbrigen; erlangen); du trägst die Tasche davon; sie trug Verletzungen davon; weil er den Sack davontrug; er hat den Sieg davongetragen (errungen)

da|vor; ich fürchte mich davor; davor war alles gut

da|vor|ste|hen; sie hat schweigend davorgestanden; ABER: davor (vor dem Haus) stehen viele Blumen

der **DAX** (*Markenbezeichnung:* Aufstellung der durchschnittlichen Kurswerte der 30 wichtigsten deutschen Aktien); des DAX; ↑ABER: Dachs

da|zu

da|zu|ge|hö|ren; sie hat immer dazugehört; ABER: **da|zu ge|hö|ren;** dazu gehören immer zwei

da|zu|ge|hö|rig

da|zu|kom|men (hinzukommen); einige Gäste sind noch dazugekommen; ABER: **da|zu kom|men;** sie ist nicht dazu gekommen (hat keine Zeit gefunden), ihren Wagen zu waschen; dazu kommt, dass ...

da|zu|tun (hinzufügen); sie hat viele Äpfel dazugetan; ABER: **da|zu tun;** was kann ich dazu (in dieser Sache) tun?

das **Da|zu|tun** (Hilfe, Unterstützung); ohne mein Dazutun

da|zwi|schen; drei Tage liegen dazwischen; dazwischen befand sich das Heft

da|zwi|schen|kom|men; es ist etwas dazwischengekommen (es kam zu einer unerwarteten Störung, Unterbrechung); ABER: **da|zwi|schen kom|men;** dazwischen (zwischen diesen Vorträgen) kommt eine Pause

da|zwi|schen|ru|fen; er hat ständig dazwischengerufen; ABER: **da|zwi|schen ru|fen;** dazwischen rufen immer wieder Kinder nach mir

da|zwi|schen|tre|ten; bei dem Streit ist sie mutig dazwischengetreten (hat sie schlichtend eingegriffen)

dB = Dezibel

die **DB** = Deutsche Bahn *(Markenbezeichnung)*

die **DDR** = Deutsche Demokratische Republik (1949–1990)

der **DDR-Bür|ger**

die **DDR-Bür|ge|rin**

der **Deal** (*umgangssprachlich für:* Handel, Geschäft); des Deals; die Deals; wir haben mit der Parallelklasse einen guten Deal ausgehandelt

dea|len [ˈdiːlən] (illegal mit Drogen handeln); er hat gedealt

der **Dea|ler** [ˈdiːlɐ] (Drogenhändler); des Dealers; die Dealer

die **Dea|le|rin**

der **Death-Me|tal** *oder* **Death|me|tal** [ˈdɛθ(ˈ)mɛtl̩] (extreme Variante des Heavy Metal); des Death-Metal[s] *oder* Deathmetal[s]

das **De|ba|kel** (Zusammenbruch; Niederlage); des Debakels; die Debakel

die **De|bat|te** (Diskussion; Streitgespräch); die Debatten

de|bat|tie|ren (erörtern, diskutieren);

ich debattiere; du debattierst; sie debattierte; sie haben stundenlang debattiert

das **De|büt** [de'by:] (erstes öffentliches Auftreten); des Debüts; die Debüts

de|chif|f|rie|ren (entschlüsseln); ich dechiffriere; er dechiffrierte; er hat die Geheimschrift dechiffriert

das **Deck;** des Decks *oder* De|ckes; die Decks

das **Deck|blatt**

die **De|cke**

der **De|ckel;** des Deckels; die Deckel

de|cken; ich decke; du deckst; er deckte; er hat das Dach gedeckt; deck *oder* decke den Tisch!

die **De|ckung;** in Deckung gehen

das **Deck|weiß**

der **De|co|der** (*Elektronik:* Datenentschlüssler); des Decoders; die Decoder

de|cre|scen|do [dekrɛ'ʃɛndo] (*Musik:* schwächer, leiser werdend)

das **Deep Lear|ning** ['di:p 'lœ:ɐ̯nɪŋ] (komplexes maschinelles Lernen als Bereich der KI); des Deep Learning[s]

die **De|es|ka|la|ti|on** [*auch:* 'de:...] (stufenweise Abschwächung); die Deeskalationen

de|es|ka|lie|ren [*auch:* 'de:...] (stufenweise verringern, abschwächen); einen Streit, Konflikt deeskalieren

de|fekt (schadhaft)

der **De|fekt** (der Schaden); des Defekts *oder* De|fek|tes; die De|fek|te

de|fen|siv (verteidigend); defensives (rücksichtsvolles) Fahren

die **De|fen|si|ve** (Verteidigung); die Defensiven

de|fi|lie|ren (parademäßig oder feierlich vorbeiziehen); die Soldaten sind *oder* haben vor dem Präsidenten defiliert

de|fi|nie|ren (einen Begriff bestimmen); ich definiere; sie definierte; sie hat den Begriff genau definiert

die **De|fi|ni|ti|on;** die De|fi|ni|ti|o|nen

de|fi|ni|tiv (endgültig)

das **De|fi|zit** (fehlende Geldsumme); des Defizits; die De|fi|zi|te

die **De|fla|ti|on** (*Wirtschaft:* allgemeiner Rückgang des Preisniveaus)

de|for|mie|ren (verformen; entstellen); bei dem Unfall wurde das Fahrzeug völlig deformiert; ein deformiertes Gesicht

de|frag|men|tie|ren (*EDV:* auf einer Festplatte verstreut liegende Daten zu größeren Einheiten zusammenfassen)

def|tig (kräftig); ein deftiges Essen

der **De|gen** (eine Stichwaffe); des Degens; die Degen

de|gra|die|ren (im Rang herabsetzen); man hat ihn zum Gefreiten degradiert

dehn|bar

deh|nen; du dehnst; sie dehnte; sie hat das Gummi gedehnt; dehn *oder* dehne es nicht zu stark!; sich dehnen; der Stoff hat sich gedehnt

die **Dehn|übung**

die **Deh|nung**

das **Deh|nungs-h**

der **Deich** (aufgeschütteter Erddamm an einer Meeresküste oder einem Flussufer zum Schutz gegen Überschwemmung); des Deichs *oder* Dei|ches; die Dei|che

die **Deich|sel** (aus einer oder zwei Stangen bestehender Teil des Wagens, an den die Zugtiere gespannt werden); die Deichseln

deich|seln (*umgangssprachlich für:* geschickt bewerkstelligen); das hast du prima gedeichselt

dein

- dein Tisch, deine Brille, dein Haus
- Wessen Buch ist das? Ist es dein[e]s?

In Briefen kann »dein« klein- oder großgeschrieben werden:

- Liebe Petra, vielen Dank für deinen *oder* Deinen Brief

Wird »dein« als Nomen gebraucht, schreibt man es groß:

- Mein und Dein verwechseln; ein Streit über Mein und Dein

Klein- oder Großschreibung ist möglich in Fällen wie:

- Denkst du oft an die deinen *oder* die Deinen (deine Angehörigen)?
- du musst das deine *oder* das Deine tun

dei|nes|glei|chen

dei|net|we|gen

die **De|ka|de** (Zeitraum von zehn Tagen,

Wochen, Monaten oder Jahren; *gehoben auch für* 10 Stück); der Dekade; die Dekaden

de|ka|dent (im Verfall begriffen)

die **De|ka|denz** ([kultureller] Verfall, Niedergang)

der **De|kan** (der Vorsteher der Fakultät einer Universität; eine Amtsbezeichnung für Geistliche); des Dekans; die De|ka|ne

das **De|ka|nat** (Amt des Dekans); des Dekanats *oder* De|ka|na|tes; die De|ka|na|te

die **De|ka|nin;** die Dekaninnen

die **De|kla|ma|ti|on** (der kunstgerechte Vortrag)

de|kla|mie|ren; du deklamierst; sie deklamierte; sie hat ein Gedicht deklamiert

de|kla|rie|ren (eine Erklärung abgeben; als etwas bezeichnen); du deklarierst; sie deklarierte; er hat deklariert; deklarier *oder* deklariere das als Schulveranstaltung!

de|klas|sie|ren (herunterstufen; *Sport:* in überlegener Weise besiegen); das Team hat den Gegner deklassiert

die **De|kli|na|ti|on** (die Beugung der Nomen, Adjektive, Pronomen und Zahlwörter; Abweichung der Magnetnadel von der Nordrichtung)

de|kli|nie|ren ([Substantive, Adjektive, Pronomen und Numeralien] beugen); ich dekliniere; du deklinierst; er deklinierte; er hat das Adjektiv dekliniert; deklinier *oder* dekliniere das Pronomen!

die **De|ko** (*umgangssprachlich kurz für* Dekoration)

das **De|kolle|té** *oder* **De|kolle|tee** [dekɔl'te:] (tiefer Ausschnitt an Damenkleidern o. Ä., der Schultern, Brustansatz oder Rücken frei lässt); des Dekolletés *oder* Dekolletees; die Dekolletés *oder* Dekolletees

der *oder* das **De|kor** (Verzierung, Muster; Ausschmückung, Dekoration); des Dekors; die Dekors *oder* De|ko|re

der **De|ko|ra|teur** [dekora'tø:ɐ̯]; des Dekorateurs; die De|ko|ra|teu|re

die **De|ko|ra|teu|rin;** die Dekorateurinnen

die **De|ko|ra|ti|on** (Schmuck)

de|ko|ra|tiv; ein dekorativer Blumenstrauß

de|ko|rie|ren (ausschmücken); ich dekoriere; du dekorierst; sie dekorierte; sie hat dekoriert; dekorier *oder* dekoriere den Raum!

das **De|kret** (Beschluss; Verordnung; behördliche oder richterliche Verfügung); des Dekrets *oder* De|kre|tes; die De|kre|te

die **De|le|ga|ti|on** (Abordnung von Bevollmächtigten)

de|le|gie|ren (abordnen; auf einen anderen übertragen); du delegierst; sie delegierte; er hat delegiert; delegier *oder* delegier das besser an den Klassensprecher!

die **De|le|gier|te** (Abgesandte[r], Mitglied einer Delegation); eine Delegierte

der **De|le|gier|te;** ein Delegierter; die Delegierten; mehrere Delegierte

der **Del|fin** *oder* **Del|phin** (ein Meeressäugetier); des Delfins *oder* Delphins; die Del|fi|ne *oder* Del|phi|ne

das **Del|fin|schwim|men** *oder* **Del|phin|schwim|men**

De|lhi (Hauptstadt der Republik Indien)

das, *auch* der **De|li** (Schnellrestaurant [mit jüdischer Küche], oft mit Feinkostladen); des Deli *oder* Delis; die Delis

de|li|kat (lecker; *auch für:* heikel); de|li|ka|ter; am de|li|ka|tes|ten; delikates Gebäck; die Angelegenheit war delikat

die **De|li|ka|tes|se** (Leckerbissen); die Delikatessen

das **De|likt** (Vergehen, Verbrechen); des Delikts *oder* De|lik|tes; die De|lik|te

die **Del|le** (eine Vertiefung, Beule)

Del|phi (altgriechische Orakelstätte)

der **Del|phin** *vergleiche:* **Del|fin**

das **Del|ta** (Schwemmland an mehrarmigen Flussmündungen); des Deltas; die Deltas *oder* Delten

dem

der **De|m|a|go|ge** (jemand, der andere aufhetzt; Volksverführer); des/dem/den Demagogen; die Demagogen

die **De|m|a|go|gin;** die Demagoginnen

de|m|a|go|gisch; demagogische Reden

de|mas|kie|ren (entlarven); sie hat den Heuchler demaskiert

das **De|men|ti** (offizieller Widerruf; Berichtigung); des Dementis; die Dementis; es kam sofort ein Dementi

de|men|tie|ren (etwas offiziell als unrichtig bezeichnen, zurückweisen); du dementierst; er dementierte; die Regierung hat die Meldung dementiert

dem|ent|spre|chend; sie war müde und dementsprechend ungehalten; ABER: ein dem (vorher Gesagten) entsprechender Bescheid

die **De|menz** (*Medizin:* krankheitsbedingter Abbau der Leistungsfähigkeit des Gehirns); der Demenz; die Demenzen; an einer Demenz leiden

de|menz|krank

dem|ge|gen|über (andererseits)

dem|ge|mäß

dem|nach

dem|nächst

die **De|mo** (*kurz für:* Demonstration); die Demos

die **De|mo|gra|fie** *oder* **De|mo|gra|phie** (Bevölkerungsstatistik, -wissenschaft); die De|mo|gra|fi|en *oder* De|mo|gra|phi|en

de|mo|gra|fisch *oder* **de|mo|gra|phisch;** demografische *oder* demographische Entwicklung

der **De|mo|krat;** des/dem/den De|mo|kra|ten; die De|mo|kra|ten

die **De|mo|kra|tie** (Prinzip, staatliches System, bei dem die Macht aufgrund freier politischer Wahlen ausgeübt wird); die De|mo|kra|ti|en; parlamentarische, repräsentative Demokratie

die **De|mo|kra|tin;** die Demokratinnen

de|mo|kra|tisch

die **De|mo|kra|ti|sie|rung**

de|mo|lie|ren (zerstören); du demolierst; er demolierte; er hat alles demoliert

der **De|mons|t|rant;** des/dem/den De|mons|t|ran|ten; die De|mons|t|ran|ten

die **De|mons|t|ran|tin;** die Demonstrantinnen

die **De|mons|t|ra|ti|on** (Protestkundgebung; Veranschaulichung); die De|mons|t|ra|ti|o|nen

de|mons|t|ra|tiv (betont auffällig); demonstrative Gelassenheit

das **De|mons|t|ra|tiv|pro|no|men** (hinweisendes Fürwort)

de|mons|t|rie|ren (beweisen, vorführen; eine Demonstration veranstalten, daran teilnehmen); die Jugend demonstrierte; sie hat für den Tierschutz demonstriert

die **De|mon|ta|ge** (Abbau, Abbruch [besonders von Industrieanlagen]); der Demontage; die Demontagen; die Klasse hat an der Demontage ihres Lehreres (an der Zerstörung seines Ansehens; an seiner Entmachtung) kräftig mitgewirkt

de|mo|ra|li|sie|ren (jemandes Moral schwächen); der Misserfolg hat ihn demoralisiert

die **De|mut;** christliche Demut

de|mü|tig

de|mü|ti|gen; du demütigst; er demütigte ihn; er hat ihn gedemütigt; demütige ihn nicht!

die **De|mü|ti|gung**

dem|zu|fol|ge (demnach); demzufolge ist die Angelegenheit geklärt; ABER: das Vertragswerk, dem zufolge die Staaten sich zur Abrüstung verpflichtet haben

denk|bar; denkbare Folgen

den|ken; ich denke; du denkst; sie denkt; sie dachte; sie hat an alles gedacht; denk *oder* denke daran!

das **Den|ken**

das **Denk|mal;** des Denkmals *oder* Denk|ma|les; die Denk|mä|ler *oder* Denk|ma|le

denk|mal|ge|schützt

der **Denk|mal[s]|schutz**

der **Denk|sport**

denk|wür|dig (so bedeutungsvoll, dass man sich daran erinnern sollte); ein denkwürdiger Tag

der **Denk|zet|tel;** einen Denkzettel verpassen

denn; es sei denn, dass ...; wir liebten ihn, denn er war besonders freundlich

den|noch; billig und dennoch gut

der **De|nun|zi|ant** (jemand, der andere aus persönlichen, niedrigen Beweggründen anzeigt oder verrät); des/dem/den De|nun|zi|an|ten; die De|nun|zi|an|ten

die **De|nun|zi|an|tin;** die Denunziantinnen

de|nun|zie|ren (anzeigen; brandmarken); er hat ihn bei der Polizei denunziert

das **Deo** (*Kurzwort für:* Deodorant); des Deos; die De|os

das **De|o|do|rant** (Mittel gegen Körpergeruch); des Deodorants; die Deodorants *oder* De|o|do|ran|te

de|o|do|rie|ren (schlechten [Körper]geruch hemmen); das Spray hat deodoriert

der **Deo|rol|ler** (ein Deodorantstift)

das **De|par|te|ment** [departəmɑ̃ː] (Verwaltungsbezirk in Frankreich); des Departements; die Departements

die **De|pen|dance** [depɑ̃ˈdɑ̃ːs] (Zweigstelle; Nebengebäude [eines Hotels]); der Dependance; die De|pen|dan|cen

de|plat|ziert (fehl am Platz, unpassend); eine deplatzierte Bemerkung

die **De|po|nie** (zentraler Müll-, Schuttabladeplatz); die De|po|ni|en

de|po|nie|ren (hinterlegen; legen, ablegen); sie hat den Schlüssel auf der Fensterbank deponiert

die **De|por|ta|ti|on** (Zwangsverschickung, Verschleppung, Verbannung)

de|por|tie|ren; man hat ihn deportiert

das **De|pot** [deˈpoː] (Aufbewahrungsort; Sammelstelle); des Depots; die Depots

der **Depp** (*umgangssprachlich für:* dummer, ungeschickter Mensch); des Dep|pen *oder* Depps; die Dep|pen *oder* Dep|pe

die **De|pres|si|on** (Niedergeschlagenheit; wirtschaftlicher Rückgang); die De|pres|si|o|nen

de|pres|siv (unter einer Depression leidend); depressiv werden

de|pri|mie|ren (niederdrücken; entmutigen); es deprimiert; es deprimierte; es hat deprimiert; deprimier *oder* deprimiere mich nicht so!; ein deprimierendes Ergebnis

de|pri|miert (bedrückt)

die **De|pu|ta|ti|on** (Abordnung); die De|pu|ta|ti|o|nen

der **De|pu|tier|te** (Mitglied einer Abordnung; Abgeordneter); ein Deputierter; zwei Deputierte; die Deputierten

die **De|pu|tier|te;** eine Deputierte

der; der Junge, der mich ansah

der|art (so)

der|ar|tig; etwas derartig Schönes; wir haben Derartiges, etwas Derartiges noch nie erlebt

derb; derbes Leder; derbe Witze

das **Der|by** [ˈdɛrbi *oder* ˈdœːɐ̯bi] (Pferderennen; Fußballspiel zwischen Mannschaften aus derselben Region); des Derbys; die Derbys

der|einst (*gehoben für:* künftig)

de|ren; ihre Nachbarin und deren kleine Tochter; die Menschen, deren ich mich erinnere; die Regeln, aufgrund deren entschieden wurde

> **!** Die Formen *deren* und *derer* werden oft verwechselt: Während sich *deren* immer auf etwas im Satz Vorangegangenes bezieht, kann *derer* auf etwas im Satz noch Folgendes oder bereits Vorangegangenes verweisen. Korrekt ist also: »Die Umzäunungen, innerhalb deren *oder* derer gespielt werden darf« (*deren* bzw. *derer* verweist auf etwas im Satz Vorangegangenes, nämlich »die Umzäunungen«), aber nur: »Es wächst die Zahl derer, die nicht rauchen« (*derer* bezieht sich auf den zweiten Teil des Satzes, nämlich »die nicht rauchen«).

de|rent|wil|len

de|rer; die Zahl derer, die verletzt wurden; die Regeln, aufgrund derer entschieden wurde; ↑ deren

der|ge|stalt (so); dergestalt, dass …

der|glei|chen (*Abkürzung:* dgl.)

der|je|ni|ge; *Genitiv:* desjenigen; *Plural:* diejenigen

der|lei (dergleichen); derlei Worte hört man häufiger

der|ma|ßen (so)

der|sel|be; *Genitiv:* desselben; *Plural:* dieselben; ein und derselbe; mit ein[em] und demselben; ein[en] und denselben

der|weil (unterdessen)

der|weil (währenddessen); ich gehe derweil schon mal in die Pause

der **Der|wisch** (Mitglied eines islamischen religiösen Ordens); des Derwischs *oder* Der|wi|sches; die Der|wi|sche

der|zeit (augenblicklich, gegenwärtig, im Moment); dazu bin ich derzeit nicht in der Lage

der|zei|tig (gegenwärtig); unser derzeitiger Klassenlehrer

des; das Büro des Chefs

das **De|sas|ter** (schweres Unglück; Zusammenbruch); des Desasters; die Desaster

de|sas|t|rös (verhängnisvoll, katastrophal); de|sas|t|rö|ser; am de|sas|t|rö|sesten; die Ausstattung der Schule ist desaströs

der **De|ser|teur** [dezɛrˈtøːɐ̯] (Fahnenflüchtiger, Überläufer); des Deserteurs; die Deser|teu|re

die **De|ser|teu|rin;** die Deserteurinnen

de|ser|tie|ren; er ist desertiert

des|glei|chen

des|halb

das **De|sign** [diˈzai̯n] (Formgebung, Entwurf, Muster); des Designs; die Designs

de|si|g|nen (das Design von etwas entwerfen); du designst; sie designte; er hat designt; design bitte meinen neuen Schreibtisch!

der **De|si|g|ner** (Formgestalter für Gebrauchs- und Verbrauchsgüter); des Designers; die Designer

die **De|si|g|ne|rin;** die Designerinnen

das **De|si|g|ner|mö|bel**

de|si|g|niert (für ein Amt vorgesehen); die designierte Ministerin

die **Des|in|fek|ti|on** (Entkeimung, Entseuchung)

die **Des|in|fek|ti|ons|lö|sung**

das **Des|in|fek|ti|ons|mit|tel**

des|in|fi|zie|ren; er hat den Raum desinfiziert

das **Des|in|te|r|es|se** (Gleichgültigkeit, Uninteressiertheit); des Desinteresses

des|in|te|r|es|siert; ein desinteressierter Mitschüler

der **Desk|top** (*EDV:* sichtbarer Hintergrund der Bildschirmoberfläche); des Desktops; die Desktops

de|so|lat (trostlos, traurig); eine desolate Situation

der **Des|pot** (Gewaltherrscher; herrische Person); des/dem/den Des|po|ten; die Des|po|ten

die **Des|po|tin;** die Despotinnen

des|po|tisch

des|sen; der Schüler, dessen Fahrrad gestohlen wurde ...; das Gutachten, aufgrund dessen sie befördert wurde ...; wir haben uns dessen ungeachtet (trotzdem) für etwas anderes entschieden

des|sent|we|gen

des|sent|wil|len; um dessentwillen

das **Des|sert** [dɛˈseːɐ̯] (Nachtisch); des Desserts; die Desserts

de|s|til|lie|ren; du destillierst; sie hat destilliert; destilliertes (chemisch reines) Wasser

des|to; desto besser; desto größer; desto mehr; desto weniger; ABER *(in einem Wort):* nichtsdestoweniger

de|s|t|ruk|tiv (zersetzend, zerstörend); destruktive Kritik

des|we|gen; dessentwegen

das **De|tail** [deˈtai̯] (Einzelheit, Einzelteil); des Details; die Details

de|tail|ge|treu

de|tail|liert [detaˈjiːɐ̯t] (in allen Einzelheiten)

die **De|tek|tei** (Detektivbüro); die De|tektei|en

der **De|tek|tiv;** des Detektivs; die De|tek|tive

die **De|tek|ti|vin;** die Detektivinnen

die **De|to|na|ti|on** (Knall, Explosion)

de|to|nie|ren (explodieren); die Bombe detonierte; sie ist auf dem Parkplatz detoniert

deu|ten; du deutest; sie deutet; sie hat auf ihn gedeutet; deut *oder* deute nicht auf ihn!; wie deutet ihr diese Aussage?

deut|lich; auf das, aufs deutlichste *oder* Deutlichste; etwas deutlich machen

die **Deut|lich|keit;** in aller Deutlichkeit sagen

deutsch, Deutsch *siehe Kasten Seite 126*

die **Deutsch|ar|beit;** eine Deutscharbeit schreiben

das **Deut|sche** (die deutsche Sprache allgemein); sie hat aus dem Deutschen ins Englische übersetzt

der **Deut|sche;** des/dem/den Deutschen; die Deutschen; ein Deutscher; mehrere Deutsche; wir Deutschen, *auch:* wir Deutsche; alle [berufstätigen] Deutschen

die **Deut|sche;** eine Deutsche

Deutsch|land

die **Deutsch|land|fah|ne**

deutsch|land|weit

deutsch|spra|chig (die deutsche Sprache sprechend, in ihr abgefasst, vorgetragen); die deutschsprachige Bevölkerung; deutschsprachige Texte

deutsch|spre|chend ↑deutsch

der **Deutsch|tür|ke** (Deutscher mit türki-

A B C D deu E F G H I J K L M N O P Q R S T U V W X Y Z

D
deu

deutsch, Deutsch

1. Kleinschreibung:

Da das Adjektiv »deutsch« nur in echten Namen und Nominalisierungen großgeschrieben wird, gilt in den folgenden Fällen Kleinschreibung:

- das deutsche Volk
- die deutsche Sprache
- die deutsche Einheit
- die deutschen Meisterschaften [im Eiskunstlauf]

Klein schreibt man das Wort »deutsch« auch, wenn es in Verbindung mit Verben mit »wie?« erfragt werden kann:

- der Redner hat deutsch (nicht englisch) gesprochen
- der Brief ist deutsch (in deutscher Sprache oder Schreibschrift) geschrieben
- neben uns saß ein (gerade jetzt, bei dieser Gelegenheit) deutsch sprechendes *oder* deutschsprechendes Paar
- sich deutsch unterhalten; ABER: *mit Präposition:* sie haben sich auf Deutsch unterhalten; *vergleiche* 2.
- deutsch mit jemandem reden (*umgangssprachlich auch für:* jemandem unverblümt die Wahrheit sagen)

2. Großschreibung:

Großgeschrieben wird das Wort »deutsch«, wenn ihm eine Präposition vorangeht oder wenn es im Sinne von »deutsche Sprache« verwendet wird:

- etwas auf Deutsch sagen
- das heißt auf gut Deutsch ...
- zu Deutsch heißt das ...
- der Brief ist in Deutsch abgefasst

Vergleiche auch: das Deutsch

Auch in Namen und Titeln wird »deutsch« großgeschrieben:

- die Deutsche Bahn AG
- die Deutsche Bundesbank
- der Deutsche Fußball-Bund (*Abkürzung:* DFB)
- Deutsche Demokratische Republik (1949–1990)
- die Deutsche Mark (frühere Währung)
- der Deutsche Schäferhund
- der Tag der Deutschen Einheit (3. Oktober)
- Anita Müller, Deutsche Meisterin (als Titel); ABER: sie ist deutsche Meisterin [im Eiskunstlauf]

das Deutsch

(die deutsche Sprache, besonders als Sprache eines Einzelnen oder einer Gruppe)
- des Deutschs *oder* Deutsch
- mein, dein, sein Deutsch ist gut
- sie kann, lernt, schreibt, spricht, versteht (kein, nicht, gut, schlecht) Deutsch
- das ist gutes Deutsch
- eine Deutsch sprechende *oder* deutschsprechende Ausländerin
- sie kann kein Wort Deutsch
- sie hat eine Eins in Deutsch

scher Abstammung; in Deutschland lebender Türke)

die **Deutsch|tür|kin**

der **Deutsch|un|ter|richt**

die **Deu|tung** (Versuch, den tieferen Sinn von etwas zu erfassen)

die **De|vi|se** (Wahlspruch); die Devisen

die **De|vi|sen** (Zahlungsmittel in ausländischer Währung) *Plural*

de|vot (unterwürfig)

der **De|zem|ber;** des Dezember *oder* Dezembers

de|zent (taktvoll; unaufdringlich)

de|zen|t|ral (auf verschiedene Stellen verteilt; vom Mittelpunkt entfernt)

das **De|zer|nat** (Geschäftsbereich; Sachgebiet in Behörden); des Dezernats *oder* De|zer|na|tes; die De|zer|na|te das **De|zi|bel** [ˈdeːtsibɛl] (Maß der relativen Lautstärke); des Dezibels; die Dezibel

der *oder* das **De|zi|li|ter**

de|zi|mal (auf die Grundzahl 10 bezogen)

der **De|zi|mal|bruch** (ein Bruch, dessen Nenner mit 10, 100, 1000 usw. gebildet wird)

die **De|zi|ma|le** (eine der Stellen hinter dem Komma einer Dezimalzahl); die Dezimalen

das **De|zi|mal|sys|tem** (Zahlensystem mit der Grundzahl 10)

die **De|zi|mal|zahl**

der **De|zi|me|ter**

de|zi|mie|ren (stark verringern); der Brand hat die Bestände dezimiert

der **DFB** = Deutscher Fußball-Bund *(Markenbezeichnung)*

der **D-Füh|rer|schein** (Fahrerlaubnis für Busse)

der **DGB** = Deutscher Gewerkschaftsbund

dgl. = dergleichen

d. Gr. = der *oder* die Große; Karl d. Gr.; Katharina d. Gr.

d. h. = das heißt

Dha|ka [ˈdaka] *oder* **Dac|ca** *oder* **Dak|ka** (Hauptstadt von Bangladesch)

d. i. = das ist

das **Dia** (Diapositiv); des Di|as; die Di|as

der **Di|a|be|tes** (Zuckerkrankheit); des Diabetes

der **Di|a|be|ti|ker;** des Diabetikers; die Diabetiker

die **Di|a|be|ti|ke|rin;** die Diabetikerinnen

di|a|bo|lisch (teuflisch)

das **Di|a|dem** (kostbarer [Stirn]reif, Kopfschmuck); des Diadems; die Di|a|de|me

die **Di|a|g|no|se** (Krankheitserkennung); die Diagnosen

die **Di|a|g|nos|tik** (*Medizin:* Fähigkeit und Lehre, Krankheiten usw. zu erkennen); der Diagnostik; die Di|a|g|nos|ti|ken

di|a|g|nos|ti|zie|ren (einen Befund ermitteln); sie diagnostizierte; die Ärztin hat Scharlach diagnostiziert

dia|go|nal (schräg laufend; eine Diagonale bildend)

die **Dia|go|na|le** (eine Gerade, die zwei nicht benachbarte Ecken eines Vielecks miteinander verbindet); die Diagonalen

das **Dia|gramm** (zeichnerische Darstellung von Zahlenwerten); des Diagramms; die Dia|gram|me

der **Di|a|kon** (in der katholischen Kirche: Geistlicher, der um einen Weihegrad unter dem Priester steht; in der evangelischen Kirche: ein Pfarrhelfer); des Diakons *oder* Di|a|ko|nen; die Di|a|ko|ne *oder* Di|a|ko|nen

die **Di|a|ko|nie** (*Markenbezeichnung:* Pflegedienst, Gemeindedienst [in der evangelischen Kirche])

die **Di|a|ko|nin;** die Diakoninnen

die **Di|a|ko|nis|se** (eine evangelische Krankenschwester); der Diakonisse; die Diakonissen

die **Di|a|ko|nis|sin;** die Diakonissinnen

der **Di|a|lekt** (die Mundart); des Dialekts *oder* Di|a|lek|tes; die Di|a|lek|te

die **Di|a|lek|tik** (Gegensätzlichkeit; Erforschung der Wahrheit durch Zeigen und Überwinden von Widersprüchen); der Dialektik; die Di|a|lek|ti|ken

der **Di|a|ler** [ˈdaɪ̯əlɐ] (Computerprogramm, das eine Telefonverbindung [zum Internet] herstellt)

der **Di|a|log** (Zwiegespräch); die Di|a|lo|ge

die **Dia|ly|se** (*Medizin:* Blutwäsche)

der **Di|a|mant** (ein Edelstein); des/dem/den Di|a|man|ten; die Di|a|man|ten

die **Di|a|mant|hoch|zeit** (sechzigster Hochzeitstag)

der **Di|a|mant|schliff**

das **Dia|po|si|tiv** (durchscheinendes fotografisches Bild); die Dia|po|si|ti|ve; *Kurzform:* Dia

die **Di|a|s|po|ra** (religiöse oder nationale Minderheit; Gebiet, in dem eine solche Minderheit lebt)

die **Di|ät** (Schonkost; spezielle Ernährungsweise); Diät halten; Diät leben

die **Di|ä|ten** (Bezüge der Abgeordneten eines Parlaments) *Plural*

der **Dia|vor|trag**

dich *(kann in Briefen groß- oder kleingeschrieben werden)*

dicht; dich|ter; am dich|tes|ten; seine dicht behaarte *oder* dichtbehaarte Brust; Indien ist ein dicht bevölkerter *oder* dichtbevölkerter Staat; der Verschluss wird dicht halten; ↑ ABER: dichthalten

die **Dich|te** (dichte Folge, dichte Vertei-

A B C D dic E F G H I J K L M N O P Q R S T U V W X Y Z

lung, Verhältnis von Masse zu Volumen)

dich|ten (dicht machen); du dichtest; sie dichtete; sie hat die Leitung gedichtet

dich|ten (Verse machen); du dichtest; sie dichtete; sie hat ein Sonett gedichtet

der **Dich|ter**

die **Dich|te|rin;** die Dichterinnen

dicht|hal|ten (*umgangssprachlich für:* nichts verraten); sie hat dichtgehalten; ↑*auch:* dicht

dicht|ma|chen (*umgangssprachlich für:* schließen); sie haben die Fabrik dichtgemacht

die **Dich|tung** ([Gummi]schicht, die das Auslaufen von Flüssigkeit verhindert)

dick; durch dick und dünn; ABER: der Dicke und der Dünne; er ist der Dickste in der Klasse

di|cke; *nur in umgangssprachlich:* jemanden, eine Sache dicke haben (jemandes, einer Sache überdrüssig sein)

die **Di|cke;** der Dicke; die Dicken; Bretter von 20 mm Dicke, von verschiedenen Dicken

das **Di|ckicht**

der **Dick|kopf**

dick|köp|fig

dick|tun, di|cke|tun (*umgangssprachlich für:* sich wichtigmachen); er tut sich dick *oder* dicke; er hat sich dickgetan *oder* dickegetan

di|dak|tisch (die Vermittlung von Lehrstoff betreffend); didaktische Überlegungen; diese Methode ist didaktisch falsch (für Unterrichtszwecke nicht geeignet)

die; die Frau, die (welche) heute hier war; die Frauen, die Männer, die Kinder

der **Dieb**

die **Die|bin;** die Diebinnen

die|bisch; die diebische Elster; er hat sich diebisch gefreut

der **Dieb|stahl;** des Diebstahls *oder* Diebstah|les; die Dieb|stäh|le

die|je|ni|ge; *Genitiv:* derjenigen; *Plural:* diejenigen

die **Die|le** (Fußbodenbrett; Flur)

die|nen; du dienst; er hat gedient

der **Die|ner;** des Dieners; die Diener

die **Die|ne|rin;** die Dienerinnen

der **Dienst;** des Diensts *oder* Diens|tes; die Diens|te; im Dienst sein; außer Dienst (*Abkürzung:* a. D.); der Dienst habende *oder* diensthabende Beamte

der **Diens|tag, diens|tags**

Das Nomen »Dienstag« schreibt man groß:

- des Dienstags; es geschah eines Dienstags
- wir treffen uns am [nächsten] Dienstag

Das Adverb »dienstags« schreibt man dagegen klein:

- sie kommt [immer] dienstags
- dienstags habe ich keine Zeit

Verbindungen aus Wochentag und Tageszeitangabe:

- [am] Dienstag abends um neun Uhr treffen wir uns wieder; ABER: am [nächsten] Dienstagabend spielen wir Schach
- seit Dienstagmorgen demonstrieren die Studenten; bis Dienstagnacht ist der Internetanschluss gestört
- dienstagabends *oder* dienstags abends spielen wir Skat

der **Diens|tag|abend;** meine Dienstagabende sind alle belegt; am Dienstagabend hat sie frei

der **Diens|tag|mor|gen**

der **Diens|tag|nach|mit|tag**

diens|tags *vergleiche:* **Diens|tag**

der **Dienst|grad**

dienst|ha|bend ↑Dienst

der **Dienst|leis|ter;** des Dienstleisters; die Dienstleister

die **Dienst|leis|tung**

dienst|lich

die **Dienst|rei|se**

dies, die|ses

dies|be|züg|lich (zu diesem Punkt); diesbezüglich stelle ich fest, ...

der **Die|sel** (*kurz für:* Dieselmotor oder Auto mit Dieselmotor)

die **Die|sel|af|fä|re** (skandalöse Entdeckung, dass Automobilhersteller die

Abgaswerte von Fahrzeugen mit Dieselmotor manipuliert haben) *Plural selten*
die|sel|be; ein und dieselbe
das **Die|sel|fahr|ver|bot** (Fahrverbot für Dieselfahrzeuge in einem bestimmten Bereich, besonders in Städten)
der **Die|sel|mo|tor**
der **Die|sel|skan|dal** (Dieselaffäre) *Plural selten*
das **Die|sel|ver|bot** (*kurz für:* Dieselfahrverbot)
die|ser; in diesem selben Augenblick; im August dieses Jahres
die|sig (neblig)
dies|jäh|rig
dies|mal; ABER: dieses Mal; dieses *oder* dies eine, letzte Mal
dies|seits; diesseits des Flusses
das **Dies|seits** (die Welt; das irdische Leben); im Diesseits
der **Diet|rich** (Nachschlüssel); des Dietrichs; die Diet|ri|che
dif|fa|mie|ren (verleumden); er hat ihn als Betrüger diffamiert
das **Dif|fe|ren|ti|al** *vergleiche:* **Dif|fe|ren|zi|al**
die **Dif|fe|renz** (der Unterschied); die Dif|fe|ren|zen
das **Dif|fe|ren|zi|al** *oder* **Dif|fe|ren|ti|al** (*Mathematik:* unendlich kleine Differenz); des Differenzials *oder* Differentials; die Dif|fe|ren|zi|a|le *oder* Dif|fe|ren|ti|a|le
dif|fe|ren|zie|ren (genauer unterscheiden); ich differenziere; du hast differenziert; differenzier *oder* differenziere!; eine differenzierte Betrachtungsweise
die **Dif|fe|ren|zie|rung** (bis ins Einzelne gehende Unterscheidung)
die **Dif|fe|renz|men|ge** (Menge, die sich ergibt, wenn man aus einer Menge die Elemente wegnimmt, die zu einer zweiten Menge gehören)
dif|fus (durcheinander; zerstreut); dif|fu|ser; dif|fu|ser; seine Pläne sind ziemlich diffus; diffuses Licht
di|gi|tal (*Technik:* in Ziffern dargestellt, verschlüsselt); digitale Daten
das **Di|gi|tal|fern|se|hen**
das **Di|gi|tal|fo|to**
der **Di|gi|tal|funk**
di|gi|ta|li|sie|ren (*Technik:* mit Ziffern darstellen; in ein digitales Signal umwandeln); ich digitalisiere; du digitalisiertest; ihr habt digitalisiert; digitalisier *oder* digitalisiere die Schallplatten!
die **Di|gi|ta|li|sie|rung**
die **Di|gi|tal|ka|me|ra**
der **Di|gi|tal Na|tive** [ˈdɪdʒɪtl̩ ˈnɛɪ̯tɪv] (jemand, der mit digitalen Technologien aufgewachsen ist und routiniert mit ihnen umgeht); des Digital Natives; die Digital Natives
der **Di|gi|tal|no|ma|de** (*Jargon:* jemand, der ortsunabhängig online arbeitet [und dabei viel reist])
die **Di|gi|tal|no|ma|din** *(Jargon)*
der **Di|gi|tal|pakt** (Vereinbarung zur Förderung der Digitalisierung an Schulen) *Plural selten;* der Digitalpakt Schule
das **Di|gi|tal|ra|dio**
das **Di|gi|tal-TV**
die **Di|gi|tal|uhr** (Uhr, die die Zeit nur mit Ziffern angibt)
die **Di|gi|tal|wäh|rung;** die Digitalwährung Bitcoin
das **Di|gi|tal|zeit|al|ter;** des Digitalzeitalters
das **Dik|tat;** des Diktats *oder* Dik|ta|tes; die Dik|ta|te
der **Dik|ta|tor;** des Diktators; die Dik|ta|toren
die **Dik|ta|to|rin;** die Diktatorinnen
die **Dik|ta|tur** (Allein-, Gewaltherrschaft); die Dik|ta|tu|ren
dik|tie|ren (einen Text zum wörtlichen Aufschreiben vorsprechen; aufzwingen); du diktierst; sie hat diktiert; diktier *oder* diktiere mir bitte den Einkaufszettel!
das **Di|lem|ma** (Zwangslage); des Dilemmas; die Dilemmas *oder* Dilemmata
der **Di|let|tant** (Nichtfachmann; Stümper); des/dem/den Di|let|tan|ten; die Di|let|tan|ten
die **Di|let|tan|tin;** die Dilettantinnen
di|let|tan|tisch; ein dilettantisches Vorgehen
der **Dill** (eine Gewürzpflanze); des Dills
die **Di|men|si|on** (Ausdehnung; Bereich); die Di|men|si|o|nen

DIN = Deutsche Industrie-Norm[en] *(Markenbezeichnung)*
das **Di|ner** [...'ne:] ([festliches] Abend- oder Mittagessen mit mehreren Gängen); des Diners; die Diners
der **Di|ner** ['daɪ̯nɐ] (amerikanisches Schnellrestaurant); des Diners; die Diner
das **Ding** (Sache); des Dings *oder* Din|ges; die Din|ge, *umgangssprachlich:* die Dinger; guter Dinge (froh, optimistisch) sein
das **Din|gi** (kleines Beiboot; kleines Segelboot); des Dingis; die Dingis
der **Din|go** (australischer Wildhund); des Dingos; die Dingos
das **Din|ner** (Hauptmahlzeit in England [abends eingenommen]); des Dinners; die Dinner *oder* Dinners
der **Di|no** *(umgangssprachlich kurz für:* Dinosaurier); des Dinos; die Dinos
der **Di|no|sau|ri|er** (ausgestorbene Riesenechse); des Dinosauriers; die Dinosaurier
die **Di|op|t|rie** (Maßeinheit für die Brechkraft von Linsen); die Di|op|t|ri|en
das **Di|oxin** (hochgiftige Verbindung von Chlor und Kohlenwasserstoff); des Dioxins; die Di|oxi|ne
die **Di|ö|ze|se** (Amtsgebiet des Bischofs); die Diözesen
die **Diph|the|rie** *(Medizin:* eine Infektionskrankheit); die Diph|the|ri|en
der **Di|ph|thong** (Doppellaut, z. B. ei); die Di|ph|thon|ge
das **Di|p|lom** (Urkunde); des Diploms *oder* Di|p|lo|mes; die Di|p|lo|me
der **Di|p|lo|mat** (der beglaubigte Vertreter eines Landes bei einem anderen Land); des/dem/den Di|p|lo|ma|ten; die Di|plo|ma|ten
die **Di|p|lo|ma|tie** (politische Kunst des Verhandelns mit fremden Mächten; verbindliches, taktisch kluges Verhalten)
die **Di|p|lo|ma|tin;** die Diplomatinnen
di|p|lo|ma|tisch (staatsmännisch; verbindlich und taktisch klug)
dir *(kann in Briefen groß- oder kleingeschrieben werden)*
di|rekt; direkte Rede (wörtliche Rede)
di|rekt|de|mo|kra|tisch (durch unmittelbare Beteiligung der Bevölkerung an Entscheidungen [geprägt])
die **Di|rek|ti|on** (die leitenden Personen eines Unternehmens; Geschäftsleitung)
das **Di|rekt|man|dat** (Mandat, das der Kandidat einer Partei bei einer Wahl persönlich erringt)
die **Di|rekt|nach|richt** (Kurznachricht, die nur an eine Person oder einen begrenzten Empfängerkreis gesendet wird)
der **Di|rek|tor** (Leiter einer öffentlichen Institution, einer Behörde oder eines Unternehmens); des Direktors; die Direk|to|ren
die **Di|rek|to|rin;** die Direktorinnen
das **Di|rek|tor|zim|mer**
der **Di|rex** *(Schülersprache:* Direktor); des Direx; die Di|re|xe
der **Di|ri|gent;** des/dem/den Di|ri|gen|ten; die Di|ri|gen|ten
die **Di|ri|gen|tin;** die Dirigentinnen
di|ri|gie|ren ([ein Orchester] leiten; lenken); du dirigierst; sie hat den Chor dirigiert
das **Dirndl** (junge Frau; Dirndlkleid); des Dirndls; die Dirndl
der **Disc|jo|ckey** *oder* **Disk|jo|ckey** ['dɪskdʒɔke] (jemand, der Musiktitel ansagt); des Discjockeys *oder* Diskjockeys; die Discjockeys *oder* Diskjockeys
der **Disc|man** ['dɪskmɛn] *(Markenbezeichnung:* kleiner, tragbarer CD-Player mit Kopfhörern); des Discmans; die Dicsmans *oder* Discmen [...mən]
die **Dis|co** *oder* **Dis|ko** (Tanzlokal, in dem ein Discjockey Musiktitel präsentiert); die Discos *oder* Diskos
der **Dis|co|fox** *oder* **Dis|ko|fox** (ein Tanz); des Discofox[es] *oder* Diskofox[es]
der **Dis|coun|ter** [dɪs'kaʊ̯ntɐ] (Geschäft, in dem Waren besonders preisgünstig verkauft werden); des Discounters; die Discounter
das **Dis|count|ge|schäft** [dɪs'kaʊ̯nt...] (Geschäft, das Waren zu sehr niedrigen Preisen verkauft)
die **Dis|ket|te** (als Datenträger dienende Magnetplatte); die Disketten
der **Disk|jo|ckey** ['dɪskdʒɔke] *vergleiche:* **Disc|jo|ckey**
die **Dis|ko** *vergleiche:* **Dis|co**
der **Dis|ko|fox** *vergleiche:* **Dis|co|fox**

der **Dis|kont** (Zinsvergütung bei vorzeitiger Zahlung); des Diskonts; die Dis|kon|te

die **Dis|ko|thek** (Disko; Schallplattensammlung); die Dis|ko|the|ken

die **Dis|kre|panz** (Missverhältnis); die Dis|kre|pan|zen

dis|kret (taktvoll; vertraulich; *Physik, Mathematik:* abgegrenzt, getrennt); eine diskrete Andeutung

die **Dis|kre|ti|on** (Verschwiegenheit, taktvolle Zurückhaltung)

dis|kri|mi|nie|ren (herabsetzen und benachteiligen); er wurde wegen seiner Hautfarbe diskriminiert

dis|kri|mi|nie|rend; diskriminierende Äußerungen

die **Dis|kri|mi|nie|rung** (benachteiligende Ungleichbehandlung bestimmter Personen[gruppen])

der **Dis|kus** (Wurfscheibe); des Diskus; die Dis|ken *oder* Dis|kus|se

die **Dis|kus|si|on** (Erörterung; Meinungsaustausch); die Dis|kus|si|o|nen

der **Dis|kus|si|ons|bei|trag**

das **Dis|kus|si|ons|fo|rum**

dis|ku|ta|bel (erwägenswert, strittig); ein diskutabler Vorschlag

dis|ku|tie|ren; du diskutierst; sie diskutierte; sie hat gern diskutiert; diskutier *oder* diskutiere mit ihm!

der **Dis|like** [...laɪ̯k] (*Jargon:* negative Bewertung [in einem sozialen Netzwerk]); des Dislikes; die Dislikes

Dis|ney (amerikanischer Trickfilmzeichner und Filmproduzent)

das **Dis|ney|land** [ˈdɪznɪlænd] (*Markenbezeichnung:* ein Vergnügungspark); des Disneylands; die Disneylands

die **Di|s|per|si|on** (feinste Verteilung schwebender Teilchen)

die **Di|s|per|si|ons|far|be**

das **Dis|play** [*auch:* dɪsˈpleɪ̯, ˈdɪspleɪ̯] (Gerät, Vorrichtung zur Anzeige von Daten, Signalen usw.); des Displays; die Displays

dis|po|nie|ren (verfügen, planen); sie hat gut disponiert

die **Dis|po|si|ti|on** (Gliederung, Plan; Veranlagung, Empfänglichkeit; freie Verwendung)

der **Dis|put** (Streitgespräch); des Disputs *oder* Dis|pu|tes; die Dis|pu|te

die **Dis|qua|li|fi|ka|ti|on**

dis|qua|li|fi|zie|ren (aus einem Wettbewerb ausschließen); die Jury hat ihn disqualifiziert

dis|sen (*besonders in der Sprache der Rapper:* beleidigen, herabsetzen); du disst; sie hat gedisst

der **Dis|sens** (Meinungsverschiedenheit); des Dis|sen|ses; die Dis|sen|se

die **Dis|ser|ta|ti|on** (wissenschaftliche Arbeit zur Erlangung der Doktorwürde; *Abkürzung:* Diss.); der Dissertation; die Dissertationen

der **Dis|si|dent** (Mensch, der sich zu einer abweichenden Religion oder politischen Meinung bekennt); des/dem/den Dis|si|den|ten; die Dis|si|den|ten

die **Dis|si|den|tin;** die Dissidentinnen

die **Dis|so|nanz** (Missklang); die Dis|so|nan|zen

die **Di|s|tanz** (Abstand, Entfernung; *Sport:* Strecke); die Di|s|tan|zen

sich **di|s|tan|zie|ren** (von jemandem oder etwas abrücken); du distanzierst dich; sie distanzierte sich; er hat sich distanziert; distanzier *oder* distanziere dich von ihm!; sie distanzierte sich von ihren früheren Aussagen

di|s|tan|ziert (zurückhaltend; auf Abstand bedacht); dis|tan|zier|ter; am dis|tan|zier|tes|ten; sie ist plötzlich so diatanziert

die **Dis|tel;** die Disteln

der **Dis|tel|fink** (ein Vogel); des/dem/den Dis|tel|fin|ken; die Dis|tel|fin|ken

der **Di|s|t|rikt** (Bereich, Bezirk); des Distrikts *oder* Di|s|t|rik|tes; die Di|s|t|rik|te

die **Dis|zi|p|lin** (Fach einer Wissenschaft; Teilbereich des Sports; *nur im Singular:* Zucht, Ordnung); die Dis|zi|p|li|nen

dis|zi|p|li|nie|ren (zur Ordnung erziehen; maßregeln); schwer zu disziplinierende Schüler

die **Di|va** (gefeierte Sängerin oder Schauspielerin); die Divas *oder* Diven

di|vers (verschieden; *Amtssprache für:* nicht eindeutig weibliche oder männliche Geschlechtsmerkmale aufweisend); diverse Sorten

die **Di|ver|si|tät** (Vielfalt, Vielfältigkeit); die Di|ver|si|tä|ten der **Di|vi|dend** (Zähler eines Bruchs); des/dem/den Di|vi|den|den; die Di|vi|den-den

die **Di|vi|den|de** (der auf eine Aktie entfallende Gewinn); die Dividenden

di|vi|die|ren (teilen); du dividierst; sie hat durch 3 dividiert; dividiere!; zehn dividiert durch fünf ist, macht, gibt zwei

die **Di|vi|si|on** (die Teilung; die Heeresabteilung); die Di|vi|si|o|nen

der **Di|vi|sor** (Nenner eines Bruchs); des Divisors; die Di|vi|so|ren

der **DJ** ['di:dʒɛɪ̯] = Diskjockey; des DJ *oder* DJs; die DJs

Dja|kar|ta [dʒa'karta] (*ältere Schreibung für* Jakarta)

die **DJane** [di:'dʒɛɪ̯n] (weiblicher DJ); die DJanes

das **DJH** = Deutsches Jugendherbergswerk

der **Dji|had** [dʒi...] (*besonders österreichisch neben* Dschihad)

die **DLRG** = Deutsche Lebens-Rettungs-Gesellschaft

DM = Deutsche Mark (frühere deutsche Währung)

die **d-Moll-Ton|lei|ter**

die **DNA** = deoxyribonucleic acid (Desoxyribonukleinsäure) (*englisch für:* DNS)

der **Dnjepr** (osteuropäischer Fluss)

die **DNS** = Desoxyribonukleinsäure

der **Do|ber|mann** (eine Hunderasse); die Do|ber|män|ner

doch; ja doch; nicht doch!

der **Docht;** des Dochts *oder* Doch|tes; die Doch|te

das **Dock** (Anlage zum Ausbessern von Schiffen); des Docks; die Docks

Do|cu|men|ta (Ausstellung zeitgenössischer Kunst in Kassel); der Documenta

das **Do|cu|tain|ment** [dɔkju'tɛɪ̯n...] *oder* **Do|ku|tain|ment** [...tɛɪ̯n...]; des Docutainments *oder* Dokutainments

die **Dog|ge** (eine Hunderasse); die Doggen

das **Dog|ma** (Glaubenssatz); des Dogmas; die Dog|men

dog|ma|tisch (die [Glaubens]lehre betreffend; lehrhaft; streng [an Lehrsätze] gebunden)

der **Dog|ma|tis|mus** (starres Festhalten an einer Anschauung, Lehrmeinung)

die **Doh|le** (ein Vogel)

der **Dok|tor;** des Doktors; die Dok|to|ren; *Abkürzung:* Dr.; *z. B.* Dr. phil. = Doktor der Philosophie; Dr. med. = Doktor der Medizin; Dr.-Ing. = Doktoringenieur; Dr. eh., Dr. e. h., Dr. h. c. = Doktor ehrenhalber (honoris causa)

der **Dok|to|rand** (Student, der sich auf die Doktorprüfung vorbereitet); des Dok-to|ran|den; die Dok|to|ran|den

die **Dok|to|rin;** die Doktorinnen

die **Dok|tor|mut|ter** (Universitätsprofessorin, die Doktoranden und ihre Arbeit betreut)

der **Dok|tor|va|ter** (Universitätsprofessor, der Doktoranden und ihre Arbeit betreut)

die **Dok|t|rin** (Lehrmeinung; politischer Grundsatz); die Dok|t|ri|nen

die **Do|ku** (*kurz für:* Dokumentation); der Doku; die Dokus; hast du gestern die Doku über Löwen gesehen?

das **Do|ku|ment** (Urkunde, Schriftstück; Beweis); des Dokuments *oder* Do|ku-men|tes; die Do|ku|men|te

der **Do|ku|men|tar|film**

do|ku|men|ta|risch

die **Do|ku|men|ta|ti|on** (Zusammenstellung von Dokumenten und Materialien jeder Art); die Do|ku|men|ta|ti|o|nen

do|ku|men|tie|ren (beurkunden; belegen; bekunden); diese Entscheidung hat seinen Friedenswillen dokumentiert

die **Do|ku|soap** *oder* **Do|ku-Soap** [...sɔʊ̯p] (Dokumentarserie mit teilweise inszeniertem Ablauf); der Dokusoap *oder* Doku-Soap; die Dokusoaps *oder* Doku-Soaps

das **Do|ku|tain|ment** [...tɛɪ̯n...] *vergleiche:* **Do|cu|tain|ment**

das **Dol|by-Sys|tem** (*Markenbezeichnung:* Verfahren zur Rauschunterdrückung bei Tonaufnahmen)

der **Dolch;** des Dolchs *oder* Dol|ches; die Dol|che

die **Dol|de** (einem Büschel oder Schirm ähnlicher Teil einer Pflanze, der die Blüten trägt); die Dolden

doll (*umgangssprachlich für:* toll; *besonders norddeutsch für* sehr)

der **Dol|lar** (Währungseinheit in den USA,

in Kanada und anderen Staaten; *Zeichen:* $); des Dollars; die Dollars; ABER: 30 Dollar

dol|met|schen (Gesprochenes übersetzen); du dolmetschst; sie dolmetschte; sie hat bei dem Gespräch gedolmetscht; dolmetsch *oder* dolmetsche bitte für uns!; sie hat bei dem Gespräch gedolmetscht; dolmetsch[e] bitte für uns!

der **Dol|met|scher** (jemand, der Äußerungen in einer fremden Sprache übersetzt); des Dolmetschers; die Dolmetscher

die **Dol|met|sche|rin;** die Dolmetscherinnen

die **Do|lo|mi|ten** (Teil der Südalpen) *Plural*

der **Dom** (große Kirche [eines Bischofs]); des Doms *oder* Do|mes; die Do|me

die **Do|main** [do'meɪn] (*EDV:* Internetadresse); der Domain; die Domains; wir haben eine eigene Domain

die **Do|mä|ne** (Staatsgut; besonderes Arbeitsgebiet); die Domänen

do|mi|nant; do|mi|nan|ter; am do|mi|nan|tes|ten; ein dominanter Vater

die **Do|mi|nan|te** (*Musik:* die Quinte vom Grundton aus); die Dominanten

die **Do|mi|nanz** (Vorherrschaft); der Dominanz; die Do|mi|nan|zen; unser Kunstlehrer liebt die Dominanz der Blautöne

do|mi|nie|ren (vorherrschen; beherrschen); helle Farben dominierten; sie hat die politische Szene dominiert; dominierendes Verhalten

der **Do|mi|ni|ka|ner** (Angehöriger eines Mönchsordens); des Dominikaners; die Dominikaner

die **Do|mi|ni|ka|ne|rin** (Angehörige eines Nonnenordens); die Dominikanerinnen

die **Do|mi|ni|ka|ni|sche Re|pu|b|lik** (Staat in Mittelamerika)

das **Do|mi|no** (Spiel, bei dem rechteckige Spielsteine aneinandergelegt werden); des Dominos; die Dominos

der **Do|mi|no|stein**

das **Do|mi|zil** (Wohnsitz, Wohnung); des Domizils; die Do|mi|zi|le

der **Dom|pfaff** (ein Vogel); des Dom|pfaf|fen *oder* Dompfaffs; die Dom|pfaf|fen

der **Domp|teur** [dɔmp'tøːɐ̯] (Tierbändiger); des Dompteurs; die Domp|teu|re

die **Domp|teu|rin** [dɔmp'tøːrɪn] *oder* **Domp|teu|se;** die Dompteurinnen *oder* Dompteusen

der **Don** (russischer Fluss)

die **Do|nau** (europäischer Strom)

der **Dö|ner** (*kurz für:* Döner Kebab); des Döners; die Döner

der **Dö|ner Ke|bab** *oder* **Dö|ner Ke|bap** [*auch:* -'keː...] *und* **Dö|ner|ke|bab** *oder* **Dö|ner|ke|bap** (eine türkische Fleischspezialität); des Döner Kebab[s] *oder* Döner Kebap[s] *und* des Dönerkebab[s] *oder* Dönerkebap[s]; die Döner Kebabs *oder* Döner Kebaps *und* die Dönerkebabs *oder* Dönerkebaps

der **Don|ner;** des Donners; die Donner

don|nern; es hat gedonnert

der **Don|ners|tag** ↑Dienstag

der **Don|ners|tag|abend** ↑Dienstagabend

der **Don|ners|tag|mor|gen**

der **Don|ners|tag|nach|mit|tag**

don|ners|tags ↑Dienstag

der **Do|nut** ['doːnat] *oder* **Dough|nut** ['doʊ̯nat] (ein ringförmiges Gebäckstück aus Hefeteig); des Donuts *oder* Doughnuts; die Donuts *oder* Doughnuts

doo|deln ['duːdl̩n] (nebenher in Gedanken kleine Männchen o. Ä. malen, kritzeln); ich doodele *oder* doodle; du doodeltest; sie haben gedoodelt; doodel *oder* doodele *oder* doodle nicht im Unterricht!

doof (*umgangssprachlich für:* dumm; einfältig); eine doofe Nuss

do|pen (durch [verbotene] Anregungsmittel zu sportlicher Höchstleistung bringen); du dopst; er dopte; er hat das Pferd gedopt; er ist gedopt

das **Do|ping;** des Dopings; die Dopings

die **Do|ping|kon|t|rol|le**

die **Do|ping|pro|be**

der **Dopingtest**

das **Dop|pel** (zweite Ausfertigung; Spiel zweier Spieler gegen zwei andere beim [Tisch]tennis oder Badminton)

das **Dop|pel|bett**

dop|pel|deu|tig

die **Dop|pel|fol|ge**

der **Dop|pel|gän|ger;** des Doppelgängers; die Doppelgänger

die **Dop|pel|gän|ge|rin;** die Doppelgängerinnen
der **Dop|pel|jahr|gang** *(besonders Bildungswesen)*
der **Dop|pel|pass** *(Fußball)*
der **Dop|pel|punkt**
das **Dop|pel|stock|bett** (Etagenbett)
der **Dop|pel|stock|wa|gen** *(Eisenbahn)*
die **Dop|pel|stun|de** (Unterrichtsstunde, die doppelt so lange dauert wie eine einfache)
dop|pelt; die doppelte Buchführung; doppelt so groß; doppelt so viel; sie ist doppelt so reich wie ich; sie ist doppelt so reich, wie ich es bin
das **Dop|pel|te;** des Doppelten; um das Doppelte, ums Doppelte größer sein
der **Dop|pel|zent|ner** (100 kg)
das **Do|ra|do** *vergleiche:* **El|do|ra|do**
das **Dorf;** des Dorfs *oder* Dor|fes; die Dörfer
dörf|lich
der **Dorn;** des Dorns *oder* Dor|nes; die Dornen, *in der Technik:* die Dor|ne
die **Dor|nen|kro|ne**
dor|nig
das **Dorn|rös|chen** (eine Märchengestalt); des Dornröschens
dör|ren (dürr machen, austrocknen); er dörrte; er hat das Obst gedörrt
das **Dörr|obst**
der **Dorsch** (ein Fisch); des Dorschs *oder* Dor|sches; die Dor|sche
dort; dort drüben; von dort aus
dort|her [*auch:* ˈdɔrt...]
dort|hin [*auch:* ˈdɔrt...]; da- und dorthin
dor|tig; die dortigen Verhältnisse
Dort|mund (Stadt im Ruhrgebiet)
die **Do|se** (kleine Büchse); *Verkleinerungsform:* das Dös|chen
dö|sen (wachend träumen); du döst; sie döst; sie hat gedöst; döse nicht!
der **Do|sen|öff|ner**
das **Do|sen|pfand**
do|sie|ren (eine bestimmte Menge abmessen); sie hat das Medikament richtig dosiert
die **Do|sie|rung;** in Medikament in der richtigen Dosierung geben
die **Do|sis** (zugemessene Menge); die Dosen
das **Dos|si|er** [dɔˈsi̯eː] (Zusammenstellung von Akten, Dokumenten zu einem Thema oder Fall); des Dossiers; die Dossiers
do|tie|ren (mit einer bestimmten Geldsumme ausstatten; bezahlen); du dotierst; sie dotierte; er hat dotiert; ein mit 50 Euro für die Klassenkasse dotierter Vorlesewettbewerb
der *oder* das **Dot|ter** (Eigelb); des Dotters; die Dotter
das **Dou|ble** [ˈduːbl̩] (*Film:* Ersatzspieler oder Ersatzspielerin [ähnlichen Aussehens]); des Doubles; die Doubles
der **Dough|nut** [ˈdɔʊ̯nat] *vergleiche:* **Donut**
down [daʊ̯n] (*umgangssprachlich für:* bedrückt; niedergeschlagen); down sein
der **Down|link** [ˈdaʊ̯n...] (*EDV:* Datenverbindung vom Provider zum Endgerät)
der *oder* das **Down|load** [ˈdaʊ̯nlɔʊ̯d] (*EDV:* das Herunterladen von Daten, Programmen); des Downloads; die Downloads
down|load|bar *(EDV)*
down|loa|den [ˈdaʊ̯nlɔʊ̯dn̩] (*EDV:* Daten von einem Computer, aus dem Internet herunterladen); ich downloade; ich habe mir das Spiel downgeloadet

! Die gebeugten Formen von *downloaden* klingen für viele Menschen merkwürdig oder unschön, weil hier ein englisches Wort nach deutschem Muster gebeugt wird. Deshalb verwendet man besser das deutsche Verb *herunterladen.*

das **Down|syn|drom** *oder* **Down-Syn|drom** [ˈdaʊ̯n...] (*Medizin:* genetisch bedingte Entwicklungshemmungen und Veränderungen des Erscheinungsbildes eines Menschen); des Downsyndroms *oder* Down-Syndroms
der **Do|zent** (Lehrer [an einer Hochschule]); des/dem/den Do|zen|ten; die Do|zen|ten
die **Do|zen|tin;** die Dozentinnen
die **dpa** = Deutsche Presse-Agentur
Dr. = Doktor, Doktorin; ↑Doktor
der **Dra|che** (ein Fabeltier); des/dem/den Drachen; die Drachen

der **Dra|chen** (ein Fluggerät); des Drachens; die Drachen
das **Dra|chen|boot** (traditionelles chinesisches Paddelboot; Sportboot beim Rennsegeln)
das **Dra|chen|flie|gen**
Dra|cu|la (Titelfigur eines Vampirromans)
das **Dra|gee** [draˈʒeː] *oder* **Dra|gée** (mit Zucker überzogene Süßigkeit oder Tablette); des Dragees *oder* Dragées; die Dragees *oder* Dragées
der **Dra|go|ner** (*Geschichte für:* Reiter einer Reitertruppe); des Dragoners; die Dragoner
der **Draht;** des Drahts *oder* Drah|tes; die Dräh|te; auf Draht (wachsam) sein
drah|tig (sehnig, schlank)
draht|los; drahtlose Fernbedienungen
der **Draht|zie|her** (Auftraggeber)
die **Draht|zie|he|rin;** die Drahtzieherinnen
dra|ko|nisch (sehr streng); drakonische Strafen
drall (derb, stramm)
das **Dra|ma** (Bühnenstück, Schauspiel; erregendes oder trauriges Geschehen); des Dramas; die Dramen
die **Dra|ma|tik** (dramatische Dichtkunst; erregende Spannung); der Dramatik; die Dramatik eines sportlichen Wettkampfs
der **Dra|ma|ti|ker** (Dramendichter); des Dramatikers; die Dramatiker
die **Dra|ma|ti|ke|rin;** die Dramatikerinnen
dra|ma|tisch (erregend, spannend); dramatische Entwicklungen
dran (*umgangssprachlich für:* daran); du bist dran; ABER: das Drum und Dran; des Drum und Dran
dran|blei|ben (*umgangssprachlich für:* an jemandem, etwas bleiben); sie blieb dran; sie ist an der Sache drangeblieben; bleib *oder* bleibe dran!
der **Drang;** des Drangs *oder* Dran|ges
dran|ge|hen *(umgangssprachlich);* er geht zu nah dran; sie ging dran (fing an), die Koffer zu packen; es ist keiner drangegangen (keiner ist ans Telefon gegangen)
drän|geln; ich dräng[e]le; du drängelst; er hat gedrängelt; drängle *oder* drängele nicht!
drän|gen; du drängst; sie drängte; sie hat auf eine Änderung gedrängt; dränge nicht!; sich drängen; sie haben sich um das Feuer gedrängt
drang|sa|lie|ren (quälen); er hat ihn mit seinen Fragen drangsaliert
dran|kom|men (*umgangssprachlich für:* an die Reihe kommen, aufgerufen werden); er ist endlich drangekommen
dran|neh|men (*umgangssprachlich für:* abfertigen; aufrufen); sie hat diesen Schüler häufig drangenommen
dras|tisch (sehr deutlich; wirksam); drastische Maßnahmen
drauf (*umgangssprachlich für:* darauf); drauf und dran (nahe daran) sein; drauf sein (*umgangssprachlich auch für:* [gut/schlecht] gelaunt sein)
drauf|ge|hen (*umgangssprachlich auch für* verbraucht werden; sterben); sein ganzes Geld geht dabei drauf; sie ist dabei draufgegangen
drauf|los|re|den; (*umgangssprachlich für:* ohne Überlegung reden); er redet einfach drauflos; sie hat drauflosgeredet
drauf|pa|cken; eins, einen draufpacken (*besonders Sportjargon* etwas, sich steigern)
drauf|schrei|ben (*umgangssprachlich für:* auf etwas schreiben); ABER drauf schreiben [oder malen]
drauf|set|zen; er hat durch diese Bemerkung noch eins *oder* einen draufgesetzt (*umgangssprachlich für:* er hat die Situation weiter verschärft)
draus (*umgangssprachlich für:* daraus); mach dir nichts draus (ärgere dich nicht darüber)
drau|ßen
das **Dream-Team** [ˈdriːmtiːm] *oder* **Dreamteam** (*besonders Sport:* ideal besetzte Mannschaft); des Dream-Teams *oder* Dreamteams; die Dream-Teams *oder* Dreamteams
drech|seln; ich drechs[e]le; du drechselst; sie drechselte; sie hat die Figur gedrechselt; drechsel *oder* drechsele sie!
der **Drechs|ler;** des Drechslers; die Drechsler
die **Drechs|le|rin;** die Drechslerinnen

der **Dreck**
dreckig; dreckige Schuhe
die **Dreh|ar|beit;** der Dreharbeit; die Drehar|bei|ten *meist Plural;* die Dreharbeiten zu unserem Video waren aufwendig
die **Dreh|bank**
das **Dreh|buch** (Textbuch eines Films)
dre|hen; sie hat gedreht; drehe!; sich drehen; der Schlüssel hat sich gedreht
der **Dre|her;** des Drehers; die Dreher
die **Dre|he|rin;** die Dreherinnen
das **Dreh|mo|ment** *(Physik)*
die **Dreh|or|gel**
die **Dre|hung**
die **Dreh|zahl** (Anzahl der Umdrehungen pro Zeiteinheit)
drei; wir sind zu dreien *oder* zu dritt; herzliche Glückwünsche von uns dreien; er kann nicht bis drei zählen (er ist sehr dumm); er ist schon drei [Jahre alt]; aller guten Dinge sind drei; der Saal war erst drei viertel voll; es ist jetzt drei viertel acht; ↑*auch:* acht, dritte
die **Drei** (Ziffer, Zahl); die Dreien; eine Drei würfeln; er schrieb in Deutsch eine Drei; die Acht
drei|di|men|si|o|nal (mit drei Dimensionen [Höhe, Breite und Tiefe] versehen); ein dreidimensionaler Film *oder* Drei-D-Film (*mit Ziffer:* 3-D-Film *oder* 3D-Film)
das **Drei|eck;** des Dreiecks; die Drei|ecke
drei|eckig
die **Drei|ei|nig|keit**
drei|fach
die **Drei|fal|tig|keit** (Dreieinigkeit)
drei|jäh|rig ↑achtjährig
der **Drei|klang** *(Musik)*
drei|köp|fig; ein dreiköpfiger Vorstand
drei|mal ↑achtmal
drei|ma|lig
die **Drei|mei|len|zo|ne**
das **Drei|me|ter|brett**
drein (*umgangssprachlich für:* darein)
drein|bli|cken (einen bestimmten Gesichtsausdruck machen); sie hat finster dreingeblickt
der **Drei|punkt|gurt**
der **Drei|satz** *(Mathematik)*
drei|sei|tig
der **Drei|sprung** *(Sport)*
drei|ßig ↑achtzig
drei|ßig|jäh|rig; eine dreißigjährige Frau; ABER: der Dreißigjährige Krieg
dreist; dreis|ter; am dreis|tes|ten
drei|stel|lig; dreistellige Zahl
die **Dreis|tig|keit**
drei|tä|gig (drei Tage dauernd)
drei|tei|len; das Land wurde dreigeteilt; ein dreigeteiltes Bild; ABER: die durch drei geteilte Zahl
drei|tei|lig
der **Drei|vier|tel|takt** ($^3/_4$-Takt)
der **Drei|we|ge|ka|ta|ly|sa|tor**
drei|zehn; die verhängnisvolle Dreizehn; ↑*auch:* acht
die **Dre|sche** (*umgangssprachlich für:* Prügel); Dresche bekommen
dre|schen; du drischst; sie drischt; sie drosch; sie hat das Korn gedroschen
der **Dresch|fle|gel**
die **Dresch|ma|schi|ne**
Dres|den (Hauptstadt von Sachsen); die Dresdner Frauenkirche
der **Dres|de|ner** *oder* **Dresd|ner;** des Dresdeners *oder* Dresdners; die Dresdener *oder* Dresdner
die **Dres|de|ne|rin** *oder* **Dresd|ne|rin;** die Dresdenerinnen *oder* Dresdnerinnen
der **Dress** ([Sport]kleidung); des Dress *oder* Dres|ses; die Dres|se
der **Dress|code** (Kleiderordnung)
dres|sie|ren; du dressierst; sie hat den Affen dressiert; dressiere ihn!
die **Dres|sur;** die Dres|su|ren
das **Dres|sur|rei|ten**
drib|beln (*Sport:* den Ball durch kurze Stöße vortreiben); du dribbelst; sie dribbelte in den Strafraum; sie hat zu viel gedribbelt
die **Drift** (durch Wind erzeugte Strömung an der Meeresoberfläche); die Drif|ten
der **Drift** (*Motorsport:* Fahrweise, bei der in Kurven das Hinterrad oder die Hinterachse ausbricht); des Drifts; die Drifts
drif|ten (*Seemannssprache:* treiben)
drif|ten (*Motorsport:* mit Drift fahren)
der **Drill** (harte [militärische] Ausbildung); des Drills
dril|len (hart schulen); du drillst ihn; er drillte ihn; er hat ihn gedrillt; drille ihn!
der **Dril|lich** (ein Gewebe); des Drillichs; die Dril|li|che

drin (*umgangssprachlich für:* darin); drin sein (*umgangssprachlich auch für:* möglich sein); heute war nicht mehr drin

Dr.-Ing. = Doktoringenieur, Doktoringenieurin; ↑Doktor

drin|gen; du dringst; sie drang; die Sonne ist durch die Wolken gedrungen; dring *oder* dringe auf eine Lösung!

drin|gend; auf das, aufs dringendste *oder* Dringendste bitten

die **Dring|lich|keit**

der **Drink** (alkoholisches Getränk; Mischgetränk); des Drinks; die Drinks

drin|nen; ich möchte lieber drinnen spielen

dritt ↑drei

drit|te

Kleinschreibung:

- das dritte Kapitel
- der dritte *oder* Dritte Stand (Bürgerstand)

Großgeschrieben wird »dritte« in der Nominalisierung:

- er ist der Dritte im Bunde
- sie ist die Dritte in der Reihe
- der Dritte von dreien
- jeder Dritte
- zum Dritten

Groß schreibt man »dritte« auch, wenn es Bestandteil eines Namens oder Titels ist:

- der Dritte Oktober (Tag der Deutschen Einheit); ABER: der dritte November
- das Dritte Reich (Deutschland während des Nationalsozialismus)
- die Dritte Welt (die Entwicklungsländer)
- Friedrich der Dritte (Friedrich III.)

das **Drit|tel;** des Drittels; die Drittel

drit|tens

der **Drit|te-Welt-La|den** (Laden, in dem Produkte aus Entwicklungsländern verkauft werden)

dritt|letz|te; die drittletzte Seite; der/die/das Drittletzte

das **DRK** = Deutsches Rotes Kreuz

dro|ben (da oben)

die **Dro|ge** (Rohstoff für Heilmittel; *auch für:* Rauschgift); die Drogen

dro|gen|ab|hän|gig

die **Dro|gen|fahn|dung**

der **Dro|gen|han|del**

der **Dro|gen|kon|sum**

der **Dro|gen|miss|brauch**

das **Dro|gen|scree|ning** [...skriːnɪŋ] (*Medizin:* Untersuchung zum Nachweis von Drogenkonsum)

dro|gen|süch|tig

die **Dro|ge|rie;** die Dro|ge|ri|en

der **Dro|gist;** des/dem/den Drogisten; die Dro|gis|ten

die **Dro|gis|tin;** die Drogistinnen

dro|hen; er hat ihm gedroht; drohe nicht!

die **Droh|ne** (männliche Biene; unbemanntes Militärflugzeug; ziviles Fluggerät)

dröh|nen; es dröhnt; die Musik hat aus dem Lautsprecher gedröhnt

der **Droh|nen|an|griff** *(Militär)*

der **Droh|nen|füh|rer|schein**

der **Droh|nen|krieg**

der **Droh|nen|pi|lot**

die **Droh|nen|pi|lo|tin**

das **Droh|nen|vi|deo**

die **Dro|hung**

drol|lig; ein drolliges Kerlchen

das **Dro|me|dar** [*auch:* ˈdroːmedaːɐ̯] (das einhöckerige Kamel); des Dromedars; die Dro|me|da|re

Drop|box (*Markenbezeichnung:* ein Dienst für Webhosting); *ohne Artikel*

die **Drop|box** (*Markenbezeichnung:* bei Dropbox® *[s. o.]* angelegtes Dateiverzeichnis); der Dropbox; die Drop|bo|xen *oder* Drop|bo|xes

der, *auch:* das **Drops** (Fruchtbonbon); des Drops; die Drops *meist Plural*

die **Dros|sel** (ein Singvogel); die Drosseln

dros|seln; du drosselst; sie drosselte; sie hat den Motor gedrosselt; drossele *oder* drossle den Motor!

drü|ben (auf der anderen Seite)

drü|ber (*umgangssprachlich für:* darüber); ↑*auch:* drunter

der **Druck;** des Drucks *oder* Dru|ckes; *(in der Technik:)* die Drü|cke *und (für Bücher, Bilder u. Ä.:)* die Dru|cke; die

A B C D dru E F G H I J K L M N O P Q R S T U V W X Y Z

Drücke im Sterninnern sind sehr hoch; in der Bibliothek liegen viele alte Drucke

der **Drü|cke|ber|ger;** des Drückebergers; die Drückeberger

die **Drü|cke|ber|ge|rin;** die Drückebergerinnen

dru|cken; du druckst; sie druckt; sie hat das Buch gedruckt; drucke es!

drü|cken; du drückst; sie drückte; sie hat gegen die Tür gedrückt; drück *oder* drücke den Knopf!

der **Dru|cker;** des Druckers; die Drucker

die **Dru|cke|rei**

die **Dru|cke|rin;** die Druckerinnen

das **Dru|cker|pa|pier**

druck|frisch; druckfrische Zeitungen

druck|sen (*umgangssprachlich für:* zögerlich antworten); du druckst; er hat gedruckst

drum (*umgangssprachlich für:* darum); es ist schade drum; ABER: das [ganze] Drum und Dran; des Drum und Dran

das **Drum|he|r|um** *(umgangssprachlich);* des Drumherums

der **Drum|mer** [ˈdramɐ] (Schlagzeuger in einer Band); des Drummers; die Drummer

drun|ten (da unten)

drun|ter (*umgangssprachlich für:* darunter); es geht drunter und drüber; ABER: das Drunter und Drüber; des Drunter und Drüber

drun|ter|stel|len; sie stellt eine Stütze drunter; er hat etwas druntergestellt

die **Drü|se**

der **Dschi|had** *oder* **Ji|had** [dʒi...], *österreichisch auch:* **Dji|had** [dʒi...] (»Heiliger Krieg« der Muslime zur Verteidigung und Ausbreitung des Islams); des Dschihad *oder* Jihad, *österreichisch auch:* Djihad

der **Dschi|ha|dis|mus** *oder* **Ji|ha|dis|mus,** *österreichisch auch:* **Dji|ha|dis|mus;** des Dschihadismus *oder* Jihadismus, *österreichisch auch:* Djihadismus

der **Dschi|ha|dist** *oder* **Ji|ha|dist,** *österreichisch auch:* **Dji|ha|dist;** des/dem/den Dschi|ha|dis|ten *oder* Ji|ha|dis|ten, *österreichisch auch:* Dji|ha|dis|ten; die Dschi|ha|dis|ten *oder* Ji|ha|dis|ten, *österreichisch auch:* Dji|ha|dis|ten

die **Dschi|ha|dis|tin** *oder* **Ji|ha|dis|tin,** *österreichisch auch:* **Dji|ha|dis|tin;** die Dschihadistinnen *oder* Jihadistinnen, *österreichisch auch:* Djihadistinnen

dschi|ha|dis|tisch *oder* **ji|ha|dis|tisch,** *österreichisch auch:* **dji|ha|dis|tisch**

der **Dschun|gel** (undurchdringlicher, sumpfiger Wald in den Tropen); des Dschungels; die Dschungel

das **Dschun|gel|camp**

die **Dschun|ke** (chinesisches Segelschiff); die Dschunken

Dtzd. = Dutzend

du

- du bist im Recht
- Leute wie du und ich

In Briefen kann »du« klein- oder großgeschrieben werden:

- Liebe Petra, wie du *oder* Du bestimmt bemerkt hast ...

Groß schreibt man die Nominalisierung:

- jemandem das Du anbieten
- jemanden mit Du anreden
- mit jemandem auf Du und Du stehen
- Du *oder* du zueinander sagen
- mit jemandem per Du *oder* per Du sein

du|al (eine Zweiheit bildend; auf zwei Dingen beruhend)

das **Du|al|sys|tem** (Zahlensystem mit nur zwei Zahlzeichen und der Zahl 2 als Basis)

der **Dü|bel** (Pflock, Zapfen, worin Schrauben, Haken usw. verankert werden); des Dübels; die Dübel

dü|beln; ich düb[e]le; sie dübelte; sie hat das Regal an die Wand gedübelt

du|bi|os (zweifelhaft, zwielichtig); eine dubiose Firma

Dub|lin [ˈdablɪn] (Hauptstadt der Republik Irland)

der **Dub|step** [ˈdapstɛp] (ein Musikstil)

sich **du|cken;** du duckst dich; sie hat sich geduckt; duck *oder* ducke dich!

der **Duck|mäu|ser** (verängstigter, feiger Mensch); des Duckmäusers; die Duckmäuser der **Du|del|sack** (ein Blasinstrument); die Du|del|sä|cke

das **Du|ell** (Zweikampf); des Duells; die Duel|le

das **Du|ett** (Zwiegesang); des Duetts *oder* Du|et|tes; die Du|et|te

der **Duf|f|le|coat** [ˈdafl̩kɔʊ̯t] (dreiviertellanger Sportmantel); des Dufflecoats; die Dufflecoats

der **Duft;** des Dufts *oder* Duf|tes; die Düf|te

duf|te (*umgangssprachlich für:* ausgezeichnet)

duf|ten; die Blume duftet; die Blume duftete; die Blume hat geduftet

duf|tig; duftige Stoffe

Duis|burg [ˈdy:sbʊrk] (Stadt im Ruhrgebiet)

dul|den; du duldest; er duldet; er duldete; er hat still geduldet; dulde das nicht!

der **Dul|der;** des Dulders; die Dulder

die **Dul|de|rin;** die Dulderinnen

duld|sam

die **Dul|dung**

dumm; düm|mer; am dümms|ten; ABER: er ist der Dümmste unter uns

dumm|dreist; dummdreiste Antworten

dum|mer|wei|se

die **Dumm|heit**

der **Dumm|kopf**

dumpf; ein dumpfer Klang

der **Dum|ping|preis** [ˈdampɪŋpraɪ̯s] (Preis, der deutlich unter dem Warenwert liegt)

die **Dü|ne;** die Dünen

der **Dung** (als Dünger verwendeter Mist); des Dungs *oder* Dun|ges

dün|gen; du düngst; sie düngt; sie düngte; sie hat gedüngt; dünge den Boden!

der **Dün|ger;** des Düngers

dun|kel; dunk|ler; am dun|kels|ten; etwas dunkel färben oder dunkelfärben; jemanden im Dunkeln (im Ungewissen) lassen; im Dunkeln ist gut munkeln; im Dunkeln tappen; ein Sprung ins Dunkle

das **Dun|kel;** des Dunkels; im Dunkel des Waldes

der **Dün|kel** (Eingebildetheit); des Dünkels

dun|kel|blau

dun|kel|fär|ben ↑dunkel

dun|kel|haa|rig; dunkelhaariges Fell

dün|kel|haft; dün|kel|haf|ter; am dün|kel|haf|tes|ten

die **Dun|kel|heit**

dun|kel|rot

die **Dun|kel|zif|fer** (offiziell nicht bekannte Anzahl von bestimmten Erscheinungen oder Ähnlichem); die Dunkelziffer bei Drogenmissbrauch

dün|ken; mich *oder* mir dünkte; mich *oder* mir hat gedünkt

dünn; durch dick und dünn; diese dünn besiedelte *oder* dünnbesiedelte Gegend; das dünn bevölkerte *oder* dünnbevölkerte Land; gute Freunde sind dünn gesät *oder* dünngesät (selten, spärlich vorhanden); ihr sollt euch dünn machen (*umgangssprachlich für:* weniger Platz in Anspruch nehmen); sie soll den Teig ganz dünn machen; ↑ABER: sich dünnmachen

der **Dünn|darm**

dünn|flüs|sig; dünnflüssiger Brei

sich **dünn|ma|chen** (*umgangssprachlich für:* weglaufen); er machte sich dünn; sie hat sich dünngemacht

der **Dunst;** des Dunsts *oder* Duns|tes; die Düns|te

düns|ten (durch Dampf gar machen); du dünstest; sie dünstete; sie hat das Fleisch gedünstet; dünste es!

die **Dunst|glo|cke** (Ansammlung verunreinigter Luft über Industriegebieten und Städten)

duns|tig; ein dunstiger Herbstmorgen

die **Dü|nung** (durch Wind hervorgerufener Seegang); die Dü|nun|gen

das **Duo** (Musikstück für zwei Instrumente; *auch für:* die zwei Ausführenden); des Du|os; die Du|os

das **Du|pli|kat** (Abschrift); des Duplikats *oder* Du|pli|ka|tes; die Du|pli|ka|te

das **Dur** (Tongeschlecht mit großer Terz); des Dur; in Dur; A-Dur; die A-Dur-Tonleiter; ↑Moll

durch; durch ihn; durch und durch; nach diesem Streit wird er bei allen Freunden unten durch sein (sich unbeliebt gemacht haben); das Fleisch muss durch sein; durch Planen zum Ziel kommen

durch|ar|bei|ten (pausenlos arbeiten; sorgsam bearbeiten); sie hat die ganze

Nacht durchgearbeitet; der Teig ist tüchtig durchgearbeitet; ABER: **durch|ạr|bei|ten;** eine durchạrbeitete Nacht

durch|aus

dụrch|blät|tern, durch|blạ̈t|tern; er hat das Buch dụrchgeblättert *oder* durchblạ̈ttert

der **Dụrch|blick**

dụrch|bli|cken; sie hat dụrchgeblickt

die **Durch|blu|tung**

dụrch|bre|chen; er bricht die Tafel Schokolade durch; sie hat den Stock durchgebrochen; ABER: **durch|brẹ|chen;** der Demonstrant durchbricht die Absperrung; das Flugzeug hat die Schallmauer durchbrochen

der **Dụrch|bruch;** die Durch|brü|che

durch|dẹn|ken; ich durchdenke; er durchdachte; sie hat durchdacht; ein fein durchdachter Plan

dụrch|drin|gen; die Sonne ist kaum durchgedrungen; ABER: **durch|drịn|gen;** er hat den Urwald durchdrụngen; sie war von der Idee ganz durchdrụngen (erfüllt)

durch|ei|n|ạn|der; durcheinander (verwirrt) sein

das **Durch|ei|n|ạn|der**

durch|ei|n|ạn|der|brin|gen (in Unordnung bringen); er hat alles durcheinandergebracht

durch|ei|n|ạn|der|es|sen; alles durcheinanderessen und -trinken

durch|ei|n|ạn|der|kom|men; ich bin durcheinandergkommen

durch|ei|n|ạn|der|re|den (zugleich reden); sie haben alle durcheinandergeredet

durch|ei|n|ạn|der|trin|ken

durch|ei|n|ạn|der|wer|fen (verwechseln); sie hat alles durcheinandergeworfen

dụrch|fah|ren; wir sind auf dem Rückweg die ganze Nacht durchgefahren; ABER: **durch|fa̱h|ren;** er hat das ganze Land durchfahren; ein Schreck durchfuhr sie

die **Dụrch|fahrt**

der **Dụrch|fall;** des Durchfalls *oder* Durchfal|les; die Durch|fäl|le

durch|fọrs|ten (etwas kritisch durchsehen; den Wald ausholzen); du durchforstest; sie durchforstete; er hat durchforstet; durchforste noch einmal das Internet!

dụrch|füh|ren; du führst durch; sie führte durch; er hat durchgeführt; führ *oder* führe das ordentlich durch!; er hat die Aufgabe durchgeführt

die **Dụrch|füh|rung**

der **Dụrch|gang**

durch|gän|gig (von Anfang bis Ende durchgehend; ständig); diese Meinung wird durchgängig vertreten

die **Dụrch|gangs|stra|ße**

der **Dụrch|gangs|ver|kehr**

dụrch|ge|hend; das Geschäft ist durchgehend geöffnet

dụrch|grei|fen; er greift durch; sie griff durch das Gitter durch; der Lehrer hat streng durchgegriffen

dụrch|hal|ten; du hältst durch; er hält durch; sie hielt durch; er hat durchgehalten; halt *oder* halte durch!

dụrch|kom|men (*umgangssprachlich auch für:* eine Prüfung bestehen; überleben); sie ist durch Abi durchgekommen; der Patient ist durchgekommen

durch|kreu|zen; sie hat seine Pläne durchkreuzt (zum Scheitern gebracht)

dụrch|las|sen; du lässt ihn durch; er ließ mich durch; sie hat ihn nicht durchgelassen; lasse *oder* lass mich durch!

dụrch|läs|sig; durchlässige Schuhe

dụrch|lau|fen; du läufst durch; sie lief durch; er ist die ganze Nacht durchgelaufen; lauf *oder* laufe nicht durch!; ABER: **durch|lau|fen;** du durchläufst; sie durchlief; er hat das alles durchlaufen; unser Referat hat viele Stadien durchlaufen

der **Dụrch|lauf|er|hit|zer** (ein Gas- oder Elektrogerät); des Durchlauferhitzers; die Durchlauferhitzer

durch|le̱|ben; wir haben die Tage froh durchlebt

durch|leuch|ten (mit Licht, mit Röntgenstrahlen durchdringen); der Arzt durchleuchtete die Lunge; er hat sie durchleuchtet

dụrch|ma|chen (*umgangssprachlich für:* Schwieriges durchleben); die Familie hat viel durchgemacht

der **Dur|ch|mes|ser;** des Durchmessers; die Durchmesser

durch|num|me|rie|ren; er nummerierte das Heft durch; die Seiten waren durchnummeriert

durch|que|ren; sie hat das Land zu Fuß durchquert

durch|rin|gen; sie hat sich zu dieser Überzeugung durchgerungen

die **Durch|sa|ge**

durch|schau|en; sie hat durch das Fernrohr durchgeschaut; ABER: **durch|schau|en;** sie durchschaut ihn (erkennt seine Absichten); sie hat ihn durchschaut

durch|schla|gen; sie haben sich bis zur Grenze durchgeschlagen; ABER: **durch|schla|gen;** der Stein hat das Fenster durchschlagen

das **Durch|schlag|pa|pier**

die **Durch|schlags|kraft**

durch|schnei|den; er schneidet das Blatt durch; er hat das Blatt durchgeschnitten; ABER: **durch|schnei|den;** der Fluss durchschneidet die Wiesen; die Landschaft ist von Kanälen durchschnitten

der **Durch|schnitt;** im Durchschnitt

durch|schnitt|lich (alltäglich; dem Mittelwert entsprechend); ihre Leistung ist nur durchschnittlich; die durchschnittliche Note war 2,7

das **Durch|schnitts|al|ter**

die **Durch|schrift**

durch|set|zen (erreichen); sie setzt es durch; sie hat sich durchgesetzt (Erfolg gehabt); ABER: **durch|set|zen** (in etwas verteilen); der Lehm ist mit Steinen durchsetzt

durch|sich|tig

durch|spie|len; du spielst durch; er spielte durch; spiel *oder* spiele bitte das ganze Match durch!

durch|ste|hen; du stehst durch; sie stand durch; steh *oder* stehe das durch!; sie hat viel durchgestanden; er hat den Skisprung durchgestanden

durch|strei|chen; sie strich die Nummer durch; das Wort ist durchgestrichen

durch|su|chen; er durchsuchte die Wohnung; er hat sie durchsucht

durch|su|chen; du suchst durch; sie suchte durch; er hat durchgesucht; such *oder* suche das für mich durch!; sie hat schon das ganze Adressbuch durchgesucht

die **Durch|su|chung**

der **Durch|su|chungs|be|schluss**

die **Durch|wahl**

durch|wäh|len ([einen Nebenstellenanschluss] direkt wählen); er wählte durch; er hat nach Japan durchgewählt

durch|wech|seln; der Trainer hat durchgewechselt

durch|weg; ein durchweg guter Schüler

durch|zap|pen; ich habe alle Sender durchgezappt

durch|zie|hen; du ziehst durch; sie zog durch; er hat den Faden durchgezogen; zieh *oder* ziehe den Faden durch!; der Plan wird jetzt durchgezogen

der **Durch|zug**

dür|fen; du darfst; sie darf; sie durfte; sie hat gedurft; sie hat [es] nicht gedurft; ABER: das hätte sie nicht tun dürfen

dürf|tig (ärmlich; kümmerlich)

dürr; dürres Land

die **Dür|re**

der **Dür|re|som|mer** (besonders trockener Sommer)

der **Durst;** des Dursts *oder* Durs|tes

dürs|ten; du dürstest; sie dürstete; sie hat gedürstet; mich dürstet nach Rache

durs|tig

die **Durst|stre|cke** (Zeit der Entbehrung); eine lange Durststrecke bis zu den nächsten Ferien

die **Dur|ton|lei|ter** *(Musik)*

die **Du|sche**

du|schen; du duschst; sie duschte; sie hat geduscht; sich duschen; sie hat sich geduscht

die **Dü|se**

der **Du|sel** (unverdientes Glück); Dusel haben

du|seln (träumen); du duselst; sie duselte; sie hat geduselt

das **Dü|sen|flug|zeug**

Düs|sel|dorf (Hauptstadt von Nordrhein-Westfalen)

düs|ter; düst|rer *oder* düs|te|rer; am düs|ters|ten

A B C D düs E F G H I J K L M N O P Q R S T U V W X Y Z

der **Dutt** (*landschaftlich für:* Haarknoten); des Dutts *oder* Dut|tes; die Dut|te *oder* Dutts

der **Du|ty-free-Shop** [ˈdjuːtɪˈfriːʃɔp] (Laden, in dem zollfreie Waren verkauft werden)

das **Dut|zend;** des Dutzends; die Dut|zende; zwei Dutzend Eier; *bei Angabe unbestimmter Mengen auch kleingeschrieben:* es gab Dutzende *oder* dutzende von Fehlern; [viele] Dutzend[e] *oder* dutzend[e] Mal[e]; ein halbes Dutzend Mal, zwei Dutzend Male

dut|zend|fach

dut|zend|wei|se

du|zen; du duzt ihn; sie duzte ihn; sie hat ihn geduzt; duz *oder* duze ihn ruhig!

die **DVD** = digital versatile disc (einer CD ähnlicher, vielseitig verwendbarer Datenträger); die DVDs

das **DVD-Lauf|werk**

der **DVD-Play|er** ↑CD-Player

die **Dy|na|mik** (Kräftelehre; Schwung)

dy|na|misch (schwungvoll; tatkräftig); ein dynamischer Typ

das **Dy|na|mit** (ein Sprengstoff)

der **Dy|na|mo** [*auch:* ˈdyːnamo] (*Kurzwort für:* Dynamomaschine; ein Stromerzeuger); des Dynamos; die Dynamos

die **Dy|nas|tie** (Herrschergeschlecht); die Dy|nas|ti|en

die **Dys|kal|ku|lie** (*Medizin, Psychologie:* Rechenschwäche); die Dys|kal|ku|li|en

dz = Doppelzentner

der **D-Zug** (*Markenbezeichnung:* Schnellzug)

E

das **E** (Buchstabe); des E; die E; ABER: das e in Berg; das E-Dur, ABER: das e-Moll (Tonarten)

ea|sy [ˈiːzi] (*umgangssprachlich für:* leicht); das ist doch easy!

das **eBay**® *oder* **E-Bay** [ˈiːbɛɪ̯] (*Markenbezeichnung:* ein Auktionshaus im Internet); des eBay, E-Bay *oder* eBays, E-Bays *(meist ohne Artikel)*

die **E-Bay-Klein|an|zei|ge**

die **Eb|be**

ebd. = ebenda

eben; ebenes (flaches) Land; eine ebene Fläche; eben sein; eben (soeben) kam sie an; das ist nun eben (einmal) so

das **Eben|bild**

eben|bür|tig; ein ebenbürtiger Gegner

eben|da (genau, gerade dort)

eben|der

die **Ebe|ne**

eben|falls

das **Eben|holz**

das **Eben|maß**

eben|mä|ßig; ebenmäßige Strukturen

eben|so

ebenso wie

Man schreibt »ebenso« immer getrennt vom folgenden Adjektiv oder Adverb:

- sie hätte ebenso gut zu Hause bleiben können; sie spielte ebenso gut Klavier wie ich; ebenso gute Leute
- das dauert ebenso lang[e] wie gestern; er hat ebenso lange Beine wie ich
- ich habe den Film ebenso oft gesehen wie du
- ebenso viel *oder* viele sonnige Tage; er hat zwei Autos, sie hat ebenso viele
- wir laufen ebenso weit; eine ebenso weite Entfernung
- ebenso wenig *oder* ebenso wenige reife Birnen

der **Eber** (männliches Schwein); des Ebers; die Eber

die **Eber|esche** (ein Laubbaum)

das **E-Bike** [ˈiːbaɪ̯k] (Elektrofahrrad)

eb|nen; sie ebnet den Weg; sie ebnete ihn; sie hat ihn geebnet; ebne ihn!

das **Ebo|la** (*Medizin:* meist tödlich verlaufende Infektionskrankheit); des Ebolas *(meist ohne Artikel)*

das *oder* der **Ebo|la|vi|rus**

das **E-Book** [ˈiːbʊk] (Inhalt eines Buches in digitaler Form, der mithilfe eines Lesegerätes gelesen werden kann); des E-Books; die E-Books

der **E-Book-Rea|der** [ˈiːbʊkriːdɐ] (digitales Lesegerät [in Buchformat], mit dem E-Books gelesen werden können); des E-Book-Readers; die E-Book-Reader

der **Eb|ro** (Fluss in Spanien)

EC = Eurocity[zug] *(Markenbezeichnung)*
das **Echo** (Widerhall); des Echos; die Echos
das **Echo|lot** (Gerät zur Tiefen- oder Höhenmessung mithilfe von Schallwellen)
die **Ech|se** (ein Kriechtier)
echt
echt|gol|den *oder* **echt gol|den;** ein echtgoldener *oder* echt goldener Becher; der Becher ist echtgolden *oder* echt golden
die **Echt|heit**
echt|sil|bern *oder* **echt sil|bern;** ↑echtgolden
die **Echt|zeit** (gleichzeitig zur Realität ablaufende Zeit); ein Fußballspiel in Echtzeit übertragen
die **EC-Kar|te®** *oder* **ec-Kar|te®** *(früher für:* Eurochequekarte)
der **Eck|ball**
die **Eck|da|ten** (Richtwerte) *Plural*
die **Ecke**
eckig; eine eckige Form
der **Eck|punkt**
der **Eck|zahn**
der **E-Com|merce** [ˈiːkɔmœːɐ̯s] (Verkauf von Waren oder Dienstleistungen über das Internet); des E-Commerce
die **Eco|no|my** [iˈkɔnəmi] (preisgünstigster Tarif im Flugverkehr); Economy fliegen
die **Ec|s|ta|sy** [ˈɛkstəzi] (eine Droge); die Ecstasys; Ecstasy nehmen
Ecu|a|dor (Staat in Südamerika)
der **Ecu|a|do|ri|a|ner;** des Ecuadorianers; die Ecuadorianer
die **Ecu|a|do|ri|a|ne|rin;** die Ecuadorianerinnen
ecu|a|do|ri|a|nisch
Eda|mer (aus Edam); Edamer Käse
der **Ed|ding** *(Markenbezeichnung:* ein [breiter] Filzstift); des Edding[s]; die Eddings
edel; ed|ler; am edels|ten
das **Edel|gas**
das **Edel|me|tall**
der **Edel|mut**
der **Edel|stein**
das **Edel|weiß** (eine Gebirgspflanze); die Edel|wei|ße
das **Eden** (Paradies [im Alten Testament]); der Garten Eden
das **Edikt** (Verordnung); des Edikts *oder* Edik|tes; die Edik|te

edi|tie|ren *(EDV:* Daten eingeben, löschen, verändern)
die **Edi|ti|on** (Ausgabe *zum Beispiel einer Buchreihe*); der Edition; die Edi|ti|o|nen; eine neue Edition der Deutschlektüre
das **Edi|to|ri|al** [*auch:* ɛdɪˈtɔ(ː)riəl] (Vorwort des Herausgebers einer Zeitschrift oder Zeitung); des Editorials *oder* Editorial; die Editorials
die **EDV** = elektronische Datenverarbeitung
das **EDV-Pro|gramm**
das **EEG** = Erneuerbare-Energien-Gesetz
der *oder* das **Efeu** (ein Kletterstrauch); des Efeus
Eff|eff; etwas aus dem Effeff *(umgangssprachlich für:* hervorragend) können
der **Ef|fekt** (Wirkung); des Effekts *oder* Ef|fek|tes; die Ef|fek|te
die **Ef|fek|ten** (Wertpapiere) *Plural*
ef|fek|tiv (tatsächlich, wirksam); effektive Maßnahmen
die **Ef|fek|ti|vi|tät** (Wirksamkeit)
ef|fekt|voll (wirkungsvoll); er sprach mit effektvollen Pausen
ef|fi|zi|ent (wirksam; wirtschaftlich); effizient arbeiten
die **Ef|fi|zi|enz** *(bildungssprachlich für:* Wirksamkeit; Wirtschaftlichkeit); der Effizienz; die Ef|fi|zi|en|zen; die Effizienz deiner Lernweise bezweifle ich
das **Ef|fi|zi|enz|haus** (Haus mit geringem Energiebedarf)
das **EG** = Erdgeschoss
egal (gleichgültig); das ist mir egal
die **Eg|ge** (ein Ackergerät)
eg|gen; du eggst; sie eggte; sie hat den Acker geeggt; egge das Feld!
das **Ego** *(Philosophie:* das Ich); des Egos *oder* Ego; die Egos
der **Ego|is|mus** (Selbstsucht); des Egoismus; die Egoismen
der **Ego|ist** (selbstsüchtiger Mensch); des/dem/den Ego|is|ten; die Ego|is|ten
die **Ego|is|tin;** die Egoistinnen
ego|is|tisch
der **Ego-Shoo|ter** *oder* **Ego|shoo|ter** (Computerspiel, bei dem der Spieler die Perspektive eines von ihm gesteuerten Kämpfers einnimmt); des Ego-Shooters *oder* Egoshooters; die Ego-Shooter *oder* Egoshooter
eh (sowieso); das weiß ich eh

A B C D E eh F G H I J K L M N O P Q R S T U V W X Y Z

eh! (Ausruf)
eh., e.h. = ehrenhalber; ↑Doktor
ehe; ehedem; ehe denn; seit eh und je
die **Ehe**
ehe|bre|chen; *fast nur im Infinitiv gebräuchlich:* du sollst nicht ehebrechen; *sonst:* sie brach die Ehe; er hat die Ehe gebrochen
der **Ehe|bruch**
ehe|dem (*gehoben für:* vormals)
die **Ehe|frau**
der **Ehe|gat|te**
die **Ehe|gat|tin**
die **Ehe|leu|te** *Plural*
ehe|lich; eheliches Güterrecht
ehe|ma|lig; seine ehemalige Wohnung
ehe|mals; ein ehemals guter Sportler
der **Ehe|mann**
das **Ehe|paar**
eher; je eher, je lieber; je eher, desto besser; er wird es umso eher (lieber) tun, als ...
ehern (aus Erz); eherne Rüstungen
ehes|tens (frühestens); ehestens in einer Stunde
ehr|bar; ehrbare Leute
die **Eh|re**
eh|ren; du ehrst ihn; er hat ihn geehrt; ehre ihn!
das **Eh|ren|amt**
eh|ren|amt|lich
der **Eh|ren|bür|ger**
die **Eh|ren|bür|ge|rin**
das **Eh|ren|mal;** die Eh|ren|ma|le *oder* Eh|ren|mä|ler
eh|ren|voll
eh|ren|wert; eh|ren|wer|ter; am eh|ren|wer|tes|ten; ein ehrenwerter Beruf
das **Eh|ren|wort;** die Eh|ren|wor|te
ehr|er|bie|tig
die **Ehr|furcht;** Ehrfurcht gebieten; Ehrfurcht gebietend *oder* ehrfurchtgebietend; ein Ehrfurcht gebietendes *oder* ehrfurchtgebietendes Schauspiel; ABER NUR: ein große Ehrfurcht gebietendes Schauspiel; ein äußerst ehrfurchtgebietendes Schauspiel
ehr|fürch|tig
der **Ehr|geiz;** des Ehr|gei|zes
ehr|gei|zig
ehr|lich; eine ehrliche Antwort
die **Ehr|lich|keit**
die **Eh|rung**
ehr|wür|dig
das **Ei;** des Eis *oder* Ei|es; die Ei|er
die **Ei|be** (ein Nadelbaum); die Eiben
die **Ei|che** (ein großer Laubbaum)
die **Ei|chel;** die Eicheln
der **Ei|chel|hä|her** (ein Vogel)
ei|chen (das gesetzliche Maß geben; prüfen); du eichst die Waage; sie hat die Waage geeicht
das **Eich|hörn|chen**
der **Eid;** des Eids *oder* Ei|des; die Ei|de; einen Eid leisten; an Eides statt [erklären]
die **Ei|dech|se**
ei|des|statt|lich (an Eides statt); eine eidesstattliche Versicherung
der **Eid|ge|nos|se** (Schweizer Bürger); des Eidgenossen; die Eidgenossen
Eid|ge|nos|sen|schaft; Schweizerische Eidgenossenschaft (amtlicher Name der Schweiz)
die **Eid|ge|nos|sin;** die Eidgenossinnen
eid|ge|nös|sisch
der *oder* das **Ei|dot|ter** (das Gelbe im Ei)
der **Ei|er|stock** (Geschlechtsorgan, das die weiblichen Keimzellen bildet); die Ei|er|stö|cke *meist Plural*
der **Ei|fer;** des Eifers
die **Ei|fer|sucht;** der Eifersucht; die Eifersüchte *Plural selten;* rasende Eifersucht empfinden
ei|fer|süch|tig
der **Eif|fel|turm** (in Paris)
eif|rig; eifrige Bemühungen
das **Ei|gelb;** die Ei|gel|be; ABER: 3 Eigelb
ei|gen; meine eigne *oder* eigene Tochter; sich etwas zu eigen machen (sich etwas aneignen); das ist ihr eigen (für sie typisch); ABER: das ist mein, sein Eigen (*gehoben für:* Besitz); etwas Eigenes besitzen
die **Ei|gen|art;** die Ei|gen|ar|ten
ei|gen|ar|tig; eine eigenartige Mischung
der **Ei|gen|bröt|ler** (sonderbarer Mensch); des Eigenbrötlers; die Eigenbrötler
die **Ei|gen|bröt|le|rin;** die Eigenbrötlerinnen
ei|gen|hän|dig (selbst ausgeführt)
das **Ei|gen|heim**
die **Ei|gen|heim|sied|lung**
die **Ei|gen|heit**
die **Ei|gen|in|i|ti|a|ti|ve;** etwas in Eigeninitiative machen

E
eh

ein

1. »ein« ist unbestimmter Artikel (unbetont; als Beifügung zu einem Nomen oder Pronomen):

- es ist ein Kind und kein Erwachsener
- es war ein Mann, nicht eine Frau

2. »ein« ist unbestimmtes Pronomen:

- wenn einer (irgendeiner) das nicht versteht, dann soll er nachfragen
- da kann einer *(umgangssprachlich statt: man)* doch verrückt werden
- eins *oder* eines (etwas) fehlt ihm: Geduld
- das tut einem (mir) wirklich leid
- sie sollen einen (mich) in Ruhe lassen
- eins kommt nach dem and[e]ren
- sie ist eine von uns
- da hat eine ihre Tasche vergessen
- die einen [diese Zuschauer] klatschten, die and[e]ren [jene Zuschauer] pfiffen

Wenn bei [hinweisender] Gegenüberstellung das unbestimmte Pronomen als Nomen aufgefasst wird, ist auch Großschreibung möglich:

- der/die/das eine *oder* Eine
- vom einen *oder* Einen zum and[e]ren *oder* And[e]ren

3. »ein« ist Zahladjektiv (betont; allein stehend oder als Beifügung):

- wenn auch nur einer (ein Einziger) davon erfährt
- einer für alle, alle für einen
- einer von vielen
- das ist nur eine von vielen Möglichkeiten
- eins *oder* eines der beiden Pferde
- einer nach dem anderen
- zum einen ..., zum anderen
- zwei Pfund Wurst in einem [Stück]
- ein und dieselbe Sache
- ein für alle Mal[e]
- ein bis zwei Tage
- sie ist sein Ein und [sein] Alles
- ABER: der Eine (Gott)
- in einem fort
- in ein[em] und einem halben Jahr
- es läuft auf eins (ein und dasselbe) hinaus

ei|gen|mäch|tig (auf eigene Faust)
der **Ei|gen|na|me**
der **Ei|gen|nutz**
ei|gen|nüt|zig
die **Ei|gen|re|gie** (ohne fremde Hilfe); etwas in Eigenregie organisieren
ei|gens (besonders); ich habe es eigens erwähnt
die **Ei|gen|schaft**
ei|gen|stän|dig; eine eigenständige Leistung erbringen
die **Ei|gen|stän|dig|keit**
ei|gent|lich
das **Ei|gen|tor** *(Sport)*
das **Ei|gen|tum;** des Eigentums
der **Ei|gen|tü|mer;** des Eigentümers; die Eigentümer
die **Ei|gen|tü|me|rin;** die Eigentümerinnen
ei|gen|tüm|lich; eigentümliche Gerüche
die **Ei|gen|tums|woh|nung**
ei|gen|ver|ant|wort|lich; eine eigenverantwortliche Tätigkeit
die **Ei|gen|ver|ant|wor|tung**
ei|gen|wil|lig
der **Ei|ger** (Berg in den Berner Alpen)
sich **eig|nen;** es eignet sich; sie hat sich dazu geeignet
der **Eig|ner** (Eigentümer; Schiffseigentümer); des Eigner; die Eigner
die **Eig|ne|rin;** die Eignerinnen
die **Eig|nung** (Befähigung, Qualifikation)
das **Ei|land** *(gehoben für:* Insel); des Eilands *oder* Ei|lan|des; die Ei|lan|de
die **Ei|le**
ei|len; du eilst; sie eilte; sie ist geeilt; eile mit Weile!
ei|lends (schleunigst); eilends kommen
ei|lig; etwas Eiliges (Wichtiges) besorgen; nichts Eiligeres zu tun haben, als ...
ei|ligst; sich eiligst davonmachen
der **Ei|mer;** des Eimers; die Eimer
ei|mer|wei|se
ein *siehe Kasten*
ein; nicht ein noch aus wissen (ratlos

A B C D E ein F G H I J K L M N O P Q R S T U V W X Y Z

sein); wer bei dir ein und aus geht (verkehrt); ABER: ein- und aussteigen (einsteigen und aussteigen)

ei|n|an|der; sie lieben einander; einander in die Augen blicken

ein|äschern; er äscherte die Tote ein; der Leichnam wurde eingeäschert

ein|at|men; sie atmete ein; er hat eingeatmet

die **Ein|bahn|stra|ße**

der **Ein|band** (der Bucheinband); des Einbands *oder* Ein|ban|des; die Ein|bän|de

ein|bän|dig; einbändige Wörterbücher

der **Ein|bau;** des Einbaus *oder* Einbaues; die Einbauten

ein|bau|en; du baust ein; sie baute ein; er hat eingebaut; bau *oder* baue mir das ein!

der **Ein|baum** (Boot aus einem ausgehöhlten Baumstamm)

ein|be|ru|fen; eine Sitzung einberufen; mein Vater wurde noch zum Wehrdienst einberufen

die **Ein|be|ru|fung**

der **Ein|be|ru|fungs|be|fehl**

ein|be|zie|hen; diesen Umstand hat sie in ihre Überlegungen [mit] einbezogen

die **Ein|be|zie|hung;** unter Einbeziehung aller Argumente ...

ein|bie|gen; sie ist in eine Seitenstraße eingebogen; bieg *oder* biege dort ein!

sich **ein|bil|den;** er bildet sich viel ein; er hat sich viel eingebildet; bild *oder* bilde dir bloß nichts ein!

die **Ein|bil|dung**

ein|bin|den; alle Schulbücher müssen eingebunden werden

die **Ein|bin|dung**

ein|bläu|en (*umgangssprachlich für:* mit Nachdruck einschärfen); sie hat ihm die neuen Vokabeln eingebläut

ein|blen|den (in eine Sendung, in einen Film einschalten); sie blendete ein Interview in die Reportage ein; sie hat ein Interview eingeblendet

der **Ein|blick;** des Einblicks *oder* Einblickes; die Einblicke; Einblick in eine Sache bekommen

ein|bre|chen; der Dieb brach in ihr(em) Haus ein; er ist auf dem Eis eingebrochen

der **Ein|bre|cher;** des Einbrechers; die Einbrecher

die **Ein|bre|che|rin;** die Einbrecherinnen

ein|brin|gen; du bringst dich ein; sie brachte ihre Erfahrungen ein; der Bauer hat das Heu eingebracht; sich in die Diskussion einbringen

der **Ein|bruch;** die Ein|brü|che

der **Ein|bruch|dieb|stahl**

ein|bruch[s]|si|cher

ein|bür|gern; sie wurde in die/in der Schweiz eingebürgert; bürgere ein!

die **Ein|bür|ge|rung**

der **Ein|bür|ge|rungs|test** (behördliche Prüfung, die bestehen muss, wer eingebürgert werden möchte)

die **Ein|bu|ße** (Verlust); der Einbuße; die Einbußen

ein|bü|ßen; du büßt ein; er büßt ein; er hat seinen guten Ruf eingebüßt

das **Ein|cent|stück** *oder* **Ein-Cent-Stück** (*mit Ziffer:* 1-Cent-Stück)

ein|däm|men (an der Ausbreitung hindern); du dämmst ein; sie dämmte ein; er hat eingedämmt; das Hochwasser, die Gewalt eindämmen

die **Ein|däm|mung**

ein|de|cken; die deckte sich mit Obst ein; er hat sich mit Obst eingedeckt

ein|deu|tig; eine eindeutige Aussage

ein|drei|vier|tel *oder* **ein|und|drei|vier|tel;** eindreiviertel Jahre; ABER: ein und ein dreiviertel Jahr; ein[und]dreiviertelmal so viel

ein|drin|gen; du dringst ein; sie drang ein; sie ist eingedrungen; dring *oder* dringe nicht dort ein!

ein|dring|lich; er bat sie auf das, aufs eindringlichste *oder* Eindringlichste

der **Ein|dring|ling;** des Eindringlings; die Eindringlinge; ein nächtlicher Eindringling

der **Ein|druck;** des Eindrucks *oder* Ein|dru|ckes; die Ein|drü|cke

ein|drucks|voll

ein|ein|halb *oder* **ein|und|ein|halb;** eineinhalb Tage; ABER: ein und ein halber Tag; ein[und]einhalbmal so viel

ein|ein|vier|tel *vergleiche:* **ein|drei|vier|tel**

ei|ner ↑ ein

der **Ei|ner** (letzte Stelle einer mehrstelligen

Zahl; einsitziges Sportruder- oder -paddelboot); des Einers; die Einer

ei|ner|lei

ei|ner|seits

ei|nes|teils; ABER: der Verlust eines Teils seiner Macht

das **Ein|eu|ro|stück** *oder* **Ein-Eu|ro-Stück** (*mit Ziffer:* 1-Euro-Stück)

ein|fach; ein einfacher Bruch; es ist am einfachsten, wenn du früher kommst; ABER: das Einfachste ist, wenn du gehst; sich etwas Einfaches wünschen

die **Ein|fach|heit;** der Einfachheit halber

ein|fach|heits|hal|ber; einfachheitshalber duzen wir uns alle

ein|fä|deln; sie fädelte das Garn ein; sie hat es eingefädelt

ein|fah|ren; du fährst ein; sie fuhr ein; er hat das Garagentor eingefahren; der Zug ist eingefahren; fahr *oder* fahre die Ernte ein!; ein Lob, Gewinne einfahren *(umgangssprachlich)*

die **Ein|fahrt;** die Ein|fahr|ten

der **Ein|fall;** die Ein|fäl|le

ein|fal|len; was fällt dir ein?; das Haus ist eingefallen

ein|falls|reich

der **Ein|falls|win|kel** *oder* **Ein|fall|win|kel** *(Optik)*

die **Ein|falt**

ein|fäl|tig

der **Ein|falts|pin|sel** (Dummkopf)

das **Ein|fa|mi|li|en|haus**

ein|fan|gen; er fängt das Tier ein; er fing es ein; er hat es eingefangen; fang *oder* fange das Tier ein!

ein|flie|ßen; neue Erkenntnisse fließen ein; in den Keller war Wasser eingeflossen; sie ließ in ihr Referat ein paar Anspielungen einfließen

ein|flö|ßen; du flößt ein; sie flößt ein; sie hat mir Vertrauen eingeflößt; flöß *oder* flöße ihm die Tropfen langsam ein!

die **Ein|flug|schnei|se** *(Flugwesen)*

der **Ein|fluss;** die Ein|flüs|se

ein|fluss|reich; einflussreiche Aktionäre

ein|for|dern; du forderst ein; sie forderte ein; er hat eingefordert; die Schülervertretung forderte ihre Rechte ein

ein|frie|ren; du frierst ein; er fror ein; die Wasserleitung ist eingefroren; er hat das Gemüse eingefroren; frier *oder* friere das Fleisch doch ein!

ein|fü|gen; du fügst ein; sie fügte ein; er hat eingefügt; füg *oder* füge das noch ein; ein Zitat ins Referat einfügen; sich in die Klassengemeinschaft einfügen

ein|fühl|sam; einfühlsame Worte

die **Ein|fuhr;** die Ein|fuh|ren

ein|füh|ren; wir führen Erdöl (aus dem Ausland) ein; sie hat neue Lehrbücher eingeführt

die **Ein|füh|rung**

die **Ein|ga|be** (Gesuch; das Eingeben von Daten usw. in einen Computer)

der **Ein|ga|be|stift** *(EDV)*

der **Ein|gang;** die Ein|gän|ge; Ein- und Ausgang

ein|gän|gig (sich leicht einprägend; unkompliziert)

ein|gangs *(Amtssprache);* die eingangs gestellte Frage; eingangs der Kurve

ein|ge|baut; mit eingebauter Kamera

ein|ge|ben; sie hat die Daten [in den Rechner] eingegeben; gib die Daten ein!

ein|ge|bil|det

ein|ge|bo|ren (einzig); der eingeborene Sohn Gottes

ein|ge|bo|ren (ansässig); die eingeborene Bevölkerung

der **Ein|ge|bo|re|ne;** ein Eingeborener; die Eingeborenen; zwei Eingeborene

die **Ein|ge|bo|re|ne;** eine Eingeborene

> ! Viele Menschen empfinden diese Bezeichnungen heute als diskriminierend. Deshalb ist es besser, die Wörter *Ureinwohner/Ureinwohnerin* oder *Urbevölkerung* zu verwenden.

die **Ein|ge|bung** (plötzlicher Einfall)

ein|ge|fleischt (nicht mehr änderbar); ein|ge|fleisch|ter; am ein|ge|fleisch|testen; eingefleischte Gewohnheiten

ein|ge|hen; du gehst auf ihn ein; die Blume ging ein; sie sind die Ehe eingegangen; geh *oder* gehe das Risiko ein!

ein|ge|hend; auf das, aufs eingehendste *oder* Eingehendste untersuchen

das **Ein|ge|mach|te;** des/dem Eingemachten; Eingemachtes; mit Eingemachtem

ein|ge|mein|den; man gemeindete den Vorort in die Stadt ein; der Ort ist 1996 eingemeindet worden

A B C D E ein F G H I J K L M N O P Q R S T U V W X Y Z

ein|ge|schnappt (*umgangssprachlich für:* beleidigt)

das **Ein|ge|ständ|nis**

ein|ge|ste|hen; du gestand[e]st deine Schuld ein; er gestand es ein; er hat es eingestanden; gesteh *oder* gestehe den Fehler ein!

das **Ein|ge|wei|de;** des Eingeweides; die Eingeweide *meist Plural*

ein|grei|fen; sie griff in den Streit ein; die Polizei hat eingegriffen; greif *oder* greife ein!

der **Ein|griff** (das Eingreifen; Operation)

der **Ein|halt;** des Einhalts *oder* Einhaltes; jemandem Einhalt gebieten (dazu veranlassen, etwas nicht weiterzuführen)

ein|hal|ten; du hältst ein; sie hat die Vorschriften eingehalten; halt *oder* halte ein!

die **Ein|hal|tung**

ein|han|deln; sich Ärger einhandeln

ein|häu|sig (*Botanik:* mit männlichen und weiblichen Blüten zugleich)

ein|hei|misch; die einheimische Bevölkerung

die **Ein|hei|mi|sche;** eine Einheimische

der **Ein|hei|mi|sche;** ein Einheimischer; die Einheimischen; mehrere Einheimische

die **Ein|heit;** die Ein|hei|ten; die deutsche Einheit; ABER: der Tag der Deutschen Einheit (3. Oktober)

ein|heit|lich; einheitliches Vorgehen

ein|hel|lig (einstimmig)

ein|her|ge|hen; die Grippe war mit Fieber einhergegangen

ein|ho|len; du holst den Rückstand ein; sie holte ihn ein; er hat eingeholt; hol *oder* hole die Segel ein!

das **Ein|horn** (ein Fabeltier); die Ein|hör|ner

ei|nig; [sich] einig sein; einig werden

ei|ni|ge; einige Stunden später; einige Mal, einige Male; einige Hundert *oder* hundert Schüler; da fehlt noch einiges; einige Beamte; mit einigen Beamten; bei einigem guten Willen; die Taten einiger guter (*seltener:* guten) Menschen

sich **ein|igeln;** ich ig[e]le mich ein; er hat sich eingeigelt; igle *oder* igele dich nicht so ein!

sich **ei|ni|gen;** sie einigen sich; sie haben sich geeinigt; einigt euch!

ei|ni|ger|ma|ßen

ei|ni|ges ↑einige

ei|nig|ge|hen (*gehoben für:* der gleichen Meinung sein); wir gehen darin einig, dass unsere Lehrerin sehr nett ist

die **Ei|nig|keit**

die **Ei|ni|gung**

ein|jäh|rig; einjährige Pflanzen

ein|kal|ku|lie|ren (einplanen)

der **Ein|kauf;** die Ein|käu|fe

ein|kau|fen; du kaufst ein; sie hat ein paar Lebensmittel eingekauft

die **Ein|kaufs|ta|sche**

das **Ein|kaufs|zen|t|rum**

ein|keh|ren; sie kehrte ein; sie ist eingekehrt; kehr *oder* kehre ein!

der **Ein|klang** (*gehoben für:* Übereinstimmung, Harmonie); des Einklangs *oder* Einklanges; die Einklänge *Plural selten;* mit etwas im *oder* in Einklang stehen

das **Ein|kom|men**

die **Ein|kom|men[s]|steu|er**

die **Ein|künf|te** *Plural*

ein|la|den; sie lädt mich ein; sie hat mich eingeladen; lad *oder* lade dieses Kind auch ein!

ein|la|den (einpacken); du lädst das Auto ein; sie lud alles ein; er hat die Tüten eingeladen

ein|la|dend; ein einladender Anblick

die **Ein|la|dung**

die **Ein|la|ge**

der **Ein|lass;** des Ein|las|ses; die Ein|läs|se; Einlass [ist] um 15 Uhr

ein|las|sen; sie lässt die Kinder ein; sie ließ das Badewasser ein; sie hat sich auf nichts eingelassen; lass *oder* lasse dich nicht mit ihm ein!

der **Ein|lauf;** die Ein|läu|fe

das **Ein|lauf|kind** (*Mannschaftssport*)

ein|le|gen; du legst ein; sie legte ein; er hat eingelegt; leg *oder* lege mal ein gutes Wort für mich ein!; eine Pause einlegen; Protest einlegen

ein|lei|ten; du leitest ein; sie leitete ein; er hat eingeleitet; leit *oder* leite eine Befragung ein!

die **Ein|lei|tung**

ein|len|ken; er lenkt ein; er hat bei den Verhandlungen eingelenkt; lenk *oder* lenke doch endlich ein!

ein|le|sen; sich in ein Thema einlesen

ein|leuch|ten; das leuchtet mir ein; das hat mir eingeleuchtet

ein|leuch|tend (nachvollziehbar; verständlich)

sich **ein|log|gen** (*EDV:* eine Verbindung zu einer Datenverarbeitungsanlage herstellen); du loggst dich ein; sie loggte sich in das Netz ein; sie hat sich eingeloggt; logg *oder* logge dich mit meinem Passwort ein!

ein|lö|sen; du löst ein; sie löste ein; er hat eingelöst; lös *oder* löse deinen Gutschein ein!

ein|ma|chen; er macht Obst ein; er hat es eingemacht

ein|mal; auf einmal; noch einmal; ein- bis zweimal (*mit Ziffern:* 1- bis 2-mal); ↑mal, Mal

das **Ein|mal|eins;** des Einmaleins

ein|ma|lig; eine einmalige Gelegenheit

ein|mi|schen; du mischst dich ein; sie mischte sich ein; er hat sich eingemischt; misch *oder* mische dich nicht ein!

ein|mü|tig

die **Ein|nah|me**

die **Ein|nah|me|quel|le**

ein|neh|men; er nimmt Tabletten ein; sie hat viel Geld eingenommen; nimm die Tropfen öfter ein!

ein|ni|cken (*umgangssprachlich für:* einschlafen); sie nickte ein; er ist eingenickt

die **Ein|öde;** die Einöden

der **Ein|öd|hof**

ein|ord|nen; du ordnest ein; sie ordnete ein; er hat eingeordnet; ordne die Blätter ein!; sich in die Klassengemeinschaft einordnen; sich links, rechts einordnen; ein Ereignis historisch einordnen

ein|pla|nen; du planst ein; sie plante ein; er hat eingeplant; plan *oder* plane das mit ein!; das war nicht eingeplant

ein|prä|gen; das musst du dir einprägen; sie hat mir eingeprägt, dass ...; präg *oder* präge dir das ein!

ein|präg|sam; einprägsame Verse

ein|rah|men; sie rahmt ein; sie hat das Bild eingerahmt; rahm *oder* rahme das Foto ein!

ein|räu|men; du räumst ein; sie räumte ein; er hat eingeräumt; räum *oder* räume das Regal ein!; seine Schuld einräumen (gestehen); jemandem etwas einräumen (gewähren)

ein|re|den; das hast du dir nur eingeredet (das stimmt gar nicht)

ein|rei|chen (vorlegen); du reichst ein; sie reichte ein; er hat eingereicht; reich *oder* reiche dein Attest ein

die **Ein|rei|se**

die **Ein|rei|se|er|laub|nis**

ein|rei|sen; er reist nach Spanien ein; er ist in die USA eingereist; reis *oder* reise über Frankreich ein!

der **Ein|rei|se|stopp** (vorläufige Einstellung der Einreise [bestimmter Personen])

ein|rei|ßen; du reißt die Mauer ein; sie riss das Blatt ein; sie hat es eingerissen; reiß *oder* reiße die Wand ein!

ein|rich|ten; sie hat das Zimmer neu eingerichtet

die **Ein|rich|tung**

eins, Eins

Das Zahlwort »eins« schreibt man klein:

- es ist, schlägt eins (ein Uhr)
- [ein] Viertel vor eins; halb eins; gegen eins
- eins und zwei macht, ist drei
- eins (einig) sein; es ist mir alles eins (gleichgültig)

Groß schreibt man die Ziffer oder Zahl, wenn sie als Nomen gebraucht wird:

- die Einsen
- sie hat die Prüfung mit [der Note] »Eins« bestanden
- sie hat in Musik eine Eins geschrieben
- er würfelt drei Einsen

Vergleiche auch: acht, Acht

ein|sal|zen; du salzt ein; wir haben die Heringe eingesalzen

ein|sam; einsame Herzen

die **Ein|sam|keit**

ein|sam|meln; du sammelst ein; sie sammelte ein; er hat eingesammelt; sammle *oder* sammele das Geld für die Klassenkasse ein!

der **Ein|satz;** des Ein|sat|zes; die Ein|sät|ze

der **Ein|satz|be|fehl**

ein|satz|be|reit

die **Ein|satz|be|spre|chung**

die **Ein|satz|pla|nung**

ein|schal|ten; du schaltest ein; er hat das Radio eingeschaltet; schalt *oder* schalte es ein!

die **Ein|schalt|quo|te** (bei Fernsehsendungen)

ein|schät|zen; du schätzt ein; sie schätzte ein; er hat eingeschätzt; schätz *oder* schätze dich selbst ein!; das ist schwer einzuschätzen

die **Ein|schät|zung**

ein|schen|ken; sie schenkt ein; sie hat mir eingeschenkt; schenk *oder* schenke bitte ein!

ein|schla|fen; sie schläft ein; sie schlief ein; sie ist eingeschlafen; schlaf *oder* schlafe ein!

ein|schla|gen; er schlägt die Scheibe ein; er schlug sie ein; der Blitz hat eingeschlagen; schlag *oder* schlage das Fenster nicht ein!

ein|schlä|gig (zu etwas gehörend); einschlägige Erfahrungen haben; einschlägig vorbestraft sein

ein|schlie|ßen; du schließt ein; sie schloss ein; er hat eingeschlossen; schließ *oder* schließe den Vogel ein!; jemanden in sein Gebet mit einschließen

ein|schließ|lich; einschließlich des Kaufpreises; einschließlich Porto; ↑abzüglich

sich **ein|schmei|cheln;** ich schmeich[e]le mich ein; du schmeichelst dich ein; er hat sich bei ihr eingeschmeichelt; schmeichle *oder* schmeichele dich nicht ein!

ein|schnap|pen; die Tür schnappte nicht ein (ist nicht ins Schloss gefallen); sie ist immer gleich eingeschnappt (*umgangssprachlich für:* beleidigt)

der **Ein|schnitt;** des Einschnitts *oder* Einschnittes; die Einschnitte; das Abitur ist ein Einschnitt im Leben

sich **ein|schrän|ken;** du schränkst dich ein; er hat sich eingeschränkt; schränk *oder* schränke dich ein!

die **Ein|schrän|kung**

der **Ein|schreib|brief** *oder* **Ein|schrei|be|brief**

sich **ein|schrei|ben;** sie hat sich an einer Universität eingeschrieben (angemeldet)

das **Ein|schrei|ben** (Postsendung, deren Erhalt der Empfänger bestätigt)

ein|schrei|ten (gegen jemanden oder etwas energisch vorgehen); sie schritt ein; er ist eingeschritten

ein|schüch|tern; ich schüchtere sie ein; sie hat ihn eingeschüchtert; schüchtere die Kinder nicht ein!

die **Ein|schüch|te|rung**

die **Ein|schu|lung**

ein|schwei|ßen; [in Folie] eingeschweißte Bücher; schweiß *oder* schweiße sie in Folie ein!

ein|seg|nen (konfirmieren; weihen); der Pfarrer segnete sie ein; er hat sie eingesegnet

die **Ein|seg|nung**

ein|se|hen; er sieht seinen Fehler ein; sieh es doch endlich ein!

das **Ein|se|hen;** des Einsehens; ein Einsehen haben

ein|sei|tig; ein|sei|ti|ger; am ein|sei|tigs|ten; eine einseitige Beurteilung

ein|sen|den; sie sendet ein; sie sandte, *auch:* sendete ein; sie hat die Papiere eingesandt, *auch:* eingesendet; sende sie ein

der **Ein|sen|de|schluss**

ein|set|zen; er setzt den Flicken ein; sie hat sich für die Kinder eingesetzt; setz *oder* setze dich für ein Ziel ein!

die **Ein|sicht;** die Ein|sich|ten; in etwas Einsicht nehmen

ein|sich|tig; einsichtige Eltern

der **Ein|sied|ler**

ein|span|nen (arbeiten lassen); die ganze Familie einspannen

ein|spa|ren; du sparst ein; sie sparte ein; er hat eingespart; Energie einsparen

die **Ein|spa|rung**

ein|sper|ren; er sperrt ihn ein; er hat ihn eingesperrt; sperr *oder* sperre ihn nicht ein!

ein|spie|len; du spielst dich ein; die Mannschaft spielte sich ein; das Interview wurde eingespielt; die neue Regelung hat sich gut eingespielt

ein|sprin|gen; sie ist als Ersatzspielerin eingesprungen

der **Ein|spruch;** die Ein|sprü|che; Einspruch erheben
ein|spu|rig; eine einspurige Straße
einst (vor langer Zeit; später einmal)
der **Ein|stand** (Dienstantritt; *Tennis:* Gleichstand); die Ein|stän|de
ein|ste|cken; du steckst ein; sie steckte ein; er hat eingesteckt; steck *oder* stecke ein Taschentuch ein!; eine Niederlage einstecken (hinnehmen); alle Konkurrenten einstecken (übertreffen)
ein|ste|hen; für jemanden oder etwas einstehen
ein|stei|gen; sie stieg in den Bus ein; steig *oder* steige endlich ein!; sie ist in die Politik eingestiegen *(umgangssprachlich)*
der **Ein|stei|ger** (*umgangssprachlich für:* jemand, der irgendetwas neu beginnt); des Einsteigers; die Einsteiger
die **Ein|stei|ge|rin;** die Einsteigerinnen
ein|stel|len; die Firma stellt niemanden ein; sie haben die Suche eingestellt (sie haben mit der Suche aufgehört); stell *oder* stelle die Suche ein!
ein|stel|lig; einstellige Zahlen
die **Ein|stel|lung**
der **Ein|stieg;** des Einstiegs *oder* Ein|stie|ges; die Ein|stie|ge
die **Ein|stiegs|dro|ge** (Droge, deren ständiger Genuss meist zur Einnahme stärkerer Drogen führt)
eins|tig (ehemalig, früher); von der einstigen Turnhalle stehen nur noch Reste
ein|stim|mig; ein einstimmiges Lied
einst|mals (einst)
ein|strei|chen (*umgangssprachlich für:* an sich nehmen); er strich das Taschengeld ein
ein|stu|fen; du stufst ein; sie stufte ein; er hat eingestuft; stuf *oder* stufe dich selbst ein!
der **Ein|sturz;** die Ein|stür|ze
ein|stür|zen; das Haus stürzt ein; das Haus ist eingestürzt
die **Ein|sturz|ge|fahr**
einst|wei|len (vorläufig; inzwischen)
einst|wei|lig (*Amtssprache:* vorübergehend); einstweilige Verfügung
ein|tau|send; eintausend Jahre
ein|tei|len; du teilst ein; sie teilte ein; er hat eingeteilt; teil *oder* teile dir das ein!
ein|tö|nig; eine eintönige Arbeit
die **Ein|tö|nig|keit**
der **Ein|topf;** die Ein|töp|fe
das **Ein|topf|ge|richt**
die **Ein|tracht**
ein|träch|tig
der **Ein|trag;** des Eintrags *oder* Ein|tra|ges; die Ein|trä|ge
ein|tra|gen; du trägst dich in die Liste ein; er trug den Namen ein; sie hat ihren Namen eingetragen
ein|träg|lich (lohnend); ein einträgliches Geschäft
die **Ein|tra|gung**
ein|tref|fen (ankommen; eintreten); du triffst ein; es traf ein; sie ist eingetroffen
ein|tre|ten; sie tritt ein; sie ist in das Zimmer eingetreten; tritt bitte ein!; er hat die Tür eingetreten
der **Ein|tritt**
das **Ein|tritts|geld**
die **Ein|tritts|kar|te**
ein|und|drei|vier|tel *vergleiche:* **ein|drei|vier|tel**
ein|und|ein|halb *vergleiche:* **ein|ein|halb**
ein|ver|lei|ben; sie verleibte sich den Kuchen ein; er hat sich den Kuchen einverleibt
das **Ein|ver|neh|men** (*gehoben für:* Einigkeit); sie standen in gutem Einvernehmen
ein|ver|nehm|lich (in Übereinstimmung miteinander); einvernehmlich handeln
ein|ver|stan|den
das **Ein|ver|ständ|nis;** die Einverständnisse
die **Ein|waa|ge** (Gewicht des Inhalts einer Konservendose, Packung usw.)
die **Ein|wahl|num|mer** *(Telefonie)*
der **Ein|wand;** die Ein|wän|de
der **Ein|wan|de|rer**
die **Ein|wan|de|rin**
ein|wan|dern; ich wandere ein; du wanderst ein; sie ist eingewandert
ein|wand|frei; in einwandfreiem Zustand
ein|wärts (nach innen); die Füße einwärts aufsetzen
ein|wärts|ge|hen (mit nach innen gerichteten Füßen gehen)

die **Ein|weg|fla|sche** (Flasche, in die nur einmal etwas abgefüllt wird)
das **Ein|weg|glas**
ein|wei|hen; er weihte das neue Stadion ein; sie hat ihn in ihre Pläne eingeweiht (hat ihn darüber informiert)
ein|wen|den; du wendest ein; sie wandte, *auch:* wendete ein; sie hat eingewandt, *auch:* eingewendet
die **Ein|wil|li|gung** (Einverständnis)
ein|wö|chig (eine Woche dauernd); eine einwöchige Klassenfahrt
der **Ein|woh|ner;** des Einwohners; die Einwohner
die **Ein|woh|ne|rin;** die Einwohnerinnen
das **Ein|woh|ner|mel|de|amt**
die **Ein|woh|ner|zahl**
der **Ein|wurf** (das Einwerfen; eingeworfene Bemerkung; *Sport:* das Einwerfen des Balls, Pucks); die Ein|wür|fe
die **Ein|zahl** (Singular)
ein|zah|len; sie zahlt den Betrag ein; zahl *oder* zahle den Betrag auf das Konto ein!
die **Ein|zah|lung**
ein|zei|lig (*mit Ziffer:* 1-zeilig); ein einzeiliger Text
das **Ein|zel** (*Sport:* Einzelspiel)
der **Ein|zel|fall;** des Einzelfalls oder Ein|zel|fal|les; die Ein|zel|fäl|le
der **Ein|zel|gän|ger** (jemand, der keinen Kontakt zu anderen Menschen sucht oder findet); des Einzelgängers; die Einzelgänger
die **Ein|zel|gän|ge|rin;** Einzelgängerinnen
der **Ein|zel|han|del**
der **Ein|zel|händ|ler**
die **Ein|zel|händ|le|rin**
die **Ein|zel|heit**
der **Ein|zel|kämp|fer** (jemand, der allein gegen jemanden oder etwas ankämpft)
die **Ein|zel|kämp|fe|rin;** die Einzelkämpferinnen
der **Ein|zel|ler** (einzelliges Lebewesen); des Einzellers; die Einzeller
ein|zel|lig
ein|zeln; jeder einzelne Baum; bitte einzeln eintreten; der/die/das Einzelne; ich als Einzelne[r]; jeder Einzelne ; die Dinge müssen im Einzelnen noch geklärt werden; vom Einzelnen zum Allgemeinen
das **Ein|zel|teil**
der **Ein|zel|un|ter|richt**
der **Ein|zel|wett|kampf** *(Sport)*
das **Ein|zel|zim|mer**
ein|zie|hen; sie hat den Kopf eingezogen; sie ist in das neue Haus eingezogen; zieh *oder* ziehe den Kopf ein!
ein|zig; wir waren die einzigen Gäste; das ist einzig und allein deine Schuld; der/die/das Einzige; kein Einziger; er als Einziger; sie als Einzige
ein|zig|ar|tig; das Einzigartige ist, dass ...
der **Ein|zug;** des Einzugs *oder* Einzuges; die Einzüge; der Einzug in die neue Wohnung; der Computer hat im Kinderzimmer Einzug gehalten
das **Eis;** des Ei|ses; Eis essen; ich habe drei Eis gegessen
das **Eis|bad**
die **Eis|bahn**
der **Eis|bär**
das **Eis|bein** (eine Speise)
der **Eis|berg**
die **Eis|die|le;** die Eisdielen
das **Ei|sen** (chemisches Element, Metall; *Zeichen:* Fe); des Eisens
die **Ei|sen|bahn;** die Ei|sen|bah|nen
die **Ei|sen|zeit** (letzte Epoche der Vor- und Frühgeschichte)
ei|sern; eiserner Wille; die eiserne *oder* Eiserne Hochzeit (65. Hochzeitstag); der eiserne Vorhang (der feuersichere Abschluss der Theaterbühne gegen den Zuschauerraum); ABER: der Eiserne Vorhang (die frühere undurchlässige Grenze zwischen Ost und West während des Kalten Krieges); das Eiserne Kreuz (ein Orden)
die **Eis|hei|li|gen** (bestimmte Tage im Mai mit erhöhter Frostgefahr) *Plural*
das **Eis|ho|ckey**
ei|sig; ein eisiger Blick; eisig kalte Tage; die Tage waren eisig kalt
eis|kalt
der **Eis|kunst|lauf**
eis|lau|fen; sie läuft eis; sie ist eisgelaufen; es ist zu dunkel, um eiszulaufen
der **Ei|sprung** (Ausstoßung des reifen Eis aus dem Eierstock)
der **Eis|schnell|lauf**
das **Eis|schnell|lau|fen** *(Sport)*

die **Eis|scho|ko|la|de**
die **Eis|schol|le**
der **Eis|stock** (Gerät zum Eis[stock]schießen)
das **Eis|stock|schie|ßen** (Eisschießen; ein Sport)
der **Eis|tanz**
der **Eis|tee** (ein Erfrischungsgetränk)
der **Eis|vo|gel**
der **Eis|zap|fen**
die **Eis|zeit**
ei|tel; eit|ler; am ei|tels|ten; ein eitler Mensch
eitel (nur, nichts als); eitel Sonnenschein
die **Ei|tel|keit**
der **Ei|ter;** des Eiters
ei|tern; der Finger eiterte; der Finger hat geeitert
eit|rig *oder* **ei|te|rig**
das **Ei|weiß;** des Ei|wei|ßes; die Ei|wei|ße; ABER: 2 Eiweiß dazugeben
ei|weiß|arm; eiweißarme Nahrung
die **Ei|zel|le**
die **Eja|ku|la|ti|on** (Samenerguss); die Eja|ku|la|ti|o|nen
die **EKD** = Evangelische Kirche in Deutschland
das **Ekel** (unverträglicher, unsympathischer Mensch); des Ekels; die Ekel
der **Ekel;** des Ekels; Ekel erregen; Ekel erregend *oder* ekelerregend; eine Ekel erregende *oder* ekelerregende Brühe; ABER NUR: eine großen Ekel erregende Brühe; eine äußerst ekelerregende, noch ekelerregendere Brühe
ekel|er|re|gend ↑ Ekel
ekel|haft; ekel|haf|ter; am ekel|haf|testen
sich **ekeln;** du ekelst dich; er ekelt sich; er hat sich geekelt; es ekelt mich *oder* mir sehr
das **EKG** = Elektrokardiogramm
der **Ek|lat** [eˈkla(:)] (Skandal); des Eklats; die Eklats
ek|la|tant (offensichtlich, auffällig); eklatante Mängel
ek|lig *oder* **eke|lig;** eine ek|li|ge *oder* eke|li|ge Brühe
die **Ek|s|ta|se** (rauschhafte Begeisterung)
ek|s|ta|tisch
Eku|a|dor ↑ Ecuador

das **Ek|zem** (eine Entzündung der Haut); des Ekzems; die Ek|ze|me
der **Elan** (Schwung); des Elans
elas|tisch (dehnbar); elas|ti|sche Bänder
die **Elas|ti|zi|tät** (Spannkraft)
die **El|be** (europäischer Strom)
der **Elch** (eine Hirschart); des Elchs *oder* El|ches; die El|che
das **El|do|ra|do, Do|ra|do** (Traumland); des Eldorados *oder* Dorados; die Eldorados *oder* Dorados; ein Eldorado *oder* Dorado für Taucher
das **E-Lear|ning** [ˈi:lœ:ɐ̯nɪŋ] (elektronisch unterstütztes Lernen); des E-Learnings
der **Ele|fant;** des/dem/den Ele|fan|ten; die Ele|fan|ten
ele|gant (geschmackvoll; vornehm); ele|gan|ter; am ele|gan|tes|ten
die **Ele|ganz**
elek|t|ri|fi|zie|ren (auf elektrischen Betrieb umstellen); die Deutsche Bahn hat die Strecke elektrifiziert
der **Elek|t|ri|ker;** des Elektrikers; die Elek|triker
die **Elek|t|ri|ke|rin;** die Elektrikerinnen
elek|t|risch; ein elektrischer Zaun
sich **elek|t|ri|sie|ren;** sie elektrisierte sich; sie hat sich elektrisiert
die **Elek|t|ri|zi|tät**
das **Elek|t|ri|zi|täts|werk**
der **Elek|t|ro|an|trieb**
das **Elek|t|ro|au|to** (mit Strom angetriebenes Auto)
das **Elek|t|ro|boot**
der **Elek|t|ro|bus**
die **Elek|t|ro|de** (den Stromübergang vermittelnder Leiter); die Elektroden
der **Elek|t|ro|fach|markt**
die **Elek|t|ro|gi|tar|re**
der **Elek|t|ro|herd**
das **Elek|t|ro|kar|dio|gramm** (*Medizin:* grafische Darstellung elektrischer Erscheinungen, die die Herztätigkeit begleiten; *Abkürzung:* EKG)
die **Elek|t|ro|la|de|sta|ti|on**
der **Elek|t|ro|ma|g|net**
elek|t|ro|ma|g|ne|tisch; elektromagnetisches Feld
der **Elek|t|ro|mo|tor**
das **Elek|t|ron** [*auch:* eˈlɛktrɔn *oder* elɛkˈtro:n] (negativ geladenes Elementarteilchen); des Elektrons; die Elek|t|ro|nen

das **Elek|t|ro|nen|mi|k|ro|s|kop** (sehr starkes Mikroskop, das mit Elektronenstrahlen arbeitet)
die **Elek|t|ro|nen|röh|re**
die **Elek|t|ro|nik** (Zweig der Elektrotechnik; elektronische Ausstattung)
elek|t|ro|nisch; elektronische Datenverarbeitung (*Abkürzung:* EDV)
der **Elek|t|ro|rol|ler**
der **Elek|t|ro|schock** (*Medizin:* durch Stromstöße erzeugter Schock)
der **Elek|t|ro|scoo|ter** [...sku:tɐ] (elektrischer Roller)
die **Elek|t|ro|tech|nik**
das **Ele|ment** (Urstoff, Grundbestandteil; chemischer Grundstoff; Naturgewalt); des Elements *oder* Ele|men|tes; die Ele|men|te; er fühlt sich in seinem Element
ele|men|tar (naturhaft; einfach); eine elementare Gewalt; elementare Kenntnisse
das **Ele|men|tar|teil|chen** (Atombaustein)
elend; elen|der; am elends|ten *oder* elen|des|ten
das **Elend;** des Elends *oder* Elen|des
elen|dig
das **Elends|vier|tel**
der **Ele|ve** (Nachwuchs; Schüler); des Eleven; die Eleven
elf; wir sind zu elfen *oder* zu elft; ↑ *auch:* acht
der **Elf** (männlicher Naturgeist); des El|fen; die El|fen
die **Elf** (Zahl; [Fußball]mannschaft); die Elfen
die **El|fe** (ein Naturgeist); die Elfen
das **El|fen|bein;** des Elfenbeins *oder* El|fen|bei|nes
die **El|fen|bein|küs|te** (Staat in Westafrika; Côte d'Ivoire)
elf|jäh|rig; elfjährige Schülerinnen
elf|mal ↑ achtmal
der **Elf|me|ter** (Strafstoß vom Elfmeterpunkt beim Fußball); die Elfmeter
der **Elf|me|ter|punkt**
das **Elf|me|ter|schie|ßen**
das **Elf|tel;** die Elftel
elf|tens
eli|mi|nie|ren (beseitigen); sie hat alle Fehler eliminiert
eli|tär (einer Elite angehörend); eine elitäre Minderheit
die **Eli|te** (Auslese der Besten); die Eliten
die **Eli|te|uni|ver|si|tät**
El Kai|da *oder* **Al Kai|da** [*auch:* -'ka:ida] (eine Terrororganisation); *meist ohne Artikel*
der **Ell|bo|gen** *oder* **El|len|bo|gen;** des Ellbogens *oder* Ellenbogens; die Ellbogen *oder* Ellenbogen *und* Ellbögen *oder* Ellenbögen
die **El|le** (ein Unterarmknochen; alte Längeneinheit); der Elle; die Ellen
el|len|lang (*umgangssprachlich für:* übermäßig lang); ellenlange Gespräche
die **El|lip|se** (ein Kegelschnitt); die Ellipsen
el|lip|tisch (in Form einer Ellipse; unvollständig)
El Sal|va|dor (Staat in Mittelamerika)
das **El|sass;** des Elsass *oder* El|sas|ses
die **Els|ter** (ein schwarz-weißer Rabenvogel); die Elstern
el|ter|lich; die elterliche Fürsorge
die **El|tern** *Plural*
die **El|tern|hal|te|stel|le**
das **El|tern|haus**
der **El|tern|nach|zug** (Nachzug der Eltern von unbegleiteten [minderjährigen] Geflüchteten)
der **El|tern|rat**
die **El|tern|rä|tin**
der **El|tern|sprech|tag**
das **El|tern|ta|xi** *(scherzhaft, auch abwertend)*
der **El|tern|ver|tre|ter** (Vertreter der Elternschaft einer Schulklasse, eines Kindergartens o. Ä.)
die **El|tern|ver|tre|te|rin;** die Elternvertreterinnen
die **El|tern|ver|tre|tung**
die **El|tern|zeit** (berufliche Freistellung nach der Geburt eines Kindes)
die **EM** = Europameisterschaft
das **Email** [e'mai̯] *oder* die **Email|le** [e'maljə, *auch:* e'mai̯] (Schmelzüberzug); des Emails; die Emails *oder* der Emaille; die Emaillen
die, *auch:* das **E-Mail** ['i:meɪ̯l] (elektronische Post); die E-Mails
die **E-Mail-Ad|res|se**
e-mai|len *oder* **email|len** ['i:meɪ̯lən]; du e-mailst, emailst; sie e-mailte, e-mailte; er hat geemailt

email|lie|ren [ema'ji:rən *oder* emal'ji:rən]; emailliertes Geschirr

die **Eman|ze** (*umgangssprachlich abwertend für:* emanzipierte Frau); die Emanzen

die **Eman|zi|pa|ti|on** (das Erreichen von Unabhängigkeit und Gleichberechtigung, besonders der Frauen)

sich **eman|zi|pie|ren** (sich von etwas frei machen)

eman|zi|piert (mündig; gleichberechtigt)

das **Em|bar|go** (staatliches Verbot, mit einem bestimmten Staat Handel zu treiben); des Embargos; die Embargos

das **Em|b|lem** (Symbol; Hoheitszeichen); des Emblems; die Em|b|le|me

die **Em|bo|lie** (Verstopfung eines Blutgefäßes); die Em|bo|li|en

der **Em|b|ryo** (noch nicht geborenes Lebewesen); des Em|b|ry|os; die Em|b|ry|os *oder* Em|b|ry|o|nen

em|b|ry|o|nal (im Anfangsstadium der Entwicklung)

der **Emi|g|rant** (Auswanderer); des/dem/den Emi|g|ran|ten; die Emi|g|ran|ten

die **Emi|g|ran|tin;** die Emigrantinnen

die **Emi|g|ra|ti|on** (Auswanderung)

emi|g|rie|ren; sie emigriert; sie emigrierte; sie ist emigriert; emigriere!

der **Emir** [*auch:* e'mi:ɐ̯] (arabischer Fürst); des Emirs; die Emi|re

das **Emi|rat** (arabisches Fürstentum); Vereinigte Arabische Emirate

die **Emis|si|on** (das Ausströmen luftverunreinigender Stoffe); die Emis|si|o|nen

der **Emis|si|ons|grenz|wert**

Em|men|ta|ler; Emmentaler Käse

der **Em|men|ta|ler** (ein Käse); des Emmentalers; die Emmentaler

die **E-Mo|bi|li|tät** (auf elektrischem Antrieb beruhende Fortbewegung); der E-Mobilität

das **Emo|ji** [...dʒi] (*EDV:* auf Gefühle o. Ä. verweisendes Piktogramm); des Emojis; die Emojis

die **Emo|ti|on** (Gemütsbewegung); die Emo|ti|o|nen

emo|ti|o|nal (gefühlsmäßig); emotionale Intelligenz

die **Em|pa|thie** (*Psychologie:* Fähigkeit, sich in andere hineinzuversetzen); die Em|pa|thi|en *(Plural selten)*

der **Emp|fang;** des Empfangs *oder* Emp|fan|ges; die Emp|fän|ge

emp|fan|gen; ich empfange; du empfängst; er empfängt; er empfing; er hat sie empfangen; empfang *oder* empfange die Gäste!

der **Emp|fän|ger;** des Empfängers; die Empfänger

die **Emp|fän|ge|rin;** die Empfängerinnen

emp|fäng|lich

die **Emp|fäng|nis**

emp|fäng|nis|ver|hü|tend

die **Emp|fäng|nis|ver|hü|tung**

emp|feh|len; du empfiehlst; sie empfiehlt; sie empfahl; sie hat empfohlen; empfiehl ihm dies doch!

emp|feh|lens|wert

die **Emp|feh|lung**

emp|fin|den; ich empfinde; du empfindest; sie empfand; sie hat Reue empfunden

das **Emp|fin|den;** des Empfindens; für mein Empfinden (meinem Gefühl, Eindruck, meiner Meinung nach)

emp|find|lich

die **Emp|find|lich|keit;** seine Empfindlichkeit nervt

die **Emp|fin|dung**

em|pi|risch (*bildungssprachlich für:* aus der Erfahrung, Beobachtung gewonnen); empirische Tatsachen; etwas empirisch herausfinden

em|por

die **Em|po|re** (erhöhter Sitzraum [in der Kirche]); die Emporen

em|pö|ren; es empört ihn; es hat ihn empört

em|por|stei|gen; der Rauch steigt empor; er stieg empor; er ist emporgestiegen

em|pört (aufgebracht, wütend); ich bin empört

die **Em|pö|rung**

der **Em|pö|rungs|schrei**

die **Ems** (Fluss in Nordwestdeutschland)

em|sig (sehr eifrig, fleißig)

der **Emu** (australischer Laufvogel); die Emus

die **Emul|si|on** (Flüssigkeitsgemisch); die Emul|si|o|nen

die **E-Mu|sik** (*kurz für:* ernste Musik)

die **End|aus|schei|dung**

A B C D E end F G H I J K L M N O P Q R S T U V W X Y Z

das **En|de;** die Enden; am Ende sein; zu Ende sein, gehen, kommen; Ende Januar; letzten Endes

en|den; du endest; sie endete; der Streit hat geendet; nicht enden wollende Hitze

en dé|tail [ɑ̃ deˈtaɪ̯] (im Kleinen; einzeln; im Einzelverkauf)

end|gül|tig; die endgültige Fassung

> **!** Nicht verwechseln: Obwohl beide Wortbestandteile gleich ausgesprochen werden, schreibt man die Zusammensetzungen und die Ableitungen vom Wort *Ende* mit *d*, den Wortbestandteil *ent-*, der einen Gegensatz oder eine Trennung bezeichnet, dagegen mit *t*.

die **En|di|vie** [ɛnˈdiːvi̯ə] (eine Salatpflanze); die En|di|vi|en

der **En|di|vi|en|sa|lat**

der **End|kampf** *(Sport)*

das **End|la|ger** (Endlagerstätte); des Endlagers; die Endlager; es gibt kein Endlager für den Atommüll

die **End|la|ge|rung** (endgültige Lagerung, besonders von radioaktivem Abfall)

der **End|lauf** *(Sport)*

end|lich

end|los; ein endloses Band; ABER: bis ins Endlose

die **End|mo|rä|ne**

die **End|run|de**

das **End|spiel;** des Endspiels *oder* End|spieles; die End|spie|le

der **End|spurt**

der **End|stand;** des Endstands oder End|stan|des; die End|stän|de; die Endstände der einzelnen Spiele wurden notiert

die **End|sta|ti|on**

die **En|dung**

die **Ener|gie** (die Tatkraft; die Fähigkeit, Arbeit zu leisten); die Ener|gi|en

der **Ener|gie|be|darf**

ener|gie|ef|fi|zi|ent (die Energie optimal nutzend); ein energieeffizientes Haus

die **Ener|gie|ef|fi|zi|enz** *Plural selten*

der **Ener|gie|kon|zern**

der **Ener|gie|pass** (Dokumentation über den Energieverbrauch eines Gebäudes)

die **Ener|gie|po|li|tik**

die **Ener|gie|quel|le**

der **Ener|gie|ver|brauch**

der **Ener|gie|ver|sor|ger** (Unternehmen, das andere mit Energie versorgt)

die **Ener|gie|ver|sor|gung**

die **Ener|gie|wen|de**

ener|gisch

der **Ener|gy|drink** [ˈɛnədʒi...] *oder* **Energy-Drink** (Energie spendendes, alkoholfreies Mischgetränk); des Energydrinks *oder* Energy-Drinks; die Energydrinks *oder* Energy-Drinks

eng; ein eng anliegendes *oder* enganliegendes Kleid; eng befreundete *oder* engbefreundete Familien; wir sind auf das, aufs engste *oder* Engste befreundet

das **En|ga|ge|ment** [ɑ̃gaʒəˈmɑ̃ː] (persönlicher Einsatz; [An]stellung); des Engagements; die Engagements

en|ga|gie|ren [ɑ̃gaˈʒiːrən] (verpflichten, binden); die Schauspielerin wurde nach München engagiert; du hast dich politisch engagiert (eingesetzt)

en|ga|giert [ɑ̃gaˈʒiːɐ̯t] (entschieden für etwas eintretend); en|ga|gier|ter; am en|ga|gier|tes|ten; eine engagierte Klassensprecherin

eng|an|lie|gend, eng|be|freun|det ↑ eng

die **En|ge;** die Engen

der **En|gel;** des Engels; die Engel

die **En|gels|zun|gen** *Plural; nur in:* mit Engelszungen (so eindringlich wie möglich) reden

der **En|ger|ling** (die Maikäferlarve); die En|ger|lin|ge

Eng|land; die Geschichte Englands

der **Eng|län|der;** des Engländers; die Engländer

die **Eng|län|de|rin;** die Engländerinnen

eng|lisch ↑ deutsch

die **Eng|lisch|ar|beit**

der **Eng|lisch|un|ter|richt**

der **Eng|pass;** des Eng|pas|ses; die Eng|päs|se

en gros [ɑ̃ ˈgroː] (im Großen)

eng|stir|nig (sehr einseitig denkend)

der **En|kel** (Kind eines Sohnes oder einer Tochter); des Enkels; die Enkel

die **En|ke|lin;** die Enkelinnen

das **En|kel|kind**

der **En|kel|tag** (Tag, an dem Großeltern Zeit

mit ihren Enkeln verbringen, etwas mit ihnen unternehmen)

der **En|kel|trick**

die **En|kla|ve** (vom eigenen Staatsgebiet eingeschlossener Teil eines fremden Staatsgebiets); der Enklave; die Enklaven

enorm (außerordentlich; ungeheuer); enorme Ausmaße

das **En|sem|ble** [ãˈsãːbl̩] (feste Gruppe von Musikern, Schauspielern usw., die bei Aufführungen gemeinsam auftreten); des Ensembles; die Ensembles

ent|beh|ren; du entbehrst; sie entbehrte; sie hat das Buch entbehrt

ent|behr|lich (überflüssig)

die **Ent|beh|rung**

ent|bin|den; sie ist von einem Mädchen entbunden worden (sie hat ein Mädchen geboren)

die **Ent|bin|dung**

ent|blö|ßen; du entblößt; er entblößte den Arm; er hat den Arm entblößt; entblöße deinen Arm!

ent|de|cken; du entdeckst; sie entdeckt; sie hat es entdeckt; entdeck *oder* entdecke deine Umgebung!

der **Ent|de|cker;** des Entdeckers; die Entdecker

die **Ent|de|cke|rin;** die Entdeckerinnen

die **Ent|de|ckung**

die **Ent|de|ckungs|tour;** wir gehen auf Entdeckungstour

die **En|te** (*umgangssprachlich auch für:* falsche [Presse]meldung)

ent|eig|nen; du enteignest; sie wurde enteignet

die **Ent|eig|nung**

ent|ei|sen (von Eis befreien); du enteist; er enteiste; die Tragflächen wurden enteist; enteiste Scheiben

ent|ei|se|nen (von Eisen befreien); enteisentes Mineralwasser

ent|er|ben; ich enterbe dich; seine Eltern haben ihn enterbt

der **En|te|rich** (männliche Ente); des Enterichs; die En|te|ri|che

en|tern (auf etwas klettern); die Piraten enterten das Schiff (nahmen es gewaltsam in Besitz); sie haben das Schiff geentert

der **En|ter|tai|ner** [ˈɛntɐtɛɪ̯nɐ] ([berufsmäßiger] Unterhalter); des Entertainers; die Entertainer

die **En|ter|tai|ne|rin;** die Entertainerinnen

das **En|ter|tain|ment** [ɛntɐˈtɛɪ̯nmənt] (meist berufsmäßig gebotene leichte Unterhaltung); des Entertainments

ent|fa|chen (zum Brennen bringen; entfesseln); du entfachst; sie entfachte; er hat entfacht; entfach *oder* entfache das Feuer!; eine Diskussion entfachen; der Anblick entfachte seine Leidenschaft

ent|fal|len; der letzte Abschnitt entfiel; mir ist das Datum entfallen (ich habe es vergessen)

ent|fal|ten; du entfaltest; sie entfaltete; er hat entfaltet; entfalt *oder* entfalte die Landkarte; sich, seine Fantasie entfalten

ent|fer|nen; du entfernst; er entfernte; er hat das Etikett von der Flasche entfernt; entferne vorher das Preisschild!; sich entfernen; sie hat sich heimlich entfernt

ent|fernt; ent|fern|ter; am ent|fern|testen; eine entfernte Verwandte; sich entfernt an etwas erinnern; nicht im Entferntesten

die **Ent|fer|nung**

ent|fes|seln (auslösen; verursachen); einen Krieg entfesseln

ent|freun|den (*salopp*); sich [von jemandem] entfreunden (jemanden in einem sozialen Netzwerk als Freund entfernen)

ent|füh|ren; er hat das Kind entführt

der **Ent|füh|rer**

die **Ent|füh|re|rin**

die **Ent|füh|rung**

ent|ge|gen; entgegen meinem Vorschlag

ent|ge|gen|brin|gen; das entgegengebrachte Vertrauen

ent|ge|gen|ge|setzt

ent|ge|gen|kom|men; sie kommt mir entgegen; sie ist mir entgegengekommen; ABER: wir danken Ihnen für Ihr Entgegenkommen

das **Ent|ge|gen|kom|men** (Zugeständnis); des Entgegenkommens; zu einem Entgegenkommen bereit sein

ent|ge|gen|kom|mend; er war uns gegenüber immer sehr entgegenkommend

ent|ge|gen|neh|men (annehmen; im Empfang nehmen); du nimmst entgegen; sie nahm entgegen; er hat entgegengenommen; nimm das entgegen!; einen Anruf; eine Auszeichnung entgegennehmen

ent|ge|gen|set|zen; du setzt entgegen; sie setzte entgegen; er hat entgegengesetzt; setz *oder* setze ihm etwas entgegen!; ich konnte dem nichts entgegensetzen

ent|geg|nen (antworten); du entgegnest; sie entgegnet; sie entgegnete; sie hat ihm entgegnet, dass …

die **Ent|geg|nung**

ent|ge|hen; er entging seinen Verfolgern; das ist mir entgangen (ich habe es nicht bemerkt); sie hat sich nichts entgehen lassen

das **Ent|gelt** (Bezahlung, Vergütung); des Entgelts *oder* Ent|gel|tes; die Ent|gel|te; gegen, ohne Entgelt arbeiten

> **!** Das Nomen *Entgelt* gehört nicht zu »Geld«, sondern zum Verb *entgelten.* Es endet deshalb mit einem *t.*

ent|gel|ten; du entgiltst; sie entgilt; sie entgalt; sie hat mir meine Mühe entgolten (sie hat sie belohnt)

ent|glei|sen; der Zug entgleist; der Zug ist entgleist

die **Ent|glei|sung**

ent|hal|ten; das Wasser enthält Mineralien; es enthielt Bakterien; das Wasser hat Sauerstoff enthalten; sich enthalten; sie hat sich der Stimme enthalten

ent|halt|sam; ein enthaltsames Leben

die **Ent|halt|sam|keit**

die **Ent|hal|tung**

ent|he|ben (*gehoben für:* absetzen, von etwas befreien); jemanden seines Amtes entheben

ent|hül|len; sie enthüllte das Denkmal; sie hat mir ihre Pläne enthüllt

die **Ent|hül|lung**

die **Ent|hül|lungs|platt|form** (Internetseite, auf der geheime Informationen veröffentlicht werden)

der **En|thu|si|as|mus** (Begeisterung)

en|thu|si|as|tisch

ent|kal|ken; du entkalkst; er entkalkte; er hat das Gerät entkalkt

ent|kof|fe|i|nie|ren (von Koffein befreien); entkoffeinierter Kaffee

ent|kom|men; du entkommst; sie entkam; sie ist ihm entkommen

das **Ent|kom|men;** des Entkommens; es gab kein Entkommen

ent|kor|ken; du entkorkst die Flasche; du hast sie entkorkt

ent|kräf|ten (widerlegen); du entkräftest; sie entkräftete; er hat entkräftet; entkräfte mein Argument!

ent|lang; entlang des Flusses (*seltener:* dem Fluss); an der Mauer, am Ufer entlang; am Ufer *oder* das Ufer entlang laufen (nicht fahren); ABER: **ent|lang|lau|fen;** am, das Ufer entlanglaufen

ent|lar|ven; du entlarvst den Betrüger; sie entlarvte ihn; wir haben ihn entlarvt; entlarv *oder* entlarve die Lüge!

ent|las|sen; du entlässt die Belegschaft; er entlässt sie; er entließ sie; er hat sie fristlos entlassen

die **Ent|las|sung**

ent|las|ten; du entlastest sie; sie entlastete ihn; er hat mich entlastet; entlaste deinen Freund!; sein Gewissen entlasten

die **Ent|las|tung** (Erleichterung)

ent|lau|fen; der Hund ist entlaufen

sich **ent|le|di|gen;** sie hat sich ihres Gegners entledigt (ist ihn losgeworden)

ent|le|gen (weit weg, abgelegen); die entlegenen Gebirgsdörfer

ent|lei|hen (für sich leihen); du entleihst; sie entleiht; sie entlieh; sie hat das Buch entliehen; entleih *oder* entleihe das Buch diese Woche!

ent|lo|cken; du entlockst; sie entlockte; er hat entlockt; entlock *oder* entlocke ihm ein Lächeln

ent|loh|nen (bezahlen); du entlohnst; sie entlohnt; er hat entlohnt; entlohn *oder* entlohne die Kinder!; wir wurden fürs Unkrautzupfen entlohnt

ent|mach|ten; der Diktator wurde entmachtet

ent|mu|ti|gen; der Rückschlag hat uns nicht entmutigt

ent|neh|men; du entnimmst eine Probe; die Ärztin hat eine Probe entnommen; ich entnehme deinen Worten, dass …

ent|pa̤|cken (*EDV:* komprimierte Dateien wieder in die Ausgangsform bringen); ich entpacke; du entpackst; sie hat die Dateien entpackt

sich **ent|pṳp|pen;** sie entpuppte sich als Betrügerin

ent|ra̲h|men; entrahmte Milch

ent|ri̤ch|ten; sie hat eine Gebühr entrichtet; entrichte die Gebühr pünktlich!

ent|ri̤n|nen (*gehoben für:* gerade noch entgehen); du entrinnst; sie entrann; er ist entronnen; jemandem oder einer Sache entrinnen

das **Ent|ri̤n|nen;** des Entrinnens; es gab kein Entrinnen (kein Entkommen)

ent|rṳ̈m|peln; ich entrümp[e]le; du entrümpelst; sie hat den Keller entrümpelt; entrümple *oder* entrümpele dein Zimmer!

sich **ent|rṳ̈s|ten;** du entrüstest dich; er hat sich entrüstet; entrüste dich nicht so!

die **Ent|rṳ̈s|tung**

ent|schä̲|di|gen; du entschädigst ihn; sie hat ihn entschädigt; entschädige ihn für seinen Verlust!

die **Ent|schä̲|di|gung**

ent|schä̤r|fen; man hat die Mine entschärft

ent|schei̲|den; du entscheidest; sie entscheidet; sie entschied; sie hat den Streit entschieden; entscheide bald!; sich entscheiden; er hat sich für sie entschieden

die **Ent|schei̲|dung**

ent|schie̲|den; auf das, aufs entschiedenste *oder* Entschiedenste protestieren

die **Ent|schie̲|den|heit**

sich **ent|schlie̲|ßen;** du entschließt dich; sie entschließt sich; sie entschloss sich; sie hat sich schnell entschlossen; entschließ *oder* entschließe dich endlich!

die **Ent|schlie̲|ßung**

ent|schlo̤s|sen; sie ist zu dieser Tat entschlossen

die **Ent|schlo̤s|sen|heit**

der **Ent|schlṳss;** des Ent|schlus|ses; die Ent|schlüs|se

ent|schlṳ̈s|seln; ich entschlüss[e]le; entschlüssle *oder* entschlüssele den Code!; sie hat die Nachricht entschlüsselt

ent|schṳl|di|gen; du entschuldigst; sie entschuldigte unsere Verspätung; sie hat ihren Sohn entschuldigt; sich entschuldigen; er hat sich wegen seines Fehlens entschuldigt; entschuldige dich gefälligst dafür!

die **Ent|schṳl|di|gung**

ent|se̲n|den (schicken); du entsendest; sie entsandte, *auch:* entsendete; er hat entsandt, *auch:* entsendet

ent|se̤t|zen; dieser Anblick hat ihn entsetzt; du entsetzt dich; sie entsetzt sich; sie hat sich entsetzt; entsetz *oder* entsetze dich doch nicht so!

das **Ent|se̤t|zen**

ent|se̤tz|lich; ein entsetzliches Unglück

ent|se̤tzt

ent|si̤|chern; ich entsichere das Gewehr; ich habe es entsichert

sich **ent|si̤n|nen;** du entsinnst dich; sie entsann sich; sie hat sich entsonnen; entsinn *oder* entsinne dich doch!

ent|so̤r|gen (von Abfall[stoffen] befreien; beseitigen); du entsorgst; sie entsorgte ihr Altöl; sie hat es entsorgt

die **Ent|so̤r|gung** (Beseitigung von Müll u. Ä.)

ent|spa̤n|nen; du entspannst; sie hat den Körper entspannt; sich entspannen; sie hat sich entspannt; entspann *oder* entspanne dich!

ent|spa̤nnt; ent|spann|ter; am ent|spann|tes|ten; etwas ganz entspannt sehen; er ist sehr entspannt

die **Ent|spa̤n|nung**

die **Ent|spa̤n|nungs|po|li|tik**

ent|spi̤n|nen *(gehoben);* es entspann sich ein Streit; es hat sich eine Freundschaft entsponnen

ent|spre̤|chend; entsprechend seinem Vorschlag *oder* seinem Vorschlag entsprechend; ABER: Entsprechendes, das Entsprechende gilt für ihn

ent|spri̤n|gen; die Quelle entspringt; sie entsprang; sie ist entsprungen; diese Geschichte ist deiner Fantasie entsprungen; ein entsprungener Häftling

ent|ste̲|hen; etwas entsteht; etwas entstand; etwas ist entstanden

die **Ent|ste̲|hung**

ent|ste̤l|len (verunstalten); Narben entstellten sein Gesicht

A B C D E ent F G H I J K L M N O P Q R S T U V W X Y Z

ent|stö|ren; das Telefon wurde entstört

die **Ent|stö|rung**

ent|täu|schen; du enttäuschst ihn; er hat sie enttäuscht; enttäusch *oder* enttäusche sie nicht!

ent|täu|schend; eine enttäuschende Erfahrung machen

ent|täuscht

die **Ent|täu|schung**

ent|thro|nen; sie hat die Meisterin des Vorjahres entthront

ent|waff|nen (die Waffe[n] wegnehmen); sie haben die Soldaten entwaffnet

die **Ent|war|nung**

ent|wäs|sern; sie entwässerten das Sumpfgebiet

die **Ent|wäs|se|rung**

der **Ent|wäs|se|rungs|gra|ben**

ent|we|der ... oder; du musst dich entweder für [uns] oder gegen uns entscheiden; entweder du kommst mit[,] oder du bleibst zu Hause

das **Ent|we|der-oder;** des Entweder-oder; die Entweder-oder

ent|wei|chen; es entwich Gas; der Dieb ist entwichen

ent|wen|den; sie entwendete ihm die Brieftasche; sie hat Geld entwendet

ent|wer|fen; du entwirfst; sie entwirft; sie entwarf; sie hat Pläne entworfen; entwirf einen Plan!

ent|wer|ten; sie entwertete das Ticket; sie hat es entwertet; entwerte das Ticket am Automaten!

ent|wi|ckeln; ich entwickle *oder* entwickele; du entwickelst; sie hat den Film entwickelt; entwickle *oder* entwickele den Film! eine Perspektive entwickeln

der **Ent|wick|ler;** des Entwicklers; die Entwickler

die **Ent|wick|le|rin;** die Entwicklerinnen; die Entwicklerinnen der Software

die **Ent|wick|lung**

der **Ent|wick|lungs|hel|fer**

die **Ent|wick|lungs|hel|fe|rin**

die **Ent|wick|lungs|hil|fe**

das **Ent|wick|lungs|land** (Land mit vergleichsweise unterentwickelter Wirtschaft); die Ent|wick|lungs|län|der

ent|win|den; sie entwand dem Angreifer das Messer

ent|wi|schen (*umgangssprachlich für:* weglaufen, entkommen); du entwischst; sie ist mir entwischt

der **Ent|wurf;** die Ent|wür|fe

ent|zie|hen; er entzog ihm das Vertrauen

die **Ent|zie|hung**

die **Ent|zie|hungs|kur**

ent|zif|fern; ich entziffere; du entzifferst; sie hat das Schreiben entziffert; entziffre *oder* entziffere es!

das **Ent|zü|cken** (*gehoben für:* Begeisterung); des Entzückens

ent|zü|ckend; ein entzückendes Kind

der **Ent|zug**

ent|zün|den; du entzündest; er hat das Feuer entzündet; entzünd *oder* entzünde das Feuer!

die **Ent|zün|dung**

ent|zün|dungs|hem|mend; entzündungshemmende Medikamente

ent|zwei; entzwei sein

ent|zwei|bre|chen; der Spiegel bricht entzwei; der Spiegel brach entzwei; der Spiegel ist entzweigebrochen

ent|zwei|en; du entzweist sie; er hat sie entzweit; entzwei *oder* entzweie sie nicht!

der **En|zi|an** (eine Alpenpflanze; ein Schnaps); des Enzians; die En|zi|a|ne

en|zi|an|blau

die **En|zy|k|li|ka** (päpstliches Rundschreiben); die Enzykliken

die **En|zy|k|lo|pä|die** (umfassendes Nachschlagewerk); die En|zy|k|lo|pä|di|en

en|zy|k|lo|pä|disch (umfassend)

das **En|zym** (vom Körper gebildetes Eiweiß, das den Stoffwechsel steuert); des Enzyms; die En|zy|me

das **E-Pa|per** (elektronische Ausgabe einer Zeitung o. Ä.); des E-Papers; die E-Paper

die **Epen** ↑Epos

das **E-Pi|a|no** (*Musik:* elektronisches Klavier); des E-Pianos; die E-Pianos

die **Epi|de|mie** (Seuche, Massenerkrankung); die Epi|de|mi|en

epi|de|misch (seuchenartig)

die **Epik** (erzählende Dichtkunst)

die **Epi|lep|sie** (Krankheit, bei der plötzliche Krämpfe auftreten)
der **Epi|lep|ti|ker;** des Epileptikers; die Epileptiker
die **Epi|lep|ti|ke|rin;** die Epileptikerinnen
epi|lep|tisch *(Medizin)*
episch (erzählend; das Epos betreffend); in epischer Breite; das epische Theater
die **Epi|so|de** (vorübergehendes, nebensächliches Ereignis; einzelne Folge einer Fernsehserie); die Episoden
die **Epi|s|tel** (Apostelbrief im Neuen Testament; Strafpredigt); die Episteln
das **Epi|zen|t|rum** (Punkt der Erdoberfläche, der senkrecht über dem Erdbebenherd liegt); die Epizentren
das **Epo** *(umgangssprachlich für:* Erythropoietin [ein Dopingmittel]); des Epo
die **Epo|che** (Zeitabschnitt); eine Epoche machende *oder* epochemachende Erfindung
der **Epo|chen|un|ter|richt**
das **Epos** (erzählende Versdichtung; Heldengedicht); des Epos; die Epen
der **Equa|li|zer** ['i:kvəlaɪ̯zɐ] (Zusatzgerät an Hi-Fi-Anlagen zur Klangverbesserung); des Equalizers; die Equalizer
die **Equipe** [e'ki:p, *auch:* e'kɪp] ([Reiter]mannschaft); die Equi|pen
das **Equip|ment** [ɪ'kwɪpmənt] (Ausrüstung; Ausstattung); des Equipments; die Equipments
er; er kommt; ABER: es war ein Er
er|ach|ten; du erachtest die Lösung als falsch; ABER: meinem Erachten nach *oder* meines Erachtens ist die Lösung falsch
er|ar|bei|ten; du erarbeitest es dir; sie erarbeitete es sich; er hat sich das erarbeitet; den Unterrichtsstoff gemeinsam erarbeiten
die **Erb|an|la|ge**
sich **er|bar|men;** du erbarmst dich; er hat sich erbarmt; erbarm *oder* erbarme dich meiner!
das **Er|bar|men;** des Erbarmens; zum Erbarmen; habt Erbarmen!
er|bärm|lich; eine erbärmliche Lüge
er|bar|mungs|los
er|bau|en; sie hat den Turm erbaut; sie war wenig erbaut (erfreut) davon
das **Er|be;** das kulturelle Erbe
der **Er|be;** des/dem/den Erben; die Erben; der gesetzliche Erbe
er|ben; du erbst; sie erbt; sie erbte; sie hat ein Vermögen geerbt
er|beu|ten; du erbeutest einen Schatz; er hat einen Schatz erbeutet
die **Erb|fol|ge**
das **Erb|gut**
die **Er|bin;** die Erbinnen
er|bit|ten; du erbittest; er erbittet; er erbat; er hat eine Auskunft erbeten
er|bit|tern (in Wut versetzen); es erbittert mich; erbitterter Widerstand
er|bit|tert; ein erbitterter Streit
die **Er|bit|te|rung**
er|blas|sen *(gehoben für:* bleich werden); du erblasst; er erblasste; er ist vor Neid erblasst
er|blei|chen (sehr blass werden); du erbleichst; er erbleichte; er ist erbleicht
erb|lich; eine erbliche Krankheit
er|bli|cken; sie erblickte ihn; sie hat ihn erblickt
er|blin|den; sie erblindete; sie ist im Alter erblindet
er|bre|chen; er erbricht; er erbrach; das Kind hat seinen Brei wieder erbrochen; sich erbrechen; ich musste mich erbrechen
das **Er|bre|chen**
er|brin|gen; du erbringst; sie erbrachte; er hat erbracht; erbring *oder* erbringe den Beweis!; eine Leistung erbringen; die Nachforschungen haben nichts erbracht
die **Erb|schaft**
die **Erb|se**
die **Erb|sen|sup|pe**
das **Erb|stück**
die **Erb|sün|de** *(christliche Religion:* angeborene Sündhaftigkeit)
das *oder* der **Erb|teil**
die **Erd|an|zie|hung**
das **Erd|be|ben**
die **Erd|bee|re**
der **Erd|bo|den;** die Erdböden
die **Erd|dre|hung**
die **Er|de**
er|denk|lich; alles erdenklich *oder* erdenkliche Gute wünschen

die **Erd|er|wär|mung**
das **Erd|gas**
die **Erd|ge|schich|te**
das **Erd|ge|schoss** (*Abkürzung:* EG)
er|dig; ein erdiger Boden
die **Erd|kun|de**
der **Erd|kun|de|un|ter|richt**
die **Erd|nuss**
die **Erd|nuss|creme** *oder* **Erd|nusscrème**
die **Erd|ober|flä|che**
das **Erd|öl;** die Erdöl fördernden *oder* erdölfördernden Länder
das **Erd|reich;** der Regen versickert im Erdreich
er|dros|seln; ich erdross[e]le ihn; er erdrosselte ihn; er hat ihn erdrosselt; erdrossle *oder* erdrossele ihn nicht!
er|drü|cken; der Bär hat ihn erdrückt; erdrück *oder* erdrücke das Kind nicht!
er|drü|ckend; eine erdrückende (sehr große) Übermacht
der **Erd|rutsch**
der **Erd|teil**
er|dul|den; du erduldest viel Leid; er erduldete es; er hat es erduldet; erdulde es!
das **Erd|zeit|al|ter**
sich **er|eig|nen;** etwas ereignet sich; etwas hat sich ereignet
das **Er|eig|nis;** des Er|eig|nis|ses; die Ereig|nis|se
er|ei|len *(gehoben);* das Schicksal ereilte ihn; das Schicksal hat ihn ereilt
die **Erek|ti|on** (Anschwellung und Aufrichtung [des Penis]); die Erek|ti|o|nen
der **Ere|mit** (Einsiedler); des/dem/den Ere|mi|ten; die Ere|mi|ten
die **Ere|mi|tin;** die Eremitinnen
er|fah|ren; du erfährst; sie erfährt; sie erfuhr etwas Wichtiges; sie hat etwas Wichtiges erfahren; eine erfahrene Frau
die **Er|fah|rung**
er|fah|rungs|ge|mäß
er|fas|sen; er erfasste die Daten; er hat sie erfasst; erfasse *oder* erfass die Daten!
er|fin|den; du erfindest; sie erfindet; sie erfand; sie hat eine neue Maschine erfunden; erfinde neue Wörter!
der **Er|fin|der;** des Erfinders; die Erfinder
die **Er|fin|de|rin;** die Erfinderinnen
er|fin|de|risch
die **Er|fin|dung**
der **Er|folg;** des Erfolgs *oder* Er|fol|ges; die Er|fol|ge; Erfolg haben; Maßnahmen, die Erfolg versprechen; Erfolg versprechende *oder* erfolgversprechende Maßnahmen; ABER NUR: großen Erfolg versprechende Maßnahmen; höchst erfolgversprechende, noch erfolgversprechendere Maßnahmen
er|fol|gen; es ist keine Reaktion erfolgt
er|folg|los; erfolglose Versuche
er|folg|reich
die **Er|folgs|aus|sich|ten** *Plural*
die **Er|folgs|ge|schich|te**
das **Er|folgs|re|zept** (Verfahrensweise, die immer wieder zum Erfolg führt)
er|folgs|ver|wöhnt; das erfolgsverwöhnte Fußballteam
er|folg|ver|spre|chend ↑Erfolg
er|for|der|lich; die erforderlichen Voraussetzungen
er|for|dern; das hat viel Mut erfordert
das **Er|for|der|nis** (Voraussetzung); des Erfordernisses; die Erfordernisse; ein wichtiges Erfordernis für etwas sein
er|for|schen; du erforschst; sie hat das Gebiet erforscht; erforsche den Wald!
die **Er|for|schung**
er|freu|en; du erfreust sie; er hat sie damit erfreut; sich an etwas erfreuen; sie hat sich bester Gesundheit erfreut; erfreu *oder* erfreue dich deines Lebens!
er|freu|lich; erfreuliche Ergebnisse; ABER: manches Erfreuliche
er|freu|li|cher|wei|se
er|frie|ren; du erfrierst; sie erfror; sie ist erfroren; sie hat sich die Füße erfroren; erfrier *oder* erfriere dir nicht die Füße!
er|fri|schen; du erfrischst; ich habe mich erfrischt
er|fri|schend; erfrischende Offenheit
die **Er|fri|schung**
er|fül|len; du erfüllst dein Versprechen; sie erfüllte es; sie hat es erfüllt; erfüll *oder* erfülle dein Versprechen!
die **Er|fül|lung**
Er|furt (Hauptstadt von Thüringen)

er|gän|zen; du ergänzt; sie ergänzte; sie hat das Lager ergänzt; ergänze den Satz!

die **Er|gän|zung**

der **Er|gän|zungs|strich**

er|gat|tern (*umgangssprachlich für:* sich durch Geschick verschaffen); ich ergattere; sie hat noch eine Karte ergattert

er|ge|ben; die Zählung ergibt einen Verlust; sie ergab einen Verlust; sie hat einen Verlust ergeben; sich ergeben; er hat sich ins Unvermeidliche ergeben

er|ge|ben (demütig zugeneigt; hingebungsvoll; untertänig); ein ergebener Diener; er ist ihr blind ergeben

das **Er|geb|nis;** des Ergebnisses; die Ergebnisse

er|geb|nis|los

er|ge|hen; es erging ihm schlecht; wie ist es dir ergangen?

er|gie|big

die **Er|gie|big|keit**

er|go (folglich, also); du hast es getan, ergo musst du dafür geradestehen

er|göt|zen; du ergötzt mich; sie hat alle ergötzt

er|grei|fen; du ergreifst; sie ergreift; sie ergriff; sie hat den Stock ergriffen

er|grei|fend; eine ergreifende Rede

er|grif|fen; sie war tief ergriffen (bewegt)

die **Er|grif|fen|heit**

er|grün|den (in allen Einzelheiten, bis zum Ursprung erforschen); ein schwer zu ergründendes Geheimnis

der **Er|guss;** des Er|gus|ses; die Er|güs|se

das **Er|guss|ge|stein** (vulkanisches Gestein)

er|ha|ben (erhöht); erhabene Stellen einer Druckplatte; erhabene (große) Gedanken; sie ist über jeden Verdacht erhaben (sie steht darüber)

der **Er|halt** (*Amtssprache:* Empfang; Bewahrung); des Erhalts *oder* Erhaltes; den Erhalt der Ware bestätigen; den Erhalt der Privatschule sichern

er|hal|ten; du erhältst; sie erhält; sie erhielt; sie hat einen Brief erhalten; erhalten bleiben; etwas frisch erhalten; sich gesund erhalten

er|hält|lich; Tickets sind jetzt erhältlich

die **Er|hal|tung**

sich **er|hän|gen;** er hat sich beim Turnen beinahe erhängt

er|här|ten (bekräftigen, bekräftigt werden); der Verdacht hat sich erhärtet

er|he|ben; sie erhebt das Glas; er hat sich von seinem Platz erhoben

er|he|bend (feierlich); ein erhebender Augenblick

er|heb|lich; erhebliche Einbußen

die **Er|he|bung**

er|hei|tern; das hat ihn erheitert; erheit[e]re sie mal ein bisschen!

die **Er|hei|te|rung**

er|hit|zen; du erhitzt das Wasser; er hat es erhitzt; erhitze das Wasser!

er|hof|fen; ich erhoffe mir Vorteile; der erhoffte Aufschwung

er|hö|hen; die Firma erhöht die Preise; sie hat die Preise erhöht

die **Er|hö|hung;** die Erhöhung der Absperrung; eine Erhöhung der Preise

sich **er|ho|len;** du erholst dich; er erholte sich; er hat sich erholt; erhol *oder* erhole dich gut!

die **Er|ho|lung**

er|hö|ren; du erhörst ihn; sie hat ihn erhört; erhöre ihn!

die **Eri|ka** (Heidekraut); die Eriken

er|in|nern; du erinnerst ihn; sie erinnert ihn; sie erinnerte ihn; sie hat ihn an sein Versprechen erinnert; erinnre *oder* erinnere ihn daran!; sich erinnern; er hat sich erinnert

die **Er|in|ne|rung**

Eri|t|rea (Staat in Afrika)

sich **er|käl|ten;** du erkältest dich; sie erkältete sich; sie hat sich erkältet; erkälte dich nicht!

die **Er|käl|tung**

er|kenn|bar

er|ken|nen; du erkennst ihn; sie erkennt ihn; sie erkannte ihn; sie hat ihn erkannt; sich zu erkennen geben

er|kennt|lich; sich erkenntlich zeigen (seinen Dank ausdrücken)

die **Er|kennt|nis** (Einsicht); der Erkenntnis; die Erkenntnisse

der **Er|ker;** des Erkers; die Erker

A B C D E erk F G H I J K L M N O P Q R S T U V W X Y Z

er|klä|ren; du erklärst; sie hat es erklärt; erkläre es ihm!; ein erklärter Gegner von Tierversuchen

er|klärt (entschieden); ein erklärter Nichtraucher, der erklärte Publikumsliebling

die **Er|klä|rung**

das **Er|klär|vi|deo**

er|kleck|lich (beträchtlich)

er|klim|men (*gehoben für:* mühsam ersteigen); sie hat den Berg erklommen

er|klin|gen; ein Lied erklang; die Glocken sind erklungen

er|kran|ken; sie ist erkrankt

die **Er|kran|kung**

er|kun|den; du erkundest; sie hat den Weg erkundet; erkunde das Gelände!

sich **er|kun|di|gen;** du erkundigst dich; sie erkundigte sich; sie hat sich nach dem Weg erkundigt; erkundige dich doch!

die **Er|kun|di|gung;** Erkundigungen einholen, einziehen

er|lah|men; du erlahmst; er ist in seinen Bemühungen erlahmt; erlahme nicht!

er|lan|gen (erreichen); du erlangst; sie erlangte; er hat erlangt; die absolute Mehrheit erlangen

der **Er|lass;** des Er|las|ses; die Er|las|se

er|las|sen; du erlässt; sie erlässt; sie erließ; sie hat ihm die Strafe erlassen; erlass *oder* erlasse ihm die Strafe!

er|lau|ben; du erlaubst es; sie hat es erlaubt; erlaube es ihr!

die **Er|laub|nis**

er|läu|tern; du erläuterst; sie hat diesen Plan erläutert; erläutere den Hergang!

die **Er|läu|te|rung**

die **Er|le** (ein Laubbaum); die Erlen

er|le|ben; ich erlebe; du erlebst; sie erlebte; sie hat etwas erlebt

das **Er|leb|nis;** des Erlebnisses; die Erlebnisse

> **!** Nomen auf *-nis* werden im Nominativ Singular nur mit einem *s* geschrieben, obwohl der Genitiv Singular und die Pluralformen mit Doppel-s gebildet werden.

das **Er|leb|nis|bad**

die **Er|leb|nis|er|zäh|lung**

der **Er|leb|nis|pfad**

er|le|di|gen; du erledigst; sie hat etwas erledigt; erledige diese Arbeit!

er|leich|tern; du erleichterst; er hat sein Gewissen erleichtert; erleichtere dich!

er|leich|tert (von Angst und Sorge befreit); er|leich|ter|ter; am er|leich|terts|ten; erleichtert aufatmen

die **Er|leich|te|rung**

er|lei|den; du erleidest es; er erlitt eine Niederlage; sie haben den Tod erlitten

er|ler|nen; sie hat ein Handwerk erlernt

er|le|sen (ausgesucht); erlesene Weine

die **Er|leuch|tung**

er|lie|gen; sie erlag der Krankheit; sie ist ihr erlegen

der **Er|lös** (eingenommener Geldbetrag); des Er|lö|ses; die Er|lö|se

er|lö|schen; die Flamme erlischt; die Flamme erlosch; sie ist erloschen; ABER: das Erlöschen der Flamme

er|lö|sen; du erlöst; sie erlöste; sie hat ihn erlöst; erlös *oder* erlöse sie!

der **Er|lö|ser;** des Erlösers; die Erlöser

die **Er|lö|se|rin;** die Erlöserinnen

die **Er|lö|sung**

er|mäch|ti|gen (mit einer Vollmacht ausstatten); das Parlament hat ihn ermächtigt[,] Gesetze zu erlassen

er|mah|nen; du ermahnst; er hat ihn ermahnt; ermahne ihn[,] künftig pünktlich zu sein!

die **Er|mah|nung**

er|mä|ßi|gen; die Beiträge wurden ermäßigt; Eintritt zu ermäßigtem Preis

die **Er|mä|ßi|gung**

er|mes|sen (einschätzen); du ermisst; sie ermaß; er hat ermessen; das lässt sich leicht ermessen

das **Er|mes|sen;** nach meinem Ermessen

er|mit|teln; ich ermitt[e]le; du ermittelst; sie ermittelte; sie hat den Täter ermittelt; ermittle *oder* ermittele die Hintergründe!

der **Er|mitt|ler;** des Ermittlers; die Ermittler

die **Ermittlerin;** die Ermittlerinnen
das **Er|mitt|ler|team**
die **Er|mitt|lung**
das **Er|mitt|lungs|ver|fah|ren**
er|mög|li|chen; du ermöglichst; sie ermöglichte ihm das Studium; sie hat es ihm ermöglicht; ermögliche es ihm!
er|mor|den; er hat ihn ermordet
die **Er|mor|dung**
er|mü|den; du ermüdest; sie ermüdete; sie ist ermüdet (müde geworden); die Arbeit hat sie ermüdet (müde gemacht)
die **Er|mü|dung**
die **Er|mü|dungs|er|schei|nung**
er|mun|tern; sie hat ihn dazu ermuntert
er|mu|ti|gen; du ermutigst ihn; sie ermutigte ihn; sie hat ihn dazu ermutigt[,] sich zu wehren; ermutige ihn!
die **Er|mu|ti|gung**
er|näh|ren; ich ernähre dich; du ernährst ihn; sie ernährte ihn; sie hat ihn ernährt; ernähre dich gesund!
die **Er|näh|rung**
er|nen|nen; der Bundespräsident ernannte den Kanzler; er hat ihn ernannt
die **Er|nen|nung**
er|neu|er|bar; erneuerbare Energien
das **Er|neu|er|ba|re-Ener|gi|en-Ge|setz** (Abkürzung EEG)
er|neu|ern; ich erneuere; du erneuerst deinen Eid; sie hat die Tapete erneuert
die **Er|neu|e|rung**
er|neut (wiederholt, abermals)
er|nied|ri|gen; er hat sie erniedrigt
die **Er|nied|ri|gung**
ernst; erns|ter; am erns|tes|ten; ernst sein, werden, nehmen; ein ernst gemeinter *oder* ernstgemeinter Vorschlag
der **Ernst;** des Erns|tes; jetzt machen wir Ernst; im Ernst; allen Ernstes
der **Ernst|fall**
ernst|ge|meint ↑ernst
ernst|haft
die **Ernst|haf|tig|keit;** mit großer Ernsthaftigkeit
ernst|lich
die **Ern|te**
das **Ern|te|dank|fest**
ern|ten; du erntest; sie erntete; sie hat geerntet; ernte die Tomaten!
die **Er|nüch|te|rung**
er|obern; ich erobere; du eroberst; er hat die Stadt erobert
die **Er|obe|rung**
er|öff|nen; sie hat ein Geschäft eröffnet; glänzende Aussichten eröffnen sich ihr
die **Er|öff|nung**
er|ör|tern; ich erörtere das Thema; sie erörterte das Thema; sie hat es erörtert; erörtere die Hintergründe!
die **Er|ör|te|rung** (eingehende Diskussion)
die **Ero|si|on** (Erdabtragung durch Wasser oder Wind); die Ero|si|o|nen
die **Ero|tik** (sinnliche Liebe, Sexualität)
ero|tisch (sexuell)
der **Er|pel** (männliche Ente; Enterich); des Erpels; die Erpel
er|picht; auf etwas erpicht (begierig, versessen) sein
er|pres|sen; du erpresst ihn; er erpresste ihn; er hat ihn damit erpresst; erpress *oder* erpresse ihn nicht!
der **Er|pres|ser;** des Erpressers; die Erpresser
der **Er|pres|ser|brief**
die **Er|pres|se|rin;** die Erpresserinnen
die **Er|pres|sung**
der **Er|pres|sungs|tro|ja|ner** *(EDV-Jargon)*
er|pro|ben; man hat es erprobt; erprobe verschiedene Möglichkeiten!
die **Er|pro|bung**
er|qui|cken (*gehoben für:* erfrischen); du erquickst den Durstigen; das kühle Getränk hat ihn erquickt
die **Er|qui|ckung**
er|ra|ten; du errätst es; sie errät es; sie erriet es; sie hat es erraten; errate es!
er|rech|nen; du errechnest; sie errechnete; er hat errechnet; errechne das schnell!
er|re|gen; du erregst Aufsehen; sie hat Aufsehen erregt; sich erregen; er erregt sich wegen jeder Kleinigkeit
der **Er|re|ger** (Krankheitserreger); des Erregers; die Erreger
die **Er|re|gung**
er|reich|bar; immer erreichbar sein
die **Er|reich|bar|keit**

A B C D E err F G H I J K L M N O P Q R S T U V W X Y Z

er|rei|chen; du erreichst etwas; sie hat erreicht, was sie wollte
er|ret|ten; du errettest ihn; sie errettete ihn; sie hat ihn errettet; jemanden von *oder* vor etwas erretten
er|rich|ten; du errichtest; sie hat das Haus errichtet; errichtet eine Barrikade!
die **Er|rich|tung**
er|rin|gen; sie errang eine Medaille; sie hat sie errungen
er|rö|ten; du errötest; er ist errötet
die **Er|run|gen|schaft;** die Er|run|genschaf|ten
der **Er|satz;** des Er|sat|zes
die **Er|satz|bank** *(Sport);* die Er|satz|bänke
der **Er|satz|dienst** (Zivildienst)
der **Er|satz|fahr|plan**
er|satz|los; ersatzlos gestrichen
der **Er|satz|mann;** die Er|satz|män|ner *oder* Ersatzleute
der **Er|satz|spie|ler** *(Sport)*
die **Er|satz|spie|le|rin**
das, *seltener:* der **Er|satz|teil**
er|sau|fen (*umgangssprachlich für:* ertrinken); er ersäuft; er ersoff; er ist ersoffen
er|schaf|fen; Gott erschuf den Menschen; Gott hat die Welt erschaffen
er|schei|nen; du erscheinst; sie erschien; sie ist erschienen; erschein *oder* erscheine pünktlich!
die **Er|schei|nung**
das **Er|schei|nungs|bild**
er|schie|ßen; du erschießt; er erschießt; er erschoss; er hat ihn erschossen; erschieß *oder* erschieße ihn nicht!
er|schla|gen; du erschlägst; er erschlägt; er erschlug; er hat ihn erschlagen
er|schlie|ßen; du erschließt; man erschloss die reichen Bodenschätze; die Gemeinde hat Bauland erschlossen (für die Bebauung vorbereitet)
er|schöp|fen; meine Geduld erschöpft sich langsam; ein Thema erschöpfend behandeln
er|schöpft; alle Mittel sind erschöpft (verbraucht); er war erschöpft (kraftlos)
die **Er|schöp|fung**
er|schre|cken (in Schrecken versetzen); du erschreckst; er erschreckte sie; er hat sie erschreckt; erschreck *oder* erschrecke sie nicht!

! Nicht verwechseln: Das Verb *erschrecken* wird – je nach Bedeutung und Verwendung – entweder regelmäßig (»schwach«) oder unregelmäßig (»stark«) gebeugt.

er|schre|cken (einen Schreck bekommen); du erschrickst; er erschrickt; er erschrak; er ist erschrocken; erschrick nicht bei jedem Geräusch!
sich **er|schre|cken** (*umgangssprachlich für:* einen Schreck bekommen); du erschreckst dich; sie hat sich erschreckt/erschrocken; erschreck *oder* erschrecke dich nicht!
er|schüt|tern; ich erschüttere; das Erdbeben erschütterte die Häuser; das Erdbeben hat die Häuser erschüttert
er|schüt|ternd; erschütternde Bilder
die **Er|schüt|te|rung**
er|schwe|ren; das hat [mir] die Arbeit sehr erschwert; erschwer *oder* erschwere mir die Arbeit nicht!; das kommt erschwerend hinzu
die **Er|schwer|nis;** die Erschwernisse
er|schwing|lich (finanziell zu bewältigen); die Bluse ist noch erschwinglich
er|set|zen; du ersetzt mir das; er hat es uns ersetzt; ersetz *oder* ersetze den Schaden!
er|sicht|lich; es geschah ohne ersichtlichen Grund
er|spä|hen; du erspähst ihn; sie erspäht ihn; sie erspähte ihn; sie hat ihn erspäht
er|spa|ren; er hat sich ein Häuschen erspart; es ist ihm nichts erspart geblieben; erspar *oder* erspare dir diesen Ärger!
die **Er|spar|nis;** die Ersparnisse
er|sprieß|lich (*gehoben für:* fruchtbar)
erst; erst recht; erst einmal (zuerst)
er|star|ren; er erstarrte vor Entsetzen; die Lava ist erstarrt
er|stat|ten; die Firma erstattete [ihr] das Fahrgeld; sie hat Meldung erstattet; erstatte das Geld!

die **Er|stat|tung**
die **Erst|auf|nah|me** (erste Stufe der Aufnahme von Asylsuchenden)
die **Erst|auf|nah|me|ein|rich|tung**
er|stau|nen; du erstaunst; sie ist erstaunt (in Staunen geraten); sie hat mich erstaunt (in Staunen versetzt)
das **Er|stau|nen;** des Erstaunens; jemanden in Erstaunen versetzen
er|staun|lich; eine erstaunliche Leistung
er|staun|li|cher|wei|se; ABER: in erstaunlicher Weise
erst|bes|te; die erstbeste Gelegenheit; ABER: wir nehmen nicht gleich den Erstbesten, den ersten Besten
der **Erst|bun|des|li|gist**

ers|te

1. Kleinschreibung:

- der erste Schnee; das erste Kind
- das erste Mal; beim, zum ersten Mal
- erster Klasse fahren
- die erste heilige *oder* Erste Heilige Kommunion

2. Großschreibung:

Groß schreibt man die Nominalisierung und in bestimmten festen Verbindungen:

- sie kam als Erste (zuerst) ins Ziel
- er war der Erste, der das erwähnte
- vom nächsten Ersten an
- der Erste des Monats
- die Ersten werden die Letzten sein
- die beiden Ersten; ABER: die ersten beiden
- die Erste *oder* erste Hilfe (bei Unglücksfällen)

Großgeschrieben wird »erste« auch als Bestandteil von Namen und Titeln:

- Otto der Erste (Otto I.)
- der Erste Weltkrieg
- die Erste Bundesliga
- der Erste Bürgermeister
- der Erste Mai (Feiertag); ABER: der erste Januar

er|ste|hen (kaufen); ich habe eine neue Hose erstanden

der **Ers|te-Hil|fe-Kurs**
er|stei|gen; sie hat den Berg erstiegen
er|stei|gern (bei einer Versteigerung erwerben); ich ersteigere; sie ersteigerte das Gemälde; sie hat es ersteigert
er|stel|len; du erstellst; sie erstellte; er hat erstellt; erstell *oder* erstelle eine Präsentation!
die **Er|stel|lung**
ers|tens; erstens, zweitens, drittens
das **Ers|te[r]-Klas|se-Ab|teil**
der **Erst|ge|bo|re|ne** *oder* **Erst|ge|bor|ne;** ein Erstgeborener *oder* Erstgeborner; die Erstgeborenen *oder* Erstgebornen; mehrere Erstgeborene *oder* Erstgeborne
die **Erst|ge|bo|re|ne** *oder* **Erst|ge|bor|ne;** eine Erstgeborene *oder* Erstgeborne
der **Erst|hel|fer** (jemand, der am Unfallort als Erster Hilfe leistet)
die **Erst|hel|fe|rin**
er|sti|cken; du erstickst; er erstickte; er ist erstickt (an Luftmangel gestorben); er hat ihn erstickt (getötet)
die **Er|sti|ckungs|ge|fahr**
erst|klas|sig; eine erstklassige Leistung
der **Erst|kläss|ler** (Schüler der ersten Klasse); des Erstklässlers; die Erstklässler
die **Erst|kläss|le|rin;** die Erstklässlerinnen
der **Erst|kom|mu|ni|kant** (*katholische Kirche:* jemand, der erstmals die Kommunion empfängt); des/dem/den Erst|kom|mu|ni|kan|ten; die Erst|kom|mu|ni|kan|ten
die **Erst|kom|mu|ni|kan|tin;** die Erstkommunikantinnen
die **Erst|kom|mu|ni|on**
der **Erst|li|gist** (*Sport:* Verein in der ersten Liga); des Erstligisten; die Erstligisten
erst mal *oder* **erst|mal** (*umgangssprachlich für:* erst einmal); wir sollten erst mal *oder* erstmal Pause machen
erst|ma|lig

! Nicht verwechseln: Das Adjektiv *erstmalig* sollte nur als Attribut bei einem Nomen stehen (die erstmalige Aufführung); das Adverb *erstmals* wird hingegen in Verbindung mit einer Verbform gebraucht: Das Stück wurde erstmals aufgeführt.

erst|mals
er|strah|len; der Raum erstrahlte; er ist im Licht vieler Kerzen erstrahlt
er|stre|ben; er hat etwas erstrebt
er|stre|bens|wert
sich **er|stre|cken;** die Unterrichtsreihe erstreckt sich über ein paar Wochen; die alte Schulordnung erstreckte sich auch auf die Nachbarn
der **Erst|tags|stem|pel** (besonderer Poststempel)
er|su|chen; ich ersuche Sie[,] zu gehen
er|tap|pen; du ertappst ihn; sie ertappte ihn; sie hat ihn ertappt
er|tei|len; sie erteilte Unterricht; er hat mir den Befehl erteilt; erteil *oder* erteile einen Rat!
der **Er|trag;** des Ertrags *oder* Er|tra|ges; die Er|trä|ge
er|tra|gen; du erträgst; sie erträgt; sie ertrug das Leid; wir haben ihn jahrelang ertragen; ertrag *oder* ertrage dein Schicksal!
er|träg|lich
er|trän|ken; er hat den Hund ertränkt
er|trin|ken; du ertrinkst; er ertrank; er ist ertrunken; ertrink *oder* ertrinke bloß nicht!
er|üb|ri|gen (nicht mehr nötig sein); es erübrigt sich; es hat sich erübrigt
die **Erup|ti|on** (vulkanischer Ausbruch); die Erup|ti|o|nen
er|wa|chen; sie ist erwacht; erwache!; ABER: es gab ein böses Erwachen
er|wach|sen; er ist erwachsen; erwachsene Menschen
die **Er|wach|se|ne;** eine Erwachsene
der **Er|wach|se|ne;** ein Erwachsener; die Erwachsenen; mehrere Erwachsene
er|wä|gen; du erwägst; sie erwägt; sie erwog; sie hat den Plan erwogen
er|wä|gens|wert
die **Er|wä|gung**
er|wäh|nen; du erwähnst es; sie hat es erwähnt; erwähn *oder* erwähne den Vorfall nicht!
er|wäh|nens|wert
die **Er|wäh|nung**
er|wär|men (warm machen); du erwärmst das Badewasser; sie hat es erwärmt; erwärme das Wasser!
die **Er|wär|mung**
er|war|ten; du erwartest ihn; er hat ihn erwartet; erwarte ihn nicht mehr!
die **Er|war|tung**
er|war|tungs|ge|mäß
er|war|tungs|voll
er|wei|sen; du erweist ihr eine Gefälligkeit; sie erwies ihre Unschuld; sie hat es erwiesen; seine Schuld ist erwiesen
er|wei|tern; er hat sein Haus erweitert; erweitere dein Wissen!; einen Bruch erweitern (*Mathematik:* Zähler und Nenner mit derselben Zahl multiplizieren)
die **Er|wei|te|rung**
der **Er|werb;** des Erwerbs *oder* Er|wer|bes; die Er|wer|be
er|wer|ben; du erwirbst etwas; er erwirbt etwas; er erwarb etwas; er hat etwas erworben; erwirb dir Wissen!
er|werbs|los
er|werbs|tä|tig
der **Er|werbs|tä|ti|ge;** ein Erwerbstätiger; die Erwerbstätigen; mehrere Erwerbstätige
die **Er|werbs|tä|ti|ge;** eine Erwerbstätige
er|werbs|un|fä|hig (invalide)
die **Er|wer|bung**
er|wi|dern; du erwiderst; er erwiderte; er hat erwidert; erwidere nichts!
die **Er|wi|de|rung**
er|wir|ken (erreichen); du erwirkst; sie erwirkte; er hat erwirkt; bei jemandem eine Erlaubnis erwirken
er|wirt|schaf|ten; Gewinn erwirtschaften
er|wi|schen (ertappen; fassen, ergreifen); du erwischst ihn; er hat ihn beim Schwarzfahren erwischt; erwisch *oder* erwische ihn auf frischer Tat!
er|wünscht; die erwünschte Wirkung
er|wür|gen; er hat sein Opfer erwürgt
das **Erz;** des Er|zes; die Er|ze
er|zäh|len; du erzählst; sie erzählte, was sie erlebt hatte; sie hat eine Geschichte erzählt; erzähl *oder* erzähle mir etwas!
der **Er|zäh|ler;** des Erzählers; die Erzähler
die **Er|zäh|le|rin;** die Erzählerinnen
er|zäh|le|risch; der Aufsatz war eine erzählerische Meisterleistung
die **Er|zäh|lung**
der **Erz|bi|schof**
er|zeu|gen; der Film hat Spannung

erzeugt; erzeug *oder* erzeuge keinen Stress!
der **Er|zeu|ger;** des Erzeugers; die Erzeuger
die **Er|zeu|ge|rin;** die Erzeugerinnen
das **Er|zeug|nis;** des Erzeugnisses; die Erzeugnisse
der **Erz|feind** (schlimmster Feind)
das **Erz|ge|bir|ge** (Gebirge zwischen Deutschland und Tschechien)
er|zie|hen; du erziehst ihn; sie erzog ihn; sie hat ihn erzogen; erzieh *oder* erziehe ihn zu einem selbstbewussten Menschen!
der **Er|zie|her;** des Erziehers; die Erzieher
die **Er|zie|he|rin;** die Erzieherinnen
er|zie|he|risch; erzieherischer Rat
die **Er|zie|hung**
der **Er|zie|hungs|be|rech|tig|te;** ein Erziehungsberechtigter; die Erziehungsberechtigten; zwei Erziehungsberechtigte
die **Er|zie|hungs|be|rech|tig|te;** eine Erziehungsberechtigte
er|zie|len; du erzielst; er erzielte ein Tor; sie hat hohe Gewinne erzielt
er|zür|nen; er ist erzürnt (zornig geworden); er hat ihn erzürnt (zornig gemacht); erzürn *oder* erzürne ihn nicht!
er|zwin|gen; du erzwingst; sie erzwang ein Geständnis; sie hat es erzwungen; erzwinge nichts!
es; es sei denn, dass ...; er ists *oder* ist's; sie sprachs *oder* sprach's; ABER: das unbekannte Es
der **Es|cape-Room** *oder* **Es|cape|room** [ɪsˈkeɪpru:m, *auch:* ɛs...] (Raum, der erst durch das Lösen von Rätseln wieder verlassen werden kann); des Escape-Rooms *oder* Escaperooms; die Escape-Rooms *oder* Escaperooms
die **Es|cape|tas|te** [ɪsˈkeɪp...] (auf der Computertastatur)
die **Esche** (ein Laubbaum); die Eschen
der **E-Scoo|ter** (*kurz für:* Elektroscooter)
der **Esel;** des Esels; die Esel
die **Ese|lei;** die Eseleien
die **Esels|brü|cke**
das **Esels|ohr**
die **Es|ka|la|ti|on** (stufenweise Verschärfung der Situation)
es|ka|lie|ren (sich stufenweise steigern); der Streit eskaliert gleich; die Demonstration ist eskaliert
der **Es|ki|mo** (Angehöriger eines arktischen Volkes); des Eskimo *oder* Eskimos; die Eskimo *oder* Eskimos; ↑Inuk

> **!** Die Benennung *Eskimo* wird inzwischen von manchen als diskriminierend empfunden. Die alternative Selbstbezeichnung *Inuk* bezieht sich allerdings nur auf einen Teil der Völkergruppe.

die **Es|kor|te** (begleitende Schutzwache; Geleit); die Eskorten
die **Eso|te|rik** (rationalem Denken nicht zugängliche Lehren und Ideologien)
eso|te|risch; esoterische Lehren
die **Es|pe** (Zitterpappel); die Espen
das **Es|pen|laub;** zittern wie Espenlaub
das **Es|pe|ran|to** (eine künstliche Weltsprache)
der **E-Sport** [ˈi:spɔ:ɐ̯t] (als Sport verstandenes, ausgeübtes Spielen am Computer); des E-Sport[s]; die E-Sports
das **E-Sports** [ˈi:spɔ:ɐ̯ts] (E-Sport); des E-Sports *(meist ohne Artikel)*
der **Es|pres|so** (ein Kaffeegetränk); des Espresso *oder* Espressos; die Espressos *oder* Espressi
der **Es|p|rit** [ɛsˈpri:] (Geist, Witz); des Esprits; ein Schaupieler mit viel Esprit
der *oder* das **Es|say** [ˈɛse, *auch:* ɛˈse:] (kürzere Abhandlung); des Essays; die Essays; wir müssen in Englisch ein Essay *oder* einen Essay schreiben
ess|bar; essbare Pilze
das **Ess|be|steck**
die **Es|se** (der Schornstein); die Essen
es|sen; du isst; er isst; er aß; er hat gegessen; iss!; zu Mittag essen
das **Es|sen**
Es|sen (Stadt im Ruhrgebiet)
das **Es|sen|geld** *oder* **Es|sens|geld**
der **Es|sen|lie|fer|dienst** *oder* **Es|sens|lie|fer|dienst**
es|sen|ti|ell *vergleiche:* **es|sen|zi|ell**
die **Es|senz** (Auszug aus pflanzlichen oder tierischen Stoffen); die Es|sen|zen
es|sen|zi|ell *oder* **es|sen|ti|ell** (wesentlich; lebensnotwendig); essenzielle *oder* essentielle Fettsäuren
der **Es|ser;** des Essers; die Esser
die **Es|se|rin;** die Esserinnen

der **Es|sig;** des Essigs; die Es|si|ge
die **Es|sig|es|senz**
der **Ess|löf|fel**
der **Ess|tisch**
die **Ess|wa|ren** *Plural*
das **Ess|zim|mer**
das **Es|ta|b|lish|ment** [ɪsˈtɛblɪʃmənt] (Schicht der politisch, wirtschaftlich oder gesellschaftlich einflussreichen Personen); des Establishments; die Establishments
der **Es|te** [*auch:* ˈɛstə] (Einwohner von Estland); des Esten; die Esten
die **Es|tin** (Estländerin); die Estinnen
Est|land (nordosteuropäische Republik)
der **Est|län|der**
die **Est|län|de|rin;** die Estländerinnen
est|län|disch
est|nisch
der **Est|rich** (fugenloser Steinfußboden); des Estrichs; die Est|ri|che
das **Es|zett** (der Buchstabe ß); des Eszett; die Eszett
sich **eta|b|lie|ren** (sich fest niederlassen; einen sicheren Platz gewinnen); du etablierst dich; sie etablierte sich; er hat sich schnell etabliert; etabliert sein
eta|b|liert (fest gegründet; namhaft); eta|b|lier|ter; am eta|b|lier|tes|ten; ein etabliertes Verfahren; die etablierten Parteien
die **Eta|ge** [eˈtaːʒə] (Stockwerk, Obergeschoss); die Etagen
das **Eta|gen|bett**
die **Eta|gen|woh|nung**
die **Etap|pe** (Teilstrecke); die Etappen
der **Etap|pen|sieg**
der **Etat** [eˈtaː] (Haushaltsplan; Geldmittel); des Etats; die Etats
etc. = et cetera
et ce|te|ra [ɛt ˈtseːtera] (und so weiter)
ete|pe|te|te (geziert; zimperlich)
der **Ether** *vergleiche:* **Äther**
die **Ethik** (Sittenlehre)
ethisch (sittlich, moralisch); ethische Werte
eth|nisch (die Lebensgemeinschaft einer Volksgruppe betreffend); ethnische Konflikte
das **Eti|kett** (Zettel mit Preisaufschrift, Schildchen); die Eti|ket|te *oder* Eti|ketten, *auch:* Etiketts
die **Eti|ket|te** (Gesamtheit der gesellschaftlichen Umgangsformen); die Etiketten
et|li|che; etliche Tage; ich weiß etliches (manches); die Taten etlicher guter (*selten:* guten) Menschen; etliche Mal, Male
die **Etü|de** (*Musik:* Übungsstück)
das **Etui** [eˈtÿiː] (die Schutzhülle); des Etuis; die Etuis
et|wa; in etwa (ungefähr)
et|wa|ig; etwaige (möglicherweise auftretende) Einwände
et|was; etwas Auffälliges, Derartiges, Passendes; ABER: etwas anderes *oder* Anderes
das **Et|was;** sie hat ein gewisses Etwas
die **EU** = Europäische Union
euch *(kann in Briefen groß- oder kleingeschrieben werden)*
die **Eu|cha|ris|tie** (Abendmahl in der katholischen Kirche); die Eu|cha|ris|ti|en

eu|er

euere *oder* eure Gedanken
- ich gedenke euer

In Briefen kann »euer/eure« klein- oder großgeschrieben werden:
- viele Grüße sendet eure *oder* Eure Jessica

Klein- oder großgeschrieben werden kann auch, wenn »euer/eure« als Nomen gebraucht wird:
- die euern, euren *oder* die Euern, Euren (eure Angehörigen)
- das eu[e]re *oder* das Eu[e]re (euer Besitz)
- ihr müsst das eu[e]re *oder* das Eu[e]re tun

In Titeln wird »euer/eure« großgeschrieben:
- Euer, Eurer Hochwürden

eu|er|seits, eu|rer|seits
eu|ert|we|gen, eu|ret|we|gen
der **EU-Gip|fel** (europäisches Gipfeltreffen)
der **Eu|ka|lyp|tus** (in Australien heimischer Baum); des Eukalyptus; die Eukalyptus *oder* Eukalypten

die **Eu|le**
der **Eu|len|spie|gel** (Titelgestalt eines deutschen Volksbuches); des Eulenspiegel *oder* Eulenspiegels
die **Eu|pho|rie** (gesteigertes Hochgefühl)
eu|pho|risch; euphorischer Jubel
der **Eu|ph|rat** (Fluss in Vorderasien)
Eu|ra|si|en (Europa und Asien umfassende Landmasse)
der **Eu|ro** (europäische Währungseinheit; *Zeichen:* €; *Währungscode:* EUR); des Euro *oder* Euros; die Euros; ABER: das kostet zehn Euro
eu|ro|kri|tisch (kritisch gegenüber dem Euro oder der EU)
das **Eu|ro|land** (an der Europäischen Währungsunion teilnehmende Staatengruppe, *auch:* einer dieser Staaten); des Eurolands *oder* Eurolandes; die Euroländer
Eu|ro|pa
die **Eu|ro|pa|ab|ge|ord|ne|te**
der **Eu|ro|pa|ab|ge|ord|ne|te**
der **Eu|ro|pä|er;** des Europäers; die Europäer
die **Eu|ro|pä|e|rin;** die Europäerinnen
eu|ro|pä|isch; das europäische Gleichgewicht; ABER: die Europäische Union
die **Eu|ro|pa League®** *oder* **Eu|ro|pa-league** [...li:g] (*Sport: Markenbezeichnung, Sport:* ein Pokalwettbewerb im europäischen Vereinsfußball)
der **Eu|ro|pa|meis|ter**
die **Eu|ro|pa|meis|te|rin**
die **Eu|ro|pa|meis|ter|schaft**
das **Eu|ro|pa|par|la|ment**
der **Eu|ro|pa|po|kal** (Siegestrophäe eines europäischen Pokalwettbewerbs in einer bestimmten Sportart)
die **Eu|ro|pa|po|li|tik**
eu|ro|pa|po|li|tisch
eu|ro|pa|weit; eine europaweite Regelung
die **Eu|ro|ret|tung** *Plural selten*
eu|ro|skep|tisch (gegenüber der Europäischen Union skeptisch eingestellt)
der **Eu|ro|staat** (zur Eurozone gehörendes Land) *meist Plural*
die **Eu|ro|vi|si|on** (europäische Organisation zur gemeinsamen Veranstaltung von Fernsehsendungen)
die **Eu|ro|vi|si|ons|sen|dung**
die **Eu|ro|zo|ne** (Gebiet, in dem der Euro die staatliche Währung ist); der Eurozone
das **Eu|ter;** des Euters; die Euter
EU-weit
ev. = evangelisch
e.V., *in Vereinsnamen auch groß:* **E.V.** = eingetragener *oder* Eingetragener Verein
eva|ku|ie|ren (vorübergehend aussiedeln); sie haben die Einwohner evakuiert
die **Eva|ku|ie|rung**
die **Eva|lu|a|ti|on** (Bewertung; Beurteilung); der Evaluation; die Eva|lu|a|ti|o|nen; eine Evaluation des Unterrichts
evan|ge|lisch (das Evangelium betreffend; protestantisch); die evangelische Kirche; ABER: die Evangelische Kirche in Deutschland
evan|ge|lisch-lu|the|risch (*Abkürzung:* ev.-luth.)
der **Evan|ge|list** (Verfasser eines der vier Evangelien); des/dem/den Evan|ge|lis|ten; die vier Evan|ge|lis|ten
das **Evan|ge|li|um** (Heilsbotschaft Christi); die Evan|ge|li|en
der *oder* das **Event** [iˈvɛnt] (Veranstaltung); des Events; die Events
even|tu|ell (vielleicht; gegebenenfalls; unter Umständen); *Abkürzung:* evtl.
evi|dent (offensichtlich)
die **Evo|lu|ti|on** (fortschreitende Entwicklung); die Evo|lu|ti|o|nen
evtl. = eventuell
ewig; auf ewig; für immer und ewig; ein ewiges Einerlei; das ewige Leben; ewiger Schnee; ABER: die Ewige Stadt (Rom)
die **Ewig|keit**
ex|akt (genau; sorgfältig; pünktlich); exak|ter; am ex|ak|tes|ten; die exakten Wissenschaften (Naturwissenschaften und Mathematik)
das **Ex|a|men** (Prüfung); die Examen *oder* Ex|a|mi|na
die **Ex|e|ku|ti|on** (Vollstreckung eines Urteils; Hinrichtung)
die **Ex|e|ku|ti|ve** (vollziehende Gewalt im Staat)
das **Ex|em|pel** ([warnendes] Beispiel); des Exempels; die Exempel

A B C D E exe F G H I J K L M N O P Q R S T U V W X Y Z

das **Ex|em|p|lar** (Einzelstück; *Abkürzung:* Expl.); des Exemplars; die Ex|em|p|la|re
ex|em|p|la|risch (musterhaft; warnend)
ex|er|zie|ren (militärische Übungen machen; *auch umgangssprachlich für:* einüben); du exerzierst; er hat exerziert
der **Ex|er|zier|platz**
die **Ex-Frau** *oder* **Ex|frau**
der **Ex-Freund** *oder* **Ex|freund**
die **Ex-Freun|din** *oder* **Ex|freun|din**
das **Exil** (Verbannung); des Exils; die Exi|le
exis|tent (wirklich, vorhanden)
exis|ten|ti|ell *vergleiche:* **exis|ten|zi|ell**
die **Exis|tenz** (Dasein; Auskommen); die Exis|ten|zen
exis|ten|zi|ell *oder* **exis|ten|ti|ell** (das Dasein wesentlich betreffend; lebenswichtig); eine Frage von existenzieller *oder* existentieller Bedeutung
das **Exis|tenz|mi|ni|mum** (zum Leben unbedingt nötiges Mindesteinkommen); am Rande des Existenzminimums leben
exis|tie|ren (vorhanden sein, leben); du existierst; die Gefahr existierte; sie hat für mich nicht mehr existiert
ex|klu|siv (ausschließlich einem bestimmten Personenkreis vorbehalten)
ex|klu|si|ve (ausschließlich); exklusive aller Versandkosten; exklusive Porto
die **Ex|kom|mu|ni|ka|ti|on** (*katholische Kirche:* Ausschluss aus der kirchlichen Gemeinschaft)
ex|kom|mu|ni|zie|ren; er wurde exkommuniziert
das **Ex|kre|ment** (Ausscheidungsprodukt, z. B. Kot); des Exkrements; die Ex|kre|men|te *meist Plural*
die **Ex|kur|si|on** (Ausflug zu Bildungszwecken)
der **Ex-Mann** *oder* **Ex|mann;** die Ex-Männer *oder* Ex|män|ner
der **Ex|o|dus** (das Aufgeben und Verlassen); des Exodus; die Exodusse
ex|or|bi|tant (übertrieben; gewaltig); ex|or|bi|tan|ter; am ex|or|bi|tan|tes|ten; seine Leistungen exorbitant steigern
der **Ex|or|zist** (Geisterbeschwörer); des/dem/den Ex|or|zis|ten; die Ex|or|zis|ten
die **Ex|or|zis|tin;** die Exorzistinnen
exo|tisch (fremdländisch, fremdartig); exotische Speisen
der **Ex|pan|der** (Trainingsgerät zur Stärkung der Arm- und Oberkörpermuskulatur); des Expanders; die Expander
ex|pan|die|ren (sich ausdehnen); das Gas ist expandiert; die Wirtschaft hat expandiert
die **Ex|pan|si|on** (Ausdehnung); die Ex|pan|si|o|nen
ex|pan|siv ([sich] ausdehnend)
die **Ex|pe|di|ti|on** (Forschungsreise; Versandabteilung, Abfertigungsabteilung); die Ex|pe|di|ti|o|nen
das **Ex|pe|ri|ment** (Versuch); des Experiments *oder* Ex|pe|ri|men|tes; die Ex|pe|ri|men|te
ex|pe|ri|men|tell (auf Experimenten beruhend); experimentelle Methoden; ein experimentelles Foto
ex|pe|ri|men|tie|ren; du experimentierst; sie hat experimentiert; experimentier *oder* experimentiere nicht damit!
der **Ex|per|te** (Fachmann); des/dem/den Experten; die Experten
die **Ex|per|tin** (Fachfrau); die Expertinnen
Expl. = Exemplar
ex|pli|zit (deutlich; ausführlich dargestellt); etwas explizit sagen
ex|plo|die|ren (mit einem Knall zerplatzen); die Bombe explodierte; sie ist explodiert
die **Ex|plo|si|on;** die Ex|plo|si|o|nen
ex|plo|siv (leicht explodierend)
die **Ex|po** (*kurz für:* Exposition, Ausstellung); der Expo; die Expos
das **Ex|po|nat** (Ausstellungsstück); des Exponats *oder* Ex|po|na|tes; die Ex|po|na|te; nach der Projektwoche haben wir unsere Exponate gezeigt
der **Ex|po|nent** (Hochzahl); des/dem/den Ex|po|nen|ten; die Ex|po|nen|ten
ex|po|niert (Angriffen oder bestimmten Wirkungen ausgesetzt)
der **Ex|port** (Ausfuhr); die Ex|por|te; Ex- und Import
ex|por|tie|ren; du exportierst; sie exportierte; die Firma hat Autos exportiert
ex|press (eilig); einen Brief express zustellen
der **Ex|press;** ein Paket per Express zustellen
das **Ex|press|gut**

der **Ex|pres|si|o|nis|mus** (Kunstrichtung im frühen 20. Jahrhundert)
ex|pres|siv (ausdrucksvoll)
ex|qui|sit (ausgesucht, vorzüglich)

Ekstase

! Viele Fremdwörter werden ganz anders geschrieben, als sie ausgesprochen werden, oder ganz anders als vergleichbare Fremdwörter. Dazu gehört das Nomen *Ekstase,* das mit *x* ausgesprochen, aber mit *ks* geschrieben wird.

ex|tern (draußen befindlich; auswärtig)
ex|t|ra (außerdem, besonders, eigens)
das **Ex|t|ra** (Sonderleistung, zusätzliches Zubehör); des Extras; die Extras
der, *auch:* das **Ex|trakt** (Auszug aus Büchern; Auszug aus tierischen oder pflanzlichen Stoffen); des Extrakts *oder* Ex|trak|tes; die Ex|trak|te
ex|t|ra|ter|res|t|risch (außerirdisch)
ex|t|ra|va|gant (ausgefallen, übertrieben); ex|t|ra|va|gan|ter; am ex|t|ra|va|gan|tes|ten; ein extravaganter Stil; extravagante Kleidung
die **Ex|t|ra|wurst;** *meist in der Wendung:* jemandem eine Extrawurst braten (*umgangssprachlich für:* jemanden bevorzugt behandeln)
ex|t|rem (übertrieben)
das **Ex|t|rem** (Übertreibung, Äußerstes); des Extrems; die Ex|t|re|me; von einem Extrem ins andere fallen
der **Ex|treme Me|tal** [ɪksˈtriːm ˈmɛtl̩] (extreme Form des Heavy Metal); des Extreme Metal *oder* Extreme Metals
der **Ex|t|re|mis|mus** (radikale [politische] Einstelllung oder Richtung)
der **Ex|t|re|mist** (Radikaler); des/dem/den Ex|t|re|mis|ten; die Ex|t|re|mis|ten
die **Ex|t|re|mis|tin;** die Extremistinnen
ex|t|re|mis|tisch
die **Ex|t|re|mi|tä|ten** (Gliedmaßen) *Plural*
das **Ex|t|rem|wet|ter**
ex|zel|lent (hervorragend)
ex|zen|t|risch (außerhalb des Mittelpunktes liegend; überspannt)
der **Ex|zess** (Ausschreitung); des Ex|zes|ses; die Ex|zes|se
ex|zes|siv (übermäßig; ausschweifend); exzessiv feiern

der **Eye|li|ner** [ˈaɪ̯laɪ̯nɐ] (Flüssigkeit, mit der der Lidstrich aufgetragen wird)
der **Eye|tra|cker** *oder* **Eye-Tra|cker** [ˈaɪ̯trɛkɐ] (elektronisches Gerät zum Registrieren von Augenbewegungen); des Eyetrackers *oder* Eye-Trackers; die Eyetracker *oder* Eye-Tracker
die **EZB** = Europäische Zentralbank
die **E-Zi|ga|ret|te** (einer Zigarette ähnliches elektrisches Gerät zum Inhalieren)

F

f = forte
das **F** (Buchstabe); des F; die F; ABER: das f in Schaf; das F-Dur, ABER: das f-Moll (Tonarten)
die **Fa|bel** (Tiererzählung); die Fabeln
fa|bel|haft
das **Fa|bel|tier**
die **Fa|b|rik;** die Fa|b|ri|ken
der **Fa|b|ri|kant** (Hersteller); des/dem/den Fa|b|ri|kan|ten; die Fa|b|ri|kan|ten
die **Fa|b|ri|kan|tin;** die Fabrikantinnen
das **Fa|b|ri|kat** (fabrikmäßig hergestelltes Erzeugnis); des Fabrikats *oder* Fa|b|ri|ka|tes; die Fa|b|ri|ka|te
fa|b|rik|neu
der **Fa|b|rik|ver|kauf** (Verkauf durch den Hersteller)
fa|b|ri|zie|ren (herstellen); du fabrizierst; fabrizier *oder* fabriziere keinen Schrott!
fa|bu|lie|ren (Geschichten erfinden); sie hat gern fabuliert; fabulier *oder* fabuliere nicht!
das **Face|book** [ˈfeɪ̯sbʊk] (*Markenbezeichnung:* Website eines internationalen sozialen Netzwerks); des Facebook *oder* Facebooks *(meist ohne Artikel)*
face|boo|ken (*umgangssprachlich für:* Facebook *[Markenbezeichnung]* verwenden)
die **Fa|cet|te** [faˈsɛtə] (eckig geschliffene Fläche; Teilaspekt); die Facetten
das **Fa|cet|ten|au|ge** (*Zoologie:* Netzauge bei Insekten)
fa|cet|ten|reich (viele Teilaspekte aufweisend); facettenreiche Themen

das **Fach;** des Fachs *oder* Fa|ches; die Fächer
das **Fach|ab|i|tur** (Fachhochschulreife)
der **Fach|ar|bei|ter**
die **Fach|ar|bei|te|rin**
der **Fach|arzt**
die **Fach|ärz|tin**
der **Fach|aus|druck**
das **Fach|buch**
fä|cheln; ich fäch[e]le; du fächelst; er fächelte; er hat sich Kühlung gefächelt
der **Fä|cher;** des Fächers; die Fächer
fä|cher|über|grei|fend
die **Fach|frau**
das **Fach|ge|biet**
fach|ge|recht; fachgerechte Montage
das **Fach|ge|schäft**
die **Fach|hoch|schu|le** (*Abkürzung:* FH)
die **Fach|kraft** (jemand, der über bestimmte Kenntnisse verfügt); der Fachkraft; die Fach|kräf|te; es herrscht ein Mangel an Fachkräften
der **Fach|kräf|te|man|gel;** des Fachkräftemangels
die **Fach|kun|de** (in der Berufsschule)
fach|kun|dig (Fachkenntnisse habend); fachkundiger Rat
der **Fach|leh|rer**
die **Fach|leh|re|rin**
die **Fach|leu|te** *Plural*
fach|lich
der **Fach|mann;** die Fach|män|ner *oder* Fach|leu|te
fach|män|nisch
die **Fach|schu|le**
fach|sim|peln (sich über fachliche Dinge unterhalten); ich fachsimp[e]le; du fachsimpelst; sie fachsimpelte; sie haben stundenlang gefachsimpelt
die **Fach|spra|che**
fach|sprach|lich
das **Fach|werk|haus**
das **Fach|wis|sen** (Wissen auf einem bestimmten Gebiet)
die **Fach|zeit|schrift**
die **Fa|ckel;** die Fackeln
fa|ckeln; du fackelst; er fackelte; er hat nicht lange gefackelt; fackle *oder* fackele nicht lange!
der **Fa|ckel|zug**
der **Fact** [fɛkt] (Tatsache; Fakt); des Facts; die Facts *meist Plural;* Facts sammeln

fad *oder* **fa|de** (geschmacklos; langweilig); fa|der; am fa|des|ten
der **Fa|den;** die Fäden, *aber für das Längenmaß:* die Faden; 4 Faden tief; *Verkleinerungsform:* das Fäd|chen
das **Fa|den|kreuz**
fa|den|schei|nig (nicht sehr glaubhaft)
das **Fa|gott** (ein Holzblasinstrument); des Fagotts *oder* Fa|got|tes; die Fa|got|te
fä|hig; er ist keines Betruges fähig; er ist zu allem fähig
die **Fä|hig|keit**
fahl (von blasser Farbe)
fahn|den (polizeilich suchen); du fahndest; sie fahndete; man hat nach dem Mörder gefahndet; fahnde nach ihm!
der **Fahn|der;** des Fahnders; die Fahnder
die **Fahn|de|rin;** die Fahnderinnen
die **Fahn|dung**
die **Fah|ne;** *Verkleinerungsform:* das Fähnchen
die **Fah|nen|flucht** (unerlaubtes Sichentfernen oder Fernbleiben von der Truppe)
die **Fah|nen|stan|ge**
der **Fähn|rich** (Offiziersanwärter)
der **Fahr|aus|weis** (Fahrkarte, Fahrschein)
die **Fahr|bahn;** die Fahr|bah|nen
der **Fahr|bahn|scha|den** *meist Plural*
die **Fäh|re**
fah|ren; du fährst; sie fährt; sie fuhr; sie hat diesen Wagen gefahren; sie ist über den Bürgersteig gefahren; fahr *oder* fahre vorsichtig!; Auto fahren; ich fahre Auto; Rad fahren; ich fahre Rad; ABER: das Autofahren; beim Radfahren; er hat seine Pläne fahren lassen *oder* fahrenlassen (aufgegeben); sie hat ihn mit ihrem Auto fahren lassen
das **Fah|ren|heit;** Grad Fahrenheit (Temperaturgrad auf der 180-teiligen Skala; *Zeichen:* °F); 32 Grad Fahrenheit (32 °F)
fah|ren|las|sen ↑ fahren
der **Fah|rer;** des Fahrers; die Fahrer
die **Fah|rer|flucht**
die **Fah|re|rin;** die Fahrerinnen
der **Fahr|gast;** die Fahr|gäs|te
das **Fahr|geld**
fah|rig (unkontrolliert; unkonzentriert); fahrige Bewegungen
die **Fahr|kar|te**
der **Fahr|kar|ten|au|to|mat**
die **Fahr|kos|ten** *oder* **Fahrt|kos|ten** *Plural*

fahr|läs|sig; fahrlässige Tötung
der **Fahr|leh|rer**
die **Fahr|leh|re|rin**
der **Fähr|mann;** die Fähr|män|ner *oder* Fähr|leu|te
der **Fahr|plan**
fahr|plan|mä|ßig; die fahrplanmäßige Ankunft
der **Fahr|preis**
die **Fahr|prü|fung**
das **Fahr|rad;** Fahrrad fahren; ABER: beim Fahrradfahren
der **Fahr|rad|ab|stell|platz**
die **Fahr|rad|au|to|bahn**
der **Fahr|rad|fah|rer**
die **Fahr|rad|fah|re|rin**
der **Fahr|rad|helm**
das **Fahr|rad|schloss**
der **Fahr|rad|schlüs|sel**
die **Fahr|rad|stadt** (für Fahrradfahrer/-innen besonders geeignete Stadt)
der **Fahr|rad|stän|der**
die **Fahr|rad|stra|ße**
die **Fahr|rad|tour**
der **Fahr|rad|weg**
der **Fahr|schein**
die **Fahr|schu|le**
der **Fahr|stuhl**
die **Fahrt;** die Fahr|ten; eine Fahrt ins Blaue
die **Fähr|te** (Spur)
die **Fahrt|kos|ten** *oder* **Fahr|kos|ten**
die **Fahrt|rich|tung**
die **Fahr|tüch|tig|keit**
das **Fahr|was|ser**
das **Fahr|werk** (eines Flugzeugs)
das **Fahr|zeug;** des Fahrzeugs *oder* Fahrzeu|ges; die Fahr|zeu|ge
das **Fai|ble** ['fɛ:bl̩] (Schwäche; Neigung, Vorliebe); des Faibles; die Faibles; ein Faible für etwas haben
fair [fɛ:ɐ̯] (einwandfrei; anständig); ein faires Spiel
die **Fair|ness** ['fɛ:ɐ̯nɛs]
das **Fair Play** ['fɛ:ɐ̯ 'pleɪ̯] *oder* **Fair|play** ['fɛ:ɐ̯pleɪ̯] (anständiges Spiel); des Fair Play[s] *oder* Fairplay[s]
Fair|trade ['fɛ:ɐ̯(')treɪ̯t] (*Markenbezeichnung:* Organisation, die fairen Handel fördert); *ohne Artikel*
die **Fä|ka|lie** (Kot); die Fä|ka|li|en *meist Plural*
die **Fake News** *oder* **Fake|news** ['feɪ̯k(')nju:s] (*umgangssprachlich für:* in manipulativer Absicht verbreitete Falschmeldungen) *Plural*
der **Fake Shop** *oder* **Fake|shop** ['feɪ̯k(')ʃɔp] (*umgangssprachlich für:* betrügerische Verkaufsseite im Internet)
der **Fa|kir** (Asket; Zauberer); des Fakirs; die Fa|ki|re
der, *auch:* das **Fakt** (Tatsache); des Fakts *oder* Fak|tes; die Fak|ten, *auch:* Fakts; das ist [der] Fakt
der **Fak|ten|check;** des Faktenchecks; die Faktenchecks
fak|tisch (tatsächlich)
der **Fak|tor** (Vervielfältigungszahl; Grund, Umstand); des Faktors; die Fak|to|ren
das **Fak|tum** (Tatsache); des Faktums; die Fak|ten
die **Fa|kul|tät** (Abteilung einer Hochschule); die Fa|kul|tä|ten
der **Fal|ke;** des Falken; die Falken
die **Falk|land|in|seln** (Inseln östlich der Südspitze Südamerikas) *Plural*
der **Falk|ner** (jemand, der Greifvögel abrichtet); des Falkners; die Falkner
die **Falk|ne|rin;** die Falknerinnen
der **Fall;** des Falls *oder* Fal|les; die Fäl|le; für den Fall, dass ...; gesetzt (angenommen) den Fall, dass ...; im Fall[,] dass ... *oder* im Falle[,] dass ...; von Fall zu Fall; zu Fall bringen; erster Fall (Nominativ); ABER: bestenfalls, jedenfalls, keinesfalls u. a.
die **Fall|brü|cke**
die **Fal|le**
fal|len; du fällst; sie fällt; sie fiel; sie ist gefallen; fall *oder* falle nicht!; sie hat den Plan fallen lassen (*seltener:* fallen gelassen) *oder* fallenlassen (*seltener:* fallengelassen)
fäl|len; du fällst; er fällte; er hat den Baum gefällt; fäll *oder* fälle die Tanne!; ein Urteil fällen
fal|len|las|sen ↑ fallen
die **Fall|gru|be** (*Jägersprache*)
fäl|lig; eine fällige Rechnung; fällig sein
das **Fall|obst**
das **Fall|reep** (Leiter, die an der Bordwand herabgelassen wird); des Fallreeps *oder* Fall|ree|pes; die Fall|ree|pe
der **Fall|rück|zie|her** (*Fußball*)

falls; kommen Sie bitte, falls möglich, etwas früher

der **Fall|schirm**

der **Fall|schirm|sprin|ger**

die **Fall|schirm|sprin|ge|rin**

falsch; fal|scher; am fal|sches|ten; Falsch und Richtig unterscheiden können; falsche Zähne; falscher *oder* Falscher Hase (Hackbraten)

fäl|schen; du fälschst; er fälschte; er hat den Scheck gefälscht; fälsch *oder* fälsche nie!

der **Fäl|scher;** des Fälschers; die Fälscher

die **Fäl|sche|rin;** die Fälscherinnen

das **Falsch|geld**

fälsch|lich; eine fälschliche Behauptung

die **Falsch|mel|dung**

falsch|spie|len (beim Spiel betrügen); du spielst falsch; er hat falschgespielt; spiel *oder* spiele nicht falsch!

die **Fäl|schung**

fäl|schungs|si|cher; fälschungssichere Personalausweise

das **Fal|sett** (*Musik:* Kopfstimme); des Falsetts *oder* Fal|set|tes; die Fal|set|te

das **Falt|boot** (zerlegbares Paddelboot)

die **Fal|te;** *Verkleinerungsform:* das Fältchen

fal|ten; du faltest; sie faltete; sie hat das Blatt gefaltet; falt *oder* falte das Blatt zweimal!

der **Fal|ter** (Schmetterling); des Falters; die Falter

fal|tig (Falten habend); faltige Haut

das **Falt|schloss** (besonders für Zweiräder)

der **Falz;** des Fal|zes; die Fal|ze

fal|zen; du falzt; sie falzte; sie hat den Bogen gefalzt; falz *oder* falze das Blatt!

fa|mi|li|är (vertraut, eng verbunden); eine familiäre Atmosphäre

die **Fa|mi|lie;** die Fa|mi|li|en

die **Fa|mi|li|en|ban|de** (*gehoben für:* besonderer Zusammenhalt von Familienmitgliedern) *Plural*

fa|mi|li|en|freund|lich; familienfreundliche Politik

das **Fa|mi|li|en|mit|glied**

der **Fa|mi|li|en|nach|zug** (Nachzug von Familienmitgliedern, besonders bei Flüchtlingen)

der **Fa|mi|li|en|na|me**

das **Fa|mi|li|en|ti|cket**

das **Fa|mi|li|en|tref|fen**

das **Fa|mi|li|en|un|ter|neh|men**

der **Fa|mi|li|en|va|ter**

die **Fa|mi|li|en|zeit** (*auch für:* Unterbrechung oder Reduzierung der Erwerbstätigkeit für die Kinderbetreuung und -erziehung)

fa|mos (ausgezeichnet, prächtig)

der **Fan** [fɛn] (begeisterter Anhänger, begeisterte Anhängerin); des Fans; die Fans

der **Fan|ar|ti|kel** (für Fans produzierter Gegenstand, der einen Bezug zum verehrten Idol herstellt)

der **Fa|na|ti|ker** (Eiferer); des Fanatikers; die Fanatiker

die **Fa|na|ti|ke|rin;** die Fanatikerinnen

fa|na|tisch (sich unbedingt, rücksichtslos einsetzend)

der **Fa|na|tis|mus;** des Fanatismus; die Fanatismen

der **Fan|club** [ˈfɛnklʊb] *vergleiche:* **Fan|klub**

fan|cy [ˈfɛnsi] (*umgangssprachlich für:* ausgefallen, schick); eine fancy Lederjacke

die **Fan|fa|re** (Trompetengeschmetter; ein Blasinstrument)

der **Fang;** des Fangs *oder* Fan|ges; die Fän|ge

der **Fang|arm**

fan|gen; du fängst; sie fängt; sie fing; sie hat den Ball gefangen; fang *oder* fange den Ball!; ABER: wir wollen Fangen spielen

das **Fan|gen;** des Fangens; Fangen spielen

die **Fang|fra|ge**

der **Fan|klub** *oder* **Fan|club** [ˈfɛnklʊb]

die **Fan|kur|ve** *(Sport)*

die **Fan|mei|le** (breite Straße, auf der viele Sportfans zusammenkommen, besonders um Liveübertragungen von Sportereignissen auf Großleinwänden anzusehen)

die **Fan|ta|sie** *oder* **Phan|ta|sie** (Wunschbild, Vorstellungskraft); die Fan|ta|si|en *oder* Phan|ta|si|en

fan|ta|sie|reich *oder* **phan|ta|sie|reich**

fan|ta|sie|ren *oder* **phan|ta|sie|ren** (sich in der Fantasie ausmalen; verwirrt reden); du fantasierst *oder* phantasierst; er fantasiert *oder* phantasiert; fantasier[e] *oder* phantasier[e] nicht!

fan|ta|sie|voll *oder* **phan|ta|sie|voll**
fan|tas|tisch *oder* **phan|tas|tisch** (nur in der Fantasie bestehend; *umgangssprachlich für:* großartig)
die **Fan|ta|sy** ['fɛntəzi] (Roman- und Filmgattung, die märchenhafte, mythische Fantasiewelten darstellt)
die **Fan|ta|sy|fi|gur**
der **Fan|ta|sy|ro|man**
fa|ra|day|scher Kä|fig *oder* **Fa|ra-day'scher Kä|fig** ['farade:ʃɐ -] *(Physik)*
die **Far|be;** eine blaue Farbe; die Farbe Blau
farb|echt
fär|ben; du färbst; er hat den Stoff gefärbt; färb *oder* färbe den Stoff!
far|ben|blind
far|ben|froh
die **Fär|be|rei**
das **Farb|fern|se|hen**
der **Farb|fern|se|her**
der **Farb|film**
far|big
der **Far|bi|ge;** ein Farbiger; die Farbigen; zwei Farbige
die **Far|bi|ge;** eine Farbige
der **Farb|kas|ten** *oder* **Far|ben|kas|ten**
farb|lich
farb|los; farb|lo|ser; am farb|lo|ses-ten
der **Farb|stift**
der **Farb|stoff**
der **Farb|ton**
die **Fär|bung**
die **Far|ce** ['fars] (Posse; Verhöhnung, Karikatur eines Geschehens); der Farce; die Farcen
die **Farm;** die Far|men
der **Far|mer;** des Farmers; die Farmer
die **Far|me|rin;** die Farmerinnen
der **Farn** (eine Sporenpflanze); des Farns *oder* Far|nes; die Far|ne
das **Farn|kraut**
die **Fär|se** (Kuh, die noch nicht gekalbt hat); die Färsen

! Nicht verwechseln: Obwohl beide Wörter gleich ausgesprochen werden, schreibt man die Bezeichnung für das weibliche Rind mit *ä*, während der Name des hinteren Fußteils mit *e* geschrieben wird.

der **Fa|san;** des Fasans; die Fa|sa|ne *oder* Fa|sa|nen
der **Fa|sching;** die Fa|schin|ge *oder* Faschings
das **Fa|schings|kos|tüm**
der **Fa|schis|mus** (eine antidemokratische Staatsauffassung)
der **Fa|schist;** des/dem/den Fa|schis|ten; die Fa|schis|ten
die **Fa|schis|tin;** die Faschistinnen
fa|schis|tisch
fa|seln (*umgangssprachlich abwertend für:* unüberlegt daherreden); du faselst; er faselte; er hat von einer neuen Idee gefaselt; fasle *oder* fasele nicht!
die **Fa|ser;** die Fasern
fa|se|rig; eine faserige Struktur
die **Fa|shion** ['fɛʃn̩] (Mode; feine Lebensart); der Fashion
das **Fass;** des Fas|ses; die Fäs|ser; zwei Fass Bier
die **Fas|sa|de** (Vorderseite, Schauseite)
der **Fas|sa|den|klet|te|rer**
die **Fas|sa|den|klet|te|rin**
die **Fass|brau|se** (eine Limonade)
fas|sen; du fasst; er fasste; er hat den Dieb gefasst; fasse *oder* fass ihn!; sich fassen; er hat sich jetzt wieder gefasst
fass|lich (verständlich); leicht fasslich
die **Fas|son** [fa'sõ:] (Form, Muster, Art); die Fassons; aus der Fasson geraten
die **Fas|sung**
fas|sungs|los
fast (beinahe)
fas|ten; du fastest; sie fastete; sie hat gefastet; faste endlich!
die **Fas|ten|zeit**
das **Fast Food** *oder* **Fast|food** ['fa:stfu:t] (schnell zubereitete und verzehrte billige Gerichte); des Fast Food[s] *oder* Fastfood[s]
die **Fast|nacht**
der **Fast|nachts|diens|tag**
der **Fast|tag**
das **Fas|zi|en|trai|ning** (Trainieren des Bindegewebes im Bewegungsapparat)
die **Fas|zi|na|ti|on** (bezaubernde Wirkung, Anziehungskraft)
fas|zi|nie|ren (fesselnd, bezaubernd wirken); du faszinierst ihn; er hat mich fasziniert; ein faszinierendes Lächeln

A B C D E F fas G H I J K L M N O P Q R S T U V W X Y Z

fa|tal (verhängnisvoll; peinlich); ein fataler Fehler

die **Fa|ta Mor|ga|na** (Luftspiegelung, Trugbild); die Fata Morganen *oder* Fata Morganas

das **Fat|bike** (Fahrrad mit besonders breiten Reifen)

der **Fatz|ke** (*umgangssprachlich für:* eitler Mann); des Fatzken *oder* Fatzkes; die Fatzken *oder* Fatzkes

fau|chen; die Katze faucht; sie fauchte; sie hat gefaucht; fauch *oder* fauche nicht!

faul; faule Ausreden; ein fauler Zauber; auf der faulen Haut liegen

! Viele Fremdwörter werden ganz anders geschrieben, als sie gesprochen werden. Dazu gehören auch die aus dem Englischen übernommenen Ausdrücke für regelwidriges Verhalten beim Sport: *foul,* das *Foul* und *foulen* schreibt man nicht mit *au,* sondern mit *ou.*

fau|len; das Holz faulte; das Obst ist, *auch:* hat gefault

fau|len|zen; du faulenzt; sie faulenzte; sie hat gefaulenzt; faulenz *oder* faulenze nicht!

der **Fau|len|zer;** des Faulenzers; die Faulenzer

die **Fau|len|ze|rin;** die Faulenzerinnen

die **Faul|heit**

die **Fäul|nis**

der **Faul|pelz** (*umgangssprachlich für:* fauler Mensch)

der **Faul|schlamm** (Bodenschlamm in stehenden Gewässern)

das **Faul|tier**

der **Faun** (Waldgeist; lüsterner Mensch); des Fauns *oder* Fau|nes; die Fau|ne

die **Fau|na** (Tierwelt)

die **Faust;** die Fäus|te

der **Faust|ball**

faust|dick; eine faustdicke (dreiste) Lüge

faus|ten; du faustest; sie faustete; sie hat den Ball über die Latte gefaustet

der **Fäust|ling** (Fausthandschuh); des Fäustlings; die Fäust|lin|ge

das **Faust|pfand** (Machtmittel, um Forderungen durchzusetzen)

das **Faust|recht** (Selbsthilfe durch Gewalt)

die **Faust|re|gel**

der **Faust|schlag**

fa|vo|ri|sie|ren (bevorzugen; als Sieger erwarten); du favorisierst; er favorisierte eine schnelle Lösung; sie gehört zu den favorisierten Teilnehmerinnen

der **Fa|vo|rit** (Günstling; erwarteter Sieger im Wettkampf); des/dem/den Fa|vo|ri|ten; die Fa|vo|ri|ten

die **Fa|vo|ri|tin;** die Favoritinnen

das **Fax** (*kurz für* Telefax); des Fax; die Faxe

der **Fax|an|schluss**

fa|xen (ein Fax, als Fax schicken); du faxt; sie faxte; sie hat die Nachricht gefaxt

die **Fa|xen** (Grimassen; Albernheiten) *Plural*

das **Fax|ge|rät**

das **Fa|zit** (Ergebnis; Schlussfolgerung); des Fazits; die Fa|zi|te *oder* Fazits

das *oder* der **FBI** [ɛfbiːˈʔaɪ̯] = Federal Bureau of Investigation (Kriminalpolizei der USA)

das **FCKW** = Fluorchlorkohlenwasserstoff

die **FDP** = Freie Demokratische Partei

das, *auch:* die **Fea|ture** [ˈfiːtʃɐ] (Dokumentarsendung; *Technik, EDV:* typisches Merkmal); des Features, *auch:* Feature; die Features; ein Feature über die Tour de France; die neue Software hat interessante zusätzliche Features

fea|turen [ˈfiːtʃɐn] (*Jargon:* unterstützen, für etwas werben; jemanden beteiligen); du featurst; sie hat gefeaturt

der **Fe|b|ru|ar;** des Februar *oder* Februars

fech|ten; du fichtst; sie ficht; sie focht; sie hat gefochten; ficht gegen ihn!

der **Fech|ter;** des Fechters; die Fechter

die **Fech|te|rin;** die Fechterinnen

die **Fecht|mas|ke**

die **Fe|der**

der **Fe|der|ball**

das **Fe|der|ball|spiel**

das **Fe|der|bett**

fe|der|füh|rend (die wichtigste Rolle spielend)

das **Fe|der|ge|wicht** (Körpergewichtsklasse in der Schwerathletik)

der **Fe|der|hal|ter**

fe|der|leicht
fe|dern; etwas federte; das Brett hat gefedert
die **Fe|de|rung**
der **Fe|der|wei|ße** (junger, noch gärender Wein); des Federweißen; die Federweißen
die **Fe|der|zeich|nung**
die **Fee** (eine weibliche Märchengestalt); die Fe|en
das **Feed|back** *oder* **Feed-back** ['fi:dbɛk] (Rückmeldung; Reaktion); des Feedbacks *oder* Feed-backs; die Feedbacks *oder* Feed-backs
das **Fee|ling** ['fi:lɪŋ] (Gefühl); des Feelings; die Feelings
fe|en|haft
das **Fe|ge|feu|er** *Plural selten*
fe|gen; du fegst; er fegt; er fegte; er hat die Straße gefegt; der Sturm ist übers Land gefegt; feg *oder* fege den Hof!
die **Feh|de** (mittelalterlicher Kampf oder Privatkrieg); die Fehden
der **Feh|de|hand|schuh**
fehl; fehl am Platz sein
der **Fehl|alarm**
die **Fehl|an|zei|ge**
der **Fehl|be|trag**
die **Fehl|bil|dung** (fehlerhafte Ausbildung eines Organs oder Körperteils)
feh|len; du fehlst; er fehlte; er hat in der Schule gefehlt; fehl *oder* fehle nicht so oft!
der **Feh|ler;** des Fehlers; die Fehler
feh|ler|frei
feh|ler|haft
feh|ler|los
die **Feh|ler|quel|le**
der **Feh|ler|teu|fel** *(scherzhaft)*
die **Fehl|ge|burt**
fehl|grei|fen; er greift fehl; er hat fehlgegriffen
der **Fehl|griff**
der **Fehl|pass** *(Sport)*
der **Fehl|schlag;** die Fehl|schlä|ge
fehl|schla|gen; der Versuch schlug fehl; er ist fehlgeschlagen
der **Fehl|start** *(Sport)*
das **Fehl|ver|hal|ten**
die **Fei|er**
der **Fei|er|abend**
fei|er|lich; die feierliche Eröffnung
der **Fei|er|mo|dus** *(umgangssprachlich) Plural selten;* sie sind im Feiermodus
fei|ern; du feierst; sie hat ihren Geburtstag gefeiert
der **Fei|er|tag;** des Feiertags; ABER: **fei|er|tags;** sonn- und feiertags geschlossen
fei|er|wü|tig *(umgangssprachlich, auch abwertend)*
feig *oder* **fei|ge**
die **Fei|ge** (Frucht des Feigenbaumes)
der **Fei|gen|kak|tus**
die **Feig|heit**
der **Feig|ling**
feil|bie|ten; er bietet feil; er hat seine Ware feilgeboten
die **Fei|le**
fei|len; du feilst; sie hat gefeilt; feil *oder* feile noch etwas an deinem Aufsatz!
feil|schen; ich feilsche; du feilschst; sie feilschte; sie hat gefeilscht; feilsch *oder* feilsche nicht!
fein; fein gemahlenes *oder* feingemahlenes Mehl; das Mehl ist ganz fein gemahlen; sich für das Fest fein machen *oder* feinmachen
feind *(veraltend);* jemandem feind sein, bleiben, werden
der **Feind;** des Fein|des; die Fein|de; jemandes Feind sein, bleiben, werden
das **Feind|bild**
die **Fein|din;** die Feindinnen
feind|lich
die **Feind|schaft**
feind|se|lig
fein|füh|lig
das **Fein|ge|fühl**
fein|ge|mah|len ↑ fein
die **Fein|heit;** die Fein|hei|ten
sich **fein|ma|chen** ↑ fein
der **Fein|me|cha|ni|ker**
die **Fein|me|cha|ni|ke|rin**
der **Fein|schme|cker;** des Feinschmeckers; die Feinschmecker
die **Fein|schme|cke|rin;** die Feinschmeckerinnen
der **Fein|staub**
die **Fein|staub|pla|ket|te** (Aufkleber, der den [geringen] Ausstoß von Feinstaub eines Autos kennzeichnet)
der **Fein|staub|wert** *meist Plural*

feist (wohlgenährt, fett); feis|ter; am feis|tes|ten
fei|xen (grinsend lachen); du feixt; er feixte; er hat gefeixt; feix *oder* feixe nicht so!
der **Fel|chen** (ein Fisch); des Felchen; die Felchen
das **Feld;** des Felds *oder* Fel|des; die Felder; ein elektrisches Feld
die **Feld|ar|beit**
der **Feld|berg** (Berg im Schwarzwald)
die **Feld|fla|sche**
die **Feld|frucht** *meist Plural*
der **Feld|herr**
der **Feld|jä|ger** (Angehöriger der Bundeswehr mit polizeilichen Aufgaben)
die **Feld|maus**
der **Feld|spat** (ein Mineral); des Feldspats *oder* Feld|spa|tes; die Feld|spa|te *oder* Feld|spä|te
der **Feld|spie|ler** *(Sport)*
die **Feld|spie|le|rin**
der **Feld|ste|cher** (Fernglas)
der **Feld|ver|weis** *(Sport)*
der **Feld|we|bel** (militärischer Dienstgrad); des Feldwebels; die Feldwebel
der **Feld|weg**
der **Feld|zug** (Kampfhandlungen; groß angelegte Aktion); einen Feldzug gegen das Rauchen starten
der **Felg|auf|schwung** (Turnübung)
die **Fel|ge** (Teil des Rades; Turnübung); die Felgen
die **Fel|gen|brem|se**
das **Fell;** des Fells *oder* Fel|les; die Fel|le; ein dickes Fell haben (unempfindlich sein)
der **Fels** (hartes Gestein); des Fel|ses; die Bohrungen sind auf Fels gestoßen
der **Fels** (*gehoben für:* Felsen); des Fel|sens; die Fel|sen; ein Fels in der Brandung
der **Fels|block;** die Fels|blö|cke
der **Fel|sen** (Felsblock); des Felsens; die Felsen
fel|sen|fest
fel|sig; ein felsiges Gelände
die **Fels|wand**
die **Fe|me** (heimliches Gericht); die Femen
der **Fe|me|mord**
das **Fem|ge|richt**
fe|mi|nin (weiblich)
das **Fe|mi|ni|num** (weibliches Nomen)
der **Fe|mi|nis|mus** (Richtung der Frauenbewegung, die ein neues Selbstverständnis der Frau und die Aufhebung der traditionellen Rollenverteilung anstrebt)
der **Fe|mi|nist** (Vertreter einer vollen Gleichstellung von Mann und Frau); des/dem/den Fe|mi|nis|ten; die Fe|mi|nis|ten
die **Fe|mi|nis|tin;** die Feministinnen
fe|mi|nis|tisch
der **Fen|chel** (eine Heil- und Gemüsepflanze); des Fenchels
das **Fens|ter;** des Fensters; die Fenster
die **Fens|ter|bank;** die Fens|ter|bän|ke
der **Fens|ter|la|den;** die Fensterläden, *selten:* Fensterladen
der **Fens|ter|platz**
der **Fens|ter|rah|men**
die **Fens|ter|schei|be**
die **Fe|ri|en** *Plural;* die großen Ferien
die **Fe|ri|en|be|treu|ung**
das **Fe|ri|en|la|ger**
der **Fe|ri|en|mo|dus** *(umgangssprachlich) Plural selten;* sich noch im Ferienmodus befinden
das **Fer|kel;** des Ferkels; die Ferkel
die **Fer|ma|te** (*Musik:* Haltezeichen)
das **Fer|ment** (eine organische Verbindung); des Ferments; die Fer|men|te
fer|men|tie|ren (durch Fermente veredeln); er hat den Tabak fermentiert

fern

Kleinschreibung:

- ferne Länder
- in der fernen Umgebung
- von [nah und] fern

Großschreibung der Nominalisierung und in Namen:

- das Ferne suchen
- der Ferne Osten

Schreibung in Verbindung mit Verben:

Vergleiche: fernbleiben, fernhalten, fernliegen, fernsehen

fern|ab (weit entfernt)
die **Fern|be|die|nung**
die **Fern|be|zie|hung** (Liebesbeziehung

zwischen Menschen, die an verschiedenen Orten wohnen)

fern|blei|ben; er ist dem Unterricht ferngeblieben; fernzubleiben; bleib *oder* bleibe diesem Ort fern!

der **Fern|bus** (Linienbus im Fernverkehr)

fer|ne *(gehoben);* von ferne [her]

die **Fer|ne;** die Fernen

fer|ner (in Zukunft; außerdem)

der **Fern|fah|rer**

die **Fern|fah|re|rin**

das **Fern|ge|spräch**

fern|ge|steu|ert; ein ferngesteuertes Auto

das **Fern|glas;** die Fern|glä|ser

fern|hal|ten; sie hat uns ferngehalten; halt *oder* halte ihn fern!

die **Fern|hei|zung**

der **Fern|last|zug**

fern|len|ken (fernsteuern)

fern|lie|gen; Gedanken, die mir fernliegen

fern|münd|lich (telefonisch)

fern|öst|lich (zum Fernen Osten gehörend)

das **Fern|rohr**

das **Fern|schrei|ben**

der **Fern|schrei|ber**

fern|schrift|lich

der **Fern|seh|ap|pa|rat**

fern|se|hen; sie sieht fern; sie hat ferngesehen; sieh nicht so viel fern!

das **Fern|se|hen;** Fernsehen gucken (*umgangssprachlich für:* fernsehen)

der **Fern|se|her** (*umgangssprachlich für:* Fernsehgerät; Fernsehzuschauer); des Fernsehers; die Fernseher

das **Fern|seh|ge|rät**

die **Fern|seh|ka|me|ra**

das **Fern|seh|quiz**

der **Fern|seh|sen|der**

die **Fern|seh|sen|dung**

der **Fern|seh|zu|schau|er**

die **Fern|seh|zu|schau|e|rin**

der **Fern|spre|cher** (Telefon)

fern|steu|ern; er steuert das Flugzeug fern; er hat es ferngesteuert

die **Fern|stra|ße**

der **Fern|ver|kehr** *Plural selten*

die **Fern|wär|me** (aus der Fernheizung)

das **Fern|weh**

die **Fer|se** (hinterer Teil des Fußes); ↑ABER: Färse

das **Fer|sen|geld;** Fersengeld geben (*umgangssprachlich für:* fliehen)

fer|tig

- mit der Arbeit fertig sein

Getrennt- und Zusammenschreibung:

- kannst du das Päckchen fertig machen *oder* fertigmachen?; ABER: so eine Hitze würde mich völlig ↑fertigmachen (mich erschöpfen)
- sie setzten alles daran, den Bau rechtzeitig fertig zu stellen *oder* fertigzustellen (zu beenden)
- mit den Hausaufgaben fertig werden *oder* fertigwerden; ABER: du wirst mit dem Gegner schon ↑fertigwerden (ihn besiegen)

Vergleiche auch: fertigbringen

fer|tig|brin|gen (zustande bringen); ich habe es nicht fertiggebracht, ihm die Wahrheit zu sagen

fer|ti|gen (herstellen); du fertigst; sie fertigte; er hat gefertigt; maschinell gefertigte Waren

das **Fer|tig|ge|richt**

das **Fer|tig|haus**

die **Fer|tig|keit**

fer|tig|ma|chen (zermürben); die Hitze hat mich völlig fertiggemacht; ↑*auch* fertig

fer|tig|stel|len ↑fertig

die **Fer|tig|stel|lung**

die **Fer|ti|gung** (Herstellung)

fer|tig|wer|den; mit einem Gegner, einem Verlust fertigwerden (zurechtkommen); ↑*auch* fertig

fesch (schick, flott); ein fescher Hut

die **Fes|sel** (Band, Seil; Teil des Beins zwischen Wade und Fuß); die Fesseln

fes|seln; du fesselst ihn; er fesselte ihn; er hat ihn gefesselt; fessele *oder* fessle ihn!

fes|selnd (aufregend, mitreißend); ein fesselndes Buch

fest; fes|ter; am fes|tes|ten; ein fester (ständiger) Wohnsitz; die fest angestellten *oder* festangestellten Mitarbeiter

das **Fest;** des Fests *oder* Fes|tes; die Fes|te

der **Fest|akt**

fest|an|ge|stellt ↑ fest

fest|bin|den (anbinden); er bindet die Kuh fest; er hat die Kuh festgebunden; ABER: **fest bin|den;** du sollst die Schleife ganz fest binden

fest|blei|ben (nicht nachgeben); sie ist in ihrem Entschluss festgeblieben

fest|hal|ten; sie hält ihn fest; sie hat ihn festgehalten; halt *oder* halte ihn fest!

fes|ti|gen; du festigst; sie festigte; sie hat ihren Ruf gefestigt; festige deinen Ruf!

das **Fes|ti|val** [ˈfɛstivl̩, *auch* ˈfɛstival] (künstlerische Großveranstaltung); des Festivals; die Festivals

das **Fest|land**

der **Fest|land[s]|so|ckel**

fest|le|gen; sie hat die Hausordnung festgelegt (angeordnet); sich festlegen (sich verpflichten); mit dieser Äußerung hast du dich festgelegt; leg *oder* lege dich bitte fest!

die **Fest|le|gung**

fest|lich; festliche Kleidung

fest|ma|chen (befestigen; vereinbaren); ich habe nichts mit ihm festgemacht; um den Termin festzumachen; mach *oder* mache das Bild an der Wand fest!

die **Fest|nah|me;** die Festnahmen

fest|neh|men (verhaften); die Polizei nahm ihn fest; sie hat ihn vorläufig festgenommen

das **Fest|netz** (fest verlegte Telefonleitungen)

die **Fest|plat|te**

fest|set|zen (bestimmen, anordnen; gefangen setzen); man hat ihn festgesetzt; setz *oder* setze eine Tagesordnung fest!

das **Fest|spiel;** die Salzburger Festspiele

fest|ste|hen (festgelegt sein; sicher, gewiss sein); fest steht, dass …; es hat festgestanden, dass …

fest|stel|len (herausfinden); sie stellte fest, dass …; sie hat festgestellt, dass …; stell *oder* stelle fest, wer fehlt!

die **Fest|stel|lung**

der **Fest|stoff** *(besonders Chemie)*

der **Fest|tag;** des Festtags; ABER: **fest-tags;** sonn- und festtags

die **Fes|tung**

die **Fe|te** (*umgangssprachlich für:* Fest); die Feten

der **Fe|tisch** (magischer Gegenstand, Götzenbild); des Fetischs *oder* Fe|ti|sches; die Fe|ti|sche

fett; fet|ter; am fet|tes|ten; fette Kost; ein Wort fett drucken; eine fett gedruckte *oder* fettgedruckte Schlagzeile

das **Fett;** des Fetts *oder* Fet|tes; die Fet|te

fett|ge|druckt ↑ fett

fet|tig; fettige Haare

fett|lei|big (stark übergewichtig)

die **Fett|lei|big|keit** (starkes Übergewicht); der Fettleibigkeit

das **Fett|näpf|chen;** ins Fettnäpfchen treten (*umgangssprachlich für:* durch eine unbedachte Äußerung Unwillen erregen)

die **Fett|säu|re** *(Chemie)*

die **Fett|sucht**

fett|trie|fend; fetttriefende Reibekuchen; ABER: von Fett triefende Reibekuchen

fet|zen; sie fetzten sich; er hat sich mit ihr gefetzt; sich fetzen (sich heftig streiten)

der **Fet|zen;** des Fetzens; die Fetzen

fet|zig (*umgangssprachlich für:* toll, mitreißend); fetzige Musik

feucht; feuch|ter; am feuch|tes|ten

das **Feucht|bio|top** (an das Vorhandensein von Wasser gebundenes Biotop)

die **Feuch|tig|keit**

feucht|warm; feuchtwarmes Klima

feu|dal (vornehm; reaktionär)

der **Feu|da|lis|mus** (Gesellschaftsform des Mittelalters)

das **Feu|er;** des Feuers; die Feuer; ein offenes Feuer; ein Feuer speiender *oder* feuerspeiender Vulkan

der **Feu|er|alarm**

die **Feu|er|be|stat|tung** (Einäscherung)

feu|er|fest; feuerfestes Glas

feu|er|ge|fähr|lich

Feu|er|land (Insel an der Südspitze Südamerikas)

der **Feu|er|lö|scher** (Gerät)
der **Feu|er|mel|der** (Anlage für Feueralarm)
feu|ern (*umgangssprachlich auch für:* heftig werfen; entlassen); ich feuere; du feuerst; sie feuerte; sie haben ihn gefeuert
die **Feu|er|qual|le**
die **Feu|ers|brunst** (großer Brand); die Feu|ers|brüns|te
feu|er|spei|end ↑Feuer
der **Feu|er|stein**
die **Feu|er|wa|che** (Gebäude der Feuerwehr)
die **Feu|er|wehr;** die Feu|er|weh|ren
das **Feu|er|wehr|au|to**
die **Feu|er|wehr|frau**
der **Feu|er|wehr|mann;** die Feu|er|wehr|män|ner *oder* Feu|er|wehr|leu|te
das **Feu|er|werk**
der **Feu|er|werks|kör|per**
das **Feu|er|zeug;** die Feu|er|zeu|ge
das **Feuil|le|ton** [ˈfœjətõ, *auch:* fœjəˈtõː] (Kulturteil der Zeitung); des Feuilletons; die Feuilletons
feu|rig; ein feuriger (anregender) Wein
der **Fez** (*umgangssprachlich für:* Spaß, Unsinn); des Fe|zes; Fez machen
ff = sehr fein; fortissimo
ff. = folgende (Seiten)
das **Fi|as|ko** (Misserfolg); des Fiaskos; die Fiaskos
die **Fi|bel** (Abc-Buch); die Fibeln
die **Fi|ber** (Faser, Kunstfaser); die Fibern
die **Fich|te** (ein Nadelbaum)
das **Fich|tel|ge|bir|ge** (Gebirge in Bayern)
fi|del (lustig, heiter)
Fi|d|schi (Inselstaat im Südpazifik)
der **Fi|d|schi|a|ner;** des Fidschianers; die Fidschianer
die **Fi|d|schi|a|ne|rin;** die Fidschianerinnen
fi|d|schi|a|nisch
die **Fi|d|schi|in|seln** *Plural*
das **Fie|ber;** des Fiebers; ↑ABER: Fiber
fie|ber|haft; eine fieberhafte Erkältung
fie|bern; ich fiebere; du fieberst; er hat gefiebert
das **Fie|ber|ther|mo|me|ter**
fieb|rig *oder* **fie|be|rig;** eine fiebrige *oder* fieberige Erkältung
die **Fie|del** (Geige); die Fiedeln
fie|deln; ich fied[e]le; du fiedelst; sie fiedelte; sie hat den ganzen Tag gefiedelt; fiedle *oder* fiedele nicht stundenlang!
fies (*umgangssprachlich für:* ekelhaft, widerwärtig); ein fieser Kerl
die **FIFA** *oder* **Fi|fa** = Fédération Internationale de Football Association ‹französisch› (Internationaler Fußballverband); der FIFA *oder* Fifa
fif|ty-fif|ty [ˈfɪftiˈfɪfti] (zu gleichen Teilen)
der **Fi|ga|ro** (Opernfigur; *auch scherzhaft für:* Friseur); des Figaros; die Figaros
die **Fi|gur;** die Fi|gu|ren
fi|gür|lich
die **Fik|ti|on** (etwas Vorgestelltes); die Fik|ti|o|nen
fik|tiv (nur angenommen; frei erfunden); eine fiktive Erzählung
das **Fi|let** [fiˈleː] (Netzstoff; Lendenstück; entgrätetes Stück vom Fisch; entbeinte Hähnchenbrust); des Filets; die Filets
fi|le|tie|ren (Filets herausschneiden); der Kellner filetierte die Forelle; er hat sie filetiert
die **Fi|li|a|le** (Zweigstelle); die Filialen
fi|li|g|ran (sehr feingliedrig); ein filigranes Schmuckstück
der **Film;** des Films *oder* Fil|mes; die Fil|me
der **Film|dreh** (*umgangssprachlich*)
der **Fil|me|ma|cher** (*umgangssprachlich);* des Filmemachers; die Filmemacher
die **Fil|me|ma|che|rin;** die Filmemacherinnen
fil|men; du filmst; sie filmte; sie hat das Ereignis gefilmt; film *oder* filme diese Rede!
fil|misch (mit den Mitteln des Films); etwas filmisch darstellen
die **Film|ka|me|ra**
der **Film|klas|si|ker**
der **Film|star**
der, *fachsprachlich auch:* das **Fil|ter;** des Filters, die Filter
die **Fil|ter|bla|se** (*EDV:* Informationsauswahl auf Webseiten durch Berücksichtigung des Nutzerverhaltens; Meinungsblase)
fil|tern; ich filtere; du filterst; er hat den Kaffee gefiltert; filtre *oder* filtere den Kaffee!

das **Fil|ter|pa|pier**
der **Filz** (dicker Stoff aus gepressten Fasern); des Fil|zes; die Fil|ze
fil|zen (*umgangssprachlich auch für:* durchsuchen); du filzt ihn; sie filzte ihn; man hat ihn an der Grenze gefilzt; filz *oder* filze ihn!
fil|zig; filzige Wolle
der **Filz|stift**
der **Fim|mel** (*umgangssprachlich für:* übertriebene Vorliebe; Tick); des Fimmels; die Fimmel

fi|nal (den Schluss bildend); die finale Phase des Klassenarbeit
das **Fi|nal** ['faɪnl̩] (*Sport:* Finale, Endspiel); des Finals; die Finals
das **Fi|na|le** (glanzvoller Abschluss; *Musik:* Schlusssatz; *Sport:* Endkampf; Endspurt); des Finales; die Finale, *im Sport auch:* Finals
der **Fi|na|list** (Endrundenteilnehmer); des Finalisten; die Finalisten
die **Fi|na|lis|tin;** die Finalistinnen
das **Fi|nanz|amt**
die **Fi|nanz|auf|sicht** (Behörde, die Finanzdienstleister beaufsichtigt)
der **Fi|nanz|dienst|leis|ter** (Unternehmen, das Dienstleistungen in finanziellen Angelegenheiten anbietet)
die **Fi|nanz|dienst|leis|tung** (*Wirtschaft*)
die **Fi|nan|zen** (die Geldmittel) *Plural*
fi|nan|zi|ell; finanzielle Probleme
fi|nan|zie|ren (das für etwas nötige Geld zur Verfügung stellen); du finanzierst; sie finanzierte; sie hat dieses Unternehmen finanziert; finanzier *oder* finanziere das selbst!
die **Fi|nan|zie|rung** (Maßnahmen zur Beschaffung von Geld)
die **Fi|nanz|kri|se**
der **Fi|nanz|markt**
die **Fi|nanz|markt|sta|bi|li|tät**
die **Fi|nanz|po|li|tik**
die **Fi|nanz|trans|ak|ti|ons|steu|er**
das **Fin|del|kind**
fin|den; du findest; sie findet; sie fand; sie hat es gefunden; find *oder* finde den Fehler!
der **Fin|der|lohn**
fin|dig; findige (einfallsreiche) Köpfe
der **Find|ling;** des Findlings; die Find|lin|ge
die **Fi|nes|se** (Feinheit; Kniff)
der **Fin|ger;** des Fingers; die Finger; der kleine Finger; jemanden um den kleinen Finger wickeln; etwas mit spitzen Fingern (vorsichtig) anfassen; lange Finger machen (stehlen)
der **Fin|ger|ab|druck**
fin|ger|breit; ein fingerbreiter Spalt; ABER: der Spalt ist keinen Finger breit, drei Finger breit
das **Fin|ger|food** *oder* **Fin|ger-Food** ['fɪŋ(ɡ)ɐfuːt] (Speisen, die man ohne Besteck essen kann); des Fingerfood[s] *oder* Finger-Food[s]
der **Fin|ger|hut**
der **Fin|ger|krei|sel** (ein Spielzeug)
die **Fin|ger|kup|pe** (Fingerspitze)
der **Fin|ger|na|gel**
das **Fin|ger|prin|ting** ['fɪŋ(ɡ)ɐprɪntɪŋ]; des Fingerprinting *oder* Fingerprintings
die **Fin|ger|spit|ze**
das **Fin|ger|spit|zen|ge|fühl** (Feingefühl); des Fingerspitzengefühls
fin|gie|ren (vortäuschen, erdichten); du fingierst den Überfall; sie fingierte den Überfall; sie hat den Überfall fingiert
das **Fi|nish** ['fɪnɪʃ] (Endkampf, Endspurt); des Finishs; die Finishs
der **Fi|ni|sher** ['fɪnɪʃɐ] (*Sport:* Zieleinläufer innerhalb des Zeitlimits); des Finishers; die Finisher
die **Fi|ni|she|rin** ['fɪnɪʃərɪn]; die Finisherinnen
fi|nit (*Sprachwissenschaft:* bestimmt, konjugiert); eine finite Form (Personalform) des Verbs
der **Fink** (ein Singvogel); des/dem/den Finken; die Fin|ken
der **Fin|ne** (Einwohner von Finnland); des/dem/den Finnen; die Finnen
die **Fin|nin;** die Finninnen
fin|nisch
Finn|land
fins|ter; finst|rer *oder* fins|te|rer; am fins|ters|ten; eine finstere Nacht; im Finstern tappen (nicht Bescheid wissen)
die **Fins|ter|nis;** die Fins|ter|nis|se
die **Fin|te** (Täuschungsmanöver); die Finten
die **Fire|wall** ['faɪ̯ɐwɔːl] (*EDV:* Programmsystem, das [Computer]netzwerke vor

ungewolltem Zugriff schützt); der Firewall; die Firewalls

der **Fir|le|fanz** (Flitterkram; Unsinn); des Fir|le|fan|zes; die Fir|le|fan|ze

firm; in etwas firm (erfahren, sicher) sein

die **Fir|ma;** die Fir|men

das **Fir|ma|ment** (Himmelsgewölbe); des Firmaments *oder* Fir|ma|men|tes

fir|men (die Firmung erteilen); du firmst sie; er firmte sie; er hat sie gefirmt

fir|mie|ren (einen bestimmten Namen führen); er firmierte als Redakteur

der **Firm|ling** (*katholische Kirche:* jemand, der gefirmt wird); des Firmlings; die Firm|lin|ge

die **Fir|mung** (ein katholisches Sakrament)

der **Firn** (Altschnee; Gletscher); des Firns *oder* Fir|nes; die Fir|ne

der **Fir|nis** (ein Schutzanstrich); des Fir|nis|ses; die Fir|nis|se

fir|nis|sen; du firnisst; sie firnisst; sie firnisste; sie hat das Gemälde gefirnisst; firniss *oder* firnisse die Tür!

der **First;** die Firs|te

der **Fisch;** frische Fische; kleine Fische (Kleinigkeiten); die Fisch verarbeitende *oder* fischverarbeitende Industrie

fi|schen; du fischst; sie fischte; sie hat gefischt

der **Fi|scher;** des Fischers; die Fischer

die **Fi|sche|rin;** die Fischerinnen

der **Fisch|ot|ter;** die Fischotter

fisch|ver|ar|bei|tend ↑ Fisch

die **Fi|si|ma|ten|ten** (Ausflüchte) *Plural*

der **Fis|kus** (Finanzamt); des Fiskus

die **Fis|tel|stim|me** (Kopfstimme)

fit (leistungsfähig); fit|ter; am fit|tes|ten; sich fit halten, machen; ein fitter Bursche

die **Fit|ness** (gute körperliche Verfassung)

das **Fit|ness|arm|band** (am Handgelenk getragener Minicomputer, der gesundheitsrelevante Daten misst)

das **Fit|ness|cen|ter**

das **Fit|ness|stu|dio** *oder* **Fit|ness-Stu|dio**

der **Fit|ness|tra|cker** *oder* **Fit|ness-Tra|cker** ['fɪtnɛstrɛkɐ] (Fitnessarmband); des Fitnesstrackers *oder* Fitness-Trackers; die Fitnesstracker *oder* Fitness-Tracker

die **Fit|ness|uhr**

der **Fit|ness|zu|stand** *Plural selten*

der **Fit|tich** (*gehoben für:* Flügel); des Fittichs *oder* Fit|ti|ches; die Fit|ti|che

das **Fit|zel|chen** (*umgangssprachlich für:* kleines Stückchen, kleines Endchen von etwas); ein Fitzelchen Stoff

fix (fest, sicher; schnell; gewandt); fi|xer; am fi|xes|ten; eine fixe Idee (eine Zwangsvorstellung, eine törichte Einbildung); ein fixer (fester) Preis; ein fixes Gehalt; fixe Kosten; er ist fix und fertig

fi|xen (*umgangssprachlich für:* sich Drogen spritzen); ich fixe; du fixt; sie fixte; sie hat gefixt

der **Fi|xer** (*umgangssprachlich für:* jemand, der sich Drogen spritzt); des Fixers; die Fixer

die **Fi|xe|rin;** die Fixerinnen

fi|xie|ren (festlegen, haltbar machen; scharf ansehen); du fixierst ihn; sie fixierte ihn; sie hat ihn fixiert

die **Fi|xie|rung**

der **Fix|stern** (scheinbar unbeweglicher Stern)

der **Fjord** (schmale Meeresbucht mit Steilküsten); des Fjords *oder* Fjor|des; die Fjor|de

die *oder* das **FKK** = Freikörperkultur; der *oder* des FKK

flach; ein flaches Dach; flaches Wasser

das **Flach|band|ka|bel**

der **Flach|bild|schirm**

die **Flä|che**

flä|chen|de|ckend; eine flächendeckende Versorgung mit Grundnahrungsmitteln

der **Flä|chen|in|halt**

flach|fal|len (*umgangssprachlich für:* ausfallen); die Feier fällt flach; der Ausflug ist wegen des Regens flachgefallen

das **Flach|land** (ebenes Land)

der **Flachs** (Faserpflanze); des Flach|ses

flach|sen (*umgangssprachlich für:* spotten, scherzen); du flachst; sie flachst; sie flachste; sie hat geflachst; flachs *oder* flachse nicht!

die **Flach|zan|ge**

fla|ckern; die Kerze flackerte; das Licht hat geflackert

der **Fla|den** (flacher Kuchen; Kot); des Fladens; die Fladen
das **Fla|den|brot**
die **Flag|ge**
flag|gen; du flaggst; sie flaggt; sie flaggte; sie hat geflaggt; flagg *oder* flagge!
das **Flagg|schiff**
das **Flair** [flɛːɐ̯] (Atmosphäre, Stimmung); des Flairs; das Flair der Großstadt

die **Flak** (*Kurzwort für:* Flugzeugabwehrkanone, Flugabwehrartillerie); die Flak, *auch:* Flaks
flam|bie|ren (Speisen mit Alkohol übergießen, den man anzündet); er hat das Steak flambiert; flambier *oder* flambiere das Eis!
der **Fla|men|co** (ein Tanz); des Flamenco *oder* Flamencos
der **Fla|min|go** (ein Wasservogel); des Flamingos; die Flamingos
die **Flam|me;** *Verkleinerungsform:* das Flämm|chen
der **Fla|nell** (ein Gewebe); des Flanells; die Fla|nel|le
fla|nie|ren (spazieren gehen)
die **Flan|ke**
flan|ken *(Sport);* sie flankte; sie hat [den Ball vor das Tor] geflankt
flan|kie|ren (zu beiden Seiten stehen; [schützend] begleiten); Bäume flankieren die Straße; sie haben die Straße flankiert; flankierende (unterstützende) Maßnahmen
der **Flansch** (Verbindungsstück an Rohren); des Flanschs *oder* Flan|sches; die Flan|sche
flap|sig (flegelhaft, keine guten Manieren zeigend); eine flapsige Bemerkung
die **Fla|sche** (*umgangssprachlich auch für:* Versager); *Verkleinerungsform:* das Fläschchen
der **Fla|schen|öff|ner**
der **Fla|schen|samm|ler**
die **Fla|schen|samm|le|rin**
der **Fla|schen|zug** (Vorrichtung zum Heben von Lasten); die Fla|schen|zü|ge
der **Flash|mob** [ˈflɛʃmɔp] (spontane Aktion vieler Menschen, die sich mithilfe der Telekommunikation dazu verabredet haben); des Flashmobs; die Flashmobs
der **Flash|spei|cher** *oder* **Flash-Spei|cher** [ˈflɛʃ...] (*EDV:* schneller Speicher zum Lesen und Schreiben)
die **Flat|rate** *oder* **Flat Rate** [ˈflɛtrɛɪ̯t] (niedrige Gebühr für die Nutzung des Internets und/oder Telefons); die Flatrates *oder* Flat Rates
flat|ter|haft (unbeständig); ein flatterhafter Mensch
flat|tern; ich flattere; der Vogel flatterte; der Vogel ist durch die Luft geflattert; der Vogel hat noch lange geflattert
flau (schlecht, übel); flau|er; am flausten *oder* flau|es|ten
der **Flaum** (weiche Federn); des Flaums *oder* Flau|mes
die **Flaum|fe|der**
der **Flausch** (ein weiches Wollgewebe); des Flauschs *oder* Flau|sches; die Flau|sche
flau|schig; ein flauschiges Handtuch
die **Flau|se** (törichter Einfall); die Flausen *meist Plural;* Flausen im Kopf haben
die **Flau|te** (Windstille; Zeit schlechter Geschäfte); die Flauten
die **Flech|te** (eine Pflanze; ein Hautausschlag; ein Zopf)
flech|ten; du flichtst; er flicht; er flocht; er hat einen Kranz geflochten; flicht mir die Zöpfe!
der **Fleck;** des Flecks *oder* Fle|ckes; die Flecke *oder* Fle|cken; einen Fleck haben; sie hat blaue Flecke *oder* Flecken
der **Fle|cken** (Fleck; Dorf); des Fleckens; die Flecken
fle|ckig; fleckige Kleidung
die **Fle|der|maus;** die Fle|der|mäu|se
das **Fleece** [fliːs] (Flausch); des Fleece
der **Fleece|pul|l|o|ver**
der **Fle|gel;** des Flegels; die Flegel
fle|gel|haft; fle|gel|haf|ter; am fle|gel|haf|tes|ten
die **Fle|gel|jah|re** *Plural*
fle|hen; du flehst; er flehte; er hat um Gnade gefleht; fleh *oder* flehe nicht um Gnade!
fle|hent|lich; flehentliches Bitten
das **Fleisch;** des Fleischs *oder* Flei|sches; Fleisch fressende *oder* fleischfressende Pflanzen
der **Flei|scher;** des Fleischers; die Fleischer
die **Flei|sche|rin;** die Fleischerinnen

der **Fleisch|es|ser** (jemand, der [gerne] Fleisch isst)
die **Fleisch|es|se|rin**
fleisch|fres|send ↑Fleisch
flei|schig; fleischige Hände
der **Fleiß;** des Flei|ßes
die **Fleiß|ar|beit**
flei|ßig; sie ist fleißig; fleißige Bienen; ABER: das Fleißige Lieschen (eine Blume)
flek|tie|ren (ein Wort beugen); du flektierst; er flektierte; er hat das Verb flektiert; flektier *oder* flektiere das Wort!
flen|nen (weinen); du flennst; er flennte; er hat geflennt; flenn *oder* flenne nicht!
flet|schen ([einem Gegner] die Zähne zeigen); du fletschst die Zähne; er fletschte die Zähne; er hat die Zähne gefletscht; fletsch *oder* fletsche nicht die Zähne!
fle|xi|bel (biegsam); ein flexibler Einband
die **Fle|xi|bi|li|sie|rung**
die **Fle|xi|bi|li|tät** (Biegsamkeit; Anpassungsfähigkeit)
die **Fle|xi|on** (Deklination und Konjugation)
der **Fle|xi|ta|ri|er** (jemand, der sehr selten Fleisch oder Fisch isst); des Flexitariers; die Flexitarier
die **Fle|xi|ta|ri|e|rin;** die Flexitarierinnen
der **Flex|preis** (Fahrpreis für flexible Reisemöglichkeiten)
fli|cken; du flickst; sie flickte; sie hat den Reifen geflickt; flick *oder* flicke den Reifen!
der **Fli|cken;** des Flickens; die Flicken
der **Flick|flack** (schneller Handstandüberschlag rückwärts); des Flickflacks; die Flickflacks
der **Flie|der** (ein Zierstrauch); des Flieders; die Flieder
der **Flie|der|strauch**
die **Flie|ge**
flie|gen; du fliegst; sie fliegt; sie flog; sie ist geflogen; flieg *oder* fliege!; die fliegende Untertasse; ABER: Fliegende Fische (eine Tiergattung); der Fliegende Holländer (eine Sagengestalt; eine Oper)
das **Flie|gen|ge|wicht** (leichteste Körpergewichtsklasse in der Schwerathletik)
der **Flie|ger** (*umgangssprachlich auch für:* Flugzeug); des Fliegers; die Flieger
die **Flie|ge|rin;** die Fliegerinnen
flie|hen; du fliehst; sie flieht; sie floh; sie ist geflohen; flieh[e]!
die **Flieh|kraft** (Zentrifugalkraft)
die **Flie|se** (eine Wand- oder Bodenplatte)
der **Flie|sen|le|ger;** des Fliesenlegers; die Fliesenleger
die **Flie|sen|le|ge|rin;** die Fliesenlegerinnen
das **Fließ|band**
flie|ßen; das Wasser fließt; der Sekt floss in Strömen; Tränen sind geflossen
flie|ßend (ohne Stocken); fließend Englisch sprechen
das **Fließ|heck** (schräg abfallendes Heck eines Pkw)
flim|mern; etwas flimmert; etwas flimmerte; etwas hat geflimmert
flink (rasch und geschickt); flink säubern
die **Flin|te** (Jagdgewehr)
das *oder* der *oder* die **Flip|chart** *oder* **Flip-Chart** [ˈflɪptʃaːɐ̯t] (Gestell mit einem darauf befestigten großen Papierblock); des Flipcharts *oder* Flip-Charts *und* der Flipchart *oder* Flip-Chart; die Flipcharts *oder* Flip-Charts
der **Flip|per** (ein Spielautomat); des Flippers; die Flipper
flip|pern (am Flipper spielen); du flipperst; sie flipperte; sie hat geflippert; flippere nicht so viel!
der **Flirt** [flœːɐ̯t] (Liebelei); des Flirts; die Flirts
flir|ten [ˈflœːɐ̯tn̩]; du flirtest; sie flirtete; sie hat mit ihm geflirtet; flirt *oder* flirte nicht mit jedem!
flit|schen (*landschaftlich umgangssprachlich für:* schleudern, schnellen)
der **Flit|ter;** des Flitters; die Flitter
die **Flit|ter|wo|chen** *Plural*
flit|zen (*umgangssprachlich für:* eilen); du flitzt; sie ist geflitzt; flitz *oder* flitze mal schnell zum Bäcker!
der **Flix|Bus®** *oder* **Flix|bus** (*Markenbezeichnung:* ein Fernbus)
die **Flo|cke**
flo|ckig; eine flockige Füllung
der **Floh;** des Flohs *oder* Flo|hes; die Flö|he

A B C D E F flo G H I J K L M N O P Q R S T U V W X Y Z

der **Floh|markt** (Trödelmarkt)
der **Flop** (Hochsprung in Rückenlage; [geschäftlicher] Misserfolg); des Flops; die Flops
die **Flop|py Disk** *oder* **Flop|py Disc** (Diskette); die Floppy Disks *oder* Floppy Discs
der **Flor** (Blumenfülle; dünnes Gewebe); des Flors *oder* Flo|res; die Flo|re
die **Flo|ra** (die Pflanzenwelt); die Flo|ren
Flo|renz (Stadt in Italien)
das **Flo|rett** (leichte Stoßwaffe); des Floretts; die Flo|ret|te
das **Flo|rett|fech|ten**
Flo|ri|da (Halbinsel und Staat in den USA)
flo|rie|ren (blühen, gedeihen); das Geschäft florierte; der Handel hat floriert
der **Flo|rist** (Blumenbinder); des/dem/den Flo|ris|ten; die Flo|ris|ten
die **Flo|ris|tin;** die Floristinnen
die **Flos|kel** (leere Redensart); die Floskeln
flos|kel|haft
das **Floß;** des Flo|ßes; die Flö|ße
die **Flos|se;** die Flossen
flö|ßen; du flößt; er flößte; er hat Baumstämme geflößt; flöß *oder* flöße die Stämme!
die **Flö|te;** Flöte spielen; ABER: er ist beim Flötespielen
flö|ten (Flöte spielen); du flötest; er flötete; er hat geflötet; flöten gehen (*umgangssprachlich für:* verloren gehen); mein ganzes Geld geht flöten; alles ist flöten gegangen
der **Flö|tist** (Flötenspieler); des/dem/den Flö|tis|ten; die Flö|tis|ten
die **Flö|tis|tin;** die Flötistinnen
flott (*umgangssprachlich für:* schnell); flot|ter; am flot|tes|ten; ein flottes Tempo
die **Flot|te**
flott|ma|chen (*Seemannssprache:* schwimmfähig machen; *umgangssprachlich auch für:* fahrbereit machen); sie haben das Schiff, das Auto wieder flottgemacht; ABER: **flott machen** (sich beeilen); wenn wir flott machen, schaffen wir es noch
das, *auch:* der **Flöz** (abbaubare Nutzschicht im Gestein, vor allem Kohle); des Flözes; die Flö|ze
der **Fluch;** des Fluchs *oder* Flu|ches; die Flü|che
flu|chen; du fluchst; sie hat geflucht; fluch *oder* fluche nicht!
die **Flucht;** die Fluch|ten
flüch|ten; du flüchtest; sie flüchtete; sie ist geflüchtet; flüchte!
flüch|tig; ein flüchtiger Täter
der **Flüch|tig|keits|feh|ler**
der **Flücht|ling;** des Flüchtlings; die Flücht|linge
die **Flücht|lings|de|bat|te**
die **Flücht|lings|klas|se**
die **Flücht|lings|kri|se**
das **Flücht|lings|la|ger;** die Flüchtlingslager
die **Flücht|lings|rou|te**
der **Flücht|lings|strom**
die **Flücht|lings|tra|gö|die**
die **Flucht|ur|sa|che** *(oft im Plural)*
der **Flug;** des Flugs *oder* Flu|ges; die Flü|ge
das **Flug|blatt**
der **Flü|gel;** des Flügels; die Flügel
die **Flug|gast|da|ten** *(besonders Politik) Plural*
flüg|ge (das Fliegen gelernt habend); flügge werden
die **Flug|ge|sell|schaft**
der **Flug|ha|fen**
der **Flug|lot|se**
die **Flug|lot|sin**
der **Flug|platz**
flugs (schnell)
der **Flug|sand**
die **Flug|scham** (schlechtes Gewissen, das Klima mit Flugreisen zu belasten)
der **Flug|schrei|ber** (ein Gerät)
das **Flug|ta|xi** (fliegendes Taxi, das [ohne Pilot] Passagiere befördert)
das **Flug|zeug**
der **Flug|zeug|trä|ger**
die **Flu|ke** (Schwanzflosse des Wals)
die **Fluk|tu|a|ti|on** (Schwanken, Wechsel)
die **Flun|der** (ein Fisch); die Flundern
flun|kern; du flunkerst; er flunkerte; er hat geflunkert; flunkere nicht!
das **Flu|or** (ein Gas, ein chemisches Element); des Fluors
die **Flu|o|res|zenz** (Aufleuchten unter Strahleneinwirkung)

F
flo

flu|o|res|zie|ren; das Mineral hat fluoresziert

der **Flur** (Hausflur); des Flurs *oder* Flu|res; die Flu|re

die **Flur** (nutzbare Landfläche; Feldflur); die Flu|ren

der **Fluss;** des Flus|ses; die Flüs|se

das **Fluss|bett**

flüs|sig; flüssige Kristalle; flüssig (ohne zu stocken) schreiben, sprechen; Wachs flüssig machen (verflüssigen); ABER: Geld ↑flüssigmachen

die **Flüs|sig|keit**

die **Flüs|sig|kris|tall|an|zei|ge** (Ziffern-, Datenanzeige mithilfe flüssiger Kristalle)

flüs|sig|ma|chen ([Geld] verfügbar machen, bereitstellen); kannst du 1000 Euro flüssigmachen?; ↑*auch:* flüssig

das **Fluss|pferd**

die **Fluss|re|gu|lie|rung**

flüs|tern; du flüsterst; sie flüsterte; sie hat geflüstert; flüstere nicht!

die **Flüs|ter|pro|pa|gan|da**

die **Flut**

flu|ten; das Wasser flutete in die Keller; das Wasser ist in die Keller geflutet; das U-Boot hat die Tanks geflutet

das **Flut|licht**

flut|schen (*umgangssprachlich für:* rutschen, [ent]gleiten); die Seife flutschte aus der Hand; sie ist mir aus der Hand geflutscht; die Arbeit hat nur so geflutscht (ist schnell vorangegangen)

die **Flut|wel|le**

der **Fly|er** ['flaɪ̯ɐ] (Informationszettel); des Flyers; die Flyer

fö|de|ral

der **Fö|de|ra|lis|mus** (Selbstständigkeit der Länder innerhalb eines Staatsganzen); des Föderalismus

fö|de|ra|lis|tisch; eine föderalistische Struktur

die **Fö|de|ra|ti|on** (Bund; Staatenbund; Bundesstaat)

das **Foh|len** (ein junges Pferd); des Fohlens; die Fohlen

der **Föhn** ([warmer] trockener Fallwind; elektrischer Haartrockner); des Föhns *oder* Föh|nes; die Föh|ne

föh|nen (mit dem Föhn trocknen); du föhnst; sie föhnte; sie hat ihre Haare geföhnt; föhn *oder* föhne deine Haare!

die **Föh|re** (Kiefer)

der **Fo|kus** (*Optik:* Brennpunkt); des Fokus; die Fokusse

fo|kus|sie|ren (scharf stellen; bündeln)

die **Fo|kus|sie|rung**

die **Fol|ge;** Folge leisten; etwas zur Folge haben; in der Folge; demzufolge; infolge; zufolge; infolgedessen

fol|gen; du folgst; er folgte; er ist mir gefolgt (nachgekommen); er hat mir gefolgt (Gehorsam geleistet); folg *oder* folge ihm!

fol|gend

- die folgende Seite
- folgende lange (*seltener:* langen) Ausführungen

Groß schreibt man die Nominalisierung:

- der Folgende (der einem anderen Nachfolgende)
- alle Folgenden (anderen)
- das Folgende (das später Erwähnte, Geschehende)
- im Folgenden (weiter unten)
- durch das Folgende
- aus, in, mit, nach, von dem Folgenden (den folgenden Ausführungen)

fol|gen|der|ma|ßen

fol|gen|schwer; eine folgenschwere Tat

fol|ge|rich|tig

fol|gern; ich folgere; du folgerst; er folgerte; er hat daraus gefolgert, dass ...

die **Fol|ge|rung**

folg|lich

folg|sam; folgsame Kinder

der **Fo|li|ant** (ein großes Buch); des/dem/den Fo|li|an|ten; die Fo|li|an|ten

die **Fo|lie** (dünnes [Metall]blatt); die Fo|li-en

das **Fo|li|en|schweiß|ge|rät**

das **Fo|lio** (hohes Buchformat); in Folio

der **Folk** [fɔʊ̯k] (an englischsprachige Volksmusik anknüpfende Popmusik); des Folks

die **Folk|band** [...bɛnt]
die **Fol|k|lo|re** (Volksüberlieferungen; Volksmusik)
fol|k|lo|ris|tisch
die **Fol|ter**
fol|tern; du folterst; er folterte; er hat ihn gefoltert; foltere ihn nicht!
die **Fol|te|rung**
das **Fon** *vergleiche:* **Phon**
der **Fön** (*Markenbezeichnung:* elektrischer Haartrockner); ↑ABER: Föhn
der **Fond** [fõ:] (Rücksitz; konzentrierter Fleisch- oder Gemüsesaft für Soßen); des Fonds; die Fonds
der **Fonds** [fõ:] (Geldvorrat); des Fonds; die Fonds
das **Fon|due** [fõˈdy:] (bei Tisch in einem Topf mit heißem Fett gegartes Fleischgericht; schweizerisches Käsegericht); des Fondues; die Fondues
die **Fo|ne|tik** *vergleiche:* **Pho|ne|tik**
fo|ne|tisch *oder* **pho|ne|tisch**
die **Fo|no|thek** *vergleiche:* **Pho|no|thek**
die **Fon|tä|ne** (Springbrunnen)
der **Foo|die** [ˈfu:di] (*umgangssprachlich für:* Person, die sich sehr für gutes Essen und Trinken interessiert); des Foodies; die Foodies
das **Food|sha|ring** *oder* **Food-Sha|ring** [ˈfu:tʃɛ:rɪŋ] (organisierte kostenlose Weitergabe von Lebensmitteln); des Foodsharings *oder* Food-Sharings
der **Food|truck** *oder* **Food-Truck** [ˈfu:ttrak] (Imbisswagen); des Foodtrucks *oder* Food-Trucks; die Foodtrucks *oder* Food-Trucks
der **Foot|ball** [ˈfʊtbɔ:l] (amerikanisches Mannschaftsspiel); des Footballs
fop|pen; du foppst ihn; sie foppte ihn; sie hat ihn gefoppt; fopp *oder* foppe ihn nicht!
die **Fop|pe|rei**
for|cie|ren [fɔrˈsi:rən] (verstärken, erzwingen); du forcierst; er forcierte; er hat das Tempo forciert
die **För|de** (Meeresbucht); die Förden
der **För|der|kurs** (Schulwesen)
för|der|lich (nützlich)
for|dern; du forderst; er forderte; er hat Respekt gefordert; fordere nicht zu viel!
för|dern; du förderst; sie förderte; sie hat ihn gefördert; fördere sie!; Kohle fördern
die **För|der|stu|fe** (Schulwesen)
die **For|de|rung**
die **För|de|rung**
der **För|der|ver|ein**
das **Fore|che|cking** [ˈfɔ:ɐ̯tʃɛkɪŋ] (*Sport:* frühes Angreifen und Stören des Gegners); des Forecheckings; die Forecheckings
die **Fo|rel|le** (ein Fisch)
die **For|ke** (*norddeutsch für:* Heu-, Mistgabel)
die **Form;** die For|men; [gut] in Form sein
for|mal (auf die Form bezüglich; nur der Form nach); formale Logik
der *oder* das **Form|al|de|hyd** (ein Gas mit desinfizierender Wirkung); des Formaldehyds; die Form|al|de|hy|de
die **For|ma|lie** (Formalität); die For|ma|li|en
die **For|ma|li|tät** (Formsache; formale Vorschrift); die For|ma|li|tä|ten
das **For|mat** (Papiergröße; ausgeprägte Persönlichkeit); des Formats *oder* For|ma|tes; die For|ma|te; das Format des Buches; Format (Persönlichkeit) haben
for|ma|tie|ren (*EDV:* Daten anordnen und zusammenstellen); sie hat den Text formatiert
die **For|ma|ti|on** (Anordnung, Aufstellung; Gruppe, Verband; Folge von Gesteinsschichten; geologischer Zeitabschnitt); die For|ma|ti|o|nen
das **Form|blatt**
die **For|mel;** die Formeln
for|mell (offiziell; förmlich; der Form nach, äußerlich)
das **For|mel-1-Ren|nen** [...ˈʔai̯ns...] (*Motorsport:* ein Autorennen)
der **For|mel-1-Welt|meis|ter** [...ˈvɛlt..., ...ˈʔai̯ns...] (*Motorsport*)
die **For|mel-1-Welt|meis|te|rin**
for|men; du formst die Schale; er formte sie; er hat sie geformt; form *oder* forme die Schale!
for|mie|ren; sie formierten sich; er hat die Mannschaft formiert; der Festzug formierte sich; eine Partei neu formieren
förm|lich; ein förmlicher Antrag
die **Förm|lich|keit**

das **For|mu|lar** (Formblatt, Vordruck); des Formulars, die For|mu|la|re

for|mu|lie|ren (in Worte fassen); du formulierst; sie formulierte; sie hat den Text formuliert; formulier *oder* formuliere das neu!; kannst du das noch treffender formulieren?

die **For|mu|lie|rung**

forsch (schneidig, kühn; kräftig); forscher; am for|sches|ten; forsch sein

for|schen; du forschst; sie forschte; sie hat geforscht; forsch *oder* forsche genau!

der **For|scher;** des Forschers; die Forscher

die **For|sche|rin;** die Forscherinnen

die **For|schung**

der **Forst;** des Forsts *oder* Fors|tes; die Fors|te *oder* Fors|ten

der **Förs|ter;** des Försters; die Förster

die **Förs|te|rei**

die **Förs|te|rin;** die Försterinnen

die **Forst|wirt|schaft**

die **For|sy|thie** [fɔr'zyːtsi̯ə, *auch:* fɔr'zyːti̯ə] (ein Zierstrauch); die For|sy|thi|en

fort; fort sein; fort mit dir!; und so fort; in einem fort; weiter fort; immerfort

das **Fort** [foːɐ̯] (Festungswerk); die Forts

fort|an; sie lebte fortan vegetarisch

fort|be|we|gen; er bewegt den Stein fort; sich fortbewegen; er hat sich fortbewegt; beweg *oder* bewege dich fort!

die **Fort|be|we|gung**

die **Fort|bil|dung**

for|te (stark, laut)

fort|fah|ren; sie fährt morgen fort; sie hat *oder* ist in ihrer Rede fortgefahren

fort|flie|gen; der Vogel ist fortgeflogen

fort|füh|ren; sie führte das Geschäft fort

fort|ge|hen; er ist fortgegangen; geh *oder* gehe fort!

fort|ge|schrit|ten; fortgeschrittene Lerner; ABER: Latein für Fortgeschrittene

fort|ge|setzt (immer wieder vorkommend); fortgesetzt den Unterricht stören; eine fortgesetzte Arbeitsverweigerung

for|tis|si|mo (sehr laut)

fort|ja|gen; er jagt den Hund fort; er hat den Hund fortgejagt

fort|lau|fen; sie ist fortgelaufen; lauf *oder* laufe fort!

fort|lau|fend; fortlaufend nummeriert

sich **fort|pflan|zen;** der Schall pflanzt sich fort; die Kaninchen haben sich fortgepflanzt (Junge bekommen)

die **Fort|pflan|zung**

Forts. = Fortsetzung; Forts. folgt

fort|schrei|tend; die fortschreitende Erderwärmung

der **Fort|schritt**

fort|schritt|lich; fortschrittliches Denken

fort|set|zen; er setzt die Arbeit fort; er hat die Arbeit fortgesetzt; setz *oder* setze die Fahrt fort!

die **Fort|set|zung** (*Abkürzung:* Forts.)

die **For|tune** [fɔr'tyːn] (Glück, Erfolg); der Fortune

fort|wäh|rend (andauernd)

das **Fo|rum** (öffentlicher Kreis von Sachverständigen); des Forums; die Foren

der **Fos|bu|ry|flop** *oder* **Fos|bu|ry-Flop** ['fɔsbəriflɔp] (Hochsprung, bei dem man die Latte in Rückenlage überquert); des Fosburyflops *oder* Fosbury-Flops; die Fosburyflops *oder* Fosbury-Flops

fos|sil (urzeitlich versteinert); fossile Brennstoffe (Kohle, Erdöl, Erdgas)

das **Fos|sil** (versteinerter Pflanzen- oder Tierrest); des Fossils; die Fos|si|li|en

das **Fo|to** (*kurz für:* Fotografie); des Fotos; die Fotos

das **Fo|to|buch**

die **Fo|to|col|la|ge**

der **Fo|to|dru|cker** (*EDV*)

der **Fo|to|graf** *oder* **Pho|to|graph;** des/dem/den Fo|to|gra|fen *oder* Pho|to|graphen; die Fo|to|gra|fen *oder* Pho|to|graphen

die **Fo|to|gra|fie** *oder* **Pho|to|gra|phie;** die Fo|to|gra|fi|en *oder* Pho|to|gra|phi|en

fo|to|gra|fie|ren; du fotografierst; er fotografierte; er hat fotografiert; fotografier *oder* fotografiere die Kirche!

die **Fo|to|gra|fin** *oder* **Pho|to|gra|phin;** die Fotografinnen *oder* Photographinnen

die **Fo|to|ko|pie** (fotografisch hergestellte Kopie eines Schriftstücks oder eines Bildes); die Fo|to|ko|pi|en

fo|to|ko|pie|ren; er hat die Urkunde fotokopiert

das **Fo|to|stu|dio**
die **Fo|to|vol|ta|ik** *oder* **Pho|to|vol|ta|ik** (Teilgebiet der Elektronik)
der **Fo|to|walk** [...vɔːk] (*Jargon:* Fotospaziergang); des Fotowalks; die Fotowalks
die **Fo|to|wand**
foul [faʊ̯l] (*Sport:* unfair); foul spielen; ↑ABER: faul
das **Foul** [faʊ̯l] (Regelverstoß); des Fouls; die Fouls
fou|len [ˈfaʊ̯lən] (regelwidrig spielen); du foulst; er foulte; er hat den Gegner gefoult
das **Foul|spiel** *Plural selten*
der **Fox|ter|ri|er** (eine Hunderasse); des Foxterriers; die Foxterrier
der **Fox|trott** (ein Tanz); des Foxtrotts *oder* Fox|trot|tes; die Fox|trot|te *oder* Foxtrotts
das **Fo|y|er** [foaˈjeː] (Wandelgang im Theater); des Foyers; die Foyers
die **Fracht;** die Frach|ten
der **Fracht|brief**
der **Frach|ter** (Frachtdampfer); des Frachters; die Frachter
der **Frack;** des Fracks *oder* Fra|ckes; die Frä|cke *oder* Fracks
das **Fra|cking** [ˈfrɛkɪŋ] (*Geologie:* das Aufspalten von Gestein mit Chemikalien und Wasserdruck)
die **Fra|ge;** das kommt nicht in Frage *oder* infrage; etwas in Frage *oder* infrage stellen; ABER: das Infragestellen
der **Fra|ge|bo|gen;** die Fragebogen *oder* Fragebögen
fra|gen; du fragst; er fragte; er hat sie gefragt; frag *oder* frage sie doch!
die **Fra|ge|run|de**
der **Fra|ge|satz**
das **Fra|ge|zei|chen**
fra|gil (zerbrechlich; zart)
frag|lich (unsicher; zweifelhaft)
das **Frag|ment** (Bruchstück); des Fragments *oder* Frag|men|tes; die Frag|men|te
frag|men|ta|risch (bruchstückhaft)
frag|wür|dig
die **Frak|ti|on** (Vereinigung von Parteivertretern im Parlament); die Frak|ti|o|nen
die **Frak|tur** (Knochenbruch; deutsche Druckschrift); die Frak|tu|ren
frank (frei, offen); frank und frei
der **Fran|ke** (Angehöriger eines germanischen Volksstammes; Einwohner von Franken); des/dem/den Franken; die Franken
Fran|ken (deutsche Landschaft)
der **Fran|ken** (schweizerische Währungseinheit); des Frankens; die Franken
Frank|furt am Main (Stadt in Hessen)
Frank|furt (Oder) (Stadt in Brandenburg)
fran|kie|ren (eine Postsendung freimachen); du frankierst den Brief; er hat den Brief frankiert; frankier *oder* frankiere den Brief!
die **Frän|kin;** die Fränkinnen
frän|kisch
Frank|reich
die **Fran|se**
fran|sig
das **Franz** (*Schülersprache:* Französischunterricht); *meist ohne Artikel*
der **Fran|zis|ka|ner** (Angehöriger eines Mönchsordens); des Franziskaners; die Franziskaner
die **Fran|zis|ka|ne|rin** (Angehörige eines Nonnenordens); die Franziskanerinnen
der **Fran|zo|se;** des/dem/den Franzosen; die Franzosen
die **Fran|zö|sin;** die Französinnen
fran|zö|sisch; die französische Schweiz; ABER: die Französische Republik; die Französische Revolution (1789); ↑deutsch, Deutsch
der **Fran|zö|sisch|un|ter|richt**
frap|pant (auffallend); eine frappante Ähnlichkeit
frap|pie|ren (überraschen, verblüffen); ihre Schlagfertigkeit frappiert mich immer wieder; ein frappierendes Beispiel
frä|sen; du fräst; er fräste; er hat das Gewinde gefräst; fräs *oder* fräse!
der **Fraß;** des Fra|ßes; die Fra|ße
die **Frat|ze** (verzerrtes Gesicht; Grimasse); eine Fratze schneiden
die **Frau**
die **Frau|en|be|auf|trag|te**

F
fot

frei

freiler; am freis|ten *oder* frei|es|ten

1. Klein- und Großschreibung

Kleinschreibung:

- der freie Mitarbeiter
- die freie (nicht staatlich gelenkte) Marktwirtschaft
- freie Hand haben (tun können, was man will)
- einen Gefangenen auf freien Fuß setzen (freilassen)
- etwas frei Haus (ohne Zusatzkosten) liefern

Großschreibung der Nominalisierung und in Eigennamen:

- das Freie, im Freien, ins Freie
- Freie Demokratische Partei (*Abkürzung:* FDP); Freie und Hansestadt Hamburg; Freie Hansestadt Bremen; ABER: Frankfurt war lange eine freie Reichsstadt

2. Getrennt- und Zusammenschreibung

Schreibung in Verbindung mit Verben und Partizipien:

- frei sein; frei werden; frei bleiben
- wisst ihr, ob wir am Montag frei haben *oder* freihaben?
- eine Rede frei (ohne Manuskript) halten; bitte die Ausfahrt frei halten
- die nächste Zeile musst du frei lassen; ABER: die Gefangenen frei lassen *oder* freilassen
- frei laufende *oder* freilaufende Hühner
- frei lebende *oder* freilebende Tiere
- sich von Vorurteilen frei machen *oder* freimachen; den Oberkörper frei machen *oder* freimachen; einen Tag frei machen *oder* freimachen (Urlaub nehmen); ABER: den Brief ↑freimachen (mit einer Briefmarke versehen)
- frei [ohne Manuskript] sprechen; ABER: den Angeklagten ↑freisprechen

Vergleiche auch: freischwimmen

der **Frau|en|be|auf|trag|te**
die **Frau|en|be|we|gung**
das **Frau|en|haus** (für Frauen, die von Männern misshandelt werden)
die **Frau|en|recht|le|rin** (Kämpferin für die Gleichberechtigung der Frau)
das **Fräu|lein;** die Fräulein

! Früher war es üblich, junge, unverheiratete Frauen mit *Fräulein* anzureden. Heute wird grundsätzlich nur noch die Anrede *Frau* benutzt.

der **Freak** [fri:k] (jemand, der sich [in übertriebener Weise] für etwas begeistert); des Freaks; die Freaks
frech; er ist frech
der **Frech|dachs** (*umgangssprachlich scherzhaft für:* freches Kind); des Frech|dach|ses, die Frech|dach|se
die **Frech|heit**
das **Free|clim|bing** *oder* **Free Clim|bing** [ˈfri:klaɪmɪŋ] (Bergsteigen ohne Hilfsmittel); des Freeclimbings *oder* Free Climbings
der **Free|ga|ner** [fri:...] (Person, die sich aus Überzeugung von weggeworfenen Lebensmitteln ernährt); des Freeganers; die Freeganer
die **Free|ga|ne|rin** [fri:...]; die Freeganerinnen
die **Free|sie** (eine Zierpflanze); die Free|si|en
die **Fre|gat|te** (Kriegsschiff für den Geleitschutz); die Fregatten
frei *siehe Kasten*
das **Frei|bad**
der **Frei|bal|lon**
frei|be|ruf|lich; freiberuflich (nicht angestellt) arbeiten
der **Frei|beu|ter** (Seeräuber); des Freibeuters; die Freibeuter
frei|en (*veraltet für:* heiraten; um eine Frau werben); er freite sie; er hat um sie gefreit
der **Frei|er;** des Freiers; die Freier
die **Frei|ga|be;** der Fußballspieler bekam keine Freigabe seines Vereins
frei|ge|big *oder* **frei|gie|big** (großzügig); ABER NUR: die **Frei|ge|big|keit**
frei|ha|ben ↑frei

frei|hän|dig
die **Frei|heit**
frei|heit|lich; eine freiheitliche Demokratie
die **Frei|heits|stra|fe**
der **Frei|herr** (ein Adelstitel); des Freiherrn; die Frei|her|ren
frei|las|sen ↑frei
die **Frei|las|sung;** die Freilassung der Gefangenen
der **Frei|lauf;** die Frei|läu|fe
frei|lau|fend, frei|le|bend ↑frei
frei|le|gen *oder* **frei le|gen** (eine deckende Schicht entfernen); ein Rohr freilegen *oder* frei legen
frei|lich
die **Frei|licht|büh|ne**
frei|ma|chen; sie hat den Brief freigemacht (frankiert); ↑*auch:* frei
der **Frei|mau|rer** (Mitglied eines Männerbundes); des Freimaurers; die Freimaurer
frei|mü|tig
der **Frei|raum** (Möglichkeit zur eigenen Entfaltung); er sagt, er brauche seinen Freiraum
frei|set|zen; Kräfte freisetzen
frei|sin|nig
die **Frei|sprech|an|la|ge** (technische Einrichtung, mit der freihändig telefoniert werden kann)
frei|spre|chen (für unschuldig erklären); sie wurde von aller Schuld freigesprochen; ↑ABER: frei
der **Frei|spruch**
der **Frei|staat** (Teil der amtlichen Bezeichnung der Bundesländer Bayern, Sachsen und Thüringen); des Freistaats *oder* Frei|staa|tes; die Frei|staa|ten
frei|stel|len (erlauben)
der **Frei|stil** *(Sport)*
der **Frei|stoß** (beim Fußball); [in]direkter Freistoß
das *oder* der **Frei|stoß|spray** (*Fußball:* nur kurze Zeit sichtbares Spray für Spielfeldmarkierungen)
die **Frei|stun|de**
der **Frei|tag** ↑Dienstag
der **Frei|tag|abend** ↑Dienstagabend
der **Frei|tag|mor|gen**
der **Frei|tag|nach|mit|tag**
frei|tags ↑dienstags

F
fre

der **Frei|tod** (*gehoben für* Suizid)
die **Frei|übung;** Freiübungen machen
frei|wil|lig; freiwillig teilen; freiwilliger Wehrdienst; die freiwillige Feuerwehr; ein Freiwilliges Soziales *oder* freiwilliges soziales Jahr; ABER NUR: die Freiwillige Feuerwehr Nassau
die **Frei|wil|li|ge;** eine Freiwillige
der **Frei|wil|li|ge;** ein Freiwilliger; die Freiwilligen; zwei Freiwillige
die **Frei|wil|li|gen|ar|beit**
das **Frei|zei|chen** (Ton, der anzeigt, dass die gewählte Telefonnummer frei ist)
die **Frei|zeit**
das **Frei|zeit|an|ge|bot**
das **Frei|zeit|bad**
das **Frei|zeit|hemd**
der **Frei|zeit|park**
frei|zü|gig; freizügige (viel Freiheit lassende) Erziehung
die **Frei|zü|gig|keit**
fremd
der **Frem|de;** des/dem/den Fremden; die Fremden
die **Frem|de** (*auch für* das Ausland); eine Fremde; in der Fremde leben
frem|den|feind|lich; fremdenfeindliches Verhalten
die **Frem|den|le|gi|on**
der **Frem|den|ver|kehr**
fremd|ge|hen (*umgangssprachlich für:* untreu sein); sie geht fremd; er ist fremdgegangen
der **Fremd|kör|per**
die **Fremd|spra|che**
fremd|spra|chig; fremdsprachiger (in einer Fremdsprache gehaltener) Unterricht
das **Fremd|wort;** die Fremd|wör|ter
fre|ne|tisch (rasend, begeistert); frenetischer Beifall
die **Fre|quenz** (Schwingungszahl); die Frequen|zen
die **Fres|ke** *oder* das **Fres|ko** (Wandmalerei); der Freske *oder* des Freskos; die Fresken
die **Fres|sa|li|en** (Esswaren) *Plural*
fres|sen; die Kuh frisst; sie fraß; sie hat gefressen; friss endlich!
das **Fres|sen;** des Fressens
der **Fres|ser;** des Fressers; die Fresser
die **Fres|se|rei**

die **Fres|se|rin;** die Fresserinnen
das **Frett|chen** (halbzahmer Iltis); des Frettchens; die Frettchen
die **Freu|de;** in Freud und Leid zusammenhalten
freu|de|strah|lend; freudestrahlende Augen; ABER: vor Freude strahlende Augen
freu|dig; ein freudiges Ereignis
freud|los
sich **freu|en;** du freust dich; er freute sich; er hat sich gefreut; freu *oder* freue dich doch!
der **Freund;** des Freunds *oder* Freun|des; die Freun|de; jemandes Freund sein, bleiben, werden; mit jemandem gut Freund sein; das Freund-Feind-Schema
der **Freun|des|kreis**
die **Freun|din;** die Freundinnen
freund|lich; freundliche Grüße; freundlich gesinnte Menschen
die **Freund|schaft**
freund|schaft|lich
die **Freund|schafts|an|fra|ge** (in sozialen Netzwerken)
das **Freund|schafts|spiel** *(Sport)*
der **Fre|vel** (*gehoben für:* [sündhafter] Verstoß gegen Gebote oder Gesetze); des Frevels; die Frevel
fre|vel|haft; fre|vel|haf|ter; am fre|vel|haf|tes|ten
der **Frev|ler;** des Frevlers; die Frevler
Fri|days for Fu|ture ['fraɪ̯deɪ̯s fɔɐ̯ 'fju:tʃɐ] (internationale Klimaschutzbewegung); *ohne Artikel*
der **Frie|de;** des Friedens; die Frieden; in Fried und Freud zusammen sein
der **Frie|den;** des Friedens; die Frieden

> **!** Beide Wortformen können in den Bedeutungen »Nicht-Kriegszustand« und »Harmonie, Ruhe« gebraucht werden. Allerdings setzt sich die Form *Frieden* immer mehr durch.

die **Frie|dens|be|we|gung**
die **Frie|dens|pfei|fe**
der **Frie|dens|pro|zess**
der **Frie|dens|ver|trag**
fried|fer|tig
der **Fried|hof;** des Friedhofs *oder* Fried|ho|fes; die Fried|hö|fe
fried|lich
frie|ren; du frierst; sie fror; sie hat gefroren (Kälte empfunden); das Wasser ist gefroren (vor Kälte erstarrt); ich friere an den Füßen; mich friert an den Füßen
der **Fries** (der Gesimsstreifen); des Frie|ses; die Frie|se
der **Frie|se** (Angehöriger eines germanischen Stammes an der Nordseeküste); des/dem/den Friesen; die Friesen
die **Frie|sin;** die Friesinnen
frie|sisch
die **Fri|ka|del|le;** die Frikadellen
das **Fri|kas|see** (Gericht aus klein geschnittenem Fleisch); des Frikassees; die Frikassees
das **Fris|bee** ['frɪsbi] (*Markenbezeichnung:* Wurfscheibe aus Plastik); des Frisbee; die Frisbees
frisch; fri|scher; am fri|sches|ten; etwas frisch halten; sich frisch machen *oder* frischmachen; die frisch gestrichene *oder* frischgestrichene Wand; frisch gebackener *oder* frischgebackener Kuchen; ABER: die Frische Nehrung; das Frische Haff
die **Fri|sche;** in alter Frische
frisch|ge|stri|chen ↑frisch
der **Frisch|ling** (das Junge vom Wildschwein); des Frischlings; die Frisch|lin|ge
frisch|ma|chen ↑frisch
frisch|weg (munter; ohne Hemmungen)
der **Fri|seur** [fri'zø:ɐ̯] *oder* **Fri|sör;** des Friseurs *oder* Frisörs; die Fri|seu|re *oder* Fri|sö|re
die **Fri|seu|rin** [fri'zø:rɪn] *oder* **Fri|sö|rin;** die Friseurinnen *oder* Frisörinnen
die **Fri|seu|se** [fri'zø:zə] (*umgangssprachlich abwertend für:* Friseurin); der Friseuse; die Friseusen
fri|sie|ren (*umgangssprachlich auch für:* unerlaubt verändern); du frisierst; er frisierte; er hat ihr Haar frisiert; frisier *oder* frisiere dein Mofa nicht!; sich frisieren; er hat sich frisiert; ein frisiertes Mofa
der **Fri|sör** *vergleiche:* **Fri|seur**
die **Fri|sö|rin** *vergleiche:* **Fri|seu|rin**
die **Frist;** die Fris|ten

fris|ten (über die Zeit retten); sein Leben fristen
frist|ge|recht; fristgerecht kündigen
frist|los; die fristlose Kündigung
die **Fri|sur;** die Fri|su|ren
die **Frit|te;** die Frit|ten (*umgangssprachlich für:* Pommes frites)
die **Frit|ten|bu|de** (*umgangssprachlich für:* Imbissstube)
das **Frit|ten|fett** *(umgangssprachlich)*
die **Frit|teu|se** [friˈtøːzə] (elektrisches Gerät zum Frittieren)
frit|tie|ren (in schwimmendem Fett braten); er hat den Fisch frittiert
fri|vol (leichtfertig; schlüpfrig)
die **Fri|vo|li|tät;** die Fri|vo|li|tä|ten
froh; ein frohes Ereignis; ABER: die Frohe Botschaft (das Evangelium)
fröh|lich
froh|lo|cken (*gehoben für:* jubeln; Schadenfreude empfinden); du frohlockst; er frohlockte; er hat zu früh frohlockt
der **Froh|sinn;** des Frohsinns *oder* Froh|sin|nes
fromm; from|mer *oder* fröm|mer; am fromms|ten *oder* frömms|ten
die **Fröm|mig|keit**
die **Fron** (*früher für:* dem Lehnsherrn zu leistende Arbeit); die Fro|nen
der **Fron|dienst** (der Dienst für den Grundherrn)
frö|nen (*gehoben für:* sich einer Leidenschaft hingeben); du frönst; er frönte; er hat seinem Hobby gefrönt
der **Fron|leich|nam** (ein katholisches Fest)
die **Front** (Vorderseite; *Militär:* vorderste Kampflinie); die Fron|ten; Front machen gegen etwas (sich einer Sache widersetzen)
fron|tal ([von] vorn); ein frontaler Zusammenstoß
der **Front|an|trieb** (Vorderradantrieb)
der **Frosch;** des Froschs *oder* Fro|sches; die Frö|sche
der **Frosch|laich**
der **Frosch|mann** (Taucher); die Frosch|män|ner
der **Frost;** des Frosts *oder* Fros|tes; die Frös|te
frös|teln; ich fröst[e]le; du fröstelst; er fröstelte; er hat gefröstelt; mich fröstelt
frost|frei; eine frostfreie Nacht
fros|tig; frostige (unfreundliche) Blicke
das *oder* der **Frot|tee** [ˈfrɔte] (ein Gewebe mit gekräuselter Oberfläche); des Frottee *oder* Frottees; die Frottees
das **Frot|tee|hand|tuch**
frot|tie|ren (abreiben); ich frottiere; du frottierst; er frottierte; er hat seine schmerzenden Beine frottiert
das **Frot|tier|tuch**
die **Frot|ze|lei** (spöttische Bemerkung)
frot|zeln (necken, aufziehen); du frotzelst; sie frotzelte; sie hat mich nur gefrotzelt; frotzle *oder* frotzele nicht!
die **Frucht;** die Früch|te; Frucht bringend *oder* fruchtbringend (nützlich); eine Frucht bringende *oder* fruchtbringende Beschäftigung
frucht|bar
die **Frucht|bar|keit**
die **Frucht|bla|se** (Hülle des Embryos)
frucht|brin|gend ↑ Frucht
das **Frucht|fleisch**
der *oder* das **Frucht|jo|ghurt** *oder* **Frucht|jo|gurt**
der **Frucht|kno|ten** (Teil der Blüte)
frucht|los (nutzlos); fruchtlose Versuche
der **Frucht|saft**
das **Frucht|was|ser** (Flüssigkeit in der Fruchtblase)
der **Frucht|zu|cker**
der **Fru|ga|ner** (Frutarier); des Fruganers; die Fruganer
die **Fru|ga|ne|rin;** die Fruganerinnen
früh; frü|her; am frühs|ten *oder* frü|hes|ten; von [morgens] früh bis [abends] spät; morgen früh, *besonders österreichisch auch:* morgen Früh; allzufrüh; von früh auf
der **Früh|auf|ste|her**
die **Früh|auf|ste|he|rin**
das **Früh|chen** (*umgangssprachlich für:* Frühgeborene)
die **Frü|he;** in der Frühe; in aller Frühe; bis in die Frühe
die **Früh|er|ken|nung**
frü|hes|tens *oder* **frühs|tens;** sie kommt frühestens *oder* frühstens am Dienstag
frü|hest|mög|lich; zum frühestmöglichen Termin

das **Früh|ge|bo|re|ne,** *selten:* **Früh|ge|bor|ne;** ein Frühgebor[e]nes; die Frühgebor[e]nen; zwei Frühgebor[e]ne
die **Früh|ge|burt**
das **Früh|jahr;** die Früh|jah|re
der **Früh|ling;** die Früh|lin|ge
früh|mor|gens; ABER: morgens früh
der **Früh|schop|pen**
die **Früh|se|xu|a|li|sie|rung** *Plural selten*
der **Früh|sport**
frühs|tens *vergleiche:* **frü|hes|tens**
das **Früh|stück;** die Früh|stü|cke
früh|stü|cken; ich frühstücke; du frühstückst; er frühstückte; er hat erst spät gefrühstückt
früh|zei|tig
der **Frust** (*umgangssprachlich für:* Frustration); des Frusts *oder* Frus|tes
die **Frus|t|ra|ti|on** (anhaltende Enttäuschung); die Frus|t|ra|ti|o|nen
frus|t|rie|ren (*Psychologie:* enttäuschen); er ist frustriert; das Erlebnis hat sie frustriert
frus|t|riert; frustrierte Schüler
der **Fru|ta|ri|er** (Vegetarier, der sich nur von pflanzlichen Produkten ernährt, die ohne Beschädigung der Pflanze gewonnen wurden); des Frutariers; die Frutarier
die **Fru|ta|ri|e|rin;** die Frutarierinnen
fru|ta|risch
das **FSJ** = Freiwilliges Soziales *oder* freiwilliges soziales Jahr
die **FSK** = Freiwillige Selbstkontrolle (der Filmwirtschaft)
der **Fuchs;** des Fuch|ses; die Füch|se
der **Fuchs|bau;** die Fuchsbaue
fuch|sen (*umgangssprachlich für:* [sich] ärgern); es fuchst dich; die Sache fuchste ihn; es hat ihn gefuchst; sich fuchsen (sich ärgern); er hat sich gefuchst
die **Fuch|sie** ['fʊksi̯ə] (eine Zierpflanze); die Fuch|si|en
fuch|sig (fuchsrot; *umgangssprachlich für:* wütend); fuchsig werden
der **Fuchs|schwanz** (*auch:* eine Säge)
fuchs|teu|fels|wild
fuch|teln (etwas in der Luft hin und her bewegen); du fuchtelst; er fuchtelte; er hat mit den Armen gefuchtelt; fuchtle *oder* fuchtele nicht mit den Händen!
das **Fu|der** (ein Hohlmaß für Wein); des Fuders; die Fuder
der **Fu|d|schi|ja|ma** (Berg in Japan)
der **Fug;** *nur noch in:* mit Fug und Recht (mit vollem Recht)
die **Fu|ge** (Zwischenraum); die Fugen
die **Fu|ge** (ein mehrstimmiges Musikstück); die Fugen
fü|gen; ich füge; du fügst; er fügte; er hat Stein auf Stein gefügt; füge Stein auf Stein; sich fügen (sich unterordnen); er hat sich seinem Willen gefügt
füg|sam (gehorsam); fügsame Kinder
die **Fü|gung** (schicksalhaftes Ereignis)
füh|len; ich fühle; du fühlst; er fühlte; er hat es gefühlt; er hat das Fieber kommen fühlen *oder* gefühlt; fühl *oder* fühle ihren Puls!; sich fühlen; er hat sich sicher gefühlt
der **Füh|ler;** des Fühlers; die Fühler
die **Fuh|re**
füh|ren; ich führe; du führst; er führte; er hat ihn geführt; führ *oder* führe ihn!; Buch führen
füh|rend (bestimmend; maßgebend); ein führender Politiker
der **Füh|rer|schein;** Führerschein auf Probe
der **Fuhr|mann;** die Fuhr|män|ner *oder* Fuhr|leu|te
der **Fuhr|park**
die **Füh|rung**
die **Füh|rungs|kraft**
das **Füh|rungs|zeug|nis**
das **Fuhr|werk;** die Fuhr|wer|ke
die **Ful|da** (Quellfluss der Weser)
die **Fül|le**
fül|len; ich fülle; du füllst; sie füllte; sie hat das Glas gefüllt; füll *oder* fülle den Eimer!
das **Fül|len** (*gehoben für:* Fohlen); des Füllens; die Füllen
der **Fül|ler** (Füllfederhalter); des Füllers; die Füller
der **Füll|fe|der|hal|ter**
das **Full HD** *oder* **Full-HD** ['fʊlha:(')de:]; des Full HD[s] oder Full-HD[s] *(meist ohne Artikel)*
fül|lig (rundlich; üppig); fülliges Haar
der **Full|time-Job** ['fʊltai̯mdʒɔp] *oder* **Full|time|job** (Ganztagsarbeit)
die **Fül|lung**

ful|mi|nant (glänzend, prächtig)
die **Fum|me|lei**
fum|meln (*umgangssprachlich für:* sich [unsachgemäß] an etwas zu schaffen machen); ich fumm[e]le; du fummelst; sie fummelte; sie hat daran gefummelt; fummle *oder* fummele nicht an der Waffe!
der **Fun** [fan] (Vergnügen); des Funs; Fun haben
der **Fund;** des Funds *oder* Fun|des; die Funde
das **Fun|da|ment** (Grundlage; Unterbau); des Fundaments *oder* Fun|da|men|tes; die Fun|da|men|te
fun|da|men|tal (eine fundamentale Frage)
der **Fun|da|men|ta|lis|mus**
der **Fun|da|men|ta|list** (jemand, der kompromisslos an seinen Grundsätzen festhält); des/dem/den Fun|da|men|ta|lis|ten; die Fun|da|men|ta|lis|ten
die **Fun|da|men|ta|lis|tin;** die Fundamentalistinnen
das **Fund|bü|ro**
die **Fund|gru|be**
fun|diert (gefestigt, gesichert)
fün|dig (ergiebig, reich); *meist in:* fündig werden (etwas entdecken)
der **Fund|ort**
die **Fund|stel|le**
das **Fund|stück**
der **Fun|dus** (Grundlage; Bestand [an Ausstattungsmitteln]); des Fundus; die Fundus
fünf; die fünf Sinne beisammenhaben; wir sind heute zu fünfen *oder* zu fünft; fünf gerade sein lassen (etwas nicht so genau nehmen); ↑*auch:* acht
die **Fünf** (Zahl); die Fün|fen; eine Fünf würfeln, eine Fünf schreiben; die Note Fünf bekommen; ↑*auch:* Acht
der *oder* das **Fun|fact** *oder* **Fun Fact** ['fanfɛkt] (lustige, vergnügliche Tatsache); des Funfacts *oder* Fun Facts; die Funfacts *oder* Fun Facts
das **Fünf|cent|stück** *oder* **Fünf-Cent-Stück** (*mit Ziffer:* 5-Cent-Stück)
der **Fünf|eu|ro|schein** *oder* **Fünf-Euro-Schein** (*mit Ziffer:* 5-Euro-Schein)
fünf|fach
der **Fünf|hun|dert|eu|ro|schein** *oder* **Fünfhun|dert-Eu|ro-Schein** (*mit Ziffern:* 500-Euro-Schein)
der **Fünf|kampf**
fünf|mal ↑achtmal
die **Fünf-Mi|nu|ten-Pau|se** (besonders in der Schule); *mit Ziffer:* 5-Minuten-Pause
fünf|stel|lig; eine fünfstellige Zahl
fünf|te ↑achte
das **Fünf|tel** ↑Achtel
fünf|tens
fünf|zehn ↑acht
fünf|zig ↑achtzig
das **Fünf|zig|cent|stück** *oder* **Fünfzig-Cent-Stück** (*mit Ziffern:* 50-Cent-Stück)
der **Fünf|zi|ger** (*umgangssprachlich auch für:* Münze oder Schein mit dem Wert 50); des Fünfzigers; die Fünfziger
der **Fünf|zig|eu|ro|schein** *oder* **Fünfzig-Euro-Schein** (*mit Ziffern:* 50-Euro-Schein)
fun|gie|ren (eine bestimmte Funktion ausüben); er hat als Zeuge fungiert
der **Funk** (Funkgerät; Rundfunk); des Funks; über Funk; Funk und Fernsehen
der **Funk** [faŋk] (Popmusik als Mischung aus Rock und Jazz); des Funks
der **Funk|ama|teur**
die **Funk|ama|teu|rin**
der **Fun|ke** *oder* **Fun|ken;** des Funkens; die Funken; eine Funken sprühende *oder* funkensprühende Lokomotive
fun|keln; es funkelte; es hat gefunkelt
fun|kel|na|gel|neu
fun|ken (durch Funk übermitteln); ich funke; du funkst; er funkte; er hat Messdaten gefunkt; funk *oder* funke SOS!
fun|ken|sprü|hend ↑Funke
der **Fun|ker;** des Funkers; die Funker
die **Fun|ke|rin;** die Funkerinnen
das **Funk|si|g|nal**
das **Funk|sprech|ge|rät**
der **Funk|spruch**
die **Funk|strei|fe**
der **Funk|strei|fen|wa|gen**
das **Funk|ta|xi**
die **Funk|ti|on** (Tätigkeit, Aufgabe; *Mathematik:* eindeutige Zuordnung); in, außer Funktion (in, außer Betrieb) sein; algebraische Funktionen
funk|ti|o|nal (funktionell)
der **Funk|ti|o|när** (Beauftragter einer Par-

tei u. Ä.); des Funktionärs; die Funk|ti|o|nä|re

die **Funk|ti|o|nä|rin;** die Funktionärinnen

funk|ti|o|nell (eine Funktion erfüllend)

funk|ti|o|nie|ren; es funktionierte; es hat nicht funktioniert

funk|ti|ons|fä|hig

die **Funk|ti|ons|glei|chung**

die **Funk|ti|ons|stö|rung**

der **Funk|turm**

fun|ny (*umgangssprachlich, besonders Jugendsprache für:* lustig, spaßig)

die **Fun|zel** (*umgangssprachlich für:* schlecht brennende Lampe); die Funzeln

für; ein für alle Mal; fürs Erste; für und wider; ABER: das Für und [das] Wider

die **Für|bit|te**

die **Fur|che**

die **Furcht;** Furcht verbreiten; Furcht erregen; Furcht erregend *oder* furchterregend; ein Furcht erregender *oder* furchterregender Anblick; ABER NUR: ein große Furcht erregender Anblick; ein äußerst furchterregender, noch furchterregenderer Anblick

furcht|bar

fürch|ten; du fürchtest; er fürchtete; er hat ihn gefürchtet; fürchte niemanden!; sich fürchten; er hat sich gefürchtet

fürch|ter|lich

furcht|er|re|gend ↑ Furcht

furcht|los; furcht|lo|ser; am furcht|lo|ses|ten

furcht|sam; furchtsame Rehe

für|ei|n|an|der; füreinander da sein

die **Fu|rie** (Rachegöttin; wütende Frau); die Fu|ri|en

fu|ri|os (hitzig, leidenschaftlich; mitreißend); fu|ri|o|ser; am fu|ri|o|ses|ten

das **Fur|nier** (Holzauflage); des Furniers; die Fur|nie|re

die **Fu|ro|re;** der Furore; Furore machen ([durch Erfolg] Aufsehen erregen)

die **Für|sor|ge** (*früher auch für:* Sozialhilfe)

für|sorg|lich (pfleglich, liebevoll)

die **Für|spra|che**

der **Für|spre|cher**

die **Für|spre|che|rin**

der **Fürst;** des/dem/den Fürs|ten; die Fürs|ten

das **Fürs|ten|tum;** die Fürs|ten|tü|mer

die **Fürs|tin;** die Fürstinnen

fürst|lich; eine fürstliche (großzügige) Belohnung

das **Fürst-Pück|ler-Eis** (Speiseeis in drei Schichten)

die **Furt;** die Fur|ten

der, *auch:* das **Fu|run|kel** (Geschwür); des Furunkels; die Furunkel

das **Für|wort** (Pronomen); die Für|wör|ter

der **Fu|sel** (*umgangssprachlich für:* schlechter Branntwein); des Fusels; die Fusel

die **Fu|si|on** (Zusammenschluss)

fu|si|o|nie|ren (verschmelzen); die beiden Unternehmen haben fusioniert

der **Fuß;** des Fu|ßes; die Fü|ße *oder (als Längenmaß:)* Fuß; drei Fuß lang; zu Fuß gehen; jemandem zu Füßen fallen; Fuß fassen; das Regal ist einen Fuß breit; ABER: keinen Fuß breit *oder* Fußbreit weichen; der Weg ist kaum fußbreit; der Schnee ist fußhoch, fußtief

der **Fuß|ball;** Fußball spielen

der **Fuß|bal|ler** (*umgangssprachlich*); des Fußballers; die Fußballer

die **Fuß|bal|le|rin;** die Fußballerinnen

fuß|bal|le|risch

der **Fuß|ball|platz**

das **Fuß|ball|spiel**

die **Fuß|ball|welt|meis|ter|schaft**

der **Fuß|bo|den**

fuß|breit; eine fußbreite Rinne; ABER: die Rinne ist einen Fuß breit

der **Fuß|breit** ↑ Fuß

fu|ßen; das fußte, hat gefußt auf einem Vertrag

der **Fuß|gän|ger**

die **Fuß|gän|ge|rin**

der **Fuß|gän|ger|über|weg**

die **Fuß|gän|ger|zo|ne**

fuß|hoch; das Wasser steht fußhoch; ABER: das Wasser steht drei Fuß hoch

die **Fuß|mat|te**

die **Fuß|no|te**

der **Fuß|pilz**

die **Fuß|stap|fe** *oder* der **Fuß|stap|fen;** die Fußstapfen

fuß|tief; ein fußtiefes Loch; ABER: der Teich ist nur zwei Fuß tief
der **Fuß|weg**
das **Fut|ter** (Nahrung [der Tiere]); des Futters; die Futter *Plural selten*
das **Fut|ter** (innere Stoffschicht); des Futters; die Futter
das **Fut|te|ral** (Schutzhülle, Überzug; Behälter); des Futterals; die Fut|te|ra|le
der **Fut|ter|mais**
fut|tern (*umgangssprachlich für:* essen); ich futtere; du futterst; er futterte; er hat Schokolade gefuttert; futtere tüchtig!
füt|tern; ich füttere; du fütterst; er fütterte; er hat gefüttert; füttere den Hund!
das **Fu|tur** (*Zeitform:* Zukunft); des Futurs; die Fu|tu|re; Futur I und II
fu|tu|ris|tisch

G

g = Gramm
das **G** (Buchstabe); des G; die G; ABER: das g in Lage; das G-Dur; ABER: das g-Moll (Tonarten)
die **Ga|be**
die **Ga|bel;** die Gabeln
sich **ga|beln;** der Weg gabelte sich; der Weg hat sich gegabelt
der **Ga|bel|stap|ler;** des Gabelstaplers; die Gabelstapler
Ga|b|ri|el (ein Erzengel)
Ga|bun (Staat in Afrika)
der **Ga|bu|ner;** des Gabuners; die Gabuner
die **Ga|bu|ne|rin;** die Gabunerinnen
ga|bu|nisch
ga|ckern; das Huhn gackerte; es hat gegackert
gaf|fen (*salopp abwertend für:* neugierig anstarren); du gaffst; er gaffte; er hat gegafft; gaff *oder* gaffe nicht so!
der **Gaf|fer** *(salopp abwertend);* des Gaffers; die Gaffer
die **Gaf|fe|rin;** die Gafferinnen
das **Gaf|fer|vi|deo** *(salopp abwertend)*
der **Gag** [gɛk] (Witz; witziger Einfall); des Gags; die Gags

ga|ga (nicht recht bei Verstand); der ist doch gaga!
die **Ga|ge** [ˈɡaːʒə] (Bezahlung, Gehalt von Künstlern); die Gagen
gäh|nen; ich gähne; du gähnst; sie gähnte; sie hat dauernd gegähnt
die **Ga|la** (festliche Kleidung; festliche Veranstaltung); der Gala; die Galas; sich in Gala werfen
ga|lant (betont höflich); ga|lan|ter; am ga|lan|tes|ten
die **Ga|la|pa|gos|in|seln** (ecuadorianische Inselgruppe im Pazifik) *Plural*
die **Ga|la|vor|stel|lung** (Festvorstellung)
die **Ga|la|xie** *(Astronomie);* der Galaxie; die Galaxien
die **Ga|la|xis** (Milchstraße; Sternsystem); die Ga|la|xi|en
die **Ga|lee|re** (ein mittelalterliches Ruderkriegsschiff); die Galeeren
die **Ga|le|rie** (umlaufender Gang [in Kirchen, Bibliotheken o. Ä.]; Empore; Kunsthandlung); die Ga|le|ri|en
der **Gal|gen;** des Galgens; die Galgen
Ga|li|läa (Gebirgsland westlich des Jordans)
die **Gal|le** (*kurz für:* Gallenblase)
die **Gal|len|bla|se** (ein Organ)
der **Ga|lopp;** die Galopps *oder* Ga|lop|pe
ga|lop|pie|ren; das Pferd galoppiert; der Hengst ist, *seltener:* hat galoppiert
gal|va|nisch; ein galvanisches Element
gal|va|ni|sie|ren (durch ein chemisches Verfahren mit Metall überziehen); ich galvanisiere; du galvanisierst; er galvanisierte; er hat das Eisen galvanisiert
die **Ga|ma|sche** (über den Schuh gezogener Strumpf); die Gamaschen
Gam|bia (Staat in Afrika)
der **Gam|bi|er;** des Gambiers; die Gambier
die **Gam|bi|e|rin;** die Gambierinnen
gam|bisch
der **Game|boy** [ˈɡɛɪ̯mbɔɪ̯] (*Markenbezeichnung:* ein elektronisches Spielgerät); des Gameboy *oder* Gameboys; die Gameboys
ga|men [ˈɡɛɪ̯mən] (*EDV:* ein Computerspiel spielen); gegamt
das **Game|pad** [ˈɡɛɪ̯mpɛd] (*EDV:* Eingabegerät für Videospiele)
die **Games|com** [ɡeːmskɔm] (*Marken-*

bezeichnung: eine Messe für Computer- und Videospiele); der Gamescom

ga|mi|fi|zie|ren [gɛɪ̯mi...] (eine ernsthafte Aufgabe als Spiel betrachten); ich gamifiziere; du hast gamifiziert

die **Ga|mi|fi|zie|rung** [gɛɪ̯mi...] *Plural selten*

das **Ga|ming** [ˈgɛɪ̯mɪŋ] (Bereich, Anwendung der Computerspiele); des Gamings

gam|me|lig *oder* **gamm|lig** (*umgangssprachlich für:* verkommen; verdorben, faulig)

gam|meln (*umgangssprachlich für:* durch langes Aufbewahren ungenießbar werden; die Zeit mit Nichtstun verbringen); ich gamm[e]le; du gammelst; das Brot gammelte; sie hat drei Monate gegammelt; gammle *oder* gammele nicht!

die **Gäm|se** (ein ziegenähnliches Säugetier)

Gan|dhi, Ma|hat|ma (indischer Staatsmann)

gang; *nur noch in:* gang und gäbe sein (allgemein üblich sein)

der **Gang;** des Gangs *oder* Gan|ges; die Gän|ge; im Gang[e] sein; etwas in Gang bringen, halten; ABER: das Ingangbringen

die **Gang** [gɛŋ] (Bande, Verbrecherbande)

die **Gang|art**

gang|bar; ein gangbarer Weg

das **Gän|gel|band**

gän|geln; du gängelst; er hat ihn gegängelt; gängele ihn nicht!

der **Gan|ges** (Fluss in Vorderindien)

gän|gig; eine gängige (übliche, gebräuchliche) Methode

die **Gang|schal|tung**

der **Gangs|ter** [ˈgɛŋstɐ] (Schwerverbrecher); des Gangsters; die Gangster

der **Gangs|ter|boss**

gang und gä|be (üblich)

die **Gang|way** [ˈgɛŋvɛɪ̯] (Laufsteg oder Treppe zum Schiff oder Flugzeug); die Gangways

der **Ga|no|ve** (*umgangssprachlich für:* Gauner, Betrüger); des/dem/den Ganoven; die Ganoven

die **Gans;** die Gän|se

das **Gän|se|blüm|chen**

die **Gän|se|füß|chen** (*umgangssprachlich für:* Anführungsstriche) *Plural*

die **Gän|se|haut**

der **Gän|se|marsch**

der **Gän|se|rich;** die Gän|se|ri|che

ganz

Kleinschreibung:

- in ganz Europa
- ganze Zahlen
- die ganze Wahrheit
- ganz und gar
- etwas wieder ganz machen *oder* ganzmachen (reparieren)

Großschreibung der Nominalisierung:

- im [Großen und] Ganzen
- das Ganze
- aufs Ganze gehen; ums Ganze
- das große Ganze; ein großes Ganzes
- als Ganzes

ganz|heit|lich (über einzelne Fächer o. Ä. hinausgehend); ganzheitlicher Unterricht

ganz|jäh|rig; ganzjährig geöffnet

ganz|le|dern (aus reinem Leder); ganzlederne Halbschuhe

ganz|lei|nen (aus reinem Leinen); ein ganzleinener Einband

gänz|lich

ganz|ma|chen ↑ganz

ganz|tä|gig

die **Ganz|tags|be|treu|ung**

die **Ganz|tags|schu|le**

der **Ganz|tags|un|ter|richt**

ganz|wol|len (aus reiner Wolle)

gar (fertig gekocht); es ist erst halb gar; etwas gar kochen *oder* garkochen; er hat das Fleisch gar gekocht *oder* gargekocht; gar gekochtes *oder* gargekochtes Fleisch

gar (ganz, sehr, sogar); ganz und gar; gar kein; gar nicht; gar nichts; gar sehr

die **Ga|ra|ge** [gaˈraːʒə]; die Garagen

der **Ga|rant** (Person, Institution o. Ä., die für etwas garantiert); des Ga|ran|ten; die Ga|ran|ten; ein Garant für gute Stimmung

die **Ga|ran|tie** (Bürgschaft, Gewähr); die Ga|ran|ti|en

ga|ran|tie|ren (bürgen); du garantierst; sie hat für Qualität garantiert; garantier *oder* garantiere dafür!

ga|ran|tiert (*umgangssprachlich für:* mit Sicherheit); die Klassenfahrt wird garantiert schön

der **Ga|r|aus;** *nur in:* jemandem den Garaus machen (jemanden umbringen)

die **Gar|be** (Getreidebündel); die Garben

die **Gar|de** (Elitetruppe; Regiment für den persönlichen Schutz eines Monarchen); die Garden

die **Gar|de|ro|be** (Kleidung; Ablage für Mäntel und Hüte; Umkleideraum für Künstler)

die **Gar|di|ne;** die Gardinen

ga|ren (gar kochen; gar werden); er hat das Fleisch gegart; er hat das Fleisch garen lassen; gare das Fleisch!

gä|ren; etwas gärt; der Wein gor; er hat gegoren; *in übertragener Bedeutung:* die Wut gärte; sie hat gegärt

gar|ko|chen ↑gar

das **Garn;** des Garns *oder* Gar|nes; die Garne

die **Gar|ne|le** (Krebstier); die Garnelen

gar|nie|ren (schmücken, verzieren); du garnierst; er hat die Torte garniert; garnier *oder* garniere sie!

die **Gar|ni|son** (Standort für Truppen); die Gar|ni|so|nen

die **Gar|ni|tur** (Verzierung; mehrere zusammengehörende Gegenstände); die Gar|ni|tu|ren

der *oder* das **Garn|knäu|el**

gars|tig (ungezogen; hässlich und böse)

der **Gar|ten;** des Gartens; die Gärten

die **Gar|ten|bank**

der **Gar|ten|bau;** des Gartenbaus *oder* Gartenbaues

das **Gar|ten|beet**

das **Gar|ten|cen|ter**

das **Gar|ten|fest**

die **Gar|ten|schau**

der **Gar|ten|schlauch**

der **Gärt|ner;** des Gärtners; die Gärtner

die **Gärt|ne|rei**

die **Gärt|ne|rin;** die Gärtnerinnen

die **Gä|rung**

das **Gas;** des Ga|ses; die Ga|se; Gas geben

Ga|sa *vergleiche:* **Ga|za**

die **Gas|mas|ke**

der **Ga|so|me|ter** (Gasbehälter); die Gasometer

das **Gas|pe|dal**

die **Gas|se** (enge, schmale Straße); *Verkleinerungsform:* das Gäss|chen

der **Gast;** des Gasts *oder* Gas|tes; die Gäs|te; zu Gast sein

der **Gast|ar|bei|ter** *(veraltend)*

die **Gast|ar|bei|te|rin**

die **Gäs|te|in|for|ma|ti|on**

die **Gäs|te|kar|te**

das **Gäs|te-WC** (Toilette für Gäste)

das **Gäs|te|zim|mer**

gast|freund|lich

die **Gast|freund|schaft**

der **Gast|ge|ber;** des Gastgebers; die Gastgeber

die **Gast|ge|be|rin;** die Gastgeberinnen

das **Gast|haus**

der **Gast|hof**

gas|tie|ren (auftreten); du gastierst; sie gastierte; er hat gastiert; der Zirkus gastiert in unserer Stadt

gast|lich; ein gastliches Haus

das **Gast|mahl;** die Gast|mäh|ler *oder* Gastmah|le

der **Gas|t|ro|nom** (Gastwirt); des Gas|t|ro|no|men; die Gas|t|ro|no|men

die **Gas|t|ro|no|mie** (Gaststättengewerbe)

gas|t|ro|no|misch

das **Gast|spiel**

die **Gast|stät|te**

der **Gast|wirt**

die **Gast|wir|tin**

das **Gate** [gɛɪ̯t] (Flugsteig auf Flughäfen); des Gates; die Gates

der **Gat|te;** des Gatten; die Gatten

das **Gat|ter** (Lattenzaun; Gittertor); des Gatters; die Gatter

die **Gat|tin;** die Gattinnen

die **Gat|tung;** die Gat|tun|gen

der **GAU** (= größter anzunehmender Unfall [in Kernkraftwerken]); des GAUs; die GAUs

der **Gau|cho** [ˈgaʊ̯tʃo] (südamerikanischer Viehhirt); des Gauchos; die Gauchos

die *oder* das **Gau|di** (*umgangssprachlich für:* Freude, Spaß); der Gaudi *oder* des Gaudis

gau|keln; der Schmetterling gaukelte; der Schmetterling ist durch die Luft gegaukelt; gaukle *oder* gaukele nicht!

der **Gauk|ler;** des Gauklers; die Gaukler

der **Gaul;** des Gauls *oder* Gau|les; die Gäu|le

der **Gau|men;** des Gaumens; die Gaumen
der **Gau|ner;** des Gauners; die Gauner
die **Gau|ne|rei**
die **Gau|ne|rin;** die Gaunerinnen
Ga|za ['ga:za] *oder* **Ga|sa** (Stadt im östlichen Mittelmeerraum)
der **Ga|za|strei|fen** *oder* **Ga|za-Strei|fen**
die **Ga|ze** ['ga:zə] (durchsichtiges Gewebe); die Gazen
die **Ga|zel|le** (eine Antilopenart)
geb. = geboren
das **Ge|bäck;** des Gebäcks *oder* Ge|bä|ckes; die Ge|bä|cke
das **Ge|bälk;** des Gebälks *oder* Ge|bäl|kes
die **Ge|bär|de**
sich **ge|bär|den** (auffällig verhalten); du gebärdest dich; er gebärdet sich; er gebärdete sich; er hat sich wie ein Kleinkind gebärdet; gebärde dich nicht so auffällig!

> **!** Nicht verwechseln: Obwohl beide Verben ähnlich ausgesprochen werden, hat *[sich] gebärden* eine ganz andere Bedeutung als *gebären.*

ge|bär|den (die Gebärdensprache verwenden)
die **Ge|bär|den|spra|che** (aus Gebärden bestehende Sprache gehörloser Menschen)
ge|bä|ren; sie gebiert; sie gebar; sie hat ein Kind geboren; ↑ ABER: [sich] gebärden
das **Ge|ba|ren** (das Benehmen); des Gebarens; ein seltsames Gebaren
die **Ge|bär|mut|ter** (Hohlorgan des weiblichen Körpers, in dem sich das befruchtete Ei fortentwickelt)
ge|bauch|pin|selt (*umgangssprachlich für:* geehrt, geschmeichelt); unser Lehrer fühlte sich gebauchpinselt
das **Ge|bäu|de;** des Gebäudes; die Gebäude
der **Ge|bäu|de|kom|plex**
das **Ge|bein;** des Gebeins *oder* Ge|bei|nes; die Ge|bei|ne
ge|ben; du gibst; sie gibt; sie gab; sie hat ihm einen Brief gegeben; gib es ihm!; geben *oder* Geben ist seliger denn nehmen *oder* Nehmen
das **Ge|bet;** des Gebets *oder* Ge|be|tes; die Ge|be|te
der **Ge|bets|tep|pich**
das **Ge|biet;** des Gebiets *oder* Ge|bie|tes; die Ge|bie|te
ge|bie|ten; du gebietest; sie gebietet; sie gebot; sie hat Ruhe geboten; gebiet *oder* gebiete Ruhe!
der **Ge|bie|ter;** des Gebieters; die Gebieter
die **Ge|bie|te|rin;** die Gebieterinnen
ge|bie|te|risch; in gebieterischem Ton
das **Ge|bil|de;** des Gebildes; die Gebilde
ge|bil|det; sie ist sehr gebildet
das **Ge|bin|de;** des Gebindes; die Gebinde
das **Ge|bir|ge;** des Gebirges; die Gebirge
ge|bir|gig; eine gebirgige Gegend
das **Ge|biss;** des Ge|bis|ses; die Ge|bis|se
das **Ge|blä|se;** des Gebläses; die Gebläse
ge|blümt (mit Blumenmuster); ein geblümtes Kleid
ge|bo|ren (*Abkürzung:* geb.); sie ist eine geborene Maier; Ingo Müller[,] geborener Schulz
ge|bor|gen (gut aufgehoben); sich geborgen fühlen
die **Ge|bor|gen|heit**
das **Ge|bot;** des Gebots *oder* Ge|bo|tes; die Ge|bo|te; zu Gebot[e] (zur Verfügung) stehen; die Zehn Gebote
das **Ge|bots|schild**
Gebr. = Gebrüder
der **Ge|brauch;** des Gebrauchs *oder* Gebrau|ches; die Ge|bräu|che
ge|brau|chen (benutzen); du gebrauchst; sie gebrauchte; sie hat das Werkzeug gebraucht; gebrauch *oder* gebrauche deinen Verstand!
ge|bräuch|lich; gebräuchliche Wörter
die **Ge|brauchs|an|wei|sung**
ge|braucht; ein gebrauchtes Auto; das habe ich gebraucht gekauft
der **Ge|braucht|wa|gen**
das **Ge|bre|chen** (*gehoben für:* dauerhafter körperlicher, gesundheitlicher Schaden); des Gebrechens; die Gebrechen
ge|brech|lich; meine gebrechliche Oma
die **Ge|brü|der** *Plural*
das **Ge|brüll;** des Gebrülls *oder* Ge|brül|les
die **Ge|bühr;** nach Gebühr (angemessen); über Gebühr (mehr als nötig, übertrieben)
ge|büh|ren (zukommen, zustehen); ihr gebührt Dank; ihr gebührte der Lohn; es hat ihr Dank gebührt; sich gebühren

A B C D E F G geb H I J K L M N O P Q R S T U V W X Y Z

(sich gehören); es gebührt sich nicht, so etwas zu tun

ge|büh|rend (angemessen); er hält gebührenden Abstand

ge|büh|ren|frei

ge|büh|ren|pflich|tig; gebührenpflichtiges Parken

die **Ge|burt;** die Ge|bur|ten

die **Ge|bur|ten|kon|t|rol|le**

die **Ge|bur|ten|ra|te**

die **Ge|bur|ten|re|ge|lung**

ge|bür|tig; er ist gebürtiger Schweizer (er ist in der Schweiz geboren)

der **Ge|burts|ort**

der **Ge|burts|tag;** des Geburtstags *oder* Geburts|ta|ges; die Ge|burts|ta|ge

die **Ge|burts|tags|fei|er**

das **Ge|burts|tags|kind**

die **Ge|burts|tags|par|ty**

das **Ge|büsch;** des Gebüschs *oder* Ge|bü|sches; die Ge|bü|sche

der **Geck** (ein eitler Mensch); des/dem/den Ge|cken; die Ge|cken

ge|cken|haft

der **Ge|cko** (eine tropische Eidechse); des Geckos; die Geckos

das **Ge|dächt|nis;** des Gedächtnisses; die Gedächtnisse

der **Ge|dan|ke;** des Gedankens; die Gedanken

das **Ge|dan|ken|gut**

ge|dan|ken|los

die **Ge|dan|ken|lo|sig|keit**

der **Ge|dan|ken|strich**

ge|dan|ken|voll

ge|dank|lich

das **Ge|deck** (Teller und Besteck); des Gedecks *oder* Ge|de|ckes; die Ge|de|cke

ge|dei|hen; etwas gedeiht; etwas gedieh; etwas ist gut gediehen

das **Ge|dei|hen;** des Gedeihens; jemandem, einer Sache gutes Gedeihen (alles Gute, viel Erfolg) wünschen

ge|den|ken (an jemanden oder etwas zurückdenken; beabsichtigen); du gedenkst der Opfer; sie gedenkt[,] etwas zu tun; sie gedachte der Opfer; sie hat unser gedacht; gedenk *oder* gedenke unser!

das **Ge|den|ken;** des Gedenkens; zum Gedenken an die Opfer

die **Ge|denk|fei|er**

die **Ge|denk|stät|te**

der **Ge|denk|tag**

das **Ge|dicht;** des Gedichts *oder* Ge|dich|tes; die Ge|dich|te

ge|die|gen; gediegenes (reines) Gold; ein gediegener (zuverlässiger) Charakter; gediegene (solide) Kenntnisse haben

das **Ge|drän|ge;** des Gedränges

ge|drun|gen; eine gedrungene Gestalt

die **Ge|duld**

sich **ge|dul|den;** du geduldest dich; er geduldete sich; er hat sich lange geduldet; geduld *oder* gedulde dich noch ein wenig!

ge|dul|dig; geduldiges Zuhören

das **Ge|dulds|spiel**

ge|eig|net; der geeignete Raum

die **Geest** (hoch gelegenes, sandiges Land im Küstengebiet); die Geesten

die **Ge|fahr;** Gefahr laufen; jemanden in Gefahr bringen; Gefahr bringend *oder* gefahrbringend; ein Gefahr bringendes *oder* gefahrbringendes Handeln; ABER NUR: ein große Gefahr bringendes, äußerst gefahrbringendes Handeln

ge|fähr|den; du gefährdest; er gefährdete; er hat ihn gefährdet; gefährd *oder* gefährde den Verkehr nicht!

der **Ge|fähr|der** (*Amtssprache:* Person, von der eine Gefahr für die öffentliche Sicherheit ausgehen könnte)

die **Ge|fähr|de|rin** *(Amtssprache)*

ge|fähr|det; gefährdete Tierarten

die **Ge|fähr|dung**

das **Ge|fahr|gut**

der **Ge|fahr|gut|trans|port**

ge|fähr|lich; ein gefährlicher Aufstieg

die **Ge|fähr|lich|keit**

das **Ge|fährt** (der Wagen); des Gefährts *oder* Ge|fähr|tes; die Ge|fähr|te

der **Ge|fähr|te** (der Begleiter); des/dem/den Gefährten; die Gefährten

die **Ge|fähr|tin;** die Gefährtinnen

ge|fahr|voll; eine gefahrvolle Situation

das **Ge|fäl|le;** des Gefälles

ge|fal|len; etwas gefällt; etwas gefiel; etwas hat gefallen; es hat ihr gut gefallen; sich etwas gefallen lassen

ge|fal|len; die gefallenen Soldaten

das **Gefallen;** des Gefallens; Gefallen an etwas finden

der **Ge|fal|len;** er hat ihr den Gefallen getan

ge|fäl|lig (so, dass es jemandem gefällt); ein gefälliges Benehmen

die **Ge|fäl|lig|keit**

ge|fäl|ligst; sei gefälligst still!

die **Ge|fäll|stre|cke**

ge|fan|gen; der gefangene Dieb; gefangen nehmen; er nahm ihn gefangen; er hat ihn gefangen genommen; gefangen halten; um sie gefangen zu halten

der **Ge|fan|ge|ne;** ein Gefangener; die Gefangenen; mehrere Gefangene

die **Ge|fan|ge|ne;** eine Gefangene

die **Ge|fan|gen|schaft**

das **Ge|fäng|nis;** des Gefängnisses; die Gefängnisse

die **Ge|fäng|nis|stra|fe**

das **Ge|fäß;** des Ge|fä|ßes; die Ge|fä|ße

ge|fasst; ge|fass|ter, am ge|fass|tes|ten; auf alles gefasst sein

das **Ge|fecht;** des Gefechts *oder* Ge|fech|tes; die Ge|fech|te

ge|feit (sicher, geschützt); gegen Vorwürfe gefeit sein

das **Ge|fie|der;** des Gefieders

das **Ge|fil|de** (Landschaft); des Gefildes; die Gefilde

das **Ge|flecht;** des Geflechts *oder* Ge|flech|tes

ge|flis|sent|lich (aufmerksam)

das **Ge|flü|gel;** des Geflügels

ge|flü|gelt; geflügelte Worte (häufig gebrauchte Zitate)

das **Ge|fol|ge;** des Gefolges

die **Ge|folg|schaft**

die **Ge|folgs|leu|te** *Plural*

ge|frä|ßig; ein gefräßiger Kerl

die **Ge|frä|ßig|keit**

die **Ge|frei|te;** eine Gefreite; zwei Gefreite

der **Ge|frei|te;** ein Gefreiter; die Gefreiten

ge|frie|ren; das Wasser gefriert; es gefror; es ist gefroren

das **Ge|frier|fleisch**

die **Ge|frier|tru|he**

ge|frus|tet (*umgangssprachlich für:* sehr enttäuscht)

das **Ge|fü|ge;** des Gefüges; die Gefüge

ge|fü|gig (sich gehorsam fügend); jemanden gefügig machen

das **Ge|fühl;** des Gefühls *oder* Ge|füh|les; die Ge|füh|le

ge|fühl|los; ge|fühl|lo|ser; am ge|fühl|lo|ses|ten

die **Ge|fühls|sa|che;** das ist Gefühlssache

ge|fühlt (nach dem Gefühl geschätzt; gefühlsmäßig); eine gefühlte Temperatur von 30 Grad; gefühlte Ungerechtigkeit

ge|ge|ben; aus gegebenem Anlass; sich in das Gegebene fügen

ge|ge|be|nen|falls (eventuell; *Abkürzung:* ggf.); gegebenenfalls komme ich darauf zurück

die **Ge|ge|ben|heit** *meist Plural;* sich auf neue Gegebenheiten einstellen

ge|gelt (mit Gel behandelt); gegelte Haare

ge|gen; er rannte gegen das Tor; gegen (ungefähr) zwanzig Leute standen da

ge|gen|che|cken (*umgangssprachlich für:* überprüfen)

die **Ge|gend;** die Ge|gen|den

ge|gen|ei|n|an|der; gegeneinander sein; gegeneinander kämpfen, antreten; vier Mannschaften sind gegeneinander angetreten, haben gegeneinander gekämpft; ↑aufeinander

ge|gen|ei|n|an|der|drü|cken; die Handflächen gegeneinanderdrücken

ge|gen|ei|n|an|der|pral|len; die Kugeln sind mit großer Wucht gegeneinandergeprallt

ge|gen|ei|n|an|der|stel|len; ich habe die Fahrräder gegeneinandergestellt

ge|gen|ei|n|an|der|sto|ßen; sie stießen mit den Köpfen gegeneinander; sie sind mit den Ellenbogen gegeneinandergestoßen

die **Ge|gen|fahr|bahn**

das **Ge|gen|ge|wicht**

die **Ge|gen|leis|tung**

ge|gen|len|ken (beim Autofahren); sie hat in der Kurve gegengelenkt

die **Ge|gen|maß|nah|me**

der **Ge|gen|satz;** die Ge|gen|sät|ze

ge|gen|sätz|lich

die **Ge|gen|sei|te**

ge|gen|sei|tig; gegenseitige Achtung

der **Ge|gen|spie|ler**

die **Ge|gen|spie|le|rin**

der **Ge|gen|stand;** des Gegenstands *oder* Ge|gen|stan|des; die Ge|gen|stän|de

ge|gen|steu|ern; er hat gegengesteuert; einer bedrohlichen Entwicklung gegensteuern

die **Ge|gen|stim|me**
das **Ge|gen|stück**
das **Ge|gen|teil;** im Gegenteil; ins Gegenteil umschlagen
ge|gen|tei|lig; er war gegenteiliger Auffassung
das **Ge|gen|tor** *(Sport)*
ge|gen|über; die Schule steht gegenüber dem Rathaus, *auch:* dem Rathaus gegenüber; ABER: das **Ge|gen|über** (Person, die jemandem gegenübersitzt oder -steht); mein Gegenüber bei Tisch war äußerst langweilig
ge|gen|über|lie|gen; die feindlichen Truppen haben sich gegenübergelegen; ABER: die beiden Äpfel, die gegenüber (dort) liegen
ge|gen|über|ste|hen; sie haben sich feindlich gegenübergestanden; ABER: die beiden Häuser, die gegenüber (dort) stehen
ge|gen|über|stel|len; sie wurden einander gegenübergestellt; unterschiedliche Argumente einander gegenüberstellen
die **Ge|gen|über|stel|lung**
ge|gen|über|tre|ten; er wusste nicht, wie er ihm nach diesem Vorfall gegenübertreten sollte
der **Ge|gen|ver|kehr**
die **Ge|gen|wart**
ge|gen|wär|tig; der gegenwärtige Zustand
die **Ge|gen|wehr** *Plural selten*
der **Ge|gen|wind**
der **Ge|gen|zug;** ein geschickter Gegenzug
der **Geg|ner;** des Gegners; die Gegner
die **Geg|ne|rin;** die Gegnerinnen
geg|ne|risch; das gegnerische Team
gegr. = gegründet
das **Ge|hack|te** (Hackfleisch); des/dem Gehackten; ein halbes Pfund Gehacktes
das **Ge|halt** (Lohn); des Gehalts *oder* Ge|hal|tes; die Ge|häl|ter
der **Ge|halt** (Inhalt, Wert); des Gehalts *oder* Ge|hal|tes; die Ge|hal|te
ge|hal|ten; die Teilnehmer sind gehalten (verpflichtet) ...
ge|halt|voll (inhaltsreich); gehaltvolle Bücher
ge|han|di|capt *oder* **ge|han|di|kapt** [gəˈhɛndikɛpt] (behindert, benachteiligt)

ge|häs|sig; eine gehässige Bemerkung
die **Ge|häs|sig|keit**
das **Ge|häu|se;** des Gehäuses
geh|be|hin|dert
das **Ge|he|ge;** des Geheges; die Gehege
ge|heim; das muss geheim bleiben!; etwas geheim erledigen; er will es geheim halten; sie hat die Angelegenheit geheim gehalten; im Geheimen; ABER: insgeheim; Geheimer Regierungsrat
der **Ge|heim|dienst**
die **Ge|heim|hal|tung**
das **Ge|heim|nis;** des Geheimnisses; die Geheimnisse
ge|heim|nis|voll; ein geheimnisvoller Raum
die **Ge|heim|rats|ecken** (*umgangssprachlich scherzhaft für:* durch Haarausfall oberhalb der Schläfen entstandene Einbuchtungen im Haaransatz bei Männern) *Plural*
der **Ge|heim|tipp**
das **Ge|heiß** (mündliche Anordnung); des Ge|hei|ßes; auf Geheiß des Lehrers; auf sein Geheiß etwas tun
ge|hemmt (unsicher; schüchtern)
ge|hen; du gehst; sie geht; sie ging; sie ist nach Hause gegangen; geh *oder* gehe jetzt!; etwas ist vor sich gegangen; baden gehen; schlafen gehen; jemanden [nach Hause] gehen lassen; gehen lassen *oder* gehenlassen (in Ruhe lassen); einen Teig 20 Minuten gehen lassen *oder* gehenlassen; sich gehen lassen *oder* gehenlassen (sich nicht beherrschen); er hat sich auf dem Fest gehen lassen *oder* gehenlassen (*seltener:* gehen gelassen *oder* gehengelassen)
ge|heu|er; die Ruine kommt mir nicht [ganz] geheuer vor; bei dieser Sache ist mir nicht geheuer
der **Ge|hil|fe;** des Gehilfen; die Gehilfen
die **Ge|hil|fin;** die Gehilfinnen
das **Ge|hirn;** des Gehirns *oder* Ge|hir|nes; die Ge|hir|ne
die **Ge|hirn|er|schüt|te|rung**
der **Ge|hirn|tod**
die **Ge|hirn|wä|sche** (Versuch der gewaltsamen Manipulation eines Menschen)
ge|ho|ben (sich abhebend; nicht alltäglich); gehobene Sprache

das **Ge|hö̱ft;** des Gehöfts *oder* Ge|höf|tes; die Ge|höf|te

das **Ge|hö̱lz;** des Ge|höl|zes; die Ge|höl|ze

das **Ge|hö̱r;** des Gehörs *oder* Ge|hö|res; Gehör finden; sie schenkte ihm Gehör

ge|ho̱r|chen; du gehorchst; er gehorchte ihr; er hat ihr gehorcht; gehorch *oder* gehorche ihr!; der Not gehorchend

ge|hö̱|ren; etwas gehörte ihr; etwas hat ihr gehört; die mir gehörenden Häuser; du gehörst zu dieser Familie

der **Ge|hö̱r|gang**

ge|hö̱|rig; er hat gehörigen (angemessenen) Respekt vor mir

ge|hö̱r|los

ge|ho̱r|sam

der **Ge|ho̱r|sam;** des Gehorsams

der **Ge̱h|steig** (Bürgersteig); des Gehsteigs *oder* Gehsteiges; die Gehsteige

der **Ge̱h|weg**

der **Gei̱|er;** des Geiers; die Geier

der **Gei̱|fer** (ausfließender Speichel); des Geifers

gei̱|fern (gehässige Worte ausstoßen); ich geifere nie; er geiferte; er hat gegeifert; geifere nicht!

die **Gei̱|ge;** die erste Geige spielen

der **Gei̱|ger;** des Geigers; die Geiger

die **Gei̱|ge|rin;** die Geigerinnen

der **Gei̱|ger|zäh|ler** *oder* **Gei̱|ger-Zäh|ler** (Gerät zum Nachweis radioaktiver Strahlen)

gei̱l (sexuell erregt, gierig; *umgangssprachlich für:* großartig, toll); eine geile Idee

die **Gei̱|sel** (Gefangene[r] als Druckmittel); die Geiseln; jemanden als Geisel nehmen

die **Gei̱|sel|nah|me**

der **Gei̱|sel|neh|mer**

die **Gei̱|sel|neh|me|rin;** die Geiselnehmerinnen

der **Gei̱|ser** *vergleiche:* **Ge̱y|sir**

die **Gei̱ß** (Ziege); die Gei|ßen

die **Gei̱|ßel** (Peitsche); die Geißeln

gei̱|ßeln; du geißelst ihn; er hat ihn gegeißelt; geißle *oder* geißele ihn nicht!

der **Ge̱ist;** des Geists *oder* Geis|tes; die Geister

die **Ge̱is|ter|bahn** (auf Jahrmärkten)

der **Ge̱is|ter|fah|rer** (Person, die auf der falschen Seite der Autobahn fährt)

die **Ge̱is|ter|fah|re|rin**

ge̱is|tern; du geisterst; die Idee geisterte in ihren Köpfen; er ist durchs Haus gegeistert

das **Ge̱is|ter|spiel** (*Sport, besonders Fußball:* ohne Publikum ausgetragener Wettkampf)

ge̱is|tes|ge|gen|wär|tig

ge̱is|tes|ge|stört

ge̱is|tes|krank

die **Ge̱is|tes|krank|heit** (*veraltet für:* geistige Behinderung)

ge̱is|tig; geistiges Eigentum; geistig behindert sein; geistige (alkoholische) Getränke

> **!** Nicht verwechseln: Das Adjektiv *geistig* bedeutet »den Geist, das Denken betreffend« *(geistige Arbeit, geistige Fähigkeiten);* dagegen bedeutet *geistlich* »die Kirche, die Religion betreffend« *(geistliche Musik, geistliche Schriften).*

ge̱ist|lich; geistlicher Beistand

der **Ge̱ist|li|che;** ein Geistlicher; die Geistlichen; mehrere Geistliche

die **Ge̱ist|li|che;** eine Geistliche

ge̱ist|reich

der **Gei̱z** (übertriebene Sparsamkeit); des Gei|zes

gei̱|zen; du geizt; er geizte; er hat mit jedem Cent gegeizt; geiz *oder* geize nicht so!

der **Gei̱z|hals** (*abwertend für:* geiziger Mensch); des Geiz|hal|ses; die Geiz|häl|se

gei̱|zig; ein geiziger Mensch

der **Gei̱z|kra|gen** (*umgangssprachlich abwertend für:* geiziger Mensch)

das **Ge̱l** (eingedickte, halbsteife Substanz); des Gels; die Ge|le

das **Ge|lä̱ch|ter;** des Gelächters

das **Ge|la̱|ge** (gemeinsames [über]reichliches Essen und Trinken); des Gelages; ein wüstes Gelage

das **Ge|lä̱n|de;** des Geländes

das **Ge|lä̱n|der;** des Geländers; die Geländer

das **Ge|lä̱n|de|spiel**

der **Ge|lä̱n|de|wa|gen**

ge|la̱n|gen; er ist ans Ziel gelangt

ge|las|sen (ruhig; beherrscht); sie steht der Gefahr gelassen gegenüber
die **Ge|las|sen|heit**
die **Ge|la|te|ria** [dʒelatəˈriːa] (*besonders schweizerisch für:* Eiscafé)
die **Ge|la|ti|ne** [ʒelaˈtiːnə] (leimartige Substanz, die z. B. zum Eindicken und Binden von Speisen verwendet wird)
ge|läu|fig (bekannt, vertraut; fließend); geläufige Redensarten
die **Ge|läu|fig|keit**
ge|launt; gut, schlecht gelaunt sein

das **Ge|läut** (die Glocken); des Geläuts *oder* Ge|läu|tes; die Ge|läu|te
das **Ge|läu|te** (dauerndes Läuten); des Geläutes
gelb; das gelbe Fieber; der Gelbe *oder* gelbe Sack; das Gelbe *oder* gelbe Trikot *(Radsport);* die Gelbe *oder* gelbe Karte *(Fußball);* ABER NUR: die Gelben Engel (Pannenhilfefahrzeuge des ADAC); Gelbe Rüben (*süddeutsch für:* Möhren); Gelbe Seiten (*Markenbezeichnung:* Branchentelefonbuch); ↑ *auch:* blau
das **Gelb** (die gelbe Farbe); des Gelbs; bei Gelb ist die Kreuzung zu räumen; die Ampel zeigt, steht auf Gelb; ↑ *auch:* Blau
gelb|braun ↑ blau
gelb|lich; gelblich grün
die **Gelb|sucht**
die **Gelb|wes|ten** (eine politische Protestbewegung in Frankreich) *Plural*
das **Geld;** des Gel|des; die Gel|der
der **Geld|au|to|mat**
der **Geld|be|trag**
die **Geld|bör|se**
die **Geld|bu|ße**
der **Geld|ge|ber**
geld|gie|rig *(abwertend)*
der **Geld|man|gel**
der **Geld|markt**
der **Geld|schein**
die **Geld|stra|fe**
das **Geld|stück**
die **Geld|wä|sche**
das, *auch:* der **Ge|lee** [ʒeˈleː]; des Gelees; die Gelees
ge|le|gen; das kommt mir gelegen (passt mir gut)
die **Ge|le|gen|heit**
ge|le|gent|lich; wir sehen uns gelegentlich

ge|leh|rig; eine gelehrige Schülerin
ge|lehrt; ge|lehr|ter; am ge|lehr|tes|ten; ein gelehrter Mann; sie ist sehr gelehrt
der **Ge|lehr|te;** ein Gelehrter; die Gelehrten; viele Gelehrte; in Anwesenheit bedeutender Gelehrter (*auch noch:* Gelehrten); mit ihm als bedeutendem Gelehrten
die **Ge|lehr|te;** eine Gelehrte
das **Ge|lei|se** ↑ Gleis
das **Ge|leit** (Begleitung zum Schutz); des Geleits *oder* Ge|lei|tes; die Ge|lei|te
ge|lei|ten; du geleitest; sie geleitete; sie hat ihn zur Tür geleitet; geleit *oder* geleite ihn!
ge|len (mit Gel behandeln); ich gele; du gelst; sie gelte; gel *oder* gele deine Haare nicht so oft!
das **Ge|lenk;** des Gelenks *oder* Ge|len|kes; die Ge|len|ke
ge|len|kig; er ist sehr gelenkig
die **Ge|len|kig|keit**
ge|lernt; ein gelernter Maurer
der **Ge|lieb|te;** ihr Geliebter; die Geliebten; zwei Geliebte
die **Ge|lieb|te;** eine Geliebte
ge|lind *oder* **ge|lin|de;** gelinde (vorsichtig) gesagt
ge|lin|gen; etwas gelingt; etwas gelang; das ist ihr sehr gut gelungen
gel|len (hell schallen); etwas gellt; etwas gellte; der Pfiff hat laut gegellt
ge|lo|ben; du gelobst; sie gelobte; sie hat mir Treue gelobt; sich geloben; sie hat sich gelobt (ernsthaft vorgenommen)[,] etwas zu tun; ABER: das Gelobte Land (biblisch)
das **Ge|löb|nis;** des Gelöbnisses; die Gelöbnisse
ge|löst; ge|lös|ter; am ge|lös|tes|ten; gelöste (entspannte) Stimmung
gelt? (*süddeutsch für:* nicht wahr?)
gel|ten; du giltst; sie gilt; sie galt; sie hat als klug gegolten; die Fahrkarte gilt noch; er hat deine Antwort gelten lassen; er hat Ansprüche geltend gemacht
die **Gel|tend|ma|chung** *(Amtssprache)*
die **Gel|tung;** sich Geltung verschaffen
das **Gel|tungs|be|dürf|nis**
das **Ge|lüb|de;** des Gelübdes; die Gelübde
ge|lun|gen; eine gelungene Aufführung; das Fest ist besonders gut gelungen
das **Ge|mach** (*gehoben für:* Wohnraum); des

Gemachs *oder* Ge|ma|ches; die Ge|mä|cher *oder* Ge|ma|che

ge|mäch|lich (langsam)

die **Ge|mäch|lich|keit**

ge|macht; ein gemachter (*umgangssprachlich für:* erfolgreicher) Mann

der **Ge|mahl** (Ehemann); des Gemahls; die Ge|mah|le

die **Ge|mah|lin** (Ehefrau); die Gemahlinnen

das **Ge|mäl|de;** des Gemäldes; die Gemälde

ge|mäß; dem Befehl gemäß (*seltener:* gemäß dem Befehl)

ge|mä|ßigt; die gemäßigte Klimazone

das **Ge|mäu|er;** des Gemäuers; die Gemäuer

ge|mein; ein gemeiner Mensch; du bist gemein!; ABER: die Gemeine Stubenfliege

die **Ge|mein|de;** die Gemeinden

der **Ge|mein|de|rat**

die **Ge|mein|de|rä|tin**

die **Ge|mein|heit**

ge|mein|hin (für gewöhnlich)

ge|mein|nüt|zig; gemeinnützige Vereine

der **Ge|mein|platz** (abgegriffene, nichtssagende Redensart)

ge|mein|sam; gemeinsames Vorgehen

die **Ge|mein|sam|keit**

die **Ge|mein|schaft**

ge|mein|schaft|lich

die **Ge|mein|schafts|kun|de** (ein Schulfach)

die **Ge|mein|schafts|wäh|rung**

das **Ge|mein|we|sen**

das **Ge|mein|wohl**

das **Ge|men|ge** (Gemisch); des Gemenges; die Gemenge

das **Ge|met|zel**

das **Ge|misch;** des Gemischs *oder* Ge|mi|sches; die Ge|mi|sche

ge|mischt; gemischtes Doppel *(Sport)*

das **Ge|mü|se;** des Gemüses; die Gemüse; Mohrrüben sind ein nahrhaftes Gemüse; Mohrrüben und Bohnen sind nahrhafte Gemüse; junges Gemüse (*umgangssprachlich für:* junge Leute)

das **Ge|mü|se|beet**

das **Ge|müt;** des Gemüts *oder* Ge|mü|tes; die Ge|mü|ter; sich etwas zu Gemüte führen

ge|müt|lich

die **Ge|müt|lich|keit**

gen (in Richtung); gen Himmel

das **Gen** (Träger einer Erbanlage); des Gens; die Ge|ne

gen. = genannt

ge|nau; ge|nau|er; am ge|naus|ten *oder* ge|nau|es|ten; etwas [ganz] genau nehmen; sie hat[,] genau genommen[,] nicht gelogen; auf das, aufs genau[e]ste *oder* Genau[e]ste; genaustens *oder* genauestens; wir wissen noch nichts Genaues; die Karten werden genau so verteilt, dass jeder Spieler ...; ↑ABER: genauso

die **Ge|nau|ig|keit**

ge|nau|so (ebenso); genauso viel Freunde; genauso gut; du kannst genauso gut die Bahn nehmen; genauso lang[e]; das dauert genauso lang[e]; ↑ABER: genau

der **Gen|darm** [ʒanˈdarm, *auch:* ʒãˈdarm] (Polizist); des/dem/den Gen|dar|men; die Gen|dar|men

die **Gen|dar|me|rie** (Polizei [auf dem Lande])

das **Gen|der** [ˈdʒɛndɐ] (Geschlechtsidentität); des Genders

gen|der|ge|recht [ˈdʒɛndɐ...]

gen|der|queer [ˈdʒɛndɐkviːɐ̯] (in der Geschlechtsidentität weder männlich noch weiblich); bist du genderqueer?

der **Gen|der|stern** *oder* das **Gen|der|stern|chen** [ˈdʒɛndɐ...] (Lücke mit Sternchen in einer zugleich männlichen und weiblichen Personenbezeichnung); der Genderstern in »Schüler*innen«

ge|neh|mi|gen; du genehmigst; sie genehmigte; sie hat es genehmigt; genehmige endlich den Antrag!

die **Ge|neh|mi|gung**

die **Ge|neh|mi|gungs|pflicht**

ge|neh|mi|gungs|pflich|tig; eine genehmigungspflichtige Aktion

der **Ge|ne|ral;** die Ge|ne|ra|le *oder* Ge|ne|rä|le

der **Ge|ne|ral|di|rek|tor**

die **Ge|ne|ral|di|rek|to|rin**

die **Ge|ne|ra|lin**

die **Ge|ne|ral|pro|be** (letzte Probe vor der ersten Aufführung)

der **Ge|ne|ral|se|kre|tär** (hoher amtlicher Vertreter einer Partei oder Organisation)

die **Ge|ne|ral|se|kre|tä|rin**

der **Ge|ne|ral|streik**

A B C D E F G gen H I J K L M N O P Q R S T U V W X Y Z

die **Ge|ne|ral|ver|samm|lung**

die **Ge|ne|ra|ti|on** (ein Glied in der Geschlechterfolge; alle Altersgenossen); die Ge|ne|ra|ti|o|nen

das **Ge|ne|ra|ti|o|nen|haus** (Mehrgenerationenhaus)

der **Ge|ne|ra|ti|ons|wech|sel**

der **Ge|ne|ra|tor** (Stromerzeuger); des Generators; die Ge|ne|ra|to|ren

ge|ne|rell (allgemein [gültig]); eine generelle Lösung

ge|ne|rie|ren (hervorbringen); du generierst; sie generierte; er hat generiert; Adressen generieren

ge|nervt (*umgangssprachlich für:* verärgert)

die **Ge|ne|se** (Entstehung; Entwicklung)

ge|ne|sen (gesund werden); du genest; sie genest; sie genas; sie ist genesen

die **Ge|ne|sis** (Entstehung; Schöpfungsgeschichte)

die **Ge|ne|sung** (das Gesundwerden)

die **Ge|ne|tik** (Vererbungslehre)

ge|ne|tisch (erblich bedingt); genetischer Fingerabdruck (Muster des menschlichen Erbgutes, das zur Aufklärung von Straftaten genutzt werden kann)

Genf (Kanton und Stadt in der Schweiz)

der **Gen|fer See,** *schweizerisch:* **Gen|fer|see**

die **Gen|for|schung**

ge|ni|al (schöpferisch, sehr begabt); eine geniale Idee

die **Ge|ni|a|li|tät**

das **Ge|nick;** des Genicks *oder* Ge|ni|ckes; die Ge|ni|cke

der **Ge|nick|schuss**

das **Ge|nie** [ʒeˈniː] (äußerst begabter Mensch); des Genies; die Genies

sich **ge|nie|ren** [ʒeˈniːrən] (sich schämen); du genierst dich; er genierte sich; er hat sich geniert; genier *oder* geniere dich nicht!

ge|nieß|bar; genießbare Zutaten

ge|nie|ßen; du genießt; sie genießt; sie genoss; sie hat dies genossen; genieß *oder* genieße den Tag!

der **Ge|nie|ßer;** des Genießers; die Genießer

die **Ge|nie|ße|rin;** die Genießerinnen

ge|nie|ße|risch; ein genießerischer Blick

die **Ge|ni|ta|li|en** (Geschlechtsorgane) *Plural*

der **Ge|ni|tiv** (Wesfall; 2. Fall); des Genitivs; die Ge|ni|ti|ve

das **Ge|ni|tiv|ob|jekt**

der **Gen|mais** (*umgangssprachlich für:* gentechnisch veränderter Mais)

gen|ma|ni|pu|liert

der **Ge|nos|se;** des/dem/den Genossen; die Genossen

die **Ge|nos|sen|schaft**

ge|nos|sen|schaft|lich

die **Ge|nos|sin;** die Genossinnen

der, *auch:* das **Ge|no|zid** (Völkermord); des Genozids *oder* Ge|no|zi|des; die Ge|no|zi|de *oder* die Ge|no|zi|di|en

das **Gen|re** [ˈʒɑ̃ːrə] (Art, Gattung); des Genres; die Genres

die **Gen|sche|re** (Methode zur Veränderung von DNA)

die **Gen|tech|nik** (Technik der Erforschung und Beeinflussung der Gene)

gen|tech|nisch; gentechnische Veränderungen

die **Gen|tech|no|lo|gie** (Teilgebiet der Biologie)

die **Gen|tech|pflan|ze** (gentechnisch veränderte Pflanze)

der **Gen|t|le|man** [ˈdʒɛntl̩mɛn] (vornehmer, gebildeter Mann [mit tadellosen Umgangsformen]); des Gentlemans; die Gentlemen

> **!** Der Plural von *Gentleman* wird wie im Englischen mit *e* gebildet. Es heißt also »ein Gentleman«, aber »viele Gentlemen«.

ge|nug; genug und übergenug; nicht genug bekommen; genug Gutes; Gutes genug; genug des Guten

die **Ge|nü|ge;** Genüge tun, leisten; zur Genüge

ge|nü|gen; du genügst; sie genügt; sie genügte; sie hat den Anforderungen genügt; dies genügt für unsere Zwecke

ge|nü|gend ↑ausreichend

ge|nüg|sam (anspruchslos); ein genügsamer Mensch

die **Ge|nüg|sam|keit**

die **Ge|nug|tu|ung**

das **Ge|nus** (grammatisches Geschlecht); des Genus; die Ge|ne|ra

der **Ge|nuss;** des Ge|nus|ses; die Ge|nüs|se

ge|nüss|lich

das **Ge|nuss|mit|tel**

die **Ge|nuss|sucht** *oder* **Ge|nuss-Sucht**

ge|nuss|süch|tig

das **Geo|blo|cking** (*EDV:* Sperrung bestimmter Internetseiten o. Ä. für ein geografisches Gebiet); des Geoblockings

der **Geo|cache** [...kɛʃ] (beim Geocaching zu suchender Behälter)

das **Geo|ca|ching** [...kɛʃɪŋ] (eine Art Schatzsuchespiel mit GPS)

das **Geo|drei|eck** (*Markenbezeichnung:* transparentes Dreieck zum Ausmessen und Zeichnen von Winkeln o. Ä.)

die **Geo|gra|fie** *oder* **Geo|gra|phie** (Erdkunde)

geo|gra|fisch *oder* **geo|gra|phisch**

der **Geo|lo|ge;** des/dem/den Geologen; die Geologen

die **Geo|lo|gie** (Lehre von der Entstehung und vom Bau der Erde)

die **Geo|lo|gin;** die Geologinnen

geo|lo|gisch

die **Geo|me|t|rie** (Flächen- und Raumlehre); die Geo|me|t|ri|en

geo|me|t|risch; geometrische Figuren

ge|ord|net; geordnete Verhältnisse; eine gut geordnete *oder* gutgeordnete Bibliothek; die Bibliothek ist gut geordnet

Ge|or|gi|en (Staat in Transkaukasien)

der **Ge|or|gi|er**

die **Ge|or|gi|e|rin;** die Georgierinnen

ge|or|gisch

das **Geo|tag** [...tɛk] (*EDV:* Metatag, das die geografische Position eines digitalen Mediums angibt)

das **Ge|päck;** des Gepäcks *oder* Ge|pä|ckes

der **Ge|päck|trä|ger**

der **Ge|pard** [*auch:* geˈpart] (ein katzenartiges Raubtier); des Gepards, *auch:* Ge|par|den; die Ge|par|de, *auch:* Ge|par|den

ge|pflegt; ge|pfleg|ter; am ge|pfleg|tes|ten; ein gut gepflegter *oder* gutgepflegter Rasen; der Rasen ist gut gepflegt

die **Ge|pflo|gen|heit** (die Gewohnheit)

der **Ger** (germanischer Wurfspieß); des Gers *oder* Ge|res; die Ge|re

ge|ra|de

- eine gerade Zahl
- fünf gerade sein lassen
- gerade darum

Schreibung in Verbindung mit Verben:

- gerade sitzen; wenn du keine Rückenschmerzen bekommen möchtest, solltest du immer gerade sitzen; da wollte ich doch gerade (eben) sitzen!
- gerade stehen (aufrecht stehen); ABER: für etwas ↑ geradestehen (die Folgen auf sich nehmen)

Wenn »gerade« das Ergebnis der mit einem folgenden Verb bezeichneten Tätigkeit angibt, kann getrennt oder zusammengeschrieben werden:

- den Stab gerade biegen *oder* geradebiegen; ↑ ABER: geradebiegen (*umgangssprachlich für:* in Ordnung bringen)

die **Ge|ra|de** (gerade Linie); vier Gerade *oder* vier Geraden

ge|ra|de|aus; geradeaus gehen; er geht geradeaus (in gleicher Richtung); ABER: er geht gerade (soeben) aus (in ein Lokal o. Ä.)

ge|ra|de|bie|gen (*umgangssprachlich für:* in Ordnung bringen); wir werden die Geschichte schon wieder geradebiegen; ↑ auch: gerade

ge|ra|de|he|r|aus (offen, direkt); etwas geradeheraus sagen; ABER: er kam gerade (soeben) heraus (aus dem Haus)

ge|ra|de|rü|cken (in Ordnung bringen)

ge|ra|de|so (ebenso, genauso); das kann ich geradeso gut wie du

ge|ra|de|ste|hen (die Folgen auf sich nehmen); du musst für deine Vergesslichkeit geradestehen; ↑ ABER: gerade

ge|ra|de|wegs

ge|ra|de|zu; geradezu gehen, sein; das ist geradezu absurd!

ge|rad|li|nig, *umgangssprachlich auch:* **grad|li|nig**

die **Ge|rad|li|nig|keit**
das **Ge|ran|gel;** des Gerangels
die **Ge|ra|nie** (eine Zierpflanze); die Ge|ra|ni|en
das **Ge|rät;** des Geräts *oder* Ge|rä|tes; die Ge|rä|te
ge|ra|ten; du gerätst; sie gerät; sie geriet; sie ist in Not geraten; der Kuchen gerät (gelingt) mir; ich gerate außer mich (*auch:* mir) vor Freude
das **Ge|rä|te|tur|nen** *oder* **Ge|rät|tur|nen**
das **Ge|ra|te|wohl;** *nur in:* aufs Geratewohl (auf gut Glück)
ge|raum (*gehoben für:* länger); *nur noch in:* geraume Zeit; vor, seit geraumer Zeit
ge|räu|mig; eine geräumige Küche
die **Ge|räu|mig|keit**
das **Ge|räusch;** des Geräuschs *oder* Ge|räu|sches; die Ge|räu|sche
ge|räusch|arm
die **Ge|räusch|ku|lis|se**
ge|räusch|los
ge|räusch|voll
ger|ben; du gerbst; sie hat die Haut gegerbt; gerb *oder* gerbe ihm das Fell! (verprügle ihn!)
der **Ger|ber;** des Gerbers; die Gerber
die **Ger|be|rei**
die **Ger|be|rin;** die Gerberinnen
der **Gerb|stoff**
ge|recht; ge|rech|ter; am ge|rech|tes|ten; Erwartungen gerecht werden (erfüllen)
die **Ge|rech|tig|keit**
der **Ge|rech|tig|keits|sinn**
das **Ge|re|de;** des Geredes
ge|reizt; ge|reiz|ter, am ge|reiz|tes|ten
das **Ge|richt;** des Gerichts *oder* Ge|rich|tes; die Ge|rich|te
ge|richt|lich
der **Ge|richts|hof**
das **Ge|richts|ver|fah|ren**
der **Ge|richts|voll|zie|her**
die **Ge|richts|voll|zie|he|rin;** die Gerichtsvollzieherinnen
ge|ring; ein geringer Betrag; das wird am geringsten (wenigsten) auffallen; ABER: ein Geringes (wenig) tun; um ein Geringes (wenig) erhöhen; es ist nichts Geringeres als …; es geht ihn nicht das Geringste (gar nichts) an; das Geringste, was er tun kann, ist …; es stört mich nicht im Geringsten; auch der Geringste hat Anspruch darauf; kein Geringerer als …; gering schätzen (niedrig veranschlagen); die Reparatur kostet[,] gering geschätzt[,] dreißig Euro; gering schätzen *oder* geringschätzen (verachten); er schätzte sie gering; er hat sie gering geschätzt *oder* geringgeschätzt
ge|ring|fü|gig; geringfügige Änderungen
die **Ge|ring|fü|gig|keit**
ge|ring|schät|zen ↑gering
ge|ring|schät|zig (verächtlich); geringschätzig lächeln
die **Ge|ring|schät|zung**
ge|ring|wer|tig; [noch] geringwertigerer, *auch:* geringerwertiger Schmuck
ge|rin|nen; die Milch gerinnt; sie gerann; sie ist geronnen; geronnenes Blut
das **Ge|rinn|sel;** des Gerinnsels; die Gerinnsel
die **Ge|rin|nung**
das **Ge|rip|pe;** des Gerippes; die Gerippe
ge|ris|sen (durchtrieben, schlau); er ist ein gerissener Bursche
die **Ge|ris|sen|heit**
der **Ger|ma|ne;** des/dem/den Germanen; die Germanen
die **Ger|ma|nin;** die Germaninnen
ger|ma|nisch; germanische Kunst; ABER: das Germanische Nationalmuseum in Nürnberg
die **Ger|ma|nis|tik** (deutsche Sprach- und Literaturwissenschaft)
gern, *auch, besonders süddeutsch:* **ger|ne;** lie|ber; am liebs|ten; jemanden gern mögen; etwas gern, allzu gern tun; ein gern gesehener *oder* gerngesehener (stets willkommener) Gast; der Gast ist hier sehr gern gesehen; ABER: jemanden ↑gernhaben
der **Ger|ne|groß;** des Gernegroß; die Ger|ne|gro|ße
gern|ge|se|hen ↑gern
gern|ha|ben (mögen); weil sie uns gernhat; ABER: das Buch würde ich auch gern haben
das **Ge|röll;** des Gerölls *oder* Ge|röl|les; die Ge|röl|le
die **Ge|röll|hal|de**
die **Gers|te**

G
ger

das **Gers|ten|korn** (*auch für:* Vereiterung einer Drüse am Augenlid)
die **Ger|te**
ger|ten|schlank
der **Ge|ruch;** des Geruchs *oder* Ge|ru|ches; die Ge|rü|che
ge|ruch|los; ein geruchloses Gas
der **Ge|ruchs|sinn;** des Geruchssinns *oder* Ge|ruchs|sin|nes
das **Ge|rücht;** des Gerüchts *oder* Ge|rüch|tes; die Ge|rüch|te
ge|ruh|sam; ein geruhsamer Abend
die **Ge|ruh|sam|keit**
das **Ge|rüm|pel**
das **Ge|rüst;** des Gerüsts *oder* Ge|rüs|tes; die Ge|rüs|te
ge|sam|melt; gesammelte Aufmerksamkeit
ge|samt; sein gesamter Besitz; ABER: im Ge|sam|ten (*veraltend für:* insgesamt)
die **Ge|samt|aus|sa|ge;** die Gesamtaussage eines Textes
die **Ge|samt|be|völ|ke|rung**
das **Ge|samt|bild**
ge|samt|deutsch; gesamtdeutsche Fragen
die **Ge|samt|heit**
das **Ge|samt|kon|zept**
die **Ge|samt|kos|ten** *Plural*
das **Ge|samt|kunst|werk**
die **Ge|samt|leis|tung**
die **Ge|samt|schu|le**
der **Ge|samt|um|satz;** der Gesamtumsatz eines Unternehmens
der **Ge|sand|te;** ein Gesandter; die Gesandten; zwei Gesandte
die **Ge|sand|te;** eine Gesandte
der **Ge|sang;** des Gesangs *oder* Ge|san|ges; die Ge|sän|ge
das **Ge|sang|buch**
der **Ge|sang|ver|ein**
das **Ge|säß;** des Ge|sä|ßes; die Ge|sä|ße
das **Ge|schäft;** geschäftehalber; ABER: dringender Geschäfte halber
ge|schäf|tig (betriebsam, fleißig); geschäftig hin und her laufen

! Nicht verwechseln: *geschäftlich* hat eine andere Bedeutung als *geschäftig!*

ge|schäft|lich; sie hat hier geschäftlich (dienstlich) zu tun
der **Ge|schäfts|be|reich**
der **Ge|schäfts|be|richt**
die **Ge|schäfts|frau;** die Geschäftsfrauen
der **Ge|schäfts|füh|rer** (jemand, der ein Unternehmen leitet); der Kunde beschwerte sich direkt beim Geschäftsführer
die **Ge|schäfts|füh|re|rin;** die Geschäftsführerinnen
die **Ge|schäfts|füh|rung**
die **Ge|schäfts|leu|te** (Geschäftsfrauen und Geschäftsmänner); der Geschäftsleute *Plural*
der **Ge|schäfts|mann;** die Geschäftsleute, *selten:* Ge|schäfts|män|ner
der **Ge|schäfts|part|ner**
die **Ge|schäfts|part|ne|rin**
ge|schäfts|tüch|tig; geschäftstüchtige Frauen
ge|schätzt (angesehen, geachtet); geschätz|ter; am ge|schätz|tes|ten; eine von allen geschätzte Mitschülerin
ge|sche|hen; etwas geschieht; etwas geschah; etwas ist geschehen
das **Ge|sche|hen**
das **Ge|scheh|nis;** des Geschehnisses; die Geschehnisse
ge|scheit; ge|schei|ter; am ge|schei|tes|ten
das **Ge|schenk;** des Geschenks *oder* Ge|schen|kes; die Ge|schen|ke
die **Ge|schi** (*Schülersprache:* Geschichtsunterricht); *meist ohne Artikel*
die **Ge|schich|te**
das **Ge|schich|ten|buch** (Buch mit Erzählungen)
ge|schicht|lich
das **Ge|schichts|buch** (Buch für den Geschichtsunterricht)
der **Ge|schichts|un|ter|richt**
das **Ge|schick;** des Geschicks *oder* Ge|schi|ckes; die Ge|schi|cke (Schicksale)
die **Ge|schick|lich|keit**
der **Ge|schick|lich|keits|par|cours**
ge|schickt; ge|schick|ter; am ge|schick|tes|ten
ge|schie|den
das **Ge|schirr**
der **Ge|schirr|rei|ni|ger** *oder* **Ge|schirr-Rei|ni|ger**
das **Ge|schlecht;** des Geschlechts *oder* Ge|schlech|tes; die Ge|schlech|ter

ge|schlech|ter|ge|recht
die **Ge|schlech|ter|ge|rech|tig|keit**
ge|schlecht|lich; geschlechtliche Fortpflanzung
ge|schlechts|krank
die **Ge|schlechts|krank|heit**
das **Ge|schlechts|or|gan**
ge|schlechts|reif
die **Ge|schlechts|rei|fe**
das, *auch:* der **Ge|schlechts|teil;** die Geschlechts|tei|le *meist Plural*
der **Ge|schlechts|trieb**
der **Ge|schlechts|ver|kehr**
das **Ge|schlechts|wort** (Artikel, z. B. »der, die, das«); die Ge|schlechts|wör|ter
ge|schlos|sen (ohne Ausnahme, gemeinsam); die Schüler blieben geschlossen dem Unterricht fern
die **Ge|schlos|sen|heit**
der **Ge|schmack;** des Geschmacks *oder* Geschma|ckes; die Ge|schmä|cke, *umgangssprachlich scherzhaft auch:* die Ge|schmä|cker
ge|schmack|los; ge|schmack|lo|ser; am ge|schmack|lo|ses|ten
die **Ge|schmack|lo|sig|keit**
Ge|schmack[s]|sa|che; das ist Geschmack[s]sache
ge|schmack|voll
das **Ge|schmei|de** (Schmuck)
ge|schmei|dig (biegsam; gelenkig); geschmeidiges Leder
ge|schnie|gelt; geschniegelt und gebügelt (fein hergerichtet)
das **Ge|schöpf;** des Geschöpfs *oder* Geschöp|fes; die Ge|schöp|fe
das **Ge|schoss;** des Ge|schos|ses; die Geschos|se
das **Ge|schrei;** des Geschreis
das **Ge|schütz;** des Ge|schüt|zes; die Geschüt|ze
das **Ge|schwa|der** (Verband von Kriegsschiffen oder Flugzeugen)
das **Ge|schwätz**
ge|schwät|zig; ein geschwätziger Kerl
die **Ge|schwät|zig|keit**
ge|schwei|ge (noch viel weniger); sie haben nicht einmal Geld zum Leben, geschweige denn für einen Schwimmbadbesuch
ge|schwind (*landschaftlich für:* schnell)

die **Ge|schwin|dig|keit**
die **Ge|schwin|dig|keits|be|schrän|kung**
die **Ge|schwis|ter** *Plural*
ge|schwis|ter|lich; geschwisterliche Zuneigung
das **Ge|schwis|ter|paar**
der **Ge|schwo|re|ne;** ein Geschworener; die Geschworenen; zwei Geschworene
die **Ge|schwo|re|ne;** eine Geschworene
die, *auch:* das **Ge|schwulst;** die Ge|schwülste
das **Ge|schwür;** des Geschwürs *oder* Geschwü|res; die Ge|schwü|re
das **Ge|schwur|bel** (*umgangssprachlich abwertend für:* unverständliche, inhaltsleere Äußerung)
der **Ge|sel|le;** des/dem/den Gesellen; die Gesellen
ge|sel|len (dazukommen); du gesellst dich zu ihm; zu den schulischen Misserfolgen gesellten sich noch familiäre Schwierigkeiten
ge|sel|lig; in geselliger Runde
die **Ge|sel|lig|keit**
die **Ge|sel|lin;** die Gesellinnen
die **Ge|sell|schaft;** Gesellschaft mit beschränkter Haftung (*Abkürzung:* GmbH)
ge|sell|schaft|lich; gesellschaftliche Konflikte
ge|sell|schafts|po|li|tisch
das **Ge|setz;** des Ge|set|zes; die Ge|set|ze
das **Ge|setz|buch**
der **Ge|setz|ent|wurf** *oder* **Ge|set|zes|entwurf**
die **Ge|set|zes|än|de|rung**
ge|setz|ge|bend; die gesetzgebende Versammlung
der **Ge|setz|ge|ber;** des Gesetzgebers
die **Ge|setz|ge|bung** (das Erlassen von Gesetzen); die Ge|setz|ge|bun|gen
das **Ge|setz|ge|bungs|ver|fah|ren**
ge|setz|lich; die gesetzliche Erbfolge
ge|setz|mä|ßig; die gesetzmäßige Entwicklung
die **Ge|setz|mä|ßig|keit**
ge|setzt; gesetzt (angenommen)[,] dass …; gesetzt den Fall, [dass] …
ge|setz|wid|rig; gesetzwidriges Handeln
ges. gesch. = gesetzlich geschützt

das **Ge|sicht;** des Gesichts *oder* Ge|sich|tes; die Ge|sich|ter *und (für Erscheinungen:)* Ge|sich|te

der **Ge|sichts|aus|druck**

die **Ge|sichts|er|ken|nung** (*EDV:* Verfahren zur Identifikation von Personen); der Gesichtserkennung

der **Ge|sichts|punkt**

der **Ge|sichts|zug;** die Ge|sichts|zü|ge *meist Plural*

das **Ge|sims;** des Ge|sim|ses; die Ge|sim|se

das **Ge|sin|de** (*früher für:* Knechte und Mägde); des Gesindes

das **Ge|sin|del** (*abwertend für:* Menschen, die man verachtet); des Gesindels

ge|sinnt (mit einer bestimmten Einstellung); ein gut gesinnter *oder* gutgesinnter Mensch; ↑ *auch:* gut; zwei gleich gesinnte *oder* gleichgesinnte Freunde; ↑ *auch:* gleich

die **Ge|sin|nung**

ge|sin|nungs|los

ge|son|dert; eine gesonderte Berechnung

das **Ge|spann** (Zugtiere; Wagen mit Zugtieren); des Gespanns *oder* Ge|span|nes; die Ge|span|ne

ge|spannt; gespannte Erwartung

die **Ge|spannt|heit**

das **Ge|spenst;** des Gespensts *oder* Gespens|tes; die Ge|spens|ter

ge|spens|tig *oder* **ge|spens|tisch**

das **Ge|spinst** (zartes Gewebe); des Gespinsts *oder* Ge|spins|tes; die Gespins|te

das **Ge|spött;** zum Gespött (verspottet) werden

das **Ge|spräch;** des Gesprächs *oder* Ge|sprä|ches; die Ge|sprä|che

ge|sprä|chig; gesprächige Kunden

der **Ge|sprächs|part|ner**

die **Ge|sprächs|part|ne|rin**

der **Ge|sprächs|stoff**

ge|spren|kelt; das Fell des Tieres ist gesprenkelt; ein gesprenkelter Stoff

das **Ge|spür;** des Gespürs; ein Gespür für etwas haben

gest. = gestorben (Zeichen: †)

die **Ge|stalt;** die Ge|stal|ten

ge|stal|ten; du gestaltest; sie gestaltete; sie hat diesen Raum gestaltet; gestalte die Ausstellung!

ge|stal|te|risch; gestalterische Vorgaben

die **Ge|stal|tung**

ge|stän|dig; die Angeklagte war geständig

das **Ge|ständ|nis;** des Geständnisses; die Geständnisse

der **Ge|stank;** des Gestanks *oder* Ge|stankes

die **Ge|sta|po** *(nationalsozialistisch)* = Geheime Staatspolizei; der Gestapo

ge|stat|ten; du gestattest; sie gestattete; sie hat es ihm gestattet; gestatte ihm den Besuch!; gestatten Sie eine Bemerkung!

die **Ges|te** (die Gebärde); die Gesten; eine verlegene Geste

ge|ste|hen; du gestehst; er gestand; er hat es gestanden; gestehe deine Tat!

das **Ge|stein;** des Gesteins *oder* Ge|stei|nes; die Ge|stei|ne

die **Ge|steins|schicht**

das **Ge|stell;** des Gestells *oder* Ge|stel|les; die Ge|stel|le

ges|tern; gestern Abend; gestern Morgen; gestern Nachmittag; gestern Nacht; gestern früh, *besonders österreichisch auch:* gestern Früh; die Mode von gestern; zwischen gestern und morgen; ABER: zwischen [dem] Gestern und [dem] Morgen liegt das Heute

die **Ges|tik** (Gesamtheit der Gesten); der Gestik

ges|ti|ku|lie|ren ([beim Sprechen] lebhafte Bewegungen mit den Händen machen); ich gestikuliere, sie hat gestikuliert

das **Ge|stirn;** des Gestirns *oder* Ge|stir|nes; die Ge|stir|ne

ge|streift; ein blau gestreifter *oder* blaugestreifter Pullover; ihr Pullover ist rot-weiß gestreift

ge|stresst (überlastet); gestresste Schülerinnen

gest|rig; der gestrige Tag

das **Ge|strüpp;** des Gestrüpps *oder* Gestrüp|pes; die Ge|strüp|pe

der **Ges|tus** [*auch:* ˈgɛstʊs] (Ausdruck); des Gestus

das **Ge|stüt;** des Gestüts *oder* Ge|stü|tes; die Ge|stü|te

das **Ge|such;** des Gesuchs *oder* Ge|su|ches; die Ge|su|che

ge|sund; ge|sün|der *oder* ge|sun|der; am ge|sün|des|ten *oder* ge|sun|des|ten; gesund sein, werden, bleiben; eine Kranke wieder ganz gesund machen; ABER: der Arzt hat sie gesundgeschrieben

die **Ge|sund|heit**

ge|sund|heit|lich; gesundheitliche Probleme haben

das **Ge|sund|heits|amt**

die **Ge|sund|heits|app** [...ʔɛp] (der Gesundheit dienende App)

der **Ge|sund|heits|ex|per|te**

die **Ge|sund|heits|ex|per|tin**

der **Ge|sund|heits|fonds** (Einrichtung zur Finanzierung der gesetzlichen Krankenversicherung)

ge|sund|heits|för|dernd; gesundheitsfördernde Maßnahmen

die **Ge|sund|heits|kar|te;** elektronische Gesundheitskarte

der **Ge|sund|heits|mi|nis|ter**

die **Ge|sund|heits|mi|nis|te|rin**

die **Ge|sund|heits|re|form** (Reform des Gesundheitswesens)

ge|sund|heits|schä|di|gend

das **Ge|sund|heits|sys|tem**

das **Ge|sund|heits|we|sen** (öffentliche Einrichtungen zur Förderung und Erhaltung der Gesundheit); des Gesundheitswesens

der **Ge|sund|heits|zu|stand**

ge|sund|schrei|ben ↑gesund

das **Ge|tö|se;** des Getöses

das **Ge|tränk;** des Getränks *oder* Ge|trän|kes; die Ge|trän|ke

der **Ge|trän|ke|au|to|mat**

die **Ge|trän|ke|do|se**

sich **ge|trau|en;** du getraust dich; sie hat sich getraut; getrau *oder* getraue dich doch!; ich getraue mich (*seltener:* mir) nicht[,] das zu tun; ABER NUR: ich getraue mir den Schritt nicht; ich getraue mich hinein

das **Ge|trei|de;** des Getreides

die **Ge|trei|de|flo|cken** *Plural*

ge|trennt; getrennt sein, werden; getrennt leben; ein getrennt lebendes *oder* getrenntlebendes Paar; getrennt schreiben; dieses Wort wird getrennt geschrieben

ge|treu; getreu ihrem Vorsatz; die getreu[e]sten Freunde

das **Ge|trie|be;** des Getriebes; die Getriebe

der **Ge|trie|be|scha|den**

das **Get|to** *oder* **Ghet|to** (abgesondertes [jüdisches] Wohnviertel); des Gettos *oder* Ghettos; die Gettos *oder* Ghettos

die **Get|to|faust** *oder* **Ghet|to|faust** (Begrüßung mit der Faust)

das **Ge|tue;** des Ge|tu|es

das **Ge|tüm|mel;** des Getümmels

das **Ge|viert** (Viereck, Quadrat); des Gevierts *oder* Ge|vier|tes; die Ge|vier|te; im, ins Geviert

das **Ge|wächs;** des Ge|wäch|ses; die Gewäch|se

ge|wach|sen; einer Aufgabe gewachsen sein

das **Ge|wächs|haus**

ge|wählt (nicht alltäglich); ge|wähl|ter; am ge|wähl|tes|ten; sich gewählt ausdrücken

die **Ge|währ** (Bürgschaft, Sicherheit)

ge|wäh|ren (bewilligen); du gewährst; sie hat es ihm gewährt; gewähr *oder* gewähre ihm die Bitte!

ge|währ|leis|ten *oder* **Ge|währ leis|ten;** du gewährleistest *oder* du leistest Gewähr; sie hat gewährleistet *oder* sie hat Gewähr geleistet

> **!** Wenn »gewährleisten« mit einem Akkusativobjekt gebraucht wird, ist nur Zusammenschreibung möglich: *Der Veranstalter gewährleistet die Sicherheit der Gäste.* Beim Anschluss mit »für« wird dagegen ausschließlich getrennt geschrieben: *Der Veranstalter tut alles, um für die Sicherheit der Gäste Gewähr zu leisten.*

die **Ge|währ|leis|tung**

der **Ge|wahr|sam** (Haft, Obhut); etwas in Gewahrsam nehmen

das **Gewahrsam** (Gefängnis); des Gewahrsams; die Gewahrsame

die **Ge|währs|frau;** die Gewährsfrauen

der **Ge|währs|mann;** die Ge|währs|leu|te, *selten:* Ge|währs|män|ner

die **Ge|wäh|rung**

die **Ge|walt**
ge|walt|be|reit; ge|walt|be|rei|ter; am ge|walt|be|rei|tes|ten
die **Ge|wal|ten|tei|lung** (Trennung von gesetzgebender, ausführender und richterlicher Staatsgewalt); der Gewaltenteilung
ge|walt|frei
ge|wal|tig; gewaltige Massen
ge|walt|los; gewaltloser Widerstand
die **Ge|walt|lo|sig|keit**
ge|walt|sam; gewaltsames Eindringen
die **Ge|walt|tat;** die Ge|walt|ta|ten
der **Ge|walt|tä|ter**
die **Ge|walt|tä|te|rin**
ge|walt|tä|tig; gewalttätige Fans
das **Ge|wand;** des Gewands *oder* Ge|wan|des; die Ge|wän|der
ge|wandt (geschickt); ge|wand|ter; am ge|wand|tes|ten; gewandte Politiker
die **Ge|wandt|heit**
das **Ge|wäs|ser;** des Gewässers; die Gewässer
das **Ge|we|be;** des Gewebes; die Gewebe
das **Ge|wehr;** des Gewehrs *oder* Ge|weh|res; die Ge|weh|re
das **Ge|weih;** des Geweihs *oder* Ge|wei|hes; die Ge|wei|he
das **Ge|wer|be;** des Gewerbes; die Gewerbe
das **Ge|wer|be|ge|biet**
der **Ge|wer|be|leh|rer**
die **Ge|wer|be|leh|re|rin**
ge|werb|lich; gewerbliche Nutzung
ge|werbs|mä|ßig; gewerbsmäßige Nutzung
die **Ge|werk|schaft;** die Ge|werk|schaf|ten
der **Ge|werk|schaf|ter** *oder* **Ge|werk|schaft|ler**
die **Ge|werk|schaf|te|rin** *oder* **Ge|werk|schaft|le|rin;** die Gewerkschafterinnen *oder* Gewerkschaftlerinnen
ge|werk|schaft|lich
der **Ge|werk|schafts|bund**
das **Ge|wicht;** des Gewichts *oder* Ge|wich|tes; die Ge|wich|te
ge|wich|ten (Schwerpunkte setzen); ich gewichte; du gewichtest; ihr habt eure Argumente nicht gewichtet; gewichte deine Aussagen!
der **Ge|wicht|he|ber**
ge|wich|tig (sehr bedeutend); eine gewichtige Frage
die **Ge|wichts|klas|se**
ge|wieft (*umgangssprachlich für:* schlau, gerissen); ein gewiefter Bursche
ge|willt; gewillt (bereit) sein[,] etwas zu tun
das **Ge|wim|mel** (Gewühl); des Gewimmels
das **Ge|win|de;** des Gewindes; die Gewinde
der **Ge|winn;** des Gewinns *oder* Ge|win|nes; die Ge|win|ne; Gewinn bringen; Gewinn bringend *oder* gewinnbringend; eine Gewinn bringende *oder* gewinnbringende Geldanlage; ABER NUR: eine großen Gewinn bringende Geldanlage; eine äußerst gewinnbringende, noch gewinnbringendere Geldanlage
ge|winn|brin|gend ↑ Gewinn
die **Ge|winn|chan|ce**
ge|win|nen; du gewinnst; sie gewann; sie hat gewonnen; gewinne endlich einmal!
ge|win|nend (liebenswürdig); ein gewinnendes Lächeln
der **Ge|win|ner;** des Gewinners; die Gewinner
die **Ge|win|ne|rin;** die Gewinnerinnen
das **Ge|wirr;** des Gewirrs *oder* Ge|wir|res
ge|wiss; ge|wis|ser; am ge|wis|ses|ten; etwas, nichts Gewisses; ein gewisses Etwas; ein gewisser Jemand; ABER: ein gewisser anderer
das **Ge|wis|sen;** des Gewissens
ge|wis|sen|haft; ge|wis|sen|haf|ter; am ge|wis|sen|haf|tes|ten
ge|wis|sen|los; ge|wis|sen|lo|ser; am ge|wis|sen|lo|ses|ten
der **Ge|wis|sens|biss;** die Ge|wis|sens|bis|se
ge|wis|ser|ma|ßen
die **Ge|wiss|heit**
das **Ge|wit|ter;** des Gewitters; die Gewitter
ge|wit|tern; es gewitterte; es hat heftig gewittert
ge|witt|rig, *seltener auch:* **ge|wit|te|rig**
ge|witzt (schlau); eine gewitzte Geschäftsfrau
ge|wo|gen (freundlich gesinnt); sie ist mir gewogen
sich **ge|wöh|nen;** du gewöhnst dich daran; sie hat sich daran gewöhnt; gewöhn

oder gewöhne dich erst gar nicht daran!

die **Ge|wohn|heit**

ge|wöhn|lich; das gewöhnliche Vorgehen

ge|wohnt; ich bin frühes Aufstehen gewohnt

die **Ge|wöh|nung**

ge|wöh|nungs|be|dürf|tig

das **Ge|wöl|be;** des Gewölbes; die Gewölbe

das **Ge|wölk;** des Gewölks *oder* Ge|wöl|kes

das **Ge|wühl;** des Gewühls *oder* Ge|wüh|les

das **Ge|würz;** des Ge|wür|zes; die Ge|wür|ze

die **Ge|würz|gur|ke**

ge|würzt; gewürzte Speisen

der **Gey|sir** *oder* **Gei|ser** (heiße Quelle, die in bestimmten Zeitabständen Wasserfontänen ausstößt); des Geysirs *oder* Geisers; die Gey|si|re *oder* Geiser

gez. = gezeichnet (unterschrieben)

das **Ge|zänk;** des Gezänks *oder* Ge|zän|kes

die **Ge|zei|ten** (Wechsel von Ebbe und Flut) *Plural*

ge|zielt (einen Zweck verfolgen); ge|ziel|ter; am ge|ziel|tes|ten; Kandidaten gezielt auswählen; gezielt fragen

sich **ge|zie|men** (sich gehören); es geziemte sich; das hat sich ihr gegenüber geziemt

das **Ge|zwit|scher;** des Gezwitschers

das **GG** = Grundgesetz

Gha|na (Staat in Afrika)

der **Gha|na|er;** des Ghanaers; die Ghanaer

die **Gha|na|e|rin;** die Ghanaerinnen

gha|na|isch

das **Ghet|to** *vergleiche:* **Get|to**

der **Ghost|wri|ter** ['gɔʊ̯straɪ̯tɐ] (Autor, der für eine andere [bekannte] Person schreibt und selbst ungenannt bleibt); des Ghostwriters; die Ghostwriter

die **Ghost|wri|te|rin;** die Ghostwriterinnen

Gi|b|ral|tar (Halbinsel an der Südspitze Spaniens)

die **Gicht** (Krankheit, bei der sich die Gelenke entzünden)

gicht|krank; ein gichtkranker Fuß

der **Gie|bel** (dreieckiger, oberer Teil der Wand eines Gebäudes); des Giebels; die Giebel

die **Gie|bel|sei|te**

die **Gier**

gie|rig; mit gierigen Blicken

gie|ßen; du gießt; er gießt; er goss; er hat die Blumen gegossen; gieß oder gieße die Blumen!

die **Gie|ße|rei**

die **Gieß|kan|ne**

das **Gift;** des Gifts *oder* Gif|tes; die Gif|te

das **Gift|gas**

der **Gift|gas|an|griff**

gif|tig; giftige Substanzen

der **Gift|müll**

der **Gift|pilz**

die **Gift|schlan|ge**

das **Gi|ga|byte** ['gi:gabaɪ̯t] (*EDV:* Einheit von 1024 Megabyte; *Zeichen:* GB, GByte); des Gigabyte *oder* Gigabytes; die Gigabyte *oder* Gigabytes

der **Gi|gant** (der Riese); des/dem/den Gi|gan|ten; die Gi|gan|ten

die **Gi|gan|tin;** die Gigantinnen

gi|gan|tisch; ein gigantischer Bau

die **Gil|de** (Vereinigung von Handwerkern oder Kaufleuten); die Gilden

der **Gin** [dʒɪn] (englischer Wacholderbranntwein); des Gins; die Gins

der **Gins|ter** (ein Strauch); des Ginsters; die Ginster

der **Gip|fel;** des Gipfels; die Gipfel

gip|feln; er behauptet, es gipfele *oder* gipfle im Krieg; es hat darin gegipfelt

das **Gip|fel|tref|fen**

der **Gips;** des Gip|ses

gip|sen; du gipst; sie gipste die Wand; die Ärztin hat das Bein gegipst

der **Gip|ser;** des Gipsers; die Gipser

die **Gip|se|rin;** die Gipserinnen

der **Gips|ver|band**

die **Gi|raf|fe** (Säugetier mit sehr langem Hals)

das **Girl** [gœ:ɐ̯l] (*scherzhaft für:* Mädchen; weibliches Mitglied einer Tanztruppe); des Girls; die Girls

die **Gir|lan|de** (längere Schnur mit Blumen, Blättern oder buntem Papier)

das **Gir|lie** ['gœ:ɐ̯li] (selbstbewusst-freche, auffällig gekleidete junge Frau); des Girlies; die Girlies

das **Gi|ro** ['ʒi:ro] (bargeldlose Überweisung); des Giros; die Giros

die **Gi|ro|card** [...ka:ɐ̯t] (*Markenbezeichnung:* eine Karte zum Bezahlen oder Abheben von Geld)

die **Gi|ro|kar|te** (Girocard)

das **Gi|ro|kon|to**

die, *fachsprachlich auch:* der **Gischt** (Schaum; aufschäumende See); der Gischt, *fachsprachlich auch:* des Gischt[e]s; die Gischlte *oder* Gischlten *Plural selten*

die **Giltarlre**

der **Giltarlrist;** des/dem/den Giltarlrislten; die Giltarlrislten

die **Giltarlrisltin;** die Gitarristinnen

das **Gitlter;** des Gitters; die Gitter

der **Gladilaltor** (altrömischer Schaukämpfer); des Gladiators; die Gladilaltolren

die **Gladilolle** (Schwertliliengewächs); die Gladiolen

der *oder* das **Glalmour** ['glɛmɐ] (Glanz, betörende Aufmachung); des Glamours

glalmoulrös [glamuˈrøːs]; glalmoulröser; am glalmoulrölseslten

das **Glamlping** ['glɛm...] (luxuriöser Campingurlaub); des Glampings

der **Glamlrock** *oder* **Glam Rock** ['glɛm...] (eine [in glitzernden Kostümen vorgetragene] Richtung der Rockmusik)

der **Glanz;** des Glanlzes

glänlzen; etwas glänzt; etwas glänzte; etwas hat geglänzt

glänlzend; glänzend schwarze Haare; ihre Haare sind glänzend schwarz

die **Glanzlleisltung**

das **Glanzlstück**

glanzlvoll

das **Glas;** des Glalses; die Glälser; ABER: zwei Glas Bier; ein Glas voll; Glas blasen

der **Glalser;** des Glasers; die Glaser

die **Glalselrin;** die Glaserinnen

glälsern (aus Glas); ein gläserner Teller

die **Glaslfalser** (aus Glas hergestellte, optisch leitende Faser)

das **Glaslfalserlkalbel**

der **Glaslfilberlstab** (beim Stabhochsprung)

glalsielren (mit einer Glasur überziehen); du glasierst; sie glasierte; sie hat den Krug glasiert; glasier *oder* glasiere den Krug!

glalsig (starr); ein glasiger Blick

glaslklar

der **Glaslkörlper** (Teil des Auges)

die **Glaslscheilbe**

die **Glalsur** (glasiger Überzug); die Glalsuren

glatt; glatlter *oder* glätlter; am glatltesten *oder* glätltesIten; die Bluse glatt bügeln *oder* glattbügeln

glattlbülgeln ↑glatt

die **Glätlte**

das **Glattleis**

glätlten; du glättest; sie glättete; sie hat das Papier geglättet; glätte das Papier!

glattlgelhen (gut gehen); alles ist glattgegangen

die **Glatlze**

der **Glatzlkopf**

glatzlköplfig

der **Glaulbe,** *seltener auch:* **Glaulben;** des Glaubens

glaulben; du glaubst; sie glaubte; sie hat es geglaubt; glaub *oder* glaube daran!; sie wollte mich glauben machen, dass ...

das **Glaulbenslbelkenntlnis**

glaublhaft; glaublhafIter; am glaublhaftesIten

gläulbig; gläubige Christen

der **Gläulbilge;** ein Gläubiger; die Gläubigen; zwei Gläubige

die **Gläulbilge;** eine Gläubige

der **Gläulbilger** (jemand, der das Recht hat, von einem Schuldner Geld zu fordern)

die **Gläulbilgelrin;** die Gläubigerinnen

die **Gläulbiglkeit**

glaublwürldig; eine glaubwürdige Erklärung

die **Glaublwürldiglkeit**

gleich *siehe Kasten Seite 220*

gleichlaltlrig *oder* **gleichlalltelrig** *(selten)*

gleichlarltig; gleichartige Beschaffenheit

die **Gleichlarltiglkeit**

gleichlauf

die **Gleichlbelhandllung**

gleichlbelrechltigt; gleichberechtigte Ansprüche

die **Gleichlbelrechltilgung**

gleichlbleilbend ↑gleich

gleilchen (sehr ähnlich, vergleichbar sein); du gleichst; sie gleicht; sie glich; sie hat ihr geglichen

gleilcherlmalßen (genauso)

gleichlfalls

gleichlfarlbig

gleichlförlmig

A B C D E F G gle H I J K L M N O P Q R S T U V W X Y Z

gleich

- die gleiche Jacke

Groß schreibt man die Nominalisierung:

- das Gleiche (dasselbe) tun
- das Gleiche gilt
- es kommt aufs Gleiche hinaus
- Gleich und Gleich gesellt sich gern
- Gleiches mit Gleichem vergelten
- ein Gleiches tun

Schreibung in Verbindung mit Verben und Partizipien:

- die Zahl der Unterrichtsstunden wird ungefähr gleich bleiben; sie ist gleich bleibend *oder* gleichbleibend freundlich
- gleich gesinnte *oder* gleichgesinnte Freunde
- die Wörter werden gleich geschrieben
- sie muss gleich (sofort) kommen; ↑ABER: gleichkommen
- ich werde das gleich (sofort) machen; ↑ABER: gleichmachen
- du kannst dich auf diesen Stuhl gleich (sofort) setzen!; ↑ABER: gleichsetzen

Zusammenschreibung bei übertragener Bedeutung:

Vergleiche auch: gleichschalten; gleichsehen; gleichstehen; gleichstellen; gleichtun; gleichziehen

gleich|ge|schlecht|lich (homosexuell); gleichgeschlechtliche Paare

gleich|ge|sinnt ↑gleich

das **Gleich|ge|wicht**

der **Gleich|ge|wichts|sinn**

gleich|gül|tig

die **Gleich|gül|tig|keit**

die **Gleich|heit**

gleich|kom|men (entsprechen); das war einer Kampfansage gleichgekommen; ABER: gleich (sofort) kommen

gleich|ma|chen (angleichen); die Stadt wurde dem Erdboden gleichgemacht; ABER: etwas gleich (sofort) machen

gleich|mä|ßig; gleichmäßige Verteilung

der **Gleich|mut;** des Gleichmuts *oder* Gleich|mu|tes

gleich|mü|tig

gleich|na|mig (mit gleichem Namen; mit gleichem Nenner); der gleichnamige Film; gleichnamige Brüche

das **Gleich|nis;** des Gleichnisses; die Gleichnisse

gleich|sam (sozusagen); das Referat ist gleichsam die mündliche Leistung

gleich|schal|ten (einheitlich durchführen); alle Maßnahmen wurden gleichgeschaltet; ABER: gleich (sofort) schalten

gleich|schen|ke|lig *oder* **gleich|schenk|lig;** ein gleichschenkeliges *oder* gleichschenkliges Dreieck

der **Gleich|schritt;** im Gleichschritt

gleich|se|hen (ähneln); wie sie sich gleichsehen!; ABER: gleich (sofort) sehen

gleich|sei|tig; ein gleichseitiges Dreieck

gleich|set|zen; etwas mit einer Sache gleichsetzen; ABER: sich gleich (sofort) setzen

gleich|ste|hen (gleich sein); ABER: gleich (sofort) stehen

gleich|stel|len (auf die gleiche Rangstufe stellen); man hat Arbeiter und Angestellte gleichgestellt; ABER: ich werde mich gleich (sofort) stellen

die **Gleich|stel|lung**

der **Gleich|strom** (elektrischer Strom gleichbleibender Richtung)

gleich|tun (das Gleiche leisten); es jemandem gleichtun; ABER: etwas gleich (sofort) tun

die **Glei|chung;** quadratische Gleichungen

gleich|viel (einerlei)

gleich|wer|tig

die **Gleich|wer|tig|keit**

gleich|win|ke|lig *oder* **gleich|wink|lig;** ein gleichwinkeliges *oder* gleichwinkliges Dreieck

gleich|wohl (trotzdem); die Prüfung war gleichwohl nötig; ABER: wir befinden uns alle gleich (in gleicher Weise) wohl

gleich|zei|tig
die **Gleich|zei|tig|keit**
gleich|zie|hen (das Gleiche erreichen); mit jemandem gleichziehen; ABER: gleich (sofort) ziehen
das **Gleis;** des Glei|ses *oder* Geleises; die Glei|se *oder* Geleise
glei|ßen (glänzen, glitzern); der Schnee gleißt; er gleißte; der Schnee hat im Sonnenlicht gegleißt; gleißendes Licht
glei|ten; er gleitet; er glitt; du glittst; er ist geglitten
der **Gleit|flug**
der **Glet|scher;** des Gletschers; die Gletscher
die **Glet|scher|spal|te**
das **Glied;** des Glieds *oder* Glie|des; die Glieder
glie|dern; du gliederst; sie gliederte; sie hat das Kapitel gut gegliedert; gliedere das Kapitel in Abschnitte!
die **Glie|de|rung**
die **Glied|ma|ße** (Arm oder Bein); der Gliedmaße; die Gliedmaßen *meist Plural*
der **Glied|satz** (Nebensatz)
der **Glied|staat**
glim|men; die Asche glimmt; sie glomm *oder* glimmte; sie hat geglommen *oder* geglimmt
der **Glim|mer** (ein Mineral); des Glimmers; die Glimmer
der **Glimm|stän|gel** (*scherzhaft für:* Zigarette)
glimpf|lich (ohne Schaden); glimpflich davonkommen
glit|schen (*umgangssprachlich für:* rutschen, [aus]gleiten); du glitschst; er glitschte; er ist geglitscht
glit|schig; glitschiger Rasen
glit|zern; die Perle glitzerte; sie hat geglitzert
der **Glit|zer|stein**
glo|bal (auf die ganze Erde bezogen; umfassend; allgemein); globales Denken
die **Glo|ba|li|sie|rung**
der **Glo|ba|li|sie|rungs|geg|ner**
die **Glo|ba|li|sie|rungs|geg|ne|rin**
der **Glo|be|trot|ter** (Weltenbummler); des Globetrotters; die Globetrotter
die **Glo|be|trot|te|rin;** die Globetrotterinnen
der **Glo|bus** (kugelförmiges Modell der Erde); des Globus *oder* Globusses; die Globen *oder* Globusse
die **Glo|cke**
die **Glo|cken|blu|me**
das **Glo|cken|spiel**
glo|ckig (glockenförmig)
der **Glöck|ner;** des Glöckners; die Glöckner
die **Glöck|ne|rin;** die Glöcknerinnen
die **Glo|rie** ['glo:riə] (Ruhm, Glanz)
glor|reich (großartig); glorreiche Ideen
das **Glos|sar** (Wörterverzeichnis [mit Erläuterungen]); des Glossars; die Glos|sa|re
die **Glos|se** ([spöttische] Randbemerkung, knapper Kommentar); die Glossen
glos|sie|ren; du glossierst; sie glossierte; sie hat das Ereignis glossiert
die **Glot|ze** (*umgangssprachlich für:* Fernsehgerät); die Glotzen
glot|zen (anstarren); du glotzt; er glotzte; er hat geglotzt; glotz *oder* glotze nicht so!
das **Glück;** jemandem Glück wünschen; Glück bringen; du hast mir Glück gebracht; Glück auf! (Bergmannsgruß)
die **Glu|cke** (brütendes Huhn)
glu|cken; das Huhn gluckt; das Huhn hat gegluckt
glü|cken; der Plan glückte; es ist geglückt
glück|lich; glückliche Kinder
glück|li|cher|wei|se; glücklicherweise wurde niemand verletzt
glück|los
glück|se|lig; glückselige Blicke
gluck|sen; das Wasser gluckst; das Wasser hat gegluckst
der **Glücks|fall**
der **Glücks|pilz**
die **Glücks|sa|che**
das **Glücks|spiel**
der **Glück|wunsch**
die **Glüh|bir|ne**
glü|hen; die Kohle glühte; sie hat geglüht; die glühend heiße Lampe; die Lampe ist glühend heiß
glü|hend; ein glühender Verehrer; ein glühend heißes Eisen; das Eisen ist glühend heiß
die **Glüh|lam|pe**
der **Glüh|wein**
die **Glut;** die Glu|ten

A B C D E F G glu H I J K L M N O P Q R S T U V W X Y Z

das **Glu|ten** [*auch:* ˈgluːtn̩] (Bestandteil des Getreideeiweißes); des Glutens
glu|ten|frei
das **Gly|pho|sat** (ein Unkrautvernichtungsmittel); des Glyphosats
das **Gly|ze|rin,** *fachsprachlich auch:* **Gly|ce|rin** (eine ölige, alkoholische Flüssigkeit)
die **GmbH** = Gesellschaft mit beschränkter Haftung
die **Gna|de;** von Gottes Gnaden; Euer Gnaden
das **Gna|den|ge|such**
gna|den|los
gnä|dig
der **Gneis** (ein Gestein); des Gnei|ses; die Gnei|se
die **Gnoc|chi** [ˈnjɔki] (kleine italienische Kartoffelklößchen) *Plural*
der **Gnom** (Kobold; Zwerg); des Gno|men, *auch:* Gnoms; die Gno|men, *auch:* Gnome
das **Gnu** (afrikanische Antilopenart); des Gnus; die Gnus
das **Go** (ein japanisches Brettspiel); des Go
der **Goa|lie,** *selten:* **Goa|li** [*besonders österreichisch* ˈɡɔʊ̯li, *schweizerisch* ˈgoːli] (Torwart); des Goalies, *selten:* Goalis; die Goalies, *selten:* Goalis
der **Go|ckel** (*besonders süddeutsch für:* Hahn); des Gockels; die Gockel
Goe|the (deutscher Dichter)
der **Goe|the|band** *oder* **Goe|the-Band;** die Goethebände *oder* Goethe-Bände
der *oder* das **Go|kart** (kleiner Sportrennwagen); des Gokart *oder* Gokarts; die Gokarts
das **Gold** (chemisches Element; Edelmetall; *Zeichen:* Au); des Golds *oder* Gol|des; ein guter Schulabschluss ist Gold wert (sehr wertvoll, nützlich)
der **Gold|barsch**
gol|den; goldene Worte; der goldene Mittelweg; das goldene Tor *(Sport);* die goldene *oder* Goldene Hochzeit; der Goldene *oder* goldene Schnitt *(Mathematik);* ABER NUR: das Goldene Buch (einer Stadt); das Goldene Kalb (biblisch); die Goldene Schallplatte (Auszeichnung); die Goldene Stadt (Prag)
der **Gold|fisch**
der **Gold|grä|ber**
der **Gold|hams|ter**
gol|dig; ein goldiges Kerlchen
die **Gold|me|dail|le**
der **Gold|re|gen** (ein Strauch; ein Feuerwerkskörper)
der **Gold|schmied**
die **Gold|schmie|din**
das **Gold|stück** (Goldmünze)
das **Golf** (ein Spiel); des Golfs; Golf spielen
der **Golf** (größere Meeresbucht); des Golfs *oder* Gol|fes; die Gol|fe; der Golf von Aden
der **Golf|platz**
der **Golf|schlä|ger**
der **Golf|strom** (eine Strömung im Atlantik)
Go|li|ath (Riese im Alten Testament)
der **Go|li|ath** (Mensch von riesenhafter Gestalt); des Goliaths; die Goliaths
der *oder* das **Go-live** [ɡɔʊ̯ˈlaɪ̯f] (*EDV, Wirtschaft:* Start des Regelbetriebs einer Software, Website o. Ä.); des Go-live *oder* Go-lives; die Go-lives
die **Gon|del** (langes, schmales Ruderboot; Korb an einem Heißluftballon; Kabine an einer Seilbahn oder einem Luftschiff); die Gondeln
gon|deln (*umgangssprachlich für:* gemächlich fahren); ich gond[e]le; du gondelst; sie gondelt; sie ist durch halb Europa gegondelt
der, *selten:* das **Gong** (eine metallene Schlagscheibe); des Gongs; die Gongs
der **Gong|schlag**
gön|nen; du gönnst; sie gönnte; sie hat es ihm gegönnt; gönn *oder* gönne es ihm doch!
der **Gön|ner;** des Gönners; die Gönner
gön|ner|haft; gön|ner|haf|ter; am gön|ner|haf|tes|ten
die **Gön|ne|rin;** die Gönnerinnen
der **Good|will** [ˈgʊtˈvɪl] (Ansehen; Wohlwollen, freundliche Gesinnung; Firmen-, Geschäftswert); des Goodwills
goo|geln [ˈguːgl̩n] (mit der Suchmaschine Google *[Markenbezeichnung]* im Internet suchen); du googelst; sie googelte; er hat gegoogelt; google *oder* googele das doch einmal!
das **Goo|gle** [ˈguːgl̩] (*Markenbezeichnung:* eine Internetsuchmaschine); des Google *oder* Googles *(meist ohne Artikel)*
das **Gör** *oder* die **Gö|re** (*norddeutsch für:*

G
glu

kleines Kind, ungezogenes Mädchen); des Görs *oder* der Göre; die Gören

der **Go|ri|la** (ein Menschenaffe); des Gorillas; die Gorillas

der *oder* das **Gos|pel** (religiöses Lied der Afroamerikaner); des Gospels; die Gospels

der **Gos|pel|song**

die **Gos|se** (die Abflussrinne)

der **Go|te** (Angehöriger eines germanischen Volkes); des Goten; die Goten

das **Go|thic** [ˈgɔθɪk] (Faszination für Tod und Vergänglichkeit als Lebenshaltung; *auch kurz für* Gothic Rock); des Gothics *(meist ohne Artikel)*

der **Go|thic** (Anhänger/-in des Gothic); des Gothics; die Gothics

der **Go|thic Rock** (Rockmusik mit geheimen, düsteren Texten und Ritualen auf der Bühne); des Gothic Rock *oder* Gothic Rocks

die **Go|tik** (ein Kunststil)

die **Go|tin;** die Gotinnen

go|tisch (im Stil der Gotik); eine gotische Kathedrale

der **Gott;** des Got|tes; die Göt|ter; um Gottes willen; in Gottes Namen; Gott sei Dank!; Gott befohlen!; weiß Gott!; grüß [dich] Gott!

das **Göt|ter|bild**

die **Göt|ter|spei|se** (eine Süßspeise)

die **Got|tes|an|be|te|rin** (eine Heuschreckenart)

der **Got|tes|dienst**

got|tes|fürch|tig

das **Got|tes|haus** (die Kirche)

die **Got|tes|läs|te|rung**

das **Got|tes|ur|teil** (im Mittelalter: beim Fehlen sicherer Beweise angewandtes Verfahren zur Ermittlung des Schuldigen, z. B. Zweikampf, Feuerprobe)

gott|ge|wollt; die gottgewollte Ordnung

die **Gott|heit;** die Gott|hei|ten (Götter)

die **Göt|tin;** die Göttinnen

gött|lich

gott|los; gott|lo|ser; am gott|lo|ses|ten

Gott|va|ter

der **Göt|ze** (Darstellung, Abbild einer heidnischen Gottheit); des Götzen; die Götzen

das **Göt|zen|bild**

der **Göt|zen|dienst**

der **Gou|da** [ˈgaʊ̯da] (ein Schnittkäse); des Goudas; die Goudas

der **Gour|met** [gʊrˈmeː] (Feinschmecker, Feinschmeckerin); des Gourmets; die Gourmets

die **Gou|ver|nan|te** [guvɛrˈnantə] (Erzieherin); die Gouvernanten

der **Gou|ver|neur** [guvɛrˈnøːɐ̯] (Statthalter); des Gouverneurs; die Gou|ver|neu|re

die **Gou|ver|neu|rin;** die Gouverneurinnen

das **Grab;** des Grabs *oder* Gra|bes; die Grä|ber

gra|ben; du gräbst; sie gräbt; sie grub; sie hat gegraben; grab *oder* grabe hier!

der **Gra|ben;** des Grabens; die Gräben

das **Grab|mal;** die Grab|mä|ler, *auch:* Grab|ma|le

der **Grab|stein**

die **Gracht** (Graben, Kanal[straße] in den Niederlanden); die Grach|ten

der **Grad** (Temperatureinheit; Einheit für [ebene] Winkel); des Grads *oder* Gra|des; die Gra|de; 3 Grad Celsius *oder* 3° C, *fachsprachlich:* 3 °C; der 30. Breitengrad; ein Winkel von 30 Grad; es sind heute 30 Grad im Schatten; es ist heute um einige Grad wärmer als gestern

! Nicht verwechseln: Obwohl beide Wörter gleich ausgesprochen werden, schreibt man die Maßeinheit *Grad* mit *d,* die oberste Kante eines Bergrückens, den *Grat,* dagegen mit *t.*

grad|li|nig (*umgangssprachlich für:* geradlinig)

die **Grad|li|nig|keit** (*umgangssprachlich für:* Geradlinigkeit)

der **Graf** *vergleiche:* **Graph**

der **Graf** (ein Adelstitel); des Gra|fen; die Gra|fen

das **Graf|fi|ti** (auf eine Wand o. Ä. gesprühte Abbildung oder Parole); des Graffiti *oder* Graffitis; die Graffitis

die **Gra|fik** *oder* **Gra|phik** (Schreib- und Zeichenkunst; einzelnes Blatt dieser Kunst); die Gra|fi|ken *oder* Gra|phi|ken

der **Gra|fi|ker** *oder* **Gra|phi|ker;** des Grafikers *oder* Graphikers; die Grafiker *oder* Graphiker

die **Gra|fi|ke|rin** *oder* **Gra|phi|ke|rin;** die Grafikerinnen *oder* Graphikerinnen

die **Gra|fik|kar|te** *oder* **Gra|phik|kar|te**

A B C D E F G gra H I J K L M N O P Q R S T U V W X Y Z

(*EDV:* spezielle Steckkarte zur Erstellung von Grafiken auf dem Computerbildschirm)

der **Gra|fik|trei|ber** *oder* **Gra|phik|trei|ber** *(EDV)*

die **Grä|fin;** die Gräfinnen

gra|fisch *oder* **gra|phisch;** eine grafische *oder* graphische Darstellung

der **Gra|fit** *oder* **Gra|phit** (ein Mineral); des Grafits *oder* Graphits; die Gra|fi|te *oder* Gra|phi|te

die **Gra|fo|lo|gie** *oder* **Gra|pho|lo|gie** (Lehre von der Deutung des Charakters aus der Handschrift)

gram; er ist ihm gram

der **Gram** (*gehoben für:* Kummer); des Grams *oder* Gra|mes

sich **grä|men;** du grämst dich; er grämte sich; er hat sich gegrämt; gräm *oder* gräme dich nicht!

gräm|lich (verdrießlich, missmutig)

das **Gramm** (*Abkürzung:* g); des Gramms; die Gram|me; ABER: 100 Gramm Mehl

die **Gram|ma|tik** (die Sprachlehre); die Gram|ma|ti|ken

gram|ma|ti|ka|lisch (grammatisch)

gram|ma|tisch; grammatische Fehler

das **Gram|mo|fon** *oder* **Gram|mo|phon** (*Markenbezeichnung für:* ein Gerät zum Abspielen von Schallplatten); des Grammofons *oder* Grammophons; die Gram|mo|fo|ne *oder* Gram|mo|pho|ne

der **Gra|nat** (ein Halbedelstein; ein kleines Krebstier); des Granats *oder* Gra|na|tes; die Gra|na|te

die **Gra|na|te** (ein Geschoss); die Granaten

der **Grand** [grã:, *auch:* graŋ] (höchstes Spiel im Skat); des Grands; die Grands; einen Grand mit vieren (mit vier Buben) spielen

gran|di|os (großartig, überwältigend)

der **Grand Prix** [ˈgrã: ˈpri:] (französische Bezeichnung für »großer Preis«); des Grand Prix, die Grands Prix *oder* Grand Prix

der **Gra|nit** (ein Gestein); des Granits; die Gra|ni|te

die **Gran|ne** (die Ährenborste); die Grannen

gran|tig (mürrisch); ein grantiger Kerl

das **Gra|nu|lat** (Substanz in Körnchenform); des Granulats *oder* Gra|nu|la|tes; die Gra|nu|la|te

die **Grape|fruit** [ˈgrɛɪ̯pfru:t] (Pampelmuse); die Grapefruits

der **Graph** *oder* **Graf** (*Mathematik:* grafische Darstellung); des/dem/den Graphen *oder* Gra|fen; die Gra|phen *oder* Gra|fen

die **Gra|phic No|vel** [ˈgrɛfɪk ˈnɔvl̩] (Comicroman)

die **Gra|phik** *vergleiche:* **Gra|fik**

der **Gra|phi|ker** *vergleiche:* **Gra|fi|ker**

die **Gra|phi|ke|rin** *vergleiche:* **Gra|fi|ke|rin**

die **Gra|phik|kar|te** *vergleiche:* **Gra|fik|kar|te**

gra|phisch *vergleiche:* **gra|fisch**

der **Gra|phit** *vergleiche:* **Gra|fit**

die **Gra|pho|lo|gie** *vergleiche:* **Gra|fo|lo|gie**

das **Gras;** des Gra|ses; die Grä|ser

gra|sen; die Kuh graste; sie hat gegrast

gras|grün

die **Gras|mü|cke** (ein Singvogel)

gras|sie|ren (um sich greifen); die Seuche grassiert; sie hat grassiert

gräss|lich; grässliche Schmerzen

der **Grat** (Kante; Bergkamm); des Grats *oder* Gra|tes; die Gra|te; ↑ABER: Grad

die **Grä|te** (dünner Knochen des Fisches); die Grä|ten

gra|tis (kostenlos); die Fahrt ist gratis

die **Grät|sche** (eine Turnübung); die Grätschen

grät|schen (die Beine seitwärts abspreizen); du grätschst; sie grätschte; sie hat die Beine gegrätscht; der Verteidiger ist in die Beine des Stürmers gegrätscht; grätsch *oder* grätsche die Beine!

der **Gra|tu|lant;** des/dem/den Gra|tu|lan|ten; die Gra|tu|lan|ten

die **Gra|tu|lan|tin;** die Gratulantinnen

die **Gra|tu|la|ti|on** (Glückwunsch)

gra|tu|lie|ren; du gratulierst; sie gratulierte ihm; sie hat ihm gratuliert; gratulier *oder* gratuliere ihm!

die **Grat|wan|de|rung**

grau; grau|er; am graus|ten *oder* grau|es|ten; [alt und] grau werden; grau in grau malen; graue Haare; der graue Alltag; die grauen Zellen (Gehirnzellen); in grauer Vorzeit; grauer *oder* Grauer Star (eine Augenkrankheit); ABER NUR: die Grauen Panther (Seniorenschutzbund); ↑*auch:* blau

das **Grau** (die graue Farbe); des Graus; sie ist

in Grau gekleidet; die Wand ist mit Grau gestrichen

der **Gräu|el** (*gehoben für:* grauenhafte Tat); des Gräuels; die Gräuel *meist Plural*

die **Gräu|el|tat**

grau|en (Furcht haben); es graut mir davor; es hat mir davor gegraut; mir, *auch:* mich graut es vor dir

grau|en (allmählich hell, dunkel werden); es graut; der Morgen, der Abend hat gegraut

das **Grau|en;** des Grauens; die Grauen; die Grauen des Krieges; Grauen erregen; Grauen erregend *oder* grauenerregend; eine Grauen erregende *oder* grauenerregende Tat; ABER NUR: eine großes Grauen erregende Tat; eine äußerst grauenerregende, noch grauenerregendere Tat

grau|en|haft; grau|en|haf|ter; am grau|en|haf|tes|ten

grau|en|voll

gräu|lich (Grauen erregend); ein gräuliches Verbrechen

gräu|lich (leicht grau getönt); ein Kleid in gräulichem Blau

die **Grau|pe** ([Getreide]korn); die Graupen

die **Grau|pel** (Hagelkorn); die Graupeln *meist Plural*

grau|peln; es graupelte; es hat gegraupelt

grau|sam

die **Grau|sam|keit**

grau|sen (sich fürchten); mir, *auch:* mich graust vor diesen Schwierigkeiten; es grauste ihnen, *auch:* sie, als sie davon hörten

das **Grau|sen;** des Grausens

grau|sig (grauenerregend); eine grausige Entdeckung

gra|vie|ren ([ein]schneiden, ritzen); du gravierst; sie gravierte; sie hat den Namen in den Ring graviert; gravier *oder* graviere meinen Namen in diesen Ring!

gra|vie|rend (schwerwiegend); gravierende Mängel

die **Gra|vi|ta|ti|on** (Schwerkraft; Anziehungskraft)

gra|vi|tä|tisch (feierlich, würdevoll)

die **Gra|vur** (eingravierte Verzierung oder Schrift); die Gra|vu|ren

die **Gra|zie** (Anmut); die Gra|zi|en (römische Göttinnen)

gra|zil (schlank, zierlich)

gra|zi|ös (anmutig); gra|zi|ö|ser; am gra|zi|ö|ses|ten

die **Green|card** *oder* **Green Card** ['gri:nka:ɐ̯t] (Arbeits- oder Aufenthaltserlaubnis); die Greencards *oder* Green Cards

Green|peace ['gri:npi:s] (Umweltschutzorganisation)

der **Greif** (geflügeltes Fabeltier mit Adlerkopf und Löwenkörper); des Greif[e]s *oder* Grei|fen; die Grei|fe *oder* Grei|fen

greif|bar (verfügbar; konkret; offenkundig); die Unterlagen greifbar haben; sie wollte den Lehrer sprechen, aber der war nicht greifbar (*umgangssprachlich:* nicht zu finden); greifbare Ergebnisse; greifbare Vorteile

grei|fen; du greifst; sie greift; sie griff; sie hat danach gegriffen; greif *oder* greife danach!; die Krankheit hat sehr um sich gegriffen; der Sieg war zum Greifen nahe

der **Greif|vo|gel**

greis (*gehoben für:* sehr alt); sein greiser Großvater; sie schüttelte ihr greises Haupt

der **Greis;** des Grei|ses; die Grei|se

grei|sen|haft

die **Grei|sin;** die Greisinnen

grell; die grell beleuchtete *oder* grellbeleuchtete Bühne; ein grellrotes Plakat; ABER: ein Plakat in, von grellem Rot

das **Gre|mi|um** (Ausschuss); des Gremiums; die Gre|mi|en

Gre|na|da (Staat im Bereich der Westindischen Inseln)

der **Gre|na|dier** (ein [Fuß]soldat); des Grenadiers; die Gre|na|die|re

die **Gren|ze**

gren|zen; das grenzt an Erpressung

gren|zen|los; grenzenloses Vertrauen; bis ins Grenzenlose (bis in die Unendlichkeit)

die **Grenz|kon|t|rol|le**

die **Grenz|schlie|ßung**

der **Grenz|über|gang**

grenz|über|schrei|tend; grenzüberschreitender Verkehr

der **Grenz|wert**

der **Gre|xit** (*besonders Politikjargon:* Austritt Griechenlands aus der Eurozone)
der **Grie|che** (Einwohner Griechenlands); des/dem/den Griechen; die Griechen
Grie|chen|land
die **Grie|chin;** die Griechinnen
grie|chisch; die griechischen Götter
der **Gries|gram;** des Griesgrams *oder* Gries|gra|mes; die Gries|gra|me
gries|grä|mig
der **Grieß;** des Grie|ßes; die Grie|ße
der **Grieß|brei**
der **Griff;** des Griffs *oder* Grif|fes; die Grif|fe
griff|be|reit; griffbereite Unterlagen
der **Grif|fel;** des Griffels; die Griffel
griff|fest; ein grifffestes Messer
grif|fig; ein griffiges Lenkrad
der **Grill** (Bratrost); des Grills; die Grills
die **Gril|le** (ein Insekt; *auch für:* Laune)
gril|len (auf dem Grill braten); du grillst; er hat das Hähnchen gegrillt; grill *oder* grille die Würstchen!
die **Gri|mas|se** (Fratze); Grimassen schneiden
der **Grimm** (*veraltend für:* Zorn, Wut); des Grimms *oder* Grim|mes
Grimm (deutsche Sprachwissenschaftler und Märchensammler); die Brüder Grimm
grim|mig; ein grimmiger Blick
der **Grind** (Schorf); des Grinds *oder* Grin|des; die Grin|de
grin|dig
grin|sen; du grinst; er grinst; er grinste; er hat gegrinst; grins *oder* grinse nicht so!
die **Grip|pe** (eine Infektionskrankheit)
die **Grip|pe|imp|fung**
grip|pe|krank
das, *auch:* der **Grip|pe|vi|rus**
die **Grip|pe|wel|le**
der **Grips** (*umgangssprachlich für:* Verstand); des Grip|ses; wenig Grips haben
der **Grizz|ly|bär** ['grɪsli...] (großer nordamerikanischer Braunbär)
grob; grö|ber; am gröbs|ten; grob sein, werden; grob gemahlener *oder* grobgemahlener Pfeffer; ABER: aus dem Gröbsten heraus sein; er hat ihn auf das, aufs Gröbste *oder* gröbste beleidigt
die **Grob|heit**
der **Gro|bi|an** (grober Mensch); des Grobians; die Gro|bi|a|ne
der **Grog** (ein heißes Getränk aus Rum, Zucker und Wasser); des Grogs; die Grogs
grö|len (schreien, lärmen); du grölst; er grölte; er hat gegrölt; gröl *oder* gröle nicht!
der **Groll** (unterdrückte Wut); des Grolls *oder* Grol|les
grol|len; du grollst; sie grollte; sie hat gegrollt; groll *oder* grolle nicht!
Grön|land
der **Grön|län|der;** des Grönländers; die Grönländer
die **Grön|län|de|rin;** die Grönländerinnen
das **Groo|ming** ['gru:mɪŋ] (gezielte Kontaktaufnahme einer erwachsenen Person mit Minderjährigen zwecks sexuellen Missbrauchs); des Grooming *oder* Groomings
der **Groove** [gru:v] (rhythmisches Grundmuster [im Jazz]; Gefühl für Rhythmus und Tempo)
groo|vig ['gru:v...]
das **Gros** [gro:] (der überwiegende Teil); des Gros [gro: *oder* gro:s]; die Gros [gro:s]
das **Gros** (12 Dutzend); des Gro|ses; die Gro|se; ABER: 2 Gros Nadeln
der **Gro|schen** (*früher umgangssprachlich für:* Zehnpfennigstück); des Groschens
groß *siehe Kasten*
groß|an|ge|legt ↑groß
groß|ar|tig; ein großartiger Film
Groß|bri|tan|ni|en (England, Schottland, Wales und Nordirland umfassende staatliche Einheit)
der **Groß|buch|sta|be**
die **Grö|ße**
die **Groß|el|tern** *Plural*
die **Grö|ßen|ord|nung** (Dimension); eine Schule dieser Größenordnung
der **Grö|ßen|wahn**
grö|ßen|wahn|sin|nig
die **Groß|fa|mi|lie**
groß|flä|chig
groß|ge|wach|sen ↑groß
der **Groß|glock|ner** (Berg in Österreich)
der **Groß|han|del**
der **Groß|händ|ler**

groß

gröl|ßer; am größ|ten

1. Groß- und Kleinschreibung:

Kleinschreibung:

- die großen Ferien; die große Pause
- das große Einmaleins
- die große (vornehme) Welt
- das große Los
- das große *oder* Große Latinum
- auf großem Fuß (*umgangssprachlich für:* verschwenderisch) leben
- etwas an die große Glocke hängen (überall erzählen)

Großschreibung der Nominalisierung und in Namen:

- etwas, nichts, viel, wenig Großes
- Groß und Klein (*auch für:* jedermann); Große und Kleine; die Großen und [die] Kleinen
- im Großen wie im Kleinen; ABER: im großen Ganzen
- er ist der Größte in der Klasse
- Otto der Große (*Genitiv:* Ottos des Großen)
- die Große *oder* große Koalition
- die Große *oder* große Kreisstadt
- der Große Wagen, der Große Bär (Sternbilder)
- der Große Belt (eine Meerenge)
- der Große (Pazifische) Ozean

2. Getrennt- und Zusammenschreibung:

Schreibung in Verbindung mit Verben und Partizipien:

- groß sein; groß werden
- groß klicken *oder* großklicken (*EDV:* durch Anklicken vergrößern)
- ein groß angelegter *oder* großangelegter Plan
- ein groß gewachsener *oder* großgewachsener Junge
- ein Wort groß (in großer Schrift) an die Tafel schreiben; ↑ABER: großschreiben

Zusammenschreibung bei übertragener Bedeutung:

- Nomen werden im Deutschen großgeschrieben (mit großem Anfangsbuchstaben); Ehrlichkeit wird bei uns großgeschrieben (*umgangssprachlich für:* wichtig genommen)
- er soll nicht so großtun (prahlen)
- die Kinder großziehen

die **Groß|händ|le|rin**

der **Gros|sist** (Großhändler); des/dem/den Gros|sis|ten; die Gros|sis|ten

groß|kli|cken ↑groß

sich **groß|ma|chen** (*umgangssprachlich für:* sich rühmen, prahlen); du machst dich groß; er hat sich großgemacht; mach *oder* mache dich nicht so groß!

die **Groß|macht;** die Groß|mäch|te

die **Groß|mut|ter**

groß|po|rig; großporige Haut

groß|schrei|ben (mit großem Anfangsbuchstaben schreiben); Nomen werden großgeschrieben; Ehrlichkeit wird bei uns großgeschrieben (*umgangssprachlich für:* wichtig genommen); ↑ABER: groß

die **Groß|schrei|bung;** Groß- und Kleinschreibung

groß|spu|rig; großspurige Reden

die **Groß|spu|rig|keit**

die **Groß|stadt**

groß|städ|tisch

der **Groß|stadt|ver|kehr**

der **Groß|teil;** der Großteil der Jugendlichen hat ein Smartphone

groß|teils

größ|ten|teils; ABER: der Verlust des größten Teils seines Vermögens

größt|mög|lich

groß|tun (prahlen); du tust groß; er tut groß; er tat groß; er hat großgetan; tu *oder* tue nicht so groß!; sich großtun; er hat sich großgetan

grün

Kleinschreibung:	*Groß schreibt man »grün« in Namen und wenn es nominalisiert ist:*
– er ist mir nicht grün (*umgangssprachlich für:* er kann mich nicht leiden) – grüner Tee – am grünen *oder* Grünen Tisch (ganz theoretisch; bürokratisch) – der *grüne oder* Grüne Star (eine Augenkrankheit) – die grüne *oder* Grüne Welle (durchlaufendes Grün bei Signalanlagen) – der grüne *oder* Grüne Pfeil (Verkehrszeichen, das Rechtsabbiegen auch bei rotem Ampelsignal erlaubt) – ach du grüne Neune (*umgangssprachlich:* Ausruf des Erstaunens)	– die Grüne Insel (Irland) – die Grünen (eine Partei) – die Grüne Woche (Berliner Ausstellung) – das Grüne *oder* grüne Trikot *(Radsport)* – der Grüne *oder* grüne Punkt (Zeichen auf Produkten) – im Grünen wohnen; ins Grüne fahren *Vergleiche auch:* blau

der **Groß|va|ter**

die **Groß|ver|an|stal|tung**

groß|zie|hen (ein Kind oder ein junges Tier so lange ernähren und betreuen, bis es groß ist); du ziehst groß; er zieht groß; er zog groß; er hat drei Töchter großgezogen; zieh *oder* ziehe den Welpen mit der Flasche groß!

groß|zü|gig; eine großzügige Spende

die **Groß|zü|gig|keit**

gro|tesk (wunderlich; überspannt, verzerrt)

die **Gro|tes|ke** (fantastische Erzählung)

die **Grot|te** (Höhle)

grot|ten|schlecht (*umgangssprachlich für:* äußerst schlecht); er hat grottenschlecht gesungen

die **Gru|be**

die **Grü|be|lei**

grü|beln; ich grüb[e]le; du grübelst; sie grübelte; sie hat zu viel gegrübelt; grüble *oder* grübele nicht länger!

der **Grüb|ler;** des Grüblers; die Grübler

die **Grüb|le|rin;** die Grüblerinnen

die **Gruft** (Grabstätte); die Grüf|te

grün *siehe Kasten*

das **Grün** (die grüne Farbe); das erste Grün; bei Grün darf man die Straße überqueren; die Ampel zeigt, steht auf Grün; das ist dasselbe in Grün (*umgangssprachlich für:* das ist [fast] dasselbe); ↑ *auch:* Blau

die **Grün|an|la|ge** *meist Plural*

der **Grund;** des Grunds *oder* Grun|des; die Grün|de; im Grunde; von Grund auf; von Grund aus; aufgrund *oder* auf Grund [dessen, von]; das Schiff läuft auf Grund; im Grunde genommen; ABER: zugrunde *oder* zu Grunde gehen, legen, liegen, richten; der Grund und Boden

das **Grund|ein|kom|men** (Einkommen, das jedem Bürger in gleicher Höhe vom Staat ausgezahlt wird); bedingungsloses Grundeinkommen

grün|den; du gründest; sie gründete; sie hat einen Verein gegründet; gründe eine Bürgerinitiative!; sich auf eine Ansicht gründen (stützen)

der **Grün|der;** des Gründers; die Gründer

die **Grün|de|rin;** die Gründerinnen

die **Grund|form** (Infinitiv)

das **Grund|ge|setz** (*Abkürzung:* GG); Grundgesetz für die Bundesrepublik Deutschland vom 23. Mai 1949

die **Grund|la|ge**

grund|le|gend; ein grundlegender Unterschied

gründ|lich; eine gründliche Reinigung

die **Gründ|lich|keit**

grund|los; grundlose Vorwürfe

der **Grün|don|ners|tag**

das **Grund|recht**

die **Grund|re|gel**

der **Grund|riss**

der **Grund|satz**

grund|sätz|lich
die **Grund|schu|le**
die **Grund|schul|emp|feh|lung**
der **Grund|schü|ler**
die **Grund|schü|le|rin**
der **Grund|stein** (erster Stein der Grundmauer eines Gebäudes); ihr erstes Konzert war der Grundstein (der entscheidende Anfang) für eine große Karriere
das **Grund|stück**
die **Grund|stu|fe** (Positivform des Adjektivs)
die **Grün|dung**
das **Grund|ver|trau|en**
das **Grund|was|ser;** die Grundwasser *oder* Grundwässer
das **Grund|wort** (durch das Bestimmungswort näher bestimmter zweiter Bestandteil einer Zusammensetzung); die Grund|wör|ter
die **Grund|zahl**
grü|nen (grün werden, sein); der Baum grünt; es hat gegrünt
die **Grün|flä|che**
grün|lich; grünlich gelb; ein grünlich gelber Farbton; ein grünliches Gelb
der **Grün|span** (eine Kupferverbindung)
der **Grün|strom** (Ökostrom)
grun|zen; das Schwein grunzt; es grunzte; es hat gegrunzt
die **Grup|pe**
die **Grup|pen|ar|beit**
der **Grup|pen|un|ter|richt**
grup|pen|wei|se; sie verließen gruppenweise das Gelände
grup|pie|ren (in Gruppen [an]ordnen); du gruppierst; sie gruppierte; sie hat die Schüler in einem Halbkreis gruppiert
die **Grup|pie|rung**
der **Grus** (der Kohlenstaub); des Gru|ses; die Gru|se; ↑ ABER: der Gruß
der **Gru|sel|clown** […klaun]
gru|se|lig *oder* **grus|lig** (schaurig, unheimlich); eine gruselige *oder* gruslige Geschichte
sich **gru|seln;** du gruselst dich; er gruselt sich; er gruselte sich; er hat sich gegruselt; grusle *oder* grusele dich nicht!; mir *oder* mich gruselt es vor der Dunkelheit
der **Gruß;** des Gru|ßes; die Grü|ße
grü|ßen; du grüßt; sie grüßte; sie hat ihn gegrüßt; grüß *oder* grüße ihn!; grüß Gott!
das **Gruß|wort;** die Grußworte
die **Grüt|ze;** die rote *oder* Rote Grütze
Gu|a|te|ma|la (Staat und Stadt in Mittelamerika)
der **Gu|a|te|mal|te|ke** (Bewohner von Guatemala); des/dem/den Guatemalteken; die Guatemalteken
die **Gu|a|te|mal|te|kin;** die Guatemaltekinnen
gu|a|te|mal|te|kisch
gu|cken *oder* **ku|cken;** du guckst *oder* kuckst; sie guckte *oder* kuckte; sie hat geguckt *oder* gekuckt; guck[e] *oder* kuck[e] nicht so dumm!; in die Röhre gucken *oder* kucken (*umgangssprachlich für:* leer ausgehen)
das **Guck|loch**
der **Gue|ril|la** [ge'rɪlja] (*kurz für:* Guerillakämpfer); des Guerilla *oder* Guerillas; die Guerillas
die **Gue|ril|la** [ge'rɪlja] (den Guerillakrieg führende Gruppe; *kurz für:* Guerillakrieg); der Guerilla; die Guerillas
das **Gue|ril|la|gärt|nern** (*Jargon:* eigenmächtiges Bepflanzen oder Pflegen von vernachlässigten öffentlichen Grünanlagen o. Ä.)
der **Gue|ril|la|kämp|fer** (Mitglied einer bewaffneten Organisation, die [im eigenen Land] einen Krieg gegen die Regierung oder eine Besatzungsmacht führt)
die **Gue|ril|la|kämp|fe|rin**
der **Gue|ril|la|krieg** (von Guerillakämpfern aus dem Hinterhalt geführter Krieg)
die **Guil|lo|ti|ne** [gɪljo'tiːnə] (Fallbeil); die Guillotinen
Gui|nea [gi'neːa] (Staat in Westafrika)
der **Gui|ne|er** (Einwohner von Guinea); des Guineers; die Guineer
die **Gui|ne|e|rin;** die Guineerinnen
gui|ne|isch (Guinea betreffend)
das **Guin|ness|buch** *oder* **Guin|ness-Buch** ['gɪnɛs…] (*Markenbezeichnung:* ein Buch, das Rekorde verzeichnet)
das *oder* der **Gu|lasch;** des Gulaschs *oder* Gu|la|sches; die Gu|la|sche *oder* Gulaschs
die **Gül|le** (Jauche)

A B C D E F G gül H I J K L M N O P Q R S T U V W X Y Z

gut

bes|ser; am bes|ten

Kleinschreibung:

- einen guten Abend, Morgen wünschen; ABER: *in Verbindung mit dem Wort »sagen«:* guten *oder* Guten Morgen sagen
- auf gut Glück
- gut und gern
- er soll es gut sein lassen

Großschreibung:

- mein Guter
- er hat es ihr im Guten gesagt
- im Guten wie im Bösen (allezeit)
- Gutes und Böses, Gut und Böse unterscheiden können
- etwas hat sein Gutes
- er tut des Guten zu viel
- etwas zum Guten lenken, wenden
- jenseits von Gut und Böse sein

Schreibung in Verbindung mit Verben, Adjektiven und Partizipien:

- er wird mit ihm gut auskommen
- mit dem Kleid sieht sie richtig gut aus; eine gut aussehende *oder* gutaussehende Frau
- er wurde von seinem Chef gut bezahlt; eine gut bezahlte *oder* gutbezahlte Arbeit
- die gut gelaunten *oder* gutgelaunten Gäste
- wir haben es immer gut mit dir gemeint; gut gemeinte *oder* gutgemeinte Ratschläge
- so lässt es sich gut leben
- er will gut sein
- es wird alles [wieder] gut werden

Zusammenschreibung bei übertragener Bedeutung:

- einen Betrag bei jemandem ↑guthaben; ABER: sie soll es bei uns gut haben
- ich werde den Schaden ↑gutmachen (in Ordnung bringen); ABER: das hast du aber gut gemacht!
- dem Verein den Betrag ↑gutschreiben (anrechnen); ABER: sie kann sehr gut schreiben

Vergleiche auch: guttun

Wenn nicht zweifelsfrei zu entscheiden ist, ob eine übertragene Bedeutung vorliegt, kann getrennt oder zusammengeschrieben werden:

- es wird schon gut gehen *oder* gutgehen; ich höre, dass es dir gut geht *oder* gutgeht

G
gül

das **Gül|len|fass**

der, *auch:* das **Gul|ly** [ˈgʊli] (Einlaufschacht für Straßenabwässer); des Gullys; die Gullys

der **Gul|ly|de|ckel**

gül|tig; gültige Stimmen

die **Gül|tig|keit**

der *oder* das **Gum|mi** (elastisches Kautschukprodukt); des Gummis; die Gummi *oder* Gummis; (für Radiergummi nur:) der Gummi; die Gummis

das **Gum|mi|band;** die Gum|mi|bän|der

der *oder* das **Gum|mi|twist** (ein Kinderspiel); des Gummitwist[s]

die **Gunst;** in [jemandes] Gunst stehen; zu seines Freundes Gunsten aussagen; ↑zugunsten

güns|tig; eine günstige Gelegenheit

der **Günst|ling**

die **Gur|gel;** die Gurgeln

gur|geln; du gurgelst; sie gurgelte; sie hat gegurgelt; gurgle *oder* gurgele damit!

die **Gur|ke**

gur|ren; die Taube gurrte; sie hat gegurrt

der **Gurt;** des Gurts *oder* Gur|tes; die Gurte

der **Gür|tel;** des Gürtels; die Gürtel

sich **gür|ten;** du gürtest dich; er gürtete sich; er hat sich gegürtet; gürte dich!

der **Gu|ru** (religiöser Lehrer des Hinduismus); des Gurus; die Gurus

die **GUS** = Gemeinschaft Unabhängiger Staaten (der ehemaligen Sowjetunion)

der **Guss;** des Gus|ses; die Güs|se

das **Guss|ei|sen**
der **Guss|stahl** *oder* **Guss-Stahl**
gut *siehe Kasten*
das **Gut;** des Guts *oder* Gu|tes; die Gü|ter; all sein Hab und Gut (sein ganzer Besitz); ABER: zugute halten, kommen
das **Gut|ach|ten** (Urteil eines Sachverständigen); des Gutachtens; die Gutachten
der **Gut|ach|ter;** des Gutachters; die Gutachter
die **Gut|ach|te|rin;** die Gutachterinnen
gut|ar|tig; ein gutartiges (ungefährliches) Tier; ein gutartiger (ungefährlicher) Tumor
gut|aus|se|hend, gut|be|zahlt ↑gut
das **Gut|dün|ken** (persönliche Einschätzung); des Gutdünkens; er entschied nach [seinem] Gutdünken
die **Gü|te;** sich in Güte einigen
die **Gu|te|nacht|ge|schich|te**
der **Gü|ter|ver|kehr**
der **Gü|ter|zug**
das **Gü|te|sie|gel**
gut|ge|launt, gut|ge|meint ↑gut
gut|ha|ben (eine Geldsumme fordern können); sie hat bei ihm noch 10 Euro gut; sie hat den Betrag noch gutgehabt; ↑ABER: gut
das **Gut|ha|ben**
gut|hei|ßen
gü|tig; ein gütiger Mensch
güt|lich; sich gütlich tun
gut|ma|chen (etwas in Ordnung bringen; einen Vorteil erringen); er hat bei ihr einiges gutzumachen; ↑ABER: gut
gut|mü|tig
der **Gut|schein**
der **Gut|schein|code** *oder* **Gut|schein|kode**
gut|schrei|ben (anrechnen); wir haben ihrem Konto 10 Euro gutgeschrieben; ↑ABER: gut
der **Guts|hof**
gut|tun; die Ferien tun mir gut; haben mir gutgetan
Gu|ya|na [gu'ja:na] (Staat in Südamerika)
der **Gu|ya|ner;** des Guyaners; die Guyaner
die **Gu|ya|ne|rin;** die Guyanerinnen
gu|ya|nisch
die **Gym|na|si|al|emp|feh|lung**
die **Gym|na|si|al|zeit**
der **Gym|na|si|ast** (Schüler eines Gymnasiums); des/dem/den Gym|na|si|as|ten; die Gym|na|si|as|ten
die **Gym|na|si|as|tin;** die Gymnasiastinnen
das **Gym|na|si|um** (eine Form der höheren Schule in Deutschland, Österreich und der Schweiz); die Gym|na|si|en
die **Gym|nas|tik** (Körperschulung)
gym|nas|tisch; gymnastische Übungen
der **Gy|nä|ko|lo|ge** (Frauenarzt); des/dem/den Gynäkologen; die Gynäkologen
die **Gy|nä|ko|lo|gin;** die Gynäkologinnen
der **Gy|ro|ko|p|ter** *oder* **Gy|ro|co|p|ter** [*auch:* 'gy:ro...] (Tragschrauber)
das **Gy|ros** (an einem Drehspieß gebratenes Fleisch); des Gyros
die **G-8-Klas|se,** *amtssprachlich:* **G8-Klas|se** (Schulklasse, die eine von neun auf acht Jahre verkürzte Gymnasialzeit durchläuft)
der **G-7-Staat** *oder* **G7-Staat** [ge:'zi:bn̩...] (Staat der Vereinigung der sieben wichtigsten westlichen Wirtschaftsnationen) *meist Plural*
der **G-8-Staat** *oder* **G8-Staat** [ge:'ʔaxt...] (G-7-Staat, mit Russland) *meist Plural*
der **G-20-Staat** *oder* **G20-Staat** [ge:'tsvantsɪç...] (Staat einer Gruppe von zwanzig wirtschaftlich starken Staaten) *meist Plural*

H

das **H** (Buchstabe); des H; die H; ABER: das h in Bahn; das H-Dur; ABER: das h-Moll (Tonarten)
ha = Hektar
das **Haar;** des Haars *oder* Haa|res; die Haare; *Verkleinerungsformen:* das Här|chen *oder* Här|lein
haa|ren; du haarst; die Katze haarte; sie hat gehaart
die **Haa|res|brei|te;** *nur in:* um Haaresbreite
haa|rig ([stark, dicht] behaart); haarige Beine
haar|scharf

die **Haar|spal|te|rei** (Spitzfindigkeit)
die **Haar|spü|lung**
haar|sträu|bend (unglaublich; grauenhaft); haarsträubende Erlebnisse
der **Haar|wuchs**
die **Ha|be** (Besitz); das Hab und Gut
ha|ben; du hast; sie hat; sie hatte; sie hat gehabt; hab *oder* habe Geduld!; Gott hab ihn selig!; hab dich nicht so! (*umgangssprachlich für:* stell dich nicht so an!)
der **Ha|be|nichts;** des Habenichts *oder* Ha|be|nicht|ses; die Ha|be|nicht|se
die **Hab|gier**
hab|gie|rig
der **Ha|bicht** (ein Greifvogel); des Habichts; die Ha|bich|te
die **Hab|se|lig|kei|ten** *Plural*
die **Hab|sucht**
hab|süch|tig
die **Hach|se** *oder* **Ha|xe** (unterer Teil des Beines von Kalb oder Schwein); die Hachsen *oder* Haxen
der **Ha|cka|thon** ['hɛ...] (*EDV:* Workshop, Wettbewerb von Programmierer/-innen); des Hackathon *oder* Hackathons; die Hackathons
der **Hack|bra|ten**
die **Ha|cke** *oder* der **Ha|cken** (Ferse); der Hacke *oder* des Hackens; die Hacken
die **Ha|cke** (ein Werkzeug); die Hacken
ha|cken (hauen; mit dem Beil spalten); du hackst; sie hackte; er hat Zwiebeln gehackt; hack *oder* hacke das Holz nicht zu klein!
ha|cken ['hɛkn̩] (sich als Hacker/-in betätigen)
der **Ha|cken|trick** (*Fußball:* Spielen des Balls mit der Hacke)
der **Ha|cker** ['hɛkɐ] (jemand, der mit seinem Computer in fremde Computersysteme eindringt); des Hackers; die Hacker
der **Ha|cker|an|griff** ['hɛkɐ...]
die **Ha|cke|rin;** die Hackerinnen
das **Hack|fleisch**
das *oder* der **Häck|sel** (Schnittstroh); des Häcksels
der **Ha|der** (Zank, Streit); des Haders
ha|dern (unzufrieden sein; streiten); du haderst; er hat mit ihm gehadert; hadere nicht mit deinem Schicksal!

der **Ha|fen** (Anker- und Liegeplatz für Schiffe); des Hafens; die Häfen
die **Ha|fen|stadt**
der **Ha|fer;** des Hafers
die **Ha|fer|flo|cken** *Plural*
das **Haff** (durch Landzungen vom Meer abgetrennte Küstenbucht); des Haffs *oder* Haf|fes; die Haffs *oder* Haf|fe; das Frische Haff; das Kurische Haff
die **Haft** (Gefängnis[strafe]); jemanden in Haft nehmen
die **Haft|an|stalt**
der **Haft|be|fehl**
haf|ten; du haftest; er hat für den Schaden gehaftet (Ersatz geleistet); das Etikett haftete (klebte) schlecht; der Dreck soll nicht an den Schuhen haften bleiben (festkleben); ABER: die Erinnerung wird haften bleiben *oder* haftenbleiben
haf|ten|blei|ben ↑ haften
der **Häft|ling;** des Häftlings; die Häft|lin|ge
die **Haft|pflicht**
die **Haft|stra|fe**
die **Haf|tung**
die **Ha|ge|but|te**
der **Ha|ge|but|ten|tee**
der **Ha|gel;** des Hagels
das **Ha|gel|korn**
ha|geln; es hagelte; es hat stark gehagelt
ha|ger (mager); ein hagerer Mann
ha|ha!
der **Hä|her** (ein Rabenvogel); des Hähers; die Häher
der **Hahn;** des Hahns *oder* Hah|nes; die Häh|ne; *Verkleinerungsform:* das Hähnchen
der **Hai** (ein Raubfisch); des Hais *oder* Haies; die Haie
der **Hai|fisch**
der **Hain** (*dichterisch für:* Wäldchen); des Hains *oder* Hai|nes; die Hai|ne
Ha|i|ti (Staat in Mittelamerika)
der **Ha|i|ti|a|ner;** des Haitianers; die Haitianer
die **Ha|i|ti|a|ne|rin;** die Haitianerinnen
ha|i|ti|a|nisch
hä|keln; ich häk[e]le; du häkelst; sie häkelte; sie hat eine Decke gehäkelt; häkle *oder* häkele eine Spitze!
ha|ken (einhängen; klemmen); du

halb

1. Groß- und Kleinschreibung:

Kleinschreibung:

- der Zeiger steht auf halb
- es ist, es schlägt halb eins
- alle (*besser:* jede) halbe Stunde; eine viertel und eine halbe Stunde; eine halbe und eine Dreiviertelstunde
- ein halb[es] Dutzend
- ein halbes Dutzend Mal; ein halbes Hundert Mal

Großschreibung der Nominalisierung:

- ein Halbes (Glas)
- das ist nichts Halbes und nichts Ganzes

2. Getrennt- und Zusammenschreibung:

Schreibung in Verbindung mit Adjektiven:

- eine halb offene *oder* halboffene Tür
- eine halb volle *oder* halbvolle Tüte
- halb gares *oder* halbgares Fleisch essen
- an der Kreuzung fahren Sie halb rechts *oder* halbrechts
- er spielt halb links *oder* halblinks, in halb linker *oder* halblinker Position *(Fußball)*

Getrenntschreibung gilt, wenn »halb« die Bedeutung »teils« hat:

- die Formen waren halb rund, halb eckig; ↑halbrund
- sie machte ein halb freundliches, halb ernstes Gesicht

Zusammenschreibung gilt, wenn »halb« als bedeutungsabschwächender Zusatz aufgefasst wird:

- ein halbhoher (nicht sehr hoher) Zaun
- halbbittere (nicht sehr bittere) Schokolade

hakst; sie hakte; er hat gehakt; hak *oder* hake das an den Ranzen!; den Schlüssel ans Brett haken; es hakt mit der Rechtschreibung

der **Ha|ken;** des Hakens; die Haken; mit Haken und Ösen (mit allen Mitteln)

ha|ken|för|mig

das **Ha|ken|kreuz** (Symbol des Nationalsozialismus)

halb *siehe Kasten*

halb|amt|lich (nicht sicher verbürgt); eine halbamtliche Mitteilung; ABER: die Mitteilung war halb (teils) amtlich, halb (teils) persönlich

halb|dun|kel; der halbdunkle Flur; ABER: der Flur war halb (teils) dunkel, halb (teils) hell

das **Halb|dun|kel;** des Halbdunkels; der Flur lag im Halbdunkel

das **Halb|fi|na|le** *(Sport)*

halb|gar ↑halb

halb|her|zig; ein halbherziger Versuch

halb|hoch; ein halbhoher (nicht sehr hoher) Zaun

hal|bie|ren; du halbierst; sie hat die Torte halbiert; halbier *oder* halbiere den Apfel!

die **Hal|bie|rung**

die **Halb|in|sel**

das **Halb|jahr**

halb|jäh|rig (ein halbes Jahr alt; ein halbes Jahr dauernd)

! Zusammensetzungen mit *-jährig* geben das Alter oder eine Zeitdauer an: *ein halbjähriges, einjähriges* (ein halbes, ganzes Jahr altes) *Kind; ein halbjähriger, einjähriger* (ein halbes, ganzes Jahr dauernder) *Aufenthalt.* Zusammensetzungen mit *-jährlich* dagegen geben eine Zeitspanne an, nach deren Ablauf sich etwas wiederholt: *eine halbjährliche Bezahlung* (alle halben Jahre), *die alljährliche* (alle Jahre wiederkehrende) *Verleihung des Preises.*

halb|jähr|lich (alle halben Jahre); ↑*auch:* halbjährig

der **Halb|kreis**

die **Halb|ku|gel**

der **Halb|lei|ter** (*Elektrotechnik:* Stoff, der bei Zimmertemperatur den Strom leitet); des Halbleiters

halb|links ↑halb

halb|mast (als Zeichen der Trauer);

halbmast flaggen; die Fahnen auf halbmast setzen

der **Halb|mes|ser** (Radius); des Halbmessers; die Halbmesser

der **Halb|mond**

halb|of|fen ↑halb

halb|rechts ↑halb

halb|rund (in der Form eines Halbkreises); ein halbrunder Tisch; ABER: die Formen waren halb (teils) rund, halb (teils) eckig

halb|sei|tig; halbseitige Kopfschmerzen

halb|stün|dig (eine halbe Stunde dauernd); ↑halbjährig

halb|stünd|lich (jede halbe Stunde); der Zug fährt halbstündlich; ↑*auch:* halbstündig

halb|tags

der **Halb|ton** (kleinstes Intervall)

halb|voll ↑halb

halb|wegs

die **Halb|zeit** *(Sport)*

der **Halb|zeit|stand** *(Sport)*

die **Hal|de** (Bergabhang; Aufschüttung)

das **Half|bike** [ˈhaːfbaɪ̯k] (dreirädriges Fahrrad ohne Sattel)

die **Half|pipe** [ˈhaːfpaɪ̯p] (halbkreisförmige Röhre, in der Kunststücke mit Skateboard oder Snowboard ausgeführt werden können); der Halfpipe; die Halfpipes

die **Hälf|te;** die Hälften; meine bessere Hälfte (*scherzhaft für:* meine Ehefrau, mein Ehemann)

das *oder* der **Half|ter** (Zaum ohne Gebiss); des Halfters; die Halfter

die **Hal|le**

hal|le|lu|ja!

das **Hal|le|lu|ja** (Freudengesang im Gottesdienst); das Halleluja singen

hal|len (schallen); seine Stimme hallte; sie hat gehallt

das **Hal|len|bad**

der **Hal|len|fuß|ball**

die **Hal|lig** (kleine nordfriesische Insel im Wattenmeer); die Hal|li|gen

hal|li|hal|lo! *(umgangssprachlich)*

hal|lo! [*auch:* haˈloː]

das **Hal|lo;** des Hallos; die Hallos; mit großem Hallo; Hallo *oder* hallo rufen

das **Hal|lo|w|een** [hæloʊ̯ˈiːn] ([besonders in den USA gefeierter] Tag vor Allerheiligen); des Halloween *oder* Halloweens; die Halloweens

die **Hal|lu|zi|na|ti|on** (Sinnestäuschung)

der **Halm;** des Halms *oder* Hal|mes; die Halme

das **Hal|ma** (ein Brettspiel); des Halmas

das **Ha|lo|gen** (ein chemisches Element); des Halogens; die Ha|lo|ge|ne

die **Ha|lo|gen|lam|pe**

der **Ha|lo|gen|schein|wer|fer** (sehr heller Scheinwerfer für Kraftfahrzeuge)

der **Hals;** des Hal|ses; die Häl|se; Hals über Kopf; Hals- und Beinbruch

der **Hals-Na|sen-Oh|ren-Arzt** (*Abkürzung:* HNO-Arzt)

die **Hals-Na|sen-Oh|ren-Ärz|tin** (*Abkürzung:* HNO-Ärztin)

hals|star|rig (stur, unnachgiebig)

das **Hals|weh** *(umgangssprachlich)*

der **Halt;** des Halts *oder* Hal|tes; die Hal|te *oder* die Halts; [laut] Halt *oder* halt rufen; keinen Halt haben; Halt gebieten; Halt finden; Halt machen *oder* haltmachen; er macht Halt *oder* halt; er hat Halt gemacht *oder* haltgemacht; er beschloss[,] bald Halt zu machen *oder* haltzumachen

halt (eben, wohl, ja, schon); das ist halt so

halt!; Halt! Wer da?

halt|bar; haltbare Milch

die **Halt|bar|keit**

hal|ten; du hältst; er hält; er hielt; er hat die Tasche gehalten; halt *oder* halte die Tasche!; sie hat mühsam an sich gehalten (sie hat sich mühsam beherrscht)

der **Hal|ter;** des Halters; die Halter

die **Hal|te|rung** (Haltevorrichtung)

die **Hal|te|stel|le**

das **Hal|te|ver|bot**

halt|los (grundlos); haltlose Vorwürfe

halt|ma|chen ↑Halt

die **Hal|tung**

der **Ha|lun|ke** (Schuft); des Halunken; die Halunken

der **Ha|mam** (türkisches Bad); des Hamam *oder* Hamams; die Hamams

die **Ha|mas** (radikale islamistische Widerstandsbewegung in Palästina); der Hamas

Ham|burg (Hafenstadt und Bundesland in Norddeutschland)

H
hal

der **Ham|bur|ger;** des Hamburgers; die Hamburger

der **Ham|bur|ger** [*auch:* 'hɛmbœːɐ̯gɐ] (Brötchen mit gebratenem Rinderhackfleisch); des Hamburgers; die Hamburger, *bei englischer Aussprache auch:* Hamburgers

die **Ham|bur|ge|rin;** die Hamburgerinnen

ham|bur|gisch

die **Hä|me** (Gehässigkeit); der Häme

hä|misch (schadenfroh; boshaft); ein hämisches Grinsen

Ham|let (Dänenprinz der Sage)

der **Ham|mel;** des Hammels; die Hammel

der **Ham|mer;** des Hammers; die Hämmer

häm|mern; du hämmerst; sie hämmerte; sie hat gehämmert; hämmere nicht so laut!

der **Ham|pel|mann;** die Ham|pel|män|ner

ham|peln (*umgangssprachlich für:* zappeln); du hampelst; sie hampelte; er hat gehampelt; hample *oder* hampele nicht so!

der **Hams|ter** (ein Nagetier); des Hamsters; die Hamster

hams|tern (einen übergroßen Vorrat anlegen); ich hamstere; du hamsterst; sie hamsterte; er hat gehamstert

das **Hams|ter|rad**

die **Hand;** die Hän|de; Hand anlegen; linker Hand (links) liegt der Fluss, rechter Hand (rechts) das Schloss; freie Hand haben; etwas von langer Hand (lange) vorbereiten; etwas an, bei der Hand haben; Hand in Hand arbeiten; zur Hand (zur Stelle) sein; zur Hand gehen (helfen); etwas unter der Hand (im Stillen) regeln; anhand des Buches, anhand von Unterlagen; abhandenkommen; allerhand; kurzerhand; vorderhand; sie hatte die eine Hand voll Kirschen; sie aß eine Hand voll *oder* Handvoll Kirschen; das Regal ist eine Hand breit; eine Hand breit *oder* Handbreit Stoff; ↑ ABER: handbreit

die **Hand|ar|beit**

der **Hand|ar|beits|un|ter|richt**

der **Hand|ball**

die **Hand|be|we|gung**

das **Hand|bike** ['hɛnt..., *auch:* 'hant...] (mit den Armen angetriebenes dreirädriges Fahrrad oder Zusatzgerät für Rollstühle)

hand|breit; ein handbreiter Saum; der Saum ist handbreit; ABER: der Saum ist eine Hand breit

die **Hand|breit** ↑ Hand

die **Hand|brem|se**

das **Hand|buch** (Anleitung, Gebrauchsanweisung)

der **Han|del** (Kauf und Verkauf von Waren); des Handels; Handel treiben; ein Handel treibendes *oder* handeltreibendes Volk

die **Hän|del** (*veraltend für:* Streit) *Plural;* Händel suchen; Händel haben; sich in Händel einlassen

han|deln; du handelst; sie handelte; sie hat gehandelt; handle *oder* handele richtig!

han|deln ['hɛndl̩n] (*umgangssprachlich für:* handhaben, gebrauchen); ich hand[e]le; du handelst; er handelte; er hat die Sache geschickt gehandelt; handle *oder* handele sofort!

han|del|trei|bend ↑ Handel

hän|de|rin|gend (verzweifelt); er bat sie händeringend

hand|fest; handfeste (große) Vorteile

die **Hand|flä|che**

hand|ge|schrie|ben; ein handgeschriebener Lebenslauf

hand|greif|lich; ein handgreiflicher Streit

der **Hand|griff**

hand|ha|ben; du handhabst; sie handhabte; er hat den Fall unkompliziert gehandhabt; das ist schwer zu handhaben

die **Hand|ha|bung**

der *oder* das **Hand|held** ['hɛnthɛlt] (Taschencomputer); des Handhelds; die Handhelds

das **Han|di|cap** ['hɛndikɛp] *oder* **Han|di|kap** (Behinderung; Nachteil); des Handicaps *oder* Handikaps; die Handicaps *oder* Handikaps

han|di|ca|pen ['hɛndikɛpn̩], **han|di|ka|pen;** er war durch seine Verletzung gehandicapt *oder* gehandikapt

der **Händ|ler;** des Händlers; die Händler

die **Händ|le|rin;** die Händlerinnen

hand|lich; ein handliches Format

die **Hand|lung**

der **Hand|lungs|be|darf** (Notwendigkeit,

zu handeln); es besteht Handlungsbedarf

hand|lungs|fä|hig; eine handlungsfähige Regierung

die **Hand|lungs|fä|hig|keit**

der **Hand|lungs|spiel|raum**

die **Hand|lungs|wei|se**

der **Hand|mi|xer** (Küchengerät)

das **Hand|out** *oder* **Hand-out** [ˈhɛntʔaʊ̯t] (Informationsunterlage); des Handouts *oder* Hand-outs; die Handouts *oder* Hand-outs

die **Hand|schel|le;** jemandem Handschellen anlegen

der **Hand|schlag;** keinen Handschlag tun

die **Hand|schrift**

hand|schrift|lich

der **Hand|schuh**

der **Hand|stand**

der **Hand|staub|sau|ger**

die **Hand|ta|sche**

das **Hand|tuch**

das **Hand|um|dre|hen;** *nur in:* im Handumdrehen (schnell und mühelos); die Arbeit war im Handumdrehen erledigt

die **Hand|voll** ↑Hand

das **Hand|werk**

der **Hand|wer|ker;** des Handwerkers; die Handwerker

die **Hand|wer|ke|rin;** die Handwerkerinnen

hand|werk|lich; handwerkliches Geschick

die **Hand|werks|kam|mer**

das **Han|dy** [ˈhɛndi] (handliches schnurloses Funktelefon); des Handys; die Handys

die **Han|dy|app** [...ʔɛp]

die **Han|dy|da|ten** *Plural*

das **Han|dy|dis|play** (Vorrichtung zur Anzeige von Daten, Signalen usw. auf Handys)

der **Han|dy|emp|fang**

der **Han|dy|ta|rif**

das **Han|dy|vi|deo**

ha|ne|bü|chen (*veraltend für:* unverschämt, unerhört); das ist hanebüchener Unsinn!

der **Hanf** (eine Faserpflanze); des Hanfs *oder* Han|fes

der **Hänf|ling** (eine Finkenart; Mensch mit schwächlichem Körperbau); des Hänflings; die Hänf|lin|ge

der **Hang;** des Hangs *oder* Han|ges; die Hän|ge

die **Hän|ge|mat|te**

hän|gen; das Bild hängt; das Bild hing an der Wand; das Bild hat hier gehangen; mit Hängen und Würgen (*umgangssprachlich für:* mit Müh und Not); das Bild soll da hängen bleiben; an einem Nagel hängen bleiben *oder* hängenbleiben; von dem Vortrag war bei ihm nicht viel hängen geblieben *oder* hängengeblieben (im Gedächtnis geblieben); ich werde meinen Freund nicht hängen lassen *oder* hängenlassen (*umgangssprachlich für:* im Stich lassen); der Kunde hat seinen Hut hängen lassen

> **!** *hängen* wird regelmäßig gebeugt, wenn ein Akkusativobjekt folgt: »Sie hängte (was?) das Bild an die Wand / hat das Bild an die Wand gehängt.« Fehlt das Akkusativobjekt, wird *hängen* unregelmäßig gebeugt: »Das Bild hing an der Wand / hat an der Wand gehangen.«

hän|gen; du hängst; sie hängte die Wäsche an die Leine; er hat das Bild an die Wand gehängt; häng *oder* hänge es an die Wand!

Han|no|ver (Hauptstadt von Niedersachsen)

Ha|noi (Hauptstadt Vietnams)

die **Han|se** (mittelalterlicher Städtebund in Norddeutschland)

der **Han|se|at** (Bewohner einer Hansestadt); des/dem/den Han|se|a|ten; die Han|se|a|ten

die **Han|se|a|tin;** die Hanseatinnen

han|se|a|tisch

hän|seln (ärgern); du hänselst ihn; er hat ihn gehänselt; hänsle *oder* hänsele ihn nicht!

die **Han|se|stadt**

die **Han|tel** (ein Sportgerät); die Hanteln

han|tie|ren (einen Gegenstand benutzen; mit etwas umgehen); du hantierst; er hat mit der Axt hantiert; hantier *oder* hantiere nicht damit!

ha|pern (fehlen; um etwas schlecht bestellt sein); es hapert am Geld; es hat mit seinem Wissen gehapert

das **Häpp|chen;** des Häppchens; die Häppchen
der **Hap|pen;** des Happens; die Happen
das **Hap|pe|ning** ['hɛpənɪŋ] (Veranstaltung, bei der durch Aktionen ein künstlerisches Erlebnis vermittelt werden soll); des Happenings; die Happenings
hap|pig (*umgangssprachlich für:* zu stark, übertrieben); happige Preise
hap|py ['hɛpi] (*umgangssprachlich für:* glücklich, zufrieden)
das **Hap|py End** ['hɛpi 'ɛnt] *oder* **Hap|py-end** ['hɛpiʔɛnt] (glücklicher Ausgang); des Happy Ends *oder* Happyends; die Happy Ends *oder* Happyends
das **Här|chen** (kurzes, feines Haar)
das **Hard|co|ver** ['ha:ɐ̯tkavɐ] (Buch mit festem Einband); des Hardcovers; die Hardcovers
der **Hard|li|ner** ['ha:ɐ̯tlai̯nɐ] (Vertreter eines harten Kurses); des Hardliners; die Hardliner
die **Hard|li|ne|rin;** die Hardlinerinnen
der **Hard|rock** *oder* **Hard Rock** ['ha:ɐ̯trɔk] (Stilrichtung der Rockmusik); des Hardrock[s] *oder* Hard Rock[s]
die **Hard|ware** ['ha:ɐ̯twɛ:ɐ̯] (*EDV:* fest installierte Technik bei Datenverarbeitungsanlagen); die Hardwares; ↑Software
der **Ha|rem** (von Frauen bewohnter Teil des islamischen Hauses; die dort wohnenden Frauen); des Harems; die Harems
die **Har|fe**
das **Har|fen|spiel**
die **Har|ke** (*norddeutsch für:* Rechen); die Harken
har|ken (rechen); du harkst; sie harkte; er hat den Rasen geharkt; harke den Kiesweg!
harm|los
die **Harm|lo|sig|keit**
die **Har|mo|nie** (Einklang; Eintracht); die Har|mo|ni|en
har|mo|nie|ren (gut zusammenklingen, zusammenpassen); du harmonierst; es harmonierte; das hat harmoniert
die **Har|mo|ni|ka** (ein Musikinstrument); die Harmonikas *oder* Harmoniken
har|mo|nisch
har|mo|ni|sie|ren (in Einklang bringen)
die **Har|mo|ni|sie|rung**
das **Har|mo|ni|um** (ein Musikinstrument); des Harmoniums; die Har|mo|ni|en
der **Harn;** des Harns *oder* Har|nes; die Harne
die **Harn|bla|se**
der **Har|nisch** (Brustpanzer); des Harnischs *oder* Har|ni|sches; die Har|ni|sche; er hat ihn in Harnisch (Wut) gebracht
harn|trei|bend; harntreibender Tee
die **Har|pu|ne** (Wurfspeer oder pfeilartiges Geschoss zum [Wal]fischfang)
har|ren (warten); du harrst; er harrte; er hat auf das Ende geharrt; harre der Dinge, die da kommen sollen!
harsch (unfreundlich); har|scher; am har|sches|ten
hart; här|ter; am här|tes|ten; eine harte Währung; es kommt hart auf hart; hart gekochte *oder* hartgekochte Eier; hart gefrorener *oder* hartgefrorener Boden
die **Här|te**
der **Här|te|fall**
här|ten; du härtest; sie härtet; sie härtete; er hat den Stahl gehärtet; härte ihn!
der **Här|te|test** (Test auf Belastbarkeit); Autoreifen im Härtetest
hart|ge|fro|ren, hart|ge|kocht ↑hart
das **Hart|geld** (Münzen)
hart|her|zig
die **Hart|her|zig|keit**
das **Hart|holz**
hart|nä|ckig
die **Hart|nä|ckig|keit**
das **Hartz** (Programm zur Reform des Arbeitsmarktes); Hartz IV (dessen vierte Stufe)
Hartz IV (staatliche Leistung zur Sicherung des Existenzminimums); er lebt von Hartz IV; sie hat Hartz IV beantragt
der **Hartz-IV-Emp|fän|ger** (jemand, der auf der Grundlage der Hartz-IV-Reform Arbeitslosengeld bekommt)
die **Hartz-IV-Emp|fän|ge|rin**
das **Harz** (klebrige Absonderung aus dem Holz von Nadelbäumen); des Har|zes; die Har|ze
der **Harz** (ein Gebirge); des Har|zes
har|zig; harziges Holz
das **Hasch** (Haschisch); des Haschs
ha|schen (fangen); du haschst; er

haschte; sie hat gehascht; hasch *oder* hasche mich!

das, *auch:* der **Ha|schisch** (eine Droge); des Haschisch *oder* Haschischs

der **Ha|se;** des/dem/den Hasen; die Hasen; *Verkleinerungsform:* das Häs|chen; falscher Hase (ein Hackbraten); er ist ein alter Hase (er hat sehr viel Erfahrung)

die **Ha|sel** (ein Strauch); die Haseln

die **Ha|sel|maus** (ein Nagetier)

die **Ha|sel|nuss**

der **Ha|sel|nuss|strauch** *oder* **Ha|sel-nuss-Strauch**

das *oder* der **Hash|tag** ['hɛʃtɛk] (*EDV:* mit dem Zeichen # markiertes Schlagwort); des Hashtags; die Hashtags

die **Hä|sin;** die Häsinnen

die **Has|pel** (Garn-, Seilwinde); die Haspeln

has|peln; du haspelst; er haspelte; er hat das Garn gehaspelt

der **Hass;** des Has|ses

die **Hass|bot|schaft** (von Hass geprägte Meinungsäußerung)

has|sen; du hasst; er hasst; er hasste; sie hat ihn gehasst; hasse nicht!

hass|er|füllt; ein hasserfüllter Blick

der **Hass|kom|men|tar**

die **Hass|kri|mi|na|li|tät** *(Rechtssprache)*

häss|lich

der **Hass|pre|di|ger**

die **Hass|pre|di|ge|rin**

die **Hass|pre|digt**

die **Hast** (Eile)

has|ten; du hastest; sie hastete; er ist zum Bahnhof gehastet; haste nicht so!

has|tig

ha|ten ['hɛɪ̯...] (*Jugendsprache:* sich [in sozialen Netzwerken] hasserfüllt äußern); du hatest; er hatete; sie hat gehatet

die, *seltener:* der **Hate|speech** [...spiːtʃ] (Hassrede); der, *seltener:* des Hatespeech; die Hate|spee|ches [...ɪs] *Plural selten*

hät|scheln (liebevoll pflegen; verzärteln); ich hätsch[e]le sie; du hätschelst ihn; er hätschelte ihn; er hat ihn gehätschelt

der **Hat|trick** ['hɛtrɪk] (*Fußball:* dreimaliger Torerfolg hintereinander in einer Halbzeit durch denselben Spieler); des Hattricks, die Hattricks

die **Hau|be**

der **Hauch**

hauch|dünn

hau|chen; du hauchst; sie hauchte; sie hat an die gefrorenen Fensterscheiben gehaucht; hauch *oder* hauche gegen die Scheibe!

die **Haue** (*umgangssprachlich für:* Schläge); Haue kriegen

hau|en; du haust ihn; er haute ihn; er hat ihn gehauen; sie hat Holz gehauen; er hat ihm ins Gesicht gehauen; er hat sie übers Ohr gehauen (betrogen)

der **Hau|er** (Bergmann; Eckzahn des Keilers); des Hauers; die Hauer

häu|fen; er hat Kekse auf den Teller gehäuft; sich häufen; die Beweise haben sich gehäuft

der **Hau|fen;** des Haufens; die Haufen

hau|fen|wei|se

die **Hau|fen|wol|ke**

häu|fig

die **Häu|fig|keit**

die **Häu|fung**

das **Haupt;** des Haupts *oder* Haup|tes; die Häup|ter

haupt|amt|lich

die **Haupt|auf|ga|be**

der **Haupt|bahn|hof** (*Abkürzung:* Hbf)

haupt|be|ruf|lich

der **Haupt|dar|stel|ler**

die **Haupt|dar|stel|le|rin**

der **Haupt|ein|gang**

das **Haupt|fach**

die **Haupt|fi|gur**

der **Häupt|ling;** des Häuptlings; die Häuptlin|ge

der **Haupt|mann;** die Hauptleute

das **Haupt|quar|tier**

die **Haupt|rol|le**

die **Haupt|sa|che**

haupt|säch|lich

der **Haupt|schul|ab|schluss**

die **Haupt|schu|le**

der **Haupt|schü|ler**

die **Haupt|schü|le|rin**

die **Haupt|stadt**

der **Haupt|teil**

das **Haupt|wort** (Nomen); die Hauptwörter

hau ruck!

das **Haus;** des Hau|ses; die Häu|ser; *Verkleinerungsform:* das Häus|chen; außer

Haus sein; im Haus[e] sein; nach Haus[e] *oder* nachhaus[e] fahren; sich wie zu Haus[e] *oder* zuhaus[e] fühlen; ↑ABER: Zuhause; von Haus[e] aus; von Haus zu Haus gehen; Haus halten *oder* haushalten (sparsam wirtschaften); er hält Haus *oder* er haushaltet; er hielt Haus *oder* er haushaltete; er hat Haus gehalten *oder* gehaushaltet; er schafft es nicht, mit den Vorräten Haus zu halten *oder* zu haushalten

der **Haus|ar|rest**

der **Haus|arzt** (Arzt, den man bei Krankheit als Erstes besucht)

die **Haus|ärz|tin**

die **Haus|arzt|pra|xis**

die **Haus|auf|ga|be;** seine Hausaufgaben gemacht haben

die **Haus|auf|ga|ben|be|treu|ung**

das **Haus|auf|ga|ben|heft**

der **Haus|be|set|zer;** des Hausbesetzers; die Hausbesetzer

die **Haus|be|set|ze|rin;** die Hausbesetzerinnen

der **Haus|be|sit|zer**

die **Haus|be|sit|ze|rin**

hau|sen; du haust; sie haust; er hat in einer kleinen Dachwohnung gehaust

die **Haus|frau**

haus|ge|macht

der **Haus|halt;** des Haushalts *oder* Haus|hal|tes; die Haus|hal|te

haus|hal|ten ↑Haus

die **Haus|halt[s]|hil|fe**

das **Haus|halts|loch**

der **Haus|halt[s]|rei|ni|ger**

die **Haus|halt[s]|wa|ren** *Plural*

haus|hoch; haushohe Wellen; haushoch gewinnen, verlieren

hau|sie|ren (*veraltend für:* Waren von Haus zu Haus anbieten); er hat mit Teppichen hausiert

der **Hau|sie|rer;** des Hausierers; die Hausierer

die **Hau|sie|re|rin;** die Hausiererinnen

häus|lich; häusliche Pflichten

der **Haus|mann**

der **Haus|meis|ter**

der **Haus|meis|ter|dienst**

die **Haus|meis|te|rin**

der **Haus|not|ruf**

die **Haus|ord|nung**

der **Haus|schuh**

das **Haus|tier**

der **Haus|un|ter|richt**

die **Haut;** die Häu|te; aus der Haut fahren (wütend werden); ABER: das ist ja zum Aus-der-Haut-Fahren

häu|ten; du häutest; sie häutete; er hat das Tier gehäutet; häute es!; sich häuten; die Schlange hat sich gehäutet

haut|eng (sehr eng); hautenge Jeans

die **Haut|far|be**

haut|nah; etwas hautnah miterleben

die **Häu|tung**

Ha|va|na (Hauptstadt Kubas)

die **Ha|va|rie** (Seeschaden, den Schiff oder Ladung erleidet; *auch:* Bruch, Unfall); die Ha|va|ri|en

Ha|waii (Hauptinsel der Hawaii-Inseln im Pazifischen Ozean; Staat der USA)

die **Ha|waii|gi|tar|re**

die **Ha|waii-In|seln** *oder* **Ha|waii|in|seln** (Inselgruppe im Pazifischen Ozean, die den Staat Hawaii bildet) *Plural*

die **Ha|xe** *vergleiche:* **Hach|se**

Haydn (österreichischer Komponist)

Hbf. = Hauptbahnhof

das **HD** [haːˈdeː] (*Fernsehtechnik:* hohe Bildauflösung, -qualität); des HD *oder* HDs *(meist ohne Artikel)*

das **HDMI** [haːdeːɛmˈʔiː] (Schnittstelle für digitale Bild- und Tonübertragung); des HDMI[s] *(meist ohne Artikel)*

he! (Ausruf)

das **Head|set** [ˈhɛtzɛt] (eine am Kopf getragene Kombination von Mikrofon und Kopfhörer); des Headset *oder* Headsets; die Headsets

das **Head-up-Dis|play** [ˈhɛtʔap...] (Anzeige in einem Fahrzeug, die Informationen in das Sichtfeld der steuernden Person projiziert)

das **Hea|ring** [ˈhiːrɪŋ] ([öffentliche] Anhörung); des Hearing *oder* Hearings; die Hearings

das **Hea|vy Me|tal** [ˈhɛvi ˈmɛtl̩] (Stilrichtung der Rockmusik); des Heavy Metal[s]

die **Heb|am|me**

der **He|bel;** des Hebels; die Hebel

das **He|bel|pro|dukt** (*Wirtschaft, Börsenwesen:* risikoreiches Spekulationspapier)

he|ben; du hebst; sie hebt; sie hob; sie

hat den Stein gehoben; heb *oder* hebe diesen Stein!

der **He|ber;** des Hebers; die Heber

he|cheln; ich hech[e]le; du hechelst; er hechelte; der Hund hat gehechelt

der **Hecht;** des Hechts *oder* Hech|tes; die Hech|te

die **Hecht|rol|le** (Turnübung)

der **Hecht|sprung**

das **Heck** (hinterer Teil des Schiffes oder des Autos); des Hecks *oder* He|ckes; die He-cke *oder* Hecks

der **Heck|an|trieb**

die **He|cke** (Umzäunung aus Sträuchern)

die **He|cken|ro|se**

der **Hedge|fonds** *oder* **Hedge-Fonds** ['hɛdʒfɔ̃ː] (*Wirtschaft:* Geldanlage mit hohem Risiko)

das **Heer;** des Heers *oder* Hee|res; die Hee|re

die **Heer|stra|ße**

die **He|fe**

das **Heft;** des Hefts *oder* Hef|tes; die Hef|te

hef|ten; du heftest; sie heftete; sie hat die Akten geheftet; heft *oder* hefte die Seiten!

hef|tig (ungestüm; scharf; stark)

das **Heft|pflas|ter**

die **He|ge** (Pflege, Schutz des Wildes); Hege und Pflege

he|gen; du hegst; er hegte; sie hat lange diesen Wunsch gehegt; heg *oder* hege keine großen Hoffnungen!

das *oder* der **Hehl;** des Hehls *oder* Heh|les; keinen, *auch:* kein Hehl daraus machen (nicht verheimlichen)

der **Heh|ler** (Verkäufer von Diebesgut); des Hehlers; die Hehler

die **Heh|le|rei**

die **Heh|le|rin;** die Hehlerinnen

hehr (erhaben; heilig)

hei! (Ausruf)

der **Hei|de** (jemand, der nicht an Gott glaubt); des/dem/den Heiden; die Hei-den

die **Hei|de**

das **Hei|de|kraut**

die **Hei|del|bee|re**

der **Hei|den|lärm** (*umgangssprachlich für:* sehr großer Lärm)

die **Hei|din;** die Heidinnen

heid|nisch; heidnische Bräuche

die **Heid|schnu|cke** (eine Schafrasse)

hei|kel (bedenklich, schwierig); heik|ler; am hei|kels|ten; eine heikle Sache

heil; mit heiler Haut davonkommen

das **Heil;** des Heils *oder* Hei|les

der **Hei|land;** des Heilands *oder* Hei|lan|des; die Hei|lan|de

heil|bar; eine heilbare Krankheit

der **Heil|butt** (ein Fisch); des Heilbutts *oder* Heil|but|tes

hei|len; du heilst ihn; sie hat ihn von seiner Krankheit geheilt; heil *oder* heile ihn!

die **Heil|er|zie|hung** (Erziehung und Förde-rung traumatisierter oder behinderter Menschen)

die **Heil|er|zie|hungs|pfle|ge**

hei|lig; das heilige Abendmahl, Pfingst-fest; die heilige Messe, Taufe; die erste heilige *oder* Erste Heilige Kommunion; der Heilige *oder* heilige Krieg (Dschi-had); ABER NUR: der Heilige Abend; die Heilige Familie; der Heilige Geist; die Heilige Jungfrau; die Heiligen Drei Könige; das Heilige Land; die Heilige Nacht; das Heilige Römische Reich Deutscher Nation; die Heilige Schrift; die Heilige Stadt (Jerusalem); der Hei-lige Stuhl (das Papstamt); der Heilige Vater (der Papst); sie hielt ihn für heilig

der **Hei|lig|abend**

der **Hei|li|ge;** ein Heiliger; die Heiligen; zwei Heilige

die **Hei|li|ge;** eine Heilige

der **Hei|li|gen|schein**

hei|lig|hal|ten (in Ehren halten); sie hält dieses Geschenk heilig

hei|lig|spre|chen; der Papst hat sie hei-liggesprochen

das **Hei|lig|tum;** des Heiligtums; die Hei|lig-tü|mer

die **Heil|kun|de;** die Heilkunden *Plural sel-ten*

heil|los; ein heilloses Durcheinander

das **Heil|mit|tel**

der **Heil|prak|ti|ker**

die **Heil|prak|ti|ke|rin**

heil|sam; eine heilsame Lehre

die **Heils|ar|mee** (eine christliche Organisa-tion)

die **Hei|lung**

das **Heim;** des Heims *oder* Hei|mes; die Hei-me

die **Heim|ar|beit**
die **Hei|mat**
hei|mat|lich
hei|mat|los
der **Hei|mat|ort;** die Heimatorte
sich **heim|be|ge|ben;** sie begibt sich heim; er hat sich heimbegeben
heim|be|glei|ten; er begleitet sie heim; sie hat ihn heimbegleitet
der **Heim|be|woh|ner**
die **Heim|be|woh|ne|rin**
heim|brin|gen; er bringt sie heim; sie hat ihn heimgebracht
heim|fah|ren; sie fährt heim; sie ist heimgefahren; sie hat mich heimgefahren
heim|füh|ren; er führt das Kind heim; sie hat es heimgeführt
heim|ge|hen; sie geht heim; er ist heimgegangen
der **Heim|hel|fer** (*österreichisch für:* Haushaltshilfe für Pflegebedürftige)
die **Heim|hel|fe|rin** *(österreichisch)*
heim|ho|len; er holte ihn heim; er hat ihn heimgeholt
hei|misch; sich heimisch fühlen
die **Heim|kehr;** der Heimkehr
heim|keh|ren; sie kehrte heim; sie ist heimgekehrt
der **Heim|lei|ter**
die **Heim|lei|te|rin**
heim|leuch|ten (*umgangssprachlich für:* abfertigen); dem haben sie tüchtig heimgeleuchtet
heim|lich; er hat es heimlich (im Geheimen) getan
die **Heim|lich|kei|ten** *Plural*
heim|lich|tun (geheimnisvoll tun); sie hat sehr heimlichgetan
der **Heim|platz**
heim|rei|sen; sie reist heim; er ist heimgereist
der **Heim|sieg** *(Sport)*
das **Heim|spiel** *(Sport)*
heim|su|chen; Not und Krankheit haben ihn heimgesucht
die **Heim|tü|cke** (Hinterlist)
heim|tü|ckisch
der **Heim|weg**
das **Heim|weg|te|le|fon** (eine ehrenamtliche Telefonhotline)
das **Heim|weh**
heim|weh|krank
der **Heim|wer|ker** (jemand, der handwerkliche Arbeiten zu Hause selbst macht); des Heimwerkers; die Heimwerker
die **Heim|wer|ke|rin;** die Heimwerkerinnen
heim|zah|len; das zahle ich ihm heim; das habe ich ihr tüchtig heimgezahlt
das **Hein|zel|männ|chen** (hilfreicher Hausgeist)
die **Hei|rat**
hei|ra|ten; du heiratest; sie heiratete; sie hat jung geheiratet; heirate besser nicht!
hei|ser
die **Hei|ser|keit**
heiß; hei|ßer; am hei|ßes|ten; ein heißes Eisen anfassen; das Essen heiß machen *oder* heißmachen; ↑ ABER: heißmachen; die heiß ersehnte *oder* heißersehnte Ankunft; ein heiß geliebter *oder* heißgeliebter Mann; eine heiß umstrittene *oder* heißumstrittene Frage
heiß|blü|tig
hei|ßen; du heißt; sie heißt; du hießest; sie hieß; sie hat Müller geheißen; heiß ihn, wie du willst!; er hat es mich geheißen; ABER: er hat mich kommen heißen
heiß|er|sehnt, heiß|ge|liebt ↑ heiß
heiß|ma|chen; jemanden heißmachen (wild auf etwas machen); sie haben mir die Hölle heißgemacht (mir sehr zugesetzt); ↑ *auch:* heiß
heiß|um|strit|ten ↑ heiß
hei|ter
die **Hei|ter|keit**
hei|zen; du heizt; er heizte; sie hat mit Gas geheizt; heiz *oder* heize die Küche!
der **Hei|zer;** des Heizers; die Heizer
die **Hei|ze|rin;** die Heizerinnen
das **Heiz|öl**
die **Hei|zung**
das *oder* der **Hek|t|ar** [*auch:* hɛkˈtaːɐ̯]; des Hektars; die Hek|t|a|re; ABER: 3 Hektar gutes Land *oder* guten Landes
die **Hek|tik** (nervöse Betriebsamkeit)
der **Hek|ti|ker;** des Hektikers; die Hektiker
die **Hek|ti|ke|rin;** die Hektikerinnen
hek|tisch
der *oder* das **Hek|to|li|ter**
der **Held;** des/dem/den Hel|den; die Helden

hel|den|haft
die **Hel|den|tat**
die **Hel|din;** die Heldinnen
hel|fen; du hilfst; sie hilft; sie half; er hat geholfen; hilf mir!; sie hat ihr beim Nähen geholfen; sie hat ihr nähen helfen *oder* geholfen; sie weiß sich zu helfen; das hilft mir nicht
der **Hel|fer;** des Helfers; die Helfer
die **Hel|fe|rin;** die Helferinnen
das **Hel|fer|team**
Hel|go|land (Insel in der Nordsee)
der **He|li|ko|p|ter** (Hubschrauber); des Helikopters; die Helikopter
die **He|li|ko|p|ter|el|tern** (*salopp, oft abwertend für:* übertrieben besorgte Eltern) *Plural*
he|li|ko|p|tern (*salopp, oft abwertend für:* übertrieben fürsorglich sein); du helikopterst; sie haben helikoptert
das **He|li|um** (ein Edelgas); des Heliums
hell; die Sonne scheint hell; ein hell leuchtender *oder* hellleuchtender Stern; ABER NUR: dieser auffallend hell leuchtende Stern
hell|auf; hellauf lachen (laut und fröhlich lachen); ABER: hell auflachen (plötzlich zu lachen anfangen)
hell|blau; hellblau färben
hell|blond
der **Hel|ler** (eine alte deutsche Münze); des Hellers; die Heller; auf Heller und Pfennig; dafür gebe ich keinen [roten] Heller
hell|hö|rig; eine hellhörige Wohnung; hellhörig (stutzig) werden
die **Hel|lig|keit**
hell|leuch|tend ↑hell
hell|licht; es ist helllichter Tag
der **Hell|se|her** (Person, die zukünftige Ereignisse vorhersehen kann)
die **Hell|se|he|rin**
hell|wach
der **Helm;** des Helms *oder* Hel|mes; die Helme
die **Helm|ka|me|ra**
Hel|sin|ki (Hauptstadt Finnlands)
das **Hemd;** des Hemds *oder* Hem|des; die Hem|den
der **Hemds|är|mel** *meist Plural*
die **He|mi|sphä|re** (Erdhalbkugel; Himmelshalbkugel); die Hemisphären
hem|men; du hemmst; er hat den Ablauf gehemmt; hemm *oder* hemme nicht den Fortschritt!
das **Hemm|nis;** des Hemmnisses; die Hemmnisse
der **Hemm|schuh**
die **Hem|mung;** Hemmungen haben
hem|mungs|los
der **Hengst;** des Hengs|tes; die Hengs|te
der **Hen|kel;** des Henkels; die Henkel
hen|ken (durch den Strang hinrichten); du henkst ihn; er hat ihn gehenkt
der **Hen|ker;** des Henkers; die Henker
die **Hen|ke|rin;** die Henkerinnen
die **Hen|ne**
her; her zu mir!; her damit!; hin und her
he|r|ab
he|r|ab|las|sen; er lässt den Rollladen herab; sie hat ihn herabgelassen
he|r|ab|las|send (hochmütig)
he|r|an
he|r|an|kom|men; er ist bis auf 5 Meter an ihn herangekommen
he|r|an|zie|hen (berücksichtigen); du ziehst heran; sie zog heran; er hat herangezogen; zieh *oder* ziehe verschiedene Bücher heran!
he|r|auf
he|r|auf|be|schwö|ren; er beschwört das Unglück herauf; sie hat es heraufbeschworen
he|r|aus
he|r|aus|ar|bei|ten; ich arbeite heraus; du hast herausgearbeitet; wichtige Aussagen, Sachverhalte herausarbeiten
he|r|aus|fin|den; er findet es heraus; er hat nichts herausgefunden
he|r|aus|for|dern; du forderst heraus; sie forderte heraus; er hat herausgefordert
die **He|r|aus|for|de|rung** (Aufgabe; Kampfansage); die Herausforderung des Klassensprecheramtes annehmen
die **He|r|aus|ga|be**
he|r|aus|ge|ben; sie gibt den Schlüssel heraus; sie hat ihn herausgegeben
der **He|r|aus|ge|ber** (eines Buches); des Herausgebers; die Herausgeber
die **He|r|aus|ge|be|rin;** die Herausgeberinnen
he|r|aus|ho|len; du holst heraus; sie holte heraus; er hat herausgeholt; hol *oder* hole den Schlüssel heraus!

he|r|aus|kom|men; sie kommt heraus; sie ist herausgekommen; es wird nichts dabei herauskommen

he|r|aus|stel|len

herb; herbe Kritik

her|bei

her|bei|füh|ren; du führst herbei; sie führte herbei; er hat die Entscheidung herbeigeführt

her|bei|schaf|fen; sie schafft herbei; er hat alles herbeigeschafft

her|be|mü|hen; er bemüht sich extra her; sie hat sich herbemüht

die **Her|ber|ge**

die **Her|bergs|mut|ter**

der **Her|bergs|va|ter**

der **Herbst;** des Herbsts *oder* Herbs|tes; die Herbs|te

die **Herbst|fe|ri|en** *Plural*

herbst|lich; herbstliches Wetter

der **Herd;** des Herds *oder* Her|des; die Her-de

die **Her|de**

he|r|ein

he|r|ein|fal|len; er fiel herein; sie ist tüchtig hereingefallen

he|r|ein|le|gen; er legte ihn herein; sie hat ihn hereingelegt

der **Her|gang** (Verlauf); des Hergangs *oder* Her|gan|ges

der **He|ring** (ein Fisch; Zeltpflock); des Herings; die He|rin|ge

her|kömm|lich (bisher üblich); laut herkömmlicher Meinung

Her|ku|les (Halbgott und Held der griechischen Sage)

der **Her|ku|les** (Mensch von großer Körperkraft); des Herkules; die Herkulesse

die **Her|kunft**

das **Her|kunfts|land**

her|lau|fen; der Hund ist hinter ihm hergelaufen

her|lei|ten; sich herleiten; leite deine Schlussfolgerung argumentativ her!

die **Her|lei|tung**

das **Her|me|lin** (großes Wiesel); des Hermelins; die Her|me|li|ne

der **Her|me|lin** (ein Pelz); des Hermelins; die Her|me|li|ne

Her|mes (griechischer Götterbote)

her|me|tisch (dicht verschlossen)

her|nach (nachher)

das **He|ro|in** (eine Droge); des Heroins

he|ro|isch (heldenhaft)

der **He|rold** (Verkündiger, Ausrufer, fürstlicher Bote); des Herolds *oder* He|rol|des; die He|rol|de

der **Herr;** des Herrn; die Her|ren; mein Herr!; meine Herren!; seines Ärgers Herr werden

das **Herr|chen;** des Herrchens; die Herrchen

herrichten; etwas herrichten lassen

die **Her|rin;** die Herrinnen

her|risch

herr|lich

die **Herr|schaft**

herr|schen; du herrschst; er herrschte; er hat geherrscht; herrsche gerecht!

herr|schend (allgemein verbreitet, geltend); die herrschende Meinung

der **Herr|scher;** des Herrschers; die Herrscher

die **Herr|sche|rin;** die Herrscherinnen

her|stel|len; das Unternehmen hat Textilien hergestellt

die **Her|stel|lung** (Anfertigung)

das **Hertz** (Maßeinheit der Frequenz: Anzahl, *zum Beispiel* Schwingungszahl, pro Sekunde); des Hertz; die Hertz; 440 Hertz

he|r|ü|ber

he|r|ü|ber|kom|men; sie kommt herüber; sie ist herübergekommen

he|r|um

he|r|um|ei|ern (*umgangssprachlich für:* sich ungleichmäßig drehen; unstet herumfahren, -gehen; um etwas herumreden)

he|r|um|lun|gern; sie lungerte herum; er ist in der Stadt herumgelungert

he|r|um|ren|nen

he|r|um|ti|gern (*umgangssprachlich für:* ruhelos hin und her gehen); du tigerst herum; wir sind herumgetigert

sich **he|r|um|trei|ben;** sie trieb sich herum; er hat sich herumgetrieben

he|r|un|ter

he|r|un|ter|ge|kom|men (in schlechtem Zustand)

he|r|un|ter|hän|gen; der Vorhang hängt herunter; er hat heruntergehangen

he|r|un|ter|la|den (*EDV:* Daten von einem Computer, aus dem Internet auf den eigenen Computer übertragen)

he|r|un|ter|rei|ßen; sie riss die Maske herunter; er hat den Vorhang heruntergerissen
he|r|un|ter|spie|len (nicht so wichtig nehmen); sie spielte herunter; sie hat heruntergespielt
her|vor
her|vor|brin|gen; sie brachte schöne Töne hervor; der Baum hat viele Früchte hervorgebracht
her|vor|ge|hen; sie ging aus dem Wettkampf als Siegerin hervor; aus der Antwort ist hervorgegangen, dass …
her|vor|he|ben (betonen); du hebst hervor; sie hob hervor; er hat hervorgehoben; heb *oder* hebe das mehr hervor!
her|vor|ra|gend
her|vor|ru|fen; ihre Worte haben Staunen hervorgerufen
her|vor|tre|ten; sie tritt hervor; sie ist hervorgetreten
sich **her|vor|tun;** er tut sich hervor; sie hat sich hervorgetan
das **Herz;** des Her|zens; dem Her|zen; die Her|zen; von Herzen kommen; zu Herzen gehen, nehmen; mit Herz und Hand
das **Herz|ass** *oder* **Herz-Ass**
die **Herz|druck|mas|sa|ge** *(Medizin)*
die **Her|zens|lust;** *nur in:* nach Herzenslust essen
herz|er|grei|fend; eine herzergreifende Geschichte
der **Herz|feh|ler**
herz|haft; herz|haf|ter; am herz|haf|testen
der **Herz|in|farkt**
das **Herz|klop|fen**
herz|lich; aufs, auf das herzlichste *oder* Herzlichste
der **Her|zog;** des Herzogs *oder* Her|zo|ges; die Her|zö|ge
der **Herz|schlag**
das **Herz|stück**
der **Hes|se;** des/dem/den Hessen; die Hessen
Hes|sen (deutsches Bundesland)
die **Hes|sin;** die Hessinnen
hes|sisch; das hessische Land; ABER: das Hessische Bergland
he|te|ro|gen (ungleichartig)
he|te|ro|se|xu|ell (zum anderen Geschlecht hinneigend)

die **Het|ze**
het|zen; du hetzt; sie hetzte; er hat den Fuchs gehetzt; hetz *oder* hetze kein Tier!
der **Het|zer;** des Hetzers; die Hetzer
die **Het|ze|rin;** die Hetzerinnen
das **Heu;** des Heus *oder* Heu|es
die **Heu|che|lei**
heu|cheln; du heuchelst; er hat geheuchelt; heuchle *oder* heuchele nicht!
der **Heuch|ler;** des Heuchlers; die Heuchler
die **Heuch|le|rin;** die Heuchlerinnen
heuch|le|risch
heu|er (*süddeutsch, österreichisch, schweizerisch für:* in diesem Jahr)
die **Heu|er** (Lohn der Seeleute); die Heuern
heu|len; du heulst; er heulte; er hat geheult; heul *oder* heule nicht!; das heulende Elend bekommen
der **Heu|ler** (*auch für:* verlassener junger Seehund); des Heulers; die Heuler
der **Heu|schnup|fen**
die **Heu|schre|cke**
heu|te; bis heute; für heute; seit heute; die Jugend von heute; ABER: heute Abend; heute Mittag; heute Morgen; heute Nachmittag; heute Nacht; heute früh *oder* Früh
heu|tig; in der heutigen Zeit
heut|zu|ta|ge
die **He|xe**
he|xen; du hext; sie hexte; er hat gehext
der **He|xen|schuss** (plötzlich auftretende Kreuzschmerzen)
die **He|xe|rei**
hey! *(umgangssprachlich);* hey, wie gehts?
hi! [hai̯] *(umgangssprachlich)*
der **Hi|bis|kus** (eine Heilpflanze); des Hibiskus; die Hibisken
der **Hick|ser** (*landschaftlich für:* Schluckauf)
der **Hieb;** des Hiebs *oder* Hie|bes; die Hie|be
hier; hier und da; von hier aus; hier oben
hie|r|an
die **Hi|e|r|ar|chie** [hirarˈçiː, *selten* hi̯erarˈçiː] (Rangfolge, Rangordnung); die Hi|e|r|ar|chi|en
hi|e|r|ar|chisch
hie|r|auf
hie|r|aus
hier|bei

H
her

hier|durch
hier|für
hier|her; er hat es hierher zurückgeschickt
hier|her|kom|men; sie kommt hierher; er ist sofort hierhergekommen
hie|r|in
hier|mit
die **Hi|e|ro|gly|phe** [hiroˈɡly:fə, *selten* hieroˈɡly:fə] (Zeichen der ägyptischen Bilderschrift); die Hieroglyphen *meist Plural*
hier|von
hier|zu
hier|zu|lan|de, hier zu Lan|de
hie|sig; hiesigen Ort[e]s
hie|ven [ˈhi:fn̩] (hochwinden); sie haben den Container an Deck gehievt
Hi-Fi *oder* **Hi|Fi** *oder* **Hi|fi** [ˈhaɪ̯fi, *auch:* ˈhaɪ̯faɪ̯] = High Fidelity
die **Hi-Fi-An|la|ge** *oder* **HiFi-An|la|ge** *oder* **Hi|fi-An|la|ge**
high [haɪ̯] (*umgangssprachlich für:* in Hochstimmung [nach der Einnahme von Drogen]); high sein
die **High Fi|de|li|ty** [ˈhaɪ̯ fiˈdɛlɪti] (hohe Wiedergabequalität bei Tonträgern; *Abkürzungen:* Hi-Fi *oder* HiFi *oder* Hifi)
das **High|light** [ˈhaɪ̯laɪ̯t] (Höhepunkt, Glanzlicht); des Highlight *oder* Highlights
die **High|school** [ˈhaɪ̯sku:l] (*amerikanische Bezeichnung für:* höhere Schule); die Highschools
die **High So|ci|e|ty** [ˈhaɪ̯ səˈsaɪ̯əti] (die vornehme Gesellschaft); das Leben der High Society
das, *auch:* die **High|tech** [ˈhaɪ̯tɛk] (Spitzentechnologie); des Hightech *oder* Hightechs, *auch:* der Hightech
die **High|tech|in|dus|t|rie**
der **High|way** [ˈhaɪ̯wɛɪ̯] (*amerikanisch für:* Fernstraße); des Highways; die Highways
die **Hil|fe;** die Erste *oder* erste Hilfe (bei Verletzungen); Hilfe anbieten, leisten, suchen; sich Hilfe suchend *oder* hilfesuchend umsehen; einem Verunglückten zu Hilfe eilen, kommen; der Mechaniker, mit Hilfe *oder* mithilfe dessen (*oder* mit dessen Hilfe) sie ihr Auto reparierte
hil|fe|be|dürf|tig *vergleiche:* **hilfs|be|dürf|tig**
die **Hil|fe|leis|tung**
der **Hil|fe|ruf**
die **Hil|fe|stel|lung**
hil|fe|su|chend
hilf|los; hilf|lo|ser; am hilf|lo|ses|ten
die **Hilf|lo|sig|keit**
hilf|reich
hilfs|be|dürf|tig, hil|fe|be|dürf|tig
hilfs|be|reit
die **Hilfs|be|reit|schaft**
das **Hilfs|mit|tel**
die **Hilfs|or|ga|ni|sa|ti|on**
das **Hilfs|verb** (haben, sein, werden; *z. B. in:* wir haben gewonnen)
der **Hi|ma|la|ja** *oder* **Hi|ma|la|ya** [*auch:* himaˈla:ja] (Gebirge in Asien); des Himalaja[s] *oder* Himalaya[s]
die **Him|bee|re**
der **Him|beer|saft**
der **Him|mel;** des Himmels; die Himmel; um Himmels willen
him|mel|blau
Him|mel|fahrt; Christi Himmelfahrt
him|mel|schrei|end
die **Him|mels|rich|tung**
das **Him|mels|zelt**
himm|lisch
hin; alles ist hin; hin und her schaukeln; hin und her laufen (ohne bestimmtes Ziel); ABER: hin- und herlaufen (hin- und wieder zurücklaufen); hin und wieder (zuweilen); vor sich hin brummen
hi|n|ab; etwas weiter hinab
hi|n|ab|ge|hen; sie ging hinab; sie ist den Berg hinabgegangen
hi|n|auf
hi|n|auf|ge|hen; sie ging hinauf; sie ist die Treppe hinaufgegangen
hi|n|aus
hi|n|aus|ge|hen; sie ging hinaus; sie ist hinausgegangen
hi|n|aus|zö|gern; es hat sich hinausgezögert
hin|be|kom|men *(umgangssprachlich);* sie hat das hinbekommen
Hin|blick; *nur in:* im Hinblick auf
hin|der|lich
hin|dern; du hinderst; er hat ihn daran gehindert; hindere sie nicht daran!
das **Hin|der|nis;** des Hindernisses; die Hindernisse
hin|deu|ten; alles scheint darauf hinzudeuten

der **Hin|du** (Anhänger einer indischen Religion); des Hindu *oder* Hindus; die Hindu *oder* Hindus
die **Hin|du;** die Hindu *oder* Hindus
die **Hin|du|frau**
der **Hin|du|is|mus** (Religion, die hauptsächlich in Indien weit verbreitet ist)
hin|du|is|tisch
hin|durch; durch alles hindurch
hin|durch|ge|hen; sie geht hindurch; er ging hindurch; sie ist unter der Brücke hindurchgegangen
hi|n|ein
hi|n|ein|ge|hen; er geht hinein; er ist hineingegangen
hi|n|ein|plat|zen; er platzte plötzlich hinein; sie ist in die Sitzung hineingeplatzt
hi|n|ein|zie|hen; sie zog ihn hinein; er hat sie mit hineingezogen
hin|fah|ren; er fährt hin; er fuhr hin; er ist sofort hingefahren
die **Hin|fahrt**
hin|fäl|lig
der **Hin|flug;** Hin- und Rückflug
die **Hin|ga|be**
hin|ge|ben; sich hingeben; sie gibt hin; er gab hin; sie hat das Geld hingegeben; ABER: sie hat ihm das auf sein Verlangen hin gegeben
hin|ge|gen (dagegen, im Gegensatz dazu); ihre Freundin hingegen fand die Idee gut
hin|ge|hen; sie ging hin; er ist hingegangen
hin|hal|ten; jemanden hinhalten (warten lassen)
der **Hin|kel|stein** (größerer, unbehauener [kultischer] Stein)
hin|ken; ich hinke; du hinkst; sie hat gehinkt; sie ist zur Tür gehinkt
hin|le|gen; du legst hin; sie legte hin; er hat hingelegt; leg *oder* lege das Buch hin!
hin|nehm|bar
hin|neh|men; du nimmst hin; sie nahm hin; er hat hingenommen; nimm das nicht hin!
hin|rei|chend
hin|rei|ßen; sich hinreißen lassen; hin- und hergerissen (unentschlossen) sein
hin|rei|ßend
hin|rich|ten; man richtet ihn hin; man hat ihn hingerichtet
die **Hin|rich|tung;** der zum Tode Verurteilte wartete auf seine Hinrichtung
hin|set|zen; ich setzte den Koffer hin; sie hat sich hingesetzt
die **Hin|sicht;** der Hinsicht; die Hinsichten *Plural selten;* in Hinsicht auf ...
hin|sicht|lich (angesichts); hinsichtlich deiner E-Mail
das **Hin|spiel** *(Sport)*
hin|ten
hin|ten|an
hin|ten|he|r|um
hin|ten|über
hin|ter; hinter dem Zaun stehen; sich hinter den Zaun stellen
der **Hin|ter|blie|be|ne;** ein Hinterbliebener; die Hinterbliebenen; zwei Hinterbliebene
die **Hin|ter|blie|be|ne;** eine Hinterbliebene
hin|ter|brin|gen (heimlich informieren); er hat mir die Nachricht hinterbracht
hin|ter|drein *(veraltend)*
hin|ter|drein|lau|fen; sie ist hinterdreingelaufen
hin|ter|ei|n|an|der; sich hintereinander aufstellen; alle sollen hintereinander hergehen; ↑aufeinander
hin|ter|ei|n|an|der|schal|ten; zwei Batterien hintereinanderschalten
hin|ter|ei|n|an|der|schrei|ben; sie hat die Namen hintereinandergeschrieben
hin|ter|ei|n|an|der|stel|len; die Stühle in einer Reihe hintereinanderstellen
hin|ter|fra|gen; du hinterfragst; sie hinterfragte; er hat hinterfragt; hinterfrag *oder* hinterfrage nicht immer alles!; etwas hinterfragen (nach den Hintergründen von etwas fragen)
die **Hin|ter|frau**
hin|ter|ge|hen (betrügen); er hat mich hintergangen; hintergeh *oder* hintergehe mich nicht!
der **Hin|ter|grund;** die Hin|ter|grün|de
die **Hin|ter|grund|in|for|ma|ti|on**
der **Hin|ter|halt;** die Hin|ter|hal|te; aus dem Hinterhalt schießen
hin|ter|häl|tig
hin|ter|her; hinterher (danach) liefen wir nach Hause; ABER: **hin|ter|her|lau-**

H
hin

fen (nachlaufen); er ist mir hinterhergelaufen

der **Hin|ter|hof**

der **Hin|ter|kopf**

das **Hin|ter|land**

hin|ter|las|sen (zurücklassen); du hinterlässt Chaos; er hinterließ vier Kinder; sie hat eine Nachricht hinterlassen

die **Hin|ter|las|sen|schaft**

hin|ter|le|gen (als Pfand usw.); sie hinterlegte; er hat hinterlegt

der **Hin|ter|leib** (bei Insekten)

die **Hin|ter|list**

hin|ter|lis|tig

der **Hin|ter|mann**

der **Hin|tern** (*umgangssprachlich für:* Gesäß)

hin|ter|rücks; jemanden hinterrücks angreifen

das **Hin|ter|teil** (Gesäß)

das **Hin|ter|tref|fen;** *nur in:* ins Hintertreffen kommen, geraten

die **Hin|ter|tür**

das **Hin|ter|zim|mer**

hi|n|ü|ber; die Bananen werden wohl hinüber (verdorben) sein

hi|n|ü|ber|ge|hen; sie geht hinüber; sie ist hinübergegangen

das **Hin und Her;** des Hin und Her *oder* Hin und Hers; sie einigten sich nach längerem Hin und Her

das **Hin-und-her-Fah|ren;** ABER: das Hin- und [das] Herfahren; ↑hin

die **Hin- und Her|fahrt**

die **Hin- und Her|rei|se**

der **Hin- und Her|weg**

hi|n|un|ter

hi|n|un|ter|ge|hen; er ging schnell hinunter; er ist die Treppe hinuntergegangen

hi|n|un|ter|schlu|cken; sie schluckte die Tablette hinunter; sie hat sie hinuntergeschluckt

hin|weg

der **Hin|weg;** Hin- und Herweg

hin|weg|fe|gen

hin|weg|ge|hen; sie ging über das Thema hinweg; sie ist darüber hinweggegangen

hin|weg|set|zen; sich darüber hinwegsetzen

hin|weg|täu|schen; das hat uns darüber hinweggetäuscht

der **Hin|weis;** des Hin|wei|ses; die Hin|wei|se

hin|wei|sen; du weist hin; sie wies hin; es hat alles darauf hingewiesen; weis *oder* weise ihn darauf hin!; hinweisendes Fürwort (Demonstrativpronomen)

hin|zie|hen (*auch für:* verzögern)

hin|zu

hin|zu|fü|gen; du fügst hinzu; sie fügte hinzu; er hat hinzugefügt; füg *oder* füge noch die Butter zum Teig hinzu!

hin|zu|kom|men; sie kam hinzu; sie ist hinzugekommen; ABER: hinzu kommt, dass er gelogen hat

die **Hi|obs|bot|schaft** (Unglücksbotschaft)

hip (modern, zeitgemäß)

der **Hip-Hop** *oder* **Hip|hop** (auf dem Rap basierende Richtung der Popmusik); des Hip-Hops *oder* Hiphops

der **Hip|pie** (Anhänger/-in einer antibürgerlichen, pazifistischen, naturnahen Lebensform); des Hippies; die Hippies

der **Hips|ter** (*Jargon:* zu einer Subkultur gehörender junger Mensch mit individualistischem Lebensstil); des Hipsters; die Hipster

die **Hips|te|rin;** die Hipsterinnen

das **Hirn;** des Hirns *oder* Hir|nes; die Hir|ne

das **Hirn|ge|spinst;** des Hirngespinsts *oder* Hirn|ge|spins|tes; die Hirn|ge|spins|te

hirn|ris|sig (*umgangssprachlich abwertend für:* verrückt); eine hirnrissige Idee

hirn|ver|brannt (*umgangssprachlich abwertend für:* verrückt)

Hi|ro|shi|ma *oder* **Hi|ro|schi|ma** [hiˈrɔʃima, *auch:* hiroˈʃiːma] (japanische Stadt, auf die 1945 die erste Atombombe abgeworfen wurde)

der **Hirsch;** des Hirschs *oder* Hir|sches; die Hir|sche

die **Hir|se** (eine Getreideart)

der **Hirt;** des Hir|ten; die Hir|ten

der **Hir|ten|brief** (bischöfliches Rundschreiben)

die **Hir|tin;** die Hirtinnen

die **His|bol|lah** (Gruppe radikaler schiitischer Moslems; Anhänger dieser Gruppe); der Hisbollah

his|sen; du hisst; er hisste; sie hat die

A B C D E F G H his I J K L M N O P Q R S T U V W X Y Z

Flagge gehisst; hisse *oder* hiss die Flagge!

der **His|to|ri|ker** (Wissenschaftler, Kenner auf dem Gebiet der Geschichte); des Historikers; die Historiker

die **His|to|ri|ke|rin;** die Historikerinnen

his|to|risch (geschichtlich)

der **Hit** (erfolgreicher Schlager; ein Produkt, das sich gut verkauft); des Hits; die Hits

die **Hit|pa|ra|de**

die **Hit|ze**

hit|ze|be|stän|dig

hit|ze|frei

! Das Adjektiv *hitzefrei* wird kleingeschrieben: »Wir hatten schon gestern hitzefrei. Auch heute ist hitzefei. Morgen bekommen wir aber nicht hitzefrei.« Groß schreibt man dagegen das Nomen *Hitzefrei:* »Wir erwarten tagelanges Hitzefrei.« »Der Rektor will kein Hitzefrei geben, obwohl wir ein Recht auf Hitzefrei haben.« Wenn sich die Wortart nicht eindeutig bestimmen lässt, ist Klein- oder Großschreibung möglich: »Habt ihr [nicht] hitzefrei / [kein] Hitzefrei?« »Heute bekommen wir bestimmt [nicht] hitzefrei / [kein] Hitzefrei!«

das **Hit|ze|frei;** des Hitzefrei

der **Hit|ze|tag** (Tag mit einer Höchsttemperatur von 30 °C oder mehr)

hit|zig; hitzige Debatten

der **Hitz|kopf**

hitz|köp|fig; ein hitzköpfiger Jugendlicher

das **HIV** [haːʔiːˈfaʊ̯] = human immunodeficiency virus (ein Aidsauslöser); des HIV *oder* HIVs; die HIV *oder* HIVs

die **HIV-In|fek|ti|on**

HIV-ne|ga|tiv *(Medizin)*

HIV-po|si|tiv *(Medizin)*

hl = Hektoliter

hm!

die **H-Milch** (*kurz für:* haltbare Milch)

der **HNO-Arzt** = Hals-Nasen-Ohren-Arzt

die **HNO-Ärztin** = Hals-Nasen-Ohren-Ärztin

das **Hob|by;** des Hobbys; die Hobbys

der **Ho|bel;** des Hobels; die Hobel; Bretter mit dem Hobel glätten

die **Ho|bel|bank**

ho|beln; du hobelst; er hobelte; sie hat das Brett gehobelt; hoble *oder* hobele es!

hoch *siehe Kasten*

das **Hoch** (Hochruf; Gebiet hohen Luftdrucks); des Hochs; die Hochs

hoch|ach|ten ↑hoch

die **Hoch|ach|tung**

hoch|ach|tungs|voll

hoch|auf|lö|send

hoch|be|gabt ↑hoch

der *und* die **Hoch|be|gab|te** ↑hoch

die **Hoch|be|gab|ten|för|de|rung**

die **Hoch|burg** (Zentrum)

hoch|deutsch; hochdeutsch sprechen; ABER: auf Hochdeutsch; ↑deutsch

das **Hoch|deutsch** *oder* **Hoch|deut|sche** (die hochdeutsche Sprache); des Hochdeutsch[s] *oder* Hochdeutschen; ↑Deutsch

der **Hoch|druck;** mit, unter Hochdruck arbeiten

hoch|er|freu|lich

hoch|flie|gend ↑hoch

das **Hoch|ge|bir|ge**

das **Hoch|ge|fühl**

hoch|ge|schlos|sen, hoch|ge|steckt, hoch|ge|stellt ↑hoch

der **Hoch|ge|schwin|dig|keits|zug**

hoch|gra|dig

das **Hoch|haus**

hoch|he|ben; sie hob den Korb hoch; er hat ihn hochgehoben; heb *oder* hebe ihn hoch!

hoch|kant; etwas hochkant stellen

hoch|kan|tig; jemanden hochkantig (grob, rücksichtslos) hinauswerfen

hoch|ka|rä|tig (*umgangssprachlich für:* von hoher Qualität); eine hochkarätige Politikerin, eine hochkarätige Veranstaltung

die **Hoch|kon|junk|tur**

hoch|kon|zen|t|riert

hoch|krem|peln; er krempelte die Ärmel hoch; sie hat die Ärmel hochgekrempelt; kremple *oder* krempele die Ärmel nicht hoch!

die **Hoch|kul|tur**

hoch|kur|beln; sie kurbelte die Scheibe hoch; er hat die Scheibe hochgekurbelt; kurble *oder* kurbele die Scheibe hoch!

die **Hoch|leis|tung**

hoch

hö|her; am höchs|ten

- hoch oben
- bei Hoch und Niedrig ↑niedrig

Vergleiche auch: hohe

Schreibung in Verbindung mit Verben:

- hoch sein; es wird [sehr] hoch hergehen
- sie kann hoch springen; sie kann höher springen als ihr Bruder
- hoch (weit oben) fliegen
- hoch (weit hinauf) steigen
- jemanden hoch achten *oder* hochachten

Zusammenschreibung, wenn das Verb in übertragener Bedeutung verwendet wird oder »hoch« Verbzusatz ist (z. B. bei »hoch« in der Bedeutung »nach oben«):

- die Zahlen statistisch hochrechnen
- hochstapeln (etwas vortäuschen)
- den Korb hochheben (nach oben heben)
- die Ärmel hochkrempeln (nach oben krempeln)
- das Fenster hochkurbeln (nach oben kurbeln)
- seine Ziele hochstecken, höherstecken; die Haare hochstecken; hochgesteckte (nach oben gesteckte) Haare

Schreibung in Verbindung mit Partizipien und Adjektiven:

- die hoch begabte *oder* hochbegabte Schülerin
- hoch qualifizierte *oder* hochqualifizierte Mitarbeiter/-innen
- hoch konzentrierte *oder* hochkonzentrierte Zuschauer

Zusammenschreibung, wenn ein zusammengeschriebenes Verb zugrunde liegt oder in übertragener Bedeutung:

- eine hochschwangere Frau; seine Frau ist hochschwanger
- sie hat hochfliegende (unrealistische) Ideen
- ein hochgeschlossenes Kleid
- eine hochstehende (ranghohe) Persönlichkeit; hochstehende Haare
- eine hochgestellte (ranghohe) Persönlichkeit; eine hochgestellte Zahl (Hochzahl)

der **Hoch|leis|tungs|sport**

hoch|mo|dern; ein hochmodernes Verfahren

der **Hoch|mut;** des Hochmuts *oder* Hoch|mu|tes

hoch|mü|tig; hochmütiges Verhalten

hoch|nä|sig (*umgangssprachlich für:* hochmütig)

hoch|prei|sig; hochpreisige Produkte

hoch|qua|li|fi|ziert ↑hoch

hoch|ran|gig; ein hochrangiger Politiker

hoch|rech|nen (aus Teilergebnissen das wahrscheinliche Gesamtergebnis berechnen); sie rechnete die Zahlen hoch; sie hat hochgerechnet

die **Hoch|rech|nung**

die **Hoch|sai|son;** Urlaub in der Hochsaison

die **Hoch|schu|le**

die **Hoch|schul|rei|fe**

hoch|schwan|ger ↑hoch

hoch|set|zen (*besonders Politik, Wirtschaft:* erhöhen)

hoch|sprin|gen; sie sprang hoch; er ist hochgesprungen; spring *oder* springe hoch!

der **Hoch|sprung**

höchst; am höchs|ten; es ist höchste Zeit; das höchste der Gefühle; sie war darüber höchst erfreut; ABER: sie war auf das, aufs höchste *oder* Höchste erfreut; sein Sinn ist auf das, aufs Höchste gerichtet; sie strebt nach dem Höchsten

der **Hoch|stap|ler;** des Hochstaplers; die Hochstapler

die **Hoch|stap|le|rin;** die Hochstaplerinnen

hoch|ste|cken; die Haare hochstecken; sie hat sich die Haare hochgesteckt; hochgesteckte Haare; die Ziele hochstecken; die Ziele sind hochgesteckt

hoch|ste|hend ↑hoch

höchs|tens; es wird höchstens zehn Minuten dauern
die **Höchst|ge|schwin|dig|keit**
die **Höchst|leis|tung**
das **Höchst|maß;** ein Höchstmaß an Sorgfalt
höchst|per|sön|lich
die **Höchst|punkt|zahl**
höchst|wahr|schein|lich; er hat es höchstwahrscheinlich getan; ABER: es ist höchst (im höchsten Grade) wahrscheinlich, dass er es getan hat
hoch|ver|ehrt; der hochverehrte Freund; ABER: er wird von uns allen hoch (sehr) verehrt

das **Hoch|was|ser;** die Hochwasser
der **Hoch|was|ser|schutz**
hoch|wer|tig; hochwertige, [noch] höherwertige *oder* hochwertigere Materialien
die **Hoch|zeit;** die silberne *oder* Silberne, goldene *oder* Goldene Hochzeit
die **Ho|cke** (eine Turnübung)
ho|cken; du hockst; sie hat immer auf dem gleichen Platz gehockt; hock *oder* hocke dich zu mir!
der **Ho|cker;** des Hockers; die Hocker
der **Hö|cker** (der Buckel); des Höckers; die Höcker
das **Ho|ckey** [ˈhɔke, *auch:* ˈhɔki] (eine Sportart); des Hockeys
der **Ho|ckey|schlä|ger**
der **Ho|den** (Samendrüse); des Hodens; die Hoden
der **Hof;** des Hofs *oder* Ho|fes; die Hö|fe
der **Hof|dienst** *(Schule)*
die **Hof|fart** (*gehoben veraltet für:* Hochmut)
hof|fär|tig; hoffärtiges Verhalten
hof|fen; du hoffst; sie hoffte; sie hat darauf gehofft; hoffe weiter!
hof|fent|lich
die **Hoff|nung**
hoff|nungs|los; hoff|nungs|lo|ser; am hoff|nungs|lo|ses|ten
der **Hoff|nungs|trä|ger**
die **Hoff|nungs|trä|ge|rin;** die Hoffnungsträgerinnen
hoff|nungs|voll
der **Hof|knicks**
höf|lich
die **Höf|lich|keit**
die **Hof|pau|se** *(Schule)*
ho|he; der hohe Berg; das hohe C; auf hoher See; die hohe *oder* Hohe Schule (beim Reiten); das Hohe Haus (Parlament)
die **Hö|he**
die **Ho|heit**
das **Ho|heits|ge|biet**
ho|heits|voll
der **Hö|hen|flug;** der Höhenflug des Dollars
das **Hö|hen|pro|fil**
die **Hö|hen|son|ne** (*Markenbezeichnung:* Ultraviolettlampe)
der **Hö|he|punkt**
hö|her; höhere Gewalt; er besucht die höhere *oder* Höhere Schule (eine Oberschule, ein Gymnasium); ABER NUR: er ist auf der Höheren Handelsschule in Stuttgart; höher springen, höher singen, höher achten
hohl
die **Höh|le**
das **Hohl|maß**
die **Hohl|stun|de** (*Schule:* Freistunde)
der **Hohl|weg**
der **Hohn** (Spott; Verachtung); des Hohns *oder* Hoh|nes
höh|nisch; höhnisches Gelächter
der **Ho|kus|po|kus** (Gaukelei; Zauberformel); des Hokuspokus
hold; hol|der; am hol|des|ten
die **Hol|ding** [ˈhɔʊ̯ldɪŋ] (Gesellschaft, die Aktien anderer Gesellschaften besitzt und diese dadurch beeinflusst); der Holding; die Holdings
ho|len; du holst; sie hat das Buch geholt; hol *oder* hole das Buch!
hol|la!
Hol|land
der **Hol|län|der;** des Holländers; die Holländer
die **Hol|län|de|rin;** die Holländerinnen
hol|län|disch
die **Höl|le**
der **Höl|len|lärm**
die **Höl|len|qual;** er leidet Höllenqualen (sehr große Qualen)
höl|lisch
Hol|ly|wood [ˈhɔliwʊd] (US-amerikanische Filmstadt)
der **Holm** (Griffstange des Barrens; Längs-

stange der Leiter); des Holms *oder* Holmes; die Hol|me

der **Ho|lo|caust** (Tötung einer großen Zahl von Menschen, besonders der Juden durch die Nationalsozialisten); des Holocaust *oder* Holocausts; die Holocausts

hol|pe|rig *oder* **holp|rig**

hol|pern; der Wagen holpert; der Wagen hat laut geholpert; ABER: der Wagen ist über das Kopfsteinpflaster geholpert

der **Ho|lun|der;** des Holunders

das **Holz;** des Hol|zes; die Höl|zer

höl|zern

> **!** Nicht verwechseln: Während das Adjektiv *hölzern* die Bedeutungen »aus Holz« (hölzernes Spielzeug) oder »steif und ungeschickt« (ein hölzerner Stil) hat, bedeutet das Adjektiv *holzig* so viel wie »mit festen Fasern durchsetzt« (holziger Spargel).

der **Holz|fäl|ler;** des Holzfällers; die Holzfäller

die **Holz|fäl|le|rin;** die Holzfällerinnen

hol|zig

holz|schnitt|ar|tig (grob, ohne Feinheiten); eine holzschnittartige Kritik

das **Home|of|fice** *oder* **Home-Of|fice** ['hoʊmʔɔfɪs] (das Arbeiten von zu Hause; Büro im eigenen Wohnhaus); des Homeoffice *oder* Home-Office, die Home|of|fices *oder* Home-Of|fi|ces [...ʔɔfɪsɪs]; ich arbeite heute im Homeoffice

die **Home|page** ['hoʊmpeɪtʃ] (im Internet abrufbare Darstellung von Informationen, Angeboten usw.); der Homepage; die Homepages

das **Home|schoo|ling** *oder* **Home-Schoo|ling** ['hoʊmsku:lɪŋ] (*englische Bezeichnung für:* Hausunterricht); des Homeschoolings *oder* Home-Schoolings

die **Home|sto|ry** *oder* **Home-Sto|ry** ['hoʊm...] (Bericht über eine [prominente] Person im privaten Umfeld)

die **Hom|mage** [ɔ'ma:ʒ] (*bildungssprachlich für:* Veranstaltung, Werk als Huldigung für einen Menschen); der Hommage; die Hom|ma|gen

ho|mo|gen (gleichartig, gleichmäßig)

die **Ho|möo|pa|thie** (ein Heilverfahren)

ho|möo|pa|thisch

die **Ho|mo|se|xu|a|li|tät** (gleichgeschlechtliche Liebe)

ho|mo|se|xu|ell

der **Hon|du|ra|ner** (Bewohner von Honduras); des Honduraners; die Honduraner

die **Hon|du|ra|ne|rin;** die Honduranerinnen

hon|du|ra|nisch

Hon|du|ras (Staat in Mittelamerika)

Hong|kong (chinesische Hafenstadt)

der **Ho|nig;** des Honigs; die Ho|ni|ge

ho|nig|süß

die **Ho|nig|wa|be**

der **Honk** (*Jargon abwertend:* Dummkopf, Idiot); des Honks; die Honks

das **Ho|no|rar** (Vergütung); des Honorars; die Ho|no|ra|re

ho|no|rie|ren (belohnen; bezahlen; vergüten); du honorierst; sie honorierte; er hat honoriert; honorier *oder* honoriere bitte meine Bemühungen!; ihre Leistungen in Mathematik wurden mit guten Noten honoriert

der *oder* das **Hoo|die** (Sweatshirt oder Ähnliches mit Kapuze); des Hoodies; die Hoodies

der **Hoo|li|gan** ['hu:lɪgn̩] (Randalierer, besonders bei Massenveranstaltungen); des Hooligans; die Hooligans

der **Hop|fen;** des Hopfens; die Hopfen

die **Hop|fen|stan|ge**

hopp!; hopp, hopp!

hopp|la!

hops!

hop|sen; du hopst; sie hopst; sie ist gehopst; hopse!

der **Hop|ser;** des Hopsers; die Hopser

hops|ge|hen (*umgangssprachlich für:* verloren gehen; umkommen); das Geld ging hops; er ist hopsgegangen

das **Hör|buch** (gesprochener Text auf Kassette, CD o. Ä.)

hor|chen; du horchst; sie horchte; sie hat gehorcht; horch *oder* horche!

die **Hor|de** (Bande, Schar)

hö|ren; du hörst; sie hörte; sie hat es gehört; hör *oder* höre doch!; er hat von dem Unglück gehört; sie hat die Glocken läuten hören *oder* gehört; sie hat wieder von sich hören lassen

das **Hö|ren|sa|gen;** er weiß es nur vom Hörensagen
der **Hö|rer;** des Hörers; die Hörer
die **Hö|re|rin;** die Hörerinnen
der **Hör|film** (Film für Sehbehinderte)
der **Hör|funk**
hö|rig (abhängig); jemandem hörig sein
der **Ho|ri|zont** (scheinbare Begrenzungslinie zwischen Himmel und Erde; Gesichtskreis); des Horizonts *oder* Ho|ri|zon|tes; die Ho|ri|zon|te
ho|ri|zon|tal (waagerecht)
die **Ho|ri|zon|ta|le** (die Waagerechte); der Horizontale; die Horizontalen; zwei Horizontale *oder* Horizontalen

das **Hor|mon** (körpereigener Wirkstoff); des Hormons; die Hor|mo|ne
hor|mo|nal *oder* **hor|mo|nell;** eine hormonale *oder* hormonelle Störung
das **Horn;** des Horns *oder* Hor|nes; die Hörner
die **Horn|haut**
die **Hor|nis|se** [*auch:* 'hɔrnɪsə] (eine Wespenart)
das **Ho|ro|s|kop** (astrologische Schicksalsdeutung); des Horoskops; die Ho|ro|s|ko|pe
hor|rend; horrende Preise
der **Hor|ror** (Abscheu, Grausen); des Horrors
der **Hor|ror|clown** [...klau̯n]
der **Hor|ror|film**
der **Hör|saal** (Veranstaltungsraum an der Universität)
das **Hör|spiel**
der **Hör|spiel|au|tor**
die **Hör|spiel|au|to|rin**
der **Horst;** des Horsts *oder* Hors|tes; die Hors|te
die **Hör|sta|ti|on** (standortgebundenes Gerät zum Hören von Informationen, besonders im Museum)
der **Hort;** des Horts *oder* Hor|tes; die Hor|te
hor|ten; du hortest; er hortete; er hat Geld, Vorräte gehortet; hort *oder* horte nicht zu viele Tabletten!
die **Hor|ten|sie** (ein Zierstrauch); die Horten|si|en
das **Hör|ver|mö|gen**
das **Hör|ver|ste|hen** (*Pädagogik:* Verständnis gehörter Äußerungen in einer Fremdsprache)

die **Ho|se;** *Verkleinerungsform:* das Höschen; er trägt eine graue Hose; sie hat [ein Paar] lange Hosen an
das **Ho|sen|bein**
das **Hos|pi|tal** (Krankenhaus); des Hospitals; die Hos|pi|ta|le *oder* Hos|pi|tä|ler
das **Hos|piz** (Einrichtung zur Pflege und Betreuung Sterbender); des Hos|pi|zes; die Hos|pi|ze
der **Host** [hɔu̯st] (*EDV:* Zentralrechner mit permanenter Zugriffsmöglichkeit); des Host *oder* Hosts; die Hosts
das **Hos|tel** (preiswerte Unterkunft); des Hostels; die Hostels; wir übernachten in einem Hostel
hos|ten ['hɔu̯stn̩] (*EDV:* auf einem Host installieren, betreiben)
der **Hos|ter** ['hɔu̯s...] (*EDV kurz für:* Webhoster); des Hosters; die Hoster
die **Hos|tess** (Begleiterin, Betreuerin); die Hostessen
die **Hos|tie** (Abendmahlsbrot); die Hos|tien
der *oder* das **Hot|dog** *oder* **Hot Dog** (heiße Wurst im Brötchen); des Hotdogs *oder* Hot Dogs; die Hotdogs *oder* Hot Dogs
das **Ho|tel;** des Hotels; die Hotels
die **Hot|line** ['hɔtlai̯n] (Telefonnummer für rasche Serviceleistungen); die Hotlines
der **House** [hau̯s] (elektronische Tanzmusik mit schnellen Rhythmen); des House; sie spielten gestern Abend vorwiegend House
das *oder* der **Ho|ver|board** ['hɔvɐ...] (elektrisch angetriebenes zweirädriges Rollbrett ohne Lenkstange); des Hoverboards; die Hoverboards
HR = Hessischer Rundfunk; des HR
Hrsg. = Herausgeber, Herausgeberin, Herausgeberinnen
das **HTML** (*EDV:* Beschreibungssprache, die es ermöglicht, Texte ins Internet zu stellen); des HTML *(meist ohne Artikel)*
hu!; hu|hu!
der **Hub|raum**
hüb|sch; hüb|scher; am hüb|sches|ten
der **Hub|schrau|ber;** des Hubschraubers; die Hubschrauber
hu|cke|pack; sie trug ihn huckepack
der **Huf;** des Hufs *oder* Hu|fes; die Hu|fe
das **Huf|ei|sen**
huf|ei|sen|för|mig

der **Huf|lat|tich** (eine Heilpflanze); des Huflattichs; die Huf|lat|ti|che

die **Hüf|te**

das **Hüft|ge|lenk**

die **Hüft|pro|the|se**

der **Hü|gel;** des Hügels; die Hügel

hü|ge|lig *oder* **hüg|lig**

das **Huhn;** des Huhns *oder* Huh|nes; die Hüh|ner

hui! (Ausruf)

hul|di|gen (sich durch einen Treueeid unterwerfen; seine Verehrung zum Ausdruck bringen); sie huldigt; er hat dem Kaiser gehuldigt

die **Hul|di|gung** (Ehrung)

die **Hül|le**

hül|len; sie hüllte; er hat gehüllt; hüll *oder* hülle dich in Stillschweigen!

die **Hül|se**

die **Hül|sen|frucht**

hu|man (menschlich; menschenfreundlich; nachsichtig)

der **Hu|ma|nis|mus** (Bildungsideal der griechisch-römischen Antike; geistige Strömung im 14. bis 16. Jahrhundert; Humanität)

hu|ma|nis|tisch; ein humanistisches Gymnasium (Gymnasium, an dem die klassischen Sprachen Griechisch und Latein unterrichtet werden)

hu|ma|ni|tär (menschenfreundlich; wohltätig); humanitäre Hilfe; eine humanitäre Krise *(Krise für das Wohlergehen der Menschen)*

die **Hu|ma|ni|tät** (Menschlichkeit; humane Gesinnung)

der **Hum|bug** (*umgangssprachlich für:* Schwindel; Unsinn); des Humbugs

die **Hum|mel;** die Hummeln

der **Hum|mer** (ein Krebs); des Hummers; die Hummer

der **Hu|mor;** des Humors

hu|mo|ris|tisch; humoristische Darbietungen

hu|mor|voll

hum|peln; du humpelst; sie hat *oder* ist gehumpelt; humple *oder* humpele nicht so!

der **Hum|pen** (ein großes Trinkgefäß); des Humpens; die Humpen

der **Hu|mus** (fruchtbarer Bodenbestandteil); des Humus

der **Hu|mus|bo|den**

der **Hund;** des Hunds *oder* Hun|des; die Hun|de; der Große und der Kleine Hund (Sternbilder)

die **Hun|de|hüt|te**

hun|de|mü|de, *auch:* **hunds|mü|de** (*umgangssprachlich für:* sehr müde)

hun|dert; hundert Menschen; an die hundert Menschen; der fünfte Teil von hundert; ABER: ein halbes Hundert; das zweite Hundert; ein paar hundert *oder* Hundert [Leute]; einige, viele hunderte *oder* Hunderte; [viele] hunderte *oder* Hunderte von Menschen; sie strömten zu hunderten *oder* Hunderten herein

> **!** Bei unbestimmten Mengen – also solchen, die nicht in Ziffern angegeben werden können – kann *hundert[e]* klein- oder großgeschrieben werden.

das **Hun|dert;** vier vom Hundert

hun|dert|eins

der **Hun|der|ter;** des Hunderters; die Hunderter

hun|der|ter|lei

der **Hun|dert|eu|ro|schein** *oder* **Hundert-Eu|ro-Schein** (*mit Ziffern:* 100-Euro-Schein)

hun|dert|fach (*mit Ziffern:* 100-fach *oder* 100fach)

das **Hun|dert|fa|che**

hun|dert|jäh|rig (*mit Ziffern:* 100-jährig)

hun|dert|mal; vielhundertmal; viele hundert Mal[e] *oder* viele Hundert Mal[e]; viel hundert Male *oder* viel Hundert Male; ein halbes Hundert Mal

der **Hun|dert|me|ter|lauf** *oder* **Hundert-Me|ter-Lauf** (*mit Ziffern:* 100-Meter-Lauf *oder* 100-m-Lauf)

hun|dert|pro|zen|tig (*mit Ziffern:* 100-prozentig *oder* 100%ig)

hun|derts|te; der hundertste Anrufer; ABER: vom Hundertsten ins Tausendste kommen (vom Thema abkommen)

das **Hun|derts|tel** ↑ Achtel

hun|dert|tau|send; Hunderttausende *oder* hunderttausende Besucher *oder* von Besuchern

hun|dert|und|eins

das **Hun|de|sit|ting** (*vergleiche:* Babysitting); des Hundesittings

A B C D E F G H hun I J K L M N O P Q R S T U V W X Y Z

die **Hün|din;** die Hündinnen
hün|disch; hündischer Gehorsam
der **Hü|ne** (sehr großer, kräftiger Mann); des/dem/den Hünen; die Hünen
das **Hü|nen|grab**
hü|nen|haft
der **Hun|ger;** des Hungers; er starb vor Hunger; ABER: hungers sterben
hun|gern; sie hat gehungert; mich hungert
die **Hun|gers|not**
hung|rig
die **Hü|nin;** die Hüninnen
der **Hun|ne** (*im Altertum:* Angehöriger eines mongolischen Nomadenvolks); des/dem/den Hunnen; die Hunnen

die **Hun|nin;** die Hunninnen
die **Hu|pe**
hu|pen; du hupst; sie hupte; er hat gehupt; hup *oder* hupe nicht!
hüp|fen; du hüpfst; er hüpfte; sie hat den ganzen Morgen gehüpft; ABER: sie ist über den Stein gehüpft
die **Hür|de** (Hindernis)
der **Hür|den|lauf**
der **Hür|den|läu|fer**
die **Hür|den|läu|fe|rin**
die **Hu|re** (Prostituierte)
hur|ra! [*auch:* 'hʊra] (Ausruf)
das **Hur|ra;** des Hurras; die Hurras; viele Hurras; Hurra *oder* hurra schreien
der **Hur|ri|kan** ['harikn̩, *selten* 'hʊrika:n] (Wirbelsturm); des Hurrikans; die Hurrikans *oder* die Hur|ri|ka|ne
hur|tig (flink)
der **Hu|sar** (*Geschichte für:* Angehöriger einer ungarischen Reitertruppe); des/dem/den Hu|sa|ren; die Hu|sa|ren
husch!; husch, husch!
hu|schen; du huschst; sie ist durchs Zimmer gehuscht
hüs|teln; du hüstelst; er hüstelte; sie hat gehüstelt; hüstle *oder* hüstele nicht!
hus|ten; du hustest; er hustete; sie hat gehustet; huste nicht!
der **Hus|ten;** des Hustens
das **Hus|ten|bon|bon**
der **Hus|ten|saft**
der **Hut** (die Kopfbedeckung); des Huts *oder* Hu|tes; die Hü|te
die **Hut** (der Schutz, die Aufsicht); auf der Hut (vorsichtig) sein
hü|ten; du hütest; sie hütet; sie hat gehütet; hüte die Schafe!; sich hüten; er hat sich gehütet[,] mir zu widersprechen
die **Hüt|te**
der **Hüt|ten|schuh**
der **Hüt|ten|wirt**
die **Hüt|ten|wir|tin**
die **Hy|ä|ne** (ein Raubtier); die Hyänen
die **Hy|a|zin|the** (eine Zwiebelpflanze); die Hyazinthen
das *oder* der **Hy|b|rid** (*besonders Fachsprache:* Mischung; *nur* der: [Fahrzeug mit] Hybridantrieb); sie fährt einen Hybrid
der **Hy|b|rid|an|trieb** (*Kfz-Technik:* Kombination aus zwei Antriebsarten)
das **Hy|b|rid|mo|dell** (Hybridfahrzeug)
der **Hy|d|rant** (Zapfstelle zur Wasserentnahme); des/dem/den Hy|d|ran|ten; die Hy|d|ran|ten
die **Hy|d|rau|lik** (Strömungslehre; hydraulisches System)
hy|d|rau|lisch (mit Flüssigkeitsdruck arbeitend); hydraulische Bremse
das **Hy|d|ro|xid** *oder* **Hy|d|ro|xyd** (chemische Verbindung); *vergleiche:* Oxid
die **Hy|gi|e|ne** (Gesundheitslehre; Gesundheitspflege)
die **Hy|gi|e|ne|re|gel** *meist Plural*
hy|gi|e|nisch; hygienische Verpackungen
die **Hym|ne** (Festgesang, Lobgesang); die Hymnen
der **Hype** [haɪ̯p] (Welle oberflächlicher Begeisterung); des Hypes; die Hypes
hy|pen ['haɪ̯pn̩] (*umgangssprachlich für:* jemanden, etwas groß herausbringen)
hy|per|ak|tiv (*besonders Medizin, Psychologie, Pädagogik:* mit einem übersteigerten Bewegungsdrang); hyperaktive Kinder
hy|per|kor|rekt (überkorrekt); ein hyperkorrektes Verhalten
der **Hy|per|link** ['haɪ̯pɐlɪŋk] (Stelle auf dem Bildschirm, die durch Anklicken zu weiteren Informationen führt); des Hyperlink *oder* Hyperlinks; die Hyperlinks
hy|per|mo|dern (übertrieben modern)
die **Hyp|no|se** (schlafähnlicher Bewusstseinszustand); die Hypnosen
hyp|no|ti|sie|ren (in Hypnose versetzen); du hypnotisierst ihn; sie hat ihn hypnotisiert

die **Hy|po|te|nu|se** (Seite gegenüber dem rechten Winkel im Dreieck); die Hypotenusen

die **Hy|po|thek** (Pfandrecht an einem Grundstück); die Hy|po|the|ken

die **Hy|po|the|se** (unbewiesene Annahme); eine Hypothese entwickeln, aufstellen

hy|po|the|tisch; hypothetische Aussagen

Hieroglyphe

! Viele Fremdwörter werden anders geschrieben, als sie gesprochen werden, oder ganz anders als vergleichbare Fremdwörter. Dazu gehört auch das Nomen *Hieroglyphe,* das in der ersten Silbe nicht mit *y,* sondern mit einem langen *ie* geschrieben wird.

die **Hys|te|rie** (eine psychisch bedingte körperliche Störung); die Hys|te|ri|en

hys|te|risch; hysterische Anfälle

I

das **I** (Buchstabe); des I; die I; ABER: das i in Bild

i. A. = im Auftrag[e]

i. Allg. = im Allgemeinen

der **IC** = Intercity[zug] *(Markenbezeichnung)*

der **ICE** = Intercityexpress[zug] *(Markenbezeichnung)*

ich

das **Ich;** des Ich *oder* Ichs; die Ich *oder* Ichs; das liebe Ich; mein anderes Ich

die **Ich-AG** (Einzelunternehmen einer arbeitslosen Person, die sich selbstständig macht und befristet staatliche Zuschüsse bekommt); die Ich-AGs

der **Ich|er|zäh|ler** *oder* **Ich-Er|zäh|ler**

der **Ich|ro|man** *oder* **Ich-Ro|man** (Roman, der in der ersten Person Singular erzählt wird)

das **Icon** [ˈaɪ̯kn̩] (*EDV:* Sinnbild für z. B. ein Programm oder eine Datei auf dem Bildschirm); des Icons; die Icons

ide|al (nur in der Vorstellung existierend; vollkommen); ideale Partner

das **Ide|al** (höchstes Ziel, Wunschbild); des Ideals; die Ide|a|le

das **Ide|al|bild**

der **Ide|al|fall;** im Idealfall

der **Ide|a|lis|mus** (Streben nach Verwirklichung von Idealen)

der **Ide|a|list;** des/dem/den Ide|a|lis|ten; die Ide|a|lis|ten

die **Ide|a|lis|tin;** die Idealistinnen

ide|a|lis|tisch; idealistische Ziele

die **Idee** (Grundgedanke, Einfall, Plan); die Ide|en; eine Idee (Kleinigkeit) Salz zugeben

ide|ell (nur gedacht; geistig)

die **Iden|ti|fi|ka|ti|on** (Gleichsetzung)

iden|ti|fi|zie|ren (miteinander gleichsetzen, eine Person oder Sache genau wiedererkennen); du identifizierst; man hat die Tote identifiziert

die **Iden|ti|fi|zie|rung**

iden|tisch (übereinstimmend; völlig gleich); identische Schriftstücke

die **Iden|ti|tät** (Echtheit einer Person oder Sache; Gleichheit); die Iden|ti|tä|ten

die **Ideo|lo|gie** (Weltanschauung, die zur Erreichung politischer und wirtschaftlicher Ziele dient); die Ideo|lo|gi|en

ideo|lo|gisch; ideologisches Denken

der **Idi|ot** (Schimpfwort); des/dem/den Idi|o|ten; die Idi|o|ten

die **Idi|o|tin;** die Idiotinnen

idi|o|tisch

das **Idol** (Götterbild; Abgott; Schwarm); des Idols; die Ido|le

das **Idyll** (Zustand friedlichen, einfachen Lebens); des Idylls; die Idyl|le

idyl|lisch; eine idyllische Landschaft

der **Igel;** des Igels; die Igel

der *oder* das **Ig|lu** (runde Schneehütte der Eskimos); des Iglus; die Iglus

der **Ig|no|rant** (Nichtswisser, Dummkopf); des/dem/den Ig|no|ran|ten; die Ig|no|ran|ten

die **Ig|no|ran|tin;** die Ignorantinnen

die **Ig|no|ranz** (Unwissenheit, Dummheit); der Ignoranz

ig|no|rie|ren (nicht beachten, nicht wissen wollen); du ignorierst ihn; sie hat ihn ignoriert; ignorier *oder* ignoriere ihn!

ihm

ihn

ih|nen

ihr; ihr Geld; ihre Brille; ihres, ihrem,

ihren, ihrer; die Ihren *oder* Ihrigen (ihre Angehörigen); das Ihre *oder* Ihrige (ihre Habe); sie muss das Ihre *oder* Ihrige dazu tun; *im Brief:* bitte teile mir mit, wann ihr *oder* Ihr kommt; ABER: bitte teilen Sie uns Ihre Ankunft mit

> **!** In Briefen muss man unterscheiden: Wenn der Empfänger geduzt wird, dann kann die Anrede klein- oder großgeschrieben werden, z. B.: »Bitte schreib mir, wann ihr *oder* Ihr kommt.« Wird der Empfänger jedoch gesiezt, wird das Possessivpronomen *Ihr* (als Entsprechung zu *Sie*) großgeschrieben, z. B.: »Bitte teilen Sie uns Ihre Ankunft mit.«

ih|rer|seits
ih|res|glei|chen
ih|ret|we|gen
die **Iko|ne** (Kultbild der Ostkirche; *übertragen für:* Idol); der Ikone; die Ikonen; eine Ikone der Popmusik
il|le|gal (ungesetzlich; unrechtmäßig)
die **Il|lu|mi|na|ti|on** (festliche Beleuchtung)
il|lu|mi|nie|ren (festlich erleuchten); du illuminierst; sie hat den Garten mit bunten Lampen illuminiert; illuminier *oder* illuminiere den Garten!
die **Il|lu|si|on** (Wunschvorstellung, Sinnestäuschung); die Il|lu|si|o|nen
il|lu|si|ons|los
il|lu|so|risch (nur in der Illusion bestehend); illusorische Pläne
il|lus|ter (glänzend, vornehm); il|lus|t|re Gesellschaft
die **Il|lus|t|ra|ti|on** (Erläuterung; Bebilderung); die Il|lus|t|ra|ti|o|nen
il|lus|t|rie|ren; du illustrierst; sie hat das Buch illustriert; illustrier *oder* illustriere das Buch!
die **Il|lus|t|rier|te;** der Illustrierten; die Illustrierten; ABER: zwei Illustrierte *oder* Illustrierten
der **Il|tis** (ein kleines Raubtier); des Iltisses; die Iltisse
im (in dem); im Auftrag[e]; im Grunde [genommen]; im Haus[e]; im Allgemeinen; im Besonderen; im Übrigen; im Großen und Ganzen; im Voraus; im Einzelnen; [nicht] im Geringsten; im Argen liegen; mit sich im Reinen sein; im Begriff[e] sein (gerade mit etwas anfangen wollen)
das **Image** [ˈɪmɪtʃ] (Vorstellungsbild von einer Person oder Personengruppe in der öffentlichen Meinung); des Images [ˈɪmɪtʃs]; die Images
ima|gi|när (nur vorgestellt; *Mathematik:* nicht reell); imaginäre Zahlen
die **Ima|gi|na|ti|on** (Einbildungskraft); die Imaginationen
der **Imam** (Vorbeter in der Moschee); des Imam *oder* Imams; die Ima|me *oder* Imams
der **Im|biss;** des Im|bis|ses; die Im|bis|se
der **Im|biss|stand** *oder* **Im|biss-Stand**
die **Imi|ta|ti|on** (Nachahmung); die Imi|ta|ti|o|nen
imi|tie|ren; du imitierst; er hat ihn imitiert; imitier *oder* imitiere ihn nicht!
der **Im|ker** (Bienenzüchter); des Imkers; die Imker
die **Im|ke|rin;** die Imkerinnen
im|ma|te|ri|ell (unkörperlich; geistig)
im|mens (unermesslich groß); ein immenser Aufwand
im|mer; für immer; ein immer währender *oder* immerwährender Kalender
im|mer|fort (ständig)
im|mer|grün; immergrüne Blätter; ABER: Pflanzen, die immer grün bleiben
im|mer|hin
im|mer|wäh|rend ↑ immer
im|mer|zu (fortwährend)
der **Im|mi|g|rant** (Einwanderer); des Im|mi|gran|ten; die Im|mi|gran|ten
die **Im|mi|g|ran|tin;** die Immigrantinnen
die **Im|mis|si|on** (Wirkung von Verunreinigungen, Lärm, Strahlen auf Lebewesen); die Im|mis|si|o|nen
die **Im|mo|bi|lie** (Grundstück; Grundbesitz); die Im|mo|bi|li|en *meist Plural*
der **Im|mo|bi|li|en|markt**
im|mun (gegen Ansteckung geschützt; unempfindlich; gegen gerichtliche Verfolgung geschützt)
im|mu|ni|sie|ren (immun machen); die Impfung hat den Körper immunisiert
die **Im|mu|ni|tät** (Unempfindlichkeit gegenüber Krankheitserregern; Schutz vor Strafverfolgung)
die **Im|mun|schwä|che** (krankhaft verminderte Abwehrkraft des Immunsystems)

das **Im|mun|sys|tem** (*Medizin:* körpereigenes Abwehrsystem gegen Krankheitserreger)
der **Im|pe|ra|tiv** (Befehlsform); des Imperativs; die Im|pe|ra|ti|ve
das **Im|per|fekt** (*Zeitform:* die erste Vergangenheit; Präteritum); des Imperfekts; die Im|per|fek|te
der **Im|pe|ri|a|lis|mus** (Streben von Großmächten nach wirtschaftlicher, politischer und militärischer Vorherrschaft)
im|pe|ri|a|lis|tisch; imperialistische Politik
das **Im|pe|ri|um** (Weltreich; [römisches] Kaiserreich; riesiger Machtbereich); des Imperiums; die Imperien; das Imperium eines Verlegers
im|per|ti|nent (frech, unverschämt); im|per|ti|nen|ter; am im|per|ti|nen|tes|ten
impf|fen; ich impfe; du impfst; sie hat das Kind gegen Tetanus geimpft
der **Impf|pass;** die Impf|päs|se
die **Impf|quo|te** (Anteil geimpfter Personen)
der **Impf|sta|tus**
der **Impf|stoff;** die Impf|stof|fe
die **Imp|fung**
das **Im|plan|tat** (*Medizin:* dem Körper eingepflanztes Material); des Implantats *oder* Im|plan|ta|tes; die Im|plan|ta|te
im|pli|zit (mitgemeint)
im|po|nie|ren (Achtung einflößen, Eindruck machen); du imponierst ihm; sie hat ihm imponiert
der **Im|port** (Einfuhr); des Imports *oder* Im|por|tes; die Im|por|te; Im- und Export
der **Im|por|teur** (Händler, der Waren einführt); des Importeurs; die Im|por|teu|re
die **Im|por|teu|rin;** die Importeurinnen
im|por|tie|ren; du importierst; sie importierte; sie hat ihr Auto importiert
im|po|sant (eindrucksvoll; großartig)
im|präg|nie|ren ([mit einem Schutzmittel gegen Feuchtigkeit] durchtränken); du imprägnierst; sie hat den Stoff imprägniert
die **Im|präg|nie|rung**
die **Im|pres|si|on** (Eindruck; Empfindung)
das **Im|pres|sum** (Angabe über Druck, Redaktion usw.); des Impressums; die Impressen
die **Im|pro|vi|sa|ti|on** (unvorbereitetes Handeln)
im|pro|vi|sie|ren (etwas ohne Vorbereitung tun); sie hat improvisiert
der **Im|puls** (Anstoß; Anregung; [innerer] Antrieb); des Im|pul|ses; die Im|pul|se
im|pul|siv (inneren Impulsen sogleich folgend); ein impulsiver Mensch
das **Im|puls|re|fe|rat** (kurze mündliche Darstellung wesentlicher Fakten)
im|stan|de *oder* **im Stan|de;** imstande *oder* im Stande (in der Lage) sein
in; ich gehe in dem (im) Garten auf und ab; ABER: ich gehe in den Garten
in (*umgangssprachlich für:* dazugehörend; zeitgemäß, modern); diese Disco ist [nicht mehr] in
in|ak|zep|ta|bel; inakzepta|b|le Bedingungen
die **In|an|spruch|nah|me**
der **In-App-Kauf** [...ʔɛp...] (Kauf einer Erweiterung innerhalb einer kostenlosen App)
der **In|be|griff** (die Gesamtheit; das Höchste); des Inbegriffs *oder* In|be|griffes; die In|be|grif|fe
in|be|grif|fen; Getränke sind im Preis inbegriffen
die **In|be|trieb|nah|me**
die **In|brunst** (leidenschaftliches Gefühl)
in|brüns|tig; inbrünstige Gebete
in|dem; sie diktierte den Brief, indem (während) sie im Zimmer umherging; ABER: sie diktierte einen Brief, in dem (in welchem) sie uns mitteilte, dass ...
der **In|der** (Bewohner Indiens); des Inders; die Inder
die **In|de|rin;** die Inderinnen
in|des, *häufiger:* **in|des|sen** (während; wohingegen; inzwischen; aber)
der **In|dex** (alphabetisches Verzeichnis; statistischer Messwert; Liste verbotener Bücher); des Index *oder* In|de|xes; die In|de|xe *und* In|di|zes [ˈɪnditseːs] *oder* In|di|ces
der **In|di|a|ner** (Ureinwohner Amerikas); des Indianers; die Indianer
die **In|di|a|ne|rin;** die Indianerinnen
das **In|die** (*Jargon:* kleine unabhängige Musik- oder Filmproduktionsfirma); des Indies; die Indies

A B C D E F G H I ind J K L M N O P Q R S T U V W X Y Z

der **In|die** (ein alternativer Musikstil); des Indies *(meist ohne Artikel)*

In|di|en

die **In|di|ka|ti|on** (Merkmal)

der **In|di|ka|tiv** (Wirklichkeitsform); des Indikativs; die In|di|ka|ti|ve

der **In|di|ka|tor** (Merkmal, das etwas anzeigt); des Indikators; die In|di|ka|to|ren; die schlechten Noten sind Indikator für den Wissensstand der Klasse

in|di|rekt (mittelbar); indirekte Wahl; indirekte (abhängige) Rede; indirekter (abhängiger) Fragesatz

in|disch; die indische Küche; ABER: der Indische Ozean

in|dis|kret (nicht verschwiegen; zudringlich); in|dis|kre|ter; am in|dis|kre|tes|ten

die **In|di|vi|du|a|li|tät** (Eigenart; Persönlichkeit)

in|di|vi|du|ell (vereinzelt; besonders geartet)

das **In|di|vi|du|um** (Einzelwesen, einzelne Person); des Individuums; die In|di|vi|du|en

das **In|diz** (Anzeichen; Umstand, der auf etwas schließen lässt); des In|di|zes; die In|di|zi|en

In|do|ne|si|en (Inselstaat in Südostasien)

der **In|do|ne|si|er;** des Indonesiers; die Indonesier

die **In|do|ne|si|e|rin;** die Indonesierinnen

in|do|ne|sisch

der **In|door|sport** [ˈɪndɔːɐ̯...] (in einer Halle betriebene Sportart)

in|dus|t|ri|a|li|sie|ren (Industrie ansiedeln, einführen); man hat das Land industrialisiert

die **In|dus|t|ri|a|li|sie|rung**

die **In|dus|t|rie;** die In|dus|t|ri|en

das **In|dus|t|rie|ge|biet**

die **In|dus|t|rie|kauf|frau**

der **In|dus|t|rie|kauf|mann**

in|dus|t|ri|ell (die Industrie betreffend); die industrielle Revolution

die **In|dus|t|rie|na|ti|on**

der **In|dus|t|rie|staat;** die westlichen Industriestaaten

das **In|dus|t|rie|un|ter|neh|men**

der **In-Ear-Kopf|hö|rer** [...ʔiːɐ̯...] (Kopfhörer, dessen Lautsprecher ins Ohr gesteckt werden) *meist Plural*

in|ef|fi|zi|ent (unwirksam; unwirtschaftlich)

in|ei|n|an|der; die Fäden sind ineinander verschlungen; ↑ aufeinander

in|ei|n|an|der|grei|fen; die Räder greifen ineinander; sie haben ineinandergegriffen

in|ei|n|an|der|ste|cken; die Rohre lassen sich ineinanderstecken; zwei ineinandergesteckte Rohre

in|fam (niederträchtig); eine infame Verleumdung

die **In|fan|te|rie** (*Militär:* Fußtruppe)

der **In|farkt** (*Medizin:* Absterben von Gewebe nach Unterbrechung der Blutzufuhr); des Infarkts *oder* In|fark|tes; die In|fark|te

die **In|fek|ti|on** (Ansteckung); die In|fek|ti|o|nen

die **In|fek|ti|ons|ket|te;** Infektionsketten nachverfolgen, unterbrechen

die **In|fek|ti|ons|krank|heit**

das **In|fer|no** (entsetzliches Geschehen); des Infernos; die Infernos

in|fi|nit [*auch:* ...ˈniːt] (*Sprachwissenschaft:* unbestimmt); eine infinite Form (Grundform) des Verbs

der **In|fi|ni|tiv** (Nennform, Grundform des Verbs); des Infinitivs; die In|fi|ni|ti|ve

der **In|fi|ni|tiv|satz** (satzwertiger Infinitiv)

in|fi|zie|ren (anstecken); du infizierst ihn; er hat ihn infiziert; infizier *oder* infiziere sie nicht!; sich infizieren; er hat sich bei ihm infiziert

die **In|fla|ti|on** (allgemeine Erhöhung des Preisniveaus)

die **In|fla|ti|ons|ra|te;** eine steigende Inflationsrate

der **In|flu|en|cer** [ˈɪnfluɛnsɐ] (jemand, der in sozialen Netzwerken besonders einflussreich ist); des Influencers; die Influencer

die **In|flu|en|ce|rin** [...sərɪn]; die Influencerinnen

die **In|fo** (*umgangssprachlich kurz für:* Information); die Infos

in|fol|ge; infolge des schlechten Wetters; infolge von Sturm und Hagel

in|fol|ge|des|sen

das **In|fo|ma|te|ri|al** *(umgangssprachlich)*

der **In|fo|punkt** (Informationseinrichtung, -stand)
der **In|for|mant;** des Informanten; die Informanten
die **In|for|ma|tik** (Wissenschaft von der Informationsverarbeitung)
der **In|for|ma|ti|ker;** des Informatikers; die Informatiker
die **In|for|ma|ti|ke|rin;** die Informatikerinnen
die **In|for|ma|ti|on** (Auskunft, Nachricht); Informationen gewinnen und verarbeiten
der **In|for|ma|ti|ons|aus|tausch**
die **In|for|ma|ti|ons|ge|sell|schaft**
das **In|for|ma|ti|ons|por|tal** *(EDV)*
die **In|for|ma|ti|ons|tech|nik**
die **In|for|ma|ti|ons|tech|no|lo|gie** (*Abkürzung:* IT)
die **In|for|ma|ti|ons|ver|an|stal|tung**
in|for|ma|tiv (Auskunft gebend; aufschlussreich)
in|for|mell (*bildungssprachlich für:* nicht förmlich; auf Formen verzichtend); ein informeller Brief der Schule
in|for|mie|ren (Auskunft geben, benachrichtigen); du informierst ihn; sie hat ihn informiert; informier *oder* informiere sie!; sich informieren; sie hat sich informiert
in|fra|ge *oder* **in Fra|ge;** infrage *oder* in Frage stehen, stellen; ABER NUR: das Infragestellen; das kommt nicht infrage *oder* in Frage
in|f|ra|rot; infrarote Strahlen (unsichtbare Wärmestrahlen)
die **In|f|ra|struk|tur** (organisierte Gesamtheit von Einrichtungen und Anlagen)
Ing. = Ingenieur, Ingenieurin
der **In|ge|ni|eur** [ɪnʒeˈni̯øːɐ̯] (Techniker mit Hoch- oder Fachschulausbildung); des Ingenieurs; die In|ge|ni|eu|re
die **In|ge|ni|eu|rin;** die Ingenieurinnen
der **In|ha|ber;** des Inhabers; die Inhaber
die **In|ha|be|rin;** die Inhaberinnen
in|ha|lie|ren (einatmen); du inhalierst; sie hat inhaliert; inhalier *oder* inhaliere den Kamilledampf!
der **In|halt;** des Inhalts *oder* In|hal|tes; die In|hal|te
in|halt|lich (den Inhalt betreffend)
die **In|halts|an|ga|be**
in|halts|reich
der **In|halts|stoff**
in|hu|man (unmenschlich)
in|i|ti|a|tiv (Initiative ergreifend, besitzend); initiativ werden
die **In|i|ti|a|tiv|be|wer|bung** (Bewerbung, die nicht auf eine Stellenausschreibung erfolgt)
die **In|i|ti|a|ti|ve** (Entschlusskraft; Anstoß zum Handeln); die Initiativen; die Initiative ergreifen
der **In|i|ti|a|tor** (Urheber; Anstifter); des Initiators; die In|i|ti|a|to|ren
die **In|i|ti|a|to|rin;** die In|i|ti|a|to|rin|nen; Initiatorin des Schulfestes war die SV
in|i|ti|ie|ren (den Anstoß geben; einleiten); sie initiierte den Protest; er hat das initiiert
die **In|jek|ti|on** (Einspritzung); die In|jek|ti|o|nen
in|ji|zie|ren (einspritzen); der Arzt hat ihr das Mittel in den Arm injiziert
die **In|klu|si|on** (gemeinsame Erziehung beeinträchtigter und nicht beeinträchtigter Kinder in Kindergärten und [Regel]schulen); der Inklusion; die Inklusionen
die **In|klu|si|ons|klas|se** (Schulklasse für Kinder mit und ohne Förderschwerpunkt)
die **In|klu|si|ons|schu|le**
der **In|klu|si|ons|schü|ler**
die **In|klu|si|ons|schü|le|rin**
in|ko|g|ni|to (mit fremdem Namen); inkognito reisen
in|kom|pa|ti|bel (unverträglich; unvereinbar); inkompatible Anschlüsse
in|kon|se|quent (nicht folgerichtig; widersprüchlich)
der **In|kreis** (Kreis, der alle Seiten eines Vielecks von innen berührt)
die **In|ku|ba|ti|ons|zeit** (Zeit von der Infektion bis zum Ausbruch einer Krankheit)
das **In|land**
in|län|disch (das Inland betreffend, einheimisch); inländische Unternehmen
der **In|li|ner** [ˈɪnla̯ɪnɐ] (*kurz für:* Inlineskate); des Inliners; die Inliner
der **In|line|skate** [ˈɪnla̯ɪnskɛɪ̯t] (Rollschuh mit schmalen, in einer Linie hinter-

einander angeordneten Rädchen; Inliner); des Inlineskates; die Inlineskates

in|line|ska|ten [ˈɪnlaɪ̯nskeɪ̯tn̩] (Rollschuh laufen mit Inlineskates); du inlineskatest; er inlineskatete; sie sind *oder* haben inlinegeskatet

der **In|line|ska|ter** [ˈɪnlaɪ̯nskeɪ̯tɐ]; des Inlineskaters; die Inlineskater

die **In|line|ska|te|rin;** die Inlineskaterinnen

das **In|line|ska|ting** [ˈɪnlaɪ̯nskeɪ̯tɪŋ]; des Inlineskatings

in|mit|ten; inmitten des Sees

der **Inn** (rechter Nebenfluss der Donau); des Inn *oder* Inns

in|ne|ha|ben; seit sie das Amt innehat; sie hat dieses Amt innegehabt

in|nen; von innen, nach innen; innen und außen

I

inl

das **In|nen|le|ben**

der **In|nen|mi|nis|ter**

die **In|nen|mi|nis|te|rin**

die **In|nen|po|li|tik**

die **In|nen|stadt**

in|ner|deutsch; innerdeutsche Probleme

in|ne|re; in|ners|te; zuinnerst; die inneren Angelegenheiten des Staates; die innere, *fachsprachlich auch:* Innere Medizin; ABER NUR: die Innere Mission (christliche Sozialarbeit)

das **In|ne|re;** im Innern *oder* Inneren

in|ner|halb; innerhalb eines Jahres, zweier Jahre; innerhalb vier Jahren, vier Tagen

in|ner|lich

in|ner|orts (innerhalb des Ortes)

in|ner|par|tei|lich

in|ner|städ|tisch; der innerstädtische Verkehr

in|nig; innige Umarmungen

die **In|nig|keit**

die **In|no|va|ti|on** (Erneuerung; Neuerung); der Innovation; die In|no|va|ti|o|nen

in|no|va|tiv; ein innovatives Projekt

die **In|nung** (Verband selbstständiger Handwerker)

die **In|ob|hut|nah|me** (*besonders Rechtssprache:* Unterbringung eines Kindes oder Jugendlichen durch das Jugendamt)

in|of|fi|zi|ell (nicht amtlich)

der, *auch:* das **In|put** (*EDV:* Eingabe in eine Datenverarbeitungsanlage; eingegebene Daten); des Inputs; die Inputs

die **In|qui|si|ti|on** (mittelalterliches katholisches Ketzergericht)

I. N. R. I. = Jesus Nazarenus Rex Judaeorum (»Jesus von Nazareth, König der Juden«; Inschrift auf dem Kreuz Jesu)

ins (in das)

der **In|sas|se;** des/dem/den Insassen; die Insassen

die **In|sas|sin;** die Insassinnen

ins|be|son|de|re *oder* **ins|be|sond|re;** insbesondere, wenn ...

die **In|schrift**

das **In|sekt** (Kerbtier); des Insekts; die Insek|ten

das **In|sek|ten|ho|tel** (eine Nisthilfe)

das **In|sek|ten|ster|ben**

die **In|sel;** die Inseln

das **In|se|rat** (Zeitungsanzeige); des Inserats *oder* In|se|ra|tes; die In|se|ra|te

in|se|rie|ren (eine Zeitungsanzeige aufgeben); du inserierst; sie inserierte; sie hat inseriert; inserier *oder* inseriere im Tageblatt!

ins|ge|heim

ins|ge|samt

der **In|si|der** [ˈɪnsaɪ̯dɐ] (jemand, der interne Kenntnisse von etwas hat; Eingeweihter); des Insiders; die Insider

die **In|si|de|rin;** die Insiderinnen

der **In|si|der|tipp**

in|so|fern

in|sol|vent (zahlungsunfähig)

die **In|sol|venz** (*Wirtschaft:* Zahlungsunfähigkeit); der Insolvenz; die In|sol|venzen

das **In|sol|venz|ver|fah|ren**

in|so|weit

die **In|spek|ti|on** [ɪnspɛkˈtsi̯oːn] (Kontrolle, Aufsicht, Besichtigung); die In|s|pek|ti|o|nen

der **In|s|pek|tor;** des Inspektors; die In|s|pek|to|ren

die **In|s|pek|to|rin;** die Inspektorinnen

die **In|s|pi|ra|ti|on** (Eingebung)

in|s|pi|rie|ren (anregen); sie inspiriert mich; die Reise hat ihn inspiriert

in|s|pi|zie|ren (kontrollierend besichtigen); ich inspiziere die Truppe; sie hat das Werk inspiziert

die **In|s|pi|zie|rung**

in|sta|bil (unbeständig)
die **In|sta|bi|li|tät**
das **In|s|ta|gram** [*meist* ...stəgrɛm] (*Markenbezeichnung:* Onlinedienst zum Bearbeiten und gemeinsamen Nutzen von Fotos, Videos); des Instagram oder Instagrams *(meist ohne Artikel)*
der **In|s|tal|la|teur** [ɪnstala'tø:ɐ̯]; des Installateurs; die In|s|tal|la|teu|re
die **In|s|tal|la|teu|rin;** die Installateurinnen
die **In|s|tal|la|ti|on** (der Einbau, der Anschluss von technischen Anlagen)
in|s|tal|lie|ren; du installierst; er hat die Heizung installiert; installier *oder* installiere das Programm!
in|stand *oder* **in Stand;** instand *oder* in Stand halten; instand *oder* in Stand setzen; ABER: das Instandhalten; das Instandsetzen
die **In|stand|hal|tung**
in|stän|dig (eindringlich); jemanden inständig um etwas bitten
die **In|stand|set|zung**
das **In|stant Mes|sa|ging** ['ɪnstn̩t 'mɛsɪdʒɪŋ] (*EDV:* sofortige Nachrichtenübermittlung)
die **In|s|tanz** (zuständige offizielle Stelle); die In|s|tan|zen
die **In|s|ta|sto|ry** (*Jargon:* auf Instagram *[Markenbezeichnung]* gepostete Fotogeschichte)
der **In|s|ta|walk** [...vɔ:k] (*Jargon:* Fotospaziergang, der auf Instagram *[Markenbezeichnung]* gepostet wird)
der **In|s|tinkt** [ɪn'stɪŋkt] (Naturtrieb); des Instinkts *oder* In|s|tink|tes; die In|s|tink|te
in|s|tink|tiv (trieb-, gefühlsmäßig, unwillkürlich); instinktives Verhalten
in|s|tinkt|los
die **In|s|tinkt|lo|sig|keit**
das **In|s|ti|tut** [ɪnsti'tu:t] (Forschungs-, Lehranstalt); des Instituts *oder* In|s|ti|tu|tes; die In|s|ti|tu|te
die **In|s|ti|tu|ti|on** (öffentliche Einrichtung); die In|s|ti|tu|ti|o|nen
in|s|t|ru|ie|ren [ɪnstru'i:rən] (unterweisen, anleiten); er hat die Truppe instruiert; instruier *oder* instruiere unser Team!
die **In|s|t|ruk|ti|on** (Anleitung); die In|s|t|ruk|ti|o|nen
in|s|t|ruk|tiv (lehrreich); ein instruktiver Vortrag
das **In|s|t|ru|ment;** des Instruments *oder* In|s|t|ru|men|tes; die In|s|t|ru|men|te
in|s|t|ru|men|tal (mit Musikinstrumenten); sie hat den Sänger instrumental begleitet
die **In|s|t|ru|men|tal|mu|sik**
in|s|t|ru|men|tie|ren; sie hat das Klavierstück für Orchester instrumentiert (eingerichtet)
die **In|s|t|ru|men|tie|rung**
in|sze|nie|ren (für die Bühnenaufführung gestalten); die Regisseurin hat das Stück neu inszeniert
die **In|sze|nie|rung**
in|takt (unversehrt, heil); ein intakter Motor
in|te|ger (makellos; unbestechlich); eine integre Politikerin
die **In|te|g|ra|ti|on** (Eingliederung; Vereinigung zu einem Ganzen)
der **In|te|g|ra|ti|ons|kurs**
in|te|g|ra|tiv (eingliedernd)
in|te|g|rie|ren (in ein Ganzes einfügen); er lässt sich nicht in die Gruppe integrieren; die integrierte Gesamtschule
die **In|te|g|ri|tät** (Unbestechlichkeit)
der **In|tel|lekt** (Denkvermögen, Verstand); des Intellekts *oder* In|tel|lek|tes
in|tel|lek|tu|ell (betont verstandesmäßig)
in|tel|li|gent (klug, begabt); in|tel|li|genter; am in|tel|li|gen|tes|ten
die **In|tel|li|genz;** die In|tel|li|gen|zen
der **In|ten|dant** (Theaterleiter, Leiter eines Rundfunk- oder Fernsehsenders); des/dem/den In|ten|dan|ten; die In|ten|danten
die **In|ten|dan|tin;** die Intendantinnen
die **In|ten|si|tät** (Stärke)
in|ten|siv (eindringlich; gründlich); intensive (mit großem Aufwand betriebene) Landwirtschaft
das **In|ten|siv|bett** (Bett auf einer Intensivstation)
die **In|ten|siv|sta|ti|on** (im Krankenhaus)
die **In|ten|ti|on** (Absicht); die In|ten|ti|onen
in|ten|ti|o|nal (zielgerichtet); ein intentionales Vorgehen
die **In|ter|ak|ti|on** (*Psychologie, Soziologie:*

wechselseitiges Handeln); die In|ter|ak|ti|o|nen

in|ter|ak|tiv (gegenseitig, wechselweise); ein interaktives Medium

die **In|ter|ak|ti|vi|tät** (*besonders EDV:* Dialog zwischen Computer und Benutzer/-in)

der **In|ter|ci|ty** [ɪntɐˈsɪti] (*Markenbezeichnung:* schneller, zwischen Großstädten verkehrender Personenzug; *Abkürzung:* IC); des Intercitys; die Intercitys

der **In|ter|ci|ty|ex|press** (*Markenbezeichnung:* moderner Hochgeschwindigkeitszug; *Abkürzung:* ICE)

in|ter|dis|zi|p|li|när (mehrere Disziplinen betreffend)

in|te|r|es|sant; in|te|r|es|san|ter; am in|te|r|es|san|tes|ten

in|te|r|es|san|ter|wei|se

das **In|te|r|es|se** (Teilnahme; Neigung; Vorteil); des Interesses; die Interessen; sie hat Interesse an, für etwas; das liegt [nicht] in meinem Interesse

in|te|r|es|se|hal|ber

das **In|te|r|es|sen|ge|biet**

die **In|te|r|es|sen|ge|mein|schaft**

der **In|te|r|es|sent** (jemand, der Interesse an etwas zeigt); des In|te|r|es|sen|ten; die In|te|r|es|sen|ten

die **In|te|r|es|sen|tin;** die Interessentinnen

in|te|r|es|sie|ren (Interesse wecken); etwas interessiert; etwas hat ihn interessiert; sie hat ihn an, für etwas interessiert; sich interessieren; sie hat sich dafür interessiert

in|te|r|es|siert (Anteil nehmend); interessierter; am interessiertesten; eine sehr interessierte Klasse

das **Interieur** [ɛ̃teˈri̯øːɐ̯] (Inneneinrichtung); des Interieurs; die Interieurs *oder* In|te|ri|eu|re

die **In|ter|jek|ti|on** (Empfindungs- oder Ausrufewort); die In|ter|jek|ti|o|nen

in|ter|kul|tu|rell (verschiedene Kulturen verbindend, umfassend); interkulturelle Begegnungen

das **In|ter|mez|zo** (Zwischenspiel; Zwischenfall); des Intermezzos; die Intermezzos *oder* Intermezzi

in|tern (innerlich; vertraulich); eine interne Angelegenheit

das **In|ter|nat** (eine Schule mit Wohnheim); des Internats *oder* In|ter|na|tes; die In|ter|na|te

in|ter|na|ti|o|nal; internationale Vereinbarungen; ABER: das Internationale Rote Kreuz

die **In|ter|na|ti|o|na|li|sie|rung**

die **In|ter|nats|schu|le**

das **In|ter|net** (internationales Computernetzwerk); des Internets

die **In|ter|net|ad|res|se**

der **In|ter|net|ak|ti|vist**

die **In|ter|net|ak|ti|vis|tin**

der **In|ter|net|auf|tritt**

die **In|ter|net|bla|se** (Nachfrage nach überteuerten Aktien von Internetunternehmen)

in|ter|net|fä|hig; ein Standard, der Mobiltelefone internetfähig macht

der **In|ter|net|gi|gant** (*umgangssprachlich für:* Internetkonzern)

der **In|ter|net|nut|zer**

die **In|ter|net|nut|ze|rin**

das **In|ter|net|por|tal**

die **In|ter|net|sei|te**

der **In|ter|net|zu|gang**

der **In|ter|nist** (Facharzt für innere Krankheiten); des/dem/den In|ter|nis|ten; die In|ter|nis|ten

die **In|ter|nis|tin;** die Internistinnen

der **In|ter|pret** (jemand, der etwas interpretiert; reproduzierender Künstler); des In|ter|pre|ten; die In|ter|pre|ten

die **In|ter|pre|ta|ti|on** (Auslegung, Deutung)

die **In|ter|pre|ta|ti|ons|me|tho|de**

in|ter|pre|tie|ren; er hat ihre Äußerung interpretiert; interpretier *oder* interpretiere den Text!; ein Gedicht interpretieren

die **In|ter|punk|ti|on** (Zeichensetzung)

das **In|ter|ro|ga|tiv|pro|no|men** (Fragefürwort)

der **In|ter|ro|ga|tiv|satz** (Fragesatz)

das **In|ter|vall** (Zeitspanne, Abstand); des Intervalls; die In|ter|val|le

in|ter|ve|nie|ren (eingreifen, vermitteln)

die **In|ter|ven|ti|on;** die In|ter|ven|ti|o|nen

das **In|ter|view** [ˈɪntɐvjuː *oder* ɪntɐˈvjuː] (Befragung, Unterredung); des Interviews; die Interviews

in|ter|vie|w|en [ɪntɐˈvjuːən]; du interviewst; sie interviewte; sie hat den Politiker interviewt

der **In|ter|vie|w|er;** des Interviewers; die Interviewer

die **In|ter|vie|w|e|rin;** die Interviewerinnen

in|tim (vertraut; das Geschlechtsleben betreffend)

die **In|ti|mi|tät;** die In|ti|mi|tä|ten

die **In|tim|sphä|re** (vertraut-persönlicher Bereich)

in|to|le|rant (unduldsam)

die **In|to|le|ranz;** die In|to|le|ran|zen

die **In|to|na|ti|on** (*Musik:* das An-, Abstimmen); die In|to|na|ti|o|nen

in|to|nie|ren (anstimmen); sie haben ein Weihnachtslied intoniert

das **In|t|ra|net** (unternehmensinternes Computernetz); des Intranets; die Intranets

in|tran|si|tiv (ohne persönliches Passiv, ohne Akkusativobjekt, nicht zielend); ein intransitives Verb

in|t|ri|gant (hinterhältig)

die **In|t|ri|ge** (hinterhältige Machenschaften); die Intrigen

in|t|ri|gie|ren; du intrigierst; er intrigierte; sie hat gegen ihn intrigiert; intrigier *oder* intrigiere nicht!

die **In|tu|i|ti|on** (unmittelbares Erfassen; Eingebung); die In|tu|i|ti|o|nen

in|tu|i|tiv; intuitives Handeln

in|tus; etwas intus haben (etwas gegessen oder getrunken haben; etwas begriffen haben)

der **Inuk** (Selbstbezeichnung der Eskimos); des Inuks; die Inu|it

in|va|lid *oder* **in|va|li|de** (arbeitsunfähig)

der **In|va|li|de;** des/dem/den Invaliden; die Invaliden; ein Invalide; zwei Invaliden

die **In|va|li|de;** eine Invalide

die **In|va|li|di|tät** (Arbeitsunfähigkeit)

die **In|va|si|on** (feindlicher Einfall); die In|va|si|o|nen

das **In|ven|tar** (Einrichtungsgegenstände, Bestand); des Inventars; die In|ven|ta|re

die **In|ven|tur** (Bestandsaufnahme); die In|ven|tu|ren; das Geschäft bleibt wegen Inventur geschlossen

in|ves|tie|ren (Kapital anlegen); du investierst; sie investierte; sie hat in das Geschäft *oder* in dem Geschäft viel Geld investiert

in|ves|ti|ga|tiv (nachforschend, enthüllend); investigativer Journalismus

die **In|ves|ti|ti|on** (Kapitalanlage); die In|ves|ti|ti|o|nen

die **In|vest|ment|bank** (Bank, die auf bestimmte Geschäfte spezialisiert ist); der Investmentbank; die In|vest|ment|ban|ken

der **In|vest|ment|ban|ker**

die **In|vest|ment|ban|ke|rin**

in|wen|dig (im Innern); der Apfel war inwendig faul; sie kennt die Ballade in- und auswendig (gründlich)

in|wie|fern

in|wie|weit; inwieweit sind die Angaben zuverlässig?

in|zwi|schen

das **IOK** = Internationale Olympische Komitee

das **Ion** (elektrisch geladenes Teilchen); des Ions; die Io|nen

die **Io|nen|strah|len** *Plural*

das **iPad®** *oder* **I-Pad** ['aɪ̯pɛd] (*Markenbezeichnung:* ein Tablet-PC der Firma Apple); des iPad, I-Pad *oder* iPads, I-Pads; die iPads, I-Pads

die **IP-Ad|res|se** (Ziffernfolge, über die ein Rechner in einem Netzwerk [z. B. im Internet] identifiziert wird)

das **iPhone®** *oder* **I-Phone** ['aɪ̯fɔʊ̯n] (*Markenbezeichnung:* ein mobiles Gerät der Firma Apple); des iPhone, I-Phone *oder* iPhones, I-Phones; die iPhones, I-Phones

der **iPod®** *oder* **I-Pod** ['aɪ̯pɔt] (*Markenbezeichnung:* MP3-Player der Firma Apple); des iPod, I-Pod *oder* iPods, I-Pods; die iPods, I-Pods

der **i-Punkt**

i. R. = im Ruhestand

die **IRA** = Irisch-Republikanische Armee

Irak *oder* der **Irak** [*auch:* 'iːrak] (Staat in Vorderasien); die Bevölkerung Iraks *oder* des Irak[s]

der **Ira|ker;** des Irakers; die Iraker

die **Ira|ke|rin;** die Irakerinnen

ira|kisch

Iran *oder* der **Iran** (Staat in Asien); die Bevölkerung Irans *oder* des Iran[s]; ↑ *auch:* Persien

der **Ira|ner;** des Iraners; die Iraner
die **Ira|ne|rin;** die Iranerinnen
ira|nisch
ir|den (aus gebranntem Ton); irdene Töpfe
ir|disch (auf der Erde); das irdische Leben
der **Ire** (Bewohner Irlands); des/dem/den Iren; die Iren
ir|gend; wenn du irgend kannst, solltest du kommen; irgend so ein Gerät; irgend so etwas
ir|gend|ein; irgendeine; irgendeiner; ↑ABER: irgend
ir|gend|et|was; ↑ABER: irgend
ir|gend|je|mand
ir|gend|wann
ir|gend|was (*umgangssprachlich für:* irgendetwas); ↑ABER: irgend
ir|gend|welch; irgendwelche Fragen
ir|gend|wer
ir|gend|wie
ir|gend|wo
ir|gend|wo|hin
die **Irin;** die Irinnen
die **Iris** (Regenbogenhaut im Auge; Schwertlilie); *Plural:* die Iris
irisch; das irische Bad; ABER: die Irische See
Ir|land (nordwesteuropäische Insel; Staat auf einem Teil dieser Insel)
die **Iro|nie** (versteckter Spott); die Iro|ni|en; tragische Ironie
iro|nisch (spöttisch)
irr *vergleiche:* **ir|re**
ir|ra|ti|o|nal (mit dem Verstand nicht fassbar; unvernünftig); irrationale Zahlen (*Mathematik:* alle Zahlen, die sich nicht als Brüche mit ganzen Zahlen darstellen lassen)
die **Ir|ra|ti|o|na|li|tät**
ir|re *oder* **irr;** irr *oder* irre sein; ein irrer (verstörter) Blick; er war irr *oder* irre (wie von Sinnen) vor Schmerz
die **Ir|re** *(gehoben); nur in:* in die Irre führen, gehen, locken
ir|re|al (unwirklich); irreale Vorstellungen
die **Ir|re|a|li|tät**
ir|re|füh|ren; etwas führt irre; seine Darstellungsweise hat mich irregeführt; eine irreführende Auskunft; sie hat vor[,] mich irrezuführen; ABER: jemanden in die Irre führen
ir|re|ge|hen; er geht irre; sie ist irregegangen
ir|re|lei|ten; er leitet ihn irre; er hat ihn irregeleitet; sie versucht[,] ihn irrezuleiten
ir|re|le|vant (unwichtig); ein irrelevanter Unterschied
die **Ir|re|le|vanz**
sich **ir|ren;** du irrst dich; er irrt sich; er irrte sich; sie hat sich geirrt
ir|re|pa|ra|bel (unersetzlich); ein irreparabler Schaden
ir|re|ver|si|bel (nicht umkehrbar); irreversible Vorgänge
ir|re|wer|den *oder* **irr|wer|den;** er wird irre *oder* irr; er ist irregeworden *oder* irrgeworden; wenn man irrewird *oder* irrwird; sie beginnt[,] irrezuwerden *oder* irrzuwerden
der **Irr|glau|be** *oder* **Irr|glau|ben**
ir|rig; eine irrige (auf einem Irrtum beruhende) Annahme
die **Ir|ri|ta|ti|on** (Reiz; Verwirrung); der Irritation; die Ir|ri|ta|ti|o|nen; es gab Irritationen wegen seines Verhaltens
ir|ri|tie|ren (verwirren, stören); die Bemerkung hat ihn irritiert; irritier *oder* irritiere ihn nicht!; irritierende Signale
das **Irr|licht;** die Irr|lich|ter
der **Irr|sinn;** des Irrsinns *oder* Irr|sin|nes
irr|sin|nig
der **Irr|tum;** des Irrtums; die Irr|tü|mer
irr|tüm|lich
der **Irr|weg;** die Irr|we|ge
der, *besonders österreichisch auch:* die **IS** [iːˈʔɛs] (die Terrororganisation Islamischer Staat); des IS, *auch:* der IS
der **IS-An|hän|ger**
die **IS-An|hän|ge|rin**
die **Isar** (rechter Nebenfluss der Donau)
die **ISBN** = Internationale Standardbuchnummer
das **ISDN** = integrated services digital network (digitales Kommunikationsnetz zur schnellen Datenübermittlung); des ISDN
der **ISDN-An|schluss**
der **Ise|grim** (der Wolf in der Tierfabel); des Isegrims
die **IS-Hoch|burg**

der **IS-Kämp|fer**
die **IS-Kämp|fe|rin**
der **Is|lam** (die im Koran verkündete Religion); des Islam *oder* Islams
is|lam|feind|lich
is|la|misch; die islamische Religion; ABER der Islamische Staat (eine internationale Terrororganisation; *Abkürzung:* IS)
der **Is|la|mist** (islamischer Fundamentalist; Person, die den Islam wissenschaftlich untersucht); des/dem/den Is|la|mis|ten; die Is|la|mis|ten
die **Is|la|mis|tin;** die Islamistinnen
is|la|mis|tisch
is|lam|kri|tisch
Is|land
der **Is|län|der;** des Isländers; die Isländer
die **Is|län|de|rin;** die Isländerinnen
is|län|disch
die **IS-Mi|liz**
die **Iso|la|ti|on** (Absonderung; Abkapselung; Abdichtung); die Iso|la|ti|o|nen
das **Iso|lier|band;** die Iso|lier|bän|der
iso|lie|ren (absondern, abdichten); du isolierst; sie isolierte; er hat das Kabel isoliert; isolier *oder* isoliere das Kabel!
iso|liert (keinen Kontakt habend)
die **Iso|lie|rung** ↑Isolation
Is|ra|el [ˈɪsrae:l *oder* ˈɪsraɛl] (Volk der Juden im Alten Testament; Staat in Vorderasien); die Kinder Israel *oder* Israels
der **Is|ra|e|li** (Angehöriger des Staates Israel); des Israeli *oder* Israelis; die Israelis
die **Is|ra|e|li;** eine Israeli
is|ra|e|lisch (zum Staat Israel gehörend)
der **Is|ra|e|lit** (Jude im Alten Testament); des/dem/den Is|ra|e|li|ten; die Is|ra|e|li|ten
die **Is|ra|e|li|tin;** die Israelitinnen
is|ra|e|li|tisch
die **ISS** = International Space Station (internationale Raumstation); der ISS
Is|tan|bul [ˈɪstambu:l] (Stadt in der Türkei)
der **IS-Ter|ror**
der **IS-Ter|ro|rist**
die **IS-Ter|ro|ris|tin**
die **IT** [aɪ̯ˈti:] (Informationstechnologie); der IT
Ita|li|en
der **Ita|li|e|ner;** des Italieners; die Italiener
die **Ita|li|e|ne|rin;** die Italienerinnen
ita|li|e|nisch; die italienische Schweiz; die italienische Literatur; ein italienischer *oder* Italienischer Salat; ABER NUR: die Italienische Republik
der **IT-Ex|per|te**
die **IT-Ex|per|tin**
das **i-Tüp|fel|chen**
der **IWF** = Internationaler Währungsfonds; des IWF
ixen (durch den Buchstaben »x« ersetzen; unleserlich machen); du ixt; er ixte; sie hat geixt; ix *oder* ixe das einfach!

J

das **J** (Buchstabe); des J; die J; ABER: das j in Boje
ja; jaja!, *auch:* ja, ja!; jawohl; ja freilich; ja doch; aber ja; na ja; nun ja; ach ja; ja *oder* Ja sagen; zu allem ja und amen *oder* Ja und Amen sagen (mit allem einverstanden sein); das Ja und [das] Nein; mit einem Ja antworten; mit Ja oder [mit] Nein stimmen; die Folgen seines Ja *oder* Jas; bei der Abstimmung gab es viele Ja *oder* Jas (Jastimmen)
die **Jacht** *oder* **Yacht** (ein Schiff, ein Segelboot); die Jach|ten *oder* Yach|ten
die **Ja|cke**
das **Ja|ckett** [ʒaˈkɛt] (zum Herrenanzug gehörende Stoffjacke); des Jacketts; die Jacketts *oder* Ja|cket|te
der **Jack|pot** [ˈdʒɛkpɔt] (angesammelter Spielgewinn); des Jackpots; die Jackpots
die **Jagd;** die Jag|den; er geht auf die Jagd
der **Jagd|hund**
ja|gen; ich jage; du jagst; er hat gejagt; jag *oder* jage ihn nicht!
der **Jä|ger;** des Jägers; die Jäger
die **Jä|ge|rei**
die **Jä|ge|rin;** die Jägerinnen
der **Ja|gu|ar** (ein Raubtier); des Jaguars; die Ja|gu|a|re
jäh (plötzlich; steil); ein jähes Ende
jäh|lings (jäh); jählings hinunterstürzen
das **Jahr;** des Jahrs *oder* Jah|res; die Jah|re; im Jahr *oder* Jahre 2010; laufenden Jah-

A B C D E F G H I J jah K L M N O P Q R S T U V W X Y Z

res; künftigen Jahres; nächsten Jahres; vorigen Jahres; über Jahr und Tag; Jahr für Jahr; von Jahr zu Jahr; zwei, viele Jahre lang; er ist über (mehr als) 14 Jahre alt; Schüler ab 14 Jahre[n], bis zu 18 Jahren; Eintritt nicht unter 16 Jahren; ein gutes neues Jahr! (Neujahrsglückwunsch)

> ! Vorsicht in Verbindung mit *dieser, diese, dieses* im Genitiv! Grammatisch richtig ist hier nur *dieses Jahres* (nicht *diesen Jahres*), so zum Beispiel *im Mai dieses Jahres.*

jahr|aus
jahr|ein
jah|re|lang; es hat jahrelang gedauert; ABER: es hat zwei Jahre lang gedauert
die **Jah|res|ar|beit** (*Schule:* schriftliche Arbeit größeren Umfangs)

der **Jah|res|ring** *meist Plural*
der **Jah|res|tag**
die **Jah|res|zeit**
der **Jahr|gang;** sie ist Jahrgang 2004 (wurde 2004 geboren)
das **Jahr|hun|dert**
jahr|hun|der|te|lang
...jäh|rig (zum Beispiel dreijährig, *mit Ziffer:* 3-jährig; drei Jahre alt, drei Jahre dauernd); eine zweijährige Ausbildung

> ! Zusammensetzungen mit *-jährig* geben das Alter oder eine Zeitdauer an: ein *halbjähriges, einjähriges* (ein halbes, ganzes Jahr altes) Kind; ein *halbjähriger, einjähriger* (ein halbes, ganzes Jahr dauernder) Aufenthalt. Zusammensetzungen mit *-jährlich* dagegen geben eine Zeitspanne an, nach deren Ablauf sich etwas wiederholt: eine *halbjährliche* Bezahlung (alle halben Jahre); die *alljährliche* (alle Jahre wiederkehrende) Verleihung des Preises.

jähr|lich (jedes Jahr wiederkehrend); die Ausstellung findet jährlich statt; ↑ABER: ...jährig
der **Jahr|markt**
das **Jahr|tau|send**
das **Jahr|zehnt;** des Jahrzehnts *oder* Jahrzehn|tes; die Jahr|zehn|te
jahr|zehn|te|lang
der **Jäh|zorn**
jäh|zor|nig
Ja|kar|ta [dʒa'karta] (Hauptstadt Indonesiens)
der **Ja|kobs|weg** (*Religion:* ein Netz europäischer, nach Santiago de Compostela führender Pilgerwege)
die **Ja|lou|sie** [ʒalu'ziː] (Sonnenblende am Fenster, Rollladen); die Ja|lou|si|en
Ja|mai|ka (Insel der Großen Antillen; Staat)
die **Ja|mai|ka|ko|a|li|ti|on** *oder* **Ja|mai|ka-Ko|a|li|ti|on** (*Politik:* Koalition aus FDP, Bündnis 90/Die Grünen und CDU/CSU)
der **Ja|mai|ka|ner;** des Jamaikaners; die Jamaikaner
die **Ja|mai|ka|ne|rin;** die Jamaikanerinnen
ja|mai|ka|nisch
der **Jam|mer;** des Jammers
der **Jam|mer|lap|pen** (*umgangssprachlich für:* ängstlicher Mensch, Schwächling)
jäm|mer|lich
jam|mern; du jammerst; er hat gejammert; jammere nicht!; er jammert mich (*gehoben für:* er tut mir leid)
jam|mer|scha|de
jam|mer|voll; jammervolles Weinen
der **Jang|t|se,** *auch:* **Jang|t|se|ki|ang** (chinesischer Fluss); des Jangtse *oder* Jangtses, *auch* des Jangtsekiang *oder* Jangtsekiangs
der **Ja|nu|ar;** des Januar *oder* Januars; die Ja|nu|a|re
Ja|pan
der **Ja|pa|ner;** des Japaners; die Japaner
die **Ja|pa|ne|rin;** die Japanerinnen
ja|pa|nisch
jap|sen (schwer atmen); du japst; sie japste; er hat nach Luft gejapst
der **Jar|gon** [ʒar'gõː] (Sondersprache einer Berufsgruppe oder Gesellschaftsschicht); des Jargons; die Jargons
der **Jas|min** (ein Strauch); des Jasmins; die Jas|mi|ne
jä|ten (aus der Erde ziehen); du jätest; er jätete; er hat Unkraut gejätet; jäte das Unkraut!
die **Jau|che**
die **Jau|che[n]|gru|be**
jauch|zen (laut jubeln); du jauchzt; sie jauchzte; sie hat vor Freude gejauchzt

der **Jauch|zer** (Freudenschrei); des Jauchzers; die Jauchzer
jau|len; du jaulst; der Hund jault; der Hund jaulte; der Hund hat gejault
Ja|va (Insel in Südostasien)
ja|wohl
der **Jazz** [dʒɛs, *auch:* jats]; des Jazz
die **Jazz|band** [ˈdʒɛsbɛnt]; die Jazzbands
je; seit je; je Person; je drei; je zwei und zwei; je länger, je lieber; je mehr, desto lieber; je kürzer, umso schneller; je nachdem; je nach Bedarf; je erwachsenen, *auch:* erwachsener Teilnehmer berechnen wir 5 Euro
die **Jeans** [dʒiːns] (Hose im Stil der Bluejeans)

! Das Wort wird meist im Plural verwendet: »ein Paar echte Jeans«. »Wo sind meine alten Jeans?« »Sie fühlt sich in Jeans am wohlsten.« Daneben ist aber auch die Singularverwendung möglich: »Heute ziehe ich meine neue Jeans an.« »In meiner grünen Jeans ist ein Loch.«

je|den|falls
je|der, je|de, je|des; zu jeder Stunde; auf jeden Fall; er benutzt jede Gelegenheit dazu; zu Anfang jedes *oder* jeden Jahres; das weiß ein jeder; jeder Beliebige kann teilnehmen; jeder Einzelne wurde gefragt; jedes Mal versprach sie es; alles und jedes (alles ohne Ausnahme)
je|der|mann
je|der|zeit; es kann jederzeit passieren; ABER: es kann zu jeder Zeit passieren
je|doch
der **Jeep** [dʒiːp] (*Markenbezeichnung:* ein Geländewagen); des Jeeps; die Jeeps
jeg|li|cher; ein jeglicher
je|mals
je|mand; jemands *oder* jemandes; jemand *oder* jemandem; jemand *oder* jemanden; sonst jemand; ABER: irgendjemand; jemand anders; jemand Fremdes; ein gewisser Jemand
Je|men *oder* der **Je|men** (Staat auf der Arabischen Halbinsel); die Bevölkerung Jemens *oder* des Jemen[s]
der **Je|me|nit;** des/dem/den Je|me|ni|ten; die Je|me|ni|ten
die **Je|me|ni|tin;** die Jemenitinnen
je|me|ni|tisch
Jen *vergleiche:* **Yen**
je|ner, je|ne, je|nes; in jener Zeit; da kam jene; ich erinnere mich jenes Tages
jen|seits; jenseits des Flusses; jenseits von Gut und Böse
das **Jen|seits**
der **Jer|sey** [ˈdʒœrzi] (eine Stoffart); des Jersey *oder* Jerseys; die Jerseys
Je|ru|sa|lem (die heilige Stadt der Juden, Christen und Muslime)
der **Je|si|de** *oder* **Je|zi|de** [...z...] (Angehöriger einer kurdischsprachigen ethnisch-religiösen Minderheit); des Jesiden *oder* Jeziden; die Jesiden *oder* Jeziden
die **Je|si|din** *oder* **Je|zi|din** [...z...]; der Jesidin *oder* Jezidin, die Jesidinnen *oder* Jezidinnen
der **Je|su|it** (Angehöriger eines katholischen Ordens); des/dem/den Je|su|i|ten; die Je|su|i|ten
Je|sus; Jesus Christus; *Genitiv:* Jesu Christi
der **Jet** [dʒɛt] (Düsenflugzeug); des Jet *oder* Jets; die Jets
der **Je|ton** [ʒəˈtõː] (Spielmarke); des Jetons; die Jetons
jet|ten [ˈdʒɛtn̩] (mit dem Jet fliegen); ich jette; du jettest; sie jettete; sie ist über den Atlantik gejettet
jet|zig; die jetzige Mode
jetzt; bis jetzt; von jetzt an
je|wei|lig; die jeweiligen Umstände
je|weils; er kommt jeweils am Montag
der **Je|zi|de** [...z...] *vergleiche:* **Je|si|de**
die **Je|zi|din** [...z...] *vergleiche:* **Je|si|din**
Jg. = Jahrgang
Jgg. = Jahrgänge
Jh. = Jahrhundert
der **Ji|had** [dʒi...] *vergleiche:* **Dschi|had**
jip|pie [ˈjɪpi, *auch:* jɪˈpiː] *vergleiche:* **yippie**
das **Jiu-Jit|su** [ˈdʒiːuˈdʒɪtsu] (*älter für* Ju-Jutsu); des Jiu-Jitsu *oder* Jiu-Jitsus
der **Job** [dʒɔp] ([Gelegenheits]arbeit, Beschäftigung); des Jobs; die Jobs
job|ben [ˈdʒɔbn̩]; du jobbst; sie jobbte; sie hat in den Ferien gejobbt
das **Job|sha|ring** [ˈdʒɔpʃɛːrɪŋ] (Aufteilung eines Arbeitsplatzes unter mehrere Personen); des Jobsharing[s]
die **Job|su|che;** auf Jobsuche sein

das **Joch** (Teil des Geschirrs bei Zugtieren; ein altes Feldmaß; Gespann); des Jochs *oder* Jo|ches; die Jo|che; ABER: 9 Joch Acker; 3 Joch Ochsen

der **Jo|ckey** [ˈdʒɔke *oder* ˈdʒɔki] (berufsmäßiger Rennreiter); des Jockeys; die Jockeys

das **Jod;** des Jods *oder* Jo|des

jo|deln; ich jod[e]le; du jodelst; sie jodelt; sie hat gejodelt

jod|hal|tig; jodhaltiges Salz

der **Jod|ler;** des Jodlers; die Jodler

die **Jod|le|rin;** die Jodlerinnen

jog|gen [ˈdʒɔgn̩] (Jogging betreiben); du joggst; sie joggte; ich bin *oder* habe früher auch gejoggt; jogge regelmäßig!

das **Jog|ging** [ˈdʒɔgɪŋ] (Laufen in mäßigem Tempo als Fitnesstraining); des Joggings

der **Jog|ging|an|zug**

der *oder* das **Jo|ghurt** *oder* **Jo|gurt** (säuerliche Dickmilch); des Joghurt[s] *oder* Jogurt[s]; die Joghurt[s] *oder* Jogurt[s]

der *oder* das **Jo|gurt** *vergleiche:* **Jo|ghurt**

Jo|han|nes|burg (Stadt in Südafrika)

die **Jo|han|nis|bee|re**

joh|len (lärmen); du johlst; er johlte; er hat gejohlt; johl *oder* johle nicht so laut!

der **Joint** [dʒɔi̯nt] (Haschisch-, Marihuanazigarette); des Joints; die Joints

das **Joint Ven|ture** [ˈdʒɔi̯nt ˈvɛntʃɐ] (*Wirtschaft:* Gemeinschaftsunternehmen); des Joint Venture[s]; die Joint Ventures

der **Jo|ker** [ˈdʒoːkɐ] (eine Spielkarte; zusätzliche Chance in einem Quiz); des Jokers; die Joker

die **Jol|le** (flaches Ruder- oder Segelboot); die Jollen

der **Jom Kip|pur** (höchster jüdischer Feiertag); des Jom Kippur; an Jom Kippur *(oft ohne Artikel)*

der **Jon|g|leur** [ʒɔŋˈløːɐ̯] (Geschicklichkeitskünstler); des Jongleurs; die Jon|g|leu|re

die **Jon|g|leu|rin;** die Jongleurinnen

jon|g|lie|ren; ich jongliere; du jonglierst; sie jonglierte; er hat mit den Bällen jongliert

die **Jop|pe** (Jacke)

der **Jor|dan** (größter Fluss Israels und Jordaniens); des Jordan *oder* Jordans

Jor|da|ni|en (Staat in Vorderasien)

der **Jor|da|ni|er;** des Jordaniers; die Jordanier

die **Jor|da|ni|e|rin;** die Jordanierinnen

jor|da|nisch

das **Jot** (der Buchstabe J); des Jot; die Jot

das **Joule** [dʒuːl] (Maßeinheit für die Energie); des Joule *oder* Joules; die Joule

das **Jour|nal** [ʒʊrˈnaːl] (Zeitschrift); des Journals; die Jour|na|le

der **Jour|na|lis|mus** (Berichterstattung in den Massenmedien; Pressewesen); des Journalismus

der **Jour|na|list;** des/dem/den Jour|na|lis|ten; die Jour|na|lis|ten

die **Jour|na|lis|tin;** die Journalistinnen

jour|na|lis|tisch; journalistischer Stil

jo|vi|al (gönnerhaft)

die **Jo|vi|a|li|tät**

der **Joy|stick** [ˈdʒɔi̯stɪk] (Steuerhebel für Computerspiele); des Joysticks; die Joysticks

jr. = junior

der **Ju|bel**

ju|beln; du jubelst; sie jubelte; sie hat gejubelt; juble *oder* jubele nicht zu früh!

der **Ju|bi|lar;** des Jubilars; die Ju|bi|la|re

die **Ju|bi|la|rin;** die Jubilarinnen

das **Ju|bi|lä|um** (Jahrestag, Gedenkfeier); des Jubiläums; die Ju|bi|lä|en

ju|bi|lie|ren (*gehoben für:* sich freuen); ich jubiliere; du jubilierst; sie jubilierte; sie hat jubiliert

ju|cken; es juckt mich am Arm; die Hand juckt mir, *seltener:* mich; mir, *seltener:* mich juckt die Hand; ihm, *seltener:* ihn juckt das Fell (er ist zu übermütig)

der **Juck|reiz**

der **Ju|de;** des/dem/den Juden; die Juden

das **Ju|den|tum**

die **Ju|di|ka|ti|ve** (richterliche Gewalt im Staat)

die **Jü|din;** die Jüdinnen

jü|disch; die jüdische Geschichte

das **Ju|do** (eine Kampfsportart ohne Waffen); des Judos

der **Ju|do** = Jungdemokrat *(Politik)*

die **Ju|do** = Jungdemokratin *(Politik)*

der **Ju|do|ka** (Judosportler); des Judoka *oder* Judokas; die Judoka *oder* Judokas

die **Ju|do|ka** (Judosportlerin); der Judoka; die Judoka *oder* Judokas

die **Ju|gend**

das **Ju|gend|amt**

das **Ju|gend|buch**
die **Ju|gend|feu|er|wehr**
die **Ju|gend|frei|zeit**
das **Ju|gend|frei|zeit|heim**
ju|gend|ge|fähr|dend; ein jugendgefährdender Film
das **Ju|gend|ge|fäng|nis**
das **Ju|gend|ge|richt**
die **Ju|gend|ge|walt**
der **Ju|gend|got|tes|dienst**
die **Ju|gend|grup|pe**
die **Ju|gend|her|ber|ge**
die **Ju|gend|hil|fe** (Einrichtung zur Unterstützung Jugendlicher); der Jugendhilfe
die **Ju|gend|kri|mi|na|li|tät**
das **Ju|gend|la|ger** (ein Ferienlager)
ju|gend|lich
der **Ju|gend|li|che;** ein Jugendlicher; die Jugendlichen; zwei Jugendliche
die **Ju|gend|li|che;** eine Jugendliche
die **Ju|gend|mu|sik|schu|le**
das **Ju|gend|par|la|ment**
die **Ju|gend|psy|ch|i|a|t|rie**
die **Ju|gend|re|dak|ti|on**
der **Ju|gend|schutz**
das **Ju|gend|schutz|ge|setz**
die **Ju|gend|spra|che**
ju|gend|sprach|lich
die **Ju|gend|stra|fe** *(Rechtswissenschaft)*
das **Ju|gend|straf|recht**
der **Ju|gend|trai|ner** *(Sport)*
die **Ju|gend|trai|ne|rin** *(Sport)*
das **Ju|gend|trai|ning** *(Sport)*
der **Ju|gend|treff**
das **Ju|gend|zen|t|rum**
der **Ju|go|s|la|we;** des/dem/den Jugoslawen; die Jugoslawen
Ju|go|s|la|wi|en (*früher;* Staat in Südosteuropa)
die **Ju|go|s|la|win;** die Jugoslawinnen
ju|go|s|la|wisch
das **Ju-Jut|su** (Technik der Selbstverteidigung ohne Waffen); des Ju-Jutsu *oder* Ju-Jutsus
die **Juke|box** ['dʒu:kbɔks] (Musikbox); die Juke|bo|xes
der **Ju|li;** des Juli *oder* Julis; die Julis
die **Ju|li** = Jungliberale *(Politik)*
der **Ju|li** = Jungliberaler *(Politik)*
der **Jum|bo** (*kurz für:* Jumbojet); des Jumbos; die Jumbos
der **Jum|bo|jet** *oder* **Jum|bo-Jet** ['dʒʊmbodʒɛt] (ein Großraumflugzeug)
der **Jump|suit** ['dʒampsju:t] (einteiliger Hosenanzug); des Jumpsuits; die Jumpsuits
jun. = junior
jung; jün|ger; am jüngs|ten; von jung auf; er ist der jüngere, der jüngste meiner Söhne; mein Jüngster; sie ist nicht mehr die Jüngste; der Jüngere; Junge und Alte; Jung und Alt (jedermann)
der **Jun|ge;** des Jungen; die Jungen
das **Jun|ge** (Nachwuchs; Kleines); des Jungen; die Jungen; in unserem Vogelnest gibt es Junge
jun|gen|haft; sein jungenhaftes Lachen
die **Jun|gen|schu|le**
der **Jün|ger** (Anhänger einer Person oder Lehre); des Jüngers; die Jünger
die **Jün|ge|rin;** die Jüngerinnen
die **Jung|frau**
der **Jung|ge|sel|le**
die **Jung|ge|sel|lin**
der **Jüng|ling;** des Jünglings; die Jüng-lin|ge
die **Jung|schar** (kirchliche Jugendgruppe)
jüngs|te; das jüngste Küken; ABER: das Jüngste Gericht; der Jüngste Tag
der **Ju|ni;** des Juni *oder* Junis; die Junis
ju|ni|or (der, *selten auch:* die Jüngere); Karl Mayer junior
der **Ju|ni|or** (Sohn [im Verhältnis zum Vater]; *Mode:* Jugendlicher; *Sport:* Sportler zwischen 18 und 23 Jahren); des Juniors; die Ju|ni|o|ren
die **Ju|ni|o|rin;** die Juniorinnen
das **Junk|food** *oder* **Junk-Food** ['dʒaŋkfu:t] (minderwertige Nahrung); des Junkfood[s] *oder* Junk-Food[s]
der **Jun|kie** ['dʒaŋki] (*umgangssprachlich für:* Drogenabhängige[r]); des Junkies; die Junkies
die **Junk|mail** *oder* **Junk-Mail** ['dʒaŋk...] (Spam)
Ju|pi|ter (höchster römischer Gott)
der **Ju|pi|ter** (ein Planet); des Jupiters
Ju|ra (Rechtswissenschaften); Jura studieren
der **Ju|rist** (Rechtskundiger); des/dem/den Ju|ris|ten; die Ju|ris|ten
die **Ju|ris|tin;** die Juristinnen
ju|ris|tisch (die Rechtswissenschaft, die

A B C D E F G H I J jur K L M N O P Q R S T U V W X Y Z

Rechtsprechung betreffend); juristische Tricks

die **Ju|ry** [ʒyˈriː, *auch:* ˈʒyːri] (Preisgericht); die Jurys

die **Ju|so** = Jungsozialistin *(Politik)*

der **Ju|so** = Jungsozialist *(Politik)*

just (eben, gerade); das ist just das Richtige

jus|tie|ren (genau einstellen, einpassen, ausrichten); ich justiere das Gerät; er hat die Waage justiert

die **Jus|tiz** (Rechtspflege)

der **Jus|tiz|mi|nis|ter**

die **Jus|tiz|mi|nis|te|rin**

das **Jus|tiz|mi|nis|te|ri|um**

die **Ju|te** (eine Faserpflanze; deren Faser)

der **Ju|te|beu|tel**

das, *auch* der **Ju|wel** (Edelstein; Schmuckstück); des Juwels; die Ju|we|len *meist Plural*

der **Ju|we|lier** (Schmuckhändler; Goldschmied); des Juweliers; die Ju|we|lie|re

die **Ju|we|lie|rin;** die Juwelierinnen

der **Jux** (Scherz, Spaß); des Ju|xes; die Ju|xe; [sich] einen Jux machen; aus Jux und Tollerei

die **JVA** = Justizvollzugsanstalt; der JVA; die JVAs

K

K = Kelvin

das **K** (Buchstabe); des K; die K; ABER: das k in Haken

die **Ka|a|ba** (das islamische Heiligtum in Mekka)

das **Ka|ba|rett** (Kleinkunst[bühne]); des Kabaretts; die Ka|ba|ret|te *oder* Kabaretts

der **Ka|ba|ret|tist** (Künstler an einer Kleinkunstbühne); des/dem/den Ka|ba|ret|tis|ten; die Ka|ba|ret|tis|ten

die **Ka|ba|ret|tis|tin;** die Kabarettistinnen

ka|ba|ret|tis|tisch

die **Kab|be|lei**

sich **kab|beln** (*landschaftlich für:* sich streiten); du kabbelst dich; er kabbelt sich mit ihr; wir haben uns gekabbelt

das **Ka|bel;** des Kabels; die Kabel

der **Ka|bel|an|schluss**

das **Ka|bel|fern|se|hen** (Übertragung von Fernsehprogrammen mithilfe von Kabeln)

der **Ka|bel|jau** (ein Fisch); des Kabeljaus; die Kabeljaue *oder* Kabeljaus

ka|bel|los; eine kabellose Tastatur

die **Ka|bi|ne**

das **Ka|bi|nett** (kleinerer Raum; Gesamtheit der Minister); des Kabinetts; die Ka|bi|net|te

die **Ka|chel;** die Kacheln

ka|cheln; ich kach[e]le; du kachelst; er hat die Wand gekachelt; die Wand ist gekachelt; kachle *oder* kachele das Badezimmer!

der **Ka|chel|ofen**

die **Ka|cke** (*derb für:* Kot)

der **Ka|da|ver** (toter Tierkörper); des Kadavers; die Kadaver

die **Ka|denz** (*Musik:* zu einem Abschluss führende Akkordfolge; virtuose solistische Einlage); die Ka|den|zen

der **Ka|der** (*Militär:* Kerntruppe; *Sport:* Kerngruppe von Wettkämpfern; *in der DDR:* Gruppe leitender Personen in Partei, Staat, Wirtschaft; Mitglied dieser Gruppe); des Kaders; die Kader

das **Kad|mi|um,** *fachsprachlich:* **Cad|mi|um** (chemisches Element, Metall; *Zeichen:* Cd); des Kadmiums, *fachsprachlich:* Cadmiums

der **Kä|fer;** des Käfers; die Käfer

das **Kaff** (*umgangssprachlich für:* Dorf, langweilige Ortschaft); des Kaffs; die Kaffs *oder* Käf|fer, *selten:* Kaf|fe

der **Kaf|fee** (Getränk; *auch für:* der Kaffeestrauch, die Kaffeebohnen); des Kaffees; die Kaffees; ABER: 3 [Tassen] Kaffee bestellen; ↑ABER: Café

die **Kaf|fee-Ern|te** *oder* **Kaf|fee|ern|te**

die **Kaf|fee|kap|sel**

das **Kaf|fee|ser|vice**

der **Kä|fig;** des Käfigs; die Kä|fi|ge

die **Kä|fig|hal|tung**

Kaf|ka (deutschsprachiger Schriftsteller)

kahl; kahl sein, werden; die Raupen haben den Baum kahl gefressen *oder* kahlgefressen; die Jungen ließen sich ihre Köpfe kahl rasieren *oder* kahlrasie-

ren; die Arbeiter begannen[,] den Wald kahl zu schlagen *oder* kahlzuschlagen
kahl|fres|sen ↑kahl
kahl|köp|fig
kahl|ra|sie|ren ↑kahl
der **Kahl|schlag**
kahl|schla|gen ↑kahl
der **Kahn;** des Kahns *oder* Kah|nes; die Kähne; Kahn fahren; ABER: das Kahnfahren
der **Kai** (das gemauerte Ufer; die Uferstraße); des Kais; die Kais
Kai|ro (Hauptstadt Ägyptens)
der **Kai|ser;** des Kaisers; die Kaiser
die **Kai|se|rin;** die Kaiserinnen
kai|ser|lich; der kaiserliche Hof; ABER: [Eure] Kaiserliche Hoheit *(Anrede)*
das, *auch:* der **Ka|jak** (ein Boot); des Kajaks; die Kajaks
die **Ka|jü|te** (Wohnraum auf Schiffen)
der **Ka|ka|du** (ein Papagei); des Kakadus; die Kakadus
der **Ka|kao** [ka'kaʊ̯, *auch:* ka'ka:o]; des Kakaos
das **Ka|kao|pul|ver**
der **Ka|ki** *oder* **Kha|ki** (ein gelbbrauner Stoff); des Kaki[s] *oder* Khaki[s]
ka|ki|far|ben *oder* **kha|ki|far|ben**
das **Ka|ki|hemd** *oder* **Kha|ki|hemd**
der **Kak|tus;** des Kaktus; die Kak|te|en
der **Ka|lau|er** (schlechter [Wort]witz); des Kalauers; die Kalauer
das **Kalb;** des Kalbs *oder* Kal|bes; die Kälber; das Goldene Kalb (biblisch)
kal|ben; die Kuh kalbt; die Kuh kalbte; die Kuh hat gekalbt
der **Kalbs|bra|ten**
das **Ka|lei|do|s|kop** (optisches Spielzeug; lebendig-bunte [Bilder]folge); des Kaleidoskops; die Ka|lei|do|s|ko|pe
ka|len|da|risch (nach dem Kalender); kalendarischer Sommeranfang
der **Ka|len|der;** der gregorianische Kalender; der julianische Kalender
das **Ka|li** (ein Ätz- und Düngemittel); des Kalis
das **Ka|li|ber** (Durchmesser von Rohren); des Kalibers; die Kaliber
der **Ka|lif** (morgenländischer Herrscher); des/dem/den Ka|li|fen; die Ka|li|fen
Ka|li|for|ni|en (Staat in den USA)
das **Ka|li|um** (chemisches Element, Metall; *Zeichen:* K); des Kaliums

der **Kalk;** des Kalks *oder* Kal|kes
kalk|hal|tig; kalkhaltiger Boden
der **Kalk|stein**
das, *auch* der **Kal|kül** (Berechnung, Schätzung); des Kalküls; die Kal|kü|le
die **Kal|ku|la|ti|on** (Ermittlung der Kosten, Kostenvoranschlag)
kal|ku|lier|bar (berechenbar)
kal|ku|lie|ren (berechnen); du kalkulierst; sie kalkulierte; hat den Auftrag kalkuliert; kalkulier *oder* kalkuliere genau!
kalk|weiß; ein kalkweißes (sehr bleiches) Gesicht
die **Ka|lo|rie** (frühere Maßeinheit für die Wärmemenge, auch für den Energieumsatz im Körper); die Ka|lo|ri|en; ↑Joule
ka|lo|ri|en|be|wusst; kalorienbewusste Ernährung
der **Ka|lo|ri|en|ver|brauch** *Plural selten*

kalt

käl|ter; am käl|tes|ten

- kalte [und warme] Küche
- ein kalter (nicht mit Waffen geführter) Krieg; ABER: der Kalte Krieg (als geschichtliche Epoche [1947–1990])
- eine kalte *oder* Kalte Ente (ein Getränk)

Getrennt- und Zusammenschreibung:

- du solltest den Pudding über Nacht kalt stellen *oder* kaltstellen; ABER: jemanden ↑kaltstellen

Vergleiche auch: kaltlassen; kaltmachen

kalt|blü|tig
die **Käl|te**
käl|te|emp|find|lich
der **Käl|te|tod**
kalt|her|zig
kalt|las|sen (*umgangssprachlich für:* nicht interessieren, nicht berühren); die Nachricht hat mich kaltgelassen
kalt|ma|chen (*umgangssprachlich für:* ermorden); sie hat ihn kaltgemacht
die **Kalt|re|ser|ve** (*Fachsprache:* abgeschaltetes, aber nicht stillgelegtes Kraftwerk)
kalt|schnäu|zig (*umgangssprachlich für:* gleichgültig)
die **Kalt|schnäu|zig|keit**

A B C D E F G H I J K kal L M N O P Q R S T U V W X Y Z

kalt|stel|len (*umgangssprachlich für:* einflusslos machen; entmachten); sie hat den Konkurrenten kaltgestellt; ↑*auch* kalt

das **Kal|zi|um,** *fachsprachlich:* **Cal|ci|um** (chemisches Element, Metall; *Zeichen:* Ca); des Kalziums, *fachsprachlich:* Calciums

Kam|bo|d|scha (Staat in Hinterindien)

der **Kam|bo|d|scha|ner;** des Kambodschaners; die Kambodschaner

die **Kam|bo|d|scha|ne|rin;** die Kambodschanerinnen

kam|bo|d|scha|nisch

das **Ka|mel;** des Kamels *oder* Ka|me|les; die Ka|me|le

das **Ka|mel|haar**

der **Ka|mel|haar|man|tel**

die **Ka|me|ra;** die Kameras

der **Ka|me|rad;** des/dem/den Ka|me|ra|den; die Ka|me|ra|den

die **Ka|me|ra|din;** die Kameradinnen

die **Ka|me|ra|droh|ne**

die **Ka|me|rad|schaft**

ka|me|rad|schaft|lich

der **Ka|me|ra|mann;** die Ka|me|ra|män|ner *oder* Ka|me|ra|leu|te

das **Ka|me|ra|team**

ka|me|ra|über|wacht

Ka|me|run (Staat in Westafrika)

der **Ka|me|ru|ner;** des Kameruners; die Kameruner

die **Ka|me|ru|ne|rin;** die Kamerunerinnen

ka|me|ru|nisch

die **Ka|mil|le** (eine Heilpflanze)

der **Ka|mil|len|tee**

der **Ka|min** (Schornstein; Felsenspalt); des Kamins; die Ka|mi|ne

der **Kamm;** des Kamms *oder* Kam|mes; die Käm|me

käm|men; du kämmst; er hat sein Haar gekämmt; sich kämmen; sie hat sich gekämmt; kämm *oder* kämme dich endlich!

die **Kam|mer**

die **Kam|mer|mu|sik**

das **Kam|mer|spiel** (in einem kleinen Theater aufgeführtes Stück mit wenigen Rollen)

die **Kam|pa|g|ne** [kamˈpanjə] (umfangreiche Aktion für/gegen jemanden oder etwas); die Kampagnen

der **Kampf;** des Kampfs *oder* Kamp|fes; die Kämp|fe

kampf|be|reit; kampfbereite Soldaten; ABER: zum Kampf bereite Soldaten

die **Kampf|droh|ne**

kämp|fen; du kämpfst; sie kämpfte; sie hat gekämpft; kämpf *oder* kämpfe gegen ihn!

der **Kamp|fer** (ein Heilmittel); des Kampfers

der **Kämp|fer;** des Kämpfers; die Kämpfer

die **Kämp|fe|rin;** die Kämpferinnen

kämp|fe|risch

der **Kampf|hund**

kampf|los; sich kampflos ergeben

der **Kampf|stoff;** ein chemischer Kampfstoff

kampf|un|fä|hig

kam|pie|ren ([im Freien] lagern; übernachten, hausen); du kampierst; er kampierte; er hat auf der Wiese kampiert

Ka|na|da (Staat in Nordamerika)

der **Ka|na|di|er;** des Kanadiers; die Kanadier

die **Ka|na|di|e|rin;** die Kanadierinnen

ka|na|disch

der **Ka|nal;** des Kanals; die Ka|nä|le

die **Ka|na|li|sa|ti|on** (Anlage zur Ableitung der Abwässer)

ka|na|li|sie|ren; man hat den Fluss kanalisiert (schiffbar gemacht)

der **Ka|na|ri|en|vo|gel**

die **Kan|da|re** (Gebissstange des Pferdes); jemanden an die Kandare nehmen (jemanden streng behandeln)

der **Kan|di|dat** (Prüfling, Bewerber); des/dem/den Kan|di|da|ten; die Kan|di|da|ten

die **Kan|di|da|tin;** die Kandidatinnen

die **Kan|di|da|tur** (Bewerbung)

kan|di|die|ren (sich bewerben); du kandidierst; sie kandidierte; sie hat für das Amt kandidiert; kandidier *oder* kandidiere wieder!

kan|die|ren (mit Zuckerlösung überziehen); du kandierst; er kandierte; er hat die Früchte kandiert; kandier *oder* kandiere die Früchte!

der **Kan|dis** *oder* **Kan|dis|zu|cker;** des Kandis *oder* Kandiszuckers

das **Kän|gu|ru;** des Kängurus; die Kängurus

das **Ka|nin|chen;** des Kaninchens; die Kaninchen

der **Ka|nis|ter** (ein Flüssigkeitsbehälter); des Kanisters; die Kanister
die **Kan|ne**
der **Kan|ni|ba|le** (Menschenfresser); des/dem/den Kannibalen; die Kannibalen
die **Kan|ni|ba|lin;** die Kannibalinnen
das **Kann|kind** *oder* **Kann-Kind** (*umgangssprachlich für:* Kind, das vorzeitig eingeschult werden kann)
der **Ka|non** (Richtschnur; Regel; mehrstimmiges Lied); des Kanons; die Kanons
die **Ka|no|ne**
der **Ka|no|nen|schlag** (ein Feuerwerkskörper)
die **Kan|ta|te** (instrumental begleitetes mehrteiliges Gesangsstück für Solostimme[n] [und Chor])
die **Kan|te**
kan|ten (auf die Kante stellen); du kantest; sie kantete; er hat die Kiste gekantet; kante die Kiste!
kan|tig
die **Kan|ti|ne** (Speisesaal in Betrieben)
das **Kan|ti|nen|es|sen**
der **Kan|ton** (Bezirk; schweizerisches Bundesland); des Kantons; die Kan|to|ne
kan|to|nal
der **Kan|tor** (Leiter des Kirchenchores); des Kantors; die Kan|to|ren
die **Kan|to|rei** (evangelischer Kirchenchor)
das **Ka|nu** [*auch:* ka'nu:] (ein Paddelboot); des Kanus; die Kanus
die **Ka|nü|le** (Röhrchen; Hohlnadel)
die **Kan|zel;** die Kanzeln
die **Kanz|lei** (Anwaltsbüro)
der **Kanz|ler;** des Kanzlers; die Kanzler
das **Kanz|ler|amt**
die **Kanz|le|rin;** die Kanzlerinnen
der **Kanz|ler|kan|di|dat**
die **Kanz|ler|kan|di|da|tin**
das **Kap** (Vorgebirge); des Kaps; die Kaps; Kap der Guten Hoffnung (an der Südspitze Afrikas); Kap Hoorn (Südspitze Südamerikas)
Kap. = Kapitel
die **Ka|pa|zi|tät** (Leistungsvermögen; Fassungsvermögen; *auch für:* hervorragende Fachkraft); die Ka|pa|zi|tä|ten; sie ist eine Kapazität in der Chemie
die **Ka|pel|le**
der **Ka|pell|meis|ter**
die **Ka|pell|meis|te|rin**
die **Ka|per** ([eingelegte] Blütenknospe des Kapernstrauchs); die Kapern
ka|pern (erbeuten); du kaperst; er hat ein Schiff gekapert; kapere das Schiff!
ka|pie|ren (*umgangssprachlich für:* begreifen, verstehen); du kapierst; sie kapierte; sie hat es kapiert; kapier *oder* kapiere das endlich!
ka|pil|lar (haarfein)
die **Ka|pil|la|re** (Haargefäß, kleinstes Blutgefäß; Haarröhrchen); die Kapillaren
das **Ka|pil|lar|ge|fäß**
ka|pi|tal (sehr groß); ein kapitaler Fehler
das **Ka|pi|tal** (Vermögen; Geldsumme); des Kapitals; die Ka|pi|ta|le *oder* Ka|pi|ta|li|en
der **Ka|pi|ta|lis|mus;** des Kapitalismus
der **Ka|pi|ta|list;** des/dem/den Ka|pi|ta|lis|ten; die Ka|pi|ta|lis|ten
die **Ka|pi|ta|lis|tin;** die Kapitalistinnen
ka|pi|ta|lis|tisch
das **Ka|pi|tal|ver|bre|chen** (schwere Straftat)
der **Ka|pi|tän;** des Kapitäns; die Ka|pi|tä|ne
die **Ka|pi|tä|nin;** die Kapitäninnen
das **Ka|pi|tel** (der Abschnitt); des Kapitels; die Kapitel
die **Ka|pi|tel|über|schrift**
die **Ka|pi|tu|la|ti|on** (Übergabe einer Truppe oder Festung)
ka|pi|tu|lie|ren (sich ergeben); du kapitulierst; sie kapitulierte; er hat kapituliert; kapitulier *oder* kapituliere nicht!
der **Ka|p|lan** (katholischer Hilfsgeistlicher); des Kaplans; die Ka|p|lä|ne
die **Kap|pe**
kap|pen (abschneiden; abhauen); du kappst; sie kappte; sie hat die Hecke gekappt; kapp *oder* kappe das Tau!
die **Ka|p|ri|o|le** (närrischer Luftsprung; toller Einfall)
die **Kap|sel;** die Kapseln
ka|putt; ein kaputtes Spielzeug; kaputt sein; die Uhr ist schon wieder kaputt; sie hat die Vase kaputt gemacht *oder* kaputtgemacht; die Einbrecher haben alles kaputt geschlagen *oder* kaputtgeschlagen
ka|putt|ge|hen; der Krug ist kaputtgegangen
ka|putt|ma|chen ↑kaputt

ka|putt|schla|gen
die **Ka|pu|ze**
der **Ka|pu|zi|ner** (Angehöriger eines katholischen Ordens); des Kapuziners; die Kapuziner
die **Ka|pu|zi|ne|rin;** die Kapuzinerinnen
der **Ka|ra|bi|ner** (ein kurzes Gewehr); des Karabiners; die Karabiner
der **Ka|ra|bi|ner|ha|ken** (Haken, der durch einen besonderen Verschluss gesichert ist)
das **Ka|ra|cho** (*umgangssprachlich für:* große Schnelligkeit, Schwung); des Karachos; mit Karacho
die **Ka|raf|fe** (bauchige Glasflasche)
die **Ka|ram|bo|la|ge** [karambo'la:ʒə] (*umgangssprachlich für:* Zusammenstoß); die Karambolagen
der **Ka|ra|mell** (gebrannter Zucker); des Karamells
der *oder* das **Ka|ra|mell|bon|bon**
das **Ka|ra|o|ke** (Veranstaltung, bei der zur instrumentalen Begleitung eines Liedes der Text gesungen wird); des Karaoke *oder* Karaokes
das **Ka|rat** (das Maß der Feinheit einer Goldlegierung); des Karats *oder* Ka|ra|tes; die Ka|ra|te; ABER: 24 Karat Gold
das **Ka|ra|te** (System waffenloser Selbstverteidigung); des Karate *oder* Karates
der **Ka|ra|te|kämp|fer**
die **Ka|ra|te|kämp|fe|rin**
...ka|rä|tig; zehnkarätig (*mit Ziffern:* 10-karätig)
die **Ka|ra|wa|ne** (Reisegesellschaft im Orient)
die **Ka|ra|wa|nen|stra|ße**
die **Ka|ra|wan|se|rei** (Unterkunft für Karawanen)
das **Kar|bid,** *fachsprachlich:* **Car|bid** (eine chemische Verbindung); des Karbids *oder* Kar|bi|des, *fachsprachlich:* Carbids *oder* Car|bi|des; die Kar|bi|de, *fachsprachlich:* Car|bi|de
das **Kar|bo|nat,** *fachsprachlich:* **Car|bo|nat** (Salz der Kohlensäure); des Karbonats *oder* Kar|bo|na|tes, *fachsprachlich:* Carbonats *oder* Car|bo|na|tes; die Kar|bo|na|te, *fachsprachlich:* Car|bo|na|te
die **Kar|dät|sche** (die Pferdebürste)
der **Kar|di|nal** (höchster katholischer Würdenträger nach dem Papst); des Kardinals; die Kar|di|nä|le
die **Kar|di|nal|tu|gend** *meist Plural*
die **Kar|di|nal|zahl** (Grundzahl, z. B. null, eins, zwei)
der **Kar|frei|tag** (Freitag vor Ostern)
karg (spärlich, ärmlich); kar|ger, *auch:* kär|ger; am kargs|ten, *auch:* kärgs|ten
kärg|lich
die **Ka|ri|bik** (Karibisches Meer mit den Antillen)
das **Ka|ri|bi|sche Meer**
ka|riert (mit Karos gemustert); ein kariertes Hemd
die **Ka|ri|es** (Zahnfäule)
die **Ka|ri|ka|tur** (Zerrbild; Spottbild); die Ka|ri|ka|tu|ren
der **Ka|ri|ka|tu|rist** (jemand, der satirische Zeichnungen anfertigt); des/dem/den Ka|ri|ka|tu|ris|ten; die Ka|ri|ka|tu|ris|ten
die **Ka|ri|ka|tu|ris|tin;** die Karikaturistinnen
ka|ri|kie|ren (als Karikatur darstellen); du karikierst ihn; sie hat ihn karikiert; karikier *oder* karikiere ihn!
die **Ka|ri|tas** (Nächstenliebe, Wohltätigkeit); ↑ ABER: Caritas
ka|ri|ta|tiv (mildtätig); ein karitativer Zweck
kar|min|rot
der **Kar|ne|val;** des Karnevals; die Kar|ne|va|le *oder* Karnevals
die **Kar|ne|vals|hoch|burg**
der **Kar|ne|vals|zug**
das **Kar|ni|ckel** (*landschaftlich für:* Kaninchen); des Karnickels; die Karnickel
das **Ka|ro** (auf der Spitze stehendes Viereck); des Karos; die Karos
die **Ka|ros|se** (der Prunkwagen); die Karossen
die **Ka|ros|se|rie** (der Kraftwagenoberbau); die Ka|ros|se|ri|en
die **Ka|rot|te** (eine Mohrrübe)
der **Karp|fen** (ein Fisch); des Karpfens; die Karpfen
der **Karp|fen|teich**
die **Kar|re**
kar|ren; du karrst; sie karrte; sie hat Sand gekarrt; karre das Unkraut auf den Misthaufen!
der **Kar|ren;** des Karrens; die Karren
die **Kar|ri|e|re** (Laufbahn); die Karrieren; Karriere machen

der **Kar|ri|e|re|coach** [...kɔʊ̯tʃ]
die **Kar|ri|e|re|coa|chin** [...kɔʊ̯tʃɪn]
kar|ri|e|re|geil *(salopp abwertend)*
der **Karst** (eine Landschaftsform); des Karsts *oder* Kars|tes; die Kars|te
kart. = kartoniert (von Büchern)
die **Kar|te;** Karten spielen; die Gelbe *oder* gelbe Karte, die Rote *oder* rote Karte *(Sport)*
die **Kar|tei** (Zettelkasten)
das **Kar|tell** (wirtschaftlicher Zusammenschluss); des Kartells; die Kar|tel|le
das **Kar|tell|amt**
der **Kar|ten|schlüs|sel** (Plastikkarte zum Öffnen elektronischer Türschlösser, zum Beispiel von Hotelzimmern)
der **Kar|ten|slot** [...slɔt] (*EDV:* Slot für eine [Speicher]karte)
das **Kar|ten|spiel**
der **Kar|ten|stän|der**
der **Kar|ten|vor|ver|kauf**
die **Kar|tof|fel;** die Kartoffeln
der **Kar|tof|fel|sa|lat**
der **Kar|ton** [...ˈtõ:, *auch:* karˈtɔŋ]; des Kartons; die Kartons, *seltener:* Kar|to|ne
kar|to|niert; kartonierte (mit einem Pappeinband versehene) Bücher
das **Ka|rus|sell;** des Karussells; die Karussells *oder* Ka|rus|sel|le; Karussell fahren
die **Kar|wo|che** (Woche vor Ostern)
Ka|sach|s|tan (Staat in Mittelasien)
ka|schie|ren (verdecken, verbergen); ich kaschiere; du kaschierst; sie kaschierte; sie hat den Fehler kaschiert
der **Kä|se;** des Käses; die Käse
das **Kä|se|blatt** (*umgangssprachlich abwertend für:* kleine, unbedeutende Zeitung)
die **Ka|ser|ne** (Soldatenunterkunft)
der **Ka|ser|nen|hof**
ka|ser|nie|ren (in Kasernen unterbringen); er hat seine Truppen kaserniert
kä|sig (*umgangssprachlich für:* auffallend blass); ein käsiges Gesicht
das **Ka|si|no** *vergleiche:* **Ca|si|no**
kas|ko|ver|si|chert; das Auto ist kaskoversichert
die **Kas|ko|ver|si|che|rung** (Fahrzeugversicherung)
der **Kas|per;** des Kaspers, die Kasper
das, *auch:* der **Kas|per|le;** des Kasperle; die Kasperle
das **Kas|per|le|the|a|ter**
das **Kas|pi|sche Meer** (großer See zwischen Osteuropa und Westasien)
die **Kas|se**
der **Kas|sen|arzt**
die **Kas|sen|ärz|tin**
der **Kas|sen|bon**
der **Kas|sen|sturz;** Kassensturz machen (sein Geld zählen)
die **Kas|se|rol|le** (Schmortopf)
die **Kas|set|te** (Kästchen, Behälter; Kunststoffgehäuse mit abspulbarem Magnetband)
der **Kas|set|ten|re|kor|der** *oder* **Kas|set|ten|re|cor|der**
der **Kas|si|ber** (heimliches Schreiben von Gefangenen oder an Gefangene); des Kassibers; die Kassiber
kas|sie|ren (Geld einnehmen); du kassierst; er kassierte; sie hat den Beitrag kassiert; kassier *oder* kassiere die Miete!
der **Kas|sie|rer;** des Kassierers; die Kassierer
die **Kas|sie|re|rin;** die Kassiererinnen
die **Kas|ta|nie**
kas|ta|ni|en|braun
die **Kas|te** (Gruppe in der hinduistischen Gesellschaftsordnung); der Kaste; die Kasten
sich **kas|tei|en** (sich Bußübungen, Entbehrungen auferlegen); du kasteist dich; er hat sich kasteit; kastei *oder* kasteie dich nicht!
das **Kas|tell** (Burg, Festung); des Kastells; die Kas|tel|le
der **Kas|ten;** des Kastens; die Kästen
kas|t|rie|ren (verschneiden, entmannen); er hat den Hengst kastriert
der **Ka|sus** (grammatischer Fall); des Kasus; die Kasus; das Deutsche hat vier Kasus
der **Kat** (*kurz für:* Katalysator); des Kats; die Kats
die **Ka|ta|kom|be** (frühchristliche unterirdische Begräbnisstätte); die Katakomben
der **Ka|ta|log** ([Waren]verzeichnis); des Katalogs *oder* Ka|ta|lo|ges; die Ka|ta|lo|ge
der **Ka|ta|ly|sa|tor** (Vorrichtung zur Abgasreinigung); des Katalysators; die Ka|ta|ly|sa|to|ren

A B C D E F G H I J K kat L M N O P Q R S T U V W X Y Z

der **Ka|ta|ma|ran** (offenes Segelboot mit doppeltem Rumpf); des Katamarans; die Ka|ta|ma|ra|ne

das, *auch:* der **Ka|ta|pult** (eine Schleudermaschine); des Katapults *oder* Ka|ta|pul|tes; die Ka|ta|pul|te

der **Ka|ta|rakt** (große Stromschnelle); des Katarakts *oder* Ka|ta|rak|tes; die Ka|ta|rak|te

der **Ka|tarrh** (*Medizin:* eine Entzündung der Schleimhaut); des Katarrhs; die Ka|tar|rhe

ka|ta|s|t|ro|phal (entsetzlich)

die **Ka|ta|s|t|ro|phe** (großes Unglück)

der **Ka|ta|s|t|ro|phen|alarm**

der **Ka|ta|s|t|ro|phen|schutz** (Organisation, die bei einer Katastrophe Hilfe leistet)

die **Ka|te** (Kleinbauernhaus)

der **Ka|te|chis|mus** (Lehrbuch für den Religionsunterricht); des Katechismus; die Katechismen

die **Ka|te|go|rie** (Klasse; Gattung); die Ka|te|go|ri|en

ka|te|go|risch (nachdrücklich; unbedingt gültig); eine kategorische Ablehnung

der **Ka|ter;** des Katers; die Kater

kath. = katholisch

das *oder* der **Ka|the|der** ([Lehrer]pult, Podium); des Katheders; die Katheder

> **!** Nicht verwechseln: Obwohl beide Fremdwörter ähnlich ausgesprochen werden, hat ein *Katheder* eine ganz andere Bedeutung als ein *Katheter.*

die **Ka|the|d|ra|le** (bischöfliche Hauptkirche)

die **Ka|the|te** (Seite am rechten Winkel im Dreieck)

der **Ka|the|ter** (*Medizin:* Röhrchen, das in Körperorgane [zum Beispiel in die Harnblase] eingeführt wird, um sie zu entleeren oder zu spülen); ↑ABER: Katheder

die **Ka|tho|de,** *fachsprachlich:* **Ka|to|de** (Elektrode, die Elektronen abgibt); die Kathoden, *fachsprachlich:* Katoden

der **Ka|tho|lik;** des/dem/den Ka|tho|li|ken; die Ka|tho|li|ken

die **Ka|tho|li|kin;** die Katholikinnen

ka|tho|lisch (zu der christlichen Kirche gehörend, die vom Papst geleitet wird); die katholische Kirche; ABER: Katholisches Bibelwerk *(Verlagsname)*

der **Ka|tho|li|zis|mus;** des Katholizismus

der **Kat|tun** (ein Baumwollgewebe); des Kattuns; die Kat|tu|ne

katz|bu|ckeln (*abwertend für:* sich unterwürfig verhalten); du katzbuckelst; sie katzbuckelte; er hat gekatzbuckelt

die **Kat|ze;** *Verkleinerungsform:* das Kätzchen; alles ist für die Katz (*umgangssprachlich für:* alles ist vergeblich)

das **Kat|zen|fell**

die **Kat|zen|klap|pe**

das **Katz-und-Maus-Spiel**

das **Kau|der|welsch** (nicht zu verstehende [Misch]sprache); des Kauderwelsch *oder* Kauderwelschs; ein Kauderwelsch sprechen

kau|en; du kaust; sie kaute; sie hat gekaut; kau *oder* kaue gut!

kau|ern (hocken); ich kauere; du kauerst; sie kauerte; sie hat am Boden gekauert; sich kauern; er hat sich in die Ecke gekauert

der **Kauf;** des Kaufs *oder* Kau|fes; die Käufe; etwas in Kauf nehmen (sich mit Nachteilen abfinden)

kau|fen; du kaufst; sie hat das Auto gekauft; kauf *oder* kaufe doch dieses Auto!

der **Käu|fer;** des Käufers; die Käufer

die **Käu|fe|rin;** die Käuferinnen

die **Kauf|frau;** die Kauffrauen

das **Kauf|haus**

die **Kauf|kraft** *(Wirtschaft)*

käuf|lich

der **Kauf|mann;** die Kauf|leu|te

kauf|män|nisch; eine kaufmännische Lehre

der **Kauf|preis**

der **Kauf|ver|trag**

der, *auch:* das **Kau|gum|mi;** die Kaugummi *oder* Kaugummis

die **Kaul|quap|pe** (Froschlarve)

kaum; das ist kaum zu glauben

kau|sal (ursächlich zusammenhängend, begründend); kausale Beziehungen

die **Kau|sa|li|tät**

der **Kau|sal|satz** (Begründungssatz)
die **Kau|ti|on** (Bürgschaft, Sicherheit)
der **Kau|t|schuk** (zur Gummiherstellung genutzter Saft des Kautschukbaumes); des Kautschuks; die Kau|t|schu|ke
die **Kau|t|schuk|milch**
der **Kauz** (Eulenvogel); des Kau|zes; die Käu|ze; *Verkleinerungsform:* das Käuzchen
der **Ka|va|lier** (ein höflicher Mann); des Kavaliers; die Ka|va|lie|re
die **Ka|val|le|rie** (Reiterei); die Ka|val|le|ri|en
der **Ka|vi|ar** (Eier des Störs); des Kaviars; die Ka|vi|a|re
keck (vorwitzig); eine kecke Antwort
die **Keck|heit**
der **Kee|per** [ˈkiːpɐ] (*Sport:* Torhüter); des Keepers; die Keeper
der **Ke|fir** (säuerliches Milchgetränk); des Kefirs
der **Ke|gel;** des Kegels; die Kegel; mit Kind und Kegel (mit der ganzen Familie); Kegel schieben; wir wollen Kegel schieben; du schiebst Kegel; er hat Kegel geschoben; wir treffen uns, um Kegel zu schieben; ABER: das Kegelschieben
ke|geln; du kegelst; sie kegelte; sie hat gekegelt; kegle *oder* kegele mit uns!
die **Keh|le**
der **Kehl|kopf**
der **Kehr|be|sen**
die **Keh|re** (Kurve; turnerische Übung)
keh|ren (wenden); du kehrst; sie hat ihm den Rücken gekehrt; er ist in sich gekehrt (mit sich selbst beschäftigt)
keh|ren (fegen); du kehrst; er kehrte; sie hat die Straße gekehrt; kehr *oder* kehre die Einfahrt!
der, *auch:* das **Keh|richt** (Schmutz, Unrat); des Kehrichts
der **Kehr|reim**
die **Kehr|sei|te**
kehrt|ma|chen (umkehren); sie machte kehrt; er hat kehrtgemacht; er riet ihm[,] schnell kehrtzumachen
die **Kehrt|wen|de**
der **Kehr|wert** *(Mathematik)*
kei|fen (laut schimpfen); du keifst; sie keifte; sie hat gekeift; keif *oder* keife nicht!

der **Keil;** des Keils *oder* Kei|les; die Kei|le
die **Kei|le** (*umgangssprachlich für:* Prügel); Keile kriegen
kei|len (*umgangssprachlich für:* stoßen); sich keilen (*umgangssprachlich für:* sich prügeln); er keilt sich mit ihm; wir haben uns gekeilt
der **Kei|ler** (männliches Wildschwein); des Keilers; die Keiler
die **Kei|le|rei** (*umgangssprachlich für:* Prügelei)
der **Keim;** des Keims *oder* Kei|mes; die Kei|me
kei|men; der Samen keimt; der Samen hat gekeimt
keim|frei; ein keimfreier Verband
der **Keim|ling;** des Keimlings; die Keimlin|ge
die **Keim|zel|le**
kein; kein andrer *oder* anderer Fall; in keinem Falle; auf keinen Fall; keine unreifen Früchte essen; das ist keiner Erörterung wert; keiner von beiden
kei|ner|lei
kei|nes|falls
kei|nes|wegs
kein|mal; ABER: kein einziges Mal
der *oder* das **Keks;** des Keks *oder* Kek|ses; die Keks *oder* Kek|se
der **Kelch;** des Kelchs *oder* Kel|ches; die Kel|che
die **Kel|le**
der **Kel|ler;** des Kellers; die Keller
das **Kel|ler|fens|ter**
der **Kell|ner;** des Kellners; die Kellner
die **Kell|ne|rin;** die Kellnerinnen
der **Kel|te** (Angehöriger eines indogermanischen Volkes); des/dem/den Kelten; die Kelten
die **Kel|ter** (Weinpresse); die Keltern
kel|tern; du kelterst; er kelterte; er hat Trauben gekeltert; keltere die Beeren!
die **Kel|tin;** die Keltinnen
kel|tisch; keltische Sprachen
das **Kel|vin** (Gradeinheit auf der absoluten Temperaturskala [Kelvinskala]; *Zeichen:* K); des Kelvins; 0 K = −273,15 °C
Ke|nia (Staat in Ostafrika)
der **Ke|ni|a|ner;** des Kenianers; die Kenianer
die **Ke|ni|a|ne|rin;** die Kenianerinnen

A B C D E F G H I J K ken L M N O P Q R S T U V W X Y Z

ke|ni|a|nisch
ken|nen; du kennst ihn; sie kennt ihn; sie kannte ihn; er hat sie gekannt; jemanden kennen lernen *oder* kennenlernen; er lernte ihn kennen; sie hat ihn kennen gelernt *oder* kennengelernt; ich freue mich[,] dich kennen zu lernen *oder* kennenzulernen; ABER NUR: das Kennenlernen
ken|nen|ler|nen ↑kennen
der **Ken|ner;** des Kenners; die Kenner
die **Ken|ne|rin;** die Kennerinnen
die **Kenn|num|mer** *oder* **Kenn-Num|mer**
kennt|lich (erkennbar); kenntlich machen
die **Kennt|nis;** die Kenntnisse; jemanden in Kenntnis setzen; etwas zur Kenntnis nehmen

! Nomen auf *-nis* werden im Nominativ Singular nur mit einem *s* geschrieben, obwohl die Pluralformen mit Doppel-s gebildet werden.

die **Kennt|nis|nah|me**
das **Kenn|wort;** die Kenn|wör|ter
das **Kenn|zei|chen**
kenn|zeich|nen; du kennzeichnest; sie kennzeichnete; sie hat ihr Buch gekennzeichnet
die **Kenn|zeich|nung**
kenn|zeich|nungs|pflich|tig; kennzeichnungspflichtige Lebensmittel
ken|tern (umkippen); das Schiff kenterte; es ist gekentert
die **Ke|ra|mik** (Kunsttöpferei); *für die Erzeugnisse der Kunsttöpferei auch Plural:* die Ke|ra|mi|ken
die **Ker|be**
das **Kerb|holz;** *fast nur in:* etwas auf dem Kerbholz haben (etwas angestellt, verbrochen haben)
der **Ker|ker** (Gefängnis); des Kerkers; die Kerker
der **Kerl;** des Kerls; die Ker|le, *landschaftlich auch:* Kerls
der **Kern;** des Kerns *oder* Ker|nes; die Kerne
die **Kern|ener|gie** (Atomenergie)
kern|ge|sund
ker|nig (kraftvoll); eine kernige Stimme
die **Kern|kraft**
das **Kern|kraft|werk**
kern|los; kernlose Trauben
das **Kern|obst**
der **Kern|punkt**
der **Kern|re|ak|tor** (Atomreaktor)
die **Kern|sei|fe**
die **Kern|spal|tung** (Atomspaltung)
das **Ke|ro|sin** (ein Treibstoff); des Kerosins
die **Ker|ze**
ker|zen|ge|ra|de, *auch:* **ker|zen|gra|de**
kess (dreist; flott); kes|ser; am kes|sesten
der **Kes|sel;** des Kessels; die Kessel
der *oder* das **Ket|ch|up** [ˈkɛtʃap] (pikante [Tomaten]soße); des Ketchup[s]; die Ketchups
die **Ket|te**
die **Ket|ten|re|ak|ti|on**
der **Ket|zer** (jemand, der von der offiziellen Kirchenlehre abweicht); des Ketzers; die Ketzer
die **Ket|ze|rei**
die **Ket|ze|rin;** die Ketzerinnen
ket|ze|risch
keu|chen; du keuchst; sie keuchte; er hat gekeucht; keuch *oder* keuche nicht so laut!
der **Keuch|hus|ten**
die **Keu|le**
keusch (sexuell enthaltsam); keu|scher; am keu|sches|ten; ein keusches Leben führen
die **Keusch|heit**
das **Key|board** [ˈkiːbɔːɐ̯t] (Tastatur; elektronisch verstärktes Tasteninstrument); des Keyboards; die Keyboards
der **Key|log|ger** [ˈkiːlɔgɐ] (*EDV:* Tastatureingaben [unbemerkt] aufzeichnende Soft- oder Hardware)
das **Kfz**
die **Kfz-Werk|statt**
kg = Kilogramm
die **KG** = Kommanditgesellschaft
der **Kha|ki** *vergleiche:* **Ka|ki**
kha|ki|far|ben *oder* **ka|ki|far|ben**
das **Kha|ki|hemd** *oder* **Ka|ki|hemd**
der **Khan** *oder* **Chan** (mongolisch-türkischer Herrschertitel); des Khans *oder* Chans; die Khane *oder* Chane
Khar|tum [ˈkartʊm, *auch:* karˈtuːm] (Hauptstadt Sudans)
die **KI** [kaːˈʔiː] = künstliche Intelligenz
der **Kib|buz** (Gemeinschaftssiedlung in

Israel); des Kibbuz; die Kib|bu|zim *oder* Kib|bu|ze

der **Kib|buz|nik** (Angehöriger eines Kibbuz); des Kibbuzniks; die Kibbuzniks

ki|chern; du kicherst; er kicherte; er hat gekichert; kichere nicht!

das **Kick|board** [ˈkɪkbɔːɐ̯t] (zusammenklappbarer schmaler Tretroller); des Kickboards; die Kickboards

ki|cken (*umgangssprachlich für:* Fußball spielen); du kickst; er kickte; sie hat gekickt; kick *oder* kicke doch mit uns!

der **Ki|cker;** des Kickers; die Kicker

die **Ki|cke|rin;** die Kickerinnen

kid|nap|pen [ˈkɪtnɛpn̩] (entführen); du kidnappst; er kidnappt; er hat ihn gekidnappt

der **Kid|nap|per;** des Kidnappers; die Kidnapper

die **Kid|nap|pe|rin;** die Kidnapperinnen

der **Kie|bitz** (ein Vogel); des Kie|bit|zes; die Kie|bit|ze

der **Kie|fer** (ein Schädelknochen); des Kiefers; die Kiefer

die **Kie|fer** (ein Nadelbaum); die Kiefern

die **Kie|fer|höh|le**

das **Kie|fern|holz**

Kiel (Hauptstadt von Schleswig-Holstein)

der **Kiel** (tiefster Teil des Schiffsrumpfes); des Kiels *oder* Kie|les; die Kie|le

kiel|oben; kieloben im Wasser liegen

die **Kie|me** (Atmungsorgan der Wassertiere); die Kiemen

der **Kien|span** (Span aus Kiefernholz); des Kienspans *oder* Kien|spa|nes; die Kienspä|ne

der **Kies;** des Kie|ses

der **Kie|sel;** des Kiesels; die Kiesel

die **Kie|sel|gur** (eine Erdart)

der **Kie|sel|stein**

die **Kies|gru|be**

Ki|ew [ˈkiːɛf] (Hauptstadt der Ukraine)

kif|fen (*umgangssprachlich für:* Haschisch oder Marihuana rauchen); sie hat gekifft

der **Kif|fer;** des Kiffers; die Kiffer

die **Kif|fe|rin;** die Kifferinnen

die **KI-For|schung**

ki|ke|ri|ki!

der **Ki|li|ma|nd|scha|ro** (Bergmassiv in Afrika); des Kilimandscharo *oder* Kilimandscharos

kil|len (*umgangssprachlich für:* töten); du killst; er killte; sie hat ihn gekillt

der **Kil|ler** (kaltblütiger Mörder); des Killers; die Killer

die **Kil|le|rin;** die Killerinnen

der **Kil|ler|ro|bo|ter** (Waffensystem, das konkrete Ziele autonom auswählt und bekämpft)

das **Kil|ler|spiel** *(umgangssprachlich)*

das **Ki|lo** (*kurz für:* Kilogramm); des Kilos; die Kilo *oder* Kilos

das **Ki|lo|byte** [ˈkiːlobaɪ̯t] (*EDV:* Einheit von 1 024 Byte; *Zeichen:* KB, KByte); des Kilobyte *oder* Kilobytes; die Kilobyte *oder* Kilobytes

das **Ki|lo|gramm** (*Abkürzung:* kg); des Kilogramms; 3 Kilogramm

der **Ki|lo|me|ter** (*Abkürzung:* km); des Kilometers; 80 Kilometer je Stunde

ki|lo|me|ter|lang; kilometerlange Staus; ABER: der Stau ist 5 Kilometer lang

ki|lo|me|ter|weit; kilometerweit laufen; ABER: viele Kilometer weit laufen

das **Ki|lo|watt** (*Abkürzung:* kW); des Kilowatts; die Kilowatt; 40 Kilowatt

die **Ki|lo|watt|stun|de** [*auch:* ...ˈvat...] (*Abkürzung:* kWh)

die **Kim|me** (Einschnitt; Kerbe am Visier von Schusswaffen); Kimme und Korn

der **Ki|mo|no** [*auch:* kiˈmoːno] (weitärmeliges Gewand); des Kimonos; die Kimonos

das **Kind;** des Kinds *oder* Kin|des; die Kinder; von Kind auf; sich bei jemandem lieb Kind machen (einschmeicheln)

die **Kin|der|ar|beit**

der **Kin|der|arzt**

die **Kin|der|ärz|tin**

die **Kin|der|be|treu|ung**

das **Kin|der|buch**

der **Kin|der|dar|stel|ler**

die **Kin|der|dar|stel|le|rin**

die **Kin|der|dis|co** *oder* **Kin|der|dis|ko**

der **Kin|der|gar|ten**

der **Kin|der|gärt|ner**

die **Kin|der|gärt|ne|rin**

der **Kin|der|hort**

die **Kin|der|krip|pe**

die **Kin|der|läh|mung**

A B C D E F G H I J K kin L M N O P Q R S T U V W X Y Z

kin|der|leicht; die Prüfung war kinderleicht
kin|der|lieb
kin|der|los; ein kinderloses Paar
der **Kin|der|not|dienst** (sozialpädagogische Einrichtung für Kinder in Not; auch für kinderärztlicher Bereitschaftsdienst)
der **Kin|der|punsch** (ohne Alkohol) *Plural selten*
kin|der|reich; kinderreiche Familien
der **Kin|der|sitz**
das **Kin|der|spiel;** ein Kinderspiel (ganz leicht) sein
die **Kin|der|ta|ges|stät|te** (*Abkürzung:* Kita)
die **Kin|der|uni** (*umgangssprachlich*)
der **Kin|der|wa|gen**
der **Kin|der|wunsch**
das **Kin|des|al|ter**
der **Kin|des|miss|brauch**
die **Kind|heit**
kin|disch
kind|lich
der **Kinds|kopf** (alberner Mensch)
die **Kind|tau|fe**
die **Ki|ne|tik** (*Physik:* Bewegungslehre)
ki|ne|tisch (bewegend); kinetische Energie (Bewegungsenergie)
der **King** (*umgangssprachlich für:* Anführer); des King *oder* Kings; die Kings
die **Kin|ker|litz|chen** (*umgangssprachlich für:* Nichtigkeiten) *Plural*
das **Kinn;** des Kinns *oder* Kin|nes; die Kin|ne
der **Kinn|ha|ken**
die **Kinn|la|de** (Unterkiefer); die Kinnladen
das **Ki|no;** des Kinos; die Kinos
der **Ki|no|film**
der **Ki|osk** [*auch:* ki̯ɔsk] (ein Verkaufshäuschen); des Kiosks *oder* Ki|os|kes; die Ki-os|ke
die **Kip|pe**
kip|pen; du kippst; er kippte; sie hat die Kiste gekippt; der Stuhl ist gekippt
der **Kip|per** (Lastwagen mit kippbarer Ladefläche); des Kippers; die Kipper
das **Kipp|fens|ter**
die **Kir|che**
der **Kir|chen|chor**
die **Kir|chen|ge|mein|de**
die **Kir|chen|ge|schich|te**
das **Kir|chen|jahr**
die **Kir|chen|steu|er**
der **Kirch|gän|ger;** des Kirchgängers; die Kirchgänger
die **Kirch|gän|ge|rin;** die Kirchgängerinnen
kirch|lich; kirchliche Hochzeit
der **Kirch|turm**
die **Kirch|weih;** die Kirch|wei|hen
die **Kir|mes** (*landschaftlich für:* Kirchweih); die Kir|mes|sen
der **Kirsch|baum**
die **Kir|sche**
das **Kis|sen;** des Kissens; die Kissen
die **Kis|te**
das *oder* der **Kit** (Satz zusammengehöriger Dinge); des Kit *oder* Kits; die Kits
die **Ki|ta** *oder* **Ki|Ta** (*kurz für:* Kindertagesstätte); die Kitas *oder* KiTas
der **Ki|ta|platz** *oder* **Ki|Ta-Platz**
der **Kite** [kai̯t] (Lenkdrachen); des Kites; die Kites
der **Kitsch;** des Kitschs *oder* Kit|sches
kit|schig (als übertrieben sentimal empfunden und deshalb lächerlich und geschmacklos)
der **Kitt;** des Kitts *oder* Kit|tes; die Kit|te
der **Kit|tel;** des Kittels; die Kittel
kit|ten; du kittest; sie kittete; sie hat das Fenster gekittet; kitt *oder* kitte die Vase!
das **Kitz** (das Junge von Reh, Ziege, Gämse); des Kit|zes; die Kit|ze; *Verkleinerungsformen:* das Kitz|chen *oder* Kitz|lein
kit|zeln; du kitzelst ihn; er hat ihn gekitzelt; kitzle *oder* kitzele ihn nicht!
der **Kitz|ler** (Klitoris); des Kitzlers
kitz|lig *oder* **kit|ze|lig**
der **Ki|wi** (neuseeländischer flugunfähiger Laufvogel); des Kiwis, die Kiwis
die **Ki|wi** (eine exotische Frucht); die Kiwis
das **KKW** = Kernkraftwerk
Kl. = Klasse
der **Kla|bau|ter|mann** (Schiffskobold)
der **Klacks** (*umgangssprachlich für:* kleine Menge; klatschendes Geräusch); des Klack|ses; die Klack|se; das ist nur ein Klacks (das macht keine Mühe)
die **Klad|de** (*landschaftlich für:* Schmierheft; Geschäftsbuch)
klaf|fen; die Wunde klafft; sie klaffte; die Wunde hat geklafft; eine klaffende Wunde
kläf|fen; der Hund kläfft; der Hund hat gekläfft

K
kin

der **Kläf|fer;** des Kläffers; die Kläffer die
Klaf|ter; die Klaftern
die **Kla|ge**
die **Kla|ge|mau|er** (in Jerusalem)
kla|gen; du klagst; sie klagte; er hat geklagt; klag *oder* klage nicht immer!
der **Klä|ger;** des Klägers; die Kläger
die **Klä|ge|rin;** die Klägerinnen
kläg|lich; er hat kläglich (erbärmlich) versagt
der **Kla|mauk** (*umgangssprachlich für:* Lärm; Ulk); des Klamauks
klamm (feucht); klamme Finger
die **Klamm** (Felsenschlucht); die Klam|men
die **Klam|mer;** die Klammern
klam|mern; du klammerst; sie hat die Wunde geklammert; klammere die Wunde!; sich klammern; er hat sich an mich geklammert
die **Kla|mot|te** (*umgangssprachlich für:* minderwertiges [Theater]stück; *meist Plural:* [alte] Kleidungsstücke)
die **Klamp|fe** (Gitarre)
der **Klan** *vergleiche:* **Clan**
der **Klang;** des Klangs *oder* Klan|ges; die Klän|ge
die **Klang|far|be**
klang|voll
die **Klap|pe**
klap|pen; etwas klappt; etwas klappte; etwas hat geklappt
die **Klap|per**
klap|pe|rig *oder* **klapp|rig**
klap|pern; du klapperst; sie klapperte; er hat geklappert; klappere nicht mit den Tassen!
die **Klap|per|schlan|ge**
das **Klapp|fahr|rad**
das **Klapp|mes|ser**
der **Klaps;** des Klap|ses; die Klap|se
klar; klare Sicht; klares Wasser; klar sein; das ist ihm jetzt klar; klar werden; der Himmel ist [ganz] klar geworden; wann wird ihm die Lösung endlich klar werden *oder* klarwerden (wann wird er sie einsehen)?; nun ist es ihm klar geworden *oder* klargeworden; ich bin mir darüber im Klaren; ins Klare kommen; ↑klarkommen, klarlegen, klarmachen, klarstellen
die **Klär|an|la|ge**
das **Klär|be|cken**
klä|ren; du klärst; sie klärte; sie hat die Frage geklärt; klär *oder* kläre die Frage!; sich klären; die Frage hat sich geklärt
die **Klar|heit**
die **Kla|ri|net|te** (ein Holzblasinstrument)
klar|kom|men (*umgangssprachlich für:* zurechtkommen); sie kommt mit dem Problem klar; er ist mit dem Problem nicht klargekommen
klar|le|gen (erklären); sie legt ihm den Vorgang klar; sie hat ihm den Vorgang klargelegt
klar|ma|chen (deutlich machen); sie machte ihr die Sache klar; sie hat es ihr klargemacht
klar|stel|len (Irrtümer beseitigen); sie stellt die Missverständnisse klar; sie hat sie klargestellt
die **Klar|stel|lung**
der **Klar|text** (entzifferter Text); Klartext reden/sprechen (offen seine Meinung sagen)
die **Klä|rung**
der **Klä|rungs|be|darf;** Klärungsbedarf in strittigen Fragen
klar|wer|den
klas|se (*umgangssprachlich für:* hervorragend, großartig); eine klasse Idee; sie ist klasse; das finde ich klasse; der Film war klasse gemacht; ABER: die
Klas|se; das ist ganz große Klasse; sie hat Klasse
die **Klas|sen|ar|beit**
die **Klas|sen|bes|te;** eine Klassenbeste
der **Klas|sen|bes|te;** ein Klassenbester; die Klassenbesten; zwei Klassenbeste
das **Klas|sen|buch**
der **Klas|sen|chat** [...tʃɛt]
der **Klas|sen|er|halt** (*Sport:* das Verbleiben in einer bestimmten Spielklasse); des Klassenerhalts *oder* Klas|sen|er|hal|tes; um den Klassenerhalt kämpfen
die **Klas|sen|fahrt**
das **Klas|sen|fo|to**
der **Klas|sen|ka|me|rad**
die **Klas|sen|ka|me|ra|din**
die **Klas|sen|kas|se**
der **Klas|sen|leh|rer**
die **Klas|sen|leh|re|rin**
der **Klas|sen|raum**
der **Klas|sen|spre|cher**
die **Klas|sen|spre|che|rin**

die **Klas|sen|stär|ke**
das **Klas|sen|zim|mer**
die **Klas|si|fi|ka|ti|on** (Einordnung in Klassen)
klas|si|fi|zie|ren; du klassifizierst; sie klassifizierte; sie hat die Schmetterlinge klassifiziert
die **Klas|sik** (Epoche kultureller Höchstleistungen)
der **Klas|si|ker;** des Klassikers; die Klassiker
die **Klas|si|ke|rin;** die Klassikerinnen
klas|sisch (vorbildlich; die Klassik betreffend; typisch; traditionell); klassisches Theater; die klassischen Sprachen (Griechisch und Latein)
der **Klatsch;** des Klatschs *oder* Klat|sches
die **Klatsch|ba|se**
klat|schen; du klatschst; sie klatschte; sie hat Beifall geklatscht; klatsch *oder* klatsche in die Hände!
klatsch|nass
die **Klatsch|pap|pe**
klau|ben ([aus]sortieren; heraussuchen); du klaubst; sie klaubte; er hat Erbsen geklaubt
die **Klaue**
klau|en (*umgangssprachlich für:* stehlen); du klaust; er klaute; er hat seinem Freund ein Buch geklaut
die **Klau|se** (Klosterzelle)
die **Klau|sel** (Nebenbestimmung; Vorbehalt); die Klauseln
die **Klau|sur** (Abgeschlossenheit, Zurückgezogenheit; Prüfungsarbeit unter Aufsicht); die Klau|su|ren; eine Klausur schreiben
die **Kla|vi|a|tur** (Gesamtheit der Tasten); die Kla|vi|a|tu|ren
das **Kla|vier;** des Klaviers; die Kla|vie|re; Klavier spielen
das **Kla|vier|kon|zert**
kle|ben; du klebst; sie klebte; sie hat den Riss geklebt; kleb *oder* klebe den Riss!; sie ist an der Farbe kleben geblieben; kleben bleiben *oder* klebenbleiben (*umgangssprachlich für:* nicht versetzt werden); er ist in der neunten Klasse kleben geblieben *oder* klebengeblieben
kle|ben|blei|ben ↑kleben
der **Kle|ber** (Klebstoff); des Klebers; die Kleber

kleb|rig; eine klebrige Masse
der **Kleb|stoff**
kle|ckern (Flecke machen, sich beschmutzen); du hast gekleckert; kleckere nicht!
der **Klecks;** des Kleck|ses; die Kleck|se
kleck|sen (Kleckse machen); du kleckst; er kleckste; sie hat gekleckst; klecks *oder* kleckse nicht ins Heft!
der **Klee;** des Klees
das **Klee|blatt**
die **Klee-Ern|te** *oder* **Klee|ern|te**
das **Kleid;** des Kleids *oder* Klei|des; die Kleider
klei|den; das kleidete ihn; der Pullover hat ihn gut gekleidet; sich kleiden; sie hat sich modisch gekleidet
der **Klei|der|con|tai|ner**
die **Klei|der|samm|lung**
der **Klei|der|schrank**
kleid|sam (jemanden gut kleidend)
die **Klei|dung**
das **Klei|dungs|stück**
die **Kleie** (Abfallprodukt beim Mahlen von Getreide)
klein *siehe Kasten*
klein|ge|druckt ↑klein
das **Klein|geld;** des Kleingelds *oder* Klein|gel|des
die **Klein|grup|pe**
die **Klei|nig|keit**
klein|ka|riert (engherzig; engstirnig); er ist der kleinkarierteste Mensch, den ich kenne; ↑ABER: klein
das **Klein|kind**
der **Klein|kram;** des Kleinkrams *oder* Klein|kra|mes
klein|krie|gen; ich lasse mich nicht kleinkriegen (zum Nachgeben zwingen); dieser Schirm ist nicht kleinzukriegen (ist unzerstörbar)
klein|laut; kleinlaut um Verzeihung bitten
klein|lich (Kleinigkeiten übertrieben wichtig nehmend)
klein|ma|chen ↑klein
klein|mü|tig
das **Klein|od** (Kostbarkeit); des Kleinods *oder* Klein|odes; die Klein|ode *oder* Klein|odi|en
klein|schnei|den ↑klein
klein|schrei|ben (mit kleinem Anfangs-

klein

klei|ner; am kleins|ten

1. Groß- und Kleinschreibung:

Kleinschreibung:

- ein kleines Mädchen
- das Auto für den kleinen Mann
- von klein auf
- ein klein wenig
- das kleine *oder* Kleine Latinum

Großschreibung der Nomen und in Namen:

- Klein und Groß (*auch für:* jedermann); Kleine und Große; die Kleinen und [die] Großen
- er ist der Kleinste in der Klasse
- die Kleine (das kleine Mädchen)
- der Angelegenheit bis ins Kleinste (sehr eingehend) nachgehen
- im Kleinen genau sein
- etwas, nichts, viel, wenig Kleines
- Klein Erna; Klein Udo
- der Kleine Bär (ein Sternbild)
- Pippin der Kleine (ein König)
- der Kleine Belt (eine Meerenge)

2. Getrennt- und Zusammenschreibung:

Schreibung in Verbindung mit Verben und Partizipien:

- klein beigeben (nachgeben); sie hat immer klein beigegeben
- Holz klein machen *oder* kleinmachen
- etwas kurz und klein schlagen (*umgangssprachlich für:* zertrümmern)
- das Papier klein schneiden *oder* kleinschneiden
- klein sein
- ein klein gedruckter *oder* kleingedruckter Text
- das klein Gedruckte *oder* Kleingedruckte lesen
- sie trägt eine klein karierte *oder* kleinkarierte Hose; ↑ABER: kleinkariert

Zusammenschreibung bei übertragener Bedeutung:

- Verben werden kleingeschrieben (mit kleinem Anfangsbuchstaben geschrieben); ABER: wenn du so klein schreibst (mit so kleiner Schrift schreibst), kann ich es kaum lesen
- Rücksichtnahme wird hier kleingeschrieben (*umgangssprachlich für:* nicht wichtig genommen)

Vergleiche auch: kleinkriegen

buchstaben schreiben; nicht wichtig nehmen); Adjektive werden kleingeschrieben; Hilfsbereitschaft wird hier kleingeschrieben; ↑ABER: klein

die **Klein|schrei|bung**

die **Klein|stadt**

klein|städ|tisch

klein|tei|lig; eine kleinteilige Gliederung

der **Klein|wa|gen**

der **Kleis|ter;** des Kleisters; die Kleister

kleis|tern; ich kleistere; du kleisterst; sie hat den Riss gekleistert

die **Kle|men|ti|ne** *vergleiche:* **Cle|men|ti|ne**

die **Klem|me** (*umgangssprachlich auch für:* Notlage); in der Klemme sein

klem|men; die Tür klemmte; die Tür hat geklemmt; sich klemmen; er hat sich den Finger geklemmt

der **Klemp|ner** (Blechschmied); des Klempners; die Klempner

die **Klemp|ne|rin;** die Klempnerinnen

klemp|nern (Klempnerarbeiten ausführen); ich klempnere; du klempnerst; er hat geklempnert

der **Klep|per** (*umgangssprachlich für:* altes, entkräftetes Pferd); des Kleppers; die Klepper

A B C D E F G H I J K kle L M N O P Q R S T U V W X Y Z

kle|ri|kal (den Klerus unterstützend)
der **Kle|ri|ker** (katholischer Geistlicher); des Klerikers; die Kleriker
der **Kle|rus** (die katholische Geistlichkeit); des Klerus
die **Klet|te**
der **Klet|ter|gar|ten** (*Bergsteigen:* Trainingsgelände für Personen, die klettern)
klet|tern; du kletterst; er kletterte; sie ist auf den Baum geklettert; klettere nicht auf diesen Baum!
der **Klet|ter|park**
der **Klet|ter|pfad**
die **Klet|ter|pflan|ze**
der **Klet|ter|wald** (künstliche Anlage zum Klettern)
der **Klett|ver|schluss** (*Markenbezeichnung:* Haftverschluss, zum Beispiel an Schuhen)
kli|cken; die Kamera klickte; die Handschellen haben geklickt; sich durch die Programme auf dem Bildschirm klicken (*EDV:* mithilfe der Maus anwählen)
die **Klick|zahl** *(EDV) meist Plural*
der **Kli|ent** (Auftraggeber eines Rechtsanwalts); des/dem/den Kli|en|ten; die Kli|en|ten
die **Kli|en|tel** (Auftraggeber; Kundenkreis); die Kli|en|tel|len
die **Kli|en|tin;** die Klientinnen
das **Kliff** (Steilküste); des Kliffs *oder* Klif|fes; die Kliffs
das **Kli|ma** (für ein Gebiet typisches Wetter); des Klimas; die Klimas *oder* Kli|ma|te

! In einer Reihe von Wörtern wird der lang gesprochene i-Laut ohne anschließendes -e oder Dehnungs-h geschrieben. Dazu gehört auch das Nomen *Klima.*

das **Kli|ma|ab|kom|men**
die **Kli|ma|angst**
die **Kli|ma|an|la|ge**
der **Kli|ma|flücht|ling** (Person, die vor ungünstigen klimatischen Bedingungen flieht)
kli|ma|freund|lich
das **Kli|ma|ge|setz**
die **Kli|ma|kon|fe|renz**
die **Kli|ma|kri|se**
kli|ma|neu|t|ral
kli|ma|schäd|lich
der **Kli|ma|schutz**
der **Kli|ma|schüt|zer;** des Klimaschützers; die Klimaschützer
die **Kli|ma|schüt|ze|rin;** die Klimaschützerinnen
das **Kli|ma|schutz|ge|setz**
kli|ma|tisch
kli|ma|ti|sie|ren (mit einer Klimaanlage belüften und heizen oder kühlen); klimatisierte Räume
der **Kli|ma|ver|trag**
der **Kli|ma|wan|del**
klim|men (klettern); du klimmst; sie klimmt; sie klomm *oder* klimmte; sie ist auf den Berg geklommen *oder* geklimmt
der **Klimm|zug** (eine Turnübung)
klim|pern; du klimperst; sie hat mit den Münzen geklimpert; klimpere nicht!
die **Klin|ge**
die **Klin|gel;** die Klingeln
klin|geln; ich klingele; du klingelst; er klingelte; sie hat geklingelt; klingle *oder* klingele an der Tür!
der **Klin|gel|ton**
klin|gen; es klingt; es klang; es hat geklungen; kling, klang!
die **Kli|nik** (Krankenhaus); die Kli|ni|ken
das **Kli|ni|kum** (Komplex von Kliniken); des Klinikums; die Klinika *und* Kliniken
kli|nisch (*Medizin:* in der Klinik stattfindend); ein klinischer Eingriff
die **Klin|ke**
klin|ken; du klinkst; er klinkte; sie hat die Tür ins Schloss geklinkt; klink *oder* klinke die Tür leise ins Schloss!
der **Klin|ker** (hart gebrannter Ziegel); des Klinkers; die Klinker
der **Klipp** *vergleiche:* **Clip**
die **Klip|pe** (Felsblock im Meer)
klip|sen (*umgangssprachlich für:* befestigen, festklemmen); ich klipse; du hast geklipst
klir|ren; es klirrt; die Scheiben haben geklirrt; klirrende (eisige) Kälte
das **Kli|schee** (eingefahrene, überkommene Vorstellung; abgegriffene Redewendung); des Klischees; die Klischees
kli|schee|haft
die **Kli|schee|vor|stel|lung**
das **Klis|tier** (*Medizin:* Einlauf); des Klistiers; die Klis|tie|re

die **Kli|to|ris** (Teil der weiblichen Geschlechtsorgane)

der **Klitsch** (breiige Masse); des Klitschs *oder* Klit|sches

klit|schig

klitsch|nass

klit|ze|klein (*umgangssprachlich für:* sehr klein)

das **Klo** (*kurz für* Klosett); des Klos; die Klos

die **Klo|a|ke** (Abwasserkanal)

der **Klo|ben** (Holzstück); des Klobens; die Kloben

klo|big (schwer, massiv)

klo|nen (genetisch identische Kopien von Lebewesen herstellen); sie klonten das Schaf; das Tier ist geklont

klö|nen (*norddeutsch für:* gemütlich plaudern); du klönst; er hat geklönt

klop|fen; du klopfst; er klopfte; sie hat geklopft; klopf *oder* klopfe an die Tür!

der **Klop|fer;** des Klopfers; die Klopfer

der **Klöp|pel** (Stab im Innern der Glocke); des Klöppels; die Klöppel

der **Klops;** des Klop|ses; die Klop|se

das **Klo|sett** (*veraltend für:* Toilettenraum, -becken); des Klosetts; die Klo|set|te *oder* Klosetts

der **Kloß;** des Klo|ßes; die Klö|ße

das **Klos|ter;** des Klos|ters; die Klös|ter

der **Klotz;** des Klot|zes; die Klöt|ze

klot|zen (ordentlich zupacken); du klotzt; sie hat geklotzt

klot|zig (unförmig wie ein Klotz); ein klotziges Gebäude

der **Klub** *oder* **Club;** des Klubs *oder* Clubs; die Klubs *oder* Clubs

das **Klub|haus** *oder* **Club|haus**

die **Klub|sze|ne** *oder* **Club|sze|ne**

die **Kluft** (*umgangssprachlich für:* [alte] Kleidung; Uniform); die Kluf|ten

die **Kluft** (Spalte); die Klüf|te

klug; klü|ger; am klügs|ten; es ist am klügsten[,] zu schweigen; ABER: es ist das Klügste[,] zu schweigen; sie ist die Klügste in der Klasse; der Klügere gibt nach; klug sein; klug werden; klug reden (Kluges sagen); er hat wirklich klug geredet; ↑ABER: klugreden

klu|ger|wei|se; ABER: in kluger Weise

die **Klug|heit**

klug|re|den (alles besser wissen wollen); weil er dauernd klugredet; ↑ABER: klug

der **Klug|schwät|zer** (Besserwisser)

die **Klug|schwät|ze|rin**

der **Klum|pen;** des Klumpens; die Klumpen; *Verkleinerungsform:* das Klümp|chen

klum|pig

der **Klün|gel** (*abwertend für:* Clique); des Klüngels; die Klüngel

die *oder* der **Klun|ker** (*umgangssprachlich für:* Schmuckstein, Juwel); der Klunker *oder* des Klunkers; die Klunkern *oder* die Klunker

km = Kilometer

km/h = Kilometer je Stunde

KMK = Kultusministerkonferenz

knab|bern; du knabberst; sie hat am Brot geknabbert; knabbere nicht am Brot!

der **Kna|be;** des Knaben; die Knaben

der **Kna|ben|chor**

kna|ben|haft

das **Knä|cke|brot**

kna|cken; es knackt; es knackte; er hat Nüsse geknackt

kna|ckig; knackige Möhren

der **Knack|punkt** (*umgangssprachlich für:* entscheidender Punkt)

der **Knacks;** des Knack|ses; die Knack|se

die **Knack|wurst**

der **Knall;** des Knalls *oder* Knal|les; die Knal|le; Knall auf Fall *oder* Knall und Fall (unerwartet, sofort)

knal|len; es knallt; es knallte; es hat geknallt

knall|hart

knall|rot

das **Knall|trau|ma** (*Medizin:* Verletzung des Hörorgans durch ein lautes Geräusch)

knapp; knapp sein; knapp werden; knapp sitzen; sein Anzug sitzt sehr knapp; etwas knapp kalkulieren; er hat die Kosten äußerst knapp kalkuliert

der **Knap|pe** (Bergmann); des Knappen; die Knappen

knapp|hal|ten (*umgangssprachlich für:* wenig [Geld] geben); sie hat mich immer knappgehalten

die **Knar|re** (Kinderspielzeug; *umgangssprachlich für:* Gewehr); die Knarren

knar|ren; die Tür knarrt; die Tür knarrte; die Tür hat geknarrt

der **Knast** (*umgangssprachlich für:* Gefäng-

nis); des Knas|tes; die Knäs|te, *auch:* Knas|te
knat|tern; etwas knattert; etwas knatterte; etwas hat geknattert
der *oder* das **Knäu|el;** des Knäuels; die Knäuel
der **Knauf** ([verziertes] Ende eines Gegenstands); des Knaufs *oder* Knau|fes; die Knäu|fe
knau|se|rig *oder* **knaus|rig** (*umgangssprachlich abwertend für:* geizig)
knau|sern (übertrieben sparsam sein); du knauserst; er hat mit seinem Geld geknausert; knausere nicht so!
knaut|schen (knittern); du knautschst das Kleid; der Stoff hat geknautscht
die **Knautsch|zo|ne** (im Auto)
der **Kne|bel;** des Knebels; die Knebel
kne|beln; du knebelst ihn; er knebelte ihn; er hat ihn geknebelt; kneble *oder* knebele ihn nicht!
der **Knecht;** des Knechts *oder* Knech|tes; die Knech|te
knech|ten; du knechtest ihn; er hat ihn geknechtet; knechte ihn nicht!
die **Knecht|schaft**
knei|fen; du kneifst; sie kneift; sie kniff; sie hat ihn, *auch:* ihm in den Arm gekniffen; kneif *oder* kneife ihn nicht!
die **Kneif|zan|ge**
die **Knei|pe** (einfaches Lokal)
kneip|pen (eine Wasserkur machen); du kneippst; er kneippte; sie hat gekneippt
die **Kneipp|kur**
kne|ten; du knetest; sie knetet; sie hat geknetet; knet *oder* knete den Lehm!
die **Knet|mas|se**
der **Knick;** des Knicks *oder* Kni|ckes; die Kni|cke
kni|cken; du knickst; sie knickte; sie hat das Blatt geknickt; knick *oder* knicke das Blatt!
kni|cke|rig
knick|rig
der **Knicks;** des Knick|ses; die Knick|se
knick|sen; du knickst; sie knickst; sie hat geknickst; knickse vor der Gräfin!
das **Knie;** des Knies; die Knie [ˈkniːə, *auch:* kniː]; auf den Kni|en liegen; auf die Knie!
die **Knie|beu|ge**
knie|frei; ein kniefreier Rock
die **Knie|keh|le**
kni|en [kniːn, *auch:* ˈkniːən]; ich knie [kniːə, *auch:* kniː]; du kniest; sie kniet; du knietest; sie kniete; sie hat gekniet; knie!; sich knien; sie hat sich auf den Boden gekniet; auf dem Boden kniend
der **Kniff;** des Kniffs *oder* Knif|fes; die Knif|fe
knif|fe|lig *oder* **kniff|lig**
der **Knilch** *oder* **Knülch** (*umgangssprachlich für:* unangenehmer Mensch); des Knilchs *oder* Knülchs; die Knil|che *oder* Knül|che
knip|sen (*umgangssprachlich für:* fotografieren; Fahrkarten o. Ä. lochen); ich knipse; du knipst; sie knipste; sie hat geknipst; knips *oder* knipse nicht zu viel!
der **Knirps;** des Knirp|ses; die Knirp|se
knir|schen; du knirschst; er knirschte; sie hat mit den Zähnen geknirscht; knirsch *oder* knirsche nicht so mit den Zähnen!
knis|tern; es knistert; es knisterte; das Feuer im Ofen hat geknistert
der **Knit|ter;** des Knitters; die Knitter
knit|ter|frei; knitterfreier Stoff
knit|tern; es knittert; es knitterte; die Bluse hat geknittert
kno|beln (losen; würfeln); du knobelst; sie knobelte; er hat geknobelt; knoble *oder* knobele mit mir!
der **Knob|lauch;** des Knoblauchs *oder* Knob|lau|ches
der **Knö|chel;** des Knöchels; die Knöchel
knö|chel|tief; knöcheltief im Matsch stecken
der **Kno|chen;** des Knochens; die Knochen
das **Kno|chen|ge|rüst**
knö|chern (aus Knochen)
kno|chig; ein knochiges Gesicht
knock-out *oder* **knock|out** [nɔkˈʔaʊ̯t, *auch:* ˈnɔkʔaʊ̯t] (kampfunfähig; *Abkürzung:* k. o.)
der **Knock-out** *oder* **Knock|out** (Niederschlag; *Abkürzung:* K. o.); des Knock-out[s] *oder* Knockout[s]; die Knock-outs *oder* Knockouts
der **Knö|del** (*süddeutsch für:* Kloß); des Knödels; die Knödel
die **Knol|le**
der **Knol|len|blät|ter|pilz**

K
kna

knol|lig; eine knollige Nase

der **Knopf;** des Knopfs *oder* Knop|fes; die Knöp|fe; *Verkleinerungsform:* das Knöpfchen

der **Knopf|druck;** auf Knopfdruck

knöp|fen; du knöpfst; sie knöpft; sie hat ihr Kleid vorn geknöpft

das **Knopf|loch**

der **Knor|pel;** des Knorpels; die Knorpel

knor|pe|lig *oder* **knorp|lig**

der **Knor|ren** (*landschaftlich für:* Knoten, harter Auswuchs); des Knorrens; die Knorren

knor|rig; knorrige Bäume

die **Knos|pe**

knos|pen; die Rose knospt; die Rose hat geknospt

kno|ten; du knotest; sie knotete; sie hat ihre Schnürsenkel geknotet; knote sie!

der **Kno|ten;** des Knotens; die Knoten

das **Know-how** *oder* **Know|how** [nɔʊ̯'haʊ̯, *auch:* 'nɔʊ̯haʊ̯] (Wissen, wie man etwas praktisch verwirklicht oder anwendet); des Know-how[s] *oder* Knowhow[s]

der **Knuff** (*umgangssprachlich für:* Stoß); des Knuffs *oder* Knuf|fes; die Knüf|fe

knuf|fen; du knuffst; sie knuffte; er hat mich geknufft; knuff *oder* knuffe mich nicht!

der **Knülch** *vergleiche:* **Knilch Knilch**

knül|len (zerknittern); du knüllst; er knüllte; sie hat das Taschentuch geknüllt

der **Knül|ler** (*umgangssprachlich für:* Sensation); des Knüllers; die Knüller

knüp|fen; du knüpfst; sie knüpfte; sie hat viele Verbindungen geknüpft; knüpf *oder* knüpfe keine Bedingungen daran!

der **Knüp|pel;** des Knüppels; die Knüppel

knüp|pel|dick (*umgangssprachlich für:* sehr schlimm); es kam knüppeldick

knur|ren; er knurrt; er knurrte; der Hund hat geknurrt; knurr *oder* knurre nicht!

knur|rig; ein knurriger Mensch

das **Knus|per|häus|chen**

knus|pe|rig *oder* **knusp|rig**

knus|pern; du knusperst; sie knusperte; sie hat geknuspert

der **Knust** (*norddeutsch für:* Endstück des Brotes); des Knusts *oder* Knus|tes; die Knus|te *oder* Knüs|te

die **Knu|te** (Lederpeitsche)

knut|schen (*umgangssprachlich für:* heftig küssen); du knutschst; sie knutschte; sie haben [sich] geknutscht; knutsch *oder* knutsche nicht dauernd mit ihr!

die **Knut|sche|rei**

der **Knutsch|fleck;** sie hat einen Knutschfleck am Hals

Queue

! Viele Fremdwörter werden ganz anders geschrieben, als sie gesprochen werden. Dazu gehört auch das aus dem Französischen übernommene Substantiv »Queue«, das den Billardstock bezeichnet und dessen Aussprache *kö* lautet.

k. o. [ka:'ʔo:] = knock-out; jemanden k. o. schlagen

das **K. o.** = Knock-out

der **Ko|a|la** (kleiner australischer Beutelbär); des Koalas; die Koalas

ko|a|lie|ren (verbinden; sich verbünden); du koalierst; er koalierte; die Parteien haben koaliert

die **Ko|a|li|ti|on** (Bündnis; Zusammenschluss); die Große *oder* große Koalition

der **Ko|a|li|ti|ons|part|ner**

die **Ko|a|li|ti|ons|re|gie|rung**

die **Ko|a|li|ti|ons|ver|hand|lung**

der **Ko|au|tor** *oder* **Ko-Au|tor** *vergleiche:* **Co-Au|tor**

die **Ko|au|to|rin** *oder* **Ko-Au|to|rin** *vergleiche:* **Co-Au|to|rin**

das **Ko|balt,** *fachsprachlich:* **Co|balt** (chemisches Element, Metall; *Zeichen:* Co); des Kobalts, *fachsprachlich:* Cobalts

ko|balt|blau

der **Ko|bold** (zwergenhafter Geist); des Kobolds *oder* Ko|bol|des; die Ko|bol|de

die **Ko|b|ra** (Brillenschlange); die Kobras

der **Koch;** des Kochs *oder* Ko|ches; die Kö|che

das **Koch|buch**

ko|chen; du kochst; er kochte; er hat das Essen gekocht; koch *oder* koche etwas Gutes!; kochend heißes Wasser; das Wasser ist kochend heiß

der **Kö|cher** (ein Behälter für Pfeile); des Köchers; die Köcher

die **Kö|chin;** die Köchinnen

die **Koch|ni|sche**
das **Koch|salz;** des Koch|sal|zes
der **Kode** [koːt] *vergleiche:* **Code**
die **Kode|num|mer** *vergleiche:* **Code|num-mer**
der **Kö|der** (Lockmittel); des Köders; die Köder
kö|dern; du köderst; sie köderte; sie hat den Fisch geködert; ködere den Fisch!
ko|die|ren *vergleiche:* **co|die|ren**
die **Ko|die|rung** *oder* **Co|die|rung**
die **Ko|edu|ka|ti|on** (gemeinsamer Schulunterricht von Jungen und Mädchen)
der **Ko|ef|fi|zi|ent** (konstanter Faktor vor einer veränderlichen Größe); des/dem/den Ko|ef|fi|zi|en|ten; die Ko|ef|fi|zi|en-ten
die **Ko|exis|tenz** (friedliches Nebeneinander von Staaten mit unterschiedlichen gesellschaftlichen Systemen)

das **Kof|fe|in** *oder* **Cof|fe|in** (Wirkstoff des Kaffees); des Koffeins *oder* Coffeins
kof|fe|in|frei; koffeinfreier Kaffee
der **Kof|fer;** des Koffers; die Koffer
der **Kof|fer|raum**
der **Kog** *vergleiche:* **Koog**
der **Ko|g|nak** [ˈkɔnjak] (*umgangssprachlich für:* Weinbrand); des Kognaks; die Kognaks
ko|hä|rent (zusammenhängend); ein kohärenter Text
der **Kohl;** des Kohls *oder* Koh|les
die **Koh|le**
der **Koh|le|ab|bau**
der **Koh|le|aus|stieg** (Ausstieg aus der Nutzung von Kohle zur Energieerzeugung) *Plural selten*
das **Koh|le|kraft|werk**
koh|len (schwelen); es kohlt; es kohlte; das Holz hat gekohlt
koh|len (*umgangssprachlich für:* aufschneiden, schwindeln); du kohlst; sie kohlte; er hat gekohlt
das **Koh|len|di|oxid** *oder* **Koh|len|di|oxyd** (ein Gas); des Kohlendioxid[e]s *oder* Kohlendioxyd[e]s; die Koh|len|di|oxi|de *oder* Koh|len|di|oxy|de
das **Koh|le[n]|hy|d|rat** (eine organische Verbindung); des Kohle[n]hydrats *oder* Koh|le[n]|hy|d|ra|tes; die Koh|le[n]|hy-d|ra|te

die **Koh|len|säu|re**
der **Koh|len|stoff** (ein chemisches Element)
das **Koh|le|pa|pier**
die **Kohl|mei|se** (ein Singvogel)
kohl|ra|ben|schwarz
der **Kohl|ra|bi;** des Kohlrabi *oder* Kohlrabis; die Kohlrabi *oder* Kohlrabis
kohl|schwarz
der **Kohl|weiß|ling** (ein Schmetterling); des Kohlweißlings; die Kohl|weiß|lin|ge
ko|i|tie|ren (*Medizin:* den Geschlechtsakt vollziehen); du koitierst; er koitiert; sie haben koitiert
der **Ko|i|tus** *oder* **Co|i|tus** (Geschlechtsakt); des Koitus *oder* Coitus; die Koitus *oder* Coitus, *auch:* die Ko|i|tus|se *oder* Co|i|tus|se
die **Ko|je** (Schlafstelle auf Schiffen); die Kojen
das **Ko|ka|in** (ein Betäubungsmittel, eine Droge); des Kokains
ko|keln (*landschaftlich für:* mit Feuer spielen); du kokelst; sie kokelte; sie hat gekokelt; kokle *oder* kokele nicht!
die **Ko|ke|rei** (Koksgewinnung, Kokswerk)
ko|kett (eitel); ko|ket|ter; am ko|ket-tes|ten
der **Ko|ko|lo|res** (*umgangssprachlich für:* Unsinn); des Kokolores
der **Ko|kon** [koˈkõː, *auch:* koˈkɔŋ, koˈkoːn] (Hülle der Insektenpuppen); des Kokons; die Kokons
die **Ko|kos|flo|cken** *Plural*
die **Ko|kos|nuss**
die **Ko|kos|pal|me**
der **Koks** (ein Brennstoff aus Kohle); des Kok|ses; die Kok|se
der **Koks|ofen**
der **Kol|ben;** des Kolbens; die Kolben
die **Kol|cho|se** (landwirtschaftliche Produktionsgenossenschaft in der ehemaligen Sowjetunion); die Kolchosen
die **Ko|lik** [*auch:* koˈliːk] (krampfartiger Leibschmerz); die Ko|li|ken
der **Kol|laps** [*auch:* kɔˈlaps] (Schwächeanfall); des Kol|lap|ses; die Kol|lap|se
der **Kol|le|ge** (Berufsgenosse; Mitarbeiter); des Kollegen; die Kollegen
kol|le|gi|al
die **Kol|le|gi|a|li|tät**
die **Kol|le|gin;** die Kolleginnen

das **Kol|le|gi|um** (Gruppe von Personen mit gleichem Beruf); des Kollegiums; die Kol|le|gi|en

die **Kol|lek|te** (kirchliche Sammlung)

die **Kol|lek|ti|on** (Mustersammlung)

kol|lek|tiv (gemeinschaftlich)

das **Kol|lek|tiv** (Arbeits-, Produktionsgemeinschaft; Team); des Kollektivs; die Kol|lek|ti|ve, *auch:* Kollektivs

der **Kol|ler** (eine Pferdekrankheit; *umgangssprachlich für:* Wutausbruch); des Kollers; die Koller

kol|li|die|ren (zusammenstoßen); das Schiff kollidierte mit einem Eisberg; mehrere Autos sind [miteinander] kollidiert; unsere Interessen haben kollidiert (sich widersprochen)

die **Kol|li|si|on** (Zusammenstoß)

Köln (Stadt am Rhein)

der **Köl|ner;** des Kölners; die Kölner

die **Köl|ne|rin;** die Kölnerinnen

köl|nisch

das **Köl|nisch|was|ser**

ko|lo|ni|al (die Kolonie[n] betreffend); koloniale Ausbeutung

der **Ko|lo|ni|a|lis|mus** (auf Erwerb und Besitz von Kolonien gerichtete Politik)

die **Ko|lo|nie** (Siedlung; überseeische Besitzung eines Staates); die Ko|lo|ni|en

die **Ko|lo|ni|sa|ti|on** (Besiedlung; wirtschaftliche Erschließung und Ausbeutung einer Kolonie)

ko|lo|ni|sie|ren; du kolonisierst; er kolonisierte; er hat das Land kolonisiert; kolonisier *oder* kolonisiere das Land!

der **Ko|lo|nist;** des/dem/den Ko|lo|nis|ten; die Ko|lo|nis|ten

die **Ko|lo|nis|tin;** die Kolonistinnen

die **Ko|lon|na|de** (Säulenhalle); die Kolonnaden

die **Ko|lon|ne** (Gruppe, Reihe)

der **Ko|loss;** des Ko|los|ses; die Ko|los|se

ko|los|sal (riesig, übergroß); kolossale Bauwerke

Ko|los|se|um (Amphitheater in Rom)

die **Kol|por|ta|ge** [kɔlpɔrˈtaːʒə] (Verbreitung von Gerüchten)

kol|por|tie|ren (ungesicherte Informationen verbreiten); du kolportierst; sie kolportierte; sie hat Gerüchte kolportiert

der **Ko|lum|bi|a|ner** (Einwohner Kolumbiens); des Kolumbianers; die Kolumbianer

die **Ko|lum|bi|a|ne|rin;** die Kolumbianerinnen

ko|lum|bi|a|nisch

Ko|lum|bi|en (Staat in Südamerika)

die **Ko|lum|ne** (Druckspalte); die Kolumnen

das **Ko|ma** (tiefe Bewusstlosigkeit); des Komas; die Komas *oder* Komata

das **Ko|ma|sau|fen** (*derb für:* Rauschtrinken)

das **Ko|ma|trin|ken** (gemeinsames Trinken von Alkohol bis zur Bewusstlosigkeit)

der **Kom|bi** (kombinierter Liefer- und Personenwagen); des Kombi *oder* Kombis; die Kombis

die **Kom|bi|na|ti|on** (Zusammenstellung; Vermutung; gutes Zusammenspiel)

kom|bi|nie|ren (zusammenstellen; vermuten; gut zusammenspielen); du kombinierst; sie kombinierte; sie hat kombiniert; kombinier *oder* kombiniere richtig!

die **Kom|bü|se** (Schiffsküche); die Kombüsen

der **Ko|met** (Schweifstern, Haarstern); des/dem/den Ko|me|ten; die Ko|me|ten

der **Kom|fort** [kɔmˈfoːɐ̯] (Bequemlichkeiten; [luxuriöse] Ausstattung); des Komforts

kom|for|ta|bel; eine komfortable Wohnung

die **Kom|fort|zo|ne** (*oft leicht abwertend für:* von Bequemlichkeit geprägter [privater, gesellschaftlicher] Bereich)

die **Ko|mik** (erheiternde, zum Lachen reizende Wirkung)

der **Ko|mi|ker;** des Komikers; die Komiker

die **Ko|mi|ke|rin;** die Komikerinnen

ko|misch (lustig; seltsam)

ko|mi|scher|wei|se (*umgangssprachlich*)

das **Ko|mi|tee** ([leitender] Ausschuss); des Komitees; die Komitees

das **Kom|ma;** des Kommas; die Kommas *oder* Kommata

der **Kom|man|dant** (Befehlshaber); des/

dem/den Kom|man|dan|ten; die Kom|man|dan|ten

die **Kom|man|dan|tin;** die Kommandantinnen

der **Kom|man|deur** [kɔman'døːɐ̯]; des Kommandeurs; die Kom|man|deu|re

die **Kom|man|deu|rin;** die Kommandeurinnen

kom|man|die|ren (befehlen); du kommandierst; er kommandierte; sie hat die Kompanie kommandiert; kommandier *oder* kommandiere ihn nicht so!; er ist der Kommandierende General dieser Armee

die **Kom|man|dit|ge|sell|schaft** (eine Handelsgesellschaft)

das **Kom|man|do** (Befehl; Befehlsgewalt; Truppenteil); des Kommandos; die Kommandos

die **Kom|man|do|brü|cke**

die **Kom|ma|set|zung;** die Kommasetzungen *Plural selten*

kom|men; du kommst; sie kommt; er kam; sie ist gekommen; komm *oder* komme jetzt!

der **Kom|men|tar** (Erläuterung; [kritische] Stellungnahme); des Kommentars; die Kom|men|ta|re

kom|men|tar|los (ohne Stellungnahme)

der **Kom|men|ta|tor** (Verfasser eines Kommentars); des Kommentators; dem/den Kommentator; die Kom|men|ta|to|ren

die **Kom|men|ta|to|rin;** die Kommentatorinnen

kom|men|tie|ren (erläutern; [kritisch] Stellung nehmen); du kommentierst; sie kommentierte; sie hat die Entscheidung kommentiert

der **Kom|merz** (Handel und Geschäftsverkehr); des Kom|mer|zes

kom|mer|zi|a|li|sie|ren (wirtschaftlichen Interessen unterordnen); du kommerzialisierst; er kommerzialisierte; sie hat die Kunst kommerzialisiert

kom|mer|zi|ell (geschäftlich; auf Gewinn bedacht); kommerzielle Interessen

der **Kom|miss** (*umgangssprachlich für:* Militär, Militärdienst); des Kom|mis|ses

der **Kom|mis|sar** (ein Beauftragter; Dienstrangbezeichnung); des Kommissars; die Kom|mis|sa|re

die **Kom|mis|sa|rin;** die Kommissarinnen

kom|mis|sa|risch (beauftragt; auftragsweise); die kommissarische Leitung

die **Kom|mis|si|on** (Ausschuss)

die **Kom|mo|de** (ein Möbelstück)

kom|mu|nal (die Gemeinde betreffend); die kommunale Verwaltung

die **Kom|mu|nal|wahl** (Wahl der Gemeinde- oder Stadträte)

die **Kom|mu|ne** (Gemeinde; Wohn- und Wirtschaftsgemeinschaft)

die **Kom|mu|ni|ka|ti|on** (Verständigung, Verbindung [unter Menschen])

die **Kom|mu|ni|ka|ti|ons|da|ten** *Plural*

kom|mu|ni|ka|tiv (mitteilsam)

die **Kom|mu|ni|on** (Empfang des heiligen Abendmahls)

das **Kom|mu|ni|qué** [kɔmyni'keː, kɔmuni'keː] (Denkschrift; [regierungs]amtliche Mitteilung); des Kommuniqués; die Kommuniqués

der **Kom|mu|nis|mus;** des Kommunismus

der **Kom|mu|nist;** des/dem/den Kom|mu|nis|ten; die Kom|mu|nis|ten

die **Kom|mu|nis|tin;** die Kommunistinnen

kom|mu|nis|tisch; die kommunistischen Staaten; ABER: das Kommunistische Manifest (Werk von Marx und Engels)

kom|mu|ni|zie|ren (in Verbindung stehen; sich verständigen; das Abendmahl empfangen); du kommunizierst; sie kommunizierte; er hat kommuniziert

kom|mu|ta|tiv (*Mathematik:* vertauschbar, umstellbar)

der **Ko|mö|di|ant** (Schauspieler); des/dem/den Ko|mö|di|an|ten; die Ko|mö|di|an|ten

die **Ko|mö|di|an|tin;** die Komödiantinnen

die **Ko|mö|die** (das Lustspiel); die Ko|mö|di|en

der **Kom|pa|g|non** ['kɔmpanjõ, *auch:* kɔmpan'jõː] (Teilhaber); des Kompagnons; die Kompagnons

kom|pakt (gedrungen; fest; dicht)

die **Kom|pakt|heit**

die **Kom|pa|nie** (eine Truppenabteilung); die Kom|pa|ni|en

der **Kom|pa|ra|tiv** (erste Steigerungsstufe, zum Beispiel »schöner«); des Komparativs; die Kom|pa|ra|ti|ve

der **Kom|par|se** (Statist beim Theater und

Film); des/dem/den Komparsen; die Komparsen

die **Kom|par|sin;** die Komparsinnen

der **Kom|pass;** des Kom|pas|ses; die Kom|pas|se

die **Kom|pass|na|del**

kom|pa|ti|bel (vereinbar, zusammenpassend, kombinierbar)

die **Kom|pa|ti|bi|li|tät**

die **Kom|pen|sa|ti|on** (Ausgleich, Entschädigung)

kom|pen|sie|ren (ausgleichen); du kompensierst; er kompensierte; er hat seine Schwäche durch Mut kompensiert

kom|pe|tent (zuständig; sachkundig)

die **Kom|pe|tenz;** die Kompetenzen

das **Kom|pe|tenz|trai|ning;** soziales Kompetenztraining

kom|ple|men|tär (ergänzend)

die **Kom|ple|men|tär|far|be** *(Optik)*

kom|plett (vollständig)

kom|plet|tie|ren (vervollständigen); ich komplettiere; du komplettierst; sie komplettierte; sie hat ihre Sammlung komplettiert

kom|plex (vielfach zusammengesetzt; vielschichtig); komplexe Probleme

der **Kom|plex** (Gesamtheit, zusammenhängende Gruppe; bedrückende, negative Vorstellung von sich selbst); des Kom|ple|xes; die Kom|ple|xe; ein Komplex von Fragen; verdrängte Komplexe

die **Kom|ple|xi|tät** (Vielschichtigkeit)

das **Kom|pli|ment** (lobende, schmeichelhafte Äußerung); des Kompliments *oder* Kom|pli|men|tes; die Kom|pli|men|te

der **Kom|pli|ze** (Mittäter); des/dem/den Komplizen; die Komplizen

kom|pli|zie|ren (verwickeln; erschweren); das kompliziert die ganze Sache; komplizier *oder* kompliziere das nicht zusätzlich!

kom|pli|ziert (schwierig, umständlich); kom|pli|zier|ter; am kom|pli|zier|tes|ten

die **Kom|pli|zin;** die Komplizinnen

das **Kom|plott** (heimlicher Anschlag, Verschwörung); des Komplotts *oder* Kom|plot|tes; die Kom|plot|te

die **Kom|po|nen|te** (Bestandteil; Teilkraft); die Komponenten

kom|po|nie|ren (ein Musikwerk schaffen; kunstvoll abstimmen, gestalten); du komponierst; sie komponierte; sie hat ein Lied komponiert; komponier *oder* komponiere doch einen Schlager!

der **Kom|po|nist** (Tondichter); des/dem/den Kom|po|nis|ten; die Kom|po|nis|ten

die **Kom|po|nis|tin;** die Komponistinnen

die **Kom|po|si|ti|on** (Aufbau und Gestaltung eines Kunstwerks; Musikwerk); die Kom|po|si|ti|o|nen

das **Kom|po|si|tum** (zusammengesetztes Wort, zum Beispiel »Haustür«); des Kompositums; die Komposita

der **Kom|post** (natürlicher Mischdünger); des Komposts *oder* Kom|pos|tes; die Kom|pos|te

der **Kom|post|hau|fen**

kom|pos|tier|bar; kompostierbarer Abfall

kom|pos|tie|ren (zu Kompost verarbeiten); du kompostierst; er kompostierte; sie hat die Eierschalen kompostiert

das **Kom|pott;** des Kompotts *oder* Kom|pot|tes; die Kom|pot|te

die **Kom|pres|se** (*Medizin:* ein feuchter Umschlag); die Kompressen

die **Kom|pres|si|on** (*Technik:* Zusammenpressung; Verdichtung)

der **Kom|pres|sor** (Verdichter); des Kompressors; die Kom|pres|so|ren

kom|pri|mie|ren (zusammenpressen; verdichten); komprimierte Luft

der, *selten:* das **Kom|pro|miss** (Übereinkunft; Ausgleich); des Kom|pro|mis|ses; die Kom|pro|mis|se

kom|pro|miss|be|reit

kom|pro|miss|los

der **Kom|pro|miss|vor|schlag**

kom|pro|mit|tie|ren (bloßstellen); du kompromittierst ihn; er kompromittierte ihn; sie hat ihn kompromittiert; kompromittier *oder* kompromittiere sie nicht!

das **Kon|den|sat** (Niederschlag[swasser]); des Kondensats *oder* Kon|den|sa|tes; die Kon|den|sa|te

kon|den|sie|ren (verdichten; verflüssigen); der Wasserdampf kondensierte; er hat kondensiert; kondensierte Milch

die **Kon|dens|milch**

die **Kon|di|ti|on** (Bedingung; Verfassung,

körperliche Leistungsfähigkeit); die Kon|di|ti|o|nen
der **Kon|di|ti|o|nal|satz** (Bedingungssatz)
das **Kon|di|ti|ons|trai|ning**
der **Kon|di|tor;** des Konditors; die Kon|di|to|ren
die **Kon|di|to|rei**
die **Kon|di|to|rin;** die Konditorinnen
die **Kon|do|lenz** (Beileid[sbezeigung]); die Kon|do|len|zen
kon|do|lie|ren (Beileid aussprechen); du kondolierst; sie kondolierte; sie hat ihm kondoliert; kondolier *oder* kondoliere ihm!
das *oder* der **Kon|dom** (Gummihülle für den Penis zur Empfängnisverhütung); des Kondoms; die Kon|do|me
der **Kon|dor** (Riesengeier); des Kondors; die Kon|do|re
das **Kon|fekt** (Pralinen); des Konfekts *oder* Kon|fek|tes; die Kon|fek|te

K
kon

die **Kon|fek|ti|on** (Fertigkleidung)
die **Kon|fe|renz** (Beratung); die Kon|fe|ren|zen
der **Kon|fe|renz|be|schluss**
kon|fe|rie|ren (eine Konferenz abhalten); sie konferierten; sie haben gestern konferiert
die **Kon|fes|si|on** (Glaubensbekenntnis); die Kon|fes|si|o|nen
kon|fes|si|o|nell (zu einer Glaubensgemeinschaft gehörend)
das **Kon|fet|ti** (bunte Papierschnitzel); des Konfetti *oder* Konfettis
die **Kon|fi|gu|ra|ti|on** (bestimmte Gestalt oder Stellung [zum Beispiel der Planeten]); der Konfiguration; die Kon|fi|gu|ra|ti|o|nen
kon|fi|gu|rier|bar *(EDV)*
kon|fi|gu|rie|ren *(EDV)*
der **Kon|fir|mand;** des/dem/den Kon|fir|man|den; die Kon|fir|man|den
der **Kon|fir|man|den|un|ter|richt** *(evangelische Kirche)*
die **Kon|fir|man|din;** die Konfirmandinnen
die **Kon|fir|ma|ti|on** (Aufnahme evangelischer Christen in die Gemeinde)
kon|fir|mie|ren; sie konfirmierte ihn; sie hat ihn konfirmiert
kon|fis|zie|ren (beschlagnahmen); du konfiszierst; er konfiszierte; sie hat die Briefe konfisziert

die **Kon|fi|tü|re** (Marmelade mit noch erkennbaren Obststücken)
der **Kon|flikt** (Streit; Widerstreit); des Konflikts *oder* Kon|flik|tes; die Kon|flik|te
die **Kon|flikt|si|tu|a|ti|on**
die **Kon|fö|de|ra|ti|on** (Staatenbund); die Kon|fö|de|ra|ti|o|nen
kon|form (einig, übereinstimmend); konform gehen *oder* konformgehen (übereinstimmen); in diesem Punkt ging sie mit ihm konform; er ist in dieser Angelegenheit mit ihnen konform gegangen *oder* konformgegangen
die **Kon|for|mi|tät**
die **Kon|fron|ta|ti|on** (Gegenüberstellung; Auseinandersetzung)
kon|fron|tie|ren; du konfrontierst; sie hat ihn mit der Wahrheit konfrontiert; konfrontier *oder* konfrontiere ihn damit!
kon|fus (verwirrt)
die **Kon|fu|si|on** (Verwirrung, Durcheinander)
das **Kon|glo|me|rat** (Gemisch); des Konglomerats *oder* Kon|glo|me|ra|tes; die Kon|glo|me|ra|te
Kon|go *oder* der **Kon|go** (Staat in Mittelafrika); die Bevölkerung Kongos *oder* des Kongo[s]
der **Kon|go** (Fluss in Mittelafrika)
der **Kon|go|le|se;** des/dem/den Kongolesen; die Kongolesen
die **Kon|go|le|sin;** die Kongolesinnen
kon|go|le|sisch
die **Kon|gre|ga|ti|on** ([katholische] Vereinigung)
der **Kon|gress** ([größere] Versammlung); des Kon|gres|ses; die Kon|gres|se
der **Kon|gress|saal** *oder* **Kon|gress-Saal**
das **Kon|gress|zen|t|rum**
kon|gru|ent (deckungsgleich); kongruente Dreiecke
die **Kon|gru|enz** (Übereinstimmung)
die **Ko|ni|fe|re** (zapfentragendes Nadelholzgewächs); die Koniferen
der **Kö|nig;** des Königs; die Kö|ni|ge; die preußischen Könige; ABER: die Heiligen Drei Könige
die **Kö|ni|gin;** die Königinnen
kö|nig|lich; die königliche Familie; ABER: [Eure] Königliche Hoheit *(Anrede)*
das **Kö|nig|reich**

das **Kö|nigs|haus**
ko|nisch (kegelförmig)
die **Kon|ju|ga|ti|on** (Beugung des Verbs); die Kon|ju|ga|ti|o|nen
kon|ju|gie|ren ([Verben] beugen); du konjugierst; sie konjugierte; sie hat konjugiert; konjugier *oder* konjugiere!
die **Kon|junk|ti|on** (Bindewort); die Konjunk|ti|o|nen
der **Kon|junk|ti|o|nal|satz** (von einer Konjunktion eingeleiteter Nebensatz)
der **Kon|junk|tiv** (Möglichkeitsform); des Konjunktivs; die Kon|junk|ti|ve
die **Kon|junk|tur** (wirtschaftliche Lage); die Kon|junk|tu|ren
kon|junk|tu|rell; die konjunkturelle Lage
kon|kav (nach innen gewölbt); eine konkave Linse
das **Kon|kla|ve** (Versammlung[sort] der Kardinäle zur Papstwahl); des Konklaves; die Konklaven
das **Kon|kor|dat** (Vertrag zwischen Staat und katholischer Kirche); des Konkordats *oder* Kon|kor|da|tes; die Kon|kor|da|te
kon|kret (körperlich, sinnfällig, greifbar); kon|kre|ter; am kon|kre|tes|ten; konkrete Malerei; konkrete Musik
kon|kre|ti|sie|ren (verdeutlichen, veranschaulichen); ich konkretisiere; du konkretisierst; sie konkretisierte; sie hat ihren Vorschlag konkretisiert
der **Kon|kur|rent** (Mitbewerber, Rivale); des/dem/den Kon|kur|ren|ten; die Kon|kur|ren|ten
die **Kon|kur|ren|tin;** die Konkurrentinnen
die **Kon|kur|renz** (Wettbewerb); die Kon|kur|ren|zen
kon|kur|renz|fä|hig
der **Kon|kur|renz|kampf**
kon|kur|rie|ren (wetteifern); du konkurrierst mit ihm; er konkurrierte mit ihm; sie hat mit ihm konkurriert; konkurrier *oder* konkurriere nicht mit ihr!
der **Kon|kurs** (Zahlungsunfähigkeit); des Kon|kur|ses; die Kon|kur|se
das **Kon|kurs|ver|fah|ren**
kön|nen; du kannst; sie kann; sie konnte; sie hat ihre Aufgaben nicht gekonnt; ich habe das nicht glauben können
das **Kön|nen;** des Könnens; handwerkliches Können
der **Kön|ner;** des Könners; die Könner
die **Kön|ne|rin;** die Könnerinnen
der **Kon|rek|tor** (Vertreter des Rektors); des Konrektors; die Kon|rek|to|ren
die **Kon|rek|to|rin;** die Konrektorinnen
kon|se|ku|tiv (die Folge bezeichnend)
der **Kon|se|ku|tiv|satz** (Folgesatz)
der **Kon|sens** (Übereinstimmung der Meinungen); des Kon|sen|ses; die Kon|sen|se
kon|se|quent (folgerichtig; beharrlich); kon|se|quen|ter; am kon|se|quen|tes|ten
die **Kon|se|quenz** (Folgerichtigkeit; Folgerung; Beharrlichkeit); die Konsequenzen tragen, ziehen
kon|ser|va|tiv (am Bestehenden festhaltend); eine konservative Partei; ABER: die Konservative Partei (in England)
der **Kon|ser|va|ti|vis|mus** (am Hergebrachten orientierte Einstellung)
das **Kon|ser|va|to|ri|um** (Musikhochschule); des Konservatoriums; die Kon|ser|va|to|ri|en
die **Kon|ser|ve** (haltbar gemachtes Lebensmittel)
die **Kon|ser|ven|do|se**
kon|ser|vie|ren (einmachen; haltbar machen); du konservierst; er konservierte; sie hat das Obst konserviert; konservier *oder* konserviere die Früchte!
kon|sis|tent (in sich schlüssig)
die **Kon|sis|tenz**
der **Kon|so|nant** (Mitlaut); des/dem/den Kon|so|nan|ten; die Kon|so|nan|ten
das **Kon|sor|ti|um** (Genossenschaft); des Konsortiums; die Konsortien
kon|s|tant (unveränderlich, stetig); kon|s|tan|ter; am kon|s|tan|tes|ten; eine konstante Temperatur
die **Kon|s|tan|te** (feste mathematische Größe); der Konstante *oder* Konstanten; die Konstanten; mehrere Konstante *oder* Konstanten
Kon|s|tan|ti|no|pel (*früherer Name von* ↑Istanbul)
die **Kon|s|tanz** (Beharrlichkeit; Stetigkeit)
kon|s|ta|tie|ren (*bildungssprachlich für:* feststellen); du konstatierst; sie konstatierte; er hat konstatiert

A B C D E F G H I J K kon L M N O P Q R S T U V W X Y Z

die **Kon|s|tel|la|ti|on** (Zusammentreffen von Umständen; Lage); der Konstellation; die Kon|s|tel|la|ti|o|nen; die Planeten erscheinen heute in einer seltenen Konstellation (Stellung zueinander)

kon|s|ti|tu|ie|ren (gründen); er hat eine neue Wissenschaft konstituiert; die Versammlung hat sich konstituiert (ist zusammengetreten)

die **Kon|s|ti|tu|ti|on** ([körperliche] Verfassung; Grundgesetz); die Kon|s|ti|tu|ti|o|nen

kon|s|ti|tu|ti|o|nell (verfassungsmäßig; anlagebedingt); die konstitutionelle (an die Verfassung gebundene) Monarchie

kon|s|t|ru|ie|ren; du konstruierst; sie konstruierte; er hat eine Maschine konstruiert; konstruier *oder* konstruiere (zeichne aus vorgegebenen Größen) ein Dreieck!

die **Kon|s|t|ruk|ti|on** (Bauart; Entwurf); die Kon|s|t|ruk|ti|o|nen

kon|s|t|ruk|tiv; konstruktive (förderliche) Kritik

der **Kon|sul** (Vertreter eines Staates im Ausland); des Konsuls; die Konsuln

das **Kon|su|lat;** des Konsulats *oder* Kon|su|la|tes; die Kon|su|la|te

die **Kon|su|lin;** die Konsulinnen

die **Kon|sul|ta|ti|on** (Befragung; Beratung)

kon|sul|tie|ren (zurate ziehen); ich konsultiere; du konsultierst; sie konsultierte; sie hat einen Arzt konsultiert

der **Kon|sum** (Verbrauch); des Konsums

der **Kon|su|ment** (Verbraucher); des/dem/den Kon|su|men|ten; die Kon|su|menten

die **Kon|su|men|tin;** die Konsumentinnen

kon|sum|geil *(salopp abwertend)*

das **Kon|sum|gut** *meist Plural*

kon|su|mie|ren (verbrauchen; verzehren); du konsumierst; sie konsumierte; sie hat viel Kaffee konsumiert

der **Kon|takt** (eine Verbindung); des Kontakts *oder* Kon|tak|tes; die Kon|tak|te

kon|takt|arm

die **Kon|takt|auf|nah|me**

die **Kon|takt|da|ten** *Plural*

kon|takt|freu|dig

die **Kon|takt|lin|se** (dünne, auf der Hornhaut des Auges getragene Kunststoffschale)

kon|takt|scheu; ein kontaktscheuer Mitschüler

die **Kon|ta|mi|na|ti|on** ([radioaktive] Verunreinigung, Verseuchung)

der **Kon|ter** (*Sport:* schneller Gegenangriff); des Konters; die Konter

kon|tern (abwehren); du konterst; sie konterte; sie hat den Angriff gekontert

der **Kon|text** (Zusammenhang); des Kontex|tes; die Kon|tex|te; den historischen Kontext berücksichtigen

der **Kon|ti|nent** [*auch:* kɔntiˈnɛnt] (Festland; Erdteil); des Kontinents *oder* Konti|nen|tes; die Kon|ti|nen|te

kon|ti|nen|tal; kontinentales Klima

das **Kon|tin|gent** (geschuldeter Anteil, zugeteilte Menge); des Kontingents *oder* Kon|tin|gen|tes; die Kon|tin|gen|te

kon|tin|gen|tie|ren (einen Anteil festsetzen; zuteilen); du kontingentierst; er kontingentierte; er hat das Benzin kontingentiert

kon|ti|nu|ier|lich (fortlaufend); eine kontinuierliche Steigerung

die **Kon|ti|nu|i|tät** (Stetigkeit, Fortdauer)

das **Kon|to** (Aufstellung über Guthaben und Schulden eines Kunden bei einer Bank); des Kontos; die Konten, *auch:* Kontos *oder* Konti

die **Kon|to|ge|bühr**

das **Kon|tor** (Niederlassung eines Handelsunternehmens oder einer Reederei im Ausland); des Kontors; die Kon|to|re

kon|t|ra *oder* **con|t|ra** (gegen, entgegengesetzt)

das **Kon|t|ra;** des Kontras; die Kontras; Kontra geben (heftig widersprechen); das Pro und Kontra (Für und Wider)

der **Kon|t|ra|bass** (Bassgeige); des Kon|t|rabas|ses; die Kon|t|ra|bäs|se

der **Kon|tra|hent** (Gegner im Streit; Vertragspartner); des/dem/den Kon|trahen|ten; die Kon|tra|hen|ten

die **Kon|tra|hen|tin;** die Kontrahentinnen

der **Kon|trakt** (Vertrag); des Kontrakts *oder* Kon|trak|tes; die Kon|trak|te

kon|t|ra|pro|duk|tiv (negativ, entgegenwirkend; ein gewünschtes Ergebnis verhindernd)

der **Kon|t|rast** (Gegensatz); des Kontrasts *oder* Kon|t|ras|tes; die Kon|t|ras|te

die **Kon|t|rol|le** (Überwachung, Überprüfung); die Kontrollen

der **Kon|t|rol|leur** [kɔntrɔˈløːɐ̯]; des Kontrolleurs; die Kon|t|rol|leu|re

die **Kon|t|rol|leu|rin;** die Kontrolleurinnen

kon|t|rol|lie|ren; du kontrollierst; er kontrollierte; er hat ihn kontrolliert; kontrolliere die Rechnung!

kon|t|ro|vers (entgegengesetzt; umstritten); kon|t|ro|ver|ser; am kon|t|ro|ver|ses|ten; kontroverse Standpunkte

die **Kon|t|ro|ver|se** (Streitfrage, Streit); die Kontroversen

die **Kon|tur** (Umrisslinie); die Kon|tu|ren

kon|tu|rie|ren (in Umrissen zeichnen); sie hat die Figur genau konturiert

der **Ko|nus** (Kegel); des Konus; die Konusse

der **Kon|vent** (Versammlung); des Konvents *oder* Kon|ven|tes; die Kon|ven|te

die **Kon|ven|ti|on** (Vereinbarung; *meist Plural:* Brauch); die Kon|ven|ti|o|nen

kon|ven|ti|o|nell (herkömmlich, üblich); konventionelle Energie

kon|ver|gent (zusammenlaufend; übereinstimmend); konvergente Linien

die **Kon|ver|genz** (Annäherung; Übereinstimmung); die Kon|ver|gen|zen

die **Kon|ver|sa|ti|on** (Unterhaltung)

kon|vex (nach außen gewölbt); eine konvexe Linse

der **Kon|voi** (Verband von Schiffen, Fahrzeugen [mit schützender Begleitung]); des Konvois; die Konvois

das **Kon|zen|t|rat** (angereicherter Stoff, hochprozentige Lösung); des Konzentrats *oder* Kon|zen|t|ra|tes; die Kon|zen|t|ra|te

die **Kon|zen|t|ra|ti|on** (Zusammenziehung; [geistige] Sammlung)

das **Kon|zen|t|ra|ti|ons|la|ger** (Massenlager der Nationalsozialisten, in dem sehr viele Menschen gefangen gehalten und auch ermordet wurden)

die **Kon|zen|t|ra|ti|ons|schwä|che**

kon|zen|t|rie|ren; du konzentrierst; sie konzentrierte; sie hat ihre Kräfte auf diese Aufgabe konzentriert; sich konzentrieren; sie hat sich auf ihre Arbeit konzentriert

kon|zen|t|riert; kon|zen|t|rier|ter; am kon|zen|t|rier|tes|ten

kon|zen|t|risch (mit gemeinsamem Mittelpunkt); kon|zen|t|ri|sche Kreise

das **Kon|zept** (erster Entwurf); des Konzepts *oder* Kon|zep|tes; die Kon|zep|te

die **Kon|zep|ti|on** (Entwurf eines Werkes)

das **Kon|zept|pa|pier**

der **Kon|zern** (Zusammenschluss von Wirtschaftsunternehmen); des Konzerns *oder* Kon|zer|nes; die Kon|zer|ne

das **Kon|zert;** des Konzerts *oder* Kon|zer|tes; die Kon|zer|te

der **Kon|zert|abend**

der **Kon|zert|saal**

die **Kon|zes|si|on** (das Zugeständnis; die Genehmigung); die Kon|zes|si|o|nen

kon|zes|siv (einräumend); konzessive Konjunktionen

der **Kon|zes|siv|satz** (Einräumungssatz)

das **Kon|zil** (Kirchenversammlung); des Konzils; die Kon|zi|le *oder* Kon|zi|li|en

kon|zi|pie|ren (entwerfen); du konzipierst; er konzipierte; er hat die Rede konzipiert

der **Koog** *oder* **Kog** (dem Meer abgewonnenes eingedeichtes Land; Polder); des Koog[e]s *oder* Kog[e]s; die Kö|ge

die **Ko|ope|ra|ti|on** (Zusammenarbeit); die Ko|ope|ra|ti|o|nen

ko|ope|ra|tiv (zur Zusammenarbeit bereit); kooperatives Verhalten

ko|ope|rie|ren (zusammenarbeiten); du kooperierst; sie kooperierte; die Firmen haben kooperiert

die **Ko|or|di|na|te** (x- oder y-Achse); die Koordinaten

das **Ko|or|di|na|ten|sys|tem**

die **Ko|or|di|na|ti|on** (Abstimmung)

ko|or|di|nie|ren (aufeinander abstimmen); du koordinierst; er koordinierte; er hat die Pläne koordiniert; koordinierende (nebenordnende) Konjunktionen

Ko|pen|ha|gen (Hauptstadt Dänemarks)

der **Kopf;** des Kopfs *oder* Kop|fes; die Köp|fe; *Verkleinerungsform:* das Köpfchen; Kopf hoch!; von Kopf bis Fuß

das **Kopf-an-Kopf-Ren|nen**

der **Kopf|bahn|hof** (Bahnhof ohne durchgehende Gleise)

der **Kopf|ball**
köp|fen; du köpfst; er köpfte; er hat den Ball geköpft; köpf *oder* köpfe den Ball ins Tor!
der **Kopf|hö|rer**
das **Kopf|ki|no** (in der Fantasie ablaufende Vorgänge)
kopf|los; kopf|lo|ser; am kopf|lo|ses|ten
die **Kopf|no|te**
kopf|rech|nen; sie kann gut kopfrechnen; ABER: sie übte das Kopfrechnen; sie kann diese Aufgabe im Kopf rechnen

! Das Verb *kopfrechnen* ist nur im Infinitiv gebräuchlich. Verwendet man eine gebeugte Form, tritt die Präposition *im* dazu: »Er behauptet, dass er das kleine Einmaleins im Kopf rechnet.«

der **Kopf|schmerz**
das **Kopf|schüt|teln;** des Kopfschüttelns
der **Kopf|sprung**
kopf|ste|hen; sie steht kopf; sie hat kopfgestanden
das **Kopf|tuch;** des Kopftuchs *oder* Kopftuches; die Kopftücher; Kopftuch tragen
der **Kopf|tuch|streit** (politische Auseinandersetzung über das Kopftuchverbot) *Plural selten*
das **Kopf|tuch|ver|bot**
kopf|über; kopfüber ins Wasser springen
das **Kopf|weh** *(umgangssprachlich)*
die **Ko|pie** (Abschrift; Nachbildung); die Ko|pi|en
ko|pie|ren (vervielfältigen); du kopierst; sie hat das Schreiben kopiert; kopier *oder* kopiere das Zeugnis!
der **Ko|pie|rer** *(umgangssprachlich für:* Kopiergerät)
das **Ko|pier|ge|rät**
der **Ko|pier|schutz** *(EDV)*
der **Ko|pi|lot** *oder* **Ko-Pi|lot** *vergleiche:* **Co-Pi|lot**
die **Ko|pi|lo|tin** *oder* **Ko-Pi|lo|tin** *vergleiche:* **Co-Pi|lo|tin**
das **Kop|pel** (Gürtel); des Koppels; die Koppel
die **Kop|pel** (eingezäunte Weide); die Koppeln
kop|peln (verbinden); du koppelst; sie koppelte; sie hat die Pferde gekoppelt; kopple *oder* koppele die Geräte!
der **Köp|per** *(landschaftlich umgangssprachlich für:* Kopfsprung); des Köppers; die Köpper
der **Ko|pro|du|zent** *oder* **Ko-Pro|du|zent** *vergleiche:* **Co-Pro|du|zent**
die **Ko|pro|du|zen|tin** *oder* **Ko-Pro|du|zen|tin** *vergleiche:* **Co-Pro|du|zen|tin**
die **Ko|ral|le**
die **Ko|ral|len|in|sel**
das **Ko|ral|len|riff**
der **Ko|ran** (das heilige Buch des Islams); des Korans
der **Korb;** des Korbs *oder* Kor|bes; die Körbe
der **Korb|blüt|ler**
der **Kord** *vergleiche:* **Cord**
die **Kor|del** (Bindfaden); die Kordeln
die **Kord|ho|se** *oder* **Cord|ho|se**
Ko|rea (eine Halbinsel Ostasiens)
der **Ko|re|a|ner;** des Koreaners; die Koreaner
die **Ko|re|a|ne|rin;** die Koreanerinnen
ko|re|a|nisch
der **Ko|re|gis|seur** *oder* **Ko-Re|gis|seur** *vergleiche:* **Co-Re|gis|seur**
die **Ko|re|gis|seu|rin** *oder* **Ko-Re|gis|seu|rin** *vergleiche:* **Co-Re|gis|seu|rin**
Ko-Re|gis|seu|rin
die **Ko|rin|the** (eine kleine Rosinenart)
der **Kork** (Rinde der Korkeiche); des Korks *oder* Kor|kes; die Kor|ke
der **Kor|ken** (Stöpsel aus Kork); des Korkens; die Korken
der **Kor|ken|zie|her**
das **Korn;** des Korns *oder* Kor|nes; die Körner
die **Korn|blu|me**
der **Kör|per;** des Körpers; die Körper
der **Kör|per|bau;** des Körperbaus *oder* Kör|per|bau|es
kör|per|be|hin|dert
der **Kör|per|be|hin|der|te;** ein Körperbehinderter; die Körperbehinderten; zwei Körperbehinderte
die **Kör|per|be|hin|der|te;** eine Körperbehinderte
die **Kör|per|ka|me|ra** (auf der Schulter befestigte kleine Kamera); die Polizeibeamten tragen eine Körperkamera

kör|per|lich

der **Kör|per|scan|ner** (Gerät, das den Körper und am Körper getragene Gegenstände auf einem Bildschirm anzeigt)

die **Kör|per|spra|che**

der **Kör|per|teil**

die **Kör|per|ver|let|zung**

kor|pu|lent (wohlgenährt); kor|pu|len|ter; am kor|pu|len|tes|ten

die **Kor|pu|lenz**

kor|rekt (einwandfrei; ohne Fehler); kor|rek|ter; am kor|rek|tes|ten

die **Kor|rek|tur** (Verbesserung); die Kor|rek|tu|ren

der **Kor|re|s|pon|dent** (Berichterstatter im Ausland); des/dem/den Kor|re|s|pon|den|ten; die Kor|re|s|pon|den|ten

die **Kor|re|s|pon|den|tin;** die Korrespondentinnen

die **Kor|re|s|pon|denz** (Briefwechsel); die Kor|re|s|pon|den|zen

kor|re|s|pon|die|ren (im Briefverkehr stehen); ich korrespondiere; du korrespondierst; sie hat mit ihm korrespondiert

der **Kor|ri|dor** (Flur, Gang); des Korridors; die Kor|ri|do|re

kor|ri|gie|ren (verbessern, berichtigen); du korrigierst; sie korrigierte; sie hat die Hefte korrigiert; korrigier *oder* korrigiere das!; sich korrigieren; er hat sich korrigiert

die **Kor|ro|si|on** (chemische Zerstörung; Rostfraß)

kor|rum|pie|ren (*gehoben für:* bestechen); du korrumpierst ihn; er korrumpierte ihn; er hat ihn korrumpiert

kor|rupt (verdorben, bestechlich); kor|rup|ter; am kor|rup|tes|ten

die **Kor|rup|ti|on** (Bestechung)

der **Kor|sar** (*früher für:* Seeräuber; Seeräuberschiff); des/dem/den Kor|sa|ren; die Kor|sa|ren

die **Kor|sa|rin;** die Korsarinnen

der **Kor|se** (Bewohner Korsikas); des/dem/den Korsen; die Korsen

das **Kor|sett** (Mieder); die Korsetts, *auch:* Kor|set|te

Kor|si|ka (Insel im Mittelmeer)

die **Kor|sin;** die Korsinnen

kor|sisch

der **Kor|so** (Schaufahrt; Umzug); des Korsos; die Korsos

die **K.-o.-Run|de** (*Sport*)

die **Kor|vet|te** (leichtes Kriegsschiff); die Korvetten

die **Ko|ry|phäe** (bedeutende Persönlichkeit; hervorragende[r] Gelehrte[r]); die Ko|ry|phä|en

der **Ko|sak** (*früher für:* leicht bewaffneter russischer Reiter); des/dem/den Ko|sa|ken; die Ko|sa|ken

die **Ko|sa|kin;** die Kosakinnen

der **K.-o.-Schlag**

ko|sen (zärtlich sein); ich kose; du kost; er koste; er hat mit ihr gekost

der **Ko|se|na|me**

der **Ko|si|nus** (*Mathematik:* eine Winkelfunktion; *Zeichen:* cos); des Kosinus; die Kosinus *oder* Ko|si|nus|se *Plural selten*

die **Kos|me|tik** (Schönheitspflege)

der **Kos|me|ti|ker**

die **Kos|me|ti|ke|rin;** die Kosmetikerinnen

der **Kos|me|tik|sa|lon**

kos|me|tisch; ein kosmetisches Mittel

kos|misch (das Weltall betreffend); kosmische Strahlung

der **Kos|mo|naut** (Weltraumfahrer); des/dem/den Kos|mo|nau|ten; die Kos|mo|nau|ten

die **Kos|mo|nau|tin** (Weltraumfahrerin); die Kosmonautinnen

der **Kos|mo|po|lit** (Weltbürger); des/dem/den Kos|mo|po|li|ten; die Kos|mo|po|li|ten

die **Kos|mo|po|li|tin** (Weltbürgerin); die Kosmopolitinnen

der **Kos|mos** (das Weltall, die Weltordnung); des Kosmos

die **Kost**

kost|bar; kostbarer Schmuck

die **Kost|bar|keit**

kos|ten (auf seinen Geschmack prüfen; probieren); du kostest; sie kostete; sie hat das Essen gekostet; koste die Suppe!

kos|ten (einen bestimmten Preis haben); es kostete; es hat [sie] viel Geld gekostet; das kostet ihn *oder* ihm die Stellung

die **Kos|ten** *Plural;* Kosten sparen; Kosten

sparend *oder* kostensparend; eine Kosten sparende *oder* kostensparende Lösung; ABER NUR: eine viele Kosten sparende Lösung; eine besonders kostensparende, noch kostensparendere Lösung; sich auf Kosten anderer amüsieren

kos|ten|de|ckend *oder* **Kos|ten de|ckend;** kostendeckende *oder* Kosten deckende Gebühren

kos|ten|frei

die **Kos|ten|grün|de** *Plural;* aus Kostengründen

kos|ten|güns|tig

kos|ten|los

kos|ten|pflich|tig

kos|ten|spa|rend ↑Kosten

köst|lich; köstliche Speisen

die **Köst|lich|keit**

die **Kost|pro|be**

kost|spie|lig (teuer); eine kostspielige Angelegenheit

das **Kos|tüm;** des Kostüms; die Kos|tü|me

kos|tü|mie|ren (verkleiden); sie kostümierte ihr Kind; sie hat sich kostümiert; alle Gäste sind kostümiert

die **Kos|tüm|par|ty**

der **Kot** (Darmausscheidung); des Kots *oder* Ko|tes; die Ko|te *Plural selten*

das **Ko|te|lett** [kɔtˈlɛt, *auch:* ˈkɔtlɛt] ([gebratenes] Rippenstück vom Schwein, Kalb oder Lamm); des Koteletts; die Koteletts

der **Kö|ter** (*abwertend für:* Hund); des Köters; die Köter

der **Kot|flü|gel** (am Auto)

der **Ko|trai|ner** *oder* **Ko-Trai|ner** *vergleiche:* **Co-Trai|ner**

die **Ko|trai|ne|rin** *oder* **Ko-Trai|ne|rin** *vergleiche:* **Co-Trai|ne|rin**

die **K.-o.-Trop|fen** (Tropfen, die nach Einnahme zu Bewusstlosigkeit führen) *Plural*

kot|zen (*derb für:* sich übergeben); du kotzt; er kotzte; er hat gekotzt

die **KPD** *(früher)* = Kommunistische Partei Deutschlands

die **Krab|be** (ein Krebs); die Krabben

krab|beln; du krabbelst; es krabbelte; das Tier ist durch das Rohr gekrabbelt; es hat mich überall auf der Haut gekrabbelt (gejuckt)

krach!

der **Krach;** des Krachs *oder* Kra|ches; mit Ach und Krach (mit Müh und Not); Krach schlagen

kra|chen; es krachte; es hat laut gekracht

kräch|zen; du krächzt; sie krächzte; der Rabe hat gekrächzt

kraft; kraft seines Amtes

die **Kraft;** die Kräf|te; [viel] Kraft rauben; Kraft raubend *oder* kraftraubend; ein Kraft raubender *oder* kraftraubender Sport; ABER NUR: ein viel Kraft raubender Sport; ein äußerst kraftraubender, noch kraftraubenderer Sport; in Kraft treten; das in Kraft getretene Gesetz; ABER: das Inkrafttreten; eine Vorschrift außer Kraft setzen

der **Kraft|akt**

der **Kraft|fah|rer**

die **Kraft|fah|re|rin**

das **Kraft|fahr|zeug**

der **Kraft|fahr|zeug|brief**

das **Kraft|fahr|zeug|kenn|zei|chen**

das **Kraft|feld** *(Physik)*

kräf|tig; mit kräftigen Schlägen

kräf|ti|gen; du kräftigst dich; der Urlaub hat ihn gekräftigt

kraft|los

kraft|rau|bend ↑Kraft

der **Kraft|sport**

der **Kraft|stoff**

kraft|voll

der **Kraft|wa|gen**

das **Kraft|werk**

der **Kra|gen;** die Kragen, *süddeutsch auch:* Krägen

die **Krä|he;** die Krähen

krä|hen; der Hahn krähte; er hat gekräht

der **Kra|ke** (Riesentintenfisch); des/dem/den Kraken; die Kraken

der **Kra|keel** (*umgangssprachlich für:* Lärm und Streit); des Krakeels; die Kra|kee|le

kra|kee|len (lärmen); du krakeelst; er krakeelte; er hat krakeelt; krakeel *oder* krakeele nicht!

der **Kra|kel** (*umgangssprachlich für:* schwer leserliches Schriftzeichen); des Krakels; die Krakel

kra|ke|lig; eine krakelige *oder* kraklige Schrift

kra|keln; du krakelst; sie krakelte; sie hat in ihr Heft gekrakelt; krakle *oder* krakele nicht so!

die **Kra|kel|schrift**

krak|lig

der **Kral** (afrikanisches Runddorf); des Krals; die Kra|le

die **Kral|le**

kral|len; du krallst; er krallte; er hat die Nägel in ihren Arm gekrallt; krall *oder* kralle doch nicht so!; sich an etwas krallen

der **Kram;** des Krams *oder* Kra|mes

kra|men; ich krame; du kramst; sie kramte; sie hat in der Schublade gekramt; kram *oder* krame nicht dauernd in der Schublade!

der **Krä|mer** (*veraltet für:* Lebensmittelhändler); des Krämers; die Krämer

die **Kram|pe** (u-förmig gebogener Metallhaken); *auch:* der **Kram|pen;** des Krampens; die Krampen

der **Krampf;** des Krampfs *oder* Kramp|fes; die Krämp|fe

die **Krampf|ader**

krampf|haft; krampfhaftes Lachen

der **Kran;** des Krans *oder* Kra|nes; die Krä|ne, *fachsprachlich:* Kra|ne

der **Kran|füh|rer**

der **Kra|nich;** des Kranichs; die Kra|ni|che

krank; krän|ker; am kränks|ten; krank sein, werden, liegen; sich [ganz] krank fühlen; sich [sehr] krank stellen; weil der Stress uns krank macht *oder* krankmacht; ↑ABER: krankfeiern, kranklachen, krankmachen, krankmelden, krankschreiben

der **Kran|ke;** ein Kranker; die Kranken; zwei Kranke

die **Kran|ke;** eine Kranke

krän|keln; du kränkelst; er kränkelte; er hat lange gekränkelt

kran|ken (krank sein, beeinträchtigt sein); sie krankte an Bronchitis; die Firma hat an schlechter Organisation gekrankt

krän|ken (beleidigen); du kränkst sie; er kränkte sie; er hat ihn sehr gekränkt; kränk *oder* kränke ihn nicht!

das **Kran|ken|haus**

die **Kran|ken|haus|hy|gi|e|ne**

der **Kran|ken|haus|keim** (multiresistenter, im Krankenhaus übertragener Infektionserreger) *meist Plural*

die **Kran|ken|kas|se**

die **Kran|ken|pfle|ge**

der **Kran|ken|pfle|ger**

die **Kran|ken|sal|bung** (katholisches Sakrament)

der **Kran|ken|schein**

die **Kran|ken|schwes|ter**

die **Kran|ken|ver|si|che|rung**

der **Kran|ken|wa|gen**

krank|fei|ern (*umgangssprachlich für:* der Arbeit fernbleiben, ohne ernstlich krank zu sein); er feierte krank; er hat gestern krankgefeiert

krank|haft; krankhafte Veränderungen

die **Krank|heit**

der **Krank|heits|er|re|ger**

die **Krank|heits|wel|le**

sich **krank|la|chen** *(umgangssprachlich);* sie lachte sich krank; sie hat sich krankgelacht

kränk|lich

krank|ma|chen (krankfeiern); er machte krank; er hat gestern krankgemacht; ↑ABER: krank

krank|mel|den; der Arzt meldete ihn krank; er hat sich im Betrieb krankgemeldet

krank|schrei|ben; die Ärztin schrieb sie krank; sie wurde [für] eine Woche krankgeschrieben; schreib *oder* schreibe ihn krank!

die **Krän|kung**

der **Kranz;** des Kran|zes; die Krän|ze

der **Krap|fen** (ein Gebäck); des Krapfens; die Krapfen

krass (extrem; grell); kras|ser; am kras|ses|ten

der **Kra|ter** (Vulkanöffnung; Abgrund); des Kraters; die Krater

die **Krät|ze** (eine Hautkrankheit)

krat|zen; du kratzt; sie kratzte; die Katze hat mich gekratzt; kratz *oder* kratze nicht!; sich kratzen; er kratzt sich unentwegt

der **Krat|zer;** des Kratzers; die Kratzer

krau|en (sanft mit den Finger kratzen); du kraust; sie kraute; sie hat den Hund hinter den Ohren gekraut

das **Kraul** *oder* **Crawl** [kraʊl, krɔːl] (ein

A B C D E F G H I J K kra L M N O P Q R S T U V W X Y Z

Schwimmstil); des Kraul[s] *oder* Crawl[s]
kraulen *oder* **crawlen** (im Kraulstil schwimmen); du kraulst *oder* crawlst; sie ist ans Ufer gekrault *oder* gecrawlt; sie hat lange gekrault *oder* gecrawlt
kraulen (krauen); du kraulst; er kraulte; er hat die Katze gekrault
kraus; krau|ser; am krau|ses|ten
kräu|seln; der Wind kräuselt; er kräuselte; er hat den Wasserspiegel gekräuselt; sich kräuseln; das Haar hat sich gekräuselt
kraus|haa|rig
das **Kraut;** des Krauts *oder* Krau|tes; die Kräu|ter
der **Kra|wall** (Lärm; Aufruhr); des Krawalls; die Kra|wal|le
die **Kra|wat|te** (Schlips); die Krawatten
kra|xeln (*umgangssprachlich für:* mühsam steigen; klettern); du kraxelst; sie kraxelte; sie ist auf den Berg gekraxelt; kraxle *oder* kraxele weiter!
die **Kre|a|ti|on** (Modeschöpfung; *veraltend für:* Erschaffung); der Kreation; die Kre|a|ti|o|nen
kre|a|tiv (schöpferisch); kreative Energie
die **Kre|a|ti|vi|tät** (schöpferische Kraft)
das **Kre|a|tiv|zen|t|rum**
die **Kre|a|tur** (Geschöpf, Lebewesen); die Kre|a|tu|ren
der **Krebs** (Krebstier; bösartige Geschwulst); des Kreb|ses; die Kreb|se; Krebs erregen; Krebs erregend *oder* krebserregend; Krebs erregende *oder* krebserregende Chemikalien; ABER NUR: eine äußerst krebserregende Chemikalie
krebs|krank; krebskranke Kinder
krebs|rot; ein krebsrotes Gesicht
der **Kre|dit** (Zahlungsaufschub; geliehenes Geld; *übertragen für:* Glaubwürdigkeit); des Kredits *oder* Kre|di|tes; die Kre|di|te; ein zinsloser Kredit; auf Kredit kaufen
das **Kre|dit|in|s|ti|tut** (Unternehmen, das Kreditgeschäfte betreibt, zum Beispiel eine Bank oder Sparkasse)
die **Kre|dit|kar|te**
kre|dit|wür|dig; kreditwürdige Kunden

K
kra

das **Kre|do** *vergleiche:* **Cre|do**
die **Krei|de;** die Kreiden
krei|de|bleich
krei|de|weiß
kre|ie|ren ([er]schaffen); du kreierst; sie kreierte; sie hat einen neuen Duft kreiert
der **Kreis;** des Krei|ses; die Krei|se
der **Kreis|aus|schnitt** (Sektor)
der **Kreisch|alarm** *(Jugendsprache)*
krei|schen; du kreischst; er kreischte; er hat gekreischt; kreisch *oder* kreische nicht so!
der **Kreis|durch|mes|ser**
der **Krei|sel;** des Kreisels; die Kreisel
krei|sen; das Flugzeug kreist; das Flugzeug kreiste; das Flugzeug ist *oder* hat über der Stadt gekreist
kreis|för|mig; kreisförmige Strukturen
der **Kreis|lauf;** des Kreislaufs *oder* Kreis|lau|fes; die Kreis|läu|fe
kreis|rund; kreisrunder Haarausfall
die **Kreis|sä|ge**
der **Kreiß|saal** (Entbindungsraum im Krankenhaus)
die **Kreis|stra|ße**
der **Kreis|tag** (Parlament eines Landkreises)
der **Kreis|ver|kehr**
das **Kre|ma|to|ri|um** (Einäscherungshalle); des Krematoriums; die Kre|ma|to|ri|en
der **Kreml** [ˈkreːml̩] (russischer Regierungssitz); des Kreml *oder* Kremls
die **Krem|pe** (Hutrand); die Krempen
der **Krem|pel** (*umgangssprachlich für:* Trödel, Kram); des Krempels
kre|pie|ren (*derb für:* verenden); das Tier krepierte; es ist qualvoll krepiert
der **Krepp** *oder* **Crêpe** (ein krauses Gewebe); des Krepps *oder* Crêpe; die Krepps *oder* Krep|pe *oder* Crêpes
die **Krepp** *vergleiche:* **Crêpe**
das **Krepp|band;** die Kreppbänder
das **Krepp|pa|pier** *oder* **Krepp-Pa|pier**
die **Kres|se** (Name für verschiedene Salat- und Gewürzpflanzen)
Kre|ta (Insel im Mittelmeer)
der **Kre|ter;** des Kreters; die Kreter
die **Kre|te|rin;** die Kreterinnen
kre|tisch

das **Kreuz;** des Kreu|zes; die Kreu|ze; das Rote Kreuz; das Eiserne Kreuz (Kriegsauszeichnung); über Kreuz legen, falten; sie lief in die Kreuz und [in die] Quere; ↑ABER: kreuz und quer

der **Kreuz|blüt|ler** (eine Pflanzenfamilie); des Kreuzblütlers; die Kreuzblütler

kreu|zen; du kreuzt; sie kreuzte; sie hat die Arme gekreuzt; kreuz *oder* kreuze die Arme!; sich kreuzen; die Züge haben sich gekreuzt

der **Kreu|zer** (ein Kriegsschiff); des Kreuzers; die Kreuzer

der **Kreu|zes|tod** (Christi)

das **Kreu|zes|zei|chen, Kreuz|zei|chen**

die **Kreuz|fahrt** (Schiffsreise)

das **Kreuz|fahrt|schiff**

kreu|zi|gen; man kreuzigte ihn; man hat ihn gekreuzigt

die **Kreu|zi|gung**

die **Kreuz|ot|ter**

die **Kreuz|schlitz|schrau|be**

kreuz und quer (planlos); kreuz und quer durch die Stadt laufen

die **Kreu|zung**

das **Kreuz|ver|hör**

kreuz|wei|se

das **Kreuz|wort|rät|sel**

der **Kreuz|zug**

krib|be|lig *oder* **kribb|lig** (*umgangssprachlich für:* ungeduldig, gereizt)

krib|beln; das Selterswasser kribbelte; es hat mir im Hals gekribbelt; es kribbelt mir in den Fingern (ich bin schon ganz ungeduldig)

krie|chen; du kriechst; sie kriecht; sie kroch; sie ist gekrochen; kriech *oder* krieche durch die Zaunlücke!

der **Krie|cher** *(abwertend);* des Kriechers; die Kriecher

die **Krie|che|rei**

die **Krie|che|rin;** die Kriecherinnen

krie|che|risch (unterwürfig); kriecherische Typen

das **Kriech|tier**

der **Krieg;** des Kriegs *oder* Krie|ges; die Krie|ge

krie|gen (*umgangssprachlich für:* erhalten, bekommen); du kriegst; sie kriegte; sie hat ein Fahrrad gekriegt

der **Krie|ger;** des Kriegers; die Krieger

die **Krie|ge|rin;** die Kriegerinnen

krie|ge|risch; kriegerische Auseinandersetzungen

der **Kriegs|dienst|ver|wei|ge|rer**

der **Kriegs|re|por|ter**

die **Kriegs|re|por|te|rin**

das **Kriegs|schiff**

das **Kriegs|ver|bre|chen**

der *oder* das **Krill** (tierisches Plankton); des Krills *oder* Kril|les

die **Krim** (Halbinsel in der Ukraine)

der **Kri|mi** [*auch:* 'kri:mi] (*umgangssprachlich für:* Kriminalroman, -film); des Krimis; die Krimis

der **Kri|mi|nal|be|am|te**

die **Kri|mi|nal|be|am|tin**

die **Kri|mi|na|li|tät** (Gesamtheit der vorkommenden Straftaten); der Kriminalität; eine hohe, wachsende Kriminalität

die **Kri|mi|nal|po|li|zei**

der **Kri|mi|nal|ro|man**

kri|mi|nell (verbrecherisch); kriminelles Handeln

der **Kri|mi|nel|le;** ein Krimineller; die Kriminellen; zwei Kriminelle

die **Kri|mi|nel|le;** eine Kriminelle

der **Krin|gel** (kleiner Kreis; ein Gebäck); des Kringels; die Kringel

krin|ge|lig; sich kringelig lachen *(umgangssprachlich)*

sich **krin|geln** (sich ringeln); das Haar kringelt sich; sie hat sich vor Lachen gekringelt (*umgangssprachlich für:* sie hat sehr gelacht)

die **Kri|po** (kurz für Kriminalpolizei)

die **Krip|pe**

das **Krip|pen|spiel**

die **Kri|se**

> **!** In einer Reihe von Wörtern wird der lang gesprochene i-Laut ohne anschließendes *-e* oder Dehnungs-h geschrieben. Dazu gehört auch die *Krise.*

kri|seln (bedrohlich sein); es kriselte; in der Partei hat es gekriselt

das **Kri|sen|ge|biet**

kri|sen|ge|schüt|telt; ein krisengeschütteltes Unternehmen

kri|sen|haft; eine krisenhafte Situation

das **Kri|sen|ma|nage|ment**

der **Kri|sen|stab**
das **Kris|tall** (geschliffenes Glas); des Kristalls
der **Kris|tall** (regelmäßiger, von ebenen Flächen begrenzter Körper); des Kristalls
kris|tal|li|sie|ren (Kristalle bilden); etwas kristallisierte; etwas hat kristallisiert
kris|tall|klar; kristallklares Wasser
der **Kris|tall|leuch|ter** *oder* **Kristall-Leuch|ter**
das **Kri|te|ri|um** (Merkmal, nach dem man etwas entscheidet oder beurteilt); des Kriteriums; die Kriterien
die **Kri|tik** (kritische Beurteilung); die Kri|ti|ken
der **Kri|ti|ker;** des Kritikers; die Kritiker
die **Kri|ti|ke|rin;** die Kritikerinnen
kri|tik|fä|hig
die **Kri|tik|fä|hig|keit**

kri|tik|los; kri|tik|lo|ser; am kri|tik|lo|ses|ten
der **Kri|tik|punkt**
kri|tik|un|fä|hig
kri|tisch; kritisch denken; kritisch urteilen; eine kritische Geschwindigkeit
kri|ti|sie|ren; du kritisierst; er kritisierte; er hat kritisiert; kritisier *oder* kritisiere mich nicht immer!
krit|teln (kleinlich urteilen; tadeln); du krittelst; er krittelte; er hat ständig gekrittelt; krittle *oder* krittele nicht so!
die **Krit|ze|lei** *(umgangssprachlich)*
krit|zeln; du kritzelst; sie kritzelte; sie hat Männchen in ihr Heft gekritzelt; kritzle *oder* kritzele nicht ins Heft!
der **Kro|a|te** (Einwohner von Kroatien); des/dem/den Kroaten; die Kroaten
Kro|a|ti|en (Staat im Südosten Europas)
die **Kro|a|tin;** die Kroatinnen
kro|a|tisch
der **Kro|kant** (Masse aus zerkleinerten Mandeln oder Nüssen); des Krokants
die **Kro|ket|te** (gebackenes längliches Klößchen); die Kroketten *meist Plural*
das **Kro|ko|dil;** des Krokodils; die Kro|ko|di|le
die **Kro|ko|dils|trä|ne** (heuchlerische Träne) *meist Plural;* Krokodilstränen vergießen
der **Kro|kus** (eine Gartenpflanze); des Krokus; die Krokus *oder* Krokusse
die **Kro|ne**
krö|nen; ich kröne ihn; du krönst ihn; sie krönt ihn; sie krönte ihn; sie hat ihn gekrönt
der **Kron|leuch|ter**
der **Kron|prinz** (geplanter Nachfolger)
die **Kron|prin|zes|sin**
die **Krö|nung**
der **Kron|zeu|ge** (wichtigster Zeuge)
die **Kron|zeu|gin**
der **Kropf** (krankhafte Verdickung des Halses); des Kropfs *oder* Krop|fes; die Kröp|fe
kross (*norddeutsch für:* knusprig); kros|ser; am kros|ses|ten; das Fleisch kross braten *oder* krossbraten
kross|bra|ten ↑kross
der **Krö|sus** (sehr reicher Mann); des Krösus, *auch:* Krösusses; die Krösusse
die **Krö|te;** die Kröten
die **Krü|cke;** die Krücken
der **Krück|stock**
krud *oder* **kru|de** (grob, roh)
der **Krug;** des Krugs *oder* Kru|ges; die Krü|ge
die **Kru|me** (Bröckchen vom Brot oder Kuchen)
der **Krü|mel;** des Krümels; die Krümel
krü|me|lig *oder* **krüm|lig;** krümeliges *oder* krümliges Brot
krü|meln; der Kuchen krümelt; der Kuchen hat gekrümelt
krumm; krumm biegen *oder* krummbiegen; sie hat den Löffel krumm gebogen *oder* krummgebogen; ↑ABER: krummlachen, krummnehmen
krumm|bie|gen ↑krumm
krüm|men; du krümmst; sie hat ihm kein Haar gekrümmt; sich krümmen; sie hat sich am Boden gekrümmt
krumm|la|chen (*umgangssprachlich für:* sehr heftig lachen); wir haben uns über den Film krummgelacht
krumm|neh|men (*umgangssprachlich für:* übel nehmen); er nahm ihm diese Bemerkung krumm; er hat ihm diese Bemerkung sehr krummgenommen
die **Krüm|mung**

der **Krüp|pel** *(diskriminierend)*

> ! Als Bezeichnung für körperbehinderte Menschen gilt *Krüppel* als stark diskriminierend. Einige Behindertengruppen verwenden jedoch dieses Wort als Eigenbezeichnung.

> **Chrysantheme**
> ! Viele Fremdwörter werden ganz anders geschrieben als gesprochen. Dazu gehört auch das aus dem Griechischen stammende Nomen »Chrysantheme«, das eine Zierpflanze bezeichnet und dessen Aussprache *krüsanteme* lautet.

die **Krus|te**
das **Krus|ten|tier**
das **Kru|zi|fix** [krutsiˈfɪks] (Nachbildung des gekreuzigten Christus); des Kru|zi|fi|xes; die Kru|zi|fi|xe
die **Kryp|ta** (Gruft, unterirdischer Kirchenraum); die Krypten
die **Kryp|to|wäh|rung** (*Finanzwesen:* digitale Währung)
Kto.-Nr. = Kontonummer
Ku|ba (mittelamerikanischer Inselstaat im Karibischen Meer)
der **Ku|ba|ner;** des Kubaners; die Kubaner
die **Ku|ba|ne|rin;** die Kubanerinnen
ku|ba|nisch; der kubanische Lebensstil
der **Kü|bel;** des Kübels; die Kübel
kü|bel|wei|se (in großen Mengen)
der **Ku|bik|me|ter**
der **Ku|bik|zen|ti|me|ter**
ku|bisch (würfelförmig); kubische Gleichung (Gleichung dritten Grades)
der **Ku|bus** (Würfel); des Kubus; die Kuben
die **Kü|che**
der **Ku|chen**
das **Ku|chen|blech**
der **Kü|chen|dienst**
die **Kü|chen|rol|le** (abrollbare Papiertücher)
der **Kü|chen|schrank**
der **Ku|chen|teig**
ku|cken *vergleiche:* **gu|cken**
der **Ku|ckuck;** des Kuckucks; die Ku|cku|cke
die **Ku|ckucks|uhr**
der *oder* das **Kud|del|mud|del** (*umgangssprachlich für:* Durcheinander); des Kuddelmuddels
die **Ku|fe** (Gleitschiene des Schlittens)
der **Kü|fer** (*südwestdeutsch für:* Hersteller von Weinfässern); des Küfers; die Küfer
die **Ku|gel;** die Kugeln
ku|ge|lig *oder* **kug|lig**
das **Ku|gel|la|ger**
ku|geln; ich kug[e]le; er kugelte; der Ball ist in die Ecke gekugelt; sie hat den Ball durch den Flur gekugelt; sich [vor Lachen] kugeln
ku|gel|rund
der **Ku|gel|schrei|ber**
das **Ku|gel|sto|ßen**
die **Kuh;** die Kü|he
der **Kuh|han|del** (*umgangssprachlich für:* fragwürdiges Tauschgeschäft)
kühl; kühle Getränke; ABER: etwas im Kühlen lagern; sich ins Kühle setzen
die **Kuh|le** (Grube, Loch)
die **Küh|le**
küh|len; du kühlst; sie hat ihr Gesicht gekühlt; kühl *oder* kühle deine Hand!
der **Küh|ler;** des Kühlers; die Kühler
der **Kühl|schrank**
die **Küh|lung**
kühn; eine kühne Tat
die **Kühn|heit**
das **Kü|ken** (das Junge des Huhnes); des Kükens; die Küken
das **Kü|ken|tö|ten** (industrielle Tötung von männlichen Küken); des Kükentötens
der **Ku-Klux-Klan** (terroristischer Geheimbund in den USA); des Ku-Klux-Klan *oder* Ku-Klux-Klans
ku|lant (großzügig); eine kulante Regelung
die **Ku|lanz**
der **Ku|li** (*kurz für:* Kugelschreiber); des Kulis; die Kulis
ku|li|na|risch (auf die Kochkunst bezogen); kulinarische Genüsse
die **Ku|lis|se** (Teil der Dekoration einer Bühne)
kul|lern (rollen); du kullerst; sie hat den Ball über den Tisch gekullert; die Fässer sind auf die Straße gekullert
der **Kult** (Gottesdienst; besondere Verehrung); des Kults *oder* Kul|tes; die Kul|te
kul|tig (*umgangssprachlich für:* hohes Ansehen genießend); ein kultiger Film; diese Band ist kultig
kul|ti|vie|ren (Land bearbeiten, urbar machen; sorgsam pflegen); du kulti-

vierst; sie kultivierte den Boden; sie hat ihren Stil kultiviert
kul|ti|viert (gesittet; gebildet); kul|tivier|ter; am kul|ti|vier|tes|ten; ein kultivierter Mensch
die **Kult|mar|ke**
die **Kul|tur;** die Kul|tu|ren
kul|tu|rell; kulturelle Werte
die **Kul|tur|ge|schich|te**
das **Kul|tur|gut**
die **Kul|tur|po|li|tik**
das **Kul|tus|mi|nis|te|ri|um**
der **Küm|mel** (Gewürz; ein Branntwein); des Kümmels; die Kümmel
der **Kum|mer;** des Kummers
der **Kum|mer|kas|ten** (Briefkasten für Beschwerden, Anregungen o. Ä.)
küm|mer|lich; ein kümmerlicher Rest
sich **küm|mern;** du kümmerst dich; sie hat sich um ihn gekümmert; kümmere dich um ihn!; das kümmert mich nicht! (das ist mir egal)
der **Kum|pan** (*umgangssprachlich für:* Kamerad; Mittäter); des Kumpans; die Kum|pa|ne
die **Kum|pa|nin;** die Kumpaninnen
der **Kum|pel** (Bergmann; *umgangssprachlich für:* Kamerad; Kameradin); des Kumpels; die Kumpel, *umgangssprachlich auch:* Kumpels; sie ist ein dufter Kumpel
die **Ku|mu|la|ti|on** (*fachsprachlich für:* Anhäufung)
ku|mu|lie|ren; die Ereignisse kumulierten; die Schadstoffe haben sich im Körper kumuliert
der **Ku|mu|lus** (Haufenwolke); die Kumuli
kund; kund und zu wissen tun (bekannt geben); ↑ ABER: kundgeben, kundtun
der **Kun|de** (Käufer); des/dem/den Kunden; die Kunden
die **Kun|de** (Botschaft)
die **Kun|den|num|mer** *(besonders Wirtschaft)*
der **Kun|den|ser|vice**
der **Kun|den|stamm**
das **Kun|den|te|le|fon**
kund|ge|ben (bekannt geben); sie gab kund; sie hat kundgegeben; ich gebe etwas kund; ABER: ich gebe Kunde von etwas
die **Kund|ge|bung**
kun|dig; ein kundiger Bergführer; sich kundig machen (sich informieren)
kün|di|gen; du kündigst; sie kündigte; sie hat gekündigt; kündige!; sie hat ihm gekündigt; sie hat ihm die Wohnung gekündigt; es wurde ihr *oder* ihr wurde gekündigt
die **Kün|di|gung**
die **Kün|di|gungs|frist**
der **Kün|di|gungs|grund**
der **Kün|di|gungs|schutz** (Schutz des Arbeitnehmers vor einer ungerechtfertigten Kündigung)
die **Kun|din;** die Kundinnen
die **Kund|schaft**
der **Kund|schaf|ter** (jemand, der etwas erkundet); des Kundschafters; die Kundschafter
die **Kund|schaf|te|rin;** die Kundschafterinnen
kund|tun (bekannt machen); ich tue kund; du tust kund; sie hat ihre Meinung kundgetan; tu *oder* tue deine Meinung kund!
künf|tig; ihr künftiger Arbeitsplatz; künftigen Jahres
das **Kung-Fu** (Methode der Selbstverteidigung); des Kung-Fu *oder* des Kung-Fus
die **Kunst;** die Küns|te
die **Kunst|aus|stel|lung**
der **Kunst|dieb**
die **Kunst|die|bin**
der **Kunst|dün|ger**
der **Kunst|fäl|scher**
die **Kunst|fäl|sche|rin**
die **Kunst|fa|ser**
die **Kunst|ge|schich|te**
der **Kunst|griff**
das **Kunst|hand|werk**
der **Künst|ler;** des Künstlers; die Künstler
die **Künst|le|rin;** die Künstlerinnen
künst|le|risch; ein künstlerischer Anspruch
künst|lich; künstliche Beatmung, Befruchtung; künstliche *oder* Künstliche Intelligenz (*Abkürzung:* KI)
der **Kunst|ra|sen**
der **Kunst|stoff**
die **Kunst|stoff|fo|lie** *oder* **Kunst|stoff-Folie**
das **Kunst|stück**
der **Kunst|un|ter|richt**

K
kul

kunst|voll; eine kunstvolle Gestaltung
das **Kunst|werk**
kun|ter|bunt (durcheinander, gemischt)
das **Kup|fer** (chemisches Element, Schwermetall; *Zeichen:* Cu); des Kupfers
kup|fern (aus Kupfer); ein kupferner Kessel
der **Kup|fer|stich**
ku|pie|ren (kürzen, stutzen); er hat den Schwanz des Hundes kupiert
der **Ku|pon** *vergleiche:* **Cou|pon**
die **Kup|pe;** die Kuppe des Berges
die **Kup|pel;** die Kuppeln
kup|peln; ich kupp[e]le; du kuppelst; er kuppelte; er hat unvorsichtig gekuppelt; kupple *oder* kuppele vorsichtiger!
die **Kupp|lung**
das **Kupp|lungs|pe|dal**
die **Kur** (Heilverfahren; Heilbehandlung, Pflege); die Ku|ren
die **Kür** (Wahlübung beim Sport); die Kü|ren
das **Ku|ra|to|ri|um** (Aufsichtsbehörde); die Ku|ra|to|ri|en
die **Kur|bel;** die Kurbeln
kur|beln; ich kurb[e]le; du kurbelst; sie kurbelte; sie hat gekurbelt; kurble *oder* kurbele schneller!
der **Kür|bis;** des Kür|bis|ses; die Kür|bis|se
der **Kur|de** (Angehöriger eines Volkes in Vorderasien); des Kurden; die Kurden
die **Kur|din;** die Kurdinnen
kur|disch
kü|ren (wählen); du kürst; sie kürt; sie kürte, *auch:* kor; sie hat ihn gekürt, *auch:* gekoren; küre sie zur Siegerin!
der **Kur|fürst;** des/dem/den Kur|fürs|ten; die Kur|fürs|ten
der **Kur|gast**
das **Kur|heim**
die **Ku|rie** [ˈkuːri̯ə] (die päpstliche Zentralbehörde)
der **Ku|rier** (Eilbote); des Kuriers; die Ku|rie|re
ku|rie|ren (erfolgreich behandeln; heilen); ich kuriere ihn; du kurierst ihn; sie kurierte ihn; die Ärztin hat ihn kuriert
die **Ku|rie|rin;** die Kurierinnen
ku|ri|os (seltsam); ku|ri|o|ser; am ku|ri|o|ses|ten
die **Ku|ri|o|si|tät** (Merkwürdigkeit)
das **Ku|ri|o|sum** (etwas Sonderbares); des Kuriosums; die Kuriosa
der **Kur|ort**
der **Kurs;** des Kur|ses; die Kur|se
das **Kurs|buch** (Fahrplan)
der **Kürsch|ner** (Pelzverarbeiter); des Kürschners; die Kürschner
die **Kürsch|ne|rin** (Pelzverarbeiterin); die Kürschnerinnen
die **Kurs|ent|wick|lung;** die Kursentwicklung einer Aktie
kur|sie|ren (umlaufen, im Umlauf sein); das Gerücht kursierte; es hat (*seltener:* ist) kursiert; kursierende Gerüchte
kur|siv (schräg gedruckt); kursive Schrift
die **Kurs|kor|rek|tur**
der **Kur|sus** (Lehrgang); des Kursus; die Kurse
der **Kurs|wech|sel**
die **Kur|ve**
kur|ven; du kurvst; er kurvte um die Ecke; das Flugzeug ist *oder* hat über der Stadt gekurvt
kur|ven|reich
kur|vig; eine kurvige Strecke

kurz

kür|zer; am kür|zes|ten

Kleinschreibung:

- kurz und gut; kurz und schmerzlos
- kurz gesagt[,] habe ich keine Lust dazu
- binnen, seit, vor **Kurzem** *oder* kurzem
- über kurz oder lang

Großschreibung der Nominalisierung und in Namen:

- den Kürzeren ziehen; etwas Kurzes spielen, vortragen
- binnen, seit, vor **Kurzem** *oder* kurzem
- Pippin der Kurze (ein König)

Getrennt- und Zusammenschreibung:

- ein **kurz gefasster** *oder* kurzgefasster Text; ↑ABER: sich kurzfassen
- wir wollen es **kurz machen** *oder* kurzmachen
- die Haare **kurz schneiden** *oder* kurzschneiden; **kurz geschnittene** *oder* kurzgeschnittene Haare
- kurz arbeiten; er hat nur kurz (kurze Zeit) gearbeitet; ↑ABER: kurzarbeiten

Vergleiche auch: kürzertreten

A B C D E F G H I J K kur L M N O P Q R S T U V W X Y Z

die **Kurz|ar|beit** (angeordnete verkürzte Arbeitszeit)
kurz|ar|bei|ten (Kurzarbeit leisten [müssen]); sie arbeitet kurz; in dieser Firma wird jetzt kurzgearbeitet; ABER: sie hat hier nur kurz (für kurze Zeit) gearbeitet
kurz|är|me|lig *oder* **kurz|ärm|lig;** ein kurzärmeliges *oder* kurzärmliges Hemd
kurz|at|mig
das **Kurz|deutsch** *oder* **Kurz|deut|sche** (*besonders Sprachwissenschaft:* deutsche Sprache mit verkürzten Sätzen); des Kurzdeutsch[s] *oder* Kurzdeutschen
die **Kür|ze;** in Kürze
das **Kür|zel** (festgelegtes Abkürzungszeichen); des Kürzels; die Kürzel
kür|zen; du kürzt; sie kürzte den Rock; kürz *oder* kürze den Text!; man hat ihr die Rente gekürzt
kur|zer|hand (ohne Umstände)
kür|zer|tre|ten (sich einschränken); in schlechten Zeiten müssen wir alle kürzertreten
sich **kurz|fas|sen;** ich werde mich kurzfassen
der **Kurz|film**
kurz|fris|tig; kurzfristige Änderungen
kurz|ge|fasst ↑kurz
die **Kurz|ge|schich|te**
kurz|ge|schnit|ten ↑kurz
kurz|haa|rig; ein kurzhaariges Mädchen
kürz|lich
kurz|ma|chen ↑kurz
der **Kurz|mit|tei|lungs|dienst** *(EDV)*
die **Kurz|nach|richt**
der **Kurz|nach|rich|ten|dienst** *(EDV)*
der **Kurz|schluss**
kurz|schnei|den ↑kurz
die **Kurz|schrift** (Stenografie)
kurz|sich|tig
die **Kurz|sich|tig|keit**
der **Kurz|stre|cken|lauf**
kurz|um (kurz gesagt)
die **Kür|zung**
kurz|wei|lig (unterhaltsam); ein kurzweiliger Abend
das **Kurz|zeit|ge|dächt|nis**
kurz|zei|tig
kusch! (*Befehl an den Hund:* leg dich still nieder!)
die **Ku|schel|ecke** (liebevoll gestalteter Teil eines Raumes, in dem Kinder kuscheln können)
ku|scheln; du kuschelst; sie kuschelte; sie haben in der Sofaecke gekuschelt; sie hat sich in eine Wolldecke gekuschelt; kuschle *oder* kuschele doch mit deinem Bruder!
ku|schen (sich lautlos hinlegen [vom Hund]; *umgangssprachlich auch für:* stillschweigen); du kuschst; der Hund kuschte; er hat gekuscht; kusch *oder* kusche dich!
die **Ku|si|ne** *vergleiche:* **Cou|si|ne**
der **Kuss;** des Kus|ses; die Küs|se; *Verkleinerungsform:* das Küsschen
küs|sen; du küsst; sie küsste; sie hat ihn geküsst; küss *oder* küsse sie!
die **Küs|te**
der **Küs|ten|schutz**
der **Küs|ter** (Kirchendiener); des Küsters; die Küster
die **Küs|te|rin;** die Küsterinnen
die **Kut|sche**
der **Kut|scher;** des Kutschers; die Kutscher
kut|schie|ren; du kutschierst; sie hat den Wagen kutschiert; wir sind durch die Stadt kutschiert; kutschier *oder* kutschiere nicht den ganzen Tag durch die Stadt!
die **Kut|te** (Mönchsgewand); die Kutten
der **Kut|ter** (kleines Fischereifahrzeug); des Kutters; die Kutter
das **Ku|vert** [kuˈveːɐ̯, *auch:* kuˈvɛrt] (Briefumschlag); des Kuverts; die Kuverts
Ku|wait *oder* **Ku|weit** [*auch:* ˈkuːvai̯t, *auch:* ˈkuːvei̯t] (Scheichtum am Persischen Golf)
der **Ku|wai|ter** *oder* **Ku|wei|ter;** des Kuwaiters *oder* Kuweiters; die Kuwaiter *oder* Kuweiter
die **Ku|wai|te|rin** *oder* **Ku|wei|te|rin;** die Kuwaiterinnen *oder* Kuweiterinnen
ku|wai|tisch *oder* **ku|wei|tisch**
kW = Kilowatt
kWh = Kilowattstunde

L

l = Liter
L = large (Kleidergröße: groß)
das **L** (Buchstabe); des L; die L; ABER: das l in Schale
das **Lab** (*Biologie:* ein Enzym); des Labs *oder* La|bes; die La|be
lab|be|rig, labb|rig (*umgangssprachlich für:* schwach; fade; breiig); eine labberige *oder* labbrige Suppe
das **La|bel** ['leɪbl̩] (Markenname; Etikett; Tonträgerproduzent); des Labels; die Labels; das Label hat sich zur begehrtesten Modemarke entwickelt; der Musiker will das Label wechseln
la|ben (*gehoben für:* mit Speisen oder Getränken erfrischen); ich labe sie; du labst sie; er labte sie; er hat sie gelabt; sich laben (sich gütlich tun); er hat sich am Kuchen gelabt
la|bern (*umgangssprachlich für:* ständig über Unwichtiges reden); du laberst; er laberte; er hat gelabert; labere nicht!
la|bil (schwankend; unsicher); labiles Gleichgewicht
die **La|bi|li|tät**
der **Lab|ma|gen** (*Zoologie:* bei Wiederkäuern)
das **La|bor** (*kurz für:* Laboratorium); des Labors; die Labors, *auch:* La|bo|re
der **La|bo|rant;** des/dem/den La|bo|ranten; die La|bo|ran|ten
die **La|bo|ran|tin;** die Laborantinnen
das **La|bo|ra|to|ri|um** (naturwissenschaftliche Arbeits- und Forschungsstätte); die Laboratorien
das **Lab|sal** (Erfrischung); des Labsals *oder* Lab|sa|les; die Lab|sa|le
das **La|by|rinth** (Irrgang; Durcheinander; Innenohr); des Labyrinths *oder* La|by|rin|thes; die La|by|rin|the
die **La|che** (kurzes Auflachen; jemandes Art zu lachen); er hat eine schrille Lache
die **La|che** (Pfütze); die Lachen
lä|cheln; du lächelst; sie lächelte; sie hat gelächelt; lächle *oder* lächele doch einmal!
la|chen; du lachst; sie lachte; sie hat gelacht; lach *oder* lache nicht über ihn!; Tränen lachen; sie hat gut lachen (sie kann sich freuen); ABER: das **La|chen;** ein herzhaftes Lachen; das ist zum Lachen; ihm wird das Lachen bald vergehen
lä|cher|lich; ein lächerlicher Vorschlag; ABER: etwas ins Lächerliche ziehen
der **Lach|flash** [...flɛʃ] (*umgangssprachlich für:* Lachanfall)
der **Lachs** (ein Fisch); des Lach|ses; die Lach|se
lachs|far|ben *oder* **lachs|far|big;** ein lachsfarbenes *oder* lachsfarbiges Kleid
der **Lack;** des Lacks *oder* La|ckes; die Lacke
la|ckie|ren; du lackierst; sie lackierte; sie hat das Auto lackiert; lackier *oder* lackiere das Auto!
die **La|ckie|rung**
die **La|de** (Schublade); die Laden
das **La|de|ge|rät**
das **La|de|ka|bel**
la|den; du lädst; sie lädt; sie lud; das Schiff hat Erz geladen; der Richter hat sie als Zeugin geladen; lade die Waffe!
der **La|den;** des Ladens; die Läden
der **La|den|hü|ter** (schlecht verkäufliche Ware)
die **La|den|öff|nungs|zeit** *meist Plural*
der **La|den|schluss**
die **La|de|säu|le** (für Elektroautos)
die **La|dung**
die **La|dy** ['leɪdi] (Titel der englischen adligen Frau; *selten für:* Dame); die Ladys
la|dy|like ['leɪdilaɪk] (damenhaft)
die **La|ge;** in der Lage (fähig) sein; sie ist in einer schwierigen Lage; der Wettkampf über 400 m Lagen (Lagenschwimmen)
das **La|ger;** die Lager, *in der Kaufmannssprache auch:* Läger; etwas auf Lager haben
das **La|ger|feu|er**
la|gern; du lagerst; sie lagerte; sie hat die Vorräte gelagert; lagere die Vorräte im Keller!; sich lagern (hinlegen); sie haben sich auf der Wiese gelagert
die **La|ger|stät|te** (Vorkommen von Bodenschätzen); die Lagerstätten
die **La|ge|rung**
La|gos (frühere Hauptstadt Nigerias)

die **La|gu|ne** (vom offenen Meer getrennter flacher Meeresteil); die Lagunen

lahm; ein lahmes Bein

lah|men (lahm gehen); das Pferd lahmte; es hat gelahmt

läh|men (lahm machen); die Angst lähmte ihn; sie hat ihn gelähmt

lahm|le|gen (zum Stillstand bringen); ein Streik hat die Stromversorgung lahmgelegt; die Demonstrierenden versuchten[,] den Verkehr lahmzulegen

die **Läh|mung**

der **Laib;** des Laibs *oder* Lai|bes; die Lai|be; ein Laib Brot; drei Laib Käse

! Nicht verwechseln: Obwohl beide Wörter gleich ausgesprochen werden, schreibt man *Laib,* die Bezeichnung für ein Brot- oder Käsestück, mit *ai,* ein anderes Wort für Körper, *Leib,* dagegen mit *ei.* Zu den wenigen Wörtern im Deutschen, die mit *ai* geschrieben werden, gehört auch *Laich,* die Bezeichnung für die im Wasser abgelegten Eier von Tieren.

der **Laich** (Eier von Amphibien, Fischen und Weichtieren); des Laichs *oder* Lai|ches; die Lai|che

lai|chen (Laich absetzen); der Fisch laichte; der Fisch hat gelaicht

die **Laich|zeit**

der **Laie** (Nichtfachmann; Nichtpriester); des Lai|en; die Lai|en

lai|en|haft; eine laienhafte Reparatur

das **Lai|en|spiel**

die **Lai|in** (Nichtfachfrau); die Laiinnen

der **La|kai** (Diener; unterwürfiger Mensch); des Lakaien; die Lakaien

die **La|ke** (Salzlösung zum Einlegen von Fisch, Fleisch u. Ä.); die Laken

das **La|ken** (Betttuch); des Lakens; die Laken

la|ko|nisch (kurz und treffend); ein lakonischer Kommentar

der, *auch:* das **La|k|ritz** (*landschaftlich für:* Lakritze); des La|k|rit|zes; die La|k|rit|ze

die **La|k|rit|ze** (eingedickter Süßholzsaft); die Lakritzen

die **Lak|to|se** (Milchzucker)

lak|to|se|frei

lak|to|se|in|to|le|rant (keine Laktose vertragend)

die **Lak|to|se|in|to|le|ranz** (*Medizin:* Milchzuckerunverträglichkeit) *Plural selten;* er hat eine Laktoseintoleranz

lal|len; du lallst; er lallte; der Betrunkene hat nur gelallt; lall *oder* lalle nicht so!

das **La|ma** (höckerloses südamerikanisches Kamel); des Lamas; die Lamas

der **La|ma** (tibetischer Priester oder Mönch); des Lama *oder* Lamas; die Lamas

die **La|mel|le** (Streifen; dünnes Blättchen)

la|men|tie|ren (*umgangssprachlich für:* laut klagen, jammern); du lamentierst; er lamentierte; er hat den ganzen Tag lamentiert; lamentier *oder* lamentiere nicht!

das **La|men|to** (*umgangssprachlich für:* Gejammer; Musikstück von schmerzlichem Charakter); des Lamentos; die Lamentos

das **La|met|ta** (Metallfäden [als Christbaumschmuck]); des Lamettas

das **La|mi|nat** (ein Bodenbelag); des Laminats *oder* La|mi|na|tes; die La|mi|na|te

das **Lamm;** des Lamms *oder* Lam|mes; die Läm|mer; *Verkleinerungsform:* das Lämmchen

lam|men (ein Lamm werfen); das Schaf lammte; das Schaf hat gelammt

das **Lamm|fleisch**

lamm|fromm (sehr gehorsam, geduldig)

die **Lam|pe**

das **Lam|pen|fie|ber**

der **Lam|pi|on** [lamˈpi̯õː, *auch:* ˈlampi̯ɔŋ] (Laterne); des Lampions; die Lampions

das **LAN** = local area network (Computernetz, das nur auf einigen Rechnern und nur für eine bestimmte Zeit erstellt wird); des LAN *oder* LANs; die LANs

lan|cie|ren [lɑ̃ˈsiːrən] (gezielt in die Öffentlichkeit dringen lassen); du lancierst; sie lancierte; er hat lanciert; absichtlich Falschmeldungen lancieren

das **Land;** des Lands *oder* Lan|des; die Län|der, *dichterisch auch:* Lande; aus aller Herren Länder, *auch:* Ländern; an Land gehen; auf dem Land leben; außer Landes sein; zu Lande und zu Wasser; bei uns zu Lande (daheim); ABER: hier zu Lande *oder* hierzulande; die Halligen melden »Land unter« (Überflutung)

land|auf; *nur in:* landauf, landab (überall)

L
lag

lang

län|ger; am längs|ten

Kleinschreibung:

- über kurz oder lang
- seit langem *oder* Langem; seit längerem *oder* Längerem

Großschreibung der Nominalisierung:

- in Lang (*umgangssprachlich für:* im langen Abendkleid) gehen
- sich des Langen und Breiten (ausführlich) über etwas äußern
- seit Langem *oder* langem; seit Längerem *oder* längerem

Getrennt- und Zusammenschreibung:

- einen Wunsch lang[e] hegen; der lang gehegte *oder* langgehegte Wunsch
- ein Gummiband lang ziehen *oder* langziehen; er hat ihm die Ohren lang gezogen *oder* langgezogen (er hat ihn scharf getadelt); eine lang gezogene *oder* langgezogene Kurve

Vergleiche aber: langweilen

Bei »lang« als zweitem Bestandteil:

- meterlang; ABER: zehn Meter lang
- jahrelang; ABER: zwei Jahre lang

land|aus; *nur in:* landaus, landein (überall)
die **Lan|de|bahn**
land|ein|wärts
lan|den; ich lande; das Flugzeug landete; das Flugzeug ist gelandet; der Boxer hat bei seinem Gegner einen Kinnhaken gelandet
das **Län|der|spiel** *(Sport)*
die **Lan|des|bank** (öffentlich-rechtliches Bankinstitut für ein Bundesland)
der **Lan|des|bi|schof**
die **Lan|des|bi|schö|fin**
der **Lan|des|el|tern|rat**
die **Lan|des|el|tern|rä|tin**
die **Lan|des|gren|ze**
die **Lan|des|haupt|stadt**
die **Lan|des|kun|de**
die **Lan|des|re|gie|rung**
der **Lan|des|schü|ler|rat**
die **Lan|des|schü|ler|rä|tin**
der **Lan|des|schul|rat** (*österreichisch für:* [Mitglied der] Schulbehörde eines Bundeslandes)
die **Lan|des|spra|che**
der **Lan|des|teil**
lan|des|üb|lich; landesübliche Kleidung
der **Lan|des|ver|band**
lan|des|weit (im ganzen [Bundes]land verbreitet)
das **Land|ge|richt**
die **Land|kar|te**
der **Land|kreis**
land|läu|fig (allgemein verbreitet); nach landläufiger Meinung
das **Land|le|ben**
länd|lich; eine ländliche Gegend
die **Land|luft**
der **Land|rat**
die **Land|rä|tin**
das **Land|rats|amt**
die **Land|schaft**
land|schaft|lich
das **Land|schafts|schutz|ge|biet**
das **Land|schul|heim**
die **Lands|frau** (Frau, die aus demselben Land stammt wie eine andere Person)
der **Lands|mann** (Mann, der aus demselben Land stammt wie eine andere Person); die Landsleute
die **Lands|män|nin** (Landsfrau); die Landsmänninnen
die **Land|stra|ße**
der **Land|strei|cher;** des Landstreichers; die Landstreicher
die **Land|strei|che|rin;** die Landstreicherinnen
der **Land|strich**
der **Land|tag**
der **Land|tags|ab|ge|ord|ne|te**
die **Land|tags|ab|ge|ord|ne|te**
die **Land|tags|wahl**
die **Lan|dung**
der **Land|wirt**
die **Land|wir|tin**
die **Land|wirt|schaft**
land|wirt|schaft|lich
lang *siehe Kasten*

lang|är|me|lig *oder* **lang|ärm|lig**
lang|at|mig; langatmige Reden
lang|bei|nig
lan|ge *oder* **lang;** län|ger; am längsten; es ist lange her; aus langer Weile; das Ende der langen Weile; ↑ABER: Lang[e]weile
die **Län|ge;** der Länge nach hinfallen; ABER: längelang hinfallen
lan|gen (*umgangssprachlich für:* ausreichen; [nach etwas] greifen); das Geld langt; er langte in den Korb; das Geld hat gelangt; jetzt langt[']s mir aber! (jetzt ist meine Geduld zu Ende!)
der **Län|gen|grad**
der **Län|gen|kreis**
das **Län|gen|maß**
län|ger|fris|tig (für längere Zeit geltend)
die **Lan|ge|wei|le** *oder* **Lang|wei|le;** das Ende der Langeweile *oder* Langweile; ABER: das Ende der langen Weile; aus Langeweile, *auch:* Langweile; ABER: aus langer Weile
lang|fris|tig (lange Zeit anhaltend); längerfristig *oder* langfristiger; am langfristigsten
lang|ge|hegt ↑lang
lang|ge|hen (*umgangssprachlich für:* entlanggehen); sie weiß, wo es langgeht
lang|ge|zo|gen ↑lang
lang|haa|rig
lang|jäh|rig; langjährige Erfahrungen
der **Lang|lauf**
lang|le|big; langlebige Tiere
die **Lang|le|big|keit**
läng|lich
die **Lang|mut** (*gehoben für:* große Geduld)
lang|mü|tig
längs; etwas längs (der Länge nach) trennen; längs (entlang) des Weges, *auch:* längs dem Weg; ein längs gestreifter *oder* längsgestreifter Pullover
die **Längs|ach|se**
lang|sam; ein langsamer Walzer
die **Lang|sam|keit**
der **Lang|schlä|fer**
die **Lang|schlä|fe|rin**

längs|ge|streift ↑längs
die **Lang|spiel|plat|te** (Abkürzung LP)
der **Längs|schnitt**
längst (seit Langem); er ist längst daheim
längs|tens (*umgangssprachlich für:* höchstens; spätestens); das hält er längstens eine Stunde aus
die **Lan|gus|te** (eine Krebsart)
die **Lang|wei|le** *vergleiche:* **Lan|ge|wei|le**
lang|wei|len; du langweilst sie; er langweilte sie; er hat sie gelangweilt; langweil *oder* langweile mich nicht mit deinem Vortrag!; sich langweilen; sie hat sich gelangweilt
lang|wei|lig; eine langweilige Geschichte
lang|wie|rig (lange dauernd und mühsam); langwierige Verhandlungen
die **Lang|zeit|wir|kung**
lang|zie|hen ↑lang
die **LAN-Par|ty** (Party, bei der die Teilnehmenden innerhalb eines LANs Computerspiele durchführen)
die **Lan|ze**
La|os (Staat in Südostasien)
der **La|o|te;** des/dem/den Laoten; die Laoten
die **La|o|tin;** die Laotinnen
la|o|tisch
la|pi|dar (einfach, kurz und bündig); eine lapidare Feststellung
die **Lap|pa|lie** (Kleinigkeit, etwas Belangloses); die Lap|pa|li|en
der **Lap|pen;** des Lappens; die Lappen
läp|pisch (albern, dumm); eine läppische Bemerkung
der **Lap|sus** ([geringfügiger] Fehler; Versehen); des Lapsus; die Lapsus
der, *auch:* das **Lap|top** ['lɛptɔp] (tragbarer Computer); des Laptops; die Laptops
die **Lär|che** (ein Nadelbaum)

! Nicht verwechseln: Obwohl beide Wörter gleich ausgesprochen werden, schreibt man den Baum *(Lärche)* anders als den Singvogel *(Lerche).*

large [la:ɐ̯dʒ] (Kleidergröße = groß; *Abkürzung:* L)
lar|go (*Musik:* breit, langsam)

das **Lar|go** (*Musik:* langsames Musikstück); des Largos; die Largos, *auch:* Larghi ['largi]

la|ri|fa|ri (*umgangssprachlich für:* oberflächlich; nachlässig); etwas larifari machen; ABER: das **La|ri|fa|ri** (*umgangssprachlich für:* Geschwätz, Unsinn); des Larifaris; was er sagte, war Larifari

der **Lärm;** des Lärms, *seltener:* Lär|mes

lär|men; du lärmst; sie lärmte; sie hat gelärmt; lärm *oder* lärme nicht so!

der **Lärm|schutz**

die **Lärm|schutz|wand**

die **Lar|ve** (Maske; Jugendstadium von Insekten)

die **La|sa|g|ne** [la'zanjə] (ein italienisches Nudelgericht); die Lasagnen

lasch (*umgangssprachlich für:* schlaff; träge); ein lascher Händedruck

die **La|sche** (ein Verbindungsstück)

der **La|ser** ['lɛɪ̯zɐ] (Gerät zur Lichtverstärkung); des Lasers; die Laser

der **La|ser|dru|cker**

der **La|ser|scan|ner** [...skɛnɐ]

das **La|ser|schwert**

der **La|ser|strahl**

la|sie|ren (mit Lasur versehen); du lasierst; er lasierte; er hat den Schrank lasiert

las|sen; du lässt; sie lässt; sie ließ; sie hat gelassen; lasse *oder* lass das!; ich habe es gelassen (unterlassen); ich habe dich rufen lassen; er sollte es bleiben lassen *oder* bleibenlassen (unterlassen); sie hat ihre Tasche fallen lassen, *seltener:* fallen gelassen; ABER: sie wird nicht lockerlassen (*umgangssprachlich für:* nachgeben)

läs|sig; ein lässiges Kopfnicken

die **Läs|sig|keit**

läss|lich (verzeihlich); lässliche (kleinere) Sünden

das, *auch:* der **Las|so** (eine Wurfschlinge); des Lassos; die Lassos

die **Last;** die Las|ten; zulasten *oder* zu Lasten des Klägers; die Rechnung geht zulasten *oder* zu Lasten von Herrn ...; ABER: die Kosten gehen zu ihren Lasten

las|ten; damit lastet eine große Verantwortung auf ihm; der schwere Sack lastete auf meinem Rücken; das hat auf ihr gelastet

das **Las|ter** (schlechte Gewohnheit); des Lasters; die Laster

der **Las|ter** (*umgangssprachlich für:* Lastkraftwagen); des Lasters; die Laster

las|ter|haft

läs|tern; du lästerst; er lästerte; er hat gelästert; lästere nicht über sie!

die **Läs|te|rung**

läs|tig; eine lästige Fliege

der **Last|kraft|wa|gen** (*Abkürzung:* Lkw *oder* LKW)

die **Last-mi|nute-Reise, Last-Minute-Rei|se** ['la:st'mɪnɪt...] (verbilligte, kurzfristig anzutretende Reise)

der **Last|wa|gen**

die **La|sur** (durchsichtige Farbschicht); die La|su|ren

las|ziv (anstößig); laszive Fotos

das **La|tein;** des Latein *oder* Lateins; er ist mit seinem Latein am Ende (weiß nicht mehr weiter)

La|tein|ame|ri|ka (die spanisch- und portugiesischsprachigen Staaten Mittel- und Südamerikas)

la|tei|nisch; lateinische Schrift

der **La|tein|un|ter|richt**

la|tent (vorhanden, aber nicht in Erscheinung tretend); eine latente Gefahr

die **La|ter|ne**

der **La|ter|nen|pfahl**

der **La|tex** (Kautschukmilch); des Latex; die La|ti|zes

das **La|ti|num** (nachgewiesene Kenntnisse der lateinischen Sprache); des Latinums; das kleine, große Latinum

die **La|t|ri|ne** (behelfsmäßige Toilette; Senkgrube); die Latrinen

die **Lat|sche** *oder* der **Lat|schen** (*umgangssprachlich für:* Hausschuh; ausgetretener Schuh); der Latsche *oder* des Latschens; die Latschen

die **Lat|sche** (ein Nadelbaum); die Latschen

lat|schen (nachlässig gehen); du latschst; sie latschte; sie ist über den Hof gelatscht; latsch *oder* latsche nicht so!

die **Lat|te**

der **Lat|ten|rost**

A B C D E F G H I J K L lat M N O P Q R S T U V W X Y Z

der **Lat|ten|zaun**
der **Lat|tich** (ein Korbblütler); des Lattichs; die Lat|ti|che
der **Latz;** des Lat|zes; die Lät|ze; *Verkleinerungsform:* das Lätzchen
lau; lau|er; am lau|es|ten *oder* lausten; ein lauer Wind
das **Laub;** des Laubs *oder* Lau|bes; Laub tragende *oder* laubtragende Bäume
der **Laub|baum**
die **Lau|be** (Gartenhäuschen)
der **Laub|frosch**
die **Laub|sä|ge**
laub|tra|gend ↑Laub
der **Laub|wald**
der **Lauch** (eine Zwiebelpflanze); des Lauchs *oder* Lau|ches; die Lau|che
die **Lau|er;** auf der Lauer sein, liegen
lau|ern; ich lauere; du lauerst; sie lauerte; sie hat lange auf mich gelauert
der **Lauf;** des Laufs *oder* Lau|fes; die Läufe; im Lauf *oder* Laufe der Zeit; der 100-Meter-Lauf *oder* 100-m-Lauf
die **Lauf|bahn**
lau|fen; du läufst; sie läuft; sie lief; sie ist gelaufen; lauf *oder* laufe schneller!; sie hat vor[,] den Hund [viel] laufen zu lassen; sie hat ihn laufen lassen *oder* laufenlassen (*umgangssprachlich für:* sich von ihm getrennt)
lau|fend; laufendes Jahr *oder* laufenden Jahres; die laufenden Arbeiten; am laufenden Band arbeiten; ABER: auf dem Laufenden (über das Neueste informiert) sein, bleiben
lau|fen|las|sen ↑laufen
der **Läu|fer;** des Läufers; die Läufer
die **Läu|fe|rin;** die Läuferinnen
das **Lauf|feu|er;** die Nachricht verbreitete sich wie ein Lauffeuer
läu|fig (brünstig); eine läufige Hündin
der **Lauf|schritt;** im Laufschritt
das **Lauf|werk** *(Technik, EDV);* des Laufwerks *oder* Laufwerkes; die Laufwerke; der Laptop hat ein DVD-Laufwerk
die **Lauf|zeit;** die Laufzeit des Films betrug nur acht Wochen; der Vertrag hat eine Laufzeit von einem Jahr
die **Lau|ge** (alkalische Lösung)

L
lat

die **Lau|ne**
lau|nig (witzig); eine launige Bemerkung

! Die beiden Adjektive *launig* und *launisch* klingen zwar ähnlich, bezeichnen aber unterschiedliche Eigenschaften. Während *launig* so viel wie »humorvoll«, »geistreich« bedeutet, wird *launisch* im Sinn von »launenhaft« oder »oft schlecht gelaunt« verwendet: »Sie hat eine launige Rede gehalten.« »Er gilt als launischer Chef.«

lau|nisch (launenhaft); launisches Wetter
die **Laus;** die Läu|se
der **Laus|bub**
laus|bü|bisch; ein lausbübisches Grinsen
lau|schen; du lauschst; er lauschte; er hat an der Tür gelauscht; lausch *oder* lausche nicht!
der **Lau|scher;** des Lauschers; die Lauscher
die **Lau|sche|rin**
lau|schig (verborgen, gemütlich gelegen); ein lauschiges Plätzchen
lau|sen; der Affe laust sich; die Affenmutter hat ihr Junges gelaust
lau|sig (*umgangssprachlich für:* schlecht; schäbig; sehr [groß]); eine lausige Arbeit; es war lausig kalt
laut; lau|ter; am lau|tes|ten; laut reden; etwas laut (bekannt) werden lassen
laut (gemäß); laut [ärztlicher] Anweisung; laut Berichten; laut unseres Schreibens, *auch:* unserem Schreiben
der **Laut;** des Lauts *oder* Lau|tes; die Lau|te
die **Lau|te** (ein Saiteninstrument)
lau|ten; der Vertrag lautete auf den Namen ...; das Urteil hat auf Freispruch gelautet
läu|ten; du läutest; sie läutete; sie hat geläutet; läut *oder* läute die Glocken!
lau|ter (rein; aufrichtig); eine lautere Gesinnung
lau|ter (*umgangssprachlich für:* nur, nichts als); da sind ja lauter Kinder; den Wald vor lauter Bäumen nicht sehen
die **Lau|ter|keit**
läu|tern (reinigen; von Fehlern befreien); das Leid läuterte ihn; es hat ihn geläutert

laut|los; laut|lo|ser; am laut|lo|ses|ten
die **Laut|lo|sig|keit**
die **Laut|schrift**
der **Laut|spre|cher**
laut|stark; lautstarker Protest
die **Laut|stär|ke**
lau|warm; lauwarmes Wasser
die **La|va** (feurig-flüssiger Schmelzfluss aus Vulkanen); die Laven
der **La|ven|del** (eine Gewürzpflanze); des Lavendels
la|vie|ren (mit Geschick Schwierigkeiten überwinden); du lavierst; sie lavierte; sie hat zwischen den Parteien laviert
die **La|wi|ne**
la|wi|nen|ar|tig
lax (schlaff; locker); la|xer; am la|xes|ten; eine laxe Haltung
das **Lay|out** *oder* **Lay-out** [lɛɪ̯ˈʔaʊ̯t, *auch:* ˈlɛɪ̯ʔaʊ̯t] (Text- und Bildgestaltung); des Layouts *oder* Lay-outs; die Layouts *oder* Lay-outs
das **La|za|rett** (Militärkrankenhaus); des Lazaretts *oder* La|za|ret|tes; die La|za|ret|te
die **LCD-An|zei|ge** (Flüssigkristallanzeige)
der **Lea|der** [ˈliːdɐ] (*kurz für:* Bandleader [Leiter einer Band]); des Leaders; die Leader
das **Leak** [liːk] (*EDV:* ungewollte Veröffentlichung geheimer Dokumente [im Internet]); des Leaks; die Leaks
lea|ken [ˈliː...] (geheime Dokumente im Internet veröffentlichen); ich leake; du leaktest; sie haben geleakt; leak *oder* leake!
das **Lear|ning by Do|ing** [ˈlœːɐ̯nɪŋ baɪ̯ ˈduːɪŋ] (Lernen durch unmittelbares Anwenden); des Learning by Doing
die **Lear|ning-by-Do|ing-Me|tho|de**
lea|sen [ˈliːzn̩] (mieten); du least; sie leaste; sie hat das Auto geleast; lease es!
das **Lea|sing** (Vermietung); des Leasings; die Leasings
die **Lea|sing|fir|ma**
das **Le|be|hoch;** die Lebehochs; sie rief ein herzliches Lebehoch; ABER: sie rief: »Er lebe hoch!«
le|ben; du lebst; sie lebte; sie hat lange gelebt; lebe wohl!; ↑ ABER: Lebewohl
das **Le|ben;** des Lebens; die Leben; mein Leben lang; am Leben bleiben; mit dem Leben davonkommen
le|ben|dig; eine lebendige Schilderung
die **Le|bens|be|din|gung** *meist Plural*
le|bens|be|droh|lich
die **Le|bens|dau|er**
die **Le|bens|er|war|tung**
die **Le|bens|freu|de**
die **Le|bens|ge|fahr**
le|bens|ge|fähr|lich
der **Le|bens|ge|fähr|te**
die **Le|bens|ge|fähr|tin**
die **Le|bens|geis|ter** *Plural*
die **Le|bens|hal|tungs|kos|ten** *Plural*
das **Le|bens|jahr**
le|bens|lang; lebenslange Haft
le|bens|läng|lich; er bekam »lebenslänglich« (eine lebenslange Freiheitsstrafe)
der **Le|bens|lauf**
das **Le|bens|mit|tel;** die Lebensmittel *meist Plural*
der **Le|bens|mit|tel|dis|coun|ter** [...dɪskaʊ̯ntɐ]
die **Le|bens|mit|tel|spen|de**
le|bens|not|wen|dig
der **Le|bens|part|ner**
die **Le|bens|part|ne|rin**
die **Le|bens|qua|li|tät**
der **Le|bens|stan|dard**
der **Le|bens|un|ter|halt;** des Lebensunterhalts *oder* Lebensunterhaltes; seinen Lebensunterhalt verdienen
die **Le|bens|ver|hält|nis|se** *Plural*
die **Le|bens|ver|si|che|rung**
der **Le|bens|weg**
die **Le|bens|wei|se**
das **Le|bens|werk;** sie erhielt den Preis für ihr Lebenswerk
le|bens|wert
le|bens|wich|tig
das **Le|bens|zei|chen**
die **Le|ber** (ein Organ)
der **Le|ber|tran** (vitaminreiches Öl aus der Leber von Fischen)
die **Le|ber|wurst**
das **Le|be|we|sen**
das **Le|be|wohl;** die Le|be|wohl|le *oder* Lebewohls; sie rief ein herzliches Lebewohl; ABER: sie rief: »Lebe wohl!«
leb|haft; leb|haf|ter; am leb|haf|tes|ten
der **Leb|ku|chen**

leb|los; ein lebloser Körper
die **Leb|zei|ten** *Plural;* bei Lebzeiten seines Vaters; zu seinen Lebzeiten
lech|zen (heftig verlangen); du lechzt; sie lechzte; sie hat nach Wasser gelechzt
leck (undicht); ein leckes Boot
das **Leck;** des Lecks *oder* Le|ckes; die Lecks
le|cken (undicht sein); das Schiff leckte; das Schiff hat geleckt
le|cken (mit der Zunge berühren); du leckst; sie leckte; sie hat ein Eis geleckt; leck *oder* lecke nicht daran!; sich lecken; der Hund hat sich geleckt
le|cker; ein leckeres Essen; das schmeckt lecker
der **Le|cker|bis|sen**
die **Le|cke|rei;** die Leckereien
die **LED** [ɛlʔeːˈdeː] (Leuchtdiode)
das **Le|der;** des Leders; die Leder
die **Le|der|ho|se**
le|dern (aus Leder); lederne Stiefel
le|dig (nicht verheiratet)
le|dig|lich (nur)
die **LED-Lam|pe** [ɛlʔeːˈdeː...] (Leuchtdiode als [energiesparende] Lichtquelle)
led|rig *oder* **le|de|rig** (lederartig)
die **Lee** (die dem Wind abgekehrte Seite; *Gegensatz:* Luv); in, nach Lee
leer; leer machen *oder* leermachen; den Teller leer essen *oder* leeressen; das Glas leer trinken *oder* leertrinken; leer stehen; eine leer stehende *oder* leerstehende Wohnung
die **Lee|re**
lee|ren; du leerst; sie leerte; sie hat den Eimer geleert; leer *oder* leere den Eimer!

! Nicht verwechseln: Obwohl die Wörter gleich ausgesprochen werden, schreibt man *leeren* (= leer machen) mit Doppel-e, während *lehren* (= unterrichten, unterweisen) mit Dehnungs-h geschrieben wird.

leer|es|sen ↑ leer
das **Leer|ge|wicht**
das **Leer|gut**
der **Leer|gut|au|to|mat**
der **Leer|lauf** (unproduktives Tätigsein)
leer|lau|fen (auslaufen); er hat das Fass leerlaufen lassen
leer|ma|chen ↑ leer
leer|ste|hend ↑ leer
die **Leer|tas|te** (auf der Tastatur)
leer|trin|ken ↑ leer
die **Lee|rung**
die **Lef|ze** (die Lippe bei Tieren)
le|gal (gesetzlich, gesetzmäßig); eine legale Aktion
le|ga|li|sie|ren (gesetzlich erlauben); du legalisierst; er hat die Zustände legalisiert; legalisier *oder* legalisiere das Verhältnis!
die **Le|ga|li|tät** (Übereinstimmung mit den Gesetzen)
die **Le|g|as|the|nie** (*Medizin, Psychologie:* Lese- und Rechtschreibschwäche) *Plural selten*
le|g|as|the|nisch *(Medizin, Psychologie)*
le|gen; du legst; sie legte; sie hat das Buch auf den Tisch gelegt; ABER: das Buch hat auf dem Tisch gelegen; ↑ *auch:* gelegen; leg *oder* lege das Buch auf den Tisch!
le|gen|där (legendenhaft; unwahrscheinlich); ein legendäres Fabelwesen
die **Le|gen|de** (Heiligenerzählung, Sage; Zeichenerklärung auf Landkarten usw.)
le|ger [leˈʒeːɐ̯, leˈʒɛːɐ̯] (ungezwungen, locker); legere Kleidung
die **Leg|gings** *oder* **Leg|gins** (Strumpfhose ohne Füßlinge) *Plural*
le|gie|ren (verschmelzen; mit Eigelb anrühren); du legierst; er legierte; er hat die Suppe legiert; legier *oder* legiere die Suppe!
die **Le|gie|rung** (Metallmischung)
die **Le|gi|on** (altrömische Heereseinheit; Freiwilligentruppe); die Le|gi|o|nen
der **Le|gi|o|när;** des Legionärs; die Le|gi|o|nä|re
die **Le|gis|la|ti|ve** (gesetzgebende Gewalt im Staat)
die **Le|gis|la|tur|pe|ri|o|de** (Amtsdauer eines Parlaments)
le|gi|tim (gesetzlich; rechtmäßig); ein legitimes Anliegen
die **Le|gi|ti|ma|ti|on** (Beglaubigung; Berechtigungsausweis)
le|gi|ti|mie|ren (beglaubigen); sie hat sich legitimiert (sich ausgewiesen)
die **Le|gi|ti|mi|tät** (Rechtmäßigkeit)
das **Le|go** (*Markenbezeichnung:* Spielzeug der gleichnamigen Marke); des Legos; die Legos (Legobausteine; *umgangssprachlich auch für:* Legofiguren)

leicht

leich|ter; am leich|tes|ten

1. Groß- und Kleinschreibung:

Kleinschreibung:

- eine leichte Aufgabe
- leichte Musik

Großschreibung der Nominalisierung:

- es ist mir ein Leichtes (fällt mir sehr leicht), darauf zu verzichten
- etwas, nichts Leichtes

2. Getrennt- und Zusammenschreibung:

Schreibung in Verbindung mit Verben:

- leicht fallen; die Preise sind leicht gefallen; ABER: die Arbeit ist ihr leichtgefallen (hat sie nicht angestrengt)
- sie hat es ihm nicht leicht gemacht *oder* leichtgemacht

Schreibung in Verbindung mit Adjektiven und Partizipien:

- eine leicht verständliche *oder* leichtverständliche Sprache
- ein leicht bewaffneter *oder* leichtbewaffneter Soldat
- eine leicht verdauliche *oder* leichtverdauliche Speise
- eine leicht verletzte *oder* leichtverletzte Sportlerin; die leicht Verletzten *oder* ↑Leichtverletzten

der **Le|gu|an** (Baumeidechse); des Leguans; die Le|gu|a|ne
das **Le|hen** (*früher für:* einem Untertan geliehener [Grund]besitz); des Lehens; die Lehen
der **Lehm;** des Lehms *oder* Leh|mes; die Leh|me
leh|mig; lehmiger Boden
die **Leh|ne**
leh|nen; du lehnst; sie lehnte; sie hat die Leiter an die Mauer gelehnt; sich lehnen; sie hat sich an meine Schulter gelehnt
der **Lehn|stuhl**
das **Lehns|we|sen** *oder* **Le|hens|we|sen** *(früher)*
das **Lehn|wort;** die Lehn|wör|ter
das **Lehr|buch**
die **Leh|re**
leh|ren; du lehrst; sie lehrte; sie hat gelehrt; lehr *oder* lehre ihn schwimmen!; sie lehrt ihn Englisch; er lehrt mich lesen; sie lehrt ihn das Lesen; sie hat ihn reiten gelehrt
der **Leh|rer;** des Lehrers; die Lehrer
die **Leh|re|rin;** die Lehrerinnen
der **Leh|rer|man|gel**
das **Leh|rer|zim|mer**
das **Lehr|fach**
der **Lehr|gang**
der **Lehr|ling** (Auszubildende[r])
der **Lehr|meis|ter**
die **Lehr|meis|te|rin**
der **Lehr|plan**
lehr|reich; lehrreiche Erfahrung
die **Lehr|stel|le**
der **Lehr|stoff**
die **Lehr|werk|statt**
der **Leib;** des Leibs *oder* Lei|bes; die Lei|ber; Leib und Seele; am eigenen Leib erfahren; gut bei Leibe (wohlgenährt) sein; ↑ABER: beileibe, Laib
leib|ei|gen *(früher)*
die **Leib|ei|gen|schaft**
das **Leib|ge|richt**
leib|haf|tig
der **Leib|haf|ti|ge** (Teufel); des/dem/den Leibhaftigen
leib|lich; das leibliche Wohl
der **Leib|wäch|ter**
die **Lei|che**
lei|chen|blass
der **Leich|nam;** des Leichnams *oder* Leich|na|mes; die Leich|na|me
leicht *siehe Kasten*
der **Leicht|ath|let**
die **Leicht|ath|le|tik**
die **Leicht|ath|le|tin**

leicht|be|waff|net ↑leicht
leicht|fal|len (keine Mühe machen); die Hausaufgaben waren ihr leichtgefallen; ↑ABER: leicht
leicht|fer|tig
leicht|gläu|big; leichtgläubige Menschen
die **Leich|tig|keit**
leicht|ma|chen ↑leicht
das **Leicht|me|tall**
der **Leicht|sinn**
leicht|sin|nig; leicht|sin|ni|ges Verhalten
leicht|ver|dau|lich ↑leicht
leicht|ver|letzt ↑leicht
der **Leicht|ver|letz|te** *oder* **leicht Ver|letz|te;** ein Leichtverletzter *oder* leicht Verletzter; die Leichtverletzten *oder* leicht Verletzten; zwei Leichtverletzte *oder* leicht Verletzte
die **Leicht|ver|letz|te** *oder* **leicht Ver|letz|te;** eine Leichtverletzte *oder* leicht Verletzte
leicht|ver|ständ|lich ↑leicht
leid; er ist das Genörgel leid; der Ärger wird mir allmählich leid; ↑ABER: Leid
das **Leid;** des Leids *oder* Lei|des; sie klagte ihm ihr Leid; schweres Leid [er]tragen; jemandem, sich ein Leid [an]tun; jemandem etwas zu Leide *oder* zuleide tun
die **Lei|de|form** (Passiv)
lei|den; ich leide; du leidest; sie leidet; sie litt; sie hat darunter gelitten; leide nicht länger!
das **Lei|den;** des Leidens; die Leiden; Freuden und Leiden
die **Lei|den|schaft**
lei|den|schaft|lich; leidenschaftliche Diskussionen
lei|den|schafts|los
lei|der; leider Gottes
lei|dig (unangenehm); ein leidiges Thema

! Das Adjektiv *leidig* ist von *Leid* abgeleitet und bedeutet »lästig«, »unangenehm«: »Das Ist eine leidige Angelegenheit.« Dagegen ist *leidlich* eine Bildung zu *leiden* und bedeutet »einigermaßen den Erwartungen entsprechend«: »Sie hat leidliche Kenntnisse in Englisch.«

leid|lich (ausreichend, [noch] annehmbar); sie war eine leidliche Schülerin
leid|tra|gend; die leidtragende Bevölkerung
der **Leid|tra|gen|de;** ein Leidtragender; die Leidtragenden; zwei Leidtragende
die **Leid|tra|gen|de;** eine Leidtragende
leid|tun; das wird dir noch leidtun!; es tat uns leid; der Mann hat uns leidgetan; das braucht dir nicht leidzutun
das **Leid|we|sen;** *nur in:* zu meinem, unserem usw. Leidwesen (Bedauern)
die **Lei|er** (Musikinstrument); die Leiern
lei|ern; du leierst; sie leierte; sie hat das Gedicht geleiert; leiere nicht so!
die **Leih|ar|beit** (Arbeit, bei der jemand vorübergehend für einen anderen Arbeitgeber arbeitet)
das **Leih|au|to**
die **Leih|bü|che|rei**
lei|hen; du leihst; sie leiht; sie lieh; sie hat das Buch geliehen; leih *oder* leihe mir das Buch!
das **Leih|fahr|rad**
die **Leih|ga|be**
das **Leih|rad** (*kurz für:* Leihfahrrad)
der **Leih|rol|ler**
der **Leih|wa|gen**
leih|wei|se
der **Leim;** des Leims *oder* Lei|mes
lei|men; du leimst; sie leimte; sie hat den Stuhl geleimt; leim *oder* leime den Stuhl!
der **Lein** (Flachs); des Leins *oder* Lei|nes
die **Lei|ne**
lei|nen (aus Leinen); leinene Geschirrtücher
das **Lei|nen** (Flachsfaser); des Leinens; die Leinen
der **Lein|sa|men** (Samen des Flachses)
die **Lein|wand**
Leip|zig (Stadt in Sachsen)
lei|se; nicht die leiseste (überhaupt keine) Ahnung haben; ABER: nicht im Leisesten (durchaus nicht) zweifeln
die **Leis|te**
leis|ten; du leistest; sie leistete; sie hat gute Arbeit geleistet; leiste Erste Hilfe!

der **Leis|ten** (Modell in Fußform; Schuhspanner); des Leistens; die Leisten
der **Leis|ten|bruch**
die **Leis|tung**
leis|tungs|fä|hig; leistungsfähige Turner
die **Leis|tungs|fä|hig|keit**
leis|tungs|ge|recht; leistungsgerechte Bezahlung
der **Leis|tungs|kurs** (in der Schule)
der **Leis|tungs|sport**
leis|tungs|stark; leistungsstarke Motoren
die **Leis|tungs|stei|ge|rung**
der **Leis|tungs|trä|ger**
die **Leis|tungs|trä|ge|rin**
der **Leit|ar|ti|kel** (in der Zeitung)
das **Leit|bild**
lei|ten; du leitest; sie leitete; sie hat die Diskussion geleitet; leit *oder* leite die Diskussion!; eine leitende Angestellte
der **Lei|ter** (führende Person); des Leiters; die Leiter
die **Lei|ter** (Steiggerät); die Leitern
die **Lei|te|rin** (leitende Person); die Leiterinnen
der **Lei|ter|wa|gen**
der **Leit|fa|den;** die Leitfäden
der **Leit|ge|dan|ke** (leitender Gedanke, Grundgedanke)
der **Leit|ham|mel**
das **Leit|mo|tiv**
die **Leit|plan|ke**
der **Leit|ton** *(Musik)*
die **Lei|tung**
der **Lei|tungs|mast**
das **Lei|tungs|netz**
das **Lei|tungs|was|ser**
das **Leit|werk** (Steuerflächen am Flugzeug)
der **Leit|zins** *(Wirtschaft)*
die **Lek|ti|on** (Unterrichtsstunde; Aufgabe; Zurechtweisung); die Lek|ti|o|nen; jemandem eine Lektion erteilen
der **Lek|tor** (ein Hochschullehrer; ein Verlagsmitarbeiter); des Lektors; die Lek|to|ren
die **Lek|to|rin;** die Lektorinnen
die **Lek|tü|re** (Lesestoff)
der **Lem|ming** (eine Wühlmaus); des Lemmings; die Lem|min|ge
die **Len|de**
der **Len|den|schurz**
der **Len|den|wir|bel**
Le|nin|grad (früherer Name der russischen Stadt Sankt Petersburg)
lenk|bar; ein lenkbarer Drachen
der **Lenk|dra|chen** (größerer, mit Leinen lenkbarer Drachen)
len|ken; du lenkst; sie lenkte; sie hat den Bus gelenkt; lenk *oder* lenke den Verdacht nicht auf mich!
der **Len|ker;** des Lenkers; die Lenker
das **Lenk|rad**
das **Lenk|rad|schloss**
die **Lenk|stan|ge**
die **Len|kung**
der **Lenz** (*gehoben für:* Frühling); des Len|zes; die Len|ze
der **Le|o|pard;** des/dem/den Le|o|par|den; die Le|o|par|den
die **Le|p|ra** (Aussatz)
die **Ler|che** (ein Vogel); ↑ABER: Lärche
lern|be|hin|dert
die **Lern|be|hin|de|rung**
der **Lern|ei|fer**
ler|nen; du lernst; sie lernte; sie hat gelernt; lern *oder* lerne fleißig!; Vokabeln lernen; ABER: lesen, *auch:* [das] Lesen lernen; Auto fahren, *auch:* [das] Autofahren lernen; ein gelernter Bäcker; kennen lernen *oder* kennenlernen ↑kennen

! Das Verb *lernen* darf nicht mit *lehren* (= unterrichten, jemandem etwas beibringen) verwechselt werden. Es heißt also: »Sie hat uns tanzen gelehrt«, aber: »Wir haben bei ihr tanzen gelernt«.

der **Lern|er|folg**
lern|fä|hig
die **Lern|för|der|schu|le**
die **Lern|för|de|rung** *Plural selten*
die **Lern|kur|ve** ([grafische Darstellung der] Beziehung zwischen Lernvorgang und Ergebnis)
die **Lern|platt|form** (im Internet)
das **Lern|pro|gramm** (Lernsoftware)
der **Lern|pro|zess**
die **Lern|soft|ware** [...sɔftwɛːɐ̯] (Computerprogramm, das bestimmte Lerninhalte vermittelt)

letz|te

Kleinschreibung: – das letzte Stündlein – die letzte Ruhestätte – der letzte *oder* Letzte Wille (Testament) – letzten Endes – jemandem die letzte Ehre erweisen – das letzte Mal; zum letzten Mal ↑Mal *Großschreibung der Nominalisierung und in namensähnlichen Fügungen:* – der Letzte, der gekommen ist; er ist der Letzte, den ich wählen würde; dies ist das Letzte, was ich tun würde – den Letzten beißen die Hunde; die Letzten werden die Ersten sein	– das ist das Letzte (das Schlimmste) – er hatte das bis ins Letzte (genau) ausgearbeitet – fürs Letzte (zuletzt) – bis zum Letzten (sehr) angespannt sein; bis zum Letzten (Äußersten) gehen – sein Letztes hergeben – der Letzte seines Stammes; der Letzte des Monats – die Letzte Ölung (Krankensalbung) – der Letzte *oder* letzte Wille (Testament)

L
ler

der **Lern|stoff**
die **Lern|stö|rung**
die **Lern|the|ra|pie**
das **Lern|ziel**
les|bar
die **Les|be** (*umgangssprachlich und Selbstbezeichnung für:* lesbische Frau); die Lesben
die **Les|bi|e|rin** (lesbische Frau); die Lesbierinnen
les|bisch; lesbische Liebe
die **Le|se** (Weinlese); die Lesen
das **Le|se|buch**
das **Le|se|ca|fé**
die **Le|se|för|de|rung**
le|sen; du liest; sie liest; du lasest, *seltener:* last; sie las; sie hat den Roman gelesen; lies das Buch!
le|sens|wert; ein lesenswertes Buch
der **Le|se|pa|te**
die **Le|se|pa|tin**
der **Le|ser;** des Lesers; die Leser
die **Le|se|rat|te** (*umgangssprachlich für:* leidenschaftlicher Leser, leidenschaftliche Leserin)
der **Le|ser|brief**
die **Le|se-Recht|schreib-Schwä|che** (Lernstörung beim Lesen oder Rechtschreiben von Wörtern; *Abkürzung:* LRS)
die **Le|se|rin;** die Leserinnen
le|ser|lich; eine leserliche Schrift
die **Le|se|schwä|che** (Lernstörung beim Lesen von Wörtern)
der **Le|se|wett|be|werb**
das **Le|se|zei|chen**
die **Le|sung**
die **Le|thar|gie** (Trägheit)
le|thar|gisch
der **Let|te** (Einwohner von Lettland); des/dem/den Letten; die Letten
die **Let|ter** (Druckbuchstabe); die Lettern
die **Let|tin** (Einwohnerin von Lettland); die Lettinnen
let|tisch
Lett|land (nordosteuropäische Republik)
die **Letzt;** *nur in:* zu guter Letzt
letz|te *siehe Kasten*
letzt|end|lich (schließlich)
letz|tens (kürzlich)
letzt|lich (schließlich, endlich)
letzt|ma|lig; die letztmalige Bitte
letzt|mals; er gewann letztmals vor drei Jahren
die **Leucht|di|o|de**
die **Leuch|te**
leuch|ten; das Feuer leuchtete; es hat geleuchtet; leuchte mit der Taschenlampe!
leuch|tend; leuchtend blaue Augen; seine Augen waren leuchtend blau

der **Leuch|ter;** des Leuchters; die Leuchter

der **Leucht|turm**

leug|nen; du leugnest; er leugnete; er hat die Tat geleugnet; leugne deine Schuld nicht!

die **Leu|k|ä|mie** (*Medizin:* Blutkrebs)

der **Leu|mund** (Ruf); des Leumunds *oder* Leu|mun|des; einen guten Leumund haben

das **Leu|munds|zeug|nis**

die **Leu|te** *Plural*

der **Leut|nant** (ein Offiziersrang); des Leutnants; die Leutnants, *auch:* Leut|nan|te

leut|se|lig (gesprächig)

die **Leut|se|lig|keit**

der *oder* das **Le|vel** ['lɛvl̩] (Niveau, Schwierigkeitsstufe); des Levels; die Levels *oder* Level

le|xi|ka|lisch (das Lexikon betreffend)

das **Le|xi|kon** (alphabetisch geordnetes allgemeines Nachschlagewerk); des Lexikons; die Lexika *oder* Lexiken

lfd. = laufend

die **Li|a|ne** (eine Schlingpflanze); die Lianen

der **Li|ba|ne|se** (Einwohner des Libanons); des/dem/den Libanesen; die Libanesen

die **Li|ba|ne|sin;** die Libanesinnen

li|ba|ne|sisch

Li|ba|non *oder* der **Li|ba|non** (Staat im Vorderen Orient); die Bevölkerung Libanons *oder* des Libanon[s]

der **Li|ba|non** (Gebirge im Vorderen Orient); des Libanon *oder* Libanons

die **Li|bel|le** (ein Insekt; Teil der Wasserwaage); die Libellen

li|be|ral (vorurteilslos; freiheitlich; freisinnig); liberale Ideen

li|be|ra|li|sie|ren (von Einschränkungen und Verboten befreien); du liberalisierst; er liberalisierte; das Parlament hat den Strafvollzug liberalisiert

die **Liberalisierung** (Befreiung von einschränkenden Vorschriften)

der **Li|be|ra|lis|mus** (Weltanschauung, die die freie Entfaltung des Menschen fordert); des Liberalismus

die **Li|be|ra|li|tät** (Freiheitlichkeit)

Li|be|ria (Staat in Westafrika)

der **Li|be|ri|a|ner;** des Liberianers; die Liberianer

die **Li|be|ri|a|ne|rin;** die Liberianerinnen

li|be|ri|a|nisch

der **Li|be|ro** (freier Verteidiger, freie Verteidigerin beim Fußball); des Libero *oder* Liberos; die Liberos; sie spielt [als] Libero

Li|by|en (Staat in Nordafrika)

der **Li|by|er;** des Libyers; die Libyer

die **Li|by|e|rin;** die Libyerinnen

li|bysch

licht; lich|ter; am lich|tes|ten; es wird licht (hell); am lichten Tag (bei Tageslicht); ein lichter (dünn bewachsener) Wald; lichte Weite (der Abstand von Wand zu Wand, z. B. bei einer Röhre)

das **Licht;** des Lichts *oder* Lich|tes; die Lich|ter; Licht machen; er hat Licht gemacht

das **Licht|bild**

der **Licht|blick**

licht|durch|läs|sig

licht|emp|find|lich; lichtempfindliche Augen

lich|ten (ausdünnen); sie lichtete; sie hat die Hecke gelichtet; sich lichten; seine Haare haben sich gelichtet

der **Lich|ter|glanz**

lich|ter|loh; lichterloh brennen

die **Licht|ge|schwin|dig|keit**

die **Licht|hu|pe**

das **Licht|jahr** (astronomische Längeneinheit)

Licht|mess (ein katholisches Fest); Mariä Lichtmess

die **Licht|quel|le**

die **Licht|schran|ke**

der **Licht|schutz|fak|tor** (beim Sonnenöl)

der **Licht|strahl**

die **Lich|tung**

die **Licht|ver|hält|nis|se**

das **Lid** (Augenlid); des Lids *oder* Li|des; die Li|der

! Nicht verwechseln: Obwohl beide Wörter gleich ausgesprochen werden, schreibt man das *Lid* über dem Auge mit einfachem *i*, das *Lied*, das man singen kann, hingegen mit *ie*.

der **Lid|schat|ten**
der **Lid|schlag**

lieb

Kleinschreibung:

- lieber Besuch
- der liebe Gott
- es ist mir am liebsten (sehr lieb)

Großschreibung der Nominalisierung und in Namen:

- es ist mir das Liebste (sehr lieb)
- mein Lieber; meine Liebe; mein Liebes
- die Kirche Zu Unserer Lieben Frau[en]

Schreibung in Verbindung mit Verben:

- lieb sein
- sich bei jemandem lieb Kind machen
- lieb haben *oder* liebhaben; ich habe ihn sehr lieb gehabt *oder* liebgehabt
- sie wird ihn immer lieb behalten *oder* liebbehalten

Vergleiche auch: liebäugeln; liebkosen

lieb|äu|geln; sie hat mit diesem Plan geliebäugelt
lieb|be|hal|ten ↑lieb
die **Lie|be;** Lieb und Lust; mir zuliebe; etwas jemandem zuliebe tun
lie|ben; du liebst; sie liebte ihn; sie hat ihn geliebt; liebe deinen Nächsten!
lie|bens|wert
lie|bens|wür|dig; ein liebenswürdiger Mensch
lie|ber; am liebs|ten
der **Lie|bes|brief**
die **Lie|bes|ge|schich|te**
der **Lie|bes|kum|mer**
die **Lie|bes|per|len** (zur Verzierung von Gebäck) *Plural*
lie|be|voll
lieb|ha|ben *vergleiche:* **lieb**
der **Lieb|ha|ber;** des Liebhabers; die Liebhaber
die **Lieb|ha|be|rei**
die **Lieb|ha|be|rin;** die Liebhaberinnen
lieb|ko|sen; du liebkost; sie liebkoste; sie hat liebkost *oder* geliebkost
lieb|lich; lieblicher Wein
der **Lieb|ling**
die **Lieb|lings|far|be**
lieb|los; eine lieblose Zusammenstellung
die **Lieb|lo|sig|keit**
das *oder* der **Lieb|stö|ckel** (eine Heil- und Gewürzpflanze); des Liebstöckels; die Liebstöckel
Liech|ten|stein ['lɪçtn̩ʃtai̯n] (europäisches Fürstentum)
der **Liech|ten|stei|ner;** des Liechtensteiners; die Liechtensteiner
die **Liech|ten|stei|ne|rin;** die Liechtensteinerinnen
liech|ten|stei|nisch
das **Lied** (Gesang; Gedicht); des Lieds *oder* Lie|des; die Lie|der; ↑ABER: Lid
das **Lie|der|buch**
lie|der|lich (nachlässig; unordentlich)
die **Lie|der|lich|keit**
der **Lie|fe|rant;** des/dem/den Lie|fe|ran|ten; die Lie|fe|ran|ten
lie|fer|bar; lieferbare Waren
der **Lie|fer|dienst**
lie|fern; ich liefere; du lieferst; er lieferte; er hat die Ware geliefert; liefere schnell!
der **Lie|fer|schein**
der **Lie|fer|ser|vice** (Lieferdienst)
die **Lie|fe|rung**
die **Lie|ge**
lie|gen; du liegst; sie liegt; sie lag; sie hat (*süddeutsch und österreichisch:* ist) im Bett gelegen; lieg *oder* liege nicht immer auf dem Sofa!; er blieb auf der Straße liegen; sie ist im Bett liegen geblieben; ABER: die Arbeit ist liegen geblieben *oder* liegengeblieben (sie wurde nicht erledigt); du sollst den Stein liegen lassen; sie ließ den Schlüssel liegen; sie hat den Schlüssel liegen lassen *oder* liegenlassen (vergessen); sie hat ihn links liegen lassen *oder* liegenlassen, *seltener:* liegen gelassen *oder* liegengelassen (sie hat ihn nicht beachtet)
lie|gen|blei|ben ↑liegen
lie|gen|las|sen ↑liegen
der **Lie|ge|stuhl**
der **Lie|ge|stütz** (gymnastische Übung); des Lie|ge|stüt|zes; die Lie|ge|stüt|ze
der **Life|hack** ['lai̯fhɛk] (einfacher, hilfreicher Alltagstipp); des Lifehacks; die Lifehacks

der **Life|style** ['laɪ̯fstaɪ̯l] (Lebensstil); des Lifestyle *oder* Lifestyles; die Lifestyles

der **Lift** (Fahrstuhl, Aufzug); des Lifts *oder* Lif|tes; die Lif|te *oder* Lifts

lif|ten (heben, stemmen); du liftest; er liftete; er hat die Kisten mit dem Gabelstapler geliftet

die **Li|ga** (Bund, Bündnis; eine Wettkampfklasse); die Ligen

light [laɪ̯t] (*Werbesprache:* weniger von etwas enthaltend); Wurst light; Bier light; Preise light

die **Light|show** ['laɪ̯tʃɔʊ̯] (Show mit besonderen Lichteffekten)

li|ie|ren (eine Verbindung, ein Liebesverhältnis eingehen); die beiden Firmen haben sich liiert; er ist jetzt mit ihr liiert

der **Like** [laɪ̯k] (*Jargon:* positive Bewertung [in einem sozialen Netzwerk]); des Likes; die Likes

li|ken ['laɪ̯...] ([in einem sozialen Netzwerk] positiv bewerten); du likst; sie likte; sie haben gelikt

der **Li|kör** (süßer Branntwein); des Likörs; die Li|kö|re

li|la; sie trug ein lila Kleid; ein lila gefärbter *oder* lilagefärbter Pullover; ↑beige, blau

das **Li|la** (ein fliederblauer Farbton); des Lilas; die Lila; die Farbe Lila; ein kräftiges Lila; Kleider in Lila

li|la|far|ben *oder* **li|la|far|big;** lilafarbene *oder* lilafarbige Blusen

die **Li|lie** (eine Blume)

Li|li|put (Land der Däumlinge in Jonathan Swifts Roman »Gullivers Reisen«)

der **Li|li|pu|ta|ner** (Bewohner von Liliput; *auch diskriminierend für:* kleinwüchsiger Mensch); des Liliputaners; die Liliputaner

Li|ma (Hauptstadt Perus)

der **Li|mes** (römischer Grenzwall); des Limes

das **Li|mit** (als Grenze festgelegter Wert, Betrag usw.); des Limits; die Limits *oder* Li|mi|te

li|mi|tie|ren (begrenzen); du limitierst; sie hat die Auflage auf 300 Exemplare limitiert

die **Li|mo|na|de**

die **Li|mou|si|ne** [limu'ziːnə] (ein Personenwagen mit festem Verdeck)

lind (mild); lin|der; am lin|des|ten; ein linder Sommerabend

die **Lin|de** (ein Laubbaum)

der **Lin|den|blü|ten|tee**

lin|dern; du linderst; sie linderte; sie hat den Schmerz gelindert; lindere ihre Schmerzen!

der **Lind|wurm** (Drache)

das **Li|ne|al;** des Lineals; die Li|ne|a|le

li|ne|ar (geradlinig); eine lineare Gleichung *(Mathematik)*

der **Line|dance** (Gruppentanz aus den USA)

die **Lin|gu|is|tik** (Sprachwissenschaft)

lin|gu|is|tisch

die **Li|nie;** Linie halten; die absteigende, aufsteigende Linie

> **!** Bei einer Reihe von Wörtern wird der lang gesprochene i-Laut ohne anschließendes -*e* oder Dehnungs-h geschrieben. Dazu gehört auch die erste Silbe des Worts *Linie*.

das **Li|ni|en|blatt**

der **Li|ni|en|flug**

li|ni|ie|ren *oder* **li|nie|ren** (mit Linien versehen; Linien ziehen); du liniierst *oder* linierst; sie liniierte *oder* linierte; sie hat liniiert *oder* liniert; liniier[e] *oder* linier[e] die Seiten!

link; die linke Hand; zur linken Hand; linker Hand (links); DIE LINKE *oder* Die Linke *oder* Die LINKE (eine politische Partei)

link (*umgangssprachlich für:* fragwürdig; hinterhältig); linke Geschäfte machen

der *oder* das **Link** (*EDV:* feste Kabelverbindung; *auch kurz für* ↑Hyperlink); des Links; die Links

die **Lin|ke;** zur Linken; in meiner Linken; er traf ihn beim Boxen mit einer Linken; die Linke (dem Sozialismus nahestehende Parteien) im Parlament

lin|ken (*umgangssprachlich für:* täuschen); linkst du mich etwa?; er linkte; er hat uns gelinkt

lin|kisch (unbeholfen); linkische Bewegungen

links; links von mir; links vom Eingang; links des Rheins; von links kommen; von links nach rechts; es gilt rechts vor links; etwas mit links (*umgangssprachlich für:* mühelos) machen; er weiß nicht, wo rechts und wo links ist; links außen spielen, stürmen; ↑ABER: Linksaußen; der [politisch] links stehende *oder* linksstehende Abgeordnete; links um! (militärisches Kommando); ↑ABER: linksum

der **Links|au|ßen** *(Sport);* des Linksaußen; die Linksaußen; [als] Linksaußen spielen; ABER: der Stürmer spielt links außen

links|bün|dig (an eine gedachte senkrechte linke Linie anschließend)

der **Links|hän|der;** des Linkshänders; die Linkshänder

die **Links|hän|de|rin;** die Linkshänderinnen

links|hän|dig; linkshändig schreiben

die **Links|hän|dig|keit**

links|he|r|um; [sich] linksherum drehen; ABER: [sich] nach links herumdrehen

die **Links|kur|ve**

die **Links|par|tei** *(Politik)*

links|ra|di|kal; linksradikale Organisationen

der **Links|ra|di|ka|le;** ein Linksradikaler; die Linksradikalen; zwei Linksradikale

die **Links|ra|di|ka|le;** eine Linksradikale

links|sei|tig

links|ste|hend ↑links

der **Links|ter|ro|ris|mus**

links|um; linksum machen; linksum kehrt! (militärisches Kommando)

der **Links|ver|kehr**

das **Lin|nen** (*veraltet für:* Leinen); des Linnens; die Linnen

das **Li|n|o|le|um** (ein Fußbodenbelag); des Linoleums

der **Li|n|ol|schnitt** (eine grafische Technik; Abzug in der Technik des Linolschnitts)

die **Lin|se**

lin|sen (*umgangssprachlich für:* schauen; scharf blicken); du linst; sie linste; sie hat um die Ecke gelinst

die **Lin|sen|sup|pe**

der *oder* das **Lip|gloss** (Kosmetikmittel, das den Lippen Glanz verleiht); des Lipgloss *oder* Lip|glos|ses; die Lipgloss *oder* Lip|glos|se

der **Li|piz|za|ner** (edles Warmblutpferd); des Lipizzaners; die Lipizzaner

die **Lip|pe**

das **Lip|pen|be|kennt|nis**

der **Lip|pen|blüt|ler**

der **Lip|pen|stift**

li|quid *oder* **li|qui|de** (flüssig; verfügbar); liquide Geldmittel

die **Li|qui|da|ti|on** ([Kosten]abrechnung; Tötung)

li|qui|die|ren (in Rechnung stellen; auflösen; beseitigen); du liquidierst; sie liquidierte; er hat den Betrag liquidiert

die **Li|qui|die|rung** (Beseitigung [einer Person])

lis|peln; du lispelst; sie lispelte; sie hat gelispelt; lisple *oder* lispele nicht!

Lis|sa|bon [*auch:* lɪsaˈbɔn] (Hauptstadt Portugals)

der **Lis|sa|bon|ner;** des Lissabonners; die Lissabonner

die **Lis|sa|bon|ne|rin;** die Lissabonnerinnen

die **List;** die Lis|ten

die **Lis|te;** die schwarze Liste (Zusammenstellung verdächtiger Personen)

lis|ten|reich

lis|tig; ein listiger Fuchs

die **Li|ta|nei** (Wechselgebet; eintöniges Gerede); die Litaneien

Li|tau|en [*auch:* ˈlɪtau̯ən] (nordosteuropäische Republik)

der **Li|tau|er;** des Litauers; die Litauer

die **Li|tau|e|rin;** die Litauerinnen

li|tau|isch

der, *auch:* das **Li|ter;** des Liters; die Liter; ein halber, *auch:* halbes Liter; ein viertel Liter *oder* Viertelliter [Wasser]

li|te|ra|risch (schriftstellerisch; das Schrifttum betreffend); literarische Texte

die **Li|te|ra|tur** (Schrifttum); die Li|te|ra|tu|ren

die **Li|te|ra|tur|ge|schich|te**

der **Li|te|ra|tur|no|bel|preis**

die **Li|te|ra|tur|wis|sen|schaft**

li|ter|wei|se

die **Lit|faß|säu|le** (Anschlagsäule)

! Die Regel, dass nach kurzem Vokal *ss* zu schreiben ist, darf man auf *Litfaßsäule* nicht anwenden. *Litfaß* war nämlich der Name ihres Erfinders, des Buchdruckers Ernst Litfaß, und Personenbezeichnungen sind von den allgemeinen Regeln der Rechtschreibung nicht betroffen.

die **Li|tho|gra|fie** *oder* **Li|tho|gra|phie** (Steindruck); die Li|tho|gra|fi|en *oder* Li|tho|gra|phi|en

die **Li|tur|gie** (Gottesdienstordnung)

li|tur|gisch; liturgische Texte

die **Lit|ze**

live [laɪ̯f] (direkt); etwas live senden, übertragen

der **Live|act** *oder* **Live Act** [ˈlaɪ̯fʔɛkt] (*Jargon:* [musikalischer] Auftritt, bei dem jemand persönlich singt, spielt usw.)

das *oder* der **Live|blog** (in Echtzeit geführtes Weblog)

die **Live|mu|sik** *oder* **Live-Mu|sik**

Li|ver|pool (englische Stadt)

die **Live|sen|dung** *oder* **Live-Sen|dung**

der **Live|stream** [ˈlaɪ̯fstriːm] (mittels Streaming übertragene Sendung); des Livestreams; die Livestreams

der **Live|ti|cker** (Kurznachrichten, die ständig aktualisiert werden); des Livetickers; die Liveticker

die **Li|v|ree** (uniformartige Dienerkleidung); die Li|v|re|en

li|v|riert (in Livree gekleidet); livriertes Personal

die **Li|zenz** (rechtswirksame Genehmigung zur Ausübung, Nutzung usw.); die Li|zen|zen

li|zen|zie|ren (Lizenz erteilen); du lizenzierst; er lizenzierte; er hat das Patent lizenziert

der **Li|zenz|spie|ler** *(Fußball)*

der **Lkw** *oder* **LKW** = Lastkraftwagen; des Lkw[s] *oder* LKW[s]; die Lkws, *selten:* Lkw *oder* die LKWs, *selten:* LKW

die **Lkw-Maut** *oder* **LKW-Maut**

das **Lob;** des Lobs *oder* Lo|bes; Lob spenden; ein Lob bekommen

die **Lob|by** (Interessenvertretung; Hotelhalle); die Lobbys

der **Lob|by|is|mus** (Beeinflussung [von Abgeordneten] durch Interessengruppen); des Lobbyismus

lo|ben; du lobst; sie lobte; sie hat ihn gelobt; lob *oder* lobe ihn öfter!; jemanden lobend erwähnen

lo|bens|wert

der **Lob|ge|sang**

löb|lich; löbliche Absichten

lob|prei|sen; du lobpreist; sie lobpreiste *oder* lobpries; sie hat Gott gelobpreist *oder* lobgepriesen; lobpreise den Herrn!

die **Lob|prei|sung**

der **Lo|cal|host** *oder* **Lo|cal Host** [ˈlɔʊ̯kl̩...] (*EDV:* Bezeichnung, mit der ein Computer in einem Netzwerk sich selbst adressiert); des Localhost[s] *oder* Local Host[s]; die Localhosts *oder* Local Hosts

das **Loch;** des Lochs *oder* Lo|ches; die Löcher

lo|chen; du lochst; sie lochte; sie hat die Kopien gelocht; loch *oder* loche die Blätter!

lö|che|rig; ein löcheriger *oder* löchriger Strumpf

lö|chern (hartnäckig fragen); du löcherst mich; er löcherte ihn; er hat ihn gelöchert; löchere ihn nicht länger!

löch|rig ↑löcherig

der **Lock|down** *oder* **Lock-down** [*auch:* ...ˈdaʊ̯n] (Ausgangssperre; Abriegelung); den Lockdown aufheben, beenden

die **Lo|cke**

lo|cken (lockig machen); du lockst; er hat sein Haar gelockt; locke dein Haar!

lo|cken (zur Annäherung bewegen); du lockst; sie lockte; sie hat den Hund gelockt; lock *oder* locke den Hund!; diese Aufgabe hat sie gelockt (gereizt)

lo|cker; locker sein, werden; die Zügel locker lassen; ↑ABER: lockerlassen; das Seil locker machen *oder* lockermachen; ↑ABER: lockermachen

lo|cker|las|sen (*umgangssprachlich für:* nachgeben); sie hat nicht lockergelassen

lo|cker|ma|chen (*umgangssprachlich für:* hergeben); Geld lockermachen; er hat eine Million dafür lockergemacht; ↑*auch:* locker

lo|ckern; du lockerst; sie lockerte; sie hat die Schrauben gelockert

die **Lo|cke|rung**

die **Lo|cke|rungs|übung**

lo|ckig; lockiges Haar

das **Lock|mit|tel**

der **Lock|vo|gel**

der **Lo|den** (ein Wollgewebe); des Lodens; die Loden

der **Lo|den|man|tel**

lo|dern (heftig brennen; hochschlagen); die Flamme lodert; sie loderte; sie hat gelodert

der **Löf|fel;** des Löffels; die Löffel
löf|feln; du löffelst; sie löffelte; sie hat die Suppe gelöffelt; löffle *oder* löffele deine Suppe!
der **Löf|fel|stiel**
löf|fel|wei|se
lo|g|a|rith|mie|ren (mit Logarithmen rechnen); du logarithmierst; sie hat logarithmiert
lo|g|a|rith|misch
der **Lo|g|a|rith|mus** (eine mathematische Größe; *Zeichen:* log); des Logarithmus; die Logarithmen
das **Log|buch** (Schiffstagebuch)
die **Lo|ge** [ˈloːʒə] (kleiner, abgeteilter Raum mit mehreren Sitzplätzen im Theater)
die **Log|gia** [ˈlɔdʒa, *auch:* ˈlɔdʒi̯a] (nach außen offener, überdeckter Raum am Haus); die Log|gi|en [ˈlɔdʒi̯ən], *auch:* Log|gien [ˈlɔdʒn̩]
lo|gie|ren [loˈʒiːrən] (wohnen); du logierst; sie logierte; sie hat im Bahnhofshotel logiert; logier *oder* logiere bitte bei uns!

die **Lo|gik** (die Denklehre; das folgerichtige Denken)
das, *auch:* der **Log-in** *oder* **Log|in** (*EDV:* das Einloggen); des Log-in[s] *oder* Login[s]; die Log-ins *oder* Logins
lo|gisch; logisches Denken; eine logische Schlussfolgerung
lo|gi|scher|wei|se
die **Lo|gis|tik** (mathematische Logik; militärisches Nachschubwesen)
lo|gis|tisch; ein logistisches Problem
lo|go (*umgangssprachlich für:* logisch); das ist doch logo
der *oder* das **Lo|go** (Firmenzeichen, Signet); des Logos; die Logos
die **Lo|go|pä|die** (Sprachheilkunde)
lo|go|pä|disch; in logopädischer Behandlung
die **Lo|he** (*gehoben veraltend für:* Glut, Flamme)
lo|hen; die Flamme loht; die Flamme lohte; die Flamme hat geloht
der **Lohn;** des Lohns *oder* Loh|nes; die Löh|ne
loh|nen; es lohnt; es lohnte; es hat den Einsatz gelohnt; es lohnt die Mühe nicht *oder* es lohnt der Mühe nicht; sich lohnen; die Fahrt hat sich gelohnt
löh|nen (Lohn auszahlen; *umgangssprachlich auch für:* bezahlen); du löhnst; sie löhnte; was hast du dafür gelöhnt?; löhn *oder* löhne ihn!
loh|nend; eine lohnende Aufgabe
loh|nens|wert
die **Lohn|steu|er**
die **Löh|nung**
die **Lohn|un|ter|gren|ze**
die **Loi|pe** (Skilanglaufspur); die Loipen
die **Lok** (*kurz für:* Lokomotive); die Loks
lo|kal (örtlich); eine lokale Betäubung
das **Lo|kal** (Gastwirtschaft); des Lokals *oder* Lo|ka|les; die Lo|ka|le
das **Lo|kal|der|by** [...dɛrbi, ...dœːɐ̯bi] (*Sport:* Spiel zwischen Mannschaften aus derselben Region)
die **Lo|kal|po|li|tik**
die **Lo|kal|zei|tung**
der **Lok|füh|rer** (*kurz für:* Lokomotivführer)
die **Lok|füh|re|rin** (*kurz für:* Lokomotivführerin)
die **Lo|ko|mo|ti|ve**
der **Lo|ko|mo|tiv|füh|rer**
die **Lo|ko|mo|tiv|füh|re|rin;** die Lokomotivführerinnen
lol = laughing out loud (laut herauslachend)
Lon|don (Hauptstadt Großbritanniens)
der **Lon|do|ner;** des Londoners; die Londoner
die **Lon|do|ne|rin;** die Londonerinnen
das **Long|board** [...bɔːɐ̯t] (längeres Skateboard oder Surfbrett)
die **Lon|ge** [ˈlõːʒə] (*Reiten:* Laufleine für Pferde; *Akrobatik:* Sicherheitsleine); die Longen
der **Long|sel|ler** (Buch o. Ä., das über einen langen Zeitraum gut verkauft wird); des Longsellers; die Longseller
der **Look** [lʊk] (bestimmtes Aussehen; Moderichtung); des Looks; die Looks
der **Loop** [luːp] (*Musik:* wiederholte elektronische Klangfolge); des Loop[s]; die Loops
der, *auch:* das **Loo|ping** [ˈluːpɪŋ] (senkrechte Schleife beim Kunstflug); des Loopings; die Loopings
der **Lor|beer** (ein Baum; ein Gewürz); des Lorbeers; die Lor|bee|ren
der **Lor|beer|baum**
das **Lor|beer|blatt**

der **Lord** (ein hoher englischer Adelstitel); des Lords; die Lords

die **Lo|re** (offener Güterwagen)

die **Lo|re|ley** *oder* **Lo|re|lei** [*auch:* ˈloːrəlaɪ̯] (Rheinnixe; Felsen am rechten Rheinufer)

los; los sein; die Schraube wird los sein; ↑lose; er will die Sorgen endlich los sein; sie möchte ihre Probleme endlich los haben *oder* loshaben; ↑ABER: losbinden, losfahren usw.

das **Los;** des Lo|ses; die Lo|se; das große Los ziehen

lös|bar; lösbare Probleme

die **Lös|bar|keit**

los|bin|den; sie bindet los; sie band los; sie hat den Hund losgebunden

das **Lösch|blatt**

lö|schen; du löschst; sie löschte; sie hat das Feuer gelöscht; lösch *oder* lösche den Brand!

das **Lösch|pa|pier**

lo|se; das lose (einzelne) Blatt; ABER: die Loseblattsammlung; lose (nicht verpackte) Waren; der Knopf ist lose (locker); sein loses (freches) Mundwerk

das **Lö|se|geld**

lo|sen (das Los ziehen); du lost; du lostest; wir haben gelost

lö|sen; du löst; sie löste; sie hat das Rätsel gelöst; lös *oder* löse das Rätsel!

der **Lo|ser** [ˈluːzɐ] (*umgangssprachlich für:* Versager, Versagerin); des Losers; die Loser

los|fah|ren; sie fuhr los; sie ist losgefahren

los|ge|hen; der Streit ging los; der Streit ist gerade losgegangen

los|ha|ben ↑los

los|la|chen; wir lachten los; wir haben laut losgelacht

los|las|sen; sie lässt los; sie ließ los; sie hat den Hund von der Kette losgelassen; lass *oder* lasse los!

lös|lich; löslicher Kaffee

los|ma|chen; sie machte das Brett los; sie hat das Brett losgemacht; mach *oder* mache los!

die **Los|num|mer**

los|rei|ßen; du reißt los; sie riss los; der Sturm hat einige Dachziegel losgerissen; sich losreißen; sie hat sich mit Gewalt losgerissen

der **Löss** *oder* **Löß** (*Geologie:* kalkhaltige Ablagerung); des Lös|ses *oder* Lö|ßes; die Lös|se *oder* Lö|ße

los|schrei|en; du schreist los; er schrie los; sie hat losgeschrien

die **Löss|schicht** *oder* **Löss-Schicht** *oder* **Löß|schicht**

die **Lo|sung** (Wahlspruch; Erkennungswort)

die **Lö|sung**

der **Lö|sungs|an|satz**

die **Lö|sungs|men|ge** *(Mathematik)*

der **Lö|sungs|weg**

los|wer|den; sie wurde ihn schnell los; sie ist das Gefühl nicht mehr losgeworden

los|zie|hen; er zog los; wir sind noch am Abend losgezogen

das **Lot** (Senkblei; eine alte Gewichtseinheit); des Lots *oder* Lo|tes; die Lo|te; ABER: 3 Lot Kaffee

lo|ten (die senkrechte Lage bestimmen; die Wassertiefe bestimmen); du lotest; sie lotete; sie hat gelotet; lote die Tiefe!

lö|ten; du lötest; sie lötete; sie hat das Rohr gelötet; löte den Kessel!

die **Lo|ti|on** [*auch:* ˈloʊ̯ʃn̩] (milchige Flüssigkeit zur Hautreinigung und -pflege); die Lo|ti|o|nen, *auch (bei englischer Aussprache):* Lotions

der **Löt|kol|ben**

die **Löt|lam|pe**

der **Lo|tos,** *auch:* **Lo|tus** (eine Seerose); des Lotos, *auch:* Lotus; die Lotos, *auch:* Lotus

die **Lo|tos|blu|me**

lot|recht (senkrecht)

der **Lot|se;** des/dem/den Lotsen; die Lotsen

lot|sen; ich lotse; du lotst; sie lotste; sie hat das Schiff durch die Klippen gelotst; lots *oder* lotse ihn aus der Stadt!

die **Lot|sin;** die Lotsinnen

die **Lot|te|rie;** die Lot|te|ri|en

das **Lot|to** (Zahlenlotterie); des Lottos; die Lottos

der **Lo|tus** ↑Lotos

die **Lounge** [laʊ̯ndʒ] (Aufenthaltsraum; Hotelhalle; Bar); der Lounge; die Lounges [ˈlaʊ̯ndʒɪs]

die **Love|pa|rade®** *oder* **Love-Pa|rade** [ˈlav-

A B C D E F G H I J K **L** lov M N O P Q R S T U V W X Y Z

pərɛɪ̯d] *(früher für:* Umzug der Raver/-innen *[Markenbezeichnung]);* die Loveparades *oder* Love-Parades
der **Lo|ver** ['lavɐ] (Freund; Liebespartner); des Lovers; die Lover
die **Lo|ve|rin;** die Loverinnen
die **Love|sto|ry** ['lafstɔ(:)ri] (Liebesgeschichte)
der **Lö|we;** des/dem/den Löwen; die Löwen
der **Lö|wen|an|teil** (Hauptanteil)
der **Lö|wen|zahn** (eine Wiesenblume)
die **Lö|win;** die Löwinnen
lo|y|al [lo̯a'ja:l] (treu, redlich)
die **Lo|ya|li|tät**
die **LP** = Langspielplatte
die **LPG** = landwirtschaftliche Produktionsgenossenschaft *(DDR)*
die **LRS** [ɛlɛr'ʔɛs] = Lese-Rechtschreib-Schwäche; der LRS
LTE [ɛlte:'ʔe:] = long term evolution ‹englisch› (ein Mobilfunkstandard)
der **Luchs** (ein Raubtier); des Luch|ses; die Luch|se
die **Lü|cke**
der **Lü|cken|bü|ßer** *(umgangssprachlich für:* Ersatzmann); des Lückenbüßers; die Lückenbüßer
lü|cken|haft; lü|cken|haf|ter; am lü|cken|haf|tes|ten; ein lückenhaftes Gebiss
lü|cken|los; lü|cken|lo|ser; am lü|cken|lo|ses|ten
das **Lu|der** (Schimpfwort); des Luders; die Luder
die **Luft;** die Lüf|te
der **Luft|an|griff** *(Militär)*
der **Luft|bal|lon**
luft|dicht; eine luftdichte Verpackung
der **Luft|druck**
luft|durch|läs|sig; luftdurchlässige Stoffe
lüf|ten; du lüftest; sie lüftete; sie hat das Zimmer gelüftet; lüfte ein wenig!
die **Luft|fahrt**
die **Luft|feuch|tig|keit**
luft|ge|kühlt; luftgekühlte Motoren
die **Luft|hül|le** (der Erde)
luf|tig; in luftiger Höhe
luft|leer; ein luftleerer Raum
die **Luft|li|nie**
die **Luft|post**
die **Luft|pum|pe**
der **Luft|raum**
die **Luft|ret|tung**
die **Luft|röh|re**
die **Luft|schiff|fahrt** *oder* **Luft|schiff-Fahrt**
die **Luft|schlan|ge**
die **Luft|streit|kräf|te** *Plural*
die **Luft|ver|schmut|zung**
die **Luft|waf|fe**
der **Lug** (Lüge); des Lugs *oder* Lu|ges; [mit] Lug und Trug
die **Lü|ge;** sie hat ihn Lügen gestraft (der Unwahrheit überführt)
lu|gen (spähen); du lugst; sie lugte; sie hat um die Ecke gelugt
lü|gen; du lügst; sie lügt; sie log; sie hat gelogen; lüge nicht!
der **Lü|gen|de|tek|tor** (Gerät, mit dem Körperreaktionen eines Befragten messbar sind); des Lügendetektors; die Lü|gen|de|tek|to|ren
die **Lü|gen|pres|se** *(abwertendes Schlagwort für:* Medien, deren Berichterstattung für tendenziös und manipulativ gehalten wird)
der **Lüg|ner;** des Lügners; die Lügner
die **Lüg|ne|rin;** die Lügnerinnen
lüg|ne|risch
die **Lu|ke** (kleines Fenster; Öffnung)
lu|k|ra|tiv (gewinnbringend); lukrative Geschäfte
der **Lu|latsch** *(umgangssprachlich für:* langer, schlaksiger Mann); des Lulatschs *oder* Lu|lat|sches; die Lu|lat|sche
der **Lüm|mel;** des Lümmels; die Lümmel
sich **lüm|meln** *(umgangssprachlich);* du lümmelst dich; sie hat sich gelümmelt; lümmle *oder* lümmele dich nicht aufs Sofa!
der **Lump** *(abwertend für:* betrügerische, gewissenlose Person); des/dem/den Lum|pen; die Lum|pen
der **Lum|pen** (Lappen); des Lumpens; die Lumpen
die **Lum|pe|rei**
lum|pig *(abwertend für:* niederträchtig); ein lumpiger Dieb
der **Lunch** [lantʃ] (leichte Mittagsmahlzeit); des Lunch *oder* Lunchs *oder* Lun|ches; die Lun|che *oder* Lunchs *oder* Lun|ches
das **Lunch|pa|ket**
die **Lun|ge;** die grüne *oder* Grüne Lunge (Grünfläche, Park in einer Stadt); die

eiserne Lunge (Gerät zur künstlichen Beatmung)
die **Lun|gen|ent|zün|dung**
lun|gen|krank
der **Lun|gen|krebs**
lun|gern ↑herumlungern
die **Lun|te** (Zündschnur)
die **Lu|pe** (Vergrößerungsglas)
lu|pen|rein; lupenreine Diamanten
lüp|fen, *süddeutsch und österreichisch auch:* **lup|fen** (anheben); du lüpfst, *auch:* lupfst; sie lüpfte, *auch:* lupfte; sie hat den Deckel gelüpft, *auch:* gelupft
die **Lu|pi|ne** (eine Futter- und Zierpflanze)
der **Lurch** (Amphibie); des Lurchs *oder* Lurches; die Lur|che
die **Lust;** die Lüs|te; Lust [auf etwas] haben
der **Lüs|ter** (Kronleuchter); des Lüsters; die Lüster
die **Lüs|ter|klem|me** (Verbindungsstück für elektrische Leitungen)
lüs|tern (*gehoben für:* gierig); er hat lüsterne Augen; er ist lüstern
lus|tig; du sollst dich nicht über mich lustig machen!
lust|los; lust|lo|ser; am lust|lo|ses|ten
die **Lust|lo|sig|keit**
das **Lust|spiel** (Komödie)
Lu|ther (deutscher Reformator)
lu|the|risch; die lutherische Kirche; die lutherische Bibelübersetzung
lu|thersch; die luthersche *oder* Luther'sche Bibelübersetzung
lut|schen; du lutschst; sie lutschte; sie hat gelutscht; lutsch *oder* lutsche nicht am Daumen!
der **Lut|scher;** des Lutschers; die Lutscher
die **Luv** (die dem Wind zugewandte Seite; *Gegensatz:* Lee)
das **Lux** (Einheit der Beleuchtungsstärke); des Lux; die Lux
Lu|xem|burg (europäischer Staat; Hauptstadt dieses Staates)
der **Lu|xem|bur|ger;** des Luxemburgers; die Luxemburger
die **Lu|xem|bur|ge|rin;** die Luxemburgerinnen
lu|xem|bur|gisch
lu|xu|ri|ös (prunkvoll; verschwenderisch); lu|xu|ri|ö|ser; am lu|xu|ri|ö|ses|ten
der **Lu|xus;** des Luxus
die **Lu|xus|gü|ter** *Plural*
die **Lu|zer|ne** (eine Futterpflanze)
Lu|zi|fer (Name des Satans)
die **Lym|phe** (*Medizin:* weißliche Körperflüssigkeit); der Lymphe; die Lymphen
der **Lymph|kno|ten**
lyn|chen (jemanden [für eine als Unrecht empfundene Tat] ohne Gerichtsurteil töten); du lynchst; sie lynchten; die rasende Menge hat ihn gelyncht
die **Lynch|jus|tiz**
die **Ly|rik** (Gefühls- und Gedankendichtung in Versen)
der **Ly|ri|ker** (jemand, der Lyrik schreibt); des Lyrikers; die Lyriker
die **Ly|ri|ke|rin;** die Lyrikerinnen
ly|risch; das lyrische Werk
das **Ly|ze|um** (*veraltet für:* höhere Mädchenschule); des Lyzeums; die Ly|ze|en

M

m = Meter; Milli...; männlich
M = medium (Kleidergröße: mittel)
das **M** (Buchstabe); des M; die M; ABER: das m in Wimpel
MA. = Mittelalter
M. A. = Magister Artium; Magistra Artium (akademischer Grad)
der **Mä|an|der** (geschlängelter Flusslauf; bandförmiges Ornament); des Mäanders; die Mäander
das **Maar** (eine kraterförmige Vertiefung); des Maars *oder* Maa|res; die Maa|re
der **Maat** (Schiffsunteroffizier); des Maats *oder* Maa|tes; die Maa|te *oder* Maa|ten
mach|bar; technisch machbar sein
die **Ma|che** (*umgangssprachlich für:* Schein, Vortäuschung); das ist doch nur Mache!
ma|chen; du machst; sie machte; sie hat eine Reise gemacht; mach *oder* mache schnell!
die **Ma|chen|schaft** *meist Plural*
die **Ma|chen|schaf|ten** *Plural*
der **Ma|cher** (Person, die etwas zustande bringt; durchsetzungsfähiger Mensch)
der **Ma|cho** [ˈmatʃo] (sich übertrieben

männlich verhaltender Mann); des Machos; die Machos

die **Macht;** alles in unserer Macht Stehende

macht|be|ses|sen; ein machtbesessener Politiker

macht|be|wusst; eine machtbewusste Politikerin

die **Macht|er|grei|fung**

macht|gie|rig

der **Macht|ha|ber;** des Machthabers; die Machthaber

die **Macht|ha|be|rin;** die Machthaberinnen

mäch|tig

der **Macht|kampf** *(besonders Politik)*

macht|los

die **Macht|pro|be**

die **Macht|über|nah|me**

macht|voll

der **Macht|wech|sel**

das **Macht|wort;** ein Machtwort sprechen

das **Mach|werk** *(abwertend für:* schlecht gemachtes Werk)

die **Ma|cke** *(umgangssprachlich für:* Beschädigung; Tick); eine Macke haben

Ma|da|gas|kar (Insel östlich von Afrika)

der **Ma|da|gas|se** (Bewohner von Madagaskar); des/dem/den Madagassen; die Madagassen

die **Ma|da|gas|sin;** die Madagassinnen

ma|da|gas|sisch

die **Ma|dame** [maˈdam] (französische Anrede für eine Frau); der Madame; die Mesdames [meˈdam] *(meist ohne Artikel)*

das **Mäd|chen;** des Mädchens; die Mädchen

mäd|chen|haft

die **Mäd|chen|schu|le**

der **Mäd|chen|schwarm** (von [vielen] Mädchen verehrter Junge)

die **Ma|de** (Insektenlarve)

made in Ger|ma|ny [ˈmɛɪ̯d ɪn ˈdʒəːməni] (= hergestellt in Deutschland; ein Warenstempel)

das **Mä|del;** des Mädels; die Mädel

ma|dig|ma|chen; sie hat ihn madiggemacht *(umgangssprachlich für:* sie hat ihn schlechtgemacht)

die **Ma|don|na;** die Madonnen

Ma|d|rid (Hauptstadt Spaniens)

die **Ma|fia** (erpresserische Geheimorganisation [in Sizilien]); der Mafia; die Ma|fi|as

die **Ma|fia|me|tho|den** *Plural*

das **Ma|ga|zin;** des Magazins; die Ma|ga|zi|ne

die **Magd;** die Mäg|de

Mag|de|burg (Hauptstadt von Sachsen-Anhalt)

der **Ma|gen;** des Magens; die Mägen *oder* Magen

das *oder* der **Ma|gen-Darm-Vi|rus**

ma|gen|krank; er ist magenkrank; ABER: er ist am Magen krank

die **Ma|gen|schleim|haut**

ma|ger

die **Ma|ger|keit**

die **Ma|ger|sucht**

die **Ma|gie** (Zauberkunst)

der **Ma|gi|er** (Zauberer)

die **Ma|gi|e|rin**

ma|gisch

der **Ma|gis|t|rat** (die Stadtverwaltung); des Magistrats; die Ma|gis|t|ra|te

das **Mag|ma** (flüssiges Gestein aus dem Erdinnern); des Magmas; die Magmen

das **Ma|g|ne|si|um** (chemisches Element, Leichtmetall; *Zeichen:* Mg); des Magnesiums

der **Ma|g|net;** des Magnets *oder* Ma|g|ne|tes *oder* Ma|g|ne|ten; die Ma|g|ne|te *oder* Ma|g|ne|ten

das **Ma|g|net|feld**

ma|g|ne|tisch; magnetischer Pol

die **Ma|g|net|na|del**

die **Ma|g|net|schwe|be|bahn** (ein Schnellzug)

das **Ma|ha|go|ni** (ein Edelholz); des Mahagonis

die **Mahd** (das Mähen; Abgemähtes); die Mah|den

der **Mäh|dre|scher;** des Mähdreschers; die Mähdrescher

das **Mahl;** die Mäh|ler *oder* Mah|le

! Nicht verwechseln: Obwohl die Wörter gleich ausgesprochen werden, schreibt man *Mahl* (den gehobenen Ausdruck für »Essen« oder »Speise«) und *mahlen* (= in einer Mühle fein zerkleinern) mit Dehnungs-h, während *Mal* (mit der Bedeutung »Zeitpunkt« oder »Hautfleck«) und *malen* (= mit Pinsel und Farbe herstellen; zeichnen) ohne *h* geschrieben werden.

mah|len; ich mahle; du mahlst; sie mahlte; sie hat gemahlen; mahl *oder* mahle den Kaffee!

die **Mahl|zeit;** gesegnete Mahlzeit!

die **Mäh|ma|schi|ne**

die **Mäh|ne**

mah|nen; du mahnst; sie mahnte; sie hat ihn gemahnt; mahn *oder* mahne (erinnere) ihn an sein Versprechen!

das **Mahn|mal;** des Mahnmals *oder* Mahnmal|es; die Mahn|mal|e

die **Mah|nung**

die **Mäh|re** ([altes, abgemagertes] Pferd)

der **Mäh|ro|bo|ter** (selbsttätiger akkubetriebener Rasenmäher)

der **Mai;** des Mai *oder* Mais *oder* Mai|es; die Maie; der Erste Mai (Feiertag)

die **Maid** (*dichterisch für:* Mädchen); die Mai|den

das **Mai|feu|er**

das **Mai|glöck|chen**

der **Mai|kä|fer**

die, *auch:* das **Mail** [meɪ̯l] (*kurz für:* E-Mail)

Mai|land (Stadt in Italien)

die **Mail|box** [ˈmeɪ̯lbɔks] (*EDV:* elektronischer Briefkasten für den Austausch von Nachrichten in Computersystemen)

mai|len [ˈmeɪ̯lən] (als E-Mail senden); du mailst; sie mailte; sie hat gemailt; maile ihm doch die Liste!

das **Mai|ling** [ˈmeɪ̯lɪŋ] (das Versenden von Werbematerial durch die Post); des Mailings; die Mailings

das **Mail|pro|gramm**

der **Main** (deutscher Fluss); des Mains

Mainz (Hauptstadt von Rheinland-Pfalz)

der **Mais** (eine Getreidepflanze); des Maises

die **Mai|sche** (Mischung bei der Bierherstellung)

der **Mais|kol|ben**

das **Mais|la|by|rinth** (*umgangssprachlich*)

die **Ma|jes|tät** (Herrlichkeit; Erhabenheit); Seine, Ihre, Euer *oder* Eure Majestät

ma|jes|tä|tisch

der **Ma|jor** (ein Offiziersrang); des Majors; die Ma|jo|re

der **Ma|jo|ran** [*selten* majoˈraːn] (eine Gewürzpflanze); des Majorans

die **Ma|jo|rin;** die Majorinnen

die **Ma|jo|ri|tät** (Mehrheit)

ma|ka|ber (grausig und düster; mit dem Schrecklichen spaßend); ma|ka|be|rer *oder* ma|ka|b|rer; am ma|ka|bers|ten; makab[e]re Scherze

der **Ma|kel** (Fehler, Schande); des Makels; die Makel

ma|kel|los

mä|keln (nörgeln); ich mäk[e]le; du mäkelst; er mäkelte; er hat gemäkelt; mäkle *oder* mäkele nicht!

das **Make-up** [ˈmeɪ̯kʔap] (kosmetische Verschönerung; kosmetisches Mittel); des Make-ups; die Make-ups

die **Mak|ka|ro|ni** (eine Nudelsorte) *Plural*

der **Mak|ler** (Vermittler von Geschäften); des Maklers; die Makler

die **Mak|ler|ge|bühr**

die **Mak|le|rin;** die Maklerinnen

die **Ma|k|re|le** (ein Seefisch)

die **Ma|k|ro|ne** (ein Gebäck)

mal; acht mal zwei (*in Ziffern:* 8 mal 2, 8 × 2, 8 · 2); acht mal zwei ist, macht, gibt sechzehn; wenn das mal gut geht!; das ist nun mal so; öfter mal was Neues; sag das noch mal *oder* nochmal!

Mal *siehe Kasten Seite 330*

das **Mal** (Fleck auf der Haut); des Mals *oder* Ma|les; die Ma|le *oder* Mä|ler; ↑ABER: Mahl

die **Ma|la|ria** (Sumpffieber)

Ma|la|wi (Staat in Afrika)

Ma|lay|sia (Staatenbund in Südostasien)

der **Ma|lay|si|er;** des Malaysiers; die Malaysier

die **Ma|lay|si|e|rin;** die Malaysierinnen

ma|lay|sisch

die **Ma|le|di|ven** (Inselstaat im Indischen Ozean) *Plural*

der **Ma|le|di|ver;** des Maledivers; die Malediver

die **Ma|le|di|ve|rin;** die Malediverinnen

ma|le|di|visch

ma|len; ich male; du malst; sie malte; sie hat gemalt; mal *oder* male ihr doch ein Bild!; ↑ABER: mahlen

der **Ma|ler;** des Malers; die Maler

die **Ma|le|rei**

die **Ma|le|rin;** die Malerinnen

ma|le|risch; malerische (herrliche) Seen

das **Mal|heur** [maˈløːɐ̯] (*umgangssprachlich*

A B C D E F G H I J K L M mal N O P Q R S T U V W X Y Z

Mal

des Mals *oder* Ma|les; die Ma|le

Ist »Mal« ein Nomen, schreibt man es groß und vom vorangehenden Wort getrennt:

- das erste, zweite, dritte Mal
- das einzige, letzte, nächste Mal; ein einziges, letztes, nächstes Mal
- dieses, voriges, nächstes, manches Mal, jedes Mal
- beim *oder* zum ersten, zweiten, nächsten, letzten, soundsovielten, x-ten Mal[e]
- mit einem Mal[e]
- die nächsten Male
- alle, einige, etliche, mehrere, unzählige, viele, wie viele Male
- ein Dutzend Mal; Millionen Mal
- diese paar Mal[e]; ein paar Dutzend *oder* dutzend Mal; eine Million Mal[e]
- ein für alle Male; ein Mal über das andere [Mal]; ein ums and[e]re Mal; von Mal zu Mal

Zusammenschreibung als Adverb:

- allemal, diesmal, einmal, hundertmal, keinmal, manchmal
- auf einmal; zweimal (*mit Ziffer:* 2-mal); drei- bis viermal (*mit Ziffern:* 3- bis 4-mal *oder* 3–4-mal)
- ein andermal, ein für allemal
- noch einmal, noch einmal so viel
- x-mal

Getrennt- oder Zusammenschreibung:

- einmal *(aber:* ein Mal; *hier sind beide Wörter betont);* fünfundsiebzigmal *(aber:* fünfundsiebzig Mal; *beide Wörter betont)*
- ein paarmal (*oder bei besonderer Betonung:* ein paar Mal); sovielmal (*oder* so viel Mal); vieltausendmal (*oder* vieltausend Mal); wievielmal (*oder* wie viel Mal)

für: Missgeschick, Pech); des Malheurs; die Mal|heu|re *oder* Malheurs

Ma|li (Staat in Afrika)

der **Ma|li|er;** des Maliers; die Malier

die **Ma|li|e|rin;** die Malierinnen

ma|lisch

Mal|lor|ca [maˈjɔrka] (Insel im Mittelmeer)

der **Mal|lor|qui|ner** [malɔrˈkiːnɐ, *auch:* majɔrˈkiːnɐ]; des Mallorquiners; die Mallorquiner

die **Mal|lor|qui|ne|rin;** die Mallorquinerinnen

mal|lor|qui|nisch

mal|neh|men; du nimmst mal; sie nahm mal; sie hat 3 mit 6 malgenommen, malzunehmen

Malheur

! Viele Fremdwörter werden anders geschrieben, als sie gesprochen werden. Dazu gehört auch die aus dem Französischen übernommene Bezeichnung »Malheur«, deren Aussprache *malör* lautet.

Mal|ta (Insel und Staat im Mittelmeer)

der **Mal|te|ser** (Bewohner von Malta); des Maltesers; die Malteser

die **Mal|te|se|rin;** die Malteserinnen

mal|te|sisch

die **Mal|ve** (eine Zier-, Heilpflanze)

das **Malz;** des Mal|zes

das **Malz|bier**

das **Mal|zei|chen** (Multiplikationszeichen)

der **Malz|kaf|fee**

die **Ma|ma;** die Mamas

die **Mam|ba** (eine Giftschlange); die Mambas

der **Mam|mon** (*abwertend für:* Reichtum; Geld); des Mammons

das **Mam|mut** (ausgestorbene Elefantenart); des Mammuts; die Mam|mu|te *oder* Mammuts

der **Mam|mut|baum**

das **Mam|mut|pro|gramm**

man; man kann nie wissen

das **Ma|nage|ment** [ˈmɛnɪtʃmənt] (Leitung eines Unternehmens); des Managements; die Managements

ma|na|gen [ˈmɛnɪdʒn̩] (*umgangssprachlich für:* leiten, zustande bringen, organisieren); du managst; sie managt; er managte; ihr habt das gut gemanagt; manage das Schulfest!

der **Ma|na|ger** [ˈmɛnɪdʒɐ] (Leiter eines Unternehmens; Betreuer eines Künstlers oder Berufssportlers); des Managers; die Manager

die **Ma|na|ge|rin;** die Managerinnen

Ma|na|gua (Hauptstadt Nicaraguas)

manch; mancher, manche, manches; manche sagen; so mancher, so manches; manch einer; mancher Tag; mancher Art; manche Stunde; manch guter *oder* mancher gute Vorsatz; mit manch gutem *oder* manchem guten Vorsatz; manch böses *oder* manches böse Wort; manchmal; manches Mal; manch Schönes *oder* manches Schöne; mit manch Schönem *oder* manchem Schönen; manche nützliche[n] Einrichtungen

man|cher; so mancher hat das erlebt

man|cher|lei

Man|ches|ter [ˈmɛntʃɛstɐ] (englische Stadt)

manch|mal

der **Man|dant** (*Rechtssprache:* Auftraggeber; Klient; Kunde); des Mandanten; die Mandanten; die Verteidiger halten Rücksprache mit ihrem Mandanten

die **Man|da|ri|ne** (kleine apfelsinenähnliche Frucht)

das **Man|dat** (Auftrag; Vollmacht; Sitz im Parlament); des Mandats *oder* Man|da|tes; die Man|da|te

die **Man|del** (Kern einer Steinfrucht); die Mandeln

die **Man|del** (eine Drüse); die Mandeln

die **Man|del|ent|zün|dung**

die **Man|do|li|ne** (ein Saiteninstrument)

die **Ma|ne|ge** [maˈneːʒə] (runde Fläche für Darbietungen im Zirkus)

der **Man|gel;** die Mängel

die **Man|gel** (Wäscherolle); die Mangeln

man|gel|haft

man|geln (fehlen, nicht ausreichen); es mangelte; es hat an allem gemangelt

man|geln (auf der Wäscherolle glätten); du mangelst; er mangelte; er hat gemangelt; mangle *oder* mangele die Wäsche!

man|gels; mangels des nötigen Geldes; mangels guter Gründe; mangels Beweisen; ein Freispruch mangels Beweis[es]; ↑ *auch:* trotz

die **Man|gel|wa|re**

die **Man|go** (eine tropische Frucht); die Mangos

der **Man|gold** (ein Blatt- und Stängelgemüse); des Mangolds *oder* Man|gol|des; die Man|gol|de *Plural selten*

die **Ma|nie** (Besessenheit); die Ma|ni|en

die **Ma|nier** (Art und Weise, Eigenart); was ist denn das für eine Manier?

die **Ma|nie|ren** (Umgangsformen, [gutes] Benehmen) *Plural;* er hat schlechte, keine Manieren

ma|nier|lich (sich gut benehmend)

das **Ma|ni|fest** (öffentliche Erklärung); des Ma|ni|fes|tes; die Ma|ni|fes|te

die **Ma|ni|kü|re** (Handpflege, besonders Nagelpflege; Hand-, Nagelpflegerin)

ma|ni|kü|ren (die Nägel pflegen); du manikürst; sie manikürte; sie hat mir die Fingernägel manikürt

Ma|ni|la (Hauptstadt der Philippinen)

die **Ma|ni|pu|la|ti|on** (gezielter Einfluss; Verfälschung); die Ma|ni|pu|la|ti|o|nen (Machenschaften)

ma|ni|pu|lier|bar

ma|ni|pu|lie|ren (geschickt handhaben; beeinflussen); du manipulierst; er manipulierte; er hat die Zahlen manipuliert

das **Man|ko** (Fehlbetrag, Mangel); des Mankos; die Mankos

der **Mann;** des Manns *oder* Man|nes; die Män|ner, *scherzhaft auch:* Man|nen; vier Mann hoch; alle Mann an Bord!; tausend Mann; er ist Manns genug; seinen Mann stehen; Mann, ist das schön! *(umgangssprachlich)*

das **Männ|chen** (männliches Tier)

das **Man|ne|quin** [ˈmanəkɛ̃] (Frau, die Mode vorführt); des Mannequins; die Mannequins

man|nig|fach (zahlreich und verschiedenartig)

man|nig|fal|tig (auf vielerlei Art gestaltet)

männ|lich; männliches Hauptwort (Maskulinum)

die **Mann|schaft**

der **Mann|schafts|ka|pi|tän**

das **Mann|schafts|spiel**

der **Mann|schafts|sport**

das **Ma|no|me|ter** (Druckmesser); des Manometers; die Manometer

A B C D E F G H I J K L M man N O P Q R S T U V W X Y Z

das **Ma|nö|ver** (Truppenübung; Ablenkungsversuch); des Manövers; die Manöver
ma|nö|v|rie|ren; du manövrierst; er manövrierte; er hat das Auto sicher manövriert (gelenkt); manövrier *oder* manövriere langsam!
die **Man|sar|de** (Dachgeschoss, Dachzimmer)
die **Man|sar|den|woh|nung**
die **Man|schet|te**
der **Man|tel;** des Mantels; die Mäntel
ma|nu|ell (mit der Hand, von Hand)
das **Ma|nu|skript** (schriftliche Ausarbeitung; handgeschriebenes Buch; Satzvorlage); des Manuskripts *oder* Ma|nu|skrip|tes; die Ma|nu|skrip|te
das **Mäpp|chen**
die **Map|pe;** *Verkleinerungsform:* das Mäppchen
die **Mär** (*gehoben für:* Sage); die Mä|ren
die **Ma|ra|cu|ja** (essbare Frucht der Passionsblume); die Maracujas
der **Ma|ra|thon** ['maratɔn, *auch:* 'ma:ratɔn] (*kurz für:* Marathonlauf [nach der gleichnamigen Stadt nördlich von Athen]); des Marathons; die Marathons; Marathon laufen *oder* marathonlaufen; *aber nur:* ich laufe Marathon; einen Marathon laufen
der **Ma|ra|thon|lauf**
der **Ma|ra|thon|läu|fer**
die **Ma|ra|thon|läu|fe|rin**
die **Ma|ra|thon|ver|an|stal|tung** (übermäßig lange Veranstaltung)
das **Mär|chen;** des Märchens; die Märchen
das **Mär|chen|buch**
mär|chen|haft
der **Mar|der;** des Marders; die Marder
die **Mar|ga|ri|ne**
die **Mar|ge** ['marʒə] (Spielraum, Spanne; *Wirtschaft:* Spanne zwischen zwei Preisen); der Marge; die Margen
die **Mar|ge|ri|te** (eine Wiesenblume)
der **Ma|ri|en|kä|fer**
das **Ma|ri|hu|a|na** (ein Rauschgift); des Marihuanas
ma|rin (zum Meer gehörend)
die **Ma|ri|ne** ([Kriegs]flotte)
die **Ma|ri|o|net|te** (Puppe zum Theaterspielen, die mithilfe vieler Fäden oder Drähte geführt wird)
das **Ma|ri|o|net|ten|the|a|ter**
ma|ri|tim (das Meer betreffend)
das **Mark** (Rückenmark); des Marks *oder* Mar|kes
die **Mark** (Grenzland); die Mar|ken; die Mark Brandenburg
die **Mark** (frühere deutsche Währung); vier Mark; Deutsche Mark (*Abkürzung:* DM)
mar|kant (stark ausgeprägt); mar|kan|ter; am mar|kan|tes|ten; markanter Stil
die **Mar|ke**
der **Mar|ken|ar|ti|kel**
mar|ken|be|wusst
der **Mar|ken|na|me**
das **Mar|ken|zei|chen** (vom Gesetz geschütztes Zeichen, mit dem alle Artikel einer Marke gekennzeichnet werden); bunte Hemden sind sein Markenzeichen (typisch für ihn)
der **Mar|ker** (Stift zum Markieren); des Markers; die Marker
das **Mar|ke|ting** (Maßnahmen zur Förderung des Warenabsatzes); des Marketing *oder* Marketings
die **Mar|ke|ting|ab|tei|lung**
mar|kie|ren (kennzeichnen); ich markiere; du markierst; sie markierte; sie hat markiert; markier *oder* markiere die Textstelle!
die **Mar|kie|rung**
mar|kig; markige Sprüche
die **Mar|ki|se** (Sonnendach)
das **Mark|stück**
der **Markt;** des Markts *oder* Mark|tes; die Märk|te
der **Markt|an|teil**
markt|be|herr|schend (*Wirtschaft*)
die **Markt|for|schung**
der **Markt|füh|rer**
die **Markt|füh|re|rin**
die **Markt|lü|cke**
der **Markt|platz**
die **Markt|wirt|schaft;** freie Marktwirtschaft; ABER: soziale *oder* Soziale Marktwirtschaft
markt|wirt|schaft|lich
die **Mar|me|la|de**
der **Mar|mor** (ein Kalkgestein); des Marmors
ma|ro|de (heruntergekommen)
der **Ma|rok|ka|ner** (Einwohner Marokkos); des Marokkaners; die Marokkaner

die **Ma|rok|ka|ne|rin;** die Marokkanerinnen
ma|rok|ka|nisch
Ma|rok|ko (Staat in Nordwestafrika)
die **Ma|ro|ne** (Edelkastanie; ein Speisepilz)
die **Ma|rot|te** (Schrulle)
Mars (römischer Kriegsgott); des Mars
der **Mars** (ein Planet); des Mars
marsch!
der **Marsch;** des Marschs *oder* Mar|sches; die Mär|sche
die **Marsch** (vor Küsten angeschwemmter fruchtbarer Boden); die Mar|schen
der **Mar|schall** (*früher für:* ranghoher Hofbeamter, Offizier); des Marschalls; die Mar|schäl|le
mar|schie|ren; du marschierst; sie marschierte; wir sind drei Stunden marschiert; marschiere weiter!
die **Marsch|rich|tung**
das **Marsch|tem|po**
die **Mar|seil|lai|se** [marsɛˈjɛːzə] (französische Nationalhymne)
die **Mar|ter** (*gehoben für:* Qual; Folter)
mar|tern; du marterst; er marterte; er hat ihn gemartert; martere ihn nicht!
der **Mär|ty|rer** (jemand, der wegen seiner Überzeugung verfolgt oder getötet wird); des Märtyrers; die Märtyrer
die **Mär|ty|re|rin;** die Märtyrerinnen
das **Mar|ty|ri|um** (schweres Leiden, das jemand für seinen Glauben auf sich nimmt); die Mar|ty|ri|en
der **Mar|xis|mus** (der von Karl Marx begründete Kommunismus); des Marxismus
der **Mar|xist;** des/dem/den Mar|xis|ten; die Mar|xis|ten
die **Mar|xis|tin;** die Marxistinnen
mar|xis|tisch
der **März;** des März *oder* Mär|zes; die Märze
das **Mar|zi|pan** [*auch:* martsiˈpaːn]; des Marzipans; die Mar|zi|pa|ne
die **Ma|sche**
die **Ma|schi|ne;** Maschine schreiben; ich schreibe Maschine; weil er Maschine schreibt; ich habe Maschine geschrieben; um Maschine zu schreiben; ABER: das Maschine[n]schreiben
ma|schi|nell; maschinelle Herstellung
das **Ma|schi|nen|ge|wehr**
der **Ma|schi|nist** (Fachmann, der Maschinen bedient und überwacht); des/dem/den Ma|schi|nis|ten; die Ma|schi|nis|ten
die **Ma|schi|nis|tin;** die Maschinistinnen
die **Ma|sern** (eine Kinderkrankheit) *Plural*
die **Ma|sern|imp|fung**
die **Ma|se|rung** (welliges Muster im Holz)
die **Mas|ke**
der **Mas|ken|ball**
mas|ken|haft
die **Mas|ken|pflicht;** der Maskenpflicht
die **Mas|ke|ra|de** (Verkleidung)
mas|kie|ren ([mit einer Maske] verkleiden); du maskierst; sie maskierte; sie hat ihn maskiert; maskier *oder* maskiere ihn!; sich maskieren; sie hat sich maskiert
das **Mas|kott|chen** (Glücksbringer); des Maskottchens; die Maskottchen
mas|ku|lin (männlich)
das **Mas|ku|li|num** (männliches Hauptwort); des Maskulinums; die Maskulina
das **Maß;** des Ma|ßes; die Ma|ße; Maß halten *oder* maßhalten; du hältst Maß *oder* maß; er hielt Maß oder maß; er hat Maß gehalten *oder* maßgehalten; halte Maß *oder* maß!; das rechte Maß halten; Maß und Disziplin halten; Maß nehmen; ABER: das Maßnehmen
die **Mas|sa|ge** [maˈsaːʒə] (das Massieren)
das **Mas|sa|ker** (Gemetzel); des Massakers; die Massaker
mas|sa|k|rie|ren (grausam töten); du massakrierst; er massakrierte; die Terroristen haben ihre Geiseln massakriert
die **Maß|ar|beit**
die **Maß|be|zeich|nung**
die **Mas|se**
die **Maß|ein|heit**
der **Mas|sen|an|drang**
der **Mas|sen|ar|ti|kel**
die **Mas|sen|ge|sell|schaft**
mas|sen|haft
das **Mas|sen|me|di|um;** die Massenmedien (Presse, Rundfunk, Fernsehen usw.) *meist Plural;* ↑ Medium
der **Mas|sen|mord**
der **Mas|sen|mör|der**
die **Mas|sen|mör|de|rin**
der **Mas|sen|start** (*Sport*)
der **Mas|sen|test**
der **Mas|sen|tou|ris|mus**
mas|sen|wei|se

der **Mas|seur** [maˈsøːɐ̯] (Berufsbezeichnung); des Masseurs; die Mas|seu|re
die **Mas|seu|rin;** die Masseurinnen
maß|ge|bend; ein maßgebendes Urteil
maß|geb|lich; maßgeblich beteiligt sein
maß|ge|schnei|dert; ein maßgeschneidertes Kleid
maß|hal|ten ↑Maß
mas|sie|ren (mit den Händen Teile des Körpers streichen, kneten [um die Muskeln zu lockern]); ich massiere; du massierst; er massierte; er hat den Patienten massiert; massier *oder* massiere ihn!
mä|ßig; mäßige (mittelmäßige) Zeugnisse; der Lohn ist mäßig (eher gering)
sich **mä|ßi|gen;** du mäßigst dich; er mäßigte sich; er hat sich gemäßigt; mäßige dich!
die **Mä|ßig|keit**
die **Mä|ßi|gung**
mas|siv (schwer, nicht hohl, fest; grob)
das **Mas|siv** (Gebirge in seiner Gesamtheit); des Massivs; die Mas|si|ve
maß|los; maß|lo|ser; am maß|lo|ses|ten
die **Maß|nah|me**
maß|re|geln (rügen, bestrafen); du maßregelst; sie maßregelte; sie hat ihn gemaßregelt; maßregle *oder* maßregele ihn nicht ständig!
der **Maß|stab**
maß|stab|ge|recht *oder* **maß|stabs|ge-recht**
maß|stab|ge|treu *oder* **maß|stabs|ge-treu**
maß|voll (nicht übertrieben)
die **Mast** (die Mästung); die Mas|ten
der **Mast** (Mastbaum); des Masts *oder* Mastes; die Mas|ten, *auch:* Mas|te
der **Mast|darm**
mäs|ten; du mästest; er mästete; er hat die Gans gemästet; mäste die Gans!
der **Master** (Hochschulabschluss, besonders in englischsprachigen Ländern)
der **Mas|ter|plan** (übergeordneter Plan)
der **Mas|ter|stu|di|en|gang** (auf dem Bachelorabschluss aufbauender Studiengang, der mit dem Mastergrad abschließt)
das **Mas|ter|stu|di|um** (auf dem Bachelor aufbauendes Studium)
der **Mast|och|se**
die **Mas|tur|ba|ti|on** (Selbstbefriedigung)
mas|tur|bie|ren
das **Match** [mɛtʃ] (Wettkampf); des Matchs *oder* Mat|ches; die Matchs, *auch:* Matche *oder* Mat|ches
der **Match|ball** (spielentscheidender Ball beim Tennis u. a.)
der **Match|plan** *(besonders Fußball)*
das **Ma|te|ri|al;** des Materials; die Ma|te|ri-a|li|en
der **Ma|te|ri|al|feh|ler**
der **Ma|te|ri|a|lis|mus** (das Streben nach Besitz und Gewinn); des Materialismus
ma|te|ri|a|lis|tisch
die **Ma|te|ri|al|kos|ten** *Plural*
die **Ma|te|rie** (Stoff, Inhalt); die Ma|te|ri|en
ma|te|ri|ell; materielle (finanzielle) Hilfe
Math. = Mathematik
die **Ma|the** (*Schülersprache:* Mathematik); *meist ohne Artikel*
die **Ma|the|ar|beit** *(Schülersprache)*
die **Ma|the|ma|tik;** höhere Mathematik
der **Ma|the|ma|ti|ker;** des Mathematikers; die Mathematiker
die **Ma|the|ma|ti|ke|rin;** die Mathematikerinnen
der **Ma|the|ma|tik|un|ter|richt**
ma|the|ma|tisch
der **Mat|jes|he|ring** (junger Hering)
die **Ma|t|rat|ze**
das **Ma|t|rat|zen|la|ger**
die **Ma|t|rix** (*Mathematik:* rechteckiges Schema von Zahlen, für das bestimmte Rechenregeln gelten); der Matrix; die Ma|t|ri|zes, Ma|t|ri|ces *und* Ma|t|ri|zen
der **Ma|t|ro|se;** des/dem/den Matrosen; die Matrosen
die **Ma|t|ro|sin;** die Matrosinnen
der **Matsch** (*umgangssprachlich für:* breiiger Schmutz, nasse Erde); des Matschs *oder* Mat|sches
mat|schig
matt; jemanden (im Schach) matt setzen *oder* mattsetzen; ABER: jemanden ↑mattsetzen; Schach und matt!; ABER: schachmatt; mattblau usw.
das **Matt;** des Matts; die Matts *Plural selten*
die **Mat|te**
das **Mat|ter|horn** (Berg in den Alpen)
die **Mat|tig|keit**
die **Matt|schei|be;** [eine] Mattscheibe haben (*umgangssprachlich für:* begriffsstutzig, benommen sein)
matt|set|zen (als Gegner ausschalten);

sie setzte ihn matt; die Firma wurde von der Konkurrenz mattgesetzt; ↑*auch:* matt

die **Mätz|chen** (*umgangssprachlich für:* Unsinn; Tricks) *Plural;* lasst die Mätzchen!

mau (*umgangssprachlich für:* schlecht); das ist mau; ein maues Gefühl

die **Mau|er**

der **Mau|er|bau** (der Bau der Berliner Mauer am 13. August 1961)

der **Mau|er|fall** (die Öffnung der Grenzen der DDR zur Bundesrepublik Deutschland am 9. November 1989)

mau|ern; du mauerst; er mauerte; die Mannschaft hat gemauert (*Sport:* zu defensiv gespielt); maure *oder* mauere die Wand!

das **Maul;** des Mauls *oder* Maul|les; die Mäuler

die **Maul|af|fen** *Plural;* Maulaffen feilhalten (*umgangssprachlich für:* gaffend, untätig herumstehen)

der **Maul|beer|baum**

die **Maul|bee|re**

mau|len (*umgangssprachlich für:* murren, widersprechen); du maulst; sie maulte; sie hat gemault; maul *oder* maule nicht!

der **Maul|esel** (Kreuzung aus Pferdehengst und Eselstute)

maul|faul

das **Maul|tier** (Kreuzung aus Eselhengst und Pferdestute)

der **Maul|wurf;** des Maulwurfs *oder* Maulwur|fes; die Maul|wür|fe

der **Maul|wurfs|hü|gel**

der **Mau|rer;** des Maurers; die Maurer

der **Mau|rer|ge|sel|le**

die **Mau|re|rin;** die Maurerinnen

der **Mau|rer|meis|ter**

Mau|re|ta|ni|en (Staat in Afrika)

der **Mau|re|ta|ni|er;** des Mauretaniers; die Mauretanier

die **Mau|re|ta|ni|e|rin;** die Mauretanierinnen

mau|re|ta|nisch

Mau|ri|ti|us (Insel im Indischen Ozean)

die **Maus;** *Verkleinerungsform:* das Mäuschen

mäus|chen|still

der **Mäu|se|bus|sard**

die **Mau|se|fal|le**

mau|sen (*umgangssprachlich für:* stehlen); du maust; sie mauste; sie hat Süßigkeiten gemaust; mause nicht!

die **Mau|ser** (Federwechsel bei Vögeln)

sich **mau|sern** (*umgangssprachlich für:* sich zum Vorteil verändern); du mauserst dich; sie mauserte sich; sie hat sich zu einer guten Schülerin gemausert

mau|se|tot; mausetot schlagen

maus|grau

der **Maus|klick** (*EDV:* Betätigen der Maustaste); des Mausklicks; die Mausklicks

das **Mau|so|le|um** (monumentales Grabmal); des Mausoleums; die Mausoleen

das **Maus|pad** [...pɛd] (Unterlage, auf der die Computermaus bewegt wird)

die **Maus|tas|te** (*EDV:* Taste der Computermaus)

die **Maut** (Straßen- oder Brückengebühr); die Mau|ten

die **Maut|stra|ße**

ma|xi|mal (höchst-, größtmöglich; höchstens)

die **Ma|xi|me** (allgemeiner Grundsatz)

das **Ma|xi|mum** (Höchstwert, Höchstmaß); die Maxima

die **Ma|yon|nai|se** [majɔˈnɛːzə] (kalte, dicke Soße aus Eigelb und Öl)

MdB *oder* **M. d. B.** = Mitglied des Bundestages

MdL *oder* **M. d. L.** = Mitglied des Landtages

m. E. = meines Erachtens

die **Me|cha|nik** (Art, wie eine Maschine konstruiert ist und wie sie funktioniert); die Me|cha|ni|ken

der **Me|cha|ni|ker;** des Mechanikers; die Mechaniker

die **Me|cha|ni|ke|rin;** die Mechanikerinnen

me|cha|nisch (der Mechanik entsprechend; automatisch; unwillkürlich, gewohnheitsmäßig)

der **Me|cha|nis|mus** (Getriebe, Triebwerk, sich bewegende Einrichtung zur Kraftübertragung); des Mechanismus; die Mechanismen

die **Me|cha|t|ro|nik** (Fachgebiet, das sich mit mechanischen und elektronischen Systemen befasst); der Mechatronik

der **Me|cha|t|ro|ni|ker;** des Mechatronikers; die Mechatroniker

A B C D E F G H I J K L M mec N O P Q R S T U V W X Y Z

die **Me|cha|tro|ni|ke|rin;** die Mechatronikerinnen
der **Me|cke|rer** *(umgangssprachlich);* des Meckerers; die Meckerer
die **Me|cke|rin;** die Meckerinnen
me|ckern; ich meckere; du meckerst; die Ziege meckerte; er hat wieder gemeckert *(umgangssprachlich für:* genörgelt); meckere doch nicht ständig!
Meck|len|burg [ˈmeːklənbʊrk, *auch:* ˈmɛklənbʊrk]
meck|len|burg-vor|pom|me|risch
Meck|len|burg-Vor|pom|mern
die **Me|dail|le** [meˈdaljə] (Gedenkmünze)
das **Me|dail|lon** [medalˈjõː] (Anhänger, Bildkapsel); des Medaillons; die Medaillons
me|di|al (zu den Medien gehörend); die WM wird ein mediales Großereignis
die **Me|di|a|ti|on** (Vermittlung zwischen Streitenden)
der **Me|di|en|be|richt;** Medienberichten zufolge ...
der **Me|di|en|hype** [...haɪ̯p] (medial inszenierte Begeisterungswelle)
der **Me|di|en|kon|zern** (Zusammenschluss von mehreren in den Medien tätigen Unternehmen)
der **Me|di|en|rum|mel** *(umgangssprachlich)*
das **Me|di|en|un|ter|neh|men**
das **Me|di|ka|ment** (Arzneimittel); des Medikaments *oder* Me|di|ka|men|tes; die Me|di|ka|men|te
me|di|ka|men|tös (*Medizin:* mit Medikamenten); medikamentös behandeln
die **Me|di|ta|ti|on** (Nachdenken; religiöse Versenkung)
me|di|ter|ran (dem Mittelmeerraum angehörend, eigen)
me|di|tie|ren (nachdenken; Meditation üben); ich meditiere; du meditierst; sie meditierte; sie hat lange meditiert
me|di|um [*auch, als Kleidergröße nur,* ˈmiːdi̯əm] (halb durchgebraten; Kleidergröße = mittel; *Abkürzung:* M); sie möchte ihr Steak medium; ich brauche das Kleid medium, also Größe M

M
mec

das **Me|di|um** (vermittelnde Person oder Sache); des Mediums; die Me|di|en *(Massenmedien);* die Neuen *oder* neuen Medien (insbesondere: Computer, Internet, CD, DVD)
die **Me|di|zin;** die Me|di|zi|nen
der **Me|di|zin|ball** (großer, schwerer, nicht elastischer Lederball)
der **Me|di|zi|ner;** des Mediziners; die Mediziner
die **Me|di|zi|ne|rin;** die Medizinerinnen
me|di|zi|nisch
das **Me|di|zin|stu|di|um**
das **Meer;** des Meers *oder* Mee|res; die Mee|re
die **Meer|en|ge**
die **Mee|res|früch|te** *Plural*
der **Mee|res|grund**
der **Mee|res|spie|gel**
die **Mee|res|strö|mung**
die **Meer|jung|frau**
die **Meer|kat|ze** (ein Affe)
der **Meer|ret|tich** (eine Gewürzpflanze)
das **Meer|schwein|chen;** des Meerschweinchens; die Meerschweinchen
das **Meer|was|ser**
das **Mee|ting** [ˈmiːtɪŋ] (Treffen, Veranstaltung); des Meetings; die Meetings
me|ga (*besonders Jugendsprache:* großartig); das ist einfach mega
das **Me|ga|byte** [ˈmeːgabaɪ̯t, *auch:* ˈmɛgabaɪ̯t] (*EDV:* Einheit von 1 048 576 Byte; *Zeichen:* MB, MByte); des Megabyte *oder* Megabytes; die Megabyte *oder* Megabytes
me|ga|cool (*besonders Jugendsprache:* sehr cool)
das **Me|ga|fon** *oder* **Me|ga|phon** (Sprachrohr); des Megafons *oder* Megaphons; die Me|ga|fo|ne *oder* Me|ga|pho|ne
me|ga-in; mega-in sein (*umgangssprachlich für:* äußerst gefragt sein)
me|ga-out; mega-out sein (*umgangssprachlich für:* ganz aus der Mode, vollkommen überholt sein)
der **Me|ga|star** (*umgangssprachlich für:* überaus beliebter Star)
das **Mehl;** des Mehls *oder* Meh|les; die Meh|le
meh|lig
der **Mehl|tau** (eine Pflanzenkrankheit)

mehr; mehr oder weniger; umso mehr; mehr denn je

meh|ren (*gehoben für:* zahlreicher werden); die Anzeichen mehren sich, dass …; die Klagen über den Mathelehrer mehrten sich

meh|re|re; mehrere Bücher; mehrere Euro; mehrere Anwesende; die Einwände mehrerer Abgeordneter; in Begleitung mehrerer bewaffneter Soldaten

meh|rer|lei

mehr|fach; sie ist mehrfache Mutter

das **Mehr|fa|mi|li|en|haus**

das **Mehr|ge|ne|ra|ti|o|nen|haus**

die **Mehr|heit**

mehr|heit|lich; eine mehrheitliche Entscheidung; etwas mehrheitlich beschließen

mehr|jäh|rig

die **Mehr|kos|ten** (zusätzliche Kosten); der Mehrkosten *Plural*

mehr|mals; er hat mehrmals angerufen

mehr|stel|lig

mehr|stim|mig

mehr|stün|dig

mehr|tä|gig

die **Mehr|weg|fla|sche** (Pfandflasche)

die **Mehr|wert|steu|er** (*Abkürzung:* MwSt.)

die **Mehr|zahl**

mehr|zei|lig

das **Mehr|zweck|ge|rät**

mei|den; du meidest ihn; sie mied ihn; sie hat ihn gemieden; meide seine Nähe!

die **Mei|le** (ein Längenmaß)

der **Mei|len|stein**

mei|len|weit; ABER: zwei Meilen weit

der **Mei|ler** (Holzstoß zur Kohlegewinnung; Kernreaktor); des Meilers; die Meiler

mein

der **Mein|eid** (vorsätzlich unwahrer Eid)

mein|ei|dig; eine meineidige Zeugin

mei|nen; ich meine; du meinst; sie meinte; sie hat es gut mit ihm gemeint

mei|ner|seits

mei|net|we|gen

die **Mei|nung**

die **Mei|nungs|äu|ße|rung**

die **Mei|nungs|bil|dung**

die **Mei|nungs|for|schung**

das **Mei|nungs|for|schungs|in|s|ti|tut**

die **Mei|nungs|frei|heit**

die **Mei|nungs|um|fra|ge**

die **Mei|nungs|ver|schie|den|heit**

die **Mei|se**

der **Mei|ßel;** des Meißels; die Meißel

mei|ßeln; ich meiß[e]le; du meißelst; er meißelte; er hat eine Statue gemeißelt; meißle *oder* meißele ein Loch in die Wand!

meist; am meis|ten; die meisten *oder* Meisten glauben, dass …; das meiste *oder* Meiste ist bekannt

meist|bie|tend; etwas meistbietend verkaufen, versteigern

meis|tens

meis|ten|teils

der **Meis|ter;** des Meisters; die Meister

der **Meis|ter|brief**

meis|ter|haft

die **Meis|te|rin;** die Meisterinnen

die **Meis|ter|leis|tung**

meis|tern (bewältigen); du meisterst; sie meisterte; sie hat alle Schwierigkeiten gemeistert; meistere dein Schicksal!

die **Meis|ter|prü|fung**

die **Meis|ter|schaft**

das **Meis|ter|stück**

der **Meis|ter|ti|tel**

das **Meis|ter|werk**

meist|ge|kauft (am häufigsten gekauft)

> **!** In Zusammensetzungen aus Adjektiven und Partizipien darf immer nur *ein* Bestandteil gesteigert werden. Und da »meist« schon der Superlativ zu »viel« ist, sind Steigerungen wie »meistgekaufteste« oder »meistgelesenste« nicht korrekt.

meist|ge|le|sen; das meistgelesene Buch

Mek|ka (Stadt in Saudi-Arabien)

der **Me|kong** [*auch:* meˈkɔŋ] (Fluss in Südostasien); des Mekong *oder* Mekongs

die **Me|lan|cho|lie** [melaŋkoˈliː] (Schwermut); die Me|lan|cho|li|en

me|lan|cho|lisch

mel|den; du meldest; sie meldete; sie

A B C D E F G H I J K L M mel N O P Q R S T U V W X Y Z

hat den Unfall gemeldet; melde ihn!; sich melden; sie hat sich nicht gemeldet

die **Mel|de|pflicht**

die **Mel|dung**

mel|ken; du melkst; er molk; er hat die Kuh gemolken *oder* gemelkt; melk *oder* melke die Kuh!; frisch gemolkene Milch

die **Melk|ma|schi|ne**

der **Melk|ro|bo|ter**

die **Me|lo|die;** die Me|lo|di|en

me|lo|disch; eine melodische Stimme

die **Me|lo|ne** (ein Kürbisgewächs)

die **Mem|b|ran,** *auch:* **Mem|b|ra|ne** (schwingendes Metallblättchen oder Häutchen); die Membranen

die **Mem|me** (*umgangssprachlich abwertend für:* Feigling)

die **Me|moi|ren** [meˈmo̯aːrən] (Lebenserinnerungen) *Plural*

das **Me|mo|ran|dum** (Denkschrift); die Memoranden *oder* Memoranda

der **Me|mo|ry|stick** [ˈmɛmoristɪk] (*Markenbezeichnung:* ein kleinformatiger Datenspeicher); des Memorysticks, die Memorysticks

die **Me|na|ge|rie** [menaʒəˈriː] (Tierschau); die Me|na|ge|ri|en

die **Men|ge**

men|gen; ich menge; du mengst; sie mengte; sie hat die Zutaten gemengt

die **Men|gen|leh|re**

der **Me|nis|kus** (Zwischenknorpel im Kniegelenk); des Meniskus; die Menisken

der **Me|nis|kus|riss**

men|no! (umgangssprachlicher Ausruf der Verärgerung)

die **Men|sa** (restaurantähnliche Einrichtung an Universitäten oder Schulen)

der **Mensch;** des/dem/den Men|schen; die Men|schen; eine menschenverachtende *oder* Menschen verachtende Diktatur

das **Men|schen|bild**

der **Men|schen|han|del**

das **Men|schen|le|ben**

men|schen|leer

die **Men|schen|men|ge**

men|schen|mög|lich; was menschenmöglich war, wurde getan; ABER: sie hat das Menschenmögliche (alles) getan

das **Men|schen|recht** *meist Plural*

der **Men|schen|recht|ler;** des Menschenrechtlers; die Menschenrechtler

die **Men|schen|recht|le|rin**

die **Men|schen|rechts|or|ga|ni|sa|ti|on**

Men|schen|rechts|rat (UN-Gremium)

die **Men|schen|rechts|ver|let|zung**

men|schen|ver|ach|tend ↑ Mensch

die **Men|schen|wür|de**

men|schen|wür|dig

die **Mensch|heit**

mensch|lich; menschliche Schwächen; ABER: etwas Menschliches

die **Mensch|lich|keit**

die **Mens|t|ru|a|ti|on** (Monatsblutung); die Mens|t|ru|a|ti|o|nen

men|tal (geistig; gedanklich)

die **Men|ta|li|tät** (Denkweise, Sinnesart)

das **Men|thol** (Bestandteil des Pfefferminzöls); des Menthols

der **Men|tor** (Erzieher; Ratgeber); des Mentors; die Men|to|ren

das **Men|to|ren|pro|gramm**

die **Men|to|rin;** die Mentorinnen

das **Me|nü** (Speisenfolge; *EDV:* Programmauswahl); des Menüs; die Menüs

mer|ci! [mɛrˈsiː] (danke!)

der **Me|ri|di|an** (*Geografie:* Längenkreis); des Meridians; die Me|ri|di|a|ne

mer|ken; ich merke; du merkst; sie merkte; sie hat es gemerkt

merk|lich (spürbar); eine merkliche Besserung

das **Merk|mal;** die Merk|ma|le; ein typisches Merkmal

merk|wür|dig

der **Mes|ner** *oder* **Mess|ner** (*landschaftlich für:* Kirchendiener); des Mesners *oder* Messners; die Mesner *oder* Messner

die **Mes|sage** [ˈmɛsɪtʃ] (Nachricht; Information); der Message; die Messages

das **Mes|sa|ging** […sɪdʒɪŋ] (Kurzform von Instant Messaging) *Plural selten*

mess|bar

die **Mess|bar|keit**

der **Mess|die|ner**

die **Mess|die|ne|rin**

die **Mes|se** (der katholische Hauptgottesdienst); die, eine Messe lesen

die **Mes|se** (eine Ausstellung)

das **Mes|se|ge|län|de**
die **Mes|se|hal|le**
mes|sen; du misst; sie misst; sie maß; sie hat die Länge gemessen; miss die Breite!
das **Mes|ser;** des Messers; die Messer
mes|ser|scharf
der **Mes|ser|stich**
der **Mess|feh|ler**
das **Mess|ge|rät**
der **Mes|si|as** (Erlöser); des Messias
das **Mes|sing;** des Messings
die **Mess|lat|te**
der **Mess|ner** ↑Mesner
die **Mes|sung**
die **MESZ** = mitteleuropäische Sommerzeit
die **Me|ta|in|for|ma|ti|on** (*Fachsprache:* übergeordnete Information)
das **Me|tal** [ˈmɛtl̩] (*kurz für:* Heavy Metal); des Metal[s]
das **Me|tall;** des Metalls; die Metalle; die Metall verarbeitende *oder* metallverarbeitende Industrie
me|tal|len (aus Metall)
me|tal|lic (metallisch schimmernd lackiert); ein Auto in Blau metallic *oder* Blaumetallic
die **Me|tall|in|dus|t|rie**
me|tal|lisch (wie Metall)
die **Me|tall|le|gie|rung** *oder* **Me|tall-Le|gie|rung**
me|tall|ver|ar|bei|tend ↑Metall
die **Me|ta|mor|pho|se** (Umgestaltung, Verwandlung)
die **Me|ta|pher** (*Sprachwissenschaft:* Wort mit übertragener Bedeutung, bildliche Wendung, z. B. »Haupt der Familie«); der Metapher, die Metaphern
das **Me|ta|tag** (Tag im Kopf eines Dokuments, das nicht sichtbare, übergeordnete Informationen enthält)
der **Me|te|or** (Sternschnuppe); des Meteors; die Me|te|o|re
der **Me|te|o|rit** (Meteorstein); des Meteorits *oder* Me|te|o|ri|ten; die Me|te|o|ri|te
die **Me|te|o|ro|lo|gie** (Wetterkunde)
der **Me|ter;** eine Länge von 10 Metern, *auch:* von 10 Meter; von 10 Meter, *auch:* von 10 Metern an; ein[en] Meter lang; laufender Meter
me|ter|hoch; der Schnee ist meterhoch; ABER: der Schnee ist drei Meter hoch
me|ter|lang; eine meterlange Schlange; ABER: eine drei Meter lange Schlange
das **Me|ter|maß**
das **Me|tha|don** (*Chemie, Medizin:* eine Ersatzdroge); des Methadons
die **Me|tho|de** (Verfahren; Vorgehensweise)
me|tho|disch (planmäßig; überlegt)
die **Me-too-Be|we|gung** [ˈmiːˈtuː...] (Bewegung von Opfern sexuellen Missbrauchs im Beruf, die Täter/-innen öffentlich anklagt)
die **Me|t|rik** (Verslehre; *Musik:* Lehre vom Takt); die Me|t|ri|ken
die **Me|t|ro** (Untergrundbahn, besonders in Paris und Moskau); der Metro; die Metros
das **Me|t|ro|nom** (Taktmesser); die Me|t|ro|no|me
die **Me|t|ro|po|le** (Hauptstadt, Hauptsitz); die Metropolen
die **Mett|wurst**
der **Metz|ger;** des Metzgers; die Metzger
die **Metz|ge|rei**
die **Metz|ge|rin;** die Metzgerinnen
der **Meu|chel|mord** (heimtückischer Mord)
meuch|lings (aus dem Hinterhalt)
die **Meu|te** (eine Anzahl Hunde; wilde Rotte)
die **Meu|te|rei**
der **Meu|te|rer;** des Meuterers; die Meuterer
die **Meu|te|rin;** die Meuterinnen
meu|tern; du meuterst; er meuterte; er hat gemeutert; meutere nicht!
der **Me|xi|ka|ner** (Einwohner Mexikos); des Mexikaners; die Mexikaner
die **Me|xi|ka|ne|rin;** die Mexikanerinnen
me|xi|ka|nisch
Me|xi|ko (Staat in Nord- bzw. Mittelamerika; dessen Hauptstadt)
die **MEZ** = mitteleuropäische Zeit
MfG = Mit freundlichen Grüßen
mg = Milligramm
mi|au!
mi|au|en; die Katze miaute; sie hat miaut

mich
mi|cke|rig *oder* **mick|rig** (kümmerlich)
die **Mi|cky|maus** (eine amerikanische Trickfilm- und Comicfigur)
die **Mi|cky Maus**®
das **Mi|cky|maus|heft**
die **Mid|life-Cri|sis** *oder* **Mid|life|cri|sis** ['mɪdlaɪ̯fkraɪ̯sɪs] (Krise in der Mitte des Lebens)
das **Mie|der;** des Mieders; die Mieder
der **Mief** (*umgangssprachlich für:* schlechte Luft); des Miefs
mie|fen (*umgangssprachlich für:* stinken); es miefte; das Zimmer hat gemieft
die **Mie|ne** (Gesichtsausdruck)

> **!** Nicht verwechseln: Obwohl beide Wörter gleich ausgesprochen werden, schreibt man die den Gesichtsausdruck bezeichnende Miene mit *ie,* die Mine mit den Bedeutungen »Bergwerk, Sprengkörper, Kugelschreibereinlage« nur mit einfachem *i.*

M
mic

mies (*umgangssprachlich für:* schlecht; gemein; unwohl); mie|ser; am mie|sesten; ein mieser Laden; er hat miese Laune; mir ist ganz mies
mies|ma|chen (*umgangssprachlich für:* herabsetzen, schlechtmachen); er machte uns alles mies; sie muss immer alles miesmachen
die **Mies|mu|schel** (Pfahlmuschel)
die **Mie|te** (Geldbetrag für die Nutzung von Wohnraum u. a.)
die **Mie|te** (frostsicher eingegrabene Feldfrüchte)
mie|ten; du mietest; sie mietete; sie hat ein Boot gemietet; miete das Haus!
der **Mie|ter;** des Mieters; die Mieter
die **Mie|te|rin;** die Mieterinnen
das **Miet|fahr|rad**
der **Miet|ver|trag**
der **Miet|wa|gen**
die **Miet|woh|nung**
die **Mie|ze** (Katze); der Mieze; die Miezen
die **Mi|g|rä|ne** (*Medizin:* heftiger Kopfschmerz)
der **Mi|g|rant** (Einwanderer); des/dem/den Mi|g|ran|ten; die Mi|g|ran|ten
die **Mi|g|ran|tin;** die Migrantinnen
die **Mi|g|ra|ti|on** (Aus-, Einwanderung); die Mi|g|ra|ti|o|nen
der **Mi|g|ra|ti|ons|hin|ter|grund**
das **Mi|k|ro** (Kurzwort für Mikrofon)
die **Mi|k|ro** (Kurzwort für Mikrowelle)
die **Mi|k|ro|be** (kleinstes Lebewesen); die Mikroben
die **Mi|k|ro|bio|lo|gie** (Wissenschaft von den Mikroorganismen)
der **Mi|k|ro|chip**
das *oder* der **Mi|k|ro|fiche** ['mi:krofi:ʃ] (Filmkarte mit stark verkleinerten Kopien); des Mikrofiches; die Mikrofiches
der **Mi|k|ro|film** (Film mit stark verkleinerten Kopien)
das **Mi|k|ro|fon** *oder* **Mi|k|ro|phon** (Gerät zur Übertragung von Hörbarem auf Tonträger oder über Lautsprecher); des Mikrofons *oder* Mikrophons; die Mi|k|ro|fo|ne *oder* Mi|k|ro|pho|ne
die **Mi|k|ro|or|ga|nis|men** *Plural*
der **Mi|k|ro|or|ga|nis|mus** (kleinstes Lebewesen)
das **Mi|k|ro|phon** *vergleiche:* **Mi|k|ro|fon**
das **Mi|k|ro|plas|tik** (sehr kleine Kunststoffteilchen)
das **Mi|k|ro|s|kop** (ein optisches Vergrößerungsgerät); des Mikroskops; die Mi|k|ro|s|ko|pe
mi|k|ro|s|ko|pisch
die **Mi|k|ro|wel|le**
mi|k|ro|wel|len|ge|eig|net
der **Mi|k|ro|wel|len|herd**
der **Mi|lan** (ein Greifvogel); des Milans; die Mi|la|ne
die **Mil|be** (ein Spinnentier)
die **Milch**
mil|chig
das **Milch|pro|dukt**
der **Milch|reis** (in Milch gekochter Reis)
die **Milch|stra|ße**
der **Milch|zahn**
mild; mil|der; am mil|des|ten
die **Mil|de**
mil|dern; du milderst; er milderte; er hat den Schlag gemildert; mildere den Stoß!; mildernde Umstände
mild|tä|tig; mildtätige Helfer
das **Mi|li|eu** [mi'li̯ø:] (Lebensumstände; Umwelt); des Milieus; die Milieus
mi|li|tant (kämpferisch)

das **Mi|li|tär** (alle Soldaten eines Landes); des Militärs
die **Mi|li|tär|ak|ti|on**
die **Mi|li|tär|dik|ta|tur**
der **Mi|li|tär|ein|satz**
mi|li|tä|risch; eine militärische Ausbildung
der **Mi|li|ta|ris|mus** (Vorherrschen militärischen Denkens); des Militarismus
mi|li|ta|ris|tisch; militaristische Ziele
der **Mi|li|tär|schlag** (Kampfeinsatz)
die **Mi|liz** (Volksheer); die Mi|li|zen
Mill. = Million, Millionen
die **Mil|le** (Tausend; *umgangssprachlich für:* tausend Euro); 5 Mille; ↑ ABER: pro mille
das **Mil|l|en|ni|um** (Jahrtausend); des Millenniums; die Millennien
der **Mil|li|ar|där;** des Milliardärs; die Mil|li|ar|dä|re
die **Mil|li|ar|dä|rin;** die Milliardärinnen
die **Mil|li|ar|de** (1000 Millionen)
mil|li|ar|den|schwer (*umgangssprachlich für:* eine bis mehrere Milliarden betragend; ein Milliardenvermögen besitzend); milliardenschwere Aufträge; ein milliardenschwerer Popstar
das **Mil|li|gramm** ($^{1}/_{1000}$ g)
der *oder* das **Mil|li|li|ter** ($^{1}/_{1000}$ l)
der **Mil|li|me|ter** ($^{1}/_{1000}$ m)
mil|li|me|ter|ge|nau; ABER: auf den Millimeter genau
die **Mil|li|on** (1000 mal 1000; *Abkürzungen:* Mill., Mio.); eine Million; ein[und]dreiviertel Millionen; zwei Millionen fünfhunderttausend; mit 0,8 Millionen; Millionen Mal; drei Millionen Mal[e]
der **Mil|li|o|när;** des Millionärs; die Mil|li|o|nä|re
die **Mil|li|o|nä|rin;** die Millionärinnen
der **Mil|li|o|nen|be|trag**
mil|li|o|nen|fach
die **Mil|li|o|nen|hö|he** *Plural selten;* Verluste in Millionenhöhe
mil|li|o|nen|schwer; eine millionenschwere Werbekampagne
die **Mil|li|o|nen|stadt**
die **Milz** (ein Organ im menschlichen Körper)
der **Milz|brand** (eine gefährliche Krankheit)
mi|men (schauspielern; so tun, als ob); du mimst; er mimte; er hat gemimt
die **Mi|mik** (Gebärden- und Mienenspiel)
die **Mi|mi|k|ry** ['mɪmikri] (Anpassung, Schutzfärbung)
min, Min. = Minute
das **Mi|na|rett** (Turm einer Moschee); des Minaretts; die Mi|na|ret|te *oder* Minaretts
min|der; minder gut; minder wichtig
min|der|be|gabt; die minderbegabten Schüler; ABER: die Minderbegabten
min|der|be|mit|telt; die minderbemittelten Leute; ABER: die Minderbemittelten
die **Min|der|heit**
der **Min|der|hei|ten|schutz**
die **Min|der|heits|re|gie|rung**
min|der|jäh|rig
der **Min|der|jäh|ri|ge;** ein Minderjähriger; die Minderjährigen; zwei Minderjährige
die **Min|der|jäh|ri|ge;** eine Minderjährige
min|dern; ich mindere; du minderst; sie minderte; sie hat die Kosten gemindert
die **Min|de|rung**
min|der|wer|tig; minderwertiges Fleisch
das **Min|der|wer|tig|keits|ge|fühl**
das **Min|dest|al|ter**
die **Min|dest|an|for|de|rung**
min|des|te; ohne die mindeste Angst; nicht das mindeste *oder* Mindeste (gar nichts); zum mindesten *oder* Mindesten (wenigstens); nicht im mindesten *oder* Mindesten (gar nicht)
min|des|tens
die **Min|dest|ge|schwin|dig|keit**
der **Min|dest|lohn**
das **Min|dest|maß**
die **Mi|ne** (Bergwerk; Sprengkörper; Kugelschreibereinlage); ↑ ABER: Miene
das **Mi|ne|ral;** die Mi|ne|ra|le *oder* Mi|ne|ra|li|en
mi|ne|ra|lisch; mineralische Getränke
das **Mi|ne|ral|öl**
das **Mi|ne|ral|was|ser**
die **Mi|ni|a|tur** (kleines Bild; kleine Illustration)
die **Mi|ni|a|tur|aus|ga|be**
das **Mi|ni|golf**
der **Mi|ni|golf|platz**
der **Mi|ni|job** ([Neben]job, der für den Arbeitenden steuer- und abgabenfrei ist)

A B C D E F G H I J K L M min N O P Q R S T U V W X Y Z

der **Mi|ni|job|ber** [...dʒɔbɐ] *(umgangssprachlich);* des Minijobbers; die Minijobber
die **Mi|ni|job|be|rin** [...dʒɔbərɪn] *(umgangssprachlich);* die Minijobberinnen
mi|ni|mal (sehr gering, niedrigst)
das **Mi|ni|mum** (das Geringste); des Minimums; die Minima
der **Mi|ni|rock**
der **Mi|nis|ter;** des Ministers; die Minister
mi|nis|te|ri|ell
die **Mi|nis|te|rin;** die Ministerinnen
das **Mi|nis|te|ri|um;** des Ministeriums; die Ministerien
der **Mi|nis|ter|prä|si|dent**
die **Mi|nis|ter|prä|si|den|tin**
der **Mi|nis|t|rant** (Messdiener); des/dem/den Mi|nis|t|ran|ten
die **Mi|nis|t|ran|tin;** die Ministrantinnen
die **Mi|no|ri|tät** (Minderheit)
MINT (die vier Bereiche Mathematik, Informatik, Naturwissenschaften und Technik); *ohne Artikel;* Chancen von Mädchen und Frauen in MINT
der **Mi|nu|end** (Zahl, von der etwas abgezogen wird); des/dem/den Mi|nu|en|den; die Mi|nu|en|den
mi|nus (weniger); fünf minus drei ist, macht, gibt zwei; minus 15 Grad *oder* 15 Grad minus
das **Mi|nus** (fehlendes Geld; Verlust); des Minus; die Minus; [ein] Minus machen
der **Mi|nus|pol**
der **Mi|nus|punkt**
das **Mi|nus|zei|chen**
der **Mi|nus|zins** *(Bankwesen) meist Plural*
die **Mi|nu|te**
mi|nu|ten|lang; minutenlanger Beifall; ABER: mehrere Minuten langer Beifall
der **Mi|nu|ten|zei|ger**
Mio. = Million, Millionen
mir; mir nichts, dir nichts; wie kann mir jungem *(auch:* jungen) Menschen so etwas passieren!
die **Mi|ra|bel|le** (eine Pflaumenart)
mi|schen; du mischst; sie mischte; sie hat gemischt; misch *oder* mische die Karten!
die **Misch|form**
das **Misch|ge|tränk**
der **Misch|kon|zern**
der **Misch|ling;** des Mischlings; die Misch|lin|ge
das **Misch|pult** *(Film, Rundfunk, Fernsehen)*
die **Mi|schung**
das **Mi|schungs|ver|hält|nis**
der **Misch|wald**
mi|se|ra|bel (erbärmlich; nichtswürdig); ein miserabler Kerl
die **Mi|se|re** (Not, Elend); die Miseren
die **Miss** (unverheiratete Frau; Schönheitskönigin); der Miss; die Mis|ses; Miss Australien
miss|ach|ten; er missachtete; er hat die Vorschrift missachtet
die **Miss|ach|tung**
die **Miss|bil|dung**

! Viele Menschen empfinden diese Bezeichnung inzwischen als diskriminierend. Deshalb ist es besser, für die nicht normale Gestalt eines Körperteils oder Organs das Wort *Fehlbildung* zu verwenden.

miss|bil|li|gen (ablehnen); sie missbilligte den Plan; sie hat das missbilligt
die **Miss|bil|li|gung**
der **Miss|brauch;** die Miss|bräu|che; sexueller Missbrauch
miss|brau|chen; er missbrauchte; er hat seine Macht missbraucht
miss|bräuch|lich; missbräuchlich nutzen
das **Miss|brauchs|op|fer**
mis|sen *(gehoben für:* entbehren; vermissen); du misst; sie misste; er hat gemisst; misse! *oder* miss!; die Klimaanlage möchte ich nicht mehr missen
der **Miss|er|folg**
die **Miss|ern|te**
die **Mis|se|tat**
der **Mis|se|tä|ter**
die **Mis|se|tä|te|rin**
miss|fal|len (nicht gefallen); es missfiel mir; dein Benehmen hat mir missfallen
das **Miss|fal|len;** des Missfallens; sie hat ihr Missfallen geäußert
das **Miss|ge|schick**
miss|ge|stimmt (schlecht gelaunt)
miss|glü|cken (nicht gelingen); der Plan missglückte; es ist mir missglückt
miss|gön|nen (nicht gönnen); sie missgönnte; er hat mir den Erfolg missgönnt

der **Miss|griff**
die **Miss|gunst** (Neid)
miss|güns|tig
miss|han|deln; er misshandelte sie; er hat sie wieder misshandelt
die **Miss|hand|lung**
die **Mis|si|on** (Sendung; Auftrag, Botschaft)
der **Mis|si|o|nar;** des Missionars; die Mis|si|o|na|re
die **Mis|si|o|na|rin;** die Missionarinnen
mis|si|o|nie|ren (einen Glauben, eine Religion verbreiten); du missionierst; er missionierte; sie hat missioniert
die **Mis|si|o|nie|rung**
die **Mis|si|ons|sta|ti|on**
der **Mis|sis|sip|pi** (Fluss in Nordamerika)
der **Miss|klang**
der **Miss|kre|dit** (schlechter Ruf); warum hast du ihn in Misskredit gebracht?
miss|lich (unangenehm)
miss|lie|big (unbeliebt)
miss|lin|gen; es misslang; der Versuch ist ihr misslungen
der **Miss|mut**
miss|mu|tig
miss|ra|ten (nicht gelingen); es missriet ihr; der Kuchen ist missraten
der **Miss|stand** *oder* **Miss-Stand;** die Miss|stän|de *oder* Miss-Stän|de
die **Miss|stim|mung** *oder* **Miss-Stim|mung**
miss|trau|en; sie misstraute ihm; sie hat seinen Worten misstraut
das **Miss|trau|en;** des Misstrauens
das **Miss|trau|ens|vo|tum**
miss|trau|isch
das **Miss|ver|hält|nis**
miss|ver|ständ|lich
das **Miss|ver|ständ|nis;** des Missverständnisses; die Missverständnisse

! Nomen auf *-nis* werden im Nominativ Singular nur mit einem *s* geschrieben, obwohl der Genitiv Singular und die Pluralformen mit Doppel-s gebildet werden.

miss|ver|ste|hen; er missverstand ihn; er hat den Text missverstanden; das war nicht misszuverstehen
die **Miss|wei|sung** (Abweichung der Magnetnadel, Deklination)
die **Miss|wirt|schaft**
der **Mist;** des Mists *oder* Mis|tes
die **Mis|tel** (eine Pflanze); die Misteln
der **Mist|kä|fer**

mit

Präposition mit Dativ:

- ein Korb mit Eiern
- mit anderen Worten

Als Adverb drückt »mit« eine vorübergehende Beteiligung aus. Es wird von einem unmittelbar folgenden Verb getrennt geschrieben, wenn beide Wörter betont werden:

- mit nach oben gehen
- das kann ich nicht mit ansehen

Mit einem folgenden Verb zusammengeschrieben wird »mit«, wenn eine dauernde Vereinigung oder Teilnahme gemeint ist; betont wird dann meistens nur der Verbzusatz:

- er will nicht mitarbeiten
- sie ist bei ihm mitgefahren

Im Zweifel sind zwei Schreibweisen möglich:

- das musst du mitberücksichtigen *oder* mit berücksichtigen

die **Mit|ar|beit;** der Mitarbeit; die Mitarbeit im Unterricht könnte besser sein
mit|ar|bei|ten; sie arbeitet mit; sie hat an diesem Werk mitgearbeitet
der **Mit|ar|bei|ter**
die **Mit|ar|bei|te|rin**
der **Mit|be|grün|der**
die **Mit|be|grün|de|rin**
mit|be|kom|men; du bekommst mit; sie bekam mit; er hat mitbekommen; ein Frühstücksbrot mitbekommen; im Unterricht nichts mitbekommen
mit|be|rück|sich|ti|gen ↑mit
mit|be|stim|men; du bestimmst mit; er hat mitbestimmt; bestimm *oder* bestimme mit!
die **Mit|be|stim|mung**
das **Mit|be|stim|mungs|recht**
der **Mit|be|wer|ber**
die **Mit|be|wer|be|rin**
der **Mit|be|woh|ner**

die **Mit|be|woh|ne|rin**

mit|brin|gen; sie brachte es mit; sie hat mir etwas mitgebracht

das **Mit|bring|sel;** des Mitbringsels; die Mitbringsel

der **Mit|bür|ger**

die **Mit|bür|ge|rin**

mit|ei|n|an|der; miteinander (einer mit dem anderen) auskommen, leben, spielen

das **Mit|ei|n|an|der;** des Miteinander *oder* Miteinanders; für ein besseres Miteinander

mit|er|le|ben; du erlebst es mit; sie erlebte es mit; er hat es miterlebt

mit|fah|ren; er fuhr mit; er ist mitgefahren

die **Mit|fahr|ge|le|gen|heit**

die **Mit|fahr|zen|t|ra|le** (Unternehmen, das Mitfahrgelegenheiten vermittelt)

mit|fei|ern

mit|fie|bern

mit|füh|lend

das **Mit|ge|fühl**

mit|ge|hen; er ging mit; er ist mitgegangen

mit|ge|nom|men (ermattet)

die **Mit|gift** (Aussteuer); die Mit|gif|ten

das **Mit|glied**

die **Mit|glie|der|ver|samm|lung**

die **Mit|glie|der|zahl**

der **Mit|glieds|aus|weis**

der **Mit|glieds|bei|trag**

die **Mit|glied|schaft**

das **Mit|glieds|land**

der **Mit|glieds|staat** *oder* **Mit|glied|staat;** das Land wird EU-Mitgliedsstaat

mit|hal|ten; du hältst mit; er hielt nicht mit; sie hat mitgehalten; mit jemandem mithalten

mit|hel|fen; sie half mit; sie hat mitgeholfen

mit|hil|fe *oder* **mit Hil|fe;** mithilfe *oder* mit Hilfe dieses Verfahrens

die **Mit|hil|fe;** vielen Dank für deine Mithilfe!

mit|hin (*gehoben für:* somit); er ist volljährig, mithin selbst verantwortlich

der **Mit|in|ha|ber**

die **Mit|in|ha|be|rin**

mit|kom|men; sie kam mit; sie ist mitgekommen

mit|lau|fen; er lief mit; er ist mitgelaufen

der **Mit|läu|fer**

die **Mit|läu|fe|rin**

der **Mit|laut** (Konsonant)

das **Mit|leid;** Mitleid empfinden; Mitleid erregen; Mitleid erregend *oder* mitleiderregend; ein Mitleid erregender *oder* mitleiderregender Anblick; ABER NUR: ein großes Mitleid erregender Anblick; ein äußerst mitleiderregender, noch mitleiderregenderer Fall

die **Mit|lei|den|schaft;** *nur in:* in Mitleidenschaft ziehen

mit|lei|dig

mit|leid|los *oder* **mit|leids|los**

mit|leid|voll *oder* **mit|leids|voll**

die **Mit|mach|ak|ti|on**

das **Mit|mach|an|ge|bot**

mit|ma|chen; er macht mit; er hat mitgemacht

der **Mit|mensch**

mit|mensch|lich

mit|neh|men; sie nahm den Koffer mit; sie hat mich mitgenommen

mit|nich|ten (keineswegs)

die **Mi|t|ra** (Bischofsmütze); die Mitren

mit|re|den; er redet mit; bei dieser Entscheidung hat er mitgeredet

mit|rei|ßen; er riss das Publikum mit; sie wurde von der Menge mitgerissen

mit|rei|ßend (begeisternd)

mit|samt (gemeinsam mit)

mit|schnei|den (eine Radio- oder Fernsehsendung aufnehmen); sie schnitt mit; sie hat den Film mitgeschnitten

der **Mit|schnitt**

mit|schrei|ben; er schrieb mit; er hat mitgeschrieben; ABER: zum Mitschreiben

die **Mit|schuld**

mit|schul|dig

der **Mit|schü|ler**

die **Mit|schü|le|rin**

mit|spie|len; du spielst mit; sie hat mitgespielt; lass *oder* lasse sie doch mitspielen!

der **Mit|spie|ler**

die **Mit|spie|le|rin**

die **Mit|spra|che**

das **Mit|spra|che|recht**

mit|spre|chen; sie sprach mit; sie hat das Gebet mitgesprochen
der **Mit|strei|ter** (jemand, der mit anderen zusammen für oder gegen etwas eintritt, sich einsetzt); des Mitstreiters; die Mitstreiter; sie suchten noch Mitstreiter für ihre Idee
die **Mit|strei|te|rin;** die Mitstreiterinnen
der **Mit|tag;** über Mittag wegbleiben; [zu] Mittag essen; ↑Abend
das **Mit|tag|es|sen**
mit|tags; ABER: des Mittags
die **Mit|tags|pau|se**
die **Mit|tags|zeit**
der **Mit|tä|ter**
die **Mit|tä|te|rin**
die **Mit|tä|ter|schaft**
die **Mit|te;** in der Mitte; Mitte Januar; sie ist Mitte dreißig; Seite 3 [in der] Mitte
mit|tei|len (sagen, wissen lassen); er teilt mit; er hat ihm die Neuigkeit mitgeteilt; teil *oder* teile es ihm mit!
die **Mit|tei|lung**
das **Mit|tei|lungs|be|dürf|nis**
mit|tel; mitt|le|re; die Mittlere *oder* mittlere Reife (mittlerer Bildungsabschluss)
das **Mit|tel;** des Mittels; die Mittel
das **Mit|tel|al|ter**
mit|tel|al|ter|lich
mit|tel|bar (indirekt)
mit|tel|eu|ro|pä|isch
das **Mit|tel|feld** *(besonders Sport)*
der **Mit|tel|feld|spie|ler** *(besonders Fußball)*
die **Mit|tel|feld|spie|le|rin;** die Mittelfeldspielerinnen
der **Mit|tel|fin|ger**
mit|tel|fris|tig
das **Mit|tel|ge|bir|ge**
mit|tel|groß
die **Mit|tel|klas|se**
mit|tel|los
das **Mit|tel|maß**
mit|tel|mä|ßig
das **Mit|tel|meer**
die **Mit|tel|ohr|ent|zün|dung**
der **Mit|tel|punkt**
die **Mit|tel|schicht**
der **Mit|tel|stand** (*Wirtschaft:* alle kleinen und mittleren Unternehmen sowie die Selbstständigen); des Mittelstands *oder* Mittelstandes
mit|tel|stän|disch (den Mittelstand betreffend); die mittelständischen Unternehmen
der **Mit|tel|ständ|ler;** des Mittelständlers; die Mittelständler
die **Mit|tel|ständ|le|rin;** die Mittelständlerinnen
die **Mit|tel|stu|fe**
die **Mit|tel|wel|le**
der **Mit|tel|wert**
das **Mit|tel|wort** (Partizip); die Mit|tel|wör|ter
mit|ten; er befand sich mitten darin, mitten darunter; ABER: er befand sich mittendrin, mittendrunter; er ging mitten durch; ABER: der Stab brach mittendurch; das Glas ging, brach mitten entzwei
mit|ten|drin (mitten darin); sie befand sich mittendrin
die **Mit|ter|nacht;** um Mitternacht
mit|ter|nachts; ABER: des Mitternachts
die **Mit|ter|nachts|son|ne**
der **Mit|te|strich** (Bindestrich, Gedankenstrich der Schreibmaschine)
der **Mitt|ler;** des Mittlers; die Mittler
die **Mitt|le|rin;** die Mittlerinnen
mitt|ler|wei|le
mit|tra|gen; du trägst das mit; sie trug das mit; er hat das mitgetragen; eine Entscheidung mittragen
der **Mitt|woch** ↑Dienstag
der **Mitt|woch|abend** ↑Dienstagabend
der **Mitt|woch|mor|gen**
der **Mitt|woch|nach|mit|tag**
mitt|wochs ↑Dienstag
mit|un|ter (manchmal)
mit|ver|ant|wort|lich
die **Mit|ver|ant|wor|tung**
mit|wir|ken (aktiv an etwas teilnehmen); du wirkst mit; sie wirkte mit, er hat mitgewirkt; wirk *oder* wirke bitte daran mit!
die **Mit|wir|kung** *Plural selten*
der **Mit|wis|ser;** des Mitwissers; die Mitwisser
die **Mit|wis|se|rin;** die Mitwisserinnen
der **Mix** (Gemisch, spezielle Mischung); des Mix *oder* Mixes; die Mixe; ein Mix aus Jazz und Pop
das **Mixed** [mɪkst] (*Sport:* gemischtes Doppel); des Mixed[s]; die Mixed[s]

mi|xen (mischen); du mixt; er mixte; er hat gemixt; mix *oder* mixe das Getränk!

der **Mi|xer** (jemand, der Getränke mischt; Gerät zum Mixen; Tonmischer); des Mixers; die Mixer

das **Mix|ge|tränk**

die **Mix|tur** (Mischung); der Mixtur; die Mix|tu|ren

ml = Milliliter

mm = Millimeter

mmh!; mmh, ist das lecker!

der **MMS** = Multimedia Messaging Service (*Markenbezeichnung:* Mobilfunkdienst, mit dem Texte, Fotos u. a. versendet werden können)

das **MMS-Han|dy**

der **Mob** (Pöbel, randalierender Haufen); des Mobs; die Mobs

mob|ben (schikanieren); du mobbst; sie haben ihre Kollegin gemobbt; mobb *oder* mobbe den neuen Mitschüler nicht!

das **Mob|bing;** des Mobbings

die **Mob|bing|be|ra|tung**

das **Mob|bing|op|fer**

das **Mö|bel;** des Möbels; die Möbel

der **Mö|bel|dis|coun|ter** [...dɪskau̯ntɐ]

der **Mö|bel|pa|cker**

das **Mö|bel|stück**

mo|bil (beweglich); jemanden wieder mobil machen (*umgangssprachlich für:* gesund, munter machen); ↑ ABER: mobilmachen

das **Mo|bile Ban|king** *oder* **Mo|bile|ban|king** [ˈmɔʊ̯baɪl(ˈ)bɛŋkɪŋ] (Onlinebanking mithilfe des Smartphones); des Mobile Banking[s] *oder* Mobilebanking[s]

der **Mo|bil|funk** (Funk[verkehr] zwischen mobilen oder zwischen mobilen und festen Sendegeräten)

das **Mo|bil|funk|loch**

das **Mo|bil|funk|netz**

der **Mo|bil|funk|ta|rif**

das **Mo|bi|li|ar** (beweglicher Besitz; Möbel); des Mobiliars; die Mo|bi|li|a|re

mo|bi|li|sie|ren (einsatzbereit machen; aktivieren); du mobilisierst; er mobilisierte; er hat alle Kräfte mobilisiert

die **Mo|bi|li|tät** ([geistige] Beweglichkeit)

mo|bil|ma|chen (in den Kriegszustand versetzen); die Regierung machte mobil; das Land hat mobilgemacht

das **Mo|bil|te|le|fon**

mö|b|lie|ren; du möblierst; er hat das Zimmer möbliert; möblier *oder* möbliere den Raum!

Mo|çam|bique [mosamˈbiːk] *vergleiche:* **Mo|sam|bik**

der **Mo|dal|satz** (Umstandssatz der Art und Weise)

das **Mo|dal|verb** (wollen, sollen, müssen, können, dürfen, mögen; *zum Beispiel in:* wir wollen spielen)

die **Mo|de**

der **Mo|de|ar|ti|kel**

mo|de|be|wusst

die **Mo|de|far|be**

das **Mo|del** (Fotomodell); des Models; die Models

das **Mo|dell;** des Modells; die Mo|del|le; Modell stehen

die **Mo|dell|ei|sen|bahn**

das **Mo|dell|flug|zeug**

mo|del|lie|ren (formen, gestalten); du modellierst; er modellierte; er hat in Ton modelliert; modellier *oder* modelliere das Wachs!

das **Mo|dell|pro|jekt**

das **Mo|dell|schiff**

der **Mo|dell|ver|such**

das **Mo|dem** (Gerät zur Datenübertragung über Telefonleitungen); des Modems; die Modems

der **Mo|der** (Faulendes; Fäulnisstoff); des Moders

mo|de|rat (*bildungssprachlich für:* gemäßigt); mo|de|ra|ter; am mo|de|ra|tes|ten; moderate Worte; ein moderater Lehrer

die **Mo|de|ra|ti|on** (*Rundfunk, Fernsehen:* Tätigkeit des Moderators oder der Moderatorin); der Moderation; die Mo|de|ra|ti|o|nen

der **Mo|de|ra|tor** (jemand, der durch eine Fernseh- oder Rundfunksendung führt); des Moderators; die Mo|de|ra|to|ren

die **Mo|de|ra|to|rin;** die Moderatorinnen

mo|de|rie|ren; du moderierst; er moderierte; sie hat die Sendung moderiert

mo|de|rig, mod|rig (nach Moder riechend); ein moderiger *oder* modriger Keller

mo|dern (faulen); das Laub moderte; es hat gemodert

mo|dern (modisch; zeitgemäß); moderne Technik

die **Mo|der|ne** (jüngere Epoche, Richtung in Literatur, Kunst, Musik o. Ä.; moderner Zeitgeist); der Moderne; die Zeichen der Moderne

mo|der|ni|sie|ren; du modernisierst; sie modernisierte; sie hat die Verwaltung modernisiert

die **Mo|der|ni|sie|rung**

mo|disch; modische Kleidung

das **Mo|dul** (selbstständiges [Geräte]teil); des Moduls; die Mo|du|le

die **Mo|du|la|ti|on** (Übergang in eine andere Tonart)

der **Mo|dus** [*auch:* 'mɔdʊs] (Art und Weise; Aussageweise des Verbs); des Modus; die Modi

das **Mo|fa** (*kurz für:* Motorfahrrad); des Mofas; die Mofas

Mo|ga|di|schu (Hauptstadt Somalias)

die **Mo|ge|lei**

mo|geln; du mogelst; er mogelte; er hat beim Spiel gemogelt; mogle *oder* mogele nicht!

mö|gen; du magst; er mag; du mochtest; er mochte; du möchtest; er möchte; er hat sie gemocht; das hätte ich hören mögen

mög|lich

Kleinschreibung:

- mögliche Entwicklungen
- so viel als *oder* wie möglich

Großschreibung der Nominalisierung:

- das Mögliche (alles) tun; alles Mögliche (viel, allerlei) tun
- sein Möglichstes tun
- im Rahmen des Möglichen
- Mögliches und Unmögliches verlangen
- alles Mögliche (alle Möglichkeiten) bedenken
- etwas, nichts Mögliches

mög|li|chen|falls

mög|li|cher|wei|se

die **Mög|lich|keit;** nach Möglichkeit

die **Mög|lich|keits|form** (Konjunktiv)

mög|lichst; möglichst bald

Mo|ham|med (Stifter des Islams)

der **Mohn;** des Mohns *oder* Moh|nes

das **Mohn|bröt|chen**

der **Mohr** (*veraltet, heute diskriminierend:* dunkelhäutiger Afrikaner); des/dem/den Moh|ren; die Moh|ren

die **Möh|re** (eine Gemüsepflanze)

die **Mohr|rü|be** (Möhre)

moin! *oder* **Moin!** (*norddeutsch, sonst umgangssprachlich:* ursprünglich norddeutsche, heute überregionale Grußformel, oft auch moin, moin! *oder* Moin, Moin!)

der **Mo|kas|sin** (ein Lederschuh); des Mokassins; die Mokassins *oder* Mo|kas|si|ne

sich **mo|kie|ren** (sich lustig machen); du mokierst dich; er mokierte sich; er hat sich über ihre Aussprache mokiert

der **Mok|ka** (eine Kaffeesorte); des Mokkas; die Mokkas

der **Molch** (im Wasser lebender Lurch); des Molchs *oder* Mol|ches; die Mol|che

Mol|da|wi|en (Staat in Südosteuropa)

die **Mo|le** (Hafendamm); die Molen

das **Mo|le|kül** (kleinste Einheit einer chemischen Verbindung); des Moleküls; die Mo|le|kü|le

mo|le|ku|lar (die Moleküle betreffend)

die **Mo|le|ku|lar|bio|lo|gie**

das **Mo|le|ku|lar|ge|wicht**

die **Mol|ke** (Käsewasser)

die **Mol|ke|rei**

das **Mol|ke|rei|pro|dukt**

das **Moll** (Tongeschlecht mit kleiner Terz; ↑Dur); des Moll; a-Moll; die a-Moll-Arie

mol|lig (*umgangssprachlich für:* behaglich, warm; rundlich)

das **Mo|ment** ([ausschlaggebender] Umstand; Gesichtspunkt); des Moments *oder* Mo|men|tes; die Mo|men|te; dies war das auslösende Moment

der **Mo|ment** (Augenblick); des Moments *oder* Mo|men|tes; die Mo|men|te

mo|men|tan; die momentane Lage

die **Mo|ment|auf|nah|me**

Mo|na|co [*auch:* 'mo:nako] (Staat in Südeuropa; Hauptstadt dieses Staates)

der **Mo|n|arch** (gekrönter Alleinherrscher); des/dem/den Mo|n|ar|chen; die Mo|n|ar|chen

die **Mo|n|ar|chie;** die Mo|n|ar|chi|en
die **Mo|n|ar|chin;** die Monarchinnen
der **Mo|nat;** des Monats *oder* Mo|na|tes; die Mo|na|te; alle zwei Monate; dieses Monats; nächsten Monats; vorigen Monats
mo|na|te|lang; ABER: viele Monate lang
mo|nat|lich (jeden Monat); eine monatliche Rate; ABER: dreimonatig (drei Monate dauernd)
der **Mo|nats|an|fang**
das **Mo|nats|ein|kom|men**
das **Mo|nats|en|de**
der **Mo|nats|ers|te**
das **Mo|nats|ge|halt**
die **Mo|nats|kar|te**
der **Mönch** (Mitglied eines Ordens); des Mönchs *oder* Mön|ches; die Mön|che
Mön|chen|glad|bach (Stadt in Nordrhein-Westfalen)
mön|chisch
der **Mönchs|or|den**
der **Mond** (ein Himmelskörper); des Monds *oder* Mon|des; die Mon|de
der **Mond|auf|gang**
die **Mond|fins|ter|nis**
mond|hell
die **Mond|lan|dung**
die **Mond|pha|se**
der **Mond|schein**
die **Mond|um|lauf|bahn**
der **Mo|ne|gas|se** (Einwohner Monacos); des/dem/den Monegassen; die Monegassen
die **Mo|ne|gas|sin;** die Monegassinnen
mo|ne|gas|sisch
der **Mon|go|le** (Angehöriger einer Völkergruppe in Asien; Einwohner der Mongolei); des/dem/den Mongolen; die Mongolen
die **Mon|go|lei** (Staat, Hochland in Asien)
die **Mon|go|lin;** die Mongolinnen
mon|go|lisch
mo|nie|ren (bemängeln); du monierst; sie monierte; sie hat das Essen moniert
der **Mo|ni|tor** (Bildschirm); des Monitors; die Mo|ni|to|re, *auch:* Mo|ni|to|ren
das **Mo|no|gramm** (Namenszug); des Monogramms; die Mo|no|gram|me
die **Mo|no|kul|tur** (einseitiger Anbau immer derselben Pflanzenart)
der **Mo|no|log** (Selbstgespräch); des Monologs; die Mo|no|lo|ge
das **Mo|no|pol** (Recht zum Alleinverkauf); des Monopols; die Mo|no|po|le
die **Mo|no|pol|stel|lung**
das **Mo|no|po|ly** (*Markenbezeichnung:* ein Gesellschaftsspiel); des Monopoly
der **Mo|no|ski** *oder* **Mo|no|schi** [*auch:* 'mɔ...] (breiter Ski für beide Füße); *als Sportart:* das Monoski *oder* Monoschi; des Monoski *oder* Monoskis, Monoschi *oder* Monoschis
der **Mo|no|the|is|mus** (Glaube an einen einzigen Gott); die Monotheismen
mo|no|ton (eintönig, ermüdend)
die **Mo|no|to|nie** (Eintönigkeit)
der **Mon|si|eur** [mə'si̯øː] (französische Bezeichnung für Herr); des Monsieurs; die Messieurs [mɛ'si̯øː]
das **Mons|ter** (Ungeheuer); des Monsters; die Monster
der **Mons|ter|film**
die **Mons|t|ranz** (Gefäß für die geweihte Hostie); die Mons|t|ran|zen
mons|t|rös (von gewaltigem Ausmaß); ein monströses Bauwerk
das **Mons|t|rum** (Ungeheuer); des Monstrums; die Monstren
der **Mon|sun** (ein Wind); des Monsuns; die Mon|su|ne
der **Mon|tag** ↑Dienstag
der **Mon|tag|abend** ↑Dienstagabend
die **Mon|ta|ge** [mɔn'taːʒə] (Aufbau; Zusammenbau einer Maschine)
die **Mon|ta|ge|hal|le**
der **Mon|tag|mor|gen**
der **Mon|tag|nach|mit|tag**
mon|tags ↑Dienstag
der **Mont|blanc** [mõ'blãː] (Berg in den Alpen)
Mon|te|ne|g|ro (Staat in Südosteuropa)
der **Mon|teur** [mɔn'tøːɐ̯] (Facharbeiter für Montagen); des Monteurs; die Mon|teu|re
die **Mon|teu|rin;** die Monteurinnen
Mon|te|vi|deo (Hauptstadt Uruguays)
mon|tie|ren ([auf]bauen; befestigen); du montierst; er montierte; er hat das Regal montiert; montier *oder* montiere das Gerüst!
die **Mon|tur** (*umgangssprachlich für:* Klei-

M
mon

dung, Ausrüstung); der Montur; die Mon|tu|ren

das **Mo|nu|ment** (Denkmal); des Monuments *oder* Mo|nu|men|tes; die Mo|nu|men|te

mo|nu|men|tal (von beeindruckender Größe); monumentale Bauwerke

das **Moor** (Sumpf); des Moors *oder* Moo|res; die Moo|re

das **Moor|bad**

moo|rig; mooriger Boden

das **Moos;** des Moo|ses; die Moo|se

moos|be|deckt; moosbedeckte Dächer; ABER: mit Moos bedeckte Dächer

moos|grün

moo|sig

das **Mo|ped** (leichtes Motorrad); des Mopeds; die Mopeds

der **Mopp** (Stoffbesen mit langen Fransen); des Mopps; die Mopps

mop|pen; ich moppe; du moppst; sie moppte; sie hat den Flur gemoppt

der **Mops** (eine Hunderasse); des Mop|ses; die Möp|se

mop|sen (*umgangssprachlich für:* stehlen); du mopst; sie mopste; sie hat Süßigkeiten gemopst

die **Mo|ral** (Sittlichkeit; Sittenlehre)

mo|ra|lisch; moralisches Handeln

die **Mo|ral|pre|digt**

die **Mo|rä|ne** (Schutt eines Gletschers); die Moränen

der **Mo|rast** (Sumpf[gelände]); des Morasts *oder* Mo|ras|tes; die Mo|ras|te *oder* Mo|räs|te

mo|ras|tig; morastiges Gelände

das **Mo|ra|to|ri|um** (Aufschub); die Moratorien

mor|bid (kränklich; im [sittlichen] Verfall begriffen)

die **Mor|bi|di|tät** (Krankheitsstand)

die **Mor|chel** (ein Pilz); die Morcheln

der **Mord;** des Mords *oder* Mor|des; die Mor|de

der **Mord|an|schlag**

mor|den; du mordest; er mordete; er hat aus Rache gemordet

der **Mör|der;** des Mörders; die Mörder

die **Mör|de|rin;** die Mörderinnen

mör|de|risch; eine mörderische Hitze

die **Mord|er|mitt|lung**

der **Mord|fall**

das **Mor|gen;** das Heute und das Morgen

der Morgen, mor|gen

Das Nomen »Morgen« schreibt man groß:

- des Morgens; eines Morgens
- gegen Morgen; am Morgen
- guten Morgen! (Gruß)
- Guten Morgen *oder* guten Morgen sagen
- gestern, heute Morgen

Die Adverbien »morgen« und »morgens« schreibt man klein:

- morgens; frühmorgens; ABER: morgens früh
- morgen Abend, morgen Nachmittag; morgen früh, *besonders österreichisch auch:* morgen Früh
- von morgens bis abends
- bis morgen; Hausaufgaben für morgen; die Technik von morgen (der Zukunft)

Vergleiche auch: Abend, Dienstag, morgens

der **Mor|gen** (ursprünglich das Land, das an einem Morgen gepflügt werden kann; ein altes Feldmaß); fünf Morgen Land

mor|gend|lich; der morgendliche Berufsverkehr

das **Mor|gen|grau|en**

der **Mor|gen|muf|fel** (morgens unausgeschlafener, mürrischer Mensch)

mor|gens, ABER: des Morgens, eines Morgens; ↑ Abend, Dienstag *und* morgen

mor|gig; am morgigen Tag

die **Mo|ri|tat** (von einem Bänkelsänger vorgetragenes Lied); die Mo|ri|ta|ten

das **Mor|phi|um** (ein Medikament; eine Droge); des Morphiums

die **Mor|phi|um|sucht**

mor|phi|um|süch|tig

morsch; mor|scher; am mor|sches|ten; morsche Bäume

das **Mor|se|al|pha|bet** (Alphabet für die Telegrafie)

das **Mor|se-Al|pha|bet**

mor|sen (den Morseapparat bedienen); du morst; sie morste; er hat eine Nachricht gemorst

der **Mör|ser** (schweres Geschütz; Gefäß

zum Zerkleinern); des Mörsers; die Mörser

das **Mor|se|zei|chen**

die **Mor|ta|del|la** (eine Wurstsorte); die Mortadellas

der **Mör|tel** (ein Bindemittel); des Mörtels; die Mörtel

mör|teln; ich mört[e]le; du mörtelst; er mörtelte; er hat die Wand gemörtelt; mörtle *oder* mörtele die Wand!

das **Mo|sa|ik** (Bild aus bunten Steinchen); des Mosaiks; die Mo|sa|i|ken, *auch:* Mo|sa|i|ke

der **Mo|sa|ik|stein**

Mo|sam|bik *oder* **Mo|çam|bique** [mosam'bi:k] (Staat in Ostafrika)

der **Mo|sam|bi|ka|ner;** des Mosambikaners; die Mosambikaner

die **Mo|sam|bi|ka|ne|rin;** die Mosambikanerinnen

mo|sam|bi|ka|nisch

die **Mo|schee** (islamisches Bethaus); die Mo|sche|en

die **Mo|sel** (linker Nebenfluss des Rheins)

Mo|ses (Stifter der israelitischen Religion); die fünf Bücher Mosis *oder* Mose

Mos|kau (Hauptstadt Russlands)

der **Mos|ki|to** (eine Stechmücke); des Moskitos; die Moskitos

das **Mos|ki|to|netz**

der **Mos|lem** *vergleiche:* **Mus|lim**

die **Mos|le|min** *vergleiche:* **Mus|li|min**

der **Most** (unvergorener Fruchtsaft); des Mosts *oder* Mos|tes; die Mos|te

der **Most|rich** (*nordostdeutsch für:* Senf); des Mostrichs *oder* Mos|tri|ches

das **Mo|tel** (Hotel für Autoreisende); des Motels; die Motels

das **Mo|tiv** ([Beweg]grund; Leitgedanke; kleinstes melodisches Gebilde); des Motivs; die Mo|ti|ve

die **Mo|ti|va|ti|on** (die Beweggründe für das menschliche Handeln)

mo|ti|vie|ren (anspornen); du motivierst; er hat seine Mitarbeiter motiviert; motivier *oder* motiviere deine Mannschaft!

mo|ti|viert (starken Antrieb zu etwas habend); mo|ti|vier|ter; am mo|ti|vier|tes|ten; alle Helfer sind stark motiviert

die **Mo|ti|vie|rung**

das **Mo|to|cross** *oder* **Mo|to-Cross** (Geländerennen für Motorradsportler); des Motocross *oder* Moto-Cross; die Mo|to|cros|se *oder* Mo|to-Cros|se

der **Mo|tor;** des Motors; die Mo|to|ren; *auch:* der **Mo|tor;** des Motors; die Mo|to|re

das **Mo|tor|boot** [*auch:* mo'to:ɐ̯bo:t]

mo|to|risch; motorisches Gehirnzentrum (Sitz der Bewegungsantriebe)

mo|to|ri|sie|ren (mit Maschinen oder Motorfahrzeugen ausstatten); du motorisierst; er motorisierte; er hat sein Boot motorisiert; der motorisierte Verkehr

das **Mo|tor|rad** [*auch:* mo'to:ɐ̯ra:t]

der **Mo|tor|rad|fah|rer**

die **Mo|tor|rad|fah|re|rin**

der **Mo|tor|sport**

die **Mot|te**

das **Mot|ten|pul|ver**

das **Mot|to** (Leitspruch; Kennwort); des Mottos; die Mottos

mot|zen (*umgangssprachlich für:* nörgeln); du motzt; er motzte; er hat gemotzt; motz *oder* motze nicht dauernd!

die **Mot|ze|rei** *(umgangssprachlich)*

das **Moun|tain|bike** ['maʊ̯ntn̩baɪ̯k] (Fahrrad für Gelände- oder Gebirgsfahrten); des Mountainbikes; die Mountainbikes

moun|ten ['maʊ̯ntn̩] (*EDV:* in einem Betriebssystem verfügbar machen); gemountete Dateisysteme

der **Mount Eve|rest** ['maʊ̯nt 'ɛvərɛst] (höchster Berg der Erde); des Mount Everest

das *oder* der **Mo|vie** ['mu:vi] ([Kino]film); des Movie *oder* Movies; die Movies

die **Mö|we** (ein Vogel)

Mo|zart (österreichischer Komponist)

der **Moz|za|rel|la** (eine Käsesorte); des Mozzarellas; die Mozzarellas

das **MP3** (Verfahren zur Komprimierung von [Musik]dateien)

das **MP3-For|mat**

der **MP3-Play|er** [ɛmpe:'draɪ̯plɛɪ̯ɐ] (Gerät zum Abspielen von CDs im MP3-Format); des MP3-Players; die MP3-Player

das **MRT** = Magnetresonanztomogramm (ein medizinisches Diagnosebild)

MS = Multiple Sklerose (Erkrankung des Gehirns und Rückenmarks)

m/s *oder* **m/sec** = Meter je Sekunde

die **mTAN** ['ɛmtan] = mobile Transaktionsnummer (per SMS übermittelte TAN)

die **Mu̧|cke** (*umgangssprachlich für:* Laune, Grille); der Motor hat seine Mucken

die **Mü̧|cke**

der **Mü̧|cken|stich**

der **Mu̧cks,** *auch:* **Mu̧ck|ser** (kurze, halb unterdrückte Äußerung); des Muck|ses, *auch:* Mucksers; die Muck|se, *auch:* Muckser; ich will jetzt keinen Mucks, *auch:* Muckser mehr hören!

mu̧ck|sen; du muckst; er muckste; er hat gemuckst; mucks *oder* muckse nicht!; sich mucksen; er hat sich nicht gemuckst

mu̧cks|mäus|chen|sti̧ll (ganz still)

mü̱|de; sich müde arbeiten; einer Sache müde (überdrüssig) sein; er ist es müde

die **Mü̱|dig|keit**

das **Mües|li** ['myə̯sli] ↑ Müsli

der **Mu̧ff** (modriger, dumpfer Geruch); des Muffs *oder* Muf|fes

der **Mu̧ff** (Handwärmer); des Muffs *oder* Muf|fes; die Muf|fe

die **Mu̧f|fe** (Rohrstück; Ansatzstück); die Muffen

der **Mu̧f|fel** (*umgangssprachlich für:* Mensch, der sich mürrisch, ablehnend verhält); des Muffels; die Muffel

mu̧f|fe|lig *oder* **mu̧ff|lig** (mürrisch); ein muffeliger *oder* muffliger Mensch

mu̧f|fig (nach Schimmel riechend)

mu̧ff|lig *vergleiche:* **mu̧f|fe|lig**

mu̱h!; die Kühe brüllten muh *oder* Muh

die **Mü̱|he;** mit Müh und Not; es kostet mich keine Mühe; sie hat sich Mühe gegeben

mü̱|he|los; mü|he|lo|ser; am mü|he|lo|ses|ten

sich **mü̱|hen** (anstrengen); du mühst dich; sie mühte sich; sie hat sich vergeblich gemüht; müh *oder* mühe dich doch nicht so!

mü̱|he|voll

die **Mü̱h|le**

das **Mü̱hl|rad**

der **Mü̱hl|stein**

die **Mü̱h|sal;** die Müh|sa|le

mü̱h|sam

mü̱h|se|lig

der **Mu|la̱t|te** (*oft als diskriminierend empfunden:* Nachkomme eines schwarzen und eines weißen Elternteils); des/dem/den Mulatten; die Mulatten

> **!** Die Bezeichnungen »Mulatte« und »Mulattin« gehen auf den Vergleich des Mulatten mit einem Maulesel (einem *Muli*) zurück. Sie werden deshalb oft als diskriminierend empfunden.

die **Mu|la̱t|tin;** die Mulattinnen

die **Mu̱l|de** (Vertiefung im Boden)

der **Mu̧ll** (ein Baumwollgewebe); des Mulls *oder* Mul|les; die Mul|le

der **Mü̧ll** (Abfall); des Mülls *oder* Mül|les

die **Mü̧ll|ab|fuhr**

die **Mu̧ll|bin|de**

der **Mü̧ll|ei|mer**

der **Mü̧l|ler;** des Müllers; die Müller

die **Mü̧l|le|rin;** die Müllerinnen

die **Mü̧ll|kip|pe**

das **Mu̧ll|läpp|chen** *oder* **Mu̧ll-Läpp|chen**

die **Mü̧ll|ton|ne**

die **Mü̧ll|tren|nung**

die **Mü̧ll|ver|bren|nung**

die **Mü̧ll|ver|bren|nungs|an|la|ge**

mu̧l|mig (*umgangssprachlich für:* bedenklich; übel); eine mulmige Situation

der **Mul|ti|funk|ti|o̱ns|dru|cker** *(EDV)*

der **Mu̧l|ti|ko|p|ter** *oder* **Mu̧l|ti|co|p|ter** (ferngesteuertes Fluggerät mit vier oder mehr waagerechten Rotoren); des Multikopters *oder* Multicopters; die Multikopter *oder* Multicopter

mul|ti|kul|tu|rȩll (viele Kulturen umfassend); ein multikulturelles Angebot

das **Mul|ti|me̱|dia** (*EDV:* das Zusammenwirken verschiedener Medien [Texte, Bilder u. a.] in einem Informationssystem); des Multimedia *oder* Multimedias

mul|ti|me|di|a̱l (viele Medien betreffend; für viele Medien bestimmt); multimediale Bildungsangebote

mul|ti|na|ti|o|na̱l (aus vielen Nationen bestehend; in vielen Staaten vertreten); multinationale Unternehmen

der **Mul|ti|ple-Choice-Test** ['maltɪpl̩'tʃɔɪ̯s...] (Prüfungsverfahren, bei dem von mehreren vorgegebenen Antworten die richtigen zu kennzeichnen sind)

das **Mu̧l|ti|plex** (großes Kinozentrum); des Multiplex *oder* Multiplexes; die Multiplexe

der **Mul|ti|pli|kand** (*Mathematik:* Zahl, die mit einer anderen multipliziert werden soll); des/dem/den Mul|ti|pli|kan|den; die Mul|ti|pli|kan|den

die **Mul|ti|pli|ka|ti|on** (Vervielfachung)

der **Mul|ti|pli|ka|tor** (*Mathematik:* Zahl, mit der man eine vorgegebene Zahl multipliziert); des Multiplikators; die Mul|ti|pli|ka|to|ren

mul|ti|pli|zie|ren (vervielfachen); du multiplizierst; sie multiplizierte; sie hat multipliziert; multiplizier *oder* multipliziere richtig!

die **Mul|ti|vi|si|on** (*besonders Fachsprache:* gleichzeitige Projektion mehrerer Dias auf eine Leinwand)

die **Mu|mie** (einbalsamierter Leichnam); die Mu|mi|en

mu|mi|en|haft

mu|mi|fi|zie|ren (einbalsamieren); du mumifizierst; er mumifizierte; er hat den Toten mumifiziert

die **Mu|mi|fi|zie|rung**

der **Mumm** (*umgangssprachlich für:* Mut); des Mumms; keinen Mumm haben

müm|meln (fressen); du mümmelst; er mümmelte; der Hase hat ein Salatblatt gemümmelt

der **Mum|pitz** (*umgangssprachlich für:* Unsinn; Schwindel); des Mum|pit|zes

der, *auch:* die **Mumps** (Ziegenpeter); des, *auch:* der Mumps

Mün|chen (Hauptstadt Bayerns)

der **Mün|che|ner** *oder* **Münch|ner;** des Müncheners *oder* Münchners; die Münchener *oder* Münchner

die **Mün|che|ne|rin** *oder* **Münch|ne|rin;** die Münchenerinnen *oder* Münchnerinnen

der **Mund;** des Mun|des; die Mün|der

die **Mund|art**

das **Mün|del** (Minderjähriger unter Vormundschaft); des Mündels; die Mündel

mun|den (schmecken); es mundet; es mundete; das Essen hat [mir] gemundet

mün|den; der Fluss mündete; er ist in den See gemündet

mund|ge|recht; mundgerechte Stücke

der **Mund|ge|ruch**

die **Mund|har|mo|ni|ka**

mün|dig (volljährig); mündig sein, werden

die **Mün|dig|keit**

münd|lich; die mündliche Prüfung

der **Mund-Nas|e[n]-Schutz;** des Mund-Nase[n]-Schutzes

der **M-und-S-Rei|fen** [ˈɛmʔʊntˈʔɛs...] = Matsch-und-Schnee-Reifen

mund|tot; jemanden mundtot machen (rücksichtslos am Reden hindern)

die **Mün|dung**

der **Mund|win|kel**

die **Mund-zu-Mund-Be|at|mung**

die **Mu|ni|ti|on**

mun|keln (*umgangssprachlich für:* im Geheimen reden); du munkelst; er munkelte; man hat so allerlei gemunkelt

das **Müns|ter** (Stiftskirche, Dom); des Münsters; die Münster

mun|ter; mun|te|rer *oder* munt|rer; am mun|ters|ten

die **Mun|ter|keit**

die **Mün|ze**

mün|zen (Metall zu Münzen prägen); du münzt; er münzte; er hat gemünzt; das ist auf mich gemünzt (auf mich bezogen)

der **Münz|fern|spre|cher** (öffentliches Telefon)

die **Mu|rä|ne** (ein Fisch); die Muränen

mür|be, *seltener:* **mürb;** mürbes (leicht zerfallendes) Gebäck; den Teig mürbe machen *oder* mürbemachen; ABER: jemanden ↑mürbemachen

mür|be|ma|chen (*umgangssprachlich für:* jemandes Widerstand brechen); er hat sie mürbegemacht; ↑*auch:* mürbe

der **Mür|be|teig**

die **Mu|re** (vom Berghang heruntergerutschter Schutt oder Schlamm); die Muren

der **Murks** (*umgangssprachlich für:* schlechte Arbeit); des Murk|ses

murk|sen (schlecht arbeiten); du murkst; er murkste; er hat wieder gemurkst

die **Mur|mel** (*landschaftlich für:* Spielkügelchen); die Murmeln

mur|meln (leise und undeutlich sprechen); ich murm[e]le; du murmelst; sie murmelte; sie hat gemurmelt

das **Mur|mel|tier** (ein Nagetier)

mur|ren; du murrst; er murrte; er hat gemurrt; murre nicht immer!

mür|risch

das **Mus** (Obstbrei; Marmelade); des Muses; die Mu|se
die **Mu|schel;** die Muscheln
die **Mu|se** (eine der neun Göttinnen der Künste); die Musen
das **Mu|se|um;** des Museums; die Museen
mu|se|ums|reif; museumsreife Autos
das **Mu|si|cal** [ˈmjuːzikl̩] (musikalisches Bühnenwerk in einem modernen, populären Stil); des Musicals; die Musicals
die **Mu|sic|box** [ˈmjuːzikbɔks] *vergleiche:* **Mu|sik|box**
die **Mu|sik**
mu|si|ka|lisch
der **Mu|si|kant;** des/dem/den Mu|si|kanten; die Mu|si|kan|ten
die **Mu|si|kan|tin;** die Musikantinnen
die **Mu|sik|box** *oder* **Mu|sic|box** [ˈmjuːzikbɔks] (Musikautomat); die Mu|sik|boxen *oder* Mu|sic|bo|xes
der **Mu|si|ker;** des Musikers; die Musiker
die **Mu|si|ke|rin;** die Musikerinnen
die **Mu|sik|hoch|schu|le**
das **Mu|sik|in|s|t|ru|ment**
die **Mu|sik|kas|set|te**
die **Mu|sik|schu|le**
das **Mu|sik|strea|ming** [...striːmɪŋ]
der **Mu|sik|un|ter|richt**
das **Mu|sik|vi|deo** *(umgangssprachlich)*
mu|sisch (künstlerisch); musische Begabung
mu|si|zie|ren; du musizierst; er musizierte; er hat musiziert; musiziere später!
der **Mus|kat** (ein Gewürz); des Muskats *oder* Mus|ka|tes; die Mus|ka|te
die **Mus|kat|nuss**
der **Mus|kel;** die Muskeln
der **Mus|kel|ka|ter** *(umgangssprachlich)*
die **Mus|ku|la|tur** (die Muskeln)
mus|ku|lös; mus|ku|lö|ser; am mus|ku|lö|ses|ten; muskulöse Arme
das **Müs|li,** *schweizerisch:* **Mües|li** [ˈmyəsli]; des Müslis, *schweizerisch:* Müeslis; die Müsli, *schweizerisch:* Müesli
der **Mus|lim,** *veraltend:* **Mos|lem** (Anhänger des Islams); des Muslim *oder* Muslims *oder* Moslems; die Mus|li|me *oder* Muslims *oder* Moslems
die **Mus|li|min,** *veraltend:* **Mos|le|min;** die Musliminnen *oder* Mosleminnen
mus|li|misch, *veraltend:* **mos|le|misch**
die **Mu|ße** (*gehoben für:* freie Zeit; Ruhe)
müs|sen; du musst; er musste; er hat nach Hause gemusst; was habe ich über dich hören müssen!
mü|ßig (untätig; überflüssig); müßig sein; ABER: müßiggehen
der **Mü|ßig|gang**
der **Mü|ßig|gän|ger** (Faulenzer); des Müßiggängers; die Müßiggänger
die **Mü|ßig|gän|ge|rin;** die Müßiggängerinnen
mü|ßig|ge|hen (nichts tun, faulenzen); er ist zu lange müßiggegangen
der **Mus|tang** (wild lebendes Präriepferd); des Mustangs; die Mustangs
das **Mus|ter;** des Musters; die Muster; nach [einem] Muster schneidern
das **Mus|ter|bei|spiel**
mus|ter|gül|tig
mus|ter|haft
mus|tern (prüfend ansehen); du musterst; er musterte; er hat ihn gemustert; mustere ihn nicht so!
die **Mus|te|rung** (kritische, prüfende Betrachtung)
der **Mut;** des Muts *oder* Mu|tes; jemandem Mut machen; er ist guten Mut[e]s; mir ist traurig zu Mute *oder* zumute
die **Mu|ta|ti|on** (erbliche Veränderung)
mu|tie|ren (sich ändern, zu etwas anderem werden); du mutierst; sie mutierte; er hat *oder* ist mutiert; unser Hund mutierte zu einem wilden Tier
mu|tig
mut|los; mut|lo|ser; am mut|lo|ses|ten
die **Mut|lo|sig|keit**
mut|ma|ßen (vermuten); ich mutmaße; du mutmaßt; sie mutmaßte; sie hat gemutmaßt
mut|maß|lich; der mutmaßliche Täter
die **Mut|ma|ßung**
die **Mut|pro|be**
die **Mut|ter** (Schraubenteil); die Muttern
die **Mut|ter;** die Mütter
die **Mut|ter|er|de**
die **Mut|ter|got|tes** *oder* **Mut|ter Got|tes**
die **Mut|ter-Kind-Kur**
müt|ter|lich
das **Mut|ter|mal;** die Mut|ter|ma|le
mut|ter|see|len|al|lein (ganz allein)
die **Mut|ter|spra|che**
der **Mut|ter|tag**

die **Mut|ti** (*Koseform für:* Mutter); die Muttis
mut|wil|lig (absichtlich); mutwillige Zerstörung
die **Mut|wil|lig|keit**
die **Müt|ze**
My|an|mar ['mi̯anmaːɐ̯] (Staat in Südostasien)
die **Myr|rhe** (ein wohlriechendes Harz); die Myrrhen
die **Myr|te** (ein immergrüner Baum oder Strauch); die Myrten
der **Myr|ten|kranz**
mys|te|ri|ös (geheimnisvoll); mys|te|ri|ö|ser; am mys|te|ri|ö|ses|ten
das **Mys|te|ri|um** (Geheimnis); des Mysteriums; die Mys|te|ri|en
mys|tisch (geheimnisvoll); eine mystische Sekte
die **My|the** *oder* der **My|thos,** *auch:* der **My|thus** (die Götter- und Heldensage); der Mythe *oder* des Mythos, *auch:* des Mythus; die Mythen
my|thisch (sagenhaft; erdichtet); mythische Gestalten
die **My|tho|lo|gie** (überlieferte Götter- und Heldensagen eines Volkes)

N

N = Newton; Nord, Norden
das **N** (Buchstabe); des N; die N; ABER: das n in Wand
na!; na, na!; na ja!
die **Na|be** (Mittelhülse des Rades); die Naben
der **Na|bel;** des Nabels; die Nabel
die **Na|bel|schnur**
der **Na|ben|dy|na|mo** (beim Fahrrad)
die **Na|ben|schal|tung** (beim Fahrrad)
nach; nach und nach; nach wie vor; er ging nach ihm hinaus; er will nach Haus[e] *oder* nachhause gehen; er starb nach langem, schwerem Leiden
nach|äf|fen (*umgangssprachlich für:* nachahmen); du äffst ihn nach; sie äffte ihn nach; sie hat ihn nachgeäfft; äffe ihn nicht dauernd nach!
nach|ah|men; ich ahme ihn nach; du ahmst ihn nach; er ahmte ihn nach; er hat ihn nachgeahmt
der **Nach|ah|mer;** des Nachahmers; die Nachahmer
die **Nach|ah|me|rin;** die Nachahmerinnen
die **Nach|ah|mung**
der **Nach|bar;** des Nachbarn *oder* Nachbars; die Nachbarn
die **Nach|ba|rin;** die Nachbarinnen
das **Nach|bar|land**
nach|bar|lich; nachbarliche Hilfe
die **Nach|bar|schaft**
die **Nach|bar|schafts|hil|fe**
der **Nach|bars|jun|ge**
das **Nach|bars|mäd|chen**
der **Nach|bar|staat**
die **Nach|bes|se|rung**
nach|be|stel|len; sie bestellt das Buch nach; sie hat es gestern nachbestellt
die **Nach|be|stel|lung**
nach|bil|den; er bildet das Kunstwerk nach; er hat es nachgebildet
die **Nach|bil|dung**
nach|dem; je nachdem; je nachdem[,] ob/wie ...; nachdem er gegessen hatte, ruhte er sich aus; ABER: nach dem Essen
nach|den|ken; sie denkt nach; sie hat nachgedacht; denk *oder* denke darüber nach!
nach|denk|lich
der **Nach|druck;** *für Druckerzeugnisse auch Plural:* die Nach|dru|cke
nach|drück|lich; eine nachdrückliche Ermahnung
nach|ei|n|an|der; die Wagen werden nacheinander starten
nach|emp|fin|den; sie empfindet seinen Schmerz nach; sie hat seine Trauer nachempfunden
der **Na|chen** (ein Boot); des Nachens; die Nachen
nach|er|zäh|len; er erzählt die Geschichte nach; er hat ihren Inhalt nacherzählt
die **Nach|er|zäh|lung**
die **Nach|fol|ge** (Übernahme eines Amtes von einem Vorgänger)
nach|fol|gen; er folgt ihr nach; er ist ihr nachgefolgt
der **Nach|fol|ger;** des Nachfolgers; die Nachfolger

die **Nach|fol|ge|rin;** die Nachfolgerinnen
nach|for|schen; sie forscht nach; sie hat nachgeforscht
die **Nach|for|schung**
die **Nach|fra|ge**
nach|fra|gen; er fragt nach; er hat nachgefragt
nach|ge|ben; er gibt nach; er hat nachgegeben
die **Nach|ge|bühr**
die **Nach|ge|burt**
nach|ge|hen; die Uhr geht nach; sie ist der Sache nachgegangen
der **Nach|ge|schmack;** ein bitterer Nachgeschmack
nach|gie|big; nachgiebiges Material
die **Nach|gie|big|keit**
nach|hal|tig (sich lange auswirkend); er hat einen nachhaltigen Eindruck hinterlassen
die **Nach|hal|tig|keit**
nach|hau|se ↑ Haus
der **Nach|hau|se|weg**
nach|hel|fen; er hilft nach; er hat etwas nachgeholfen
nach|her
die **Nach|hil|fe**
das **Nach|hil|fe|por|tal**
die **Nach|hil|fe|stun|de**
der **Nach|hil|fe|un|ter|richt**
Nach|hi|n|ein; *nur in:* im Nachhinein (hinterher; nachträglich)
der **Nach|hol|be|darf**
nach|ho|len; sie holt das Versäumte nach; sie hat es nachgeholt
das **Nach|hol|spiel** *(Sport)*
der **Nach|kom|me;** des/dem/den Nachkommen; die Nachkommen
nach|kom|men; du kommst nach; sie kam nach; er ist nachgekommen; komm *oder* komme schnell nach!
die **Nach|kom|men|schaft**
die **Nach|kom|min;** die Nachkomminnen
der **Nach|kömm|ling**
die **Nach|kriegs|zeit**
der **Nach|lass;** des Nach|las|ses; die Nach|läs|se *oder* Nach|läs|se
nach|las|sen; sie lässt in ihren Leistungen nach; der Regen hat nachgelassen
nach|läs|sig; nachlässiges Personal
die **Nach|läs|sig|keit**
nach|lau|fen; der Hund läuft mir nach; er ist mir nachgelaufen
nach|ler|nen (*besonders süddeutsch, österreichisch für:* Lernstoff nachholen)
nach|le|sen (nachschauen); lies das zu Hause nach!
nach|lie|fern; sie lieferte das Buch nach; sie hat es nachgeliefert
die **Nach|lie|fe|rung**
nach|lö|sen (eine Fahrkarte nach Antritt der Fahrt lösen); er löst nach; er hat im Zug nachgelöst
der **Nach|mit|tag**
nach|mit|tags; ABER: des Nachmittags; ↑ Abend *und* Dienstag
der **Nach|mit|tags|un|ter|richt**
die **Nach|nah|me;** ein Paket als, per Nachnahme schicken
die **Nach|nah|me|ge|bühr**

! Nicht verwechseln: Obwohl beide Wörter gleich ausgesprochen werden, schreibt man die Warensendung, die man bei ihrer Lieferung sofort bezahlt, mit Dehnungs-h (denn »Nachnahme« geht auf »nehmen« zurück), während der Familienname einer Person ohne h geschrieben wird.

der **Nach|na|me** (Familienname); des Nachnamens; die Nachnamen
das **Nach|por|to**
nach|prü|fen; sie prüft die Rechnung nach; sie hat den Schüler nachgeprüft
die **Nach|prü|fung**
nach|ran|gig; nachrangige Ziele
nach|rech|nen; sie rechnet nach; sie hat nachgerechnet
die **Nach|richt;** die Nach|rich|ten
die **Nach|rich|ten|agen|tur**
der **Nach|rich|ten|sen|der**
der **Nach|ruf** (Gedenkworte für einen kürzlich Verstorbenen); die Nach|ru|fe
nach|rüs|ten; er rüstet sein Auto mit einem Navigationssystem nach; die NATO hat nachgerüstet (ihren militärischen Waffenbestand vergrößert)
die **Nach|rüs|tung**
nach|sa|gen (von jemandem in dessen Abwesenheit sagen); jemandem etwas nachsagen
die **Nach|sai|son**
nach|schau|en; sie schaute dem Schiff

nach; er hat nachgeschaut, ob die Tür zu ist

nach|schla|gen; sie schlägt nach; sie hat im Wörterbuch nachgeschlagen

das **Nach|schla|ge|werk**

der **Nach|schlüs|sel**

der **Nach|schub**

nach|se|hen; sie sieht dem Zug nach; sie sah den Motor nach; sie hat mir den Fehler nachgesehen (verziehen); sieh nach!

das **Nach|se|hen;** das Nachsehen haben (nichts mehr [ab]bekommen)

nach|sen|den; er sandte, *auch:* sendete ihr den Brief nach; er hat ihn nachgesandt, *auch:* nachgesendet

die **Nach|sen|dung**

die **Nach|sicht** (verzeihendes Verständnis)

nach|sich|tig; nachsichtige Eltern

die **Nach|sil|be** (Suffix)

nach|sit|zen; sie sitzt nach; sie hat gestern wieder nachgesessen

der **Nach|spann** (eines Films oder einer Fernsehsendung); des Nachspanns *oder* Nach|span|nes; die Nach|span|ne *oder* Nach|spän|ne

die **Nach|spei|se**

das **Nach|spiel;** die Sache wird ein Nachspiel haben (ist noch nicht erledigt)

die **Nach|spiel|zeit** *(Sport)*

nächst; im nächsten Jahr; nächsten Monats; im Mai [des] nächsten Jahres; sie steht mir am nächsten; nächstes Mal; das nächste Mal; die nächsthöhere Nummer; der, die Nächste, bitte!; das ist das Nächste, was zu tun ist; das wird als Nächstes getan; der nächste Beste; ABER: das Nächstbeste wäre ...; wir fragen den nächstbesten Polizisten

der, die, das **Nächst|bes|te** (die nächstbeste Person oder Sache)

der **Nächs|te** (der Mitmensch); des/dem/den Nächsten; die Nächsten; mein Nächster

nach|stel|len; sie stellt den Wecker [eine Stunde] nach; sie hat ihm nachgestellt (sie hat ihn hartnäckig verfolgt)

die **Nach|stel|lung**

die **Nächs|ten|lie|be**

nächs|tens (bald; demnächst)

nächst|lie|gend; der nächstliegende Ort

das **Nächst|lie|gen|de**

die **Nacht;** die Näch|te; bei Nacht; über Nacht; die Nacht über; Tag und Nacht; des Nachts; eines Nachts; heute Nacht; ABER: Samstagnacht; ↑ Abend, Dienstag *und* nachts

nacht|ak|tiv *(Zoologie)*

der **Nacht|bus**

der **Nach|teil**

nach|tei|lig

näch|te|lang; nächtelang feiern; ABER: drei Nächte lang feiern

der **Nacht|frost**

das **Nacht|hemd**

die **Nach|ti|gall;** die Nach|ti|gal|len

der **Nach|tisch** (Nachspeise)

der **Nacht|klub** *oder* **Nacht|club**

das **Nacht|le|ben**

nächt|lich; zu nächtlicher Stunde

der **Nach|trag;** des Nachtrags *oder* Nach|tra|ges; die Nach|trä|ge

nach|tra|gen; sie trägt das Datum nach; sie hat ihm die Beleidigung lange nachgetragen (übel genommen)

nach|tra|gend (unversöhnlich); ein nachtragender Mensch

nach|träg|lich

die **Nacht|ru|he**

nachts; ABER: des Nachts, eines Nachts

der **Nacht|schat|ten** (Pflanzengattung)

das **Nacht|schat|ten|ge|wächs** (eine Pflanzenfamilie) *meist Plural*

die **Nacht|schicht**

nachts|über; ABER: die Nacht über; ↑ Abend

die **Nacht|tem|pe|ra|tur**

der **Nacht|tisch**

die **Nacht|tisch|lam|pe**

der **Nacht|wäch|ter**

die **Nacht|wäch|te|rin;** die Nachtwächterinnen

nacht|wan|deln; du nachtwandelst; sie ist, *auch:* hat genachtwandelt

nach|voll|zieh|bar; dein Argument ist nicht nachvollziehbar

nach|voll|zie|hen; du vollziehst es nach; sie hat es nachvollzogen

der **Nach|weis;** des Nach|wei|ses; die Nach|wei|se

nach|weis|bar

nach|wei|sen; sie weist [ihm] den Diebstahl nach; sie hat es nachgewiesen;

na|he, *seltener:* **nah**

näher; am nächs|ten

1. Groß- und Kleinschreibung:

Kleinschreibung:

- ich bin nah[e] daran
- von, aus nah und fern
- von nahem *oder* Nahem
- die nahe Stadt; in der näheren Umgebung; das nächste Kino

Großschreibung der Nominalisierung und in Namen:

- von Nahem *oder* nahem
- der Nahe Osten (Israel und die arabischen Staaten Vorderasiens)

2. Getrennt- und Zusammenschreibung:

Zusammenschreibung:

- nahebei parken
- nahezu die Hälfte

Schreibung in Verbindung mit Verben und Partizipien:

- nahe kommen (in die Nähe kommen); ABER: wir sind uns in der letzten Zeit sehr nahegekommen
- nahe liegen (in der Nähe liegen); die Gaststätte hat nahe gelegen; ein nahe liegendes *oder* naheliegendes (in der Nähe liegendes) Dorf; ABER: ein naheliegender (einleuchtender, leicht verständlicher) Gedanke
- jemandem zu nahe treten (jemanden verletzen, beleidigen)

Zusammenschreibung bei übertragener Bedeutung:

Vergleiche auch: nahegehen, nahekommen, nahelegen, naheliegen, nahestehen

weis *oder* weise ihm den Diebstahl erst nach!

nach|weis|lich

die **Nach|welt** (kommende Generationen)

nach|wir|ken; das Mittel wirkt nach; es hat noch lange nachgewirkt

die **Nach|wir|kung**

das **Nach|wort;** die Nach|wor|te

der **Nach|wuchs;** des Nach|wuch|ses

das **Nach|wuchs|tur|nier**

nach|zah|len; sie zahlt die Gebühr nach; sie hat nachgezahlt

nach|zäh|len; sie zählte das Geld nach; sie hat es nachgezählt

die **Nach|zah|lung**

nach|zie|hen (hinterherziehen; nachzeichnen; festziehen; nachzüchten; dem Beispiel folgen)

der **Nach|zug** (das Nachziehen); des Nachzug[e]s; die Nachzüge

der **Nach|züg|ler;** des Nachzüglers; die Nachzügler

die **Nach|züg|le|rin;** die Nachzüglerinnen

der **Na|cke|dei** (*scherzhaft für:* nacktes Kind; Nackte[r]); des Nackedeis; die Nackedeis

der **Na|cken;** des Nackens; die Nacken

die **Na|cken|stüt|ze**

nackt; nackt baden

die **Nackt|heit**

die **Na|del;** die Nadeln

der **Na|del|baum**

na|deln (Nadeln verlieren); der Christbaum nadelt; er hat stark genadelt

das **Na|del|öhr**

der **Na|del|wald**

der **Na|gel;** des Nagels; die Nägel; ABER: alles, was nicht niet- und nagelfest ist

der **Na|gel|lack**

na|geln; du nagelst; er nagelte; er hat eine Kiste aus Brettern genagelt; nagle *oder* nagele das Schild an die Wand!

na|gel|neu

na|gen; du nagst; der Hund nagte am Knochen; er hat am Hungertuch genagt (Hunger gelitten)

das **Na|ge|tier**

die **Nah|auf|nah|me**

die **Nä|he;** sie ist in der Nähe

na|he, *seltener:* **nah** *siehe Kasten*

na|he|bei; nahebei wohnen; ABER: nahe bei der Schule wohnen

na|he|ge|hen (seelisch ergreifen); der Tod seines Freundes ist ihm nahegegangen; ein nahegehender Verlust; ↑ABER: nahe

na|he|kom|men (vertraut werden); sie sind sich im Lauf der Zeit sehr nahegekommen; ↑ABER: nahe

na|he|le|gen (empfehlen); man hat ihr den Rücktritt nahegelegt; ↑ABER: nahe

na|he|lie|gen (leicht zu finden sein); die Lösung des Rätsels hat nahegelegen; ein naheliegender Gedanke; ↑ABER: nahe

na|he|lie|gend ↑nahe

na|hen; du nahst; der Abschied nahte, das Gewitter ist schnell genaht

nä|hen; du nähst; sie nähte, sie hat genäht; nähe das Kleid!

nä|her; nähere Hinweise; ABER: Näheres folgt; das Nähere findet sich; etwas des Näher[e]n (genauer) auseinandersetzen; alles Nähere sage ich dir später; sie hat den Korb näher gebracht; das Auto ist immer näher gekommen; näher liegend *oder* näherliegend (näher gelegen); eine näher liegende *oder* näherliegende Tankstelle; ↑ABER: näherliegen

nä|her|brin|gen (leichter verständlich machen); er hat uns das Gedicht nähergebracht

N

nah

die **Nä|he|rei**

das **Nah|er|ho|lungs|ge|biet** (Erholungsgebiet in der Nähe einer Großstadt)

die **Nä|he|rin;** die Näherinnen

nä|her|kom|men (vertrauter werden, verstehen lernen); wir sind uns auf dem Fest nähergekommen; ↑ABER: näher

nä|her|lie|gen (sich eher anbieten; besonders einleuchten); es hätte nähergelegen, mit dem Zug zu fahren; eine näherliegende Lösung; ↑ABER: näher

sich **nä|hern;** du näherst dich; er näherte sich vorsichtig; er hat sich bis auf wenige Meter genähert; nähere dich dem Hund ganz langsam!

nä|her|ste|hen (vertrauter sein); sie haben sich damals nähergestanden; ↑näher

der **Nä|he|rungs|wert** *(Mathematik)*

na|he|ste|hen (vertraut, befreundet sein); eine ihm [besonders] nahestehende Verwandte; sie hat dem Verstorbenen sehr nahegestanden

na|he|zu (fast)

das **Näh|garn**

die **Näh|ma|schi|ne**

Nah|ost (der Nahe Osten); in Nahost

der **Nähr|bo|den**

sich **näh|ren;** du nährst dich; sie nährte sich; sie hat sich von Früchten genährt; nähre dich nicht nur von Fleisch!

nahr|haft; nahr|haf|ter; am nahr|haf|tes|ten; nahrhaftes Essen

das **Nähr|salz**

der **Nähr|stoff**

die **Nah|rung**

die **Nah|rungs|ket|te** *(Biologie)*

das **Nah|rungs|mit|tel;** die Nahrungsmittel

die **Nah|rungs|mit|tel|ver|gif|tung**

der **Nähr|wert**

die **Naht;** die Näh|te

naht|los

die **Naht|stel|le**

der **Nah|ver|kehr**

Nai|ro|bi (Hauptstadt Kenias)

na|iv (natürlich; unbefangen; einfältig); er ist naiv; die naive Malerei

die **Na|i|vi|tät**

na ja!

der **Na|me;** des Namens; die Namen; im Namen; mit Namen

na|men|los

na|mens; ein Mann namens Maier; namens (im Namen, im Auftrag) des Vorstands teilen wir mit, dass ...

der **Na|mens|pa|t|ron**

die **Na|mens|pa|t|ro|nin**

der **Na|mens|tag**

na|ment|lich; namentlich[,] wenn

nam|haft; jemanden namhaft machen (ausfindig machen und [be]nennen); namhafte (bekannte, berühmte) Künstlerinnen

Na|mi|bia (Staat in Südwestafrika)

der **Na|mi|bi|er;** des Namibiers; die Namibier

die **Na|mi|bi|e|rin;** die Namibierinnen

na|mi|bisch

näm|lich; nämlich[,] dass; nämlich[,] wenn

der **Nan|ga Par|bat** (Berg im Himalaja); des Nanga Parbat

die **Nan|ny** (Kindermädchen); der Nanny; die Nannys

na|nu!

das **Na|palm** (*Markenbezeichnung:* Füllstoff für Brandbomben); des Napalms

die **Na|palm|bom|be**
der **Napf;** des Napfs *oder* Nap|fes; die Näp|fe
der **Napf|ku|chen**
Na|po|le|on (französischer Kaiser)
das **Nap|pa** (*kurz für:* Nappaleder); des Nappa *oder* Nappas; die Nappas
das **Nap|pa|le|der** (ein weiches, waschbares Leder)
die **Nar|be**
nar|big; ein narbiges Gesicht
die **Nar|ko|se** (Betäubung)
nar|ko|tisch
nar|ko|ti|sie|ren *(Medizin);* die Ärztin narkotisierte ihn; sie hat ihn narkotisiert
der **Narr;** des/dem/den Nar|ren; die Nar|ren
nar|ra|tiv (*Literaturwissenschaft, Sprachwissenschaft:* erzählend); ein narrativer Text
das **Nar|ra|tiv** ([verbindende] sinnstiftende Erzählung); des Narrativ[e]s; die Nar|ra|ti|ve
die **Nar|ren|frei|heit**
nar|ren|si|cher
die **När|rin;** die Närrinnen
när|risch
der **Nar|ziss** (jemand, der sich selbst liebt); des Narziss *oder* Nar|zis|ses; die Nar|zis|se
die **Nar|zis|se** (eine Frühjahrsblume)
der **Nar|ziss|mus** (übermäßige Selbstliebe); des Narzissmus
nar|ziss|tisch
die **NASA** = National Aeronautics and Space Administration (Luft- und Raumfahrtbehörde der USA)
na|sal (durch die Nase gesprochen)
na|sa|lie|ren (näseln); ein nasaliertes o
na|schen; du naschst; er naschte; er hat genascht; nasch *oder* nasche nicht so oft!
die **Na|sche|rei**
nasch|haft; nasch|haf|ter; am nasch|haf|tes|ten
die **Nasch|kat|ze**
die **Na|se;** *Verkleinerungsform:* das Näschen
nä|seln (*gehoben für:* durch die Nase sprechen); ich näs[e]le; du näselst; sie näselte; sie hat genäselt; näsle *oder* näsele nicht so!
das **Na|sen|bein**
das **Na|sen|blu|ten;** des Nasenblutens
der **Na|sen|stü|ber;** des Nasenstübers; die Nasenstüber
na|se|weis (*umgangssprachlich für:* vorlaut, vorwitzig); na|se|wei|ser; am na|se|wei|ses|ten
der **Na|se|weis;** des Na|se|wei|ses; die Na|se|wei|se
nas|füh|ren; sie nasführte ihn; sie hat ihn genasführt; nasführ *oder* nasführe mich nicht!
das **Nas|horn**
nass; näs|ser *oder* nas|ser; am näs|ses|ten *oder* am nas|ses|ten; sie hat ihn nass gespritzt *oder* nassgespritzt
das **Nass** (Wasser); des Nas|ses
die **Näs|se**
näs|sen (*gehoben für:* nass machen); etwas nässt; etwas nässte; der Dampf hat die Scheiben genässt
nass|kalt
die **Nass|ra|sur**
der **Nass|schnee** *oder* **Nass-Schnee**
nass|sprit|zen ↑ nass
die **Na|ti|on;** die Na|ti|o|nen
na|ti|o|nal; die nationale Unabhängigkeit; ABER: das Nationale Olympische Komitee (*Abkürzung:* NOK)
na|ti|o|nal|be|wusst
das **Na|ti|o|nal|be|wusst|sein**
die **Na|ti|o|nal|elf**
der **Na|ti|o|nal|fei|er|tag**
die **Na|ti|o|nal|hym|ne**
der **Na|ti|o|na|lis|mus** (übermäßiges Nationalbewusstsein); des Nationalismus; die Nationalismen
der **Na|ti|o|na|list;** des Na|ti|o|na|lis|ten; die Na|ti|o|na|lis|ten
die **Na|ti|o|na|lis|tin;** die Nationalistinnen
na|ti|o|na|lis|tisch; nationalistische Propaganda
die **Na|ti|o|na|li|tät**
die **Na|ti|o|nal|mann|schaft**
der **Na|ti|o|nal|park**
der **Na|ti|o|nal|so|zi|a|lis|mus**
der **Na|ti|o|nal|so|zi|a|list**
die **Na|ti|o|nal|so|zi|a|lis|tin**
na|ti|o|nal|so|zi|a|lis|tisch
der **Na|ti|o|nal|spie|ler**
die **Na|ti|o|nal|spie|le|rin**
der **Na|ti|o|nal|staat**
der **Na|ti|o|nal|trai|ner**

das **Na|ti|o|nal|tri|kot**
die **NATO** *oder* **Na|to** = North Atlantic Treaty Organization (Nordatlantikpakt; ein militärisches und politisches Bündnis westlicher Staaten)
die **NATO-Ein|greif|trup|pe** *oder* **Nato-Ein|greif|trup|pe** (Sondereinsatztruppe der NATO in militärischen Krisengebieten)
das **Na|t|ri|um** (chemisches Element; *Zeichen:* Na); des Natriums
das **Na|t|ri|um|chlo|rid** (Kochsalz); des Natriumchlorids *oder* Na|t|ri|um|chlo|rides; die Na|t|ri|um|chlo|ri|de
das **Na|t|ron** (*umgangssprachlich für:* doppeltkohlensaures Natrium); des Natrons
die **Na|t|ron|lau|ge**
die **Nat|ter** (eine Schlangenart); die Nattern
die **Na|tur**
die **Na|tu|ra|li|en** (Bodenerzeugnisse) *Plural*
der **Na|tu|ra|lis|mus** (Wirklichkeitsnähe; eine Kunstrichtung); des Naturalismus
na|tu|ra|lis|tisch; naturalistische Darstellungen
die **Na|tur|er|schei|nung**
der **Na|tur|freund**
die **Na|tur|freun|din**
na|tur|ge|mäß; eine naturgemäße Lebensweise
das **Na|tur|ge|setz**
die **Na|tur|heil|kun|de**
die **Na|tur|ka|ta|s|t|ro|phe**
na|tür|lich; natürliche Zahlen
na|tür|li|cher|wei|se
der **Na|tur|park**
der **Na|tur|ra|sen**
na|tur|rein (ohne fremden Zusatz); naturreiner Bienenhonig
der **Na|tur|schutz**
der **Na|tur|schutz|bund**
das **Na|tur|schutz|ge|biet**
na|tur|trüb; naturtrüber Apfelsaft
die **Na|tur|wis|sen|schaft**
der **Na|tur|wis|sen|schaft|ler**
die **Na|tur|wis|sen|schaft|le|rin**
na|tur|wis|sen|schaft|lich; die naturwissenschaftlichen Fächer
die **Nau|tik** (Schifffahrtskunde)
nau|tisch; nautisches Dreieck
die **Na|vi|ga|ti|on** (Orts- und Kursbestimmung von Schiffen und Flugzeugen)
das **Na|vi|ga|ti|ons|sys|tem**
na|vi|gie|ren; du navigierst; er navigierte; der Lotse hat das Schiff in den Hafen navigiert
der **Na|zi** (*abwertende Kurzform für:* Nationalsozialist); des Nazis; die Nazis
n. Chr. = nach Christus
NDR = Norddeutscher Rundfunk; des NDR
der **Ne|an|der|ta|ler** (ein vorgeschichtlicher Mensch); des Neandertalers; die Neandertaler
die **Ne|an|der|ta|le|rin;** die Neandertalerinnen
der **Ne|bel;** des Nebels; die Nebel; bei Nacht und Nebel
ne|bel|haft; ne|bel|haf|ter; am ne|belhaf|tes|ten
das **Ne|bel|horn**
ne|be|lig *oder* **neb|lig**
ne|beln (neblig sein, werden; Nebel entstehen lassen); ich neb[e]le; die Wiese nebelte; es hat genebelt
die **Ne|bel|schluss|leuch|te**
die **Ne|bel|schwa|de** *oder* der **Ne|belschwa|den** *meist Plural*
ne|ben; neben dem Haus stehen Bäume; ich stelle den Wagen neben das Haus
ne|ben|an
ne|ben|bei
der **Ne|ben|buh|ler** (Rivale um die Gunst einer Frau); des Nebenbuhlers; die Nebenbuhler
die **Ne|ben|buh|le|rin;** die Nebenbuhlerinnen
der **Ne|ben|ef|fekt**
ne|ben|ei|n|an|der; wir werden nebeneinander arbeiten; ↑aufeinander
das **Ne|ben|ei|n|an|der;** des Nebeneinanders
ne|ben|ei|n|an|der|le|gen; sie legte die Bilder nebeneinander; wir haben unsere Sachen nebeneinandergelegt
ne|ben|ei|n|an|der|stel|len; die Stühle in einer Reihe nebeneinanderstellen; sich nebeneinanderstellen
das **Ne|ben|fach**
der **Ne|ben|fluss**
die **Ne|ben|frau;** die Nebenfrauen
ne|ben|her
der **Ne|ben|job**
die **Ne|ben|kos|ten** *Plural*

der **Ne|ben|mann;** die Ne|ben|män|ner *oder* Ne|ben|leu|te

die **Ne|ben|rol|le**

die **Ne|ben|sa|che**

ne|ben|säch|lich

der **Ne|ben|satz;** des Ne|ben|sat|zes; die Ne|ben|sät|ze

ne|ben|ste|hend; die nebenstehende Abbildung; ABER: das Nebenstehende; im Nebenstehenden (hierneben)

die **Ne|ben|stra|ße**

der **Ne|ben|ver|dienst**

die **Ne|ben|wir|kung**

nebst (*veraltend für:* [zusammen] mit); er saß nebst seinem Hund auf der Bank

ne|bu|lo̱s *oder* **ne|bu|lö̱s** (unklar, verschwommen); nebulose *oder* nebulöse Vorstellungen

das **Ne|ces|saire** [nesɛˈsɛːɐ̯] (Behälter für Toilettensachen oder Nähzeug); des Necessaires; die Necessaires

ne|cken; du neckst ihn; sie neckte ihn; sie hat ihn geneckt; neck *oder* necke ihn doch nicht immer!

die **Ne|cke|rei**

ne|ckisch; neckische Späße

der **Nef|fe;** des/dem/den Neffen; die Neffen

die **Ne|ga|ti|on** (Verneinung)

ne|ga|tiv (verneinend, ergebnislos; kleiner als null); ein negatives Ergebnis

das **Ne|ga|tiv** (der Gegensatz zum Positiv beim fotografischen Bild); des Negativs; die Ne|ga|ti|ve

die **Ne|ga|tiv|lis|te** (Verzeichnis von Wörtern oder Sachen, die nicht verwendet werden sollen)

der **Ne|ga|tiv|zins** *meist Plural*

der **Ne|ger** *(veraltet, heute diskriminierend);* des Negers; die Neger

! Die Bezeichnungen »Neger« und »Negerin« sind stark diskriminierend und sollten vermieden werden. Deshalb ist es besser, die Wörter *Schwarzer/Schwarze* oder *Schwarzafrikaner/Schwarzafrikanerin* zu verwenden. In Deutschland lebende Schwarze haben als Eigenbezeichnung *Afrodeutscher/Afrodeutsche* vorgeschlagen.

die **Ne|ge|rin;** die Negerinnen

der **Ne|ger|kuss** (*veraltend diskriminierend:* Schokokuss)

ne|gie|ren (verneinen; bestreiten); ich negiere; er negierte; er hat seine Schuld negiert

die **Ne|gie|rung**

das **Ne|g|li|gé** [negliˈʒeː] (verführerisches Damen-Nachthemd; veraltend für Hauskleid, leichter Morgenmantel); des Negligés; die Negligés

neh|men; du nimmst; sie nimmt; sie nahm; sie hat das Geld genommen; nimm es!; ↑geben

die **Neh|rung** (Landzunge)

der **Neid;** des Neids *oder* Nei|des

nei|den (nicht gönnen); ich neide; sie neidete; sie hat ihr das Mofa geneidet; neide mir mein Glück nicht!

der **Neid|ham|mel** (*umgangssprachlich für:* neidischer Mensch); die Neidhammel

nei|disch

neid|los; etwas neidlos anerkennen

die **Nei|ge;** zur Neige gehen

nei|gen; du neigst; sie hat den Kopf geneigt; neig *oder* neige den Kopf!; sich neigen; sie hat sich nach vorn geneigt

die **Nei|gung**

der **Nei|gungs|kurs** *(Schule)*

der **Nei|gungs|win|kel**

nein; nein, nein; nein[,] danke; oh nein *oder* o nein; er sagte nein *oder* Nein

das **Nein;** das Ja und das Nein; mit [einem] Nein antworten; das ist die Folge seines Neins

der **Nein|sa|ger;** des Neinsagers; die Neinsager

die **Nein|sa|ge|rin;** die Neinsagerinnen

die **Nein|stim|me**

der **Ne|k|ro|log** (Nachruf); des Nekrologs *oder* Ne|k|ro|lo|ges; die Ne|k|ro|lo|ge

der **Nek|tar** (Blütensaft; Göttertrank; ein Getränk aus Fruchtfleisch); des Nektars; die Nek|ta|re

die **Nek|ta|ri|ne** (glatthäutiger Pfirsich); die Nektarinen

die **Nel|ke** (eine Blume; ein Gewürz)

nen|nen; du nennst; sie nennt; sie nannte; sie hat ihn beim Namen genannt; nenn *oder* nenne deinen Namen!; sie nannte ihn einen Dummkopf; sich nennen; sie hat sich Meyer genannt

nen|nens|wert

der **Nen|ner** (Zahl unter dem Bruchstrich);

des Nenners; die Nenner; auf einen Nenner (in Übereinstimmung) bringen
die **Nenn|form** (Infinitiv)
die **Nen|nung**
das **Nenn|wort** (Nomen)
neo|li|be|ral
das **Ne|on** (chemisches Element, Edelgas; *Zeichen:* Ne); des Neons
der **Neo|na|zi;** des Neonazis; die Neonazis
der **Neo|na|zis|mus** (Radikalismus, der an den Nationalsozialismus anknüpft)
das **Ne|on|licht**
Ne|pal [*auch:* ne'pa:l] (Staat im Himalaja)
der **Ne|pa|le|se;** des/dem/den Nepalesen; die Nepalesen
die **Ne|pa|le|sin;** die Nepalesinnen
ne|pa|le|sisch
der **Nepp** (das Neppen); des Nepps
nep|pen (von jemandem unangemessen viel Geld für etwas verlangen); du neppst; er neppte; er hat die Gäste geneppt; neppe deine Kundschaft nicht!
Nep|tun (römischer Gott des Meeres)
der **Nep|tun** (ein Planet); des Neptuns
der **Nerv;** des Nervs, *fachsprachlich auch:* Ner|ven; die Ner|ven
ner|ven (*umgangssprachlich für:* nervlich strapazieren; belästigen); du nervst; er nervt; er nervte; er hat [mich] genervt; nerv *oder* nerve mich nicht!
ner|ven|auf|rei|bend
der **Ner|ven|kit|zel;** des Nervenkitzels; die Nervenkitzel
ner|ven|schwach
ner|ven|stark
das **Ner|ven|sys|tem**
die **Ner|ven|zel|le**
ner|vig (*umgangssprachlich für:* störend, lästig); nervige Geräusche
nerv|lich; nervliche Belastungen
ner|vös; ner|vö|ser; am ner|vö|ses|ten
die **Ner|vo|si|tät**
nerv|tö|tend; nervtötender Lärm
der **Nerz** (ein Pelztier); des Ner|zes; die Ner|ze
die **Nes|sel** (Brennnessel); die Nesseln; sich in die Nesseln setzen (*umgangssprachlich für:* sich in eine unangenehme Lage bringen)
das **Nes|sel|fie|ber**
die **Nes|sel|sucht**
das **Nest;** des Nests *oder* Nes|tes; die Nester
das **Nest|häk|chen** (jüngstes Kind in einer Familie); des Nesthäkchens; die Nesthäkchen
der **Nest|ho|cker** *(Zoologie);* des Nesthockers; die Nesthocker
die **Nest|wär|me**
das **Net** (*umgangssprachlich für:* Internet); des Nets
das **Net|flix** (*Markenbezeichnung:* ein Streamingdienst für Filme); *Genitiv:* Netflix' *(ohne Artikel)*
die **Ne|ti|quet|te** [nɛti'kɛtə] (Umgangsformen im Internet); der Netiquette
der **Ne|ti|zen** ['nɛtɪzn̩] (sehr aktiver und verantwortungsvoller Internetnutzer); des Netizen *oder* Netizens; die Netizens
nett; net|ter; am net|tes|ten
net|to (rein; nach Abzug der Verpackung oder aller Kosten); 49 Euro netto
das **Net|to|ge|wicht**
der **Net|to|ge|winn**
der **Net|to|lohn**
der **Net|to|preis**
das **Net|work** ['nɛtwœːɐ̯k] (System miteinander verbundener Rundfunksender oder Computer); des Network *oder* Networks; die Networks
das **Net|wor|king** ['nɛtwœːɐ̯kɪŋ] (Bildung von Netzwerken); des Networkings
das **Netz;** des Net|zes; die Net|ze
der **Netz|ak|ti|vist**
die **Netz|ak|ti|vis|tin**
der **Netz|an|schluss**
netz|ar|tig
das **Netz|au|ge** (bei Insekten) *meist Plural*
der **Netz|be|trei|ber** (Unternehmen, das die technische Infrastruktur für bestimmte Dienste bereitstellt)
net|zen (*gehoben für:* nass machen, befeuchten); ich netze; du netzt; er netzte; sie hat ihre Lippen genetzt
die **Netz|haut** (im Auge)
die **Netz|neu|tra|li|tät** (Gleichbehandlung aller Internetangebote durch den Internetanbieter)
das **Netz|teil**
das **Netz|werk;** soziale Netzwerke
neu *siehe Kasten*
der **Neu|an|fang**
der **Neu|an|kömm|ling**

N
nen

neu

neu|er; am neus|ten *oder* neu|es|ten

1. Groß- und Kleinschreibung:

Kleinschreibung:

- neustens *oder* neuestens
- seit neuestem *oder* Neuestem
- von neuem *oder* Neuem
- die neuen Bundesländer
- das neue *oder* Neue Jahr; ein gutes neues *oder* Neues Jahr!
- die neuen *oder* Neuen (elektronischen) Medien

Großschreibung der Nominalisierung und in Namen:

- etwas, nichts Neues
- seit Neuestem *oder* neuestem
- von Neuem *oder* neuem
- die Neue Welt (Amerika)
- das Neue Testament

2. Getrennt- und Zusammenschreibung:

Man schreibt »neu« vom folgenden Verb getrennt:

- sie will das Geschäft neu eröffnen
- das Kind wird neu hinzukommen

Wird »neu« mit einem adjektivisch gebrauchten Partizip verbunden, kann getrennt oder zusammengeschrieben werden:

- das neu eröffnete *oder* neueröffnete Geschäft
- das neu bearbeitete *oder* neubearbeitete Buch
- die neu geschaffenen *oder* neugeschaffenen Anlagen

Vergleiche aber: neugeboren

neu|ar|tig
die **Neu|auf|la|ge**
der **Neu|bau;** des Neubaus *oder* Neu|bau|es; die Neu|bau|ten
das **Neu|bau|ge|biet**
neu|be|ar|bei|tet ↑neu
der **Neu|be|ginn**
Neu-De|lhi (südlicher Stadtteil von Delhi, Regierungssitz der Republik Indien)
neu|deutsch *(meist abwertend);* neudeutsche Ausdrücke; ABER: das Neudeutsch
neu|er|dings
neu|er|lich (von Neuem)
neu|er|öff|net ↑neu
die **Neu|er|schei|nung**
die **Neu|e|rung**
die **Neu|fas|sung**
neu|ge|bo|ren; die neugeborenen Kinder; sich wie neugeboren (wie ein neuer Mensch) fühlen
das **Neu|ge|bo|re|ne**
neu|ge|schaf|fen ↑neu
die **Neu|gier** *oder* **Neu|gier|de**
neu|gie|rig
die **Neu|heit**
die **Neu|ig|keit**
das **Neu|jahr**
das **Neu|jahrs|fest**
das **Neu|land**
neu|lich (vor Kurzem)
der **Neu|ling;** des Neulings; die Neu|lin|ge
der **Neu|mond**
neun, *umgangssprachlich auch:* **neu|ne;** alle neun *oder* neune!; wir sind zu neunen *oder* zu neunt; ↑acht
neun|fach
neun|hun|dert
neun|jäh|rig
neun|mal ↑achtmal
neun|mal|klug (alles besser wissend)
neun|te ↑achte
das **Neun|tel;** des Neuntels; die Neuntel
neun|tens
neun|zehn ↑acht
neun|zig ↑achtzig
neun|zi|ger ↑achtziger
die **Neu|ori|en|tie|rung**
die **Neu|r|al|gie** (*Medizin:* Nervenschmerz)
neu|r|al|gisch (empfindlich, anfällig); neuralgische Punkte
die **Neu|re|ge|lung**
Neu|see|land (Inselgruppe und Staat im Pazifischen Ozean)

der **Neu|see|län|der;** des Neuseeländers; die Neuseeländer

die **Neu|see|län|de|rin;** die Neuseeländerinnen

neu|see|län|disch

der **Neu|start**

neu|t|ral (unparteiisch; keinem von zwei Gegensätzen zuzuordnen); die neutrale Ecke

neu|t|ra|li|sie|ren (neutral machen); man neutralisierte das Land; man hat es neutralisiert

die **Neu|t|ra|li|tät**

das **Neu|t|ron** (ein Elementarteilchen ohne elektrische Ladung); des Neutrons; die Neu|t|ro|nen

die **Neu|t|ro|nen|bom|be** (eine Strahlungswaffe)

das **Neu|t|rum** (sächliches Nomen; *nur Singular:* sächliches Geschlecht); des Neutrums; die Neutra, *auch:* Neutren

die **Neu|ver|schul|dung**

der **Neu|wa|gen**

die **Neu|wahl**

die **Neu|zeit**

der **Neu|zu|gang**

das **New Age** [ˈnjuː ˈɛɪ̯tʃ] (neues Zeitalter)

der **New|co|mer** [ˈnjuːkamɐ] (Neuling); des Newcomers; die Newcomer

die **New Eco|no|my** [ˈnjuː ɪˈkɔnəmi] (Wirtschaftsbereich mit Unternehmen aus innovativen Branchen)

die **News** [njuːs] (Nachrichten) *Plural*

die **News|group** [ˈnjuːsgruːp] (*EDV:* öffentliche Diskussionsrunde im Internet zu einem bestimmten Thema); die Newsgroups

der **News|let|ter** [ˈnjuːslɛtɐ] (regelmäßig erscheinender Internetbeitrag); des Newsletters; die Newsletter *oder* Newsletters

der **News|room** [ˈnjuːsruːm] (Redaktionsraum für zentrale Nachrichtenbearbeitung); des Newsrooms; die Newsrooms

das **New|ton** [ˈnjuːtn̩] (Einheit der Kraft); 5 Newton

New York [ˈn(j)u(ː) ˈjɔːk] (Staat und Stadt in den USA)

der **New Yor|ker** *oder* **New-Yor|ker;** des New Yorkers *oder* New-Yorkers; die New Yorker *oder* New-Yorker

die **New Yor|ke|rin** *oder* **New-Yor|ke|rin;** die New Yorkerinnen *oder* New-Yorkerinnen

die **NGO** [ɛndʒiːˈʔɔʊ̯] = non-governmental organization (Nichtregierungsorganisation, nicht staatliche Organisation); die NGOs

die **Ni|a|ga|ra|fäl|le** *Plural*

die **Ni|be|lun|gen** (germanisches Sagengeschlecht; die Burgunden) *Plural*

die **Ni|be|lun|gen|sa|ge**

Ni|ca|ra|gua *oder* **Ni|ka|ra|gua** (Staat in Mittelamerika)

der **Ni|ca|ra|gu|a|ner** *oder* **Ni|ka|ra|gu|a|ner;** des Nicaraguaners *oder* Nikaraguaners; die Nicaraguaner *oder* Nikaraguaner

die **Ni|ca|ra|gu|a|ne|rin** *oder* **Ni|ka|ra|gu|a|ne|rin;** die Nicaraguanerinnen *oder* Nikaraguanerinnen

ni|ca|ra|gu|a|nisch *oder* **ni|ka|ra|gu|a|nisch**

nice [naɪ̯s] (cool, schön); hey, das ist nice!

nicht

- nicht wahr; gar nicht; nicht einmal; [noch] nicht mal
- mitnichten; etwas zunichtemachen
- etwas nicht wissen; ABER: das Nichtwissen

Verbindungen von »nicht« mit einem Adjektiv oder Partizip können getrennt oder zusammengeschrieben werden:

- nicht berufstätige *oder* nichtberufstätige Frauen
- die nicht flektierbaren *oder* nichtflektierbaren Wörter
- die Verhandlung war nicht öffentlich *oder* nichtöffentlich
- nicht rostender *oder* nichtrostender Stahl
- eine nicht zutreffende *oder* nichtzutreffende Behauptung

Bezieht sich »nicht« auf größere Texteinheiten, z. B. auf einen ganzen Satz, wird es vom folgenden Wort getrennt geschrieben:

- die Verhandlung kann nicht öffentlich stattfinden

nicht|be|rufs|tä|tig ↑nicht
die **Nich|te**
nicht|flek|tier|bar ↑nicht
nich|tig (ungültig); etwas für null und nichtig erklären
die **Nich|tig|keit**
das **Nicht|me|tall** (in der Chemie); die Nicht|me|tal|le *meist Plural*
nicht|öf|fent|lich ↑nicht
der **Nicht|rau|cher**
der **Nicht|rau|cher|be|reich**
die **Nicht|rau|che|rin**
der **Nicht|rau|cher|schutz**
die **Nicht|re|gie|rungs|or|ga|ni|sa|ti|on**
nicht|ros|tend ↑nicht
nichts; für nichts; zu nichts; gar nichts; um nichts und wieder nichts; nichts ahnend *oder* nichtsahnend; nichts sagend *oder* nichtssagend; sich in nichts unterscheiden; er will nichts tun; mir nichts, dir nichts (ohne Weiteres); viel Lärm um nichts; nichts Genaues; nichts Neues; ABER: nichts andres *oder* anderes; nichts einfacher als das
das **Nichts;** des Nichts; die Nicht|se; aus dem Nichts; vor dem Nichts stehen
nichts|ah|nend ↑nichts
der **Nicht|schwim|mer**
die **Nicht|schwim|me|rin**
nichts|des|to|trotz
nichts|des|to|we|ni|ger
der **Nichts|nutz;** des Nichts|nut|zes; die Nichts|nut|ze
nichts|nut|zig; ein nichtsnutziger Kerl
nichts|sa|gend ↑nichts
der **Nicht|wäh|ler** (jemand, der nicht zur Wahl geht)
die **Nicht|wäh|le|rin**
nicht|zu|tref|fend ↑nicht
das **Ni|ckel** (chemisches Element, Schwermetall; *Zeichen:* Ni); des Nickels
ni|cken; ich nicke; du nickst; sie nickte; sie hat genickt
das **Ni|cker|chen** (*umgangssprachlich für:* kurzer Schlaf); des Nickerchens; die Nickerchen
der **Ni|cki** (samtartiger Pullover); des Nickis; die Nickis
der **Nick|na|me** [*auch:* ˈnɪkneɪ̯m] (*EDV:* selbst gewählter Benutzername im Internet)

Ni|co|sia [*auch:* niˈkoːzi̯a] *vergleiche:* **Ni|ko|sia**
das **Ni|co|tin** *vergleiche:* **Ni|ko|tin**
nie; nie wieder; nie und nimmer
nie|der; auf und nieder
nie|der|deutsch
das **Nie|der|deutsch** *oder* **Nie|der|deut|sche** (die niederdeutsche Sprache); ↑deutsch
der **Nie|der|gang;** des Niedergangs *oder* Nie|der|gan|ges
nie|der|ge|hen; ein Gewitter ging nieder; eine Lawine ist niedergegangen
nie|der|ge|schla|gen (traurig); er ist sehr niedergeschlagen
die **Nie|der|ge|schla|gen|heit**
nie|der|kni|en; sie kniete nieder; sie ist am Altar niedergekniet; sich niederknien
die **Nie|der|la|ge**
die **Nie|der|lan|de** *Plural*
der **Nie|der|län|der;** des Niederländers; die Niederländer
die **Nie|der|län|de|rin;** die Niederländerinnen
nie|der|län|disch
nie|der|las|sen; der Vorhang wurde niedergelassen; sich niederlassen; ich ließ mich auf dem Sofa nieder; er hat sich in Rom als Arzt niedergelassen
die **Nie|der|las|sung** (selbstständiger Teil eines Betriebes); eine Niederlassung gründen
nie|der|le|gen; sie legte ihr Amt nieder; sie hat es niedergelegt
der **Nie|der|sach|se;** des/dem/den Niedersachsen; die Niedersachsen
Nie|der|sach|sen
die **Nie|der|säch|sin;** die Niedersächsinnen
nie|der|säch|sisch
nie|der|schie|ßen; er schoss ihn nieder; sie hat ihn niedergeschossen
der **Nie|der|schlag;** des Niederschlags *oder* Nie|der|schla|ges; die Nie|der|schlä|ge
nie|der|schla|gen; er schlug seinen Gegner nieder; man hat den Aufstand niedergeschlagen ([gewaltsam] beendet)
nie|der|schrei|ben; sie schrieb ihre Erinnerungen nieder; er hat seine Eindrücke niedergeschrieben

A B C D E F G H I J K L M N nie O P Q R S T U V W X Y Z

die **Nie|der|schrift**

die **Nie|der|tracht**

nie|der|träch|tig; ein niederträchtiger Lump

die **Nie|de|rung** (tief liegendes Land [an Flussläufen oder Küsten])

nied|lich; ein niedliches Kätzchen

nied|rig; niedrige Temperaturen; Hoch und Niedrig (jedermann); Hohe und Niedrige

das **Nied|rig|ener|gie|haus**

der **Nied|rig|lohn**

der **Nied|rig|lohn|sek|tor**

der **Nied|rig|preis;** Lebensmittel zu Niedrigpreisen

das **Nied|rig|was|ser;** die Niedrigwasser

nie|mals

nie|mand; niemandes *oder* niemands Freund sein; niemandem, *auch:* niemand wehtun; niemanden, *auch:* niemand grüßen; niemand anders; ABER: der **Nie|mand;** er, sie ist ein Niemand

das **Nie|mands|land** (Kampfgebiet zwischen feindlichen Linien; unerforschtes Land)

die **Nie|re**

nie|ren|krank

der **Nie|ren|stein**

nie|seln (leicht regnen); es nieselte; es hat genieselt

nie|sen; du niest; sie niest; sie nieste; sie hat geniest; nies *oder* niese nicht so laut!

das **Nies|pul|ver**

der **Nieß|brauch** (Nutzungsrecht für fremdes Eigentum); des Nießbrauchs *oder* Nieß|brau|ches

der **Niet** (Niete)

die **Nie|te** (Los ohne Gewinn; *umgangssprachlich für:* Versager/-in)

die **Nie|te,** *besonders fachsprachlich:* der **Niet** (Metallbolzen); der Niete *oder* des Niets, Nie|tes; die Nieten *oder* die Nie|te

nie|ten; du nietest; sie nietet; sie nietete; sie hat die Platten genietet; niete das Blech!

niet- und na|gel|fest; die Einbrecher haben alles mitgenommen, was nicht niet- und nagelfest war

Nietz|sche (deutscher Philosoph)

Ni|ger *oder* der **Ni|ger** (Staat in Westafrika)

der **Ni|ger** (afrikanischer Fluss); des Niger *oder* Nigers

Ni|ge|ria (Staat in Westafrika)

der **Ni|ge|ri|a|ner;** des Nigerianers; die Nigerianer

die **Ni|ge|ri|a|ne|rin;** die Nigerianerinnen

ni|ge|ri|a|nisch

der **Night|club** [ˈnaɪ̯tklap] (Nachtlokal); des Nightclubs; die Nightclubs

der **Ni|g|rer** (Einwohner von Niger); des Nigrers; die Nigrer

die **Ni|g|re|rin;** die Nigrerinnen

ni|g|risch

der **Ni|hi|lis|mus** (philosophische Lehre, die alles Bestehende für nichtig hält)

ni|hi|lis|tisch

Ni|ka|ra|gua *vergleiche:* **Ni|ca|ra|gua**

der **Ni|ka|ra|gu|a|ner** *vergleiche:* **Ni|ca|ra|gu|a|ner**

die **Ni|ka|ra|gu|a|ne|rin** *vergleiche:* **Ni|ca|ra|gu|a|ne|rin**

ni|ka|ra|gu|a|nisch *vergleiche:* **ni|ca|ra|gu|a|nisch**

der **Ni|ko|laus;** des Nikolaus *oder* Ni|ko|lau|ses; die Ni|ko|läu|se, *selten auch:* Ni|ko|lau|se

Ni|ko|sia *oder* **Ni|co|sia** [*auch:* niˈkoːzi̯a] (Hauptstadt von Zypern)

das **Ni|ko|tin,** *fachsprachlich:* **Ni|co|tin** (Giftstoff im Tabak); des Nikotins, *fachsprachlich:* Nicotins

ni|ko|tin|frei

der **Ni|ko|tin|ge|halt**

ni|ko|tin|hal|tig; stark nikotinhaltiger Tabak

der **Nil** (Fluss in Afrika); des Nil *oder* Nils

das **Nil|del|ta** (in Ägypten)

das **Nil|pferd**

der **Nim|bus** (besonderes Ansehen; Ruf); des Nimbus; die Nim|bus|se

nim|mer; nie und nimmer

nim|mer|mehr (niemals)

nim|mer|mü|de; nimmermüde Helfer

nim|mer|satt; ein nimmersattes Kind

der **Nim|mer|satt;** des Nimmersatt *oder* Nimmersatt[e]s; die Nim|mer|sat|te

das **Nim|mer|wie|der|se|hen;** auf Nimmerwiedersehen verschwinden

nine to five [naɪ̯n tʊ faɪ̯f] (*Jargon, oft abwertend für:* auf eine [Arbeits]zeit von 9 bis 17 Uhr beschränkt); nine to five arbeiten

N

nie

der **Nine-to-five-Job**

der **Nip|pel** (ein kurzes Rohrstück mit Gewinde); des Nippels; die Nippel

nip|pen; ich nippe; du nippst; sie nippt; sie nippte; sie hat vom Wein genippt

der **Nip|pes** (kleine Ziergegenstände); des Nippes

nir|gends; er war nirgends zu finden

nir|gend|wo

das **Nir|wa|na** (völlige, selige Ruhe als Endzustand des gläubigen Buddhisten); des Nirwana *oder* Nirwanas

die **Ni|sche**

! In einer Reihe von Wörtern wird der lang gesprochene *i-Laut* ohne anschließendes -e oder Dehnungs-h geschrieben. Dazu gehört auch das Nomen *Nische*.

nis|ten; der Vogel nistet; der Vogel hat im Baum genistet

der **Nist|kas|ten**

der **Nist|platz**

das **Ni|t|rat** (Salz der Salpetersäure); des Nitrats *oder* Ni|t|ra|tes; die Ni|t|ra|te

das **Ni|t|rit** (Salz der salpetrigen Säure); des Nitrits; die Ni|t|ri|te

das **Ni|t|ro|gly|ze|rin,** *fachsprachlich auch:* **Ni|t|ro|gly|ce|rin** (ein Heilmittel; ein Sprengstoff); des Nitroglyzerins, *fachsprachlich:* Nitroglycerins

das **Ni|veau** [niˈvoː] (waagerechte Fläche; Höhe; Rang); des Niveaus; die Niveaus; auf hohem Niveau

ni|veau|los

ni|veau|voll; niveauvolle Unterhaltung

ni|vel|lie|ren (gleichmachen; durch Ausgleichung mildern); ich nivelliere; sie nivellierte; sie hat die Unterschiede nivelliert

nix (*umgangssprachlich für:* nichts)

der **Nix** (germanischer Wassergeist); des Nixes; die Nixe

die **Ni|xe** (Meerjungfrau)

No|ah, *ökumenisch auch:* **No|ach** (Gestalt des Alten Testaments); die Arche Noah

no|bel (edel, vornehm); no|b|ler; am no|bels|ten; ein nobler Mensch

der **No|bel|preis**

der **No|bel|preis|trä|ger**

die **No|bel|preis|trä|ge|rin**

noch; noch nicht; noch immer; noch mehr; noch und noch; noch einmal

noch mal *oder* **noch|mal** (*umgangssprachlich für:* noch einmal); ich komme noch mal *oder* nochmal wieder

noch|mals

der **No|cken** (*Technik:* Vorsprung an einer Welle oder Scheibe); des Nockens; die Nocken

die **No|cken|wel|le**

die **No-Fu|ture-Ge|ne|ra|tion** [ˈnoʊ̯ˈfjuːtʃɐ...] (junge Generation ohne Zukunftsaussichten)

das **NOK** = Nationales Olympisches Komitee

nö|len (*norddeutsch umgangssprachlich abwertend für:* jammern)

der **No|ma|de** (Angehöriger eines Hirten-, Wandervolkes); des/dem/den Nomaden; die Nomaden

das **No|ma|den|volk**

die **No|ma|din;** die Nomadinnen

das **No|men** (Substantiv, Hauptwort); des Nomens; die No|mi|na *oder* Nomen

no|mi|nal (zum Namen gehörend)

no|mi|na|li|sie|ren (als Nomen, Hauptwort gebrauchen)

no|mi|na|li|siert (als Nomen, Hauptwort gebraucht); nominalisierte Verben

die **No|mi|na|li|sie|rung**

der **No|mi|na|tiv** (Werfall; 1. Fall); des Nominativs; die No|mi|na|ti|ve

no|mi|nell ([nur] dem Namen nach)

no|mi|nie|ren (benennen; ernennen); ich nominiere die Spielerin; sie nominierte ihren Nachfolger; man hat ihn [als Kandidaten] für die Wahl nominiert; nominier *oder* nominiere sie!

die **No|mi|nie|rung** (das Vorschlagen eines Kandidaten oder einer Kandidatin; Ernennung)

das **No-Name-Pro|dukt** *oder* **No|name|pro|dukt** [ˈnoʊ̯neɪ̯m...] (Ware ohne Marken- oder Firmenzeichen)

die **Non|ne**

das **Non|plus|ul|t|ra** (etwas Unübertreffliches); des Nonplusultra

A B C D E F G H I J K L M N non O P Q R S T U V W X Y Z

der **Non|sens** (Unsinn); des Nonsens
non|stop (ohne Halt; ohne Pause); nonstop fliegen, spielen
der **Non|stop-Flug** *oder* **Non|stop|flug** (Flug ohne Zwischenlandung)
Nord (Himmelsrichtung); Menschen aus Nord und Süd; der Wind weht aus, von Nord
nord|deutsch; die norddeutsche Bevölkerung; ABER: die Norddeutsche Tiefebene; der Norddeutsche Rundfunk
Nord|deutsch|land
der **Nor|den;** des Nordens; das Gewitter kommt aus Norden; gen (nach) Norden ziehen
Nor|der|ney (eine der Ostfriesischen Inseln)
das **Nor|dic Wal|king** [-ˈwɔːkɪŋ] (sportliches Gehen mit Stöcken); des Nordic Walkings
Nord|ir|land (nördlicher, zu Großbritannien gehörender Teil Irlands)
nor|disch; nordische Kälte
Nord|ko|rea ↑Korea
nörd|lich; nördlich dieser Linie; nördlich des Mains; nördlich von Berlin, *selten:* nördlich Berlins; nördlicher Breite; der nördliche Sternenhimmel; ABER: das Nördliche Eismeer
das **Nord|licht;** die Nord|lich|ter
Nord|ost (Himmelsrichtung); aus Nordost
der **Nord|os|ten**
nord|öst|lich
der **Nord|pol;** des Nordpols
das **Nord|po|lar|meer**
Nord|rhein-West|fa|len
nord|rhein-west|fä|lisch
die **Nord|see**
das **Nord|see|bad**
nord|wärts
Nord|west (Himmelsrichtung); nach Nordwest
der **Nord|wes|ten**
nord|west|lich; nordwestliche Winde
der **Nord|wind**
die **Nör|ge|lei**
nör|geln; du nörgelst; sie nörgelte; er hat genörgelt; nörgle *oder* nörgele nicht!
der **Nörg|ler;** des Nörglers; die Nörgler
die **Nörg|le|rin;** die Nörglerinnen
die **Norm** (Richtschnur, Regel); die Normen
nor|mal (vorschriftsmäßig; üblich)
nor|ma|ler|wei|se
der **Nor|mal|fall**
nor|ma|li|sie|ren; sie haben ihre Beziehung normalisiert; sich normalisieren; die Lage hat sich wieder normalisiert
die **Nor|ma|li|sie|rung**
die **Nor|ma|li|tät** (normaler Zustand)
die **Nor|mal|ver|tei|lung** *(Mathematik)*
der **Nor|man|ne** (Angehöriger eines nordgermanischen Volkes); des/dem/den Normannen; die Normannen
die **Nor|man|nin;** die Normanninnen
nor|man|nisch
norm|ge|recht; normgerecht schreiben
nor|mie|ren (einheitlich regeln); er normierte; sie hat die Größen normiert
die **Nor|mie|rung**
die **Nor|ne** (nordische Schicksalsgöttin); die drei Nornen
Nor|we|gen
der **Nor|we|ger;** des Norwegers; die Norweger
die **Nor|we|ge|rin;** die Norwegerinnen
nor|we|gisch
die **Nos|t|al|gie** (Sehnsucht nach der Vergangenheit)
nos|t|al|gisch
die **Not;** sie ist in Not *oder* in Nöten; ABER: etwas ist not; etwas ist vonnöten; ohne Not; das geht zur Not; wenn Not am Mann ist; er hat seine liebe Not; ↑ABER: nottun; sie musste [große] Not leiden; die Not leidende *oder* notleidende Bevölkerung; ABER NUR: große Not leidend; äußerst notleidend
der **No|tar** (Jurist, der Rechtsgeschäfte beurkundet); des Notars; die No|ta|re
das **No|ta|ri|at;** des Notariats *oder* No|ta|ri|a|tes; die No|ta|ri|a|te
no|ta|ri|ell; die notarielle Beurkundung
die **No|ta|rin;** die Notarinnen
der **Not|arzt**

N
non

die **Not|ärz|tin**
not|ärzt|lich
der **Not|arzt|wa|gen**
die **Not|brem|se**
der **Not|dienst;** ärztlicher Notdienst
die **Not|dienst|zen|t|ra|le**
die **Not|durft** (*veraltend für:* Drang, Darm oder Blase zu entleeren)
not|dürf|tig; eine notdürftige Reparatur
die **No|te;** sie bekam die Note »gut«; ohne Noten (Notentext) spielen
das **Note|book** [ˈnɔʊ̯tbʊk] (tragbarer, leichter PC); des Notebooks; die Notebooks
der **No|ten|schlüs|sel**
der **No|ten|stän|der**
das **Note|pad** [ˈnɔʊ̯tpɛd] (PC im Notizblockformat ohne Tastatur); des Notepads; die Notepads
der **Not|fall**
der **Not|fall|dienst** ([ärztlicher] Bereitschaftsdienst)
not|falls
der **Not|fall|sa|ni|tä|ter**
die **Not|fall|sa|ni|tä|te|rin**
der **Not|fall|seel|sor|ger**
die **Not|fall|seel|sor|ge|rin**
not|ge|drun|gen
no|tie|ren; du notierst; sie notierte; sie hat den Namen notiert; notier *oder* notiere das!
nö|tig; etwas für nötig halten; etwas nötig haben; das ist am nötigsten (am dringendsten erforderlich); ABER: es fehlt ihm am Nötigsten (am Lebensnotwendigen); das, alles Nötige
nö|ti|gen (zwingen); du nötigst ihn; er nötigte ihn; er hat ihn [dazu] genötigt; nötige sie nicht!
nö|ti|gen|falls
die **Nö|ti|gung**
die **No|tiz;** die No|ti|zen; von etwas Notiz nehmen (eine Sache beachten)
der **No|tiz|block**
das **No|tiz|buch**
der **Not|kre|dit** (*besonders Wirtschaft*)
die **Not|la|ge**
not|lan|den; das Flugzeug notlandet; das Flugzeug ist notgelandet; er versuchte[,] das Flugzeug notzulanden
die **Not|lan|dung**
not|lei|dend ↑Not
no|to|risch (offenkundig, allbekannt); ein notorischer Lügner
der **Not|ruf**
das **Not|si|g|nal**
der **Not|stand**
das **Not|strom|ag|gre|gat**
not|tun; Hilfe tut not; die Hilfe hat notgetan
die **Not|wehr**
not|wen|dig; sich auf das, aufs Notwendigste beschränken; es fehlt am Notwendigsten
not|wen|di|ger|wei|se
die **Not|wen|dig|keit**
der *oder* das **Nou|gat** *vergleiche:* **Nu|gat**
die **No|vel|le** (eine Prosaerzählung; ein Nachtragsgesetz)
der **No|vem|ber;** des November *oder* Novembers; die November
die **No|vi|tät** (Neuheit)
der **No|vi|ze** (Mönch während der Probezeit; Neuling); des/dem/den Novizen; die Novizen
die **No|vi|zin;** die Novizinnen
No|wo|si|birsk (Stadt in Sibirien)
Nr. = Nummer
Nrn. = Nummern
NRW = Nordrhein-Westfalen
der **NSU** [ɛnʔɛsˈʔuː] = Nationalsozialistische Untergrund (eine deutsche rechtsterroristische Vereinigung); des NSU[s]
das **N.T.** = Neues Testament
der **Nu** (Augenblick); *nur in:* im Nu
die **Nu|an|ce** [nyˈɑ̃ːsə] (feiner Unterschied; Kleinigkeit); die Nuancen
nu|an|cen|reich
nu|an|cie|ren (sehr fein abstufen); sie hat die Farben nuanciert
nüch|tern
die **Nüch|tern|heit**
die **Nu|del;** die Nudeln
das **Nu|del|holz**
die **Nu|del|sup|pe**
der *oder* das **Nu|gat** *oder* **Nou|gat** [ˈnuːgat] (süße Masse aus Zucker und Nüssen); des Nugats *oder* Nougats; die Nugats *oder* Nougats
nu|k|le|ar (den Atomkern, die Kernspaltung, die Kernenergie betreffend); nukleare Versuche

die **Nu|k|le|ar|waf|fe** *meist Plural*

null

Kleinschreibung des Zahlworts:

- null Grad
- null Uhr
- gegen null gehen
- gleich null setzen
- sie hat null Fehler
- sie verloren drei zu null (3:0)
- Nummer null
- die Stunde null
- der Zeiger steht auf null
- er fängt [wieder] bei null an
- die Temperatur sinkt unter null
- von null auf hundert [beschleunigen]
- in null Komma nichts (*umgangssprachlich für:* sehr schnell)
- null und nichtig (*verstärkend für:* [rechtlich] ungültig)
- null Ahnung (*umgangssprachlich für:* keine Ahnung) haben
- null Bock (*umgangssprachlich für:* keine Lust) [auf etwas] haben

die **Null;** die Nul|len; die Zahl Null; eine Zahl mit fünf Nullen; die Ziffern Null bis Neun; er ist eine Null (*umgangssprachlich für:* ein völlig unfähiger Mensch)

die **Null|li|nie** *oder* **Null-Li|nie**

die **Null|lö|sung** *oder* **Null-Lö|sung**

die **Null|men|ge** (Mengenlehre)

der **Null|me|ri|di|an** (Meridian von Greenwich)

der **Null|punkt**

der **Null|ta|rif;** zum Nulltarif (umsonst) fahren, telefonieren

der **Null|zins** (*Wirtschaft, Bankwesen:* niedriger Kreditzins bis 0 Prozent)

die **Null|zins|po|li|tik** *(Wirtschaft, Bankwesen)*

das **Nu|me|ra|le** (Zahlwort); des Numerales; die Nu|me|ra|li|en *oder* Nu|me|ra|lia

nu|me|risch (zahlenmäßig); numerische Überlegenheit

der **Nu|me|rus** (*in der Grammatik:* Zahl, insbesondere Singular oder Plural); des Numerus; die Numeri

der **Nu|me|rus clau|sus** (zahlenmäßig beschränkte Zulassung [besonders zum Studium]); des Numerus clausus

die **Num|mer;** Nummer fünf; Nummer null; auf Nummer sicher gehen (*umgangssprachlich für:* sich völlig absichern); laufende Nummer

num|me|rie|ren (beziffern, benummern); du nummerierst; sie nummerierte; sie hat die Plätze nummeriert; nummerier *oder* nummeriere die Plätze!

die **Num|me|rie|rung**

das **Num|mern|schild;** die Num|mern|schil|der

nun; nun [ein]mal; von nun an

nun|mehr (*gehoben für:* jetzt; nun); der Krieg dauert nunmehr drei Jahre

der **Nun|ti|us** (Botschafter des Papstes); des Nuntius; die Nun|ti|en

nur; nur Gutes tun; warum nur?; nur zu!

nu|scheln (undeutlich reden); du nuschelst; sie nuschelte; er hat genuschelt; nuschle *oder* nuschele nicht so!

die **Nuss;** die Nüs|se

der **Nuss|baum**

der **Nuss|kna|cker;** des Nussknackers; die Nussknacker

die **Nuss|scha|le** *oder* **Nuss-Scha|le**

die **Nüs|ter** (Nasenloch bei Tieren); die Nüstern *meist Plural*

die **Nut** *oder* **Nu|te** (Furche, Fuge)

die **Nut|te** (*derb abwertend, häufig diskriminierend für:* Prostituierte)

nutz; er ist zu nichts nutz (*süddeutsch für:* zu nichts nütze)

nutz|bar (für die Benutzung geeignet); Land nutzbar machen

nüt|ze; er ist zu nichts nütze; ABER: der Nichtsnutz

nut|zen *oder* **nüt|zen;** du nutzt *oder* du nützt; es nutzte *oder* es nützte mir nichts; sie hat die Gelegenheit genutzt *oder* genützt; nutz[e] *oder* nütz[e] die Stunde!

! Beim einfachen Verb wird die Form mit Umlaut *(nützen)* häufiger verwendet; bei Zusammensetzungen mit Vorsilben gelten dagegen die Formen ohne Umlaut als hochsprachlich *(abnutzen, ausnutzen, benutzen)* und die umgelauteten als landschaftlich.

der **Nut|zen;** des Nutzens; es ist von [großem] Nutzen

der **Nut|zer;** des Nutzers; die Nutzer
die **Nut|zer|da|ten** *(besonders EDV) Plural;* der Schutz der Nutzerdaten
die **Nut|ze|rin;** die Nutzerinnen
das **Nutz|fahr|zeug**
die **Nutz|flä|che**
nütz|lich
nutz|los
der **Nutz|nie|ßer** (jemand, der den Nutzen von etwas hat); des Nutznießers; die Nutznießer
die **Nutz|nie|ße|rin;** die Nutznießerinnen
das **Nutz|tier**
die **Nutz|tier|hal|tung** *Plural selten*
die **Nut|zung**
das **Ny|lon** [ˈnai̯lɔn] (*Markenbezeichnung:* synthetische Textilfaser); des Nylon *oder* Nylons
der **Ny|lon|strumpf**
die **Nym|phe** (eine Naturgottheit)

O

O = Ost, Osten
das **O** (Buchstabe); des O; die O; ABER: das o in Tor
o. ä. = oder ähnlich
o. Ä. = oder Ähnliche, oder Ähnliches
die **Oa|se** (Wasserstelle in der Wüste)
ob; das Ob und Wann
der **Ob** (Fluss in Sibirien); des Ob *oder* Obs
der **OB** = Oberbürgermeister
die **OB** = Oberbürgermeisterin
die **Ob|acht** (Vorsicht, Achtung); Obacht geben (aufpassen)
das **Ob|dach** (*veraltend für:* Unterkunft, Wohnung); des Obdachs *oder* Ob|da|ches
ob|dach|los
der **Ob|dach|lo|se;** ein Obdachloser; die Obdachlosen; zwei Obdachlose
die **Ob|dach|lo|se;** eine Obdachlose
das **Ob|dach|lo|sen|asyl**
die **Ob|duk|ti|on** (Leichenöffnung zur Feststellung der Todesursache); die Ob|duk|ti|o|nen
ob|du|zie|ren *(Medizin);* ich obduziere; sie obduzierte; sie hat den Toten obduziert

der **Obe|lisk** (vierkantiger, nach oben spitz zulaufender Pfeiler); des/dem/den Obe|lis|ken; die Obe|lis|ken

oben

- nach oben; von oben; bis oben
- nach oben hin; von oben her
- alles Gute kommt von oben
- man wusste kaum noch, was oben und was unten war

Getrenntschreibung in Verbindung mit Verben:

- oben liegen; oben stehen
- oben (weiter vorn im Text) erwähnen; wie bereits oben erwähnt

Wird »oben« mit einem adjektivisch gebrauchten Partizip verbunden, kann getrennt oder zusammengeschrieben werden:

- oben stehende *oder* obenstehende Bemerkungen
- die oben erwähnte *oder* obenerwähnte Tatsache

In der Nominalisierung:

- im oben Stehenden *oder* Obenstehenden
- das oben Erwähnte *oder* Obenerwähnte

oben|an; obenan stehen, sitzen
oben|auf; obenauf liegen
oben|drauf; obendrauf stellen
oben|drein
oben|drü|ber; obendrüber legen
oben|er|wähnt ↑ oben
oben|ste|hend ↑ oben
der **Ober** ([Ober]kellner); des Obers; die Ober
der **Ober|arm**
Ober|bay|ern
der **Ober|be|griff**
der **Ober|bür|ger|meis|ter** (*Abkürzung:* OB)
die **Ober|bür|ger|meis|te|rin;** die Oberbürgermeisterinnen
obe|re; oberes Stockwerk; die oberen Klassen
die **Ober|flä|che**
die **Ober|flä|chen|span|nung**
ober|fläch|lich

die **Ober|fläch|lich|keit**
das **Ober|ge|schoss** (*Abkürzung:* OG)
ober|halb; oberhalb des Dorfes
das **Ober|haupt**
ober|ir|disch; oberirdische Leitungen
der **Ober|kör|per**
das **Ober|lan|des|ge|richt** (*Abkürzung:* OLG)
die **Ober|lei|tung**
die **Ober|lip|pe**
der **Ober|schen|kel**
die **Ober|schicht**
der **Oberst;** des Obers|ten *oder* Obersts; die Obers|ten, *seltener:* Obers|te
der **Ober|staats|an|walt**
die **Ober|staats|an|wäl|tin**
obers|te; oberstes Stockwerk; das oberste Buch im Stapel; die obersten Gerichtshöfe; ABER: der Oberste Gerichtshof der USA; das Oberste zuunterst kehren (alles durcheinanderbringen)
die **Ober|stu|fe**
das **Ober|teil**
die **Ob|frau** ([Vereins]vorsitzende, Vertrauensfrau); die Ob|frau|en
ob|gleich (obwohl); sie kam sofort, obgleich sie keine Zeit hatte
die **Ob|hut** (*gehoben für:* Schutz, Aufsicht); die Kinder sind in ihrer Obhut
obig; im obigen (oben stehenden) Abschnitt; ABER: im Obigen (weiter oben); das Obige (das Obengenannte); der Obige (der Obengenannte)
das **Ob|jekt** (Ziel, Gegenstand; Fallergänzung); des Objekts *oder* Ob|jek|tes; die Ob|jek|te
ob|jek|tiv (tatsächlich; sachlich, unvoreingenommen)
das **Ob|jek|tiv** (eine optische Linse); des Objektivs; die Ob|jek|ti|ve
ob|jek|ti|vie|ren (versachlichen); er objektivierte; sie hat das Problem objektiviert
die **Ob|jek|ti|vi|tät** (strenge Sachlichkeit; Vorurteilslosigkeit)
die **Ob|la|te** (die Hostie; ein Gebäck); die Oblaten
ob|li|ga|to|risch (verbindlich, verpflichtend); obligatorische Unterrichtsfächer
der **Ob|mann** ([Vereins]vorsitzender; Vertrauensmann); die Ob|män|ner *oder* Ob|leu|te
die **Oboe** (ein Holzblasinstrument); die Obo|en
der **Obo|ist** (der Oboebläser); des/dem/den Obo|is|ten; die Obo|is|ten
die **Obo|is|tin;** die Oboistinnen
der **Obo|lus** (kleine Geldspende); des Obolus; die Obolus *oder* Obolusse
die **Ob|rig|keit** (Träger der Macht, der Regierungsgewalt)
ob|rig|keit|lich; obrigkeitliche Anordnungen
das **Ob|rig|keits|den|ken**
ob|schon (obwohl)
das **Ob|ser|va|to|ri|um** (die Sternwarte); des Observatoriums; die Observatorien
ob|ser|vie|ren (beobachten); ich observiere; sie observierte; die Polizei hat den Verdächtigen observiert
die **Ob|ser|vie|rung** (Überwachung)
ob|ses|siv (*Psychologie:* zwanghaft); sich obsessiv mit etwas beschäftigen
ob|s|kur (verdächtig; fragwürdig)
die **Ob|s|ku|ri|tät**
ob|so|let (nicht mehr üblich)
das **Obst;** des Obsts *oder* Obs|tes; die Obstsorten
ob|s|zön (unanständig, schamlos)
die **Ob|s|zö|ni|tät;** die Ob|s|zö|ni|tä|ten
ob|wohl
ob|zwar (obwohl)
der **Och|se;** des/dem/den Ochsen; die Ochsen
och|sen (*umgangssprachlich für:* angestrengt arbeiten); du ochst; er ochste; sie hat für das Examen geochst; ochs *oder* ochse doch nicht so!
der *oder* das **Ocker** (gelbbraune Malerfarbe); des Ockers; die Ocker; in Ocker streichen
ocker|far|ben *oder* **ocker|far|big**
ocker|gelb
öd *oder* **öde;** öder; am ödes|ten
od. = oder
der **Odem** (*gehoben für:* Atem); des Odems
das **Ödem** (*Medizin:* Gewebewassersucht); des Ödems; die Öde|me
oder; oder Ähnliches (*Abkürzung:* o. Ä.)
die **Oder** (Fluss in Mitteleuropa)

O
obe

die **Oder-Nei|ße-Gren|ze**
das **Öd|land** (ödes, unfruchtbares, unbebautes Land)
die **Odys|see** (*übertragen für:* Irrfahrt); die Odysseen
Odys|seus (griechischer Sagenheld); des Odysseus
die **OECD** (Organisation für wirtschaftliche Zusammenarbeit und Entwicklung); der OECD
der **Ofen;** des Ofens; die Öfen
die **Ofen|hei|zung**
off (*besonders Film, Fernsehen:* unsichtbar [von einer/einem Sprechenden])
das **Off** (das Unsichtbarbleiben der/des Sprechenden); im *oder* aus dem Off sprechen
of|fen; eine offene Hand haben (freigebig sein); mit offenen Karten spielen (ohne Hintergedanken sein); auf offener Straße; der Tag der offenen Tür; offen gestanden; offen gesagt; das Fenster muss offen bleiben; ABER: diese Frage wird wohl ↑offenbleiben; das Tor wird offen gehalten; ABER: sich eine Möglichkeit ↑offenhalten; die Tür offen lassen; ABER: eine Frage ↑offenlassen; das Zimmer, dessen Tür offen stand; ABER: ihm würden viele Chancen ↑offenstehen
of|fen|bar
sich **of|fen|ba|ren;** Gott hat sich uns offenbart
die **Of|fen|ba|rung**
of|fen|blei|ben; es ist keine Frage offengeblieben; ↑ABER: offen
of|fen|hal|ten; wir werden uns mehrere Möglichkeiten offenhalten; ↑ABER: offen
die **Of|fen|heit**
of|fen|her|zig
of|fen|kun|dig
of|fen|las|sen; er hat die Frage offengelassen; ↑ABER: offen
of|fen|sicht|lich
of|fen|siv (angriffslustig; angreifend)
die **Of|fen|si|ve** (Angriff); die Offensiven
das **Of|fen|siv|spiel** (*Sport*)
of|fen|ste|hen; alle Möglichkeiten haben ihm offengestanden; ↑ABER: offen

öf|fent|lich; die öffentliche Meinung; ABER: im öffentlichen *oder* Öffentlichen Dienst arbeiten
die **Öf|fent|lich|keit**
die **Öf|fent|lich|keits|ar|beit;** der Öffentlichkeitsarbeit *Plural selten*
öf|fent|lich-recht|lich; die öffentlich-rechtlichen Rundfunkanstalten
of|fe|rie|ren (anbieten, darbieten); ich offeriere eine Stelle [in der Zeitung]; er offerierte ihr einen Kaffee; offerier *oder* offeriere den Posten!
die **Of|fer|te** (das Angebot); die Offerten
das **Of|fice** (Büro); des Office; die Of|fi|ces
of|fi|zi|ell (amtlich; verbürgt; förmlich)
der **Of|fi|zier;** des Offiziers; die Of|fi|zie|re
die **Of|fi|zie|rin;** die Offizierinnen
der **Of|fi|ziers|rang**
off|line [ˈɔflai̯n] (*EDV:* getrennt von der Datenverarbeitungsanlage arbeitend)
der **Off|line|be|trieb**
öff|nen; du öffnest; öffne bitte!; sich öffnen; die Tür hat sich geöffnet
die **Öff|nung**
die **Öff|nungs|zeit** *meist Plural*
off|shore [...ʃɔːɐ̯] (vor der Küste)
der **Off|spre|cher** *oder* **Off-Spre|cher** (Sprecher im Off)
die **Off|spre|che|rin** *oder* **Off-Spre|che|rin**
die **Off|stim|me** *oder* **Off-Stim|me** (Stimme im, aus dem Off)
o-för|mig *oder* **O-för|mig**
oft; so oft; wie oft
öf|ter; er war öfter im Theater als ich; er beschimpft mich öfter; ABER: ich sah sie des Öfteren
oft|mals
oh!
der **Oheim** (*veraltet für:* Onkel); des Oheims; die Ohei|me
das **Ohm** (Maßeinheit für den elektrischen Widerstand); des Ohm *oder* Ohms; die Ohm; 4 Ohm
ohmsch; der ohmsche *oder* Ohm'sche Widerstand; das ohmsche *oder* Ohm'sche Gesetz
oh|ne; ohne dass; ohne Weiteres *oder* weiteres
oh|ne|dies

A B C D E F G H I J K L M N O ohn P Q R S T U V W X Y Z

oh|ne|ei|n|an|der; ohneeinander auskommen
oh|ne|glei|chen
oh|ne|hin
die **Ohn|macht**
ohn|mäch|tig
der **Ohn|machts|an|fall**
oho!
das **Ohr;** des Ohrs *oder* Oh|res; die Oh|ren; zu Ohren kommen (bekannt werden)
das **Öhr** (Nadelloch); des Öhrs *oder* Öh|res; die Öh|re
der **Ohr|clip** *oder* **Ohr|klipp** (Ohrschmuck); des Ohrclips *oder* Ohrklipps; die Ohrclips *oder* Ohrklipps
der **Oh|ren|arzt**
die **Oh|ren|ärz|tin**
oh|ren|be|täu|bend; ohrenbetäubender Lärm
die **Oh|ren|ent|zün|dung**
die **Ohr|fei|ge**
ohr|fei|gen; du ohrfeigst ihn; er hat ihn geohrfeigt; ohrfeig *oder* ohrfeige ihn!
der **Ohr|klipp** *vergleiche:* **Ohr|clip**
das **Ohr|läpp|chen**
die **Ohr|mu|schel**
der **Ohr|ring**
der **Ohr|wurm** (*auch für:* bekanntes Lied)

o ja!
o.k., O. K. = okay
das **Oka|pi** (eine Giraffenart mit kurzem Hals); des Okapis; die Okapis
okay [o'ke:] (*umgangssprachlich für:* in Ordnung)
das **Okay;** des Okay *oder* Okays; sie hat ihr Okay gegeben
die **Ok|ku|pa|ti|on** (Besetzung fremden Gebietes); die Ok|ku|pa|ti|o|nen
ok|ku|pie|ren; sie haben das Land okkupiert
die **Öko|ener|gie** (*umgangssprachlich für:* umweltfreundlicher Energieträger)
der **Öko|la|den** (Laden, in dem nur umweltfreundliche Waren verkauft werden)
die **Öko|lo|gie** (Lehre von den Beziehungen zwischen den Lebewesen und ihrer Umwelt)
öko|lo|gisch; ökologisches Bauen
der **Öko|nom** (Wirtschaftswissenschaftler); des/dem/den Öko|no|men; die Öko|no|men
die **Öko|no|mie** (die Wirtschaftlichkeit)
die **Öko|no|min;** die Ökonominnen
öko|no|misch; ökonomisches Arbeiten
die **Öko|steu|er** (auf den Verbrauch und die Herstellung umweltschädlicher Güter erhobene Steuer)
der **Öko|strom** (Strom, der nur aus umweltfreundlichen Energiequellen stammt)
das **Öko|sys|tem** (zwischen Lebewesen und ihrem Lebensraum bestehende Wechselbeziehung)
die **Ok|ta|ve** (der achte Ton vom Grundton aus)
der **Ok|to|ber;** des Oktober *oder* Oktobers; die Oktober
das **Ok|to|ber|fest** (in München)
die **Ok|to|ber|re|vo|lu|ti|on** (1917 in Russland)
die **Öku|me|ne** (Gesamtheit der Christen)
öku|me|nisch; die ökumenische Bewegung; ein ökumenischer (gemeinsam von Katholiken und Protestanten veranstalteter) Gottesdienst
der **Ok|zi|dent** (das Abendland; der Westen); des Okzidents
das **Öl;** des Öls *oder* Öles; die Öle
der **Öl|baum**
der **Old|ti|mer** ['ɔʊ̯ldtaɪ̯mɐ] (altes Modell eines Autos, Fahrzeugs); des Oldtimers; die Oldtimer
ölen; du ölst; er ölt; er ölte; er hat das Rad geölt; öl *oder* öle das Rad!
der **Öl|film** (dünne Ölschicht)
der **Öl|fleck**
OLG = Oberlandesgericht; des OLG
ölig; ein öliger Lappen
oliv (olivenfarben); ein oliv Kleid; ↑beige; blau
das **Oliv;** des Oliv *oder* Olivs; die Oliv *oder* Olivs; eine Hose in Oliv
die **Oli|ve** (Frucht des Ölbaums)
oli|ven|far|ben *oder* **oli|ven|far|big**
das **Oli|ven|öl**
die **Öl|pest** (Verschmutzung durch Rohöl)
die **Öl|quel|le**
der **Olymp** (der Wohnsitz der Götter); des Olymps
die **Olym|pi|a|de** (die Olympischen Spiele)

der **Olym|pia|sie|ger**
die **Olym|pia|sie|ge|rin**
das **Olym|pia|sta|di|on**
olym|pisch; die olympischen Ringe (die 5 Ringe der olympischen Flagge); ABER: die Olympischen Spiele
die **Oma** (Großmutter); die Omas
Oman *oder* der **Oman** (arabischer Staat); die Bevölkerung Omans *oder* des Oman[s]
der **Oma|ner;** des Omaners; die Omaner
die **Oma|ne|rin;** die Omanerinnen
oma|nisch
die **Om|buds|frau** (Frau, die die Bürger/-innen gegenüber den Behörden vertritt)
der **Om|buds|mann;** die Om|buds|män|ner
das **Ome|lett** [ɔmˈlɛt] (Eierkuchen); des Omeletts *oder* Ome|let|tes; die Ome|let|te *oder* Omeletts
das **Omen** (Vorzeichen; Vorbedeutung); des Omens; die Omen
omi|nös (zweifelhaft)
der **Om|ni|bus;** des Om|ni|bus|ses; die Om|ni|bus|se; ↑*auch:* Bus
die **Ona|nie** (geschlechtliche Selbstbefriedigung)
ona|nie|ren; er hat onaniert
der **On-Ear-Kopf|hö|rer** [...ʔiːɐ̯...] (Kopfhörer, dessen Lautsprecher auf den Ohren aufliegen)
der **On|kel;** des Onkels; die Onkel
on|line [ˈɔnlaɪ̯n] (*EDV:* ans Datennetz, Internet angeschlossen; im Datennetz, Internet zur Verfügung stehend)
das **On|line|ban|king** [...bɛŋkɪŋ] (Erledigung von Bankgeschäften im Internet); des Onlinebanking[s]
die **On|line|be|fra|gung**
der **On|line|be|trieb**
das **On|line|fo|rum**
der **On|line|händ|ler**
die **On|line|händ|le|rin**
die **On|line|kri|mi|na|li|tät**
die **On|line|pe|ti|ti|on**
das **On|line|por|tal**
die **On|line|re|cher|che**
der **On|line|re|dak|teur**
die **On|line|re|dak|teu|rin**
der **On|line|shop**
das **On|line|spiel**
der **On|line|un|ter|richt**
das **On|line|vi|deo**
die **On|line|zei|tung**
der **OP** = Operationssaal
die **OP** = Operation
der **Opa** (Großvater); des Opas; die Opas
das **Open-Air-Fes|ti|val** [ˈɔʊ̯pn̩ˈʔɛːɐ̯fɛstivl̩] (Musikveranstaltung im Freien)
das **Open-Air-Kon|zert**
die **Oper;** die Opern
die **Ope|ra|ti|on;** die Ope|ra|ti|o|nen
der **Ope|ra|ti|ons|saal**
die **Ope|ra|ti|ons|schwes|ter**
ope|ra|tiv (*Medizin:* durch Operation); ein operativer Eingriff
der **Ope|ra|tor** (*Sprachwissenschaft:* Mittel, Wort, Ausdruck für sprachliche oder logische Aussagen); des Operators; die Ope|ra|to|ren
die **Ope|ret|te**
ope|rie|ren; du operierst; er hat ihn am Bein operiert; operier *oder* operiere ihn!
der **Opern|sän|ger**
die **Opern|sän|ge|rin**
das **Op|fer;** des Opfers; die Opfer
die **Op|fer|be|ra|tung**
op|fer|be|reit
die **Op|fer|be|reit|schaft**
die **Op|fer|ga|be**
das **Op|fer|lamm**
op|fern; du opferst; er hat sein Vermögen geopfert; opfere es!
das **Opi|um** (eine Droge); des Opiums
der **Opi|um|han|del**
op|po|nie|ren (widersprechen; sich widersetzen); sie hat opponiert; opponier *oder* opponiere nicht!
op|por|tun (passend, nützlich, angebracht; zweckmäßig)
der **Op|por|tu|nis|mus** (prinzipienloses Anpassen an die jeweilige Lage; Handeln nach Zweckmäßigkeit)
der **Op|por|tu|nist;** des/dem/den Op|por|tu|nis|ten; die Op|por|tu|nis|ten
die **Op|por|tu|nis|tin;** die Opportunistinnen
op|por|tu|nis|tisch
die **Op|po|si|ti|on**
op|po|si|ti|o|nell (gegensätzlich; gegnerisch; zum Widerspruch neigend)
der **Op|po|si|ti|ons|füh|rer**

A B C D E F G H I J K L M N O opp P Q R S T U V W X Y Z

die **Op|po|si|ti|o̲ns|füh|re|rin**
die **Op|po|si|ti|o̲ns|par|tei**
die **Ọp|tik** (die Lehre vom Licht)
der **Ọp|ti|ker** (Hersteller oder Verkäufer von Brillen und optischen Geräten); des Optikers; die Optiker
die **Ọp|ti|ke|rin;** die Optikerinnen
op|ti|ma̲l (bestmöglich); der optimale Zeitpunkt
op|ti|mie̲|ren (optimal gestalten); du optimierst; sie optimierte; er hat optimiert; optimier *oder* optimiere dein Referat
die **Op|ti|mie̲|rung**
der **Op|ti|mịs|mus** (Lebensauffassung, die alles von der besten Seite sieht); des Optimismus
der **Op|ti|mịst;** des/dem/den Op|ti|mis|ten; die Op|ti|mis|ten
die **Op|ti|mịs|tin;** die Optimistinnen
op|ti|mịs|tisch
die **Op|ti|o̲n** (Wahlmöglichkeit); der Option; die Op|ti|o|nen
op|ti|o|na̲l (nicht zwingend; nach eigener Wahl)
ọp|tisch; eine optische Täuschung
opu|lẹnt (reichlich, üppig)
die **Opu|lẹnz**
das **O̲pus** [*auch:* 'ɔ...] (Werk, besonders musikalisches Werk); des Opus; die Ope|ra
das **Ora̲|kel** (Weissagung); des Orakels; die Orakel
ora̲|keln (weissagen); du orakelst; er orakelt; sie hat orakelt
der **Ora̲|kel|spruch**
ora̲l (den Mund betreffend, durch den Mund)
orange [o'rɑ̃:ʃ, o'raŋʃ] (goldgelb); ein orange [o'rɑ̃:ʒə, o'raŋʒə] Band; ↑beige, blau
das **Orange** (die orange Farbe); des Orange; die Orange *oder* Oranges
die **Oran|ge** (Apfelsine); die Orangen
die **Oran|gea|de** [orɑ̃'ʒa:də, *auch:* oraŋ'ʒa:də] (unter Verwendung von Orangensaft bereitetes Getränk); die Orangeaden
das **Oran|geat** [orɑ̃'ʒa:t, *auch:* oraŋ'ʒa:t] (eingezuckerte Apfelsinenschalen); des Orangeats
der **Oran|gen|baum**
oran|ge[n]|far|ben *oder* **oran|ge[n]-far|big**
der **Oran|gen|saft**
der **O̲rang-U̲tan** (ein Menschenaffe); des Orang-Utans; die Orang-Utans
das **Or|ches|ter** [ɔr'kɛstɐ, *auch:* ɔr'çɛstɐ] (Musikkapelle); des Orchesters; die Orchester
die **Or|chi|de̲e** [ɔrçi'de:ə] (eine exotische Zierpflanze); die Or|chi|de|en
der **Ọr|den;** des Ordens; die Orden
ọr|dent|lich; ein ordentliches (zuständiges) Gericht; ein ordentlicher (planmäßiger) Professor
die **Ọr|der** (Befehl; Bestellung); der Order; die Ordern *oder* Orders
ọr|dern (bestellen); du orderst; sie orderte; er hat geordert; order *oder* ordere schon mal das Essen!
die **Or|di|na̲l|zahl** (Ordnungszahl, zum Beispiel: erste, zweite, dritte)
or|di|nä̲r (gewöhnlich, gemein)
das **Or|di|na|ri|a̲t** (zentrale Verwaltungsbehörde eines Bistums); des Ordinariats *oder* Or|di|na|ri|a|tes; die Or|di|na|ri|a|te
die **Or|di|na̲|te** (y-Achse); die Ordinaten
ọrd|nen; du ordnest; er hat seine Papiere geordnet; ordne sie!
der **Ọrd|ner;** des Ordners; die Ordner
die **Ọrd|nung;** Ordnung halten, machen
ọrd|nungs|ge|mäß
ọrd|nungs|hal|ber; ABER: der [guten] Ordnung halber
der **Ọrd|nungs|hü|ter** (Polizist)
ọrd|nungs|wid|rig
die **Ọrd|nungs|wid|rig|keit**
die **Ọrd|nungs|zahl**
das **Or|ga̲n;** des Organs; die Or|ga|ne
die **Or|ga̲n|bank** *(Medizin);* die Or|gan|ban|ken
der **Or|ga̲n|emp|fän|ger**
die **Or|ga̲n|emp|fän|ge|rin**
die **Or|ga|ni|sa|ti|o̲n** (Aufbau, planmäßige Gestaltung; Gruppe mit bestimmten Zielen)
das **Or|ga|ni|sa|ti|o̲ns|ko|mi|tee**
das **Or|ga|ni|sa|ti|o̲ns|ta|lent**
der **Or|ga|ni|sa̲|tor;** des Organisators; die Or|ga|ni|sa|to̲|ren
die **Or|ga|ni|sa|to̲|rin;** die Organisatorinnen

or|ga|ni|sa|to|risch
or|ga|nisch (belebt, lebendig; ein Organ betreffend); die organische Chemie
or|ga|ni|sie|ren; du organisierst; sie hat organisiert; organisier *oder* organisiere ein Treffen!; sich organisieren; die Arbeiter haben sich organisiert
or|ga|ni|siert; die Klasse ist gut organisiert
der **Or|ga|nis|mus** (gegliedertes [lebendiges] Ganzes); des Organismus; die Organismen
der **Or|ga|nist;** des/dem/den Or|ga|nis|ten; die Or|ga|nis|ten
die **Or|ga|nis|tin;** die Organistinnen
die **Or|gan|spen|de**
der **Or|gan|spen|der**
der **Or|gan|spen|de[r]|aus|weis**
die **Or|gan|spen|de|rin**
der **Or|gas|mus** (Höhepunkt der geschlechtlichen Erregung); des Orgasmus; die Orgasmen
die **Or|gel;** die Orgeln
die **Or|gel|mu|sik**
die **Or|gie** (ausschweifendes Fest); die Or|gi|en
der **Ori|ent** (die vorder- und mittelasiatischen Länder); des Orients; der Vordere Orient
ori|en|ta|lisch; orientalische Sprachen
sich **ori|en|tie|ren;** er hat sich orientiert; orientier *oder* orientiere dich!
die **Ori|en|tie|rung**
die **Ori|en|tie|rungs|hil|fe**
ori|en|tie|rungs|los
ori|gi|nal (ursprünglich, echt); der originale Text; original Lübecker Marzipan
das **Ori|gi|nal** (Urschrift, Urtext; Sonderling); des Originals; die Ori|gi|na|le
die **Ori|gi|nal|auf|nah|me**
die **Ori|gi|nal|fas|sung**
der **Ori|gi|nal|text**
ori|gi|nell (einzigartig; sonderbar; komisch); eine originelle Idee
der **Ork** (Furcht einflößende Fantasiegestalt); des Ork *oder* Orks; die Orks
der **Or|kan** (Sturm); des Orkans *oder* Or|ka|nes; die Or|ka|ne
das **Or|na|ment** (Verzierung); des Ornaments *oder* Or|na|men|tes; die Or|na|men|te
or|na|men|tal
der, *auch:* das **Or|nat** (feierliche Amtstracht); des Ornats *oder* Or|na|tes; die Or|na|te
der **Ort;** des Orts *oder* Or|tes; die Or|te; an Ort und Stelle; vor Ort; allerorts
or|ten (die Position ermitteln); ich orte; er ortete; das U-Boot wurde in 83 m Tiefe geortet
or|tho|dox (recht-, strenggläubig)
die **Or|tho|gra|fie, Or|tho|gra|phie** (Rechtschreibung); die Or|tho|gra|fi|en *oder* Or|tho|gra|phi|en
or|tho|gra|fisch *oder* **or|tho|gra|phisch;** ein orthografischer *oder* orthographischer Fehler
der **Or|tho|pä|de** (Facharzt für Orthopädie); des/dem/den Orthopäden; die Orthopäden
die **Or|tho|pä|die** (Wissenschaft von den Haltungs- und Bewegungskrankheiten und ihrer Behandlung)
die **Or|tho|pä|din;** die Orthopädinnen
or|tho|pä|disch
ört|lich; die örtliche Betäubung
die **Orts|an|ga|be**
orts|an|säs|sig
die **Ort|schaft**
die **Orts|durch|fahrt**
orts|kun|dig
das **Orts|schild**
der **Orts|teil**
orts|üb|lich; ortsübliche Mieten
die **Orts|zeit**
der **Os|car** (volkstümlicher Name des wichtigsten amerikanischen Filmpreises, des Academy Award)
os|car|no|mi|niert; oscarnominierte Filme
die **Öse;** die Ösen
Os|lo (Hauptstadt Norwegens)
der **Os|si** (*umgangssprachlich für:* Einwohner der neuen Bundesländer; Ostdeutscher); des Ossis; die Ossis
die **Os|si** (*umgangssprachlich für:* Einwohnerin der neuen Bundesländer; Ostdeutsche); der Ossi; die Ossis
Ost (Himmelsrichtung); aus Ost und West

ost|deutsch
Ost|deutsch|land
der **Os|ten;** des Ostens; nach Osten; der Ferne, Nahe, Mittlere Osten
das **Os|ter|ei**
die **Os|ter|fe|ri|en** *Plural*
das **Os|ter|fest**
das **Os|ter|feu|er**
die **Os|ter|glo|cke**
der **Os|ter|ha|se**
ös|ter|lich
der **Os|ter|mon|tag**
das **Os|tern;** Ostern fällt früh; *landschaftlich auch Plural:* die *oder* diese Ostern fallen früh; fröhliche Ostern!
Ös|ter|reich
der **Ös|ter|rei|cher;** des Österreichers; die Österreicher
die **Ös|ter|rei|che|rin;** die Österreicherinnen
ös|ter|rei|chisch
der **Os|ter|sonn|tag**
die **Ost|er|wei|te|rung;** die Osterweiterung der NATO
Ost|eu|ro|pa
ost|eu|ro|pä|isch; osteuropäische Zeit (*Abkürzung:* OEZ)
öst|lich; östlich des Waldes
die **Ost|see**
das **Ost|see|bad**
die **Ost|see|in|sel**
ost|wärts; ostwärts ziehen, blicken
Ot|ta|wa (Hauptstadt Kanadas)
der **Ot|ter** (eine Marderart); des Otters; die Otter
die **Ot|ter** (eine Schlange); die Ottern
out [aʊ̯t] (*umgangssprachlich für:* unzeitgemäß, unmodern); diese Musik ist schon lange out
die **Out|door|be|klei|dung** ['aʊ̯tdɔ:ɐ̯...] (Kleidung für Aktivitäten im Freien)
ou|ten ['aʊ̯tn̩]; jemanden outen (jemandes Homosexualität o. Ä. ohne dessen Zustimmung öffentlich bekannt machen); sich outen; er hat sich geoutet; sie outete sich als Raucherin
das **Out|fit** ['aʊ̯tfɪt] (Kleidung; Ausrüstung); des Outfits; die Outfits
das **Out|let** ['aʊ̯tlɛt] (Firmenverkaufsstelle); des Outlets; die Outlets
der, *auch:* das **Out|put** ['aʊ̯tpʊt] (*EDV:* Arbeitsergebnisse einer Datenverarbeitungsanlage, Ausgabe); des Outputs; die Outputs
der **Out|si|der** ['aʊ̯tsaɪ̯dɐ] (Außenseiter); des Outsiders; die Outsider
die **Out|si|de|rin;** die Outsiderinnen
out|sour|cen ['aʊ̯tsɔ:ɐ̯sn̩] (*Wirtschaft:* bestimmte, bisher in einem Unternehmen selbst erbrachte Arbeiten an eine externe Firma vergeben); die Firma sourct out; dieser Bereich wurde outgesourct

> **!** Die gebeugten Formen von *outsourcen* klingen für viele Menschen merkwürdig oder unschön, weil hier ein englisches Wort nach deutschem Muster gebeugt wird. Es ist deshalb oft besser, eine Umschreibung mit deutschen Wörtern zu verwenden: »Immer mehr Arbeiten wurden nach außen/außerhalb vergeben.«

das **Out|sour|cing** ['aʊ̯tsɔ:sɪŋ, *auch:* 'aʊ̯tsɔ:ɐ̯sɪŋ]; des Outsourcings
die **Ou|ver|tü|re** [uvɛr'ty:rə] (Eröffnung; Vorspiel); die Ouvertüren
oval (eirund)
das **Oval;** des Ovals; die Ova|le
die **Ova|ti|on** (begeisterter Beifall); der Ovation; die Ova|ti|o|nen
der **Ove|r|all** ['ɔʊ̯vərɔ:l] (Schutzanzug); des Overalls; die Overalls
der **Over|head|pro|jek|tor** ['ɔʊ̯vɐhɛtprojɛkto:ɐ̯] (Gerät, das [auf durchsichtigen Vorlagen befindliche] Bilder vergrößert auf eine Wand oder Leinwand wirft)
der **Oxer** (Hindernis beim Springreiten); des Oxers; die Oxer
das **Oxid** *oder* **Oxyd** (eine Sauerstoffverbindung); des Oxid[e]s *oder* Oxyd[e]s; die Oxi|de *oder* Oxy|de
die **Oxi|da|ti|on** *oder* **Oxy|da|ti|on;** die Oxi|da|ti|o|nen *oder* Oxy|da|ti|o|nen
oxi|die|ren *oder* **oxy|die|ren;** das Eisen oxidierte *oder* oxydierte; das Eisen ist *oder* hat oxidiert *oder* oxydiert
der **Oze|an;** des Ozeans; die Oze|a|ne; der große (endlose) Ozean; ABER: der Große (Pazifische) Ozean
der **Oze|an|damp|fer**

O
ost

das **Ozon** (besondere Form des Sauerstoffs); des Ozons
der **Ozon|ge|halt**
das **Ozon|loch** (Loch in der Ozonschicht über der Antarktis)
die **Ozon|schicht** (Schicht der Atmosphäre, die gefährliche Strahlung filtert)

P

das **P** (Buchstabe); des P; die P; ABER: das p in hupen

paar, Paar

Das kleingeschriebene »paar« ist ein nicht deklinierbares Pronomen und hat die Bedeutung »einige wenige«:

- ein paar Leute
- mit ein paar Worten
- ein paar Euro
- ein paar Dutzend *oder* dutzend Mal; ↑Mal

Das großgeschriebene »Paar« ist dagegen ein deklinierbares Nomen und bezeichnet eine Zweiheit, also zwei zusammengehörige Wesen oder Dinge:

- ein glückliches Paar; ABER: das Pärchen *(Verkleinerungsform)*
- ein Paar Schuhe
- ein Paar neue Schuhe, *selten:* neuer Schuhe
- mit einem Paar wollenen Strümpfen *oder* wollener Strümpfe

paa|ren; sich paaren; die meisten Tiere paaren sich im Frühjahr; sie haben sich gepaart
der **Paar|hu|fer** (Huftier); des Paarhufers; die Paarhufer
paa|rig (paarweise vorhanden); paarig angeordnete Blätter
der **Paar|lauf** (beim Eissport)
die **Paa|rung**
paar|wei|se; paarweise antreten
die **Pacht**
pach|ten; du pachtest; er pachtete; er hat Land gepachtet; pacht *oder* pachte es!
der **Päch|ter;** des Pächters; die Pächter
die **Päch|te|rin;** die Pächterinnen
das **Pacht|land**
das **Pack** (*abwertend für:* Gesindel); des Packs *oder* Pa|ckes
der **Pack** (das Gepackte, das Bündel); des Packs *oder* Pa|ckes; die Pa|cke *oder* Packs; ein Pack alter Briefe
das **Päck|chen;** des Päckchens; die Päckchen; ↑ABER: Paket
das **Pack|eis** (übereinandergeschobene Eisschollen)
pa|cken; du packst; er packte; sie hat den Koffer gepackt; pack *oder* packe den Koffer!; ↑ABER: Paket
der **Pa|cken** (Bündel); des Packens; die Packen; ein Packen Wäsche oder Bücher
pa|ckend (fesselnd, spannend); ein packender Film
der **Pa|cker;** des Packers; die Packer
die **Pa|cke|rin;** die Packerinnen
das **Pack|pa|pier**
die **Pack|sta|ti|on** (*Markenbezeichnung:* Automat zum selbstständigen Versenden oder Abholen von Paketen)
die **Pa|ckung**
das **Pad** [pɛd] (kleines Läppchen); des Pads; die Pads
der **Pä|d|a|go|ge** (Erzieher); des/dem/den Pädagogen; die Pädagogen
die **Pä|d|a|go|gik** (Erziehungswissenschaft)
die **Pä|d|a|go|gin;** die Pädagoginnen
pä|d|a|go|gisch
das **Pad|del;** des Paddels; die Paddel
das **Pad|del|board** [...bɔːɐ̯t] (stromlinienförmiges Brett zum Stand-up-Paddeln)
das **Pad|del|boot**
pad|deln; du paddelst; sie paddelte; sie hat zwei Stunden lang gepaddelt; sie ist ans Ufer gepaddelt; paddle *oder* paddele langsamer!
paf|fen (*umgangssprachlich für:* rauchen); du paffst; er paffte; er hat gepafft; paff *oder* paffe nicht!
der **Pa|ge** [ˈpaːʒə] (livrierter [Hotel]diener); des/dem/den Pagen; die Pagen
die **Pa|go|de** (buddhistischer Tempel)

das **Pa|ket;** des Pakets *oder* Pa|ke|tes; die Pa|ke|te

> **!** Achtung: Im Gegensatz zum Nomen *Päckchen* und dem dazugehörigen Verb *packen* wird das verwandte Nomen *Paket* nicht mit *ck,* sondern nur mit *k* geschrieben.

der **Pa|ket|bo|te**
die **Pa|ket|bo|tin**
die **Pa|ket|kar|te**
der **Pa|ket|shop**
Pa|ki|s|tan (Staat in Vorderasien)
der **Pa|ki|s|ta|ner;** des Pakistaners; die Pakistaner
die **Pa|ki|s|ta|ne|rin;** die Pakistanerinnen
der **Pa|ki|s|ta|ni** (Pakistaner); des Pakistani *oder* Pakistanis; die Pakistani *oder* Pakistanis
die **Pa|ki|s|ta|ni** (Pakistanerin); die Pakistani *oder* Pakistanis
pa|ki|s|ta|nisch
der **Pakt** (Vertrag); des Pakts *oder* Pak|tes; die Pak|te
pak|tie|ren (eine Vereinbarung treffen und einhalten); du paktierst; sie paktierte; er hat mit der Gegenpartei paktiert; paktier *oder* paktiere nicht mit dem Gegner!
das **Pa|lais** [pa'lɛː] (Palast, Schloss); des Palais; die Palais [pa'lɛːs]
der **Pa|last;** des Palasts *oder* Pa|las|tes; die Pa|läs|te
Pa|läs|ti|na (Gebiet zwischen Mittelmeer und Jordan)
der **Pa|läs|ti|nen|ser;** des Palästinensers; die Palästinenser
die **Pa|läs|ti|nen|se|rin;** die Palästinenserinnen
pa|läs|ti|nen|sisch
das **Pa|la|ver** (*umgangssprachlich für:* endloses Reden und Verhandeln); des Palavers; die Palaver
pa|la|vern; sie haben lange palavert
die **Pa|let|te** (Mischbrett für Farben; Vielfalt; flacher Untersatz für das Transportieren und Stapeln von Gütern mit dem Gabelstapler)
die **Pa|li|sa|de** (aus Pfählen bestehendes Hindernis); die Palisaden
der **Pa|li|san|der** (ein Edelholz); des Palisanders; die Palisander

die **Pal|me**
das **Palm|öl**
der **Palm|sonn|tag**
die **Pam|pa** (baumlose Grassteppe in Südamerika); die Pampas *meist Plural*
die **Pam|pel|mu|se** (eine Zitrusfrucht)
pam|pig (*umgangssprachlich für:* frech, patzig); werd bloß nicht pampig!
Pan (griechischer Hirten-, Waldgott)
Pa|na|ma (Staat in Mittelamerika; dessen Hauptstadt)
der **Pa|na|ma|er;** des Panamaers; die Panamaer
die **Pa|na|ma|e|rin;** die Panamaerinnen
pa|na|ma|isch
der **Pa|na|ma|ka|nal** *oder* **Pa|na|ma-Ka|nal**
der **Pan|da** (Bambusbär); des Pandas; die Pandas
die **Pan|de|mie** (Epidemie, die sich über mehrere Länder [und Kontinente] erstreckt)
die **Pan|flö|te, Pans|flö|te** (Hirtenflöte)
pa|nie|ren (in Ei und Semmelbröseln wenden); du panierst; er panierte; sie hat das Schnitzel paniert; panier *oder* paniere es!
das **Pa|nier|mehl**
die **Pa|nik** (plötzlich entstehende unkontrollierbare Angst); die Pa|ni|ken
die **Pa|nik|ma|che** *(abwertend)*
die **Pa|nik|stim|mung**
pa|nisch (lähmend); panischer Schrecken
die **Pan|ne** (Unfall, Missgeschick)
der **Pan|nen|dienst**
das **Pa|n|o|ra|ma** (Rundblick); des Panoramas; die Panoramen
das **Pa|n|o|ra|ma|fens|ter**
pan|schen *oder* **pant|schen** (mischen; verfälschen; planschen); du panschst *oder* pantschst; sie panschte *oder* pantschte; er hat den Wein gepanscht *oder* gepantscht; pansche *oder* pantsche nicht!
der **Pan|sen** (erster Magen der Wiederkäuer); des Pansens; die Pansen
die **Pans|flö|te** *vergleiche:* **Pan|flö|te**
der **Pan|ther** *oder* **Pan|ter;** des Panthers *oder* Panters; die Panther *oder* Panter
die **Pan|ti|ne** (*norddeutsch für:* Holzschuh); die Pantinen

P
pak

der **Pan|tọf|fel;** des Pantoffels; die Pantoffeln
das **Pan|tọf|fel|tier|chen** *(Biologie)*
der **Pan|to|mi|me** (Darsteller einer Pantomime); des/dem/den Pantomimen; die Pantomimen
die **Pan|to|mi|me** (stummes Gebärdenspiel)
die **Pan|to|mi|min;** die Pantomiminnen
pan|to|mi|misch
pạnt|schen *vergleiche:* **pan|schen**
der **Pạn|zer;** des Panzers; die Panzer
pạn|zern; er panzerte; er hat das Boot gepanzert
der **Pạn|zer|schrank**
der **Pạ|pa;** des Papas; die Papas
der **Pa|pa|gei;** des Papageis *oder* Papageien; die Papageien
die **Pa|pa|gei|en|krank|heit** (eine Infektionskrankheit)
das **Pa|per** ['pɛɪ̯pɐ] (Schriftstück; schriftliche Unterlage); des Papers; die Papers
das **Pa|per|back** ['pɛɪ̯pɐbɛk] (kartoniertes Buch); des Paperbacks; die Paperbacks
das **Pa|pier;** des Papiers; die Pa|pie|re; die Papier verarbeitende *oder* papierverarbeitende Industrie
die **Pa|pier|fa|b|rik**
das **Pa|pier|geld**
der **Pa|pier|korb**
pa|pier|ver|ar|bei|tend ↑Papier
die **Pa|pier|wa|ren**
der **Pạpp|be|cher**
der **Pạpp|de|ckel** *oder* **Pạp|pen|de|ckel;** die Pappdeckel *oder* Pappendeckel
die **Pạp|pe**
die **Pạp|pel** (ein Laubbaum); die Pappeln
die **Pạp|pel|al|lee**
pạp|pen *(umgangssprachlich für:* kleben); der Schnee pappte; sie hat den Aufkleber an die Scheibe gepappt
der **Pạpp|kar|ton**
das **Pạpp|ma|schee** *oder* **Pạpp|ma|ché** (Masse aus eingeweichtem Altpapier)
das **Pạpp|pla|kat** *oder* **Pạpp-Pla|kat**
pạpp|satt *(umgangssprachlich für:* sehr satt)
der **Pa|p|ri|ka** (ein Gewürz; ein Gemüse); des Paprikas; die Paprika *oder* Paprikas
der **Papst;** des Papsts *oder* Paps|tes; die Päps|te
päpst|lich
der **Papst|na|me**
das **Papst|tum**
die **Papst|wahl**
Pa|pua-Neu|gui|nea [...gi'ne:a] (Staat auf Neuguinea)
der **Pa|py|rus** (Papierstaude; im Altertum verwendetes Schreibmaterial); des Papyrus; die Papyri
die **Pa|ra|bel** (Gleichnis; Kegelschnittkurve)
die **Pa|ra|bol|an|ten|ne** (kreisförmige, nach innen gewölbte Antenne)
die **Pa|ra|de** (Truppenschau; Abwehr)
das **Pa|ra|de|bei|spiel**
das **Pa|ra|dies;** des Pa|ra|die|ses; die Pa|ra|die|se
der **Pa|ra|dies|ap|fel** *(landschaftlich für:* Tomate)
pa|ra|die|sisch
der **Pa|ra|dies|vo|gel** (Singvogel mit prächtigem, buntem Gefieder)
pa|ra|dọx (widersinnig; sonderbar); pa|ra|do|xer; am pa|ra|do|xes|ten
das **Pa|ra|dọx;** des Pa|ra|do|xes; die Pa|ra|do|xe
pa|ra|do|xer|wei|se
das **Pa|r|af|fin** (wachsähnlicher Stoff); des Paraffins; die Pa|r|af|fi|ne
der **Pa|ra|glei|ter** *oder* **Pa|ra|gli|der** [...glaɪ̯dɐ] (Gleitschirm[flieger]); des Paragleiters *oder* Paragliders; die Paragleiter *oder* Paraglider
die **Pa|ra|glei|te|rin** *oder* **Pa|ra|gli|de|rin** [...glaɪ̯...] (Gleitschirmfliegerin); die Paragleiterinnen *oder* Paragliderinnen
der **Pa|ra|graf** *oder* **Pa|ra|graph** (Absatz, Abschnitt; *Zeichen:* §); des/dem/den Pa|ra|gra|fen *oder* Pa|ra|gra|phen; die Pa|ra|gra|fen *oder* Pa|ra|gra|phen
Pa|ra|gu|ay (Staat in Südamerika)
der **Pa|ra|gu|a|yer;** des Paraguayers; die Paraguayer
die **Pa|ra|gu|a|ye|rin;** die Paraguayerinnen
pa|ra|gu|a|yisch
pa|r|al|lel (gleichlaufend); mit etwas parallel laufen; parallel laufende *oder* parallellaufende Geraden; zwei Systeme parallel schalten
die **Pa|r|al|le|le;** der Parallele; die Parallelen; mehrere, vier Parallele *oder* Parallelen
pa|r|al|lel|lau|fend ↑parallel
die **Pa|r|al|lel|li|nie**
das **Pa|r|al|le|lo|gramm** *(Mathematik:* Viereck mit paarweise parallelen Seiten)

die **Pa|r|al|lel|schal|tung**

die **Pa|ra|lym|pics** [*auch:* pɛrə'lɪmpɪks] (internationale Bezeichnung für die Weltspiele der Menschen mit Behinderung) *Plural*

der **Pa|ra|me|ter** (*Mathematik, Wirtschaft:* kennzeichnende Größe); des Parameters; die Parameter

pa|ra|mi|li|tä|risch (militärähnlich)

die **Pa|ra|nuss**

der **Pa|ra|nuss|baum**

der **Pa|ra|sit** (Schmarotzer); des/dem/den Pa|ra|si|ten; die Pa|ra|si|ten

pa|ra|si|tär

pa|rat (bereit); der Stift liegt parat

das **Pär|chen;** des Pärchens; die Pärchen

der **Par|cours** [par'kuːɐ̯] (Hindernisbahn; Rennstrecke); des Parcours; die Parcours

das **Par|fum** [par'fœ̃ː] *oder* **Par|füm;** des Parfums *oder* Parfüms; die Parfums *oder* Par|fü|me *oder* Parfüms

die **Par|fü|me|rie** (Geschäft; Betrieb zur Herstellung von Parfüm); die Par|fü|me|ri|en

die **Par|fum|fla|sche** *oder* **Par|füm|fla|sche**

sich **par|fü|mie|ren;** sie parfümierte sich; sie hat sich parfümiert; parfümier *oder* parfümiere dich nicht so stark!

pa|rie|ren (abwehren; gehorchen); du parierst; er parierte; er hat pariert; parier *oder* pariere endlich!

Pa|ris (Hauptstadt Frankreichs)

der **Pa|ri|ser** (*umgangssprachlich für:* Kondom; ein Verhütungsmittel); des Parisers; die Pariser

die **Pa|ri|tät** (Gleichstellung; Gleichberechtigung); die Pa|ri|tä|ten

pa|ri|tä|tisch; paritätische Finanzierung

der **Park;** des Parks; die Parks, *seltener:* die Par|ke

der *oder* die **Par|ka** (knielanger Anorak); des Parkas *oder* Parka; die Parkas

par|ken; du parkst; er parkte; sie hat den Wagen geparkt; park *oder* parke den Wagen dort!

das **Par|kett** (getäfelter Fußboden; vorderer Teil des Zuschauerraumes); des Parketts *oder* Par|ket|tes; die Par|ket|te *oder* Parketts

der **Par|kett|bo|den**

das **Park|haus**

die **Park|lü|cke**

der **Park|platz**

die **Park|uhr** *(veraltend)*

das **Park|ver|bot**

das **Par|la|ment** (Volksvertretung); des Parlaments *oder* Par|la|men|tes; die Par|la|men|te

der **Par|la|men|ta|ri|er** (Abgeordneter, Mitglied eines Parlamentes); des Parlamentariers; die Parlamentarier

die **Par|la|men|ta|ri|e|rin;** die Parlamentarierinnen

par|la|men|ta|risch; die parlamentarische Anfrage; der parlamentarische Staatssekretär; ABER: der Parlamentarische Rat (Versammlung, die 1948/49 das Grundgesetz ausarbeitete)

der **Par|la|ments|be|schluss**

das **Par|la|ments|mit|glied**

die **Par|la|ments|wahl** *meist Plural*

die **Pa|r|o|die** (komische Umbildung ernster Dichtung; scherzhafte Nachahmung); die Pa|r|o|di|en

pa|r|o|dis|tisch

die **Pa|ro|le** (Losung; Kennwort)

das **Pa|ro|li;** *nur in:* jemandem Paroli bieten (jemandem Widerstand bieten)

der **Part** (Anteil; Stimme eines Instrumental- oder Gesangstücks); des Parts; die Parts; das ist mein Part

die **Par|tei**

der **Par|tei|chef**

die **Par|tei|che|fin;** die Parteichefinnen

die **Par|tei|füh|rung**

par|tei|isch (parteiische Entscheidungen)

der **Par|tei|kon|gress**

par|tei|los (parteilose Abgeordnete)

das **Par|tei|mit|glied**

par|tei|po|li|tisch

die **Par|tei|spit|ze**

der **Par|tei|tag**

par|tei|über|grei|fend

der **Par|tei|vor|stand**

par|terre [par'tɛr] (zu ebener Erde); parterre wohnen; ABER: das **Par|ter|re** (Erdgeschoss); des Parterres; die Parterres; die Wohnung liegt im Parterre

die **Par|ter|re|woh|nung**

die **Par|tie** (Abschnitt, Teil; Spiel, Runde; Gesangsrolle); die Par|ti|en; eine gute Partie machen (reich heiraten)

par|ti|ell (teilweise); eine partielle Sonnenfinsternis

die **Par|ti|kel** (nicht flektierbares Wort, zum Beispiel »dort, in, und«); die Partikeln

der, *fachsprachlich auch:* das **Par|ti|kel|fil|ter** *(Kfz-Technik)*

der **Par|ti|san** (bewaffneter Widerstandskämpfer); des Partisans *oder* Par|ti|sa|nen; die Par|ti|sa|nen

die **Par|ti|sa|nin;** die Partisaninnen

die **Par|ti|tur** (Zusammenstellung aller zu einem Musikstück gehörenden Stimmen); die Par|ti|tu|ren

das **Par|ti|zip** (Mittelwort); des Partizips; die Par|ti|zi|pi|en

die **Par|ti|zi|pa|ti|on** (das Teilhaben); die Par|ti|zi|pa|ti|o|nen *Plural selten*

der **Par|ti|zi|pi|al|satz** (satzwertiges Partizip)

par|ti|zi|pie|ren (Anteil haben, teilnehmen); du partizipierst; wir haben partizipiert; partizipier *oder* partizipiere!

der **Part|ner;** des Partners; die Partner

die **Part|ne|rin;** die Partnerinnen

die **Part|ner|schaft**

part|ner|schaft|lich

die **Part|ner|stadt**

par|tout [parˈtuː] (*umgangssprachlich für:* durchaus; um jeden Preis); sie wollte partout in Berlin studieren

die **Par|ty** [ˈpaːɐ̯ti] (zwangloses Fest); die Partys

der **Par|ty|ser|vice**

die **Par|zel|le** (vermessenes Grundstück); die Parzellen

das **Pas|cal** (Einheit des Drucks; *Zeichen:* Pa); des Pascals; die Pascal; 90 Pascal

der **Pasch** (Wurf mit gleicher Augenzahl auf mehreren Würfeln); des Paschs; die Pasche *oder* Pä|sche

der **Pa|scha** (*umgangssprachlich für:* Mann, der sich [von Frauen] bedienen lässt); des Paschas; die Paschas

der **Pass;** des Pas|ses; die Päs|se

pas|sa|bel (annehmbar); eine passa|b|le Note

die **Pas|sa|ge** [paˈsaːʒə] (Durchfahrt, Durchgang; Überfahrt; Textstück; schnelle Tonfolge in einem Musikstück); die Passagen

der **Pas|sa|gier** [pasaˈʒiːɐ̯] (Fahrgast); des Passagiers; die Pas|sa|gie|re; der blinde Passagier (jemand, der heimlich und ohne Fahrkarte an Bord eines Flugzeugs oder Schiffes mitreist)

das **Pas|sa|gier|flug|zeug**

die **Pas|sa|gie|rin;** die Passagierinnen

der **Pas|sant** (Fußgänger); des/dem/den Pas|san|ten; die Pas|san|ten

die **Pas|san|tin;** die Passantinnen

der **Pas|sat** (Tropenwind); des Passats *oder* Pas|sa|tes; die Pas|sa|te

das **Pass|bild**

pas|sé (vorbei); das ist passé

pas|sen; du passt zu ihm; das Kleid passte; das Kleid hat gepasst

pas|send; ein passender Anzug; ABER: etwas Passendes

das **Passe|par|tout** [paspar'tuː] (Umrahmung für Bilder); des Passepartouts; die Passepartouts

das **Pass|fo|to**

pas|sier|bar (überschreitbar); die Brücke ist nicht passierbar

pas|sie|ren (vorübergehen, -fahren); das Schiff passierte den Leuchtturm; sie hat die Grenze passiert

der **Pas|sier|schein**

die **Pas|si|on** (Leiden; Leidenschaft)

pas|si|o|niert (leidenschaftlich)

pas|siv (leidend; untätig); er verhält sich passiv; das passive Wahlrecht (das Recht, gewählt zu werden)

das **Pas|siv** (*Sprachwissenschaft:* die Leideform); des Passivs; die Pas|si|ve *Plural selten*

die **Pas|si|vi|tät** (passives Verhalten)

die **Pass|kon|t|rol|le**

das **Pass|wort** (*EDV:* Kennwort); die Pass|wör|ter

der **Pass|wort|ma|na|ger** *oder* **Pass|wort-Ma|na|ger** (*EDV:* Programm, das Kennwörter verwaltet)

die **Pas|te**

die **Pas|tell|far|be**

die **Pas|te|te**

pas|teu|ri|sie|ren [pastøriˈziːrən] (durch Erhitzen keimfrei und haltbar machen); pasteurisierte Milch

die **Pas|til|le** (Kügelchen, Pille); die Pastillen
der **Pas|tor** [*auch:* pasˈtoːɐ̯] (Geistlicher); des Pastors; die Pas|to|ren
die **Pas|to|rin;** die Pastorinnen
der **Pa|te** (Taufzeuge); des/dem/den Paten; die Paten
das **Pa|ten|kind**
die **Pa|ten|schaft**
pa|tent (geschickt, praktisch); pa|tenter; am pa|ten|tes|ten
das **Pa|tent** (rechtlicher Schutz für eine Erfindung; rechtlich geschützte Erfindung); des Patents *oder* Pa|ten|tes; die Pa|ten|te
das **Pa|tent|amt**
pa|tent|ge|schützt; patentgeschützte Arzneien
pa|ten|tie|ren; er hat sich die Erfindung patentieren lassen; ein patentiertes Verfahren
das **Pa|tent|re|gis|ter** (öffentliches Register des Patentamts für angemeldete und erteile Patente)
der **Pa|ter** (katholischer Ordensgeistlicher); des Paters; die Pa|t|res
pa|the|tisch (voller Pathos; übertrieben feierlich); ein pathetischer Auftritt
pa|tho|lo|gisch (krankhaft)
das **Pa|thos** ([übertriebener] Ausdruck feierlicher Ergriffenheit); des Pathos
der **Pa|ti|ent** (Kranker in ärztlicher Behandlung); des/dem/den Pa|ti|en|ten; die Pa|ti|en|ten
die **Pa|ti|en|tin;** die Patientinnen
die **Pa|tin;** die Patinnen
der **Pa|t|ri|arch** (Erzvater; Bischofstitel); des/dem/den Pa|t|ri|ar|chen; die Pa|t|ri|ar|chen
der **Pa|t|ri|ot** (jemand, der vaterländisch gesinnt ist); des/dem/den Pa|t|ri|o|ten; die Pa|t|ri|o|ten
die **Pa|t|ri|o|tin;** die Patriotinnen
pa|t|ri|o|tisch
der **Pa|t|ri|o|tis|mus;** des Patriotismus
der **Pa|t|ri|zi|er** (vornehmer Bürger [besonders im Mittelalter]); des Patriziers; die Patrizier
die **Pa|t|ri|zi|e|rin;** die Patrizierinnen
der **Pa|t|ron** (Schutzherr); des Patrons; die Pa|t|ro|ne

die **Pa|t|ro|ne** (die Geschosshülse); die Patronen
die **Pa|t|ro|nen|hül|se**
die **Pa|t|ro|nin;** die Patroninnen
die **Pa|t|rouil|le** [paˈtrʊljə] (Spähtrupp, Streife); die Patrouillen
pa|t|rouil|lie|ren (als Wache auf und ab gehen; auf Patrouille gehen oder fahren); sie patrouillierten; Soldaten sind durch die Straßen patrouilliert
pat|schen; du patschst; sie patschte; er ist durch die Pfütze gepatscht; patsch *oder* patsche nicht durch die Pfütze!
patsch|nass (sehr nass)
patt (*Schach:* unfähig, noch einen Zug zu machen; unentschieden); patt sein
das **Patt;** des Patts; die Patts; ein militärisches Patt
pat|zen (*umgangssprachlich für:* einen Fehler machen); du patzt; sie patzte; er hat bei der Prüfung gepatzt
der **Pat|zer;** des Patzers; die Patzer
pat|zig (*umgangssprachlich für:* frech); patzige Antworten
die **Pau|ke;** er haute auf die Pauke (er war ausgelassen)
pau|ken (*umgangssprachlich für:* angestrengt lernen); sie paukte; er hat Vokabeln gepaukt
der **Pau|ker** (*Schülersprache:* Lehrer); des Paukers; die Pauker
die **Pau|ke|rin;** die Paukerinnen
die **Paus|ba|cken** (dicke Wangen)
paus|ba|ckig *oder* **paus|bä|ckig**
pau|schal (alles zusammen, rund); die Kosten wurden pauschal abgerechnet
die **Pau|scha|le** (Gesamtbetrag; geschätzte Summe); die Pauschalen
der **Pau|schal|preis**
das **Pau|schal|ur|teil**
die **Pau|se** (Ruhezeit); die große Pause (in der Schule, im Theater)
die **Pau|se** (mit Pauspapier hergestellte Kopie)
pau|sen; ich pause; du paust; er pauste; er hat den Plan gepaust
das **Pau|sen|brot**
der **Pau|sen|gong** (besonders in Schulen)
die **Pau|sen|hal|le**
der **Pau|sen|hof** *(Schule)*
pau|sen|los
pau|sie|ren (eine Pause einlegen); du

pausierst; sie pausierte; er hat zwei Jahre pausiert

das **Paus|pa|pier**

der **Pa|vi|an** (ein Affe); des Pavians; die Pa|vi|a|ne

der **Pa|vil|lon** [ˈpavɪljõ] (kleiner, frei stehender, meist runder Bau; Ausstellungsgebäude); des Pavillons; die Pavillons

das **Pay-TV** [ˈpeɪ̯ti:vi:] (nur gegen Gebühr zu empfangendes Privatfernsehen); des Pay-TV *oder* Pay-TVs

der **Pa|zi|fik** (der Große, Stille Ozean); des Pazifiks

pa|zi|fisch; pazifische Inseln; ABER: der Pazifische (Große, Stille) Ozean

der **Pa|zi|fis|mus** (Ablehnung des Krieges aus religiösen oder ethischen Gründen); des Pazifismus

der **Pa|zi|fist** (jemand, der für absoluten Verzicht auf Krieg, Rüstung und Militär eintritt); des/dem/den Pa|zi|fis|ten; die Pa|zi|fis|ten

die **Pa|zi|fis|tin;** die Pazifistinnen

pa|zi|fis|tisch

der **PC;** des PC *oder* PCs; die PC *oder* PCs

die **PC** [pe:ˈtse:, *auch:* pi:ˈsi:] (Political Correctness); der PC

die **PDS** = Partei des Demokratischen Sozialismus

das **Pech;** des Pechs, *seltener:* Pe|ches

pech|schwarz

die **Pech|sträh|ne**

der **Pech|vo|gel**

das **Pe|dal;** des Pedals; die Pe|da|le

der **Pe|dant** (übertrieben genauer, kleinlicher Mensch); des/dem/den Pe|dan|ten; die Pe|dan|ten

die **Pe|dan|te|rie;** die Pe|dan|te|ri|en

die **Pe|dan|tin;** die Pedantinnen

pe|dan|tisch

das **Pe|de|lec** [ˈpɛdɛlɛk] (Elektrofahrrad); des Pedelec[s]; die Pedelecs

die **Pe|di|kü|re** (Fußpflege; Fußpflegerin)

der **Pe|gel** (Wasserstandsmesser); des Pegels; die Pegel

der **Pe|gel|stand**

PE|GI|DA *oder* **Pe|gi|da** = Patriotische Europäer gegen [die] Islamisierung des Abendlandes (rechtspopulistische politische Bewegung); *Genitiv:* PEGIDAs *oder* Pegidas

pei|len (die Richtung feststellen); du peilst; sie peilte; er hat gepeilt; peile die Lage!

die **Pei|lung**

die **Pein** (Schmerz, Qual)

pei|ni|gen; sie peinigte; sie hat ihn gepeinigt; peinige sie nicht!

der **Pei|ni|ger;** des Peinigers; die Peiniger

die **Pei|ni|ge|rin;** die Peinigerinnen

die **Pei|ni|gung**

pein|lich

die **Pein|lich|keit**

die **Peit|sche**

peit|schen; der Regen peitschte; der Regen hat die Bäume gepeitscht

der **Peit|schen|hieb**

Pe|king (Hauptstadt Chinas)

der **Pe|li|kan** (ein Vogel mit sehr langem Schnabel); des Pelikans; die Pe|li|ka|ne

die **Pel|le;** jemandem auf die Pelle rücken (*umgangssprachlich für:* jemandem energisch zusetzen); jemandem auf der Pelle sitzen (*umgangssprachlich für:* jemandem lästig sein)

pel|len (schälen); du pellst; er pellte; sie hat die Kartoffeln gepellt; pelle sie!

die **Pell|kar|tof|fel**

der **Pelz;** des Pel|zes; die Pel|ze; jemandem auf den Pelz rücken (*umgangssprachlich für:* jemanden drängen)

pel|zig; pelzige Blätter

das **Pen|dant** [pãˈdã:] (Gegenstück); des Pendants; die Pendants; das Pendant zum Roten Kreuz in der Türkei ist der Rote Halbmond

das **Pen|del;** des Pendels; die Pendel

pen|deln; du pendelst; sie pendelte; sie hat an einem Seil gependelt; sie ist zwischen Mannheim und Worms gependelt (hin- und hergefahren)

der **Pen|del|ver|kehr**

der **Pend|ler;** des Pendlers; die Pendler

die **Pend|le|rin;** die Pendlerinnen

der **Pend|ler|zug**

pe|ne|t|rant (durchdringend; aufdringlich)

die **Pe|ne|t|ranz**

pe|ni|bel (sehr genau); pe|ni|b|ler; am pe|ni|bels|ten

das **Pe|ni|cil|lin** *vergleiche:* **Pe|ni|zil|lin**

der **Pe|nis** (männliches Glied); des Penis; die Penisse *oder* Penes

das **Pe|ni|zil|lin,** *fachsprachlich:* **Pe|ni|cil|lin**

(*Medizin:* ein Antibiotikum); des Penizillins, *fachsprachlich:* Penicillins; die Pe|ni|zil|li|ne, *fachsprachlich:* Pe|ni|cil|li|ne

die **Pen|ne** (*umgangssprachlich für:* Schule)

pen|nen (*umgangssprachlich für:* schlafen); er pennte; er hat gepennt

der **Pen|ner** *(umgangssprachlich, häufig diskriminierend: für* Stadt-, Landstreicher, *auch als Schimpfwort);* des Penners; die Penner

die **Pen|ne|rin;** die Pennerinnen

der **Pen|ny** (englische Münze; Untereinheit des britischen Pfunds); des Pennys; die Pennys

die **Pen|si|on** [pãˈzi̯oːn, *auch:* pɛnˈzi̯oːn] (Ruhestand; Ruhegehalt; kleineres Hotel; Fremdenheim)

der **Pen|si|o|när;** des Pensionärs; die Pen|si|o|nä|re

die **Pen|si|o|nä|rin;** die Pensionärinnen

pen|si|o|nie|ren; sie pensionierte ihn; er hat sie pensioniert; er ist schon lange pensioniert

pen|si|o|niert (im Ruhestand); ein pensionierter Beamter

die **Pen|si|o|nie|rung**

das **Pen|sum** (zugeteilte Arbeit; Lehrstoff); des Pensums; die Pensen *oder* Pensa

das **Pen|ta|gon** (Fünfeck); des Pentagons; die Pen|ta|go|ne

P

pen

das **Pen|ta|gon** (das auf einem fünfeckigen Grundriss errichtete amerikanische Verteidigungsministerium); des Pentagons

die **Pe|pe|ro|ni** (scharfe, kleine Paprikaschote); die Peperoni *meist Plural*

per (durch, mit, gegen, für); per Gesetz; per Bahn reisen; etwas per Post schicken; mit jemandem per Du *oder* du sein (jemanden duzen)

die **Per|cus|sion** [pəˈkaʃn̩] (Gruppe von Schlaginstrumenten); die Percussions

per|fekt (vollkommen; abgemacht); eine perfekte Planung; der Vertrag ist perfekt

das **Per|fekt** (*Sprachwissenschaft:* vollendete Gegenwart, Vorgegenwart); des Perfekts; die Per|fek|te *Plural selten*

die **Per|fek|ti|on** (Vollendung, Vollkommenheit)

der **Per|fek|ti|o|nis|mus** ([übertriebenes] Streben nach Vollkommenheit); des Perfektionismus

per|fek|ti|o|nis|tisch

per|fid *oder* **per|fi|de** (hinterhältig, gemein); ein perfider Plan

die **Per|fo|ra|ti|on** (Durchbohrung; Loch; Reißlinie); die Per|fo|ra|ti|o|nen

per|fo|rie|ren (durchbohren, durchlöchern); ich perforiere; er perforierte; perforierte Blätter

die **Per|for|mance** [pœːɐ̯ˈfɔːɐ̯məns] (Veranstaltung, bei der durch Aktionen, ähnlich wie beim Happening, ein künstlerisches Erlebnis vermittelt werden soll); der Performance; die Per|for|man|ces

per|for|men [pœːɐ̯ˈfɔːɐ̯mən] (*umgangssprachlich für:* darbieten, präsentieren; etwas vorführen); ich performe; du performst; sie performte; die Musikgruppe hat live performt

das **Per|ga|ment** (bearbeitete Tierhaut; alte Handschrift); des Pergaments *oder* Pergamen|tes; die Per|ga|men|te

die **Pe|ri|o|de** (Zeitraum; sich fortlaufend wiederholende Ziffer oder Zifferngruppe einer Dezimalzahl)

das **Pe|ri|o|den|sys|tem** *(Chemie)*

pe|ri|o|disch; in periodischen Abständen

pe|ri|pher (am Rande)

die **Pe|ri|phe|rie** (Begrenzungslinie; Randgebiet); die Pe|ri|phe|ri|en

die **Per|le**

die **Per|len|ket|te**

die *oder* das **Perl|mut|ter,** *auch:* das **Perl|mutt;** der Perlmutter *oder* des Perlmutters, *auch:* des Perlmutts

das **Per|lon** (*Markenbezeichnung:* eine synthetische Textilfaser); des Perlons

per|ma|nent (dauernd, ständig); permanentes Schnarchen

die **Per|ma|nenz;** in Permanenz

per|plex (*umgangssprachlich für:* verwirrt, verblüfft; bestürzt)

der **Per|ser;** des Persers; die Perser

die **Per|se|rin;** die Perserinnen

der **Per|ser|tep|pich**

Per|si|en (ältere Bezeichnung für Iran)

per|sisch

die **Per|son;** die Per|so|nen

das **Per|so|nal;** des Personals

der **Per|so|nal|ab|bau;** des Personalabbaus *oder* Personalabbaues

der **Per|so|nal|aus|weis**

der **Per|so|nal Com|pu|ter** [ˈpœːɐ̯sənɛl kɔmˈpjuːtɐ] (*Abkürzung:* PC)
die **Per|so|na|lie** (Information oder Einzelheit zu einer Person); der Personalie; die Per|so|na|li|en
die **Per|so|na|li|en** *Plural*
die **Per|so|nal|kos|ten** *(Wirtschaft) Plural*
das **Per|so|nal|pro|no|men** (persönliches Fürwort)
per|so|nell (das Personal betreffend); personelle Veränderungen
die **Per|so|nen|be|schrei|bung**
der **Per|so|nen|kraft|wa|gen** (*Abkürzung:* Pkw *oder* PKW)
der **Per|so|nen|kreis**
der **Per|so|nen|ver|kehr**
der **Per|so|nen|wa|gen**
der **Per|so|nen|zug**
per|sön|lich; persönliches Fürwort
die **Per|sön|lich|keit**
die **Per|s|pek|ti|ve** (Form der ebenen Darstellung, die den Eindruck des Räumlichen hervorruft; Sicht, Blickwinkel; Aussicht für die Zukunft); die Perspektiven
Pe|ru (Staat in Südamerika)
der **Pe|ru|a|ner;** des Peruaners; die Peruaner
die **Pe|ru|a|ne|rin;** die Peruanerinnen
pe|ru|a|nisch
die **Pe|rü|cke** (Haarersatz)
per|vers (*abwertend, in Bezug auf Menschen meist diskriminierend:* abartig, krankhaft; absurd)
die **Per|ver|si|tät**
pe|sen (*landschaftlich umgangssprachlich für:* eilen, rennen); du pest; sie peste; sie ist um die Ecke gepest; pese nicht!
der **Pes|si|mis|mus** (Schwarzseherei); des Pessimismus
der **Pes|si|mist** (jemand, der alles von der schlechten Seite betrachtet); des/dem/den Pes|si|mis|ten; die Pes|si|mis|ten
die **Pes|si|mis|tin;** die Pessimistinnen
pes|si|mis|tisch
die **Pest**
die **Pest|beu|le**
das **Pes|ti|zid** (Schädlingsbekämpfungsmittel); des Pestizids; die Pes|ti|zi|de
die **Pe|ter|si|lie**
die **Pe|ti|ti|on** (Gesuch); die Pe|ti|ti|o|nen
das **Pe|t|ro|le|um;** des Petroleums
das **Pet|ting** (Liebesspiel ohne Geschlechtsverkehr); des Petting *oder* des Pettings; die Pettings
pet|zen (*umgangssprachlich für:* verraten; zwicken); du petzt; er petzte; sie hat gepetzt; petz *oder* petze nicht!
Pf. = Pfennig
der **Pfad;** des Pfads *oder* Pfa|des; die Pfa|de; *Verkleinerungsform:* das Pfädchen
der **Pfad|fin|der;** des Pfadfinders; die Pfadfinder
die **Pfad|fin|de|rin;** die Pfadfinderinnen
der **Pfahl;** des Pfahls *oder* Pfah|les; die Pfäh|le
der **Pfahl|bau;** die Pfahlbauten
die **Pfalz**
der **Pfäl|zer;** des Pfälzers; die Pfälzer
die **Pfäl|ze|rin;** die Pfälzerinnen
pfäl|zisch
das **Pfand;** des Pfands *oder* Pfan|des; die Pfän|der
der **Pfand|bon** [...bɔŋ]
pfän|den; du pfändest; er pfändete; er hat den Schrank gepfändet
das **Pfän|der|spiel**
die **Pfand|fla|sche**
das **Pfand|geld**
die **Pfand|mar|ke**
die **Pfand|pflicht**
die **Pfan|ne**
der **Pfann|ku|chen**
die **Pfar|rei**
der **Pfar|rer;** des Pfarrers; die Pfarrer
die **Pfar|re|rin;** die Pfarrerinnen
das **Pfarr|haus**
der **Pfau;** des Pfaus *oder* Pfaues; die Pfauen
die **Pfau|en|fe|der**
Pfd. = Pfund
der **Pfef|fer;** des Pfeffers; die Pfeffer; Pfeffer und Salz; schwarzer, *fachsprachlich:* Schwarzer Pfeffer
der **Pfef|fer|ku|chen**
das **Pfef|fer|minz** (ein Plätzchen); des Pfef|fer|min|zes; die Pfef|fer|min|ze
die **Pfef|fer|min|ze** (eine Heil- und Gewürzpflanze)
der **Pfef|fer|minz|tee**
die **Pfef|fer|müh|le**
pfef|fern; du pfefferst; er pfefferte; sie hat das Fleisch gepfeffert; pfeffere das Essen nicht so stark!

A B C D E F G H I J K L M N O P pfe Q R S T U V W X Y Z

die **Pfei|fe**
pfei|fen; du pfeifst; sie pfeift; er pfiff; sie hat gepfiffen; pfeif *oder* pfeife nicht!
der **Pfeil;** des Pfeils *oder* Pfei|les; die Pfei|le
der **Pfei|ler;** des Pfeilers; die Pfeiler
pfeil|ge|ra|de
pfeil|schnell (ein pfeilschnelles Auto)
der **Pfen|nig** (frühere deutsche Währung); des Pfennigs; die Pfen|ni|ge; ABER: das kostete damals 20 Pfennig
das **Pfen|nig|stück**
der **Pferch** (eingezäuntes Feldstück für Tiere); des Pferchs *oder* Pfer|ches; die Pfer|che
das **Pferd;** des Pferds *oder* Pfer|des; die Pfer|de; zu Pferde
das **Pfer|de|ge|biss**
der **Pfer|de|schwanz**
die **Pfer|de|stär|ke** (veraltete Maßeinheit; *Abkürzung:* PS)
der **Pferd|sprung** (beim Turnen)
der **Pfiff;** des Pfiffs *oder* Pfif|fes; die Pfif|fe
der **Pfif|fer|ling** (ein Pilz); des Pfifferlings; die Pfif|fer|lin|ge; das ist keinen Pfifferling (*umgangssprachlich für:* nichts) wert
pfif|fig (gewitzt; schlau)
der **Pfif|fi|kus** (*umgangssprachlich für:* schlauer Mensch); des Pfiffikus *oder* Pfiffikusses; die Pfiffikusse
das **Pfings|ten** (christliches Fest); des Pfingsten; zu, an Pfingsten; Pfingsten fällt früh; *landschaftlich auch Plural:* die *oder* diese Pfingsten fallen früh; fröhliche Pfingsten!
die **Pfingst|fe|ri|en** *Plural*
das **Pfingst|fest**
die **Pfingst|ro|se**
der **Pfingst|sonn|tag**
der **Pfir|sich;** des Pfirsichs; die Pfir|si|che
die **Pflan|ze**
pflan|zen; du pflanzt; er pflanzte; sie hat einen Baum gepflanzt; pflanz *oder* pflanze ihn!
der **Pflan|zen|fres|ser**
die **Pflan|zen|zucht**
der **Pflan|zer;** des Pflanzers; die Pflanzer
die **Pflan|ze|rin;** die Pflanzerinnen
pflanz|lich; pflanzliche Kost
die **Pflan|zung**
das **Pflas|ter;** des Pflasters; die Pflaster
pflas|tern; du pflasterst; er pflasterte; er hat die Straße gepflastert; pflastere sie!
der **Pflas|ter|stein**
die **Pflau|me**
das **Pflau|men|mus**
die **Pfle|ge**
pfle|ge|be|dürf|tig; eine pflegebedürftige Seniorin
der **Pfle|ge|dienst**
die **Pfle|ge|el|tern** *Plural*
die **Pfle|ge|fa|mi|lie**
das **Pfle|ge|heim**
der **Pfle|ge|hel|fer**
die **Pfle|ge|hel|fe|rin**
pfle|ge|leicht; pflegeleichte Kleidung
pfle|gen; du pflegst; er pflegte; sie hat den Kranken gepflegt; pflege deine kranke Mutter!
der **Pfle|ger;** des Pflegers; die Pfleger
die **Pfle|ge|rin;** die Pflegerinnen
pfleg|lich; sie geht mit ihren Büchern pfleglich um
die **Pflicht**
pflicht|be|wusst
das **Pflicht|fach;** des Pflichtfachs *oder* Pflicht|fa|ches; die Pflicht|fä|cher
pflicht|ge|mäß
die **Pflicht|lek|tü|re**
das **Pflicht|prak|ti|kum**
der **Pflock;** des Pflocks *oder* Pflo|ckes; die Pflö|cke
pflü|cken; du pflückst; sie pflückte; er hat Blumen gepflückt; pflück *oder* pflücke die Äpfel!
der **Pflü|cker;** des Pflückers; die Pflücker
die **Pflü|cke|rin;** die Pflückerinnen
der **Pflug;** des Pflugs *oder* Pflu|ges; die Pflüge
pflü|gen; du pflügst; er pflügte; er hat den Acker gepflügt; pflüge den Acker!
die **Pflug|schar**
die **Pfor|te**
der **Pfört|ner;** des Pförtners; die Pförtner
die **Pfört|ne|rin;** die Pförtnerinnen
der **Pfos|ten;** des Pfostens; die Pfosten
der **Pfos|ten|schuss**
die **Pfo|te**
der **Pfrop|fen;** des Pfropfens; die Pfropfen
der **Pfuhl** (große Pfütze; Sumpf); des Pfuhls *oder* Pfuh|les; die Pfuh|le

pfui!
das **Pfund;** des Pfunds *oder* Pfun|des; die Pfun|de; ABER: vier Pfund Kartoffeln
pfun|dig (*umgangssprachlich für:* großartig, toll)
der **Pfunds|spaß** (*umgangssprachlich für:* Riesenspaß)
pfund|wei|se
der **Pfusch;** des Pfu|sches
die **Pfusch|ar|beit**
pfu|schen; du pfuschst; er pfuschte; er hat gepfuscht; pfusche nicht!
der **Pfu|scher;** des Pfuschers; die Pfuscher
die **Pfu|sche|rei**
die **Pfu|sche|rin;** die Pfuscherinnen
die **Pfüt|ze**
die **PH** = pädagogische Hochschule
das **Pha|b|let** (Smartphone mit großem Display)
das **Phä|no|men** (Erscheinung; seltenes Ereignis); des Phänomens; die Phä|no|me|ne
phä|no|me|nal (außergewöhnlich, erstaunlich); ein phänomenales Gedächtnis
die **Phan|ta|sie** ↑Fantasie
die **Phan|ta|sie** *vergleiche:* **Fan|ta|sie**
phan|ta|sie|ren *vergleiche:* **fan|ta|sie|ren**
phan|ta|sie|voll *oder* **fan|ta|sie|voll**
phan|tas|tisch *oder* **fan|tas|tisch**
das **Phan|tom** (Trugbild); des Phantoms; die Phan|to|me
das **Phan|tom|bild** (nach Zeugenaussagen gezeichnetes Porträt)
der **Pha|rao** (ägyptischer König im Altertum); des Pha|ra|os; die Pha|ra|o|nen
das **Pha|ra|o|nen|grab**
der **Pha|ri|sä|er** (Angehöriger einer streng gesetzesfrommen altjüdischen Partei; selbstgerechter Heuchler); des Pharisäers; die Pharisäer
pha|ri|sä|er|haft (hochmütig, heuchlerisch)
das **Pha|ri|sä|er|tum;** des Pharisäertums
die **Phar|ma|in|dus|t|rie** (Arzneimittelindustrie)
die **Phar|ma|ko|lo|gie** (Arzneimittelkunde)
der **Phar|ma|kon|zern** (Zusammenschluss von mehreren Unternehmen der Pharmaindustrie)
phar|ma|zeu|tisch; pharmazeutisch-technische Assistentin (*Abkürzung:* PTA)
die **Phar|ma|zie** (Lehre von der Arzneimittelzubereitung)
die **Pha|se** (Abschnitt einer Entwicklung); die Phasen
pha|sen|wei|se (zeitweise, manchmal); ein phasenweise gutes Spiel
phatt, *seltener:* **phat** [fɛt] (*Jugendsprache:* hervorragend); der Film war richtig phatt *oder* phat; ABER NUR: phatte Beats
die **Phil|har|mo|nie** (Name von Orchestern und ihren Konzertsälen); der Philharmonie; die Phil|har|mo|ni|en
der **Phil|har|mo|ni|ker** (Künstler, der in einem philharmonischen Orchester spielt); des Philharmonikers; die Philharmoniker
die **Phil|har|mo|ni|ke|rin;** die Philharmonikerinnen
die **Phi|l|ip|pi|nen** (Inselgruppe und Staat in Südostasien) *Plural*
der **Phi|l|ip|pi|ner;** des Philippiners; die Philippiner
die **Phi|l|ip|pi|ne|rin;** die Philippinerinnen
phi|l|ip|pi|nisch
der **Phi|lo|soph;** des Phi|lo|so|phen; die Phi|lo|so|phen
die **Phi|lo|so|phie**
phi|lo|so|phie|ren; du philosophierst; sie philosophierte; sie hat philosophiert; philosophier *oder* philosophiere nicht so viel!
die **Phi|lo|so|phin;** die Philosophinnen
phi|lo|so|phisch
das **Phleg|ma** (Ruhe, Geistesträgheit, Schwerfälligkeit); des Phlegmas
der **Phleg|ma|ti|ker;** des Phlegmatikers; die Phlegmatiker
die **Phleg|ma|ti|ke|rin;** die Phlegmatikerinnen
phleg|ma|tisch; ein phlegmatischer Mensch
Phnom Penh [pnɔm ˈpɛn] (Hauptstadt Kambodschas)
die **Pho|bie** (krankhafte Angst); die Pho|bi|en
das **Phon** *oder* **Fon** (Maßeinheit für die Lautstärke); des Phons *oder* Fons; die

Phons *oder* Fons; ABER: 50 Phon *oder* Fon

! In den aus dem Griechischen stammenden Wörtern mit *phon* kann nach neuer Rechtschreibung das *ph* grundsätzlich durch *f* ersetzt werden. Neben *Phonotechnik* ist jetzt also auch *Fonotechnik,* neben *Phonzahl* auch *Fonzahl* usw. möglich.

die **Pho|ne|tik** *oder* **Fo|ne|tik** (Lehre von der Lautbildung)

pho|ne|tisch *oder* **fo|ne|tisch**

der **Phö|nix** (*griechisch-römische Mythologie:* Vogel, der sich im Feuer verjüngt); des Phönix oder Phö|ni|xes; die Phö|nixe; wie Phönix aus der Asche steigen (nach scheinbarem Niedergang etwas unerwartet mit ganz neuer Kraft beginnen)

die **Pho|no|thek** *oder* **Fo|no|thek** (Archiv mit Beständen an Tonbändern, Schallplatten und CDs)

das **Phos|phat** (Salz der Phosphorsäure); des Phosphats *oder* Phos|pha|tes; die Phos|pha|te

phos|phat|hal|tig

der **Phos|phor** (ein chemisches Element; *Zeichen:* P); des Phosphors

phos|pho|res|zie|rend (nach Bestrahlung im Dunkeln von selbst leuchtend); phosphoreszierende Ziffern

der **Pho|to|graph** *vergleiche:* **Fo|to|graf**

die **Pho|to|gra|phie** *vergleiche:* **Fo|to|gra|fie**

die **Pho|to|gra|phin** *vergleiche:* **Fo|to|gra|fin**

die **Pho|to|vol|ta|ik** *vergleiche:* **Fo|to|vol|ta|ik**

die **Phra|se** (Redewendung; nichtssagende Redensart); Phrasen dreschen

phra|sen|haft

der **pH-Wert** (*Chemie:* Zahl, die angibt, wie stark eine Lösung basisch oder sauer ist)

die **Phy|sik** (eine Naturwissenschaft)

phy|si|ka|lisch; physikalische Gesetze

der **Phy|si|ker;** des Physikers; die Physiker

die **Phy|si|ke|rin;** die Physikerinnen

der **Phy|sik|un|ter|richt**

der **Phy|sio|the|ra|peut**

die **Phy|sio|the|ra|peu|tin**

die **Phy|sio|the|ra|pie** (Heilbehandlung mit Licht, Luft, Wasser, Bestrahlungen, Massage)

phy|sisch (körperlich); physische Belastung

das **Pi** (mathematische Zahl); des Pi *oder* Pis

der **Pi|a|nist** (ausgebildeter Klavierspieler); des/dem/den Pi|a|nis|ten; die Pi|a|nisten

die **Pi|a|nis|tin;** die Pianistinnen

pi|a|no (*Musik:* leise)

das **Pi|a|no** (Klavier); des Pianos; die Pianos

Pi|cas|so (spanischer Maler und Grafiker)

der **Pi|ckel;** des Pickels; die Pickel

pi|cke|lig, pick|lig; ein pickeliges *oder* pickliges Gesicht

pi|cken; das Huhn pickte; es hat die Körner gepickt

das **Pick|nick** (Essen im Freien); des Picknicks; die Pick|ni|cke *oder* Picknicks

pick|ni|cken; du picknickst; sie picknickte; sie hat gepicknickt; picknicke!

der **Pick|nick|korb**

pi|co|bel|lo (*umgangssprachlich für:* tadellos); der Boden ist picobello sauber

das **Pi|de** (Fladenbrot); des Pide *oder* Pides; die Pide *oder* Pides

piek|fein (*umgangssprachlich für:* besonders fein)

piek|sau|ber (*umgangssprachlich für:* besonders sauber)

pien|sen *oder* **pien|zen** (*landschaftlich und jugendsprachlich für:* klagen, jammern); ich piense *oder* pienze; du pienst *oder* pienzt; er pienste *oder* pienzte; piens[e] *oder* pienz[e] nicht immer!

pie|pe *oder* **piep|egal** (*umgangssprachlich für:* gleichgültig); das ist mir piepe *oder* piepegal

pie|pen; du piepst; es piepte; es hat gepiept; bei dir piepts wohl? (*umgangssprachlich für:* du bist wohl nicht recht bei Verstand?); ABER: das ist zum Piepen (*umgangssprachlich für:* es ist zum Lachen)

piep|sen; du piepst; er piepste; er hat gepiepst; pieps *oder* piepse nicht so!

der *oder* die **Pier** (Hafendamm); des Piers; die Piers

pier|cen (die Haut durchstechen, um Schmuck, zum Beispiel Ringe, anzubrin-

P
pho

gen); du piercт; sie piercte; sie hat gepierct; sie will sich piercen lassen
das **Pier|cing;** des Piercings; die Piercings
pie|sa|cken (*umgangssprachlich für:* quälen); du piesackst ihn; er piesackte ihn; er hat ihn gepiesackt; piesack *oder* piesacke ihn nicht!
die **Pi|e|tät** (ehrfürchtiger Respekt)
das **Pig|ment** (Farbstoff); des Pigments *oder* Pig|men|tes; die Pig|men|te
das **Pik** (Spielkartenfarbe); des Pik *oder* Piks
der **Pik** (*umgangssprachlich für:* heimlicher Groll); des Piks; die Pi|ke; sie hat einen Pik auf mich
pi|kant (scharf gewürzt; reizvoll); pi|kan|ter; am pi|kan|tes|ten
pi|ken *oder* **pik|sen;** du pikst; er pikt *oder* pikst; er pikte *oder* pikste mich; es hat gepikt *oder* gepikst
der **Pil|ger;** des Pilgers; die Pilger
die **Pil|ger|fahrt**
die **Pil|ge|rin;** die Pilgerinnen
pil|gern; du pilgerst; er pilgerte; er ist gepilgert; pilgere nach Rom!
die **Pil|le**
der **Pil|ler** *oder* **Pil|ler|mann** (*umgangssprachlich für:* Penis); des Pillers *oder* Pillermanns; die Piller *oder* Pil|ler|män|ner
der **Pi|lot;** des/dem/den Pi|lo|ten; die Pi|lo|ten
der **Pi|lot|film** (Testfilm für eine geplante Fernsehserie)
die **Pi|lot|fol|ge** *(Fernsehen)*
die **Pi|lo|tin;** die Pilotinnen
das **Pi|lot|pro|jekt** (Projekt, in dem versuchsweise neuartige Verfahren oder Arbeitsweisen angewendet werden)
der **Pilz;** des Pil|zes; die Pil|ze
die **Pilz|ver|gif|tung**
der **Pin** (Stecknadel; Plakette); des Pins; die Pins
die **PIN** = personal identification number (persönliche Geheimzahl, zum Beispiel beim Handy); die PINs
pin|ge|lig (*umgangssprachlich für:* kleinlich; empfindlich)
die **Pin|ge|lig|keit**
der **Pin|gu|in** (ein Vogel der Antarktis); des Pinguins; die Pin|gu|i|ne
pink (rosa); ein pink Kleid; ↑beige
das **Pink** (kräftiges Rosa); des Pinks; die Pinks; ein Kleid in Pink
die **Pin|ke** *oder* **Pin|ke|pin|ke** (*umgangssprachlich für:* Geld)
pin|keln (*umgangssprachlich für:* urinieren); ich pink[e]le; er pinkelte; er hat gepinkelt; pinkle *oder* pinkele nicht im Stehen!
die **Pin|kel|pau|se**
die **Pin|ke|pin|ke** *vergleiche:* **Pin|ke**
pink|far|ben; eine pinkfarbene Hose
pin|nen (*besonders norddeutsch für:* befestigen); du pinnst; sie pinnte; sie hat das Poster an die Wand gepinnt; pinn *oder* pinne das Bild an den Schrank!
die **PIN-Num|mer** (*verdeutlichend für:* PIN)
die **Pinn|wand** (Tafel zum Anheften von Merkzetteln)
der **Pin|scher** (eine Hunderasse); des Pinschers; die Pinscher
der **Pin|sel;** des Pinsels; die Pinsel
pin|seln; du pinselst; er pinselte; er hat den Spruch an die Wand gepinselt; pinsele nichts an die Wand!
das **Pin|te|rest** (*Markenbezeichnung:* Internetplattform, auf der Bilder hochgeladen und geteilt werden); Pinterests *oder* des Pinterest *(meist ohne Artikel)*
die **Pin|zet|te;** die Pinzetten
der **Pi|o|nier** (Vorkämpfer); des Pioniers; die Pi|o|nie|re
der **Pi|o|nier|geist**
die **Pi|o|nie|rin** (Vorkämpferin); die Pionierinnen
die **Pipe|line** [ˈpaɪ̯plaɪ̯n] (Rohrleitung für Gas, Erdöl); die Pipelines
der **Pi|rat** (Seeräuber); des/dem/den Pi|raten, die Pi|ra|ten
die **Pi|ra|tin;** die Piratinnen
die **Pirsch** (Schleichjagd)
PISA *oder* **Pi|sa** = Programme for International Student Assessment
die **PISA-Stu|die** *oder* **Pi|sa-Stu|die** (internationale Studie, in der Schülerleistungen verglichen werden)
die **Pis|se** (*derb für:* Urin)
pis|sen (*derb für:* urinieren); du pisst; er pisste; er hat an den Baum gepisst
die **Pis|ta|zie;** die Pis|ta|zi|en
die **Pis|te** (Rennstrecke; Rollbahn)
der **Pis|ten|row|dy** (*abwertend für:* rücksichtsloser Skifahrer)

A B C D E F G H I J K L M N O P pis Q R S T U V W X Y Z

die **Pis|to|le;** der Pistole; die Pistolen; jemandem die Pistole auf die Brust setzen (*umgangssprachlich für:* jemanden zu einer Entscheidung zwingen)
die **Pi|ta** *oder* **Pit|ta** ([gefülltes] Fladenbrot)
das **Pi|ta|brot** *oder* **Pit|ta|brot**
die **Pit|ta** *vergleiche:* **Pi|ta**
das **Pit|ta|brot** *oder* **Pi|ta|brot**
das **Pi|xel** (*EDV:* kleinstes Element bei der digitalisierten Darstellung eines Bildes); des Pixels; die Pixel; mit 20 000 Pixeln
pi|xe|lig (*umgangssprachlich für:* [von Digitalfotos] sichtbar gerastert und daher schwer oder nicht erkennbar)
die **Piz|za** (ein Hefebackwerk mit pikantem Belag); die Pizzas *oder* Pizzen
die **Piz|ze|ria;** die Piz|ze|ri|as *oder* Piz|ze|ri-en
der **Pkw** *oder* **PKW** = Personenkraftwagen; des Pkw[s] *oder* PKW[s]; die Pkw, *auch:* Pkws *oder* die PKWs, *selten:* PKW
sich **pla|cken** (*umgangssprachlich für:* sich abmühen); du plackst dich; sie plackte sich; sie hat sich geplackt
die **Pla|cke|rei**
plä|die|ren (*bildungssprachlich für:* sich für etwas aussprechen); du plädierst; sie plädierte; er hat plädiert; plädier *oder* plädiere bitte für mich!; auf schuldig plädieren
das **Plä|do|yer** [plɛdoa'je:] (zusammenfassende Rede des Strafverteidigers oder Staatsanwaltes vor Gericht); des Plädoyers; die Plädoyers
die **Pla|ge;** die Plagen
pla|gen; du plagst; er plagte; er hat mich mit seiner Fragerei sehr geplagt; plag *oder* plage sie nicht!; sich plagen (sich mühen); sie hat sich bei dieser Arbeit sehr geplagt
das **Pla|kat;** des Plakats *oder* Pla|ka|tes; die Pla|ka|te
die **Pla|kat|säu|le**
die **Pla|kat|wer|bung**
die **Pla|ket|te;** die Plaketten
plan (flach; eben); eine plane Fläche
der **Plan;** des Plans *oder* Pla|nes; die Plä|ne
die **Pla|ne** ([Wagen]decke); die Planen
pla|nen; du planst; er plante; er hat die Reise geplant; plane nicht zu früh!
der **Pla|net** (Wandelstern); des/dem/den Pla|ne|ten; die Pla|ne|ten
pla|ne|ta|risch; planetarischer Nebel
das **Pla|ne|ta|ri|um;** die Planetarien
die **Pla|ne|ten|bahn**
die **Plan|ke** (Bohle); die Planken
das **Plank|ton** (Gesamtheit der im Wasser schwebenden niederen Lebewesen); des Planktons
plan|los
plan|mä|ßig; die planmäßige Abfahrt
das **Plansch|be|cken** *oder* **Plantsch|be-cken**
plan|schen *oder* **plant|schen;** du planschst *oder* plantschst; er planschte *oder* plantschte; er hat in der Badewanne geplanscht *oder* geplantscht; plansch[e] *oder* plantsch[e] nicht so!
die **Plan|ta|ge** [plan'ta:ʒə] (Pflanzung; landwirtschaftlicher Großbetrieb in den Tropen)
das **Plantsch|be|cken** *oder* **Plansch|be-cken**
plant|schen *vergleiche:* **plan|schen**
die **Pla|nung**
das **Pla|nungs|bü|ro**
plap|pern; du plapperst; er plapperte; er hat geplappert; plappere nicht!
plär|ren (*umgangssprachlich für:* in unangenehmer Weise laut reden, weinen); du plärrst; das Kind plärrte; es hat geplärrt; plärr *oder* plärre nicht so!
das **Plas|ma** (flüssiger Bestandteil des Blutes); des Plasmas; die Plasmen
der **Plas|ma|bild|schirm**
die **Plas|tik** (Bildhauerwerk); die Plas|ti|ken
das **Plas|tik** (ein Kunststoff); des Plastiks
der **Plas|tik|beu|tel**
die **Plas|tik|fla|sche**
der **Plas|tik|müll**
die **Plas|tik|tü|te**
plas|tisch (knetbar; körperlich; einprägsam); plastischer Sprengstoff
die **Pla|ta|ne** (ein Laubbaum); die Platanen
das **Pla|teau** [pla'to:] (Hochebene, Hochfläche); des Plateaus; die Plateaus
das **Pla|tin** (ein chemisches Element, Edelmetall; *Zeichen:* Pt); des Platins
pla|tin|blond (weißblond)
die **Pla|ti|ne** (Montageplatte für elektrische Bauteile); die Platinen
die **Pla|ti|tude** [plati'ty:t] *vergleiche:* **Plat|ti-tü|de**
plät|schern; ich plätschere gern im

Wasser; der Bach plätschert; der Bach plätscherte; er hat geplätschert

platt; plat|ter; am plat|tes|ten; die Nase platt drücken *oder* plattdrücken; da bist du platt! (*umgangssprachlich für:* da bist du sprachlos); ↑ABER: plattmachen

das **Platt** (das Niederdeutsche; Dialekt); des Platt *oder* Platts

platt|deutsch ↑deutsch

das **Platt|deut|sche** ↑Deutsche

platt|drü|cken ↑platt

die **Plat|te**

plät|ten (*landschaftlich für:* bügeln); du plättest; sie plättete; sie hat geplättet; plätte die Hemden!

der **Plat|ten|bau;** die Plattenbauten

der **Plat|ten|spie|ler**

die **Platt|form**

die **Plat|ti|tü|de** *oder* **Pla|ti|tude** [plati'ty:t] (*gehoben für:* Plattheit, Seichtheit); die Plattitüden *oder* Platituden

platt|ma|chen (*umgangssprachlich für:* zerstören); ich mache es platt; er hat es plattgemacht

der **Platz;** des Plat|zes; die Plät|ze; Platz machen, nehmen; etwas findet Platz; etwas ist am Platze

das **Plätz|chen** (ein Gebäck); des Plätzchens; die Plätzchen

plat|zen; du platzt; er platzte; er ist geplatzt

plat|zie|ren (aufstellen, an einen bestimmten Platz stellen, bringen); ich platziere; du platzierst; er platzierte; er hat seine Gäste im Salon platziert

plat|ziert *(Sport);* ein platzierter (genau gezielter) Schuss

die **Plat|zie|rung**

die **Platz|kar|te**

das **Platz|kon|zert**

der **Platz|re|gen**

die **Platz|ver|ga|be**

der **Platz|ver|weis** *(Sport)*

die **Plau|de|rei**

plau|dern; du plauderst; sie plauderte; sie hat geplaudert; plaudere etwas!

der **Plausch** (gemütliche Plauderei); des Plauschs *oder* Plau|sches; die Plau|sche *Plural selten*

plau|si|bel (einleuchtend); plausible Argumente

das **Play-back** *oder* **Play|back** ['plɛɪ̯bɛk] (Bandaufzeichnung); des Play-back[s] *oder* Playback[s]; die Play-backs *oder* Playbacks

das **Play-back-Ver|fah|ren** *oder* **Play|back-ver|fah|ren**

der **Play|boy** ['plɛɪ̯bɔɪ̯] (Mann, der vor allem für sein Vergnügen lebt); des Playboys; die Playboys

das **Play|girl;** des Playgirls; die Playgirls

das **Play-off** *oder* **Play|off** (*Sport:* System von Ausscheidungsspielen); des Play-offs *oder* Playoffs; die Play-offs *oder* Playoffs

die **Play-off-Run|de** *oder* **Play|off|run|de** *oder* **Play|off-Run|de**

die **Play|sta|tion** *oder* **Play|Sta|tion®** ['plɛɪ̯stɛɪ̯ʃn̩] (*Markenbezeichnung:* ein elektronisches Spielgerät); die Playstations

plei|te (*umgangssprachlich für:* zahlungsunfähig); pleite sein, werden; er ist pleite; ABER: pleitegehen

die **Plei|te;** Pleite machen; er macht Pleite; die Firma steht vor der Pleite; das ist, wird ja eine Pleite! (ein Reinfall)

plei|te|ge|hen (*umgangssprachlich für:* Bankrott machen); du gehst pleite; sie ist pleitegegangen

die **Ple|nar|ver|samm|lung** (Vollversammlung)

das **Ple|num** (Vollversammlung); des Plenums; die Plenen

das **Ple|xi|glas** (*Markenbezeichnung:* ein glasartiger Kunststoff)

die **PLO** = Palestine Liberation Organization (palästinensische Befreiungsbewegung)

die **Plom|be** (Bleisiegel; [Zahn]füllung); die Plomben

plom|bie|ren; du plombierst; sie plombierte; der Arzt hat den Zahn plombiert

der *oder* das **Plot** (*Literaturwissenschaft:* Handlungsablauf eines Romans, Films o. Ä.; *EDV:* grafische Darstellung); des Plots; die Plots

der **Plot|ter** (*EDV:* Zeichengerät, das Ergebnisse aus der Datenverarbeitung grafisch darstellt); des Plotters; die Plotter

plötz|lich; ein plötzliches Gewitter

das, *selten:* der **Plug-in** *oder* **Plug|in** [plak-'ʔɪn] (*EDV:* kleines Softwareprogramm,

A B C D E F G H I J K L M N O P plu Q R S T U V W X Y Z

das in eine größere Anwendung integriert werden kann); des Plugs-ins *oder* Plugins; die Plug-ins *oder* Plugins

der **Plug-in-Hy|b|rid** *oder* **Plug|in|hy|b|rid** *oder* **Plug|in-Hy|b|rid** ['plʌgɪn...] (*Kfz-Technik:* Hybridfahrzeug, dessen Akkus über den Verbrennungsmotor und das Stromnetz geladen werden)

plump; eine plumpe Bewegung

plumps!

der **Plumps;** des Plump|ses; die Plump|se

plump|sen (*umgangssprachlich für:* dumpf fallen); du plumpst; es plumpste; es hat geplumpst; er ist auf den Boden geplumpst

der **Plun|der** (*umgangssprachlich für:* altes Zeug); des Plunders

der **Plün|de|rer** *oder* **Plünd|rer;** des Plünderers *oder* Plündrers; die Plünderer *oder* Plündrer

die **Plün|de|rin** *oder* **Plünd|re|rin;** die Plünderinnen *oder* Plündrerinnen

plün|dern; du plünderst; sie plünderte; er hat sein Konto geplündert; plündere nicht!

die **Plün|de|rung**

Plur. = Plural

der **Plu|ral** (Mehrzahl); des Plurals; die Plura|le

die **Plu|ral|en|dung**

der **Plu|ra|lis|mus** (Vielgestaltigkeit gesellschaftlicher, politischer und anderer Phänomene); des Pluralismus

plu|ra|lis|tisch; eine pluralistische Demokratie

plus; drei plus drei ist, macht, gibt sechs; plus 15 Grad *oder* 15 Grad plus; ABER: das **Plus;** des Plus; die Plus; das ist sein großes Plus; er hat [ein] Plus gemacht

der **Plüsch** (Florgewebe); des Plüschs *oder* Plü|sches; die Plü|sche

das **Plüsch|tier**

das **Plus|mi|nus|zei|chen** *(Mathematik)*

der **Plus|punkt**

das **Plus|quam|per|fekt** (*Sprachwissenschaft:* vollendete Vergangenheit)

das **Plus|zei|chen**

das **Plu|to|ni|um** (chemisches Element, Transuran; *Zeichen:* Pu); des Plutoniums

PLZ = Postleitzahl

der **Po** (Fluss in Italien); des Po *oder* Pos

der **Po** (*kurz für:* Popo); des Pos; die Pos

der **Pö|bel** (Gesindel); des Pöbels

die **Pö|be|lei**

pö|bel|haft

pö|beln (*umgangssprachlich für:* durch beleidigende Äußerungen provozieren); du pöbelst; sie pöbelte; er hat gepöbelt; pöble *oder* pöbele nicht!

po|chen; du pochst; sie pochte; er hat gepocht; poch *oder* poche auf dein Recht!

die **Po|cken** *Plural*

die **Po|cken|imp|fung**

po|cken|nar|big

die **Po|cket|ka|me|ra** (Taschenkamera)

der **Pod|cast** ['pɔtka:st] ([Radio]beitrag zum Herunterladen im Internet); des Podcasts; die Podcasts

das, *auch:* der **Po|dest** (kleines Podium); des Podests *oder* Po|des|tes; die Po|des|te

das **Po|di|um** (trittartige Erhöhung für Redner/-innen); des Podiums; die Podien

die **Po|di|ums|dis|kus|si|on**

die **Po|e|sie** (Dichtung; Dichtkunst); die Poe|si|en

das **Po|e|sie|al|bum;** die Poesiealben

po|e|sie|los

der **Po|et** (Dichter); des/dem/den Po|e|ten; die Po|e|ten

die **Po|e|tin;** die Poetinnen

po|e|tisch; poetische Sprache

der **Po|e|t|ry-Slam** *oder* **Po|e|t|ry|slam** ['poʊ̯ətrislɛm] (auf einer Bühne vor Publikum ausgetragener Wettbewerb, bei dem die Teilnehmer selbst verfasste Texte vortragen); des Poetry-Slams *oder* Poetryslams; die Poetry-Slams *oder* Poetryslams

der *oder* das **Po|g|rom** (Ausschreitungen gegen nationale, religiöse oder ethnische Gruppen); des Pogroms; die Po|g|ro|me

das **Po|g|rom|op|fer**

die **Poin|te** ['po̯ɛ̃:tə] (springender Punkt; überraschender Schlusseffekt, besonders bei einem Witz); die Pointen

poin|tiert (betont; zugespitzt)

der **Po|kal** (Trinkgefäß mit Fuß; Sportpreis); des Pokals; die Po|ka|le

das **Pö|kel|fleisch**

pö|keln; du pökelst; er pökelte; er hat

das Fleisch gepökelt; pök[e]le das Fleisch!; gepökelte Rinderzunge

das **Po|ker** (ein Kartenglücksspiel); des Pokers

das **Po|ker|face** [...feɪs] (unbewegter, gleichgültig wirkender Gesichtsausdruck); des Pokerface; die Po|ker|fa|ces

das **Po|ker|ge|sicht** (Pokerface)

po|kern; du pokerst; sie pokerte; sie hat hoch gepokert (viel riskiert); pokere nicht!

der **Pol;** des Pols; die Po|le

der **Po|lar|kreis**

die **Po|la|roid|ka|me|ra** [pola'rɔɪt...] (*besonders früher für: Markenbezeichnung:* Kamera, die in kurzer Zeit das fertige Bild liefert)

der **Po|lar|stern**

der **Pol|der** (eingedeichtes Land); des Polders; die Polder

der **Po|le;** des/dem/den Polen; die Polen

die **Po|le|mik** (unsachlicher Angriff); die Polemiken

po|le|misch; polemische Äußerungen

Po|len (europäischer Staat)

die **Po|len|ta** (ein Maisgericht); der Polenta; die Polentas *oder* Polenten

die **Po|len|te** (*umgangssprachlich für:* Polizei)

die **Pole|po|si|tion** ['poːlpəzɪʃn̩] *oder* **Pole-Po|si|tion** (beste Startposition beim Autorennen)

die **Po|li|ce** [po'liːsə] (Versicherungsschein); der Police; die Policen

der **Po|lier** (Vorarbeiter; Bauführer); des Poliers; die Po|lie|re

po|lie|ren; du polierst, er polierte; er hat es poliert; poliere die Platte!

der **Po|lie|rer;** des Polierers; die Polierer

die **Po|lie|re|rin;** die Poliererinnen

die **Po|lie|rin;** die Polierinnen

die **Po|lin;** die Polinnen

die **Po|lio** (*Kurzform von:* Poliomyelitis)

die **Po|lio|my|e|li|tis** (Kinderlähmung); die Po|lio|my|e|li|ti|den

das **Po|lit|bü|ro** (Zentralausschuss einer kommunistischen Partei)

die **Po|li|ti|cal Cor|rect|ness** [pə'lɪtɪkl̩ kə'rɛktnɪs] (Einstellung, die alle diskriminierenden Ausdrucksweisen und Handlungen ablehnt); der Political Correctness

die **Po|li|tik**

der **Po|li|ti|ker;** des Politikers; die Politiker

die **Po|li|ti|ke|rin;** die Politikerinnen

po|li|tisch (politische Wissenschaften)

po|li|ti|sie|ren (von Politik reden; politisch handeln); du politisierst; er politisierte; er hat politisiert

die **Po|li|tur** (Glätte, Glanz; Poliermittel); die Po|li|tu|ren

die **Po|li|zei**

der **Po|li|zei|chef**

die **Po|li|zei|che|fin**

der **Po|li|zei|ein|satz**

der **Po|li|zei|hund**

po|li|zei|lich; er wird polizeilich gesucht

das **Po|li|zei|prä|si|di|um**

der **Po|li|zist;** des/dem/den Po|li|zis|ten; die Po|li|zis|ten

die **Po|li|zis|tin;** die Polizistinnen

der **Pol|len** (Blütenstaub); des Pollens; die Pollen

die **Pol|len|al|l|er|gie**

pol|nisch

das **Po|lo** (Ballspiel vom Pferd aus); des Polos

das **Po|lo|hemd** (Trikothemd mit kurzen Ärmeln)

die **Po|lo|nai|se** [polo'nɛːzə] *oder* **Po|lo|nä|se** (ein Reihentanz); die Polonaisen *oder* Polonäsen

das **Pols|ter;** des Polsters; die Polster

pols|tern; du polsterst; er polsterte; er hat den Sitz gepolstert; polstere diesen Sitz!

der **Pols|ter|ses|sel**

der **Pol|ter|abend**

pol|tern; du polterst; er polterte; er hat gepoltert; poltere nicht!

der **Po|ly|es|ter** (ein Kunststoff); des Polyesters; die Polyester

po|ly|fon *oder* **po|ly|phon** (*Musik:* mehrstimmig, vielstimmig); po|ly|fone *oder* po|ly|pho|ne Klingeltöne

po|ly|gam (mehrehig, vielehig)

die **Po|ly|ga|mie** (Mehrehe, Vielehe)

po|ly|glott (viele Sprachen sprechend)

Po|ly|ne|si|en (Inselwelt im mittleren Pazifik)

der **Po|ly|ne|si|er;** des Polynesiers; die Polynesier

die **Po|ly|ne|si|e|rin;** die Polynesierinnen

po|ly|ne|sisch

der **Po|lyp** (ein Nesseltier mit Fangarmen; Nasenwucherung); des/dem/den Po|lypen; die Po|ly|pen

po|ly|phon *vergleiche:* **po|ly|fon**

die **Po|ma|de** (Haarfett)

po|ma|dig (*umgangssprachlich für:* träge)

die **Pom|mes** (*umgangssprachlich für:* Pommes frites) *Plural*

die **Pommes frites** [pɔmˈfrɪt] (in Fett gebackene Kartoffelstäbchen) *Plural*

der **Pomp** (Prunk); des Pomps *oder* Pom|pes

pom|pös ([übertrieben] prächtig); pompö|ser; am pom|pö|ses|ten

der **Pon|cho** (capeartiger [Indio]mantel); des Ponchos; die Ponchos

das *oder* der **Pon|ti|fi|kat** (Amtsdauer und Würde des Papstes oder eines Bischofs); des Pontifikats *oder* Pon|ti|fi|ka|tes; die Pon|ti|fi|ka|te

der **Pon|ton** [põˈtõː] (Brückenschiff); des Pontons; die Pontons

die **Pon|ton|brü|cke**

das **Po|ny;** des Ponys; die Ponys

der **Po|ny** (fransenartig in die Stirn gekämmtes Haar)

die **Po|ny|fri|sur**

der **Pool** [puːl] (Schwimmbecken); des Pools; die Pools

das **Pool|bil|lard** [ˈpuːl...] (Billard, bei dem die Kugeln in Löcher am Rand des Spieltisches treffen müssen)

der **Pop** (*Kurzform von:* Pop-Art, Popmusik)

die **Pop-Art** [ˈpɔpʔaːɐ̯t] (eine Kunstrichtung der Moderne)

das **Pop|corn** (Puffmais); des Popcorns

die **Pop|iko|ne** *oder* **Pop-Iko|ne** (Kultfigur des Pop)

die **Pop|kul|tur**

die **Pop|mu|sik**

der **Po|po;** des Popos; die Popos

pop|pig (in einem modernen, auffallenden Stil); poppige Farben

der **Pop|sän|ger**

die **Pop|sän|ge|rin**

der **Pop|star;** des Popstars; die Popstars

die **Pop|sze|ne** (das Milieu der Popmusik)

po|pu|lär (beliebt; volkstümlich)

die **Po|pu|la|ri|tät**

der **Po|pu|lis|mus** (opportunistische Politik, die die Gunst der Massen zu gewinnen sucht); des Populismus

po|pu|lis|tisch (oft eigennützige, volksnahe Art, um die Massen für sich zu gewinnen); eine populistische Politik

das **Pop-up** [ˈpɔpʔap] (*kurz für:* Pop-up-Fenster); des Pop-ups; die Pop-ups

das **Pop-up-Fens|ter** [ˈpɔpʔap...] (*EDV:* Bildschirmfenster, das sich durch Mausklick öffnet)

der **Pop-up-Store** [ˈpɔpʔapstɔːɐ̯] (nur kurzzeitig bestehendes Ladengeschäft)

die **Po|re**

po|rig (löchrig)

der **Por|no** (*umgangssprachliche Kurzform für:* pornografischer Film o. Ä.)

die **Por|no|gra|fie** *oder* **Por|no|gra|phie** (einseitig das Sexuelle darstellende Bilder oder Schriften)

por|no|gra|fisch *oder* **por|no|gra|phisch**

das **Por|no|por|tal** (*umgangssprachlich für:* Internetportal mit pornografischem Inhalt)

das **Por|no|vi|deo** (*umgangssprachlich*)

po|rös (durchlässig; löchrig); poröser Gummi

der **Por|ree** (Lauch); des Porrees; die Porrees

das **Por|tal;** des Portals; die Por|ta|le

Port-au-Prince [pɔrtoˈprɛ̃ːs] (Hauptstadt von Haiti)

das **Porte|mon|naie** [pɔrtmoˈneː, *auch:* ˈpɔrtmone] *oder* **Port|mo|nee** (Geldtäschchen, -börse); des Portemonnaies *oder* Portmonees; die Portemonnaies *oder* Portmonees

das **Port|fo|lio** (Mappe oder Sammlung zum Beispiel zu einem Thema); des Port|fo|lios; die Port|fo|li|os

der **Por|ti|er** [pɔrˈti̯eː] (Pförtner; Hauswart); des Portiers; die Portiers

die **Por|ti|e|re** (Türvorhang); die Portieren

die **Por|ti|e|rin;** die Portierinnen

die **Por|ti|on;** die Por|ti|o|nen; er ist nur eine halbe Portion (*umgangssprachlich für:* er ist sehr klein, er zählt nicht)

por|ti|ons|wei|se

das **Port|mo|nee** *vergleiche:* **Porte|mon|naie**

das **Por|to** (Beförderungsgebühr für Postsendungen); des Portos; die Portos *oder* Porti

por|to|frei

P
pol

das **Por|t|rät** [pɔr'trɛ:] (Bildnis eines Menschen); des Porträts; die Porträts

die **Por|t|rät|auf|nah|me**

por|t|rä|tie|ren; du porträtierst; sie porträtierte; sie hat ihn porträtiert

Por|tu|gal

der **Por|tu|gie|se** (Einwohner Portugals); des/dem/den Portugiesen; die Portugiesen

die **Por|tu|gie|sin;** die Portugiesinnen

por|tu|gie|sisch

das **Por|zel|lan;** des Porzellans; die Por|zel|la|ne

die **Po|sau|ne** (ein Blechblasinstrument); die Posaunen

die **Po|se** (Körperhaltung); die Posen

das **Po|sing** ['pɔʊ̯zɪŋ] (das Posieren); des Posing *oder* Posings; die Posings

die **Po|si|ti|on** (Stellung; Lage; Einzelposten); die Po|si|ti|o|nen; seine Position vertreten, verteidigen

po|si|ti|o|nie|ren (in eine bestimmte Position bringen); du positionierst; sie hat positioniert; positionier *oder* positioniere dich gut!; sich gut positionieren

po|si|tiv (bejahend; vorteilhaft; gewiss); ein positives Ergebnis

das **Po|si|tiv** (Gegensatz zum Negativ beim fotografischen Bild); des Positivs; die Po|si|ti|ve

der **Po|si|tiv** (Grundstufe, nicht gesteigerte Form des Adjektivs; zum Beispiel »schön«); des Positivs; die Po|si|ti|ve

die **Pos|se** (derbkomisches Bühnenstück); die Possen

das **Pos|ses|siv|pro|no|men** (besitzanzeigendes Fürwort, zum Beispiel »mein«)

pos|sier|lich (spaßhaft, drollig); ein possierliches Tierchen

die **Post**

der **Post** [pɔʊ̯st] (Beitrag in einem Internetforum o. Ä.); des Posts; die Posts

das **Post|amt**

der **Post|bo|te**

die **Post|bo|tin**

pos|ten ['pɔʊ̯stn̩] (*EDV:* sich mit Fragen, Antworten, Kommentaren an Newsgroups beteiligen); du postest; sie postete; er hat gepostet; post *oder* poste endlich mal etwas!

der **Pos|ten;** des Postens; die Posten

das *oder* der **Pos|ter** (plakatartiges, gedrucktes Bild); des Posters; die Poster *oder* Posters

das **Post|fach**

post|fak|tisch (durch abnehmende Bedeutung von Tatsachen gekennzeichnet)

die **Post|fi|li|a|le**

das **Pos|ting** ['pɔʊ̯stɪŋ] (*EDV:* der Post); des Posting *oder* Postings; die Postings

die **Post|kar|te**

die **Post|kut|sche**

post|la|gernd; postlagernde Briefsendungen

die **Post|leit|zahl** (*Abkürzung:* PLZ)

post|mo|dern; postmoderne Architektur

der **Post|stem|pel**

das **Po|ten|ti|al** *vergleiche:* **Po|ten|zi|al**

po|ten|ti|ell *vergleiche:* **po|ten|zi|ell**

die **Po|tenz** (Leistungsvermögen; Produkt aus gleichen Faktoren); die Po|ten|zen

das **Po|ten|zi|al** *oder* **Po|ten|ti|al** (alle vorhandenen Mittel, Möglichkeiten, Fähigkeiten; Leistungsstärke); des Potenzials *oder* Potentials; die Po|ten|zi|a|le *oder* Po|ten|ti|a|le; sein geistiges Potenzial ist beschränkt

po|ten|zi|ell *oder* **po|ten|ti|ell** (möglich); ein potenzieller *oder* potentieller Käufer

po|ten|zie|ren (sehr steigern; zur Potenz erheben)

das **Pot|pour|ri** ['pɔtpʊri] (Allerlei; eine Zusammenstellung mehrerer Musikstücke); des Potpourris; die Potpourris

Pots|dam (Hauptstadt von Brandenburg)

der **Pott** (*umgangssprachlich für:* Topf; [altes] Schiff); des Potts *oder* Pot|tes; die Pöt|te; zu Potte kommen (*umgangssprachlich für:* zurechtkommen; fertig werden)

pott|häss|lich (*umgangssprachlich für:* sehr hässlich)

die **Po|w|er** ['paʊ̯ɐ] (*umgangssprachlich für:* Kraft, Leistung)

die **Po|w|er|bank** ['paʊ̯ɐbɛŋk, ...bɛŋk] (*Elektrotechnik:* mobile Ladestation); die Powerbanks

po|w|ern (große Leistung entfalten); du powerst; sie powerte; sie hat ganz schön gepowert

die **PR** [peː'ʔɛr] = Public Relations (Öffentlichkeitsarbeit) *Plural*
die **Pracht**
prạch|tig; ein prächtiges Schloss
prạcht|voll
das **Prä|di|kat** (Kern der Satzaussage; [gute] Zensur); des Prädikats *oder* Prä|di|ka|tes; die Prä|di|ka|te
die **Prä|fe|rẹnz** (Vorzug); die Prä|fe|ren|zen
das **Prä|fix** (Vorsilbe); des Prä|fi|xes; die Prä|fi|xe
Prag (Hauptstadt der Tschechischen Republik)
prä|gen; du prägst; er prägte eine Münze; er hat diesen Satz geprägt
prag|ma|tisch (handlungs- oder sachbezogen); pragmatisch denken oder handeln; eine pragmatische Politikerin
prä|g|nạnt (knapp und treffend); prä|g|nan|ter, am prä|g|nan|tes|ten
die **Prä|gung**
prah|len; du prahlst; sie prahlte; sie hat damit geprahlt; prahl *oder* prahle nicht so!
die **Prah|le|rei**
prah|le|risch
der **Prahl|hans** *(umgangssprachlich);* des Prahl|han|ses; die Prahl|hän|se
die **Prạk|tik** (Ausübung, Verfahrensweise, Methode); die Prak|ti|ken
prak|ti|ka|bel (durchführbar und zweckmäßig); prak|ti|ka|b|ler; am prak|ti|ka|bels|ten
der **Prak|ti|kạnt;** des/dem/den Prak|ti|kan|ten; die Prak|ti|kan|ten
die **Prak|ti|kạn|tin;** die Praktikantinnen
der **Prạk|ti|ker;** des Praktikers; die Praktiker
die **Prạk|ti|ke|rin;** die Praktikerinnen
das **Prạk|ti|kum** (praktische Übung; praktische Tätigkeit); des Praktikums; die Praktika
der **Prạk|ti|kums|platz**
prạk|tisch; praktische Übungen
prak|ti|zie|ren (in der Praxis anwenden; seinen Beruf in einer Praxis ausüben); du praktizierst; er praktizierte; der Arzt hat drei Jahre in Frankfurt praktiziert; praktizier *oder* praktiziere diese Methode nicht mehr!
der **Prä|lat** (ein geistlicher Würdenträger); des/dem/den Prä|la|ten; die Prä|la|ten
die **Prä|la|tin;** die Prälatinnen
die **Pra|li|ne;** die Pralinen
prạll
prạl|len; du prallst; sie prallte; sie ist mit dem Kopf gegen die Tür geprallt
die **Prä|mie** (Belohnung; Versicherungsgebühr); die Prä|mi|en
prä|mie|ren *oder* **prä|mi|ie|ren** (mit einem Preis auszeichnen); du prämierst *oder* prämiierst; er prämierte *oder* prämiierte; er hat den Film prämiert *oder* prämiiert; prämier[e] *oder* prämiier[e] die Siegerin!
prạn|gen; sein Name prangte; sein Name hat auf einem goldenen Schild geprangt
der **Prạn|ger** (mittelalterlicher Schandpfahl); des Prangers; die Pranger; jemanden an den Pranger stellen (öffentlich bloßstellen)
die **Prạn|ke** (Klaue, Tatze); die Pranken
das **Prä|pa|rat** (Arzneimittel, chemisches Mittel); des Präparats *oder* Prä|pa|ra|tes; die Prä|pa|ra|te
prä|pa|rie|ren; du präparierst; er präparierte; er hat das Fell präpariert (haltbar gemacht); sich präparieren (sich vorbereiten); er hat sich für diese Stunde gut präpariert
die **Prä|po|si|ti|on** (Verhältniswort); die Prä|po|si|ti|o|nen
das **Prä|po|si|ti|o|nal|ob|jekt** (Objekt, dessen Fall von einer Präposition bestimmt wird)
die **Prä|rie** (Grassteppe); die Prä|ri|en
der **Prä|rie|wolf**
das **Prä|sens** (*Sprachwissenschaft:* Gegenwart); die Prä|sẹn|tia *oder* Prä|sẹn|zi|en

! Die Bezeichnung für die Zeitform der Gegenwart, das *Präsens* (mit sächlichem Artikel und Betonung auf dem *ä*), schreibt man am Ende mit einem *s;* das Fremdwort für »Anwesenheit«, die *Präsenz* (mit weiblichem Artikel und Betonung auf dem *e*), endet hingegen mit einem *z.*

prä|sẹnt (anwesend; zur Hand); die Polizei war rechtzeitig präsent; ich habe die Mappe im Moment nicht präsent
das **Prä|sẹnt** (Geschenk; kleine Aufmerk-

P
pr

samkeit); des Präsents *oder* Prä|sen|tes; die Prä|sen|te

die **Prä|sen|ta|ti|on** ([öffentliche] Vorstellung, Vorführung); die Prä|sen|ta|ti|onen

prä|sen|tie|ren (sehen lassen, zeigen; überreichen); ich präsentiere; du präsentierst; sie präsentierte; sie hat ihr neues Buch präsentiert; präsentiert das Gewehr! (Militärkommando)

die **Prä|senz** (Anwesenheit); Präsenz der Ordnungskräfte; ↑ ABER: Präsens

die **Prä|senz|bi|b|lio|thek** (Bücherei, deren Bücher nicht nach Hause mitgenommen werden dürfen)

prä|ser|va|tiv (vorbeugend, verhütend)

das **Prä|ser|va|tiv** (Kondom); des Präservativs; die Prä|ser|va|ti|ve

der **Prä|si|dent** (Vorsitzender); des/dem/den Prä|si|den|ten; die Prä|si|den|ten

die **Prä|si|den|tin;** die Präsidentinnen

die **Prä|si|dent|schaft**

die **Prä|si|dent|schafts|wahl**

prä|si|die|ren (den Vorsitz haben); sie präsidierte; sie hat der Sitzung präsidiert

das **Prä|si|di|um;** des Präsidiums; die Prä|si|di|en

pras|seln; es prasselte; das Feuer hat geprasselt; der Regen ist gegen das Fenster geprasselt

pras|sen (schlemmen); du prasst; er prasste; er hat geprasst

der **Pras|ser;** des Prassers; die Prasser

die **Pras|se|rei**

die **Pras|se|rin**

das **Prä|te|r|i|tum** (*Sprachwissenschaft:* Vergangenheit, Imperfekt); des Präteritums; die Präterita

die **Prä|ven|ti|on** (Vorbeugung, Verhütung)

prä|ven|tiv

die **Prä|ven|tiv|maß|nah|me**

die **Pra|xis** (Tätigkeit; Arbeitsräume eines Arztes oder Anwalts); die Praxen

pra|xis|be|zo|gen

der **Pra|xis|be|zug**

pra|xis|fern

die **Pra|xis|ge|bühr** (*früher für:* Geldbetrag, der von Kassenpatient[inn]en pro Vierteljahr bezahlt werden muss, wenn sie eine Arztpraxis aufsuchen)

pra|xis|nah; eine praxisnahe Ausbildung

prä|zis *oder* **prä|zi|se** (gewissenhaft; genau; unzweideutig); prä|zi|ser, am prä|zi|ses|ten; etwas präzise formulieren

prä|zi|sie|ren (genau[er] angeben); er präzisierte; er hat seine Aussagen präzisiert; präzisier *oder* präzisiere bitte die Aussage!

die **Prä|zi|sie|rung**

die **Prä|zi|si|on** (Genauigkeit)

die **Prä|zi|si|ons|ar|beit**

pre|di|gen; du predigst; sie predigte; sie hat gepredigt; predige nicht so lange!

der **Pre|di|ger;** des Predigers; die Prediger

die **Pre|di|ge|rin;** die Predigerinnen

die **Pre|digt;** die Pre|dig|ten

der **Preis;** des Prei|ses; die Prei|se

das **Preis|aus|schrei|ben**

die **Prei|sel|bee|re**

prei|sen; du preist; er preist; er pries; er hat gepriesen; preis *oder* preise den Herrn!

preis|ge|ben; du gibst preis; er gab preis; er hat das Geheimnis preisgegeben; gib das Kennwort nicht preis!

preis|ge|krönt; der preisgekrönte Film

das **Preis|geld** (*Sport*)

preis|güns|tig; ein preisgünstiges Angebot

das **Preis-Leis|tungs-Ver|hält|nis**

die **Preis|lis|te**

der **Preis|nach|lass**

das **Preis|ni|veau** (*Wirtschaft*)

die **Preis|sen|kung**

die **Preis|stei|ge|rung**

der **Preis|trä|ger**

die **Preis|trä|ge|rin;** die Preisträgerinnen

der **Preis|ver|fall** (*Wirtschaft*)

preis|wert; preiswerte Angebote

pre|kär (schwierig, bedenklich); sich in einer prekären (misslichen) Lage befinden

das **Pre|ka|ri|at** (in Armut lebender Bevölkerungsteil)

der **Prell|ball** (ein Mannschaftsspiel)

der **Prell|bock;** die Prell|bö|cke

prel|len (betrügen); du prellst; er prellte; er hat ihn geprellt; prell *oder* prelle ihn nicht um sein Geld!; sich prellen (sich stoßen); er hat sich [an der Schulter] geprellt

die **Prel|lung**
der **Pre|mi|er** [prəˈmi̯eː] (Premierminister); des Premiers; die Premiers
die **Pre|mi|e|re** (Uraufführung, Erstaufführung); die Premieren
der **Pre|mi|er|mi|nis|ter** [preˈmi̯eː...] (Ministerpräsident)
die **Pre|mi|er|mi|nis|te|rin** (Ministerpräsidentin)
die **Pre|paid|kar|te** [ˈpriːpeɪ̯t...] (wieder aufladbare Chipkarte mit gespeichertem Guthaben für die Handybenutzung)
prep|pen (*Jargon:* sich für einen Krisen- oder Katastrophenfall rüsten); ich preppe; du prepptest; wir haben gepreppt; prepp *oder* preppe nicht so arg!
das **Prep|ping** (*Jargon:* das Preppen); des Preppings
pre|schen (*umgangssprachlich für:* rennen, eilen); du preschst; er preschte; er ist nach Hause geprescht
die **Pres|se**
die **Pres|se|agen|tur**
die **Pres|se|er|klä|rung**
die **Pres|se|frei|heit**
die **Pres|se|kon|fe|renz**
die **Pres|se|mel|dung**
die **Pres|se|mit|tei|lung**
pres|sen; du presst; er presste; er hat die Trauben gepresst; press *oder* presse die Trauben!
der **Pres|se|spre|cher**
die **Pres|se|spre|che|rin;** die Pressesprecherinnen
die **Pres|se|stel|le**
der **Pres|se|text**
pres|sie|ren (drängen, eilig sein); es pressierte; die Angelegenheit hat pressiert
das **Pres|sing** (eine Spieltaktik beim Fußball); des Pressings
der **Press|luft|ham|mer**
der **Press|schlag** *oder* **Press-Schlag** *(Fußball)*
das **Pres|ti|ge** [prɛsˈtiːʒə] (Ansehen, Geltung); des Prestiges
Pre|to|ria (Hauptstadt Südafrikas)
der **Preu|ße;** des/dem/den Preußen; die Preußen
Preu|ßen
preu|ßisch; das preußische Beamtentum; ABER: der Preußische Höhenrücken
der, die *oder* das **Pre|view** (Voraufführung eines Films; *EDV:* Vorschau); des Previews *oder* der Preview; die Previews
pri|ckeln; das Wasser prickelte; es hat [mir] in den Fingern geprickelt
der **Priel** (schmaler Wasserlauf im Wattenmeer); des Priels *oder* Prie|les; die Prie|le
der **Pries|ter;** des Priesters; die Priester
die **Pries|te|rin;** die Priesterinnen
die **Pries|ter|wei|he**
pri|ma (*umgangssprachlich für:* großartig); ein prima Essen
der **Pri|ma|ner** (Schüler der beiden höchsten Gymnasialklassen); des Primaners; die Primaner
die **Pri|ma|ne|rin;** die Primanerinnen
pri|mär (ursprünglich; vorrangig)
der *oder* das **Pri|mat** (Vorrang, Vormacht); des Primats *oder* Pri|ma|tes; die Pri|ma|te; das Primat der Politik vor der Wirtschaft
die **Pri|me** (*Musik:* Intervall aus zwei Tönen der gleichen Stufe); die Primen
die **Pri|mel** (eine Pflanze); die Primeln
pri|mi|tiv (einfach; dürftig); primitive Verhältnisse
der **Pri|mus** (Klassenbester); des Primus; die Primi *oder* Primusse
die **Prim|zahl** (nur durch 1 und sich selbst teilbare Zahl)
die **Prin|te** (ein Gebäck); Aachener Printen
der **Prin|ter** (Drucker); des Printers; die Printer
das **Print|me|di|um** (Druckerzeugnis) *meist Plural*
der **Prinz;** des/dem/den Prin|zen; die Prinzen
die **Prin|zes|sin;** die Prinzessinnen
das **Prin|zip** (der Grundsatz); des Prinzips; die Prin|zi|pi|en
prin|zi|pi|ell (grundsätzlich)
prin|zi|pi|en|treu
der **Pri|or** ([Kloster]vorsteher); des Priors; die Pri|o|ren
die **Pri|o|rin;** die Priorinnen
die **Pri|o|ri|tät** (Vorrecht; vorrangiger Anspruch); die Pri|o|ri|tä|ten; Prioritäten setzen (festlegen, was vorrangig ist)
die **Pri|se** (kleine Menge, die man zwischen

P
pre

zwei oder drei Fingern fasst); die Prisen; eine Prise Salz, Pfeffer, Tabak

! In einer Reihe von Wörtern wird der lang gesprochene i-Laut ohne anschließendes -e oder Dehnungs-h geschrieben. Dazu gehört auch *Prise.*

das **Pris|ma** (ein geometrischer Körper; lichtbrechende Kantensäule); die Prismen

die **Prit|sche** (Holzliege; Ladefläche eines Lkw); die Pritschen

pri|vat (persönlich; außeramtlich, nicht öffentlich; vertraut); private Ausgaben; die private Wirtschaft

die **Pri|vat|ad|res|se**

das **Pri|vat|fern|se|hen**

pri|va|ti|sie|ren (in Privateigentum überführen); sie privatisierte; die Regierung hat den Staatsbetrieb privatisiert

das **Pri|vat|le|ben** *Plural selten*

die **Pri|vat|per|son**

die **Pri|vat|schu|le**

der **Pri|vat|sen|der**

die **Pri|vat|sphä|re**

das **Pri|vi|leg** (Vorrecht); des Privilegs; die Pri|vi|le|gi|en, *auch:* Pri|vi|le|ge

pro (je); pro Stück; pro verbrauchten Kubikmeter

das **Pro** (Für); des Pros; das Pro und Kontra (Für und Wider)

pro|bat (erprobt; bewährt); ein probates Mittel

die **Pro|be;** Probe fahren; ich fahre Probe; wenn er Probe fährt; er ist Probe gefahren; er hat den Wagen Probe gefahren; er lehnt es ab, diesen Wagen Probe zu fahren; ABER: er kommt zum Probefahren

pro|ben; du probst; er probte; er hat seinen Auftritt geprobt

pro|be|wei|se

die **Pro|be|zeit**

pro|bie|ren; du probierst; sie probierte; sie hat es probiert; probier *oder* probiere es mal!; probieren *oder* Probieren geht über studieren *oder* Studieren

das **Pro|b|lem** (die zu lösende Aufgabe; die Fragestellung; die Schwierigkeit); des Problems; die Pro|b|le|me

die **Pro|b|le|ma|tik**

pro|b|le|ma|tisch; problematische Fälle

pro|b|le|ma|ti|sie|ren (*bildungssprachlich für:* die Problematik von etwas aufzeigen); die Position des Autors problematisieren

das **Pro|b|lem|be|wusst|sein**

pro|b|lem|los

die **Pro|b|lem|lö|sung**

das **Pro|dukt** (Ertrag; Ergebnis); des Produkts *oder* Pro|duk|tes; die Pro|duk|te

die **Pro|dukt|in|fo** (*umgangssprachlich kurz für:* Produktinformation)

die **Pro|dukt|in|for|ma|ti|on**

die **Pro|duk|ti|on** (Herstellung, Erzeugung); die Pro|duk|ti|o|nen

die **Pro|duk|ti|ons|kos|ten** *Plural*

pro|duk|tiv (ergiebig; fruchtbar; schöpferisch); produktive Zusammenarbeit

die **Pro|duk|ti|vi|tät** (Leistungsfähigkeit; Schaffenskraft); eine hohe oder niedrige Produktivität

die **Pro|dukt|pi|ra|te|rie** (unerlaubtes Nachahmen und Verkaufen von Markenprodukten)

der **Pro|du|zent;** des/dem/den Pro|du|zen|ten; die Pro|du|zen|ten

die **Pro|du|zen|tin;** die Produzentinnen

pro|du|zie|ren (erzeugen, schaffen); du produzierst; sie produzierte; sie hat Kugelschreiber produziert; produzier *oder* produziere etwas Neues!

Prof. = Professor; Professorin

pro|fan (weltlich; alltäglich); profane Kunst

pro|fes|si|o|nell (berufsmäßig; fachmännisch); professionelle Hilfe

der **Pro|fes|sor;** des Professors; die Pro|fes|so|ren

die **Pro|fes|so|rin;** die Professorinnen

die **Pro|fes|sur** (Lehrstuhl); die Pro|fes|su|ren

der **Pro|fi** (Berufssportler/-in); des Profis; die Profis; sie ist Profi im Boxen

das **Pro|fil** (Seitenansicht; Längs- oder Querschnitt; Riffelung bei Gummireifen); des Profils; die Pro|fi|le

sich **pro|fi|lie|ren** (besondere Fähigkeiten entwickeln); sie profilierte sich; sie hat sich als Politikerin profiliert

der **Pro|fit** (Nutzen; Gewinn); des Profits *oder* Pro|fi|tes; die Pro|fi|te; Profit bringen; ein Profit bringendes *oder* profitbringendes Geschäft; ABER NUR: ein großen Profit bringendes Geschäft; ein äußerst profitbringendes, noch profitbringenderes Geschäft

pro|fi|ta|bel (gewinnbringend); pro|fi|ta|b|ler; am pro|fi|ta|bels|ten; ein pro|fi|ta|b|ler Ferienjob

pro|fit|brin|gend ↑Profit

pro|fi|tie|ren (Nutzen ziehen); er profitierte; er hat von dem Verkauf nicht profitiert

pro for|ma (der Form wegen; zum Schein); sie hat den Antrag nur pro forma gestellt

pro|fund (tief, gründlich); profunde Kenntnisse in Mathematik

die **Pro|g|no|se** (Voraussage); die Prognosen

pro|g|nos|ti|zie|ren; sie prognostizierte; sie hat steigende Umsätze prognostiziert

das **Pro|gramm** (Plan; Darlegung von Grundsätzen; *EDV:* Folge von Anweisungen für einen Computer); des Programms; die Pro|gram|me

pro|gram|ma|tisch (einem Programm entsprechend); programmatische Entscheidungen

pro|gram|mie|ren ([im Ablauf] festlegen; *EDV:* ein Computerprogramm aufstellen); du programmierst; sie programmierte den Rechner; sie hat den Raketenstart programmiert

der **Pro|gram|mie|rer;** des Programmierers; die Programmierer

die **Pro|gram|mie|re|rin;** die Programmiererinnen

die **Pro|gram|mier|spra|che**

die **Pro|gres|si|on** (Weiterentwicklung; Steigerung); stromsparenddie Pro|gres|si|o|nen

pro|gres|siv (fortschrittlich); progressive Musik

Pogrom

! Das Fremdwort *Pogrom* stammt aus dem Russischen und ist deshalb nicht mit der lateinischen Vorsilbe pro- (wie in *Produktion* oder *Pronomen*) gebildet worden.

das **Pro|jekt** (der Plan, der Entwurf, das Vorhaben); des Projekts *oder* Pro|jek|tes; die Pro|jek|te

pro|jek|tie|ren (ein Projekt entwerfen); sie projektierte; sie hat den Neubau projektiert

das **Pro|jek|til** (Geschoss); des Projektils; die Pro|jek|ti|le

die **Pro|jek|ti|on** (auf eine ebene Fläche projizierte Abbildung); die Pro|jek|ti|o|nen

der **Pro|jekt|lei|ter**

die **Pro|jekt|lei|te|rin;** die Projektleiterinnen

das **Pro|jekt|ma|nage|ment**

der **Pro|jek|tor** (Lichtbildwerfer); des Projektors; die Pro|jek|to|ren

der **Pro|jekt|tag** *(Schule)*

die **Pro|jekt|wo|che** (Unterrichtswoche mit fächerübergreifendem Themenschwerpunkt; *österreichisch auch für:* Klassenfahrt)

pro|ji|zie|ren (mit dem Projektor wiedergeben; auf einer ebenen Fläche darstellen); ich projiziere; du projizierst; er projizierte; er hat die Dias an die Wand projiziert

die **Pro|kla|ma|ti|on** (öffentliche Erklärung; Verkündigung); die Pro|kla|ma|ti|o|nen

pro|kla|mie|ren; du proklamierst; sie proklamierte; man hat ihn zum König proklamiert

der **Pro-Kopf-Ver|brauch**

die **Pro|ku|ra** (Handlungsvollmacht); die Pro|ku|ren; Prokura haben; jemandem Prokura erteilen; in Prokura

der **Pro|ku|rist** (Inhaber einer Prokura); des/dem/den Pro|ku|ris|ten; die Pro|ku|ris|ten

die **Pro|ku|ris|tin;** die Prokuristinnen

der **Pro|let** (ungebildeter, unhöflicher Mensch); des/dem/den Pro|le|ten; die Pro|le|ten

das **Pro|le|ta|ri|at** (Gesamtheit der Proletarier); des Proletariats *oder* Pro|le|ta|ri|a|tes; die Pro|le|ta|ri|a|te

der **Pro|le|ta|ri|er** (Angehöriger der wirtschaftlich unselbstständigen, besitzlosen Klasse); des Proletariers; die Proletarier

pro|le|ta|risch

die **Pro|le|tin;** die Proletinnen

der **Pro|lo** (*umgangssprachlich für:* Prolet, Proletin); des Prolos; die Prolos

der **Pro|log** (Einleitung; Vorwort); des Prologs *oder* Pro|lo|ges; die Pro|lo|ge die **Pro|me|na|de** (Spazierweg; Spaziergang); die Promenaden

die **Pro|me|na|den|mi|schung** (*umgangssprachlich für:* nicht reinrassiger Hund)

pro|me|nie|ren (spazieren gehen); du promenierst; er promenierte; er ist durch die Straßen promeniert

Pro|me|theus (griechische Sagengestalt); des Prometheus

der **Pro|mi** = Prominenter; des Promis; die Promis

die **Pro|mi** = Prominente

das **Pro|mil|le** (Tausendstel); des Promille *oder* Promilles; die Promille; die Gebühr beträgt 7 Promille

pro mil|le (für tausend, für das Tausend; *Zeichen:* ‰); er hat 1,8 pro mille Alkohol im Blut

die **Pro|mil|le|gren|ze** (Grenzwert des erlaubten Alkoholgehalts im Blut bei Kraftfahrer[inne]n)

pro|mi|nent (maßgebend, bedeutend); pro|mi|nen|ter; am pro|mi|nen|tes|ten

der **Pro|mi|nen|te** (bedeutende Persönlichkeit); die Prominenten; ein Prominenter; zwei Prominente

die **Pro|mi|nen|te;** eine Prominente

die **Pro|mi|nenz** (Gesamtheit der Prominenten)

der **Pro|mo|ter** [pro'mɔʊ̯tɐ] (Veranstalter von Profiboxkämpfen); des Promoters; die Promoter

die **Pro|mo|ti|on** (Erreichen der Doktorwürde); die Pro|mo|ti|o|nen

die **Pro|mo|tion** [...'mo:ʃn̩] ([Verkaufs]förderung durch gezielte Werbung)

pro|mo|vie|ren (die Doktorwürde erreichen, verleihen); sie promovierte; sie hat [in Chemie] promoviert; sie ist [von der medizinischen Fakultät] promoviert worden; promovier *oder* promoviere in deinem Fach!

prompt (unverzüglich; pünktlich); prompte Lieferung

das **Pro|no|men** (Fürwort); die Pronomen *oder* Pro|no|mi|na

pro|no|mi|nal

die **Pro|pa|gan|da** (Werbung für politische Grundsätze, kulturelle Belange und wirtschaftliche Zwecke)

das **Pro|pa|gan|da|ma|te|ri|al**

pro|pa|gan|dis|tisch

pro|pa|gie|ren (für etwas werben); du propagierst; er propagierte; er hat seine Idee propagiert

das **Pro|pan** (ein Brenngas); des Propans

das **Pro|pan|gas**

der **Pro|pel|ler** (Antriebsschraube bei Schiffen und Flugzeugen); des Propellers; die Propeller

pro|per (sauber, ordentlich); ein properes Zimmer

der **Pro|phet** (Weissager; Mahner); des/dem/den Pro|phe|ten; die Pro|phe|ten

die **Pro|phe|tin;** die Prophetinnen

pro|phe|tisch; prophetische Fähigkeiten

pro|phe|zei|en; du prophezeist; sie prophezeite; er hat das Unglück prophezeit; prophezei *oder* prophezeie lieber nichts!

die **Pro|phe|zei|ung**

pro|phy|lak|tisch (vorbeugend, verhütend); prophylaktische Maßnahmen

die **Pro|phy|la|xe** (Vorbeugung)

die **Pro|por|ti|on** (Größenverhältnis); die Pro|por|ti|o|nen

pro|por|ti|o|nal (verhältnisgleich)

die **Pro|por|ti|o|na|li|tät**

die **Pro|por|ti|ons|glei|chung** (*Mathematik*)

der **Pro|porz** (Sitz- und Amtsverteilung nach dem Stimmenverhältnis); des Pro|por|zes; die Pro|por|ze

der **Propst** (höherer kirchlicher Amtsträger); des Propsts *oder* Props|tes; die Pröps|te

die **Pro|sa** (Rede und Schrift in ungebundener Form)

pro|sa|isch (nüchtern); eine prosaische Sprache

pro|sit! *oder* **prost!** (wohl bekomms!)

das **Pro|sit** *oder* **Prost;** des Prosits *oder* Prost[e]s; die Prosits *oder* Pros|te; ein Prosit der Gemütlichkeit!

der **Pro|s|pekt** (Werbeschrift); des Prospekts *oder* Pro|s|pek|tes; die Pro|s|pekte

die **Pro|s|ta|ta** (Vorsteherdrüse); die Prostatae

pros|ten (ein Prost ausbringen); er prostete; er hat auf seinen Erfolg geprostet

der **Pro|s|ti|tu|ier|te** (Mann, der gewerbsmäßig sexuelle Handlungen ausübt); ein Prostituierter; die Prostituierten; zwei Prostituierte die **Pro|s|ti|tu|ier|te** (Frau, die gewerbsmäßig sexuelle Handlungen ausübt); eine Prostituierte

die **Pro|s|ti|tu|ti|on**

der **Pro|t|a|go|nist** (zentrale Gestalt; Vorkämpfer); des/dem/den Pro|t|a|go|nis|ten; die Pro|t|a|go|nis|ten

die **Pro|t|a|go|nis|tin;** die Protagonistinnen

das **Pro|te|in** (Eiweißart); des Proteins; die Pro|te|i|ne

die **Pro|tek|ti|on** (Förderung; Schutz); die Pro|tek|ti|o|nen

der **Pro|tek|tor** (Beschützer; Förderer; Schirmherr); des Protektors; die Pro|tek|to|ren

das **Pro|tek|to|rat** (Schirmherrschaft; Schutzherrschaft); des Protektorats *oder* Pro|tek|to|ra|tes; die Pro|tek|to|ra|te

der **Pro|test;** des Protests *oder* Pro|tes|tes; die Pro|tes|te

die **Pro|test|ak|ti|on**

der **Pro|tes|tant** (Angehöriger des evangelischen Glaubens); des/dem/den Pro|tes|tan|ten; die Pro|tes|tan|ten

die **Pro|tes|tan|tin;** die Protestantinnen

pro|tes|tan|tisch; eine protestantische Pfarrerin

der **Pro|tes|tan|tis|mus** (Gesamtheit der evangelischen Kirchengemeinschaften); des Protestantismus

pro|tes|tie|ren; du protestierst; sie protestierte; sie hat protestiert; protestier *oder* protestiere dagegen!

die **Pro|the|se** (Ersatzglied; Zahnersatz); die Prothesen

das **Pro|to|koll** (förmliche Niederschrift; Sitzungsbericht); des Protokolls; die Pro|to|kol|le; etwas zu Protokoll geben

der **Pro|to|kol|lant** (Schriftführer); des/dem/den Pro|to|kol|lan|ten; die Pro|to|kol|lan|ten

die **Pro|to|kol|lan|tin;** die Protokollantinnen

pro|to|kol|la|risch (im Protokoll); eine protokollarische Aussage; protokollarisch festhalten

der **Pro|to|koll|füh|rer**

die **Pro|to|koll|füh|re|rin**

pro|to|kol|lie|ren; du protokollierst; er protokollierte; er hat heute die Sitzung protokolliert; protokollier *oder* protokolliere die Unterrichtsstunde!

das **Pro|ton** (*Kernphysik:* ein Elementarteilchen); des Protons; die Pro|to|nen

der **Pro|to|nen|be|schleu|ni|ger**

der **Pro|to|typ** (Muster; Urbild)

pro|to|ty|pisch; prototypische Popstars

der **Protz** (*umgangssprachlich für:* Angeber); des Prot|zes; die Prot|ze

prot|zen; du protzt; er protzte; er hat mit seiner Kraft geprotzt; protz *oder* protze nicht!

die **Prot|ze|rei**

prot|zig; ein protziger Neubau

der **Pro|vi|ant** (Wegzehrung; Verpflegung); des Proviants; die Pro|vi|an|te

der **Pro|vi|der** [proˈvaɪ̯dɐ] (Anbieter eines Zugangs zum Internet); des Providers; die Provider

die **Pro|vinz** (Landesteil; das Land im Gegensatz zur Hauptstadt); die Pro|vin|zen

pro|vin|zi|ell; provinzielle Verhältnisse

die **Pro|vi|si|on** (Vergütung); die Pro|vi|si|o|nen

pro|vi|so|risch (vorläufig); eine provisorische Unterkunft

das **Pro|vi|so|ri|um** (Übergangslösung); die Provisorien

pro|vo|kant (provozierend); provokantes Verhalten

der **Pro|vo|ka|teur** [provokaˈtøːɐ̯] (jemand, der andere aufwiegelt); des Provokateurs; die Pro|vo|ka|teu|re

die **Pro|vo|ka|ti|on** (Herausforderung); die Pro|vo|ka|ti|o|nen

pro|vo|zie|ren (herausfordern; bewirken; auslösen); du provozierst; er provozierte [mich]; der Vorfall hat eine Diskussion provoziert; provozier *oder* provoziere sie nicht!

die **Pro|ze|dur** ([schwieriges] Verfahren); die Pro|ze|du|ren

das **Pro|zent** ([Zinsen, Gewinn] vom Hundert; Hundertstel; *Zeichen:* %); des Prozents *oder* Pro|zen|tes; die Pro|zen|te; 5 Prozent *oder* 5 %; die Fünfprozentklausel *oder* 5-Prozent-Klausel (bei Wahlen)

der **Pro|zent|punkt** (Differenz zwischen zwei Prozentzahlen) *meist Plural*

die **Pro|zent|rech|nung**

der **Pro|zent|satz** (bestimmte Anzahl von Prozenten)

pro|zen|tu|al (in Prozenten ausgedrückt); der prozentuale Gewinnanteil

der **Pro|zess;** des Pro|zes|ses; die Pro|zesse

pro|zes|sie|ren (einen Prozess führen); du prozessierst; er prozessierte; er hat [gegen ihn] prozessiert; prozessier *oder* prozessiere möglichst nicht!

die **Pro|zes|si|on** (kirchlicher Umzug); die Pro|zes|si|o|nen

der **Pro|zes|sor** (*EDV:* zentraler Teil einer Datenverarbeitungsanlage); des Prozessors; die Pro|zes|so|ren

prü|de (übertrieben schamhaft); prüder; am prü|des|ten

die **Prü|de|rie**

prü|fen; du prüfst; sie prüfte; sie hat ihn geprüft; prüf *oder* prüfe ihn später!

der **Prü|fer;** des Prüfers; die Prüfer

die **Prü|fe|rin;** die Prüferinnen

der **Prüf|ling;** des Prüflings; die Prüf|lin|ge

der **Prüf|stand;** auf dem Prüfstand stehen (auf seine Notwendigkeit überprüft werden)

die **Prü|fung**

die **Prü|fungs|auf|ga|be**

prü|fungs|re|le|vant

die **Prü|fungs|vor|be|rei|tung**

der **Prü|gel** (Stock); des Prügels; die Prügel

die **Prü|gel** (*umgangssprachlich für:* Schläge) *Plural;* Prügel bekommen, beziehen

die **Prü|ge|lei**

prü|geln; du prügelst; er prügelte; er hat ihn geprügelt; prügle *oder* prügele ihn nicht!; sich prügeln; die beiden haben sich wieder geprügelt

der **Prunk** ([übertriebene] Pracht); des Prunks *oder* Prun|kes

prun|ken; du prunkst; sie prunkte; sie hat mit ihrem Schmuck geprunkt; prunk *oder* prunke nicht mit deinem Reichtum!

die **Prunk|sit|zung** (im Karneval)

die **Prunk|sucht** *(abwertend)*

prunk|voll

prus|ten (stark schnauben); du prustest; das Pferd prustete; es hat geprustet; pruste nicht so!

PS = Postskriptum (Nachschrift, Zusatz in einem Brief)

das **PS** (veraltete Maßeinheit)

der **Psalm** (geistliches Lied); des Psalms; die Psal|men

der **Psal|ter** (das Buch der Psalmen im Alten Testament)

pseu|d|o|nym (unter einem Decknamen [verfasst]); das Buch ist pseudonym erschienen

das **Pseu|d|o|nym** (Deckname, Künstlername); des Pseudonyms; die Pseu|d|o|ny|me; das Buch wurde unter einem Pseudonym geschrieben

pst!

die **Psy|che** (Seele)

der **Psy|ch|i|a|ter** (Facharzt für psychische Krankheiten); des Psychiaters; die Psychiater

die **Psy|ch|i|a|te|rin;** die Psychiaterinnen

die **Psy|ch|i|a|t|rie** (*nur Singular:* Lehre von den seelischen Störungen, von den Geisteskrankheiten; *umgangssprachlich für:* psychiatrische Klinik); der Psychiatrie; die Psy|chi|a|t|ri|en; in die Psychiatrie eingeliefert werden

psy|chisch (seelisch)

die **Psy|cho|ana|ly|se** (*Psychologie:* Methode zur Untersuchung unbewusster seelischer Vorgänge)

der **Psy|cho|lo|ge** (Wissenschaftler oder Praktiker auf dem Gebiet der Psychologie); des/dem/den Psychologen

die **Psy|cho|lo|gie** (Wissenschaft von den seelischen Vorgängen)

die **Psy|cho|lo|gin;** die Psychologinnen

psy|cho|lo|gisch; eine psychologische Untersuchung

die **Psy|cho|se** (*Medizin, Psychologie:* krankhafte seelische Störung); die Psychosen

psy|cho|so|ma|tisch (auf psychisch-körperlichen Wechselwirkungen beruhend)

psy|cho|so|zi|al (*Sozialpsychologie:* durch psychische und soziale Gegebenheiten bestimmt); psychosoziale Entwicklung

der **Psy|cho|ter|ror** (Einschüchterung mit psychischen Mitteln)

der **Psy|cho|test**

der **Psy|cho|the|ra|peut** (Arzt oder Psychologe, der die Psychotherapie anwendet)

die **Psy|cho|the|ra|peu|tin**

die **Psy|cho|the|ra|pie** (*Medizin, Psycholo-*

gie: Heilbehandlung für psychische Probleme)

der **Psy|cho|thril|ler** (Kriminalfilm oder -roman, der vor allem durch psychische Effekte spannend wirkt)

das *oder* der **Pub** [pap] (Wirtshaus im englischen Stil, Bar); des Pubs; die Pubs

pu|ber|tär (mit der Geschlechtsreife zusammenhängend); pubertäre Gefühle

die **Pu|ber|tät** (Zeit der beginnenden Geschlechtsreife)

pu|ber|tie|ren (in der Pubertät sein); du pubertierst; sie pubertierte

die **Pu|b|li|ci|ty** [paˈblɪsɪti] (Reklame; [Bemühung um] öffentliches Aufsehen)

pu|b|li|ci|ty|scheu

die **Pu|b|lic Re|la|tions** [ˈpablɪk riˈleɪʃn̩s] (Öffentlichkeitsarbeit; Kontaktpflege; *Abkürzung:* PR) *Plural*

pu|b|lik (öffentlich; allgemein bekannt); etwas publik machen *oder* publikmachen; publik werden

die **Pu|b|li|ka|ti|on** (Veröffentlichung); die Pu|b|li|ka|ti|o|nen

pu|b|lik|ma|chen ↑publik

das **Pu|b|li|kum;** des Publikums

der **Pu|b|li|kums|er|folg**

der **Pu|b|li|kums|lieb|ling**

der **Pu|b|li|kums|tag**

pu|b|li|kums|wirk|sam; publikumswirksame Schlagzeilen

pu|b|li|zie|ren (veröffentlichen); du publizierst; sie publizierte; sie hat einen Aufsatz publiziert

der **Pu|b|li|zist** (Journalist; politischer Schriftsteller); des Pu|b|li|zis|ten; die Pu|b|li|zis|ten

die **Pu|b|li|zis|tin;** die Publizistinnen

der **Puck** (Hartgummischeibe beim Eishockey); des Pucks; die Pucks

der **Pud|ding;** die Pud|din|ge *oder* Puddings

das **Pud|ding|pul|ver**

der **Pu|del;** des Pudels; die Pudel

die **Pu|del|müt|ze**

pu|del|nass

pu|del|wohl; sich pudelwohl fühlen

der **Pu|der;** des Puders; die Puder

pu|dern; du puderst; er puderte; er hat die wunde Stelle gepudert; pudere diese Stelle!; sich pudern; sie hat sich stark gepudert

der **Pu|der|zu|cker**

der **Pu|er|to Ri|ca|ner** *oder* **Pu|er|to-Ri|ca|ner** (Bewohner von Puerto Rico); des Puerto Ricaners *oder* Puerto-Ricaners; die Puerto Ricaner *oder* Puerto-Ricaner

die **Pu|er|to Ri|ca|ne|rin** *oder* **Pu|er|to-Ri|ca|ne|rin;** die Puerto Ricanerinnen *oder* Puerto-Ricanerinnen

pu|er|to-ri|ca|nisch

Pu|er|to Ri|co (Insel der Großen Antillen)

der **Puff** (*umgangssprachlich für:* Stoß); des Puffs *oder* Puf|fes; die Püf|fe, *seltener:* Puf|fe

der, *auch:* das **Puff** (*umgangssprachlich für:* Bordell); des Puffs; die Puffs

puf|fen (*umgangssprachlich für:* stoßen); du puffst; er puffte; er hat ihn in die Seite gepufft

der **Puf|fer** (Stoßdämpfer an Schienenfahrzeugen); des Puffers; die Puffer

die **Puf|fer|zo|ne**

der **Puff|mais**

der **Puff|reis**

puh!

pu|len (*norddeutsch für:* bohren, herausklauben); du pulst; sie pulte das Etikett von der Flasche; sie hat die Rosinen aus dem Kuchen gepult; pul *oder* pule nicht an der Narbe!

der **Pulk** (Verband von [militärischen] Flugzeugen oder Kraftfahrzeugen); des Pulks *oder* Pul|kes; die Pulks, *selten:* Pul|ke

die **Pul|le** *(umgangssprachlich);* die Pullen

der **Pul|li;** des Pullis; die Pullis

der **Pul|l|o|ver;** des Pullovers; die Pullover

der **Pul|l|un|der** (kurzer, ärmelloser Pullover); des Pullunders; die Pullunder

der **Puls;** des Pul|ses; die Pul|se

die **Puls|ader**

pul|sie|ren; das Leben pulsierte in den Straßen; es hat in den Straßen pulsiert

der **Puls|schlag**

das **Pult;** des Pults *oder* Pul|tes; die Pul|te

das **Pul|ver;** des Pulvers; die Pulver

pul|ve|rig *oder* **pulv|rig** (in Pulverform); pulveriger *oder* pulvriger Schnee

pul|ve|ri|sie|ren (zu Pulver zerreiben); die Mühle hat das Getreide pulverisiert; pulverisierter Kaffee

pul|vrig *vergleiche:* **pul|ve|rig**

der **Pu|ma** (eine Raubkatze); des Pumas; die Pumas

pum|me|lig *oder* **pumm|lig** (*umgangssprachlich für:* dicklich); pummelige *oder* pummlige Kinder

die **Pum|pe**

pum|pen; du pumpst; er pumpte; er hat kräftig gepumpt; pump *oder* pumpe den Eimer voll Wasser!; sich etwas pumpen (*umgangssprachlich für:* sich etwas leihen); er hat sich bei mir etwas Geld gepumpt

der **Pum|per|ni|ckel** (ein Schwarzbrot); des Pumpernickels; die Pumpernickel

der **Pumps** [pœmps] (ausgeschnittener Damenschuh mit höherem Absatz); des Pumps; die Pumps

der **Punk** [paŋk] *oder* **Pun|ker** (Jugendlicher, der durch sein auffälliges Äußeres betont antibürgerlich erscheinen will); des Punk[s] *oder* Punkers; die Punks *oder* Punker

die **Pun|ke|rin;** die Punkerinnen

der **Punkt;** es ist Punkt 8 Uhr; der Punkt auf dem i

der **Punkt|ab|zug** *oder* **Punk|te|ab|zug**

punk|ten (Punkte sammeln; mit Punkten bewerten); du punktest; sie punktete mit ihrem Aufschlag; sie hat sehr streng gepunktet

punkt|gleich; punktgleiche Teams

punk|tie|ren (durch Punkte darstellen, mit Punkten ausfüllen; *Medizin:* durch Einstechen mit einer Hohlnadel dem Körper Flüssigkeit oder Gewebe entnehmen); du punktierst; er punktierte eine Linie; er hat die Lunge punktiert

pünkt|lich; pünktliches Erscheinen

die **Pünkt|lich|keit**

punkt|schwei|ßen *(Technik);* er hat die Karosserie punktgeschweißt; er versucht[,] die Teile punktzuschweißen

punk|tu|ell (einzelne Punkte betreffend); punktuelle Überlegungen

die **Punkt|zahl**

der **Punsch** (ein alkoholisches Getränk); des Punschs *oder* Pun|sches; die Pun|sche, *auch:* Pün|sche

der **Pup** *oder* **Pups** *oder* **Pup|ser** (*umgangssprachlich für:* abgehende Blähung); des Pup[e]s *oder* Pup|ses *oder* Pupsers; die Pu|pe *oder* Pup|se *oder* Pupser

pu|pen, pup|sen (*umgangssprachlich für:* eine Blähung abgehen lassen); du pupst; er pupte *oder* pupste; er hat gepupt *oder* gepupst

die **Pu|pil|le** (Sehöffnung im Auge); die Pupillen

die **Pup|pe**

das **Pup|pen|the|a|ter**

der **Pup|pen|wa|gen**

der **Pups** *vergleiche:* **Pup**

pup|sen *vergleiche:* **pu|pen**

der **Pup|ser** *vergleiche:* **Pup**

pur (rein, unverfälscht); pures Gold

das **Pü|ree** (breiförmige Speise); des Pürees; die Pürees

der **Pu|ri|ta|ner** (sittenstrenger Mensch); des Puritaners; die Puritaner

pu|ri|ta|nisch; puritanische Strenge

der **Pur|pur** (hochroter Farbstoff; purpurfarbenes Gewand); des Purpurs

pur|pur|far|ben *oder* **pur|pur|far|big;** ein purpurfarbener *oder* purpurfarbiger Mantel

pur|purn (purpurfarben); die purpurne Abendsonne

pur|pur|rot

der **Pur|zel|baum;** die Pur|zel|bäu|me

pur|zeln; ich purz[e]le; du purzelst; er ist in den Graben gepurzelt

pu|shen [ˈpʊʃn̩] *oder* **pu|schen** (*umgangssprachlich für:* Aufmerksamkeit auf jemanden oder etwas lenken; in Schwung bringen); du pushst *oder* puschst; er pushte *oder* puschte den Kandidaten; die Trainerin hat ihre Mannschaft gepusht *oder* gepuscht

die, *auch:* das **Push|mail** *oder* **Push-Mail** (Pushnachricht)

die **Push|nach|richt** *oder* **Push-Nach|richt** (an ein Smartphone o. Ä. gesendete elektronische Nachricht, die sich automatisch öffnet)

der **Push-up-BH** [ˈpʊʃʔapbeha:] (ein üppiges Dekolleté formender BH)

die **Pus|te** (*umgangssprachlich für:* Atemluft); außer Puste (außer Atem) sein; ihm geht die Puste aus

die **Pus|te|blu|me** (abgeblühter Löwenzahn)

die **Pus|tel** (Eiterbläschen); die Pusteln

pus|ten; du pustest; sie pustete; sie hat gepustet; puste kräftig!

die **Pusz|ta** (Grassteppe in Ungarn); die Puszten

die **Pu|te** (Truthenne); die Puten

der **Pu|ter** (Truthahn); des Puters; die Puter

pu|ter|rot; puterrot werden

der **Putsch** (politischer Umsturz[versuch]); des Putschs *oder* Put|sches; die Put|sche

put|schen; du putschst; er putscht; er putschte; die Armee hat gegen die Regierung geputscht

der **Putz;** des Put|zes

put|zen; du putzt; er putzte; er hat geputzt; putz *oder* putze die Fenster!

die **Putz|frau**

put|zig (*umgangssprachlich für:* drollig); putzige Tiere

der **Putz|lap|pen**

der **Putz|mann**

putz|mun|ter *(umgangssprachlich)*

die **Putz|sucht**

putz|süch|tig

das **Putz|tuch**

puz|zeln [ˈpʊzl̩n, *auch:* ˈpazl̩n] (ein Puzzle zusammensetzen); ich puzzele *oder* puzzle; er puzzelte; er hat gepuzzelt

das **Puz|zle** [ˈpʊzl̩, *auch:* ˈpazl̩] (Geduldsspiel); des Puzzles; die Puzzles

P

pus

das **Puz|zle|spiel**

das **PVC** = Polyvinylchlorid (ein Kunststoff)

der **Pyg|mäe** (Angehöriger einer kleinwüchsigen Bevölkerungsgruppe in Afrika); des/dem/den Pyg|mä|en; die Pyg|mä|en

pyg|mä|en|haft

die **Pyg|mä|in;** die Pygmäinnen

der **Py|ja|ma** [pyˈdʒa:ma] (Schlafanzug); des Pyjamas; die Pyjamas

die **Py|ja|ma|ho|se**

der **Py|lon** (Brückenpfeiler; kegelförmige Absperrmarkierung auf Straßen); des/dem/den Py|lo|nen; die Py|lo|nen

die **Py|ra|mi|de** (ägyptischer Grabbau; ein geometrischer Körper)

die **Py|re|nä|en** (Gebirge zwischen Spanien und Frankreich) *Plural*

der **Py|ro|ma|ne** (Mensch mit dem krankhaften Trieb, Brände zu legen); des/dem/den Pyromanen; die Pyromanen

die **Py|ro|ma|nin;** die Pyromaninnen

die **Py|ro|tech|nik** (Herstellung und Gebrauch von Feuerwerkskörpern)

der **Py|thon** (eine Riesenschlange); des Pythons; die Pythons

Q

das **Q** (Buchstabe); des Q; die Q; ABER: das q in Aquarium

der **QR-Code** (*zu der Abkürzung von:* quick response [schnelle Antwort]; aus Punkten zu einem Quadrat zusammengesetzter, elektronisch lesbarer Code)

der **Quack|sal|ber** (Kurpfuscher); des Quacksalbers; die Quacksalber

die **Quack|sal|be|rin;** die Quacksalberinnen

die **Quad|del** (juckende Anschwellung); die Quaddeln

der *oder* die **Qua|der** (*Mathematik:* ein von sechs Rechtecken begrenzter Körper); des Quaders *oder* der Quader; die Quader *oder* Quadern

das **Qua|d|rat** (Viereck mit vier rechten Winkeln und vier gleichen Seiten; zweite Potenz einer Zahl); des Quadrats *oder* Qua|d|ra|tes; die Qua|d|ra|te

qua|d|ra|tisch; quadratische Flächen

die **Qua|d|rat|lat|schen** (*umgangssprachlich scherzhaft für:* große, unförmige Schuhe) *Plural*

der **Qua|d|rat|me|ter**

die **Qua|d|rat|zahl**

qua|d|rie|ren (in die zweite Potenz erheben); sie quadrierte die Zahl; sie hat die Zahl quadriert; quadrier *oder* quadriere die Zahl!

der **Qua|d|ro|ko|p|ter** *oder* **Qua|d|ro|co|p|ter** (Fluggerät mit vier waagerechten Rotoren); *vergleiche:* Multikopter

qua|ken; die Ente quakt; sie quakte; sie hat gequakt; quak *oder* quake nicht so!

der **Quä|ker** (Angehöriger einer christlichen Gemeinschaft); des Quäkers; die Quäker

die **Quä|ke|rin** (Angehörige einer christlichen Gemeinschaft); die Quäkerinnen

die **Qual;** die Qua|len
quä|len; du quälst ihn; er quälte ihn; er hat ihn gequält; quäl *oder* quäle ihn nicht!
die **Quä|le|rei**
der **Quäl|geist** *(umgangssprachlich);* die Quäl|geis|ter
der **Qua|li** *(umgangssprachlich kurz für:* qualifizierter [Schul]abschluss); die Qualis
die **Qua|li** *(umgangssprachlich kurz für:* Qualifikation); sie haben die Quali erreicht
die **Qua|li|fi|ka|ti|on** (Befähigung; Befähigungsnachweis; Teilnahmeberechtigung für sportliche Wettbewerbe)
sich **qua|li|fi|zie|ren** (die Voraussetzungen für eine bestimmte [berufliche] Tätigkeit erwerben; *Sport:* die Berechtigung erwerben, an einem bestimmten Wettbewerb teilzunehmen); du qualifizierst dich; sie qualifizierte sich; sie hat sich zur Ernährungsberaterin qualifiziert; die Mannschaft hat sich für die Europameisterschaft qualifiziert
qua|li|fi|ziert (besondere Fähigkeiten erfordernd oder aufweisend); qua|li|fi|zier|ter; am qua|li|fi|zier|tes|ten; ein qualifizierter Unterricht; ein qualifizierter Diskussionsbeitrag
die **Qua|li|fi|zie|rung**
die **Qua|li|fi|zie|rungs|maß|nah|me**
das **Qua|li|fy|ing** ['kvɔlɪfaɪɪŋ] (Qualifikation und Festlegung der Startreihenfolge für ein [Auto]rennen); des Qualifyings; die Qualifyings
die **Qua|li|tät** (Beschaffenheit, Güte, Wert)
qua|li|ta|tiv (dem Wert, der Beschaffenheit nach); das Material ist qualitativ ausreichend
qua|li|täts|be|wusst; qualitätsbewusste Kundschaft
die **Qua|li|täts|kon|t|rol|le**
der **Qua|li|täts|stan|dard**
die **Qual|le**
der **Qualm;** des Qualms *oder* Qual|mes
qual|men; es qualmte; der Kamin hat gequalmt
qual|voll; qualvolles Warten
das **Quänt|chen** (eine kleine Menge); des Quäntchens; die Quäntchen; du brauchst ein Quäntchen Glück

die **Quan|ti|tät** (Menge, Masse, Größe); die Quan|ti|tä|ten
quan|ti|ta|tiv (mengenmäßig); die Verpflegung ist quantitativ gut
das **Quan|tum** (Menge, Anzahl, Maß); des Quantums; die Quanten; das richtige Quantum nehmen
die **Qua|ran|tä|ne** [karan'tɛːnə] (Absperrung zum Schutz gegen Ansteckung); die Quarantänen
die **Qua|ran|tä|ne|sta|ti|on**
der **Quark** (Nahrungsmittel aus saurer Milch); des Quarks *oder* Quar|kes; red keinen Quark *(umgangssprachlich für:* red keinen Unsinn)
die **Quark|schnit|te**
die **Quart** *oder* **Quar|te** *(Musik:* der vierte Ton vom Grundton an); die Quarten
die **Quar|ta** (dritte Klasse eines Gymnasiums); die Quarten
das **Quar|tal** (Vierteljahr); des Quartals; die Quar|ta|le
der **Quar|ta|ner;** des Quartaners; die Quartaner
die **Quar|ta|ne|rin;** die Quartanerinnen
das **Quar|tett** (ein Kartenspiel; Musikstück für vier Stimmen oder für vier Instrumente; *auch:* die ausführenden Musiker selbst); des Quartetts *oder* Quar|tet|tes; die Quar|tet|te
das **Quar|tier** (Unterkunft); des Quartiers; die Quar|tie|re; Quartier beziehen
der **Quarz** (ein Mineral); des Quar|zes; die Quar|ze
quarz|hal|tig; quarzhaltiges Gestein
die **Quarz|uhr**
qua|si (gewissermaßen, sozusagen)
die **Quas|se|lei** *(umgangssprachlich für:* dauerndes schnelles Reden)
quas|seln; ich quassele *oder* quassle; du quasselst; er quasselt; er quasselte; er hat gequasselt; quassele *oder* quassle nicht so lange!
die **Quas|sel|strip|pe**
die **Quas|te** (Troddel); die Quasten
der **Quatsch** *(umgangssprachlich);* des Quatschs *oder* Quat|sches; das ist doch Quatsch!; ach Quatsch!
quat|schen; du quatschst; er quatscht; er quatschte; er hat lange gequatscht; quatsch *oder* quatsche nicht immer!
der **Quatsch|kopf**

die **Que̜|cke** (eine Graspflanze); die Quecken

das **Que̜ck|sil|ber** (ein chemisches Element, Metall; *Zeichen:* Hg)

que̜ck|sil|be|rig *oder* **que̜ck|silb|rig**

die **Que̜ck|sil|ber|säu|le**

que̜ck|silb|rig ([unruhig] wie Quecksilber)

die **Queen** [kvi:n] (*nur Singular:* die jeweils regierende englische Königin); die Queen kommt zu Besuch

queer [kvi:ɐ̯] (nicht heterosexuell)

der **Que̜ll** (*gehoben für:* Quelle); des Quells; die Quel|le

der **Que̜ll|code** (*EDV:* Text eines grundlegenden Computerprogramms)

die **Que̜l|le;** die Quelle eines Zitats angeben, nennen

que̜l|len (mächtig herausdrängen; sprudeln); das Wasser quillt; es quoll; das Wasser ist aus dem Boden gequollen

que̜l|len (in Wasser weichen lassen); du quellst die Bohnen; er quellte sie; er hat sie gequellt; quell *oder* quelle die Bohnen!

die **Que̜l|len|an|ga|be**

das **Que̜ll|was|ser**

die **Quen|ge|lei** *(umgangssprachlich)*

que̜n|ge|lig *oder* **que̜ng|lig;** ein quengeliges *oder* quengliges Kind

que̜n|geln; du quengelst; er quengelte; er hat den ganzen Tag gequengelt; queng[e]le nicht!

quer; kreuz und quer; quer [über die Straße] gehen; sich quer [ins Bett] legen; ein Ast hatte sich quer gelegt; ABER: sich ↑querlegen; ein quer gestreifter *oder* quergestreifter Rock

quer|du̜rch; sie ist querdu̜rch gelaufen; ABER: sie ist quer du̜rch die Wiesen gelaufen

die **Que̜|re;** sie kommt mir in die Quere

die **Que|re̱|le** (Streiterei); die Querelen *meist Plural*

quer|feld|ein; querfeldein gehen, fahren

die **Quer|flö|te**

quer|ge|streift ↑quer

der **Quer|kopf** (*umgangssprachlich für:* jemand, der sich immer widersetzt)

quer|köp|fig; ein querköpfiger Kerl

sich **quer|le|gen** (*umgangssprachlich für:* sich widersetzen); du legst dich quer; sie hat sich quergelegt; ↑*auch:* quer

quer|schie|ßen (*umgangssprachlich für:* die Pläne anderer absichtlich stören); du schießt quer; er hat quergeschossen

das **Quer|schiff** (einer Kirche)

der **Quer|schlä|ger** (abgeprallter Geschoss)

der **Quer|schnitt**

quer|schnitt[s]|ge|lähmt

die **Quer|sum|me**

der **Que|ru|la̜nt** (jemand, der durch kleinliche Beschwerden lästig fällt); des/dem/den Que|ru|lan|ten; die Que|ru|lan|ten

die **Que|ru|la̜n|tin;** die Querulantinnen

der **Quer|ver|weis**

que̜t|schen; du quetschst; sie quetschte das Badetuch in den Koffer; sie hat sich den Finger gequetscht; quetsch *oder* quetsche dir nicht den Finger!

die **Que̜t|schung**

das, *auch* der **Queue** [kø:] (Billardstock); des Queues; die Queues

qui̜ck (munter)

qui̜ck|le|be̜n|dig

quie|ken; das Schwein quiekt; das Schwein hat gequiekt

quiet|schen; die Tür quietscht; die Tür quietschte; die Tür hat gequietscht

quietsch|ver|gnügt *(umgangssprachlich)*

die **Qui̜n|ta** (zweite Klasse eines Gymnasiums); die Quinten

der **Quin|ta|ner;** des Quintaners; die Quintaner

die **Quin|ta|ne|rin;** die Quintanerinnen

die **Qui̜n|te** *oder* **Qui̜nt** (der fünfte Ton vom Grundton an); die Quinten

der **Qui̜n|ten|zir|kel** (Kreis der Dur- und Molltonarten mit Grundtönen im Quintabstand und zunehmenden Vorzeichen)

die **Qui̜nt|es|senz** ([als Ergebnis] das Wesentliche einer Sache); die Quint|es|sen|zen

das **Quin|te̜tt** (Musikstück für fünf Stimmen oder für fünf Instrumente; *auch:* die ausführenden Musiker selbst); des Quintetts *oder* Quin|tet|tes; die Quin|tet|te

der **Qui̜rl** (Rührgerät); des Quirls *oder* Quir|les; die Quir|le

qui̜r|len; du quirlst; er quirlte; er hat das

Q

que

Ei gequirlt; quirl *oder* quirle diese Getränke!

quir|lig (*umgangssprachlich für:* lebhaft); ein quirliger Junge

quitt (ausgeglichen; fertig); jetzt sind wir quitt

die **Quit|te** (ein Obstbaum; dessen Frucht); die Quitten

quit|te|gelb *oder* **quit|ten|gelb**

das, *auch:* der **Quit|ten|ge|lee**

quit|tie|ren (den Empfang bescheinigen); du quittierst; sie quittierte; sie hat den Empfang des Geldes quittiert; quittier *oder* quittiere die Rechnung!

die **Quit|tung**

der **Quit|tungs|block**

das **Quiz** [kvɪs] (Frage-und-Antwort-Spiel); des Quiz; die Quiz, *umgangssprachlich auch:* Quizze

der **Quiz|mas|ter** [ˈkvɪsmaːstɐ] (Fragesteller beim Quiz); des Quizmasters; die Quizmaster

die **Quiz|mas|te|rin;** die Quizmasterinnen

die **Quiz|sen|dung**

die **Quiz|show**

die **Quo|te** (Anteil, Teilbetrag; *kurz für:* Einschaltquote); die Quoten

die **Quo|ten|re|ge|lung** (Festlegung eines angemessenen Frauenanteils in bestimmten Funktionen)

der **Quo|ti|ent** (Ergebnis der Divisionsrechnung, *auch:* der Bruch selbst); des/dem/den Quo|ti|en|ten; die Quo|ti|en|ten

R

das **R** (Buchstabe); des R; die R; ABER: das r in fahren

Ra|bat [*auch:* raˈbaːt] (Hauptstadt Marokkos)

der **Ra|batt** (Preisnachlass); des Rabatts *oder* Ra|bat|tes; die Ra|bat|te

die **Ra|bat|te** (Randbeet); die Rabatten

der **Ra|batz** (*umgangssprachlich für:* Krach); des Ra|bat|zes; Rabatz machen

der **Ra|bau|ke** (*umgangssprachlich für:* grober Kerl); des/dem/den Rabauken; die Rabauken

der **Rab|bi** (Rabbiner; Titel eines Rabbiners); des Rabbi *oder* Rabbis; die Rabbis *oder* Rab|bi|nen

der **Rab|bi|ner** (jüdischer Geistlicher); des Rabbiners; die Rabbiner

der **Ra|be;** des/dem/den Raben; die Raben

die **Ra|ben|el|tern** (lieblose Eltern)

ra|ben|schwarz; rabenschwarzes Haar

ra|bi|at (grob; wütend); ra|bi|a|ter; am ra|bi|a|tes|ten

die **Ra|che**

die **Ra|che|ge|lüs|te** *Plural*

rä|chen; du rächst; er rächte; er hat die Tat gerächt; sich rächen; ihr Leichtsinn wird sich noch rächen

der **Ra|chen;** des Rachens; die Rachen

der **Rä|cher;** des Rächers; die Rächer

die **Rä|che|rin;** die Rächerinnen

die **Rach|gier**

rach|gie|rig

die **Ra|chi|tis** (Krankheit, die durch Mangel an Vitamin D hervorgerufen wird)

ra|chi|tisch; ein rachitisches Kind

der **Ra|cker** (*familiär für:* Schlingel); des Rackers; die Racker

ra|ckern (sich abmühen); ich rackere; er rackerte; er hat unermüdlich gerackert

das **Ra|cket** [ˈrɛkət] ([Tennis]schläger); des Rackets; die Rackets

die, *auch:* das **Ra|c|lette** [ˈraklɛt, *auch:* raˈklɛt] (ein schweizerisches Käsegericht); der Raclette, *auch:* des Raclettes; die Raclettes

das **Rad;** des Rads *oder* Ra|des; die Rä|der; Rad fahren; du fährst Rad; sie fährt Rad; sie fuhr Rad; sie ist Rad gefahren; fahre öfter Rad!; weil ich gern Rad fahre; um Rad zu fahren; Rad und Auto fahren; Auto und Rad fahren; Rad schlagen; du schlägst Rad; sie schlägt Rad; sie schlug Rad; sie hat Rad geschlagen; sie kann ein Rad schlagen; um Rad zu schlagen; ABER: sich beim Radschlagen verletzen

das, *auch:* der **Ra|dar** [*auch:* ˈraːdaːɐ̯] (Gerät und Verfahren zur Ortung von Gegenständen); des Radars

die **Ra|dar|kon|t|rol|le**

der **Ra|dar|schirm** (Leuchtschirm eines Radargeräts)

der **Ra|dau** (*umgangssprachlich für:* Lärm, Krach); des Radaus; Radau machen

die **Rad|co|die|rung** *oder* **Rad|ko|die|rung**

A B C D E F G H I J K L M N O P Q R rad S T U V W X Y Z

(Kennzeichnung eines Fahrrades durch einen Code)
ra|de|bre|chen (eine Sprache nur mangelhaft sprechen); du radebrechst; sie radebrechte; sie hat Deutsch nur geradebrecht
ra|deln; ich rad[e]le; du radelst; sie radelte; sie ist ins Dorf geradelt; radle *oder* radele zum Bäcker!
der **Rä|dels|füh|rer**
die **Rä|dels|füh|re|rin**
das **Rad|fah|ren**
der **Rad|fah|rer**
die **Rad|fah|re|rin**
der **Rad|fahr|strei|fen**
ra|di|al (im Radius laufend; strahlenförmig)
ra|die|ren; du radierst; sie radierte; sie hat radiert; radier *oder* radiere nicht im Buch!
der **Ra|dier|gum|mi**
die **Ra|die|rung** (mit einer geätzten Platte gedruckte Grafik)
das **Ra|dies|chen;** des Radieschens; die Radieschen
ra|di|kal (extrem; gründlich); radikale Ansichten vertreten
die **Ra|di|ka|li|sie|rung** (Entwicklung zum Radikalen)
ra|di|kal|is|la|misch
der **Ra|di|ka|lis|mus** (extreme Einstellung); des Radikalismus; die Radikalismen
das **Ra|dio;** des Radios; die Radios
ra|dio|ak|tiv; radioaktive Stoffe
die **Ra|dio|ak|ti|vi|tät** (Strahlung durch Kernzerfall)
der **Ra|dio|ap|pa|rat**
das **Ra|di|um** (ein radioaktives Element, Metall; *Zeichen:* Ra); des Radiums
der **Ra|di|us** (Halbmesser des Kreises); des Radius; die Ra|di|en
die **Rad|ko|die|rung** *vergleiche:* **Rad|co|die|rung**
der **Rad|ler;** des Radlers; die Radler
der **Rad|pro|fi** (Profi im Radsport)
das **Rad|ren|nen**
der **Rad|schlag** (eine Turnübung)
der **Rad|schnell|weg** [*auch:* 'ra:t...]
der **Rad|sport**
die **Rad|strei|fe**
die **Rad|tour**
rad|wan|dern *(selten)*
der **Rad|weg**
raf|fen; du raffst; er raffte; er hat das Geld an sich gerafft
die **Raff|gier**
raff|gie|rig
die **Raf|fi|na|de** (gereinigter Zucker)
die **Raf|fi|ne|rie** (Anlage zum Reinigen von Zucker oder Rohöl); die Raf|fi|ne|ri|en
die **Raf|fi|nes|se** (Durchtriebenheit, Schläue); die Raffinessen
raf|fi|niert; raf|fi|nier|ter; am raf|fi|nier|tes|ten; ein raffinierter Betrüger
das **Raf|ting** (das Wildwasserfahren im Schlauchboot); des Raftings
die **Ra|ge** ['ra:ʒə] (Wut, Raserei); in Rage sein, geraten; jemanden in Rage bringen
ra|gen; der Felsen ragte aus dem Wasser; er hat aus dem Wasser geragt
das **Ra|gout** [ra'gu:] (ein Mischgericht); des Ragouts; die Ragouts
die **Rah** *oder* **Ra|he** (Querstange am Mast für das Rahsegel); die Rahen
der **Rahm** (*landschaftlich für:* Sahne); des Rahms *oder* Rah|mes
rah|men; du rahmst; sie rahmte; sie hat das Bild gerahmt; rahm *oder* rahme das Bild!
der **Rah|men;** des Rahmens; die Rahmen
die **Rah|men|be|din|gung** *meist Plural;* gute Rahmenbedingungen haben
das **Rah|men|pro|gramm**
rah|mig; eine rahmige Soße
der **Rahm|kä|se**
der **Rain** (die Ackergrenze); des Rains *oder* Rai|nes; die Rai|ne
sich **rä|keln** *vergleiche:* **re|keln**
die **Ra|ke|te**
der **Ra|ke|ten|an|trieb**
die **Ral|lye** ['rali, *auch:* 'rɛli] (Autorennen); die Rallyes
das **RAM** *(EDV)* = random access memory (Informationsspeicher mit wahlfreiem Zugriff); des RAM *oder* RAMs; die RAM *oder* RAMs
der **Ra|ma|dan** (Fastenmonat der Muslime); des Ramadan *oder* Ramadans; die Ra|ma|da|ne
der *oder* das **Ram|ba|zam|ba** (*umgangssprachlich für:* Aufruhr, Aufregung); des Rambazambas; Rambazamba machen
die **Ram|me**
ram|men; du rammst; er rammte einen

Pfahl in den Boden; er hat das parkende Auto gerammt

die **Ram|pe**

das **Ram|pen|licht**

ram|po|nie|ren (stark beschädigen); er hat den Wagen ramponiert

der **Ramsch** (*umgangssprachlich für:* Warenreste, wertloses Zeug)

ram|schen (*umgangssprachlich für:* Ramschware billig aufkaufen); du ramschst; sie ramschte; sie hat auf dem Flohmarkt geramscht

der **Ramsch|la|den**

ran (*umgangssprachlich für:* heran)

die **Ranch** [rɛntʃ, *auch:* raːntʃ] (nordamerikanische Farm); die Ranchs *oder* Ranches

der **Ran|cher** (Farmer); des Ranchers; die Rancher

die **Ran|che|rin;** die Rancherinnen

der **Rand;** des Rands *oder* Ran|des; die Ränder; sie ist außer Rand und Band; sie wird damit zu Rande *oder* zurande kommen

die **Ran|da|le** (Lärm; lautstarker Protest); Randale machen (*umgangssprachlich für* randalieren)

ran|da|lie|ren; du randalierst; er randalierte; die Fans haben randaliert

der **Ran|da|lie|rer;** des Randalierers; die Randalierer

die **Ran|da|lie|re|rin;** die Randaliererinnen

ran|dom [ˈrɛndəm] (*besonders Jugendsprache:* beliebig, zufällig); jemanden random treffen

rand|voll; randvolle Gläser

der **Rang;** des Rangs *oder* Ran|ges; die Ränge; der erste, zweite Rang; ein Autor ersten Ranges (von außerordentlicher Bedeutung); eine Sängerin von Rang

die **Ran|ge|lei**

ran|geln (sich balgen; raufen); ich rang[e]le; du rangelst; sie rangelten; sie haben miteinander gerangelt; rangle *oder* rangele nicht immer mit ihm!

der **Ran|ger** [ˈrɛɪndʒɐ] (Polizist oder Soldat mit Spezialausbildung; Aufseher in Nationalparks); des Rangers; die Ranger *oder* Rangers

der **Ran|gier|bahn|hof** [raŋˈʒiːɐ̯..., rɑ̃...]

ran|gie|ren; du rangierst; er rangierte; der Lokführer hat den Zug rangiert

die **Rang|lis|te** (Liste, in der jemand oder etwas nach Größe, Leistung, Erfolg eingestuft wird); die Rangliste anführen

die **Rang|ord|nung**

Ran|gun (frühere Hauptstadt Myanmars)

sich **ran|hal|ten** (*umgangssprachlich für:* sich beeilen); du hältst dich ran; sie hielt sich ran; sie hat sich rangehalten

rank (*gehoben für:* schlank); rank und schlank

die **Ran|ke** (Pflanzenteil)

die **Rän|ke** (*veraltend für:* Intrigen, Machenschaften) *Plural;* Ränke schmieden

sich **ran|ken;** die Rosen ranken sich; sie haben sich über die Mauer gerankt

das **Ran|king** [ˈrɛŋkɪŋ] (*besonders Wirtschaft:* Rangliste, Bewertung); des Rankings; die Rankings

ran|las|sen *(umgangssprachlich);* du lässt ihn ran; er ließ ihn ran; er hat ihn nicht rangelassen

sich **ran|ma|chen** *(umgangssprachlich);* du machst dich ran; sie machte sich ran; sie hat sich an ihn rangemacht

die **Ran|som|ware** [ˈrænsm̩wɛːɐ̯] (*EDV:* Erpressersoftware)

der **Ran|zen** (Schultasche); des Ranzens; die Ranzen

ran|zig (verdorben); ranzige Butter

der **Rap** [rɛp] (Musikstil mit rhythmischem Sprechgesang); des Rap *oder* Raps; die Raps

ra|pid *oder* **ra|pi|de** (sehr schnell); ra|pider; am ra|pi|des|ten

der **Rap|pe** (schwarzes Pferd); des/dem/den Rappen; die Rappen

der **Rap|pel** (*umgangssprachlich für:* plötzlicher Zorn; Verrücktheit); des Rappels; die Rappel

rap|pe|lig *oder* **rapp|lig;** ein rappeliges *oder* rappliges Fahrrad

rap|peln; du rappelst; sie rappelte; sie hat an der Tür gerappelt; rapple *oder* rappele doch nicht so!

der **Rap|per** [ˈrɛpɐ] (Rapsänger); des Rappers; die Rapper

die **Rap|pe|rin** [ˈrɛpərɪn] (Rapsängerin); die Rapperinnen

das **Rap|ping** (das Singen oder Spielen eines Raps); des Rappings der **Raps** (eine Ölpflanze); des Rap|ses; die Rap|se

rar; gute Fachkräfte sind rar; ↑ABER: sich rarmachen

die **Ra|ri|tät** (Seltenheit); die Ra|ri|tä|ten

sich **rar|ma|chen;** du machst dich rar; sie hat sich rargemacht

ra|sant (sehr schnell); ra|san|ter; am ra|san|tes|ten; eine rasante Fahrerin

die **Ra|sanz**

rasch; ra|scher; am ra|sches|ten

ra|scheln; die Mäuse rascheln; sie raschelten; sie haben im Stroh geraschelt; raschle *oder* raschele nicht mit dem Papier!

ra|sen (sehr schnell fahren; wüten, toben); du rast; sie raste; sie ist mit ihrem Fahrrad um die Ecke gerast; sie hat vor Wut gerast; ras *oder* rase nicht so!

der **Ra|sen;** des Rasens; die Rasen

ra|send; in rasender Fahrt

der **Ra|sen|mä|her**

der **Ra|ser;** des Rasers; die Raser

die **Ra|se|rei**

die **Ra|se|rin;** die Raserinnen

der **Ra|sier|ap|pa|rat**

ra|sie|ren; du rasierst; er rasierte; er hat ihn rasiert; rasier *oder* rasiere ihn vorsichtig!; sich rasieren; er hat sich gut rasiert

die **Ra|sier|klin|ge**

die **Rä|son** [rɛˈzõː] (*veraltend für:* Vernunft, Einsicht); jemanden zur Räson bringen

rä|so|nie|ren (sich mit vielen Worten über etwas auslassen; ständig schimpfen); du räsonierst; sie räsonierte; sie hat den ganzen Tag räsoniert

die **Ras|pel** (ein Werkzeug); die Raspeln

ras|peln; du raspelst; sie raspelte; sie hat geraspelt; rasple *oder* raspele die Kanten rund!

die **Ras|se;** ein Pferd von edler Rasse

die **Ras|sel** (Knarre, Klapper); die Rasseln

die **Ras|sel|ban|de** (*umgangssprachlich für:* übermütige Schar Kinder)

ras|seln; du rasselst; sie rasselte; sie hat mit der Kette gerasselt; rassele *oder* rassle nicht mit dem Schlüsselbund!

ras|sig (temperamentvoll, feurig); ein rassiges Pferd

ras|sisch (die Rasse betreffend); rassische Merkmale

der **Ras|sis|mus** (ideologische Voreingenommenheit gegenüber [bestimmten] anderen Menschengruppen oder Völkern); des Rassismus

der **Ras|sis|mus|vor|wurf**

ras|sis|tisch (*meist abwertend für:* vom Rassismus bestimmt); rassistische Vorurteile

die **Rast;** Rast machen; ohne Rast und Ruh

ras|ten; ich raste; du rastest; sie rastete; sie hat 10 Minuten gerastet

das **Ras|ter** (Gesamtheit der Lichtpunkte eines Fernsehbildschirms; [Denk]system); des Rasters; die Raster

der **Ras|ter** (enges Liniennetz zum Zerlegen eines Bildes); des Rasters; die Raster

rast|los; rast|lo|ser; am rast|lo|ses|ten

die **Rast|lo|sig|keit**

die **Rast|stät|te**

die **Ra|sur;** die Ra|su|ren

der **Rat** (Amtsbezeichnung; Titel; beratendes Gremium; *nur Singular:* Ratschlag); des Rats *oder* Ra|tes; die Räte; der Rat der Stadt; sich [bei jemandem] Rat holen; bei jemandem Rat suchen; der Rat Suchende *oder* ↑Ratsuchende; sich Rat suchend *oder* ratsuchend an jemanden wenden; jemanden um Rat fragen; jemanden zu Rate *oder* zurate ziehen; mit sich selbst zu Rate *oder* zurate gehen; jemandem mit Rat und Tat zur Seite stehen

die **Ra|te** (Teilzahlungsbetrag); die Raten

ra|ten; du rätst; sie rät; sie riet; sie hat ihm dazu geraten; rate ihm dazu!

ra|ten|wei|se; eine Rechnung ratenweise bezahlen

die **Ra|ten|zah|lung**

der **Rat|ge|ber;** des Ratgebers; die Ratgeber

die **Rat|ge|be|rin;** die Ratgeberinnen

das **Rat|haus**

die **Ra|ti|fi|ka|ti|on** (Anerkennung eines völkerrechtlichen Vertrags)

ra|ti|fi|zie|ren; du ratifizierst; sie ratifizierte; die Regierung hat das Abkommen ratifiziert

die **Ra|ti|fi|zie|rung**

die **Rä|tin** (Amtsbezeichnung; Titel); die Rätinnen

das **Ra|ting** [ˈreɪ̯tɪŋ] (*Psychologie, Soziologie:*

Verfahren zur Einschätzung; *auch Bankwesen:* Einstufung der Zahlungsfähigkeit); des Ratings; die Ratings

die **Ra|ting|agen|tur** ['reɪ̯tɪŋ...] (Agentur, die die Bonität von Wertpapieren, Unternehmen u. Ä. einschätzt)

die **Ra|tio** (Vernunft; logischer Verstand); die Ultima Ratio (letztes Mittel)

die **Ra|ti|on** (zugeteilte Menge); die Ra|ti|onen

ra|ti|o|nal (vernünftig, von der Vernunft bestimmt); rationales Handeln; rationale Zahlen (*Mathematik:* ganze Zahlen und Bruchzahlen)

ra|ti|o|na|li|sie|ren (wirtschaftlicher gestalten, besonders durch Automatisierung und Einsparungen); du rationalisierst; der Betrieb rationalisierte; er hat die Arbeitsabläufe rationalisiert

ra|ti|o|nell (zweckmäßig, wirtschaftlich); rationelle Methoden

ra|ti|o|nie|ren ([in relativ kleine Mengen] einteilen); du rationierst; sie rationierte; man hat das Wasser rationiert

die **Ra|ti|o|nie|rung**

rat|los; rat|lo|ser; am rat|lo|ses|ten

rat|sam

die **Rat|sche** (Rassel, Klapper); die Ratschen

der **Rat|schlag;** die Rat|schlä|ge; jemandem einen Ratschlag erteilen

das **Rät|sel;** des Rätsels; die Rätsel; Rätsel raten; ABER: das Rätselraten

rät|sel|haft; rätselhafte Phänomene

rät|seln; ich rätsele; du rätselst; er rätselte; er hat über die Ursache gerätselt

rat|su|chend ↑ Rat

der **Rat|su|chen|de** *oder* **Rat Su|chen|de;** ein Ratsuchender *oder* Rat Suchender; die Ratsuchenden *oder* Rat Suchenden; zwei Ratsuchende *oder* Rat Suchende

die **Rat|su|chen|de** *oder* **Rat Su|chen|de;** eine Ratsuchende *oder* Rat Suchende

die **Rat|te**

der **Rat|ten|fän|ger** (*auch abwertend für:* Volksverführer)

die **Rat|ten|fän|ge|rin;** die Rattenfängerinnen

rat|tern; der Wagen ratterte; der Wagen hat laut gerattert; der Wagen ist über das holprige Pflaster gerattert

rau; rau|er; am rau|es|ten *oder* raus|ten

der **Raub;** des Raubs *oder* Rau|bes; die Raube

der **Raub|bau;** mit der Gesundheit Raubbau treiben

rau|bei|nig (grob); ein raubeiniger Kerl

rau|ben; du raubst; sie raubte; sie hat die Handtasche geraubt; raub *oder* raube mir nicht die letzte Hoffnung!

der **Räu|ber;** des Räubers; die Räuber

die **Räu|be|rin;** die Räuberinnen

räu|be|risch; räuberische Erpressung

räu|bern; du räuberst; sie räuberten; sie haben alles geräubert

raub|gie|rig

die **Raub|ko|pie**

der **Raub|rit|ter**

das **Raub|tier**

der **Raub|über|fall**

der **Raub|vo|gel** (*älter für:* Greifvogel)

der **Rauch;** des Rauchs *oder* Rau|ches

rau|chen; du rauchst; sie rauchte; sie hat geraucht; rauch *oder* rauche nicht so viel!

der **Rau|cher;** des Rauchers; die Raucher

die **Rau|cher|ecke**

die **Rau|che|rin;** die Raucherinnen

räu|chern; du räucherst; sie räucherte; sie hat Wurst geräuchert; räuchere den Speck!

rau|chig (voller Rauch); rauchige Kneipen

der **Rauch|mel|der;** des Rauchmelders; die Rauchmelder

die **Rauch|säu|le**

das **Rauch|ver|bot**

die **Rauch|wa|ren** (Tabakwaren) *Plural*

der **Rauch|warn|mel|der** (Rauchmelder)

die **Rauch|wol|ke**

die **Räu|de** (Krätze, Grind)

räu|dig (an Räude leidend); ein räudiger Hund

rauf (*umgangssprachlich für:* herauf)

der **Rauf|bold;** des Raufbolds *oder* Rauf|boldes; die Rauf|bol|de

rau|fen; du raufst; er raufte; er hat mit ihm gerauft; rauf *oder* raufe nicht mit ihm!; sich raufen; sie rauft sich die Haare

die **Rau|fe|rei**

rauf|ge|hen (*umgangssprachlich für:* heraufgehen, hinaufgehen); ich gehe

rauf; er ging rauf; um raufzugehen; geh rauf!
rauf|lus|tig
der **Rau|haar|da|ckel** (eine Hunderasse)
die **Rau|heit**
der **Raum;** des Raums *oder* Rau|mes; die Räu|me
der **Raum|an|zug**
räu|men (etwas entfernen, frei machen); du räumst; sie räumte; sie hat die Wohnung geräumt; räum *oder* räume die Wohnung!
die **Raum|fäh|re**
die **Raum|fahrt**
der **Raum|in|halt**
die **Raum|kap|sel**
räum|lich; räumliche Ausdehnung
das **Raum|schiff**
die **Raum|sta|ti|on**
die **Räu|mung**
der **Räu|mungs|ver|kauf**
rau|nen (dumpf, leise sprechen); du raunst; sie raunte; sie hat mir etwas ins Ohr geraunt
das **Rau|nen;** es ging ein Raunen durch die Zuschauer
die **Rau|pe**
der **Rau|pen|schlep|per**
der **Rau|reif;** des Raureifs *oder* Rau|rei|fes
raus (*umgangssprachlich für:* heraus)
der **Rausch;** die Räu|sche
rau|schen; das Wasser rauscht; es rauschte; es hat gerauscht
das **Rausch|gift**
rausch|gift|süch|tig
raus|flie|gen (*umgangssprachlich);* du fliegst raus; er flog raus; er ist rausgeflogen
raus|ge|hen (*umgangssprachlich für:* heraus-, hinausgehen); wir sind rausgegangen
raus|kom|men (*umgangssprachlich);* sie kommt raus; sie kam raus; sie ist rausgekommen
sich **räus|pern;** du räusperst dich; sie räusperte sich; sie hat sich geräuspert; räuspere dich nicht so laut!
raus|rut|schen (*umgangssprachlich);* die Bemerkung ist mir nur so rausgerutscht
raus|schi|cken (*umgangssprachlich)*
raus|schwim|men (*umgangssprachlich)*
raus|sprin|gen (*umgangssprachlich)*
raus|su|chen (*umgangssprachlich)*
raus|wer|fen (*umgangssprachlich);* sie wirft ihn raus; sie warf den Schlüssel raus; sie hat den Lehrling rausgeworfen (entlassen); rausgeworfenes (unnütz ausgegebenes) Geld
der **Raus|wurf**
die **Rau|te** (Rhombus)
rau|ten|för|mig
der *oder* das **Rave** [rɛɪv] (größere Tanzveranstaltung zu Technomusik); des Rave *oder* Raves; die Raves
der **Ra|ver** (jemand, der häufig zu Raves geht); des Ravers; die Raver
die **Ra|vi|o|li** (gefüllte kleine Nudelteigtaschen) *Plural*
die **Raz|zia** (überraschende Fahndungsaktion der Polizei); die Raz|zi|en, *seltener:* Raz|zi|as
die **RB** = Regionalbahn
RB = Radio Bremen; des RB
RBB = Rundfunk Berlin-Brandenburg; des RBB
RE = Regionalexpress
das **Re|a|genz|glas** (zylindrisches Röhrchen für Versuche)
re|agie|ren; du reagierst; sie reagierte; sie hat reagiert; reagiere schnell!
die **Re|ak|ti|on** (Rückwirkung, Gegenwirkung; Rückschritt); die Re|ak|ti|o|nen
re|ak|ti|o|när (nicht fortschrittlich); reaktionäre Politik
der **Re|ak|ti|o|när;** des Reaktionärs; die Re|ak|ti|o|nä|re
die **Re|ak|ti|o|nä|rin;** die Reaktionärinnen
re|ak|ti|ons|schnell
das **Re|ak|ti|ons|ver|mö|gen**
re|ak|ti|vie|ren (wieder in Tätigkeit setzen; wieder anstellen); ich reaktiviere; du reaktivierst; er reaktivierte; er hat den Rentner reaktiviert
der **Re|ak|tor** (Atombrenner); des Reaktors; die Re|ak|to|ren
re|al (wirklich; dinglich; sachlich); reale Ziele
re|a|li|sie|ren (verwirklichen; erkennen, begreifen); du realisierst; sie realisierte das Vorhaben; sie hat das alles noch nicht realisiert

die **Re|a|li|sie|rung** *Plural selten*
der **Re|a|lis|mus** (wirklichkeitsnahe Einstellung oder Darstellung); des Realismus
der **Re|a|list;** des/dem/den Re|a|lis|ten; die Re|a|lis|ten
die **Re|a|lis|tin;** die Realistinnen
re|a|lis|tisch; realistische Pläne
die **Re|a|li|tät** (Wirklichkeit; Gegebenheit)
der **Re|a|li|täts|ge|halt;** der Realitätsgehalt einer Aussage
das **Re|a|li|ty-TV** [ri'ɛlɪtiti:vi:] (Fernsehprogramm, das tatsächlich Geschehendes [besonders nach Unglücksfällen] zeigt oder nachstellt); des Reality-TV *oder* Reality-TVs
der **Re|al|schul|ab|schluss**
die **Re|al|schu|le**
die **Re|be;** die Reben
der **Re|bell** (Aufständischer); des/dem/den Re|bel|len; die Re|bel|len
re|bel|lie|ren (sich auflehnen, widersetzen); du rebellierst; das Volk rebellierte; die Gefangenen haben gegen ihre Behandlung rebelliert
die **Re|bel|lin;** die Rebellinnen
die **Re|bel|li|on**
re|bel|lisch; rebellische (meuternde) Matrosen
das **Reb|huhn**
die **Reb|laus** (ein Insekt)
re|boo|ten [ri'bu:...] (erneut booten); er hat rebootet
der **Reb|stock;** die Reb|stö|cke
der **Re|cei|ver** [ri'si:vɐ] (Hochfrequenzteil für Satellitenempfang; Empfänger und Verstärker für Hi-Fi-Wiedergabe); des Receivers; die Receiver
re|chen (harken); du rechst; sie rechte; sie hat die Wiese gerecht; rech *oder* reche das Laub vom Rasen!
der **Re|chen** (Harke); des Rechens; die Rechen
die **Re|chen|auf|ga|be**
das **Re|chen|buch**
das **Re|chen|ge|setz**
die **Re|chen|leis|tung**
die **Re|chen|schaft;** [jemandem] Rechenschaft geben, ablegen
der **Re|chen|schie|ber**
die **Re|cher|che** [re'ʃɛrʃə] (Nachforschung); die Recherchen
re|cher|chie|ren; du recherchierst; er recherchierte, sie hat recherchiert; recherchier *oder* recherchiere doch mal!
rech|nen; du rechnest; sie rechnete; sie hat gut gerechnet; rechne alles schriftlich!
der **Rech|ner;** des Rechners, die Rechner
rech|ne|risch
die **Rech|nung**

recht, Recht

des Rechts *oder* Rech|tes; die Rech|te

Kleinschreibung:

- ein rechter Winkel
- jetzt erst recht
- das ist mir durchaus recht
- das geschieht ihm recht
- das ist recht und billig
- ich kann ihm nichts recht machen

↑rechtens, zurechtfinden usw.

Klein- oder Großschreibung:

- recht *oder* Recht haben; sie hat recht *oder* Recht
- sie wird recht *oder* Recht behalten, bekommen
- du musst ihr recht *oder* Recht geben

Großschreibung:

- das Recht
- nach Recht und Gewissen
- sein Anspruch besteht zu Recht
- sie ist im Recht
- sie hat ein Recht darauf
- von Rechts wegen
- er wird Recht finden, sprechen
- du bist mir der Rechte
- er ist an den Rechten gekommen
- er will nach dem Rechten sehen
- etwas, nichts Rechtes können, wissen

die **Rech|te** (rechte Hand, rechte Seite); er hält einen Apfel in seiner Rechten; sie sitzt zu meiner Rechten; er traf ihn mit einer blitzschnellen Rechten (*Boxen:* mit der rechten Faust); er gehört der äußersten Rechten (der am weitesten rechts stehenden Partei) an
das **Recht|eck;** des Rechtecks *oder* Rechteckes; die Recht|ecke
recht|eckig; ein rechteckiges Stück

A B C D E F G H I J K L M N O P Q R rec S T U V W X Y Z

rech|tens (rechtmäßig, zu Recht); er ist rechtens verurteilt; ihre Kündigung war rechtens, wurde für rechtens gehalten

recht|fer|ti|gen; er rechtfertigte sein Verhalten; der Erfolg hat den Aufwand gerechtfertigt; du brauchst dich nicht zu rechtfertigen; sich rechtfertigen; sie hat sich [vor ihm] nicht gerechtfertigt

die **Recht|fer|ti|gung**

recht|ha|be|risch; rechthaberisches Verhalten

recht|lich; rechtliche Fragen

recht|mä|ßig; der rechtmäßige Erbe

die **Recht|mä|ßig|keit** *Plural selten*

rechts; rechts von mir; von rechts nach links; nach rechts hin; sie weiß nicht, was rechts und was links ist; rechts des Rheins; rechts um! (militärisches Kommando); ABER: rechtsum machen

der **Rechts|an|spruch**

der **Rechts|an|walt**

die **Rechts|an|wäl|tin**

der **Rechts|au|ßen** *(Sport);* des Rechtsaußen; die Rechtsaußen; [als] Rechtsaußen spielen; ABER: der Stürmer spielt rechts außen

rechts|bün|dig (von einer gedachten senkrechten Linie rechts begrenzt)

recht|schaf|fen (*veraltend für:* ehrlich und anständig); ein rechtschaffener Kerl

die **Recht|schaf|fen|heit**

recht|schrei|ben; er kann nicht rechtschreiben (er beherrscht die Rechtschreibung nicht); ABER: er kann nicht recht schreiben (er schreibt unbeholfen)

der **Recht|schreib|feh|ler**

die **Recht|schreib|re|form**

die **Recht|schreib|schwä|che** (Lernstörung beim Rechtschreiben von Wörtern)

die **Recht|schrei|bung**

rechts|ex|t|rem; rechtsextreme Gedanken

der **Rechts|ex|t|re|mis|mus**

rechts|ex|t|re|mis|tisch

rechts|hän|dig; rechtshändig schreiben

die **Rechts|hän|dig|keit**

rechts|he|r|um; du musst die Schraube rechtsherum (in der rechten Richtung) drehen; ABER: du musst dich nach rechts herumdrehen

rechts|kräf|tig (*Rechtssprache:* nach dem Recht gültig); ein rechtskräftiges Urteil

die **Rechts|kur|ve**

die **Rechts|la|ge** (nach den Gesetzen und bisherigen Urteilen)

das **Rechts|mit|tel** (*Rechtssprache:* rechtliches Mittel, das es jemandem ermöglicht, gegen eine gerichtliche Entscheidung vorzugehen, bevor sie rechtskräftig wird); Rechtsmittel einlegen

die **Recht|spre|chung**

rechts|ra|di|kal; eine rechtsradikale Partei

der **Rechts|ra|di|ka|le;** ein Rechtsradikaler; die Rechtsradikalen; zwei Rechtsradikale

die **Rechts|ra|di|ka|le;** eine Rechtsradikale

der **Rechts|ra|di|ka|lis|mus**

der **Rechts|staat**

der **Rechts|streit**

der **Rechts|ter|ro|ris|mus**

rechts|wid|rig; rechtswidriges Handeln

recht|win|ke|lig *oder* **recht|wink|lig;** ein rechtwinkeliges *oder* rechtwinkliges Dreieck

recht|zei|tig

das **Reck** (ein Turngerät); des Recks *oder* Re|ckes; die Re|cke

der **Re|cke** (Held, Krieger); des/dem/den Recken; die Recken

sich **re|cken;** ich recke mich; sie reckte sich; sie hat sich gereckt

der **Re|cor|der** *vergleiche:* **Re|kor|der**

re|cy|cel|bar [riˈsai̯kl̩baːɐ̯] *oder* **re|cy|c|le|bar** (sich recyceln lassend); recycelbares *oder* recyclebares Material

re|cy|celn *oder* **re|cy|c|len** (einem Recycling zuführen); du recycelst *oder* recyclest; sie recycelte *oder* recyclete; das Altglas wird recycelt *oder* recyclet

das **Re|cy|c|ling** (Aufbereitung und Wiederverwertung von bereits benutzten Rohstoffen); des Recyclings

re|cy|c|ling|fä|hig; recyclingfähige Verpackungen

das **Re|cy|c|ling|pa|pier**

der **Re|dak|teur** [redakˈtøːɐ̯] (jemand, der im Verlagswesen, Rundfunk oder Fernsehen Texte zusammenstellt, schreibt, bearbeitet); des Redakteurs; die Re|dak|teu|re

die **Re|dak|teu|rin;** die Redakteurinnen

die **Re|dak|ti|on** (Tätigkeit des Redakteurs / der Redakteurin; Gesamtheit der Redakteure und Redakteurinnen und deren Arbeitsraum); die Re|dak|ti|o|nen

re|dak|ti|o|nell; die redaktionelle Bearbeitung

der **Re|dak|ti|ons|schluss**

die **Re|de;** sie steht Rede und Antwort; ich werde ihn zur Rede stellen

re|de|ge|wandt

die **Re|de|kunst** (Rhetorik)

re|den; du redest; sie redete; er hat geredet; sie hat gut reden; sie machte von sich reden (sie erregte Aufmerksamkeit); ABER: sie brachte ihn zum Reden

die **Re|dens|art**

red|lich (ehrlich, tüchtig)

die **Red|lich|keit**

der **Red|ner;** des Redners; die Redner

die **Red|ne|rin;** die Rednerinnen

red|se|lig

die **Red|se|lig|keit**

die **Re|duk|ti|on** (das Reduzieren)

re|du|zie|ren (herabsetzen, einschränken); ich reduziere; du reduzierst; er reduzierte; er hat den Preis stark reduziert; etwas auf das Wesentliche reduzieren

die **Re|du|zie|rung**

die **Ree|de** (Ankerplatz vor dem Hafen); die Reeden

der **Ree|der** (Eigentümer eines Schiffes); des Reeders; die Reeder

die **Ree|de|rei** (Geschäft eines Reeders)

die **Ree|de|rin;** die Reederinnen

re|ell (anständig, ehrlich; wirklich); eine reelle Chance

das **Re|fe|rat** (Vortrag, Bericht); des Referats *oder* Re|fe|ra|tes; die Re|fe|ra|te

der **Re|fe|ren|dar** (Anwärter auf die höhere Beamtenlaufbahn); des Referendars; die Re|fe|ren|da|re

die **Re|fe|ren|da|rin;** die Referendarinnen

das **Re|fe|ren|dum** (Volksabstimmung); des Referendums; die Referenden *oder* Referenda; ein Referendum durchführen

der **Re|fe|rent** (Berichterstatter; Sachbearbeiter); des/dem/den Re|fe|ren|ten; die Re|fe|ren|ten

die **Re|fe|ren|tin;** die Referentinnen

die **Re|fe|renz** (Beziehung, Empfehlung); er hat gute Referenzen

> **!** Nicht verwechseln: Obwohl beide Fremdwörter ähnlich ausgesprochen werden, hat die *Referenz* eine ganz andere Bedeutung als die *Reverenz*.

re|fe|rie|ren (berichten, vortragen); du referierst; er referierte; sie hat über den Umweltschutz referiert

ref|fen (Segel durch Einrollen verkleinern); du reffst; sie reffte; wir haben die Segel gerefft

re|flek|tie|ren (zurückstrahlen, widerspiegeln; nachdenken, bedenken); der Spiegel reflektierte die Strahlen; sie hat lange über diesen Einwand reflektiert

> **!** Achtung: Zum Verb *reflektieren* gehört das Nomen *Reflexion*. Es wird mit *x* geschrieben, weil es sich vom lateinischen *reflexio* (»das Zurückbeugen«) herleitet.

der **Re|flek|tor** ([Hohl]spiegel; Rückstrahler); des Reflektors; die Re|flek|to|ren

der **Re|flex** (Rückstrahlung; das Ansprechen der Muskeln auf einen Reiz); des Re|fle|xes; die Re|fle|xe

die **Re|flex|be|we|gung**

die **Re|fle|xi|on** (Rückstrahlung; prüfendes Denken); die Re|fle|xi|o|nen

re|fle|xiv (rückbezüglich); reflexive Verben

das **Re|fle|xiv|pro|no|men** (rückbezügliches Fürwort)

die **Re|form** (Umgestaltung; Neuordnung; Verbesserung); die Re|for|men

die **Re|for|ma|ti|on** (Umgestaltung im kirchlichen Bereich)

der **Re|for|ma|ti|ons|tag** (31. Oktober)

der **Re|for|ma|tor;** des Reformators; die Re|for|ma|to|ren

re|form|be|dürf|tig; das reformbedürftige Schulsystem

der **Re|for|mer** (Verbesserer, Erneuerer); des Reformers; die Reformer

die **Re|for|me|rin;** die Reformerinnen

das **Re|form|haus** (*Markenbezeichnung;* Geschäft für besonders gesunde Kost)
re|for|mie|ren; du reformierst; er reformierte; sie hat das Gesundheitswesen reformiert
die **Re|form|po|li|tik**
der **Re|f|rain** [rəˈfrɛ̃ː] (Kehrreim); des Refrains; die Refrains
das **Re|fu|gi|um** (Zufluchtsort); des Refugiums; die Refugien
das **Re|gal** (ein Gestell); des Regals; die Re|ga|le
die **Re|gat|ta** (ein Bootswettkampf); die Regatten
Reg.-Bez. = Regierungsbezirk
re|ge; re|ger; am regs|ten
die **Re|gel;** die Regeln
der **Re|gel|fall;** im Regelfall
re|gel|ge|mäß (der Regel entsprechend)
re|gel|los
re|gel|mä|ßig (in gleichen Zeitabständen wiederkehrend)
die **Re|gel|mä|ßig|keit** *Plural selten*
re|geln; du regelst; er regelte; sie hat die Angelegenheit geregelt; regle *oder* regele diese Angelegenheit!
re|gel|recht (vorschriftsmäßig)
die **Re|gel|schu|le**
der **Re|gel|schü|ler**
die **Re|gel|schü|le|rin**
die **Re|ge|lung** *oder* **Reg|lung**
re|gel|wid|rig; regelwidriges Überholen
die **Re|gel|wid|rig|keit**
sich **re|gen;** du regst dich; sie regte sich; sie hat sich geregt; reg *oder* rege dich endlich einmal!; sich regen bringt Segen
der **Re|gen;** des Regens
der **Re|gen|bo|gen;** die Regenbogen *oder* Regenbögen
die **Re|gen|bo|gen|fa|mi|lie** (Familie mit gleichgeschlechtlichem Elternpaar)
das **Re|gen|cape** [...keɪ̯p]
die **Re|ge|ne|ra|ti|on** (Neubildung; Neubelebung; Wiederherstellung); die Re|ge|ne|ra|ti|o|nen
die **Re|ge|ne|ra|ti|ons|zeit**
re|ge|ne|rie|ren (erneuern, wiederherstellen); er regenerierte seine Gesundheit; sich regenerieren; die Haut hat sich regeneriert

das, *auch:* der **Re|gen|ra|dar** (per Radar erzeugtes Satellitenbild des Niederschlags)
der **Re|gen|schirm**
der **Re|gent** (Herrscher; Staatsoberhaupt); des/dem/den Re|gen|ten; die Re|genten
die **Re|gen|tin;** die Regentinnen
der **Re|gen|trop|fen**
der **Re|gen|wald;** der tropische Regenwald
der **Re|gen|wurm**
die **Re|gen|zeit**
der **Reg|gae** [ˈrɛge] (Stilrichtung der Popmusik); des Reggae *oder* Reggaes
die **Re|gie** [reˈʒiː] (Spielleitung beim Theater, Film oder Fernsehen)
re|gie|ren; ich regiere; du regierst; sie regierte; er hat gerecht regiert
die **Re|gie|rung**
der **Re|gie|rungs|chef**
die **Re|gie|rungs|che|fin;** die Regierungschefinnen
die **Re|gie|rungs|er|klä|rung**
die **Re|gie|rungs|ko|a|li|ti|on**
die **Re|gie|rungs|par|tei**
der **Re|gie|rungs|sitz**
der **Re|gie|rungs|spre|cher**
die **Re|gie|rungs|spre|che|rin;** Regierungssprecherinnen
das **Re|gie|rungs|sys|tem**
das **Re|gime** [reˈʒiːm] (*abwertend für:* [diktatorische] Regierungsform; Herrschaft); des Regimes; die Re|gi|me [reˈʒiːmə]
das **Re|gi|ment** (Leitung, Herrschaft); des Regiments *oder* Re|gi|men|tes; die Re|gimen|te; ein strenges Regiment führen (streng sein)
das **Re|gi|ment** (eine Truppeneinheit); des Regiments *oder* Re|gi|men|tes; die Re|gimen|ter
die **Re|gi|on** (Gebiet, Gegend); die Re|gi|onen
re|gi|o|nal; regionale Zeitungen
die **Re|gi|o|nal|bahn** (Zug des Personennahverkehrs; *Abkürzung:* RB)
der **Re|gi|o|nal|bus** (Linienbus im Personennahverkehr)
der **Re|gi|o|nal|ex|press** (*Markenbezeichnung:* schneller Nahverkehrszug; *Abkürzung:* RE)

die **Re|gi|o|nal|li|ga** *(Sport)*
der **Re|gi|o|nal|zug**
der **Re|gis|seur** [reʒɪˈsøːɐ̯] (Spielleiter beim Theater, Film oder Fernsehen); des Regisseurs; die Re|gis|seu|re
die **Re|gis|seu|rin;** die Regisseurinnen
das **Re|gis|ter** (ein Verzeichnis; Gruppe von Orgelpfeifen, die Töne einer bestimmten Klangfarbe erzeugen); des Registers; die Register
re|gis|t|rie|ren; du registrierst; sie registrierte; er hat die Namen registriert; registrier *oder* registriere alle Namen!
die **Re|gis|t|rie|rung**
das **Re|g|le|ment** [regləˈmɑ̃ː] (Vorschrift; Satzung); des Reglements; die Reglements
re|g|le|men|tie|ren (durch Vorschriften regeln); du reglementierst; sie reglementierte; sie hat die Pausen reglementiert
die **Re|g|le|men|tie|rung**
der **Reg|ler;** des Reglers; die Regler
reg|los (regungslos)
die **Reg|lung** *oder* **Re|ge|lung**
reg|nen; es regnete; es hat geregnet
reg|ne|risch; regnerisches Wetter
der **Re|gress** (Ersatzanspruch); des Re|gres|ses; die Re|gres|se
die **Re|gres|si|on** (Rückbildung, -bewegung)
re|gres|siv (zurückgehend; rückschrittlich)
die **Re|gress|pflicht**
re|gu|lär (vorschriftsmäßig, üblich)
re|gu|lie|ren (regeln, einstellen); du regulierst; er regulierte; sie hat die Lautstärke reguliert
die **Re|gu|lie|rung**
die **Re|gung** (leichte Bewegung)
re|gungs|los; ein regungsloser Körper
das **Reh;** des Rehs *oder* Re|hes; die Re|he
die **Re|ha** (*kurz für:* Rehabilitation[sklinik]); die Rehas
die **Re|ha|bi|li|ta|ti|on** (Wiedereingliederung einer behinderten Person in das berufliche und gesellschaftliche Leben)
das **Re|ha|bi|li|ta|ti|ons|zen|t|rum**
re|ha|bi|li|tie|ren (das soziale Ansehen wiederherstellen); ich rehabilitiere ihn; du rehabilitierst ihn; sie rehabilitierte ihn; er hat ihn durch ein Geständnis rehabilitiert; sich rehabilitieren; das Team hat sich durch den Sieg rehabilitiert
die **Re|ha|bi|li|tie|rung**
der **Reh|bock**
das **Reh|kitz**
die **Rei|be**
das **Reib|ei|sen**
der **Rei|be|kä|se** *oder* **Reib|kä|se**
rei|ben; du reibst; er reibt; er rieb; er hat die Möhren gerieben; reib *oder* reibe die Möhren!
die **Rei|be|rei** (kleine Streitigkeit) *meist Plural;* es kam wieder zu Reibereien
der **Reib|kä|se** *vergleiche:* **Rei|be|kä|se**
die **Rei|bung**
rei|bungs|los; rei|bungs|lo|ser; am rei|bungs|lo|ses|ten
reich; eine reiche Frau; ABER: Arm und Reich (*veraltet für:* jedermann); Arme und Reiche; der Arme und der Reiche; der reich geschmückte *oder* reichgeschmückte, reich verzierte *oder* reichverzierte Altar
das **Reich;** des Reichs *oder* Rei|ches; die Reiche; das Römische Reich; das Reich Gottes
rei|chen; du reichst; sie reichte; sie hat mir die Schüssel gereicht; reich *oder* reiche mir den Salat!
reich|ge|schmückt ↑reich
reich|hal|tig; reichhaltige Auswahl
reich|lich; reichliche Verpflegung; wir haben noch reichlich Zeit
der **Reichs|tag**
das **Reichs|tags|ge|bäu|de**
der **Reich|tum;** des Reichtums; die Reichtü|mer
reich|ver|ziert ↑reich
die **Reich|wei|te;** in Reichweite sein
reif; reife Früchte
der **Reif** (gefrorener Tau); des Reifs *oder* Reifes
der **Reif** (*gehoben für:* Ring; Spielzeug); des Reifs *oder* Rei|fes; die Rei|fe
die **Rei|fe;** Mittlere *oder* mittlere Reife (mittlerer Bildungsabschluss)
rei|fen; das Obst reift; das Obst reifte; das Obst ist gereift
rei|fen (Reif ansetzen); es reifte; es hat heute Nacht gereift

A B C D E F G H I J K L M N O P Q R rei S T U V W X Y Z

der **Rei|fen;** des Reifens; die Reifen
die **Rei|fen|pan|ne**
die **Rei|fe|prü|fung** (Abitur)
das **Rei|fe|zeug|nis** (Abiturzeugnis)
reif|lich; nach reiflicher Überlegung
die **Rei|fung**
der **Rei|fungs|pro|zess**
der **Rei|gen** (Tanz); des Reigens; die Reigen
die **Rei|he;** etwas ist in der Reihe, außer der Reihe; an der Reihe sein; an die Reihe kommen; in Reih und Glied stehen
rei|hen (in einer Reihe ordnen); du reihst; sie reihte; er hat die Perlen auf eine Schnur gereiht
rei|hen (mit großen Stichen provisorisch heften); sie reihte *oder (landschaftlich und fachsprachlich)* sie rieh; sie hat den Saum gereiht *oder* geriehen
die **Rei|hen|fol|ge**
das **Rei|hen|haus**
rei|hen|wei|se
der **Rei|her** (dem Storch ähnlicher Vogel); des Reihers; die Reiher
reih|um; die Büchse geht reihum
die **Rei|hung**
der **Reim;** des Reims *oder* Rei|mes; die Reime
rei|men; du reimst; sie reimte; er hat gereimt; reim *oder* reime etwas!; sich reimen; die Wörter reimten sich
der **Re|im|port** (Wiedereinfuhr)
re|im|por|tie|ren; die Firma reimportierte Medikamente; sie hat Autos reimportiert; das Auto wurde reimportiert
rein (*umgangssprachlich für:* herein, hinein)
rein; reine Luft; die reine Wahrheit; ABER: etwas Reines anziehen; ins Reine bringen, kommen, schreiben; mit jemandem, mit etwas im Reinen sein; die Wäsche rein (sauber) waschen *oder* reinwaschen; ABER: jemanden ↑reinwaschen; das Zimmer rein halten, rein machen *oder* reinmachen; ABER NUR: das große Reinmachen *oder* Reinemachen
Rei|ne|ke Fuchs (Name des Fuchses in der Tierfabel)
der **Rein|fall;** die Rein|fäl|le
rein|fal|len (*umgangssprachlich für:* hereinfallen); du fällst rein; er fiel [in das Loch] rein; sie ist [auf ihn] reingefallen
die **Rein|heit**
rei|ni|gen; du reinigst; er reinigte; sie hat das Kleid gereinigt; reinige es!
die **Rei|ni|gung**
das **Rei|ni|gungs|mit|tel**
rein|lich (sehr auf Sauberkeit bedacht)
rein|ma|chen ↑rein
rein|ras|sig; reinrassige Hunde
die **Rein|schrift**
rein|sei|den; ein reinseidener Schal
rein|set|zen *(umgangssprachlich)*
rein|stel|len *(umgangssprachlich)*
rein|wa|schen (von einer Schuld, einem Verdacht befreien); sich reinwaschen; ihre Aussage hat ihn reingewaschen; ↑*auch:* rein
das **Reis** (ein Zweiglein); des Rei|ses; die Rei|ser
der **Reis** (ein Getreide); des Rei|ses
der **Reis|brei**
die **Rei|se**
das **Rei|se|an|den|ken**
das **Rei|se|bü|ro**
der **Rei|se|bus**
rei|se|fer|tig; reisefertige Urlauber
rei|se|lus|tig
rei|sen; du reist; sie reiste; er ist nach Italien gereist; reise doch mit der Bahn!
der **Rei|sen|de;** ein Reisender; die Reisenden; zwei Reisende
die **Rei|sen|de;** eine Reisende
der **Rei|se|pass;** die Rei|se|päs|se
das **Rei|se|por|tal**
der **Rei|se|ver|an|stal|ter** (Unternehmen, das eine Reise plant und durchführt); des Reiseveranstalters; die Reiseveranstalter
das **Rei|se|ziel**
das **Rei|sig;** des Reisigs
der **Rei|sig|be|sen**
das **Rei|sig|bün|del**
Reiß|aus; *nur in:* Reißaus nehmen (*umgangssprachlich für:* davonlaufen)
das **Reiß|brett** (Zeichenbrett)
rei|ßen; du reißt; sie reißt; sie riss; er hat es in Stücke gerissen; reiß *oder* reiße nicht daran!

rei|ßend; der reißende Strom

der **Rei|ßer** (*umgangssprachlich für:* spannender Kriminalfilm oder -roman); des Reißers; die Reißer

der **Reiß|na|gel**

der **Reiß|ver|schluss**

das **Reiß|ver|schluss|sys|tem** *oder* **Reißver|schluss-Sys|tem** (Einordnungsverfahren im Straßenverkehr)

die **Reiß|zwe|cke**

rei|ten; du reitest; sie reitet; er ritt; sie ist über die Wiesen geritten; sie hat dieses Pferd gerne geritten; reit *oder* reite vorsichtig!

der **Rei|ter;** des Reiters; die Reiter

der **Rei|ter|hof**

die **Rei|te|rin;** die Reiterinnen

das **Reit|pferd**

der **Reit|stall**

der **Reiz;** des Rei|zes; die Rei|ze

reiz|bar

die **Reiz|bar|keit**

rei|zen; du reizt sie; er reizt sie; er hat sie gereizt; reiz *oder* reize sie nicht!

rei|zend; ein reizendes Mädchen

reiz|los

reiz|voll; reizvolle Landschaften

die **Re|ka|pi|tu|la|ti|on** (Wiederholung, Zusammenfassung)

re|ka|pi|tu|lie|ren; du rekapitulierst; sie rekapitulierte; er hat den Prüfungsstoff rekapituliert; rekapitulier *oder* rekapituliere bitte!

sich **re|keln** *oder* **rä|keln** (sich mit Behagen dehnen und strecken); ich rek[e]le *oder* räk[e]le mich; du rekelst *oder* räkelst dich; sie rekelte *oder* räkelte sich; sie hat sich gerekelt *oder* geräkelt

die **Re|kla|ma|ti|on** (Beanstandung); die Rekla|ma|ti|o|nen

die **Re|kla|me** (Werbung)

re|kla|mie|ren (beanstanden); du reklamierst; sie reklamierte; er hat den Schaden reklamiert; reklamier *oder* reklamiere die Rechnung!

re|kon|s|t|ru|ie|ren (in seiner ursprünglichen Form erschließen und darstellen oder wiederherstellen); du rekonstruierst; er rekonstruierte den Unfall; sie hat den antiken Tempel rekonstruiert

die **Re|kon|s|t|ruk|ti|on** (Wiederherstellung, Nachbildung); die Re|kon|s|t|rukti|o|nen

der **Re|kord** (Bestleistung); des Rekords *oder* Re|kor|des; die Re|kor|de

der **Re|kor|der** *oder* **Re|cor|der** (Gerät zur Aufzeichnung und Wiedergabe von Bild- und Tonaufnahmen); des Rekorders *oder* Recorders; die Rekorder *oder* Recorder

das **Re|kord|er|geb|nis**

re|kord|ver|däch|tig; eine rekordverdächtige Summe

der **Re|k|rut** (Soldat in der Grundausbildung); des/dem/den Re|k|ru|ten; die Rek|ru|ten

re|k|ru|tie|ren (zusammensetzen, zusammenstellen, beschaffen); du rekrutierst; er rekrutierte; sie hat ihr Team aus jungen Fachleuten rekrutiert; sich rekrutieren

die **Re|k|ru|tin;** die Rekrutinnen

der **Rek|tor** (Leiter einer [Hoch]schule); des Rektors; die Rek|to|ren

das **Rek|to|rat** (Amt[szeit], Amtszimmer eines Rektors); des Rektorats *oder* Rekto|ra|tes; die Rek|to|ra|te

die **Rek|to|rin;** die Rektorinnen

das **Re|lais** [rəˈlɛː] (elektrische Schalteinrichtung); des Relais [rəˈlɛː *oder* rəˈlɛːs]; die Relais [rəˈlɛːs]

die **Re|la|ti|on** (Beziehung, Verhältnis); die Re|la|ti|o|nen

re|la|tiv (bezüglich; verhältnismäßig; vergleichsweise); sie ist relativ reich

re|la|ti|vie|ren (*bildungssprachlich für:* zu etwas anderem in Beziehung setzen; einschränken); du relativierst; sie relativierte; er hat relativiert; relativier *oder* relativiere deine Aussage!; ich muss meine Vorurteile relativieren

die **Re|la|ti|vi|tät**

das **Re|la|tiv|pro|no|men** (bezügliches Fürwort)

der **Re|la|tiv|satz** (Gliedsatz mit Relativpronomen)

re|la|xen [riˈlɛksn̩] (*umgangssprachlich für:* sich entspannen); du relaxt; er relaxte; sie hat den ganzen Tag relaxt; eine relaxte Atmosphäre

das **Re|la|xing** (das Relaxen); des Relaxings

das *oder* der **Re|lease** [ri'li:s] ([Neu]veröffentlichung); des Release; die Re|leases

re|le|vant (bedeutsam, wichtig)

die **Re|le|vanz;** dieses Thema ist von [großer] Relevanz

die **Re|li** (*Schülersprache:* Religionsunterricht); *meist ohne Artikel*

das **Re|li|ef** (über eine Fläche hervortretendes Bildwerk); des Reliefs; die Reliefs *oder* Re|li|e|fe

die **Re|li|gi|on;** die Re|li|gi|o|nen

die **Re|li|gi|ons|frei|heit** *Plural selten*

die **Re|li|gi|ons|ge|mein|schaft**

der **Re|li|gi|ons|un|ter|richt**

re|li|gi|ös; re|li|gi|ö|ser; am re|li|gi|ö|sesten

! Beachte: Während das häufig gebrauchte Adjektiv *religiös* mit *ö* geschrieben wird, schreibt man das dazugehörige Nomen ohne Umlaut: *Religiosität.*

die **Re|li|gi|o|si|tät**

das **Re|likt** (Rest; Überbleibsel); des Relikts *oder* Re|lik|tes; die Re|lik|te

die **Re|ling** (Schiffsgeländer); die Relings

die **Re|li|quie** (Überrest, Gegenstand von Heiligen; kostbares Andenken); die Re|li|qui|en

der **Re|li|qui|en|schrein**

re|mis [rə'mi:] (unentschieden); das Spiel endete remis; ABER: das **Re|mis** (unentschiedenes Spiel); des Remis [rə'mi: *oder* rə'mi:s]; die Remis [rə'mi:s]

R

rel

die **Re|mou|la|de** [remu'la:də] (Kräutermayonnaise); die Remouladen

die **Re|mou|la|den|so|ße** *oder* **Re|mou|la|den|sau|ce**

die **Rem|pe|lei**

rem|peln; du rempelst; sie rempelte; er hat gerempelt

das **Ren** [re:n *oder* rɛn] (eine Hirschart); des Rens; die Re|ne *oder* Rens [rɛns]

die **Re|nais|sance** [rənɛ'sɑ̃:s] (Wiedergeburt; Erneuerung)

der **Re|nais|sance|stil**

das **Ren|dez|vous** [rɑ̃de'vu:] (Verabredung, Begegnung); des Rendezvous [rɑ̃de'vu: *oder* rɑ̃de'vu:s]; die Rendezvous [rɑ̃de'vu:s]

die **Ren|di|te** (Ertrag, Gewinn); der Rendite; die Renditen

die **Renn|bahn**

ren|nen; du rennst; sie rannte; er ist gerannt; renn *oder* renne nach Hause!

das **Ren|nen;** des Rennens; die Rennen

der **Ren|ner** (*umgangssprachlich für:* etwas, was erfolgreich und beliebt ist); des Renners; die Renner; das neue Computerspiel ist der Renner

der **Renn|fah|rer**

die **Renn|fah|re|rin**

das **Renn|rad**

die **Renn|stre|cke**

der **Renn|wa|gen**

das **Re|nom|mee** ([guter] Ruf); des Renommees; die Renommees

re|nom|mie|ren (prahlen, angeben); du renommierst; er hat mit seinem Zeugnis renommiert; renommier *oder* renommiere nicht so!

re|nom|miert (berühmt, angesehen); re|nom|mier|ter; am re|nom|mier|testen; ein renommierter Autor

re|no|vie|ren (erneuern, instand setzen); du renovierst; er renovierte; sie hat ihr Haus renoviert; renovier *oder* renoviere das Zimmer!

die **Re|no|vie|rung**

ren|ta|bel (lohnend, einträglich); ein renta|b|les Geschäft

die **Ren|ta|bi|li|tät**

die **Ren|te**

das **Ren|ten|al|ter**

die **Ren|ten|po|li|tik** *Plural selten*

die **Ren|ten|re|form**

die **Ren|ten|ver|si|che|rung**

das **Ren|tier** [*auch:* 'rɛn...] (Ren)

sich **ren|tie|ren** (sich lohnen); es rentierte sich [nicht]; das Geschäft hat sich rentiert

der **Rent|ner;** des Rentners; die Rentner

die **Rent|ne|rin;** die Rentnerinnen

re|or|ga|ni|sie|ren (neu gestalten, neu ordnen); du reorganisierst; er reorganisierte; sie hat reorganisiert; reorganisier *oder* reorganisiere!

re|pa|ra|bel (sich reparieren lassend); reparable Schäden

die **Re|pa|ra|tur;** die Re|pa|ra|tu|ren

re|pa|ra|tur|be|dürf|tig

die **Re|pa|ra|tur|werk|statt**

re|pa|rie|ren; du reparierst; sie reparierte; er hat das Auto repariert; reparier *oder* repariere den Abfluss!

das **Re|per|toire** [repɛrˈto̯aːɐ̯] (Vorrat einstudierter Bühnenrollen, Kompositionen); des Repertoires; die Repertoires

re|pe|tie|ren (wiederholen); du repetierst; sie repetierte; sie hat das Kapitel repetiert

die **Re|pe|ti|ti|on;** die Re|pe|ti|ti|o|nen

die **Re|plik** (Erwiderung; Nachbildung); die Re|p|li|ken

der **Re|port** (Bericht); des Reports *oder* Re|por|tes; die Re|por|te

die **Re|por|ta|ge** [repɔrˈtaːʒə] (Bericht über ein aktuelles Ereignis vom Ort des Geschehens); die Reportagen

der **Re|por|ter** (Berichterstatter); des Reporters; die Reporter

die **Re|por|te|rin;** die Reporterinnen

der **Re|prä|sen|tant** (Vertreter, Abgeordneter); des/dem/den Re|prä|sen|tanten; die Re|prä|sen|tan|ten

die **Re|prä|sen|tan|tin;** die Repräsentantinnen

die **Re|prä|sen|ta|ti|on** (standesgemäßes Auftreten; gesellschaftlicher Aufwand); die Re|prä|sen|ta|ti|o|nen

re|prä|sen|ta|tiv (vertretend; typisch; wirkungsvoll); eine repräsentative Demokratie; repräsentative Umfragen

re|prä|sen|tie|ren (vertreten; standesgemäß auftreten); du repräsentierst; sie repräsentierte; sie hat ihre Firma repräsentiert

die **Re|pres|sa|lie** (Druckmittel, Vergeltungsmaßnahme); die Re|pres|sa|li|en *meist Plural*

die **Re|pres|si|on** (Unterdrückung); die Re|pres|si|o|nen

re|pres|siv; repressive Maßnahmen

die **Re|pro|duk|ti|on** (Wiedergabe, Nachbildung; Vervielfältigung; Fortpflanzung); die Re|pro|duk|ti|o|nen

re|pro|du|zie|ren; du reproduzierst; er reproduzierte; sie hat die Bilder reproduziert

das **Rep|til** (Kriechtier); des Reptils; die Rep|ti|li|en, *selten:* Rep|ti|le

die **Re|pu|b|lik** (eine Staatsform); die Re|pu|b|li|ken; die Berliner Republik

der **Re|pu|b|li|ka|ner;** des Republikaners; die Republikaner

die **Re|pu|b|li|ka|ne|rin;** die Republikanerinnen

re|pu|b|li|ka|nisch; die republikanische Staatsform; republikanische Parteien; ABER: die Republikanische Partei in den USA

re|pu|b|lik|weit; eine republikweite Regelung anstreben

die **Re|pu|ta|ti|on** ([guter] Ruf, Ansehen); die Re|pu|ta|ti|o|nen

das **Re|qui|em** (Totenmesse); des Requiems; die Requiems

das **Re|qui|sit** (Zubehör, besonders bei Bühne und Film); des Requisits *oder* Re|qui|si|tes; die Re|qui|si|ten

das **Re|ser|vat** (Ureinwohnern zugewiesenes und vorbehaltenes Gebiet; eingegrenztes Gebiet zum Schutz bestimmter Tierarten); des Reservats *oder* Re|ser|va|tes; die Re|ser|va|te

die **Re|ser|ve** (Vorrat; Ersatz, Ersatzmannschaft; Zurückhaltung); die Reserven; sie hat etwas in Reserve

re|ser|vie|ren (aufbewahren; vormerken); du reservierst; sie reservierte; er hat Plätze reserviert; reservier *oder* reserviere mir einen Platz!

die **Re|ser|vie|rung**

der **Re|ser|vist** (Soldat der Reserve); des/dem/den Re|ser|vis|ten; die Re|ser|vis|ten

die **Re|ser|vis|tin;** die Reservistinnen

das **Re|ser|voir** [rezɛrˈvo̯aːɐ̯] (Sammelbecken; Reservebestand); des Reservoirs; die Re|ser|voi|re *oder* Reservoirs

der *oder* das **Re|set** [riˈsɛt] (Wiederherstellung eines Ausgangszustandes; *EDV* Neustart); des Resets; die Resets

re|set|ten [riˈsɛtn̩] *(besonders EDV);* ich resette; du hast resettet; resette den Rechner!

die **Re|si|denz** (Wohnsitz des Staatsoberhauptes, des Fürsten oder des Bischofs); die Re|si|den|zen

re|si|die|ren (seinen Wohnsitz haben); du residierst; sie residierte; sie hat in Berlin residiert

die **Re|si|g|na|ti|on** (Verzicht; Schicksalsergebenheit)

re|si|g|nie|ren (entmutigt aufgeben);

A B C D E F G H I J K L M N O P Q R res S T U V W X Y Z

du resignierst; er resignierte; sie hat längst resigniert; resignier *oder* resigniere nicht!
re|si|g|niert (mutlos, niedergeschlagen); mit resignierter Miene
re|sis|tent (widerstandsfähig); resistente Bakterien
die **Re|sis|tenz;** die Re|sis|ten|zen
re|so|lut (entschlossen, tatkräftig); re|so|lu|ter; am re|so|lu|tes|ten; eine resolute Schwiegermutter
die **Re|so|lu|ti|on** (von einer Versammlung beschlossene öffentliche Erklärung, die bestimmte Forderungen enthält); die Re|so|lu|ti|o|nen
die **Re|so|nanz** (das Mitschwingen, Mittönen; Widerhall, Zustimmung); die Re|so|nan|zen
der **Re|s|pekt** (Rücksicht, Achtung); des Respekts *oder* Re|s|pek|tes
re|s|pek|ta|bel (ansehnlich); eine respektable Größe
re|s|pek|tie|ren; du respektierst sie; er respektierte sie; sie hat sie respektiert; respektier *oder* respektiere ihn!
re|s|pek|ti|ve (beziehungsweise)
re|s|pekt|los
re|s|pekt|voll
das **Res|sort** [rɛˈsoːɐ̯] (Aufgabenbereich; Abteilung); des Ressorts; die Ressorts
die **Res|sour|ce** [rɛˈsʊrsə] (Rohstoffquelle; Geldmittel) *meist Plural;* knappe Ressourcen
der **Rest;** des Rests *oder* Res|tes; die Reste
das **Re|s|tau|rant** [rɛstoˈrɑ̃ː] (Gaststätte); des Restaurants; die Restaurants
der **Re|s|tau|rant|be|such**
die **Re|s|tau|ra|ti|on** (Wiederherstellung); die Re|s|tau|ra|ti|o|nen
der **Re|s|tau|ra|tor** (Wiederhersteller [von Kunstwerken]); des Restaurators; die Re|s|tau|ra|to|ren
die **Re|s|tau|ra|to|rin;** die Restauratorinnen
re|s|tau|rie|ren (wiederherstellen); du restaurierst; er restaurierte; sie hat das Bild restauriert; restaurier *oder* restauriere es!
die **Rest|lauf|zeit**
rest|lich; das restliche Geld; ABER: alles Restliche erledigen wir später
rest|los; sie war restlos begeistert
die **Re|s|t|rik|ti|on** (Einschränkung); die Re|s|t|rik|ti|o|nen
re|s|t|rik|tiv; restriktive Maßnahmen
der **Rest|wert**
das **Re|sul|tat** (Ergebnis); des Resultats *oder* Re|sul|ta|tes; die Re|sul|ta|te
re|sul|tie|ren (sich [als Schlussfolgerung] ergeben; folgen); es resultierte; daraus hat ein Verlust resultiert
das **Re|sü|mee** (Zusammenfassung); des Resümees; die Resümees
re|sü|mie|ren (zusammenfassen; feststellen); du resümierst; sie resümierte; er hat resümiert; resümier *oder* resümiere das bitte noch einmal!
die **Re|tor|te** (ein Laborgefäß); die Retorten
das **Re|tor|ten|ba|by** (durch künstliche Befruchtung außerhalb des Mutterleibes entstandenes Kind)
re|tour [reˈtuːɐ̯] (*landschaftlich für:* zurück); etwas retour schicken
re|t|ro|s|pek|tiv (rückschauend)
die **Re|t|ro|s|pek|ti|ve** (Rückschau)
ret|ten; du rettest; sie rettete; sie hat ihn gerettet; rette ihn!; sich retten; rette sich, wer kann!
der **Ret|ter;** des Retters; die Retter
die **Ret|te|rin;** die Retterinnen
der **Ret|tich** (rübenförmige Pflanze und deren essbare Wurzel); des Rettichs; die Ret|ti|che
die **Ret|tung**
die **Ret|tungs|ar|bei|ten** *Plural*
das **Ret|tungs|boot**
der **Ret|tungs|dienst**
das **Ret|tungs|flug|zeug**
die **Ret|tungs|gas|se** *(Straßenverkehr)*
der **Ret|tungs|hund**
ret|tungs|los; rettungslos verloren sein
das **Ret|tungs|schwim|men**
der **Re|turn** [riˈtœːɐ̯n] (nach dem Aufschlag des Gegners zurückgeschlagener Ball beim [Tisch]tennis); des Returns; die Returns
die **Re|tu|sche** (Nachbesserung [von Fotografien]); die Retuschen
re|tu|schie|ren; ich retuschiere; du retuschierst; er retuschierte; sie hat das Foto retuschiert

der *oder* das **Re|tweet** [ˈriːtviːt] (Verbreitung eines Tweets)
re|twee|ten [riˈtviːtn̩] (einen Retweet senden); ich retweete; du hast retweetet; retweete!
die **Reue**
reu|en; es reut ihn; es reute sie; seine Tat hat ihn gereut
reue|voll
reu|ig; reuige Sünder
reu|mü|tig
die **Reu|se** (ein Korb zum Fischfang); die Reusen
die **Re|van|che** [reˈvãːʃ *oder* reˈvãːʃə] (Vergeltung, Rache); die Revanchen
das **Re|van|che|foul** *(Sport)*
sich **re|van|chie|ren** [revãˈʃiːrən] (sich rächen; sich erkenntlich zeigen); du revanchierst dich; sie hat sich revanchiert; revanchier *oder* revanchiere dich dafür!
die **Re|ve|renz** (Hochachtung; Verbeugung); die Re|ve|ren|zen; jemandem [die, seine] Reverenz erweisen; ↑ABER: Referenz
das *oder* der **Re|vers** [reˈveːɐ̯] (Aufschlag an Mantel oder Jacke); des Revers [reˈveːɐ̯ *oder* reˈveːɐ̯s]; die Revers [reˈveːɐ̯s]
re|ver|si|bel (umkehrbar); re|ver|si|ble Prozesse
die **Re|ver|si|bi|li|tät**
re|vi|die|ren (durchsehen, überprüfen; korrigieren); du revidierst; er revidierte; sie hat das Gepäck revidiert; revidier *oder* revidiere dein Urteil!
das **Re|vier** (Bezirk, Gebiet); des Reviers; die Re|vie|re
der **Re|vier|förs|ter**
die **Re|vier|förs|te|rin**
die **Re|vi|si|on** (Nachprüfung; Änderung); die Re|vi|si|o|nen
das **Re|vi|val** [riˈvai̯vl̩] (Erneuerung, Wiederbelebung); des Revivals; die Revivals
die **Re|vol|te** (Empörung, Aufruhr)
re|vol|tie|ren; du revoltierst; die Gefangenen revoltierten; sie haben revoltiert
die **Re|vo|lu|ti|on** (Umsturz); die Re|vo|lu|ti|o|nen
re|vo|lu|ti|o|när; revolutionäre Ideen
der **Re|vo|lu|ti|o|när;** des Revolutionärs; die Re|vo|lu|ti|o|nä|re
die **Re|vo|lu|ti|o|nä|rin;** die Revolutionärinnen
der **Re|vol|ver;** des Revolvers; die Revolver
die **Re|vue** [reˈvyː] (Zeitschrift; musikalisches Bühnenstück); die Re|vu|en; etwas, jemanden Revue passieren (vor seinem inneren Auge vorbeiziehen) lassen
Reyk|ja|vík [ˈrai̯kjaviːk, *auch:* ˈrɛi̯kjaviːk] (Hauptstadt Islands)
der **Re|zen|sent** (Verfasser einer Rezension); des/dem/den Re|zen|sen|ten; die Re|zen|sen|ten
die **Re|zen|sen|tin;** die Rezensentinnen
re|zen|sie|ren; ich rezensiere; du rezensierst; er rezensierte; sie hat die Aufführung rezensiert
die **Re|zen|si|on** (kritische Besprechung von Büchern, Theateraufführungen u. a.)
das **Re|zept** (ärztliche Verordnung; Kochvorschrift); des Rezepts *oder* Re|zep|tes; die Re|zep|te
die **Re|zep|ti|on** (das Erfassen, Aufnehmen und Übernehmen; Empfangsbüro in einem Hotel); die Re|zep|ti|o|nen
die **Re|zes|si|on** (Rückgang des wirtschaftlichen Wachstums); die Re|zes|si|o|nen
re|zi|p|rok (wechselseitig; gegenseitig; aufeinander bezüglich); reziproker Wert (*Mathematik:* Kehrwert)
die **Re|zi|p|ro|zi|tät**
die **Re|zi|ta|ti|on** (künstlerischer Vortrag einer Dichtung); die Re|zi|ta|ti|o|nen
der **Re|zi|ta|tor** (jemand, der rezitiert); des Rezitators; die Re|zi|ta|to|ren
die **Re|zi|ta|to|rin;** die Rezitatorinnen
re|zi|tie|ren; ich rezitiere; du rezitierst; er rezitierte; sie hat Balladen rezitiert
der **Rha|bar|ber;** des Rhabarbers
die **Rhap|so|die** (erzählendes Gedicht; ein Musikstück); die Rhap|so|di|en; die Ungarische Rhapsodie (Musikstück von Franz Liszt)
der **Rhein** (ein Strom); des Rheins *oder* Rhei|nes
der **Rhein|fall** (bei Schaffhausen, Schweiz)
rhei|nisch; rheinischer Frohsinn; die

rheinische Tiefebene; ABER: Rheinischer Merkur (eine Wochenzeitung); das Rheinische Schiefergebirge

das **Rhein|land**

der **Rhein|län|der;** des Rheinländers; die Rheinländer

die **Rhein|län|de|rin;** die Rheinländerinnen

Rhein|land-Pfalz

rhein|land-pfäl|zisch

der **Rhe|sus|fak|tor** (*Medizin:* erbliches Merkmal der roten Blutkörperchen; *kurz:* Rh-Faktor; *Zeichen:* Rh = Rhesusfaktor positiv, rh = Rhesusfaktor negativ)

die **Rhe|to|rik** (Redekunst)

rhe|to|risch; eine rhetorische Frage (Frage, auf die keine Antwort erwartet wird)

das **Rheu|ma** (*kurz für:* Rheumatismus); des Rheumas

rheu|ma|tisch (*Medizin);* rheumatische Schmerzen

der **Rheu|ma|tis|mus** (eine schmerzhafte Erkrankung der Gelenke, Muskeln, Nerven und Sehnen); des Rheumatismus; die Rheumatismen

das **Rhi|no|ze|ros** (Nashorn); des Rhinozeros *oder* Rhi|no|ze|ros|ses; die Rhi|no|ze|ros|se

der, *auch:* das **Rho|do|den|d|ron** (eine Zierpflanze); des Rhododendrons; die Rhododendren

Rho|dos (Insel im Mittelmeer)

das **Rhom|bo|id** (*Mathematik:* Parallelogramm mit paarweise ungleichen Seiten); des Rhomboids *oder* Rhom|bo|i|des; die Rhom|bo|i|de

der **Rhom|bus** (gleichseitiges Parallelogramm, Raute); des Rhombus; die Rhomben

die **Rho|ne** (französischer Fluss)

die **Rhyth|mik** (Art des Rhythmus; Lehre vom Rhythmus)

rhyth|misch; rhythmische Sportgymnastik

der **Rhyth|mus** (geregelter Wechsel; Zeit-, Ebenmaß; taktmäßige Gliederung); des Rhythmus; die Rhythmen

Ri|ad (Hauptstadt Saudi-Arabiens)

rich|ten; du richtest; er richtete; sie hat die Antenne gerichtet; richt *oder* richte die Antenne!; sich nach etwas richten; er hat sich nach euch zu richten!

der **Rich|ter;** des Richters; die Richter

die **Rich|te|rin;** die Richterinnen

das **Richt|fest**

rich|tig

rich|ti|ger, rich|tigs|te

Groß schreibt man die Nominalisierung:

- das Richtige (richtig) wäre[,] zu gehen
- das ist genau das Richtige für mich
- wir halten es für das Richtige, dass du gehst
- er hat das Richtige getan
- du bist mir der Richtige

Getrennt- und Zusammenschreibung:

- richtig gehen; eine Uhr, die richtig geht; eine richtig gehende *oder* richtiggehende Uhr; ABER: ↑richtiggehend
- er hat die Uhr wieder richtig gestellt *oder* richtiggestellt; ABER: eine Behauptung ↑richtigstellen (berichtigen)
- richtig machen; wenn er doch einmal etwas richtig machen würde

rich|ti|ger|wei|se; ABER: in richtiger Weise

rich|tig|ge|hend; das war eine richtiggehende (durchaus so zu nennende) Blamage; ↑*auch:* richtig

die **Rich|tig|keit;** damit hat es seine Richtigkeit (das ist richtig, das soll so sein)

rich|tig|stel|len (berichtigen); er will die Behauptung richtigstellen; ↑*auch:* richtig

die **Richt|li|nie**

die **Rich|tung**

rich|tung[s]|wei|send; eine richtung[s]weisende Entscheidung

die **Ri|cke** (weibliches Reh); die Ricken

der **Ri|cot|ta** (ein Frischkäse); des Ricottas

rie|chen; du riechst; er riecht; er roch; sie hat das Gas gerochen; riech *oder* rieche mal!

das **Ried** (Schilf, Röhricht); des Rieds *oder* Rie|des; die Rie|de

die **Rie|ge** (Turnerabteilung)

der **Rie|gel;** des Riegels; die Riegel
der **Rie|men;** des Riemens; die Riemen
der **Rie|se;** des/dem/den Riesen; die Riesen
rie|seln; der Kalk rieselte; der Kalk ist von den Wänden gerieselt
der **Rie|sen|er|folg** *(umgangssprachlich)*
das **Rie|sen|glück** *(umgangssprachlich)*
rie|sen|groß
das **Rie|sen|rad** (auf Jahrmärkten oder bei Volksfesten)
rie|sig (gewaltig groß; hervorragend); ein riesiges Gebäude; riesig große Wellen
die **Rie|sin;** die Riesinnen
der **Ries|ling** (eine Reb- und Weinsorte); des Rieslings; die Ries|lin|ge
das **Riff** (Felsenklippe; Sandbank); des Riffs *oder* Rif|fes; die Rif|fe
rif|feln ([Flachs] kämmen; aufrauen); ich riff[e]le; du riffelst; sie riffelte; er hat die Flachsstängel geriffelt
ri|gid *oder* **ri|gi|de** (streng; unnachgiebig); rigide Verbote
die **Ri|gi|di|tät**
ri|go|ros (streng, rücksichtslos); ri|go|ro|ser; am ri|go|ro|ses|ten
die **Ri|go|ro|si|tät**
die **Rik|scha** (zweirädriger Wagen in Ostasien, der von einem Menschen gezogen wird und zur Beförderung von Personen dient); die Rikschas
die **Ril|le**
das **Rind;** des Rinds *oder* Rin|des; die Rinder
die **Rin|de**
das **Rind|fleisch**
das **Rind|vieh**
der **Ring;** des Rings *oder* Rin|ges; die Rin|ge
das **Ring|buch**
rin|geln; die Katze ringelte den Schwanz; die Katze hat den Schwanz geringelt; sich ringeln; die Schlange ringelte sich am Boden
die **Rin|gel|nat|ter**
rin|gen; du ringst; sie ringt; er rang; sie hat nach Luft gerungen; ring *oder* ringe mit ihm!
das **Rin|gen**
der **Rin|ger;** des Ringers; die Ringer
die **Rin|ge|rin;** die Ringerinnen
der **Ring|fin|ger**
ring|för|mig; ringförmige Mauern
der **Ring|kampf**
der **Ring|rich|ter** (beim Boxen)
die **Ring|rich|te|rin**
rings (im Kreis); rings an den Wänden standen Regale
rings|he|r|um
rings|um; ringsum (ringsherum) läuft ein Geländer; ringsum (überall) stehen Sträucher; ABER: rings (in einem Kreis, Bogen) um den See standen Bäume
die **Rin|ne**
rin|nen; das Blut rinnt; das Blut rann; das Blut ist aus der Wunde geronnen
das **Rinn|sal** (kleiner Bach); des Rinnsals *oder* Rinn|sa|les; die Rinn|sa|le
der **Rinn|stein** (Gosse)
Rio de Ja|nei|ro [ˈriːo de ʒaˈneːro] (Stadt in Brasilien)
der **Rio de la Pla|ta** (Fluss in Südamerika)
die **Rip|pe**
rip|pen (*EDV:* Einlesen der Daten einer CD oder DVD in ein Anwendungsprogramm); er hat die Audio-CD gerippt
der **Rip|pen|bruch**
das **Ri|si|ko** (Wagnis); des Risikos; die Risiken *oder* Risikos
der **Ri|si|ko|fak|tor**
ri|si|ko|freu|dig
das **Ri|si|ko|ge|biet**
ri|si|ko|los; risikolose Sportarten
ri|si|ko|reich
ris|kant (gefährlich, gewagt); ris|kanter; am ris|kan|tes|ten
ris|kie|ren; du riskierst es; er riskierte es; sie hat es riskiert; riskier *oder* riskiere es!
der *oder* das **Ri|sot|to** (ein Reisgericht); des Risotto[s]; die Risotto[s]
die **Ris|pe** (ein Blütenstand)
der **Riss;** des Ris|ses; die Ris|se
riss|fest
ris|sig; rissiges Mauerwerk
der **Rist** (Fußrücken, Spann; *Turnen:* Handrücken); des Ris|tes; die Ris|te
das **Ri|ta|lin** (*Markenbezeichnung:* Medikament zur Behandlung von ADHS); des Ritalin *oder* Ritalins
der **Ritt;** des Ritts *oder* Rit|tes; die Rit|te
der **Rit|ter;** des Ritters; die Ritter

die **Rit|ter|burg**
rit|ter|lich
der **Rit|ter|or|den**
ritt|lings (im Reitersitz); rittlings auf dem Stuhl sitzen
das **Ri|tu|al** ([religiöser] Brauch; Zeremoniell); des Rituals; die Ri|tu|a|le
ri|tu|ell (zum Ritus gehörend); rituelle Gebete
der **Ri|tus** (gottesdienstlicher [Fest]brauch; Zeremoniell); des Ritus; die Riten
der **Ritz** (Kerbe, Schramme); des Rit|zes; die Rit|ze
die **Rit|ze** (sehr schmale Spalte oder Vertiefung); die Ritzen
rit|zen; du ritzt; sie ritzt; er ritzte; er hat seinen Namen in das Holz geritzt; ritz *oder* ritze deinen Namen in das Holz!; sich ritzen; ich habe mich an dem Nagel geritzt
der **Ri|va|le** (Nebenbuhler, Mitbewerber); des/dem/den Rivalen; die Rivalen
die **Ri|va|lin;** die Rivalinnen
ri|va|li|sie|ren (um den Vorrang kämpfen); ich rivalisiere; du rivalisierst; er rivalisierte mit seinem Bruder; sie haben ständig rivalisiert
die **Ri|va|li|tät;** die Ri|va|li|tä|ten
die **Ri|vi|e|ra** (Küstengebiet am Mittelmeer)
das **Ri|zi|nus|öl**
das **Roa|ming** [ˈrɔʏmɪŋ] (vom Aufenthaltsort unabhängiges Telefonieren im Mobilfunknetz); des Roamings
die **Roa|ming|ge|bühr**
das **Roast|beef** [ˈro:stbi:f] (Rostbraten); des Roastbeefs; die Roastbeefs
die **Rob|be** (ein Meeressäugetier)
rob|ben (wie eine Robbe kriechen); du robbst; sie robbte; er ist durch das Gras gerobbt; robb *oder* robbe in Deckung!
das **Rob|ben|ster|ben**
die **Ro|be** (Amtstracht für Richter, Anwälte, Professoren und Geistliche); die Roben
der **Ro|bo|ter** (elektronisch gesteuerter Automat); des Roboters; die Roboter
die **Ro|bo|tik** (Roboter[technik] betreffendes Wissensgebiet); der Robotik
ro|bust (stämmig; unempfindlich); ro|bus|ter; am ro|bus|tes|ten; eine robuste Gesundheit
die **Ro|bust|heit**
die **Ro|cha|de** [rɔˈxa:də, *auch:* rɔˈʃa:də] (Doppelzug von König und Turm beim Schach); die Rochaden
rö|cheln; ich röch[e]le; du röchelst; er röchelte; sie hat geröchelt
der **Ro|chen** (ein Seefisch); des Rochens; die Rochen
der **Rock;** des Rocks *oder* Ro|ckes; die Rö|cke
der **Rock** (*kurz für:* Rockmusik); des Rock *oder* Rocks
die **Rock|band** (Rockgruppe)
der **Ro|cker;** des Rockers; die Rocker
die **Ro|cker|ban|de**
die **Ro|cke|rin;** die Rockerinnen
die **Rock|mu|sik** (laute, stark rhythmische Unterhaltungsmusik)
die **Ro|del|bahn**
ro|deln; du rodelst; sie rodelte; er hat den ganzen Nachmittag gerodelt; sie ist über den Abhang gerodelt; rod[e]le mit uns!
der **Ro|del|schlit|ten**
ro|den; du rodest; sie rodete; er hat das Waldstück gerodet; rode das Waldstück!
der *oder* das **Ro|deo** (Wettkämpfe der Cowboys [in den USA]); des Rodeos; die Rodeos
die **Ro|dung**
der **Ro|gen** (die Fischeier); des Rogens; die Rogen
der **Rog|gen** (ein Getreide); des Roggens
das **Rog|gen|brot**
roh; ein roh bearbeiteter Stein; ABER: die Arbeit ist im Rohen (in großen Zügen) fertig
der **Roh|bau;** die Rohbauten
die **Roh|heit**
die **Roh|kost**
der **Roh|ling** (*abwertend für:* roher Mensch; *EDV:* unbeschriebene CD oder DVD); des Rohlings; die Roh|lin|ge
der **Roh|milch|kä|se**
das **Roh|öl**
das **Rohr;** des Rohrs *oder* Roh|res; die Rohre; *Verkleinerungsform:* das Röhrchen
die **Röh|re**
röh|ren (*vom Hirsch:* brüllen); der Hirsch röhrte; er hat geröhrt
das **Röh|richt** (Schilfdickicht); des Röhrichts; die Röh|rich|te
der **Rohr|zu|cker**
der **Roh|stoff**

das **Ro|ko|ko** (ein Kunststil); des Rokoko *oder* Rokokos

die **Roll|bahn** (Start-und-Lande-Bahn)

die **Rol|le**

rol|len; du rollst; sie rollte; er hat das Fass in den Keller gerollt; roll *oder* rolle das Fass in den Keller!

das **Rol|len|spiel**

der **Rol|ler;** des Rollers; die Roller

der **Rol|ler|blade** [ˈrɔʊ̯lɐbleɪ̯t] (*Markenbezeichnung:* ein Inlineskate); des Rollerblades; die Rollerblades *meist Plural*

der **Rol|ler|skate** [ˈrɔʊ̯lɐskeɪ̯t] (Rollschuh mit höhenverstellbarem Stopper und besonders breiten Rollen); des Rollerskates; die Rollerskates

rol|lig (*fachsprachlich für:* paarungsbereit, brünstig [besonders von Katzen])

der **Roll|kof|fer**

der **Roll|kra|gen|pul|l|o|ver**

der **Roll|la|den** *oder* **Roll-La|den;** die Rollläden *oder* Roll-Läden *oder* die Rollladen *oder* Roll-Laden

der **Roll|mops** (gerollter eingelegter Hering); des Roll|mop|ses; die Roll|möp|se

das **Rol|lo** [*auch:* rɔˈloː] (aufrollbarer Vorhang); des Rollos; die Rollos

der **Roll|schuh;** Rollschuh laufen; ABER: das Rollschuhlaufen

der **Roll|stuhl**

die **Roll|trep|pe**

das **ROM** (*EDV*) = read only memory (Informationsspeicher, dessen Inhalt nur gelesen, aber nicht verändert werden kann); des ROM *oder* ROMs; die ROM *oder* ROMs

Rom (Hauptstadt Italiens)

der **Rom** (Angehöriger einer aus Südosteuropa stammenden Volksgruppe); des Rom; die Ro|ma

die **Ro|ma** (Plural von Rom) *Plural*

der **Ro|man** (eine längere Prosaerzählung); des Romans; die Ro|ma|ne

der **Ro|ma|ne** (Angehöriger eines Volkes mit romanischer Sprache); des/dem/den Romanen; die Romanen

die **Ro|man|fi|gur**

ro|man|haft; eine romanhafte Darstellung

die **Ro|ma|nik** (ein Kunststil vom 11. bis zum 13. Jahrhundert)

die **Ro|ma|nin;** die Romaninnen

ro|ma|nisch; der romanische Stil; romanische Sprachen

die **Ro|man|tik** (Kunst- und Literaturrichtung von etwa 1800 bis 1830)

ro|man|tisch (die Romantik betreffend; abenteuerlich; träumerisch); romantische Musik

die **Ro|man|ze** (romantisches Liebeserlebnis); die Romanzen

der **Rö|mer;** des Römers; die Römer

die **Rö|me|rin;** die Römerinnen

rö|misch; römische Ziffern; die römischen Kaiser; ABER: das Römische Reich

röm.-kath. = römisch-katholisch

das **Rom|mé** *oder* **Rom|mee** [ˈrɔme, *auch:* rɔˈmeː] (ein Kartenspiel); des Rommés *oder* Rommees; die Rommés *oder* Rommees

das **Ron|dell** (Rundteil; Rundbeet); des Rondells; die Ron|del|le

rönt|gen (mit Röntgenstrahlen durchleuchten); du röntgst; sie röntgte; die Ärztin hat ihn geröntgt; röntge ihn!

die **Rönt|gen|auf|nah|me**

die **Rönt|gen|strah|len** *Plural*

die **Rönt|gen|un|ter|su|chung**

das **Root|kit** [ˈruːt...] (Schadsoftware zur Tarnung künftiger [Hacker]angriffe)

ro|sa; die rosa Kleider; ABER: ein Kleid in Rosa; ↑ beige, blau

ro|sa|far|ben *oder* **ro|sa|far|big**

ro|sa|rot

ro|sé (zartrosa); ein rosé Spitzenkleid; ABER: ein Kleid in Rosé

die **Ro|se;** *Verkleinerungsformen:* das Röschen *oder* Rös|lein

der **Ro|sen|kranz**

der **Ro|sen|mon|tag** (Fastnachtsmontag)

die **Ro|set|te** (Verzierung in Rosenform)

ro|sig; rosige Haut; rosige (höchst erfreuliche) Aussichten; rosig weiße Blüten

die **Ro|si|ne** (getrocknete Weinbeere)

der **Ros|ma|rin** (eine Gewürzpflanze); des Rosmarins

das **Ross** (Pferd); des Ros|ses; die Ros|se, *landschaftlich:* die Rös|ser

die **Ross|brei|ten** (subtropische Zone mit schwachen Winden) *Plural*

die **Ross|kas|ta|nie**

der **Rost** (ein Gitter); des Rosts *oder* Ros|tes; die Ros|te

der **Rost** (Zersetzungsschicht auf Eisen); des Rosts *oder* Ros|tes

ros|ten; das Blech rostete; es hat gerostet

rös|ten; du röstest; sie röstete; er hat das Brot geröstet; röste das Brot!

die **Rös|te|rei**

rost|far|ben *oder* **rost|far|big**

rost|frei; rostfreier Stahl

ros|tig; rostige Nagel

rot; rö|ter, *seltener:* ro|ter; am rö|tes|ten, *seltener:* am ro|tes|ten; der rote Faden; er wirkt auf sie wie ein rotes Tuch; er hat keinen roten Heller (Pfennig, Cent) mehr; ABER: rote *oder* Rote Grütze; die rote *oder* Rote Karte *(Fußball);* die Rote Bete; das Rote Meer; das Rote Kreuz; die Rote Armee (der früheren Sowjetunion); die rot glühende *oder* rotglühende Sonne; rot gestreifter *oder* rotgestreifter Stoff

das **Rot** (die rote Farbe); des Rots; die Rot *oder* Rots; bei Rot bitte anhalten; die Ampel steht auf Rot; ↑ Blau

die **Ro|ta|ti|on** (Drehung um eine Achse); die Ro|ta|ti|o|nen

das **Ro|ta|ti|ons|prin|zip** *(Politik)*

rot|ba|ckig *oder* **rot|bä|ckig**

die **Rö|te;** die Röte stieg ihm ins Gesicht

die **Rö|teln** (eine Infektionskrankheit) *Plural*

rö|ten; die Haut rötete sich; sie hat sich gerötet

rot|ge|streift ↑ rot

rot|glü|hend ↑ rot

rot-grün *oder* **rot|grün;** die rot-grüne *oder* rotgrüne Regierung (aus sozialdemokratischer und grüner Partei); ABER: wird Rot-Grün *oder* Rotgrün gewählt?

die **Rot|grün|blind|heit** (Farbenfehlsichtigkeit, bei der Rot und Grün schlecht unterschieden werden)

rot|haa|rig

ro|tie|ren (sich drehen); die Scheibe rotierte; ihr Freund hat im Geschäft rotiert (*umgangssprachlich für:* hat sich aufgeregt und ist hektisch geworden)

das **Rot|käpp|chen** (eine Märchengestalt); des Rotkäppchens

das **Rot|kehl|chen** (ein Singvogel); des Rotkehlchens; die Rotkehlchen

die **Rot|kreuz|schwes|ter** *oder* **Ro|te-Kreuz-Schwes|ter**

röt|lich; ein rötlich brauner Pullover

die **Rot|te** (ungeordnete Schar, Menschengruppe); die Rotten

der **Rot|wein**

das **Rot|wild**

der **Rotz** (*derb für:* Nasenschleim); des Rotzes

die **Rotz|na|se** (triefende Nase; freches, naseweises Kind)

das **Rouge** [ruːʃ] (rote Schminke); des Rouges; die Rouges; Rouge auftragen

die **Rou|la|de** [ruˈlaːdə] (gerollte und gebratene Fleischscheibe); die Rouladen

das **Rou|lette** [ruˈlɛt] (ein Glücksspiel); des Rou|let|tes; die Rou|let|tes

die **Rou|te** [ˈruːtə] (Wegstrecke, Reiseweg); die Routen

der **Rou|ten|pla|ner** (Software zur Bestimmung einer optimalen Wegstrecke)

der **Rou|ter** [ˈruː...] (Vorrichtung zur Datenvermittlung zwischen getrennten Netzwerken); des Routers; die Router

die **Rou|ti|ne** [ruˈtiːnə] (Übung; Erfahrung)

rou|ti|ne|mä|ßig

rou|ti|niert (erfahren, gewandt); ein routinierter Geschäftsmann

der **Row|dy** [ˈraʊ̯di] (Raufbold); des Rowdys; die Rowdys

der **Ro|y|al** [ˈrɔɪ̯əl] (Mitglied der [englischen] Königsfamilie); des Royals; die Royals *meist Plural*

RSS [ɛrʔɛsˈʔɛs] *(EDV)* = Really Simple Syndication (Datenformat, mit dem Inhalte von Webseiten besonders übersichtlich bereitgestellt werden können)

der *oder* das **RSS-Feed** (*EDV:* Bereitstellung von Inhalten im Datenformat RSS); des RSS-Feeds; die RSS-Feeds

Ru|an|da (Staat in Zentralafrika)

der **Ru|an|der;** des Ruanders; die Ruander

die **Ru|an|de|rin;** die Ruanderinnen

ru|an|disch

rub|beln (kräftig reiben); ich rubb[e]le; du rubbelst; er rubbelte; sie hat gerubbelt

die **Rü|be**

der **Ru|bel** (Währungseinheit in Russland

und Weißrussland); des Rubels; die Rubel

rü|ber (*umgangssprachlich für:* herüber, hinüber)

rü|ber|brin|gen; du bringst den Schlüssel rüber; sie brachte ihn rüber; sie hat ihn rübergebracht

Rü|be|zahl (Berggeist des Riesengebirges)

der **Ru|bik|wür|fel** (*Markenbezeichnung:* ein Geschicklichkeits- und Geduldsspiel)

der **Ru|bin** (ein Edelstein); des Rubins; die Ru|bi|ne

ru|bin|rot

die **Ru|b|rik** (Spalte für sachlich Zusammengehörendes); die Ru|b|ri|ken

ru|b|ri|zie|ren (einordnen, einstufen); du rubrizierst; er rubrizierte; sie hat das Auto als schadstoffarm rubriziert

ruch|bar; das Verbrechen wurde ruchbar (durch ein Gerücht bekannt)

ruch|los (niedrig, gemein); ruch|lo|ser; am ruch|lo|ses|ten; eine ruchlose Tat

ruck!; hau ruck!

der **Ruck;** des Rucks *oder* Ru|ckes; die Rucke; mit einem Ruck

ruck|ar|tig; ruckartige Bewegungen

rück|be|züg|lich; rückbezügliches Fürwort (Reflexivpronomen)

der **Rück|blick**

rück|bli|ckend

rü|cken; du rückst; sie rückte; sie ist gerückt; er hat den Schrank gerückt; rück *oder* rücke noch ein wenig!

der **Rü|cken;** des Rückens; die Rücken

die **Rü|cken|de|ckung**

das **Rü|cken|mark** (Nervenstrang in der Wirbelsäule)

das **Rü|cken|schwim|men**

der **Rü|cken|wind**

die **Rück|fahr|kar|te**

der **Rück|fahr|schein|wer|fer**

die **Rück|fahrt**

der **Rück|fall**

rück|fäl|lig (erneut auftretend; erneut straffällig); rückfällig werden

die **Rück|fäl|lig|keit**

der **Rück|flug**

die **Rück|fra|ge;** die Klassenkameraden hatten eine Rückfrage

die **Rück|ga|be**

das **Rück|ga|be|recht**

der **Rück|gang**

rück|gän|gig; wir haben den Kauf rückgängig gemacht

das **Rück|grat** (Wirbelsäule); des Rückgrats *oder* Rück|gra|tes; die Rück|gra|te

der **Rück|griff**

der **Rück|halt**

rück|halt|los (ganz offen, ohne jeden Vorbehalt); rückhaltlose Kritik; jemandem rückhaltlos vertrauen

die **Rück|hand** (zum Beispiel beim Tennis)

die **Rück|kehr**

der **Rück|lauf**

rück|läu|fig (im Rückgang begriffen); eine rückläufige Entwicklung

das **Rück|licht**

rück|lings; er lehnte rücklings (mit dem Rücken) am Schrank

die **Rück|mel|dung**

die **Rück|nah|me**

der **Rück|pass** (*Sport*)

das **Rück|por|to**

der **Rück|ruf** (*auch:* Aufruf eines Herstellers, ein Produkt zurückzugeben)

das **Rück|run|den|spiel** (*Sport*)

der **Ruck|sack**

der **Rück|schlag**

der **Rück|schluss;** Rückschlüsse ziehen

der **Rück|schritt**

die **Rück|sei|te**

die **Rück|sicht;** Rücksicht nehmen; mit Rücksicht auf seinen Vater

die **Rück|sicht|nah|me**

rück|sichts|los; rück|sichts|lo|ser; am rück|sichts|lo|ses|ten

die **Rück|sichts|lo|sig|keit**

rück|sichts|voll; er ist ihr gegenüber rücksichtsvoll *oder* er ist gegen sie rücksichtsvoll

der **Rück|sitz**

der **Rück|spie|gel**

das **Rück|spiel** (*Sport*)

die **Rück|spra|che**

der **Rück|stand;** in Rückstand geraten; im Rückstand sein

rück|stän|dig

die **Rück|stän|dig|keit**

der **Rück|stoß**

der **Rück|strah|ler**

der **Rück|tritt**

die **Rück|tritt|brem|se**

die **Rück|tritts|for|de|rung** (die Forderung nach jemandes Rücktritt)
rück|wärts; rückwärts einparken
der **Rück|wärts|gang** (beim Auto)
rück|wärts|ge|hen; sie ist rückwärtsgegangen; mit dem Umsatz ist es immer mehr rückwärtsgegangen (er hat sich immer mehr verschlechtert)
rück|wärts|ge|rich|tet (an der Vergangenheit orientiert); eine rückwärtsgerichtete Politik
der **Rück|weg**
rück|wir|kend; eine rückwirkend geltende Lohnerhöhung
die **Rück|zah|lung**
der **Rück|zie|her**
ruck, zuck!
der **Rück|zug**
rü|de (roh, grob); rüdes Benehmen
der **Rü|de** (männlicher Hund, Hetzhund); des/dem/den Rüden; die Rüden
das **Ru|del;** des Rudels; die Rudel
ru|del|wei|se
das **Ru|der;** des Ruders; die Ruder; aus dem Ruder laufen (außer Kontrolle geraten)
das **Ru|der|boot**
der **Ru|de|rer** *oder* **Rud|rer;** des Ruderers *oder* Rudrers; die Ruderer *oder* Rudrer
die **Ru|de|rin** *oder* **Rud|re|rin;** die Ruderinnen *oder* Rudrerinnen
ru|dern; du ruderst; sie ruderte; sie hat drei Stunden gerudert; er ist über den See gerudert; rudere an das andere Ufer!
das **Ru|di|ment** (Überbleibsel); des Rudiments *oder* Ru|di|men|tes; die Ru|di|men|te
ru|di|men|tär (unvollständig; nur ansatzweise vorhanden); rudimentäre Kenntnisse haben
der **Ruf;** des Rufs *oder* Ru|fes; die Ru|fe
ru|fen; du rufst; sie ruft; sie rief ihn; er hat den Arzt gerufen; ruf *oder* rufe ihn!
der **Rüf|fel** (*umgangssprachlich für:* Verweis, Tadel); des Rüffels; die Rüffel
der **Ruf|na|me**
die **Ruf|num|mer**
das **Rug|by** [ˈraɡbi] (ein Ballspiel); des Rugby *oder* Rugbys
die **Rü|ge** (strenge Zurechtweisung)
rü|gen; du rügst ihn; sie rügte ihn; er hat ihn gerügt; rüg *oder* rüge ihn dafür!
Rü|gen (Insel in der Ostsee)

die **Ru|he;** sich zur Ruhe setzen
der **Ru|he|be|reich**
ru|he|los
ru|hen; du ruhst; sie ruhte; sie hat zwei Stunden geruht; ruhe ein wenig!; sie wird uns etwas ruhen (ausruhen) lassen; er hat diesen Fall zunächst ruhen lassen *oder* ruhenlassen (nicht bearbeitet)
ru|hen|las|sen ↑ruhen
die **Ru|he|pau|se**
der **Ru|he|puls**
der **Ru|he|stand**
die **Ru|he|stö|rung**
ru|hig; ein ruhiges Zimmer; ruhig Blut bewahren; es wird ruhig sein, bleiben, werden; den Arm ruhig stellen *oder* ruhigstellen; ABER: jemanden ↑ruhigstellen
ru|hig|stel|len (durch Medikamente beruhigen); der Patient wurde ruhiggestellt; ↑*auch* ruhig
der **Ruhm;** des Ruhms *oder* Ruh|mes
rüh|men; du rühmst ihn; sie rühmte ihn; er hat sie wegen ihres Fleißes gerühmt; rühm *oder* rühme dich nicht selbst!
rühm|lich; eine rühmliche Tat
ruhm|los; ruhm|lo|ser; am ruhm|lo|sesten
ruhm|reich; ruhmreiche Siege
die **Ruhr** (eine Infektionskrankheit)
die **Ruhr** (deutscher Fluss)
das **Rühr|ei**
rüh|ren; du rührst; sie rührte; er hat den Teig gerührt; rühr *oder* rühre den Teig!; ihr Brief hat mich gerührt (innerlich bewegt); sich rühren; das Opfer hat sich nicht mehr gerührt (lag leblos da); rührt euch! (militärisches Kommando)
rüh|rend; ein rührender Anblick
das **Ruhr|ge|biet**
rüh|rig (besonders aktiv); rührige Vereine
rühr|se|lig; ein rührseliges (übertrieben gefühlvolles) Theaterstück
die **Rüh|rung**
der **Ru|in** (Zusammenbruch, Untergang; Verlust); des Ruins
die **Ru|i|ne** (zerfallenes Bauwerk); die Ruinen
ru|i|nie|ren (zerstören, zugrunde richten); du ruinierst ihn; er ruinierte ihn; er

hat sie ruiniert; ruinier *oder* ruiniere ihn nicht!; sich ruinieren; er hat sich ruiniert

rụ̈lp|sen *(umgangssprachlich);* du rülpst; sie rülpste; sie hat laut gerülpst

der **Rụ̈lp|ser;** des Rülpsers; die Rülpser

rụm *(umgangssprachlich für:* herum)

der **Rụm** (Branntwein aus Zuckerrohr); des Rums; die Rums

der **Ru|mä̱|ne;** des/dem/den Rumänen; die Rumänen

Ru|mä̱|ni|en

die **Ru|mä̱|nin;** die Rumäninnen

ru|mä̱|nisch

die, *auch:* der **Rụm|ba** (ein Tanz); die Rumbas

rụm|ei|ern *(umgangssprachlich für:* unklar sprechen beziehungsweise handeln)

rụm|kom|men *(umgangssprachlich);* es kommt etwas dabei rum (etwas ist lukrativ)

rụm|krie|gen *(umgangssprachlich für:* zu etwas bewegen; hinter sich bringen); du kriegst ihn rum; er kriegte ihn rum; er hat sie rumgekriegt

rụm|lau|fen *(umgangssprachlich)*

der **Rụm|mel;** des Rummels

der **Rụm|mel|platz**

ru|mo̱|ren; es rumorte; es hat in der Kammer rumort

die **Rụm|pel|kam|mer**

rụm|peln; es rumpelte; es hat gerumpelt

das **Rụm|pel|stilz|chen** (eine Märchengestalt); des Rumpelstilzchens

der **Rụmpf;** des Rumpfs *oder* Rump|fes; die Rümp|fe

rụ̈mp|fen; du rümpfst die Nase; sie rümpfte die Nase; er hat die Nase gerümpft; rümpf *oder* rümpfe nicht gleich die Nase!

das **Rump|steak** [ˈrʊmpsteɪ̯k] (gebratene Scheibe Rindfleisch)

rụm|ren|nen *(umgangssprachlich)*

der **Run** [ran] (Ansturm [auf die Kasse]); des Runs; die Runs

rụnd; run|der; am run|des|ten; rund um die Welt; ein Gespräch am runden *oder* Runden Tisch

der **Rụnd|bo|gen**

die **Rụnd|bürs|te**

die **Rụn|de;** die Runde machen

rụn|den; du rundest; sie rundete; er hat die Zahl gerundet

die **Rụnd|fahrt**

der **Rụnd|funk**

der **Rụnd|funk|bei|trag**

das **Rụnd|funk|ge|rät**

der **Rụnd|funk|sen|der**

der **Rụnd|gang**

rụnd|ge|hen (herumgehen); es geht rund *(umgangssprachlich für:* es ist so viel zu tun, dass man nicht zur Ruhe kommt); es ist gestern rundgegangen

rụnd|he|r|aus (direkt, offen); etwas rundheraus sagen, ablehnen

rụnd|he|r|ụm

rụnd|lich; rundliche Formen

rụnd|ụm (ringsum; rundherum); rundum standen Neugierige; ABER: die Reporter standen rund (im Kreise) um die Politikerin

die **Rụnd|ụm|ka|me|ra** (Kamera, die mithilfe von Weitwinkelobjektiven ein 360-Grad-Bild erzeugt)

rụnd|wẹg (entschieden und vollständig); etwas rundweg leugnen

die **Ru̱|ne** (germanisches Schriftzeichen); die Runen

das **Ru̱|nen|al|pha|bet**

die **Rụn|kel|rü|be**

rụn|ter *(umgangssprachlich für:* herunter, hinunter)

rụn|ter|fal|len; du fällst runter; er fiel runter; sie ist runtergefallen

rụn|ter|hau|en *(umgangssprachlich);* jemandem eine runterhauen

rụn|ter|klet|tern *(umgangssprachlich)*

rụn|ter|lei|ern *(umgangssprachlich)*

rụn|ter|schal|ten *(umgangssprachlich)*

rụn|ter|schlu|cken *(umgangssprachlich)*

rụn|ter|wür|gen *(umgangssprachlich)*

rụn|ter|zie|hen *(umgangssprachlich)*

die **Rụn|zel** (Hautfalte); die Runzeln

rụn|ze|lig *oder* **rụnz|lig;** runzelige *oder* runzlige Hände

rụn|zeln; du runzelst die Stirn; sie runzelte die Stirn; er hat die Stirn gerunzelt; runzle *oder* runzele nicht immer die Stirn!

rụnz|lig *vergleiche:* **rụn|ze|lig**

der **Rü̱|pel;** des Rüpels; die Rüpel

rü|pel|haft; rüpelhaftes Benehmen
rup|fen; du rupfst; er rupfte; sie hat das Huhn gerupft; rupf *oder* rupfe das Huhn!
rup|pig (grob, unhöflich); ein ruppiger Mensch
die **Rü|sche** (ein gefalteter Besatz); die Rüschen
die **Rush|hour** [ˈraʃʔaʊ̯ɐ] (Hauptverkehrszeit); die Rushhours
der **Ruß;** des Ru|ßes
der **Rus|se;** des/dem/den Russen; die Russen
der **Rüs|sel;** des Rüssels; die Rüssel
rüs|sel|för|mig
ru|ßen; der Ofen rußt; er rußte; er hat gerußt
ru|ßig; rußige Finger
die **Rus|sin;** die Russinnen
rus|sisch; russisches Roulett (eine lebensgefährliche Mutprobe); russische *oder* Russische Eier; ABER NUR: die Russische Föderation (amtlicher deutscher Name von Russland)
Russ|land
rüs|ten; die Staaten rüsten; sie rüsteten; sie haben um die Wette gerüstet; sich rüsten; wir sind für diesen Streit gerüstet (vorbereitet)
rüs|tig (frisch und leistungsfähig); eine rüstige alte Dame
rus|ti|kal (ländlich, bäuerlich); rustikale Möbel
die **Rüs|tung**
der **Rüs|tungs|geg|ner**
die **Rüs|tungs|geg|ne|rin**
die **Ru|te** (Gerte)

Routine
! Viele Fremdwörter werden anders geschrieben, als sie gesprochen werden, oder ganz anders als vergleichbare Fremdwörter. Dazu gehört auch das Nomen *Routine,* das mit *ou* geschrieben wird.

der **Rutsch;** guten Rutsch!
die **Rutsch|bahn**
die **Rut|sche**
rut|schen; du rutschst; sie rutscht; sie rutschte; er ist von der Bank gerutscht; rutsch *oder* rutsche nicht durchs Zimmer!
rutsch|fest; rutschfeste Schuhsohlen
rut|schig (glatt); rutschige Stufen
rüt|teln; du rüttelst; er rüttelt; sie rüttelte; er hat am Tor gerüttelt; rüttle *oder* rüttele nicht daran!

S

s = Sekunde
S = Süd, Süden; small (Kleidergröße: klein)
das **S** (Buchstabe); des S; die S; ABER: das s in Hase
der **Saal;** des Saals *oder* Saa|les; die Sä|le; *Verkleinerungsform:* das Sälchen
die **Saa|le** (linker Nebenfluss der Elbe)
die **Saar** (rechter Nebenfluss der Mosel)
Saar|brü|cken (Hauptstadt des Saarlandes)
Saar|brü|cker; des Saarbrückers; die Saarbrücker
die **Saar|brü|cke|rin;** die Saarbrückerinnen
das **Saar|ge|biet**
das **Saar|land**
der **Saar|län|der;** des Saarländers; die Saarländer
die **Saar|län|de|rin;** die Saarländerinnen
saar|län|disch; der saarländische Bergbau; ABER: der Saarländische Rundfunk
die **Saat;** die Saa|ten
das **Saat|gut;** *kein Plural*
das **Saat|korn**
der **Sab|bat** (der jüdische Ruhetag); des Sabbats; die Sab|ba|te
sab|bern *(umgangssprachlich);* du sabberst; das Baby sabberte; es hat gesabbert; sabbere nicht so!
der **Sä|bel;** des Säbels; die Säbel
die **Sa|bo|ta|ge** [zaboˈtaːʒə] (planmäßige Zerstörung von Einrichtungen); die Sabotagen
der **Sa|bo|teur** [...ˈtøːɐ̯]; des Saboteurs; die Sa|bo|teu|re
die **Sa|bo|teu|rin;** die Saboteurinnen
sa|bo|tie|ren (etwas planmäßig behindern); du sabotierst; er sabotierte; sie hat die Arbeit sabotiert; sabotier *oder* sabotiere bitte unsere Arbeit nicht!
das **Sa|cha|rin,** *fachsprachlich:* **Sac|cha|rin**

(ein Süßstoff); des Sacharins, *fachsprachlich:* Saccharins

der **Sach|be|ar|bei|ter;** des Sachbearbeiters; die Sachbearbeiter

die **Sach|be|ar|bei|te|rin;** die Sachbearbeiterinnen

die **Sach|be|schä|di|gung**

das **Sach|buch**

sach|dien|lich; sachdienliche Hinweise

die **Sa|che**

sach|ge|mäß; sachgemäße Behandlung

sach|ge|recht

die **Sach|kennt|nis**

sach|kun|dig

die **Sach|la|ge**

sach|lich; sachliche Argumente

säch|lich; sächliches Geschlecht

die **Sach|lich|keit**

der **Sach|scha|den**

der **Sach|se;** des/dem/den Sachsen; die Sachsen

Sach|sen

Sach|sen-An|halt

sach|sen-an|hal|tisch

die **Säch|sin;** die Sächsinnen

säch|sisch; die sächsische Mundart; ABER: die Sächsische Schweiz

sacht *oder* **sach|te** (leise, unmerklich)

der **Sach|text**

der **Sach|ver|halt;** des Sachverhalts *oder* Sach|ver|hal|tes; die Sach|ver|hal|te

der **Sach|ver|stand**

sach|ver|stän|dig; ein sachverständiges Urteil

der **Sach|ver|stän|di|ge;** ein Sachverständiger; die Sachverständigen; zwei Sachverständige

die **Sach|ver|stän|di|ge;** eine Sachverständige

der **Sach|ver|stän|di|gen|rat**

der **Sack;** des Sacks *oder* Sa|ckes; die Säcke; ABER: 5 Sack Mehl; mit Sack und Pack

der **Sack|bahn|hof** (Bahnhof ohne durchgehende Gleise)

der **Sä|ckel** (der Geldbeutel); des Säckels; die Säckel

sa|cken (sich senken; sinken); du sackst; das Flugzeug sackte nach unten; er ist gesackt; sack *oder* sacke nicht weiter runter!; nach hinten sacken; auf einen Stuhl sacken

die **Sack|gas|se**

das **Sack|hüp|fen;** des Sackhüpfens

sack|wei|se; Zement wird sackweise verkauft

der **Sa|dis|mus** (Lust am Quälen, an Grausamkeit)

der **Sa|dist;** des/dem/den Sa|dis|ten; die Sa|dis|ten

die **Sa|dis|tin;** die Sadistinnen

sa|dis|tisch

sä|en; du säst; er sät; er säte; sie hat den Weizen gesät; säe den Weizen!

die **Sa|fa|ri** (Reise zum Jagen und Fotografieren [in Afrika]); die Safaris

der, *auch:* das **Safe** [seɪf] (Geldschrank); die Safes

der **Sa|fer Sex** ['seɪfɐ 'sɛks] (Sexualverhalten, das die Gefahr einer Aidsinfektion mindert); des Sa|fer Se|xes

der **Sa|f|ran** (ein Gewürz); des Safrans

sa|f|ran|gelb

der **Saft;** des Safts *oder* Saf|tes; die Säf|te

saf|tig; saftige Früchte

die **Sa|ge;** griechische Sagen

die **Sä|ge**

sa|gen; du sagst; er sagte; sie hat etwas gesagt; sag *oder* sage doch etwas!; er hat mir dafür sage und schreibe (tatsächlich) zwanzig Euro abgenommen

sä|gen; du sägst; sie sägte; er hat Holz gesägt; säg *oder* säge dieses Holz!

sa|gen|haft (*umgangssprachlich auch für:* unvorstellbar, überaus); ein sagenhaftes Gedächtnis; die Band war sagenhaft gut

die **Sä|ge|spä|ne** *Plural*

das **Sä|ge|werk**

der **Sa|go** (gekörntes Stärkemehl aus dem Mark der Palmen); des Sagos

die **Sa|ha|ra** (Wüste in Nordafrika)

die **Sah|ne**

das **Sah|ne|eis**

das **Sah|ne|häub|chen;** eine heiße Schokolade mit einem Sahnehäubchen; die Goldmedaille war das Sahnehäubchen (die Krönung) ihrer Karriere

sah|nig; sahniges Eis

die **Sai|son** [zɛˈzõː, *auch:* zɛˈzɔŋ] (die Hauptbetriebszeit, die Hauptreisezeit); die Saisons

sai|so|nal; saisonale Schwankungen

die **Sai|son|ar|beit**

A B C D E F G H I J K L M N O P Q R S sai T U V W X Y Z

sai|son|be|dingt; saisonbedingte Arbeitslosigkeit

der **Sai|son|be|ginn**

sai|son|be|rei|nigt

das **Sai|son|en|de** *Plural selten*

der **Sai|son|start**

die **Sai|te** (z. B. einer Geige, Gitarre usw.)

> **!** Nicht verwechseln: Obwohl beide Wörter gleich ausgesprochen werden, schreibt man die auf einem Musikinstrument gespannte Saite mit *ai*, die Buch-, Heft- oder Zeitungsseite hingegen mit *ei*.

das **Sai|ten|in|s|t|ru|ment**

das, *auch:* der **Sak|ko** (Herrenjackett); des Sakkos; die Sakkos

sa|k|ral (heilig; den Gottesdienst betreffend); sakrale Bauwerke

das **Sa|k|ra|ment** (eine gottesdienstliche Handlung); des Sakraments *oder* Sa|k|ra|men|tes; die Sa|k|ra|men|te

das **Sa|k|ri|leg** (Vergehen gegen Heiliges); des Sakrilegs; die Sa|k|ri|le|ge

die **Sa|k|ris|tei** (Raum für den Priester und die Gottesdienstgeräte); die Sakristeien

sa|k|ro|sankt (unverletzlich)

sä|ku|lar (alle hundert Jahre wiederkehrend; weltlich); säkulare Ereignisse

die **Sä|ku|la|ri|sa|ti|on** *oder* **Sä|ku|la|ri|sie|rung** (Verweltlichung)

der **Sa|la|man|der** (ein Schwanzlurch); des Salamanders; die Salamander

die **Sa|la|mi** (eine Dauerwurst); die Salami *oder* Salamis

der **Sa|lat;** des Salats *oder* Sa|la|tes; die Sa|la|te

das **Sa|lat|öl**

die **Sa|lat|so|ße** *oder* **Sa|lat|sau|ce**

die **Sal|be**

der, *auch:* die **Sal|bei** [*auch:* zal'bai̯] (eine Heil- und Gewürzpflanze); des Salbeis, *auch:* der Salbei

der **Sal|bei|tee**

sal|ben; du salbst; der Papst salbte ihn; der Papst hat ihn zum Kaiser gesalbt

die **Sal|bung**

sal|bungs|voll (übertrieben würdevoll)

das **Säl|chen** (kleiner Saal); des Sälchens; die Sälchen

der **Sal|do** (der Unterschiedsbetrag zwischen Soll- und Habenseite eines Kontos); des Saldos; die Saldos *oder* Salden *oder* Saldi

die **Sa|li|ne** (ein Salzwerk); die Salinen

der **Salm** (ein Fisch); des Salms *oder* Sal|mes; die Sal|me

der, *auch:* das **Sal|mi|ak** [*auch:* 'zalmi̯ak] (eine Ammoniakverbindung); des Salmiaks

der **Sal|mi|ak|geist** (eine Ammoniaklösung)

die **Sal|mo|nel|len** (Bakterien, die Darmkrankheiten hervorrufen) *Plural*

Sa|lo|mon, *auch:* **Sa|lo|mo** (biblischer König, Sohn Davids); das Urteil Salomons *oder* Salomonis, *auch:* Salomos

sa|lo|mo|nisch; ein salomonisches (weises) Urteil

der **Sa|lon** [za'lõː, *auch:* za'lɔŋ]; des Salons; die Salons

sa|lopp (ungezwungen; nachlässig); saloppe Kleidung

der **Sal|pe|ter** (einige Salze der Salpetersäure); des Salpeters

die **Sal|pe|ter|säu|re**

der **Sal|to** (freier Überschlag); des Saltos; die Saltos *oder* Salti

der **Sal|to mor|ta|le** ([dreifacher] Salto in großer Höhe); des Salto mortale; die Salto mortale *oder* Salti mortali

der **Sa|lut** (Ehrengruß); des Saluts *oder* Sa|lu|tes; die Sa|lu|te

sa|lu|tie|ren (militärisch grüßen); ich salutiere; du salutierst; er salutierte; die Wachen haben salutiert

die **Sal|ve** (gleichzeitiges Schießen aus mehreren Waffen); die Salven

das **Salz;** des Sal|zes; die Sal|ze

salz|arm; salzarme Ernährung

sal|zen; du salzt; sie salzte; er hat die Suppe gesalzen *oder* gesalzt; die Preise sind gesalzen (sehr hoch)

salz|hal|tig; salzhaltiger Boden

sal|zig; salziges Wasser

die **Salz|säu|re**

das **Salz|was|ser**

der **Sä|mann** (*dichterisch für:* jemand, der etwas sät); des Sämanns *oder* Sä|man|nes; die Sä|män|ner

der **Sa|ma|ri|ter** ([freiwilliger] Krankenpfleger); des Samariters; die Samariter

der **Sa|ma|ri|ter|dienst**

die **Sa|ma|ri|te|rin;** die Samariterinnen

die, *auch:* der **Sam|ba** (ein Tanz); der Samba, *auch:* des Sambas; die Sambas
der **Sam|be|si** (Fluss in Afrika); des Sambesi *oder* Sambesis
Sam|bia (Staat in Afrika)
der **Sam|bi|er;** des Sambiers; die Sambier
die **Sam|bi|e|rin;** die Sambierinnen
sam|bisch
der **Sa|men;** des Samens; die Samen
das **Sa|men|korn**
die **Sä|me|rei|en** *Plural*
sä|mig (dickflüssig); eine sämige Suppe
der **Sam|mel|band**
die **Sam|mel|kla|ge** *(Rechtssprache)*
sam|meln; du sammelst; er sammelte; sie hat für das Rote Kreuz gesammelt; sammle *oder* sammele für einen guten Zweck!
das **Sam|mel|su|ri|um** (*umgangssprachlich für:* angesammelte Menge verschiedenartigster Dinge); des Sammelsuriums; die Sam|mel|su|ri|en
der **Samm|ler;** des Sammlers; die Sammler
die **Samm|le|rin;** die Sammlerinnen
das **Samm|ler|stück**
die **Samm|lung**
das **Sam|ple** (Stichprobe; repräsentative Gruppe; Muster); des Sample *oder* Samples; die Samples
der **Sam|p|ler** (CD o. Ä. mit einer Auswahl von [bereits früher veröffentlichten] Titeln); des Samplers; die Sampler
der **Sams|tag** (Sonnabend); am langen Samstag; ↑Dienstag
der **Sams|tag|abend** ↑Dienstagabend
der **Sams|tag|mor|gen**
der **Sams|tag|nach|mit|tag**
sams|tags ↑dienstags
samt ([zusammen] mit); samt dem Geld; eine Blume samt Wurzeln; samt und sonders (alle[s] ohne Ausnahme)
der **Samt** (ein Gewebe); des Samts *oder* Sam|tes; die Sam|te
samt|ar|tig (wie Samt)
sam|ten (aus Samt); samtene Jacken
sam|tig; ein samtiges Fell
sämt|lich; sie waren sämtlich (allesamt, vollzählig) gekommen; der Verlust sämtlicher vorhandenen Energie; mit sämtlichem gesammelten Material; sämtliche vortrefflichen, *seltener:* vortreffliche Einrichtungen; sämtlicher vortrefflicher, *seltener:* vortrefflichen Einrichtungen; sämtliche Stimmberechtigten, *auch:* Stimmberechtigte
der **Sa|mu|rai** (Angehöriger der Adelsschicht in der japanischen Feudalzeit); des Samurai *oder* Samurais; die Samurai *oder* Samurais
Sa|naa (Hauptstadt Jemens)
das **Sa|na|to|ri|um** (Erholungsheim); des Sanatoriums; die Sa|na|to|ri|en
der **Sand;** des Sands *oder* San|des; die Sande
die **San|da|le**
die **San|da|let|te**
die **Sand|bank;** die Sand|bän|ke
der **Sand|dorn** (eine Pflanzenart); des Sanddorns *oder* Sand|dor|nes; die Sand|dorne
sand|far|ben *oder* **sand|far|big** (beige)
san|dig; sandiger Boden
der **Sand|kas|ten**
der **Sand|mann** *oder* das **Sand|männ|chen** (eine Märchenfigur)
das **Sand|pa|pier**
der **Sand|stein**
der **Sand|strand**
der **Sand|sturm**
das *oder* der **Sand|wich** ['sɛntvɪtʃ] (belegte [Weiß]brotschnitte); des Sandwich *oder* Sandwichs; die Sandwichs *oder* Sand|wi|ches, *auch:* Sand|wi|che
sanft; sanf|ter; am sanf|tes|ten; sanfter Tourismus
die **Sänf|te** (ein Tragstuhl)
die **Sanft|mut**
sanft|mü|tig
der **Sang** *(veraltet);* des Sangs *oder* San|ges; die Sän|ge; mit Sang und Klang (mit Gesang und Musik)
der **Sän|ger;** des Sängers; die Sänger
die **Sän|ge|rin;** die Sängerinnen
sang|los; *nur in:* sang- und klanglos (unbemerkt; ruhmlos); sang- und klanglos verschwinden
sa|nie|ren (wieder in einen intakten Zustand versetzen); ich saniere; du sanierst; er sanierte; sie hat die Firma saniert
die **Sa|nie|rung**
das **Sa|nie|rungs|kon|zept**
sa|ni|tär (gesundheitlich); sanitäre Anlagen

der **Sa|ni|tä|ter** (Krankenpfleger); des Sanitäters; die Sanitäter

die **Sa|ni|tä|te|rin;** die Sanitäterinnen

der **Sa|ni|täts|dienst**

Sankt

Abkürzung: St.

In Heiligennamen und Ortsnamen, die auf Heiligennamen zurückgehen, steht kein Bindestrich:

- Sankt Peter; Sankt Gallen
- St. Paulus; St. Pölten

In Ableitungen wird ein Bindestrich gesetzt, der bei Formen auf -er auch weggelassen werden kann:

- die sankt-gallischen Klosterschätze
- die Sankt Galler *oder* Sankt-Galler Einwohner
- die St. Gallener *oder* St.-Gallener Handschrift

Wenn »Sankt« Teil einer Aneinanderreihung ist, müssen Bindestriche stehen:

- die Sankt-Gotthard-Gruppe
- die St.-Marien-Kirche

die **Sank|ti|on** (Bestätigung; Erteilung der Gesetzeskraft); die Sank|ti|o|nen; Sanktionen (Zwangsmaßnahmen) verhängen

sank|ti|o|nie|ren; du sanktionierst; sie sanktionierte; das Parlament hat den Gesetzentwurf sanktioniert

S

san

der **San-Ma|ri|ne|se** (Einwohner von San Marino); des/dem/den San-Marinesen; die San-Marinesen

die **San-Ma|ri|ne|sin;** die San-Marinesinnen

san-ma|ri|ne|sisch

San Ma|ri|no (europäischer Staat; dessen Hauptstadt)

San Sal|va|dor (Hauptstadt El Salvadors)

das **Sans|k|rit** [*auch:* zansˈkrɪt] (altindische Literatur- und Gelehrtensprache); des Sanskrit *oder* Sanskrits

San|t|i|a|go, *auch:* **San|t|i|a|go de Chi|le** [- - ˈtʃiːle] (Hauptstadt Chiles)

San|to Do|min|go (Hauptstadt der Dominikanischen Republik)

São Pau|lo [sao ˈpau̯lo] (Stadt in Brasilien)

der **Sa|phir** [*auch:* zaˈfiːɐ̯] (ein Edelstein); des Saphirs; die Sa|phi|re

Sa|ra|je|vo (Hauptstadt von Bosnien-Herzegowina)

die **Sar|del|le** (ein Fisch)

die **Sar|di|ne** (ein Fisch)

Sar|di|ni|en (Insel im Mittelmeer)

der **Sarg;** des Sargs *oder* Sar|ges; die Sär|ge

der **Sar|kas|mus** (sarkastische Äußerung; *nur Singular:* beißender Spott); des Sarkasmus; die Sarkasmen

sar|kas|tisch (spöttisch, höhnisch)

der **Sar|ko|phag** (Steinsarg); des Sarkophags; die Sar|ko|pha|ge

der **Sa|tan** (der Teufel); des Satans; die Sata|ne

sa|ta|nisch (teuflisch; boshaft)

der **Sa|tans|bra|ten** *(besonders als Schimpfwort)*

der **Sa|tel|lit** (ein Mond; künstlicher Mond, Raumsonde); des/dem/den Sa|tel|li|ten; die Sa|tel|li|ten

die **Sa|tel|li|ten|schüs|sel**

die **Sa|tel|li|ten|stadt** (Siedlung in unmittelbarer Nähe einer Großstadt)

der **Sa|tin** [zaˈtɛ̃ː] (ein Gewebe mit glänzender Oberfläche); des Satins; die Satins

die **Sa|tin|blu|se**

die **Sa|ti|re** (witzig-spöttische Darstellung menschlicher Schwächen); die Satiren

der **Sa|ti|ri|ker;** des Satirikers; die Satiriker

die **Sa|ti|ri|ke|rin;** die Satirikerinnen

sa|ti|risch (spöttisch, beißend)

die **Sa|tis|fak|ti|on** (Genugtuung); Satisfaktion fordern, erhalten

satt; sat|ter; am sat|tes|ten; ein sattes Blau; sie wird sich satt essen

der **Sat|tel;** des Sattels; die Sättel

sat|tel|fest (sicher); [nicht] sattelfest sein

sat|teln; du sattelst; sie sattelte; sie hat das Pferd gesattelt; sattle *oder* sattele dein Pferd!

der **Sat|tel|schlep|per** (Zugfahrzeug)

satt|ha|ben; sie hat es sattgehabt (keine Lust mehr gehabt)

sät|ti|gen (satt machen); du sättigst; er sättigte; die Suppe hat kaum gesättigt; sich sättigen; sie hat sich gesättigt

die **Sät|ti|gung**

der **Satt|ler;** des Sattlers; die Sattler
die **Satt|le|rin;** die Sattlerinnen
satt|sam (hinlänglich, genug)
der **Sa|turn** (ein Planet); des Saturn *oder* Saturns
der **Sa|tyr** (Waldgeist in der griechischen Sage); des Satyrs *oder* Satyrn; die Satyrn
das **Sa|tyr|spiel**
der **Satz;** des Sat|zes; die Sät|ze
die **Satz|aus|sa|ge** (Prädikat)
die **Satz|er|gän|zung** (Objekt)
der **Satz|ge|gen|stand** (Subjekt)
das **Satz|glied**
der **Satz|teil**
die **Sat|zung** (schriftlich niedergelegte rechtliche Ordnung für einen Zusammenschluss von Personen); die Satzung des Vereins
sat|zungs|ge|mäß; eine satzungsgemäße Abstimmung
das **Satz|zei|chen**
die **Sau;** die Säue *oder (besonders bei Wildschweinen:)* die Sau|en
sau|ber; saub|rer *oder* sau|be|rer; am sau|bers|ten; sie wird das Zimmer sauber halten; sie hat es sauber gehalten; sauber machen *oder* saubermachen; er ist dabei[,] sauber zu machen *oder* sauberzumachen; ABER NUR: er ist beim Saubermachen
die **Sau|ber|keit**
säu|ber|lich
sau|ber|ma|chen ↑ sauber
säu|bern; du säuberst; sie säuberte; er hat das Bad gesäubert; säubere es!
die **Säu|be|rung**
die **Sau|ce** [ˈzoːsə] *vergleiche:* **So|ße**
der **Sau|cen|löf|fel** *oder* **So|ßen|löf|fel**
der **Sau|di;** des Saudis; die Saudis
der **Sau|di-Ara|ber;** des Saudi-Arabers; die Saudi-Araber
die **Sau|di-Ara|be|rin;** die Saudi-Araberinnen
Sau|di-Ara|bi|en (arabischer Staat)
sau|di-ara|bisch
sau|er; sau|rer; am sau|ers|ten; saure Gurken; ein saurer Hering; der saure Regen (schweflige Säure enthaltendes Regenwasser); ABER: gib ihm Saures! *(umgangssprachlich für:* prüg[e]le ihn!)
der **Sau|er|amp|fer**
die **Sau|e|rei** *(umgangssprachlich)*
das **Sau|er|kraut**
säu|er|lich
säu|ern; du säuerst; er säuerte; sie hat das Brot gesäuert; säure *oder* säuere das Brot!
der **Sau|er|stoff**
die **Sau|er|stoff|fla|sche** *oder* **Sau|er-stoff-Fla|sche**
der **Sau|er|teig**
sau|fen *(umgangssprachlich);* du säufst; er säuft; er soff; er hat den ganzen Tag gesoffen; sauf *oder* saufe nicht so viel!
der **Säu|fer;** des Säufers; die Säufer
die **Sau|fe|rei**
die **Säu|fe|rin;** die Säuferinnen
sau|gen; du saugst; sie saugt; sie sog *oder* saugte; sie hat das Blut aus der Wunde gesogen *oder* gesaugt; ABER NUR: er saugte den Staub im Zimmer; er hat Staub gesaugt *oder* gestaubsaugt
säu|gen; die Hündin säugt; sie säugte; sie hat ihre Jungen gesäugt
das **Säu|ge|tier**
der **Säug|ling**
die **Säug|lings|schwes|ter**
der **Saug|ro|bo|ter**
die **Sau|klaue** *(derb für:* unleserliche Handschrift)
die **Säu|le**
säu|len|för|mig
die **Säu|len|hal|le**
der **Saum;** des Saums *oder* Sau|mes; die Säu|me
sau|mä|ßig *(umgangssprachlich);* er hatte saumäßiges (unheimliches) Glück
säu|men; du säumst; sie säumte; sie hat den Rock gesäumt; säum *oder* säume den Rock!
säu|men (zögern); säum *oder* säume nicht lange!
säu|mig (sich mit etwas [viel] Zeit lassend); säumige Schuldner
die **Säu|mig|keit**
saum|se|lig (langsam, nachlässig); er arbeitet sehr saumselig
die **Saum|se|lig|keit**
die **Sau|na** (Heißluftbad); die Saunas *oder* Saunen
der **Sau|na|gang**
die **Säu|re**
säu|re|be|stän|dig; säurebeständiges Material

der **Sau|ri|er** (urweltliche [Riesen]echse); des Sauriers; die Saurier
Saus; *nur in der Redewendung:* in Saus und Braus (verschwenderisch) leben
säu|seln; es säuselt; es säuselte; der Wind hat gesäuselt
sau|sen; du saust; er saust; sie saus|te; der Aufzug ist in die Tiefe gesaust
die **Sa|van|ne** (Steppe mit Bäumen); die Savannen
das **Sa|xo|fon** *oder* **Sa|xo|phon** (ein Blasinstrument); des Saxofons *oder* Saxophons; die Sa|xo|fo|ne *oder* Sa|xo|pho|ne
der **Sa|xo|fo|nist** *oder* **Sa|xo|pho|nist;** des/dem/den Sa|xo|fo|nis|ten *oder* Sa|xo|pho|nis|ten; die Sa|xo|fo|nis|ten *oder* Sa|xo|pho|nis|ten
die **Sa|xo|fo|nis|tin** *oder* **Sa|xo|pho|nis|tin;** die Saxofonistinnen *oder* Saxophonistinnen
SB = Selbstbedienung (zum Beispiel in: SB-Markt)
die **S-Bahn®** (Schnellbahn); die S-Bah|nen
der **S-Bahn|hof**
der **S-Bahn-Wa|gen**
scan|nen ['skɛnən] (mit einem Scanner abtasten); ich scanne; du scannst; sie scannte; die Kassiererin hat den Artikel gescannt
der **Scan|ner** ['skɛnɐ] (ein elektronisches Erfassungsgerät); des Scanners; die Scanner
die **Scan|ner|kas|se**
die **Scha|be** (ein Insekt)
scha|ben; du schabst; er schabte; er hat geschabt; schab *oder* schabe die Möhren!
der **Scha|ber|nack** (Streich, Posse); des Schabernacks *oder* Scha|ber|na|ckes; die Scha|ber|na|cke
schä|big; ein schäbiger Koffer
die **Schä|big|keit**
die **Scha|b|lo|ne** (ausgeschnittene Vorlage; Muster); die Schablonen
scha|b|lo|nen|haft
das **Schach;** des Schachs; die Schachs; Schach spielen; Schach bieten; jemanden in Schach halten
das **Schach|brett;** des Schachbretts *oder* Schach|bret|tes; die Schach|bret|ter
scha|chern (*abwertend für:* feilschen, handeln); ich schachere; du schacherst; er schacherte; sie hat um den Preis geschachert
schach|matt; der Gegner war schachmatt (besiegt)
das **Schach|spiel**
der **Schacht;** des Schachts *oder* Schach|tes; die Schäch|te
die **Schach|tel;** die Schachteln
der **Schach|zug;** ein geschickter Schachzug
scha|de; es ist schade um dieses Bild; schade, dass ich gehen muss; dafür bin ich mir zu schade; das ist aber schade; um den ist es nicht schade; o wie schade!
der **Schä|del;** des Schädels; die Schädel
der **Schä|del|bruch**
scha|den; du schadest; er schadete; sie hat ihm geschadet; schad *oder* schade ihm nicht!
der **Scha|den;** des Schadens; die Schäden
der **Scha|den|er|satz,** *fachsprachlich:* **Scha|dens|er|satz**
die **Scha|den|freu|de**
scha|den|freu|dig *(südwestdeutsch, schweizerisch)*
scha|den|froh
der **Scha|dens|er|satz** *vergleiche:* **Scha|den|er|satz**
schad|haft; eine schadhafte Dichtung
schä|di|gen; du schädigst; er schädigte; sie hat ihn geschädigt; schädige sie nicht!
die **Schä|di|gung**
schäd|lich
der **Schäd|ling;** des Schädlings; die Schäd|lin|ge
die **Schäd|lings|be|kämp|fung**
das **Schad|pro|gramm** *(EDV)*
der **Schad|stoff**
schad|stoff|arm; schadstoffarme Autos
die **Schad|stoff|be|las|tung**
die **Schad|stoff|pla|ket|te**
das **Schaf;** des Schafs *oder* Scha|fes; die Scha|fe; *Verkleinerungsform:* das Schäfchen; sein Schäfchen ins Trockene bringen (seinen Gewinn in Sicherheit bringen)
die **Schäf|chen|wol|ke**
der **Schä|fer;** des Schäfers; die Schäfer
der **Schä|fer|hund**
die **Schä|fe|rin;** die Schäferinnen
schaf|fen (arbeiten); ich schaffe; du

schaffst; sie schaffte; er hat den ganzen Tag geschafft; sie haben es geschafft (vollbracht); sie hat die Kiste nach oben geschafft (gebracht); ich möchte damit nichts mehr zu schaffen (zu tun) haben; ich habe mir daran zu schaffen gemacht

schaf|fen (schöpferisch gestalten, hervorbringen); du schaffst; sie schafft; sie schuf; sie hat ein Werk geschaffen; Schiller hat »Wilhelm Tell« geschaffen; sie ist für diesen Beruf wie geschaffen (geeignet); er steht da, wie ihn Gott geschaffen hat (er steht nackt da); sie schuf Ordnung; schaffe (sorge für) Abhilfe!

der **Schaff|ner** (Verkäufer oder Kontrolleur von Fahrscheinen in öffentlichen Verkehrsmitteln); des Schaffners; die Schaffner

die **Schaff|ne|rin;** die Schaffnerinnen

die **Schaf|gar|be** (eine Heilpflanze)

die **Schaf|her|de**

der **Schaf|kopf** *oder* **Schafs|kopf** (ein Kartenspiel; Dummkopf)

das **Scha|fott** (ein Gerüst zur Hinrichtung); des Schafotts *oder* Scha|fot|tes; die Scha|fot|te

der **Schaft;** des Schafts *oder* Schaf|tes; die Schäf|te

der **Schah** (persischer Herrschertitel); des Schahs; die Schahs

der **Scha|kal** (ein hundeartiges Raubtier); des Schakals; die Scha|ka|le

schä|kern (scherzen; flirten); du schäkerst; sie hat mit ihm geschäkert; schäkere nicht mit ihm!

schal; ein schales (abgestandenes) Bier; ein schaler (fader) Witz

der **Schal;** des Schals; die Schals, *auch:* Scha|le

die **Scha|le**

schä|len; du schälst; sie schälte; er hat Kartoffeln geschält; schäl *oder* schäle den Apfel!

der **Schalk** (Schelm); des Schalks *oder* Schal|kes; die Schal|ke *oder* Schäl|ke

schalk|haft; ein schalkhafter Mensch

der **Schall;** des Schalls *oder* Schal|les; die Schal|le *oder* Schäl|le

der **Schall|dämp|fer**

schall|dicht; schalldichte Türen

schal|len; es schallt; es schallte; es hat mir in den Ohren geschallt; ein schallendes Gelächter

die **Schall|ge|schwin|dig|keit**

die **Schall|mau|er** (extremer Luftwiderstand beim Erreichen der Schallgeschwindigkeit)

die **Schall|plat|te**

der **Schall|schutz**

die **Schal|mei** (ein Holzblasinstrument); die Schalmeien

schal|ten; du schaltest; er schaltete; sie hat schnell geschaltet (beim Autofahren den Gang gewechselt; *umgangssprachlich für:* begriffen); schalt *oder* schalte endlich!

der **Schal|ter;** des Schalters; die Schalter

das **Schalt|jahr**

der **Schalt|tag**

die **Schal|tung**

die **Scha|lup|pe** (Küstenfahrzeug; Boot)

die **Scham**

sich **schä|men;** du schämst dich; er schämte sich; sie hat sich geschämt; schäm *oder* schäme dich!

das **Scham|ge|fühl**

scham|haft; scham|haf|ter, am scham|haf|tes|ten

scham|los; scham|lo|ser; am scham|lo|ses|ten

scham|rot

die **Scham|rö|te**

die **Schan|de;** zu Schanden *oder* zuschanden gehen, machen, werden

schän|den; du schändest; er schändete; sie hat den Friedhof geschändet

der **Schand|fleck;** die Schand|fle|cke

schänd|lich; schändliche Taten

die **Schand|tat**

die **Schän|dung**

die **Schän|ke** *vergleiche:* **Schen|ke**

die **Schan|ze** (zur Verteidigung aufgeworfener Erdwall; *kurz für:* Sprungschanze)

schan|zen; du schanzt; er schanzt; sie schanzte; er hat eine Stellung geschanzt

die **Schar** (Menge); die Scharen

die **Schar** (Pflugschar); die Scha|ren *oder* *fachsprachlich:* das **Schar;** des Schars *oder* Scha|res; die Scha|re

die **Scha|ra|de** (Rätsel, bei dem die Teile des Lösungswortes pantomimisch dargestellt werden); die Scharaden

die **Schä|re** (kleine Felsinsel, Küstenklippe

A B C D E F G H I J K L M N O P Q R S sch T U V W X Y Z

an der skandinavischen Küste); die Schären
scha|ren|wei|se
scharf; schär|fer; am schärfs|ten; ein Messer scharf machen *oder* scharfmachen; ABER: den Hund ↑scharfmachen
der **Scharf|blick**
die **Schär|fe**
schär|fen; du schärfst; sie schärfte; er hat Messer geschärft; schärf *oder* schärfe das Messer!
scharf|kan|tig; scharfkantige Möbel
scharf|ma|chen (*umgangssprachlich für:* aufhetzen, sexuell erregen); er hat den Hund scharfgemacht; sie hat ihren Freund scharfgemacht; ↑*auch:* scharf
der **Scharf|rich|ter** (Henker)
die **Scharf|rich|te|rin**
der **Scharf|schüt|ze**
die **Scharf|schüt|zin**
der **Scharf|sinn**
scharf|sin|nig
der, *auch:* das **Schar|lach** (lebhaftes Rot); des Scharlachs; die Schar|la|che
der **Schar|lach** (eine Infektionskrankheit); des Scharlachs
schar|lach|rot
der **Schar|la|tan** (Schwätzer, Marktschreier; Kurpfuscher); des Scharlatans; die Schar|la|ta|ne
die **Schar|la|ta|nin;** die Scharlataninnen
das **Schar|müt|zel** (kurzes, kleines Gefecht; Geplänkel); des Scharmützels; die Scharmützel
das **Schar|nier** (Drehgelenk [für Türen]); des Scharniers; die Schar|nie|re
die **Schär|pe** (breites Band, das um die Schulter oder Hüfte getragen wird); die Schärpen
schar|ren; du scharrst; das Pferd scharrte; es hat gescharrt; scharr *oder* scharre nicht mit den Füßen!
die **Schar|te** (Einschnitt); eine Scharte auswetzen (einen Fehler wiedergutmachen); die Scharten
schar|tig; eine schartige Klinge
schar|wen|zeln (sich dienernd hin und her bewegen); ich scharwenz[e]le; du scharwenzelst; er scharwenzelte; er hat vor ihm scharwenzelt; scharwenzle *oder* scharwenzele nicht so!
der *oder* das **Schasch|lik** (am Spieß gebratene Fleischstückchen); des Schaschliks; die Schaschliks
schas|sen (*umgangssprachlich für:* entlassen; wegjagen); du schasst; er schasste; sie hat ihn geschasst
der **Schat|ten;** des Schattens; die Schatten
die **Schat|ten|sei|te;** auf der Schattenseite leben (es nicht gut haben)
das **Schat|ten|spiel** (Schattentheater)
schat|tie|ren; du schattierst; sie schattierte; er hat das Bild schattiert; schattier *oder* schattiere das Bild noch ein wenig!
die **Schat|tie|rung**
schat|tig; ein schattiges Plätzchen
die **Scha|tul|le** (Geldkästchen, Schmuckkästchen); die Schatullen
der **Schatz;** des Schat|zes; die Schät|ze
schät|zen; du schätzt; er schätzte; sie hat die Entfernung geschätzt; schätz *oder* schätze den Wert dieses Ringes!
die **Schatz|kar|te**
der **Schatz|meis|ter**
die **Schatz|meis|te|rin**
die **Schatz|tru|he**
die **Schät|zung**
schät|zungs|wei|se
die **Schau;** die Schau|en; etwas zur Schau stellen, tragen; jemandem die Schau stehlen (ihn um die Anerkennung anderer bringen)
das **Schau|bild**
die **Schau|büh|ne**
der **Schau|der;** des Schauders; die Schauder; Schauder erregen; ein Schauder erregender *oder* schaudererregender Unfall; ABER NUR: ein heftigen Schauder erregender Unfall; ein äußerst schaudererregender, noch schaudererregenderer Unfall
schau|der|haft
schau|dern; du schauderst; er schauderte; er hat vor Kälte geschaudert; mir *oder* mich schaudert bei dem Gedanken
schau|en; du schaust; er schaute; sie hat in die Ferne geschaut; schau hierhin!
der **Schau|er;** des Schauers; die Schauer; ein Schauer lief mir über den Rücken
die **Schau|er|ge|schich|te**
schau|er|lich; schauerliches (*umgangssprachlich für:* sehr schlechtes) Wetter
die **Schau|fel;** die Schaufeln

schau|feln; du schaufelst; er hat das Grab geschaufelt; schaufle *oder* schaufele den Sand auf den Wagen!
das **Schau|fens|ter**
die **Schau|fens|ter|de|ko|ra|ti|on**
die **Schau|kel;** die Schaukeln
schau|keln; du schaukelst; sie schaukelte; er hat geschaukelt; schaukle *oder* schaukele nicht so wild!
das **Schau|kel|pferd**
der **Schau|kel|stuhl**
schau|lus|tig
der **Schau|lus|ti|ge;** ein Schaulustiger; die Schaulustigen; zwei Schaulustige
die **Schau|lus|ti|ge;** eine Schaulustige
der **Schaum;** des Schaums *oder* Schau|mes; die Schäu|me
schäu|men; das Meer schäumte; das Meer hat geschäumt
der *oder* das **Schaum|gum|mi**
schau|mig; eine schaumige Masse
der **Schaum|kuss** (Schokokuss)
der **Schaum|schlä|ger** (ein Küchengerät; *umgangssprachlich auch für:* Angeber)
der **Schaum|stoff**
der **Schau|platz**
schau|rig; schaurig-schön
das **Schau|spiel**
der **Schau|spie|ler;** des Schauspielers; die Schauspieler
die **Schau|spie|le|rin;** die Schauspielerinnen
schau|spie|le|risch; schauspielerische Begabung
das **Schau|spiel|haus**
der **Schau|stel|ler;** des Schaustellers; die Schausteller
die **Schau|stel|le|rin;** die Schaustellerinnen
der **Scheck** *oder* **Check** [ʃɛk] (Zahlungsanweisung); des Schecks *oder* Checks; die Schecks *oder* Checks
der **Scheck** *oder* die **Sche|cke** (scheckiges Pferd); des Schecken; die Schecken
die **Sche|cke** (scheckige Stute oder scheckige Kuh); die Schecken
sche|ckig; das Pferd ist scheckig braun
die **Scheck|kar|te**
scheel (*umgangssprachlich für:* neidisch; geringschätzig); jemanden scheel anblicken; ein scheel blickender *oder* scheelblickender Mensch

der **Schef|fel** (ein altes Hohlmaß); des Scheffels; die Scheffel
schef|feln (geizig zusammenraffen); du scheffelst; er scheffelte; sie hat viel Geld gescheffelt
die **Schei|be;** *Verkleinerungsform:* das Scheib|chen
schei|ben|för|mig
der **Schei|ben|wi|scher**
der **Scheich** ([Stammes]oberhaupt in arabischen Ländern); des Scheichs; die Scheiche *oder* Scheichs
das **Scheich|tum;** des Scheichtums; die Scheich|tü|mer
die **Schei|de**
schei|den; du scheidest; er scheidet; sie schied; sie hat die Streitenden geschieden; er ist von seiner Frau geschieden
der **Schei|de|weg;** am Scheideweg (vor einer schwierigen Entscheidung) stehen
die **Schei|dung**
der **Schei|dungs|pro|zess**
der **Schein;** des Scheins *oder* Schei|nes; die Schei|ne
schein|bar (nur dem Scheine nach); er hört scheinbar aufmerksam zu

! Nicht verwechseln: Das Adjektiv *scheinbar* sagt, dass etwas in Wirklichkeit nicht so ist, wie es sich darstellt. Mit *anscheinend* wird dagegen die Vermutung ausgedrückt, dass etwas auch so ist, wie es erscheint.

schei|nen; die Sonne scheint; die Sonne schien; die Sonne hat geschienen
schein|hei|lig
der **Schein|tod**
schein|tot
der **Schein|wer|fer**
der **Scheiß** *(derb);* des Scheiß
der **Scheiß|dreck** *(derb)*
schei|ße *(derb);* das sieht scheiße aus
die **Schei|ße** *(derb)*
scheiß|egal *(derb)*
schei|ßen *(derb);* du scheißt; du schissest; er schiss; er hat geschissen; scheiß *oder* scheiße nicht so lange!
scheiß|freund|lich (*derb für:* übertrieben freundlich)
das **Scheit** (Holzstück); des Scheits *oder* Schei|tes; die Schei|te
der **Schei|tel;** des Scheitels; die Scheitel

schei|teln; du scheitelst das Haar; er scheitelte das Haar; sie hat das Haar gescheitelt; scheitle *oder* scheitele das Haar!

der **Schei|ter|hau|fen** (Holzstoß für die öffentliche Verbrennung von Menschen)

schei|tern; ich scheitere; du scheiterst; sie scheiterte; er ist daran gescheitert

das **Schei|tern;** dieser Plan ist von vornherein zum Scheitern verurteilt

der *oder* das **Schelf** (*Geografie:* Festlandsockel; Flachmeer entlang der Küste); des Schelfs; die Schel|fe

die **Schel|le** (Glöckchen)

schel|len; du schellst; er schellte; sie hat geschellt; schell *oder* schelle nicht so lange!

der **Schell|fisch**

der **Schelm** (Spaßvogel); des Schelms *oder* Schel|mes; die Schel|me

der **Schel|men|streich**

die **Schel|min;** die Schelminnen

schel|misch; ein schelmisches Lachen

die **Schel|te** (scharfer Tadel, Vorwurf)

schel|ten; du schiltst; er schilt; er schalt; sie hat mich gescholten; schilt nicht mit ihr!

das **Sche|ma;** des Schemas; die Schemas *oder* Sche|ma|ta *oder* Schemen; etwas nach Schema F (ohne zu überlegen) machen

sche|ma|tisch; schematische Zeichnungen

sche|ma|ti|sie|ren (nach einem Schema behandeln; vereinfachen); ich schematisiere; du schematisierst; sie schematisierte; er hat den Plan schematisiert

S

sch

der **Sche|mel;** des Schemels; die Schemel

sche|men|haft (nur undeutlich erkennbar; schattenhaft); schemenhafte Gestalten

die **Schen|ke** *oder* **Schän|ke** (Gastwirtschaft)

der **Schen|kel;** des Schenkels; die Schenkel

schen|ken; du schenkst; sie schenkte; er hat mir ein Buch geschenkt; schenk *oder* schenke ihr etwas!

die **Schen|kung**

schep|pern (klappern, klirren); es scheppert; es schepperte; es hat gescheppert

die **Scher|be** *oder* der **Scher|ben;** der Scherbe *oder* des Scherbens; die Scherben

die **Sche|re**

sche|ren; du scherst; er schert; er schor das Schaf; scher *oder* schere das Schaf!

sich **sche|ren** (*umgangssprachlich für:* sich fortmachen; sich um etwas kümmern); du scherst dich jetzt weg; sie scherte sich nicht darum; er hat sich nicht darum geschert; scher *oder* schere dich zum Teufel!

der **Sche|ren|schnitt** (aus Papier geschnittenes Umrissbild)

die **Sche|re|rei** (*umgangssprachlich für:* Ärger) *meist Plural;* Scherereien haben, bekommen

das **Scherf|lein** (*veraltet für:* kleiner Geldbetrag, Spende); des Scherfleins; die Scherflein; sein Scherflein beitragen

der **Scher|ge** (Handlanger, Vollstrecker); des/dem/den Schergen; die Schergen

die **Scher|gin;** die Scherginnen

der **Scherz;** des Scher|zes; die Scher|ze

scher|zen; du scherzt; er scherzte; sie hat gescherzt; scherz *oder* scherze nicht darüber!

scherz|haft

scheu; scheu|er; am scheus|ten *oder* scheu|es|ten; der Vogel ist sehr scheu; du sollst das Pferd nicht scheu machen *oder* scheumachen

die **Scheu** (Angst, banges Gefühl); ohne Scheu; keine Scheu haben

scheu|chen; du scheuchst; er scheuchte; sie hat die Tauben gescheucht; scheuch *oder* scheuche sie nicht so!

scheu|en; das Pferd scheut; es scheute; es hat gescheut; sich scheuen; er hat sich vor dieser Arbeit gescheut; scheu *oder* scheue dich nicht davor!

scheu|ern; du scheuerst; sie scheuert; er hat die Pfanne gescheuert; scheure *oder* scheuere den Fußboden!

das **Scheu|er|tuch**

die **Scheu|klap|pe;** das Pferd trägt Scheuklappen

scheu|ma|chen ↑scheu

die **Scheu|ne**

das **Scheu|nen|tor**

das **Scheu|sal;** des Scheusals; die Scheusa|le

schief

- die schiefe Ebene
- ein schiefer Winkel
- ABER: der Schiefe Turm von Pisa
- ein schiefes (missvergnügtes) Gesicht machen
- in ein schiefes Licht geraten (falsch beurteilt werden)

Getrennt- und Zusammenschreibung:

- schief halten; schief sein; schief stehen; schief werden
- jemanden schief ansehen
- schief denken
- er ist schon immer schief (mit schlechter Haltung) gegangen; ABER: ↑schiefgehen
- sie wird sich die Absätze schief laufen *oder* schieflaufen; ABER: ↑schieflaufen
- die Bettdecke hat schief gelegen; ABER: ↑schiefliegen
- das passiert, wenn man den Draht schief wickelt *oder* schiefwickelt; ABER: ↑schiefgewickelt

Vergleiche auch: schieflachen

scheuß|lich
die **Scheuß|lich|keit**
der **Schi** *vergleiche:* **Ski**
die **Schicht**
schich|ten; du schichtest; er schichtete; sie hat die Bretter geschichtet; schichte sie!
schicht|wei|se *oder* **schich|ten|wei|se** (in einzelnen Schichten, Gruppen); schicht[en]weise arbeiten, essen
schick *vergleiche:* **chic**
der **Schick** *vergleiche:* **Chic**
schi|cken; du schickst; er schickte; sie hat ihr Bücher geschickt; schick *oder* schicke ihr die Bücher!; sich schicken; das schickt (gehört) sich nicht; er hat sich ins Unvermeidliche geschickt (gefügt)
schick|lich (angemessen); in schicklichem Abstand
das **Schick|sal;** des Schicksals; die Schicksalle
schick|sal|haft
der **Schick|sals|schlag**
schie|ben; du schiebst; er schiebt; er schob; sie hat den Wagen geschoben; schieb *oder* schiebe den Wagen!
der **Schie|ber** (Riegel, Maschinenteil; *umgangssprachlich auch für:* Betrüger); des Schiebers; die Schieber
die **Schie|be|tür**
die **Schieb|leh|re** (*Technik:* ein Messwerkzeug)
die **Schie|bung** (*umgangssprachlich für:* Betrug)
das **Schieds|ge|richt**
der **Schieds|rich|ter**
die **Schieds|rich|te|rin**
der **Schieds|spruch**
schief *siehe Kasten*
der **Schie|fer** (ein Gestein); des Schiefers; die Schiefer
die **Schie|fer|ta|fel**
schief|ge|hen (*umgangssprachlich für:* misslingen); die Sache ist leider schiefgegangen; ↑ABER: schief
schief|ge|wi|ckelt (*umgangssprachlich für:* sehr im Irrtum); wenn du das glaubst, bist du aber schiefgewickelt; ↑ABER: schief
sich **schief|la|chen** (*umgangssprachlich für:* heftig lachen); sie hat sich schiefgelacht
die **Schief|la|ge**
schief|lau|fen (*umgangssprachlich für:* misslingen); gestern ist bei mir alles schiefgelaufen; ↑ABER: schief
schief|lie|gen (*umgangssprachlich für:* einen falschen Standpunkt vertreten; sich irren); in diesem Fall hat er schiefgelegen; ↑ABER: schief
schie|len; du schielst; sie schielte; er hat geschielt; schiel *oder* schiele nicht!
das **Schien|bein**
der **Schien|bein|scho|ner** *(besonders Fußball, Eishockey)*
der **Schien|bein|schüt|zer** *(besonders Fußball, Eishockey)*
die **Schie|ne**
schie|nen; du schienst; er schiente; sie hat den Arm geschient

der **Schie|nen|bus**
das **Schie|nen|netz**
schier (beinahe, fast); das ist schier unmöglich
schier (rein); schieres Gold
der **Schier|ling** (eine Giftpflanze); des Schierlings; die Schier|lin|ge
die **Schieß|bu|de**
schie|ßen; du schießt; sie schießt; sie schoss; er hat geschossen; schieß *oder* schieße nicht auf ihn!
das **Schie|ßen;** das ist zum Schießen (*umgangssprachlich für:* das ist zum Lachen)
die **Schie|ße|rei**
die **Schieß|schar|te**
die **Schieß|schei|be**
der **Schieß|stand**
das **Schiff;** des Schiffs *oder* Schif|fes; die Schif|fe
schiff|bar (für Schiffe befahrbar); ein schiffbarer Fluss
der **Schiff|bruch**
schiff|brü|chig
der **Schiff|brü|chi|ge;** ein Schiffbrüchiger; die Schiffbrüchigen; zwei Schiffbrüchige
die **Schiff|brü|chi|ge;** eine Schiffbrüchige
der **Schif|fer;** des Schiffers; die Schiffer
die **Schif|fe|rin;** die Schifferinnen
die **Schiff|fahrt** *oder* **Schiff-Fahrt**
die **Schiff|fahrts|li|nie**
die **Schiff|schau|kel** *oder* **Schiffs|schau|kel** (große Jahrmarktsschaukel)
die **Schiffs|rei|se**
der **Schi|it** (Angehöriger einer der beiden Hauptrichtungen des Islams); des Schi|iten; die Schi|i|ten
die **Schi|i|tin;** die Schiitinnen
schi|i|tisch (zu einer der beiden Hauptrichtungen des Islams gehörig)
die **Schi|ka|ne** (böswillig bereitete Schwierigkeit); die Schikanen
schi|ka|nie|ren; du schikanierst ihn; er schikanierte sie; sie hat ihn ständig schikaniert; schikanier *oder* schikaniere ihn nicht andauernd!
schi|ka|nös; schikanöse Maßnahmen
der **Schi|lauf** *oder* **Ski|lauf**
das **Schi|lau|fen** *oder* **Ski|lau|fen**
das **Schi|lau|fen** *oder* **Ski|lau|fen**
der **Schi|läu|fer** *oder* **Ski|läu|fer**
die **Schi|läu|fe|rin** *oder* **Ski|läu|fe|rin**
das **Schild** (Erkennungszeichen); des Schilds *oder* Schil|des; die Schil|der
der **Schild** (Schutzwaffe); des Schilds *oder* Schil|des; die Schil|de
der **Schild|bür|ger** (engstirniger Mensch)
die **Schild|bür|ge|rin**
der **Schild|bür|ger|streich**
die **Schild|drü|se**
schil|dern; du schilderst; er hat den Vorgang geschildert; schildere genauer!
die **Schil|de|rung**
die **Schild|krö|te**
die **Schild|laus**
die **Schild|wa|che** (Wachposten)
das **Schilf;** des Schilfs *oder* Schil|fes; die Schil|fe
das **Schilf|gras**
der **Schi|lift** *oder* **Ski|lift**
schil|lern (in wechselnden Farben glänzen); das Kleid schillert; es schillerte; es hat geschillert; schillernde Seifenblasen
schil|lernd; ein schillernder (verschwommener) Begriff
die **Schi|mä|re** *oder* **Chi|mä|re** (Trugbild, Hirngespinst); die Schimären *oder* Chimären
der **Schim|mel** (weißlicher Pilzüberzug auf organischen Stoffen); des Schimmels
der **Schim|mel** (weißes Pferd); des Schimmels; die Schimmel
schim|me|lig *oder* **schimm|lig;** schimmeliger *oder* schimmliger Käse
schim|meln; das Brot schimmelt; das Brot hat geschimmelt
der **Schim|mel|pilz**
der **Schim|mer;** des Schimmers; die Schimmer; keinen [blassen] Schimmer haben (*umgangssprachlich für:* von etwas überhaupt nichts verstehen)
schim|mern; das Licht schimmert; es schimmerte; es hat geschimmert
der **Schim|pan|se** (ein Affe); des/dem/den Schimpansen; die Schimpansen
der **Schimpf;** des Schimpfs *oder* Schimp|fes; *meist in der Wendung:* mit Schimpf und Schande
schimp|fen; du schimpfst; er schimpfte; sie hat geschimpft; schimpf *oder* schimpfe nicht!
schimpf|lich (schändlich, entwürdigend); ein schimpfliches Ende

der **Schimpf|na|me**

das **Schimpf|wort;** die Schimpf|wor|te *oder* Schimpf|wör|ter

die **Schin|del;** die Schindeln

das **Schin|del|dach**

schin|den (quälen, grausam behandeln); du schindest ihn; du schindetest, *seltener:* schundst *oder* schundest ihn; er schindete, *seltener:* schund ihn; sie hat ihn geschunden; schind *oder* schinde ihn nicht!; sich schinden (sich mit etwas abmühen); du brauchst dich nicht so zu schinden

der **Schin|der;** des Schinders; die Schinder

die **Schin|de|rei**

die **Schin|de|rin;** die Schinderinnen

das **Schind|lu|der;** Schindluder mit jemandem treiben (*umgangssprachlich für:* jemanden schmählich behandeln)

der **Schin|ken;** des Schinkens; die Schinken

der **Schin|ken|speck**

der **Schi|pass** *oder* **Ski|pass**

die **Schip|pe** (Schaufel; unmutig aufgeworfene Unterlippe); jemanden auf die Schippe nehmen (*umgangssprachlich für:* jemanden verulken)

schip|pen; du schippst; sie schippt; er schippte; sie hat Sand geschippt; schipp *oder* schippe den Sand auf den Wagen!

der **Schirm;** des Schirms *oder* Schir|mes; die Schir|me

der **Schirm|herr**

die **Schirm|her|rin**

die **Schirm|herr|schaft**

der **Schi|rok|ko** (ein warmer Mittelmeerwind); des Schirokkos; die Schirokkos

die **Schi|scha** *vergleiche:* **Shi|sha**

das **Schi|sprin|gen** *oder* **Ski|sprin|gen**

der **Schiss** (*derb für:* Kot; Angst); des Schisses; Schiss haben

schi|zo|phren (an Schizophrenie leidend)

die **Schi|zo|phre|nie** (Bewusstseinsspaltung)

schlab|be|rig *oder* **schlabb|rig;** eine schlabberige *oder* schlabbrige Suppe

schlab|bern *(umgangssprachlich);* du schlabberst; sie schlabbert; er hat schon wieder geschlabbert; schlabbere nicht beim Essen!

die **Schlacht;** die Schlach|ten

schlach|ten; du schlachtest; er schlachtet; sie schlachtete; er hat das Schwein geschlachtet; schlachte das Schwein!

der **Schlach|ter** (*norddeutsch für:* Fleischer); des Schlachters; die Schlachter

die **Schlach|te|rei**

die **Schlach|te|rin;** die Schlachterinnen

das **Schlacht|feld**

der **Schlacht|hof**

schlacht|reif; schlachtreifes Vieh

das **Schlacht|schiff**

die **Schla|cke** (Rückstand beim Verbrennen)

schla|ckern; seine Knie schlackerten; sie haben geschlackert; da schlackerst du mit den Ohren (*umgangssprachlich für:* da bist du überrascht, erstaunt)

der **Schlaf;** des Schlafs *oder* Schla|fes

der **Schlaf|an|zug**

die **Schlä|fe**

schla|fen; du schläfst; sie schlief; er hat geschlafen; schlaf *oder* schlafe jetzt!

der **Schlä|fer** (*auch für:* noch nicht aktiver Agent oder Terrorist)

die **Schlä|fe|rin**

schlaff; ein schlaffes Seil

das **Schla|fitt|chen;** *in Wendungen wie:* jemanden am/beim Schlafittchen fassen, nehmen, packen *(umgangssprachlich)*

schlaf|los; schlaflose Nächte

die **Schlaf|lo|sig|keit**

das **Schlaf|mit|tel**

die **Schlaf|müt|ze** (*auch scherzhaft für:* Viel-, Langschläfer; schwerfälliger Mensch)

schläf|rig

der **Schlaf|sack**

schlaf|trun|ken (noch nicht richtig wach)

der **Schlaf|wa|gen**

schlaf|wan|deln; du schlafwandelst; er schlafwandelte; sie hat, *auch:* ist heute Nacht geschlafwandelt; zu schlafwandeln

der **Schlaf|wand|ler;** des Schlafwandlers; die Schlafwandler

die **Schlaf|wand|le|rin;** die Schlafwandlerinnen

schlaf|wand|le|risch; mit schlafwandlerischer Sicherheit

das **Schlaf|zim|mer**

A B C D E F G H I J K L M N O P Q R S sch T U V W X Y Z

der **Schlag;** des Schlags *oder* Schla|ges; die Schlä|ge; Schlag 8 Uhr; Schlag auf Schlag
der **Schlag|ab|tausch** (*Sport, auch übertragen für:* Auseinandersetzung)
die **Schlag|ader**
der **Schlag|an|fall**
schlag|ar|tig (plötzlich)
der **Schlag|ball**
der **Schlag|ball|weit|wurf**
der **Schlag|baum**
schla|gen; du schlägst; er schlägt; er schlug; sie hat ihn geschlagen; schlag *oder* schlage sie nicht!
der **Schla|ger;** des Schlagers; die Schlager
der **Schlä|ger;** des Schlägers; die Schläger
die **Schlä|ge|rei**
die **Schlä|ge|rin;** die Schlägerinnen
schlag|fer|tig; schlagfertige Antworten
die **Schlag|fer|tig|keit**
die **Schlag|ho|se** (Hose mit nach unten sich vergrößernder Weite des Hosenbeins)
schlag|kräf|tig; schlagkräftige (überzeugende) Argumente
das **Schlag|loch**
die **Schlag|sah|ne**
die **Schlag|sei|te;** das Schiff hat Schlagseite
das **Schlag|wort;** die Schlag|wor|te *oder* Schlag|wör|ter
die **Schlag|zei|le**
das **Schlag|zeug**
schlak|sig (*umgangssprachlich für:* hoch aufgeschossen und etwas ungeschickt)
der, *auch:* das **Schla|mas|sel** (*umgangssprachlich für:* Unglück); des Schlamassels
der **Schlamm;** des Schlamms *oder* Schlammes; die Schlam|me *oder* Schläm|me
schläm|men (entschlammen); du schlämmst; er schlämmte; er hat den Teich geschlämmt

> **!** Nicht verwechseln: Obwohl beide Wörter gleich ausgesprochen werden, schreibt man das Verb in der Bedeutung »von Schlamm befreien und reinigen« mit *ä*, in der Bedeutung von »gut und reichlich essen« dagegen mit *e*.

schlam|mig; schlammige Pfützen
die **Schlam|pe** (*umgangssprachlich für:* unordentliche Frau; *diskriminierend, oft als Schimpfwort für* [sexuell] unmoralisch gehaltene Frau); der Schlampe; die Schlampen
schlam|pen (*umgangssprachlich für:* sehr nachlässig sein); du schlampst; sie schlampte; er hat bei den Hausaufgaben geschlampt
die **Schlam|pe|rei**
das **Schlam|per|mäpp|chen** (*umgangssprachlich für:* Etui zum Aufbewahren von Schreibutensilien)
schlam|pig
die **Schlam|pig|keit**
die **Schlan|ge**
sich **schlän|geln;** du schlängelst dich; er schlängelte sich; sie hat sich durch die Menge geschlängelt
der **Schlan|gen|biss**
die **Schlan|gen|li|nie;** in Schlangenlinien fahren
schlank
die **Schlank|heit**
die **Schlank|heits|kur**
schlapp (kraftlos, erschöpft); schlapp sein; sich schlapp fühlen; die Hitze hat uns schlapp gemacht *oder* schlappgemacht; ↑ ABER: schlappmachen
die **Schlap|pe** (Niederlage); die Schlappen
der **Schlapp|hut**
schlapp|ma|chen (*umgangssprachlich für:* am Ende seiner Kräfte sein und nicht durchhalten); er hat schlappgemacht; schlappzumachen; ↑ ABER: schlapp
das **Schla|raf|fen|land**
schlau; schlau|er; am schlaus|ten *oder* schlau|es|ten
der **Schlau|ber|ger** (*umgangssprachlich für:* schlauer, pfiffiger Mensch); des Schlaubergers; die Schlauberger
die **Schlau|ber|ge|rin;** die Schlaubergerinnen
der **Schlauch;** des Schlauchs *oder* Schlauches; die Schläu|che
das **Schlauch|boot**
schlau|chen (*umgangssprachlich für:* anstrengen, ermüden); die harte Arbeit schlaucht; die Hitze hat uns ziemlich geschlaucht
schlauch|los; schlauchlose Reifen
die **Schläue**
die **Schlau|fe**
die **Schlau|heit**

schlẹcht

schlech|ter; am schlech|tes|ten

- der schlechte Ruf
- ein schlechtes Zeichen
- schlechtes Wetter
- mehr schlecht als recht

Groß schreibt man die Nominalisierung:

- im Schlechten und im Guten
- etwas, nichts, viel, wenig Schlechtes

Getrennt- und Zusammenschreibung:

- für seine Arbeit wird er schlecht bezahlt; eine schlecht bezahlte *oder* schlechtbezahlte Arbeit
- in diesen Schuhen ist er schon immer schlecht gegangen; das wird schlecht (kaum) gehen; ABER: nach dem Unfall ist es ihm schlecht gegangen *oder* schlechtgegangen (befand er sich [gesundheitlich] in einer schlechten Lage)
- sie hat ihre Aufgaben schlecht gemacht; das kannst du aber schlecht (kaum) machen; ABER: sie hat ihn überall schlechtgemacht (hat überall Negatives über ihn erzählt)
- die Vorsitzende hat diesmal [sehr] schlecht geredet; ABER: sie hat das Projekt schlechtgeredet (hat es durch übertriebene Kritik abgewertet)
- ein schlecht gelaunter *oder* schlechtgelaunter Verkäufer

der **Schlau|kopf**
der **Schlau|mei|er** (*umgangssprachlich für:* schlauer, pfiffiger Mensch); des Schlaumeiers; die Schlaumeier
die **Schlau|mei|e|rin;** die Schlaumeierinnen
der **Schla|wi|ner** (*umgangssprachlich für:* durchtriebener Mensch); des Schlawiners; die Schlawiner
die **Schla|wi|ne|rin;** die Schlawinerinnen
schlẹcht *siehe Kasten*
schlẹcht|be|zahlt ↑schlecht
schlẹch|ter|dings (*veraltend für:* geradezu); das ist schlechterdings unmöglich
schlẹcht|ge|hen ↑schlecht
schlẹcht|ge|launt ↑schlecht
die **Schlẹcht|heit**
schlẹcht|hin; sie sagte schlechthin (ganz einfach) die Wahrheit
die **Schlẹch|tig|keit**
schlẹcht|ma|chen (Schlechtes über jemanden erzählen); sie hat ihn bei allen Leuten schlechtgemacht; ↑ABER: schlecht
schlẹcht|re|den (durch übertriebene Kritik abwerten); sie hat den Film schlechtgeredet; ↑ABER: schlecht
schlẹcht|weg (ohne Umstände, einfach); sie hat das schlechtweg behauptet; ABER: sie kam dabei schlecht weg (hat weniger bekommen als erwartet)
schlẹ|cken; du schleckst; er schleckte; sie hat an dem Eis geschleckt; schleck *oder* schlecke das nicht ab!
die **Schle|cke|rei**
das **Schlẹ|cker|maul** *(umgangssprachlich)*
der **Schle|gel** (*landschaftlich für:* [Hinter]keule von Schlachttieren, Geflügel, Wild); des Schlegels; die Schlegel
der **Schleh|dorn** (ein Strauch); die Schlehdor|ne
die **Schle|he** (Schlehdorn; dessen Frucht)
schlei|chen; du schleichst; er schlich; sie ist geschlichen; schleich *oder* schleiche dich (verschwinde)!
schlei|chend (fast unbemerkt fortschreitend)
der **Schlei|cher;** des Schleichers; die Schleicher
die **Schlei|che|rin;** die Schleicherinnen
der **Schleich|weg;** auf Schleichwegen
die **Schleich|wer|bung**
die **Schleie** (ein Karpfenfisch); die Schlei|en
der **Schlei|er;** des Schleiers; die Schleier

A B C D E F G H I J K L M N O P Q R S sch T U V W X Y Z

die **Schlei|er|eu|le**
schlei|er|haft; das ist mir schleierhaft (*umgangssprachlich für:* das ist mir unerklärlich)
die **Schlei|fe** (Schlinge)
die **Schlei|fe** (*landschaftlich für:* Gleitbahn)
schlei|fen (schärfen); du schleifst; er schleift; er schliff; sie hat das Messer geschliffen; schleif *oder* schleife das Messer!

! Beachte: Mit der Bedeutung »schärfen« wird das Verb *schleifen* in seinen Vergangenheitsformen anders gebeugt als mit der Bedeutung »über den Boden oder eine Fläche ziehen«. Es heißt also »er schliff sein Taschenmesser«; aber: »die Fahrradkette hat am Schutzblech geschleift«.

schlei|fen (über den Boden ziehen); du schleifst; er schleifte; sie hat ihn durchs Zimmer geschleift; schleif *oder* schleife ihn doch nicht durchs Zimmer!
der **Schleif|stein**
der **Schleim;** des Schleims *oder* Schlei|mes; die Schlei|me
die **Schleim|haut** (Schleim absondernde innere Haut)
schlei|mig
schleim|lö|send; schleimlösende Mittel
schlem|men (gut und reichlich essen); du schlemmst; er schlemmte; sie hat geschlemmt; schlemme mal tüchtig!; ↑ABER: schlämmen
der **Schlem|mer;** des Schlemmers; die Schlemmer
die **Schlem|me|rei**
die **Schlem|me|rin;** die Schlemmerinnen
das **Schlem|mer|lo|kal**
schlen|dern; du schlenderst; er schlenderte; sie ist durch den Park geschlendert; schlendere nicht so!
der **Schlen|d|ri|an** (*umgangssprachlich für:* Schlamperei); des Schlendrians
der **Schlen|ker** (schlenkernde Bewegung); des Schlenkers; die Schlenker
schlen|kern; du schlenkerst; sie schlenkerte; er hat mit den Beinen geschlenkert; schlenkere nicht mit der Tasche!
schlen|zen; du schlenzt; er schlenzte; sie hat den Ball ins Tor geschlenzt
die **Schlep|pe**
schlep|pen; du schleppst; er schleppt; er schleppte; sie hat den Sack in den Keller geschleppt; schlepp *oder* schleppe nicht so viel!
schlep|pend (schwerfällig, langsam); die Unterhaltung war etwas schleppend; die Arbeit am Referat geht nur schleppend voran
der **Schlep|per;** des Schleppers; die Schlepper
die **Schlep|pe|rin;** die Schlepperinnen
das **Schlepp|netz**
das **Schlepp|tau;** er hatte seine Mutter im Schlepptau (er wurde von ihr begleitet)
Schle|si|en
der **Schle|si|er;** des Schlesiers; die Schlesier
die **Schle|si|e|rin;** die Schlesierinnen
schle|sisch; der schlesische Dialekt; ABER: der Erste Schlesische Krieg
Schles|wig-Hol|stein
der **Schles|wig-Hol|stei|ner;** des Schleswig-Holsteiners; die Schleswig-Holsteiner
die **Schles|wig-Hol|stei|ne|rin;** die Schleswig-Holsteinerinnen
schles|wig-hol|stei|nisch
die **Schleu|der;** die Schleudern
der **Schleu|der|ball** (Lederball mit einer Schlaufe; ein Mannschaftsspiel)
schleu|dern; du schleuderst; er schleuderte; sie hat den Ball geschleudert; schleudere ihn!
der **Schleu|der|sitz**
schleu|nig (*gehoben für:* schnell)
schleu|nigst (auf dem schnellsten Weg); komme schleunigst!
die **Schleu|se**
schleu|sen; du schleust; er schleust; er schleus|te; sie hat ihn über die Grenze geschleust; schleus *oder* schleuse ihn über die Grenze!
das **Schleu|sen|tor**
der **Schlich** (Kniff, Trick); des Schlichs *oder* Schli|ches; die Schli|che; sie ist dem Betrüger auf die Schliche gekommen (hat ihn ertappt, überführt)
schlicht; schlich|ter; am schlich|tes|ten; ein schlichtes Kleid
schlich|ten; du schlichtest; er schlichtet; er schlichtete; sie hat den Streit geschlichtet; schlichte den Streit!
der **Schlich|ter;** des Schlichters; die Schlichter

die **Schlich|te|rin;** die Schlichterinnen
der **Schlich|ter|spruch;** ein einstimmiger Schlichterspruch
die **Schlich|tung**
schlicht|weg
der **Schlick** (Schlamm; Schwemmland); des Schlicks *oder* Schli|ckes; die Schli|cke
die **Schlie|re** (streifige Stelle in Glas, Luft usw.); die Schlieren
schlie|ßen; du schließt; er schließt; er schloss; sie hat die Tür geschlossen; schließ *oder* schließe die Tür!
das **Schließ|fach**
schließ|lich; sie willigte schließlich ein
die **Schlie|ßung**
der **Schliff;** des Schliffs *oder* Schlif|fes; die Schlif|fe
schlimm; es ist schlimm; es steht schlimm um ihn; schlimme Zeiten; im schlimmsten Fall[e]; er ist am schlimmsten dran; ABER: sie wurde auf das, aufs schlimmste *oder* Schlimmste (in sehr schlimmer Weise) getäuscht; etwas, nichts Schlimmes; es ist das Schlimmste, dass sie nicht kommen kann; das ist noch lange nicht das Schlimmste; man muss das Schlimmste fürchten; er lässt es zum Schlimmsten kommen; ich bin auf das, aufs Schlimmste gefasst
schlimms|ten|falls
die **Schlin|ge**
der **Schlin|gel;** des Schlingels; die Schlingel
schlin|gen; du schlingst; er schlingt; er schlang; sie hat die Arme um sie geschlungen; schling *oder* schlinge dir ein Band ins Haar!
schlin|gern; das Schiff schlingerte; das Schiff hat geschlingert
die **Schling|pflan|ze**
der **Schlips** (Krawatte); des Schlip|ses; die Schlip|se
der **Schlit|ten;** des Schlittens; die Schlitten; Schlitten fahren; ich bin Schlitten gefahren; ABER: das **Schlit|ten|fah|ren**
schlit|tern (auf dem Eis gleiten); du schlitterst; er schlittert; er schlitterte; sie ist über das Eis geschlittert
der **Schlitt|schuh;** Schlittschuh laufen; ich bin Schlittschuh gelaufen; ABER: das **Schlitt|schuh|lau|fen**

der **Schlitz;** des Schlit|zes; die Schlit|ze
das **Schlitz|ohr** (gerissener Bursche)
schlitz|oh|rig; ein schlitzohriger Geschäftsmann
schloh|weiß; schlohweißes Haar
das **Schloss;** des Schlos|ses; die Schlös|ser
die **Schlo|ße** (Hagelkorn); die Schloßen
der **Schlos|ser;** des Schlossers; die Schlosser
die **Schlos|se|rei**
die **Schlos|se|rin;** die Schlosserinnen
der **Schloss|gar|ten**
der **Schloss|park**
der **Schlot** (Schornstein); des Schlots *oder* Schlo|tes; die Schlo|te
schlot|te|rig *oder* **schlott|rig** (heftig zitternd); er hatte vor Aufregung schlott[e]rige Knie
schlot|tern; ich schlottere; du schlotterst; sie schlotterte; er hat vor Kälte geschlottert
die **Schlucht;** die Schluch|ten
schluch|zen; du schluchzt; sie schluchzte; er hat jämmerlich geschluchzt
der **Schluch|zer;** des Schluchzers; die Schluchzer
der **Schluck;** des Schlucks *oder* Schlu|ckes; die Schlu|cke, *seltener:* Schlü|cke
der **Schluck|auf**
schlu|cken; du schluckst; sie schluckte; er hat die Tablette geschluckt; schluck *oder* schlucke die Tablette!
der **Schlu|cker** (armer Kerl); des Schluckers; die Schlucker
die **Schluck|imp|fung**
schluck|wei|se
schlu|de|rig *oder* **schlud|rig** (nachlässig); ein schlud[e]riger Kerl
schlu|dern (nachlässig arbeiten); du schluderst; er hat bei dieser Arbeit geschludert; schludere nicht so!
der **Schlum|mer;** des Schlummers
schlum|mern; du schlummerst; er schlummerte; sie hat selig geschlummert; schlummre *oder* schlummere noch ein wenig!
der **Schlumpf** (zwergenhafte Comicfigur); des Schlumpfs *oder* Schlump|fes; die Schlümp|fe
der **Schlund** ([hinterer] Rachen); des Schlunds *oder* Schlun|des; die Schlün|de

schlu̱p|fen (*landschaftlich für:* schlüpfen)
schlü̱p|fen; du schlüpfst; er schlüpfte; er ist in sein Bett geschlüpft; schlüpf *oder* schlüpfe schnell in deine Jacke!
der **Schlü̱p|fer;** des Schlüpfers; die Schlüpfer
das **Schlu̱pf|loch** (*auch:* geheimer Zufluchtsort)
schlü̱pf|rig (feucht und glatt; zweideutig, anstößig); schlüpfrige Straßen; ein schlüpfriger Witz
die **Schlu̱pf|wes|pe**
der **Schlu̱pf|win|kel**
schlu̱r|fen (schleppend gehen); du schlurfst; er schlurfte; er hat geschlurft; sie ist über den Flur geschlurft; schlurf *oder* schlurfe nicht!
schlü̱r|fen (hörbar trinken); du schlürfst; er hat geschlürft; schlürf *oder* schlürfe nicht!
der **Schlu̱ss;** des Schlus|ses; die Schlüs|se; seine Schlüsse aus etwas ziehen
der **Schlü̱s|sel;** des Schlüssels; die Schlüssel
der **Schlü̱s|sel|be|griff** (Begriff von zentraler Bedeutung in einem bestimmten Bereich oder Zusammenhang)
das **Schlü̱s|sel|bein**
die **Schlü̱s|sel|blu|me**
der *oder* das **Schlü̱s|sel|bund;** die Schlüssel|bun|de
schlü̱s|sel|fer|tig; ein schlüsselfertiger Neubau
die **Schlü̱s|sel|fi|gur** (wichtige Figur, deren Handeln und Wirken der Schlüssel zur Erklärung bestimmter Zusammenhänge ist)
das **Schlü̱s|sel|loch**
die **Schlü̱s|sel|rol|le** (Rolle von entscheidender Bedeutung)
schlu̱ss|fol|gern; ich schlussfolgere; du schlussfolgerst; er schlussfolgerte; er hat geschlussfolgert; um zu schlussfolgern
die **Schlu̱ss|fol|ge|rung;** Schlussfolgerungen ziehen
schlü̱s|sig (folgerichtig; überzeugend); schlüssige Argumente; sich über etwas schlüssig werden (sich fest entscheiden)
das **Schlu̱ss|licht;** die Schluss|lich|ter
der **Schlu̱ss|pfiff** (*Sport*)
die **Schlu̱ss|pha|se**
der **Schlu̱ss|punkt**
der **Schlu̱ss|satz** *oder* **Schlu̱ss-Satz**
der **Schlu̱ss|strich** *oder* **Schlu̱ss-Strich**
der **Schlu̱ss|teil**
der **Schlu̱ss|ver|kauf**
die **Schma̱ch** (Schande)
schma̱ch|ten (Mangel leiden); ich schmachte; du schmachtest; er schmachtete; sie hat in der Hitze geschmachtet
schmä̱ch|tig (dünn); schmächtige Kinder
schma̱ch|voll; eine schmachvolle Niederlage
schma̱ck|haft; schmack|haf|ter; am schmack|haf|tes|ten; ein schmackhaftes Essen
schmä̱|hen (beleidigen; schlechtmachen); du schmähst ihn; er schmähte ihn; sie hat ihn geschmäht; schmäh *oder* schmähe ihn nicht!
schmä̱h|lich; ein schmählicher Verrat
die **Schmä̱|hung**
schma̱l; schma|ler *oder* schmä|ler; am schmals|ten *oder* schmäls|ten
schmä̱|lern; ich schmälere; du schmälerst; er schmälerte; sie hat den Erfolg geschmälert
schma̱l|spu|rig; eine schmalspurige Bahn
das **Schma̱lz;** des Schmal|zes; die Schmal|ze
schma̱l|zig; ein schmalziger (übertrieben gefühlvoller) Film
schma|ro̱t|zen (auf Kosten anderer leben); du schmarotzt; er schmarotzte; sie hat schmarotzt; schmarotz *oder* schmarotze nicht!
der **Schma|ro̱t|zer;** des Schmarotzers; die Schmarotzer
die **Schma|ro̱t|ze|rin;** die Schmarotzerinnen
der **Schma̱r|ren** (eine Mehlspeise; *umgangssprachlich für:* etwas Wertloses); des Schmarrens; die Schmarren
der **Schma̱tz** (*umgangssprachlich für:* [lauter] Kuss); des Schmat|zes; die Schmatze
schma̱t|zen; du schmatzt; sie schmatzte; er hat geschmatzt; schmatz *oder* schmatze nicht!
der **Schmau̱s** (reichhaltiges, gutes Mahl); des Schmau|ses; die Schmäu|se
schmau̱|sen; du schmaust; er

S
sch

schmauste; sie hat ausgiebig geschmaust
schme|cken; das Essen schmeckt; es schmeckte; es hat ihm geschmeckt
die **Schmei|che|lei**
schmei|chel|haft; schmei|chel|haf|ter; am schmei|chel|haf|tes|ten
schmei|cheln; du schmeichelst; sie schmeichelte; er hat ihr geschmeichelt; schmeichle *oder* schmeichele ihm nicht!
der **Schmeich|ler;** des Schmeichlers; die Schmeichler
die **Schmeich|le|rin;** die Schmeichlerinnen
schmeich|le|risch; schmeichlerische Worte
schmei|ßen *(umgangssprachlich);* du schmeißt; er schmeißt; sie schmiss; er hat einen Stein nach ihm geschmissen; schmeiß *oder* schmeiße nicht mit Steinen!
die **Schmeiß|flie|ge**
der **Schmelz;** des Schmel|zes; die Schmel|ze
schmel|zen (flüssig werden); der Schnee schmilzt; der Schnee schmolz; der Schnee ist geschmolzen
schmel|zen (flüssig machen); du schmilzt; er schmilzt; sie schmolz; er hat das Eisen geschmolzen; schmilz das Eisen!
der **Schmelz|ofen**
der **Schmelz|punkt**
der **Schmer|bauch** (*umgangssprachlich für:* Fettbauch)
der **Schmerz;** des Schmer|zes; die Schmerzen
schmerz|emp|find|lich; schmerzempfindliches Zahnfleisch
schmer|zen; die Wunde schmerzt; es schmerzte; es hat geschmerzt
das **Schmer|zens|geld**
schmerz|frei
die **Schmerz|gren|ze**
schmerz|haft; eine schmerzhafte Verletzung
schmerz|lich; ein schmerzlicher Verlust
schmerz|lin|dernd; schmerzlindernde Tabletten; ABER: einige den Schmerz lindernde Tabletten
schmerz|los; schmerz|lo|ser; am schmerz|lo|ses|ten
das **Schmerz|mit|tel**
schmerz|stil|lend ↑schmerzlindernd
der **Schmet|ter|ball** *(Sport)*
der **Schmet|ter|ling;** des Schmetterlings; die Schmet|ter|lin|ge
die **Schmet|ter|lings|blü|te** *(Biologie)*
der **Schmet|ter|lings|blüt|ler** *(Botanik)*
der **Schmet|ter|lings|stil** *(Schwimmen)*
schmet|tern; du schmetterst; er schmetterte; sie hat den Ball über das Netz geschmettert; schmettere den Ball!
der **Schmied;** des Schmieds *oder* Schmiedes; die Schmie|de
die **Schmie|de**
schmie|de|ei|sern; ein schmiedeeisernes Tor
schmie|den; du schmiedest; sie schmiedete; er hat das Eisen geschmiedet; schmied *oder* schmiede das Eisen!
die **Schmie|din;** die Schmiedinnen
sich **schmie|gen;** du schmiegst dich; sie schmiegte sich; er hat sich eng an seine Mutter geschmiegt; schmieg *oder* schmiege dich eng an mich!
schmieg|sam; schmiegsames Leder
die **Schmie|re** (Fett; *auch für:* schlechtes Theater); die Schmieren
die **Schmie|re** (*umgangssprachlich für:* Wache); Schmiere stehen; er hat Schmiere gestanden
schmie|ren; du schmierst; er schmierte; sie hat Butter aufs Brot geschmiert; schmier *oder* schmiere die Butter nicht so dick!
die **Schmie|re|rei**
der **Schmier|fink;** des/dem/den Schmierfin|ken; die Schmier|fin|ken
das **Schmier|geld** (*umgangssprachlich für:* Bestechungsgeld)
schmie|rig
das **Schmier|öl**
die **Schmin|ke**
schmin|ken; du schminkst ihn; sie schminkte ihn; er hat sie geschminkt; schmink *oder* schminke ihn!; sich schminken; sie hat sich auffällig geschminkt
der **Schmink|stift**
schmir|geln; du schmirgelst; sie schmirgelte; er hat die Herdplatte geschmirgelt; schmirgle *oder* schmirgele die Herdplatte!
das **Schmir|gel|pa|pier**

der **Schmiss** (Schwung; Hiebnarbe); des Schmis|ses; die Schmis|se
schmis|sig (schwungvoll); schmissige Musik
der **Schmö|ker** (*umgangssprachlich für:* anspruchsloses, aber fesselndes Buch); des Schmökers; die Schmöker
schmö|kern (behaglich und viel lesen); du schmökerst; er schmökerte in einem Krimi; sie hat viel geschmökert; schmöker *oder* schmökere nicht so viel!
schmol|len; du schmollst; sie schmollt; er schmollte; sie hat geschmollt; schmoll *oder* schmolle nicht!
der **Schmoll|win|kel;** sich in den Schmollwinkel zurückziehen (beleidigt sein)
der **Schmor|bra|ten**
schmo|ren; du schmorst; er schmorte das Fleisch; sie hat in der Sonne geschmort *(umgangssprachlich);* schmor *oder* schmore das Fleisch!
der **Schmu** (*umgangssprachlich für:* leichter Betrug); des Schmus; Schmu machen
schmuck (nett aussehend); ein schmucker Junge
der **Schmuck;** des Schmucks *oder* Schmuckes; die Schmu|cke
schmü|cken; du schmückst; er schmückte; sie hat den Saal geschmückt; schmück *oder* schmücke den Saal!
der **Schmuck|kas|ten**
schmuck|los (schlicht)
das **Schmuck|stück**
der **Schmud|del** (*umgangssprachlich für:* Unsauberkeit); des Schmuddels
die **Schmud|de|lei**
schmud|de|lig *oder* **schmudd|lig;** schmuddelige *oder* schmuddlige Kleidung
das **Schmud|del|wet|ter**
schmudd|lig *vergleiche:* **schmud|de|lig**
der **Schmug|gel;** des Schmuggels
die **Schmug|ge|lei**
schmug|geln; du schmuggelst; er schmuggelte; sie hat Kaffee über die Grenze geschmuggelt; schmuggle *oder* schmuggele besser nicht!
der **Schmugg|ler;** des Schmugglers; die Schmuggler
die **Schmugg|ler|ban|de**
die **Schmugg|le|rin;** die Schmugglerinnen
schmun|zeln; du schmunzelst; sie schmunzelte; er hat geschmunzelt; schmunzle nicht!
der **Schmus** (*umgangssprachlich für:* leeres Gerede, Schmeichelei); des Schmu|ses
schmu|sen; ich schmuse; du schmust; sie schmuste; er hat mit ihr geschmust
die **Schmu|se|rei**
der **Schmutz;** des Schmut|zes; Schmutz abweisen; ein Schmutz abweisendes *oder* schmutzabweisendes Material; ABER NUR: ein jeden Schmutz abweisendes, ein besonders schmutzabweisendes Material
schmut|zen; der Stoff schmutzte; er hat geschmutzt
der **Schmutz|fink;** des/dem/den Schmutzfin|ken; die Schmutz|fin|ken
schmut|zig; schmutzig grau; ein schmutzig grauer Mantel
der **Schna|bel;** des Schnabels; die Schnäbel
schnä|beln; die Tauben schnäbeln; sie schnäbelten; sie haben geschnäbelt
das **Schna|bel|tier** (ein Eier legendes Säugetier)
schna|bu|lie|ren (*umgangssprachlich für:* mit Genuss essen); du schnabulierst; er schnabulierte; sie hat die Kirschen schnabuliert
der **Schnack** (*norddeutsch für:* Plauderei); des Schnacks *oder* Schna|ckes; die Schnacks *oder* Schnä|cke
schna|cken; du schnackst; er schnackte; sie hat lange mit ihr geschnackt; schnack *oder* schnacke nicht so lange!
die **Schna|ke** (Stechmücke)
der **Schna|ken|stich**
die **Schnal|le**
schnal|len; du schnallst; er schnallte; sie hat den Gürtel enger geschnallt; schnall *oder* schnalle den Gürtel fest!; etwas schnallen (*umgangssprachlich für:* verstehen)
schnal|zen (einen kurzen, knallenden Laut erzeugen); du schnalzt; er schnalzte; sie hat mit der Zunge geschnalzt
das **Schnäpp|chen** (*umgangssprachlich für:* vorteilhafter Kauf); des Schnäppchens; die Schnäppchen

S
sch

schnap|pen; du schnappst ihn; sie schnappte ihn; der Hund hat die Wurst geschnappt; schnapp *oder* schnappe sie!

das **Schnapp|schloss**

der **Schnapp|schuss** (unvorbereitet gemachte Fotografie)

der **Schnaps;** des Schnap|ses; die Schnäp|se

die **Schnaps|idee** (verrückter Einfall)

die **Schnaps|zahl** (*scherzhaft für:* Zahl aus gleichen Ziffern)

schnar|chen; du schnarchst; er hat geschnarcht; schnarch *oder* schnarche nicht so laut!

der **Schnar|cher;** des Schnarchers; die Schnarcher

die **Schnar|che|rin;** die Schnarcherinnen

schnar|ren; seine Stimme schnarrt; sie schnarrte; sie hat laut geschnarrt

schnat|tern; die Gans schnattert; sie schnatterte; sie hat geschnattert

schnau|ben; das Pferd schnaubt; das Pferd schnaubte; es hat geschnaubt

schnau|fen; ich schnaufe; du schnaufst; er schnaufte; sie hat geschnauft

der **Schnauz|bart**

schnauz|bär|tig

die **Schnau|ze;** halt die Schnauze! *(derb)*

schnau|zen *(umgangssprachlich);* du schnauzt; er schnauzte; sie hat geschnauzt; schnauz *oder* schnauze nicht immer!

schnäu|zen; du schnäuzt; sie schnäuzte; sie hat die Nase geschnäuzt; sich schnäuzen; er hat sich kräftig geschnäuzt; schnäuz *oder* schnäuze dich nicht so laut!

der **Schnau|zer** (eine Hunderasse; *kurz für:* Schnauzbart); des Schnauzers; die Schnauzer

die **Schne|cke**

das **Schne|cken|haus**

das **Schne|cken|tem|po;** im Schneckentempo fahren

der **Schnee;** des Schnees

der **Schnee|ball**

das **Schnee|ball|prin|zip** (bestimmte Art der Verbreitung einer Nachricht)

die **Schnee|ball|schlacht**

schnee|be|deckt; schneebedeckte Dächer; ABER: mit Schnee bedeckte Dächer

der **Schnee|be|sen** (ein Küchengerät)

das **Schnee|brett** (flach überhängende Schneemassen)

der **Schnee|fall**

die **Schnee|flo|cke**

das **Schnee|ge|stö|ber**

das **Schnee|glöck|chen**

die **Schnee|gren|ze**

schnee|ig; schneeige Berggipfel

die **Schnee|ket|te** *meist Plural*

der **Schnee|mann;** die Schneemänner

der **Schnee|pflug**

schnee|si|cher; ein schneesicheres Skigebiet

das **Schnee|trei|ben**

schnee|weiß; schneeweißes Haar

das **Schnee|witt|chen;** des Schneewittchens

der, *süddeutsch und österreichisch auch:* die **Schneid** (Mut); des Schneids *oder* Schnei|des, *süddeutsch und österreichisch auch:* der Schneid

der **Schneid|bren|ner** (Gerät zum Zerschneiden von Metall)

die **Schnei|de**

schnei|den; du schneidest; er schneidet; er schnitt; sie hat das Fleisch geschnitten; schneid *oder* schneide das Fleisch!; sich schneiden; ich habe mich geschnitten; ich habe mir, *auch:* mich in den Finger geschnitten

der **Schnei|der;** des Schneiders; die Schneider

die **Schnei|de|rin;** die Schneiderinnen

schnei|dern; ich schneidere; du schneiderst; sie schneiderte; er hat das Kleid geschneidert

der **Schnei|der|sitz;** im Schneidersitz dasitzen

der **Schnei|de|zahn**

schnei|dig (selbstbewusst; draufgängerisch); ein schneidiger Bursche

schnei|en; es schneite; es hat geschneit

die **Schnei|se** (Weg im Wald)

schnell; schnellstens; ein schnelles Auto; auf die schnelle Tour *(umgangssprachlich);* ABER: auf die Schnelle (*umgangssprachlich für:* in kurzer Zeit)

die **Schnel|le** (Geschwindigkeit)

schnel|len (sich mit Schnellkraft bewegen); der Pfeil schnellte; der Pfeil ist durch die Luft geschnellt der **Schnẹll|hef|ter;** des Schnellhefters; die Schnellhefter

die **Schnẹl|lig|keit**

der **Schnẹll|im|biss**

die **Schnẹll|la|de|säu|le** (für Elektroautos)

der **Schnẹll|läu|fer** *oder* **Schnẹll-Läu|fer**

die **Schnẹll|läu|fe|rin** *oder* **Schnẹll-Läu|fe-rin**

schnẹll|le|big (kurzlebig); eine schnelllebige Mode

die **Schnẹll|le|big|keit**

schnẹllst|mọ̈g|lich (so schnell wie irgend möglich)

> **!** In Zusammensetzungen aus Adjektiven darf immer nur *ein* Bestandteil gesteigert werden. Und da »schnellst« schon der Superlativ zu »schnell« ist, sind Steigerungen wie »schnellstmöglichste« nicht korrekt.

die **Schnẹll|stra|ße**

der **Schnẹll|zug**

die **Schnẹp|fe** (ein Vogel; auch als Schimpfwort)

der **Schnịck|schnack** (*umgangssprachlich für:* wertloses Zeug; Geschwätz); des Schnickschnacks *oder* Schnick|schnackes

schnie|geln (*umgangssprachlich für:* sich übertrieben sorgfältig zurechtmachen); ich schnieg[e]le; du schniegelst; sie schniegelte; er hat sein Haar geschniegelt; er ist geschniegelt und gebügelt

das **Schnịpp|chen;** jemandem ein Schnippchen schlagen (*umgangssprachlich für:* jemandem einen Streich spielen)

schnịp|peln *(umgangssprachlich);* du schnippelst; sie schnippelte; er hat die Bohnen geschnippelt; schnipple *oder* schnippele die Bohnen!

schnịp|pen; du schnippst mit den Fingern; er schnippte mit den Fingern; sie hat mit den Fingern geschnippt; schnipp *oder* schnippe nicht mit den Fingern!

schnịp|pisch (kurz und respektlos); eine schnippische Antwort

der *oder* das **Schnịp|sel** *(umgangssprachlich);* des Schnipsels; die Schnipsel

schnịp|sen (schnippen); ich schnipse; du schnipst; sie schnipst; sie hat mit den Fingern geschnipst

der **Schnịtt;** des Schnitts *oder* Schnit|tes; die Schnit|te

die **Schnịtt|blu|me**

die **Schnịt|te** ([Brot]scheibe)

schnịt|tig (*auch für:* rassig); ein schnittiges Auto

der **Schnịtt|lauch**

die **Schnịtt|men|ge** *(Mathematik)*

das **Schnịtt|mus|ter**

der **Schnịtt|punkt**

die **Schnịtt|stel|le** (*EDV:* Verbindungsstelle zweier Geräteteile)

das **Schnịt|zel;** des Schnitzels; die Schnitzel

die **Schnịt|zel|jagd**

schnịt|zeln; du schnitzelst; er schnitzelte; sie hat das Papier geschnitzelt

schnịt|zen; du schnitzt; er schnitzte; sie hat geschnitzt; schnitz *oder* schnitze ein Pferd!

der **Schnịt|zer** (*umgangssprachlich auch für:* Fehler); des Schnitzers; die Schnitzer

das **Schnịtz|mes|ser**

schnọ̈d *oder* **schnö|de** (erbärmlich; verachtenswert); schnö|der; am schnö|desten; ein schnöder Gewinn

schnọd|de|rig *oder* **schnọdd|rig** (*umgangssprachlich für:* vorlaut, respektlos); ihre schnodd[e]rige Art

der **Schnọr|chel** (Teil eines Sporttauchgerätes); des Schnorchels; die Schnorchel

schnọr|cheln; ich schnorch[e]le; du schnorchelst; sie schnorchelte; er hat im Urlaub geschnorchelt

der **Schnọ̈r|kel;** des Schnörkels; die Schnörkel

schnọ̈r|ke|lig *oder* **schnọ̈rk|lig;** sie hat eine schnörk[e]lige Schrift

schnọr|ren (*umgangssprachlich für:* betteln); du schnorrst; er schnorrte; sie hat geschnorrt; schnorr *oder* schnorre nicht wieder!

der **Schnọr|rer;** des Schnorrers; die Schnorrer

der **Schnö|sel** (*umgangssprachlich für:* dummer und frecher junger Mensch); des Schnösels; die Schnösel

schnụ|cke|lig *oder* **schnụck|lig** (*umgangssprachlich für:* nett; lecker); ein schnuck[e]liges Baby

die **Schnüf|fe|lei**

schnüf|feln; du schnüffelst; er schnüffelte; sie hat geschnüffelt; schnüffle *oder* schnüffele nicht in fremden Sachen!

der **Schnüff|ler;** des Schnüfflers; die Schnüffler

die **Schnüff|le|rin;** die Schnüfflerinnen

der **Schnul|ler;** des Schnullers; die Schnuller

die **Schnul|ze** (*umgangssprachlich für:* rührseliges Lied oder Theaterstück, rührseliger Film); die Schnulzen

schnul|zig; schnulzige Musik

der **Schnup|fen;** des Schnupfens; die Schnupfen

das **Schnup|fen|mit|tel**

der **Schnupf|ta|bak**

schnup|pe (*umgangssprachlich für:* gleichgültig); das ist mir schnuppe

schnup|pern; du schnupperst; er schnupperte; sie hat an dem Essen geschnuppert; schnuppere nicht daran!

die **Schnur;** die Schnü|re

schnü|ren; ich schnür[e]; du schnürst; sie schnürte; er hat die Schuhe geschnürt; schnür *oder* schnüre das Paket!

schnur|ge|ra|de *oder* **schnur|gra|de**

der **Schnurr|bart**

schnur|ren; die Katze schnurrt; sie schnurrte; sie hat geschnurrt

schnur|rig; er ist ein schnurriger Kauz

der **Schnür|schuh**

der **Schnür|sen|kel**

schnur|stracks (auf dem kürzesten, schnellsten Weg)

schnurz (*umgangssprachlich für:* gleichgültig); das ist mir schnurz

die **Schnu|te** (*besonders norddeutsch für:* Mund, Schmollmund)

der **Scho|ber** (*süddeutsch für:* geschichteter Getreidehaufen; kleine Scheune); des Schobers; die Schober

der **Schock** (Nervenerschütterung; akutes Kreislaufversagen); des Schocks *oder* Scho|ckes; die Schocks, *selten:* Scho|cke

scho|cken *(umgangssprachlich);* du schockst mich; er schockte mich; sie hat mich geschockt; schock *oder* schocke mich nicht!

scho|ckie|ren; ich schockiere ihn; du schockierst ihn; sie schockierte ihn; er hat sie schockiert

scho|fel (*umgangssprachlich für:* gemein; geizig); eine schofle Einstellung

der **Schöf|fe** (Laienrichter); des/dem/den Schöffen; die Schöffen

das **Schöf|fen|ge|richt**

die **Schöf|fin;** die Schöffinnen

die **Scho|ki** *(umgangssprachlich);* der Schoki; die Schokis *oder* Schoki

der **Scho|ko|kuss** (mit Schokolade überzogenes Schaumgebäck)

die **Scho|ko|la|de**

der **Scho|ko|la|de[n]|pud|ding**

scho|ko|la|dig (in der Art von Schokolade); ein schokoladiger Geschmack

der **Scho|ko|rie|gel**

die **Schol|le** (ein Seefisch)

die **Schol|le** (Erd-, Eisklumpen; Heimatboden)

schon; ich komm ja schon; schon wieder; schon lange; schon mal *(umgangssprachlich);* ABER: obschon, wennschon; wennschon – dennschon

schön; das schöne Wetter; die schöne Literatur; der Saal ist auf das, aufs schönste *oder* Schönste geschmückt; sie ist die Schönste unter ihnen; das Schöne und [das] Gute; etwas Schönes; schön sein; schön singen; sich schön anziehen; die Eier schön färben; den Brief [besonders] schön schreiben; ↑ABER: schönfärben; schönreden; schönschreiben; schöntun

scho|nen; du schonst ihn; er hat ihn geschont; schon *oder* schone ihn!; sich schonen; sie hat sich nach ihrer Krankheit geschont

schö|nen (schöner erscheinen lassen); ich schöne; du schönst; sie schönte; er hat das Ergebnis geschönt

der **Scho|ner** (ein mehrmastiges Segelschiff); des Schoners; die Schoner

der **Scho|ner** (Schutzdecke); des Schoners; die Schoner

schön|fär|ben (günstig darstellen); er hat seinen Fehler schöngefärbt; sie versuchte[,] ihren Fehler schönzufärben; färb *oder* färbe deine Fehler nicht schön!; ↑ABER: schön

die **Schön|fär|be|rei**

die **Schon|frist**

die **Schön|heit**

A B C D E F G H I J K L M N O P Q R S sch T U V W X Y Z

schön|re|den (beschönigen); er hat das schlechte Ergebnis schöngeredet; ABER: die Vortragende hat schön (gut) geredet
schön|schrei|ben (Schönschrift schreiben); sie haben während des Unterrichts schöngeschrieben; ↑ABER: schön
die **Schön|schrift**
schön|tun (sich zieren; schmeicheln); er hat in ihrer Anwesenheit immer schöngetan
die **Scho|nung**
scho|nungs|los; scho|nungs|lo|ser; am scho|nungs|lo|ses|ten
der **Schon|wasch|gang**
die **Schon|zeit**
der **Schopf;** des Schopfs *oder* Schop|fes; die Schöp|fe
schöp|fen; du schöpfst; sie schöpfte; er hat Wasser geschöpft; schöpf *oder* schöpfe etwas Wasser!
der **Schöp|fer** (Erschaffer; Urheber); des Schöpfers; die Schöpfer
die **Schöp|fe|rin;** die Schöpferinnen
schöp|fe|risch; schöpferische Begabung
der **Schöpf|löf|fel**
die **Schöp|fung**
die **Schöp|fungs|ge|schich|te** (im Alten Testament)
der **Schop|pen** (ein Flüssigkeitsmaß); des Schoppens; die Schoppen; 3 Schoppen Wein
schop|pen|wei|se
der **Schorf** (verkrustetes Hautgewebe); des Schorfs *oder* Schor|fes; die Schor|fe
schor|fig; schorfige Kopfhaut
die **Schor|le** (Getränk aus Wein oder Fruchtsaft und Mineralwasser); die Schorlen
der **Schorn|stein**
der **Schorn|stein|fe|ger;** des Schornsteinfegers; die Schornsteinfeger
die **Schorn|stein|fe|ge|rin;** die Schornsteinfegerinnen
der **Schoß;** des Scho|ßes; die Schö|ße
der **Schoß|hund**
der **Schöss|ling** (Trieb einer Pflanze); des Schösslings; die Schöss|lin|ge
die **Scho|te** (längliche Kapselfrucht); die Schoten
das **Schott** (wasserdichte [Quer]wand im Schiff); des Schotts *oder* Schot|tes; die Schot|te *oder* Schot|ten
der **Schot|te** (Einwohner von Schottland); des/dem/den Schotten; die Schotten
der **Schot|ten|rock**
der **Schot|ter** (zerkleinerte Steine); des Schotters; die Schotter
die **Schot|ter|stra|ße**
die **Schot|tin;** die Schottinnen
schot|tisch; schottischer Whisky
Schott|land
schraf|fie|ren (mit feinen parallelen Strichen versehen); du schraffierst; er schraffierte; sie hat die Zeichnung schraffiert; schraffier *oder* schraffiere die Zeichnung!
die **Schraf|fur;** die Schraf|fu|ren
schräg; schräg halten; schräg stehen; schräg liegen; schräg laufende *oder* schräglaufende Linien; sie wohnt schräg gegenüber
die **Schrä|ge**
schräg|lau|fend ↑schräg
der **Schräg|strich**
die **Schram|me**
schram|men; du schrammst; sie schrammte; er hat den Wagen geschrammt; schramm *oder* schramme ihn nicht!
der **Schrank;** des Schranks *oder* Schran|kes; die Schrän|ke
die **Schran|ke**
schran|ken|los; schrankenlose Freiheit
die **Schrank|wand**
der **Schrat** *oder* **Schratt** (zottiger Waldgeist); des Schrats *oder* Schra|tes, *auch:* Schratts *oder* Schrat|tes; die Schra|te, *auch:* Schrat|te
die **Schrau|be**
schrau|ben; du schraubst; er schraubte; sie hat den Rekord nach oben geschraubt; sich schrauben; der Adler hat sich in die Höhe geschraubt
der **Schrau|ben|dre|her** (Schraubenzieher)
der **Schrau|ben|schlüs|sel**
der **Schrau|ben|zie|her**
der **Schraub|stock**
der **Schre|ber|gar|ten** (Kleingarten)
der **Schreck;** des Schrecks *oder* Schre|ckes; die Schre|cke; einen Schreck bekommen
schre|cken; du schreckst; er schreckte; sie hat ihn geschreckt; schreck *oder* schrecke ihn nicht!
der **Schre|cken;** des Schreckens; die Schre-

cken; Angst und Schrecken verbreiten; Schrecken erregen; ein Schrecken erregender *oder* schreckenerregender Anblick; ABER NUR: ein großen Schrecken erregender Anblick; ein besonders schreckenerregender, noch schreckenerregenderer Anblick

schre|cken|er|re|gend ↑Schrecken

schre|ckens|blass

schreck|haft; schreck|haf|ter; am schreck|haf|tes|ten

schreck|lich; es war schrecklich; dort war es am schrecklichsten; ABER: etwas, nichts Schreckliches; es war das Schrecklichste, dass niemand half; ↑*auch:* schlimm

die **Schreck|schuss|pis|to|le**

der **Schrei;** des Schreis *oder* Schrei|es; die Schreie

die **Schrei|be** (*umgangssprachlich für:* Schreibstil); der Schreibe; die Schreiben *Plural selten;* sie hat eine gute, flotte Schreibe

schrei|ben; du schreibst; er schreibt; er schrieb; sie hat einen Brief geschrieben; schreib *oder* schreibe ihr einen Brief!

das **Schrei|ben** (Schriftstück); des Schreibens; die Schreiben

der **Schrei|ber;** des Schreibers; die Schreiber

die **Schrei|be|rin;** die Schreiberinnen

schreib|faul

der **Schreib|feh|ler**

die **Schreib|ma|schi|ne**

der **Schreib|tisch**

die **Schrei|bung**

die **Schreib|wa|ren** *Plural*

das **Schreib|wa|ren|ge|schäft**

die **Schreib|wei|se**

schrei|en; du schreist; er schreit; er schrie; sie hat geschrien; schrei *oder* schreie nicht!

der **Schrei|er;** des Schreiers; die Schreier

die **Schrei|e|rin;** die Schreierinnen

der **Schrei|hals**

der **Schrein** (Sarg; Reliquienbehälter); des Schreins *oder* Schrei|nes; die Schrei|ne

der **Schrei|ner;** des Schreiners; die Schreiner

die **Schrei|ne|rin;** die Schreinerinnen

schrei|nern; du schreinerst; sie hat einen Schrank geschreinert; schreinere mir ein Regal!

schrei|ten; du schreitest; er schreitet; er schritt; sie ist würdevoll über den Marktplatz geschritten

die **Schrift;** die Schrif|ten

der **Schrift|ge|lehr|te**

schrift|lich; die schriftliche Prüfung

der **Schrift|satz** *(Rechtssprache)*

der **Schrift|set|zer**

die **Schrift|set|ze|rin**

die **Schrift|spra|che**

der **Schrift|stel|ler;** des Schriftstellers; die Schriftsteller

die **Schrift|stel|le|rin;** die Schriftstellerinnen

das **Schrift|stück**

das **Schrift|zei|chen**

der **Schrift|zug** (charakteristische Schreibweise)

die **Schrift|zü|ge** (Handschrift eines Menschen) *Plural*

schrill (hoch und grell klingend); schrille Töne

schril|len; das Telefon schrillt; das Telefon schrillte; das Telefon hat geschrillt

der **Schritt;** des Schritts *oder* Schrit|tes; die Schrit|te; ABER: 5 Schritt weit; er folgte ihr auf Schritt und Tritt; du sollst Schritt halten; hier musst du Schritt (im Schritttempo) fahren

der **Schritt|ma|cher** *(Medizin);* des Schrittmachers; die Schrittmacher

das **Schritt|tem|po** *oder* **Schritt-Tem|po**

schritt|wei|se; schrittweise vorankommen

schroff (steil; abweisend, unhöflich); schroffe Felswände; eine schroffe Antwort

die **Schroff|heit**

schröp|fen; du schröpfst; er schröpfte; sie hat ihn beim Kartenspiel kräftig geschröpft (*umgangssprachlich für:* sie hat ihm mit List viel Geld abgenommen); schröpf *oder* schröpfe ihn nicht!

der *oder* das **Schrot** (grob gemahlene Getreidekörner; Bleikügelchen); des Schrots *oder* Schro|tes; die Schro|te

das **Schrot|brot**

schro|ten (grob zerkleinern); du schrotest; sie schrotete; er hat den Weizen

geschrotet; schrot *oder* schrote das Getreide!
die **Schrot|flin|te**
der **Schrott** (Alteisen); des Schrotts *oder* Schrot|tes; die Schrot|te
der **Schrott|platz**
schrott|reif; schrottreife Autos
schrub|ben; du schrubbst; er schrubbt; sie hat die Treppe geschrubbt; schrubb *oder* schrubbe den Boden!
der **Schrub|ber;** des Schrubbers; die Schrubber
die **Schrul|le** (sonderbare Angewohnheit; sonderbarer Einfall)
schrul|lig
schrum|pe|lig *oder* **schrump|lig** (viele Falten aufweisend); schrump[e]lige Haut
schrump|fen; das Gewebe schrumpft bei der Wäsche; der Vorrat ist geschrumpft
die **Schrump|fung**
der **Schub;** des Schubs *oder* Schu|bes; die Schü|be
das **Schub|fach**
die **Schub|kar|re** *oder* der **Schub|kar|ren**
die **Schub|kraft**
die **Schub|la|de;** die Schubladen
der **Schubs** (*umgangssprachlich für:* Stoß); des Schub|ses; die Schub|se
schub|sen; du schubst; er schubste; er hat sie geschubst; schubs *oder* schubse mich nicht!
schub|wei|se; die Krankheit verlief schubweise
schüch|tern
die **Schüch|tern|heit**
der **Schuft;** des Schufts *oder* Schuf|tes; die Schuf|te
schuf|ten (*umgangssprachlich für:* hart arbeiten); du schuftest; er schuftete; sie hat geschuftet; schufte nicht so viel!
die **Schuf|te|rei**
schuf|tig (niederträchtig, gemein)
der **Schuh;** des Schuhs *oder* Schu|hes; die Schu|he
die **Schuh|creme** *oder* **Schuh|crème**
die **Schuh|grö|ße**
der **Schuh|ma|cher**
die **Schuh|ma|che|rin**
der **Schuh|platt|ler** (ein Volkstanz); des Schuhplattlers
die **Schuh|soh|le**
der **Schul|ab|gän|ger**
die **Schul|ab|gän|ge|rin**
der **Schul|ab|schluss;** die Schul|ab|schlüs|se
der **Schul|an|fang;** des Schulanfangs *oder* Schul|an|fan|ges
die **Schul|ar|beit** *meist Plural*
die **Schul|auf|ga|ben** *Plural*
die **Schul|bank;** die Schul|bän|ke
der **Schul|be|ginn;** des Schulbeginns
der **Schul|be|glei|ter** (jemand, der Kinder oder Jugendliche mit Behinderung in der Schule als Begleiter unterstützt)
die **Schul|be|glei|te|rin**
die **Schul|bi|b|lio|thek**
die **Schul|bil|dung**
das **Schul|brot**
das **Schul|buch**
die **Schul|bü|che|rei**
der **Schul|bus;** des Schul|bus|ses; die Schul|bus|se

> **!** *Schulbus* wird im Nominativ Singular nur mit einem *s* geschrieben, obwohl Genitiv Singular und Pluralformen mit Doppel-*s* gebildet werden.

der **Schul|chor**
die **Schuld;** er trägt Schuld daran; es ist meine Schuld; sie ist schuld; sie hat Schuld; man kann ihm nicht [die] Schuld geben; sie ließ sich nichts zu Schulden *oder* zuschulden kommen
schuld|be|la|den; ABER: er ist mit großer Schuld beladen
schuld|be|wusst; ABER: er ist sich seiner Schuld bewusst
schul|den; du schuldest; sie schuldete; sie hat mir noch 5 Euro geschuldet; schulde niemandem etwas!
der **Schul|den|berg**
der **Schul|den|er|lass**
schul|den|frei; das Haus ist schuldenfrei; ABER: sie ist von allen Schulden frei
das **Schuld|ge|fühl**
schul|dig; er ist eines Verbrechens schuldig; schuldig sprechen *oder* schuldigsprechen (verurteilen); er wurde schuldig gesprochen *oder* schuldiggesprochen
schuld|los

der **Schuld|ner;** des Schuldners; die Schuldner
die **Schuld|ne|rin;** die Schuldnerinnen
der **Schuld|spruch**
die **Schuld|zu|wei|sung**
die **Schu|le**
schu|len; Auswendiglernen schult das Gedächtnis; es hat immer das Gedächtnis geschult; schul *oder* schule dein Gedächtnis!
der **Schü|ler;** des Schülers; die Schüler
der **Schü|ler|aus|weis**
die **Schü|ler|fahr|kar|te**
die **Schü|le|rin;** die Schülerinnen
der **Schü|ler|lot|se;** des/dem/den Schülerlotsen; die Schülerlotsen
die **Schü|ler|mit|ver|wal|tung** (Abkürzung SMV)
die **Schü|ler|mo|nats|kar|te**
das **Schü|ler|prak|ti|kum**
der **Schü|ler|rat**
die **Schü|ler|rä|tin**
der **Schü|ler|spre|cher**
die **Schü|ler|spre|che|rin**
das **Schü|ler|ti|cket**
die **Schü|ler|ver|tre|tung** (*Abkürzung:* SV)
die **Schü|ler|zei|tung**
das **Schul|es|sen**
das **Schul|fach**
die **Schul|fe|ri|en** *Plural*
schul|frei; ein schulfreier Tag
der **Schul|funk**
der **Schul|gar|ten**
das **Schul|ge|bäu|de**
das **Schul|ge|län|de**
die **Schul|glo|cke**
der **Schul|got|tes|dienst**
das **Schul|halb|jahr**
das **Schul|haus**
das **Schul|heft**
der **Schul|hof**
schu|lisch; schulische Leistung
das **Schul|jahr**
die **Schul|kan|ti|ne**
das **Schul|kind**
die **Schul|klas|se**
der **Schul|lei|ter**
die **Schul|lei|te|rin;** die Schulleiterinnen
die **Schul|lei|tung**
die **Schul|meis|ter|schaft**
die **Schul|men|sa**
die **Schul|no|te**
das **Schul|or|ches|ter**
die **Schul|ord|nung**
die **Schul|pflicht**
schul|pflich|tig; schulpflichtige Kinder
der **Schul|psy|cho|lo|ge**
die **Schul|psy|cho|lo|gin**
der **Schul|ran|zen**
der **Schulschluss;** des Schulschlusses
das **Schul|schwim|men**
das **Schul|se|kre|ta|ri|at**
der **Schul|sport**
der **Schul|spre|cher**
die **Schul|spre|che|rin**
die **Schul|stun|de**
das **Schul|sys|tem**
der **Schul|tag**
die **Schul|ta|sche**
die **Schul|ter**
das **Schul|ter|blatt**
schul|ter|lang; schulterlanges Haar
schul|tern; du schulterst; er hat das Gewehr geschultert; schulter *oder* schultere das Gewehr!
der **Schul|ter|schluss** (das Zusammenhalten [von Interessengruppen u. a.])
die **Schul|tü|te**
die **Schu|lung;** der Schulung; die Schulungen; eine Schulung zum Mediator machen
die **Schul|uni|form**
der **Schul|un|ter|richt**
die **Schul|ver|pfle|gung**
der **Schul|ver|weis**
der **Schul|wech|sel**
der **Schul|weg**
die **Schul|wo|che**
die **Schul|zeit**
das **Schul|zen|t|rum**
das **Schul|zeug|nis**
schum|meln (*umgangssprachlich für:* [leicht] betrügen); du schummelst; er hat geschummelt; schummle *oder* schummele nicht!
die **Schum|mel|soft|ware** (*umgangssprachlich verhüllend für:* Betrugssoftware, besonders bei Kfz-Motoren)
schum|me|rig *oder* **schumm|rig** (*umgangssprachlich für:* dämmerig, halbdunkel); schumm[e]rige Beleuchtung
der **Schund** (Wertloses); des Schunds *oder* Schun|des

schun|keln; du schunkelst; er schunkelt; er schunkelte; sie hat geschunkelt; schunkle *oder* schunkele mit!

die **Schup|pe**

schup|pen; du schuppst; er hat den Karpfen geschuppt

der **Schup|pen**

schup|pig; schuppige Haut

die **Schur** (das Scheren [der Schafe]); die Schu|ren

schü|ren; du schürst; er hat das Feuer geschürt; schür *oder* schüre das Feuer!

schür|fen; du schürfst; er schürft; sie schürfte; er hat Gold geschürft

der **Schur|ke** *(abwertend);* des/dem/den Schurken; die Schurken

die **Schur|kin** *(abwertend);* die Schurkinnen

schur|kisch (niederträchtig)

der **Schurz;** des Schur|zes; die Schur|ze

die **Schür|ze;** die Schürzen

schür|zen; du schürzt; er schürzte; sie hat ihren Rock geschürzt; schürz *oder* schürze den Rock!

der **Schuss;** des Schus|ses; die Schüs|se; 2 Schuss *oder* 2 Schüsse abgeben; er hält seine Sachen in Schuss (in Ordnung)

die **Schüs|sel;** die Schüsseln

schus|se|lig *oder* **schuss|lig** (gedankenlos)

die **Schuss|waf|fe**

der **Schus|ter;** des Schusters; die Schuster

die **Schus|te|rin;** die Schusterinnen

der **Schutt;** des Schutts *oder* Schut|tes

der **Schutt|ab|la|de|platz**

der **Schüt|tel|frost**

schüt|teln; du schüttelst; er hat den Baum geschüttelt; schüttle *oder* schüttele die Pflaumen!; sich schütteln; sie hat sich vor Lachen geschüttelt

schüt|ten; du schüttest; er hat das Getreide auf die Tenne geschüttet; schütt *oder* schütte das Getreide auf die Tenne!

schüt|ter (spärlich; schwach); schütteres Haar

der **Schutt|hau|fen**

der **Schutz;** des Schut|zes; jemandem Schutz gewähren; jemanden in Schutz nehmen

der **Schutz|an|zug**

das **Schutz|blech**

der **Schüt|ze;** des/dem/den Schützen; die Schützen

schüt|zen; du schützt; er schützt; sie hat ihn geschützt; schütz *oder* schütze ihn!

das **Schüt|zen|fest**

der **Schutz|en|gel**

die **Schüt|zen|hil|fe;** jemandem Schützenhilfe geben (jemandem helfen)

der **Schüt|zen|ver|ein**

die **Schutz|ge|bühr**

das **Schutz|git|ter**

der **Schutz|helm**

die **Schutz|imp|fung**

die **Schüt|zin;** die Schützinnen

der **Schütz|ling;** des Schützlings; die Schütz|lin|ge

schutz|los; schutz|lo|ser; am schutz|lo|ses|ten

der **Schutz|mann** (Polizist); die Schutz|män|ner *oder* Schutz|leu|te

die **Schutz|mas|ke**

der **Schutz|pa|t|ron** (Schutzheiliger)

die **Schutz|pa|t|ro|nin**

der **Schutz|zoll;** die Schutz|zöl|le

der **Schwa|be;** des/dem/den Schwaben; die Schwaben

die **Schwä|bin;** die Schwäbinnen

schwä|bisch; der schwäbische Dialekt; ABER: die Schwäbische Alb

schwach; schwä|cher; am schwächs|ten; er hat eine schwache Stunde; das ist eine schwache Hoffnung; die schwache Deklination; ABER: das Recht des Schwachen; durch die lange Krankheit ist sie ganz schwach geworden; ABER: schwach werden *oder* schwachwerden (nachgeben); vor Angst bin ich schwach geworden *oder* schwachgeworden; die schwach bevölkerte *oder* schwachbevölkerte Gegend; ein schwach entwickeltes *oder* schwachentwickeltes Land

die **Schwä|che**

schwä|chen; die Grippe schwächt; die Grippe schwächte; das Fieber hat ihn geschwächt

schwach|ent|wi|ckelt ↑schwach

schwäch|lich

der **Schwäch|ling;** des Schwächlings; die Schwäch|lin|ge

S sch

der **Schwach|sinn** *(umgangssprachlich);* so ein Schwachsinn!
schwach|sin|nig *(umgangssprachlich abwertend);* ein schwachsinniges Gerede
die **Schwach|stel|le** (Stelle, an der etwas oder jemand [für Störungen] anfällig ist)
der **Schwach|strom**
schwach|wer|den ↑schwach
die **Schwa|de** *oder* der **Schwa|den** (Dampf, Dunst) *meist Plural;* der Schwade *oder* des Schwadens; die Schwaden
die **Schwa|fe|lei** *(umgangssprachlich für:* überflüssiges Gerede)
schwa|feln; du schwafelst; er hat geschwafelt; schwafle *oder* schwafele nicht!
der **Schwa|ger;** des Schwagers; die Schwä|ger
die **Schwä|ge|rin;** die Schwägerinnen
die **Schwal|be**
der **Schwall** (die Welle, der Guss); des Schwalls *oder* Schwal|les; die Schwal|le
der **Schwamm;** des Schwamms *oder* Schwam|mes; die Schwämme
schwam|mig (in der Art eines Schwammes; *auch abwertend für:* dicklich aufgeschwemmt; verschwommen); eine schwammige Formulierung
der **Schwan;** des Schwans *oder* Schwa|nes; die Schwä|ne
schwa|nen; es schwant mir (ich ahne)
schwan|ger
die **Schwan|ger|schaft**
der **Schwan|ger|schafts|ab|bruch**
der **Schwan|ger|schafts|test**
der **Schwank;** des Schwanks *oder* Schwan|kes; die Schwän|ke
schwan|ken; du schwankst; sie hat geschwankt; schwank *oder* schwanke nicht!
die **Schwan|kung**
der **Schwanz;** des Schwan|zes; die Schwän|ze
schwän|zeln; der Hund schwänzelt; der Hund hat geschwänzelt
schwän|zen; du schwänzt; sie schwänzt den Unterricht; er hat die letzte Stunde geschwänzt; schwänz *oder* schwänze nicht!
die **Schwanz|flos|se**
schwap|pen; das Wasser hat geschwappt; das Wasser ist über den Rand geschwappt
der **Schwarm;** des Schwarms *oder* Schwar|mes; die Schwär|me
schwär|men; du schwärmst; er hat von ihr geschwärmt; schwärm *oder* schwärme nicht dauernd!
der **Schwär|mer;** des Schwärmers; die Schwärmer
die **Schwär|me|rin;** die Schwärmerinnen
schwär|me|risch
die **Schwarm|in|tel|li|genz** (Fähigkeit eines Kollektivs zu sinnvoll erscheinendem Verhalten)
die **Schwar|te** (dicke Haut; *umgangssprachlich für:* dickes Buch)
der **Schwar|ten|ma|gen** (eine Wurstsorte)
schwarz *siehe Kasten Seite 466*
das **Schwarz** (die schwarze Farbe); er spielt Schwarz aus *(Kartenspiel);* sie geht in Schwarz (in Trauerkleidung); ↑Blau
der **Schwarz|af|ri|ka|ner**
die **Schwarz|af|ri|ka|ne|rin**
die **Schwarz|ar|beit**
schwarz|ar|bei|ten; du arbeitest schwarz; sie arbeitet schwarz; er hat am Wochenende schwarzgearbeitet
sich **schwarz|är|gern** *(umgangssprachlich für:* sich sehr ärgern); er hat sich schwarzgeärgert
schwarz|braun
das **Schwar|ze;** ins Schwarze treffen
der **Schwar|ze** (dunkelhäutiger Mann); ein Schwarzer; die Schwarzen; zwei Schwarze
die **Schwar|ze** (dunkelhäutige Frau); eine Schwarze
die **Schwär|ze** (Farbe zum Schwarzmachen)
schwär|zen; der Ruß der Lokomotiven schwärzt; er schwärzte; er hat die Mauern geschwärzt
schwarz|fah|ren; er ist im Zug schwarzgefahren (ohne Fahrkarte gefahren); fahr *oder* fahre niemals schwarz!
schwarz|fär|ben ↑schwarz
schwarz-gelb *oder* **schwarz|gelb;** eine schwarz-gelbe *oder* schwarzgelbe Regierung (aus CDU und FDP); ABER: die Politik von Schwarz-Gelb *oder* Schwarzgelb
schwarz|hö|ren *(Rundfunk:* ohne

A B C D E F G H I J K L M N O P Q R S sch T U V W X Y Z

schwarz

schwär|zer; am schwär|zes|ten

1. Groß- und Kleinschreibung:

Kleinschreibung:

- der schwarze Kater
- ein schwarzer Tag
- etwas schwarz auf weiß besitzen
- das schwarze *oder* Schwarze Brett (Anschlagtafel)
- der schwarze *oder* Schwarze Peter (beim Kartenspiel); jemandem den schwarzen *oder* Schwarzen Peter zuschieben (jemandem die Schuld oder Verantwortung für etwas zuschieben)
- der schwarze *oder* Schwarze Tod (Beulenpest im Mittelalter)

Groß schreibt man das Farbadjektiv »schwarz«, wenn es nominalisiert ist. Die Nominalisierung erkennt man meist daran, dass dem Adjektiv »schwarz« ein Begleiter vorangeht, ohne dass ein Nomen folgt:

- das Schwarze
- ins Schwarze treffen
- aus Schwarz Weiß machen
- die Farbe Schwarz

Auch in Namen wird »schwarz« großgeschrieben:

- das Schwarze Meer
- der Schwarze Erdteil (Afrika)

2. Getrennt- und Zusammenschreibung:

- etwas schwarz anstreichen
- etwas schwarz färben *oder* schwarzfärben
- das Gesicht schwarz malen *oder* schwarzmalen; ABER: die Situation ↑schwarzmalen (pessimistisch darstellen)
- da kannst du warten, bis du schwarz wirst *oder* schwarzwirst

Zusammenschreibung bei übertragener Bedeutung:

Vergleiche: schwarzarbeiten; schwarzärgern; schwarzfahren; schwarzhören; schwarzsehen

Genehmigung mithören); er hört schwarz: sie hat schwarzgehört; hör *oder* höre nie schwarz!

schwarz|ma|len (pessimistisch darstellen); sie hat die Zukunft immer schwarzgemalt; ↑*auch:* schwarz

der **Schwarz|markt** (illegaler Markt)

schwarz-rot-gol|den *oder* **schwarz|rot-gol|den;** eine schwarz-rot-gold[e]ne *oder* schwarzrotgold[e]ne Fahne; ABER: die Fahne Schwarz-Rot-Gold *oder* Schwarzrotgold

schwarz|se|hen (*umgangssprachlich für:* ohne Anmeldung fernsehen; pessimistisch sein); sie hat schwarzgesehen

der **Schwarz|wald**

schwarz-weiß *oder* **schwarz|weiß**

der **Schwarz-Weiß-Film** *oder* **Schwarz-weiß|film**

schwarz|wer|den ↑schwarz

schwat|zen *oder* **schwät|zen;** du schwatzt *oder* schwätzt; er hat geschwatzt *oder* geschwätzt

der **Schwät|zer;** des Schwätzers; die Schwätzer

die **Schwät|ze|rin;** die Schwätzerinnen

schwatz|haft; schwatz|haf|ter; am schwatz|haf|tes|ten

die **Schwe|be;** alles ist in der Schwebe

die **Schwe|be|bahn**

der **Schwe|be|bal|ken** (ein Turngerät)

schwe|ben; du schwebst; er schwebte; sie hat in Lebensgefahr geschwebt

der **Schwe|de;** des/dem/den Schweden; die Schweden

Schwe|den

die **Schwe|din;** die Schwedinnen

schwe|disch; das schwedische Königshaus; hinter schwedischen Gardinen (*umgangssprachlich für:* im Gefängnis) sitzen

der **Schwe|fel;** des Schwefels

S sch

schwe|fe|lig *oder* **schwef|lig**
die **Schwe|fel|säu|re**
der **Schweif;** des Schweifs *oder* Schwei|fes; die Schwei|fe
schwei|fen; du schweifst; er schweifte; sie ist durch den Wald geschweift
schwei|gen; du schweigst; sie schweigt; sie schwieg; er hat geschwiegen; schweig *oder* schweige!
das **Schwei|gen;** des Schweigens
die **Schwei|ge|pflicht**
schweig|sam
das **Schwein;** des Schweins *oder* Schwei|nes; die Schwei|ne; Schwein haben (*umgangssprachlich für:* Glück haben)
das **Schwei|ne|fleisch**
die **Schwei|ne|rei**
der **Schwei|ne|stall**
der **Schweiß;** des Schwei|ßes; die Schwei|ße
der **Schweiß|aus|bruch**
schweiß|be|deckt; ein schweißbedecktes Gesicht; ABER: ein von Schweiß bedecktes Gesicht
der **Schweiß|bren|ner** (Gerät zum Schweißen)
schwei|ßen (bei Weißglut verbinden); du schweißt; er schweißte; er hat die Bleche geschweißt; schweiß *oder* schweiße die Bleche!
der **Schwei|ßer;** des Schweißers; die Schweißer
die **Schwei|ße|rin;** die Schweißerinnen
schweiß|ge|ba|det
schweiß|trei|bend; ein schweißtreibendes Arzneimittel
schweiß|trie|fend; ABER: von Schweiß triefend
der **Schweiß|trop|fen**
die **Schweiz**
der **Schwei|zer;** des Schweizers; die Schweizer
schwei|zer|deutsch
das **Schwei|zer|deutsch** (mundartliche Verkehrssprache in der deutschsprachigen Schweiz); des Schweizerdeutsch *oder* Schweizerdeutschs
der **Schwei|zer Fran|ken,** *schweizerisch auch:* **Schwei|zer|fran|ken** (Währungseinheit in der Schweiz)
die **Schwei|ze|rin;** die Schweizerinnen
schwei|ze|risch; die schweizerische Literatur; ABER: die Schweizerischen Bundesbahnen
der **Schwei|zer Kä|se**

! Von geografischen Namen abgeleitete Wörter auf *-er* wie *Schweizer, Berliner, Hamburger* schreibt man groß.

schwe|len (ohne Flamme brennen); das Feuer schwelt; es hat geschwelt; schwelender Hass
schwel|gen; du schwelgst; er schwelgte; sie hat in Erinnerungen geschwelgt
schwel|ge|risch
die **Schwel|le**
schwel|len; der Finger schwillt; der Finger schwoll; der Finger ist geschwollen
das **Schwel|len|land** (Entwicklungsland, das sich durch seinen technischen Fortschritt dem Stand eines Industriestaates nähert)
die **Schwel|lung**
die **Schwem|me;** sie führt die Pferde in die Schwemme
schwem|men; das Meer hat das Wrack an die Küste geschwemmt
das **Schwemm|land**
schwen|ken; du schwenkst; sie schwenkt; er hat die Fahne geschwenkt; schwenk *oder* schwenke sie!
der **Schwenk|grill** (an Ketten aufgehängter Grill)
die **Schwen|kung**
schwer *siehe Kasten Seite 468*
die **Schwer|ath|le|tik** (Kraftsport)
schwer|be|hin|dert ↑schwer
der *und* die **Schwer|be|hin|der|te** ↑schwer
schwer|be|la|den ↑schwer
schwer|be|waff|net ↑schwer
die **Schwe|re;** der Schwere; die Schwere der Schuld
schwe|re|los; schwerelose Körper
der **Schwe|re|nö|ter** (charmanter Draufgänger); des Schwerenöters; die Schwerenöter
schwer|er|zieh|bar ↑schwer
schwer|fal|len; die Lösung der Aufgabe ist ihm schwergefallen; ↑ABER: schwer
schwer|fäl|lig (langsam und unverständlich)
das **Schwer|ge|wicht** (eine Körpergewichtsklasse)
schwer|hö|rig

A B C D E F G H I J K L M N O P Q R S sch T U V W X Y Z

schwer

Kleinschreibung:

- ein schwerer Junge (*umgangssprachlich für:* Gewaltverbrecher)
- er sprach mit schwerer Zunge
- der Tod seines Freundes war ein schwerer Schlag (großer Verlust) für ihn

Getrennt- und Zusammenschreibung in Verbindung mit Verben:

- auf der Treppe schwer fallen; ABER: diese Arbeit wird ihr ↑schwerfallen (Mühe verursachen)
- das lässt sich schwer machen; die Nässe hat den Sand schwer gemacht; ABER: er will ihr wohl das Leben schwer machen *oder* schwermachen (ihr [unnötig] Schwierigkeiten machen)
- sie wird es im Leben schwer haben *oder* schwerhaben
- der Reiter konnte das Hindernis nur schwer nehmen; ABER: du musst diese Vorwürfe nicht so ↑schwernehmen (ernst nehmen)

Getrennt- und Zusammenschreibung in Verbindung mit Partizipien und Adjektiven:

- schwer behindert *oder* schwerbehindert (durch eine körperliche Schädigung in der Fähigkeit, sein eigenes Leben zu gestalten, dauerhaft eingeschränkt); ABER: sie ist schwerer behindert als ihre Freundin; sie ist am schwersten behindert; der Verkehr wird durch den Unfall schwer behindert (gestört); der schwer Behinderte *oder* Schwerbehinderte
- ein schwer erziehbares *oder* schwererziehbares Kind; ABER: schwerer erziehbar, am schwersten erziehbar
- ein schwer beladener *oder* schwerbeladener Wagen
- ein schwer bewaffneter *oder* schwerbewaffneter Soldat
- ein schwer verletzter *oder* schwerverletzter Radfahrer; der schwer Verletzte *oder* ↑Schwerverletzte
- ein schwer verwundeter *oder* schwerverwundeter Soldat
- schwer wiegende *oder* schwerwiegende Argumente; schwerer wiegende *oder* schwerwiegendere Argumente; am schwersten wiegende *oder* schwerwiegendste Argumente
- ein schwer krankes *oder* schwerkrankes Kind; der schwer Kranke *oder* ↑Schwerkranke
- eine schwer verständliche *oder* schwerverständliche Sprache

Vergleiche auch: schwerreich

S
sch

Schwe|rin (Hauptstadt von Mecklenburg-Vorpommern)

die **Schwer|kraft** (Anziehungskraft der Erde)

schwer|krank ↑schwer

der **Schwer|kran|ke** *oder* **schwer Kran|ke;** ein Schwerkranker *oder* schwer Kranker; die Schwerkranken *oder* schwer Kranken; zwei Schwerkranke *oder* schwer Kranke

die **Schwer|kran|ke** *oder* **schwer Kran|ke;** eine Schwerkranke *oder* schwer Kranke

schwer|lich (kaum)

schwer|ma|chen ↑schwer

das **Schwer|me|tall**

die **Schwer|mut** (Traurigkeit, Mutlosigkeit)

schwer|mü|tig

schwer|neh|men (ernst nehmen); du solltest die Dinge nicht so schwernehmen; ↑ABER: schwer

der **Schwer|punkt**

schwer|reich (*umgangssprachlich für:* sehr reich); ein schwerreicher Mann; dieser Mann ist schwerreich

das **Schwert;** des Schwerts *oder* Schwer|tes; die Schwer|ter

der **Schwert|fisch**
die **Schwert|li|lie**
sich **schwer|tun;** er hat sich mit dieser Aufgabe schwergetan
der **Schwer|ver|bre|cher**
die **Schwer|ver|bre|che|rin**
schwer|ver|letzt ↑schwer
der **Schwer|ver|letz|te** *oder* **schwer Ver|letz|te;** ein Schwerverletzter *oder* schwer Verletzter; die Schwerverletzten *oder* schwer Verletzten; zwei Schwerverletzte *oder* schwer Verletzte die **Schwer|ver|letz|te;** eine Schwerverletzte *oder* schwer Verletzte
schwer|ver|stän|dlich ↑schwer
schwer|ver|wun|det ↑schwer
schwer|wie|gend ↑schwer
die **Schwes|ter**
schwes|ter|lich
die **Schwie|ger|el|tern** *Plural*
die **Schwie|ger|mut|ter**
der **Schwie|ger|sohn**
die **Schwie|ger|toch|ter**
der **Schwie|ger|va|ter**
die **Schwie|le** (verhärtete Stelle in der Haut); die Schwielen
schwie|lig; schwielige Hände
schwie|rig
die **Schwie|rig|keit**
das **Schwimm|bad**
das **Schwimm|be|cken**
die **Schwimm|bril|le**
schwim|men; du schwimmst; er schwimmt; er schwamm; sie ist über den See geschwommen; er hat zwei Stunden lang geschwommen; schwimm[e]!
der **Schwim|mer;** des Schwimmers; die Schwimmer
die **Schwim|me|rin;** die Schwimmerinnen
die **Schwimm|flos|se**
der **Schwimm|meis|ter** *oder* **Schwimm-Meis|ter**
die **Schwimm|meis|te|rin** *oder* **Schwimm-Meis|te|rin**
der **Schwimm|sport**
der **Schwimm|un|ter|richt**
der **Schwimm|vo|gel**
die **Schwimm|wes|te**
der **Schwin|del;** des Schwindels; Schwindel erregen; in Schwindel erregender *oder* schwindelerregender Höhe; ABER NUR: in äußerst schwindelerregender, noch schwindelerregenderer Höhe
schwin|del|frei
schwin|de|lig *oder* **schwind|lig**
schwin|deln; du schwindelst; er hat geschwindelt; schwindle *oder* schwindele nicht!
schwin|den; etwas schwindet; etwas schwand; etwas ist geschwunden
der **Schwind|ler;** des Schwindlers; die Schwindler
die **Schwind|le|rin;** die Schwindlerinnen
die **Schwind|sucht**
schwind|süch|tig
die **Schwin|ge** (Flügel); die Schwingen
schwin|gen; du schwingst; er schwingt; sie schwang; er hat die Fahne geschwungen; schwing *oder* schwinge die Fahne!
der **Schwin|ger** (Boxhieb); des Schwingers
die **Schwin|gung**
der **Schwips** (*umgangssprachlich für:* leichter Rausch); des Schwip|ses; die Schwipse
schwir|ren; der Pfeil schwirrt; der Pfeil ist durch die Luft geschwirrt
schwit|zen; du schwitzt; er schwitzt; sie hat bei der Arbeit geschwitzt
der **Schwof** (Tanzvergnügen); des Schwofs *oder* Schwo|fes; die Schwo|fe
schwo|fen; er hat lange geschwoft
schwö|ren; du schwörst; er schwört; er schwor; sie hat geschworen; schwör *oder* schwöre!
schwul (*umgangssprachlich und Selbstbezeichnung für:* homosexuell)
schwül; schwüles Wetter
der **Schwu|le** (*umgangssprachlich und Selbstbezeichnung für:* Homosexueller); die Schwulen
die **Schwü|le**
der **Schwulst;** des Schwulsts *oder* Schwuls|tes; die Schwüls|te
schwüls|tig (überladen)
der **Schwund** (Verlust, Verringerung); des Schwunds *oder* Schwun|des
der **Schwung;** des Schwungs *oder* Schwun|ges; die Schwün|ge
die **Schwung|kraft**
schwung|voll
der **Schwur;** des Schwurs *oder* Schwu|res; die Schwü|re

A B C D E F G H I J K L M N O P Q R S sch T U V W X Y Z

das **Schwur|ge|richt** (Gericht für besonders schwere Straftaten)

die **Sci|ence-Fic|tion** *oder* **Sci|ence|fic|tion** [ˈsaɪ̯ənsˈfɪkʃn̩] (wissenschaftlich-utopische Literatur)

der **Sci|ence-Fic|tion-Film** *oder* **Sci|ence-fic|tion-Film** *oder* **Sci|ence|fic|tion|film**

die **Sci|en|to|lo|gy** [saɪ̯ənˈtɔlədʒi] (*Markenbezeichnung für:* eine Organisation und Lehre mit religiösem Anspruch); *meist ohne Artikel*

der **Scoo|ter** [ˈskuːtɐ] ([elektrischer] Roller); des Scooters; die Scooter

der **Scot|land Yard** [ˈskɔtlənd jaːɐ̯d] (die Londoner Kriminalpolizei)

der **Scout** [skaʊ̯t] (Pfadfinder; jemand, der etwas aufspüren soll); des Scouts; die Scouts

die **Scou|tin** [ˈskaʊ̯tɪn]; die Scoutinnen

das **Scrab|b|le** [ˈskrɛbl̩] (*Markenbezeichnung:* ein Gesellschaftsspiel); des Scrabbles; die Scrabbles

das **Scrat|ching** [ˈskrɛtʃɪŋ] (das Hervorbringen bestimmter akustischer Effekte durch Manipulation einer laufenden Schallplatte); des Scratchings

der **Screen|shot** [ˈskriːnʃɔt] (*EDV:* Abbildung einer Bildschirmanzeige); des Screenshots; die Screenshots

scrol|len [ˈskrɔʊ̯lən] (eine Darstellung auf dem Bildschirm verschieben); du scrollst; sie scrollt; er hat gescrollt; scrolle weiter!

die **SD-Kar|te** [ɛsˈdeː...] (*EDV: Markenbezeichnung:* eine Speicherkarte)

sec = Sekunde

sechs; wir sind zu sechsen *und* zu sechst; wir sind sechs; ↑acht

die **Sechs** (Zahl); die Sech|sen; er hat in Deutsch eine Sechs geschrieben; sie hat eine Sechs gewürfelt; ↑Acht

der **Sechs|ach|tel|takt** ($^6/_8$-Takt)

sechs|fach

sechs|jäh|rig

sechs|mal ↑achtmal

sechs|stel|lig; eine sechsstellige Zahl

sechs|te ↑achte

das **Sechs|tel;** des Sechstels; die Sechstel; ↑Achtel

sechs|tens

sech|zehn ↑acht

sech|zig ↑achtzig

der **Se|cond|hand|shop** [sɛkn̩tˈhɛntʃɔp] (Laden, in dem gebrauchte Kleidung und anderes verkauft wird); des Secondhandshops; die Secondhandshops

der **Se|cond Screen** [ˈsɛkənt ˈskriːn] (*Jargon:* zweite, parallel zum Fernsehgerät genutzte Informationsquelle mit Bildschirm); des Second Screens; die Second Screens

die **Se|cu|ri|ty** [sɪˈkjʊ̯ərəti] (englische Bezeichnung für Sicherheitsdienst); der Security; die Securitys

die **SED** = Sozialistische Einheitspartei Deutschlands (Staatspartei der DDR [1946–1989])

das **Se|di|ment** (Ablagerung, Schicht); des Sediments *oder* Se|di|men|tes; die Se|di|men|te

der **See** (Landsee); des Sees; die Se|en

die **See** (Meer); die Se|en

der **See|ad|ler**

die **See|büh|ne**

der **See-Ele|fant** *oder* **See|ele|fant** (große Robbe)

die **See|fahrt**

der **See|gang;** starker Seegang

der **See|hund**

see|krank

die **See|le**

see|len|ru|hig

see|len|ver|gnügt

die **See|leu|te** (*Plural von:* Seemann)

see|lisch

> **!** Nicht verwechseln: Obwohl beide Wörter in der unflektierten Form ähnlich ausgesprochen werden, schreibt man das Adjektiv *seelisch* in der Bedeutung »die Seele betreffend« mit Doppel-e und *isch* am Ende. Das Adjektiv *selig* mit den Bedeutungen »am ewigen Leben teilhabend« und »zutiefst beglückt« wird dagegen mit einfachem e und *ig* am Ende geschrieben.

der **See|lö|we**

die **Seel|sor|ge**

der **Seel|sor|ger;** des Seelsorgers; die Seelsorger

die **Seel|sor|ge|rin;** die Seelsorgerinnen

der **See|mann;** die Seel|leu|te

der **See|manns|kno|ten**

die **See|not;** in Seenot sein

die **See|not|ret|tung**
das **See|pferd|chen**
der **See|räu|ber**
die **See|räu|be|rin**
die **See|rei|se**
die **See|ro|se**
der **See|stern** (ein Meerestier)
see|tüch|tig; seetüchtige Boote
der **See|weg**
die **See|zun|ge** (ein Fisch)
das **Se|gel;** des Segels; die Segel
das **Se|gel|boot**
der **Se|gel|flug**
das **Se|gel|flug|zeug**
die **Se|gel|jacht** *oder* **Se|gel|yacht**
se|geln; er hat drei Stunden gesegelt; sie ist nach Schweden gesegelt; seg[e]le mit mir!
die **Se|gel|oh|ren** *(umgangssprachlich) Plural*
die **Se|gel|re|gat|ta**
das **Se|gel|schiff**
die **Se|gel|yacht** *oder* **Se|gel|jacht**
der **Se|gen;** des Segens; die Segen
se|gens|reich; segensreiche Erfindungen
der **Seg|ler;** des Seglers; die Segler
die **Seg|le|rin;** die Seglerinnen
das **Seg|ment** (Abschnitt); des Segments *oder* Seg|men|tes; die Seg|men|te
seg|nen; du segnest; er segnet; er segnete; sie hat ihn gesegnet; segne ihn!
die **Seg|nung**
der **Seg|way** [ˈsɛkve̯ɪ] (*Markenbezeichnung:* elektrisch angetriebener Roller mit zwei parallel angeordneten Rädern, zwischen denen ein Brett zum Stehen und eine Lenkstange angebracht sind); des Segways; die Segways
seh|be|hin|dert
se|hen; du siehst; er sieht; er sah; sie hat den Mann gesehen; sieh *oder* siehe!
se|hens|wert
die **Se|hens|wür|dig|keit**
die **Seh|ne**
sich **seh|nen;** du sehnst dich; sie sehnte sich; er hat sich nach ihr gesehnt
seh|nig; sehniges Fleisch
sehn|lichst
die **Sehn|sucht;** die Sehn|süch|te
sehn|süch|tig
sehr; zu sehr; so sehr; gar sehr; sehr viel; sehr vieles; sie bekam die Note »sehr gut«
das **Seh|ver|mö|gen**
seicht; seich|ter; am seich|tes|ten; seichtes Wasser
die **Sei|de;** die Seiden
sei|den (aus Seide)
sei|den|weich
sei|dig (wie Seide)
die **Sei|fe**
die **Sei|fen|bla|se**
der **Sei|fen|spen|der**
sei|fig; seifige Hände
sei|hen (durch ein Sieb gießen, filtern); du seihst; er seiht; er seihte; sie hat die Milch geseiht; seih *oder* seihe die Milch!
das **Seil;** des Seils *oder* Sei|les; die Sei|le
die **Seil|bahn**
der **Seil|gar|ten** (künstliche Anlage zum Klettern)
die **Seil|schaft** (Gruppe von Bergsteigern, die durch ein Seil verbunden sind; *übertragen für:* Gruppe von Personen, die [politisch] eng zusammenarbeiten)
seil|sprin|gen

! Das Verb ist nur im Infinitiv und Partizip gebräuchlich: »Wir wollen heute wieder *seilspringen,* obwohl wir erst gestern *seilgesprungen* sind.« Wenn das Verb wie ein Nomen gebraucht wird, schreibt man es groß: »*Das Seilspringen* ist lustig.«

seil|tan|zen ↑seilspringen
der **Seil|tän|zer**
die **Seil|tän|ze|rin**
sein; sein Heft; jedem das seine *oder* Seine; er muss das seine *oder* Seine und *das* seinige *oder* Seinige dazu tun; Seine Exzellenz; Seine Majestät; Seine Hoheit
sein; ich bin; du bist; er ist; wir sind; ihr seid; sie sind; er war; sie ist dort gewesen; sei nicht dumm!; sein lassen *oder* seinlassen (nichts tun); sie ließ es sein; sie hat es sein lassen *oder* seinlassen
die **Sei|ne** [zɛːn, ˈzɛːn(ə)] (Fluss in Frankreich)
sei|ner|seits
sei|ner|zeit (damals); seinerzeit stand dort eine alte Eiche; ABER: alles zu seiner Zeit
sei|nes|glei|chen

sei|net|we|gen
sei|net|wil|len; um seinetwillen
die **Sei|ni|gen** *oder* **sei|ni|gen** (seine Angehörigen) *Plural;* er sorgt für die Seinigen *oder* seinigen
sein|las|sen ↑sein
seit; seit alters; seit damals; seit gestern; seit heute; seit Kurzem *oder* kurzem

> ! Nicht verwechseln: Obwohl beide Wörter gleich ausgesprochen werden, schreibt man die auf das Hilfsverb *sein* zurückgehende Form *seid* mit *d* (»Ihr *seid* wohl neu hier?«, »*Seid* pünktlich!«), die Präposition und Konjunktion *seit* hingegen mit *t* (»Ihr geht es gut, *seit* sie keinen Kaffee mehr trinkt«).

seit|dem; seitdem sie gesund ist; ABER: seit dem letzten Treffen
die **Sei|te;** von allen Seiten; von zuständiger Seite; jemandem zur Seite stehen; auf Seiten *oder* aufseiten; er stand auf Seiten *oder* aufseiten der Gegner; von Seiten *oder* vonseiten; sie erhielt Hilfe von Seiten *oder* vonseiten ihrer Verwandten; ↑ABER: Saite
der **Sei|ten|blick**
der **Sei|ten|ein|gang**
die **Sei|ten|hal|bie|ren|de** *(Geometrie);* eine Seitenhalbierende
der **Sei|ten|hieb** (bissige Anspielung)
sei|ten|lang; der Aufsatz war seitenlang; ABER: der Brief war vier Seiten lang
sei|tens (*Amtssprache:* vonseiten); seitens der Schule gibt es keine Einwände
der **Sei|ten|sprung** (vorübergehende sexuelle Beziehung außerhalb einer festen Bindung)
das **Sei|ten|ste|chen**
sei|ten|ver|kehrt; seitenverkehrte Dias
der **Sei|ten|wech|sel**
seit|her (seitdem)
seit|lich
seit|wärts
sek, Sek. = Sekunde
die **Se|kan|te** (Gerade, die eine Kurve schneidet); die Sekanten
das **Se|kret** (Absonderung, Ausscheidung); des Sekrets *oder* Se|kre|tes; die Se|kre|te
der **Se|kre|tär** (ein Beamter des mittleren Dienstes; Funktionär in einer Partei, Gewerkschaft o. Ä.; kaufmännischer Angestellter; Schreibschrank); des Sekretärs; die Se|kre|tä|re
das **Se|kre|ta|ri|at** (Geschäftsstelle); des Sekretariats *oder* Se|kre|ta|ri|a|tes; die Se|kre|ta|ri|a|te
die **Se|kre|tä|rin;** die Sekretärinnen
der **Sekt** (Schaumwein); des Sekts *oder* Sek|tes; die Sek|te
die **Sek|te** (kleinere Glaubensgemeinschaft); die Sekten
das **Sek|ten|we|sen**
die **Sekt|fla|sche**
der **Sek|tie|rer** (Anhänger einer Sekte); des Sektierers; die Sektierer
die **Sek|tie|re|rin;** die Sektiererinnen
sek|tie|re|risch (für eine Sekte charakteristisch)
die **Sek|ti|on** (Abteilung, Gruppe); die Sek|ti|o|nen
der **Sek|tor** (Gebiet; Teil; Ausschnitt); des Sektors; die Sek|to|ren
se|kun|där (zweitrangig)
die **Se|kun|dar|stu|fe** (vom 5. Schuljahr an)
die **Se|kun|de;** (*Zeichen:* sec); die Sekunden
se|kun|den|lang; ABER: vier Sekunden lang
die **Se|kun|den|schnel|le;** es geschah in Sekundenschnelle
der **Se|kun|den|zei|ger**
sel|ber (*meist umgangssprachlich für:* selbst)
selbst; von selbst; selbst wenn; Brot selbst backen; selbst gebackenes *oder* selbstgebackenes Brot
die **Selbst|ach|tung**
selb|stän|dig *vergleiche:* **selbst|stän|dig**
der *und* die **Selb|stän|dige** ↑Selbstständige
die **Selb|stän|dig|keit** *oder* **Selbst|stän|dig|keit**
der **Selbst|aus|lö|ser**
die **Selbst|be|die|nung**
die **Selbst|be|frie|di|gung**
die **Selbst|be|haup|tung**
die **Selbst|be|herr|schung**
selbst|be|stimmt (eigenverantwortlich)
die **Selbst|be|stim|mung**
selbst|be|wusst
das **Selbst|be|wusst|sein**
die **Selbst|dar|stel|lung**

der **Sẹlbst|er|hal|tungs|trieb**
sẹlbst|fah|rend; selbstfahrende Autos
sẹlbst|ge|ba|cken ↑ selbst
die **Sẹlbst|hil|fe**
die **Sẹlbst|hil|fe|grup|pe** (Gruppe von Personen mit gleichen Problemen, die sich gegenseitig helfen möchten); eine Selbsthilfegruppe für Mobbingopfer
die **Sẹlbst|iro|nie**
die **Sẹlbst|kon|t|rol|le**
die **Sẹlbst|kri|tik** *Plural selten*
sẹlbst|kri|tisch
der **Sẹlbst|laut** (Vokal)
sẹlbst|ler|nend (*EDV:* [von Computerprogrammen] menschliche Intelligenz nachahmend); ein selbstlernendes Programm
sẹlbst|los; selbst|lo|ser; am selbst|lo|ses|ten
der **Sẹlbst|mord**
das **Sẹlbst|mord|at|ten|tat**
das **Sẹlbst|por|t|rät**
sẹlbst|re|dend (selbstverständlich)
sẹlbst|si|cher; sie wirkt immer sehr selbstsicher
sẹlbst|stän|dig *oder* **sẹlb|stän|dig;** sich selbstständig *oder* selbständig machen
der **Sẹlbst|stän|di|ge** *oder* **Sẹlb|stän|di|ge;** ein Selbstständiger *oder* Selbständiger; zwei Selbstständige *oder* Selbständige
die **Sẹlbst|stän|di|ge** *oder* **Sẹlb|stän|di|ge;** eine Selbstständige *oder* Selbständige
die **Sẹlbst|stän|dig|keit** *oder* **Sẹlb|stän|dig|keit**
sẹlbst|ver|ges|sen (in Gedanken versunken); ABER: ich habe es selbst vergessen, ihn anzurufen
sẹlbst|ver|ständ|lich
die **Sẹlbst|ver|ständ|lich|keit**
das **Sẹlbst|ver|ständ|nis** (Vorstellung von sich selbst, mit der man sich auch öffentlich darstellt); des Selbstverständnisses; dein Selbstverständnis als Klassensprecher
das **Sẹlbst|ver|trau|en**
das **Sẹlbst|wert|ge|fühl**
die **Se|lek|ti|o̱n** (Auswahl); die Se|lek|ti|o|nen
se|lek|ti̱v (auswählend)
das **Sel|fie** [ˈsɛlfi] (digitales Selbstporträt); des Selfies; die Selfies
der **Sel|fie|stick** (am Smartphone befestigte Stange zur Aufnahme von Selfies); des Selfiesticks; die Selfiesticks
se̱|lig; selig sein; selig machen *oder* seligmachen; selig werden; ↑ ABER: seelisch
die **Se̱|lig|keit**
se̱|lig|ma|chen ↑ selig
se̱|lig|prei|sen; er pries ihn selig; er hat ihn seliggepriesen
die **Se̱|lig|prei|sung**
se̱|lig|spre|chen; man sprach ihn selig; man hat ihn seliggesprochen
die **Se̱|lig|spre|chung**
der **Sẹl|le|rie;** des Selleries; die Sellerie *oder* Selleries *und* die **Sẹl|le|rie;** die Sellerie *oder* Sel|le|ri|en
sẹl|ten
die **Sẹl|ten|heit**
das **Sẹl|ters|was|ser;** die Selterswässer
sẹlt|sam
das **Se|mẹs|ter** (das Studienhalbjahr); des Semesters; die Semester
das **Se|mi|ko̱|lon** (der Strichpunkt); des Semikolons; die Semikolons *oder* Semikola
das **Se|mi|na̱r** (katholische Priesterausbildungsanstalt; ein Hochschulinstitut; Übungskurs an der Hochschule); des Seminars; die Se|mi|na|re
die **Sẹm|mel;** die Semmeln
sen. = senior
der **Se|na̱t** (eine Regierungs-, Verwaltungsbehörde); des Senats *oder* Se|na|tes; die Se|na|te
der **Se|na̱|tor;** des Senators; die Se|na|to̱|ren
die **Se|na|to̱|rin;** die Senatorinnen
sẹn|den (schicken); du sendest mir einen Brief; sie sendet mir einen Brief; sie sandte, *auch:* sendete mir einen Brief; er hat mir einen Brief gesandt, *auch:* gesendet
sẹn|den (übertragen); der Rundfunk sendet; der Rundfunk sendete; der Rundfunk hat Musik gesendet
der **Sẹn|de|platz** *(Fernsehen)*
der **Sẹn|der;** des Senders; die Sender
die **Sẹn|de|zeit**
die **Sẹn|dung**
Se̱|ne|gal *oder* der **Se̱|ne|gal** (Staat in Afrika)
der **Se|ne|ga|le̱|se;** des/dem/den Senegalesen; die Senegalesen

die **Se|ne|ga|le|sin;** die Senegalesinnen
se|ne|ga|le|sisch
der **Senf;** des Senfs *oder* Sen|fes; die Sen|fe
sen|gen (anbrennen); die brennende Zigarette sengte ein Loch in die Decke; sie hat ein Loch in die Decke gesengt
se|nil (greisenhaft)
die **Se|ni|li|tät**
se|ni|or (*hinter Namen:* der, *selten auch:* die Ältere); Karl Meyer senior; Lisa Müller senior
der **Se|ni|or** (Ältester); des Seniors; die Se-ni|o|ren
das **Se|ni|o|ren|heim**
die **Se|ni|o|rin;** die Seniorinnen
das **Senk|blei** *(Bauwesen)*
die **Sen|ke** (Vertiefung im Gelände)
der **Sen|kel** (Schnürband); des Senkels; die Senkel
sen|ken; du senkst; er senkte; sie hat den Kopf gesenkt; senk *oder* senke die Preise!
senk|recht
die **Senk|rech|te;** der Senkrechten; die Senkrechten; zwei Senkrechte *und* zwei Senkrechten
der **Senn** (Almhirt); des Senns *oder* Sen-nes; die Sen|ne *oder* Sen|nen
die **Sen|ne|rin;** die Sennerinnen
die **Sen|sa|ti|on** (aufsehenerregendes Ereignis); die Sen|sa|ti|o|nen
sen|sa|ti|o|nell
die **Sen|se**
der **Sen|sen|mann** (*verhüllend für:* Tod)
sen|si|bel (empfindsam, feinfühlig); ein sen|si|b|les Kind
die **Sen|si|bi|li|tät**
der **Sen|sor** (Messfühler); des Sensors; die Sen|so|ren
sen|ti|men|tal (empfindsam; rührse-lig)
die **Sen|ti|men|ta|li|tät** (Gefühlsseligkeit)
Se|oul [sɔʊl] (Hauptstadt Südkoreas)
se|pa|rat (abgesondert; einzeln)
der **Sep|tem|ber;** des September *oder* Septembers; die September
die **Sep|ti|me** (der siebte Ton vom Grund-ton an); die Septimen
die **Se|quenz** (Aufeinanderfolge, Reihe); der Sequenz; die Se|quen|zen
der **Ser|be** (Angehöriger eines südslawi-schen Volkes); des/dem/den Serben; die Serben
Ser|bi|en (Staat in Südosteuropa)
die **Ser|bin;** die Serbinnen
ser|bisch
die **Se|re|na|de** (Abendmusik, -ständ-chen); die Serenaden
die **Se|rie** (Reihe, Folge); die Se|ri|en
se|ri|en|mä|ßig; eine serienmäßige Klimaanlage
die **Se|ri|en|pro|duk|ti|on**
die **Se|ri|en|schal|tung** (Reihenschaltung)
se|ri|en|wei|se
se|ri|ös (ernsthaft, gediegen, anstän-dig); se|ri|ö|ser; am se|ri|ö|ses|ten; ein seriöser Bewerber
die **Se|ri|o|si|tät**
die **Ser|pen|ti|ne** (Straßenwindung, Kehr-schleife); die Serpentinen
das **Se|rum** (wässriger Bestandteil des Blutes; Impfstoff); des Serums; die Seren *oder* Sera
die **Ser|ve|lat|wurst** *vergleiche:* **Zer|ve-lat|wurst**
der **Ser|ver** [ˈsœːɐ̯vɐ] (*EDV:* Rechner mit bestimmten Aufgaben in einem Netz-werk); des Servers; die Server
das **Ser|vice** [zɛrˈviːs] (Tafelgeschirr); des Service [zɛrˈviːs] *oder* des Ser|vi|ces [zɛrˈviːsəs]; die Ser|vi|ce [zɛrˈviːsə]
der **Ser|vice** [ˈsœːɐ̯vɪs] (Kundendienst); des Service; die Ser|vi|ces [ˈsœːɐ̯vɪsɪs]
die **Ser|vice|hot|line** *oder* **Ser|vice-Hot-line** [ˈsœːɐ̯vɪshɔtlaɪ̯n] (Kundendienst-telefon)
die **Ser|vice|leis|tung**
ser|vie|ren; sie servierte; er hat ser-viert; servier *oder* serviere das Essen!
die **Ser|vie|re|rin;** die Serviererinnen
die **Ser|vi|et|te;** die Servietten
die **Ser|vo|len|kung** (vereinfachte Len-kung in Autos und Lkws)
der **Se|sam** (eine Pflanze mit ölhaltigem Samen); des Sesams; die Sesams
der **Ses|sel;** des Sessels; die Sessel
der **Ses|sel|lift**
sess|haft; ein sesshaftes Leben
die **Sess|haf|tig|keit**
das *oder* der **Set** [sɛt] (zusammengehörige Gegenstände, Satz; Platzdeckchen); des Set *oder* Sets; die Sets
set|zen; du setzt; sie setzte; er hat einen

Baum gesetzt; setz *oder* setze ihm eine Frist!; sich setzen; er hat sich auf den Stuhl gesetzt

der **Set|zer** (Schriftsetzer); des Setzers; die Setzer

die **Set|ze|rei**

die **Set|ze|rin;** die Setzerinnen

der **Setz|ling** (junge Pflanze; Zuchtfisch); des Setzlings; die Setz|lin|ge

die **Seu|che**

seuf|zen; du seufzt; er seufzt; sie hat geseufzt; seufz *oder* seufze nicht!

der **Seuf|zer;** des Seufzers; die Seufzer

der **Sex** [sɛks, zɛks] (*Kurzwort für:* Sexualität; Geschlechtsverkehr); des Sex *oder* Se|xes; mit jemandem Sex haben

der **Sex|film**

der **Se|xis|mus** ([Diskriminierung aufgrund der] Vorstellung, nach der eines der beiden Geschlechter dem anderen von Natur aus überlegen ist)

se|xis|tisch; sexistische Bemerkungen

das **Sex|tett** (Musikstück für sechs Stimmen oder für sechs Instrumente; *auch:* die ausführenden Musiker selbst); des Sextetts *oder* Sex|tet|tes; die Sex|tet|te

das **Sex|ting** (Austausch privater digitaler Nachrichten oder Fotos mit sexuellem Inhalt); des Sextings

die **Se|xu|al|auf|klä|rung**

die **Se|xu|al|er|zie|hung**

se|xu|a|li|sie|ren (die Sexualität überbetonen); ich sexualisiere; du sexualisiertest; wir haben sexualisiert; sexualisier *oder* sexualisiere!

die **Se|xu|a|li|tät** (Geschlechtlichkeit)

die **Se|xu|al|kun|de**

das **Se|xu|al|or|gan**

der **Se|xu|al|straf|tä|ter**

die **Se|xu|al|straf|tä|te|rin**

der **Se|xu|al|trieb**

se|xu|ell; sexuelle Kontakte

das **Sex|vi|deo**

se|xy [ˈsɛksi, ˈzɛksi] (geschlechtlich attraktiv)

se|zie|ren (eine Leiche öffnen); der Arzt sezierte; sie hat die Leiche seziert

Shake|s|peare [ˈʃeɪ̯kspiːɐ̯] (englischer Dichter)

das **Sham|poo** [ˈʃampu] (flüssiges Haarwaschmittel); des Shampoos; die Shampoos

das **Sha|ring** [ˈʃɛːrɪŋ] (organisierte Nutzung von etwas durch mehrere Personen); des Sharing[s]

der **She|riff** [ˈʃɛrɪf] (oberster Vollzugsbeamter einer amerikanischen Stadt); des Sheriffs; die Sheriffs

das **Shirt** [ʃœːɐ̯t] ([kurzärmliges] Baumwollhemd); des Shirts; die Shirts

die **Shi|sha** [ˈʃiːʃa] *oder* **Schi|scha** (Wasserpfeife); die Shishas *oder* Schischas

der *oder* das **Shit** [ʃɪt] (*umgangssprachlich für:* Haschisch); des Shits

der **Shit|storm** [ˈʃɪtstɔːɐ̯m] (*EDV; umgangssprachlich:* Entrüstungssturm [mit Beleidigungen] in einem Internetmedium); des Shitstorms; die Shitstorms

der **Shop** [ʃɔp] (Laden, Geschäft); des Shops; die Shops

shop|pen (einen Einkaufsbummel machen); du shoppst; sie shoppte; ich habe geshoppt

der **Shop|per** (jemand, der einkauft; größere [Hand]tasche); des Shoppers; die Shopper

die **Shop|pe|rin;** die Shopperinnen

das **Shop|ping** [ˈʃɔpɪŋ] (Einkaufsbummel); des Shoppings

das **Shop|ping|cen|ter** *oder* **Shop|ping-Cen|ter** (Einkaufszentrum)

die **Shorts** [ʃɔːɐ̯ts] (kurze sportliche Hose) *Plural*

die **Short Sto|ry** *oder* **Short|sto|ry** [ˈʃɔːɐ̯tstɔri, *auch:* ˈʃɔːt ˈstɔːri] (Kurzgeschichte)

die **Show** [ʃɔʊ̯] (Schau; bunte, aufwendige Darbietung); die Shows

das **Show|busi|ness** [ˈʃɔʊ̯bɪznɪs, ˈʃɔʊ̯bɪsnɛs] (Unterhaltungsbranche; Schaugeschäft)

der **Show|down** *oder* **Show-down** [ʃɔʊ̯ˈdaʊ̯n] (Entscheidungskampf [besonders im Wildwestfilm]); des Showdowns *oder* Show-downs; die Showdowns *oder* Show-downs

das **Show|ge|schäft**

der **Show|mas|ter** [ˈʃɔʊ̯maːstɐ] (Unterhaltungskünstler, der eine Show präsentiert); des Showmasters; die Showmaster

die **Show|mas|te|rin;** die Showmasterinnen

der **Shrimp** [ʃrɪmp] *oder* **Schrimp** (kleine Krabbe); des Shrimps *oder* Schrimps; die Shrimps *oder* Schrimps

der **Shut|down** *oder* **Shut-down** [ˈʃat-daʊ̯n, …ˈdaʊ̯n] (vollständige Schließung eines bestimmten Bereichs); der Shutdown des öffentlichen Lebens wegen Corona

die **Shut|ter|bril|le** [ˈʃatɐ…] (für das Betrachten von 3-D-Projektionen konzipierte Brille mit Gläsern aus Flüssigkristall)

der *oder* das **Shut|tle** [ˈʃatl̩] ([Fahrzeug im] Pendelverkehr); des Shuttles; die Shuttles

der **Shut|tle|bus** (Bus im Pendelverkehr)

der **Shut|tle|ser|vice** *oder* **Shut|tle-Ser|vice** […sœːɐ̯vɪs] (Pendelverkehr)

Si|bi|ri|en

der **Si|bi|ri|er;** des Sibiriers; die Sibirier

die **Si|bi|ri|e|rin;** die Sibirierinnen

si|bi|risch; sibirische Kälte

sich

die **Si|chel;** die Sicheln; Korn mit der Sichel schneiden

si|chel|för|mig

si|cher; er gab mir ein sicheres Geleit; hier wird er sicher sein; im Sichern *oder* Sicheren (geborgen) sein; es ist das Sicherste (am sichersten), wenn du zu Hause bleibst; es ist das Sicherste, was du tun kannst; wir suchen etwas Sicheres; sie geht auf Nummer sicher (sie wagt nichts); sicher sein, werden; ein sicher wirkendes *oder* sicherwirkendes Mittel

si|cher|ge|hen (Gewissheit haben); er geht sicher; sie ist sichergegangen; ABER: sicher gehen (ohne Gefahr, ohne Schwanken gehen); über diesen Baumstamm ist er sicher gegangen

die **Si|cher|heit**

der **Si|cher|heits|dienst**

der **Si|cher|heits|gurt**

si|cher|heits|hal|ber

der **Si|cher|heits|hin|weis**

die **Si|cher|heits|lü|cke**

die **Si|cher|heits|wes|te** *(besonders Verkehrswesen)*

si|cher|lich

si|chern; er hat seine Zukunft gesichert; sichere deine Zukunft!; sich sichern; sie hat sich Eintrittskarten gesichert

si|cher|stel|len (sichern; in behördliche Verwahrung nehmen); er stellt das Fahrrad sicher; sie hat es sichergestellt

die **Si|cher|stel|lung**

die **Si|che|rung**

si|cher|wir|kend ↑ sicher

die **Sicht;** auf lange Sicht; in Sicht kommen; in Sicht sein

sicht|bar

sich|ten (erbicken; durchsehen); du sichtest; er hat ihn gesichtet

sicht|lich

das **Sich|tungs|tur|nier** *(Sport)*

die **Sicht|ver|hält|nis|se** *Plural*

die **Sicht|wei|se;** eine andere Sichtweise der Dinge

die **Sicht|wei|te;** auf Sichtweite herankommen

die **Si|cker|gru|be**

si|ckern; das Blut ist aus der Wunde gesickert

das **Si|cker|was|ser**

der **Side|cut** [ˈsai̯tkat] (Frisur, bei der eine Kopfseite rasiert ist); des Sidecuts; die Sidecuts

sie; sie kommt; sie kommen

Sie; kommen Sie bitte!; Mode für Sie und Ihn

das **Sieb;** des Siebs *oder* Sie|bes; die Sie|be

sie|ben; du siebst; er siebte; sie hat das Mehl gesiebt; sieb *oder* siebe das Mehl!

sie|ben; wir sind sieben; wir sind zu sieben *oder* zu siebt; die sieben Sakramente; die sieben Todsünden; die sieben Weltwunder; das ist mir ein Buch mit sieben Siegeln (das ist mir völlig unverständlich); die sieben fetten und die sieben mageren Jahre; sieben auf einen Streich; Schneewittchen und die sieben Zwerge; die sieben Raben (im Märchen); ↑ acht

die **Sie|ben;** eine böse Sieben; ↑ acht, die Acht

sie|ben|fach

sie|ben|hun|dert

sie|ben|jäh|rig; ein siebenjähriger Junge; ABER: der Siebenjährige Krieg

sie|ben|mal ↑ achtmal

die **Sie|ben|mei|len|stie|fel** *Plural*

S
shr

der **Sie|ben|schlä|fer** (ein Nagetier); des Siebenschläfers; die Siebenschläfer
das **Sie|ben|tel** *oder* **Sieb|tel;** die Siebentel *oder* Siebtel
sieb|te ↑achte
sieb|tens
sieb|zehn ↑acht
sieb|zig; ↑achtzig
siech (*gehoben veraltend für:* krank und schwach)
das **Siech|tum**
sie|deln; du siedelst; er siedelte; er hat am Fluss gesiedelt
sie|den (kochen); du siedest; er sott *oder* siedete; er hat die Eier gesotten *oder* gesiedet; siede die Eier!; verwenden Sie stets siedend heißes Wasser
der **Sie|de|punkt**
der **Sied|ler;** des Siedlers; die Siedler
die **Sied|le|rin;** die Siedlerinnen
die **Sied|lung**
der **Sieg;** des Siegs *oder* Sie|ges; die Sie|ge
das **Sie|gel;** des Siegels; die Siegel

! *Siegel* mit *ie* hat die Bedeutung »Stempel[abdruck], Briefverschluss«. Davon zu unterscheiden ist das Wort *Sigel* mit einfachem *i.* Es steht für ein Abkürzungszeichen.

der **Sie|gel|lack**
sie|geln; ich sieg[e]le; du siegelst; er siegelte; er hat die Urkunde gesiegelt; siegle *oder* siegele!
sie|gen; du siegst; er siegte; er hat beim Rennen gesiegt; sieg *oder* siege!
der **Sie|ger;** des Siegers; die Sieger
die **Sie|ger|eh|rung**
die **Sie|ge|rin;** die Siegerinnen
sie|ges|ge|wiss
der **Sie|ges|preis**
sie|ges|si|cher
der **Sie|ges|zug**
sieg|reich; die siegreiche Elf
sie|he; siehe oben
der *oder* das **Siel** (Deichschleuse; Abwasserkanal); des Siels *oder* Sie|les; die Sie|le
sie|zen; du siezt ihn; er siezte ihn; er hat ihn gesiezt; siez *oder* sieze ihn lieber!
das **Si|gel** (Abkürzungszeichen, zum Beispiel in der Kurzschrift); des Sigels; die Sigel; ↑ABER: Siegel

das **Sight|see|ing** [ˈsai̯tsiːɪŋ] (Besichtigung von Sehenswürdigkeiten); des Sightseeings
die **Sight|see|ing|tour** *oder* **Sight|see|ing-Tour** [ˈsai̯tsiːɪŋtuːɐ̯] (Besichtigungsfahrt)
das **Si|g|nal;** des Signals; die Si|g|na|le
si|g|na|li|sie|ren; ich signalisier[e]; du signalisierst; sie signalisierte; signalisier *oder* signalisiere dein Interesse!; sie hat ihre Ankunft signalisiert (angekündigt)
die **Si|g|na|tur** (Unterschrift); die Si|g|na|tu|ren
si|g|nie|ren (mit einem Namenszeichen versehen); ich signiere; du signierst; er signierte sein Buch; er hat es signiert
si|g|ni|fi|kant (kennzeichnend, wichtig); si|g|ni|fi|kan|ter; am si|g|ni|fi|kan|tes|ten; ein signifikanter Unterschied
die **Sil|be**
das **Sil|ben|rät|sel**
die **Sil|ben|tren|nung**
das **Sil|ber;** des Silbers
die **Sil|ber|hoch|zeit**
die **Sil|ber|me|dail|le**
sil|bern; silbernes Besteck; die silberne *oder* Silberne Hochzeit
silb|rig *oder* **sil|be|rig** (silbern glänzend)
die **Sil|hou|et|te** (Schattenriss, Schattenbild); die Silhouetten
der *oder* das **Si|lo** (großer Speicher); des Silos; die Silos
das **Sil|ves|ter** (letzter Tag des Jahres)
Sim|bab|we (Staat in Afrika)
der **Sim|bab|wer;** des Simbabwers; die Simbabwer
die **Sim|bab|we|rin;** die Simbabwerinnen
sim|bab|wisch
die **SIM-Kar|te** (Speicherchip in Handys)
sim|pel (einfach; einfältig); sim|p|ler; am sim|pels|ten
der **Sim|pel** (*landschaftlich für:* Dummkopf); des Simpels; die Simpel
der *oder* das **Sims** (waagerechter Mauervorsprung); des Sim|ses; die Sim|se
sim|sen (*umgangssprachlich für:* eine SMS versenden); du simst; sie simste; sie hat schon wieder gesimst

der **Si|mu|lant** (der Krankheitsheuchler); des/dem/den Si|mu|lan|ten; die Si|mu|lan|ten

die **Si|mu|lan|tin;** die Simulantinnen

si|mu|lie|ren ([eine Krankheit] vortäuschen; zur Übung nachahmen); du simulierst; sie simulierte; sie hat den Start simuliert; simulier *oder* simuliere nicht!

si|mul|tan (gemeinsam, gleichzeitig)

sin = Sinus

die **Sin|fo|nie** *oder* **Sym|pho|nie** (ein Musikwerk für Orchester); die Sin|fo|ni|en *oder* Sym|pho|ni|en

das **Sin|fo|nie|kon|zert** *oder* **Sym|pho|nie|kon|zert**

sin|fo|nisch *oder* **sym|pho|nisch;** eine sinfonische *oder* symphonische Kantate

Sing. = Singular

Sin|ga|pur [*auch:* ...ˈpuːɐ̯] (Staat in Südostasien; dessen Hauptstadt)

der **Sin|ga|pu|rer;** des Singapurers; die Singapurer

die **Sin|ga|pu|re|rin;** die Singapurerinnen

sin|ga|pu|risch

sin|gen; du singst; er singt; er sang; er hat ein Lied gesungen; sing *oder* singe!

sin|gle [ˈsɪŋl̩] (alleinstehend); wir sind alle jung und single

die **Sin|gle** [ˈsɪŋl̩] (kleine Schallplatte); die Singles

der **Sin|gle** [ˈsɪŋl̩] (allein lebender Mensch); des Single *oder* Singles; die Singles

das **Sing|spiel**

die **Sing|stim|me**

sin|gu|lär (vereinzelt vorkommend)

der **Sin|gu|lar** (Einzahl); des Singulars; die Sin|gu|la|re

der **Sing|vo|gel**

sin|ken; ich sinke; du sinkst; das Schiff sank; es ist gesunken

der **Sinn;** des Sinns *oder* Sin|nes; die Sin|ne; die fünf Sinne (Sinnesorgane); von Sinnen sein; [nicht] bei Sinnen sein; etwas mit seinen eigenen Sinnen wahrnehmen

sinn|be|to|nend; sinnbetonendes Vorlesen; ABER: das gegen den Sinn betonende Ablesen von Texten

das **Sinn|bild** (Symbol)

sin|nen (nachdenken; planen); du sinnst; er sinnt; er sann lange hin und her; er hat auf Rache gesonnen

das **Sin|nes|or|gan**

die **Sin|nes|täu|schung**

sinn|ge|mäß; ein sinngemäßes Zitat

sin|nig (sinnvoll); sinnige Sprüche

sinn|lich; sinnliche Reize

die **Sinn|lich|keit**

sinn|los; sinn|lo|ser; am sinn|lo|ses|ten

sinn|ver|wandt

sinn|voll

sinn|wid|rig

die **Sint|flut**

sint|flut|ar|tig; sintflutartiger Regen

die **Sin|ti und Ro|ma**

! Die Bezeichnung *Sinti und Roma* sollte anstelle der Benennungen *Zigeuner* und *Zigeunerin* verwendet werden, da diese vom Zentralrat Deutscher Sinti und Roma als diskriminierend abgelehnt werden.

der **Si|nus** (eine Winkelfunktion; *Zeichen:* sin); des Sinus; die Si|nus|se

die **Sip|pe**

die **Sipp|schaft**

der **Sir** [sœːɐ̯] (englische Anrede für Herren; vor Vornamen englischer Adelstitel); Sir Elton John

die **Si|re|ne;** die Sirenen

das **Si|re|nen|ge|heul**

der **Si|rup;** die Si|ru|pe

das **Si|rup|glas**

der **Si|sal** (eine Blattfaser); des Sisals

der **Si|sal|hanf** (Sisal)

der **Si|sal|tep|pich**

die **Si|sy|phos|ar|beit** *oder* **Si|sy|phus|ar|beit** (vergebliche Arbeit)

die **Site** [saɪt] (*EDV:* Website); der Site; die Sites

das **Sit-in** *oder* **Sit|in** [sɪtˈʔɪn] (Sitzstreik); des Sit-in[s] *oder* Sitin[s]; die Sit-ins *oder* Sitins

die **Sit|te**

sit|ten|los

sit|ten|wid|rig; sittenwidrige Verträge

der **Sit|tich** (ein Papagei); des Sittichs; die Sit|ti|che

sitt|lich

sitt|sam (gesittet; wohl erzogen)
die **Si|tu|a|ti|on** (Lage, Zustand); die Si|tu|a|ti|o|nen
der **Sitz**; des Sit|zes; die Sit|ze

sit|zen

Beugung:

- du sitzt; sie sitzt; du saßest; sie saß; sie hat (*süddeutsch und österreichisch:* ist) auf dem Stuhl gesessen

Groß schreibt man die Nominalisierung:

- ich bin bis jetzt noch nicht zum Sitzen gekommen

Schreibung in Verbindung mit »bleiben« und »lassen«:

- du sollst hier sitzen bleiben; ABER: wenn das so weitergeht, wirst du noch sitzen bleiben *oder* sitzenbleiben (*umgangssprachlich für:* in der Schule nicht versetzt werden)
- du solltest kleine Kinder nicht auf dem kalten Boden sitzen lassen; ABER: ich kann ihn doch nicht sitzen lassen *oder* sitzenlassen (*umgangssprachlich für:* im Stich lassen)
- sie hat den Vorwurf nicht auf sich sitzen lassen *oder* sitzenlassen (sie hat dem Vorwurf widersprochen)

der **Sitz|platz**
die **Sit|zung**
der **Sit|zungs|saal**
der **Si|zi|li|a|ner** *oder* **Si|zi|li|er**; des Sizilianers *oder* Siziliers; die Sizilianer *oder* Sizilier
die **Si|zi|li|a|ne|rin** *oder* **Si|zi|li|e|rin**; die Sizilianerinnen *oder* Sizilierinnen
Si|zi|li|en (Insel im Mittelmeer)
die **Ska|la** (Maßeinteilung; Stufenfolge); die Skalen
der **Skalp** (abgezogene Kopfhaut des Gegners als früheres Siegeszeichen bei den Indianern); des Skalps; die Skal|pe
das **Skal|pell** (kleines chirurgisches Messer); des Skalpells; die Skal|pel|le
der **Skan|dal** (Ärgernis; Aufsehen); des Skandals; die Skan|da|le
skan|da|lös (unglaublich; unerhört)
Skan|di|na|vi|en
der **Skan|di|na|vi|er**; des Skandinaviers; die Skandinavier
die **Skan|di|na|vi|e|rin**; die Skandinavierinnen
skan|di|na|visch
der **Skat** (ein Kartenspiel); des Skats *oder* Ska|tes
das **Skate|board** ['skɛɪ̯tbɔːɐ̯t] (Rollerbrett); des Skateboards; die Skateboards
ska|ten ['skɛɪ̯tn̩] (Skateboard fahren; auf Inlineskatern laufen); du skatest; sie skatete; sie ist geskatet
der **Ska|ter** ['skɛɪ̯tɐ] (Rollschuhläufer, Skateboardfahrer); des Skaters; die Skater
die **Ska|te|rin**; die Skaterinnen
der **Ska|ter|park** ['skɛɪ̯tɐ...] (Anlage für Skater)
das **Ske|lett** (Knochengerüst); des Skeletts *oder* Ske|let|tes; die Ske|let|te
die **Skep|sis** (Zweifel, Bedenken); voller Skepsis sein
der **Skep|ti|ker**; des Skeptikers; die Skeptiker
die **Skep|ti|ke|rin**; die Skeptikerinnen
skep|tisch; skeptische Blicke
der **Sketch** [skɛtʃ] (kurze, witzige Bühnenszene); des Sketch[e]s; die Sket|che
der **Ski** [ʃiː] *oder* **Schi**; des Skis *oder* Schis; die Ski|er *oder* Schi|er *und* die Ski *oder* Schi; Ski *oder* Schi fahren, laufen
das **Ski|cross** ['ʃiːkrɔs] *oder* **Schi|cross** (Wettkampf für vier gleichzeitig startende Skifahrer); des Skicross *oder* Schicross, die Skicross *oder* Schicross
die **Ski|frei|zeit** *oder* **Schi|frei|zeit**
das **Ski|ge|biet** *oder* **Schi|ge|biet**
der **Ski|lauf** *oder* **Schi|lauf**
das **Ski|lau|fen** *oder* **Schi|lau|fen**
der **Ski|läu|fer** *oder* **Schi|läu|fer**
die **Ski|läu|fe|rin** *oder* **Schi|läu|fe|rin**
der **Ski|lift** *oder* **Schi|lift**
der **Skin|head** ['skɪnhɛt] ([aggressiver] Jugendlicher mit kahl rasiertem Kopf); des Skinheads; die Skinheads
der **Ski|pass** *oder* **Schi|pass**
das **Ski|sprin|gen** *oder* **Schi|sprin|gen**
der **Ski|sprin|ger** *oder* **Schi|sprin|ger**
die **Ski|sprin|ge|rin** *oder* **Schi|sprin|ge|rin**
die **Skiz|ze** (Entwurf; flüchtige Zeichnung); eine Skizze anfertigen
der **Skiz|zen|block**; die Skizzenblocks
skiz|zie|ren; du skizzierst; er skizzierte;

A B C D E F G H I J K L M N O P Q R S ski T U V W X Y Z

er hat die Landschaft skizziert; skizzier *oder* skizziere deinen Vortrag!

der **Skla|ve** (unfreier, rechtloser Mensch); des/dem/den Sklaven; die Sklaven

die **Skla|ve|rei**

die **Skla|vin;** die Sklavinnen

skla|visch

der *oder* das **Skon|to** (Preisnachlass); des Skontos; die Skonti, *seltener:* Skontos

der **Skor|pi|on** (ein Spinnentier); des Skorpions; die Skor|pi|o|ne

der **Skru|pel** (Bedenken, Gewissensbiss); des Skrupels; die Skrupel *meist Plural;* [keine] Skrupel haben

skru|pel|los; skru|pel|lo|ser; am skrupel|lo|ses|ten

die **Skulp|tur** (Werk der Bildhauerkunst); die Skulp|tu|ren

skur|ril (sonderbar); skurrile Ideen

sky|pen (mit der Software Skype® über das Internet telefonieren); ich skype; du skypst; er hat geskypt

der **Sky|walk** [ˈskaɪ̯vɔːk] (Aussichtsplattform über einem Abgrund); des Skywalks; die Skywalks

die **Slack|line** [ˈslɛklaɪ̯n] (zwischen zwei Punkten gespanntes Band zum Balancieren); die Slacklines

der **Sla|lom** (Torlauf beim Skisport); des Slaloms; die Slaloms

der **Slam** [slɛm] (*kurz für:* Poetry-Slam); des Slams; die Slams

der **Slang** [slɛŋ] (lässige Umgangssprache); des Slangs; die Slangs

der **s-Laut**

der **Sla|we** (Angehöriger einer Völkergruppe); des/dem/den Slawen; die Slawen

die **Sla|win;** die Slawinnen

sla|wisch

der **Slip** (Unterhöschen); des Slips; die Slips

der **Slip|per** (bequemer, nicht zu schnürender Halbschuh mit niedrigem Absatz); des Slippers; die Slipper

der **Slo|gan** [ˈsloːgn̩] (Werbeschlagwort); des Slogans; die Slogans

der **Slot** (*EDV:* Steckplatz; *Flugwesen:* Zeitfenster für die Starts und Landungen); des Slot[s]; die Slots

der **Slo|wa|ke** (Einwohner der Slowakei); des/dem/den Slowaken; die Slowaken

die **Slo|wa|kei** (mitteleuropäischer Staat)

die **Slo|wa|kin;** die Slowakinnen

slo|wa|kisch

der **Slo|we|ne** (Einwohner von Slowenien); des/dem/den Slowenen; die Slowenen

Slo|we|ni|en (mitteleuropäischer Staat)

die **Slo|we|nin;** die Sloweninnen

slo|we|nisch

der **Slum** [slam] (Elendsviertel); des Slums; die Slums *meist Plural*

small [smɔːl] (Kleidergröße = klein; *Abkürzung:* S)

der *oder* das **Small Talk** *oder* **Small|talk** [ˈsmɔːltɔːk] (Plauderei); des Small Talks *oder* Smalltalks; die Small Talks *oder* Smalltalks

der **Sma|ragd** (ein Edelstein); des Smaragds *oder* Sma|rag|des; die Sma|rag|de

smart (modisch elegant; clever); smarter; am smar|tes|ten; ein smarter Schauspieler

das **Smart|board** [ˈsmaːɐ̯tbɔːɐ̯t] (an einen Computer angeschlossene elektronische Wandtafel); des Smartboards; die Smartboards

das **Smart|phone** [ˈsmaːɐ̯tfɔʊ̯n] (Mobiltelefon mit zahlreichen zusätzlichen Funktionen wie GPS, Internetzugang, Digitalkamera u. a.); des Smartphones; die Smartphones

die **Smart|phone-Ka|me|ra** *oder* **Smart|phone|ka|me|ra**

das **Smart-TV** (internetfähiges Fernsehen)

die **Smart|watch** *oder* **Smart Watch** [...wɔtʃ] (am Handgelenk getragener Minicomputer); der Smartwatch *oder* Smart Watch; die Smart|wat|ches *oder* Smart Wat|ches

der *oder* das **Smi|ley** [ˈsmaɪ̯li] (*EDV:* Emoticon in Form eines lächelnden Gesichts)

der **Smog** (mit Abgasen, Rauch u. a. gemischter Dunst oder Nebel über Städten); des Smog *oder* Smogs; die Smogs

der **Smo|king** (ein Gesellschaftsanzug); des Smokings; die Smokings

der **SMS®** = Short Message Service (Mobilfunkdienst, mit dem Kurzmitteilungen versendet werden können)

die **SMS** (Kurzmitteilung, die über einen Mobilfunkdienst versendet wird); heute habe ich viele SMS (*umgangssprachlich auch:* SMSen) bekommen die **SMS-Nach|richt**

der **Snack** [snɛk] (Imbiss); des Snacks; die Snacks

das **Snap|chat** [ˈsnɛptʃɛt] (*Markenbezeichnung:* ein Sofortnachrichtendienst für Smartphones und Tablets); des Snapchat *oder* Snapchats *(meist ohne Artikel)*

der **Snea|ker** [ˈsniːkɐ] (sportlich wirkender Schuh); des Sneakers; die Sneakers

das **Snow|board** [ˈsnɔʊ̯bɔːɐ̯t] (einem Brett ähnliches Sportgerät zum Gleiten auf Schnee); des Snowboards; die Snowboards

der **Snow|boar|der;** des Snowboarders; die Snowboarder

die **Snow|boar|de|rin;** die Snowboarderinnen

so; so sein; so werden; so bleiben; so ein Mann; so einer; so eine; so ein[e]s; so etwas; so schnell wie möglich; so wahr mir Gott helfe; so genannt *oder* sogenannt; die so genannten *oder* sogenannten besseren Leute; ABER NUR: der fälschlich so genannte Mann; ↑sodass, so dass; ↑sowenig, so wenig; ↑soviel, so viel

s. o. = siehe oben!

die **Soap** [sɔʊ̯p] (Seifenoper); der Soap; die Soaps

so|bald; sobald er kann; ABER: er kommt so bald wie möglich

der **So|cial Bot** [ˈsɔʊ̯ʃl̩ -] (*EDV:* Computerprogramm, das wie ein Mitglied eines sozialen Netzwerks agiert)

die **So|cial Me|dia** [ˈsɔʊ̯ʃl̩ ˈmiːdi̯ə] (Gesamtheit der Weblogs, Wikis, sozialen Netzwerke u. Ä., über die im Internet miteinander kommuniziert wird) *Plural*

die **So|cke,** *landschaftlich auch:* der **So|cken;** die Socken

der **So|ckel;** des Sockels; die Sockel

die *oder* das **So|da** (ein Reinigungsmittel; Mineralwasser mit Kohlensäure)

so|dass *oder* **so dass;** er arbeitete ständig, sodass (*oder:* so dass) er krank wurde; ABER: er arbeitete so (in einer Weise), dass er krank wurde

das **Sod|bren|nen** (brennende Magenschmerzen); des Sodbrennens

so|eben (vor einem Augenblick); er kam soeben herein; ABER: er ist so eben (gerade noch) dem Unglück entgangen

das **So|fa;** des Sofas; die Sofas

so|fern (falls); sofern sie ihre Pflicht getan hat; ABER: die Sache liegt so fern, dass ich mich nicht mehr erinnere

So|fia (Hauptstadt Bulgariens)

so|fort; er soll sofort kommen!; ABER: mach nur so fort (so weiter)!

so|for|tig; sofortige Hilfe

die **So|fort|nach|richt** (*besonders EDV:* sofort digital übermittelte Nachricht)

der **So|fort|nach|rich|ten|dienst**

soft [sɔft] (sanft, zärtlich); sof|ter; am sof|tes|ten; ein softer Typ

der **Soft|drink** *oder* **Soft Drink** (alkoholfreies Getränk); des Softdrinks *oder* Soft Drinks; die Softdrinks *oder* Soft Drinks

das **Soft|eis** (sehr weiches Speiseeis)

die **Soft|ware** [ˈsɔftwɛːɐ̯] (*EDV:* Programme, Anweisungen usw.); die Softwares; ↑Hardware

der **Soft|ware|her|stel|ler**

die **Soft|ware|her|stel|le|rin**

das **Soft|ware-Up|date** *oder* **Soft|ware|up|date** *(Technik, EDV)*

der **Sog** (saugende Luftströmung); des Sogs *oder* So|ges; die So|ge

sog. = sogenannt

so|gar; er kam sogar zu mir nach Hause; ABER: er hat so gar (überhaupt) kein Verständnis

so|ge|nannt ↑so

so|gleich (sofort); er soll sogleich kommen; ABER: sie sind alle so gleich, dass man sie kaum unterscheiden kann

die **Soh|le**

! Nicht verwechseln: Obwohl beide Wörter gleich ausgesprochen werden, schreibt man die *Sohle* in der Bedeutung »Unterseite des Schuhs« mit Dehnungs-h, das Kochsalz enthaltende Wasser, die *Sole,* dagegen ohne *h.*

soh|len; du sohlst; er hat die Schuhe gesohlt; sohl *oder* sohle die Schuhe!

der **Sohn;** des Sohns *oder* Soh|nes; die Söhne

die **So|ja|boh|ne**

das **So|ja|mehl**

die **So|ko** (*kurz für:* Sonderkommission); die Sokos

so|lan|ge; solange ich krank war, bist du bei mir geblieben; ABER: du hast so lạnge gefehlt; er blieb so lạnge wie möglich

so|lar (die Sonne betreffend)

die **So|lar|an|la|ge**

das **So|lar|au|to**

die **So|lar|ener|gie** (Sonnenenergie)

das **So|la|ri|um;** des Solariums; die So|la|ri|en

die **So|lar|kraft**

das **So|lar|kraft|werk**

die **So|lar|zel|le** (Sonnenzelle)

sọlch; solcher; solches; solch einer; solch eine; solch ein[e]s; solch feiner Stoff *oder* solcher feine Stoff; solch gute Menschen *oder* solche guten, *auch:* gute Menschen; solche Gefangenen, *auch:* Gefangene; das Leben solch frommer Leute *oder* solcher frommen, *auch:* frommer Leute

sọl|cher|art; solcherart Dinge; ABER: Dinge solcher Art

der **Sọld** (Bezahlung der Soldaten); des Solds *oder* Sol|des

der **Sol|dat;** des/dem/den Sol|da|ten; die Sol|da|ten

die **Sol|da|tin;** die Soldatinnen

der **Sọ̈ld|ner;** des Söldners; die Söldner

die **Sọ̈ld|ne|rin;** die Söldnerinnen

die **So|le** (ein kochsalzhaltiges Wasser); die Solen; ↑ABER: Sohle

so|lid *oder* **so|li|de** (zuverlässig; gediegen; haltbar); so|li|der; am so|li|des|ten

so|li|da|risch (gemeinsam, eng verbunden); sich mit jemandem solidarisch erklären

die **So|li|da|ri|tät** (Zusammengehörigkeitsgefühl, Gemeinsinn)

der **So|list** (Einzelsänger, -spieler); des/dem/den So|lis|ten; die So|lis|ten

die **So|lis|tin;** die Solistinnen

das **Sọll;** des Soll *oder* Solls; die Soll *oder* Solls; Soll und Haben

der **Sọll|be|stand** *oder* **Sọll-Be|stand**

der **Sọll|be|trag** *oder* **Sọll-Be|trag**

die **Sọll|bruch|stel|le** *oder* **Sọll-Bruch|stel|le** (*Technik:* bestimmte Stelle eines Bauteils, das so konstruiert ist, dass es nur dort zu einem Bruch kommen kann)

sọl|len; du sollst; er sollte; er hat gesollt; ABER: ich hätte das nicht tun sollen

so|lo (allein); solo spielen, singen

das **So|lo** (Einzelvortrag); des Solos; die Solos *oder* Soli

So|ma|lia (Staat in Afrika)

der **So|ma|li|er;** des Somaliers; die Somalier

die **So|ma|li|e|rin;** die Somalierinnen

so|ma|lisch

so|mit (also, folglich)

der **Sọm|mer;** des Sommers; die Sommer

der **Sọm|mer|an|fang**

die **Sọm|mer|fe|ri|en** *Plural*

das **Sọm|mer|fest**

sọm|mer|lich; sommerliches Wetter

der **Sọm|mer|mo|nat**

die **Sọm|mer|pau|se**

die **Sọm|mer|spros|se;** die Sommersprossen *meist Plural*

der **Sọm|mer|tag**

die **Sọm|mer|zeit**

die **So|na|te** (ein Musikstück für ein oder mehrere Instrumente); die Sonaten

die **Sọn|de** (Instrument zum Einführen in Körperhöhlen); die Sonden

das **Sọn|der|an|ge|bot**

sọn|der|bar (merkwürdig)

die **Sọn|der|edi|ti|on**

die **Sọn|der|er|laub|nis**

der **Sọn|der|fahr|plan**

der **Sọn|der|fall**

sọn|der|glei|chen (beispiellos); eine Frechheit sondergleichen

die **Sọn|der|kom|mis|si|on**

sọn|der|lich (besonders); er hatte keine sonderliche Lust dazu

der **Sọn|der|ling;** des Sonderlings; die Son|der|lin|ge

der **Sọn|der|müll** (Müll, der gefährliche [Gift]stoffe enthält)

sọn|dern (*gehoben für:* trennen); ich sondere; du sonderst; er sonderte; er hat die Spreu vom Weizen gesondert

sọn|dern; nicht nur der Bruder, sondern auch die Schwester ist krank

der **Sọn|der|preis**

die **Sọn|der|re|ge|lung**

sọn|ders; samt und sonders

die **Sọn|der|schu|le**

son|die|ren (vorsichtig erkunden); du sondierst; er sondierte; er hat sondiert; sondier *oder* sondiere die Lage!

das **So|nẹtt** (eine Gedichtform); des Sonetts *oder* So|net|tes; die So|net|te

der **Song** [sɔŋ] (Lied); des Songs; die Songs

S

sol

der **Song|con|test** ['sɔŋ...]; des Songcontest[s]; die Songcontests; an einem Songcontest teilnehmen
der **Sonn|abend** ↑Dienstag
sonn|abends ↑dienstags
die **Son|ne**
sich **son|nen;** du sonnst dich; sie sonnte sich; sie hat sich auf dem Balkon gesonnt; sonn *oder* sonne dich nicht zu lange!
der **Son|nen|auf|gang**
das **Son|nen|bad**
die **Son|nen|blu|me**
der **Son|nen|brand**
die **Son|nen|bril|le**
die **Son|nen|ener|gie**
die **Son|nen|fins|ter|nis**
der **Son|nen|fleck**
son|nen|klar (*umgangssprachlich für:* eindeutig, offensichtlich)
die **Son|nen|kraft**
das **Son|nen|licht**
der **Son|nen|schein**
der **Son|nen|schirm**
das **Son|nen|schutz|mit|tel**
der **Son|nen|stich** (eine Erkrankung)
der **Son|nen|strahl**
das **Son|nen|sys|tem** (*Astronomie*)
die **Son|nen|uhr**
der **Son|nen|un|ter|gang**
die **Son|nen|wen|de** (höchster oder niedrigster Stand der Sonne während ihres jährlichen Laufs)
die **Son|nen|zel|le** (zur Erzeugung von elektrischer Energie aus Sonnenenergie)
son|nig; sonniges Wetter
der **Sonn|tag;** des Sonntags; ABER: sonntags; sonntags sind die Läden geschlossen; ↑Dienstag
der **Sonn|tag|abend** ↑Dienstagabend
sonn|täg|lich (jeden Sonntag)
der **Sonn|tag|mor|gen**
der **Sonn|tag|nach|mit|tag**
sonn|tags; sonn- und feiertags; sonn- und werktags
die **Sonn|tags|zei|tung**
sonst; sonst jemand; sonst etwas; sonst wie; sonst wo
sons|tig; die sonstigen Möglichkeiten; alles Sonstige (andere) folgt morgen
so|oft; sooft du kommst; ABER: ich habe es dir schon so oft gesagt

der **So|p|ran** (höchste Frauenstimme; Sopransängerin); des Soprans; die So|p|ra|ne
die **So|p|ra|nis|tin;** die Sopranistinnen
die **Sor|ge**
sor|gen; du sorgst; sie sorgte; sie hat für Nahrung gesorgt; sorg *oder* sorge dafür!; sich sorgen; sie hat sich deswegen gesorgt
sor|gen|frei
das **Sor|gen|kind** (Kind, das den Eltern viel Sorge bereitet)
das **Sor|gen|te|le|fon**
sor|gen|voll
das **Sor|ge|recht**
die **Sorg|falt**
sorg|fäl|tig
sorg|los; sorg|lo|ser; am sorg|lo|ses|ten
sorg|sam (*gehoben für:* sorgfältig)
sor|ry! (*umgangssprachlich für:* Entschuldigung!)
die **Sor|te**
sor|tie|ren; du sortierst; er sortierte; er hat die Äpfel sortiert; sortier *oder* sortiere sie!
die **Sor|tier|ma|schi|ne**
das **Sor|ti|ment;** des Sortiments *oder* Sor|ti|men|tes; die Sor|ti|men|te
SOS (internationales Seenotzeichen)
so|sehr; sosehr ich das auch verstehe; ABER: ich hoffe so sehr, dass sie kommt
das **SOS-Kin|der|dorf** (Einrichtung zur Betreuung und Erziehung elternloser oder verlassener Kinder in familienähnlichen Gruppen)
der **SOS-Ruf**
die **So|ße** *oder* **Sau|ce** ['zo:sə]; die Soßen *oder* Saucen
der **So|ßen|löf|fel** *oder* **Sau|cen|löf|fel**
das **Souf|f|lé** *oder* **Souf|f|lee** [zu'fle:] (Eierauflauf); des Soufflés *oder* Soufflees; die Soufflés *oder* Soufflees
der **Souf|f|leur** [zu'flø:ɐ̯] (Vorsager beim Theater); des Souffleurs; die Souf|f|leu|re
die **Souf|f|leu|se** [zu'flø:zə]; die Souffleusen
souf|f|lie|ren; du soufflierst; sie soufflierte; sie hat dem Darsteller souffliert
der **Soul** [soʊ̯l] (stark ausdrucksbetonter Jazz oder Beat); des Souls

A B C D E F G H I J K L M N O P Q R S sou T U V W X Y Z

der **Sound** [saʊ̯nt] (Klangwirkung in der Musik); des Sounds; die Sounds

die **Sound|bar** [ˈsaʊ̯nt…] (Lautsprecherleiste mit Raumklang); die Soundbars

die **Sound|kar|te** (*EDV:* Steckkarte zur Wiedergabe von Tönen bei Computern)

so|und|so (*umgangssprachlich für:* unbestimmt wie …); soundso breit; der Paragraf soundso; ABER: man kann etwas so und so erzählen

der **Sound|track** [ˈsaʊ̯nttrɛk] (Filmmusik); des Soundtracks; die Soundtracks

die **Sou|ta|ne** [zuˈtaːnə] (Gewand der katholischen Geistlichen); die Soutanen

das **Sou|ter|rain** [zutɛˈrɛ̃ː *oder* ˈzuːtɛrɛ̃] (Kellergeschoss); des Souterrains; die Souterrains

das **Sou|ve|nir** [zuvəˈniːɐ̯] (Andenken); des Souvenirs; die Souvenirs

der **Sou|ve|nir|la|den**

sou|ve|rän [zuvəˈrɛːn] (überlegen; uneingeschränkt); souveränes Auftreten

der **Sou|ve|rän** (Herrscher); des Souveräns; die Sou|ve|rä|ne

die **Sou|ve|rä|ni|tät** (Unabhängigkeit; Landeshoheit)

so|viel, so viel

Wenn »soviel« als Konjunktion einen Nebensatz einleitet, wird zusammengeschrieben:

- soviel ich weiß, ist es umgekehrt
- sie ist gekommen, soviel ich weiß

In allen anderen Verbindungen schreibt man »so viel« getrennt:

- du weißt so viel, dass ich staunen muss
- er hat so viel Zeit wie ich
- er muss so viel leiden
- sein Wort bedeutet so viel (dasselbe) wie ein Eid
- so viel (dieses) für heute
- so viel wie, *älter:* als möglich
- er hat doppelt so viel wie, *seltener:* als ich

so|weit; soweit ich es beurteilen kann; ↑soviel, so viel; *aber in allen anderen Verbindungen:* so weit, so gut; er wirft den Ball so weit wie kein anderer; ich bin noch nicht so weit; so weit wie *oder* als möglich

so|we|nig; sowenig ich einsehen kann, dass …; ↑soviel, so viel; *aber in allen anderen Verbindungen:* so wenig wie *oder* als möglich; ich kann es so wenig wie du; ich habe so wenig Geld, dass ich mir dies nicht leisten kann; du hast so wenig gelernt, dass du die Prüfung nicht bestehen wirst

so|wie; sowie (sobald) er kommt, soll er anrufen; meine Hobbys sind Reiten und Lesen sowie (und) Tennisspielen; ABER: so, wie ich ihn kenne

so|wie|so

der **So|w|jet** (Form der Volksvertretung in der ehemaligen Sowjetunion); des Sowjets; die Sowjets

so|w|je|tisch

die **So|w|jet|uni|on**

so|wohl; sowohl die Eltern als auch die Kinder machten mit; ABER: ich fühle mich heute so wohl wie gestern

so|zi|al (die Gesellschaft, Gemeinschaft betreffend; gemeinnützig; wohltätig); soziale Netzwerke; ABER: soziale *oder* Soziale Marktwirtschaft

das **So|zi|al|amt**

der **So|zi|al|ar|bei|ter**

die **So|zi|al|ar|bei|te|rin**

der **So|zi|al|de|mo|krat** (Anhänger oder Mitglied einer sozialdemokratischen Partei)

die **So|zi|al|de|mo|kra|tie**

die **So|zi|al|de|mo|kra|tin;** die Sozialdemokratinnen

so|zi|al|de|mo|kra|tisch; sozialdemokratische Politik; ABER: die Sozialdemokratische Partei Deutschlands

der **So|zi|al|dienst**

die **So|zi|al|for|schung**

die **So|zi|al|hil|fe** (Geld vom Staat für arme Menschen); sie haben Sozialhilfe beantragt

der **So|zi|al|hil|fe|emp|fän|ger**

die **So|zi|al|hil|fe|emp|fän|ge|rin;** die Sozialhilfeempfängerinnen

die **So|zi|a|li|sa|ti|on** (das Hineinwachsen des Menschen in die Gesellschaft)

der **So|zi|a|lis|mus;** des Sozialismus

der **So|zi|a|list;** des/dem/den So|zi|a|lis|ten; die So|zi|a|lis|ten

die **So|zi|a|lis|tin;** die Sozialistinnen
so|zi|a|lis|tisch
das **So|zi|al|kauf|haus** (preisgünstiger Secondhandshop)
die **So|zi|al|kun|de**
die **So|zi|al|leis|tung** *meist Plural*
der **So|zi|al|pä|d|a|go|ge**
die **So|zi|al|pä|d|a|go|gin**
die **So|zi|al|po|li|tik**
so|zi|al|po|li|tisch
die **So|zi|al|stun|de** (*Rechtssprache:* als Strafe abzuleistende Arbeitsstunde in einer Sozialeinrichtung)
das **So|zi|al|sys|tem**
das **So|zi|al|ver|hal|ten**
die **So|zi|al|ver|si|che|rung**
die **So|zi|al|woh|nung**
der **So|zio|lo|ge** (Wissenschaftler auf dem Gebiet der Soziologie); des Soziologen; die Soziologen
die **So|zio|lo|gie** (Gesellschaftswissenschaft)
die **So|zio|lo|gin;** die Soziologinnen
so|zio|lo|gisch
der **So|zi|us** (Genosse; Teilhaber; Beifahrersitz); des Sozius; die Soziusse
so|zu|sa|gen (gewissermaßen); es geschah sozusagen über Nacht; ABER: sie versucht, es so zu sagen, dass es verständlich ist
das *oder* der **Spa** [ʃpaː, spaː] (Wellnessbad); des Spa[s]; die Spas
das **Space|lab** [ˈspeɪslɛp] (Weltraumlabor); des Spacelabs; die Spacelabs
der *oder* das **Space|shut|tle** [ˈspeɪsʃatl̩] (Raumfähre)
der **Spach|tel;** des Spachtels; die Spachtel *oder* die **Spach|tel;** die Spachteln
die **Spach|tel|mas|se**
spach|teln; du spachtelst; er spachtelte; er hat die Fugen gespachtelt; spachtle *oder* spachtele die Fugen!
der **Spa|cken** (*derbes Schimpfwort für:* dummer Mensch); des Spacken *oder* Spackens; die Spacken
der *oder* das **Spa|gat** (eine gymnastische Übung); des Spagats *oder* Spa|ga|tes; die Spa|ga|te
die **Spa|ghet|ti** [ʃpaˈgɛti] *oder* **Spa|get|ti** (lange, dünne, schnurähnliche Nudeln) *Plural;* Spaghetti *oder* Spagetti bolognese
spä|hen; du spähst; sie spähte; sie hat über den Zaun gespäht; späh *oder* spähe nach ihm!
der **Spä|her;** des Spähers; die Späher
die **Spä|he|rin;** die Späherinnen
der **Späh|trupp**
das **Spa|lier** (gitterartiges Gestell; Doppelreihe von Personen); des Spaliers; die Spa|lie|re; Spalier stehen
das **Spa|lier|obst**
der **Spalt;** des Spalts *oder* Spal|tes; die Spalte
spalt|breit; eine spaltbreite Öffnung; ABER: der **Spalt|breit** *oder* **Spalt breit;** die Tür einen Spaltbreit *oder* Spalt breit öffnen
die **Spal|te;** die Spalten
spal|ten; du spaltest; er spaltete; sie hat Holz gespalten *oder* gespaltet; ABER NUR: eine gespaltene Zunge
die **Spal|tung**
der, das *oder* die **Spam** [spɛm] (unerwünschte E-Mail mit Werbung); des Spams *oder* der Spam; die Spams
der **Span;** des Spans *oder* Spa|nes; die Späne
das **Span|fer|kel** (Ferkel, das noch gesäugt wird)
die **Span|ge**
Spa|ni|en
der **Spa|ni|er;** des Spaniers; die Spanier
die **Spa|ni|e|rin;** die Spanierinnen
spa|nisch; das kommt mir spanisch (*umgangssprachlich für:* seltsam) vor; ABER: der Spanische Erbfolgekrieg
der **Spa|nisch|un|ter|richt**
der **Spann** (Fußrücken, Rist); des Spanns *oder* Span|nes; die Span|ne
die **Span|ne** (Zeitraum; Preisunterschied)
span|nen; du spannst; er spannte; er hat den Bogen gespannt; spann *oder* spanne die Leine!
span|nend; spannende Unterhaltung
die **Span|nung**
das **Span|nungs|feld**
die **Span|plat|te** (aus zusammengepressten und verleimten Holzspänen)
das **Spar|buch**
die **Spar|büch|se**
spa|ren; du sparst; er sparte; er hat viel gespart; spar *oder* spare endlich!
der **Spa|rer;** des Sparers; die Sparer

A B C D E F G H I J K L M N O P Q R S spa T U V W X Y Z

die **Spa|re|rin;** die Sparerinnen
der **Spar|gel;** des Spargels; die Spargel
die **Spar|gel|spit|ze**
die **Spar|kar|te**
die **Spar|kas|se** *(Markenbezeichnung)*
der **Spar|kurs**
spär|lich (sehr gering [bemessen]); ein spärliches Einkommen
die **Spar|maß|nah|me** *meist Plural*
das **Spar|pa|ket**
der **Spar|ren** (schräger Balken des Daches); des Sparrens; die Sparren
das **Spar|ring** (Boxtraining); des Sparrings
der **Spar|rings|part|ner**
die **Spar|rings|part|ne|rin**
spar|sam; sparsame Menschen
die **Spar|sam|keit**
das **Spar|schwein**
spar|ta|nisch (einfach, sparsam)
die **Spar|te** (Fachgebiet, Abteilung); die Sparten
der **Spar|ver|trag**
der **Spaß;** des Spa|ßes; die Spä|ße; Spaß machen
das **Spaß|bad** (Schwimmband mit vielen Attraktionen)
spa|ßen; du spaßt; sie spaßte; sie hat nur gespaßt; spaß *oder* spaße nicht mit mir!
spa|ßes|hal|ber
spa|ßig; eine spaßige Geschichte
der **Spaß|ver|der|ber;** des Spaßverderbers; die Spaßverderber
der **Spaß|vo|gel**
der **Spas|ti|ker** (jemand, der an einer spastischen Krankheit leidet); des Spastikers; die Spastiker
die **Spas|ti|ke|rin;** die Spastikerinnen
spas|tisch (krampfartig; mit erhöhter Muskelspannung verbunden)
spät; spä|ter; am spä|tes|ten; von [morgens] früh bis [abends] spät; spät sein, werden; zu spät kommen
spät|abends
der **Spa|tel** (Spachtel); des Spatels; die Spatel *oder* die **Spa|tel;** die Spateln
der **Spa|ten;** des Spatens; die Spaten
der **Spa|ten|stich**
spä|ter|hin *(gehoben)*
spä|tes|tens
der **Spät|herbst**
der **Spä|ti** (*besonders berlinisch kurz für:* Spätkauf); des Späti *oder* Spätis; die Spätis
der **Spät|kauf** *oder* **Spät|ver|kauf** (kleines Geschäft mit erweiterten Öffnungszeiten, das Getränke, Tabakwaren u. Ä. verkauft)
der **Spät|nach|mit|tag**
spät|nach|mit|tags
die **Spät|nach|rich|ten** *Plural*
der **Spät|som|mer**
der **Spatz;** des Spat|zen, *auch:* Spat|zes; die Spat|zen
das **Spat|zen|nest**
spa|zie|ren; du spazierst; sie spazierte; sie ist durch die Straßen spaziert; spazieren fahren, gehen; sie fuhr, ging spazieren; sie ist spazieren gefahren; sie hat vor[,] spazieren zu gehen
der **Spa|zier|gang;** die Spa|zier|gän|ge
der **Spa|zier|gän|ger;** des Spaziergängers; die Spaziergänger
die **Spa|zier|gän|ge|rin;** die Spaziergängerinnen
die **SPD** = Sozialdemokratische Partei Deutschlands
der **Specht;** des Spechts *oder* Spech|tes; die Spech|te
das **Spe|cial** [ˈspɛʃl̩] (Sondersendung, Sonderbericht zu einem Thema); des Specials; die Specials
der **Speck;** des Specks *oder* Spe|ckes
spe|ckig (abgewetzt und fettglänzend)
die **Speck|sei|te**
der **Spe|di|teur** [ʃpediˈtøːɐ̯] (Inhaber einer Spedition); des Spediteurs; die Spe|di|teu|re
die **Spe|di|teu|rin;** die Spediteurinnen
die **Spe|di|ti|on** (Transportunternehmen)
die **Spe|di|ti|ons|fir|ma**
der **Speer;** des Speers *oder* Spee|res; die Spee|re
das **Speer|wer|fen**
die **Spei|che;** die Speichen
der **Spei|chel;** des Speichels
die **Spei|chel|drü|se**
der **Spei|chel|le|cker** (*abwertend für:* Schmeichler); des Speichelleckers; die Speichellecker
spei|chel|le|cke|risch
die **Spei|chel|pro|be**
der **Spei|cher;** des Speichers; die Speicher

spei|chern; du speicherst; er speicherte; er hat gespeichert; speichere die Daten!
der **Spei|cher|platz** (*besonders EDV:* Speicherkapazität)
spei|en (*gehoben für:* spucken); du speist; sie speit; sie spie; sie hat Blut gespien
die **Spei|se;** ABER: Speis und Trank
das **Spei|se|eis**
das **Spei|se|fett**
die **Spei|se|kam|mer**
die **Spei|se|kar|te,** *seltener:* **Spei|sen|kar|te**
spei|sen; du speist; sie speiste; sie hat gespeist; speis *oder* speise mit mir!
die **Spei|sen|kar|te** *vergleiche:* **Spei|se|kar|te**
die **Spei|se|röh|re**
der **Spei|se|wa|gen**
spei|übel; mir ist speiübel
das **Spek|ta|kel** (aufsehenerregendes Ereignis); des Spektakels, die Spektakel
spek|ta|ku|lär (aufsehenerregend)
die **Spek|t|ral|far|be**
das **Spek|t|rum** (durch Lichtzerlegung entstehendes Farbband; Vielfalt); des Spektrums; die Spektren *oder* Spektra
der **Spe|ku|lant** (jemand, der gewagte Geschäfte macht); des/dem/den Spe|ku|lan|ten; die Spe|ku|lan|ten
die **Spe|ku|lan|tin;** die Spekulantinnen
die **Spe|ku|la|ti|on**
der **Spe|ku|la|ti|us** (ein Gebäck); des Spekulatius; die Spekulatius
spe|ku|la|tiv (auf Mutmaßungen beruhend); deine Schlussfolgerung ist rein spekulativ
spe|ku|lie|ren; du spekulierst; er spekulierte; er hat an der Börse spekuliert; spekulier *oder* spekuliere nicht!
die **Spe|lun|ke** (*abwertend für:* verrufenes Lokal); die Spelunken
die **Spel|ze** (Hülse des Getreidekorns); die Spelzen
spen|da|bel (*umgangssprachlich für:* freigebig); spen|da|b|ler, am spen|da|bels|ten
die **Spen|de**
spen|den; du spendest; sie spendete; sie hat gespendet; spende großzügig!
die **Spen|den|ak|ti|on**
der **Spen|den|auf|ruf**
die **Spen|den|be|reit|schaft**
die **Spen|den|ga|la**
das **Spen|den|kon|to**
der **Spen|der;** des Spenders; die Spender
die **Spen|de|rin;** die Spenderinnen
spen|die|ren; du spendierst; sie spendierte; sie hat eine Runde Popcorn spendiert; spendier *oder* spendiere uns doch ein Eis!
der **Speng|ler** (Klempner); des Spenglers; die Spengler
die **Speng|le|rin;** die Spenglerinnen
der **Sper|ber** (ein Greifvogel); des Sperbers; die Sperber
die **Spe|renz|chen** *oder* **Spe|ren|zi|en** (*umgangssprachlich für:* hindernde Umstände, Schwierigkeiten) *Plural;* Sperenzchen *oder* Sperenzien machen
der **Sper|ling;** des Sperlings; die Sper|lin|ge
das **Sper|ma** (Flüssigkeit mit männlichen Keimzellen); des Spermas; die Spermen *oder* Spermata
sperr|an|gel|weit (*umgangssprachlich für:* weit offen); das Fenster stand sperrangelweit offen
der **Sperr|bild|schirm** (*EDV*)
die **Sper|re**
sper|ren; du sperrst; die Polizei sperrte die Straße; die Bank hat das Konto gesperrt; sperr *oder* sperre ihn in die Zelle!
das **Sperr|gut**
das **Sperr|holz**
sper|rig; sperriges Gepäck
der **Sperr|müll**
die **Sperr|stun|de** (Polizeistunde)
die **Sper|rung**
die **Spe|sen** (Auslagen) *Plural*
sich **spe|zi|a|li|sie|ren** (sich auf ein Teilgebiet beschränken); du spezialisierst dich; sie hat sich auf Flugzeugbau spezialisiert; spezialisier *oder* spezialisiere dich!
die **Spe|zi|a|li|sie|rung**
der **Spe|zi|a|list** (Fachmann); des/dem/den Spe|zi|a|lis|ten; die Spe|zi|a|lis|ten
die **Spe|zi|a|lis|tin;** die Spezialistinnen
die **Spe|zi|a|li|tät** (Besonderheit); die Spe|zi|a|li|tä|ten
spe|zi|ell (besonders; eigens); im Speziellen (im Einzelnen)
die **Spe|zi|es** (besondere Art einer Gattung); der Spezies; die Spezies

die **Spe|zi|fi|ka|ti|on**
spe|zi|fisch (kennzeichnend, eigentümlich); spezifisches Gewicht
die **Sphä|re** (Himmelsgewölbe; Gesichtskreis, Wirkungskreis); die Sphären
die **Sphinx** (ein Fabelwesen mit Löwenleib und Menschenkopf); die Sphin|xe
spi|cken (Fleisch zum Braten mit Speckstreifen durchziehen); du spickst; er spickte; er hat den Rehrücken gespickt; spick[e] den Braten!
spi|cken (abschreiben); du spickst; sie spickte; sie hat gespickt; spick *oder* spicke nicht!
der **Spick|zet|tel** *(Schülersprache)*
der **Spie|gel;** des Spiegels; die Spiegel
das **Spie|gel|bild**
das **Spie|gel|ei**
spie|gel|glatt; spiegelglatte Straßen
spie|geln; der See hat gespiegelt; sich spiegeln; die Bäume spiegelten sich im Wasser
die **Spie|gel|schrift**
die **Spie|ge|lung**
spie|gel|ver|kehrt
das **Spiel;** des Spiels *oder* Spie|les; die Spiele
die **Spiel|art** (Variante)
der **Spiel|be|ginn**
das **Spiel|bein** *(Sport)*
der **Spiel|be|trieb**
die **Spie|le|kon|so|le** *vergleiche:* **Spiel|kon|so|le**
spie|len; du spielst; sie spielte; sie hat Karten gespielt; spiel *oder* spiele nicht um Geld!
spie|lend (mühelos); etwas spielend lernen
der **Spie|ler;** des Spielers; die Spieler
die **Spie|le|rei;** der Spielerei; die Spielereien
die **Spie|le|rin;** die Spielerinnen
spie|le|risch; mit spielerischer Leichtigkeit
das **Spiel|feld**
der **Spiel|film**
spiel|frei
die **Spiel|klas|se** *(Sport)*
die **Spiel|kon|so|le** *oder* **Spie|le|kon|so|le** (Gerät für elektronische Spiele)
der **Spiel|ort** *(Sport, Theater)*
der **Spiel|plan**
der **Spiel|platz**
der **Spiel|raum;** keinen, genügend Spielraum haben
die **Spiel|re|gel**
die **Spiel|sa|chen** *Plural*
die **Spiel|stät|te** (Spielort)
die **Spiel|stra|ße**
die **Spiel|sucht;** der Spielsucht
der **Spiel|ver|der|ber;** des Spielverderbers; die Spielverderber
die **Spiel|ver|der|be|rin;** die Spielverderberinnen
die **Spiel|wa|ren** *Plural*
das **Spiel|wa|ren|ge|schäft**
die **Spiel|wei|se**
die **Spiel|zeit** (Zeitabschnitt innerhalb eines Jahres, während dessen in einem Theater Aufführungen stattfinden; *Sport:* Zeit, die zum Austragen eines Spieles vorgeschrieben ist); im nächsten Monat beginnt die neue Spielzeit; der Ausgleich ist in der restlichen Spielzeit kaum mehr zu schaffen
das **Spiel|zeug**
die **Spiel|zeug|ei|sen|bahn**
der **Spieß;** des Spie|ßes; die Spie|ße
der **Spieß|bra|ten**
der **Spieß|bür|ger** (*abwertend für:* sehr einseitig denkender Mensch)
spieß|bür|ger|lich; spießbürgerliche Vorurteile
spie|ßen; du spießt; er spießte; er hat die Wurst auf die Gabel gespießt
der **Spie|ßer** (Spießbürger); des Spießers; die Spießer
das **Spie|ßer|tum**
spie|ßig (spießbürgerlich)
die **Spie|ßig|keit**
der **Spike** [ʃpaɪ̯k, spaɪ̯k] (Dorn für Laufschuhe oder Autoreifen); des Spikes; die Spikes
der **Spike|rei|fen** *oder* **Spikes|rei|fen**
die **Spikes** (rutschfeste Laufschuhe oder Autoreifen) *Plural*
der **Spi|nat;** des Spinats *oder* Spi|na|tes
der *oder* das **Spind** (einfacher, schmaler Schrank); des Spinds *oder* Spin|des; die Spin|de
die **Spin|del** (drehbarer länglicher Körper [an einem Spinnrad]); die Spindeln
spin|del|dürr; spindeldürre Beine
die **Spin|ne**

S
spe

spin|ne|feind; *nur in:* jemandem spinnefeind sein
spin|nen; du spinnst; sie spinnt; sie spann; sie hat gesponnen; spinn *oder* spinne die Wolle!
das **Spin|nen|netz**
der **Spin|ner;** des Spinners; die Spinner
die **Spin|ne|rei**
die **Spin|ne|rin;** die Spinnerinnen
das **Spinn|ge|we|be** *oder* **Spin|nen|ge|we|be**
das **Spinn|rad**
die **Spinn|we|be;** die Spinnweben
der **Spi|on;** des Spions; die Spi|o|ne
die **Spi|o|na|ge** [ʃpio'na:ʒə]
der **Spi|o|na|ge|dienst**
der **Spi|o|na|ge|film**
spi|o|nie|ren; du spionierst; er spionierte; er hat spioniert; spionier *oder* spioniere nicht!
die **Spi|o|nin;** die Spioninnen
die **Spi|ral|bin|dung** (*Buchwesen:* Bindung mit einer Wendel aus Draht oder Kunststoff)
der **Spi|ral|block** (Schreibblock mit Spiralbindung); des Spiralblocks *oder* Spiralblockes; die Spiralblöcke *oder* Spiralblocks
die **Spi|ra|le;** die Spiralen
die **Spi|ral|fe|der**
spi|ral|för|mig; spiralförmige Nudeln
spi|ra|lig (spiralförmig)
spi|ri|tis|tisch (die Geisterlehre betreffend; übersinnliche Erscheinungen betreffend); eine spiritistische Sitzung
das, *auch:* der **Spi|ri|tu|al** ['spɪrɪtjuəl] (geistliches Lied der Schwarzen im Süden der USA); des Spirituals; die Spirituals
spi|ri|tu|ell (geistig; geistlich); seine spirituelle Entwicklung fördern; eine spirituelle Gemeinschaft
die **Spi|ri|tu|o|sen** (alkoholische Getränke) *Plural*
der **Spi|ri|tus** (Weingeist; Alkohol); des Spiritus; die Spiritusse
der **Spi|ri|tus|ko|cher;** des Spirituskochers; die Spirituskocher
das, *auch:* der **Spi|tal** (*landschaftlich für:* Krankenhaus); des Spitals; die Spi|tä|ler
spitz; spit|zer; am spit|zes|ten; eine spitze Zunge haben; ein spitzer Winkel
der **Spitz** (ein Hund); des Spit|zes; die Spitze
spitz|be|kom|men (*umgangssprachlich für:* erfahren, ausfindig machen); du bekommst spitz; sie bekam spitz; sie hat unsere Verabredung spitzbekommen
der **Spitz|bo|gen**
der **Spitz|bu|be** (Gauner; Schelm)
spit|ze (*umgangssprachlich für:* hervorragend); ein spitze Fahrrad; die Mannschaft hat spitze gespielt; jemand oder etwas ist spitze; das finde ich spitze; ABER: die **Spit|ze;** an der Spitze stehen
der **Spit|zel;** des Spitzels; die Spitzel
spit|zen; du spitzt; er spitzte; der Hund hat die Ohren gespitzt; spitz *oder* spitze den Stift!
die **Spit|zen|grup|pe**
der **Spit|zen|kan|di|dat** (Kandidat, der an der Spitze einer Wahlliste steht)
die **Spit|zen|kan|di|da|tin;** die Spitzenkandidatinnen
die **Spit|zen|klas|se**
die **Spit|zen|leis|tung**
der **Spit|zen|rei|ter** (jemand oder etwas in einer Spitzenposition); die Bundesliga hat einen neuen Spitzenreiter
das **Spit|zen|spiel** (*Sport*)
der **Spit|zen|sport**
der **Spit|zen|wert**
der **Spit|zer** (Bleistiftspitzer); des Spitzers; die Spitzer
spitz|fin|dig (kleinlich; allzu genau)
die **Spitz|fin|dig|keit**
der **Spitz|na|me**
spitz|win|ke|lig *oder* **spitz|wink|lig;** ein spitzwink[e]liges Dreieck
der **Split|screen** *oder* **Split-Screen** ['splɪtskri:n] (*EDV:* geteilte Bildschirmansicht); des Splitscreens *oder* Split-Screens; die Splitscreens *oder* Split-Screens
der **Splitt** (zerkleinertes Gestein); des Splitts *oder* Split|tes; die Split|te
der **Split|ter;** des Splitters; die Splitter
split|tern; das Holz splitterte; die Scheibe ist gesplittert
split|ter|nackt
der **Spoi|ler** (Luftleitblech [an Kraftfahrzeugen]); des Spoilers; die Spoiler
spoi|lern ['spɔɪlɐn, *auch:* 'ʃp...] (Details verraten und dadurch jemandem die Überraschung nehmen); ich spoilere; du

spoilertest; wir haben gespoilert; spoiler *oder* spoilere den Film nicht!
spon|sern (als Sponsor unterstützen); du sponserst; sie sponserte ihn; die Firma X hat den Rennfahrer Y gesponsert
der **Spon|sor** [ˈʃpɔnzoːɐ̯ *oder* ˈspɔnzɐ] (Förderer, Geldgeber); des Sponsors; die Spon|so|ren
die **Spon|so|rin;** die Sponsorinnen
das **Spon|so|ring;** des Sponsorings
spon|tan (von selbst; aus innerem Antrieb); eine spontane Äußerung
die **Spon|ta|ne|i|tät**
spo|ra|disch ([nur] gelegentlich)
die **Spo|re** (Fortpflanzungszelle der Pflanze); die Sporen *meist Plural*
der **Sporn;** des Sporns *oder* Spor|nes; die Spo|ren *oder* Spor|ne *meist Plural*
sporn|streichs (sofort; geradewegs)
der **Sport;** des Sports *oder* Spor|tes
das **Sport|an|geln**
die **Sport|art**
sport|be|geis|tert; ein sportbegeistertes Publikum
der **Sport-BH**
der **Sport|freund**
die **Sport|freun|din**
die **Sport|hal|le**
der **Sport|leh|rer**
die **Sport|leh|re|rin**
der **Sport|ler**
die **Sport|le|rin**
sport|lich; sportliche Betätigung
die **Sport|nach|rich|ten** *Plural*
der **Sport|platz**
die **Sport|schau** (*Markenbezeichnung:* eine Sportsendung)
der **Sport|un|fall**
der **Sport|un|ter|richt**
der **Sport|ver|ein**
der **Sport|wa|gen**
der **Spot** [spɔt] (Werbekurzfilm); des Spots; die Spots
Spo|ti|fy [ˈspɔtifaɪ̯] (*Markenbezeichnung:* ein Streamingdienst für Musik); *Genitiv:* Spotifys *(ohne Artikel)*
der **Spott;** des Spotts *oder* Spot|tes
spott|bil|lig
spot|ten; du spottest; sie spottete; sie hat darüber gespottet; spotte nicht!
der **Spöt|ter;** des Spötters; die Spötter
die **Spöt|te|rin;** die Spötterinnen
spöt|tisch; spöttische Bemerkungen
der **Spott|na|me**
der **Sprach|as|sis|tent** (jemand, der an einer Schule, Universität im Ausland seine Muttersprache unterrichtet; *EDV* Gerät zur digitalen Spracherkennung)
die **Sprach|as|sis|ten|tin**
die **Spra|che**
der **Sprach|feh|ler**
der **Sprach|ge|brauch**
der **Sprach|kurs**
das **Sprach|la|bor** (mit spezieller technischer Ausstattung für das Sprachenlernen)
sprach|lich; die sprachliche Entwicklung
sprach|los; [völlig] sprachlos sein
das **Sprach|rohr;** sie ist nur das Sprachrohr ihres Chefs (*abwertend:* gibt kritiklos seine Meinung weiter)
der **Sprach|schatz**
der **Sprach|un|ter|richt**
der *oder* das **Spray** [ʃpreː] (Flüssigkeit zum Zerstäuben); des Sprays; die Sprays
die **Spray|do|se**
spray|en; du sprayst; sie sprayte; sie hat Farbe an die Wand gesprayt
der **Spray|er;** des Sprayers; die Sprayer
die **Spray|e|rin;** die Sprayerinnen
die **Sprech|bla|se** (in Comics)
spre|chen; du sprichst; er spricht; er sprach; er hat gesprochen; sprich lauter!
der **Spre|cher;** des Sprechers; die Sprecher
die **Spre|che|rin;** die Sprecherinnen
der **Sprech|funk**
das **Sprech|funk|ge|rät**
die **Sprech|stun|de**
das **Sprech|zim|mer**
die **Spree** (ein Fluss)
spreiz|bei|nig (mit gespreizten Beinen)
sprei|zen; du spreizt; sie spreizte; der Vogel hat seine Flügel gespreizt; spreiz *oder* spreize die Finger!
der **Spreiz|fuß**
spren|gen; du sprengst; er sprengte; er hat gesprengt; spreng *oder* sprenge die Brücke!
der **Spreng|kör|per**
die **Spreng|la|dung**
der **Spreng|satz**
der **Spreng|stoff**

S
spo

der **Spreng|stoff|an|schlag**
die **Spren|gung**
die **Spreu** (Abfall des Getreides); die Spreu vom Weizen trennen
das **Sprich|wort;** die Sprich|wör|ter
sprich|wört|lich
sprie|ßen; das Korn sprießt; das Korn spross; das Korn ist gesprossen
der **Spring|brun|nen**
sprin|gen; du springst; er springt; er sprang; er ist gesprungen; spring *oder* springe ins Wasser!
der **Sprin|ger;** des Springers; die Springer
die **Sprin|ge|rin;** die Springerinnen
die **Spring|flut**
spring|le|ben|dig
das **Spring|rei|ten**
das **Spring|seil**
der **Sprink|ler** (Berieselungsgerät); des Sprinklers; die Sprinkler
die **Sprink|ler|an|la|ge**
der **Sprint** (Kurzstreckenlauf; Spurt); des Sprints; die Sprints
sprin|ten; du sprintest; er sprintete; er ist über den Hof gesprintet
der **Sprin|ter** (Kurzstreckenläufer); des Sprinters; die Sprinter
die **Sprin|te|rin;** die Sprinterinnen
der **Sprit** (*umgangssprachlich für:* Treibstoff); des Sprits; die Spri|te; Sprit sparen; Sprit sparend *oder* spritsparend; ein Sprit sparendes *oder* spritsparendes Auto; ABER NUR: ein viel Sprit sparendes Auto; ein besonders spritsparendes, noch spritsparenderes Auto
sprit|spa|rend ↑ Sprit
der **Sprit|ver|brauch**
die **Sprit|ze**
sprit|zen; du spritzt; er spritzte; das Fett hat gespritzt; spritz *oder* spritze nicht mit Wasser!
der **Sprit|zer;** des Spritzers; die Spritzer
sprit|zig; eine spritzige (schwungvolle) Komödie
die **Spritz|tour** (*umgangssprachlich für:* kurzer Ausflug)
spröd, sprö|de; sprö|der; am sprö|desten; spröde Haare
der **Spross** (Nachkomme; Pflanzentrieb); des Spros|ses; die Spros|se
die **Spros|se** (Querholz der Leiter); die Sprossen
spros|sen (austreiben, sprießen); die Blumen sprossten; es hat überall gesprosst
die **Spros|sen|wand** (ein Turngerät)
der **Spröss|ling;** des Sprösslings; die Spröss|lin|ge
die **Sprot|te** (ein Fisch); Kieler Sprotten
der **Spruch;** des Spruchs *oder* Spru|ches; die Sprü|che
spruch|reif; die Sache ist bald spruchreif
der **Spru|del;** des Sprudels; die Sprudel
spru|deln; das Wasser sprudelte; es hat gesprudelt
die **Sprüh|do|se**
sprü|hen; du sprühst; sie sprühte; sie hat vor Lebenslust gesprüht; die Funken sind nach allen Seiten gesprüht
der **Sprüh|re|gen**
der **Sprung;** des Sprungs *oder* Sprun|ges; die Sprün|ge; auf dem Sprung sein
das **Sprung|bein** (*Sport:* Bein, mit dem der Springer abspringt)
sprung|be|reit
das **Sprung|brett**
die **Sprung|gru|be**
sprung|haft; sprunghaft steigende Preise
die **Sprung|schan|ze**
das **Sprung|tuch** (ein Rettungsgerät); die Sprung|tü|cher
der **Sprung|turm**
die **Spu|cke**
spu|cken; du spuckst; sie spuckte; sie hat auf den Boden gespuckt; spuck *oder* spucke nicht!
der **Spuck|napf**
der **Spuk** (Gespenst; geisterhaftes Treiben); des Spuks *oder* Spu|kes; die Spu|ke
spu|ken; nachts spukte es; in der Burg hat es gespukt
die **Spuk|ge|schich|te**
das **Spül|be|cken**
die **Spu|le**
die **Spü|le**
spu|len; du spulst; er spulte; er hat das Garn gespult; spul *oder* spule das Garn!
spü|len; du spülst; er spülte; er hat das Geschirr gespült; spül *oder* spüle die Gläser!
die **Spül|ma|schi|ne**
das **Spül|mit|tel**

die **Spü|lung**
das **Spül|was|ser**
der **Spund** (Fassverschluss); des Spunds *oder* Spun|des; die Spün|de *oder* Spun|de
der **Spund** (*umgangssprachlich für:* junger Mann); des Spunds *oder* Spun|des; die Spun|de
das **Spund|loch**
die **Spur;** die Spu|ren
spür|bar
spu|ren (*umgangssprachlich für:* sich fügen); du spurst; er spurte; er hat nicht gespurt; spur *oder* spure endlich!
spü|ren; ich spüre; du spürst; sie spürte; sie hat den Schlag gespürt
die **Spu|ren|si|che|rung**
die **Spu|ren|su|che**
der **Spür|hund**
spur|los; spurlos verschwinden
der **Spür|sinn**
der **Spurt** (schneller Lauf); des Spurts *oder* Spur|tes; die Spurts, *seltener:* Spur|te
spur|ten; du spurtest; sie spurtete; sie ist ins Ziel gespurtet; spurte!
sich **spu|ten** (sich beeilen); du sputest dich; er sputete sich; er hat sich gesputet; spute dich!
der **Sput|nik** (erster sowjetischer Erdsatellit); des Sputniks; die Sputniks
die **Spy|ware** [ˈspaɪ̯wɛːɐ̯] (*EDV:* Software zum Ausspähen von Daten); die Spywares
das **Squash** [skvɔʃ] (ein Ballspiel); des Squash
SR = Saarländischer Rundfunk; des SR
Sri Lan|ka (Inselstaat im Indischen Ozean)
der **Sri Lan|ker** *oder* **Sri-Lan|ker;** des Sri Lankers *oder* Sri-Lankers; die Sri Lanker *oder* Sri-Lanker
die **Sri Lan|ke|rin** *oder* **Sri-Lan|ke|rin;** die Sri Lankerinnen *oder* Sri-Lankerinnen
sri-lan|kisch
St. = Sankt; Stück; Stunde
der **Staat;** des Staats *oder* Staa|tes; die Staaten; von Staats wegen; Staat machen (prunken); Staaten bildende *oder* staatenbildende Insekten
staa|ten|los (ohne Staatsangehörigkeit)
staat|lich; das staatliche Schulsystem
die **Staats|an|ge|hö|rig|keit**
der **Staats|an|walt**
die **Staats|an|wäl|tin**
die **Staats|an|walt|schaft;** die Staatsanwaltschaft hat Anklage erhoben
der **Staats|be|trieb**
der **Staats|bür|ger**
die **Staats|bür|ge|rin**
die **Staats|bür|ger|schaft**
der **Staats|dienst**
staats|feind|lich; staatsfeindliche Parteien
die **Staats|kanz|lei** (vom Ministerpräsidenten oder der Ministerpräsidentin geleitete Behörde)
der **Staats|mann;** die Staats|män|ner
das **Staats|ober|haupt** (oberster Repräsentant eines Staates)
der **Staats|prä|si|dent**
die **Staats|prä|si|den|tin**
der **Staats|se|kre|tär** (hoher Staatsbeamter, der einem Minister oder einer Ministerin unmittelbar unterstellt ist)
die **Staats|se|kre|tä|rin;** die Staatssekretärinnen
die **Staats|ver|schul|dung**
der **Stab;** des Stabs *oder* Sta|bes; die Stä|be; *Verkleinerungsform:* das Stäbchen
der **Stab|hoch|sprung**
sta|bil (haltbar; fest); stabile Regale
sta|bi|li|sie|ren (stabil, standfest machen); du stabilisierst; er stabilisierte; er hat das Regal stabilisiert
die **Sta|bi|li|sie|rung;** der Stabilisierung; die Sta|bi|li|sie|run|gen
die **Sta|bi|li|tät** (das Stabilsein, Beständigsein)
der **Sta|chel;** des Stachels; die Stacheln
die **Sta|chel|bee|re**
der **Sta|chel|draht**
der **Sta|chel|draht|zaun**
sta|che|lig *oder* **stach|lig;** stach[e]lige Sträucher
das **Sta|chel|schwein**
das **Sta|di|on** (Anlage für Sportwettkämpfe und -übungen); des Stadions; die Sta|di|en
die **Sta|di|on|an|sa|ge**
der **Sta|di|on|spre|cher**
die **Sta|di|on|spre|che|rin**
das **Sta|di|um** (Abschnitt, Entwicklungsstufe); des Stadiums; die Sta|di|en
die **Stadt;** die Städ|te

S
spü

die **Stadt|bahn|hal|te|stel|le**
stadt|be|kannt; stadtbekannte Gebäude; ABER: in der [ganzen] Stadt bekannte Gebäude
die **Stadt|bi|b|lio|thek**
die **Stadt|bü|che|rei**
das **Städt|chen;** des Städtchens; die Städtchen
städ|te|bau|lich
der **Städ|ter;** des Städters; die Städter
die **Städ|te|rin;** die Städterinnen
die **Stadt|füh|rung**
städ|tisch; städtische Kindergärten
der **Stadt|plan**
die **Stadt|ral|lye** (ein Quiz)
der **Stadt|rand**
die **Stadt|rand|sied|lung**
der **Stadt|rat**
die **Stadt|rä|tin**
der **Stadt|staat**
der **Stadt|teil**
das **Stadt|tor**
der **Stadt|ver|ord|ne|te;** ein Stadtverordneter; die Stadtverordneten; zwei Stadtverordnete
die **Stadt|ver|ord|ne|te;** eine Stadtverordnete
die **Stadt|ver|wal|tung**
das **Stadt|vier|tel**
die **Stadt|wer|ke** *Plural*
das **Stadt|zen|t|rum**
die **Sta|fet|te** (Staffellauf, auch die Läufer selbst); die Stafetten
die **Staf|fel;** die Staffeln
die **Staf|fe|lei** (beim Malen verwendetes Gestell)
der **Staf|fel|lauf**
staf|feln; du staffelst; er staffelte; er hat die Preise gestaffelt; staffle *oder* staffele die Preise!
die **Sta|g|na|ti|on** (Stockung, Stillstand); die Sta|g|na|ti|o|nen
sta|g|nie|ren; der Export stagnierte; die Wirtschaft hat lange Zeit stagniert
der **Stahl;** des Stahls *oder* Stah|les; die Stähle, *seltener:* die Stah|le
der **Stahl|be|ton**
stäh|len (stark, widerstandsfähig machen); du stählst; er stählte; er hat seinen Körper gestählt; stähl *oder* stähle deine Muskeln!
stäh|lern (aus Stahl); stählerne Brücken
stahl|hart
die **Stahl|plat|te**
stak|sen (mit steifen Schritten gehen); du stakst; sie stakste; sie ist durch das Laub gestakst; staks *oder* stakse nicht so!
der **Sta|lag|mit** (nach oben wachsender Tropfstein); des/dem/den Sta|lag|mi|ten; die Sta|lag|mi|ten
der **Sta|lak|tit** (nach unten wachsender Tropfstein); des/dem/den Sta|lak|ti|ten; die Sta|lak|ti|ten
der **Stall;** des Stalls *oder* Stal|les; die Stäl|le
die **Stall|la|ter|ne** *oder* **Stall-La|ter|ne**
die **Stal|lung**
der **Stamm;** des Stamms *oder* Stam|mes; die Stäm|me
der **Stamm|baum**
das **Stamm|buch**
stam|meln; du stammelst; sie stammelte; sie hat eine Entschuldigung gestammelt; stammle *oder* stammele nicht so!
stam|men; du stammst; sie stammte aus Heidelberg; die Idee hat von ihm gestammt
die **Stamm|form**
der **Stamm|gast**
stäm|mig (kräftig); stämmige Beine
die **Stamm|kund|schaft**
die **Stamm|sil|be**
der **Stamm|tisch**
der **Stamm|va|ter**
die **Stamm|zel|le** *(Medizin)*
die **Stamm|zel|len|spen|de** *oder* **Stamm-zell|spen|de**
der **Stamm|zel|len|spen|der** *oder* **Stamm-zell|spen|der**
die **Stamm|zel|len|spen|de|rin** *oder* **Stamm|zell|spen|de|rin**
stamp|fen; du stampfst; sie stampfte; sie hat zornig mit den Füßen gestampft; stampfe nicht mit den Füßen!
der **Stamp|fer;** des Stampfers; die Stampfer
der **Stand;** des Stands *oder* Stan|des; die Stän|de; einen schweren Stand haben; jemanden in den Stand setzen[,] etwas zu tun; ABER: außer Stande *oder* außerstande (nicht in der Lage; unfähig) sein; im Stande *oder* imstande sein; etwas in Stand *oder* instand hal-

ten; etwas in Stand *oder* instand setzen; etwas zu Stande *oder* zustande bringen; zu Stande *oder* zustande kommen

der **Stan|dard** (Maßstab, Richtschnur, Norm; Qualitäts- oder Leistungsniveau); des Standards; die Standards

die **Stan|dard|aus|rüs|tung**

das **Stan|dard|deutsch** *oder* **Stan|dard|deut|sche**

stan|dar|di|sie|ren (vereinheitlichen; normen); du standardisierst; sie standardisierte; sie hat die Tests standardisiert; standardisier *oder* standardisiere die Formate!

stan|dard|mä|ßig

die **Stan|dar|te** (Fahne); die Standarten

das **Stand|bein** *(Sport)*

das **Stand|bild**

das **Stand-by** *oder* **Stand|by** ['stɛntbaɪ̯] (verbilligte [Flug]reise mit Platzvergabe nach einer Warteliste; *EDV:* Bereitschaftsschaltung); des Stand-by[s] *oder* Standby[s]; die Stand-bys *oder* Standbys

das **Ständ|chen**

der **Stän|der;** des Ständers; die Ständer

das **Stan|des|amt**

stan|des|amt|lich; die standesamtliche Trauung

der **Stan|des|be|am|te**

die **Stan|des|be|am|tin**

stan|des|ge|mäß

stand|fest

stand|haft; stand|haf|ter; am stand|haf|tes|ten

stand|hal|ten; du hältst stand; sie hielt der Kritik stand; der Deich hat der Sturmflut standgehalten; halte stand!

stän|dig (dauernd)

der **Stand|ort**

die **Stand|ort|da|ten** *(besonders Mobilfunk) Plural*

der **Stand|punkt**

die **Stand|spur** (auf der Autobahn)

das **Stand-up-Pad|deln** ['stɛndap..., 'stɛntʔap...] (Stehpaddeln); des Stand-up-Paddelns

das **Stand-up-Padd|ling** [...pɛdlɪŋ] (Stand-up-Paddeln); des Stand-up-Paddling[s]

die **Stan|ge**

der **Stän|gel** (Teil der Pflanze); des Stängels; die Stängel

stän|kern (*umgangssprachlich für:* dauernd nörgeln und so für Unfrieden sorgen); du stänkerst; er stänkerte; er hat gegen ihn gestänkert; stänkere nicht!

das **Stan|ni|ol** (Zinn- oder Aluminiumfolie); des Stanniols; die Stan|ni|o|le

das **Stan|ni|ol|pa|pier**

stan|zen (mit einem Stempel ausschneiden); du stanzt; sie stanzte; sie hat das Blech gestanzt

die **Stanz|ma|schi|ne**

der **Sta|pel;** des Stapels; die Stapel

der **Sta|pel|lauf** (eines Schiffs)

sta|peln; du stapelst; sie stapelte; sie hat das Holz gestapelt; staple *oder* stapele die Bretter!

sta|pel|wei|se

die **Stap|fe** *oder* der **Stap|fen** (Fußspur); des Stapfen *oder* Stapfens; die Stapfen

stap|fen; ich stapfe; du stapfst; sie stapfte; sie ist durch den Schnee gestapft

der **Stap|fen** (Fußspur); des Stapfen *oder* Stapfens; die Stapfen

der **Star** (Augenkrankheit); des Stars *oder* Sta|res; die Sta|re; der graue, grüne, schwarze Star

der **Star** (berühmter Künstler, berühmte Künstlerin, berühmte Persönlichkeit); des Stars; die Stars

der **Star** (Vogel); des Stars *oder* Sta|res; die Sta|re

die **Star|al|lü|ren** (launenhafte Eigenheiten) *Plural*

der **Star|gast**

stark; stär|ker; am stärks|ten; starke Nerven; stark erhitztes Öl; er ist stark erkältet; das Auto wurde stark beschädigt

die **Stär|ke**

stär|ken; du stärkst; er stärkte; er hat seinen Glauben gestärkt; sich stärken; ich muss mich erst stärken

der **Stark|strom**

die **Stär|kung**

starr; ein starrer Blick

die **Star|re**

star|ren; du starrst; sie starrte; sie hat aus dem Fenster gestarrt; starre nicht!

der **Starr|kopf** (eigensinniger Mensch)
der **Starr|sinn**
starr|sin|nig
der **Start;** des Starts *oder* Star|tes; die Starts, *selten:* Star|te
die **Start|bahn**
der **Start|block** *(Sport);* die Start|blö|cke
star|ten; du startest; sie startete; sie ist zu früh gestartet; starte sofort!
das *oder* der **Star|ter|set** (Grundausstattung)
das **Start|gut|ha|ben**
das **Start|hil|fe|ka|bel**
start|klar
das **Start|loch**
der **Start|platz**
der **Start|schuss**
das **Start-up** ['sta:ɐ̯tʔap] (neu gegründetes Wirtschaftsunternehmen); des Start-ups; die Start-ups
die, *selten:* der **Sta|si** *(umgangssprachlich kurz für:* Staatssicherheitsdienst in der DDR)
die **Sta|si|ak|te**
die **Sta|si|un|ter|la|gen|be|hör|de** *(umgangssprachlich)*
das **State|ment** ['steɪ̯tmənt] (öffentliche Erklärung); des Statements; die Statements
die **Sta|tik** ([Lehre vom] Gleichgewicht der Kräfte bei ruhenden Körpern); die Sta|ti|ken
der **Sta|ti|ker** (Fachmann für Statik); des Statikers; die Statiker
die **Sta|ti|ke|rin;** die Statikerinnen
die **Sta|ti|on;** die Sta|ti|o|nen
sta|ti|o|när (an einen festen Ort gebunden); stationäre Behandlung (im Krankenhaus); er wurde stationär behandelt
sta|ti|o|nie|ren (an einen bestimmten Ort bringen, stellen); du stationierst; er stationierte; man hat dort Truppen stationiert; da sind Raketen stationiert
der **Sta|ti|ons|arzt**
die **Sta|ti|ons|ärz|tin**
die **Sta|ti|ons|schwes|ter**
sta|tisch (ruhend, stillstehend)
der **Sta|tist** (Randfigur [in einem Theaterstück oder Film]); des/dem/den Sta|tis|ten; die Sta|tis|ten
die **Sta|tis|tik** (zahlenmäßige Erfassung); die Sta|tis|ti|ken
der **Sta|tis|ti|ker;** des Statistikers; die Statistiker
die **Sta|tis|ti|ke|rin;** die Statistikerinnen
die **Sta|tis|tin;** die Statistinnen
sta|tis|tisch; statistische Erhebungen; ABER: das Statistische Bundesamt (in Wiesbaden)
das **Sta|tiv** (ein Ständer); des Stativs; die Sta|ti|ve

statt

Präposition mit Genitiv:

- statt meiner
- statt einer Erklärung
- sie konnte nicht kommen, stattdessen (dafür) schickte sie ihre Schwester

Konjunktion:

- statt mit Drohungen versucht er es mit Ermahnungen
- sie gab das Geld ihm statt mir

statt|des|sen ↑ statt
die **Stät|te** *(gehoben für:* [Schau]platz, Stelle); die Stätten
statt|fin|den; es findet statt; das Fest fand statt; es hat stattgefunden
statt|haft (erlaubt, zulässig)
der **Statt|hal|ter** (Stellvertreter); des Statthalters; die Statthalter
die **Statt|hal|te|rin;** die Statthalterinnen
statt|lich (groß, kräftig)
die **Sta|tue** (das Standbild); die Sta|tu|en
sta|tu|ie|ren (aufstellen; festsetzen; bestimmen); du statuierst; sie statuierte; die Regierung hat ein Exempel statuiert (hat ein warnendes Beispiel gegeben)
die **Sta|tur** (Gestalt, Wuchs); die Sta|tu|ren
der **Sta|tus** (Zustand; Lage); des Status; die Status ['ʃta:tu:s]

! Der Plural von *Status* wird genauso geschrieben wie der Singular. Einen Unterschied gibt es lediglich in der Aussprache: Im Plural spricht man das *u* lang.

A B C D E F G H I J K L M N O P Q R S sta T U V W X Y Z

der **Sta|tus quo** (der gegenwärtige Zustand); des Status quo

das **Sta|tut** ([Grund]gesetz; Satzung); des Statuts *oder* Sta|tu|tes; die Sta|tu|ten

der **Stau;** des Staus *oder* Stau|es; die Staus *oder* Staue

der **Staub;** des Staubs *oder* Stau|bes; ↑staubsaugen

staub|be|deckt; staubbedeckte Regale; ABER NUR: mit Staub bedeckte Regale

der **Staub|beu|tel**

stau|ben; es staubte; es hat gestaubt

der **Staub|fa|den**

staub|frei

das **Staub|ge|fäß**

stau|big; staubige Regale

staub|sau|gen *oder* **Staub sau|gen;** er staubsaugte *oder* er saugte Staub; er hat gestaubsaugt *oder* er hat Staub gesaugt

der **Staub|sau|ger;** des Staubsaugers; die Staubsauger

das **Staub|tuch**

die **Stau|chung**

der **Stau|damm**

die **Stau|de** ([große] Pflanze mit mehreren Stängeln); die Stauden

stau|en; du staust; er staute; er hat den Bach gestaut; sich stauen; der Verkehr hat sich gestaut

die **Stau|mel|dung**

stau|nen; du staunst; sie staunte; sie hat darüber gestaunt; staune nur!

das **Stau|nen;** des Staunens; aus dem Staunen nicht mehr herauskommen; Staunen erregen; Staunen erregend *oder* staunenerregend; ein Staunen erregender *oder* staunenerregender Vorfall; ABER NUR: ein großes Staunen erregender Vorfall; ein besonders staunenerregender Vorfall

stau|nens|wert; staunenswerter Fleiß

der **Stau|see**

die **Stau|ung**

Std. = Stunde

das **Steak** [steɪk] (gebratene Fleischscheibe); des Steaks; die Steaks

das **Ste|a|rin** (Rohstoff für Kerzen); des Stearins; die Ste|a|ri|ne

ste|chen; du stichst; die Biene stach; sie hat ihn, *auch:* ihm ins Bein gestochen; stich ihn nicht!

ste|chend; ein stechender Geruch

die **Stech|mü|cke**

der **Steck|brief** (Fahndungsplakat)

steck|brief|lich; steckbrieflich gesucht

die **Steck|do|se**

ste|cken

(sich irgendwo, in etwas befinden; dort festsitzen, befestigt sein)
↑*auch:* stecken (etwas in etwas einfügen)
- die Uhr steckte, *älter auch:* stak in der Tasche; sie hat in der Tasche gesteckt

Schreibung in Verbindung mit »bleiben« und »lassen«:

- der Nagel kann in der Wand stecken bleiben; ABER: sie ist während des Vortrags mehrmals stecken geblieben *oder* steckengeblieben (ins Stocken geraten)
- er hat den Schlüssel stecken lassen, *seltener:* stecken gelassen; ABER: du kannst dein Geld stecken lassen *oder* steckenlassen, ich bezahle

ste|cken (etwas in etwas einfügen; etwas festheften); du steckst; sie steckte; sie hat den Brief in den Kasten gesteckt; steck *oder* stecke das Geld in die Tasche!

der **Ste|cken** (Stock); des Steckens; die Stecken

ste|cken|blei|ben ↑stecken

ste|cken|las|sen ↑stecken

das **Ste|cken|pferd** (Hobby, Liebhaberei)

der **Ste|cker;** des Steckers; die Stecker

der **Steck|ling** (abgeschnittener Pflanzenteil, der neue Wurzeln bildet)

die **Steck|na|del**

der **Steg;** des Stegs *oder* Ste|ges; die Ste|ge

der **Steg|reif;** *nur in:* etwas aus dem Stegreif (unvorbereitet) vortragen

das **Steh|auf|männ|chen**

das **Steh|ca|fé**

ste|hen *siehe Kasten*

ste|hen|blei|ben ↑stehen

ste|hen|las|sen ↑stehen

die **Steh|lam|pe**

die **Steh|lei|ter**

ste|hen

Beugung:

- du stehst; sie steht; du stand[e]st; sie stand; sie hat (*süddeutsch und österreichisch:* ist) an der Tür gestanden
- auf jemanden oder etwas stehen (*umgangssprachlich für:* eine besondere Vorliebe für jemanden oder etwas haben)

Groß schreibt man die Nominalisierung:

- das [lange] Stehen fällt ihr schwer
- sie brachte das Auto zum Stehen

Schreibung in Verbindung mit »bleiben« und »lassen«:

- du kannst doch nicht mitten auf der Straße stehen bleiben!; ABER: die Uhr ist stehen geblieben *oder* stehengeblieben; sie blieb stehen; bleibe bei der Begrüßung stehen!
- ihr solltet die alte Frau im Bus nicht stehen lassen (ihr solltet ihr ermöglichen, sich hinzusetzen); ABER: sie hat ihn auf der Party einfach stehen lassen *oder* stehenlassen; er hat die Suppe stehen lassen *oder* stehenlassen

steh|len; du stiehlst; sie stiehlt; sie stahl; sie hat Geld gestohlen; stiehl nie wieder!

das **Steh|pad|deln** (im Stehen auf einer Art Surfbrett ausgeführtes Paddeln)

der **Steh|platz**

steif; ein steifer Hals; der Arm kann steif werden; die Sahne steif schlagen *oder* steifschlagen; sie muss das Bein steif halten; ABER: die Ohren steifhalten (*umgangssprachlich für:* sich nicht entmutigen lassen)

die **Steif|heit**

steif|schla|gen ↑ steif

der **Steig** (steiler, schmaler Weg); des Steigs *oder* Stei|ges; die Stei|ge

der **Steig|bü|gel**

das **Steig|ei|sen**

stei|gen; du steigst; sie steigt; sie stieg; sie ist auf die Leiter gestiegen; steig *oder* steige nach oben!

stei|gern; du steigerst; sie steigerte; sie hat das Tempo gesteigert; steigere das Adjektiv; sich steigern; ihre Leistung hat sich gesteigert (verbessert)

die **Stei|ge|rung**

die **Stei|ge|rungs|stu|fe;** erste Steigerungsstufe (Komparativ); zweite Steigerungsstufe (Superlativ)

die **Stei|gung**

steil; ein steiles Dach

der **Steil|hang**

die **Steil|küs|te**

der **Stein**

stein|alt (sehr alt)

der **Stein|bock**

der **Stein|bruch;** die Stein|brü|che

stei|nern (aus Stein)

das **Stein|gut**

stein|hart

stei|nig; steiniges Gelände

die **Stein|koh|le**

der **Stein|metz;** des/dem/den Stein|met|zen; die Stein|met|zen

die **Stein|met|zin;** die Steinmetzinnen

das **Stein|obst**

der **Stein|pilz**

stein|reich (sehr reich)

der **Stein|schlag**

die **Stein|zeit**

die **Stein|zeit|er|näh|rung**

der **Stein|zeit|mensch**

der **Steiß** (Steißbein; Gesäß); des Stei|ßes; die Stei|ße

das **Steiß|bein**

die **Stel|le;** zur Stelle sein; an erster, zweiter Stelle; er kam an Stelle *oder* anstelle seines Bruders

stel|len; du stellst; sie stellte; sie hat den Schrank in die Ecke gestellt; stell *oder* stelle die Milch in den Kühlschrank!

der **Stel|len|ab|bau;** des Stellenabbaus *oder* Stel|len|ab|bau|es

das **Stel|len|an|ge|bot**

das **Stel|len|ge|such**

stel|len|wei|se; stellenweise Glatteis

der **Stel|len|wert** (Bedeutung)

der **Stell|platz**

die **Stel|lung;** zu etwas Stellung nehmen
die **Stel|lung|nah|me**
stell|ver|tre|tend; der stellvertretende Direktor
der **Stell|ver|tre|ter**
die **Stell|ver|tre|te|rin**
das **Stell|werk**
die **Stel|ze;** die Stelzen
stel|zen; du stelzt; sie stelzte; sie ist durch den Garten gestelzt
das **Stemm|ei|sen** (ein Werkzeug)
stem|men; du stemmst; er stemmte; er hat gestemmt; stemme die Hanteln!; sich gegen etwas stemmen
der **Stem|pel;** des Stempels; die Stempel
stem|peln; du stempelst; sie stempelte; sie hat gestempelt; stemple *oder* stempele den Brief!; stempeln gehen (*umgangssprachlich für:* Arbeitslosengeld bekommen)
die **Ste|no|gra|fie** *oder* **Ste|no|gra|phie** (Kurzschrift)
ste|no|gra|fie|ren *oder* **ste|no|gra|phie|ren;** du stenografierst *oder* stenographierst; sie stenografierte *oder* stenographierte; sie hat die Rede stenografiert *oder* stenographiert
der **Ste|no|ty|pist** (jemand, der Stenografie und Maschinenschreiben beherrscht); des/dem/den Ste|no|ty|pis|ten; die Ste|no|ty|pis|ten
die **Ste|no|ty|pis|tin;** die Stenotypistinnen
die **Stepp|de|cke**
die **Step|pe** (baumlose, wasserarme Ebene)
step|pen; du steppst; sie steppte; sie hat den Rand gesteppt; stepp *oder* steppe den Saum!
der **Stepp|tanz**
der **Ster|be|be|glei|ter**
die **Ster|be|be|glei|te|rin**
die **Ster|be|hil|fe;** wegen unerlaubter Sterbehilfe ermitteln
ster|ben; du stirbst; sie stirbt; sie starb; sie ist gestern gestorben
das **Ster|ben;** des Sterbens; sie liegt im Sterben
ster|bens|krank
sterb|lich (vergänglich)
die **Ste|reo|an|la|ge**
ste|reo|fon *oder* **ste|reo|phon** (räumlich klingend); stereofone *oder* stereophone Tonwiedergabe
ste|reo|typ (unveränderlich)
ste|ril (keimfrei; unfruchtbar)
ste|ri|li|sie|ren (keimfrei, unfruchtbar machen); du sterilisierst; sie sterilisierte die Milch; sie hat die Katze sterilisiert
der **Stern;** des Sterns *oder* Ster|nes; die Ster|ne
das **Stern|bild**
das **Ster|nen|kind** (*verhüllend für:* vor oder kurz nach der Geburt gestorbenes Kind)
ster|nen|klar; sternenklare Nächte
die **Stern|frucht** (Karambole)
stern|klar
die **Stern|kun|de** (Astronomie)
die **Stern|schnup|pe**
die **Stern|stun|de** (glückliche Stunde)
die **Stern|war|te**
das **Stern|zei|chen** (Tierkreiszeichen)
das **Ste|tho|s|kop** (*Medizin:* Hörrohr des Arztes); des Stethoskops; die Ste|tho|s|ko|pe
ste|tig ([be]ständig)
die **Ste|tig|keit**
stets (immer, jederzeit)
das **Steu|er** (Lenkvorrichtung in einem Fahrzeug); des Steuers; die Steuer
die **Steu|er** (Abgabe); die Steuern
der **Steu|er|be|ra|ter**
die **Steu|er|be|ra|te|rin**
der **Steu|er|be|scheid**
das **Steu|er|bord** (die rechte Schiffsseite [von hinten gesehen]); die Steu|er|bor|de
die **Steu|er|er|hö|hung**
die **Steu|er|er|klä|rung**
die **Steu|er|hin|ter|zie|hung**
der **Steu|er|knüp|pel** (im Flugzeug)
der **Steu|er|mann;** die Steu|er|män|ner *oder* Steu|er|leu|te
steu|ern; du steuerst; sie steuerte; sie hat das Auto gesteuert; steure *oder* steuere das Boot!
steu|er|pflich|tig; steuerpflichtiger Lohn
das **Steu|er|rad**
die **Steu|er|re|form**
das **Steu|er|ru|der**
die **Steu|e|rung**

der **Steu|er|zah|ler;** des Steuerzahlers; die Steuerzahler

die **Steu|er|zah|le|rin;** die Steuerzahlerinnen

der **Ste|ward** ['stju:ɐt] (Betreuer der Passagiere auf Schiffen und in Flugzeugen); des Stewards; die Stewards

die **Ste|war|dess** ['stju:ɐdɛs]; die Ste|war-des|sen

sti|bit|zen (*umgangssprachlich für:* auf listige Art entwenden); du stibitzt; sie stibitzte; sie hat drei Kekse stibitzt

der **Stich;** des Stichs *oder* Sti|ches; die Stiche; er hat ihn im Stich gelassen

der **Sti|chel** (ein Werkzeug); des Stichels; die Stichel

die **Sti|che|lei** (*auch für:* Anspielung)

sti|cheln (*auch für:* boshafte Bemerkungen machen); du stichelst; sie stichelte; sie hat gestichelt; stichle *oder* stichele nicht!

die **Stich|flam|me**

stich|hal|tig; stichhaltige Beweise

der **Stich|ling** (ein Fisch); des Stichlings; die Stich|lin|ge

die **Stich|pro|be**

stich|pro|ben|ar|tig; stichprobenartig kontrollieren

der **Stich|tag**

die **Stich|wahl**

das **Stich|wort;** *Plural (für Wörter, die ein Nachschlagewerk verzeichnet:)* die Stich|wör|ter, *(für kurze Notizen, Einsatzworte für den Auftritt:)* die Stich-wor|te; ↑ Wort

stich|wort|ar|tig; stichwortartige Notizen

sti|cken; du stickst; sie stickte; sie hat eine Decke gestickt

der **Sti|cker** ['ʃtɪkɐ *oder* 'stɪkɐ] (Aufkleber); des Stickers; die Sticker

das **Sti|cker|al|bum**

die **Sti|cke|rei**

sti|ckig; stickige Luft

das **Stick|oxid** *oder* **Stick|oxyd** (Stickstoffoxid)

der **Stick|stoff**

stick|stoff|frei

stick|stoff|hal|tig

das **Stick|stoff|oxid** *oder* **Stick|stoff|oxyd**

der **Stief|bru|der**

der **Stie|fel;** des Stiefels; die Stiefel

stie|feln; du stiefelst; sie stiefelte; sie ist nach Hause gestiefelt

die **Stief|el|tern** *Plural*

die **Stief|ge|schwis|ter** *Plural*

das **Stief|kind**

die **Stief|mut|ter**

das **Stief|müt|ter|chen** (eine Blume)

stief|müt|ter|lich; jemanden oder etwas stiefmütterlich (schlecht) behandeln

die **Stief|schwes|ter**

der **Stief|va|ter**

die **Stie|ge** (steile, enge Holztreppe)

der **Stieg|litz** (ein Vogel)

der **Stiel;** des Stiels *oder* Stie|les; die Stiele; mit Stumpf und Stiel

> **!** Nicht verwechseln: Obwohl beide Wörter gleich ausgesprochen werden, schreibt man den Stiel zum Anfassen mit *ie* (»Besen*stiel*«, »Rosen*stiel*«), die charakteristische Ausdrucks- oder Gestaltungsweise hingegen nur mit *i* (»flüssiger *Stil*«, »gotischer *Stil*«).

der **Stier;** des Stiers *oder* Stie|res; die Stiere

stie|ren (starr blicken); sie stierte ihn an; er hat an die Decke gestiert

der **Stier|kampf**

das **Stift** (fromme Stiftung); des Stifts *oder* Stif|tes; die Stif|te

der **Stift** (Nagel; Schreibgerät; *umgangssprachlich für:* kleiner Junge; Lehrling); des Stifts *oder* Stif|tes; die Stifte

stif|ten; du stiftest; sie stiftete; sie hat viel Geld gestiftet; stifte keine Unruhe!

stif|ten; *nur in:* stiften gehen (*umgangssprachlich für:* ausreißen, fliehen)

die **Stif|tung**

stig|ma|ti|sie|ren (brandmarken, zeichnen); du stigmatisierst; er stigmatisierte; sie hat stigmatisiert; stigmatisier *oder* stigmatisiere das nicht!

der **Stil** (Ausdrucksform; Bauart; Schreibart); des Stils *oder* Sti|les; die Sti|le; ↑ ABER: Stiel

die **Stil|blü|te** (ungeschickte Formulierung, die ungewollt komisch wirkt)

sti|li|si̲ert (stark vereinfachend dargestellt); eine stilisierte Rose
sti|li̤s|tisch; stilistische Feinheiten

sti̤ll
Kleinschreibung:
– das stille Örtchen (*umgangssprachlich für:* Toilette) – eine stille Stunde
Großschreibung:
– im Stillen (unbemerkt) – der Stille Ozean
Getrenntschreibung:
– still sein, still werden, still sitzen – du sollst die Lampe [ganz] still halten – nun bleib doch endlich still stehen! – das Kind hat still gelegen
Zusammenschreibung bei übertragener Bedeutung:
Vergleiche: stilllegen, stillliegen, stillhalten, stillschweigen, stillstehen

die **Sti̤l|le;** in aller Stille; in der Stille
sti̤l|len; du stillst; sie stillte; sie hat ihr Kind gestillt; still *oder* stille das Kind!
sti̤ll|hal|ten (erdulden, ertragen); du hältst still; er hält still; er hielt still; er hat stillgehalten; halt *oder* halte still!
das **Sti̤ll|le|ben** *oder* **Sti̤ll-Le|ben** (*Malerei:* die Darstellung lebloser Gegenstände)
sti̤ll|le|gen (außer Betrieb setzen); du legst still; er legte die Fabrik still; er hat sie stillgelegt; leg *oder* lege die Fabrik still!
die **Sti̤ll|le|gung** *oder* **Sti̤ll-Le|gung**
sti̤ll|lie|gen (außer Betrieb sein); die Bahnlinie liegt still; sie hat stillgelegen
sti̤l|los (ohne Stil[gefühl])
sti̤ll|schwei|gen; du schweigst still; sie schweigt still; sie schwieg still; sie hat stillgeschwiegen; schweig *oder* schweige jetzt still!
das **Sti̤ll|schwei|gen;** sich in Stillschweigen hüllen; jemandem Stillschweigen auferlegen
sti̤ll|schwei|gend
der **Sti̤ll|stand**
sti̤ll|ste|hen (nicht [mehr] in Bewegung, Betrieb sein); der Verkehr steht still; die Maschine stand still; sein Herz hat kurze Zeit stillgestanden; stillgestanden! (militärisches Kommando)
sti̤ll|ver|gnügt; stillvergnügt lächeln
sti̤l|voll; stilvolle Möbel
die **Sti̤mm|ab|ga|be**
das **Sti̤mm|band** (im Kehlkopf); die Stimm|bän|der *meist Plural*
sti̤mm|be|rech|tigt (mit Stimmrecht)
der **Sti̤mm|bruch**
die **Sti̤m|me**
sti̤m|men; diese Rechnung stimmt; er stimmte die Geige; das hat ihn froh gestimmt; stimme für den Kandidaten!
die **Sti̤mm|ga|bel**
sti̤mm|haft (weich auszusprechen); stimmhafte Laute
sti̤m|mig ([überein]stimmend)
die **Sti̤mm|la|ge** (zum Beispiel Tenor)
sti̤mm|lich (die Stimme betreffend)
sti̤mm|los
das **Sti̤mm|recht**
die **Sti̤m|mung**
der **Sti̤m|mungs|kil|ler** (*umgangssprachlich für:* langweiliger Mensch; etwas, das die Stimmung beeinträchtigt)
sti̤m|mungs|voll
der **Sti̤mm|zet|tel**
sti|mu|li̲e|ren (anregen); der Beifall stimulierte ihn; das hat ihn stimuliert
der **Sti̤n|ke|fin|ger** (*umgangssprachlich für:* eine obszöne Geste)
sti̤n|ken; du stinkst; der Käse stank; er hat gestunken
sti̤nk|fa̲u̲l (*umgangssprachlich für:* sehr faul)
sti̤n|kig; stinkige Abgase; warum bist du denn so stinkig (verärgert)?
sti̤nk|la̤ng|wei|lig (*umgangssprachlich für:* sehr langweilig)
das **Sti̤nk|tier**
der **Sti|pen|di|a̲t** (jemand, der ein Stipendium erhält); des/dem/den Sti|pen|di|a|ten; die Sti|pen|di|a|ten
die **Sti|pen|di|a̲|tin;** die Stipendiatinnen
das **Sti|pe̤n|di|um** (finanzielle Unterstützung für Schüler/-innen, Studierende, Gelehrte); des Stipendiums; die Sti|pen|di|en

stip|pen (*umgangssprachlich für:* tupfen, tunken); du stippst; er stippte; er hat den Zwieback in die Milch gestippt
die **Stirn;** die Stir|nen, *gehoben auch:* Stirne
stö|bern (*umgangssprachlich für:* [wühlend herum]suchen); du stöberst; er stöberte; er hat auf dem Dachboden gestöbert; stöber *oder* stöbere nicht in meinen Sachen!
sto|chern; du stocherst; er stocherte; er hat im Ofen gestochert
der **Stock;** des Stocks *oder* Sto|ckes; die Stö|cke; über Stock und Stein
der **Stock** (das Stockwerk); des Stocks *oder* Sto|ckes; die Stock; das Haus hat zwei Stock; es ist drei Stock hoch
stock|dun|kel; der stockdunkle Keller
sto|cken; du stockst beim Lesen; das Gespräch stockte; der Verkehr hat gestockt
stock|fins|ter; eine stockfinst[e]re Nacht
Stock|holm (Hauptstadt Schwedens)
die **Sto|ckung**
das **Stock|werk;** die Stock|wer|ke
der **Stoff;** des Stoffs *oder* Stof|fes; die Stoffe
die **Stoff|far|be** *oder* **Stoff-Far|be**
der **Stoff|fet|zen** *oder* **Stoff-Fet|zen**
stoff|lich; stoffliche Überreste
der **Stoff|wech|sel**
die **Stoff|wech|sel|krank|heit**
stöh|nen; du stöhnst; er stöhnte; er hat vor Schmerz gestöhnt; stöhn *oder* stöhne nicht!; ABER: sie hört ein leises Stöhnen
die **Sto|la** (ein Umhang); die Stolen
der **Stol|len** (ein Weihnachtsgebäck; Zapfen an Hufeisen und Schuhen; waagerechter Grubenbau); des Stollens; die Stollen
stol|pern; ich stolpere; du stolperst; sie stolperte; sie ist über die Wurzel gestolpert
der **Stol|per|stein** (Schwierigkeit, an der etwas, jemand scheitern kann)
stolz; stol|zer; am stol|zes|ten
der **Stolz;** des Stol|zes
stol|zie|ren (stolz einherschreiten); du stolzierst; sie stolzierte; sie ist durch den Park stolziert
stop! (*auf Verkehrsschildern:* halt!)

! Die aus dem Englischen kommende Schreibung mit einem *p* ist auf dem internationalen Verkehrsschild (STOP) üblich. Sonst ist die Schreibweise mit *pp* richtig: »*Stopp* doch mal!«; »ein *Stopp* an der Tankstelle«.

stop|fen; du stopfst; er stopfte; er hat die Strümpfe gestopft; stopf *oder* stopfe das Loch!
der **Stop|fen** (Stöpsel); des Stopfens; die Stopfen
das **Stopf|garn**
stopp! (halt!); stopp mal!; ↑ ABER: stop!
der **Stopp** (der Halt, die Unterbrechung); des Stopps; die Stopps
die **Stop|pel;** die Stoppeln
das **Stop|pel|feld**
stop|pe|lig *oder* **stopp|lig**
stop|pen; du stoppst; sie stoppte; sie hat plötzlich gestoppt; stopp *oder* stoppe das Auto!
das **Stopp|licht**
das **Stopp|schild**
die **Stopp|stra|ße**
die **Stopp|uhr**
der **Stöp|sel;** des Stöpsels; die Stöpsel
der **Storch;** des Storchs *oder* Stor|ches; die Stör|che
das **Stor|chen|nest** *oder* **Storch|nest**
der **Storch|schna|bel** (eine Pflanze)
der **Store** [ʃtoːɐ̯ *oder* stoːɐ̯] (Vorhang); des Stores; die Stores
stö|ren; du störst; er störte; er hat den Unterricht gestört; stör *oder* störe nicht!
stö|rend; störende Zwischenrufe
der **Stö|ren|fried** *(abwertend);* des Störenfrieds *oder* Stö|ren|frie|des; die Stö|ren|frie|de
der **Stör|fall** (in einem Kernkraftwerk)
stör|risch, *seltener auch:* **stör|rig**
die **Stö|rung**
stö|rungs|frei
die **Sto|ry** [ˈstɔri] (Geschichte); die Storys
der **Stoß;** des Sto|ßes; die Stö|ße
sto|ßen; du stößt; sie stößt; sie stieß;

sie hat ihn gestoßen; stoß *oder* stoße ihn nicht!
stoß|fest; eine stoßfeste Uhr
der **Stoß|seuf|zer**
stoß|si|cher (stoßfest)
die **Stoß|stan|ge**
der **Stoß|ver|kehr** (sehr starker Verkehr zu bestimmten Tageszeiten)
stoß|wei|se
der **Stoß|zahn**
die **Stoß|zeit** (Hauptverkehrszeit)
der **Stot|te|rer;** des Stotterers; die Stotterer
die **Stot|te|rin;** die Stotterinnen
stot|tern; ich stottere; du stotterst; er stotterte; er hat als Kind gestottert; ABER: etwas auf Stottern (auf Raten) kaufen; der Motor kam ins Stottern
Str. = Straße
das **Strac|cia|tel|la** [stratʃaˈtɛla] (eine Eissorte); des Stracciatella *oder* Stracciatellas
stracks (geradeaus; sofort)
die **Straf|an|stalt**
die **Straf|an|zei|ge**
die **Straf|ar|beit**
straf|bar; strafbare Handlungen
der **Straf|be|fehl** *(Rechtssprache)*
die **Stra|fe**
stra|fen; du strafst; sie strafte; sie hat hart gestraft; straf *oder* strafe ihn dafür!
straff (glatt; fest gespannt); straffe Haut
straf|fäl|lig; straffällig werden
straf|fen; du straffst; er straffte; er hat die Leine gestrafft; straff *oder* straffe den Bericht!
straf|frei; straffrei davonkommen
der **Straf|ge|fan|ge|ne** ↑Gefangene
die **Straf|ge|fan|ge|ne**
sträf|lich; sträflicher Leichtsinn
der **Sträf|ling;** des Sträflings; die Sträf|linge
das **Straf|maß**
die **Straf|mi|nu|te** *(Sport)*
der **Straf|pro|zess**
der **Straf|raum** *(besonders Fußball)*
das **Straf|recht** *Plural selten*
der **Straf|stoß** *(Ballspiele, Eishockey)*
die **Straf|tat**
der **Straf|tä|ter**
die **Straf|tä|te|rin**
das **Straf|ver|fah|ren**
der **Straf|voll|zug**

der **Strahl;** des Strahls *oder* Strah|les; die Strah|len
strah|len; du strahlst; er strahlte; seine Augen haben vor Begeisterung gestrahlt
strah|lend; ihr strah|lends|tes Lächeln
die **Strah|lung**
die **Sträh|chen** (gefärbte Haarsträhnen) *Plural*
die **Sträh|ne**
sträh|nig; strähniges Haar
stramm; ein Seil stramm ziehen *oder* strammziehen; jemandem die Hosen, den Hosenboden stramm ziehen *oder* strammziehen (aufs Gesäß schlagen)
stramm|ste|hen; du stehst stramm; er stand stramm; er hat strammgestanden
stramm|zie|hen ↑stramm
stram|peln; du strampelst; das Baby strampelte; es hat gestrampelt; strample *oder* strampele nicht!
der **Strand;** des Strands *oder* Stran|des; die Strän|de
stran|den; das Schiff strandet; es strandete; es ist beim Sturm gestrandet
der **Strand|korb**
die **Strand|pro|me|na|de**
der **Strang;** des Strangs *oder* Stran|ges; die Strän|ge; über die Stränge schlagen
die **Stra|pa|ze** (Anstrengung); die Strapazen
stra|pa|zie|ren; du strapazierst; sie strapazierte; sie hat meine Geduld strapaziert; strapazier *oder* strapaziere meine Nerven nicht!; sich strapazieren (sich abmühen); sie hat sich beim Training arg strapaziert
stra|pa|zier|fä|hig; ein strapazierfähiger Stoff
die **Stra|ße**
die **Stra|ßen|bahn**
die **Stra|ßen|bahn|hal|te|stel|le**
das **Stra|ßen|fest**
das **Stra|ßen|kind** (auf den Straßen einer Großstadt lebendes Kind, das kein Zuhause hat)
der **Stra|ßen|lärm**
die **Stra|ßen|sei|te**
die **Stra|ßen|sper|re**
der **Stra|ßen|ver|kehr**

der **Stra|te|ge** (jemand, der strategisch vorgeht); des Strategen; die Strategen
die **Stra|te|gie** (Art des Vorgehens, geplante Verfahrensweise); die Stra|te|gi|en
die **Strategin;** die Strateginnen
stra|te|gisch; strategische Fragen
sich **sträu|ben;** du sträubst dich; das Fell der Katze sträubte sich; er hat sich dagegen gesträubt; sträub *oder* sträube dich nicht länger!; ABER: da hilft kein Sträuben
der **Strauch;** des Strauchs *oder* Strau|ches; die Sträu|cher
strau|cheln; du strauchelst; er strauchelte; er ist über einen Stein gestrauchelt
der **Strauß** (ein Vogel); des Strau|ßes; die Strau|ße; der Vogel Strauß; ABER: die Vogel-Strauß-Politik
der **Strauß** (Blumenstrauß); des Strau|ßes; die Sträu|ße
die **Strau|ßen|fe|der**
strea|men ['stri:...] (*EDV:* durch Streaming übertragen); gestreamt
das **Strea|ming** ['stri:...] (Verfahren zur Übertragung von Bild und Ton an Endgeräte in Echtzeit); des Streaming *oder* Streamings
die **Stre|be** (schräge Stütze); die Streben
stre|ben; du strebst; sie strebte; sie hat nach Erfolg gestrebt; strebe nach Höherem!
der **Stre|ber;** des Strebers; die Streber
stre|ber|haft
die **Stre|be|rin;** die Streberinnen
streb|sam; strebsame Schüler
die **Stre|cke;** Wild zur Strecke bringen
stre|cken; du streckst; er streckte; er hat die Beine gestreckt; streck *oder* strecke die Soße mit Wasser!; sich strecken; er hat sich gestreckt
stre|cken|wei|se
der **Streck|mus|kel**
die **Street-Art** *oder* **Street|art** ['stri:tʔa:ɐ̯t] (moderne Kunstrichtung)
das **Street|food** ['stri:tfu:t] (*Gastronomie:* Speise, die im öffentlichen Raum zubereitet, verkauft und [im Gehen] verzehrt wird) *Plural selten*
die **Street|work** ['stri:tvœ:ɐ̯k] (Hilfe für Drogenabhängige oder Straffällige innerhalb ihres Wohngebietes)
der **Street|wor|ker** (jemand, der Streetwork durchführt); des Streetworkers; die Streetworker
die **Street|wor|ke|rin;** die Streetworkerinnen
der **Streich;** des Streichs *oder* Strei|ches; die Strei|che
strei|cheln; du streichelst; er streichelte den Hund; er hat ihn gerne gestreichelt; streichle *oder* streichele ihn ruhig!
der **Strei|chel|zoo**
strei|chen; du streichst; sie strich; sie hat gestrichen; streich *oder* streiche die Wand!
das **Streich|holz**
die **Streich|holz|schach|tel**
das **Streich|in|s|t|ru|ment**
das **Streich|quar|tett**
die **Strei|fe** (zur Kontrolle eingesetzte kleine Polizei- oder Militäreinheit; Kontrollgang, -fahrt); auf Streife gehen
strei|fen; du streifst; er streifte; er ist durch Feld und Wald gestreift; die Kugel hat nur seinen Arm gestreift
der **Strei|fen;** des Streifens; die Streifen
der **Strei|fen|wa|gen** (für eine Polizeistreife)
das **Streif|licht** (kurze, erhellende Darlegung); ein paar Streiflichter auf etwas werfen
der **Streif|schuss**
der **Streif|zug** (Erkundungszug); einen Streifzug, Streifzüge durch die Gegend machen
der **Streik** (Arbeitsniederlegung); des Streiks; die Streiks
strei|ken; du streikst; sie streikte; sie haben für höhere Löhne gestreikt; streike nicht!
das **Streik|recht**
der **Streit;** des Streits *oder* Strei|tes; die Strei|te
streit|bar (kämpferisch, bereit zu streiten)
strei|ten; du streitest; er streitet; er stritt; er hat [sich] mit ihr gestritten; streite nicht!
die **Strei|te|rei**
der **Streit|fall**
die **Streit|fra|ge**
strei|tig (strittig)
die **Streit|kräf|te** *Plural*

der **Streit|punkt**
die **Streit|sa|che**
der **Streit|schlich|ter**
die **Streit|schlich|te|rin**
die **Streit|schlich|tung**
streit|süch|tig
streng; sie ist sehr streng; jemanden streng beurteilen; auf das, aufs strengste *oder* Strengste bestraft werden; streng nehmen (genau nehmen); du nimmst es ganz streng; streng genommen[,] ist er ein Betrüger
die **Stren|ge**
strengs|tens; strengstens verboten sein
der **Stress** (starke körperliche und seelische Belastung); des Stres|ses; die Stres|se
der **Stress|ab|bau**
stres|sen *(umgangssprachlich);* die Arbeit stresst; der Lärm hat ihn gestresst
stres|sig (*umgangssprachlich für:* aufreibend, [sehr] anstrengend); ein stressiger Job
der *oder* das **Stress|le|vel** (Stresspegel)
stress|re|sis|tent
das **Stret|ching** ['strɛtʃɪŋ] (aus Dehnungsübungen bestehende Gymnastik); des Stretchings
die **Streu** (Stroh); der Streu; die Streuen *Plural selten*
streu|en; du streust; sie streute; sie hat gestreut; streu *oder* streue Salz, wenn es friert!
streu|nen; der Hund streunte; er ist über die Felder gestreunt
das **Streu|obst**
der **Streu|sel|ku|chen**
der **Strich;** des Strichs *oder* Stri|ches; die Stri|che
stri|cheln; ich strich[e]le; du strichelst; er strichelte; er hat ein Dreieck gestrichelt; strichle *oder* strichele eine Linie!; eine gestrichelte Linie
der **Strich|punkt**
strich|wei|se; strichweise Regen
der **Strick;** des Stricks *oder* Stri|ckes; die Stri|cke
stri|cken; du strickst; sie strickte; sie hat gestrickt; strick *oder* stricke einen Pullover!
die **Strick|ja|cke**
die **Strick|lei|ter**
das **Strick|mus|ter**
die **Strick|na|del**
der **Strie|gel** (harte Bürste); des Striegels; die Striegel
strie|geln; ich strieg[e]le; du striegelst; er striegelte; er hat das Pferd gestriegelt; striegle *oder* striegele dein Pony!
der **Strie|men;** des Striemens; die Striemen
strikt; ein striktes (strenges) Verbot
der **String|tan|ga** (Tanga[slip], dessen rückwärtiger Teil aus einem schmalen, schnurförmigen Stück Stoff besteht)
die **Strip|pe** (*landschaftlich für:* Schnur)
der *oder* das **Strip|tease** ['strɪpti:s, *auch:* 'ʃt...] (erotischer Tanz, bei dem nach und nach die Kleider ausgezogen werden); des Striptease; die Strip|tea|ses
strit|tig (umstritten); strittige Fragen
das **Stroh;** des Strohs *oder* Stro|hes
das **Stroh|dach**
stroh|dumm (sehr dumm)
der **Stroh|halm**
der **Stroh|hut**
stro|hig; strohiges Haar
der **Strolch;** des Strolchs *oder* Strol|ches; die Strol|che
strol|chen; du strolchst; er strolchte; er ist durch die Straßen gestrolcht
der **Strom;** des Stroms *oder* Stro|mes; die Strö|me; es regnet in Strömen; ein Strom führendes *oder* stromführendes Kabel; eine stromsparende *oder* Strom sparende Glühbirne
strom|ab|wärts; das Schiff fährt stromabwärts
strom|auf|wärts
der **Strom|aus|fall**
strö|men; die Menge strömte; die Leute sind aus dem Kino geströmt
der **Stro|mer** (*umgangssprachlich für:* Landstreicher); des Stromers; die Stromer
stro|mern; du stromerst; er stromerte; er ist durch den Wald gestromert
die **Strom|er|zeu|gung**
strom|füh|rend ↑ Strom
strom|li|ni|en|för|mig; ein stromlinienförmiges Fahrzeug
der **Strom|mix** (Anteil der einzelnen Energieträger an der gesamten Stromerzeugung)
das **Strom|netz**
der **Strom|preis**

die **Strom|schnel|le**
strom|spa|rend ↑Strom
die **Strom|tras|se** (überregionale Hochspannungsleitung)
die **Strö|mung**
der **Strom|ver|brauch**
die **Strom|ver|sor|gung**
die **Stro|phe;** die Strophen
strot|zen; du strotzt; sie strotzte; sie hat vor Gesundheit gestrotzt
strub|be|lig *oder* **strubb|lig;** strubb[e]lige Haare
der **Stru|del;** des Strudels; die Strudel
stru|deln; das Wasser strudelte; es hat stark gestrudelt
die **Struk|tur** ([Auf]bau; innere Gliederung); die Struk|tu|ren
struk|tu|rell (die Struktur betreffend); strukturelle Unterschiede
struk|tu|rie|ren (gliedern); ich strukturiere; du strukturierst; er strukturierte; er hat den Betrieb neu strukturiert; strukturier *oder* strukturiere deine Rede!; den Inhalt strukturiert wiedergeben
struk|tur|schwach (industriell nicht entwickelt)
der **Struk|tur|wan|del**
der **Strumpf;** des Strumpfs *oder* Strump|fes; die Strümp|fe
die **Strumpf|ho|se**
der **Strunk** (als Rest übrig gebliebener Pflanzenstiel oder Baumstumpf); des Strunks *oder* Strun|kes; die Strün|ke
strup|pig; ein struppiger Bart
der **Struw|wel|pe|ter** (Gestalt aus einem Kinderbuch); des Struwwelpeters
die **Stu|be**
der **Stu|ben|ar|rest**
die **Stu|ben|flie|ge**
der **Stu|ben|ho|cker**
die **Stu|ben|ho|cke|rin**
stu|ben|rein; ein stubenreiner Hund
der **Stuck** (Wand-, Deckenornamente aus Gips); des Stucks *oder* Stu|ckes
das **Stück;** des Stücks oder Stü|ckes; die Stü|cke; ABER: 5 Stück Zucker
der **Stu|cka|teur** [ʃtʊkaˈtøːɐ̯] (Stuckarbeiter; Stuckkünstler); des Stuckateurs; die Stu|cka|teu|re
das **Stück|chen;** des Stückchens; die Stückchen
die **Stuck|de|cke**
stü|ckeln (aus kleinen Stücken zusammensetzen); ich stück[e]le; du stückelst; sie stückelte; sie hat den Rock gestückelt; stückle *oder* stückele den Bezug!
stück|wei|se
die **Stück|zahl**
der **Stu|dent;** des/dem/den Stu|den|ten; die Stu|den|ten
die **Stu|den|tin;** die Studentinnen
die **Stu|die** (Entwurf, Vorarbeit; wissenschaftliche Untersuchung); die Stu|di|en
der **Stu|di|en|an|fän|ger**
die **Stu|di|en|an|fän|ge|rin**
die **Stu|di|en|ge|bühr**
der **Stu|di|en|platz**
stu|die|ren; du studierst; er studierte; er hat Physik studiert; studier *oder* studiere doch in Bonn!; er hat drei studierte Kinder; ↑probieren
das **Stu|dio** (Atelier; Aufnahmeraum beim Film und Rundfunk); des Stu|di|os; die Stu|di|os
das **Stu|di|um;** des Studiums; die Stu|di|en
die **Stu|fe**
der **Stu|fen|bar|ren** *(Turnen)*
das **Stu|fen|heck** (beim Auto)
stu|fen|wei|se
der **Stuhl;** des Stuhls *oder* Stuh|les; die Stüh|le; der elektrische Stuhl; ABER: der Heilige (Päpstliche) Stuhl
das **Stuhl|bein**
der **Stuhl|gang**
die **Stul|le** (*norddeutsch für:* belegte Scheibe Brot)
die **Stul|pe** (Arm- oder Beinwärmer); der Stulpe; die Stulpen
stül|pen; ich stülpe; du stülpst; sie stülpte; sie hat die Glasglocke über den Käse gestülpt
der **Stul|pen|stie|fel**
stumm; stumm sein; stumm werden
der **Stum|me;** des/dem/den Stummen; die Stummen
die **Stum|me;** eine Stumme
der **Stum|mel;** des Stummels; die Stummel
der **Stüm|per** (*abwertend für:* Nichtskönner); des Stümpers; die Stümper
die **Stüm|pe|rei**
stüm|per|haft; stümperhafte Fehler
die **Stüm|pe|rin;** die Stümperinnen
stumpf; ein stumpfes Messer

der **Stumpf;** des Stumpfs *oder* Stump|fes; die Stümp|fe; etwas mit Stumpf und Stiel (restlos) ausrotten
der **Stumpf|sinn**
stumpf|sin|nig
stumpf|win|ke|lig *oder* **stumpf|wink-lig;** ein stumpfwink[e]liges Dreieck
die **Stun|de;** eine halbe Stunde; eine viertel Stunde *oder* eine Viertelstunde; in drei viertel Stunden *oder* in drei Viertelstunden; ABER NUR: in einer Dreiviertelstunde; in anderthalb Stunden; ich habe zwei Stunden lang telefoniert; ABER: ich habe stundenlang telefoniert; die Stunde null
der **Stun|den|ki|lo|me|ter** (Kilometer je Stunde; *Abkürzung:* km/h)
stun|den|lang; stundenlang lesen; ABER: zwei Stunden lang lesen
der **Stun|den|lohn**
der **Stun|den|plan**
stünd|lich (jede Stunde); der Zug fährt stündlich
der **Stunk** (*umgangssprachlich für:* Streit, Ärger); des Stunks; Stunk machen
der **Stunt** [stant] (mit einem Stuntman gedrehte [Film]szene); des Stunts; die Stunts
die **Stunt|frau**
der **Stunt|man** ['stantmɛn] (Double für gefährliche, akrobatische [Film]szenen); des Stuntmans; die Stuntmen
der **Stunt|scoo|ter** [...sku:tɐ] (nicht motorisierter Roller für Akrobatik)
stu|pid *oder* **stu|pi|de** (dumm, stumpfsinnig); stu|pi|der; am stu|pi|des|ten
stup|sen; du stupst; er stupste; er hat ihn gestupst; stups *oder* stupse ihn nicht!
die **Stups|na|se**
stur (*umgangssprachlich für:* unbeweglich, hartnäckig); ein sturer Kerl; auf stur schalten
die **Stur|heit**
der **Sturm;** des Sturms *oder* Stur|mes; die Stür|me
stür|men; es stürmt; es stürmte; es hat kräftig gestürmt; die Zuschauer haben die Bühne gestürmt; die Kinder sind aus dem Haus gestürmt
der **Stür|mer** *(Sport);* des Stürmers; die Stürmer
die **Stür|me|rin;** die Stürmerinnen
die **Sturm|flut**
stür|misch; stürmisches Wetter
der **Sturz;** des Stur|zes; die Stür|ze
stür|zen; du stürzt; er stürzte; er ist auf der Treppe gestürzt; er hat den Präsidenten gestürzt ([gewaltsam] aus seinem Amt entfernt)
der **Sturz|flug**
der **Sturz|helm**
der **Stuss** (*umgangssprachlich für:* Unsinn, Dummheit); des Stus|ses; Stuss reden
die **Stu|te**
der **Stu|ten** (*landschaftlich für:* [längliches] Rosinenbrot); des Stutens; die Stuten
Stutt|gart (Hauptstadt von Baden-Württemberg)
der **Stütz** *(Turnen);* des Stüt|zes; die Stüt|ze
die **Stüt|ze**
stut|zen (plötzlich erstaunt innehalten); ich stutze; du stutzt; er stutzte; er hat einen Augenblick lang gestutzt
stüt|zen; du stützt; sie stützte; sie hat ihn gestützt; stütz *oder* stütze ihn!; sich stützen; sie hat sich auf ihn gestützt
der **Stut|zen** (Jagdgewehr; Rohrstück; Wadenstrumpf); des Stutzens; die Stutzen
stut|zig; stutzig (misstrauisch) werden; das hat mich stutzig gemacht (Verdacht schöpfen lassen)
der **Stütz|pfei|ler**
der **Stütz|punkt;** militärische Stützpunkte
der **Style** [staɪ̯l] (*englische Bezeichnung für:* Stil); des Styles; die Styles
sty|len ['staɪ̯lən] (formen, gestalten; zurechtmachen); du stylst; sie stylte; sie hat die neue Mode gestylt
das **Sty|ling;** des Stylings; die Stylings
das **Sty|ro|por** (*Markenbezeichnung:* ein Kunststoff); des Styropors
s. u. = siehe unten!
das **Sub|jekt** (Satzgegenstand; *Philosophie:* ein denkendes Wesen); des Subjekts *oder* Sub|jek|tes; die Sub|jek|te
sub|jek|tiv (persönlich; einseitig); subjektive Ansichten
die **Sub|jek|ti|vi|tät**
der **Sub|kon|ti|nent** (geografisch geschlossener, relativ eigenständiger Teil eines Kontinents); der indische Subkontinent

die **Sub|kul|tur** (Kulturgruppe innerhalb eines übergeordneten Kulturbereichs)
die **Sub|skrip|ti|on** (Vorausbestellung von später erscheinenden Büchern); die Sub|skrip|ti|o|nen
sub|s|tan|ti|ell *vergleiche:* **sub|s|tan|zi|ell**
das **Sub|s|tan|tiv** (Hauptwort, Nomen); des Substantivs; die Sub|s|tan|ti|ve
sub|s|tan|ti|viert (als Hauptwort, Nomen gebraucht); substantivierte Verben
die **Sub|s|tan|ti|vie|rung**
die **Sub|s|tanz** (Stoff; Wesen); die Sub|s|tan|zen
sub|s|tan|zi|ell *oder* **sub|s|tan|ti|ell** (wesentlich); substanzielle *oder* substantielle Verbesserungen
die **Sub|s|ti|tu|ti|on** (Stellvertretung, Ersetzung); die Sub|s|ti|tu|ti|o|nen
das **Sub|s|t|rat** ([materielle] Grundlage; Substanz); des Substrats *oder* Sub|s|t|ra|tes; die Sub|s|t|ra|te
sub|su|mie|ren (ein-, unterordnen); ich subsumiere; du subsumierst; sie subsumierte; sie hat diesen Begriff einem anderen subsumiert
der **Sub|text** (*Literaturwissenschaft, Kunstwissenschaft:* Aussage, Gehalt eines Werkes)
sub|til (fein; spitzfindig); eine subtile Unterscheidung
der **Sub|tra|hend** (abzuziehende Zahl); des/dem/den Sub|tra|hen|den; die Sub|tra|hen|den
sub|tra|hie|ren (abziehen); du subtrahierst; er subtrahierte; er hat die Zahlen subtrahiert; subtrahier *oder* subtrahiere drei von fünf!
die **Sub|trak|ti|on;** die Sub|trak|ti|o|nen
die **Sub|tro|pen** (Übergangsgebiet zwischen Tropen und gemäßigter Klimazone) *Plural*
die **Sub|ven|ti|on** (Unterstützung aus öffentlichen Mitteln); die Sub|ven|ti|o|nen
sub|ven|ti|o|nie|ren; ich subventioniere; du subventionierst; er subventionierte; die Regierung hat die Landwirtschaft subventioniert
sub|ver|siv (zerstörend, umstürzlerisch)
die **Su|che;** auf der Suche sein; auf die Suche gehen
su|chen; du suchst; er suchte; er hat danach gesucht; such *oder* suche ihn!
die **Su|che|rei**
die **Such|ma|schi|ne** (*EDV:* Programm, mit dem im Internet gezielt Informationen gesucht werden können)
die **Sucht;** die Süch|te
die **Sucht|ge|fahr**
sucht|ge|fähr|det
süch|tig
der **Sud** (Flüssigkeit, in der etwas gekocht wurde); des Suds *oder* Su|des; die Su|de
Süd (Himmelsrichtung); in Nord und Süd; der Wind weht aus, von Süd
Süd|af|ri|ka (Staat in Afrika)
der **Süd|af|ri|ka|ner**
die **Süd|af|ri|ka|ne|rin**
süd|af|ri|ka|nisch; die südafrikanische Bevölkerung; ABER: die Südafrikanische Union (*frühere Bezeichnung für:* die Republik Südafrika)
Su|dan *oder* der **Su|dan** (Staat in Afrika); die Bevölkerung Sudans *oder* des Sudan[s]
der **Su|da|ne|se** *oder* **Su|da|ner;** des Sudanesen *oder* Sudaners; die Sudanesen *oder* Sudaner
die **Su|da|ne|sin** *oder* **Su|da|ne|rin;** die Sudanesinnen *oder* Sudanerinnen
su|da|ne|sisch *oder* **su|da|nisch**
süd|deutsch; die süddeutsche Bevölkerung; ABER: die Süddeutsche Zeitung
Süd|deutsch|land
die **Su|de|lei** (*umgangssprachlich für:* Schmiererei; Schlamperei)
su|deln; du sudelst; sie sudelte; das Kind hat beim Essen gesudelt; sudle *oder* sudele nicht beim Essen!
der **Sü|den;** des Südens; der Sturm kommt aus Süden; gen (nach) Süden ziehen
Süd|ko|rea ↑ Korea
süd|län|disch; südländisches Klima
süd|lich; in südlicher Richtung; südlich des Meeres; südlich von Köln, *selten:* südlich Kölns; der südliche Sternenhimmel; ABER: das Südliche Kreuz (ein Sternbild)
das **Su|do|ku** (ein Zahlenrätsel); des Sudoku *oder* Sudokus; die Sudoku *oder* Sudokus
Süd|ost (Himmelsrichtung)

der **Süd|os|ten**
der **Süd|pol**
die **Süd|see**
süd|wärts; südwärts fahren
Süd|west (Himmelsrichtung)
der **Süd|wes|ten**
süf|fig (*umgangssprachlich für:* gut trinkbar); süffiger Wein
süf|fi|sant (selbstgefällig; spöttisch); eine süffisante Bemerkung
das **Suf|fix** (Nachsilbe); des Suf|fi|xes; die Suf|fi|xe
sug|ge|rie|ren (seelisch beeinflussen; einreden); ich suggeriere; du suggerierst; er suggerierte; er hat ihr Vorurteile suggeriert
die **Sug|ges|ti|on;** die Sug|ges|ti|o|nen
sug|ges|tiv; eine suggestive Frage (eine Frage, die eine bestimmte Antwort nahelegt)
die **Suh|le** (Lache; feuchte Bodenstelle)
sich **suh|len** (*besonders Jägersprache:* sich in einer Suhle wälzen); das Schwein hat sich im Dreck gesuhlt
die **Süh|ne** (Buße)
süh|nen; du sühnst; er sühnte; er hat sein Verbrechen mit dem Leben gesühnt; sühn *oder* sühne deine Tat!
die **Sui|te** [ˈsvi:t(ə)] (*Musik:* eine Folge von Tanzsätzen); die Suiten
der, *auch:* das **Su|i|zid** (Selbstmord); des Suizids; die Su|i|zi|de
der **Su|i|zid|ver|such**
das **Su|jet** (Gegenstand, Motiv, Thema); des Sujets; die Sujets; Sujet des Treffens war die Schulordnung
suk|zes|siv (allmählich); ein sukzessiver Aufschwung
das **Sul|fat** (Salz der Schwefelsäure); des Sulfats oder Sul|fa|tes; die Sul|fa|te
das **Sul|fid** (Salz der Schwefelwasserstoffsäure); des Sulfids *oder* Sul|fi|des; die Sul|fi|de
das **Sul|fit** (Salz der schwefligen Säure); des Sulfits; die Sul|fi|te
der *oder* das **Sul|ky** [ˈzʊlki, *auch:* ˈsalki] (zweirädriger Wagen für Trabrennen); des Sulkys; die Sulkys
der **Sul|tan** (Titel islamischer Herrscher); des Sultans; die Sul|ta|ne
die **Sul|ta|ni|ne** (große, kernlose Rosine); die Sultaninen

die **Sül|ze**
sül|zen (*umgangssprachlich für:* [herum]reden); du sülzt; er sülzte; er hat die ganze Zeit nur gesülzt
Su|ma|t|ra [*auch:* ˈzu:matra] (indonesische Insel)
der **Sum|mand** (hinzuzuzählende Zahl); des/dem/den Sum|man|den; die Sum|man|den
sum|ma|risch (kurz zusammengefasst); ein summarischer Bericht
die **Sum|me** (Ergebnis einer Addition); die Summen
sum|men; du summst; sie summte; sie hat gesummt; summ *oder* summe nicht!
der **Sum|mer;** des Summers; die Summer
sich **sum|mie|ren** (anwachsen); die Fehler summierten sich; sie haben sich summiert
die **Sum|mie|rung**
der **Sumpf;** des Sumpfs *oder* Sump|fes; die Sümp|fe
das **Sumpf|fie|ber** (Malaria)
sump|fig; sumpfige Wiesen
der **Sun|blo|cker** [ˈsan...] (Sonnenschutzmittel mit hohem Lichtschutzfaktor); des Sunblockers; die Sunblocker
der **Sund** (Meerenge); des Sunds *oder* Sundes; die Sun|de
die **Sün|de**
der **Sün|den|bock**
der **Sün|den|fall**
der **Sün|der;** des Sünders; die Sünder
die **Sün|de|rin;** die Sünderinnen
sünd|haft; das ist sündhaft teuer *(umgangssprachlich)*
sün|di|gen; du sündigst; er sündigte; er hat gesündigt; sündige nicht mehr!
der **Sun|nit** (Angehöriger einer der beiden Hauptrichtungen des Islams); des Sunniten; die Sunniten
die **Sun|ni|tin;** die Sunnitinnen
sun|ni|tisch (zu einer der beiden Hauptrichtungen des Islams gehörig)
su|per (*umgangssprachlich für:* hervorragend, großartig); das war super, eine super Sache; er hat super gespielt
das **Su|per** (Superbenzin); des Supers *(meist ohne Artikel);* wir tanken immer Super
der *oder* die **Su|per|bowl** [ˈsu:pɐbɔʏl] (Meisterschaft im American Football); des

Superbowl *oder* der Superbowl; den Superbowl gewinnen

su|per|fein; ein superfeines Kleid

das **Su|per|food** [...fu:t, *auch:* 's(j)u:...]; des Superfood *oder* Superfoods; die Superfoods *(meist ohne Artikel)*

der **Su|per-G** [...dʒi:] (ein Skiwettbewerb); des Super-G *oder* Super-Gs; die Super-G *oder* Super-Gs

der **Su|per|la|tiv** (zweite Steigerungsstufe, Höchststufe, zum Beispiel »am tiefsten«); des Superlativs; die Su|per|la|ti|ve

der **Su|per|markt**

der **Su|per|rie|sen|sla|lom**

der **Su|per|star** (*umgangssprachlich für:* besonders großer, berühmter Star)

die **Sup|pe**

das **Sup|pen|fleisch**

der **Sup|pen|löf|fel**

der **Sup|port** [sʊpɔrt] (*EDV:* Unterstützung, Hilfe); des Supports; die Sup|por|te

das **Surf|brett** ['sœ:ɐ̯fbrɛt]

sur|fen ['sœ:ɐ̯fn̩] (auf dem Surfbrett fahren; im Internet nach Informationen suchen); du surfst; er surfte; er ist bei starkem Wind gesurft; er hat an ihrem Rechner gesurft

der **Sur|fer;** des Surfers; die Surfer

die **Sur|fe|rin;** die Surferinnen

das **Sur|fing;** des Surfings

das **Surf|ver|hal|ten** *(EDV)*

der **Su|ri|nam** (Fluss in Südamerika); des Surinam *oder* Surinams

Su|ri|na|me [syri'na:mə] (Staat in Südamerika)

der **Su|ri|na|mer;** des Surinamers; die Surinamer

die **Su|ri|na|me|rin;** die Surinamerinnen

su|ri|na|misch

sur|re|al [*auch:* 'zʏ...] (unwirklich); ein surrealer Anblick

der **Sur|re|a|lis|mus** (eine Kunst- und Literaturrichtung); des Surrealismus

sur|re|a|lis|tisch; surrealistische Werke

sur|ren; das Rad surrt; das Rad surrte; das Rad hat gesurrt

das **Sur|ro|gat** (Ersatz, Behelf); des Surrogats *oder* Sur|ro|ga|tes; die Sur|ro|ga|te

su|s|pekt (verdächtig); das ist zu suspekt

sus|pen|die|ren (zeitweilig entlassen, aufheben); ich suspendiere; du suspendierst; sie suspendierte ihn; sie hat ihn vom Dienst suspendiert

die **Sus|pen|die|rung**

süß; sü|ßer; am sü|ßes|ten

die **Sü|ße**

sü|ßen; du süßt; sie süßte; sie hat den Kaffee gesüßt; süß *oder* süße besser mit Honig!

die **Sü|ßig|keit**

süß|lich; ein süßlicher Geschmack

süß|sau|er; süßsaure Bonbons

die **Süß|spei|se**

der **Süß|stoff**

das **Süß|was|ser**

SV = Schülervertretung

das **Sweat|shirt** ['svɛtʃœ:ɐ̯t] (weit geschnittener Pullover); des Sweatshirts; die Sweatshirts

der **Swim|ming|pool** ['svɪmɪŋpu:l] (Schwimmbecken); des Swimmingpools; die Swimmingpools

der **Swing** (ein Jazzstil); des Swing *oder* Swings

swin|gen (Swingmusik machen; zum Swing tanzen); ich swinge; du swingst; sie swingte; sie hat geswingt

SWR = Südwestrundfunk; des SWR

Syd|ney ['sɪdnɪ] (Stadt in Australien)

Sylt (Insel in der Nordsee)

> **Silvester**
>
> **!** Die Bezeichnung für den letzten Tag im Jahr wird, anders als der Vorname *Sylvester/Silvester,* ausschließlich mit *i* geschrieben.

die **Sym|bi|o|se** (Zusammenleben ungleicher Lebewesen zu gegenseitigem Nutzen); die Symbiosen

sym|bi|o|tisch; symbiotische Beziehung

das **Sym|bol** (Wahrzeichen, Sinnbild); des Symbols; die Sym|bo|le

sym|bol|haft

die **Sym|bo|lik**

sym|bo|lisch; eine symbolische Geste

sym|bo|li|sie|ren (als Symbol darstellen); sie symbolisierte; die Taube hat den Frieden symbolisiert

die **Sym|me|t|rie** (spiegelbildliche Gleichheit); die Sym|me|t|ri|en

die **Sym|me|t|rie|ach|se** *(Mathematik)*

A B C D E F G H I J K L M N O P Q R S sym T U V W X Y Z

sym|me̱|t|risch; eine symmetrische Funktion *(Mathematik)*

die **Sym|pa|thie̱** ([Zu]neigung); die Sym|pa|thi|en

der **Sym|pa|thi|sa̱nt** (jemand, der einer Gruppe oder einer Anschauung wohlwollend gegenübersteht); des Sym|pa|thi|san|ten; die Sym|pa|thi|san|ten

die **Sym|pa|thi|sa̱n|tin;** die Sympathisantinnen

sym|pa̱|thisch (Sympathie erweckend); ein sympathischer Junge

sym|pa|thi|sie̱|ren; du sympathisierst; er sympathisierte; er hat mit diesem Plan sympathisiert

die **Sym|pho|nie̱** *vergleiche:* **Sin|fo|nie̱**

sym|pho̱|nisch *vergleiche:* **sin|fo̱|nisch**

das **Sym|po̱|si|on** *oder* **Sym|po̱|si|um** (wissenschaftliche Tagung); des Symposions *oder* Symposiums; die Sym|po|si|en

das **Sym|p|to̱m** (Anzeichen; Krankheitszeichen); des Symptoms; die Sym|p|to|me

sym|p|to|ma̱|tisch (bezeichnend)

die **Sy|n|a|go̱|ge** (jüdisches Gotteshaus); die Synagogen

syn|chron [zʏnˈkroːn] (gleichzeitig; gleichlaufend); synchrone Bewegungen

syn|chro|ni|sie̱|ren (zeitlich aufeinander abstimmen; mit einer unterlegten synchronen Sprachwiedergabe versehen); ich synchronisiere; du synchronisierst; sie synchronisierte; sie hat die amerikanische Schauspielerin synchronisiert

das **Syn|di|ka̱t** (getarnte Verbrecherorganisation; *Wirtschaft:* Verkaufsgemeinschaft); des Syndikats *oder* Syn|di|ka|tes; die Syn|di|ka|te

das **Syn|dro̱m** (*Medizin:* Krankheitsbild); des Syndroms; die Syn|dro|me; depressives Syndrom

die **Sy|n|er|gie̱** (Energie für den Zusammenhalt und die gemeinsame Erfüllung von Aufgaben); der Synergie; die Sy|n|er|gi|en

der **Sy|n|er|gie̱|ef|fekt** (positive Wirkung, die sich aus einer Zusammenarbeit ergibt)

die **Syn|ko̱|pe** (*Musik:* Verschiebung der Betonung); die Synkopen

die **Sy|n|o̱|de** (Kirchenversammlung); die Synoden

sy|n|o|ny̱m (sinnverwandt; bedeutungsgleich); synonyme Wörter

das **Sy|n|o|ny̱m** (sinnverwandtes Wort); des Synonyms; die Sy|n|o|ny|me, *auch:* Sy|n|o̱|ny|ma

die **Sy|n|o̱p|se** *oder* **Sy̱|n|op|sis** (knappe Zusammenfassung; vergleichende Übersicht); die Synọpsen

sy|n|o̱p|tisch; synoptische Darstellung

syn|ta̱k|tisch (die Syntax betreffend); syntaktische Fehler

die **Sy̱n|tax** ([Lehre vom] Satzbau)

die **Syn|the̱|se** (Zusammenfügung [einzelner Teile zu einem Ganzen]); die Synthesen

der **Syn|the|si|zer** [ˈsʏntəsai̯zɐ, *auch:* ˈsɪnθɪsai̯zə] (Gerät, mit dem Klänge und Geräusche elektronisch erzeugt werden); des Synthesizers; die Synthesizer

die **Syn|the|tics** [zʏnˈteːtɪks] (*Sammelbezeichnung für:* Kunstfasern und -textilien) *Plural*

syn|the̱|tisch (zusammenfügend; künstlich hergestellt); synthetische Fasern

die **Sy|phi|lis** (eine Geschlechtskrankheit)

der **Sy̱|rer;** des Syrers; die Syrer

die **Sy̱|re|rin;** die Syrerinnen

Sy̱|ri|en (Staat im Vorderen Orient)

sy̱|risch

das **Sys|te̱m** (Schema; Ordnungsprinzip); des Systems; die Sys|te|me

die **Sys|te|ma̱|tik** (planmäßige Darstellung)

sys|te|ma̱|tisch; systematisches Vorgehen

sys|te|ma|ti|sie̱|ren (in ein System bringen); ich systematisiere; du systematisierst; sie systematisierte; sie hat die Wortarten systematisiert

der **Sys|te̱m|feh|ler** *(EDV)*

sys|te̱m|los

das **Sze|na̱|rio** (Modell möglicher Ereignisse); des Sze|na|ri|os; die Sze|na|ri|os *und* Sze|na|ri|en

das **Sze|na̱|ri|um** (Übersicht über eine Szenenfolge vor allem im Theater oder Film); des Szenariums; die Szenarien

die **Sze̱|ne** (Schauplatz; Abschnitt eines

Dramas; Vorgang; charakteristischer gesellschaftlicher Bereich); die Szenen

der **Sze|nen|wech|sel**

die **Sze|ne|rie** (Bühnen-, Landschaftsbild); die Sze|ne|ri|en; eine bunte Szenerie

der **Sze|ne|treff** *(umgangssprachlich)*

sze|nisch (bühnenmäßig); szenische Darstellung

T

t = Tonne

das **T** (Buchstabe); des T; die T; ABER: das t in Rate

der **Ta|bak** [*auch:* ˈtaːbak *oder* taˈbak]; des Tabaks; die Ta|ba|ke

die **Ta|baks|pfei|fe**

ta|bel|la|risch (in der Anordnung einer Tabelle); eine tabellarische Übersicht

die **Ta|bel|le** (Aufstellung, Verzeichnis); die Tabellen

der **Ta|bel|len|füh|rer** *(Sport)*

der **Ta|bel|len|platz** *(Sport);* auf dem ersten, letzten Tabellenplatz sein

das, *auch:* der **Ta|ber|na|kel** (Schrein zur Aufbewahrung des Abendmahls in katholischen Kirchen); des Tabernakels; die Tabernakel

das **Ta|b|let** [ˈtɛblət] (durch Berühren des Bildschirms mit dem Finger bedienbarer, kleiner und sehr flacher Computer); des Tablets; die Tablets

der **Ta|b|let|com|pu|ter**

das **Ta|b|lett** (Servierbrett); des Tabletts *oder* Ta|b|let|tes; die Tabletts, *auch:* Ta|b|let|te

die **Ta|b|let|te** (Arzneimittel); die Tabletten

ta|bu (verboten, unantastbar); das ist tabu

das **Ta|bu** (gesellschaftliches Verbot; etwas, wovon man nicht sprechen darf); des Tabus; die Tabus; sein Alter ist ein Tabu

der **Ta|cho** (*kurz für:* Tachometer); des Tachos; die Tachos

der, *auch:* das **Ta|cho|me|ter** (Drehzahl-, Geschwindigkeitsmesser); die Tachometer

der **Ta|cker** (Gerät, mit dem etwas geheftet werden kann); des Tackers; die Tacker

ta|ckern (*umgangssprachlich für:* mit einem Tacker zusammenheften); ich tackere; du hast getackert; tacker *oder* tackere!

das **Tack|ling** [ˈtɛklɪŋ] (Verteidigungstechnik im Fußball); des Tacklings; die Tacklings

der **Ta|del**; des Tadels; die Tadel

ta|del|los; tadellose Manieren

ta|deln; du tadelst; sie tadelte; die Lehrerin hat ihn getadelt; tadle *oder* tadele ihn nicht immer!

das **Tae|k|won|do** [tɛˈkvɔndo] (aus Korea stammendes System der Selbstverteidigung); des Taekwondo

die **Ta|fel**; die Tafeln

der **Ta|fel|an|schrieb**; des Tafelanschriebs *oder* Ta|fel|an|schrie|bes; die Ta|fel|an|schrie|be

ta|feln (*gehoben für:* speisen); ich taf[e]le; du tafelst; er tafelte; sie haben bei Kerzenlicht getafelt

tä|feln (mit Holz verkleiden); du täfelst; sie täfelte; er hat das Zimmer getäfelt

der **Ta|fel|schwamm**

der **Ta|fel|stift**

das **Ta|fel|was|ser**; die Tafelwässer

taff *vergleiche:* **tough**

der **Tag**; des Tags *oder* Ta|ges; die Ta|ge; am, bei Tage; heute in acht Tagen; vor vierzehn Tagen; Tag für Tag; Tag und Nacht; von Tag zu Tag; eines [schönen] Tags *oder* Tages; den ganzen Tag; unter Tags (den Tag über); über Tag, unter Tage *(Bergmannssprache);* wir wollen nur Guten *oder* guten Tag sagen; zu Tage *oder* zutage bringen, kommen; ABER NUR: tags; tags darauf; tags zuvor; tagsüber; tagtäglich; tagelang; heutzutage

das **Tag** [tɛk] ([Geheim]zeichen eines Graffitikünstlers; *EDV:* Markierungselement einer Beschreibungssprache)

tag|aus, tag|ein (immer)

der **Ta|ge|bau** (Bergbau über Tage); die Tagebaue

das **Ta|ge|buch**

ta|ge|lang; er hat tagelang gefastet; ABER: er hat mehrere Tage lang gefastet

ta|gen (eine Tagung, Sitzung abhalten); das Parlament tagte; das Gericht hat getagt

der **Ta|ges|aus|flug**
das **Ta|ges|licht;** bei Tageslicht
der **Ta|ges|licht|pro|jek|tor**
die **Ta|ges|ord|nung;** zur Tagesordnung (dem eigentlichen Programm) übergehen; Raubüberfälle waren an der Tagesordnung (kamen häufig vor)
die **Ta|ges|rei|se**
die **Ta|ges|tem|pe|ra|tur**
die **Ta|ges|zeit**
die **Ta|ges|zei|tung**
tag|gen [ˈtɛgn̩] (ein Graffito mit einem Tag markieren; *EDV* einen Text mit Tags strukturieren); du taggst; er hat getaggt
täg|lich; unser tägliches Brot
tags ↑Tag
tags|über
tag|täg|lich
die **Tag|und|nacht|glei|che** *oder* **Tag-und-Nacht-Glei|che**
die **Ta|gung**
der **Tai|fun** (Wirbelsturm); des Taifuns; die Tai|fu|ne
die **Tai|ga** (sibirischer Waldgürtel)
die **Tail|le** [ˈtaljə] (schmalste Stelle des Rumpfes; Gürtelweite); die Taillen
Tai|peh (Hauptstadt Taiwans)
Tai|wan [*auch:* taɪ̯ˈvaːn] (Inselstaat in Ostasien)
der **Tai|wa|ner;** des Taiwaners; die Taiwaner
die **Tai|wa|ne|rin;** die Taiwanerinnen
tai|wa|nisch
der *oder* das **Take** [tɛɪ̯k] (*Film, Fernsehen:* ohne Unterbrechung gefilmter Teil einer Szene; Kameraeinstellung); des Takes; die Takes
das *oder* der **Take-away** *oder* **Take|away** [ˈtɛɪ̯kʔəwɛɪ̯] (Imbisslokal); des Take-aways *oder* Takeaways; die Take-aways *oder* Takeaways
die **Ta|ke|la|ge** [takəˈlaːʒə] (Segelausrüstung eines Schiffes); die Takelagen
das *oder* der **Take-off** *oder* **Take|off** [ˈtɛɪ̯k-ʔɔf] (Start eines Flugzeugs; Beginn); des Take-offs *oder* Takeoffs; die Take-offs *oder* Takeoffs
der **Takt** (Zeit-, Tonmaß; *nur im Singular auch für:* Feingefühl); des Takts *oder* Tak|tes; die Tak|te; Takt halten; ein paar Takte eines Liedes singen
das **Takt|ge|fühl**
tak|tie|ren (taktisch vorgehen); du taktierst; sie taktierte; der General hat geschickt taktiert; taktier *oder* taktiere nicht länger!
die **Tak|tik** (kluges, berechnendes Vorgehen; planmäßiges Ausnutzen einer Lage; *Militär:* Truppenführung); die Tak|ti|ken
der **Tak|ti|ker;** des Taktikers; die Taktiker
die **Tak|ti|ke|rin;** die Taktikerinnen
tak|tisch; taktische Überlegungen
takt|los; takt|lo|ser; am takt|lo|ses|ten
die **Takt|lo|sig|keit**
der **Takt|stock;** die Takt|stö|cke
der **Takt|strich**
takt|voll; taktvolles Benehmen
das **Tal;** des Tals *oder* Ta|les; die Tä|ler
der **Ta|lar** (Amtsgewand von Geistlichen und Richtern); des Talars; die Ta|la|re
das **Ta|lent** (Begabung, Fähigkeit); des Talents *oder* Ta|len|tes; die Ta|len|te
ta|len|tiert; eine talentierte Musikerin
der **Ta|ler** (ehemalige Münze); des Talers; die Taler
die **Tal|fahrt;** die Talfahrt (der Kursverfall) des Dollars
der **Talg** ([Rinder-, Hammel]fett); des Talgs *oder* Tal|ges; die Tal|ge
die **Talg|drü|se**
der **Ta|li|ban** (Angehöriger einer radikalen islamischen Miliz in Afghanistan); des Taliban *oder* Talibans; die Taliban *meist Plural*
der **Ta|lis|man** (glücksbringender Gegenstand); des Talismans; die Ta|lis|ma|ne
der **Talk** [tɔːk] (*umgangssprachlich für:* Unterhaltung, Plauderei, [öffentliches] Gespräch); des Talks, die Talks
tal|ken [ˈtɔːkn̩] (*umgangssprachlich für:* sich [vor allem in einer Talkshow] unterhalten); du talkst; sie talkte; er hat getalkt; talk *oder* talke nicht den ganzen Abend!
der **Talk|mas|ter** (Moderator einer Talkshow); des Talkmasters; die Talkmaster
die **Talk|mas|te|rin;** die Talkmasterinnen
die **Talk|show** (Unterhaltungssendung, in der bekannte Persönlichkeiten interviewt werden); die Talkshows
die **Tal|soh|le**
die **Tal|sper|re**
tal|wärts; talwärts fahren
das **Tam|bu|rin** [*auch:* ...ˈriːn] (kleine Hand-,

Schellentrommel); des Tamburins; die Tam|bu|ri|ne

der **Tam|pon** ['tampɔŋ] (Watte-, Mullbausch); des Tampons; die Tampons

das **Tam|tam** (*umgangssprachlich für:* Lärm, aufdringliches Getue); des Tamtams

die **TAN** = Transaktionsnummer; die TANs

der **Tand** (wertloses Zeug); des Tands *oder* Tan|des

die **Tän|de|lei** (das Tändeln)

tän|deln (etwas nachlässig tun; trödeln); du tändelst; sie tändelte; der Stürmer hat mit dem Ball getändelt; tändle *oder* tändele nicht den ganzen Tag!

das **Tan|dem** (Fahrrad mit zwei Sitzen hintereinander); des Tandems; die Tandems

der **Tang** (Meeresalgen); des Tangs *oder* Tan|ges; die Tan|ge

der **Tan|ga** (sehr knapper Bikini oder Slip); des Tangas; die Tangas

der **Tan|gens** (eine Winkelfunktion im Dreieck; *Zeichen:* tan); des Tangens; die Tangens

die **Tan|gen|te** (Gerade, die eine gekrümmte Linie in einem Punkt berührt); die Tangenten

tan|gie|ren ([innerlich] berühren; beeinflussen); das Problem tangierte mich nicht; die Gerade hat den Kreis tangiert

der **Tan|go** (ein Tanz); des Tangos; die Tangos

der **Tank;** des Tanks; die Tanks

tan|ken; du tankst; er tankte; sie hat 10 Liter Benzin getankt; tanke für 20 Euro!

der **Tan|ker;** des Tankers; die Tanker

der **Tan|ki|ni** (Bikini mit einem ärmellosen T-Shirt als Oberteil); des Tankinis; die Tankinis

das **Tank|schloss**

die **Tank|stel|le**

das **Tank|top** ['tɛŋktɔp] (ärmelloses T-Shirt)

der **Tank|wa|gen**

der **Tank|wart;** des Tankwarts *oder* Tank|war|tes; die Tank|war|te

die **Tank|war|tin;** die Tankwartinnen

die **Tan|ne**

der **Tan|nen|baum**

der **Tan|nen|zap|fen**

Tan|sa|nia [*auch:* ...'za:ni̯a] (Staat in Afrika)

der **Tan|sa|ni|er;** des Tansaniers; die Tansanier

die **Tan|sa|ni|e|rin;** die Tansanierinnen

tan|sa|nisch

die **Tan|te**

der **Tanz;** des Tan|zes; die Tän|ze

tän|zeln; ich tänz[e]le; du tänzelst; das Pferd tänzelte; das Pferd hat getänzelt; tänzle *oder* tänzele nicht immer um mich herum!

tan|zen; du tanzt; er tanzte; sie hat einen Walzer getanzt; tanze auch einmal mit deiner Schwester!

der **Tän|zer;** des Tänzers; die Tänzer

die **Tän|ze|rin;** die Tänzerinnen

die **Tanz|flä|che;** die Tanzfläche war viel zu klein für die vielen Leute

die *oder* der **Ta|pa** (pikanter Happen); der Tapa *oder* des Tapas; die Tapas

das, *auch:* der **Tape** [tɛɪp] (Magnet-, Tonband); des Tape[s]; die Tapes

das **Tape|deck** (Tonbandgerät ohne Verstärker und Lautsprecher); die Tapedecks

Ta|pet; *nur noch in:* etwas aufs Tapet (*umgangssprachlich für:* zur Sprache) bringen

die **Ta|pe|te**

ta|pe|zie|ren; du tapezierst; sie tapezierte; er hat das Zimmer tapeziert; tapezier *oder* tapeziere auch den Flur!

der **Ta|pe|zie|rer;** des Tapezierers; die Tapezierer

die **Ta|pe|zie|re|rin;** die Tapeziererinnen

tap|fer; das tapfere Schneiderlein (eine Märchenfigur)

die **Tap|fer|keit**

der **Ta|pir** (Tier mit dichtem Fell und kurzem Rüssel); des Tapirs; die Ta|pi|re

tap|pen; du tappst; er tappte; er ist im Dunkeln durch das Zimmer getappt; sie hat lange im Dunkeln getappt (sie wusste lange nicht Bescheid)

täp|pisch (ungeschickt, unbeholfen); ein täppischer Bursche

die **Ta|ran|tel** (eine Spinne); die Taranteln

der **Ta|rif** (Lohn-, Preisstaffel; Gebührenordnung); des Tarifs; die Ta|ri|fe

ta|rif|lich; tarifliche Bestimmungen

der **Ta|rif|ver|trag**

tar|nen; du tarnst; er tarnte; sie hat ihr Versteck getarnt; tarn *oder* tarne dich gut!

die **Tarn|kap|pe**
die **Tar|nung**
das *oder* der **Ta|rock** (ein Kartenspiel); des Tarocks; die Tarocks
das **Tar|tu|fo** (mit Schokolade überzogene Halbkugel aus Speiseeis); des Tartufos; die Tartufos
Tar|zan *oder* der **Tar|zan** (Dschungelheld in Büchern, Filmen und Comics); Tarzans Abenteuer *oder* die Abenteuer des Tarzans
die **Ta|sche**
das **Ta|schen|buch**
der **Ta|schen|dieb**
die **Ta|schen|die|bin**
das **Ta|schen|geld**
die **Ta|schen|lam|pe**
der **Ta|schen|rech|ner**
das **Ta|schen|tuch**
die **Task|bar** (*EDV:* Taskleiste)
die **Task|leis|te** (*EDV:* Bildschirmbereich, der die aufgerufenen Programme anzeigt)
die **Tas|se**
die **Tas|ta|tur;** die Tas|ta|tu|ren
die **Tas|te**
tas|ten; du tastest; sie tastete; er hat vorsichtig nach ihrer Hand getastet; sich tasten; sie hat sich durch den dunklen Gang getastet
der **Tast|sinn**
die **Tat;** die Ta|ten; eine gute Tat; in der Tat; er wurde auf frischer Tat ertappt
der **Tat|be|stand**
der **Ta|ten|drang**
ta|ten|los; sie hat tatenlos zugesehen
der **Tä|ter;** des Täters; die Täter
die **Tä|te|rin;** die Täterinnen
tä|tig (beschäftigt; aktiv); [als Lehrer] tätig sein; die Polizei ist in dieser Sache tätig geworden
tä|ti|gen; einen Kauf tätigen (*dafür besser:* abschließen)
die **Tä|tig|keit**
tat|kräf|tig; tatkräftige Mithilfe
tät|lich (handgreiflich; körperliche Gewalt anwendend); tätlich werden; ein tätlicher Angriff
die **Tät|lich|keit** *meist Plural*
der **Tat|ort;** die Tat|or|te
tä|to|wie|ren (eine Zeichnung mit Farbe in die Haut einritzen); du tätowierst; er tätowierte; sie hat ihm ein Schiff auf den Unterarm tätowiert; tätowier *oder* tätowiere ihn!
die **Tä|to|wie|rung**
die **Tat|sa|che**
tat|säch|lich
tät|scheln; ich tätsch[e]le; du tätschelst; er tätschelte; sie hat ihn getätschelt; tätschle oder tätschele mir nicht immer den Arm!
der **Tat|ter|greis** (*umgangssprachlich abwertend*)
die **Tat|ter|grei|sin**
tat|te|rig *oder* **tatt|rig** (zitt[e]rig); mit tatt[e]rigen Händen
der *oder* das **Tat|too** [tɛˈtuː] (Tätowierung); des Tattoos; die Tattoos
tatt|rig *vergleiche:* **tat|te|rig**
tat|ver|däch|tig; viele waren tatverdächtig
der **Tat|ver|däch|ti|ge**
die **Tat|ver|däch|ti|ge**
der **Tat|vor|wurf**
die **Tat|ze**
der **Tat|zeit|punkt**
das **Tau** (Schiffsseil); des Taus *oder* Tau|es; die Taue
der **Tau** (Niederschlag); des Taus *oder* Tau|es
taub; taub sein; sich taub stellen
die **Tau|be**
der **Tau|ben|schlag**
der **Täu|be|rich** (männliche Taube); des Täuberichs; die Täu|be|ri|che
die **Taub|heit**
die **Taub|nes|sel;** die Taubnesseln
taub|stumm (*veraltend, oft als diskriminierend empfunden:* gehörlos)
tau|chen; du tauchst; sie tauchte; er hat *oder* ist getaucht; ABER NUR: er ist bis auf den Boden des Schwimmbeckens getaucht; sie hat den Pinsel in die Farbe getaucht
der **Tau|cher;** des Tauchers; die Taucher
der **Tau|cher|an|zug**
die **Tau|cher|bril|le**
die **Tau|che|rin;** die Taucherinnen
der **Tauch|leh|rer**
die **Tauch|leh|re|rin**
der **Tauch|sie|der;** des Tauchsieders; die Tauchsieder
tau|en; es taut; es taute; es hat [gestern]

getaut; ABER: das Eis ist [von den Scheiben] getaut

die **Tau|fe**

tau|fen; du taufst; er taufte; er hat mich getauft; taufe das Kind auf den Namen Maria!

der **Täu|fer;** des Täufers; die Täufer

der **Täuf|ling;** des Täuflings; die Täuf|lin|ge

der **Tauf|pa|te**

die **Tauf|pa|tin**

tau|frisch; taufrische Wiesen

tau|gen (sich [für etwas] eignen; brauchbar sein); du taugst; sie taugte; er hat nichts getaugt

der **Tau|ge|nichts;** des Taugenichts *oder* Tau|ge|nicht|ses; die Tau|ge|nicht|se

taug|lich

die **Taug|lich|keit**

der **Tau|mel** (Schwindel; Rausch); des Taumels; im Taumel der Begeisterung

tau|meln (schwanken); ich taum[e]le; du taumelst; er taumelte; sie ist durch die Straßen getaumelt; taumle *oder* taumele nicht!

der **Tau|nus** (Gebirge in Hessen); des Taunus

der **Tausch;** des Tauschs *oder* Tau|sches; die Tau|sche

tau|schen; du tauschst; er tauschte; sie hat getauscht; tausch *oder* tausche mit mir!

täu|schen; du täuschst; sie täuschte; er hat ihn getäuscht; täusch *oder* täusche sie nicht!; sich täuschen (irren); ich habe mich getäuscht

das **Tausch|ge|schäft**

die **Täu|schung**

tau|send; [acht] von tausend; bis tausend zählen; tausend Dank; Land der tausend Seen (Finnland); ein paar tausend *oder* Tausend [Menschen, Bäume]; einige, mehrere, viele tausend *oder* Tausend [Büroklammern]; einige, mehrere, viele tausende *oder* Tausende [von Reisenden]; die Rechnung geht in die tausende *oder* Tausende; die Besucher kamen zu tausenden *oder* Tausenden; tausend und abertausend *oder* Tausend und Abertausend Sterne; tausende und abertausende *oder* Tausende und Abertausende bunter Laternen

die **Tau|send** (die Zahl); die Tau|sen|den

tau|send|ein *vergleiche:* **tau|send|und|ein**

tau|send|eins *oder* **tau|send|und|eins**

der **Tau|sen|der;** des Tausenders; die Tausender

tau|sen|der|lei

tau|send|fach

der **Tau|send|fü|ßer, Tau|send|füß|ler;** des Tausendfüßers *oder* Tausendfüßlers; die Tausendfüßer *oder* Tausendfüßler

tau|send|jäh|rig; eine tausendjährige Tradition; ABER: das Tausendjährige Reich *(biblisch)*

tau|send|mal ↑hundertmal

tau|sends|te; der tausendste Besucher; ABER: vom Hundertsten ins Tausendste kommen; ↑hundertste

das **Tau|sends|tel** ↑Achtel

tau|send|und|ein *oder* **tau|send|ein;** tausend[und]ein Weizenkorn; mit tausend[und]ein Weizenkörnern; ABER NUR: eine Geschichte aus Tausendundeiner Nacht (eine arabische Märchensammlung)

tau|send|und|eins *oder* **tau|send|eins**

der **Tau|trop|fen**

das **Tau|wet|ter**

das **Tau|zie|hen** (*übertragen auch für:* Hin und Her); des Tauziehens

die **Ta|ver|ne** (italienisches Wirtshaus); die Tavernen

die **Ta|xe** (Schätzpreis; Gebühr); die Taxen

die **Ta|xe** (Mietauto); die Taxen *oder* das **Ta|xi;** des Taxis; die Taxis

ta|xie|ren ([ab]schätzen); du taxierst; sie taxierte; sie hat die Entfernung [auf 200 Meter] taxiert; taxier *oder* taxiere den Wert!

der **Ta|xi|fah|rer**

die **Ta|xi|fah|re|rin**

die **Tb** *oder* die **Tbc** *oder* **Tbk** = Tuberkulose

das **Teak** [ti:k] (*kurz für:* Teakholz); des Teaks

das **Teak|holz** (Holz des in den Tropen wachsenden Teakbaums)

das **Team** [ti:m] (Arbeitsgruppe; Mannschaft); des Teams; die Teams

die **Team|ar|beit**

der **Team|chef** *(Sport)*

team|fä|hig (in der Lage, in einem Team zu arbeiten); [nicht] teamfähig sein

A B C D E F G H I J K L M N O P Q R S T tea U V W X Y Z

der **Team|geist**
der **Team|play|er** [ˈtiːmplɛɪ̯ɐ] (*besonders Sport:* jemand, der sehr teamfähig ist); des Teamplayers; die Teamplayer
die **Team|play|e|rin** [ˈtiːmplɛɪ̯ərɪn]; die Teamplayerinnen
das **Team|trai|ning** *(besonders Sport)*
das **Team|work** [ˈtiːmvœːɐ̯k] (Gemeinschaftsarbeit); des Teamworks; die Teamworks
die **Tech|nik;** die Tech|ni|ken
der **Tech|ni|ker;** des Technikers; die Techniker
die **Tech|ni|ke|rin;** die Technikerinnen
tech|nisch; technische Atmosphäre *(Physik);* ABER: technischer *oder* Technischer Zeichner (Berufs- oder Funktionsbezeichnung); [eine] technische Hochschule; ABER: die Technische Hochschule (*Abkürzung:* TH) Darmstadt; Technisches Hilfswerk (Name einer Hilfsorganisation); Technischer Überwachungs-Verein (*Abkürzung:* TÜV)
das *oder* der **Tech|no** [ˈtɛkno] (elektronische Tanzmusik mit besonders schnellem Rhythmus); des Techno *oder* Technos
die **Tech|no|lo|gie** (Fertigungstechnik; Gesamtheit technischer Verfahren); die Tech|no|lo|gi|en
der **Tech|no|lo|gie|park** (Gelände, auf dem Firmen moderne Technologien entwickeln)
tech|no|lo|gisch
das **Tech|tel|mech|tel** (*umgangssprachlich für:* Liebelei, Flirt); des Techtelmechtels; die Techtelmechtel
der **Te|ckel** (Dackel); des Teckels; die Teckel
der **TED** [tɛt] (Computer, der telefonische Stimmabgaben annimmt und hochrechnet); des TEDs
der **Ted|dy|bär;** des/dem/den Ted|dy|bä|ren; die Ted|dy|bä|ren
der **Tee;** des Tees; die Tees; schwarzer, grüner Tee; chinesischer Tee; Tee trinken
das **Tee-Ei** *oder* **Tee|ei**
die **Tee-Ern|te** *oder* **Tee|ern|te**
die **Tee|kan|ne**
der **Tee|löf|fel**

T
tea

der **Teen** [tiːn] (*kurz für:* Teenager); des Teens; die Teens *meist Plural*
der **Teen|ager** [ˈtiːnʔɛɪ̯dʒɐ] (Junge oder Mädchen im Alter von 13 bis 19 Jahren); des Teenagers; die Teenager
der **Tee|nie** *oder* **Tee|ny** [ˈtiːni] (jüngerer [weiblicher] Teen); des Teenies *oder* Teenys; die Teenies *oder* Teenys
der **Teer;** des Teers *oder* Tee|res; die Tee|re
tee|ren; du teerst; er teerte; er hat die Straße geteert; teere die Einfahrt!
tee|rig (teerhaltig); teeriges Isolierband
der **Te|gern|see** (See in Bayern)
Te|he|ran (Hauptstadt Irans)
der **Teich;** des Teichs *oder* Tei|ches; die Tei|che
der **Teig;** des Teigs *oder* Tei|ges; die Tei|ge; Teig rühren, kneten
tei|gig; eine teigige Masse
die **Teig|wa|ren** *Plural*
der *oder* das **Teil;** des Teils *oder* Tei|les; die Tei|le; zum Teil; ein großer Teil des Gebietes; sie prüfte jedes Teil (Stück); ein gut Teil; sein[en] Teil dazu beitragen; ich für mein[en] Teil; ↑ABER: teils; einesteils; größtenteils; teilhaben; teilnehmen; zuteilwerden
teil|bar; eine durch drei teilbare Zahl
der **Teil|be|reich**
das **Teil|chen**
tei|len; du teilst; er teilte; sie hat mit ihrem Bruder geteilt; teil *oder* teile mit ihm!; zehn geteilt durch fünf ist, macht, gibt zwei
der **Tei|ler** (Divisor); des Teilers; die Teiler
die **Teil|ha|be;** der Teilhabe
teil|ha|ben (beteiligt sein); ich habe teil; du hast teil; sie hatte teil; er hat an meiner Freude teilgehabt; versuche doch[,] an meiner Freude teilzuhaben; ABER: er hat (besitzt) kein[en] Teil
der **Teil|ha|ber;** des Teilhabers; die Teilhaber
die **Teil|ha|be|rin;** die Teilhaberinnen
teil|haf|tig *(gehoben);* einer Sache teilhaftig sein, werden
die **Teil|men|ge** (*Mathematik:* Menge, die in einer Menge als Teil enthalten ist)
die **Teil|nah|me**
teil|nahms|los (innerlich abwesend); ein teilnahmsloser Gesichtsausdruck
teil|neh|men; sie nimmt teil; sie nahm

teil; er hat an dieser Veranstaltung teilgenommen; nimm daran teil!; versuche[,] an der Besprechung teilzunehmen

der **Teil|neh|mer;** des Teilnehmers; die Teilnehmer

die **Teil|neh|me|rin;** die Teilnehmerinnen

die **Teil|neh|mer|zahl**

teils; es lief teils gut, teils schlecht

die **Teil|sper|rung**

das **Teil|stück**

die **Tei|lung**

teil|wei|se

die **Teil|zah|lung**

die **Teil|zeit;** [in] Teilzeit arbeiten; du arbeitest Teilzeit; er arbeitete Teilzeit; sie hat Teilzeit gearbeitet; er hat vor[,] Teilzeit zu arbeiten; Teilzeit arbeitende Frauen

die **Teil|zeit|stel|le**

der **Teint** [tɛ̃ː] ([Farbe der] Gesichtshaut); des Teints; die Teints

Tel. = Telefon

die **Te|le|ar|beit** (Form der Heimarbeit, bei der der Arbeitnehmer über Kommunikationstechnik mit dem Arbeitgeber verbunden ist)

das **Te|le|fax** (Fernkopie; Fernkopierer; Fernkopiersystem für Text- und Bildvorlagen); des Telefax; die Te|le|fa|xe

te|le|fa|xen; ich telefaxe; du telefaxt; sie telefaxte; er hat getelefaxt

das **Te|le|fon;** des Telefons; die Te|le|fo|ne

das **Te|le|fo|nat** (Telefongespräch); des Telefonats *oder* Te|le|fo|na|tes; die Te|le|fo|na|te

das **Te|le|fon|buch**

te|le|fo|nie|ren; du telefonierst; er telefonierte; sie hat telefoniert; telefonier *oder* telefoniere nicht so lange!

te|le|fo|nisch; telefonisch erreichbar sein

der **Te|le|fo|nist;** des/dem/den Te|le|fo|nis|ten; die Te|le|fo|nis|ten

die **Te|le|fo|nis|tin;** die Telefonistinnen

das **Te|le|fon|mar|ke|ting**

die **Te|le|fon|num|mer**

die **Te|le|fon|seel|sor|ge** (Einrichtung, die Menschen, die Hilfe, Rat oder Zuspruch suchen, die Möglichkeit gibt, telefonisch und auch anonym ein seelsorgerliches Gespräch zu führen)

te|le|gen (für Fernsehaufnahmen geeignet); eine telegene Sportlerin

der **Te|le|graf** *oder* **Te|le|graph** (Apparat, mit dem Nachrichten durch vereinbarte Zeichen übermittelt werden können); des/dem/den Te|le|gra|fen *oder* Te|le|gra|phen; die Te|le|gra|fen *oder* Te|le|gra|phen

die **Te|le|gra|fie** *oder* **Te|le|gra|phie**

te|le|gra|fie|ren *oder* **te|le|gra|phie|ren;** du telegrafierst *oder* telegraphierst; er telegrafierte *oder* telegraphierte; sie hat telegrafiert *oder* telegraphiert; telegrafier[e] mir! *oder* telegraphier[e] mir!

te|le|gra|fisch *oder* **te|le|gra|phisch**

das **Te|le|gramm;** des Telegramms; die Te|le|gram|me

das **Te|le|kol|leg** (unterrichtende Sendereihe im Fernsehen); des Telekollegs; die Telekollegs *oder* Te|le|kol|le|gi|en

die **Te|le|kom** (*kurz für:* Deutsche Telekom AG)

die **Te|le|kom|mu|ni|ka|ti|on**

das **Te|le|lear|ning** [ˈteːləlœːɐ̯nɪŋ] (das Lernen mithilfe elektronischer Kommunikationssysteme); des Telelearnings

die **Te|le|me|di|zin** (Einsatz der Telekommunikation für Diagnostik und Therapie)

die **Te|le|no|ve|la** (Fortsetzungsgeschichte im Fernsehen); die Telenovelas

das **Te|le|ob|jek|tiv** (Objektiv, mit dem weit entfernte Objekte fotografiert werden können)

die **Te|le|pa|thie** (Gedankenübertragung)

te|le|pa|thisch *(Parapsychologie);* telepathische Fähigkeiten

te|le|por|tie|ren (zugleich an einem Ort auflösen und an einem anderen wieder Gestalt annehmen lassen [besonders in der Science-Fiction]); ich teleportiere; du hast teleportiert; teleportier *oder* teleportiere!

das **Te|le|shop|ping** [ˈteːləʃɔpɪŋ] (Bestellung von Waren, die in elektronischen Medien angeboten werden); des Teleshoppings

das **Te|le|s|kop** (Fernrohr); des Teleskops; die Te|le|s|ko|pe

die **Te|le|vi|si|on** (Fernsehen; *Abkürzung:* TV)
das **Te|lex** (Fernschreiben, Fernschreiber); des Telex; die Te|le|xe
der **Tel|ler;** des Tellers; die Teller
der **Tem|pel;** des Tempels; die Tempel
das **Tem|pe|ra|ment** (Gemütsart; Lebhaftigkeit); des Temperaments *oder* Tem|pe|ra|men|tes; die Tem|pe|ra|men|te
tem|pe|ra|ment|voll; ein temperamentvoller Mensch
die **Tem|pe|ra|tur** (Wärme[grad, -zustand]); die Tem|pe|ra|tu|ren
tem|pe|rie|ren (auf eine mäßig warme Temperatur bringen); ich temperiere; du temperierst; sie temperierte; er hat das Zimmer temperiert
das **Tem|po** (Geschwindigkeit; Zeitmaß); des Tempos; die Tempos *oder (Musik:)* die Tempi
Tem|po (*Markenbezeichnung:* eine Marke für Hygienepapiertücher); *Genitiv:* Tempos
das **Tem|po** *(Markenbezeichnung:* Papiertaschentuch der Marke Tempo® *[s. o.])*
das **Tem|po|li|mit** (Geschwindigkeitsbegrenzung)
der **Tem|po|ral|satz** (Umstandssatz der Zeit)
tem|po|rär (zeitweilig, vorübergehend); temporäre Verkehrsstaus
die **Tem|po-30-Zo|ne** (bestimmter Verkehrsbereich, in dem eine Höchstgeschwindigkeit von 30 km/h gilt)
das **Tem|pus** (Zeitform des Verbs); des Tempus; die Tem|po|ra
die **Ten|denz** (Hang, Neigung; Entwicklungsrichtung); die Ten|den|zen
ten|den|zi|ell (der Tendenz nach; entwicklungsmäßig); der Energieverbrauch nimmt tendenziell ab
ten|den|zi|ös (etwas bezweckend, beabsichtigend; parteilich zurechtgemacht); ten|den|zi|ö|ser; am ten|den|zi|ö|ses|ten; tendenziöse Presseberichte
ten|die|ren ([zu etwas] hinneigen, gerichtet sein); ich tendiere; du tendierst; die Partei tendierte nach rechts; sie hat zu einer anderen Auffassung tendiert
die **Ten|ne** (Dreschplatz [in der Scheune])

das **Ten|nis;** des Tennis; Tennis spielen; ABER: beim Tennisspielen
der **Ten|nis|ball**
der **Ten|nis|schlä|ger**
der **Te|nor** (Sinn, Inhalt); des Tenors; der Tenor seiner Rede
der **Te|nor** (hohe Männerstimme; Tenorsänger); des Tenors; die Te|nö|re
der **Tep|pich;** des Teppichs; die Tep|pi|che
das **Te|ra|byte** [ˈteːrabai̯t] (*EDV:* Einheit für sehr große Speicherkapazitäten)
der **Term** (*Mathematik:* Glied einer Formel); des Terms; die Ter|me
der **Ter|min** (festgesetzter Zeitpunkt); des Termins *oder* Ter|mi|nes; die Ter|mi|ne
der *oder* das **Ter|mi|nal** [ˈtœːɐ̯minl̩] (Abfertigungshalle für Fluggäste; *EDV:* Abfragestation); des Terminals; die Terminals
ter|mi|nie|ren (zeitlich festlegen); du terminierst; sie terminierte; er hat die Veranstaltung [auf den 10. August] terminiert; terminier *oder* terminiere die nächste Sitzung!
der **Ter|min|ka|len|der**
der **Ter|mi|nus** (Fachausdruck); des Terminus; die Termini; ein physikalischer Terminus
die **Ter|min|ver|ga|be**
die **Ter|mi|te** (ein Insekt); die Termiten
das **Ter|pen|tin** (ein Harz); des Terpentins; die Ter|pen|ti|ne
das **Ter|rain** [tɛˈrɛ̃ː] (Gebiet); des Terrains; die Terrains; auf fremdem Terrain
das **Ter|ra|ri|um** (Behälter für die Haltung kleiner Lurche u. Ä.); des Terrariums; die Ter|ra|ri|en
die **Ter|ras|se;** die Terrassen
die **Ter|ras|sen|tür**
ter|res|t|risch (die Erde betreffend; Erd...; *Fernsehen* nicht über Kabel oder Satellit)
der **Ter|ri|er** (ein Hund); des Terriers; die Terrier
die **Ter|ri|ne** (Suppenschüssel); die Terrinen
ter|ri|to|ri|al (zu einem Gebiet gehörend, ein Gebiet betreffend); territoriale Auseinandersetzungen
das **Ter|ri|to|ri|um** (Bezirk; Hoheitsgebiet); des Territoriums; die Ter|ri|to|ri|en

der **Ter|ror** (Verbreitung von Angst und Schrecken); des Terrors
der **Ter|ror|akt**
der **Ter|ror|an|schlag**
die **Ter|ror|be|kämp|fung**
ter|ro|ri|sie|ren; du terrorisierst; sie terrorisierte; er hat seine Mitschüler terrorisiert; terrorisier *oder* terrorisiere deine Kollegen nicht!
der **Ter|ro|ris|mus;** des Terrorismus
der **Ter|ro|rist;** des/dem/den Ter|ro|ris|ten; die Ter|ro|ris|ten
die **Ter|ro|ris|tin;** die Terroristinnen
ter|ro|ris|tisch; terroristische Gruppen
die **Ter|ror|mi|liz** (große, militärisch organisierte Terrorgruppe)
die **Ter|ror|or|ga|ni|sa|ti|on**
der **Ter|ror|ver|dacht**
die **Ter|ror|war|nung**
die **Terz** (*Musik:* der dritte Ton vom Grundton aus); die Ter|zen
das **Ter|zett** (dreistimmiges Gesangsstück; dreizeilige Strophe des Sonetts); des Terzetts *oder* Ter|zet|tes; die Ter|zet|te
der **Te|sa|film** (*Markenbezeichnung:* ein Klebeband); des Tesafilms
der **Test** (Probe, Prüfung); des Tests *oder* Tes|tes; die Tests
das **Tes|ta|ment** (letzter Wille; Bund Gottes mit den Menschen); des Testaments *oder* Tes|ta|men|tes; die Tes|ta|men|te; sein Testament machen; ein handgeschriebenes Testament; ABER: das Alte Testament *(Abkürzung: A.T.)*; das Neue Testament *(Abkürzung: N.T.)*
tes|ta|men|ta|risch
tes|ten; du testest; sie testete; er hat das Material getestet; teste das Material!
das **Test|er|geb|nis**
das **Test|spiel** *(Sport)*
die **Tes|tung** (das Testen, Getestetwerden); die Testungen
der **Te|ta|nus** (Wundstarrkrampf); des Tetanus
die **Te|ta|nus|imp|fung**
teu|er; teu|rer; am teu|ers|ten; eine teure Hose; das kommt mir *oder* mich teuer zu stehen
die **Teu|e|rung**
der **Teu|fel;** des Teufels; die Teufel
die **Teu|fe|lin;** die Teufelinnen
der **Teu|fels|kreis**
teuf|lisch
Te|xas (Staat in den USA)
Tex|mex *oder* das **Tex|mex** (Popmusik mit texanischen und mexikanischen Elementen; für das texanisch-mexikanische Grenzgebiet typisches Essen); des Texmex
der **Text;** des Texts *oder* Tex|tes; die Texte
der **Text|edi|tor;** des Texteditors; die Texteditors *oder* Text|edi|to|ren
tex|ten (einen [Werbe- oder Schlager]text verfassen); ich texte; du textest; sie hat die Anzeige getextet
der **Tex|til|dis|coun|ter**
die **Tex|ti|li|en** *Plural*
die **Tex|til|in|dus|t|rie**
die **Text|nach|richt** (per Mobilfunk oder im Sofortnachrichtendienst übermittelter Text)
die **Text|ver|ar|bei|tung**
das **Text|ver|ständ|nis**
der **TGV** [teʒeˈveː] (französischer Hochgeschwindigkeitszug); des TGV[s]; die TGV[s]
die **TH** = technische Hochschule
Thai|land (Staat in Hinterindien)
der **Thai|län|der;** des Thailänders; die Thailänder
die **Thai|län|de|rin;** die Thailänderinnen
thai|län|disch
das **The|a|ter;** des Theaters; die Theater; Theater spielen; ich spiele Theater; ich habe früher gerne Theater gespielt; ABER: das Theaterspielen
die **The|a|ter|auf|füh|rung**
der **The|a|ter|pä|d|a|go|ge** (Person, die das Theaterspiel beruflich vermittelt oder für bestimmte Zwecke einsetzt)
die **The|a|ter|pä|d|a|go|gin**
das **The|a|ter|stück**
the|a|t|ra|lisch (bühnenmäßig; feierlich)
die **The|ke** (Schanktisch, Ladentisch); die Theken
das **The|ma** (Gegenstand; Gesprächsstoff; Leitgedanke); des Themas; die Themen *oder* The|ma|ta
die **The|ma|tik** (Themenstellung); die The|ma|ti|ken

A B C D E F G H I J K L M N O P Q R S T the U V W X Y Z

the|ma|tisch (dem Thema entsprechend)

the|ma|ti|sie|ren (zum Thema machen); du thematisierst; er thematisierte; sie hat das Problem thematisiert; thematisier *oder* thematisiere dieses Problem!

die **The|men|wo|che**

die **Them|se** (Fluss in England)

der **Theo|lo|ge;** des/dem/den Theologen; die Theologen

die **Theo|lo|gie** (Wissenschaft von Gott und seiner Offenbarung; Religions-, Glaubenslehre); die Theo|lo|gi|en

die **Theo|lo|gin;** die Theologinnen

theo|lo|gisch

der **The|o|re|ti|ker** (jemand, der sich [nur] theoretisch mit etwas beschäftigt); des Theoretikers; die Theoretiker

die **The|o|re|ti|ke|rin;** die Theoretikerinnen

the|o|re|tisch (die Theorie von etwas betreffend; [nur] gedanklich); theoretische Kenntnisse; theoretische Chemie

die **The|o|rie** (Lehre; Erklärungsversuch); die The|o|ri|en

der **The|ra|peut** (*Medizin, Psychologie:* jemand, der eine Krankheit behandelt); des/dem/den The|ra|peu|ten; die The|ra|peu|ten

die **The|ra|peu|tin;** die Therapeutinnen

the|ra|peu|tisch; therapeutische Mittel

die **The|ra|pie** (Heilbehandlung); die The|ra|pi|en

der **The|ra|pie|hund** *(Medizin, Psychologie)*

das **Ther|mal|bad** (Warmquellbad)

die **Ther|me** (heiße Quelle); die Thermen

die **Ther|mik** (*Meteorologie:* aufwärtsgerichtete Warmluftbewegung)

ther|misch (die Wärme betreffend); thermische Energie

das **Ther|mo|me|ter** (Temperaturmessgerät); des Thermometers; die Thermometer

die **Ther|mos|fla|sche** (*Markenbezeichnung für:* ein Warmhaltegefäß)

der **Ther|mo|s|tat** (Wärmeregler); des Thermostats *oder* Ther|mo|s|ta|tes *oder* Ther|mo|s|ta|ten; die Ther|mo|s|ta|te *oder* Ther|mo|s|ta|ten

die **The|se** (Lehrsatz; Behauptung); die Thesen

die **Tho|ra** *oder* **To|ra** [*auch:* ˈtoː...] (*jüdische Religion:* die 5 Bücher Mosis, das mosaische Gesetz)

der **Thread** [θrɛt] (Folge von Beiträgen in einem Internetforum); des Threads; die Threads

der **Thril|ler** [ˈθrɪlɐ] (reißerischer Film oder Roman); des Thrillers; die Thriller

die **Throm|bo|se** (*Medizin:* Verstopfung von Blutgefäßen durch Blutgerinnsel); die Thrombosen

der **Thron;** des Throns *oder* Thro|nes; die Thro|ne

thro|nen; du thronst; sie thronte; er hat gethront; er thronte am oberen Ende der Tafel

der **Thron|fol|ger;** des Thronfolgers; die Thronfolger

die **Thron|fol|ge|rin;** die Thronfolgerinnen

das *oder* der **Thumb|nail** [ˈθamnɛɪ̯l] (*EDV:* kleines Vorschaubild [in der Größe eines Daumennagels]); des Thumbnails; die Thumbnails

der **Thun|fisch** *oder* **Tun|fisch** (ein Speisefisch)

Thü|rin|gen

der **Thü|rin|ger;** des Thüringers; die Thüringer

die **Thü|rin|ge|rin;** die Thüringerinnen

thü|rin|gisch

der **Thy|mi|an** (eine Gewürz- und Heilpflanze); des Thymians; die Thy|mi|a|ne

Ti|bet (Hochland in Zentralasien)

der **Ti|be|ter,** *auch:* **Ti|be|ta|ner;** des Tibeters, *auch:* Tibetaners; die Tibeter, *auch:* Tibetaner

die **Ti|be|te|rin,** *auch:* **Ti|be|ta|ne|rin;** die Tibeterinnen, *auch:* Tibetanerinnen

ti|be|tisch, *auch:* **ti|be|ta|nisch**

der **Tick** (wunderliche Eigenart); des Ticks; die Ticks

ti|cken; die Uhr tickte; sie hat getickt

das **Ti|cket** (Fahrkarte, Flugkarte, Eintrittskarte); des Tickets; die Tickets

der **Ti|cket|au|to|mat**

die **Ti|de** ([Ebbe und] Flut); die Tiden

der *oder* das **Tie|break** *oder* **Tie-Break**

['taɪ̯brɛɪ̯k] (*Tennis:* satzentscheidendes Spiel [beim Stand von 6:6]); des Tie-breaks *oder* Tie-Breaks; die Tiebreaks *oder* Tie-Breaks

tief

Klein- und Großschreibung:

- etwas auf das, aufs Tiefste *oder* tiefste beklagen
- etwas Tiefes; alles Hohe und Tiefe

Getrennt- und Zusammenschreibung in Verbindung mit Verben und adjektivisch gebrauchten Partizipien:

- tief graben, tief pflügen
- die Nachricht hat sie tief erschüttert; die tief erschütterte *oder* tieferschütterte Frau
- der tief bewegte *oder* tiefbewegte Mann
- ein tief empfundener *oder* tiefempfundener Dank
- tiefgreifende *oder* tief greifende Veränderungen

Vergleiche aber: tiefblau; tiefgekühlt; tiefgründig; tiefschwarz; tiefsinnig

das **Tief** (Tiefdruckgebiet); des Tiefs; die Tiefs
tief|be|wegt ↑ tief
tief|blau; tiefblaue Augen
die **Tie|fe**
die **Tief|ebe|ne**
tief|emp|fun|den ↑ tief
die **Tie|fen|mes|sung**
tief|er|schüt|tert ↑ tief
das **Tief|flug|ver|bot**
der **Tief|gang;** das Schiff hat nur geringen Tiefgang
die **Tief|ga|ra|ge**
tief|ge|kühlt; tiefgekühltes Gemüse
tief|grei|fend ↑ tief
tief|grün|dig (von gedanklicher Tiefe); tiefgründiger Humor
der **Tief|punkt**
tief|schwarz; tiefschwarze Haare
die **Tief|see**
tief|sin|nig (mit hintergründiger Bedeutung); tiefsinnige Überlegungen
der **Tie|gel** (flacher Topf); des Tiegels; die Tiegel
das **Tier;** des Tiers *oder* Tie|res; die Tie|re
die **Tier|art**
der **Tier|arzt**
die **Tier|ärz|tin**
das **Tier|fut|ter**
das **Tier|heim**
tie|risch (*umgangssprachlich auch für:* sehr groß, stark); tierischen Hunger haben
die **Tier|kli|nik**
der **Tier|park**
die **Tier|pen|si|on**
die **Tier|quä|le|rei**
der **Tier|schutz**
der **Tier|ver|such** (wissenschaftliches Experiment an oder mit lebenden Tieren)
die **Tier|welt**
das **Tier|wohl** (Wohlergehen von Tieren)
der **Ti|ger;** des Tigers; die Tiger

! In einer Reihe von Wörtern wird der lang gesprochene *i-Laut* ohne anschließendes -e oder Dehnungs-h geschrieben. Dazu gehört auch das Nomen *Tiger.*

ti|gern (streifig machen; *umgangssprachlich für:* irgendwohin gehen); ich tigere; du tigerst; sie tigerte; er ist zu der Party getigert
der **Ti|g|ris** (Fluss in Vorderasien); des Tigris
Tik|Tok® *oder* **Tik|tok** *meist ohne Artikel* (*Markenbezeichnung:* chinesisches Videoportal und soziales Netzwerk); TikToks *oder* Tiktoks Angebot
til|gen (zurückzahlen; *gehoben für:* beseitigen); du tilgst; sie tilgte; er hat seine Schulden getilgt; tilg *oder* tilge den Fehler!
die **Til|gung**
ti|men ['taɪ̯mən] (zeitlich abstimmen); sie timte; er hat das gut getimt
das **Time-out** ['taɪ̯m'ʔaʊ̯t] (*Basketball, Volleyball:* Auszeit); des Time-out *oder* Time-outs; die Time-outs
der **Ti|mer** ['taɪ̯mɐ] (Zeitschaltuhr; Terminkalender); des Timers; die Timer
das **Time|sha|ring** ['taɪ̯mʃɛːrɪŋ] (*EDV:* für einen bestimmten Zeitraum gekauftes Wohnrecht an einer Ferienwohnung); des Timesharings; die Timesharings
das **Ti|ming** ['taɪ̯mɪŋ] (zeitliche Abstimmung); des Timings; die Timings

Ti|mor (indonesische Insel)

das **Tin|der** (*Markenbezeichnung:* eine Dating-App); des Tinder oder Tinders *(meist ohne Artikel)*

tin|dern (*umgangssprachlich für:* Tinder *[Markenbezeichnung]* nutzen); ich tindere; sie tinderte; wir haben getindert

tin|geln (an verschiedensten Orten bei Veranstaltungen auftreten; umherreisen); ich ting[e]le; du tingelst; er tingelte; sie hat in Diskotheken getingelt; er ist durch Festzelte getingelt; tingle *oder* tingele nicht durch alle Bars!

die **Tink|tur** ([Arznei]auszug); die Tink|turen

der **Tin|nef** (*umgangssprachlich für:* Schund; dummes Zeug); des Tinnefs

die **Tin|te**

das **Tin|ten|fass**

der **Tin|ten|fisch**

der **Tin|ten|klecks**

der **Tin|ten|ku|li**

der **Tin|ten|rol|ler** (dem Kugelschreiber ähnliches Schreibgerät)

das **Ti|ny House** *oder* **Ti|ny|house** ['taɪ̯ni(')haʊ̯s] (sehr kleines [fahrbares] Wohnhaus); des Tiny House *oder* Tinyhouse; die Tiny Hou|ses *oder* Ti|ny|houses

der **Tipp;** des Tipps; die Tipps

der **Tip|pel|bru|der** (*umgangssprachlich für:* Landstreicher)

tip|peln (*umgangssprachlich für:* zu Fuß gehen, wandern); ich tipp[e]le; du tippelst; er tippelte; sie ist getippelt; tipple *oder* tippele nicht!

tip|pen (leicht stoßen; *umgangssprachlich für:* auf einer Tastatur schreiben); du tippst; er tippte; sie hat ihm, *auch:* ihn auf die Schulter getippt; tipp *oder* tippe den Brief!

tip|pen (wetten); ich tippe; du tippst; er tippte; sie hat richtig getippt

der **Tipp|feh|ler**

der **Tipp|schein**

tipp|topp (*umgangssprachlich für:* makellos, sehr gut); tipptopp aussehen

die **Ti|ra|de** (Wortschwall); die Tiraden

das **Ti|ra|mi|su** (italienische Süßspeise); des Tiramisus; die Tiramisus

Ti|ra|na (Hauptstadt Albaniens)

der **Tisch;** des Tischs *oder* Ti|sches; die Tische

die **Tisch|de|cke**

das **Tisch|fuß|ball|spiel**

der **Tisch|ki|cker** (Standfußballspiel)

der **Tisch|ler;** des Tischlers; die Tischler

die **Tisch|le|rei**

die **Tisch|le|rin;** die Tischlerinnen

tisch|lern; ich tischlere; du tischlerst; sie tischlerte; er hat in seiner Freizeit gerne getischlert

das **Tisch|ten|nis;** Tischtennis spielen

das **Ti|tan** (chemisches Element, Metall; *Zeichen:* Ti); des Titans

der **Ti|tan** (einer der Götter der griechischen Sage); des/dem/den Ti|ta|nen; die Ti|tanen

die **Ti|ta|nic** [ti'ta:nɪk, *auch:* taɪ̯'tænɪk] (englisches Passagierschiff, das 1912 nach dem Zusammenstoß mit einem Eisberg unterging)

der **Ti|tel;** des Titels; die Titel

der **Ti|tel|ge|winn** *(besonders Sport)*

der **Ti|tel|kampf** *(Sport)*

ti|teln (mit Titel versehen); du titelst; sie titelte; er hat getitelt; titele *oder* title!

die **Ti|tel|sei|te** (erste, äußere Seite einer Zeitung, Zeitschrift); die Zeitungen brachten die Meldung auf der Titelseite

der **Ti|tel|ver|tei|di|ger** *(Sport)*

die **Ti|tel|ver|tei|di|ge|rin** *(Sport)*

tja!

der **Toast** [to:st] (Trinkspruch; geröstete Weißbrotschnitte); des Toasts *oder* Toas|tes; die Toas|te *oder* Toasts

der **Toas|ter;** des Toasters; die Toaster

to|ben; du tobst; er tobte; sie hat vor Wut getobt; tobe nicht!

die **Tob|sucht**

tob|süch|tig

die **Toc|ca|ta** *oder* **Tok|ka|ta** (ein Musikstück); die Toccaten *oder* Tokkaten

die **Toch|ter;** die Töchter

die **Toch|ter|ge|sell|schaft**

das **Toch|ter|un|ter|neh|men**

der **Tod;** des Tods *oder* To|des; die To|de; jemanden zu Tode erschrecken

tod|blass *vergleiche:* **to|ten|blass**

tod|brin|gend; eine todbringende Seuche; ABER: eine den Tod bringende Seuche

tod|elend

T
tim

tod|ernst
die **To|des|angst**
der **To|des|fall**
to|des|mu|tig; ein todesmutiger Sprung
das **To|des|op|fer**
die **To|des|stra|fe**
der **To|des|tag**
die **To|des|ur|sa|che**
das **To|des|ur|teil**
der **Tod|feind**
die **Tod|fein|din**
tod|krank
tod|lang|wei|lig
töd|lich; tödliche Verletzungen
tod|mü|de
das **To-do** [tʊˈduː] (zu erledigende Aufgabe); des To-dos; die To-dos *meist Plural*
tod|si|cher
tod|still ↑totenstill
die **Tod|sün|de**
tod|trau|rig
tod|un|glück|lich

! Mit *d* schreibt man zusammengesetzte Wörter, in denen das Nomen *Tod* der erste Bestandteil ist oder in denen *tod* die Bedeutung »sehr« oder »äußerst« hat: *todbringend, Todsünde, todernst, todsicher.* Mit *t* schreibt man dagegen Zusammensetzungen, die das Adjektiv *tot* als Bestimmungswort haben: *sich totlachen, totfahren, totschlagen, Totschlag.*

das **Tof|fee** [ˈtɔfi *oder* ˈtɔfe] (eine Weichkaramelle); des Toffees; die Toffees
To|go (Staat in Westafrika)
to go [tʊ ˈɡɔʊ̯] (zum Mitnehmen); Pizza to go
der **To|go|er;** des Togoers; die Togoer
die **To|go|e|rin;** die Togoerinnen
to|go|isch
das **To|hu|wa|bo|hu** (Durcheinander); des Tohuwabohu *oder* Tohuwabohus; die Tohuwabohus
die **To|i|let|te** [to̯aˈlɛtə]; die Toiletten
To|kio (Hauptstadt Japans)
die **Tok|ka|ta** *vergleiche:* **Toc|ca|ta**
to|le|rant (duldsam; nachsichtig); to|le|ran|ter; am to|le|ran|tes|ten; eine tolerante Einstellung
die **To|le|ranz** (Duldung)
to|le|rie|ren (dulden); du tolerierst; sie tolerierte; er hat ihr Verhalten nicht toleriert
toll; eine tolle Leistung
tol|len; ich tolle; du tollst; sie tollte; er hat im Garten getollt
die **Toll|heit**
die **Toll|kir|sche** (eine Pflanze mit sehr giftigen Beeren)
toll|kühn; tollkühne Helden
die **Toll|kühn|heit**
der **Toll|patsch** (ungeschickter Mensch); des Tollpatschs *oder* Toll|pat|sches; die Toll|pat|sche
toll|pat|schig; ein tollpatschiger Kerl
die **Toll|wut**
toll|wü|tig; ein tollwütiger Hund
der **Töl|pel;** des Tölpels; die Tölpel
töl|pel|haft; tölpelhaftes Verhalten
die **To|ma|te**
die **Tom|bo|la** (Verlosung); die Tombolas, *selten:* Tombolen
der **Ton** (Laut; Farbton); des Tons *oder* To|nes; die Tö|ne
der **Ton** (Bodenart); des Tons *oder* To|nes; die To|ne
die **Ton|art**
das **Ton|band;** die Ton|bän|der
das **Ton|band|ge|rät**
tö|nen (färben); du tönst; sie tönte; sie hat ihr Haar rötlich getönt
tö|nen (klingen; *umgangssprachlich für:* angeberisch reden); es tönt; es tönte gut; er hat mal wieder getönt; tön *oder* töne nicht so!
tö|nern (aus Ton); tönernes Geschirr
der **Ton|fall** *Plural selten;* sie hat einen schwäbischen Tonfall; ich mag diesen gönnerhaften Tonfall nicht
der **Ton|film**
das **Ton|ge|schlecht** (Dur oder Moll)
die **Ton|hö|he**
die **To|ni|ka** (Grundton einer Tonart); die Toniken
das **To|ni|kum** (stärkendes Mittel); des Tonikums; die Tonika
die **Ton|lei|ter**
die **Ton|na|ge** [tɔˈnaːʒə] (Rauminhalt eines Schiffes; Frachtraum); die Tonnagen
die **Ton|ne**
ton|nen|wei|se
die **Ton|sur** (kahl geschorene Stelle auf dem Kopf von Mönchen); die Ton|su|ren

A B C D E F G H I J K L M N O P Q R S T ton U V W X Y Z

der **Ton|trä|ger** (Vorrichtung zur Aufnahme und Speicherung akustischer Vorgänge [wie CD, Memorystick, Blu-Ray])
die **Tö|nung**
das **Tool** [tu:l] (*EDV:* Programm von geringem Umfang); des Tools; die Tools
die **Tool|bar** ['tu:l...] (*EDV:* eine Funktionsleiste der Benutzeroberfläche); die Toolbars
der **Tool|tipp** ['tu:l...] (*EDV:* sich bei Berührung öffnendes Textfeld zu einer Schaltfläche)
top (sehr gut; hochmodern)
das **Top** ([ärmelloses] Oberteil); des Tops; die Tops
der **To|pas** (ein Schmuckstein); des To|pa-ses; die To|pa|se
der **Topf;** des Topfs *oder* Top|fes; die Töp|fe; *Verkleinerungsform:* das Töpfchen
die **Topf|blu|me**
der **Töp|fer;** des Töpfers; die Töpfer
die **Töp|fe|rei**
die **Töp|fe|rin;** die Töpferinnen
töp|fern (aus Ton herstellen); du töpferst; sie töpferte; er hat getöpfert
top|fit (in bester körperlicher Verfassung); topfit sein; sich topfit fühlen
der **Topf|lap|pen**
der **Top|ma|na|ger**
die **Top|ma|na|ge|rin**
die **To|po|gra|fie** *oder* **To|po|gra|phie** (Orts-, Lagebeschreibung); die To|po-gra|fi|en *oder* To|po|gra|phi|en
to|po|gra|fisch *oder* **to|po|gra|phisch;** topografische *oder* topographische Karten
der **To|pos** (oft gebrauchte Formulierung); des Topos; die Topoi
das **Top|spiel** *(Sport)*
der **Top|star** (Spitzenstar)
die **Top Ten** (Hitparade [aus zehn Musiktiteln, Büchern u. a.]); die Top Tens
das **Tor** (große Tür; *Sport:* Angriffsziel); des Tors *oder* To|res; die To|re
der **Tor** (törichter Mensch); des/dem/den To|ren; die To|ren
die **Tor|chan|ce** *(Sport)*
der **To|re|ro** (Stierkämpfer); des Torero *oder* Toreros; die Toreros
der **Torf;** des Torfs *oder* Tor|fes; die Tor|fe; Torf stechen
das **Torf|moor**
die **Tor|frau** (Torhüterin); die Torfrauen
die **Tor|heit**
der **Tor|hü|ter;** des Torhüters; die Torhüter
die **Tor|hü|te|rin;** die Torhüterinnen
tö|richt (unklug, dümmlich); ein törichter Vorschlag
der **Tor|jä|ger** (*Sport:* Spieler, der viele Tore erzielt)
die **Tor|jä|ge|rin**
tor|keln (*umgangssprachlich für:* schwankend [an einen bestimmten Ort] gehen); ich tork[e]le; du torkelst; er ist *oder* hat getorkelt; ABER NUR: sie ist über die Straße getorkelt; torkle *oder* torkele nicht!
die **Tor|li|ni|en|tech|nik** (*Fußball:* technische Methode, um den vollständigen Eintritt des Balls ins Tor festzustellen) *Plural selten*
der **Tor|mann** (Torwart); die Tor|män|ner
der **Tor|na|do** (kleinräumiger Wirbelsturm); des Tornados; die Tornados
der **Tor|nis|ter** (Ranzen); des Tornisters; die Tornister
tor|pe|die|ren (mit Torpedos beschießen; *auch für:* stören, verhindern); ich torpediere; du torpedierst; das U-Boot torpedierte ein Kriegsschiff; er hat meine Pläne torpediert
der **Tor|pe|do** (Unterwassergeschoss); des Torpedos; die Torpedos
der **Tor|so** (Rumpf einer Statue; Bruchstück, unvollendetes Werk); des Torsos; die Torsos *oder* Torsi
die **Tor|te**
der **Tor|ten|bo|den**
der **Tor|ten|he|ber**
die **Tor|tur** (Folter; Qual); die Tor|tu|ren
der **Tor|wart** *(Sport);* des Torwarts *oder* Tor|war|tes; die Tor|war|te
die **Tor|war|tin** *(Sport);* die Torwartinnen
to|sen; der Sturm toste; der Sturm hat getost; tosender (heftiger) Beifall
tot; der tote Punkt; totes Kapital; etwas auf ein totes Gleis schieben; ABER: das Tote Meer (zu Jordanien und Israel gehörend); tot sein; tot scheinen; sich tot stellen; das Opfer hat sich tot gestellt; ein tot geborenes *oder* totgeborenes Kind
to|tal (gänzlich, völlig); eine totale Sonnenfinsternis

to|ta|li|tär (alles erfassend und kontrollierend); totalitäre Staaten
die **To|ta|li|tät** (Gesamtheit, Ganzheit)
sich **tot|ar|bei|ten** (*umgangssprachlich für:* sich verausgaben); er arbeitet sich tot; er hat sich totgearbeitet; sie ist dabei[,] sich totzuarbeiten
der **To|te;** ein Toter; die Toten; zwei Tote
die **To|te;** eine Tote
das **To|tem** (Stammeszeichen bei den Indianern); des Totems; die Totems
der **To|tem|pfahl**
tö|ten; du tötest; er tötete; sie hat ihn getötet; töte ihn nicht!
die **To|ten|bah|re**
to|ten|blass *oder* **tod|blass;** ein totenblasser *oder* todblasser Mann
der **To|ten|grä|ber;** des Totengräbers; die Totengräber
die **To|ten|grä|be|rin;** die Totengräberinnen
der **To|ten|kopf**
die **To|ten|mes|se**
to|ten|still *oder* **tod|still;** es war plötzlich totenstill *oder* todstill
die **To|ten|stil|le**
tot|fah|ren; er fuhr ihn tot; sie hat ihn totgefahren
tot|ge|bo|ren ↑ tot
sich **tot|la|chen** (*umgangssprachlich);* sie lachte sich tot; er hat sich totgelacht
das, *auch:* der **To|to** (ein Glücksspiel); des Totos; die Totos
der **To|to|schein**
der **Tot|schlag**
tot|schla|gen; er schlug ihn tot; er hat ihn totgeschlagen
die **Tö|tung**
der **Touch|screen** [ˈtatʃskriːn] (Computerbildschirm, der auf Berührung reagiert); des Touchscreens; die Touchscreens
tough [taf] *oder* **taff** (robust, durchsetzungsfähig); eine toughe *oder* taffe Klassensprecherin
das **Tou|pet** [tuˈpeː] (Perücke); des Toupets; die Toupets
die **Tour** (Ausflug, Fahrt; Umlauf, Umdrehung); die Tou|ren
die **Tour de France** [ˈtuːɐ̯ də ˈfrɑ̃ːs] (mehrtägiges Radrennen in Frankreich); der Tour de France
tou|ren [ˈtuːrən]; du tourst; sie tourte; tour *oder* toure nicht durch dieses Land!; wir sind durch Asien getourt
der **Tou|ren|zäh|ler** (Drehzahlmesser)
der **Tour|guide** [ˈtuːɐ̯ɡaɪ̯d] (einheimischer Reisebegleiter); des Tourguides; die Tourguides
der **Tou|ris|mus** (Fremdenverkehr); des Tourismus
der **Tou|rist** (Reisende); des/dem/den Tou|ris|ten; die Tou|ris|ten
die **Tou|ris|tik** (Gesamtheit der touristischen Einrichtungen und Veranstaltungen)
die **Tou|ris|tin;** die Touristinnen
die **Tou|rist|in|for|ma|ti|on** *oder* **Tou|ris|ten|in|for|ma|ti|on**
tou|ris|tisch; touristische Attraktionen
die **Tour|nee** [tʊrˈneː] (Gastspielreise von Künstlern); die Tournees *oder* Tour|ne|en
der **To|w|er** [ˈtaʊ̯ɐ] (Kontrollturm an Flughäfen); des Towers; die Tower
to|xisch (giftig); toxische Stoffe
der **Trab** (mittelschnelle Gangart von Pferden); des Trabs *oder* Tra|bes; Trab reiten, laufen; in Trab setzen; jemanden auf Trab bringen, in Trab halten *(umgangssprachlich)*
der **Tra|bant** (ein [künstlicher] Mond); des/dem/den Tra|ban|ten; die Tra|ban|ten
tra|ben; das Pferd trabt; es trabte; das Pferd ist zum Abdecker getrabt; ABER: das Pferd hat zwei Stunden [lang] getrabt
das **Trab|ren|nen**
die **Tracht** (Kleidung, die für eine bestimmte Volks- oder Berufsgruppe typisch ist); sie legte ihre Tracht an; eine Tracht Prügel bekommen *(umgangssprachlich)*
trach|ten (*gehoben für:* etwas Bestimmtes erreichen wollen); du trachtest; sie trachtete; er hat nach Ruhm getrachtet; tracht *oder* trachte ihr nicht nach dem Leben!
träch|tig (ein Junges, Junge tragend); eine trächtige Kuh
der **Track** [trɛk] (Musikstück, Nummer [besonders auf einer CD]; *EDV:* Spur); des Tracks; die Tracks
tra|cken [ˈtrɛ...] (*besonders EDV:*

[jemandes Aufenthaltsort] verfolgen); ich tracke; du hast getrackt; track! *oder* tracke!; eine getrackte Position

das **Tra|cking** ['trɛkɪŋ] (das Tracken einer Person, eines Gegenstandes); des Tracking[s]

die **Track|list** ['trɛklɪst] *oder* **Track|lis|te** (Titelliste [einer CD])

die **Tra|di|ti|on** (Überlieferung; Brauch); die Tra|di|ti|o|nen

tra|di|ti|o|nell (überliefert, herkömmlich); traditionelle Berufe

tra|di|ti|ons|reich

der **Tra|fo** (*kurz für:* Transformator); des Trafo *oder* Tra|fos; die Trafos

träg *oder* **trä|ge;** ein träger Mensch

die **Trag|bah|re**

trag|bar

die **Tra|ge**

tra|gen; du trägst; er trägt; sie trug; sie hat den Koffer getragen; trag *oder* trage ihr den Korb!

tra|gend; eine tragende (grundlegende) Rolle

der **Trä|ger;** des Trägers; die Träger

die **Tra|ge|ta|sche**

trag|fä|hig; tragfähige Lösungen

die **Trag|flä|che**

das **Trag|flä|chen|boot**

das **Trag|flü|gel|boot**

die **Träg|heit**

die **Tra|gik** (erschütterndes Leid)

tra|gisch; ein tragisches Schicksal

die **Tra|gö|die** (Trauerspiel; Unglück); die Tra|gö|di|en

die **Trag|wei|te**

der *oder* die **Trai|nee** [treɪ'ni:] (jemand, der innerhalb eines Unternehmens auf eine bestimmte Aufgabe vorbereitet wird); des Trainees; die Trainees

der **Trai|ner** ['trɛ:nɐ] (jemand, der andere auf Wettkämpfe vorbereitet); des Trainers; die Trainer

die **Trai|ne|rin;** die Trainerinnen

trai|nie|ren [trɛ'ni:rən]; du trainierst; sie trainierte; er hat hart trainiert; trainier *oder* trainiere öfter!

das **Trai|ning** ['trɛ:nɪŋ]; des Trainings; die Trainings

der **Trai|nings|an|zug**

die **Trai|nings|ein|heit**

das **Trai|nings|la|ger**

der **Trakt** (Gebäudeteil); des Trakts *oder* Trak|tes; die Trak|te

trak|tie|ren (schlecht behandeln; quälen); du traktierst; sie traktierte; er hat sie mit Vorwürfen traktiert; traktier *oder* traktiere sie nicht dauernd damit!

der **Trak|tor** (Zugmaschine); des Traktors; die Trak|to|ren

träl|lern; ich trällere; du trällerst; er trällerte; sie hat ein Lied geträllert

die **Tram** (*kurz für:* Trambahn); die Trams

die **Tram|bahn** (Straßenbahn)

die **Tram|hal|te|stel|le** (*süddeutsch für:* Straßenbahnhaltestelle)

tram|peln; du trampelst; er trampelte; sie hat getrampelt; trample *oder* trampele nicht auf das frische Beet!

das **Tram|pel|tier** (zweihöckeriges Kamel; *umgangssprachlich für:* plumper Mensch)

tram|pen ['trɛmpn̩] (per Anhalter fahren); ich trampe; du trampst; sie trampte; er ist nach Italien getrampt

der **Tram|per;** des Trampers; die Tramper

die **Tram|pe|rin;** die Tramperinnen

das **Tram|po|lin** (ein Sprunggerät); des Trampolins; die Tram|po|li|ne

der **Tran** (flüssiges Fett von Seetieren); des Trans *oder* Tra|nes; die Tra|ne

die **Tran|ce** ['trã:s(ə)] (schlafähnlicher Zustand); in Trance fallen; jemanden in Trance versetzen

die **Trä|ne**

trä|nen; das Auge tränt; das Auge tränte; das Auge hat getränt

das **Trä|nen|gas**

tra|nig; traniges Öl; ein traniger (langweiliger, langsamer) Mensch

der **Trank** (*gehoben für:* Getränk); des Tranks *oder* Tran|kes; die Trän|ke

die **Trän|ke** (Tränkplatz für Tiere); die Tränken

trän|ken; du tränkst; er tränkte; sie hat die Pferde getränkt; tränk *oder* tränke die Pferde!

die **Trans|ak|ti|on** (größere [finanzielle] Unternehmung); die Trans|ak|ti|o|nen

die **Trans|ak|ti|ons|num|mer** (eine beim Onlinebanking o. Ä. zusätzlich zur PIN anzugebende Codenummer; *Abkürzung:* TAN)

trans|at|lan|tisch (jenseits des Atlantiks [gelegen])

der **Trans|fer** (*Wirtschaft:* Zahlung ins Ausland in fremder Währung; *Sport:* Vereinswechsel eines Berufsspielers; Weitertransport von Reisenden); des Transfers; die Transfers

trans|fe|rie|ren; ich transferiere; du transferierst; er transferierte; sie hat ihr Vermögen ins Ausland transferiert

der **Trans|for|ma|tor** (Umspanner elektrischer Ströme); des Transformators; die Trans|for|ma|to|ren

die **Trans|fu|si|on** ([Blut]übertragung); die Trans|fu|si|o|nen

trans|gen|der [trans'dʒɛndɐ] (sich nicht mit dem eigenen biologischen Geschlecht identifizierend); er ist transgender

der **Trans|gen|der;** des Transgenders; die Transgender

die **Trans|gen|der;** der Transgender; die Transgender

der **Tran|sis|tor** (Teil eines elektrischen Verstärkers); des Transistors; die Tran|sis|to|ren

der **Tran|sit** [*auch:* tran'zɪt] (Durchfuhr von Waren; Durchreise); des Transits; die Tran|si|te

tran|si|tiv (ein Akkusativobjekt fordernd; zielend); ein transitives Verb

der **Tran|sit|ver|kehr**

trans|pa|rent (durchscheinend; durchsichtig; durchschaubar); transparente Vorhänge

das **Trans|pa|rent** (durchscheinendes Bild; Spruchband); des Transparents *oder* Trans|pa|ren|tes; die Trans|pa|ren|te

das **Trans|pa|rent|pa|pier**

die **Trans|pa|renz** (Durchsichtigkeit; Durchschaubarkeit); der Transparenz

die **Trans|plan|ta|ti|on** (Organ-, Gewebeverpflanzung); die Trans|plan|ta|ti|o|nen

trans|plan|tie|ren; ich transplantiere; du transplantierst; er transplantierte; die Ärztin hat dem Patienten eine fremde Niere transplantiert

der **Trans|port;** des Transports *oder* Trans|por|tes; die Trans|por|te

trans|por|ta|bel; ein transportables Fernsehgerät

der **Trans|por|ter;** des Transporters; die Transporter

trans|port|fä|hig; der Verletzte war nicht transportfähig

trans|por|tie|ren; du transportierst; sie transportierte; er hat die Säcke nach Hause transportiert; transportier *oder* transportiere sie nach Hause!

die **Trans|port|kos|ten** *Plural*

der **Trans|ra|pid** (*Markenbezeichnung:* eine Magnetschwebebahn); des Transrapid *oder* Transrapids

trans|se|xu|ell (sich nicht mit dem bei Geburt zugewiesenen Geschlecht identifizierend)

die **Tran|tü|te** (*umgangssprachlich für:* langsamer, [geistig] schwerfälliger Mensch)

das **Tra|pez** (geometrische Figur; Stange für akrobatische Übungen); des Tra|pe|zes; die Tra|pe|ze

tra|pez|för|mig

der **Trap|per** (nordamerikanischer Pelztierjäger); des Trappers; die Trapper

die **Trap|pe|rin;** die Trapperinnen

der **Trash** [trɛʃ] (Schund, Ramsch); des Trashs

die **Tras|se** (Verlauf eines Verkehrsweges; Bahnkörper; Straßendamm); die Trassen

der **Tratsch** (*umgangssprachlich für:* Geschwätz, Klatsch); des Tratschs *oder* Trat|sches

trat|schen; du tratschst; er tratschte; sie hat getratscht; tratsch *oder* tratsche nicht so viel!

die **Trau|be**

der **Trau|ben|zu|cker**

trau|en; du traust; er traute; sie hat ihm getraut; trau *oder* traue ihm nicht; ich traue mich, *seltener:* mir nicht, das zu tun; der Pfarrer hat das Paar getraut (ehelich verbunden)

die **Trau|er**

die **Trau|er|fei|er**

der **Trau|er|marsch**

trau|ern; du trauerst; er trauerte; sie hat um ihn getrauert; traure *oder* trauere nicht mehr!

die **Trau|er|wei|de**

träu|feln; ich träuf[e]le; du träufelst; er träufelte; sie hat ihm Tropfen in die

Augen geträufelt; träufle *oder* träufele ihm die Tropfen in die Augen!

der **Traum;** des Traums *oder* Trau|mes; die Träu|me

das **Trau|ma** (starke Verletzung, seelische Erschütterung); des Traumas; die Traumen *oder* Traumata

trau|ma|tisch; traumatische Erlebnisse

trau|ma|ti|sie|ren ([seelisch] tief verletzen); ich traumatisiere; du hast traumatisiert

die **Trau|ma|ti|sie|rung** ([seelische] Verletzung)

träu|men; du träumst; sie träumte; er hat geträumt; träum *oder* träume nicht!

der **Träu|mer;** des Träumers; die Träumer

die **Träu|me|rei**

die **Träu|me|rin;** die Träumerinnen

träu|me|risch

traum|haft; traum|haf|ter; am traumhaf|tes|ten

trau|rig

die **Trau|rig|keit**

der **Trau|ring**

der **Trau|schein**

traut (behaglich; vertraut); trautes Heim; ein trauter Freund

die **Trau|ung**

der **Tra|vel|ler|scheck** ['trɛvəlɐ...] (Reisescheck)

die **Tra|ves|tie** ([scherzhafte] Umgestaltung [eines Gedichtes]); die Tra|ves|ti|en

der **Treck** (Zug von Flüchtlingen, Auswanderern); des Trecks; die Trecks

der **Tre|cker** (Zugmaschine); des Treckers; die Trecker

das **Tre|cking** *vergleiche:* **Trek|king**

der **Treff** (Treffen, Zusammenkunft); des Treffs; die Treffs

tref|fen; du triffst; er traf; sie hat ihn getroffen; triff genauer!

das **Tref|fen;** des Treffens; die Treffen

tref|fend (vollkommen passend)

der **Tref|fer;** des Treffers; die Treffer

treff|lich (sehr gut; ausgezeichnet); ein trefflicher Wein

der **Treff|punkt**

treff|si|cher

das **Treib|eis**

trei|ben; du treibst; er trieb; sie hat das Vieh auf die Weide getrieben; treib *oder* treibe das Vieh auf die Weide!

das **Trei|ben;** des Treibens; ein munteres Treiben

der **Trei|ber;** des Treibers; die Treiber

die **Trei|be|rin;** die Treiberinnen

das **Treib|haus**

der **Treib|haus|ef|fekt** (Einfluss der Erdatmosphäre auf die von der Erde abgestrahlte Wärme)

das **Treib|haus|gas** (Gas, das zum Treibhauseffekt beiträgt, z. B. Kohlendioxid)

der **Treib|stoff**

das **Trek|king** *oder* **Tre|cking** (mehrtägige Wanderung oder Fahrt [durch unwegsames Gelände]); des Trekkings *oder* Treckings; die Trekkings *oder* Treckings

der **Trench|coat** ['trɛntʃkoʊt] (ein Mantel); des Trenchcoats; die Trenchcoats

der **Trend** (Richtung einer Entwicklung); des Trends; die Trends

tren|dig (dem vorherrschenden Trend entsprechend, modern)

der **Trend|scout** [...skaʊt] (jemand, der Trends nachspürt); des Trendscouts; die Trendscouts

der **Trend|set|ter** (jemand, der den Trend bestimmt); des Trendsetters; die Trendsetter

die **Trend|set|te|rin;** die Trendsetterinnen

die **Trend|wen|de**

tren|dy (*umgangssprachlich für:* modisch; dem Trend entsprechend); das ist [nicht] trendy

trenn|bar; trennbare Verben

tren|nen; du trennst; er trennte; sie hat die Streithähne getrennt; trenn *oder* trenne dich!

die **Trenn|kost** (Trenndiät)

die **Tren|nung**

der **Tren|nungs|strich**

die **Tren|se** (leichter Pferdezaum); die Trensen

trepp|ab

trepp|auf

die **Trep|pe**

das **Trep|pen|haus**

der **Tre|sen** (Laden-, Schanktisch); des Tresens; die Tresen

der **Tre|sor** (Panzerschrank); des Tresors; die Tre|so|re

die **Tres|se** (Borte); die Tressen

tre|ten; du trittst; er tritt; er trat; sie ist

in die Pfütze getreten; er hat ihn getreten; tritt mich nicht!

der **Tret|rol|ler**

treu; treu|er; am treus|ten *oder* treu|es|ten; ein [mir] treu ergebener *oder* treuergebener Freund; er ist ein treu sorgender *oder* treusorgender Vater

die **Treue;** auf Treu und Glauben

die **Treue|ak|ti|on**

der **Treue|punkt;** für deinen Einkauf erhältst du 7 Treuepunkte

treu|er|ge|ben ↑ treu

der **Treu|hän|der** (jemand, der Rechte für einen anderen ausübt); des Treuhänders; die Treuhänder

die **Treu|hän|de|rin;** die Treuhänderinnen

treu|her|zig (gutgläubig)

treu|los; treu|lo|ser; am treu|lo|ses|ten

treu|sor|gend ↑ treu

der, *auch:* das **Tri|an|gel** (*Musik:* ein Schlaggerät); des Triangels; die Triangel

der *oder* das **Tri|ath|lon** (sportlicher Dreikampf); des Triathlons; die Triathlons

der **Tri|bun** (Volksführer [im alten Rom]); des Tribuns *oder* Tri|bu|nen; die Tri|bu|ne *oder* Tri|bu|nen

das **Tri|bu|nal** ([hoher] Gerichtshof); des Tribunals; die Tri|bu|na|le

die **Tri|bü|ne** (Redner-, Zuschauerbühne); die Tribünen

der **Tri|but** (Opfer, Zwangsabgabe); des Tributs *oder* Tri|bu|tes; die Tri|bu|te; einen Tribut fordern, leisten

die **Tri|chi|ne** (ein schmarotzender Fadenwurm); die Trichinen

tri|chi|nös; trichinöses Fleisch

der **Trich|ter;** des Trichters; die Trichter

der **Trick;** des Tricks; die Tricks

der **Trick|film**

trick|reich; ein trickreicher Politiker

trick|sen *(umgangssprachlich);* ich trickse; du trickst; sie trickste; er hat unauffällig getrickst

die **Trick|se|rei**

der **Trieb;** des Triebs *oder* Trie|bes; die Triebe

trieb|haft; trieb|haf|ter; am trieb|haf|tes|ten

der **Trieb|tä|ter**

die **Trieb|tä|te|rin**

der **Trieb|wa|gen**

das **Trieb|werk**

trie|fen (tropfend nass sein; in vielen Tropfen irgendwohin fließen); ich triefe; du triefst; seine Haare trieften, *selten:* troffen; seine Haare haben von/vor Nässe getrieft, *selten:* getroffen; ABER: aus ihrer Wunde ist Blut getrieft, *selten:* getroffen

trie|zen (*umgangssprachlich für:* quälen, plagen); du triezt; er triezte; sie hat ihn getriezt; triez *oder* trieze mich nicht!

die **Trift** (Weideland; *auch für:* Meeresströmung, Drift); die Trif|ten

trif|tig (sehr überzeugend); ein triftiger Grund

die **Tri|go|no|me|t|rie** (Dreiecksmessung, -berechnung)

tri|go|no|me|t|risch; trigonometrische Funktionen; der trigonometrische Punkt (*Zeichen:* TP)

die **Tri|ko|lo|re** (dreifarbige Fahne [Frankreichs]); die Trikoloren

das **Tri|kot** [triˈkoː, *auch:* ˈtrɪko] (eng anliegendes Kleidungsstück aus dehnbarem Gewebe); des Trikots; die Trikots

der, *selten:* das **Tri|kot** (eine Gewebeart); des Trikots; die Trikots

der **Tril|ler;** des Trillers; die Triller

tril|lern; du trillerst; sie trillerte; er hat auf seiner Pfeife getrillert; trillere noch einmal!

die **Tril|ler|pfei|fe**

die **Tril|li|ar|de** (tausend Trillionen); die Trilliarden

die **Tril|li|on** (eine Million Billionen); die Tril|li|o|nen

die **Tri|lo|gie** (Folge von drei [zusammengehörenden] Dichtwerken oder Kompositionen); die Tri|lo|gi|en

der **Trimm-dich-Pfad**

trim|men (in einen gewünschten Zustand bringen); du trimmst; sie trimmte; er hat den Pudel getrimmt (geschoren); er hat sich getrimmt (körperlich fit gemacht)

Tri|ni|dad und To|ba|go (Staat im Karibischen Meer)

die **Tri|ni|tät** (*christliche Religion:* Dreieinigkeit, Dreifaltigkeit)

trink|bar; trinkbares Wasser

trin|ken; du trinkst; er trinkt; er trank; sie hat Saft getrunken; trink *oder* trinke viel Tee!

der **Trin|ker** *(umgangssprachlich, oft abwertend);* des Trinkers; die Trinker

die **Trin|ke|rin;** die Trinkerinnen

die **Trink|fla|sche**

das **Trink|geld**

die **Trink|pau|se**

das **Trink|was|ser**

das **Trio** (Musikstück für drei Instrumente; *auch für:* die drei ausführenden Personen); des Tri|os; die Tri|os

die **Tri|o|le** (*Musik:* 3 Noten statt 2); die Triolen

der **Trip** (Ausflug, Reise; Rauschzustand durch Drogeneinwirkung, *auch für:* die dafür benötigte Dosis); des Trips; die Trips

das **Tri|ple** ['trɪpl̩] *oder* **Tri|pel** (*Sport:* dreifacher Gewinn); des Triple[s] *oder* Tripels; die Triples *oder* Tripels

Tri|po|lis (Hauptstadt Libyens)

trip|peln; ich tripp[e]le; du trippelst; er trippelte; sie ist nach Hause getrippelt; tripple *oder* trippele nicht so!

der **Trip|pel|schritt**

der **Trip|per** (eine Geschlechtskrankheit); des Trippers; die Tripper

trist (traurig, öde); tris|ter; am tris|testen; ein trister Morgen

die **Tris|tesse** [trɪs'tɛs] (Traurigkeit); die Tristessen

der **Tritt;** des Tritts *oder* Trit|tes; die Trit|te

das **Tritt|brett**

tritt|fest; trittfeste Leitern

der **Tri|umph** (großer Sieg, Erfolg); des Triumphs *oder* Tri|um|phes; die Tri|umphe

tri|um|phal; ein triumphaler Empfang

tri|um|phie|ren (siegen; jubeln); du triumphierst; er triumphierte; sie hat bei den Wettkämpfen triumphiert; triumphier *oder* triumphiere nicht zu früh!

das **Tri|um|vi|rat** (Dreimännerherrschaft [im alten Rom]); des Triumvirats *oder* Tri|um|vi|ra|tes; die Tri|um|vi|ra|te

tri|vi|al (platt, abgedroschen)

die **Tri|vi|a|li|tät**

die **Tri|vi|al|li|te|ra|tur**

tro|cken; trockenes Brot; ein trockener Wein; auf dem Trockenen sitzen (in Verlegenheit sein); sein Schäfchen im Trockenen haben (sich seinen Vorteil gesichert haben); wieder im Trocknen *oder* Trockenen (auf trockenem Boden) sein; die Wäsche wird bald trocken sein, werden; wir wollen trocken (im Trockenen) sitzen; ABER: man ließ uns auf der Party trockensitzen (ohne Getränke sitzen); die Kartoffeln sollen [besonders] trocken (an einem trockenen Ort) liegen; das Kind muss trocken gerieben *oder* trockengerieben (durch Reiben getrocknet) werden; die Wäsche soll trocken geschleudert *oder* trockengeschleudert (durch Schleudern getrocknet) werden; das Hemd wird trocken (in trockenem Zustand) gebügelt; ↑ ABER: trockenlegen

die **Tro|cken|heit**

tro|cken|le|gen (mit frischen Windeln versehen; entwässern); die Mutter legte das Kind trocken; man hat das Moor trockengelegt

tro|cken|rei|ben ↑ trocken

tro|cken|schleu|dern ↑ trocken

tro|cken|sit|zen ↑ trocken

die **Tro|cken|zeit**

trock|nen; du trocknest; sie trocknete; er hat die Kleider getrocknet; trockne deine nassen Sachen!

die **Trod|del** (Quaste); die Troddeln

der **Trö|del** (*umgangssprachlich für:* alte, wertlose Gegenstände; Kram); des Trödels

trö|deln (*umgangssprachlich für:* beim Arbeiten u. Ä. langsam sein; schlendern); du trödelst; er trödelte; er hat bei der Arbeit getrödelt; sie ist durch die Straßen getrödelt; trödle *oder* trödele nicht!

der **Tröd|ler;** des Trödlers; die Trödler

die **Tröd|le|rin;** die Trödlerinnen

der **Trog;** des Trogs *oder* Tro|ges; die Trö|ge

Tro|ja *oder* **Tro|ia** (antike Stadt in Kleinasien)

der **Tro|ja|ner** (*EDV:* ein bestimmter Computervirus); des Trojaners; die Trojaner

tro|ja|nisch *oder* **tro|ia|nisch;** die trojanischen *oder* troianischen Helden; ABER: der Trojanische *oder* Troianische Krieg; das Trojanische *oder* Troianische Pferd

der **Troll** (*Jargon:* Provokateur/-in im Internet); des Trolls; die Trolle

sich **trol|len** (*umgangssprachlich für:* sich

T

tri

langsam [und beschämt] entfernen); du trollst dich jetzt besser; sie trollte sich; er hat sich in sein Zimmer getrollt; troll dich!

trol|len (*Jargon:* im Internet gezielt provozieren); du trollst; du hast getrollt

die **Trom|mel;** die Trommeln

das **Trom|mel|fell** (auf der Trommel; im Ohr)

trom|meln; ich tromm[e]le; du trommelst; er trommelte; sie hat getrommelt; trommle *oder* trommele nicht so laut!

der **Trom|mel|re|vol|ver**

der **Tromm|ler;** des Trommlers; die Trommler

die **Tromm|le|rin;** die Trommlerinnen

die **Trom|pe|te**

trom|pe|ten; ich trompete; du trompetest; er trompetete; sie hat laut trompetet

der **Trom|pe|ter;** des Trompeters; die Trompeter

die **Trom|pe|te|rin;** die Trompeterinnen

die **Tro|pen** (heiße Zone zwischen den Wendekreisen) *Plural*

das **Tro|pen|fie|ber**

der **Tropf** (bedauernswerter Mensch); des Tropfs *oder* Trop|fes; die Tröp|fe; er ist ein armer Tropf

der **Tropf** (*Medizin:* Vorrichtung für die Tropfinfusion); des Tropfs *oder* Trop|fes; die Trop|fe

tröp|feln; es tröpfelte; es hat getröpfelt

trop|fen; es tropfte; es hat getropft

der **Trop|fen;** des Tropfens; die Tropfen

trop|fen|wei|se

tropf|nass; tropfnasse Wäsche

der **Tropf|stein**

die **Tropf|stein|höh|le**

die **Tro|phäe** (Siegeszeichen; Jagdbeute); die Tro|phä|en

tro|pisch (zu den Tropen gehörend; südlich; heiß); tropisches Klima

die **Tro|po|sphä|re** (*Meteorologie:* unterste Schicht der Erdatmosphäre)

der **Tross** (Wagenpark mit Nachschub für die Truppe; Gefolge); des Tros|ses; die Tros|se

die **Tros|se** (starkes Tau; Drahtseil); die Trossen

der **Trost;** des Tros|tes; Trost suchen, spenden; Trost bringende *oder* trostbringende Worte

trös|ten; du tröstest; sie tröstete; er hat seinen Freund getröstet; tröste ihn!

der **Trös|ter;** des Trösters; die Tröster

die **Trös|te|rin;** die Trösterinnen

tröst|lich; tröstliches Verständnis

trost|los; trost|lo|ser; am trost|lo|sesten; eine trostlose Gegend

der **Trost|preis**

die **Trost|run|de** *(Sport)*

der **Trott;** des Trotts *oder* Trot|tes; die Trotte

der **Trot|tel;** des Trottels; die Trottel

trot|te|lig; trotteliges Verhalten

trot|ten (*umgangssprachlich für:* schwerfällig, langsam gehen); der Hund trottete; er ist zu seiner Hütte getrottet

das **Trot|toir** [trɔˈto̯aːɐ̯] (*landschaftlich für:* Bürgersteig); des Trottoirs; die Trottoire *oder* Trottoirs

trotz

> **!** Nach *trotz* steht in der Schriftsprache der Genitiv: »Sie gingen trotz des Regens spazieren.« Die Verbindung von *trotz* mit dem Dativ (»trotz dem Regen«) ist umgangssprachlich. Wenn sich jedoch der Genitiv eines Nomens im Plural nicht vom Nominativ unterscheidet, ist der Dativ auch im geschriebenen Deutsch korrekt: »trotz Beweisen« (statt »trotz Beweise«), »trotz Büchern« (statt »trotz Bücher«). Unverändert kann nur ein allein stehendes, stark gebeugtes Nomen im Singular bleiben: »trotz Umbau[s] geöffnet«.

der **Trotz;** des Trot|zes; aus Trotz; dir zum Trotz; jemandem Trotz bieten

trotz|dem

trot|zen; du trotzt; er hat getrotzt

trot|zig; ein trotziges Kind

der **Trotz|kopf**

trüb *oder* **trü|be;** trübes Wetter; im Trüben fischen (aus einer unklaren Lage Vorteile ziehen)

der **Tru|bel;** des Trubels

trü|ben; der chemische Zusatz trübte das Wasser; diese Nachricht hat unsere Freude getrübt; sich trüben; der Himmel hat sich getrübt

die **Trüb|sal;** die Trüb|sa|le
trüb|se|lig
der **Trüb|sinn**
trüb|sin|nig
tru|deln (drehend niedergehen); das Flugzeug trudelte; es ist getrudelt
die, *auch:* der **Trüf|fel** (ein Pilz; eine kugelförmige Praline); der Trüffel, *auch:* des Trüffels; die Trüffel *oder* Trüffeln
der **Trug;** Lug und Trug
das **Trug|bild**
trü|gen; meine Erinnerung trügt mich; sie trog mich; sie hat mich getrogen; der Schein trügt
trü|ge|risch; trügerische Ruhe
der **Trug|schluss;** des Trug|schlus|ses; die Trug|schlüs|se
die **Tru|he**
die **Trüm|mer** *Plural*
der **Trüm|mer|hau|fen**
der **Trumpf;** des Trumpfs *oder* Trump|fes; die Trümp|fe
der **Trunk;** des Trunks *oder* Trun|kes; die Trün|ke
trun|ken; trunken (berauscht) vor Freude sein
die **Trun|ken|heit**
der **Trupp;** des Trupps; die Trupps
die **Trup|pe**
die **Trup|pen|ver|pfle|gung**
der **Trust** [trast] (Konzern); des Trusts *oder* Trus|tes; die Trus|te *oder* Trusts
der **Trut|hahn**
die **Trut|hen|ne**
der *oder* das **Tsa|t|si|ki** *vergleiche:* **Za|zi|ki**
der **Tschad** (Staat in Afrika)
Tschad *oder* der **Tschad** (Staat in Afrika)
der **Tscha|der;** des Tschaders; die Tschader
die **Tscha|de|rin;** die Tschaderinnen
tscha|disch
tschau! *oder* **ciao!** [tʃau̯] (*umgangssprachlich für:* guten Tag! *oder* auf Wiedersehen!)
der **Tsche|che;** des/dem/den Tschechen; die Tschechen
Tscho|chi|en (*kurz für:* Tschechische Republik)
die **Tsche|chin;** die Tschechinnen
tsche|chisch; die tschechische Sprache; ABER: die Tschechische Republik (Staat in Mitteleuropa)

Tscher|no|byl (ukrainische Stadt); in Tschernobyl gab es einen Reaktorunfall
Tsche|t|sche|ni|en (Republik in der Russischen Föderation)
tschüs! *oder* **tschüss!** (*umgangssprachlich für:* auf Wiedersehen!)
Tsd. = Tausend
die **Tse|t|se|flie|ge** (Stechfliege im tropischen Afrika)
das **T-Shirt** [ˈtiːʃœːɐ̯t] (Trikothemd mit kurzen Ärmeln)
der *oder* die **Tsu|na|mi** ([durch Seebeben ausgelöste] Flutwelle); des Tsunami *oder* der Tsunami; die Tsunamis
die **Tu|ba** (tiefes Blechblasinstrument); die Tuben
die **Tu|be;** die Tuben
die **Tu|ber|ku|lo|se** (eine Infektionskrankheit; *Abkürzungen:* Tb, Tbc, Tbk)
tu|ber|ku|lo|se|krank
das **Tuch** (z. B. das Handtuch); des Tuchs *oder* Tu|ches; die Tü|cher
das **Tuch** (Stoff); des Tuchs *oder* Tu|ches; die Tu|che
die **Tuch|fa|b|rik**
tüch|tig; tüchtige Mitarbeiter
die **Tüch|tig|keit**
die **Tü|cke**
tu|ckern; das Boot tuckerte; es hat getuckert; das Boot ist über den See getuckert
tü|ckisch; eine tückische Krankheit
der **Tuff** (ein poröses Gestein); des Tuffs; die Tuf|fe
der **Tuff|stein**
tüf|teln (eine knifflige Aufgabe mit Ausdauer zu lösen suchen); ich tüft[e]le; du tüftelst; er tüftelte; sie hat gern getüftelt; tüftle *oder* tüftele weiter!
der **Tüft|ler;** des Tüftlers; die Tüftler
die **Tüft|le|rin;** die Tüftlerinnen
die **Tu|gend;** die Tu|gen|den
tu|gend|haft
der **Tüll** (ein netzartiges Gewebe); des Tülls; die Tül|le
die **Tul|pe**
sich **tum|meln** (sich beeilen); du tummelst dich; er tummelte sich; er hat sich getummelt; tummle *oder* tummele dich!
der **Tum|mel|platz**
der **Tümm|ler** (ein Delfin); des Tümmlers; die Tümmler

der **Tu|mor** (Geschwulst); des Tumors; die Tu|mo|ren *oder* Tu|mo|re
der **Tüm|pel;** des Tümpels; die Tümpel
der **Tu|mult** (Lärm; Unruhe; Auflauf); des Tumults *oder* Tu|mul|tes; die Tu|mul|te
tun; du tust es; sie tut es; er tat es; sie hat es getan; tu *oder* tue es!; sie tut viel Gutes; er hat ihm nichts getan
das **Tun;** des Tuns; das Tun und Lassen; das Tun und Treiben
die **Tün|che**
tün|chen; du tünchst; er tünchte; sie hat die Wand getüncht; tünch *oder* tünche das Kinderzimmer!
die **Tun|d|ra** (arktische Kältesteppe); die Tundren
tu|nen ['tju:...] (die Leistung [eines Kfz-Motors] nachträglich steigern); ich tune; du tuntest; wir haben getunt; tune!; ein getunter Motor, Wagen
Tu|ne|si|en (Staat in Nordafrika)
der **Tu|ne|si|er;** des Tunesiers; die Tunesier
die **Tu|ne|si|e|rin;** die Tunesierinnen
tu|ne|sisch
der **Tun|fisch** *vergleiche:* **Thun|fisch**
der **Tu|nicht|gut;** des Tunichtgut[s] *oder* Tu|nicht|gu|tes; die Tu|nicht|gu|te
Tu|nis (Hauptstadt Tunesiens)
die **Tun|ke**
tun|ken; ich tunke; du tunkst; sie tunkte; er hat das Brot in den Kaffee getunkt
tun|lichst (möglichst); tunlichst bald
der **Tun|nel;** des Tunnels; die Tunnel *oder* Tunnels
der **Tun|nel|bau**
das **Tüp|fel|chen;** des Tüpfelchens; die Tüpfelchen; das Tüpfelchen auf dem i; das i-Tüpfelchen
tup|fen; du tupfst; sie tupfte; er hat getupft; tupf *oder* tupfe die Salbe auf die Wunde!
der **Tup|fen** (runder Fleck); des Tupfens; die Tupfen
die **Tür;** von Tür zu Tür

> **!** *Tür* ohne *-e* ist heute die in der Standardsprache übliche Form. Nur in wenigen Sprachgebieten und in dichterischen Werken kommt noch die Form *Türe* vor.

der **Tur|ban** (Kopfbedeckung besonders der Moslems und Hindus); des Turbans; die Tur|ba|ne
die **Tur|bi|ne** (eine Kraftmaschine); die Turbinen

> **!** In einer Reihe von Wörtern wird der lang gesprochene *i-Laut* ohne anschließendes -e geschrieben. Dazu gehört auch das Nomen *Turbine,* nicht aber die *Biene.*

der **Tur|bi|nen|an|trieb**
das **Tur|bo|ab|i|tur** *oder* **Tur|bo-Ab|i|tur**
tur|bu|lent (stürmisch bewegt); tur|bu|len|ter; am tur|bu|len|tes|ten
die **Tur|bu|lenz** (turbulentes Geschehen; allgemeine Erregung; Wirbel in einer Strömung); die Tur|bu|len|zen
der **Tür|ke;** des Türken; die Türken
die **Tür|kei**
die **Tür|kin;** die Türkinnen
tür|kis (türkisfarben); ein türkis Kleid; das Kleid ist türkis; ABER: ein Kleid in Türkis; ↑ beige; blau
der **Tür|kis** (blauer, auch grüner Edelstein); des Tür|ki|ses; die Tür|ki|se
tür|kisch
tür|kis|far|ben *oder* **tür|kis|far|big**
die **Tür|klin|ke**
der **Turm;** des Turms *oder* Tur|mes; die Türme
tür|men (aufschichten); ich türme; er türmte; sie hat die Äpfel zu einer Pyramide getürmt; sich türmen; auf dem Schreibtisch haben sich die Akten getürmt (gestapelt)
tür|men (ausreißen); du türmst; sie türmte; er ist [aus dem Gefängnis] getürmt; türm *oder* türme schnell!
das **Turm|sprin|gen** *(Sport)*
der **Turn|an|zug**
der **Turn|beu|tel**
tur|nen; du turnst; sie turnte; er hat geturnt; turn *oder* turne öfter!
der **Tur|ner;** des Turners; die Turner
die **Tur|ne|rin;** die Turnerinnen
die **Turn|hal|le**
die **Turn|ho|se**
das **Tur|nier** (ein Wettkampf); des Turniers; die Tur|nie|re
die **Turn|mat|te**
der **Turn|schuh**
die **Turn|übung**

der **Turn|un|ter|richt**
der **Tur|nus** (Wechsel, festgelegte regelmäßige Wiederkehr); des Turnus *oder* Turnusses; die Turnusse
tur|nus|mä|ßig
der **Turn|ver|ein**
der **Tür|öff|ner** (elektrische Anlage)
das **Tür|schloss**
der **Tür|ste|her** (jemand, der vor einer Tür steht und darüber wacht, dass kein Unerwünschter oder Unbefugter eintritt); des Türstehers; die Türsteher
die **Tür|ste|he|rin;** die Türsteherinnen
die **Tur|tel|tau|be**
der **Tusch** (musikalisches Signal, das eine Ehrung ausdrückt); des Tuschs *oder* Tusches; die Tu|sche; einen Tusch blasen
die **Tu|sche**
die **Tu|sche|lei**
tu|scheln; du tuschelst; sie tuschelte; sie haben getuschelt; tuschle *oder* tuschele nicht mit ihr!
die **Tusch|zeich|nung**
die **Tü|te**
tu|ten; die Lokomotive tutete; sie hat getutet; ABER: er hat von Tuten und Blasen keine Ahnung (*umgangssprachlich für:* er versteht nichts von der Sache)
die **Tü|ten|sup|pe** (*umgangssprachlich für:* in einer Tüte abgepackte pulverige Substanz, die durch Hinzufügen einer [heißen] Flüssigkeit schnell zubereitet werden kann)
der **Tu|tor** (jemand, der einen Schul- oder Studienanfänger betreut); des Tutors; die Tu|to|ren
die **Tu|to|rin;** die Tutorinnen
der **TÜV** = Technischer Überwachungs-Verein
TÜV-ge|prüft
die **TÜV-Pla|ket|te** (*Markenbezeichnung*)
das **TV** = Television; des TV[s]; die TVs
der *oder* das **Tweet** [tviːt] (beim Twittern gesendete Nachricht); des Tweets, die Tweets
twee|ten (*selten für:* twittern)
der **Twen** (Mann oder Frau in den Zwanzigern); des Twens; die Twens
der **Twist** (ein Stopfgarn); des Twis|tes *oder* Twists; die Twis|te
der **Twist** (ein Tanz); des Twists; die Twists
das **Twit|ter** (*Markenbezeichnung:* System zur Versendung von Kurznachrichten über das Internet); des Twitter *oder* Twitters *(meist ohne Artikel)*
der *oder* das **Twit|ter|ac|count** *oder* **Twit|ter-Ac|count** [...ʔəkaʊnt]
twit|tern (über den Internetdienst Twitter *[Markenbezeichnung]* Kurznachrichten senden und empfangen); ich twittere; du twitterst; sie twitterte; er hat das Ergebnis gleich getwittert
der **Typ** (Urbild; Modell, Bauart; *umgangssprachlich auch für:* Mensch, Person); des Typs; die Ty|pen
die **Ty|pe** (gegossener Druckbuchstabe; komische Figur); die Typen
der **Ty|phus** (eine Infektionskrankheit); des Typhus
ty|pisch (bezeichnend); ein typischer Fall
ty|pi|scher|wei|se
die **Ty|po|gra|fie** *oder* **Ty|po|gra|phie** (Buchdruckkunst; typografische Gestaltung)
ty|po|gra|fisch *oder* **ty|po|gra|phisch**
der **Ty|pus;** des Typus; die Typen
der **Ty|rann** (Gewaltherrscher; herrschsüchtiger Mensch); des/dem/den Ty|ran|nen; die Ty|ran|nen
die **Ty|ran|nei**
die **Ty|ran|nin;** die Tyranninen
ty|ran|nisch (gewaltsam, willkürlich)
ty|ran|ni|sie|ren; du tyrannisierst ihn; er tyrannisierte ihn; sie hat ihn tyrannisiert; tyrannisier *oder* tyrannisiere ihn nicht!
der **Ty|ran|no|sau|rus** (ein Dinosaurier); des Tyrannosaurus; die Ty|ran|no|sau|ri|er
der **Ty|ran|no|sau|rus Rex;** des Tyrannosaurus Rex

U

das **U** (Buchstabe); des U; die U; ABER: das u in Mut
u. = und
u. a. = und andere, und anderes; unter anderem, unter anderen
u. ä. = und ähnlich; Hüte, Mützen u. ä. Kopfbedeckungen

u. Ä. = und Ähnliche, und Ähnliches; Hüte, Mützen u. Ä.
u. a. m. = und andere mehr, und anderes mehr
die **U-Bahn** (*kurz für:* Untergrundbahn)
der **U-Bahn|hof**
das **U-Bahn-Netz**
die **U-Bahn-Sta|ti|on**
der **U-Bahn-Tun|nel**
der **U-Bahn-Wa|gen**

übel

üb|ler; am übels|ten

- ein übler Geruch
- üble Nachrede, üble Laune
- ein übler Ruf
- ich habe nicht übel Lust, das zu tun (ich möchte es tun)

Groß schreibt man »übel«, wenn es nominalisiert ist:

- sie hat mir etwas, nichts Übles getan
- es wäre das Übelste, wenn …

Getrennt- und Zusammenschreibung:

- übel sein; mir ist übel
- sie wäre übel beraten, wenn sie sich darauf einließe
- ein übel gelaunter *oder* übelgelaunter Chef
- übel gesinnte *oder* übelgesinnte Nachbarn
- jemandem etwas [sehr] übel nehmen *oder* übelnehmen; sie nimmt immer alles übel

das **Übel;** des Übels; die Übel
übel|ge|launt, übel|ge|sinnt ↑ übel
die **Übel|keit**
übel|neh|men ↑ übel
übelst (*salopp für:* sehr); übelst schön; übelst schlecht; übelst viel
der **Übel|tä|ter**
die **Übel|tä|te|rin**
üben; du übst; sie übte; er hat den Handstand geübt; üb *oder* übe Vokabeln!
über; das Bild hängt über dem Sofa; ABER: er hängt das Bild über das Sofa; Kinder über 8 Jahre; Gemeinden über 10 000 Einwohner; über Nacht; über kurz oder lang; über und über (sehr, völlig); wir mussten über zwei Stunden warten; er ist mir über (überlegen)
über|all
das **Über|an|ge|bot**
über|ar|bei|ten; sie hat sich überarbeitet; er hat den Aufsatz überarbeitet
die **Über|ar|bei|tung**
über|aus; sie ist überaus geschickt
über|be|legt; der Raum war überbelegt
über|bie|ten; er überbot den Rekord; bis jetzt hat keiner diese Summe überboten
das **Über|bleib|sel;** des Überbleibsels; die Überbleibsel
der **Über|blick**
über|bli|cken; sie überblickte die Lage; sie hat sie überblickt
über|bor|dend (übersteigert); eine überbordende Fantasie
über|brü|cken; sie überbrückte die Gegensätze; sie hat sie überbrückt
über|den|ken; sie hat es lange überdacht
über|dies (außerdem)
über|di|men|si|o|nal (übergroß)
die **Über|do|sis**
der **Über|druss;** des Über|drus|ses
über|drüs|sig (Ablehnung empfindend); einer Sache überdrüssig sein; ich bin seiner überdrüssig
über|durch|schnitt|lich; überdurchschnittliche Leistungen
über|ei|len; sie übereilte; er hat nichts übereilt
über|ei|n|an|der; sie haben übereinander geredet, gesprochen, gelacht; ↑ aufeinander
über|ei|n|an|der|le|gen; er legte die Decken übereinander; er hat sie übereinandergelegt; übereinandergelegte Decken; ↑ übereinander
über|ei|n|an|der|schla|gen; sie schlug die Beine übereinander; sie hat die Beine übereinandergeschlagen; übereinandergeschlagene Beine; ↑ übereinander
über|ei|n|an|der|stel|len; sie stellte die Kartons übereinander; sie begann, die Kartons übereinanderzustellen; überei-

nandergestellte Kartons; ↑übereinander

das **Über|ein|kom|men** *oder* die **Über|ein|kunft** (Abmachung); des Übereinkommens *oder* der Übereinkunft; die Übereinkommen *oder* die Über|ein|künf|te

über|ein|stim|men; wir stimmen überein; wir haben übereingestimmt

die **Über|ein|stim|mung**

über|fah|ren (über einen Fluss, See fahren); sie fährt über; er ist übergefahren; ABER: **über|fah|ren** (überrollen); er überfuhr den Hund; sie hat ihn überfahren

der **Über|fall;** des Überfalls *oder* Über|fal|les; die Über|fäl|le

über|fal|len; sie überfiel ihn; sie hat ihn überfallen

über|fäl|lig (zur erwarteten Zeit noch nicht eingetroffen); die Handwerker sind überfällig

über|flie|ßen; das Wasser fließt über; es floss über; es ist übergeflossen

der **Über|fluss;** des Über|flus|ses

die **Über|fluss|ge|sell|schaft**

über|flüs|sig; überflüssige Ausgaben

über|for|dern; sie überforderte ihn; er hat ihn überfordert; überfordere sie nicht!

die **Über|for|de|rung**

über|fra|gen; er hat mich überfragt (seine Frage kann ich nicht beantworten); da bin ich überfragt (darüber weiß ich nicht genug)

über|füh|ren *oder* **über|füh|ren** (an einen anderen Ort bringen); sie überführte die Leiche; sie hat die Leiche übergeführt *oder* überführt

über|füh|ren (eine Schuld nachweisen); die Polizistin überführte ihn; er hat ihn mit einem Trick überführt

über|füllt; der Zug war überfüllt

die **Über|ga|be**

der **Über|gang;** des Übergangs *oder* Über|gan|ges; die Über|gän|ge

die **Über|gangs|frist**

über|gangs|los

die **Über|gangs|re|gie|rung**

die **Über|gangs|zeit**

über|ge|ben; sie übergab ihr die Leitung; sie hat die Wohnung übergeben; sich übergeben (erbrechen); er hat sich übergeben

über|ge|hen; das Haus ging auf den Käufer über; sie ist zum Feind übergegangen; ABER: **über|ge|hen;** sie übergeht ihn (beachtet ihn nicht); sie hat ihn übergangen

über|ge|ord|net

das **Über|ge|wicht;** die Über|ge|wich|te

über|ge|wich|tig

der **Über|griff;** des Übergriffs *oder* Über|grif|fes; die Über|grif|fe

über|grif|fig (einen Übergriff darstellend)

über|groß

über|hand|neh|men; etwas nimmt überhand; das Unkraut hat überhandgenommen

über|haupt

über|heb|lich

die **Über|heb|lich|keit**

über|hitzt; ein überhitzter Raum

über|höht (zu hoch); überhöhte Preise

über|ho|len; sie überholt den Wagen; er hat ihn überholt; überhol *oder* überhole hier nicht!

die **Über|hol|spur** (Fahrspur zum Überholen)

das **Über|hol|ver|bot**

über|las|sen; sie überließ mir das Buch; er hat die Entscheidung mir überlassen

über|las|tet

über|lau|fen; die Milch läuft über; der Topf ist übergelaufen; er ist zum Feind übergelaufen; ABER: **über|lau|fen;** es überlief sie kalt; es hat sie kalt überlaufen; der Ort ist von Touristen überlaufen

über|le|ben; er überlebte den Krieg; er hat seine Frau überlebt; diese Vorstellungen sind überlebt

die **Über|le|bens|chan|ce;** sie hatte kaum eine Überlebenschance

über|le|gen (nachdenken); sie überlegte; er hat lange überlegt; überleg *oder* überlege mal!

über|le|gen (andere übertreffend); sie ist mir überlegen; ein überlegener (klarer) Sieg

die **Über|le|gen|heit**

über|legt (*auch für:* sorgsam); überlegtes Handeln

die **Über|le|gung**
die **Über|lie|fe|rung**
über|lis|ten; sie überlistete mich; er hat mich überlistet
die **Über|macht**
über|mäch|tig; übermächtige Gegner
über|mä|ßig
die **Über|mit|tags|be|treu|ung** *(Schule)*
über|mit|teln; ich übermitt[e]le dir ihre Grüße; übermittle *oder* übermittele die Nachricht!; sie hat mir eine Nachricht übermittelt
die **Über|mitt|lung** *Plural selten*
über|mor|gen; übermorgen Abend; ↑ *auch:* morgen
über|mo|ti|viert
der **Über|mut;** des Übermuts *oder* Über|mu|tes
über|mü|tig
über|nächs|te; am übernächsten Freitag; ABER: du bist der/die Übernächste
über|nach|ten; du übernachtest; er übernachtete; sie hat bei uns übernachtet
über|näch|tigt (unausgeschlafen)
die **Über|nach|tung**
die **Über|nah|me**
das **Über|nah|me|an|ge|bot** *(Wirtschaft)*
über|neh|men; sie übernimmt die Aufgabe; sie hat sie übernommen; sich übernehmen (sich zu viel zumuten); er hat sich übernommen; übernimm dich nicht!
über|par|tei|lich
über|pro|por|ti|o|nal (unverhältnismäßig hoch)
über|prü|fen; sie überprüfte das Ergebnis
die **Über|prü|fung**
über|que|ren; du überquerst; er hat den Platz überquert; überquer *oder* überquere den Bach!
über|ra|gend (anderes übertreffend)
über|ra|schen; du überraschst ihn; sie hat ihn überrascht; überrasch *oder* überrasche ihn!
über|ra|schend
die **Über|ra|schung**
über|re|den; sie überredete ihn; er hat ihn überredet; überrede sie nicht!
die **Über|re|dung**
die **Über|re|dungs|kunst**
über|re|gi|o|nal (nicht regional begrenzt)
über|rei|chen; sie überreichte; er hat überreicht
über|reif; überreife Tomaten
der **Über|rest** *meist Plural*
über|rum|peln; er überrumpelte uns; er hat den Feind überrumpelt
über|run|den; sie überrundet die letzten Läuferinnen; er hat sie überrundet
übers (über das); übers Jahr
das **Über|schall|flug|zeug**
die **Über|schall|ge|schwin|dig|keit**
über|schät|zen; du überschätzt dich; sie hat ihn überschätzt; überschätze deine Kraft nicht!
über|schau|bar; überschaubare Kosten
über|schau|en; er überschaut das Land; sie hat die Auswirkungen überschaut
der **Über|schlag;** des Überschlags *oder* Über|schla|ges; die Über|schlä|ge
über|schla|gen; sie überschlägt die Kosten (rechnet sie kurz durch); er hat drei Seiten überschlagen; sich überschlagen; das Auto hat sich überschlagen
sich **über|schnei|den;** ihre Arbeitsgebiete haben sich überschnitten
über|schrei|ten; sie hat die zulässige Geschwindigkeit überschritten
die **Über|schrift**
der **Über|schuss;** des Über|schus|ses; die Über|schüs|se
über|schüs|sig; überschüssiges Fett
über|schüt|ten; er schüttete die Milch über; sie hat die Milch übergeschüttet; ABER: **über|schüt|ten;** sie überschüttet ihn; sie hat ihn mit Komplimenten überschüttet
der **Über|schwang;** des Überschwangs *oder* Über|schwan|ges; im Überschwang der Gefühle
über|schwäng|lich; sie begrüßte ihn überschwänglich; überschwängliche Freude
die **Über|schwäng|lich|keit**
über|schwem|men; der Fluss überschwemmte die Wiesen; der Fluss hat die Wiesen überschwemmt
die **Über|schwem|mung**
Über|see *(ohne Artikel);* Waren von *oder* aus Übersee

A B C D E F G H I J K L M N O P Q R S T U übe V W X Y Z

über|see|isch; überseeische Gebiete
über|se|hen; er übersah den Fehler; sie hat ihn übersehen; übersieh nichts!
über|set|zen (ans andere Ufer befördern); die Fähre setzt die Autos über; sie hat die Autos übergesetzt; wir haben *oder* wir sind [aufs Festland] übergesetzt; ABER: **über|set|zen** (in eine andere Sprache übertragen); er übersetzt den Satz; wir haben ins Lateinische übersetzt
der **Über|set|zer**
die **Über|set|ze|rin**
die **Über|set|zung**
die **Über|sicht**
über|sicht|lich; übersichtliche Tabellen
die **Über|sicht|lich|keit**
über|spitzt (übertrieben); überspitzt formuliert
über|sprin|gen; sie übersprang die Klasse; er hat übersprungen; überspring *oder* überspringe nicht!; ABER: **über|sprin|gen;** der Funke sprang über; der Funke ist übergesprungen
über|ste|hen (über etwas hinausragen); das Brett steht über; es hat übergestanden; ABER: **über|ste|hen** (etwas Mühseliges, Gefahrvolles hinter sich bringen); sie überstand ihre Krankheit; er hat die Gefahr überstanden
über|stim|men; sie überstimmten ihre Kollegen; sie haben sie überstimmt; die Gegner des Antrags wurden überstimmt
die **Über|stun|de;** Überstunden machen
über|stür|zen; er überstürzte die Entscheidung; die Ereignisse haben sich überstürzt; nur nichts überstürzen!
über|tak|ten (*EDV:* mit zu hoher Taktfrequenz betreiben)
der **Über|trag;** des Übertrags *oder* Über|tra|ges; die Über|trä|ge
über|trag|bar; das Ticket ist nicht übertragbar; eine übertragbare Krankheit
über|tra|gen; sie überträgt ihm ein Amt; er hat die Zwischensumme übertragen
über|tra|gen; eine übertragene Bedeutung
die **Über|tra|gung**
über|tref|fen; sie übertrifft sich selbst; er hat alle übertroffen
über|trei|ben; er übertrieb gern; sie hat das Training übertrieben
die **Über|trei|bung**
über|tre|ten; sie hat *oder* ist beim Weitsprung übergetreten; ABER: **über|tre|ten;** er übertritt das Gesetz; er hat es übertreten
über|ver|sorgt
über|voll; ein übervoller Bus
über|wa|chen (beaufsichtigen)
die **Über|wa|chung**
die **Über|wa|chungs|ka|me|ra**
das **Über|wa|chungs|vi|deo**
über|wäl|ti|gen; du überwältigst ihn; sie überwältigte ihn; er hat ihn überwältigt
über|wäl|ti|gend; ein überwältigender Ausblick
über|wei|sen; sie überweist das Geld; sie hat es überwiesen
die **Über|wei|sung**
der **Über|wei|sungs|auf|trag**
über|wie|gen (stärker sein)
über|wie|gend [*auch:* ˈyːbɐviːgn̩t]
über|win|den; du überwindest; sie überwindet; er überwand; sie hat ihre Angst überwunden; überwinde dich!
die **Über|win|dung**
die **Über|zahl;** in [der] Überzahl sein
über|zäh|lig (zu viel vorhanden)
über|zeu|gen; du überzeugst; er überzeugte; sie hat alle überzeugt
über|zeu|gend; überzeugende Gründe
über|zeugt; eine überzeugte Demokratin
die **Über|zeu|gung**
die **Über|zeu|gungs|ar|beit** *Plural selten*
die **Über|zeu|gungs|kraft**
über|zie|hen; er zieht den Pullover über; er hat ihn übergezogen; ABER: **über|zie|hen;** sie überzieht das Kästchen mit Samt; er hat sein Konto überzogen (zu viel abgehoben)
die **Über|zie|hung** *(besonders Bankwesen)*
der **Über|zie|hungs|kre|dit** *(Bankwesen)*
der **Über|zie|hungs|zins** *meist Plural*
über|zo|gen (übertrieben)
der **Über|zug;** des Überzugs *oder* Über|zu|ges; die Über|zü|ge
üb|lich; die üblichen Ausreden

üb|rig

- übriges Verlorenes
- übrige kostbare Gegenstände

Groß schreibt man »übrig«, wenn es nominalisiert ist:

- ein Übriges tun (mehr tun, als nötig ist)
- im Übrigen (sonst)
- das, alles Übrige; die, alle Übrigen

Getrennt- und Zusammenschreibung:

- übrig haben; ich habe noch Stoff übrig; ABER: etwas für jemanden oder etwas ↑übrighaben
- übrig sein; es ist noch Kuchen, Suppe übrig
- übrig bleiben; das bleibt übrig; der Kuchen ist übrig geblieben
- übrig lassen; sie lässt übrig; sie hat nichts übrig gelassen

In Verbindung mit »bleiben« und »lassen« ist bei übertragener Bedeutung auch die Zusammenschreibung möglich:

- mir ist gar nichts anderes übrig geblieben *oder* übriggeblieben, als nachzugeben
- ihre Arbeit hat nie etwas zu wünschen übrig gelassen *oder* übriggelassen

üb|li|cher|wei|se
das **U-Boot** (*kurz für:* Unterseeboot)
der **U-Boot-Krieg**
üb|rig *siehe Kasten*
üb|rig|blei|ben ↑übrig
üb|ri|gens
üb|rig|ha|ben; für jemanden oder etwas nichts/etwas übrighaben (jemanden oder etwas nicht mögen/mögen); sie hat für Fußball nichts übriggehabt
üb|rig|las|sen ↑übrig
die **Übung**
der **Übungs|lei|ter**
die **Übungs|lei|te|rin**
u. dgl. [m.] = und dergleichen [mehr]
ü. d. M. = über dem Meeresspiegel
die **UEFA** = Union of European Football Associations (Europäischer Fußballverband)
das **Ufer;** des Ufers; die Ufer; das andere, rettende Ufer
ufer|los; uferlose Ausgaben; ABER: das Uferlose (Endlose); ihre Pläne gingen ins Uferlose (allzu weit)
das **Ufo, UFO** = unidentified flying object (unbekanntes Flugobjekt); des Ufo[s] *oder* UFO[s]; die Ufos *oder* UFOs
Ugan|da (Staat in Afrika)
der **Ugan|der;** des Uganders; die Ugander
die **Ugan|de|rin;** die Uganderinnen
ugan|disch
die **U-Haft** = Untersuchungshaft
die **Uhr;** die Uh|ren
das **Uhr|werk**
der **Uhr|zei|ger|sinn;** im Uhrzeigersinn; entgegen dem Uhrzeigersinn
die **Uhr|zeit**
der **Uhu;** des Uhus; die Uhus
die **Uk|ra|i|ne** [*auch:* u'kraɪ̯nə] (Staat in Osteuropa)
der **Uk|ra|i|ner;** des Ukrainers; die Ukrainer
die **Uk|ra|i|ne|rin;** die Ukrainerinnen
uk|ra|i|nisch
UKW = Ultrakurzwelle
der **UKW-Sen|der**
der **Ulk** (Spaß; Unfug); des Ulks *oder* Ul|kes; die Ul|ke
ul|ken; du ulkst; sie ulkte; er hat geulkt; ulke nicht!
ul|kig; eine ulkige Verkleidung
die **Ul|me** (ein Baum)
ul|ti|ma|tiv (in Form eines Ultimatums; nicht mehr zu verbessern)
das **Ul|ti|ma|tum** (letzte befristete Aufforderung); des Ultimatums; die Ultimaten
das **Ul|t|ra|book** [...bʊk] (*Markenbezeich-*

nung: besonders dünnes, leichtes Notebook); des Ultrabooks; die Ultrabooks

ul|t|ra|kon|ser|va|tiv (extrem konservativ)

die **Ul|t|ra|kurz|wel|le** (*Physik:* eine elektromagnetische Welle; *Abkürzung:* UKW)

der **Ul|t|ra|kurz|wel|len|sen|der** (*Abkürzung:* UKW-Sender)

ul|t|ra|or|tho|dox (*besonders jüdische Religion:* sehr strenggläubig)

der **Ul|t|ra|schall** (mit dem menschlichen Gehör nicht mehr wahrnehmbarer Schall)

die **Ul|t|ra|schall|be|hand|lung**

ul|t|ra|vi|o|lett [*auch:* ˈʊltraviolɛt]; ultraviolette Strahlen

um; um vieles größer; um alles in der Welt; um Rat fragen; ich komme um 20 Uhr; um zu; um sein; die Zeit ist um, um gewesen; umso

um|än|dern; sie ändert um; er hat den Anzug umgeändert

um|ar|men; du umarmst ihn; sie umarmte ihn; er hat sie umarmt

die **Um|ar|mung;** der Umarmung; die Umarmungen

der **Um|bau;** die Umbaue *oder* Um|bau|ten

um|brin|gen (töten); er brachte ihn um; er hat ihn umgebracht

der **Um|bruch**

um|dre|hen; er dreht um; er hat jeden Cent umgedreht; sich umdrehen; sie hat sich umgedreht

die **Um|dre|hung**

um|ei|n|an|der; sich umeinander kümmern; ↑aufeinander

um|fal|len; der Stuhl fällt um; der Stuhl ist umgefallen

der **Um|fang;** des Umfangs *oder* Um|fan|ges; die Um|fän|ge

um|fang|reich

um|fas|send; umfassende Auskunft

das **Um|feld**

um|for|men; er formte den Satz um; er hat die Gleichung umgeformt

die **Um|fra|ge**

das **Um|fra|ge|er|geb|nis**

der **Um|gang;** des Umgangs *oder* Um|gan|ges; die Um|gän|ge

um|gäng|lich (freundlich); ein um|gäng|li|cher Mensch

die **Um|gangs|form** (das Benehmen) *meist Plural;* gute, schlechte Umgangsformen besitzen

die **Um|gangs|spra|che**

um|gangs|sprach|lich; umgangssprachliche Ausdrücke

um|ge|ben; sie ist von Kindern umgeben

die **Um|ge|bung**

um|ge|hen; die Angst geht um (breitet sich aus); sie ist immer gut mit ihm umgegangen (hat ihn gut behandelt); ABER: **um|ge|hen;** er umging das Hindernis; sie hat das Thema geschickt umgangen (vermieden)

um|ge|hend (sofort); umgehend antworten

um|ge|kehrt; in umgekehrter Reihenfolge

die **Um|ge|stal|tung**

um|gra|ben; sie gräbt um; sie hat den Garten umgegraben

der **Um|hang;** des Umhangs *oder* Um|han|ges; die Um|hän|ge

um|her

um|her|ge|hen; er geht umher; er ist umhergegangen

um|hin|kön|nen; sie kann nicht umhin; sie hat nicht umhingekonnt[,] dies zu tun

die **Um|kehr**

um|keh|ren; er kehrt um; er ist umgekehrt; das Verhältnis hat sich umgekehrt

die **Um|keh|rung**

um|kip|pen; er kippte den Eimer um; er hat die Kiste umgekippt; die Stimmung ist umgekippt (umgeschlagen)

die **Um|klei|de** (*umgangssprachlich für:* Umkleideraum); der Umkleide; die Umkleiden

die **Um|klei|de|ka|bi|ne**

sich **um|klei|den;** sie kleidet sich um; sie hat sich umgekleidet

der **Um|klei|de|raum**

um|kom|men; er ist bei einem Schiffbruch umgekommen

der **Um|kreis** (Umgebung; Kreis durch alle Ecken eines Vielecks); im Umkreis von 50 Kilometer[n]

um|krei|sen; die Möwen umkreisten das Boot; die Hyänen haben den Kadaver umkreist

U
ult

um|kur|ven (*umgangssprachlich für:* mit einer Kurve umfahren)
das **Um|land**
der **Um|lauf;** in Umlauf sein
der **Um|laut** (ä, ö, ü)
um|le|gen; er legte ihr eine Decke um; man hat ihn umgelegt (*umgangssprachlich für:* erschossen)
um|lei|ten; die Polizei leitete den Verkehr um; sie hat den Verkehr umgeleitet; der Verkehr wird umgeleitet
die **Um|lei|tung**
um|lie|gend; umliegende Häuser
um|rech|nen; Euro in Dollar umrechnen
um|rin|gen; die Kinder umringten den Besucher; sie haben ihn umringt
der **Um|riss;** des Um|ris|ses; die Um|ris|se
ums (um das); sie geht ums Haus
um|sat|teln; er sattelte das Pferd um; der Student hat umgesattelt (ein anderes Fach gewählt)
der **Um|satz;** des Um|sat|zes; die Um|sät|ze
die **Um|satz|ein|bu|ße** *meist Plural*
das **Um|satz|plus**
die **Um|schalt|tas|te** (zum Umschalten von Klein- auf Großbuchstaben auf einer Tastatur)
die **Um|schau;** Umschau halten
sich **um|schau|en;** sie schaute sich um; sie hat sich umgeschaut
der **Um|schlag;** des Umschlags *oder* Um|schla|ges; die Um|schlä|ge
um|schrei|ben (neu, anders schreiben); er schrieb den Text um; er hat den Aufsatz umgeschrieben; ABER: **um|schrei|ben** (mit anderen Worten ausdrücken); sie umschrieb den Begriff; sie hat den Begriff umschrieben
die **Um|schrei|bung**
um|schu|len; der Schüler wurde umgeschult (kam auf eine andere Schule); der Maurer schulte auf Kaufmann um (machte eine Ausbildung zum Kaufmann); er hat umgeschult
der **Um|schü|ler**
die **Um|schü|le|rin**
die **Um|schu|lung**
die **Um|schwei|fe** *Plural;* ohne Umschweife (geradeheraus)
der **Um|schwung;** des Umschwungs *oder* Um|schwun|ges; die Um|schwün|ge

sich **um|se|hen;** sie sieht sich um; sie hat sich umgesehen
die **Um|sicht** (Klugheit; Besonnenheit)
um|sich|tig; umsichtiges Handeln
um|sie|deln; er siedelte um; er ist umgesiedelt
um|so; umso besser; umso eher; umso mehr[,] als; umso weniger[,] als
um|sonst; das Buch gibt es umsonst (kostenlos); deine Mühe war umsonst (vergeblich)
der **Um|stand;** des Umstands *oder* Um|stan|des; die Um|stän|de; in anderen Umständen (schwanger) sein; unter Umständen (*Abkürzung:* u. U.); keine Umstände machen
um|stän|de|hal|ber
um|ständ|lich; eine umständliche Erklärung liefern
das **Um|stands|wort** (Adverb); die Um|stands|wör|ter
um|stei|gen; sie steigt um; sie ist am Paradeplatz umgestiegen
um|stel|len; sie stellt den Schrank um; sich umstellen; sie hat sich umgestellt (sich der neuen Lage angepasst)
um|stel|len; die Polizei umstellte das Haus; sie hat das Haus umstellt
die **Umstellung** (Anpassung)
die **Um|stel|lung** (Umzingelung)
um|strit|ten; ein umstrittenes Gesetz; das Verbot ist umstritten
die **Um|struk|tu|rie|rung**
der **Um|sturz;** die Um|stür|ze
der **Um|tausch;** des Umtauschs *oder* Um|tau|sches; die Um|tau|sche *oder* Um|täu|sche
um|tau|schen; er tauscht um; er hat den Hut umgetauscht
UMTS [uːʔɛmteːˈʔɛs] = universal mobile telecommunication system (ein Mobilfunkstandard mit direktem Zugang zum Internet)
das **UMTS-Han|dy**
die **U-Mu|sik** (*kurz für:* Unterhaltungsmusik)
die **Um|ver|pa|ckung** (für den Verkauf oder Transport einer Ware entbehrliche Verpackung)
um|wäl|zend; umwälzende Erfindungen
die **Um|wäl|zung**

um|wan|deln (ändern)
die **Um|wand|lung**
der **Um|weg**
die **Um|welt**
die **Um|welt|be|las|tung**
um|welt|freund|lich
die **Um|welt|or|ga|ni|sa|ti|on**
die **Um|welt|pla|ket|te** (Aufkleber, der den [geringen] Ausstoß von Feinstaub eines Autos kennzeichnet)
um|welt|scho|nend; umweltschonende Produkte
der **Um|welt|schutz**
der **Um|welt|schüt|zer;** des Umweltschützers; die Umweltschützer
die **Um|welt|schüt|ze|rin;** die Umweltschützerinnen
die **Um|welt|schutz|or|ga|ni|sa|ti|on**
die **Um|welt|ver|schmut|zung**
um|welt|ver|träg|lich
die **Um|welt|zer|stö|rung**
um|zie|hen; sie zieht um; sie ist umgezogen; sich umziehen; er hat sich umgezogen
um|zin|geln; sie umzingelten ihn; sie haben den Feind umzingelt
der **Um|zug;** des Umzugs *oder* Um|zu|ges; die Um|zü|ge
die **UN** = United Nations (Vereinte Nationen) *Plural;* ↑ *auch:* UNO
un|ab|än|der|lich [ˈʊn...]
un|ab|hän|gig
die **Un|ab|hän|gig|keit**
un|ab|läs|sig [*auch:* ˈʊn...] (ohne Unterbrechung)
un|acht|sam; unachtsame Autofahrer
die **Un|acht|sam|keit**
un|an|ge|bracht
un|an|ge|foch|ten
un|an|ge|kün|digt; ein unangekündigter Test
un|an|ge|mes|sen
die **Un|an|ge|mes|sen|heit**
un|an|ge|nehm
un|an|ge|passt
die **Un|an|nehm|lich|keit** *meist Plural*
un|an|sehn|lich; unansehnliche Möbel
un|an|stän|dig
die **Un|an|stän|dig|keit**
un|an|tast|bar
un|ap|pe|tit|lich
un|ar|tig; unartige Kinder
die **Un|ar|tig|keit**
un|äs|the|tisch (unschön)
un|auf|fäl|lig
die **Un|auf|fäl|lig|keit**
un|auf|find|bar [*auch:* ˈʊn...]
un|auf|ge|regt
un|auf|halt|sam; das Wasser stieg unaufhaltsam
un|auf|hör|lich [*auch:* ˈʊn...]
un|auf|merk|sam
die **Un|auf|merk|sam|keit**
un|aus|ge|schla|fen
un|aus|ge|spro|chen
un|aus|steh|lich
un|aus|weich|lich [*auch:* ˈʊn...]
un|bän|dig (wild, heftig)
un|barm|her|zig
die **Un|barm|her|zig|keit**
un|be|darft (unerfahren; naiv)
un|be|denk|lich
un|be|deu|tend
un|be|dingt [*auch:* ...ˈdɪŋt]
un|be|ein|druckt
un|be|fan|gen
un|be|frie|di|gend
un|be|fris|tet
un|be|fugt (zu etwas nicht berechtigt)
die **Un|be|fug|te;** eine Unbefugte
der **Un|be|fug|te;** ein Unbefugter; die Unbefugten; zwei Unbefugte; Unbefugten ist der Zutritt verboten!
un|be|greif|lich [*auch:* ˈʊn...]
un|be|grenzt; unbegrenztes Vertrauen
un|be|grün|det; unbegründete Vorwürfe
das **Un|be|ha|gen;** des Unbehagens
un|be|hag|lich
un|be|hel|ligt
un|be|hol|fen
un|be|irrt [*auch:* ˈʊn...]
un|be|kannt; Anzeige gegen unbekannt
die **Un|be|kann|te** (Variable in Gleichungen); die Unbekannten; zwei Unbekannte; Gleichungen mit einer Unbekannten
un|be|küm|mert [*auch:* ...ˈkʏmɐt]
un|be|lehr|bar [*auch:* ...ˈleːɐ̯baːɐ̯]
un|be|liebt
un|be|merkt
un|be|quem
un|be|re|chen|bar
un|be|rech|tigt

U
umw

un|be|rührt
un|be|schol|ten (untadelig, integer)
un|be|schränkt [*auch:* ...ˈʃrɛŋkt]; unbeschränkte Vollmachten
un|be|schreib|lich [*auch:* ˈʊn...]
un|be|sorgt
un|be|stimmt; der unbestimmte Artikel
un|be|streit|bar
un|be|strit|ten [*auch:* ...ˈʃtrɪt...]
un|be|tei|ligt
un|be|weg|lich
un|be|wusst
das **Un|be|wuss|te;** des Unbewussten
un|be|zahl|bar; diese Mieten sind unbezahlbar; seine Hilfe ist unbezahlbar
die, *auch:* der **Un|bill** (*gehoben für:* Unrecht); der Unbill, *auch:* des Unbills
der **UN-Bot|schaf|ter** [uːˈʔɛn...]; UN-Botschafter des Friedens (bekannte Persönlichkeit, die sich für die Ziele der UN engagiert)
die **UN-Bot|schaf|te|rin** [uːˈʔɛn...]
un|brauch|bar
un|cool [ˈʊnkuːl] (*Jugendsprache:* nicht gelassen, nicht gut)
und; und Ähnliche[s] (*Abkürzung:* u. Ä.); und so weiter (*Abkürzung:* usw.); und viele[s] andere [mehr]
der **Un|dank**
un|dank|bar; eine undankbare Aufgabe
die **Un|dank|bar|keit**
un|de|mo|kra|tisch
un|denk|bar; man hielt es für undenkbar
un|der|co|ver [ˈandɐkavɐ]; undercover (verdeckt) ermitteln
der **Un|der|cut** [ˈandɐkat] (Frisur, bei der der untere Kopfbereich rasiert ist); des Undercuts; die Undercuts
der **Un|der|dog** [ˈandɐdɔk] ([sozial] Benachteiligter, Schwächerer); des Underdogs; die Underdogs
der **Un|der|ground** [ˈandɐgraʊ̯nt] (Gruppe außerhalb der etablierten Gesellschaft); des Underground *oder* Undergrounds
das **Un|der|state|ment** [andɐˈsteɪ̯tmənt] (Untertreibung); des Understatements; die Understatements
un|deut|lich
un|dicht; eine undichte Stelle
das **Un|ding** (Unmögliches; Unsinniges); das ist ein Unding

un|echt
un|ei|gen|nüt|zig
un|ein|ge|schränkt
un|ei|nig
die **Un|ei|nig|keit**
un|eins; die Experten sind uneins
un|end|lich; von eins bis unendlich; ABER: er setzte die Diskussion bis ins Unendliche (unaufhörlich) fort; der Weg scheint bis ins Unendliche zu führen
die **Un|end|lich|keit**
un|ent|gelt|lich [*auch:* ...ˈgɛlt...] (kostenlos)
un|ent|schie|den; unentschieden spielen *(Sport);* die Mannschaften spielten, trennten sich unentschieden; ABER: das **Un|ent|schie|den** *(Sport);* des Unentschiedens; die Unentschieden; die Elf schaffte nur ein Unentschieden
un|ent|schlos|sen
un|ent|wegt [*auch:* ˈʊn...]
un|er|bitt|lich [*auch:* ˈʊn...]
un|er|find|lich [*auch:* ˈʊn...]; aus unerfindlichen Gründen
un|er|freu|lich
un|er|heb|lich (bedeutungslos)
un|er|hört; das ist ja unerhört!
un|er|hört; ihre Bitte blieb unerhört
un|er|klär|lich [*auch:* ˈʊn...]
un|er|läss|lich [*auch:* ˈʊn...] (unbedingt nötig)
un|er|laubt; unerlaubtes Spicken
un|er|mess|lich [*auch:* ˈʊn...]; unermesslicher Reichtum; ins Unermessliche steigen
un|er|müd|lich [*auch:* ˈʊn...]
un|er|sätt|lich [*auch:* ˈʊn...]
un|er|schöpf|lich [*auch:* ˈʊn...]
un|er|schro|cken
un|er|schüt|ter|lich [*auch:* ˈʊn...]
un|er|schwing|lich [*auch:* ˈʊn...] (nicht bezahlbar); ein unerschwingliches Auto
un|er|träg|lich [*auch:* ˈʊn...]
un|er|war|tet [*auch:* ...ˈvar...]
un|er|wünscht; un|er|wünsch|ter; am un|er|wünsch|tes|ten
un|ethisch
un|fä|hig
die **Un|fä|hig|keit**
un|fair [ˈʊnfɛːɐ̯] (regelwidrig, unerlaubt; unfein); unfair spielen

der **Un|fall;** des Unfalls *oder* Un|fal|les; die Un|fäl|le
der **Un|fall|arzt**
die **Un|fall|ärz|tin**
der **Un|fall|be|richt**
die **Un|fall|flucht**
die **Un|fall|stel|le**
die **Un|fall|ver|si|che|rung**
der **Un|fall|wa|gen**
un|fass|bar; unfassbares Glück
un|fehl|bar [*auch:* ˈʊn...]
die **Un|fehl|bar|keit**
un|flä|tig (unanständig, unverschämt); unflätige Beschimpfungen
un|fle|xi|bel (nicht anpassungsfähig); ein unflexibler Mensch
un|för|mig (ohne schöne Form; sehr groß); ein unförmiger Klumpen
un|frei|wil|lig; unfreiwillige Komik
un|freund|lich
die **Un|freund|lich|keit**
der **Un|frie|de** *oder* **Un|frie|den;** Unfrieden stiften
der **Un|fug;** des Unfugs; Unfug treiben
der **Un|gar** (Einwohner Ungarns); des/dem/den Ungarn; die Ungarn
die **Un|ga|rin;** die Ungarinnen
un|ga|risch; die ungarische Küche; ABER: die Ungarische Rhapsodie (von Franz Liszt)
Un|garn
un|ge|ach|tet; ungeachtet [dessen], dass
un|ge|ahnt; ungeahnte Möglichkeiten eröffnen sich
un|ge|bär|dig (widersetzlich)
un|ge|bro|chen; ungebrochener Mut
un|ge|bühr|lich; ungebührliches Benehmen
die **Un|ge|duld**
un|ge|dul|dig
un|ge|eig|net
un|ge|fähr [*auch:* ...ˈfɛːɐ̯]
un|ge|fähr|lich
un|ge|hal|ten (ärgerlich)
un|ge|heu|er [*auch:* ...ˈhɔɪ̯...]; eine ungeheure Verschwendung; die Kosten steigen ins Ungeheure
das **Un|ge|heu|er;** des Ungeheuers; die Ungeheuer
un|ge|heu|er|lich; ungeheuerliche Vorwürfe
un|ge|ho|belt (*auch für:* ungebildet; grob)
un|ge|hö|rig; ungehöriges Verhalten
un|ge|hor|sam
der **Un|ge|hor|sam**
un|ge|klärt; un|ge|klär|ter; am un|ge|klär|tes|ten; ungeklärte Fragen
un|ge|lernt; ein ungelernter Arbeiter
un|ge|liebt; ein ungeliebtes Schulfach
das **Un|ge|mach** (Unannehmlichkeit); des Ungemachs *oder* Ungemaches; das bereitet mir Ungemach
un|ge|mein; sie ist ungemein (sehr) klug
un|ge|nau
un|ge|niert [ˈʊnʒeniːɐ̯t] (ohne Hemmungen)
un|ge|nieß|bar [*auch:* ...ˈniːs...]; ungenießbare Äpfel
un|ge|nü|gend; er hat die Note »ungenügend« erhalten
un|ge|ra|de; eine ungerade Zahl
un|ge|recht; eine ungerechte Beurteilung
un|ge|recht|fer|tigt
die **Un|ge|rech|tig|keit**
die **Un|ge|reimt|heit;** es blieben einige Ungereimtheiten
un|gern; ich komme nur ungern
das **Un|ge|schick**
un|ge|schickt
un|ge|schlecht|lich; ungeschlechtliche Vermehrung von Pflanzen
un|ge|schminkt
un|ge|scho|ren; ungeschoren (ohne Schaden) davonkommen
un|ge|stört
un|ge|stüm (*gehoben für:* stürmisch, wild); eine ungestüme Umarmung; ABER: das **Un|ge|stüm;** des Ungestüms *oder* Un|ge|stü|mes; jugendliches Ungestüm
un|ge|sund; un|ge|sün|der, *auch:* un|ge|sun|der; am un|ge|sün|des|ten, *auch:* un|ge|sun|des|ten
das **Un|ge|tüm;** des Ungetüms *oder* Un|ge|tü|mes; die Un|ge|tü|me
un|ge|wiss; es ist ungewiss; ABER: im Ungewissen bleiben; eine Fahrt ins Ungewisse
die **Un|ge|wiss|heit**

un|ge|wöhn|lich (selten vorkommend); ein ungewöhnlicher Vorfall
un|ge|wohnt (nicht gewohnt); zu ungewohnter Stunde
un|ge|wollt
das **Un|ge|zie|fer;** des Ungeziefers
un|ge|zo|gen; ein ungezogenes Kind
die **Un|ge|zo|gen|heit**
un|gläu|big (zweifelnd); ein ungläubiges Gesicht machen
un|glaub|lich; eine unglaubliche (unwahrscheinliche) Geschichte; ein unglaubliches (enorm großes) Tempo
un|glaub|wür|dig
un|gleich; ungleiche Verteilung
die **Un|gleich|be|hand|lung**
die **Un|glei|chung** (in der Mathematik)
das **Un|glück**
un|glück|lich
un|glück|li|cher|wei|se
der **Un|glücks|fall**
un|gül|tig
un|güns|tig
un|gut; nichts für ungut (es war nicht böse gemeint)
un|halt|bar (nicht gerechtfertigt; unerträglich); unhaltbare Zustände
das **Un|heil;** Unheil bringende *oder* unheilbringende Veränderungen; ein Unheil verkündendes *oder* unheilverkündendes Zeichen
un|heil|bar; sie ist unheilbar krank
un|heil|brin|gend, un|heil|ver|kün|dend ↑Unheil
un|heil|voll
un|heim|lich
der **Un|hold** (Wüstling); des Unholds *oder* Un|hol|des; die Un|hol|de
die **Un|hol|din;** die Unholdinnen
un|hy|gi|e|nisch
uni [ˈʏni, *auch:* yˈniː] (einfarbig, nicht gemustert); ein uni Kleid; uni gefärbte *oder* unigefärbte Stoffe; ABER: ein Kleid in Uni; ↑beige
die **Uni** (*kurz für:* Universität)
die **UNICEF** = United Nations International Children's Emergency Fund (Kinderhilfswerk der UNO)
uni|form (gleich-, einförmig)
die **Uni|form** [*auch:* ˈʊnifɔrm]
uni|for|miert
uni|ge|färbt ↑uni
das **Uni|kum** (etwas in seiner Art Einziges; origineller Mensch); des Unikums; die Unika, *auch:* Unikums
die **Uni|on** (der Bund, die Vereinigung); die Uni|o|nen
uni|sex (geschlechtsneutral); das T-Shirt ist unisex
uni|so|no (*Musik:* auf demselben Ton oder in der Oktave [zu spielen]); unisono (ausnahmslos) klagen die Schüler über diese Lehrein
uni|ver|sal, uni|ver|sell (allgemein, umfassend); ein universales Wissen
uni|ver|sell *vergleiche:* **uni|ver|sal**
uni|ver|si|tär (die Universität betreffend)
die **Uni|ver|si|tät;** die Uni|ver|si|tä|ten
das **Uni|ver|sum** (Weltall); des Universums
die **Un|ke** (Feuerkröte)
un|ken (*umgangssprachlich für:* Unheil voraussagen); du unkst; er unkte; er hat geunkt; unk *oder* unke nicht dauernd!
un|kennt|lich (nicht erkennbar)
un|klar; unklare Umrisse; ABER: sie hat ihn im Unklaren gelassen
die **Un|klar|heit**
un|kom|p|li|ziert; un|kom|p|li|zier|ter; am un|kom|p|li|zier|tes|ten
un|kon|ven|ti|o|nell (nicht angepasst)
die **Un|kos|ten** *Plural*
das **Un|kraut**
der **Un|kraut|ver|nich|ter** (Mittel gegen Unkraut)
un|kri|tisch; unkritisches Verhalten
un|längst (vor Kurzem)
un|lau|ter (nicht ehrlich); unlauterer Wettbewerb
un|lieb|sam; unliebsame Folgen
die **Un|mas|se**
die **Un|men|ge**
der **Un|mensch**
un|mensch|lich [*auch:* ...ˈmɛnʃ...]
die **Un|mensch|lich|keit**
un|miss|ver|ständ|lich
un|mit|tel|bar (direkt); unmittelbare Folgen
un|mög|lich; ein unmöglicher Plan; ABER: nichts Unmögliches verlangen
die **Un|mög|lich|keit**
un|mün|dig (noch nicht mündig)
der **Un|mut**

un|nah|bar [*auch:* ˈʊn...] (sehr auf Abstand bedacht; abweisend); ein unnahbarer Chef

die **Un|nah|bar|keit**

un|nö|tig; unnötiger Aufwand

un|nütz

die **UNO** *oder* **Uno** = United Nations Organization (Organisation der Vereinten Nationen); ↑*auch:* UN

un|or|dent|lich

die **Un|ord|nung**

un|par|tei|isch

un|pas|send; un|pas|sen|der, am unpas|sends|ten

un|päss|lich (leicht krank; unwohl)

die **Un|päss|lich|keit**

un|per|sön|lich

un|po|pu|lär

un|prak|tisch

un|pünkt|lich

die **Un|pünkt|lich|keit**

der **Un|rat** *(gehoben);* des Unrats *oder* Un|rates

un|re|a|lis|tisch; unrealistische Vorstellungen

un|recht / Un|recht

Groß- und Kleinschreibung:

- in unrechte Hände fallen
- am unrechten Platz sein
- unrecht *oder* Unrecht bekommen, geben, haben
- ihr habt unrecht *oder* Unrecht getan
- du sollst ihm kein Unrecht tun
- etwas, nichts Unrechtes tun
- zu Unrecht
- es geschieht ihm Unrecht
- ein Unrecht begehen
- im Unrecht sein

un|recht|mä|ßig

un|re|gel|mä|ßig

die **Un|re|gel|mä|ßig|keit**

un|reif; unreifes Obst

die **Un|rei|fe**

un|rein; ein unreiner Klang; ABER: ich habe den Aufsatz ins Unreine (in vorläufiger Form) geschrieben

un|rein|lich

un|rich|tig; eine unrichtige Behauptung

die **Un|ru|he**

un|ru|hig; unruhig sein, werden

uns

un|sag|bar [*auch:* ˈʊn...] (außerordentlich); unsagbare Schmerzen

un|säg|lich [*auch:* ˈʊn...] (unsagbar)

un|scharf

un|schein|bar (unauffällig); unscheinbare Häuser

un|schlag|bar

un|schlüs|sig (so, dass man sich nicht zu etwas entschließen kann); ich bin mir darüber noch unschlüssig

die **Un|schuld**

un|schul|dig

der **Un|schul|di|ge;** ein Unschuldiger; die Unschuldigen; zwei Unschuldige

die **Un|schul|di|ge;** eine Unschuldige

un|selbst|stän|dig *oder* **un|selb|stän|dig**

die **Un|selbst|stän|dig|keit** *oder* **Un|selb|stän|dig|keit**

un|ser; unser Freund; unser von allen unterschriebener Brief; unser sind drei; erbarme dich unser; unseres Wissens; ABER: Unsere Liebe Frau (Maria, die Mutter Jesu); Unserer Lieben Frau[en] Kirche

un|se|re, uns|re, uns|ri|ge; die unseren, unsern, unsren, unsrigen *oder* Unseren, Unsern, Unsren, Unsrigen (die zu uns Gehörigen)

un|ser|ei|ner, un|ser|eins

un|se|rer|seits, un|ser|seits

un|sert|we|gen

un|si|cher

die **Un|si|cher|heit**

un|sicht|bar

der **Un|sinn**

un|sin|nig

un|so|zi|al; unsoziales Verhalten

un|spek|ta|ku|lär

uns|rer|seits

uns|ret|we|gen

un|sterb|lich [*auch:* ˈʊn...]

die **Un|sterb|lich|keit**

un|stet (ruhelos); unstetes Umherziehen

die **Un|stim|mig|keit**

die **Un|sum|me**

un|sym|pa|thisch; unsympathische Typen

un|ta|de|lig, un|tad|lig; untadeliges *oder* untadliges Verhalten

un|tä|tig (nichts tuend)

un|teil|bar; unteilbare Zahlen

un|ten; sie ist, blieb unten; man wusste kaum noch, was unten und was oben war; es steht weiter unten; etwas nach unten bringen; von unten her; von unten hinauf

un|ter; unter der Bedingung, dass er kommt; Kinder unter zwölf Jahren haben keinen Zutritt; unter anderem (*Abkürzung:* u. a.); unter Tage arbeiten; unter Umständen (*Abkürzung:* u. U.)

der **Un|ter|arm**

un|ter|be|wusst

das **Un|ter|be|wusst|sein;** im Unterbewusstsein

un|ter|blei|ben (nicht geschehen); der Versuch ist unterblieben

un|ter|bre|chen; du unterbrichst die Reise; sie hat mich mitten im Satz unterbrochen; die Verbindung ist unterbrochen

die **Un|ter|bre|chung**

un|ter|brei|ten (darlegen; vorschlagen); er hat ihm einen Plan unterbreitet

un|ter|brin|gen; sie brachte die alten Möbel im Keller unter; sie hat den Koffer im Wagen untergebracht

die **Un|ter|brin|gung**

un|ter|des|sen

un|ter|drü|cken; er unterdrückte die Schwachen; er hat sie unterdrückt

die **Un|ter|drü|ckung**

un|ter|durch|schnitt|lich

un|ter|ei|n|an|der; etwas untereinander ausmachen; untereinander tauschen; ↑ aufeinander

un|ter|ei|n|an|der|schrei|ben; die Zahlen untereinanderschreiben

un|ter|ei|n|an|der|ste|hen; die Zahlen sollen untereinanderstehen

un|ter|ent|wi|ckelt; die sogenannten unterentwickelten Länder

un|ter|er|nährt

die **Un|ter|er|näh|rung**

das **Un|ter|fan|gen** (Vorhaben; Wagnis); des Unterfangens; die Unterfangen

die **Un|ter|füh|rung**

der **Un|ter|gang**

un|ter|ge|hen; die Sonne geht unter; sie ist untergegangen

un|ter|ge|ord|net; untergeordnete (abhängige) Sätze

das **Un|ter|ge|schoss**

der **Un|ter|grund;** in den Untergrund gehen

die **Un|ter|grund|be|we|gung** (verbotene politische Gruppe)

un|ter|halb; unterhalb des Dorfes

der **Un|ter|halt;** des Unterhalts *oder* Un|ter|hal|tes; Unterhalt zahlen; seinen Unterhalt verdienen

un|ter|hal|ten; sie unterhält (unterstützt) ihre Mutter; sie haben gute Verbindungen unterhalten (gepflegt)

sich **un|ter|hal|ten;** sie unterhält sich mit ihm; sie hat sich gut unterhalten

un|ter|halt|sam (fesselnd)

die **Un|ter|hal|tung**

die **Un|ter|hal|tungs|elek|t|ro|nik**

das **Un|ter|hemd**

das **Un|ter|holz** (Gebüsch im Wald)

die **Un|ter|ho|se**

un|ter|ir|disch; unterirdische Gänge

un|ter|kom|men; sie kam in einer Jugendherberge unter; sie ist bei einer Freundin untergekommen

die **Un|ter|küh|lung**

die **Un|ter|kunft;** die Un|ter|künf|te

die **Un|ter|la|ge**

un|ter|las|sen; sie unterlässt es; sie hat ihre Bemerkungen unterlassen

die **Un|ter|las|sung**

un|ter|le|gen; die unterlegene Mannschaft; er war ihm [körperlich] unterlegen

die **Un|ter|le|gen|heit**

der **Un|ter|leib**

die **Un|ter|lip|pe**

un|term (*umgangssprachlich für:* unter dem); unterm Baum sitzen

die **Un|ter|mie|te;** in, zur Untermiete wohnen

der **Un|ter|mie|ter**

die **Un|ter|mie|te|rin**

un|ter|neh|men; sie unternimmt etwas; sie hat noch nichts unternommen

das **Un|ter|neh|men** (Betrieb mit mehreren Werken, Filialen o. Ä.); des Unternehmens; die Unternehmen

die **Un|ter|neh|mens|be|ra|tung**

A B C D E F G H I J K L M N O P Q R S T U unt V W X Y Z

der **Un|ter|neh|mer;** des Unternehmers; die Unternehmer

die **Un|ter|neh|me|rin;** die Unternehmerinnen

un|ter|neh|me|risch; unternehmerisches Denken

die **Un|ter|neh|mung**

der **Un|ter|neh|mungs|geist**

un|ter|neh|mungs|lus|tig

un|ter|ord|nen; er ist ihr untergeordnet; sich unterordnen; er hat sich ihr untergeordnet

die **Un|ter|ord|nung**

un|ter|pri|vi|le|giert (sozial benachteiligt); unterprivilegierte Schichten

die **Un|ter|re|dung** (wichtiges [offizielles] Gespräch)

der **Un|ter|richt;** des Unterrichts *oder* Un|ter|rich|tes; die Un|ter|rich|te *Plural selten*

un|ter|rich|ten; du unterrichtest; sie unterrichtete; sie hat ihn von diesem Ereignis unterrichtet (informiert)

der **Un|ter|richts|aus|fall**

der **Un|ter|richts|be|ginn**

un|ter|richts|frei

die **Un|ter|richts|stun|de**

der **Un|ter|rock**

un|ters (*umgangssprachlich für:* unter das); unters Auto kriechen

un|ter|sa|gen (verbieten); er untersagte ihr das Rauchen; er hat es untersagt

der **Un|ter|satz;** des Un|ter|sat|zes; die Un|ter|sät|ze

un|ter|schät|zen; du unterschätzt; sie unterschätzte; er hat unterschätzt

un|ter|schei|den; er unterscheidet; er hat Mein und Dein nicht unterschieden

die **Un|ter|schei|dung**

der **Un|ter|schen|kel**

die **Un|ter|schicht**

der **Un|ter|schied**

un|ter|schied|lich

un|ter|schla|gen; er unterschlug Geld; er hat Geld unterschlagen

die **Un|ter|schla|gung**

der **Un|ter|schlupf;** des Unterschlupfs *oder* Un|ter|schlup|fes; die Un|ter|schlüp|fe *oder* Un|ter|schlup|fe *Plural selten;* einen Unterschlupf finden

un|ter|schrei|ben; sie unterschrieb; sie hat den Vertrag unterschrieben

die **Un|ter|schrift**

die **Un|ter|schrif|ten|ak|ti|on**

un|ter|set|zen; ich habe den Eimer untergesetzt

der **Un|ter|set|zer;** des Untersetzers; die Untersetzer

un|ter|setzt (klein und kräftig gewachsen); ein untersetzter Mann

un|ter|stel|len; ich stelle mein Fahrrad hier unter; sie hat es im Schuppen untergestellt; ABER: **un|ter|stel|len;** ich unterstelle ihn deiner Aufsicht; er hat ihr eine Lüge unterstellt (fälschlich behauptet, sie lüge)

die **Un|ter|stel|lung**

un|ter|strei|chen; sie unterstreicht den Satz; sie hat das Wort unterstrichen

die **Un|ter|stu|fe**

un|ter|stüt|zen; sie unterstützte mich; sie hat mich unterstützt

die **Un|ter|stüt|zung**

un|ter|su|chen; die Ärztin untersuchte den Patienten; die Polizei hat den Fall genau untersucht; formale Merkmale eines Gedicht systematisch untersuchen

die **Un|ter|su|chung**

der **Un|ter|su|chungs|aus|schuss**

die **Un|ter|su|chungs|haft**

die **Un|ter|su|chungs|kom|mis|si|on**

der **Un|ter|ta|ge|bau** (Bergbau unter Tage)

un|ter|tan (*veraltend für:* untergeben); er ist ihm untertan

der **Un|ter|tan;** des Untertans; dem/den Un|ter|tan; die Un|ter|ta|nen

un|ter|tä|nig (ergeben)

die **Un|ter|ta|nin;** die Untertaninnen

die **Un|ter|tas|se**

der **Un|ter|ti|tel**

der **Un|ter|ton** (versteckter Beiklang)

die **Un|ter|wä|sche**

un|ter|wegs; unterwegs sein

die **Un|ter|welt** (Totenreich; Verbrechermilieu)

un|ter|wer|fen (mit [militärischer] Gewalt besiegen); er unterwarf seine Gegner; er hat das Land unterworfen; die Gallier wurden von den Römern unterworfen; unterwirf dich dem Richterspruch!; sich unterwerfen (sich unter jemandes Herrschaft stellen); sie haben sich den Angreifern unterworfen

die **Un|ter|wer|fung**
un|ter|wür|fig [*auch:* ˈʊn...]
die **Un|ter|zahl;** in [der] Unterzahl sein
un|ter|zeich|nen; die Regierung unterzeichnete das Abkommen; sie hat den Vertrag unterzeichnet
die **Un|ter|zeich|nung**
un|ter|zie|hen; sie hat ein T-Shirt untergezogen; zieh *oder* ziehe ein T-Shirt unter
un|ter|zie|hen; sie unterzog sich der Befragung; er hat sich der Befragung unterzogen; unterzieh *oder* unterziehe dein Fahrrad einer Reinigung
un|ter|zu|ckert (*Medizin:* an zu niedrigem Blutzuckerspiegel leidend)
die **Un|tie|fe** (seichte Stelle; *auch für:* abgrundartige Tiefe)
das **Un|tier** (Ungeheuer)
un|treu
die **Un|treue**
un|tröst|lich; sie war über den Verlust untröstlich
un|trüg|lich; ein untrügliches Zeichen
un|über|seh|bar
un|über|sicht|lich
die **Un|über|sicht|lich|keit**
un|um|gäng|lich
un|un|ter|bro|chen [*auch:* ...ˈbrɔ...]
un|ver|än|dert
un|ver|ant|wort|lich; unverantwortliches Handeln
un|ver|bind|lich [*auch:* ...ˈbɪnt...]; eine unverbindliche Erklärung
un|ver|blümt (ganz offen)
un|ver|dros|sen
un|ver|ein|bar [*auch:* ˈʊn...]; unvereinbare Standpunkte
un|ver|fälscht
un|ver|fro|ren (respektlos)
die **Un|ver|fro|ren|heit**
un|ver|gess|lich [*auch:* ˈʊn...]; unvergessliche Erinnerungen
un|ver|hofft [*auch:* ...ˈhɔft]
un|ver|hoh|len [*auch:* ...ˈhoː...] (nicht verborgen)
un|ver|letzt
un|ver|meid|bar
un|ver|meid|lich [*auch:* ˈʊn...]
un|ver|mit|telt (plötzlich)
un|ver|nünf|tig; unvernünftiges Verhalten
der **Un|ver|packt|la|den** (Geschäft für nicht verpackte Waren)
un|ver|schämt
die **Un|ver|schämt|heit**
un|ver|se|hens [*auch:* ...ˈzeː...] (plötzlich)
un|ver|sehrt (nicht verletzt, verwundet)
un|ver|söhn|lich [*auch:* ...ˈzøːn...]
un|ver|stän|dig (unklug)
un|ver|ständ|lich (undeutlich; unbegreiflich)
un|ver|wüst|lich [*auch:* ˈʊn...]
un|ver|zagt (zuversichtlich)
un|ver|zeih|lich [*auch:* ˈʊn...]
un|ver|zicht|bar
un|ver|züg|lich [*auch:* ˈʊn...] (ohne Verzögerung)
un|voll|stän|dig [*auch:* ...ˈʃtɛn...]; unvollständige Angaben
un|vor|sich|tig
un|vor|stell|bar
un|wahr; unwahre Behauptungen
die **Un|wahr|heit**
un|wahr|schein|lich
un|weg|sam (kaum zu begehen oder zu befahren); unwegsames Gelände
un|wei|ger|lich [*auch:* ˈʊn...]
un|weit; unweit des Flusses *oder* unweit vom Fluss
das **Un|we|sen;** er trieb sein Unwesen
un|we|sent|lich; unwesentliche Punkte
das **Un|wet|ter**
der **Un|wet|ter|scha|den**
die **Un|wet|ter|war|nung**
un|wi|der|ruf|lich [*auch:* ˈʊn...]
un|wi|der|steh|lich [*auch:* ˈʊn...]
un|wie|der|bring|lich [*auch:* ˈʊn...]
un|will|lig
un|will|kür|lich [*auch:* ...ˈkyːɐ̯...]
un|wirk|sam; ein unwirksames Mittel
un|wirsch (unfreundlich)
un|wis|send
die **Un|wis|sen|heit**
un|wis|sent|lich
un|wohl; mir ist unwohl; unwohl sein; ABER: das **Un|wohl|sein;** des Unwohlseins; wegen Unwohlseins
un|wür|dig
die **Un|zahl** (sehr große Zahl)

un|zäh|lig; unzählige Kranke; unzählige Male hatte sie ihm geholfen; ich habe es unzählige Mal versucht; ABER: es haben sich Unzählige an der Aktion beteiligt

die **Un|ze** (Gewichtseinheit); die Unzen

un|zeit|ge|mäß

un|zer|trenn|lich [*auch:* 'ʊn...]

die **Un|zucht** (*veraltet für:* unsittliche sexuelle Handlung)

un|züch|tig

un|zu|frie|den

die **Un|zu|frie|den|heit**

un|zu|läng|lich (nicht ausreichend, um den Anforderungen, Aufgaben gerecht zu werden)

un|zu|läs|sig

un|zu|rei|chend

un|zu|ver|läs|sig

die **Un|zu|ver|läs|sig|keit**

das **Up|date** ['apdeɪ̯t] (*EDV:* Aktualisierung; aktualisierte [und verbesserte] Version eines Programms o. Ä.); des Updates; die Updates

up|da|ten ['apdeɪ̯tn̩] (*EDV:* eine Datei, ein Programm o. Ä. aktualisieren); er updatet; ich habe die Software upgedatet

! Die gebeugten Formen von *updaten* klingen für viele Menschen merkwürdig oder unschön, weil hier ein englisches Wort nach deutschem Muster gebeugt wird. Es ist deshalb oft besser, das bereits eingedeutschte Verb *aktualisieren* zu verwenden.

das **Up|grade** ['apgreɪ̯t] (*besonders EDV:* Aktualisierung; Verbesserung in der Leistung); des Upgrades; die Upgrades

up|gra|den ['apgreɪ̯dn̩] (aktualisieren; in der Leistung verbessern); er upgradet; ich habe upgegradet

der, *seltener:* das **Up|load** ['aplɔʏ̯t] (*EDV:* das Hochladen); des Uploads; die Uploads

up|loa|den ['aplɔʏ̯dn̩] (*EDV:* [Daten] hochladen); ich uploade; du hast upgeloadet; uploade!

der **Up|loa|der** ['aplɔʏ̯dɐ] (*EDV:* Person oder Progamm, die oder das Daten ins Internet hochlädt)

üp|pig; eine üppige Mahlzeit

die **Üp|pig|keit**

up to date ['ap tʊ 'deɪ̯t] (zeitgemäß, auf dem neuesten Stand); up to date sein

die **Ur|ab|stim|mung** (Abstimmung aller Mitglieder einer Gewerkschaft)

der **Ur|ahn** (Urgroßvater); des Urahns *oder* Ur|ah|nes *oder* des Ur|ah|nen; dem/den Urahn *oder* Ur|ah|nen; die Ur|ah|nen

die **Ur|ah|ne** (Urgroßmutter); eine Urahne

der **Ural** (Gebirge zwischen Asien und Europa; Fluss); des Urals

ur|alt; ein uralter Brauch

das **Uran** (ein radioaktives chemisches Element, Metall; *Zeichen:* U); des Urans

die **Ur|auf|füh|rung**

ur|ban (städtisch; weltmännisch)

ur|bar (fruchtbar; nutzbar); urbares Land; urbar machen

die **Ur|be|völ|ke|rung**

der **Ur|ein|woh|ner**

die **Ur|ein|woh|ne|rin;** die Ureinwohnerinnen

der **Ur|en|kel**

die **Ur|en|ke|lin**

die **Ur|ge|mein|de** (urchristliche Gemeinde)

ur|ge|müt|lich; ein urgemütliches Plätzchen

die **Ur|groß|el|tern** *Plural*

die **Ur|groß|mut|ter**

der **Ur|groß|va|ter**

der **Ur|he|ber;** des Urhebers; die Urheber

die **Ur|he|be|rin;** die Urheberinnen

das **Ur|he|ber|recht**

der **Urin** (*Medizin:* Harn)

uri|nie|ren; du urinierst; er urinierte; er hat uriniert

die **Ur|kun|de**

ur|kund|lich; ein urkundlicher Nachweis

der **Ur|laub;** des Urlaubs *oder* Ur|lau|bes; die Ur|lau|be

der **Ur|lau|ber;** des Urlaubers; die Urlauber

die **Ur|lau|be|rin;** die Urlauberinnen

das *oder* die **Ur|laubs|fo|to**

die **Ur|laubs|rei|se**

die **Ur|ne** (ein Gefäß, Behälter); die Urnen

der **Ur|nen|gang** (Wahl)

der **Uro|lo|ge** (Arzt für Erkrankungen der Harnorgane); des/dem/den Urologen; die Urologen

die **Uro|lo|gie** (Teilgebiet der Medizin)
die **Uro|lo|gin;** die Urologinnen
die **Ur|sa|che**
ur|säch|lich
die **Ur|schrift**
ur|schrift|lich (in, als Urschrift)
der **Ur|sprung**
ur|sprüng|lich; die ursprüngliche Form
das **Ur|strom|tal**
das **Ur|teil** [*oder* 'ʊrtai̯l]; des Urteils; die Ur|tei|le; formuliere dein eigenes Urteil! ein Urteil abgeben
ur|tei|len; sie urteilt; sie hat richtig geurteilt; urteil *oder* urteile gerecht!
das **Ur|tier|chen** (mikroskopisch kleines, einzelliges Tierchen)
Uru|gu|ay [*auch:* uru'gu̯ai̯] (Staat in Südamerika)
der **Uru|gu|a|yer;** des Uruguayers; die Uruguayer
die **Uru|gu|a|ye|rin;** die Uruguayerinnen
uru|gu|a|yisch
das **Ur|ver|trau|en**
der **Ur|wald**
ur|wüch|sig; eine urwüchsige Landschaft
die **Ur|zeit**
die **US[A]** = United States [of America] (die Vereinigten Staaten [von Amerika]) *Plural*
der **USB** [u:ʔɛs'be:] (universeller Anschluss beim PC); des USB *oder* USBs; die USBs
der **USB-Stick** (als Datenspeicher dienendes kleines stäbchenförmiges Gerät); des USB-Sticks; die USB-Sticks
der **US-Dol|lar** ↑Dollar
der **User** ['ju:zɐ] (*EDV:* Anwender eines Systems, Programms; *umgangssprachlich für:* jemand, der Drogen nimmt); des Users; die User
die **Use|rin;** die Userinnen
der **Usus** (Brauch, Gewohnheit, Sitte); das ist hier so Usus
usw. = und so weiter
das **Uten|sil** (notwendiges Gerät, Gebrauchsgegenstand); des Utensils; die Uten|si|li|en
der **Ute|rus** (Gebärmutter); des Uterus; die Uteri
die **Uto|pie** (Idee, die nicht zu verwirklichen ist; Wunschbild); die Uto|pi|en
uto|pisch; utopische Literatur
UV = ultraviolett
die **UV-Strah|len** *Plural*
uzen (*umgangssprachlich veraltet für:* necken); du uzt; sie hat ihn geuzt

V

V = Volt

das **V**

[fau̯] (Buchstabe); des V; die V; ABER: das v in brav

Die Aussprache von »v«:

In deutschen Wörtern und einigen häufig gebrauchten Fremdwörtern wird der Buchstabe »v« als [f] gesprochen:

Vater, Vers, Vogel, viel; hieven, Nerven

In den meisten Fremdwörtern wird jedoch der w-Laut [v] gesprochen:

nervös, Vase, Vokal, Malve

Va|duz [fa'dʊts, *auch:* va'du:ts] (Hauptstadt Liechtensteins)
der **Va|ga|bund** (Landstreicher); des/dem/den Va|ga|bun|den; die Va|ga|bun|den
die **Va|ga|bun|din;** die Vagabundinnen
va|ge *oder* **vag** (unbestimmt, ungewiss); vage Andeutungen
die **Va|gi|na** [*auch:* 'va:gina] (weibliche Scheide); der Vagina; die Vaginen
va|kant (leer, unbesetzt); eine vakante Stelle
das **Va|ku|um** (nahezu luftleerer Raum); die Va|kua *oder* Va|ku|en
Val|let|ta (Hauptstadt von Malta)
die **Va|lu|ta** (Wert; Geld in ausländischer Währung); die Va|lu|ten
der **Vamp** [vɛmp] (verführerische, kalt berechnende Frau); des Vamps; die Vamps
der **Vam|pir** [*auch:* 'vampi:ɐ̯] (blutsaugendes Gespenst; Fledermausgattung); die Vam|pi|re

A B C D E F G H I J K L M N O P Q R S T U V vam W X Y Z

der **Van** [væn] (Pkw mit besonders großem Innenraum und mehr als 5 Sitzplätzen); des Vans; die Vans
der **Van|da|li̲s|mus** (Zerstörungswut); des Vandalismus
die **Va|ni̲l|le** [*auch:* vaˈnɪljə] (ein Gewürz)
das **Va|ni̲l|le|eis**
va|ri|a̲|bel (veränderlich); variable Größen
die **Va|ri|a̲|b|le** (unbestimmte, veränderliche Größe); der Variablen; die Variablen; mehrere Variable *oder* Variablen
die **Va|ri|a̲n|te** (Abwandlung, Abweichung; Abart, Spielart); der Variante; die Varianten
die **Va|ri|a|ti|o̲n** (Veränderung, [musikalische] Abwandlung); die Va|ri|a|ti|o|nen
das **Va|ri|e|té̲** (Theater mit wechselndem, unterhaltsamem Programm); des Varietés; die Varietés
va|ri|i̲e̲|ren (unterschiedlich sein; abwandeln); die Preise variierten; er hat das Lied variiert
der **Va|sa̲ll** (Lehnsmann); des/dem/den Vasal|len; die Va|sal|len
die **Va̲|se**
die **Va|se|li̲|ne** (mineralisches Fett; eine Salbe)
die **Va̲|sen|ma|le|rei**
der **Va̲|ter;** der Heilige Vater (der Papst)
das **Va̲|ter|haus**
das **Va̲|ter|land;** die Va|ter|län|der
vä̲|ter|lich; väterliche Ermahnungen
der **Vä̲|ter|mo|nat** (Monat, in dem ein Vater Elternzeit in Anspruch nimmt)
der **Va̲|ter|tag** (*scherzhaft für:* Himmelfahrtstag)
das **Va̲|ter|u̲n|ser** (ein Gebet)
der **Va̲|ti** *(umgangssprachlich);* des Vatis; die Vatis
der **Va|ti|ka̲n** (Residenz des Papstes in Rom; oberste Behörde der katholischen Kirche)
va|ti|ka̲|nisch
die **Va|ti|ka̲n|stadt**
v. Chr. = vor Christus
VEB = volkseigener Betrieb (in der DDR)
der **Ve|ga̲|ner** (strenger Vegetarier, der auf tierische Produkte in jeder Form verzichtet); des Veganers; die Veganer
die **Ve|ga̲|ne|rin;** die Veganerinnen
der **Ve|ge|ta̲|ri|er** (jemand, der sich fleischlos ernährt); des Vegetariers; die Vegetarier
die **Ve|ge|ta̲|ri|e|rin;** die Vegetarierinnen
ve|ge|ta̲|risch; vegetarische Gerichte
die **Ve|ge|ta|ti|o̲n** (Pflanzenwuchs; Pflanzendecke); die Ve|ge|ta|ti|o|nen
die **Ve|ge|ta|ti|o̲ns|zo|ne**
ve|ge|ta|ti̲v; vegetatives (vom Bewusstsein unabhängiges) Nervensystem
ve|ge|ti̲e̲|ren (kümmerlich leben); er hat in diesem Keller vegetiert
veg|gie [ˈvɛdʒi, ...gi] (*umgangssprachlich für:* vegetarisch); Münster isst veggie
der *oder* die **Veg|gie** [ˈvɛdʒi, ˈvɛgi] (*umgangssprachlich für:* jemand, der sich vegetarisch ernährt); des Veggies; die Veggies
ve|he|me̲nt (heftig)
die **Ve|he|me̲nz**
das **Ve|hi̲|kel** (altes, schlechtes Fahrzeug); des Vehikels; die Vehikel
das **Vei̲l|chen;** des Veilchens; die Veilchen
der **Ve̲k|tor** (gerichtete Größe); des Vektors; die Vek|to̲|ren
die **Ve̲|ne** (Blutader)
die **Ve̲|nen|ent|zün|dung**
der **Ve|ne|zo|la̲|ner** (Einwohner von Venezuela); des Venezolaners; die Venezolaner
die **Ve|ne|zo|la̲|ne|rin;** die Venezolanerinnen
ve|ne|zo|la̲|nisch
Ve|ne|zu|e̲|la (Staat in Südamerika)
das **Ven|ti̲l** (Absperrvorrichtung; Luft-, Dampfklappe); des Ventils; die Ven|ti|le
die **Ven|ti|la|ti|o̲n** (Lüftung; Luftwechsel); die Ven|ti|la|ti|o|nen
der **Ven|ti|la̲|tor** (Lüfter); des Ventilators; die Ven|ti|la|to̲|ren
Ve̲|nus (römische Liebesgöttin)
die **Ve̲|nus** (ein Planet)
ver|a̲b|re|den; du verabredest; sie verabredete; sie hat einen Treffpunkt verabredet; sich verabreden; wir haben uns für heute Abend verabredet
die **Ver|a̲b|re|dung**
ver|a̲b|rei|chen (einflößen); du hast ihm das Medikament verabreicht
ver|a̲b|scheu|en; du verabscheust; er verabscheute; er hat [jede] Gewalt verabscheut

V
van

ver|ab|schie|den; du verabschiedest ihn; sie verabschiedete ihn; sie hat ihn verabschiedet; sich verabschieden; ich muss mich noch verabschieden

die **Ver|ab|schie|dung**

ver|ach|ten; du verachtest; sie verachtete; sie hat ihn verachtet

ver|ächt|lich; eine verächtliche Bemerkung

die **Ver|ach|tung**

ver|all|ge|mei|nern; ich verallgemeinere; ich habe verallgemeinert

ver|al|ten; das Buch veraltete schnell; es ist schnell veraltet

die **Ve|ran|da;** die Veranden

ver|än|der|lich

ver|än|dern; du veränderst; er verändert; er hat alles verändert; verändre *oder* verändere nichts!; sich verändern; du hast dich sehr verändert

die **Ver|än|de|rung**

ver|an|kern; sie verankerte; er hat verankert; verankere das Floß!; ein verfassungsmäßig verankertes Recht

die **Ver|an|ke|rung**

die **Ver|an|la|gung** (angeborene Eigenschaft)

ver|an|las|sen; was hat dich dazu veranlasst?

die **Ver|an|las|sung;** es gab keine Veranlassung zu schimpfen

ver|an|schau|li|chen (anschaulich, deutlich machen); sie hat uns das an einem Beispiel veranschaulicht

ver|an|schla|gen; du veranschlagtest; er hat die Kosten zu niedrig veranschlagt

ver|an|stal|ten; du veranstaltest; sie veranstaltete; sie hat ein Fest veranstaltet

der **Ver|an|stal|ter;** des Veranstalters; die Veranstalter

die **Ver|an|stal|te|rin;** die Veranstalterinnen

die **Ver|an|stal|tung**

ver|ant|wor|ten; er muss sein Tun selbst verantworten (dafür einstehen); er hat sich vor Gericht verantwortet

ver|ant|wort|lich

die **Ver|ant|wor|tung**

ver|ant|wor|tungs|be|wusst

das **Ver|ant|wor|tungs|be|wusst|sein**

ver|ant|wor|tungs|los

ver|ant|wor|tungs|voll

ver|ar|bei|ten; Leder verarbeiten; er hat die Enttäuschung verarbeitet

die **Ver|ar|bei|tung**

ver|är|gern; ich verärgere ihn; die Kritik hat ihn verärgert; verärgere sie nicht!

ver|äu|ßern (*besonders Rechtssprache:* verkaufen)

das **Verb** (Zeitwort, Tätigkeitswort, z. B. »arbeiten«); die Ver|ben

ver|bal (als Verb gebraucht; mündlich)

der **Ver|band**

der **Ver|band|kas|ten** *oder* **Ver|bands|kas|ten**

ver|ban|nen; du verbannst ihn; sie verbannte ihn; er hat ihn verbannt; verbann *oder* verbanne ihn!

die **Ver|ban|nung**

ver|bar|ri|ka|die|ren; sie verbarrikadiert sich; er hat die Tür mit einem Schrank verbarrikadiert

ver|ber|gen; du verbirgst; sie verbirgt; er verbarg; sie hat etwas verborgen; verbirg es schnell!

ver|bes|sern; du verbesserst; er verbesserte; er hat den Fehler verbessert; verbessere *oder* verbessre ihn!

die **Ver|bes|se|rung**

sich **ver|beu|gen;** du verbeugst dich; sie verbeugte sich vor dem König; er hat sich höflich verbeugt; verbeug *oder* verbeuge dich!

die **Ver|beu|gung**

ver|beu|len; ein verbeulter Kotflügel

ver|bie|gen; du verbiegst; er verbog; sie hat es verbogen; verbieg *oder* verbiege es nicht!

ver|bie|ten; du verbietest; sie verbietet; er verbot; sie hat mir das Rauchen verboten; verbiete es ihm!

ver|bin|den; du verbindest; er verbindet; sie verband; er hat die Wunde verbunden; verbinde sie!

ver|bind|lich (höflich; verpflichtend); eine verbindliche Zusage

die **Ver|bind|lich|keit**

die **Ver|bin|dung;** in Verbindung bringen

ver|bis|sen (hartnäckig, verkrampft)

sich **ver|bit|ten;** du verbittest dir; sie verbittet sich; sie verbat sich; sie hat sich diese Frechheit verbeten

ver|bit|tert (zutiefst enttäuscht)
ver|blas|sen; die Erinnerung verblasst; sie ist verblasst
ver|bläu|en (prügeln); er verbläute ihn; er hat ihn verbläut
der **Ver|bleib**
ver|blei|ben; es verblieben 200 Euro; es sind 200 Euro verblieben; wie seid ihr denn nun verblieben?
ver|blüf|fen; du verblüffst; er verblüfft; er hat ihn mit dieser Antwort verblüfft
ver|blüf|fend; eine verblüffende Ähnlichkeit
die **Ver|blüf|fung**
ver|blü|hen; die Blume verblüht; sie ist verblüht
ver|blu|ten; er verblutete; der Verletzte ist verblutet
ver|bor|gen; im Verborgenen arbeiten
das **Ver|bot;** des Verbots *oder* Ver|bo|tes; die Ver|bo|te
ver|bo|ten
das **Ver|bots|schild;** die Ver|bots|schil|der
der **Ver|brauch;** des Verbrauchs *oder* Ver|brau|ches; die Ver|bräu|che
ver|brau|chen; du verbrauchst; er verbrauchte; er hat das Geld verbraucht; verbrauch *oder* verbrauche nicht so viel!
der **Ver|brau|cher;** des Verbrauchers; die Verbraucher
die **Ver|brau|che|rin;** die Verbraucherinnen
das **Ver|brau|cher|por|tal**
der **Ver|brau|cher|schutz**
der **Ver|brau|cher|schüt|zer;** des Verbraucherschützers; die Verbraucherschützer
die **Ver|brau|cher|schüt|ze|rin;** die Verbraucherschützerinnen
die **Ver|brau|cher|zen|t|ra|le**
das **Ver|bre|chen;** des Verbrechens; die Verbrechen
der **Ver|bre|cher;** des Verbrechers; die Verbrecher
die **Ver|bre|che|rin;** die Verbrecherinnen
ver|bre|che|risch
ver|brei|ten; du verbreitest; er verbreitete; er hat ein Gerücht verbreitet; verbreite keine Gerüchte!
die **Ver|brei|tung**
ver|bren|nen; du verbrennst; sie verbrennt; sie verbrannte; sie hat den Brief verbrannt; verbrenn *oder* verbrenne ihn!
die **Ver|bren|nung**

ver|brin|gen; er verbrachte seinen Urlaub an der See; der Kranke hat eine ruhige Nacht verbracht
ver|brü|hen; du hast ihn verbrüht; ich habe mir den Arm mit kochendem Wasser verbrüht
die **Ver|brü|hung**
ver|bu|chen; sie verbuchte das als Erfolg
der **Ver|bund;** die Ver|bün|de; im Verbund arbeiten
der **Ver|bün|de|te;** ein Verbündeter; die Verbündeten; zwei Verbündete
die **Ver|bün|de|te;** eine Verbündete
der **Ver|dacht;** des Verdachts *oder* Ver|dach|tes; die Ver|dach|te *oder* Ver|däch|te
ver|däch|tig; verdächtige Personen
ver|däch|ti|gen; du verdächtigst ihn; er verdächtigte ihn; er hat ihn zu Unrecht verdächtigt; verdächtige ihn nicht!
die **Ver|däch|ti|gung**
ver|dam|men; du verdammst ihn; sie verdammte ihn; er hat sie dazu verdammt; verdamm *oder* verdamme ihn nicht dazu!
die **Ver|damm|nis;** die Verdammnise *Plural selten*
ver|dammt (*umgangssprachlich auch für:* sehr); verdammt viel
ver|damp|fen; das Wasser ist verdampft
ver|dan|ken; wir haben dir viel zu verdanken
ver|dat|tert (*umgangssprachlich für:* verwirrt)
ver|dau|en; du verdaust; er verdaute; er hat das Essen verdaut
die **Ver|dau|ung**
das **Ver|dau|ungs|or|gan**
das **Ver|deck;** des Verdecks *oder* Ver|de|ckes; die Ver|de|cke
ver|de|cken; du verdeckst; er verdeckt; er hat das Bild verdeckt; verdeck *oder* verdecke es!
der **Ver|derb;** des Verderbs *oder* Ver|der|bes; auf Gedeih und Verderb
ver|der|ben (zugrunde richten; verleiden); du verdirbst mir das Kleid; er verdarb mir den Tag; er hat mir den Tag verdorben; verdirb nicht das gute Kleid!

V
ver

ver|der|ben (schlecht werden); das Obst verdirbt; es verdarb; es ist verdorben
das **Ver|der|ben;** jemanden ins Verderben stürzen
ver|derb|lich; leicht verderbliche Lebensmittel
ver|deut|li|chen; du verdeutlichtest; sie hat verdeutlicht
verdichten; das Gerücht hat sich verdichtet (verstärkt)
ver|die|nen; du verdienst; sie verdiente; sie hat viel verdient; verdien *oder* verdiene dir etwas!
der **Ver|dienst** (Lohn, Gewinn); des Verdiensts *oder* Ver|diens|tes; die Verdiens|te
das **Ver|dienst** (Anspruch auf Dank und Anerkennung); des Verdiensts *oder* Verdiens|tes; die Ver|diens|te
ver|dienst|voll
ver|dient; verdiente Bürger
ver|dop|peln; du verdoppelst; er verdoppelte; er hat sein Vermögen verdoppelt; verdopple *oder* verdoppele den Betrag!
die **Ver|dop|pe|lung** *oder* **Ver|dopp|lung**
ver|dor|ben; verdorbene Lebensmittel
ver|dor|ren; das Gras verdorrt; das Gras verdorrte; das Gras ist verdorrt
ver|drän|gen; du verdrängst; er verdrängte ihn von seinem Platz; er hat dieses Erlebnis verdrängt (die Erinnerung daran unterdrückt)
ver|drei|fa|chen; es hat sich verdreifacht
ver|drie|ßen (*gehoben für:* missmutig machen; ärgern); etwas verdrießt ihn; es verdross sie; es hat ihn arg verdrossen; ich lasse es mich nicht verdrießen
ver|drieß|lich; mit verdrießlicher Miene
der **Ver|druss;** des Ver|drus|ses; die Verdrus|se
ver|dün|nen; verdünnte Schwefelsäure
die **Ver|dün|nung**
ver|duns|ten; das Wasser verdunstete; es ist verdunstet
das **Ver|duns|ten**
die **Ver|duns|tung**
die **Ver|duns|tungs|käl|te**
ver|durs|ten; er ist verdurstet
ver|dutzt; er war verdutzt (verblüfft)
ver|eh|ren; du verehrst sie; er verehrt sie; er ver|ehr|te sie; er hat sie verehrt; verehr *oder* verehre sie!
die **Ver|eh|rung**
der **Ver|ein;** des Vereins *oder* Ver|ei|nes; die Ver|ei|ne
ver|ein|bar
ver|ein|ba|ren; du vereinbarst ein Treffen mit ihm; ihr habt das vereinbart; vereinbare einen Termin!
die **Ver|ein|ba|rung**
ver|ein|fa|chen; du vereinfachst; er vereinfachte; er hat das Modell vereinfacht; das vereinfacht (erleichtert) die Arbeit sehr
ver|ei|ni|gen; er vereinigte alle Macht in seiner Hand; er hat vereinigt
ver|ei|ni|gen; du vereinigst; sie vereinigte; sie hat alles in einer Hand vereinigt
das **Ver|ei|nig|te Kö|nig|reich [Groß|bri|tan|ni|en und Nord|ir|land]**
die **Ver|ei|nig|ten Ara|bi|schen Emi|ra|te**
die **Ver|ei|nig|ten Staa|ten [von Ame|ri|ka]**
die **Ver|ei|ni|gung**
die **Ver|ei|ni|gungs|men|ge** (Menge, in der die Elemente mehrerer Mengen zusammengefasst sind)
das **Ver|eins|heim**
ver|eint; mit vereinten Kräften; die Vereinten Nationen (*Abkürzung:* VN, UN)
ver|ein|zelt; vereinzeltes Vorkommen
ver|ei|sen; eine vereiste Fahrbahn
ver|ei|teln (zunichtemachen, verhindern); du vereitelst; er vereitelte; er hat unseren Plan vereitelt
die **Ver|ei|te|lung** *oder* **Ver|eit|lung**
ver|ei|tern; die Wunde ist vereitert
ver|en|den; das Wild verendete; es ist verendet
ver|er|ben; er vererbte mir sein Vermögen; diese Krankheit hat sich vererbt
die **Ver|er|bung**
Verf. = Verfasser, Verfasserin
ver|fah|ren; du verfährst zu rücksichtslos mit ihm
sich **ver|fah|ren;** er verfuhr sich; er hat sich unterwegs verfahren
verfahren; verfahrene Situation
das **Ver|fah|ren**
die **Ver|fah|rens|wei|se**
der **Ver|fall;** des Verfalls *oder* Ver|fal|les
ver|fal|len; das Haus verfällt (wird bau-

fällig); die Eintrittskarten sind verfallen; sie verfiel in Nachdenken

ver|fäng|lich; eine verfängliche Frage

ver|fas|sen; du verfasst; sie verfasste ein Gedicht; sie hat es verfasst

der **Ver|fas|ser** (*Abkürzung:* Verf.); des Verfassers; die Verfasser

die **Ver|fas|se|rin;** die Verfasserinnen

die **Ver|fas|sung**

die **Ver|fas|sungs|be|schwer|de**

das **Ver|fas|sungs|ge|richt**

ver|fas|sungs|recht|lich

der **Ver|fas|sungs|schutz**

ver|fas|sungs|wid|rig

der **Ver|fech|ter;** Befürworter

die **Ver|fech|te|rin**

ver|feh|len; du verfehlst; er hat das Thema verfehlt

ver|fehlt (ungeeignet; falsch); sie hält diese Idee für verfehlt

die **Ver|fil|mung**

ver|fins|tern; er verfinstert; der Himmel hat sich verfinstert

ver|flixt (verflucht; *auch* für unangenehm, ärgerlich)

ver|flüs|si|gen; verflüssigte Luft

ver|fol|gen; du verfolgst ihn; er verfolgt ihn; er verfolgte ihn; er hat ihn verfolgt; verfolg *oder* verfolge ihn!

der **Ver|fol|ger;** des Verfolgers; die Verfolger

die **Ver|fol|ge|rin;** die Verfolgerinnen

der **Ver|folg|te;** ein Verfolgter; die Verfolgten; zwei Verfolgte

die **Ver|folg|te;** eine Verfolgte

die **Ver|fol|gung**

die **Ver|fol|gungs|jagd**

ver|füg|bar; alle verfügbaren Kräfte

die **Ver|füg|bar|keit**

ver|fü|gen; du verfügst; sie verfügt; sie hat darüber verfügt; verfüg *oder* verfüge darüber!

die **Ver|fü|gung**

ver|füh|ren; er hat ihn verführt; verführ *oder* verführe uns nicht zum Naschen!

der **Ver|füh|rer**

die **Ver|füh|re|rin**

ver|füh|re|risch; verführerische Blicke

die **Ver|füh|rung**

die **Ver|ga|be**

ver|gäl|len (verbittern; ungenießbar machen); du vergällst; er vergällte; er hat ihm die Freude vergällt; vergällter Alkohol

ver|gam|meln; die Vorräte vergammeln; vergammeltes Fleisch

die **Ver|gan|gen|heit**

die **Ver|gan|gen|heits|form**

ver|gäng|lich; vergängliche Dinge

der **Ver|ga|ser;** des Vergasers; die Vergaser

ver|ge|ben; du vergibst; er vergab; sie hat dir vergeben; vergib ihm!

ver|ge|bens (umsonst, vergeblich)

ver|geb|lich; vergebliche Mühen

die **Ver|ge|bung**

ver|ge|hen; das Jahr vergeht; das Jahr verging; es ist vergangen

sich **ver|ge|hen** (gegen etwas verstoßen); du vergehst dich; sie verging sich; sie hat sich gegen das Gesetz vergangen

das **Ver|ge|hen;** des Vergehens; die Vergehen

ver|gel|ten (zurück-, heimzahlen); du vergiltst; sie vergilt; sie vergalt; sie hat Böses mit Gutem vergolten; vergilt das!

die **Ver|gel|tung**

ver|ges|sen; du vergisst; er vergisst; er vergaß; er hat alles vergessen; vergiss es!

ver|gess|lich

die **Ver|gess|lich|keit**

ver|geu|den; du vergeudest; er vergeudete; er hat sein Geld vergeudet; vergeude nichts!

die **Ver|geu|dung**

ver|ge|wal|ti|gen; er hat sie vergewaltigt

die **Ver|ge|wal|ti|gung**

sich **ver|ge|wis|sern;** ich habe mich vergewissert; vergewissre *oder* vergewissere dich!

die **Ver|ge|wis|se|rung;** zur Vergewisserung habe ich nachgeschaut

ver|gif|ten; sie hat ihn vergiftet; vergiftete Speisen

die **Ver|gif|tung**

das **Ver|giss|mein|nicht;** des Vergissmeinnichts *oder* Ver|giss|mein|nich|tes; die Vergissmeinnicht *oder* Ver|giss|mein|nich|te

der **Ver|gleich;** des Vergleichs *oder* Ver|glei|ches; die Ver|glei|che; einen Vergleich anstellen

ver|gleich|bar; ein vergleichbarer Fall

ver|glei|chen; du vergleichst; er vergleicht; sie verglich; er hat die beiden verglichen; vergleich *oder* vergleiche die Preise! (*Abkürzung:* vgl.)

die **Ver|gleichs|form** (Komparativ oder Superlativ)

das **Ver|gleichs|por|tal** (*EDV*)

ver|gleichs|wei|se

sich **ver|gnü|gen;** du vergnügst dich; er hat sich vergnügt; vergnüg *oder* vergnüge dich!

das **Ver|gnü|gen;** des Vergnügens; die Vergnügen; zum Vergnügen; viel Vergnügen!

ver|gnüg|lich

ver|gnügt; vergnügte Kinder

sich **ver|grei|fen;** er hat sich an ihm vergriffen

ver|grif|fen; das Buch ist vergriffen (nicht mehr lieferbar)

ver|grö|ßern; du vergrößerst das Foto; er hat seinen Betrieb vergrößert; vergröß[e]re das Foto!

die **Ver|grö|ße|rung**

die **Ver|güns|ti|gung**

ver|gü|ten (bezahlen, entschädigen); er vergütet; sie hat ihm den Schaden vergütet

die **Ver|gü|tung;** eine Vergütung zahlen

verh. = verheiratet

ver|haf|ten; du verhaftest; er verhaftete ihn; er hat ihn verhaftet; verhafte ihn!

die **Ver|haf|tung**

sich **ver|hal|ten;** er hat sich ablehnend verhalten

ver|hal|ten (zurückhaltend); verhalten sprechen, fahren

das **Ver|hal|ten;** des Verhaltens

ver|hal|tens|auf|fäl|lig

die **Ver|hal|tens|for|schung**

die **Ver|hal|tens|the|ra|pie** (eine Form der Psychotherapie, die auf eine Veränderung des Verhaltens abzielt)

die **Ver|hal|tens|wei|se**

das **Ver|hält|nis;** des Verhältnisses; die Verhältnisse

ver|hält|nis|mä|ßig

das **Ver|hält|nis|wort** (Präposition)

ver|han|deln; du verhandelst mit ihm; wir verhandelten; wir haben darüber verhandelt; verhandle *oder* verhandele klug!

die **Ver|hand|lung**

das **Ver|hand|lungs|er|geb|nis**

ver|hän|gen; wir verhängten die Fenster; der Schiedsrichter hat einen Elfmeter verhängt

das **Ver|häng|nis;** des Verhängnisses; die Verhängnisse

ver|häng|nis|voll; ein verhängnisvoller Fehler

ver|harm|lo|sen; du verharmlost; er verharmloste; sie hat verharmlost; verharmlos *oder* verharmlose das nicht!

ver|härmt (vom Kummer gezeichnet); ein verhärmtes Gesicht

verharren; verharre einen Augenblick!

ver|hasst; eine verhasste Pflicht

ver|hät|scheln (verzärteln); sie verhätschelte ihr Baby; er hat das Kind verhätschelt

ver|hee|rend; ver|hee|ren|der; am ver|hee|rends|ten; ein verheerender (entsetzlicher) Sturm

ver|heim|li|chen; er hat mir seine Entdeckung verheimlicht

sich **ver|hei|ra|ten;** er hat sich verheiratet

ver|hei|ra|tet (*Abkürzung:* verh.)

ver|hei|ßen; du verheißt; er verheißt; er verhieß; er hat mir das verheißen

die **Ver|hei|ßung**

ver|hel|fen; sie hat mir dazu verholfen

ver|hin|dern; du verhinderst; er verhinderte; er hat den Plan verhindert; verhindre *oder* verhindere ihn!

ver|höh|nen; du verhöhnst ihn; sie verhöhnte ihn; sie hat ihn verhöhnt; verhöhn *oder* verhöhne sie nicht!

die **Ver|höh|nung**

ver|hol|zen; der Stängel verholzt; er ist verholzt

das **Ver|hör;** des Verhörs *oder* Ver|hö|res; die Ver|hö|re

ver|hö|ren; man hat ihn eingehend verhört; er hat sich verhört (etwas falsch verstanden)

ver|hül|len; sie hat ihr Gesicht verhüllt

ver|hun|gern; du verhungerst; sie verhungerte; sie ist verhungert

das **Ver|hun|gern**

ver|hü|ten; du verhütest; er verhütet; er hat den Unfall verhütet; verhüte Unheil!

ver|hüt|ten (zu Metall verarbeiten); hier werden Eisenerze verhüttet

A B C D E F G H I J K L M N O P Q R S T U V ver W X Y Z

das **Ver|hü|tungs|mit|tel** (Mittel, das eine Schwangerschaft verhütet)
sich **ver|ir|ren;** du verirrst dich; er verirrte sich; sie hat sich im Wald verirrt; verirr *oder* verirre dich nicht!
die **Ver|ir|rung**
ve|ri|ta|bel (wahrhaft; echt); eine veritable Leistung
ver|jäh|ren; das Vergehen ist verjährt (kann nicht mehr bestraft werden)
die **Ver|jäh|rung**
ver|ka|beln; die Haushalte wurden verkabelt (an das Netz des Kabelfernsehens angeschlossen)
die **Ver|ka|be|lung**
ver|ka|cken (*derb für:* etwas schlecht machen; versagen)
ver|kal|ken; das Rohr ist verkalkt
die **Ver|kal|kung**
der **Ver|kauf;** des Verkaufs; die Ver|käu|fe
ver|kau|fen; du verkaufst; sie verkaufte; er hat das Auto verkauft; verkauf *oder* verkaufe es!
der **Ver|käu|fer**
die **Ver|käu|fe|rin**
ver|käuf|lich; verkäufliche Waren
der **Ver|kehr**
ver|keh|ren; du verkehrst; er verkehrt; er verkehrte; er hat bei uns verkehrt; er hat diese Absicht ins Gegenteil verkehrt
die **Ver|kehrs|am|pel**
das **Ver|kehrs|cha|os**
das **Ver|kehrs|mit|tel;** mit öffentlichen Verkehrsmitteln fahren
der **Ver|kehrs|po|li|zist**
die **Ver|kehrs|po|li|zis|tin**
die **Ver|kehrs|re|gel**
der **Ver|kehrs|teil|neh|mer**
die **Ver|kehrs|teil|neh|me|rin**
der **Ver|kehrs|übungs|platz**
der **Ver|kehrs|un|fall**
das **Ver|kehrs|zei|chen**
ver|kehrt; seine Antwort ist verkehrt
ver|kla|gen; sie hat ihn verklagt
ver|klei|den; ich habe mich als trauriger Clown verkleidet
die **Ver|klei|dung**
ver|klei|nern; ich verkleinere
die **Ver|klei|ne|rungs|form**
sich **ver|knack|sen;** du verknackst dir; du hast dir den Fuß verknackst (verstaucht)
ver|kne|ten (durch Kneten vermischen); alle Zutaten zu einem festen Teig verkneten; sie verknetete Butter und Zucker; verknete die Zutaten!
ver|kni|cken (*auch umgangssprachlich*)
ver|knüp|fen; zwei durch »und« verknüpfte Sätze
die **Ver|knüp|fung**
ver|knu|sen; ich kann ihn nicht verknusen (*umgangssprachlich für:* nicht ausstehen)
ver|kom|men; sie verkommt hier; der Hof ist ganz verkommen (verfallen)
ver|kör|pern; du verkörperst, sie verkörperte; er hat verkörpert
ver|kraf|ten (ertragen [können]); du verkraftetest es; sie hat es verkraftet
ver|krampft; verkrampfte Muskulatur
sich **ver|krie|chen;** sie hat sich verkrochen
ver|küm|mern; der Baum ist verkümmert
ver|kün|den; der Richter hat das Urteil verkündet
ver|kün|di|gen; das Evangelium verkündigen
die **Ver|kün|di|gung**
die **Ver|kün|dung**
ver|kür|zen; verkürzte Arbeitszeit
ver|la|den; sie verlädt; er hat die Waren verladen
der **Ver|lag;** des Verlags *oder* Ver|la|ges; die Ver|la|ge
ver|la|gern; er verlagerte das Gewicht auf das andere Bein; die Firma hat ihre Produktion ins Ausland verlagert; verlagere das Gewicht!
die **Ver|la|ge|rung**
ver|lan|gen; du verlangst; sie verlangte; sie hat ein Bier verlangt
das **Ver|lan|gen**
ver|län|gern; du verlängerst das Kleid; sie hat es verlängert; der Vertrag wurde verlängert
die **Ver|län|ge|rung**
ver|lang|sa|men; du verlangsamst; sie verlangsamte; er hat verlangsamt
der **Ver|lass;** des Ver|las|ses; es ist kein Verlass auf ihn
ver|las|sen; du verlässt uns; sie verlässt uns; er verließ uns; sie hat uns verlassen; verlasse *oder* verlass uns nicht!; sich verlassen; er verlässt sich auf ihn

ver|las|sen (vereinsamt)
ver|läss|lich; verlässliche Daten
der **Ver|lauf** (Ablauf); des Verlaufs *oder* Ver|lau|fes; die Ver|läu|fe; im Verlauf
ver|lau|fen; die Untersuchung verlief ergebnislos; er hat sich verlaufen (verirrt)
ver|lau|ten (bekannt geben, werden)
ver|le|gen (ein Buch herausbringen); du verlegst; sie verlegte; er hat die Brille verlegt; verleg *oder* verlege sie nicht!; er verlegt eine Leitung (er legt sie)
ver|le|gen (unsicher); verlegene Blicke; verlegen sein
die **Ver|le|gen|heit**
der **Ver|le|ger** (Inhaber eines Buch- oder Zeitungsverlags); des Verlegers; die Verleger
die **Ver|le|ge|rin;** die Verlegerinnen
die **Ver|le|gung**
ver|lei|den; er hat mir die Arbeit verleidet
der **Ver|leih;** des Verleihs *oder* Ver|lei|hes; die Ver|lei|he
ver|lei|hen; du verleihst; sie verleiht; er verlieh; sie hat ihr Fahrrad verliehen; verleih *oder* verleihe nichts!
die **Ver|lei|hung**
ver|let|zen; du verletzt; sie verletzte; er hat ihn verletzt; verletz *oder* verletze ihn nicht!; sich verletzen; ich habe mich dabei verletzt
ver|letzt
der **Ver|letz|te;** ein Verletzter; die Verletzten; zwei Verletzte
die **Ver|letz|te;** eine Verletzte
die **Ver|let|zung**
die **Ver|let|zungs|ge|fahr**
ver|leug|nen; du verleugnest ihn; er verleugnete ihn; er hat ihn verleugnet; verleugne nicht dein Alter!; sie ließ sich verleugnen
die **Ver|leug|nung;** die Verleugnung der Tatsachen
ver|leum|den; du verleumdest ihn; er hat ihn verleumdet; verleumde ihn nicht!
der **Ver|leum|der;** des Verleumders; die Verleumder
die **Ver|leum|de|rin;** die Verleumderinnen
die **Ver|leum|dung**
sich **ver|lie|ben;** er hat sich in sie verliebt
ver|liebt
die **Ver|liebt|heit**
ver|lie|ren; du verlierst; sie verlor; sie hat Geld verloren; verlier *oder* verliere nichts!
der **Ver|lie|rer;** des Verlierers; die Verlierer
die **Ver|lie|re|rin;** die Verliererinnen
das **Ver|lies** (Kerker); des Ver|lie|ses; die Ver|lie|se
sich **ver|lo|ben;** sie haben sich verlobt
der **Ver|lob|te;** ein Verlobter; die Verlobten; zwei Verlobte
die **Ver|lob|te;** eine Verlobte
die **Ver|lo|bung**
ver|lo|gen
ver|lo|ren; der verlorene Sohn; verloren gehen *oder* verlorengehen; der Ring ist verloren gegangen *oder* verlorengegangen
ver|lo|sen; sie verloste; wertvolle Preise werden verlost
der **Ver|lust;** des Verlusts *oder* Ver|lus|tes; die Ver|lus|te; schwere Verluste
ver|ma|chen (vererben); er hat ihr sein Haus vermacht
das **Ver|mächt|nis;** des Vermächtnisses; die Vermächtnisse
sich **ver|mäh|len;** du vermählst dich; er vermählte sich; er hat sich mit seiner Jugendfreundin vermählt
die **Ver|mäh|lung**
ver|mark|ten ([bedarfsgerecht zubereitet] auf den Markt bringen); du vermarktetest; sie hat vermarktet
die **Ver|mark|tung**
ver|meh|ren; er vermehrte seinen Besitz; sich vermehren; die Mäuse haben sich stark vermehrt
die **Ver|meh|rung**
ver|meid|bar; vermeidbare Fehler
ver|mei|den; er vermied jede Begegnung; er hat sie vermieden; vermeide Fehler!
die **Ver|mei|dung**
ver|meint|lich (scheinbar)
der **Ver|merk;** des Vermerks; die Ver|mer|ke
ver|mes|sen; du vermisst; sie vermisst; sie vermaß; sie hat das Haus vermessen
ver|mes|sen (auf anmaßender Selbstüberschätzung beruhend); ein vermessenes Unternehmen

die **Ver|mes|sung**
ver|mie|sen *(umgangssprachlich);* du vermiest; du hast mir den Urlaub vermiest
ver|mie|ten; du vermietest; er vermietete; er hat das Zimmer vermietet
der **Ver|mie|ter;** des Vermieters; die Vermieter
die **Ver|mie|te|rin;** die Vermieterinnen
die **Ver|mie|tung**
ver|min|dern; er hat das Tempo vermindert; eine verminderte (um einen Halbton verkleinerte) Terz
ver|mis|sen; du vermisst; er vermisst; er vermisste; er hat Geld vermisst
der **Ver|miss|te;** ein Vermisster; die Vermissten; zwei Vermisste
die **Ver|miss|te;** eine Vermisste
ver|mit|teln; er hat mir Arbeit vermittelt
der **Ver|mitt|ler;** des Vermittlers; die Vermittler
die **Ver|mitt|le|rin;** die Vermittlerinnen
die **Ver|mitt|lung**
ver|mö|gen; ich vermag; er vermag; sie vermochte; er hat nicht zu sprechen vermocht
das **Ver|mö|gen;** das kostet ihn ein Vermögen (*umgangssprachlich für:* sehr viel)
ver|mö|gend; eine vermögende Frau
der **Ver|mö|gens|wert**
ver|mum|men; ich habe mich vermummt
das **Ver|mum|mungs|ver|bot**
ver|mu|ten; du vermutest; er vermutet; er vermutete; er hat es vermutet
ver|mut|lich
die **Ver|mu|tung;** sie hatte die Vermutung, dass ...
ver|nach|läs|si|gen; du vernachlässigst; er vernachlässigte; sie hat ihre Arbeit vernachlässigt
die **Ver|nach|läs|si|gung**
ver|neh|men; du vernimmst; er vernahm; er hat das Geräusch vernommen (gehört); er hat den Angeklagten vernommen (verhört)
das **Ver|neh|men;** dem Vernehmen nach (nach dem, was zu erfahren ist)
die **Ver|neh|mung**
ver|nei|nen; sie hat die Frage verneint; ein verneinter Satz
die **Ver|nei|nung**
ver|net|zen; sie haben sich vernetzt
die **Ver|net|zung**
ver|nich|ten; du vernichtest; sie vernichtet; es vernichtete; er hat die Akten vernichtet; vernichte sie!
die **Ver|nich|tung**
die **Ver|nunft**
ver|nünf|tig; vernünftiges Handeln
ver|öf|fent|li|chen; du veröffentlichst; er veröffentlicht; sie veröffentlichte; er hat seine Gedichte veröffentlicht; veröffentliche sie!
die **Ver|öf|fent|li|chung**
ver|ord|nen; die Ärztin hat mir eine Medizin verordnet
die **Ver|ord|nung**
ver|pach|ten; er verpachtete mir das Land; er hat es an mich verpachtet
die **Ver|pach|tung**
ver|pa|cken; sie verpackte; sie hat das Geschenk verpackt
die **Ver|pa|ckung**
ver|pas|sen; du verpasst; er verpasste den Zug; er hat den Zug verpasst
ver|pei|len (*salopp für:* durcheinanderbringen, vergessen); er ist total verpeilt (geistig orientierungslos, durcheinander)
ver|pet|zen (*umgangssprachlich für:* [beim Lehrer] anzeigen); du verpetzt ihn; er hat uns verpetzt; verpetz *oder* verpetze ihn nicht!
ver|pfle|gen; du verpflegst; sie verpflegte; sie hat die Schülerinnen verpflegt
die **Ver|pfle|gung**
ver|pflich|ten; sie hat ihn verpflichtet[,] zu kommen; verpflicht *oder* verpflichte sie!; verpflichte dich dazu!
die **Ver|pflich|tung**
ver|pönt (unerwünscht)
sich **ver|pup|pen;** die Raupe hat sich verpuppt
ver|put|zen; du verputzt die Wände; er hat die Fassade verputzt; verputz *oder* verputze das Haus!
das **Ver|put|zen;** das Verputzen der Wände
ver|qui|cken (vermischen); du verquickst; er verquickte; er hat die Dinge miteinander verquickt

ver|ram|meln; sie verrammelt, er hat die Tür verrammelt
der **Ver|rat;** des Verrats *oder* Ver|ra|tes
ver|ra|ten; du verrätst; er verrät; er verriet; er hat den Plan verraten; verrat *oder* verrate ihn nicht!
der **Ver|rä|ter;** des Verräters; die Verräter
die **Ver|rä|te|rin;** die Verräterinnen
ver|rech|nen; du verrechnest; sie verrechnete; sie hat den Betrag verrechnet; verrechne ihn!; sich verrechnen; er hat sich verrechnet
ver|re|cken (*derb für:* verenden; elend umkommen); die Kuh ist verreckt
ver|rei|sen; du verreist; sie verreiste; sie ist verreist; verreis *oder* verreise mal wieder!
ver|ren|ken; du verrenkst; er verrenkte; er hat mir den Arm verrenkt; ich habe mir die Schulter verrenkt
ver|rich|ten; er hat seine Arbeit verrichtet
ver|rin|gern; er verringerte den Abstand; die Aussichten auf Besserung haben sich verringert
die **Ver|rin|ge|rung**
ver|rin|nen; es verrinnt; das ganze Wasser verrann; ein Jahr ist verronnen
der **Ver|riss** (vernichtende Kritik)
ver|ros|ten; das Messer verrostet; es ist verrostet
das **Ver|ros|ten;** zum Schutz vor Verrosten
ver|rot|ten (verfaulen); das Laub verrottet; es ist verrottet
ver|rü|cken; du verrücktest; sie verrückte; er hat verrückt; verrück *oder* verrücke den Tisch!
ver|rückt; ver|rück|ter; am ver|rück|tes|ten; sie trägt ein total verrücktes Kleid
der **Ver|rück|te** *(umgangssprachlich, oft abwertend);* ein Verrückter; die Verrückten; zwei Verrückte
die **Ver|rück|te** *(umgangssprachlich, oft abwertend);* eine Verrückte
die **Ver|rückt|heit**
das **Ver|rückt|wer|den;** es ist zum Verrücktwerden
der **Ver|ruf;** jemanden in Verruf bringen; in Verruf kommen
ver|ru|fen (einen schlechten Ruf habend); ein verrufenes Lokal
der **Vers** (Zeile eines Gedichtes); des Verses; die Ver|se
ver|sa|gen; du versagst; er hat versagt; versag *oder* versage nicht!
das **Ver|sa|gen**
der **Ver|sa|ger;** des Versagers; die Versager
die **Ver|sa|ge|rin;** die Versagerinnen
ver|sal|zen; du versalzt die Suppe; er hat ihr die Freude versalzen
ver|sam|meln; du versammelst; er versammelte; sie hat die Schülerinnen und Schüler alle um sich versammelt
die **Ver|samm|lung**
das **Ver|samm|lungs|recht**
der **Ver|sand;** des Versands *oder* Ver|sandes
das **Ver|sand|zen|t|rum**
ver|sau|en (*umgangssprachlich für:* verschmutzen; verderben); du versaust dein Kleid; du hast mir den Abend versaut
ver|sau|ern (*umgangssprachlich für:* die geistige Frische verlieren); du versauerst hier; er ist versauert
ver|säu|men; du versäumst; sie versäumte; sie hat den Termin versäumt; versäum *oder* versäume ihn nicht!
das **Ver|säum|nis;** des Versäumnisses; die Versäumnisse
ver|schaf|fen; ich habe mir Gewissheit verschafft
ver|schär|fen; die Kontrolle verschärfen
die **Ver|schär|fung**
ver|schen|ken; den Sieg verschenken
ver|scheu|chen; du verscheuchst; sie verscheuchte; er hat die Vögel verscheucht; verscheuch *oder* verscheuche sie nicht!
ver|schie|ben; ich verschiebe das Dreieck um 2 cm nach rechts; er verschob seinen Besuch; der Termin hat sich verschoben
die **Ver|schie|bung**
ver|schie|den; verschieden lang; Verschiedene sagen, es sei anders gewesen; Verschiedenes war mir unklar; Ähnliches und Verschiedenes; etwas Verschiedenes
ver|schie|den|ar|tig; die verschiedenartigsten Lebewesen
ver|schie|dent|lich (mehrfach)
ver|schla|fen; ich verschlief den Tag;

A B C D E F G H I J K L M N O P Q R S T U V ver W X Y Z

ich habe verschlafen; verschlaf *oder* verschlafe nicht!

ver|schla|fen; er sieht verschlafen aus

der **Ver|schlag** (abgeteilter Raum mit Bretterwänden); des Verschlags *oder* Verschla|ges; die Ver|schlä|ge

ver|schla|gen (hinterlistig)

die **Ver|schla|gen|heit**

ver|schlech|tern; du verschlechterst deine Lage; sich verschlechtern; das Wetter hat sich verschlechtert

die **Ver|schlech|te|rung**

ver|schlei|ern; ich verschleiere; sie hat sich verschleiert; verschleiere!

die **Ver|schlei|e|rung**

der **Ver|schleiß** (Abnutzung); des Verschlei|ßes; die Ver|schlei|ße

ver|schlei|ßen; du verschleißt; er verschleißt; er verschliss; sie hat viele Kleider verschlissen; verschleiß *oder* verschleiße deine Kräfte nicht!; er hat sich in diesem Streit verschlissen

ver|schlep|pen; man hat ihn in ein Lager verschleppt

ver|schlie|ßen; du verschließt; er verschließt; er verschloss; er hat den Keller verschlossen; verschließ *oder* verschließe ihn!; sich verschließen; sie hat sich meinen Wünschen verschlossen

ver|schlimm|bes|sern (etwas in der Absicht, es zu verbessern, nur schlechter machen); sie verschlimmbessert; er hat verschlimmbessert

ver|schlim|mern; eine Erkältung verschlimmerte seine Krankheit; ihr Zustand hat sich verschlimmert

die **Ver|schlim|me|rung**

ver|schlin|gen; der Hund verschlang das Fleisch; der Bau hat Unsummen verschlungen

ver|schlos|sen

ver|schlu|cken; du verschluckst; sie hat den Bissen verschluckt; sich verschlucken; sie hat sich verschluckt; ABER: das Verschlucken von Kleinteilen kann für Kinder gefährlich werden

der **Ver|schluss;** des Ver|schlus|ses; die Ver|schlüs|se

ver|schlüs|seln (*besonders EDV:* für Unbefugte unleserlich machen); ich verschlüssele; du hast verschlüsselt; verschlüsselte Daten, E-Mails

die **Ver|schlüs|se|lung;** die Verschlüsselungen

ver|schmitzt (schlau); ein verschmitztes Lächeln

ver|schmut|zen; du verschmutzt; sie verschmutzte; er hat den Boden verschmutzt; verschmutz *oder* verschmutze den Wald nicht!

die **Ver|schmut|zung**

ver|schol|len (für verloren, tot gehalten)

ver|scho|nen; sie blieb verschont; verschon *oder* verschone mich mit deinem Geschwätz!

ver|schrei|ben; der Arzt verschrieb (verordnete) ihr ein Medikament; ich habe mich verschrieben (ich habe beim Schreiben einen Fehler gemacht)

ver|schro|ben (seltsam, wunderlich); ein verschrobener Mensch

ver|schul|den; er hat den Unfall selbst verschuldet

das **Ver|schul|den;** ohne sein Verschulden

die **Ver|schul|dung**

ver|schwei|gen; er verschwieg sein Alter; sie hat ihre Vorstrafen verschwiegen

ver|schwen|den; du verschwendest; er verschwendet; er hat sein Geld verschwendet; verschwende dein Geld nicht!

der **Ver|schwen|der;** des Verschwenders; die Verschwender

die **Ver|schwen|de|rin;** die Verschwenderinnen

ver|schwen|de|risch; eine verschwenderische Pracht

ver|schwie|gen (nicht geschwätzig; einsam); verschwiegene Mitarbeiter; eine verschwiegene Bucht

die **Ver|schwie|gen|heit**

ver|schwin|den; du verschwindest; er verschwindet; sie verschwand; er ist verschwunden; verschwinde!

das **Ver|schwin|den;** des Verschwindens; niemand bemerkte sein Verschwinden

ver|schwit|zen (*umgangssprachlich für:* vergessen); er hat die Probe verschwitzt

ver|schwitzt (schweißnass); verschwitzte Kleider

ver|schwom|men (undeutlich, unklar)

die **Ver|schwö|rung**

die **Ver|schwö|rungs|the|o|rie**
ver|schwur|belt (*umgangssprachlich für:* verworren); verschwurbelt reden
ver|se|hen; du versiehst; sie versieht; er versah; sie hat ihren Dienst treu versehen; sich versehen; ich habe mich bei der Abrechnung versehen (geirrt)
das **Ver|se|hen;** des Versehens; die Versehen
ver|se|hent|lich
der **Ver|sehr|te;** ein Versehrter; die Versehrten; zwei Versehrte
die **Ver|sehr|te;** eine Versehrte
ver|sen|den; du versendest; sie versendet; sie versendete *oder* versandte; sie hat die Post versendet *oder* versandt
die **Ver|sen|dung**
ver|sen|gen; du versengst; er versengte; er hat sich das Haar versengt
ver|sen|ken; du versenkst; sie versenkte; er hat das Boot im Teich versenkt
die **Ver|sen|kung**
ver|ses|sen (begierig); auf Eis ist sie ganz versessen
die **Ver|ses|sen|heit**
ver|set|zen; du versetzt; er versetzte den Grenzstein; die Schülerin ist versetzt worden; versetz *oder* versetze ihn!
die **Ver|set|zung**
ver|set|zungs|ge|fähr|det
ver|seucht; verseuchtes Wasser
der **Ver|si|che|rer;** des Versicherers; die Versicherer
die **Ver|si|che|rin;** die Versicherinnen
ver|si|chern; du versicherst; er versicherte; sie hat ihr Auto gegen Diebstahl versichert; sich versichern; er hat sich hoch versichert
der **Ver|si|cher|te;** ein Versicherter; die Versicherten; zwei Versicherte
die **Ver|si|cher|te;** eine Versicherte
die **Ver|si|cher|ten|kar|te** (für Mitglieder der gesetzlichen Krankenkassen)
die **Ver|si|che|rung**
das **Ver|si|che|rungs|un|ter|neh|men**
ver|sie|gen (aufhören zu fließen); die Quelle versiegte; sie ist versiegt
ver|siert (erfahren, geschickt); in etwas versiert sein; eine versierte Fachfrau
ver|sif|fen (*salopp für:* schmutzig werden); es versifft; sie sind versifft
ver|sifft (*umgangssprachlich für:* verschmutzt)
ver|sin|ken; du versankst; er ist versunken; versink *oder* versinke nicht in Trauer!
die **Ver|si|on** (Fassung, Formulierung; Ausführung); die Ver|si|o|nen
ver|söh|nen; du versöhnst; er versöhnte; er hat die Streitenden versöhnt; sich versöhnen; versöhn *oder* versöhne dich mit ihr!
ver|söhn|lich
die **Ver|söh|nung**
ver|sor|gen; sie hat uns mit Proviant versorgt
die **Ver|sor|gung**
ver|spach|teln; er hat die Ritzen verspachtelt; sie verspachtelte (*umgangssprachlich für:* verzehrte mit großem Appetit) zwei Portionen Pommes frites
sich **ver|spä|ten;** du verspätest dich; er verspätet sich; er verspätete sich; er hat sich verspätet; verspäte dich nicht!
die **Ver|spä|tung**
ver|spot|ten; sie haben ihn verspottet
die **Ver|spot|tung**
ver|spray|en (*schweizerisch für:* mit Graffiti besprühen)
ver|spre|chen; du versprichst; er verspricht; sie versprach; er hat ihr die Heirat versprochen; versprich nicht zu viel!; sich versprechen; sie hat sich versprochen
das **Ver|spre|chen;** des Versprechens; die Versprechen
ver|staat|li|chen (in Staatseigentum übernehmen); die Bahn ist verstaatlicht
die **Ver|staat|li|chung**
der **Ver|stand;** des Verstands *oder* Ver|stan|des; [nicht] bei Verstand sein
ver|stän|dig (klug, einsichtig); eine verstän|di|ge Frau
sich **ver|stän|di|gen;** du verständigst dich mit ihm; er verständigte sich mit ihm; er hat sich mit ihm verständigt
die **Ver|stän|di|gung**
ver|ständ|lich; verständliche Sorge; etwas verständlich machen
das **Ver|ständ|nis;** des Verständnisses
ver|stär|ken; er hat die Mauer verstärkt; verstärk *oder* verstärke den Ton!

A B C D E F G H I J K L M N O P Q R S T U V ver W X Y Z

der **Ver|stär|ker;** des Verstärkers; die Verstärker

die **Ver|stär|kung**

ver|stau|chen; du verstauchst; sie verstauchte sich den Fuß; sie hat sich den Fuß verstaucht

die **Ver|stau|chung**

ver|stau|en; die Koffer im Kofferraum verstauen

das **Ver|steck;** des Verstecks *oder* Ver|ste-ckes; die Ver|ste|cke; Versteck spielen

ver|ste|cken; du versteckst; er versteckte; er hat das Spielzeug versteckt; versteck *oder* verstecke es!; sich verstecken; die Kinder haben sich versteckt

das **Ver|ste|cken;** des Versteckens; Verstecken spielen

ver|ste|hen; du verstehst; sie versteht; sie verstand; sie hat verstanden; versteh *oder* verstehe doch!; jemandem etwas zu verstehen geben

das **Ver|ste|hen;** des Verstehens

ver|stei|gern; das Bild wurde versteigert

die **Ver|stei|ge|rung**

ver|stei|nern; die Pflanzen versteinern; sie stand wie versteinert (starr, unbeweglich) da

die **Ver|stei|ne|rung**

sich **ver|stel|len;** du verstellst dich; sie verstellte sich; sie hat sich verstellt; verstell *oder* verstelle dich nicht!

ver|steu|ern (für etwas Steuern zahlen)

ver|stimmt; ein verstimmtes Klavier

ver|stockt (uneinsichtig, störrisch)

ver|stoh|len (heimlich); ein verstohlener Blick

ver|stop|fen; er hat die Öffnung verstopft; der Abfluss ist verstopft

die **Ver|stop|fung;** unter Verstopfung leiden

ver|stor|ben

der **Ver|stor|be|ne;** ein Verstorbener; die Verstorbenen; zwei Verstorbene

die **Ver|stor|be|ne;** eine Verstorbene

der **Ver|stoß;** des Ver|sto|ßes; die Ver|stö|ße

ver|sto|ßen; der König verstieß seine Gemahlin; er hat gegen die Regel verstoßen

ver|strah|len (radioaktiv verseuchen); verstrahltes Gebiet

die **Ver|strah|lung**

ver|strei|chen; er verstrich die Farbe mit einem Pinsel; er hat die Farbe verstrichen; ABER: der Termin ist verstrichen (vorübergegangen)

ver|stüm|meln; ein verstümmelter Text

ver|stum|men; du verstummtest; sie ist verstummt; verstumm *oder* verstumme sofort!

der **Ver|such**

ver|su|chen; du versuchst; sie versuchte; sie hat alles versucht; versuch *oder* versuche es!

ver|suchs|wei|se

die **Ver|su|chung**

ver|ta|gen; die Sitzung wurde vertagt

ver|tau|schen; mit vertauschten Rollen

ver|tei|di|gen; du verteidigst; er verteidigte die Festung; er hat den Angeklagten verteidigt; verteidige ihn!; sich verteidigen; er hat sich tapfer verteidigt

der **Ver|tei|di|ger;** des Verteidigers; die Verteidiger

die **Ver|tei|di|ge|rin;** die Verteidigerinnen

die **Ver|tei|di|gung**

ver|tei|len; du verteilst; sie verteilte; sie hat die Geschenke verteilt; verteil *oder* verteile sie!

ver|ti|cken (*umgangssprachlich für:* verkaufen); ich verticke; du vertickst; sie vertickte den Schmuck ihrer Großmutter; sie hat ihn vertickt

ver|tie|fen; du vertiefst dein Wissen; sie hat ihr Wissen vertieft

die **Ver|tie|fung**

ver|ti|kal (senkrecht)

die **Ver|ti|ka|le** (Senkrechte); der Vertikale; die Vertikalen; zwei Vertikale *oder* Vertikalen

der **Ver|trag;** des Vertrags *oder* Ver|tra|ges; die Ver|trä|ge

ver|tra|gen; du verträgst; sie verträgt; sie vertrug; sie hat das Essen vertragen; sich vertragen; die Kinder haben sich vertragen

ver|trag|lich

ver|träg|lich; gut verträgliche Medikamente

ver|trau|en; du vertraust; er vertraute; er hat ihm vertraut; vertrau *oder* vertraue ihm nicht!

das **Ver|trau|en;** des Vertrauens; im Vertrauen

der **Ver|trau|ens|be|weis**
die **Ver|trau|ens|fra|ge** (*Politik:* Antrag der Regierung an das Parlament, ihr durch Mehrheitsbeschluss das Vertrauen auszusprechen)
der **Ver|trau|ens|leh|rer**
die **Ver|trau|ens|leh|re|rin**
der **Ver|trau|ens|schü|ler**
die **Ver|trau|ens|schü|le|rin**
ver|trau|ens|voll; vertrauensvolle Zusammenarbeit
ver|trau|lich; vertrauliche Mitteilungen
ver|traut; ver|trau|ter; am ver|trau|testen; er hat sich damit vertraut gemacht
ver|trei|ben; du vertreibst; sie vertreibt; sie vertrieb; sie hat mehrere Zeitschriften vertrieben; vertreib *oder* vertreibe die Kinder nicht vom Spielplatz!
die **Ver|trei|bung**
ver|tret|bar
ver|tre|ten; er hat seinen Bruder vertreten; sich die Füße vertreten
der **Ver|tre|ter;** des Vertreters; die Vertreter
die **Ver|tre|te|rin;** die Vertreterinnen
die **Ver|tre|tung**
der **Ver|tre|tungs|leh|rer**
die **Ver|tre|tungs|leh|re|rin**
die **Ver|tre|tungs|stun|de**
der **Ver|trieb** (Verkauf); des Vertriebs *oder* Ver|trie|bes; die Ver|trie|be
der **Ver|trie|be|ne;** ein Vertriebener; die Vertriebenen; zwei Vertriebene
die **Ver|trie|be|ne;** eine Vertriebene
ver|trock|nen; das Gras vertrocknet; es vertrocknete; das Gras ist vertrocknet
ver|trö|deln; du vertrödelst; sie vertrödelte; sie hat viel Zeit vertrödelt; vertrödle *oder* vertrödele nicht kostbare Zeit!
ver|tun; ich habe mich vertan; vertane Zeit
ver|tu|schen; du vertuschst; sie vertuscht; er vertuschte; er hat den Vorfall vertuscht; vertusch *oder* vertusche nichts!
die **Ver|tu|schung**
ver|üben; sie hat ein Verbrechen verübt
ver|un|glimp|fen (schmähen, beleidigen); er hat seinen Konkurrenten verunglimpft
ver|un|glü|cken; du verunglückst; er verunglückte; er ist verunglückt
ver|un|rei|ni|gen; er hat den Brunnen verunreinigt
die **Ver|un|rei|ni|gung**
ver|un|si|chern; du verunsichertest mich; sie hat ihn verunsichert; verunsichere mich nicht!
ver|un|stal|ten (entstellen); er hat das Bild verunstaltet
die **Ver|un|stal|tung**
ver|ur|sa|chen; du verursachst; sie verursachte; er hat den Unfall verursacht
der **Ver|ur|sa|cher;** des Verursachers; die Verursacher
die **Ver|ur|sa|che|rin;** die Verursacherinnen
ver|ur|tei|len [*oder* fɛɐ̯ˈʔʊrtai̯lən]; du verurteilst; sie verurteilte; er hat sie verurteilt; verurteil *oder* verurteile sie nicht!
der **Ver|ur|teil|te;** ein Verurteilter; die Verurteilten; zwei Verurteilte
die **Ver|ur|teil|te;** eine Verurteilte
die **Ver|ur|tei|lung**
ver|viel|fa|chen; du vervielfachst; sie vervielfachte; sie hat sein Vermögen vervielfacht; vervielfache es!
ver|viel|fäl|ti|gen; du vervielfältigst; er vervielfältigte; er hat den Text vervielfältigt
die **Ver|viel|fäl|ti|gung**
ver|wah|ren; du verwahrst; sie verwahrt; sie hat das Bild verwahrt; verwahr *oder* verwahre es!
ver|wahr|lo|sen; du verwahrlost; sie verwahrlost; er verwahrloste; die Wohnung ist völlig verwahrlost
ver|waist
ver|wal|ten; du verwaltest; er verwaltete; sie hat das Haus verwaltet; verwalte es!
der **Ver|wal|ter;** des Verwalters; die Verwalter
die **Ver|wal|te|rin;** die Verwalterinnen
die **Ver|wal|tung**
ver|wan|deln; du verwandelst; sie verwandelte; sie hat den Prinzen in ein Tier verwandelt
die **Ver|wand|lung**
ver|wandt; verwandte Seelen
der **Ver|wand|te;** ein Verwandter; die Verwandten; zwei Verwandte
die **Ver|wand|te;** eine Verwandte
die **Ver|wandt|schaft**

A B C D E F G H I J K L M N O P Q R S T U V ver W X Y Z

ver|wandt|schaft|lich
ver|war|nen; der Schiedsrichter hat den Spieler verwarnt
das **Ver|warn|geld**
die **Ver|war|nung**
ver|wech|seln; du verwechselst; er verwechselte; sie hat die Namen verwechselt; verwechsle *oder* verwechsele sie nicht!
die **Ver|wech|se|lung** *oder* **Ver|wechs|lung**
ver|we|gen (draufgängerisch)
ver|weh|ren; er hat mir den Zutritt verwehrt
ver|wei|gern; er hat die Annahme verweigert (abgelehnt)
der **Ver|weis;** des Ver|wei|ses; die Ver|wei|se
ver|wei|sen; du verweist; sie verweist; er verwies; sie hat auf die frühere Stelle verwiesen; verweis *oder* verweise ihn an die höhere Dienststelle!; der Verbrecher wurde des Landes verwiesen
ver|wel|ken; die Blume verwelkte; sie ist verwelkt
ver|wen|den; du verwendest; sie verwendet; sie verwandte *oder* verwendete; sie hat neues Material verwandt *oder* verwendet; verwende neues Material!
ver|wer|fen; ihr Plan wurde verworfen (abgelehnt)
ver|werf|lich (moralisch abzulehnen)
ver|wer|ten; er hat alle Reste verwertet
die **Ver|wer|tung**
ver|we|sen; die Leiche war bereits verwest
die **Ver|we|sung**
ver|wi|ckeln; er hat sich in Widersprüche verwickelt; verwick[e]le ihn in ein Gespräch!
ver|wi|ckelt
die **Ver|wi|cke|lung** *oder* **Ver|wick|lung**
ver|wirk|li|chen; du verwirklichst; er verwirklichte; sie hat ihren Plan verwirklicht; verwirkliche ihn!
die **Ver|wirk|li|chung**
ver|wir|ren; meine Frage verwirrte ihn; sie hat ihn verwirrt
die **Ver|wir|rung**
ver|wit|tern; das Holz ist verwittert
die **Ver|wit|te|rung**
ver|wöh|nen; du verwöhnst; er verwöhnte; sie hat ihn verwöhnt
ver|wor|ren; verworrenes Zeug reden
ver|wun|den; du verwundest; er verwundet; sie verwundete; er hat ihn verwundet; verwunde ihn nicht!
ver|wun|der|lich
ver|wun|dern; es verwunderte mich; es hat mich verwundert
die **Ver|wun|de|rung**
der **Ver|wun|de|te;** ein Verwundeter; die Verwundeten; zwei Verwundete
die **Ver|wun|de|te;** eine Verwundete
die **Ver|wun|dung**
ver|wüs|ten; ein Sturm verwüstete das Land; er hat das Land verwüstet
ver|za|gen; sie ist *oder* hat nicht verzagt
ver|zeh|ren; du verzehrst; sie verzehrte; sie hat ihr Brot verzehrt; verzehr *oder* verzehre es!
ver|zeich|nen; in der Liste sind alle Namen verzeichnet
das **Ver|zeich|nis;** des Verzeichnisses; die Verzeichnisse
ver|zei|hen; du verzeihst; sie verzeiht; er verzieh; sie hat ihm alles verziehen; verzeih *oder* verzeihe mir!
ver|zeih|lich; verzeihliche Fehler
die **Ver|zei|hung;** Verzeihung!
ver|zer|ren; Schmerz verzerrte sein Gesicht; eine verzerrte Darstellung
die **Ver|zer|rung**
der **Ver|zicht;** des Verzichts *oder* Ver|zich|tes; Verzicht leisten
ver|zich|ten; du verzichtest; er verzichtet; sie verzichtete; er hat auf das Erbe verzichtet; verzichte darauf!
ver|zie|hen; du verziehst; sie verzieht; sie verzog; er ist nach Frankfurt verzogen; sich verziehen; die Regenwolken haben sich verzogen
ver|zie|ren; sie hat die Torte verziert
die **Ver|zie|rung**
ver|zo|cken (*umgangssprachlich für:* verspielen); sie hat das Geld verzockt
ver|zö|gern; der Bau hat sich verzögert
die **Ver|zö|ge|rung**
ver|zol|len; er hat den Wein verzollt
ver|zwei|feln; du verzweifelst; er verzweifelte; er ist verzweifelt; verzweifle *oder* verzweifele nicht!
ver|zwei|felt
die **Ver|zweif|lung**
die **Ver|zweif|lungs|tat**

ver|zwi̱ckt; ver|zwick|ter; am ver|zwick|tes|ten; eine verzwickte Geschichte

die **Ve̱s|per** (Abendandacht; Zwischenmahlzeit); die Vespern

ve̱s|pern; du vesperst; er vesperte; sie hat gevespert

der **Ve|su̱v** (Vulkan in Italien); des Vesuvs

der **Ve|te|ra̱n** (altgedienter Soldat; Oldtimer); des/dem/den Ve|te|ra|nen; die Ve|te|ra|nen

die **Ve|te|ra̱|nin** (altgediente Soldatin; Oldtimer, z. B. altes Schiff); die Veteraninnen

der **Ve|te|ri|nä̱r** (Tierarzt); des Veterinärs; die Ve|te|ri|nä|re

die **Ve|te|ri|nä̱|rin;** die Veterinärinnen

das **Ve̱|to** (Einspruch); des Vetos; die Vetos

die **Ve̱|to|macht** (Staat, der in einem Gremium ein Vetorecht hat)

das **Ve̱|to|recht**

der **Ve̱t|ter;** des Vetters; die Vettern

die **Ve̱t|tern|wirt|schaft** (Bevorzugung von Verwandten bei der Vergabe von Stellen, Aufgaben oder Ähnlichem)

vgl. = vergleiche!

v. H. = vom Hundert

die **VHS** = Volkshochschule

vi̱a ([auf dem Wege] über); via Köln

der, *auch:* das **Via|du̱kt** (Talbrücke, Straßen- oder Bahnüberführung); des Viadukts *oder* Via|duk|tes; die Via|duk|te

die **Vi|b|ra|ti|o̱n** (Schwingung, Beben)

vi|b|rie̱|ren (beben, zittern); die Fensterscheiben haben vibriert

der **Vic|to̱|ria|see** (See in Afrika)

das **Vi̱|deo** (Videofilm, Videoband); des Vi|de|os; die Vi|de|os

das **Vi̱|deo|band** (zur Aufzeichnung und Wiedergabe von Fernsehsendungen, Filmen usw.); die Vi|deo|bän|der

der **Vi̱|deo|bei|trag**

der **Vi̱|deo|be|weis** (*Ballspiele, Eishockey:* Überprüfung von Schiedsrichterentscheidungen mittels Videoaufzeichnung)

die **Vi̱|deo|bot|schaft** (eine [offizielle] Botschaft enthaltender Videofilm)

der **Vi̱|deo|chat** [...tʃɛt]

der **Vi̱|deo|clip** (kurzes Video zu einem Musiktitel); des Videoclips; die Videoclips

die **Vi̱|deo|da|tei** (*EDV:* digitale Filmdatei)

der **Vi̱|deo|film** (Film zur Wiedergabe auf dem Bildschirm)

die **Vi̱|deo|fo|nie̱** *oder* **Vi|deo|pho|nie̱** (das Telefonieren mit Webcam über das Internet)

die **Vi̱|deo|ka|me|ra**

die **Vi̱|deo|kas|set|te** (mit Videoband)

der **Vi̱|deo|pod|cast** [...pɔtkaːst] (audiovisuelle Datei zum Herunterladen aus dem Internet)

der **Vi̱|deo|re|kor|der** *oder* **Vi̱|deo|re|corder** (Aufzeichnungsgerät)

der **Vi̱|deo|schieds|rich|ter** (*Sport, besonders Fußball*)

die **Vi̱|deo|schieds|rich|te|rin**

das **Vi̱|deo|spiel** (elektronisches Spiel, das auf einem Fernsehbildschirm oder Monitor abläuft)

die **Vi|deo|the̱k** (Sammlung von Videofilmen oder Fernsehaufnahmen)

vi̱|deo|über|wacht

die **Vi̱|deo|über|wa|chung**

die **Vi̱|deo|wand**

das **Vie̱h;** des Viehs *oder* Vie|hes

vie̱|hisch (wie Vieh)

die **Vie̱h|zucht**

vie̱l *siehe Kasten Seite 568*

vie̱l|dis|ku|tiert ↑ viel

vie̱|ler|lei; vielerlei Sorten Brot

vie̱|ler|orts; der starke Regen führte vielerorts zu Überschwemmungen

vie̱l|fach; die vielfache Menge

das **Vie̱l|fa|che;** um ein Vielfaches; um das Vielfache; das kleinste gemeinsame Vielfache (*Mathematik*)

die **Vie̱l|falt;** der Vielfalt

vie̱l|fäl|tig (häufig, oft)

viel|lei̱cht

vie̱l|mals; danke vielmals!

viel|me̱hr; er ist nicht dumm, er weiß vielmehr alles; ABER: er weiß vi̱el me̱hr als du

vie̱l|sa|gend ↑ viel

vie̱l|sei|tig

vie̱l|ver|spre|chend ↑ viel

die **Vie̱l|zahl;** der Vielzahl

Vi|en|ti|ane [vjɛn'tjan] (Hauptstadt von Laos)

vie̱r; die vier Jahreszeiten; die vier Evangelisten; in seinen vier Wänden (*umgangssprachlich für:* zu Hause) bleiben; sich auf seine vier Buchstaben set-

viel

1. Kleinschreibung:

Als unbestimmtes Zahlwort wird »viel« kleingeschrieben:

- in vielem; mit vielem
- um vieles
- ich habe viel[es] erlebt
- zu viel des Guten; er weiß zu viel; besser zu viel als zu wenig; im Saal waren zu viele Menschen

Wenn »viel« der Form nach nominalisiert ist, kann es auch großgeschrieben werden:

- das Lob der vielen *oder* Vielen (der breiten Masse)

2. Beugung:

- viel Gutes *oder* vieles Gute
- mit viel Gutem *oder* mit vielem Guten
- vieler schöner Schnee
- mit vielem kalten Wasser
- viel *oder* viele gute Nachbildungen
- viele Begabte

3. Getrennt- und Zusammenschreibung:

Schreibung in Verbindung mit Partizipien:

- ein viel diskutiertes *oder* vieldiskutiertes Buch
- viel sagende *oder* vielsagende Blicke; ABER: [noch] vielsagendere Blicke
- ein viel versprechendes *oder* vielversprechendes Angebot; ABER: ein [noch] vielversprechenderes Angebot

Vergleiche auch: soviel, so viel

zen (*umgangssprachlich für:* sich hinsetzen); etwas unter vier Augen besprechen; alle viere von sich strecken (*umgangssprachlich für:* sich ausstrecken und entspannen); auf allen vieren gehen; wir sind zu vieren *oder* zu viert; ↑ *auch:* acht, die Acht

die **Vi̲er** (Zahl); die Vieren; eine Vier würfeln; er hat in Deutsch eine Vier geschrieben; ↑ acht, die Acht

das **Vi̲er|eck;** des Vierecks; die Vier|ecke

vi̲er|eckig

vi̲er|fach ↑ achtfach

vi̲er|jäh|rig

vi̲er|köp|fig ↑ dreiköpfig

vi̲er|mal ↑ achtmal

vi̲er|sei|tig

vi̲er|stel|lig; eine vierstellige Zahl

vi̲er|te ↑ achte

vier|tel ↑ achtel

das **Vier|tel;** es ist [ein] Viertel vor, nach eins; es ist fünf Minuten vor drei Viertel; ABER: es hat [ein, drei] viertel eins geschlagen; wir treffen uns um viertel acht, drei viertel acht; ↑ Achtel

das **Vier|tel|fi|na|le** *(Sport)*

das **Vier|tel|ja̲hr**

vier|tel|jäh|rig (ein Vierteljahr alt, dauernd)

vier|tel|jähr|lich (alle Vierteljahre wiederkehrend)

der, *auch:* das **Vier|tel|li|ter;** ↑ achtel

die **Vier|tel|no|te** *(Musik)*

die **Vier|tel|stu̲n|de;** eine Viertelstunde, *auch:* eine viertel Stunde

vi̲er|tens

vier|zehn ↑ acht

vier|zig ↑ achtzig

die **Vier|zig|stu̲n|den|wo|che** (*mit Ziffern:* 40-Stunden-Woche)

Vi|et|na̲m [*oder* vi̯ɛt'na:m] (Staat in Südostasien)

der **Vi|et|na|me̲|se;** des/dem/den Vietnamesen; die Vietnamesen

die **Vi|et|na|me̲|sin;** die Vietnamesinnen

vi|et|na|me̲|sisch

die **Vi|g|net|te** [vɪn'jɛtə] (Gebührenmarke für die Autobahnbenutzung); die Vignetten

der **Vi|ka̲r;** des Vikars; die Vi|ka̲|re

V
vie

die **Vi|ka|rin;** die Vikarinnen

die **Vil|la;** die Villen

vin|tage [...tɪdʒ] (*Jargon:* älter, aber wieder in Mode); die Handtasche ist vintage; er kleidet sich vintage

vi|o|lett ↑ blau

das **Vi|o|lett** (die violette Farbe); des Violetts

die **Vi|o|li|ne** (Geige); die Violinen

der **Vi|o|lin|schlüs|sel** (G-Schlüssel auf der zweiten Notenlinie)

der *und* die **VIP** [vɪp, viːaɪ̯ˈpiː] *oder* **V. I. P.** [viːaɪ̯ˈpiː] = very important person (sehr wichtige Person, Persönlichkeit); des VIP/V. I. P. *oder* VIPs/V. I. P.s *und* der VIP/V. I. P.; die VIPs *oder* V. I. P.s

die **Vi|per** (Giftschlange); die Vipern

die **Vi|ren** ↑ Virus

vir|tu|a|li|sie|ren (etwas virtuell machen; *EDV:* etwas nur simulieren)

die **Vir|tu|al Re|a|li|ty** [ˈvœːɐ̯tʃu̯əl riˈɛlɪti] (virtuelle Realität); der Virtual Reality

die **Vir|tu|al-Re|a|li|ty-Bril|le** (*EDV:* Brille, die Bilder vor die Augen oder auf die Netzhaut projiziert)

vir|tu|ell; virtuelle Realität (vom Computer simulierte Wirklichkeit)

vir|tu|os (meisterhaft)

der **Vir|tu|o|se** (Meister einer [künstlerischen] Technik); des Virtuosen; die Virtuosen

die **Vir|tu|o|sin;** die Virtuosinnen

das, *auch:* der **Vi|rus** (kleinster Krankheitserreger; *kurz für:* Computervirus); des Virus, die Viren

die **Vi|rus|in|fek|ti|on**

vi|sa|frei (visumfrei)

die **Vi|sa|ge** [viˈzaːʒə] (*umgangssprachlich abwertend für:* Gesicht); die Visagen

das **Vi|sier** (Zielvorrichtung; Teil des Helms); des Visiers; die Vi|sie|re

die **Vi|si|on** (Traumbild; Zukunftserwartung); die Vi|si|o|nen

vi|si|o|när (traumhaft; seherisch)

der **Vi|si|o|när** (visionär begabter Mensch); des Visionärs; die Visionäre

die **Vi|si|te** (Krankenbesuch des Arztes); die Visiten

die **Vi|si|ten|kar|te**

die **Vis|ko|se** (glänzende Chemiefaser aus Zellulose)

vi|su|a|li|sie|ren (optisch darstellen); ich visualisiere; du hast visualisiert; visualisier *oder* visualisiere!

vi|su|ell (das Sehen betreffend); visuelle Reize

das **Vi|sum** (amtlich beurkundete Genehmigung für den Grenzübertritt; Sichtvermerk im Pass); die Visa *oder* Visen

vi|sum[s]|frei (kein Visum erfordernd)

vi|tal (voller Lebenskraft; lebenswichtig); vitale Rentnerinnen; vitale Interessen

das **Vi|t|a|min** (ein lebenswichtiger Wirkstoff); des Vitamins; die Vi|t|a|mi|ne; Vitamin C; Vitamin B_{12}

Vi|t|a|min-B-hal|tig

der **Vi|t|a|min-B-Man|gel**

vi|t|a|min|reich; vitaminreiche Kost

die **Vi|t|ri|ne** (Schaukasten; Glasschrank); die Vitrinen

der **Vi|ze|kanz|ler** [ˈfiːtsə...] (Stellvertreter des Kanzlers oder der Kanzlerin)

die **Vi|ze|kanz|le|rin**

die **Vi|ze|meis|ter|schaft** (zweiter Platz in einer Meisterschaft)

VN = Vereinte Nationen *Plural;* ↑ *auch:* UNO

der **Vo|gel;** des Vogels; die Vögel

vo|gel|frei (*früher für:* geächtet und daher rechtlos und schutzlos)

die **Vo|gel|grip|pe** (eine Infektionskrankheit)

das **Vo|gel|häus|chen**

der **Vo|gel|kä|fig**

das **Vo|gel|nest**

die **Vo|gel|scheu|che**

das **Vo|gel|schutz|ge|biet**

die **Vo|ge|sen** (Gebirge in Ostfrankreich) *Plural*

der **Vogt** (*früher für:* Verwaltungsbeamter eines Landesherrn); des Vogts *oder* Vogtes; die Vög|te

die **Vo|ka|bel** (einzelnes Wort eines Wortschatzes); die Vokabeln

das **Vo|ka|bel|heft**

der **Vo|ka|bel|test**

das **Vo|ka|bu|lar** (Wortschatz); des Vokabulars; die Vokabulare

der **Vo|kal** (Selbstlaut); des Vokals; die Voka|le

das **Volk;** des Volks *oder* Vol|kes; die Völ|ker

der **Völ|ker|ball** (ein Ballspiel)

der **Völ|ker|mord**

voll

1. Beugung:

- voll *oder* voller Angst
- ein Eimer voll *oder* voller Wasser
- der Saal war voll *oder* voller Menschen
- voll heiligem Ernst

2. Klein- und Großschreibung:

Kleinschreibung:

- ein Fass voll Salz
- zehn Minuten nach voll (*umgangssprachlich für:* nach der vollen Stunde)

Großschreibung:

- aus dem Vollen schöpfen
- in die Vollen gehen

3. Getrennt- und Zusammenschreibung:

In Verbindung mit »Arm« und »Hand« kann getrennt oder zusammengeschrieben werden:

- ein Arm voll *oder* Armvoll; eine Hand voll *oder* Handvoll

Getrenntschreibung:

- den Mund recht voll nehmen (*umgangssprachlich für:* prahlen); er hat den Mund [zu] voll genommen
- jemanden nicht für voll (*umgangssprachlich für:* nicht ernst) nehmen; sie hat ihren Kollegen noch nie für voll genommen
- etwas voll (ganz) begreifen

Zusammenschreibung, wenn »voll« Verbzusatz ist:

- ein Werk ↑vollenden
- jemandem die Hucke ↑vollhauen (*umgangssprachlich für:* jemanden verprügeln)
- die Badewanne ↑volllaufen lassen
- das Glas ↑vollmachen
- das Urteil ↑vollstrecken
- eine Trennung ↑vollziehen

Schreibung in Verbindung mit Partizipien:

- ein voll besetzter *oder* vollbesetzter Bus
- ein voll automatisiertes *oder* vollautomatisiertes Verfahren

das **Völ|ker|recht**
die **Völ|ker|wan|de|rung**
die **Volks|ab|stim|mung**
die **Volks|bank** *(Markenbezeichnung)*
das **Volks|be|geh|ren**
die **Volks|hoch|schu|le** (*Abkürzung:* VHS)
das **Volks|lied**
die **Volks|mu|sik**
volks|nah
die **Volks|nä|he**
die **Volks|par|tei**
der **Volks|stamm**
der **Volks|tanz**
volks|tüm|lich
der **Volks|wirt**
die **Volks|wir|tin**
die **Volks|wirt|schaft**
voll *siehe Kasten*
voll|auf; vollauf zufrieden sein
voll|au|to|ma|tisch
voll|au|to|ma|ti|siert ↑voll
das **Voll|bad**
voll|be|setzt ↑voll
voll|en|den; du vollendest; sie vollendet; sie vollendete; sie hat sein Werk vollendet; vollende es!
voll|ends
die **Voll|en|dung**
vol|ley [ˈvɔli] (aus der Luft, im Flug); den Ball volley nehmen

der **Vol|ley** (volley geschlagener Ball); des Volleys; die Volleys
der *oder* das **Vol|ley|ball** (ein Ballspiel)
das **Voll|gas;** Vollgas geben
voll|hau|en; jemandem die Hucke vollhauen (*umgangssprachlich für:* jemanden verprügeln); er haute ihm die Hucke voll
völ|lig; völlige Übereinstimmung
voll|jäh|rig (mündig)
die **Voll|jäh|rig|keit**
voll|kom|men
das **Voll|korn|brot**
der **Voll|korn|keks**
voll|lau|fen; der Eimer läuft voll; der Eimer ist vollgelaufen
voll|ma|chen; das Glas vollmachen; er machte es voll
die **Voll|macht**
die **Voll|milch**
der **Voll|mond**
der **Voll|pfos|ten** (*umgangssprachlich für:* sehr dummer Mensch)
voll|stän|dig
voll|stre|cken; er vollstreckte den Beschluss; er hat das Urteil vollstreckt; vollstreck *oder* vollstrecke das Urteil!
der **Voll|tref|fer**
voll|um|fäng|lich (in vollem Umfang); sie wurden vollumfänglich entschädigt
das **Voll|verb** (*Sprachwissenschaft:* Verb, das allein das Prädikat bilden kann)
die **Voll|ver|samm|lung**
voll|ver|schlei|ert
voll|wer|tig; vollwertige Ernährung
die **Voll|wert|kost**
voll|zäh|lig; vollzähliges Erscheinen
die **Voll|zeit;** [in] Vollzeit arbeiten; ↑ *auch:* Teilzeit
die **Voll|zeit|stel|le**
voll|zie|hen; er vollzog die Trennung; er hat sie vollzogen; die vollziehende Gewalt (Exekutive)
der **Voll|zug;** des Vollzugs *oder* Voll|zu|ges
der **Vo|lo|co|p|ter** [*auch:* ˈvoː...] (*Markenbezeichnung:* ein bemannter Multikopter); des Volocopters; die Volocopter
das **Volt** (Einheit der elektrischen Spannung); des Volt *oder* Volts *oder* Vol|tes; die Volt; 220 Volt
das **Vo|lu|men** (Ausdehnung, Rauminhalt); die Volumen *oder* Vo|lu|mi|na

der **Vo|lun|teer** [vɔlʊnˈtiːɐ̯] (Freiwilliger, Ehrenamtlicher); des Volunteers; die Volunteers
die **Vo|lun|tee|rin** [vɔlʊnˈtiːrɪn]; die Volunteerinnen
vom (von dem)
von; von vorn; von mir aus; von weit her; von jeher; von wegen! (*umgangssprachlich für:* auf keinen Fall!)
von|ei|n|an|der; etwas voneinander haben; etwas voneinander wissen; ↑ aufeinander
von|nö|ten (nötig); vonnöten sein
von|stat|ten|ge|hen (stattfinden; sich entwickeln); ihre Genesung ging langsam vonstatten; sie ist langsam vonstattengegangen
vor; vor allem; vor Zeiten
vor|ab (zunächst, zuerst)
der **Vor|abend**
vo|r|an
vo|r|an|ge|hen; die Dinge gehen gut voran; sie sind gut vorangegangen
vo|r|an|ge|hend; die vorangehenden Ausführungen; ABER: Vorangehendes
der **Vor|ar|bei|ter**
die **Vor|ar|bei|te|rin**
vo|r|aus; er war allen voraus; ABER: im, zum Voraus
vo|r|aus|ge|hen; sie geht voraus; sie ist vorausgegangen
vo|r|aus|ge|hend; im vorausgehenden Kapitel; ABER: im Vorausgehenden (weiter oben)
die **Vo|r|aus|sa|ge;** präzise Voraussagen
vo|r|aus|sa|gen; sie hat ihm die Zukunft vorausgesagt
vo|r|aus|set|zen; sie setzt voraus; sie hat viel vorausgesetzt; vorausgesetzt[,] dass
die **Vo|r|aus|set|zung**
vo|r|aus|sicht|lich
der **Vor|be|halt;** des Vorbehalts *oder* Vorbe|hal|tes; die Vorbehalte; mit, unter, ohne Vorbehalt
sich **vor|be|hal|ten** (sich etwas offenlassen)
vor|bei; die Pause ist vorbei
vor|bei|fah|ren
vor|bei|ge|hen; er geht vorbei; als er vorbeiging; sie ist vorbeigegangen
vor|bei|kom|men
vor|bei|lei|ten

A B C D E F G H I J K L M N O P Q R S T U V vor W X Y Z

vor|bei|re|den; sie haben aneinander vorbeigeredet
vor|be|rei|ten; sie hat den Ausflug gut vorbereitet
die **Vor|be|rei|tung**
die **Vor|be|rei|tungs|klas|se** *(Schule)*
vor|be|straft; ein vorbestrafter Angeklagter
vor|beu|gen; du beugst vor; sie beugte vor; sie hat vorgebeugt; beug *oder* beuge vor!
das **Vor|bild;** die Vor|bil|der
vor|bild|lich; vorbildliches Verhalten
der **Vor|den|ker**
die **Vor|den|ke|rin**
vor|de|re; der vordere Teil; an der vordersten Front
der **Vor|der|grund;** im Vordergrund stehen
vor|der|grün|dig (oberflächlich)
der **Vor|der|mann;** auf Vordermann bringen
das **Vor|der|rad**
das *oder* der **Vor|der|teil**
vor|drän|gen; die Menge drängte vor; du hast dich vorgedrängt
vor|drin|gen; die Feuerwehr drang vor; sie ist bis zum Brandherd vorgedrungen
vor|dring|lich (sehr wichtig)
vor|ei|lig; voreiliges Handeln
vor|ei|n|an|der; sich voreinander fürchten; sich voreinander hinstellen; ↑aufeinander
vor|ent|hal|ten; sie enthält vor; er hat uns einiges vorenthalten; enthalt *oder* enthalte uns nichts vor!
die **Vor|ent|schei|dung**
vor|erst
der **Vor|fahr** *oder* **Vor|fah|re;** des/dem/den Vorfahren; die Vorfahren
die **Vor|fah|rin;** die Vorfahrinnen
die **Vor|fahrt;** [die] Vorfahrt haben; er hat die Vorfahrt nicht beachtet
der **Vor|fall**
das **Vor|feld;** im Vorfeld der Wahlen
vor|fin|den; etwas Neues vorfinden
die **Vor|freu|de**
vor|füh|ren; er hat seine Dias vorgeführt
die **Vor|füh|rung**
die **Vor|ga|be** (Richtlinie)
der **Vor|gang;** die Vor|gän|ge
der **Vor|gän|ger;** des Vorgängers; die Vorgänger
die **Vor|gän|ge|rin;** die Vorgängerinnen
der **Vor|gar|ten** (kleinerer, vor einem Haus gelegener Garten)
vor|ge|hen; sie ging schon vor (voraus); was ist hier vorgegangen (geschehen)?
das **Vor|ge|hen;** des Vorgehens
die **Vor|ge|hens|wei|se**
die **Vor|ge|schich|te**
der **Vor|ge|schmack**
der **Vor|ge|setz|te;** ein Vorgesetzter; die Vorgesetzten; zwei Vorgesetzte
die **Vor|ge|setz|te;** eine Vorgesetzte
vor|ges|tern; vorgestern Abend; ↑*auch:* gestern
vor|ha|ben; was hast du vor?; ich weiß nicht, was er vorgehabt hat
das **Vor|ha|ben;** des Vorhabens; die Vorhaben
vor|hal|ten; hinter vorgehaltener Hand
die **Vor|hand** *(beim Tennis usw.)*
vor|han|den; vorhanden sein
der **Vor|hang;** des Vorhangs *oder* Vor|han|ges; die Vor|hän|ge
vor|her; vorher gehen; vorher baden
vor|her|ge|hen; was ging vorher?; einiges ist vorhergegangen; im Vorhergehenden (weiter oben)
vor|he|rig
die **Vor|herr|schaft**
die **Vor|her|sa|ge**
vor|her|sa|gen; er sagt vorher; sie hat den Misserfolg vorhergesagt
vor|her|se|hen; er sah es vorher; sie hat alles vorhergesehen
vor|hin; er ist vorhin gekommen
vo|ri|ge; vorige Woche; im vorigen Jahrhundert; am letzten Tag [des] vorigen Jahres; ABER: der, die, das Vorige; im Vorigen (weiter oben); die Vorigen (Personen des Theaterstücks)
das **Vor|jahr**
der **Vor|jah|res|zeit|raum**
vor|jäh|rig; die vorjährige Ernte
die **Vor|keh|rung** (sichernde Maßnahme); Vorkehrungen treffen
vor|kom|men; der Plan kam ihm selt-

sam vor; das ist alles schon vorgekommen

das **Vor|kom|men;** des Vorkommens; die Vorkommen; ergiebige Vorkommen von Erdöl

das **Vor|komm|nis** (Vorfall); die Vorkommnisse

die **Vor|la|ge**

der **Vor|lauf** *(Sport)*

der **Vor|läu|fer** (Vorgänger)

die **Vor|läu|fe|rin** (Vorgängerin)

vor|läu|fig; vorläufige Regelungen

vor|laut; vor|lau|ter; am vor|lau|tes|ten

vor|le|sen; er liest vor; sie hat den Text vorgelesen

der **Vor|le|se|wett|be|werb**

die **Vor|le|sung**

vor|letzt; der vorletzte Schüler; ABER: er ist der Vorletzte

vor|letz|te ↑letzte

die **Vor|lie|be;** mit Vorliebe

vor|lieb|neh|men; sie nimmt vorlieb; er nahm vorlieb; wir haben damit vorliebgenommen

vor|lie|gen; mir lag ein Gutachten vor; ein Verschulden hat nicht vorgelegen

vor|ma|chen; mir kannst du nichts vormachen; sie hat es mir vorgemacht

der **Vor|mit|tag;** heute Vormittag

vor|mit|tags; ABER: des, eines Vormittags; ↑Abend, abends

der **Vor|mo|nat**

der **Vor|mund;** des Vormunds *oder* Vor|mun|des; die Vor|mun|de *oder* Vor|mün|der

die **Vor|mun|din;** die Vormundinnen

die **Vor|mund|schaft**

vorn, *auch, besonders süddeutsch:* **vor|ne;** von vorn beginnen

der **Vor|na|me;** des Vornamens; die Vornamen

vor|nehm; vornehm tun

vor|neh|men; du nimmst dir viel vor; du hast dir viel vorgenommen

vor|nehm|lich (besonders)

vorn|he|r|ein; von vornherein

der **Vor|ort;** des Vororts *oder* Vor|or|tes; die Vor|or|te; ABER: vor Ort sein

vor Ort *vergleiche:* **Ort**

der **Vor|rang;** des Vorrangs *oder* Vor|ran|ges

vor|ran|gig; ein vorrangiges Ziel

der **Vor|rat;** des Vorrats *oder* Vor|ra|tes; die Vor|rä|te

vor|rä|tig; etwas vorrätig haben

die **Vor|rats|da|ten|spei|che|rung** (*Politik:* Speicherung von Telekommunikationsdaten für einen bestimmten Zeitraum)

der **Vor|rei|ter** (jemand, der etwas zuerst tut)

die **Vor|rei|te|rin**

die **Vor|rei|ter|rol|le**

die **Vor|rich|tung**

die **Vor|run|de** *(Sport)*

das **Vor|run|den|spiel** *(Sport)*

der **Vor|satz;** des Vor|sat|zes; die Vor|sät|ze

vor|sätz|lich; vorsätzlicher Betrug

die **Vor|schau**

der **Vor|schein;** *nur in:* zum Vorschein kommen, bringen

der **Vor|schlag;** des Vorschlags *oder* Vor|schla|ges; die Vor|schlä|ge

vor|schla|gen; ich schlage vor; er schlägt vor; sie hat diesen Plan vorgeschlagen

vor|schnell; vorschnell urteilen

vor|schrei|ben; die Satzung schreibt geheime Wahl vor; das ist vorgeschrieben

die **Vor|schrift**

vor|schrifts|mä|ßig

der **Vor|schub;** Vorschub leisten (begünstigen)

das **Vor|schul|al|ter**

die **Vor|schu|le**

der **Vor|schuss;** des Vor|schus|ses; die Vor|schüs|se

sich **vor|se|hen;** du siehst dich vor; sie hat sich vorgesehen

die **Vor|sicht**

vor|sich|tig

vor|sichts|hal|ber

die **Vor|sichts|maß|nah|me**

die **Vor|sil|be** (Präfix)

der **Vor|sitz;** des Vor|sit|zes; die Vor|sit|ze

der **Vor|sit|zen|de;** ein Vorsitzender; die Vorsitzenden; zwei Vorsitzende

die **Vor|sit|zen|de;** eine Vorsitzende

die **Vor|sor|ge;** Vorsorge treffen

die **Vor|sor|ge|un|ter|su|chung**

vo̱r|sorg|lich; vorsorgliche Maßnahmen

der **Vo̱r|spann** (eines Films oder einer Fernsehsendung); des Vorspanns *oder* Vor|span|nes; die Vor|span|ne *oder* Vor|spän|ne

das **Vo̱r|spiel**

der **Vo̱r|sprung;** des Vorsprungs *oder* Vorsprun|ges; die Vor|sprün|ge

die **Vo̱r|stadt**

der **Vo̱r|stand;** des Vorstands *oder* Vorstan|des; die Vor|stän|de

das **Vo̱r|stands|mit|glied**

der **Vo̱r|ste|her;** des Vorstehers; die Vorsteher

die **Vo̱r|ste|he|rin;** die Vorsteherinnen

vo̱r|stell|bar

vo̱r|stel|len; du stellst dir etwas vor; ich habe mich vorgestellt (meinen Namen genannt)

die **Vo̱r|stel|lung**

das **Vo̱r|stel|lungs|ge|spräch**

die **Vo̱r|stel|lungs|kraft**

die **Vo̱r|stel|lungs|run|de**

der **Vo̱r|stoß;** des Vor|sto|ßes; die Vor|stöße

die **Vo̱r|stra|fe**

der **Vo̱r|tag**

vo̱r|täu|schen; er hat eine Krankheit vorgetäuscht

der **Vo̱r|teil;** des Vorteils; die Vor|tei|le; im Vorteil sein

vo̱r|teil|haft; vor|teil|haf|ter; am vorteil|haf|tes|ten

der **Vo̱r|trag;** des Vortrags *oder* Vor|trages; die Vor|trä|ge

vo̱r|tra|gen; du trägst vor; er trägt vor; sie trug vor; sie hat das Gedicht vorgetragen; trag *oder* trage es vor!

die **Vo̱r|trags|be|zeich|nung** *(Musik)*

vor|tre̱ff|lich; ein vortrefflicher Einfall

die **Vor|tre̱ff|lich|keit**

der **Vo̱r|tritt;** er lässt ihr den Vortritt

vo|r|ü̱|ber; es ist alles vorüber

vo|r|ü̱|ber|ge|hen; er geht vorüber; sie ist vorübergegangen

vo|r|ü̱|ber|ge|hend (für kurze Zeit)

das **Vo̱r|ur|teil**

vo̱r|ur|teils|los

die **Vo̱r|ur|teils|lo|sig|keit**

die **Vo̱r|ver|gan|gen|heit** (Plusquamperfekt)

die **Vo̱r|ver|si|on**

der **Vo̱r|wand;** des Vorwands *oder* Vorwan|des; die Vor|wän|de

vo̱r|wärts; vor- und rückwärts; er ist immer vorwärts hineingegangen

vo̱r|wärts|ge|hen; mit dem Projekt ist es vorwärtsgegangen (besser geworden)

vor|we̱g; etwas vorweg (zuvor) klären

vor|we̱g|neh|men; sie nimmt vorweg; er nahm vorweg; sie hat das Ergebnis vorweggenommen

vo̱r|wei|sen; du weist vor; sie wies vor; er hat vorgewiesen; weis *oder* weise das erst vor!

vo̱r|wer|fen; er wirft ihm vor; sie hat ihm Feigheit vorgeworfen

vo̱r|wie|gend (vor allem, meist)

vo̱r|wit|zig (neugierig; vorlaut)

die **Vo̱r|wo|che**

das **Vo̱r|wort;** die Vor|wor|te

der **Vo̱r|wurf**

vo̱r|wurfs|voll; vorwurfsvolle Blicke

das **Vo̱r|zei|chen**

vo̱r|zei|gen; er hat seinen Ausweis vorgezeigt

die **Vo̱r|zeit**

vo̱r|zei|tig (verfrüht)

vo̱r|zeit|lich (der Vorzeit angehörend)

vo̱r|zie|hen; er zieht ihn vor; sie hat sie vorgezogen

der **Vo̱r|zug**

vor|zü̱g|lich (ausgezeichnet)

vo̱r|zugs|wei|se (hauptsächlich); er sammelt vorzugsweise alte Münzen

vo|ten [ˈvɔʊ̯tn̩] (abstimmen); du votest; er votete; sie hat gevotet; vote!

das **Vo|ting** [ˈvɔʊ̯tɪŋ] (Abstimmung); des Votings; die Votings

das **Vo̱|tum** (Urteil; Stimme; Entscheid[ung]); des Votums; die Voten *oder* Vota; das Votum fiel positiv aus

das **VPN** (*EDV:* geschlossenes, verschlüsseltes Kommunikationsnetz); des VPN[s]; die VPN[s]

v. T. = vom Tausend

vul|gä̱r (gewöhnlich; gemein, niedrig)

der **Vul|ka̱n** (Feuer speiender Berg); des Vulkans; die Vul|ka|ne

vul|ka̱|nisch; vulkanisches Gestein

vul|ka|ni|sie̱|ren (Kautschuk zu Gummi verarbeiten); du vulkanisierst; er hat den Reifen vulkanisiert

W

w = weiblich
W = Watt; West[en]
das **W** (Buchstabe); des W; die W; ABER: das w in Löwe
die **Waa|ge**
waa|ge|recht *oder* **waag|recht;** eine waag[e]rechte Linie
die **Waa|ge|rech|te** *oder* **Waag|rech|te;** der Waag[e]rechten; die Waag[e]rechten; zwei Waag[e]rechte *oder* Waag[e]rechten
die **Waag|scha|le**
wab|be|lig *oder* **wabb|lig** (unangenehm weich); ein wabb[e]liger Pudding
die **Wa|be**
wach; er will wach sein, bleiben, werden; ABER: wach werden *oder* wachwerden (sich wieder zeigen); sein Ehrgeiz ist wach geworden *oder* wachgeworden; sich wach halten; ABER: Erinnerungen ↑wachhalten; er wird die Prinzessin wach küssen *oder* wachküssen; sie schlief so fest, er musste sie wach rütteln *oder* wachrütteln; ABER: etwas ↑wachrütteln; ↑*auch:* wachrufen
die **Wa|che**
wa|chen; du wachst; sie wachte; er hat bei der Kranken gewacht
die **Wach|frau**
wach|hal|ten; die Erinnerungen an etwas wachhalten; ↑ABER: wach
der **Wach|hund**
der **Wach|mann;** die Wach|män|ner *oder* Wach|leu|te
der **Wa|chol|der** (eine Pflanze; ein Branntwein); des Wacholders; die Wacholder
der **Wach|pos|ten**
wach|ru|fen (hervorrufen, wecken); das Bild rief Erinnerungen wach
wach|rüt|teln (aufrütteln); sie hat unser Gewissen wachgerüttelt; ↑*auch:* wach
das **Wachs;** des Wach|ses; die Wach|se
wach|sam (wachsam sein, bleiben)
wach|sen (größer werden); ich wachse; sie wächst; sie wuchs; er ist gewachsen
wach|sen (mit Wachs glätten); du wachst; er wachste; sie hat die Skier gewachst; wachse die Skier!
das **Wachs|tum;** des Wachstums
wachs|tums|för|dernd
die **Wachs|tums|ra|te** *(Wirtschaft)*
die **Wach|tel** (ein Vogel); die Wachteln
der **Wäch|ter;** des Wächters; die Wächter
die **Wäch|te|rin;** die Wächterinnen
der **Wacht|meis|ter**
die **Wacht|meis|te|rin**
der **Wach|turm** *oder* **Wacht|turm**
wach|wer|den ↑wach
wa|cke|lig *oder* **wack|lig;** ein wack[e]liger Stuhl
der **Wa|ckel|kon|takt**
wa|ckeln; du wackelst; er wackelte; sie hat gewackelt; wackle *oder* wackele nicht!
wa|cker (anständig; tüchtig; tapfer)
wack|lig *vergleiche:* **wa|cke|lig**
die **Wa|de**
das **Wa|den|bein**
die **Waf|fe**
die **Waf|fel;** die Waffeln
das **Waf|fel|ei|sen**
das **Waf|fen|recht**
der **Waf|fen|still|stand**
wa|ge|mu|tig
wa|gen; du wagst; sie wagte; er hat den Sprung gewagt; wag *oder* wage nicht zu viel!
der **Wa|gen;** des Wagens; die Wagen
der **Wa|gen|he|ber**
der **Wag|gon** *oder* **Wa|gon** [vaˈgɔŋ, vaˈgõː] (Eisenbahnwagen); des Waggons *oder* Wagons; die Waggons *oder* Wagons
wag|hal|sig
das **Wag|nis;** des Wag|nis|ses; die Wag|nisse
die **Wahl**

> **!** Nicht verwechseln: Obwohl beide Wörter gleich ausgesprochen werden, schreibt man das Nomen in der Bedeutung »das Auswählen; die Entscheidungsmöglichkeit« mit Dehnungs-h *(Wahl)*, das Meeressäugetier dagegen ohne Dehnungs-h *(Wal)*.

das **Wahl|al|ter**
wahl|be|rech|tigt
die **Wahl|be|tei|li|gung**
wäh|len; du wählst; er wählte; sie hat gewählt; wähl *oder* wähle richtig!
wahl|ent|schei|dend
der **Wäh|ler;** des Wählers; die Wähler

A B C D E F G H I J K L M N O P Q R S T U V W wäh X Y Z

das **Wahl|er|geb|nis**
die **Wäh|le|rin;** die Wählerinnen
wäh|le|risch; wählerische Kunden
das **Wahl|fach** (in der Schule)
das **Wahl|ge|heim|nis**
der **Wahl|kampf**
der **Wahl|kreis**
wahl|los
das **Wahl|recht**
der **Wahl|sieg**
wahl|wei|se
der **Wahn;** des Wahns *oder* Wah|nes
wäh|nen (fälschlich glauben); du wähnst; er wähnte, sie sei verreist
der **Wahn|sinn;** des Wahnsinns *oder* Wahnsin|nes
wahn|sin|nig; wahnsinnig werden; sich wahnsinnig (sehr) freuen
die **Wahn|sinns|ar|beit** (*umgangssprachlich für:* schwierige Arbeit; sehr viel Arbeit)
wahr; nicht wahr?; sein wahres Gesicht zeigen; der wahre Jakob (*umgangssprachlich für:* das Richtige); wahr sein, werden; seine Drohungen wahr machen *oder* wahrmachen; ABER NUR: wahrhaben, wahrnehmen, wahrsagen

! Nicht verwechseln: Obwohl beide Wörter gleich ausgesprochen werden, schreibt man das Adjektiv *wahr* mit Dehnungs-h, die Vergangenheitsform des Verbs *sein* dagegen ohne h: »Sie war schon da.«

wah|ren; er wahrte das Geheimnis; sie hat ihre Rechte gewahrt; wahre dein Geheimnis!
wäh|ren (dauern); was lange währt, wird endlich gut; die Feier hat nur kurz gewährt
wäh|rend; während des Unterrichts
wäh|rend|des|sen
wahr|ha|ben; sie will es nicht wahrhaben
wahr|haft (echt); ein wahrhafter Freund
wahr|haf|tig
die **Wahr|heit**
wahr|lich; die Aufgabe ist wahrlich (wirklich) schwierig
wahr|ma|chen ↑wahr
wahr|nehm|bar; kaum wahrnehmbare Laute
wahr|neh|men; sie nimmt das Geräusch wahr; er hat die Gelegenheit wahrgenommen (genutzt)
die **Wahr|neh|mung**
wahr|sa|gen; du sagst wahr *oder* du wahrsagst; er sagte wahr *oder* er wahrsagte; sie hat wahrgesagt *oder* gewahrsagt
der **Wahr|sa|ger;** des Wahrsagers; die Wahrsager
die **Wahr|sa|ge|rin;** die Wahrsagerinnen
wahr|schein|lich [*auch:* 'va:ɐ̯...]
die **Wahr|schein|lich|keit**
die **Wahr|schein|lich|keits|rech|nung**
die **Wäh|rung**
die **Wäh|rungs|ein|heit**
die **Wäh|rungs|uni|on**
das **Wahr|zei|chen**
der **Waid|mann** *vergleiche:* **Weid|mann**
die **Wai|se;** die Waisen
das **Wai|sen|haus** *(früher)*
das **Wai|sen|kind**
der **Wal** (ein Meeressäugetier); des Wals *oder* Wa|les; die Wa|le; ↑ABER: Wahl
der **Wald;** des Walds *oder* Wal|des; die Wälder
das **Wald|horn** (ein Instrument)
der **Wald|lauf**
der **Wald|meis|ter** (eine Pflanze)
der **Wal|dorf|kin|der|gar|ten** (*vergleiche:* Waldorfschule)
die **Wal|dorf|schu|le** (Privatschule, in der nach den Grundsätzen der anthroposophischen Pädagogik gelehrt und gelernt wird)
der **Wald|rand** *oder* **Wal|des|rand**
das **Wald|ster|ben**
Wales [weɪlz] (Teil von Großbritannien)
der **Wal|fang**
der **Wa|li|ser** (Bewohner von Wales); des Walisers; die Waliser
die **Wa|li|se|rin;** die Waliserinnen
wa|li|sisch; die walisische Küste
wal|ken ['wɔ:kn̩] ([Nordic] Walking betreiben); du walkst; er walkte; sie ist gewalkt; walk *oder* walke nicht so lange!
das **Wal|kie-Tal|kie** ['wɔ:ki'tɔ:ki] (tragbares Funksprechgerät); des Walkie-Talkie *oder* Walkie-Talkies; die Walkie-Talkies
das **Wal|king** ['wɔ:kɪŋ] (sportliches Gehen); des Walking *oder* Walkings
der **Walk|man** ['wɔ:kmən] (*Markenbezeichnung:* kleiner Kassettenrekorder mit

Kopfhörern); des Walkmans; die Walkmans *oder* Walkmen [...mən]

der **Wall** (Erdaufschüttung); des Walls *oder* Wal|les; die Wäl|le

der **Wal|lach** (kastrierter Hengst); des Wallachs; die Wal|la|che

wal|len (sprudeln); das Wasser wallt; es wallte; es hat gewallt

wall|fah|ren; ich wallfahre; ich wallfahrte; ich bin nach Rom gewallfahrt

der **Wall|fah|rer**

die **Wall|fah|re|rin**

die **Wall|fahrt**

der **Wall|fahrts|ort**

die **Wal|nuss** [*süddeutsch, österreichisch und schweizerisch meist* 'va:l...]

das **Wal|ross** (eine Robbe); des Wal|ros|ses; die Wal|ros|se

wal|ten; Gnade walten lassen; hier haben rohe Kräfte gewaltet (sind rohe Kräfte am Werk gewesen)

die **Wal|ze**

wal|zen; du walzt; sie walzte; er hat die Straße gewalzt; walz *oder* walze den Schotter!

wäl|zen; du wälzt; sie wälzte; sie hat den Stein zur Seite gewälzt; wälz *oder* wälze ihn zur Seite!

der **Wal|zer;** des Walzers; die Walzer; Walzer tanzen; ein langsamer Walzer; ABER: ein Wiener Walzer

das **Wams** (Untergewand der Ritter); des Wam|ses; die Wäm|ser

die **Wand;** die Wän|de

der **Wan|del;** des Wandels

wan|deln; du wandelst; sie wandelte; er ist auf und ab gewandelt; sich wandeln; die Mode hat sich schnell gewandelt

die **Wan|der|dü|ne**

der **Wan|de|rer** *oder* **Wand|rer;** des Wanderers *oder* Wandrers; die Wanderer *oder* Wandrer

die **Wan|de|rin** *oder* **Wand|re|rin;** die Wanderinnen *oder* Wandrerinnen

wan|dern; du wanderst; er wanderte; sie ist drei Stunden [in den Bergen] gewandert; wandere öfter!

die **Wan|der|schaft**

der **Wan|der|tag**

die **Wan|de|rung**

der **Wan|der|weg**

die **Wand|lung**

die **Wand|ta|fel**

der *oder* das **Wand|tat|too** (Aufkleber für die Wand)

der **Wand|tep|pich**

die **Wand|zei|tung**

die **Wan|ge**

wan|kel|mü|tig (unbeständig); ein wankelmütiger Charakter

wan|ken; du wankst; sie wankte; er ist nach Hause gewankt

wann; wann kommst du?

die **Wan|ne**

das **Wan|nen|bad**

der **Wanst** (*umgangssprachlich für:* [dicker] Bauch); des Wans|tes; die Wäns|te; sich den Wanst vollschlagen

die **Wan|ze**

das **WAP** [*auch:* wɔp] (Verfahren, mit dem über das Handy Informationen aus dem Internet abgerufen werden können)

das **WAP-Han|dy**

das **Wap|pen;** des Wappens; die Wappen

der *oder* das **Wap|pen|schild**

sich **wapp|nen** (sich auf etwas Unangenehmes einstellen); du wappnest dich; er wappnete sich; sie hat sich gegen die Kälte gewappnet; wappne dich dagegen!

war ↑sein

die **Wa|re**

das **Wa|ren|zei|chen** ®

warm; wär|mer; am wärms|ten; warme Würstchen; das Essen warm stellen *oder* warmstellen; den Tee warm halten; ABER: ↑warmhalten; sich warm laufen *(beim Sport);* den Motor warm laufen lassen; mit jemandem warm werden *oder* warmwerden (vertraut werden); sie sind schnell miteinander warm geworden *oder* warmgeworden

die **Wär|me**

die **Wär|me|ener|gie**

die **Wär|me|leh|re**

wär|men; du wärmst; sie wärmte; sie hat das Essen gewärmt; wärm *oder* wärme es!; sich wärmen; er hat sich am Ofen gewärmt

die **Wärm|fla|sche**

warm|hal|ten (*umgangssprachlich für:* sich jemandes Gunst erhalten); ihn solltest du dir warmhalten; ↑ABER: warm

warm|stel|len ↑warm

das **Warm-up** ['wɔːɐ̯mʔap] (das Aufwärmen); des Warm-ups; die Warm-ups

warm|wer|den ↑warm

das **Warn|drei|eck** (ein Warnzeichen bei Autounfällen und Pannen)

war|nen; du warnst; er warnte; sie hat ihn gewarnt; warn *oder* warne ihn davor!

das **Warn|schild;** die Warn|schil|der

der **Warn|streik**

die **War|nung**

War|schau (Hauptstadt Polens)

die **War|te** (Beobachtungsturm)

war|ten; du wartest; er wartete; sie hat auf ihn gewartet; sie hat die Maschine gewartet (gepflegt); warte auf ihn!

der **Wär|ter;** des Wärters; die Wärter

der **War|te|raum**

die **Wär|te|rin;** die Wärterinnen

der **War|te|saal**

die **War|te|schlan|ge**

die **War|te|zeit**

das **War|te|zim|mer**

die **War|tung;** die Wartung des Autos

wa|r|um; warum nicht?

die **War|ze**

was; was ist los?; was für ein Mittel; was für einer; das ist das Schönste, was ich erlebt habe; ABER: das Werkzeug, das ich in der Hand habe

der **Wasch|bär**

das **Wasch|be|cken**

die **Wä|sche**

die **Wä|sche|klam|mer**

wa|schen; du wäschst; sie wäscht; er wusch; sie hat das Auto gewaschen; wasch *oder* wasche das Auto!; sich waschen; du hast dich noch nicht gewaschen

die **Wä|sche|rei**

der **Wasch|lap|pen**

die **Wasch|ma|schi|ne**

das **Wasch|mit|tel**

das **Wasch|pul|ver**

Wa|shing|ton ['wɔʃɪŋtən] (Hauptstadt der USA)

das **Was|ser;** des Wassers; die Wasser *und (für Mineralwasser u. a.:)* die Wässer

der **Was|ser|ball**

der **Was|ser|dampf**

was|ser|dicht (eine wasserdichte Uhr)

der **Was|ser|fall**

die **Was|ser|far|be**

der **Was|ser|hahn**

das **Was|ser|klo|sett** (*Abkürzung:* WC)

die **Was|ser|kraft**

das **Was|ser|kraft|werk**

die **Was|ser|lei|tung**

was|ser|lös|lich (wasserlösliche Farbe)

wäs|sern (mit Wasser versorgen); du wässerst; er wässerte; sie hat die Heringe gewässert

die **Was|ser|schei|de** (zwischen den Einzugsgebieten von zwei Wasserläufen)

was|ser|scheu

der **Was|ser|schi** *vergleiche:* **Was|ser|ski**

das **Was|ser|schutz|ge|biet**

der **Was|ser|ski** *oder* **Was|ser|schi;** Wasserski *oder* Wasserschi laufen; ABER: das Wasserskilaufen oder Wasserschilaufen; ↑Ski

der **Was|ser|spie|gel**

der **Was|ser|stand**

der **Was|ser|stoff**

die **Was|ser|stoff|bom|be**

die **Was|ser|stra|ße** (für den Schiffsverkehr)

die **Was|ser|ver|schmut|zung**

die **Was|ser|waa|ge** (zum Prüfen waagerechter, senkrechter oder geneigter Lage)

das **Was|ser|werk**

wäss|rig *oder* **wäs|se|rig;** eine wässrige *oder* wässerige Suppe

wa|ten; du watest; sie watete; er ist durch den Fluss gewatet

die **Wat|sche** (*landschaftlich für:* Ohrfeige); die Watschen

wat|scheln; die Ente watschelt; sie watschelte; sie ist über den Hof gewatschelt

das **Watt** (Einheit der [elektrischen] Leistung); des Watts; die Watt; 40 Watt; die 40-Watt-Lampe

das **Watt** (seichter Streifen an der Nordseeküste); des Watts *oder* Wat|tes; die Wat|ten

die **Wat|te**

das **Wat|ten|meer**

wat|tie|ren; du wattierst; er wattierte; sie hat die Schultern der Jacke wattiert; wattierte Schultern

die **Watt|wan|de|rung**

der **Watz|mann** (Berg in den Alpen)
das **WC** (Wasserklosett, Toilette); des WC *oder* WCs; die WC *oder* WCs
der **WDR** = Westdeutsche Runkfunk; des WDR
das **Web** [*auch:* wɛb] (*kurz für* World Wide Web); des Web *oder* Webs; ↑ *auch:* Web 2.0
die **Web|cam** [*auch:* ˈwɛb...] (*EDV:* Kamera, deren Aufnahmen ins Internet eingespeist werden); die Webcams
der **Web|cast** [*auch:* ˈwɛb..., ...kaːst] (im Internet abrufbare Sendung); des Webcasts; die Webcasts
we|ben; du webst; sie webte *oder* wob; er hat das Tuch gewebt *oder* gewoben
der **We|ber;** des Webers; die Weber
die **We|be|rei**
die **We|be|rin;** die Weberinnen
der **Web|hos|ter** (*EDV:* Unternehmen für Webhosting); des Webhosters; die Webhoster
das **Web|hos|ting** (Bereitstellung von Speicherplatz auf einem Server); des Webhostings; die Webhostings
der **Web|mas|ter** [*auch:* ˈwɛbmaːstɐ] (Betreuer von Websites); des Webmasters; die Webmaster
die **Web|mas|te|rin;** die Webmasterinnen
das **Web|ra|dio**
die **Web|site** [ˈvɛpsai̯t] (sämtliche zu einer Internetadresse gehörenden Seiten); der Website; die Websites
der **Web|stuhl**
das **Web 2.0** [ˈvɛp tsvai̯ ˈnʊl, *auch:* ˈwɛb - -] (*EDV:* Internetangebote, bei denen man selbst mitwirken kann); des Web 2.0 *oder* Webs 2.0
der **Wech|sel;** des Wechsels; die Wechsel
der **Wech|sel|kurs**
wech|seln; du wechselst; sie wechselte; er hat das Geld gewechselt; wechsle *oder* wechsele mir bitte 20 Euro!
wech|sel|sei|tig (eine wechselseitige Abhängigkeit)
der **Wech|sel|strom**
die **Wech|sel|wir|kung**
der **Weck** *oder* **We|cken** (*landschaftlich für:* Weizenbrötchen; längliches Brot); des Wecks *oder* Weckes *oder* Weckens; die Wecke *oder* Wecken
we|cken; du weckst; sie weckte; er hat sie geweckt; weck *oder* wecke ihn!
der **We|cker;** des Weckers; die Wecker
der **We|del;** des Wedels; die Wedel
we|deln; der Hund wedelte; er hat mit dem Schwanz gewedelt; wedle *oder* wedele nicht damit!
we|der; weder er noch sie
weg; weg da!; sie ist ganz weg (*umgangssprachlich für:* begeistert); frisch von der Leber weg; sie ist längst darüber weg; er war schon weg, als ich kam
der **Weg;** des Wegs *oder* We|ges; die Wege; jemandem im Weg *oder* Wege stehen; wohin des Wegs *oder* Weges?; ABER: gerade[n]wegs; halbwegs; keineswegs; allerwegen; unterwegs; etwas zu Wege *oder* zuwege (zustande) bringen
we|gen; von wegen!; wegen Diebstahl[s]; wegen des Vaters *oder* des Vaters wegen; wegen der hohen Preise; wegen etwas anderem; von Amts wegen; von Rechts wegen; von Staats wegen; ABER: meinet-, deinet-, unsertwegen *oder* unsretwegen, euertwegen *oder* euretwegen

! Nach *wegen* steht in der Schriftsprache der Genitiv: »Sie blieb wegen des schlechten Wetters zu Hause.« Die Verbindung von *wegen* mit dem Dativ (»wegen dem schlechten Wetter«) ist umgangssprachlich. Wenn sich jedoch der Genitiv eines Nomens im Plural nicht vom Nominativ unterscheidet, ist der Dativ auch im geschriebenen Deutsch korrekt: »wegen Mängeln« (statt »wegen Mängel«), »wegen Geschäften« (statt »wegen Geschäfte«). Unverändert kann nur ein allein stehendes, stark gebeugtes Nomen im Singular bleiben: »wegen Umbau[s] geschlossen«.

weg|fah|ren; er fuhr weg; sie ist weggefahren
weg|fal|len; das Kapitel fiel weg; einige Abschnitte sind weggefallen
die **Weg|ga|be|lung, Weg|gab|lung**
der **Weg|ge|fähr|te**
die **Weg|ge|fähr|tin**

weg|ge|hen; du gehst weg; sie ging weg; er ist weggegangen

weg|las|sen; er ließ mich nicht weg; du hast ein Wort weggelassen

weg|lau|fen; du läufst weg; sie lief weg; er ist weggelaufen

weg|neh|men; du nimmst ihm den Schlüssel weg; sie nahm es ihm weg; er hat das Buch weggenommen

weg|räu|men; du räumst weg; sie räumte die Bücher weg; er hat sie weggeräumt

der **Weg|wei|ser;** des Wegweisers; die Wegweiser

weg|wer|fen; wirf hier kein Papier weg!; er hat den Stock weggeworfen

die **Weg|werf|ge|sell|schaft;** wir leben in einer Wegwerfgesellschaft

weh, we|he; sie hat einen wehen Finger; ihr war weh ums Herz; weh[e] dir!; o weh!; weh tun *oder* wehtun; du tust dir weh; er tut ihr weh; sie hat sich weh getan *oder* wehgetan; tu[e] dir nicht weh!; das braucht nicht weh zu tun *oder* wehzutun

das **Weh;** des Wehs *oder* We|hes; die Wehe; mit Ach und Weh; Ach und Weh schreien

die **We|he** (schmerzhafte Zusammenziehung der Gebärmutter beim Geburtsvorgang); die Wehen *meist Plural*

we|hen; die Fahne weht; die Fahne wehte; die Fahne hat geweht

weh|lei|dig; ein wehleidiger Patient

die **Weh|mut** (verhaltene Trauer, stiller Schmerz); Zeichen der Wehmut

weh|mü|tig; wehmütige Gedanken

das **Wehr** (Stauwerk); des Wehrs *oder* Weh|res; die Weh|re

die **Wehr** (Befestigung; Abwehr); die Wehren; sich zur Wehr setzen

der **Wehr|dienst**

der **Wehr|dienst|ver|wei|ge|rer;** des Wehrdienstverweigerers; die Wehrdienstverweigerer

weh|ren; wehret den Anfängen!; sich wehren; ich habe mich gewehrt; wehr *oder* wehre dich!

wehr|los; wehr|lo|ser; am wehr|lo|sesten

die **Wehr|macht** (Militär; die deutschen Streitkräfte 1921–1945)

die **Wehr|pflicht;** die allgemeine Wehrpflicht

der **Wehr|pflich|ti|ge;** ein Wehrpflichtiger; die Wehrpflichtigen; zwei Wehrpflichtige

weh|tun ↑ weh

das **Weib;** des Weibs *oder* Wei|bes; die Wei|ber

weib|lich

weich; wei|cher; am weichs|ten; weich sein, werden; etwas weich machen *oder* weichmachen; etwas weich klopfen *oder* weichklopfen; ein weich gekochtes *oder* weichgekochtes Ei; er ist weich geworden *oder* weichgeworden (hat nachgegeben)

die **Wei|che** (Umstellvorrichtung bei Gleisen)

wei|chen (weich machen); ich weiche; du weichst; sie weichte; er hat die Erbsen geweicht

wei|chen (zurückgehen); du weichst; sie weicht; sie wich; er ist der Übermacht gewichen; weiche!

weich|ge|kocht ↑ weich

weich|her|zig (mitfühlend)

der **Weich|kä|se**

weich|klop|fen ↑ weich

weich|lich; ein weichlicher (nachgiebiger) Mensch

weich|ma|chen ↑ weich

die **Weich|sel** (Fluss in Polen)

die **Weich|tei|le** *Plural*

das **Weich|tier** *meist Plural*

die **Wei|de** (ein Baum)

die **Wei|de** (Grasland)

wei|den; das Vieh weidete; es hat geweidet

weid|lich (gehörig, tüchtig)

der **Weid|mann,** *fachsprachlich:* **Waid|mann** (Jäger); die Weid|män|ner, *fachsprachlich:* Waid|män|ner

weid|män|nisch *oder* **waid|män|nisch**

sich **wei|gern;** du weigerst dich; sie weigerte sich; er hat sich geweigert; weigere dich nicht!

die **Wei|ge|rung**

die **Wei|he** (ein Greifvogel); die Weihen

die **Wei|he** (*Religion:* das Weihen, Geweihtwerden, Geweihtsein)

wei|hen; du weihst; er weihte; er hat ihn geweiht

der **Wei|her;** des Weihers; die Weiher
die **Weih|nacht**
weih|nach|ten; es weihnachtet; es hat geweihnachtet
das **Weih|nach|ten** (Weihnachtsfest); des Weihnachtens; die Weihnachten; Weihnachten ist bald; zu, an Weihnachten; frohe *oder* fröhliche Weihnachten!; ↑Ostern
weih|nacht|lich
der **Weih|nachts|abend**
der **Weih|nachts|baum**
der **Weih|nachts|fei|er|tag;** der erste, zweite Weihnachtsfeiertag
die **Weih|nachts|fe|ri|en** *Plural*
das **Weih|nachts|fest**
der **Weih|nachts|mann;** die Weih|nachts|män|ner
der **Weih|nachts|tag;** am ersten, zweiten Weihnachtstag
die **Weih|nachts|zeit**
der **Weih|rauch;** des Weihrauchs *oder* Weih|rau|ches
das **Weih|was|ser**
weil; sie kam nicht, weil es regnete
die **Wei|le** (*Verkleinerungsform:* das Weilchen); eine kurze, kleine, lange Weile; ABER: die Langweile *oder* Langeweile; Kurzweil; alleweil *oder* alleweile, bisweilen, zuweilen; einstweilen; mittlerweile
der **Wei|ler** (kleine ländliche Siedlung); des Weilers; die Weiler
der **Wein;** des Weins *oder* Wei|nes; die Wei|ne
der **Wein|bau**
die **Wein|bee|re**
der **Wein|berg**
die **Wein|berg|schne|cke**
der **Wein|brand** (ein Branntwein); des Weinbrands; die Wein|brän|de
wei|nen; du weinst; sie weinte; er hat geweint; wein *oder* weine nicht!
wei|ner|lich; mit weinerlicher Stimme
die **Wein|le|se**
die **Wein|re|be**
der **Wein|stock;** die Wein|stö|cke
die **Wein|trau|be**
wei|se (klug)
der **Wei|se** (kluger Mann); des/dem/den Weisen; die Weisen
die **Wei|se** (kluge Frau); der Weisen; die Weisen
die **Wei|se** (Art; einfache Melodie); auf diese Weise
die **Weis|heit**
weis|ma|chen (jemandem etwas Falsches einreden); du machst mir nichts weis; das hat er dir weisgemacht? ↑ABER: weiß *und* wissen
weiß; wei|ßer; am wei|ßes|ten; die weiße Wand; etwas schwarz auf weiß (schriftlich) haben; der weiße *oder* Weiße Tod (das Erfrieren); ein weißer Rabe (eine Seltenheit); eine weiße Weste haben (*umgangssprachlich für:* unschuldig sein); weiße Mäuse sehen (übertriebene Befürchtungen haben); ABER: die Farbe Weiß; aus Schwarz Weiß, aus Weiß Schwarz machen; das Weiße Haus (Amtssitz des Präsidenten der USA in Washington); der Weiße Sonntag (der Sonntag nach Ostern); die Wände weiß machen *oder* weißmachen; die weiß glühende *oder* weißglühende Sonne; eine weiß gekleidete *oder* weißgekleidete Frau
das **Weiß** (die weiße Farbe); ein Stoff in Weiß; in Weiß gekleidet
weis|sa|gen (vorhersagen); du weissagst; er hat ihr den Erfolg geweissagt
der **Weis|sa|ger** (Wahrsager); des Weissagers, die Weissager
die **Weis|sa|ge|rin;** die Weissagerinnen
die **Weis|sa|gung**
das **Weiß|blech**
das **Weiß|brot**
wei|ßen; du weißt; sie weißte; er hat die Wand geweißt; weiße die Wand!
weiß|ge|klei|det, weiß|glü|hend ↑weiß
weiß|haa|rig
der **Weiß|kohl**
weiß|ma|chen ↑weiß
der **Weiß|rus|se**
die **Weiß|rus|sin**
Weiß|russ|land (Staat in Osteuropa)
die **Wei|sung**
weit; wei|ter; am wei|tes|ten; ein weiter Weg; bei weitem *oder* Weitem; von weitem *oder* Weitem; ABER: das Weite suchen; weit und breit; so weit, so gut; weit fahren; sie wird es weit

bringen; du stellst Forderungen, die [entschieden] zu weit gehen; weit gehende *oder* weitgehende Forderungen; weiter gehende *oder* weitergehende Forderungen; ABER NUR: weitestgehende, weitgehendere, weitgehendste Forderungen; er stellt viel zu weit gehende Forderungen; dieser Fall ist weitgehend gelöst; eine weit gereiste *oder* weitgereiste Forscherin; weit verbreitete *oder* weitverbreitete Pflanzen

weit|ab (weitab [vom Bahnhof] wohnen)

weit|aus (er ist weitaus älter als du)

die **Wei|te**

wei|ten; du weitest; er weitete; der Schuhmacher hat die Schuhe geweitet

wei|ter; ohne weiteres *oder* Weiteres; bis auf weiteres *oder* Weiteres; ABER: im Weiteren darlegen; des Weiteren berichten; das Weitere folgt später; Weiteres findet sich dort; alles Weitere demnächst

die **Wei|ter|bil|dung**

die **Wei|ter|ent|wick|lung**

wei|ter|ge|ben; er gab die Arbeit an mich weiter; sie hat das Buch weitergegeben

wei|ter|ge|hen (vorangehen); die Arbeiten gehen gut weiter; sie sind gut weitergegangen; nach einer Pause sind wir weitergegangen; ABER: ich kann weiter gehen als du

wei|ter|hin

wei|ter|ma|chen; sie machte nicht weiter; wir haben fleißig weitergemacht

wei|ter|sa|gen; er hat das Geheimnis weitergesagt

weit|ge|hend ↑ weit

weit|ge|reist ↑ weit

weit|hin

weit|läu|fig; weitläufige Grünanlagen

weit|räu|mig

weit|schwei|fig; ein weitschweifiger Vortrag

weit|sich|tig

weit|sprin|gen; sie sprang weit; er ist weitgesprungen; spring *oder* springe weit!

der **Weit|sprung**

weit|ver|brei|tet ↑ weit

das **Weit|win|kel|ob|jek|tiv**

der **Wei|zen;** des Weizens; die Weizen

das **Wei|zen|mehl**

welch; welch ein Held; welch Wunder; welch große Frauen; welches nette Kind; welche großen Frauen; welche Stimmberechtigten; welches sind die beliebtesten Ferienziele?

wel|cher|art

wel|cher|ge|stalt

wel|cher|lei

welk; welke Blätter

wel|ken; die Blume welkt; die Blume welkte; die Blume ist gewelkt

das **Well|blech**

die **Wel|le**

wel|len; die Tapete wellte sich; der Teppichboden hat sich gewellt

das **Wel|len|bad**

der **Wel|len|gang**

die **Wel|len|län|ge** *(Physik)*

der **Wel|len|sit|tich** (ein Vogel); des Wellensittichs; die Wel|len|sit|ti|che

wel|lig; welliges Haar

die **Well|ness** (Wohlbefinden)

der **Wel|pe** (das Junge von Hund, Fuchs, Wolf); des/dem/den Welpen; die Welpen

der **Wels** (ein Fisch); des Wel|ses; die Wel|se

die **Welt;** die Alte Welt (Europa); die Neue Welt (Amerika); die Dritte Welt (die Entwicklungsländer)

das **Welt|all**

die **Welt|an|schau|ung**

die **Welt|bank**

welt|be|rühmt; ein weltberühmter Schriftsteller

die **Welt|be|völ|ke|rung**

das **Welt|bild**

der **Welt|cup**

das **Welt|er|be** (Gesamtheit der von der UNESCO anerkannten besonders erhaltenswerten Kultur- und Naturdenkmäler der Welt; eines dieser Denkmäler)

welt|fremd

die **Welt|ge|schich|te**

der **Welt|krieg;** der Erste Weltkrieg (1914–1918); der Zweite Weltkrieg (1939–1945)

das **Welt|kul|tur|er|be**

welt|lich; weltliche (nicht kirchliche) Lieder
die **Welt|macht**
der **Welt|markt** *(Wirtschaft)*
das **Welt|meer** (Ozean)
der **Welt|meis|ter**
die **Welt|meis|te|rin**
welt|meis|ter|lich; weltmeisterliche Leistungen
die **Welt|meis|ter|schaft**
die **Welt|rang|lis|te** *(Sport)*
der **Welt|raum**
die **Welt|raum|fahrt**
die **Welt|raum|for|schung**
der **Welt|re|kord**
die **Welt|spra|che**
die **Welt|stadt**
der **Welt|un|ter|gang**
der **Welt|ver|band** *(besonders Sport)*
welt|weit; weltweite Verbreitung
die **Welt|wirt|schaft**
wem; wem glaubst du?; sag[e] mir, mit wem sie kommt
wen; wen meint er?
die **Wen|de**
der **Wen|de|kreis** (nördlichster bzw. südlichster Breitenkreis, über dem die Sonne zur Zeit der Sonnenwende den Zenit erreicht)
die **Wen|del|trep|pe**
wen|den; du wendest; er wendet; er wandte *oder* wendete; sie hat gewandt *oder* gewendet

! Beachte: Die richtige Beugung des Verbs *wenden* hängt in einigen Fällen von seiner Bedeutung ab: Wenn »die Richtung ändern« oder »umkehren« gemeint ist, wird die schwache Beugung gebraucht: das Auto hat *gewendet;* sie *wendete* den Mantel (drehte die Innenseite nach außen). Die starke Beugung wird hingegen bevorzugt bei den zusammengesetzten Verben *anwenden, [sich] abwenden, aufwenden, einwenden, [sich] umwenden, [sich] zuwenden:* sie hat die neue Technik erfolgreich *angewandt* (auch: *angewendet*); sie *wandten* (auch: *wendeten*) sich um und gingen.

der **Wen|de|punkt**
wen|dig; ein wendiges Auto
die **Wen|dung**

we|nig

Im Allgemeinen wird »wenig« kleingeschrieben – auch nach einem Begleiter:

- ein [klein] wenig; ein weniges
- die wenigen; einige wenige
- nur wenige, die wenigsten glauben das
- schon weniges genügt
- es ist das wenigste, was du tun kannst
- sich auf das wenigste beschränken
- mit wenig auskommen
- zu wenig; du weißt [viel] zu wenig; es gibt hier zu wenige Parkplätze

Wenn »wenig« nicht Zahladjektiv ist, sondern als Nomen verwendet wird, dann kann auch großgeschrieben werden:

- sie freut sich über das wenige *oder* Wenige (die wenigen Geschenke o. Ä.)
- schon weniges *oder* Weniges genügt
- mit wenigem *oder* Wenigem auskommen

Zur Beugung:

- wenig Neues; wenige Mutige
- wenig Gutes *oder* weniges Gutes

das **We|nig;** des Wenigs; die Wenig; viele Wenig machen ein Viel
we|nigs|tens (zumindest, mindestens)
wenn; wenn auch; komm doch[,] wenn möglich[,] etwas früher; ABER: das **Wenn;** des Wenns; die Wenn; das Wenn und das Aber; die Wenn und die Aber; viele Wenn und Aber
wenn|gleich (obwohl)
wenn|schon; wennschon – dennschon
wer; wer ist da?; ist wer gekommen?; wer alles; Halt! Wer da?; irgendwer
die **Wer|be|agen|tur**
der **Wer|be|blo|cker** (Programm zum Ausblenden von Werbung im Internet); des Werbeblockers; die Werbeblocker
das **Wer|be|fern|se|hen**
wer|ben; du wirbst; sie wirbt; sie warb; er hat im Rundfunk geworben; wirb für unseren Verein!
der **Wer|be|slo|gan**

der **Wer|be|spot**
wer|be|wirk|sam; ein werbewirksamer Slogan
die **Wer|bung**
wer|den; du wirst; sie wird; sie wurde (*dichterisch auch:* sie ward); sie ist Ärztin geworden; aus ihm ist etwas geworden; sie ist groß geworden; sie ist gelobt worden; werde groß und stark!; ich werd verrückt! *(umgangssprachlich);* ABER: das ist noch im Werden
wer|fen; du wirfst; sie wirft; sie warf; er hat den Stein geworfen; wirf!
die **Werft** (Anlage zum Bau und zur Reparatur von Schiffen); die Werf|ten
der **Werft|ar|bei|ter**
die **Werft|ar|bei|te|rin**
das **Werk;** des Werks *oder* Wer|kes; die Wer|ke; ans Werk!; ans Werk, zu Werke gehen; etwas ins Werk setzen; der Dichter und sein Werk, seine Werke
die **Werk|bank;** die Werk|bän|ke
wer|ken (tätig sein; [be]arbeiten); du werkst; sie werkt; sie werkte; er hat von früh bis spät gewerkt
das **Wer|ken;** des Werkens
das **Werk|ge|län|de** *oder* **Werks|ge|län|de**
die **Werk|re|al|schu|le** (Schulform in Baden-Württemberg)
die **Werk|statt** *oder* **Werk|stät|te**
der **Werk|stoff**
der **Werk[s]|ver|kauf**
der **Werk|tag**
werk|tags; nur werktags geöffnet
werk|tä|tig (arbeitend); die werktätige Bevölkerung; ABER: die Werktätigen
der **Werk|un|ter|richt**
das **Werk|zeug;** die Werk|zeu|ge
der **Wer|mut** (eine Pflanze; ein Wein; etwas Bitteres, Bitterkeit); des Wermuts *oder* Wer|mu|tes; die Wer|mu|te
die **Wer|ra** (Quellfluss der Weser)
wert; wert sein; Berlin ist eine Reise wert; das ist nicht der Rede wert
der **Wert;** auf etwas Wert legen
wer|ten; du wertest; sie wertete; er hat dies gering gewertet; werte dies nicht!
der **Wert|ge|gen|stand**
wert|los; wert|lo|ser; am wert|lo|ses|ten
das **Wert|pa|pier** *(Wirtschaft)*
die **Wert|sa|chen** *Plural*
der **Wert|stoff** (im Abfall enthaltener Rohstoff, der erneut verwendet werden kann, z. B. Holz, Glas, Papier)
die **Wert|stoff|ton|ne** (Tonne, in der Wertstoffe gesammelt werden)
die **Wer|tung**
das **Wert|ur|teil** (wertendes Urteil); gib ein Werturteil ab!
wert|voll; wertvoller Schmuck
die **Wert|vor|stel|lung** (Vorstellung von ideellen Werten) *meist Plural;* welche Wertvorstellungen hat er?
wes (*ältere Form von:* wessen); wes Brot ich ess, des Lied ich sing
das **We|sen;** des Wesens; die Wesen; viel Wesen *oder* Wesens um etwas machen
we|sent|lich (wichtig); wesentliche Änderungen; ABER: im Wesentlichen; das Wesentliche; etwas, nichts Wesentliches
die **We|ser** (deutscher Fluss)
wes|halb
die **Wes|pe**
das **Wes|pen|nest**
wes|sen
der **Wes|si** (*umgangssprachlich für:* Einwohner der alten Bundesländer; Westdeutscher); des Wessis; die Wessis
West (Himmelsrichtung); Ost und West; der Wind kommt aus West
west|deutsch
West|deutsch|land
die **Wes|te**
der **Wes|ten;** des Westens; gen (nach) Westen ziehen; der Wilde Westen
die **Wes|ten|ta|sche**
der **Wes|tern** (Film, der im Wilden Westen spielt); des Western *oder* Westerns; die Western
west|lich; westlich des Waldes *oder* westlich vom Walde
west|wärts; westwärts fahren, ziehen
wes|we|gen
der **Wett|be|werb;** des Wettbewerbs *oder* Wett|be|wer|bes; die Wett|be|wer|be
der **Wett|be|wer|ber**
die **Wett|be|wer|be|rin**
wett|be|werbs|fä|hig
die **Wett|be|werbs|fä|hig|keit**
die **Wet|te**
der **Wett|ei|fer**
wett|ei|fern; du wetteiferst; sie wetteiferte; er hat mit ihr gewetteifert

wet|ten; du wettest; sie wettete; er hat um 10 Euro gewettet; wette nicht!
das **Wet|ter;** des Wetters; die Wetter
der **Wet|ter|be|richt**
wet|ter|emp|find|lich
wet|ter|fest; wetterfeste Kleidung
die **Wet|ter|kar|te**
das **Wet|ter|leuch|ten**
wet|tern (*umgangssprachlich für:* laut schimpfen); er wetterte; sie hat gewettert; wettere nicht!
die **Wet|ter|vor|her|sa|ge**
wet|ter|wen|disch (zur plötzlichen Verhaltensänderung neigend); ein wetterwendischer Mensch
der **Wett|kampf**
der **Wett|kämp|fer**
die **Wett|kämp|fe|rin**
der **Wett|lauf**
wett|ma|chen; er machte seinen Verlust wett; sie hat den Fehler schnell wieder wettgemacht
das **Wett|ren|nen**
das **Wett|tur|nen** *oder* **Wett-Tur|nen**
wet|zen; du wetzt; sie wetzte; er hat das Messer gewetzt; ABER: sie ist um die Ecke gewetzt (*umgangssprachlich für:* gerannt); wetz *oder* wetze das Messer!
der **Wetz|stein**
das **Whats|app** *oder* **Whats|App®** [ˈvɔts(ʔ)ɛp] (*Markenbezeichnung:* ein Sofortnachrichtendienst [für Smartphones]); des Whatsapp, WhatsApp *oder* Whatsapps, WhatsApps *(meist ohne Artikel)*
die **Whats|app** *oder* **Whats|App®** (*Markenbezeichnung:* mit WhatsApp® *[s. o.]* verschickte Nachricht); der Whatsapp *oder* WhatsApp; die Whatsapps *oder* WhatsApps
whats|ap|pen (*umgangssprachlich für:* über den Sofortnachrichtendienst Whatsapp *[Markenbezeichnung]* Nachrichten senden und empfangen)
die **Whats|app-Grup|pe** *oder* **Whats|app-grup|pe**
der **Whirl|pool** [ˈvœːɐ̯lpuːl] (*Markenbezeichnung:* Becken mit sprudelndem Wasser); des Whirlpools; die Whirlpools
der **Whis|key** [ˈvɪski] (amerikanischer oder irischer Whisky); des Whiskeys, die Whiskeys
der **Whis|ky** [ˈvɪski] ([schottischer] Branntwein aus Getreide oder Mais); des Whiskys; die Whiskys; Whisky pur
das **White|board** [ˈwaɪ̯tbɔːɐ̯t] (an einen Computer angeschlossene elektronische Wandtafel); des Whiteboards; die Whiteboards
WHO = World Health Organization (Weltgesundheitsorganisation)
die **Wich|se** (Putzmittel für Schuhe)
wich|sen; du wichst; er wichste die Stiefel; sie hat gewichst; wichse die Schuhe!
der **Wicht** ([kleines] Kind; Kobold); des Wichts *oder* Wich|tes; die Wich|te
das **Wich|tel|männ|chen**
wich|tig; eine wichtige Neuigkeit; ABER: alles Wichtige; etwas, nichts Wichtiges; es gibt [nichts] Wichtigeres; ↑wichtigmachen, wichtigtun
die **Wich|tig|keit**
sich **wich|tig|ma|chen;** sie will sich nur wichtigmachen
der **Wich|tig|tu|er;** des Wichtigtuers; die Wichtigtuer
die **Wich|tig|tu|e|rin;** die Wichtigtuerinnen
wich|tig|tun; [sich] wichtigtun (sich wichtigmachen)
die **Wi|cke** (eine Pflanze)
der **Wi|ckel;** des Wickels; die Wickel
wi|ckeln; du wickelst; die Mutter wickelte; er hat den Säugling gewickelt; wickle *oder* wickele du ihn!
der **Wid|der** (männliches Zuchtschaf); des Widders; die Widder
wi|der (gegen; entgegen); das war wider seinen ausdrücklichen Wunsch; wider Erwarten; wider Willen; ABER: das Für und [das] Wider

> **!** Nicht verwechseln: Obwohl beide Wörter gleich ausgesprochen werden, schreibt man *wider* mit einfachem *i*, das Wort *wieder* mit der Bedeutung »nochmals, erneut« hingegen mit *ie*.

der **Wi|der|ha|ken**
der **Wi|der|hall** (Echo); des Widerhalls *oder* Wi|der|hal|les; die Wi|der|hal|le
wi|der|le|gen; sie widerlegte; er hat die Behauptung widerlegt
wi|der|lich; ein widerlicher Anblick

wi|der|recht|lich (gegen das Recht verstoßend); sich etwas widerrechtlich aneignen
die **Wi|der|re|de**
wi|der|ru|fen; er widerruft; er widerrief; sie hat ihr Geständnis widerrufen
der **Wi|der|sa|cher** (Gegner); des Widersachers; die Widersacher
die **Wi|der|sa|che|rin;** die Widersacherinnen
der **Wi|der|schein;** im Widerschein der Laterne
sich **wi|der|set|zen;** ich widersetzte mich dem Beschluss; sie hat sich dieser Maßnahme widersetzt
wi|der|setz|lich; ein widersetzlicher Gefangener
wi|der|spens|tig; widerspenstige Pferde
wi|der|spie|geln; die Sonne spiegelt sich im Wasser wider; der Brief hat seine Sorge widergespiegelt (erkennen lassen)
wi|der|spre|chen; du widersprichst; er widerspricht; sie widersprach; sie hat ihr widersprochen; widersprich nicht!
der **Wi|der|spruch**
wi|der|sprüch|lich
wi|der|spruchs|los
der **Wi|der|stand;** des Widerstands *oder* Wi|der|stan|des; die Wi|der|stän|de
wi|der|stands|fä|hig
der **Wi|der|stands|kämp|fer**
die **Wi|der|stands|kämp|fe|rin**
die **Wi|der|stands|kraft**
wi|der|ste|hen; sie widersteht; er hat der Versuchung widerstanden
wi|der|stre|ben; mir widerstrebt[,] so etwas zu tun; es hat mir widerstrebt
wi|der|stre|bend (ungern); sie übernimmt die Aufgabe nur widerstrebend
wi|der|wär|tig; widerwärtiger Gestank
der **Wi|der|wil|le**
wi|der|wil|lig
wid|men; du widmest; sie widmete; er hat ihm das Buch gewidmet; widme es ihm!
die **Wid|mung**
wid|rig (ungünstig, hinderlich); widrige Umstände
wie; sie ist so beliebt wie ihre Freundin; ABER: sie ist beliebter als ihre Freundin; wie sehr; wie lange; wie oft; wie [auch] immer; ABER: es kommt auf das Wie an; wie viel; wie viel Leute; wie viele Leute; ich weiß nicht, wie viel Geld er hat
der **Wie|de|hopf** (ein Vogel); des Wiedehopfs *oder* Wie|de|hop|fes; die Wie|de|hop|fe
wie|der *siehe Kasten*
der **Wie|der|auf|bau**
wie|der|auf|bau|en ↑wieder
die **Wie|der|auf|be|rei|tungs|an|la|ge**
die **Wie|der|auf|nah|me**
wie|der|auf|tau|chen; das Buch ist endlich wiederaufgetaucht (wiedergefunden worden); ↑ABER: wieder
die **Wie|der|be|le|bung**
wie|der|brin|gen (zurückbringen); sie hat das Buch wiedergebracht
wie|der|er|ken|nen ↑wieder
die **Wie|der|ga|be**
die **Wie|der|ga|be|lis|te** *(EDV)*
wie|der|ge|ben (zurückgeben; erzählen); ich habe ihr den Stift wiedergegeben; den Text in, mit eigenen Worten wiedergeben
wie|der|her|rich|ten ↑wieder
wie|der|her|stel|len (in den alten Zustand bringen); die Häuserfassaden wiederherstellen; seine Gesundheit ist wiederhergestellt
wie|der|ho|len (zurückholen); ich hole die Sachen gleich wieder; ich habe sie wiedergeholt; ABER: **wie|der|ho|len;** ich wiederhole den letzten Satz noch einmal; er hat das Experiment wiederholt
wie|der|holt (mehrmals)
die **Wie|der|ho|lung**
der **Wie|der|käu|er** (Tier, das seine Nahrung wiederkäut); des Wiederkäuers; die Wiederkäuer
die **Wie|der|kehr** (Rückkehr)
wie|der|keh|ren (zurückkehren; sich wiederholen); ich hoffe, dass er wiederkehrt; die Bauchschmerzen sind nicht wiedergekehrt
wie|der|se|hen ↑wieder
das **Wie|der|se|hen;** auf Wiedersehen!; jemandem Auf *oder* auf Wiedersehen sagen
wie|de|r|um (erneut; ein weiteres Mal); er hatte wiederum kein Geld
die **Wie|der|ver|ei|ni|gung**

wie|der

(nochmals, erneut; zurück)
- um, für nichts und wieder nichts
- hin und wieder

Vergleiche aber: wider

1. Zusammenschreibung:

Man schreibt »wieder« mit dem folgenden Verb oder Adjektiv vor allem dann zusammen, wenn »wieder« im Sinne von »zurück« verstanden wird:

- wiedergeben; ich kann dir das Geld erst morgen wiedergeben; sie gab ihm das Geld wieder
- wiederbringen; sie bringt das Buch wieder; sie hat es wiedergebracht

Auch in folgenden Fällen gilt Zusammenschreibung:

- wiedergeben (berichten, darstellen); sie gab den Vorgang richtig wieder; sie hat meine Worte falsch wiedergegeben
- wiederherstellen; sie stellte die Ordnung wieder her; die Ärzte haben ihn wiederhergestellt (geheilt)
- wiederholen; würden Sie den letzten Satz bitte wiederholen; er hat die Lektion wiederholt
- wiederkehren; diese Gelegenheit kehrt nicht wieder; die Gelegenheit ist nicht wiedergekehrt

2. Getrenntschreibung:

Man schreibt »wieder« vom folgenden Verb vor allem dann getrennt, wenn »wieder« im Sinne von »nochmals, erneut« verstanden wird:

- wieder einfallen; eben ist mir alles wieder eingefallen
- wieder tun; ich würde es jederzeit wieder tun

3. Getrennt- oder Zusammenschreibung:

In vielen Fällen ist sowohl die Getrennt- als auch die Zusammenschreibung möglich, besonders wenn die Betonung entweder nur auf »wieder« oder sowohl auf »wieder« als auch auf dem folgenden Verb liegt:

- die Firma wieder aufbauen *oder* wiederaufbauen
- das U-Boot muss bald wieder auftauchen; ABER: das verschwundene Buch ist wiederaufgetaucht
- den Täter wieder erkennen *oder* wiedererkennen
- wie hast du dich denn schon wieder hergerichtet?; ABER: das ausgebrannte Zimmer wurde wiederhergerichtet
- die Eltern wieder (erneut) sehen *oder* wiedersehen; wir haben uns in den Ferien wiedergesehen (haben ein Wiedersehen gefeiert); wir haben uns am Nachmittag wieder gesehen (sind uns erneut begegnet); ABER NUR: nach der Operation konnte der blinde Patient wieder sehen

die **Wie|der|wahl**

die **Wie|ge**

wie|gen (sanft hin und her bewegen); er wiegte das Kind; sie hat sich im Takt gewiegt

wie|gen; wie viel wiegst du?; sie wiegt zu wenig; sie wog 50 Kilo; er hat den Brief gewogen; wieg *oder* wiege ihn!; sich wiegen; sie wiegte sich in Sicherheit

das **Wie|gen|lied**

wie|hern; das Pferd wieherte; es hat gewiehert

Wien (Hauptstadt Österreichs)

der **Wie|ner;** des Wieners; die Wiener
die **Wie|ne|rin;** die Wienerinnen
wie|ne|risch
Wies|ba|den (Hauptstadt Hessens)
die **Wie|se**
das **Wie|sel** (ein Marder); des Wiesels; die Wiesel
wie|sel|flink
wie|so; wieso gerade ich?
wie|viel|mal; wievielmal warst du schon in Berlin?; ABER: wie viele Male bist du schon dort gewesen?
wie|viel|te; das wievielte Mal ist das jetzt?; ABER: der Wievielte (Tag des Monats) ist heute?
wie|weit (inwieweit); ich bin im Zweifel, wieweit ich mich darauf verlassen kann; ABER: wie weit ist es von hier bis dort?
wie|wohl (obwohl; wenn auch)
das **Wi-Fi** *oder* **Wi|Fi** *oder* **Wi|fi** [*oder* 'waɪ̯faɪ̯] (*Markenbezeichnung:* WLAN-Standard); des Wi-Fi[s] *oder* WiFi[s] *oder* Wifi[s]; die Wi-Fis *oder* WiFis *oder* Wifis
das **Wi|ki** (Informationssammlung zu einem bestimmten Thema im Internet, die von allen Nutzern bearbeitet werden kann); des Wikis; die Wikis
das **Wi|ki|leaks** *oder* **Wi|ki|Leaks®** [...'li:ks] (*Markenbezeichnung:* Enthüllungsplattform im Internet); des Wikileaks *oder* WikiLeaks *(meist ohne Artikel)*
der **Wi|kin|ger** (Normanne); des Wikingers; die Wikinger
die **Wi|kin|ge|rin;** die Wikingerinnen
die **Wi|ki|pe|dia** (Internetportal, dessen Nutzer Informationen zu allen Wissensgebieten zusammentragen)
wild; wil|der; am wil|des|ten; wilder Wein; ein wildes Tier; er spielt den wilden Mann; wild wachsen; wild wachsende *oder* wildwachsende Pflanzen; wild lebende *oder* wildlebende Tiere; ABER: der Wilde Westen; die Wilde Jagd (ein Geisterheer); der Wilde Jäger (eine Geistergestalt); sich wie ein Wilder gebärden
das **Wild;** des Wilds *oder* Wil|des
das **Wild|bret** (*gehoben und fachsprachlich für:* Fleisch vom Wild); des Wildbrets
der **Wild|dieb**
die **Wild|die|bin**
die **Wild|en|te**
der **Wil|de|rer;** des Wilderers; die Wilderer
die **Wil|de|rin;** die Wilderinnen
wil|dern; du wilderst; er wilderte; er hat gewildert; wildere nie!
wild|fremd; ein wildfremder Mann
die **Wild|gans**
die **Wild|ka|me|ra** (Fotofalle für wild lebende Tiere)
die **Wild|kat|ze**
wild|le|bend ↑wild
die **Wild|nis;** die Wild|nis|se
das **Wild|schwein**
wild|wach|send ↑wild
der **Wild|wech|sel**
der **Wild|west|film**
der **Wil|le;** des Willens; der Letzte *oder* letzte Wille (Testament); wider Willen; jemandem zu Willen sein; ABER: willens sein
wil|len; um Gottes willen; um seiner selbst willen; ABER: um meinet-, deinet-, euretwillen
der **Wil|len** *(selten);* des Willens; die Willen
wil|lens; willens sein (bereit sein, etwas zu tun); sie ist willens, den Vertrag zu unterschreiben
wil|lens|schwach
wil|lens|stark
wil|lig (bereit, folgsam); willige Zuhörer
will|kom|men; willkommen heißen, sein; ABER:
das **Will|kom|men;** des Willkommens; die Willkommen; ein fröhliches Willkommen!
die **Will|kom|mens|klas|se** (Vorbereitungsklasse für Immigrant[inn]en)
die **Will|kom|mens|kul|tur** *Plural selten*
die **Will|kür** (selbstherrliches Handeln)
will|kür|lich; willkürliche Befehle
Wim|b|le|don (Vorort von London)
wim|meln; es wimmelt; es wimmelte; es hat von Ameisen gewimmelt
wim|mern; ich wimmere; du wimmerst; sie wimmerte; er hat gewimmert; ABER: man hört ein leises Wimmern
der **Wim|pel;** des Wimpels; die Wimpel
die **Wim|per;** die Wimpern
die **Wim|pern|tu|sche**
der **Wind;** des Winds *oder* Win|des; die Win|de
die **Win|de** (Hebevorrichtung)

die **Win|del;** die Windeln
win|den; du windest; sie windet; er wand; sie hat Blumen in einen Kranz gewunden; winde es!; sich winden (sich schlängeln); sie hat sich durch die Menge gewunden
die **Wind|ener|gie** (durch Nutzung des Windes gewonnene Energie)
der **Wind|fang;** des Windfangs *oder* Windfan|ges; die Wind|fän|ge
der **Wind|hund**
win|dig; ein windiges Wetter; eine windige (*umgangssprachlich abwertend für:* zweifelhafte) Angelegenheit
die **Wind|ja|cke**
die **Wind|kraft** (durch Nutzung des Windes gewonnene Kraft; Windenergie)
die **Wind|kraft|an|la|ge**
der **Wind|kraft|geg|ner**
die **Wind|kraft|geg|ne|rin**
die **Wind|müh|le**
das **Win|dows** [ˈwɪndoʊz] (*Markenbezeichnung:* Betriebssystem der Firma Microsoft für PCs); des Windows *(meist ohne Artikel)*
der **Wind|park** (Gelände mit mehreren Windkraftanlagen)
die **Wind|po|cken** *Plural*
das **Wind|rad**
die **Wind|ro|se** (Darstellung der Himmelsrichtungen, besonders auf einem Kompass)
der **Wind|schat|ten** (windgeschützte Seite)
wind|schief; windschiefe Rollos
die **Wind|schutz|schei|be**
die **Wind|stär|ke**
die **Wind|stil|le**
der **Wind|sur|fer;** des Windsurfers; die Windsurfer
die **Wind|sur|fe|rin;** die Windsurferinnen
das **Wind|sur|fing** (Segeln auf einem Surfbrett); des Windsurfings
die **Win|dung**
der **Wink;** des Winks *oder* Win|kes; die Win|ke
der **Win|kel;** des Winkels; die Winkel
die **Win|kel|hal|bie|ren|de** *(Mathematik);* der Winkelhalbierenden; die Winkelhalbierenden; eine Winkelhalbierende
win|ke|lig *oder* **wink|lig;** wink[e]lige Häuser
der **Win|kel|mes|ser**
win|ken; du winkst; er winkte; sie hat ihm gewinkt; wink *oder* winke den Eltern!

! Beachte: Das zweite Partizip des Verbs *winken* heißt *gewinkt.* Die Form *gewunken* ist eher umgangssprachlich.

der **Win|ker;** des Winkers; die Winker
win|seln; du winselst; der Hund winselte; der Täter hat um Gnade gewinselt
der **Win|ter;** des Winters; die Winter
win|ter|hart; winterhartes Getreide
win|ter|lich; winterliche Kälte
der **Win|ter|schlaf**
der **Win|ter|sport**
der **Win|zer** (jemand, der Wein anbaut, herstellt und verkauft); des Winzers; die Winzer
die **Win|zer|ge|nos|sen|schaft**
die **Win|ze|rin;** die Winzerinnen
win|zig; winzig klein
der **Wip|fel;** des Wipfels; die Wipfel
die **Wip|pe** (Schaukel)
wip|pen; du wippst; sie wippt; er wippte; sie hat auf dem Balken gewippt; wippe nicht mit den Füßen!
wir; wir alle; wir beide; wir bescheidenen Leute; wir Armen; wir Deutschen, *auch:* wir Deutsche
der **Wir|bel;** des Wirbels; die Wirbel
wir|beln; du wirbelst; er wirbelte; sie hat ihn durch die Luft gewirbelt
die **Wir|bel|säu|le**
der **Wir|bel|sturm**
das **Wir|bel|tier** (Tier mit Wirbelsäule)
der **Wir|bel|wind**
wir|ken; du wirkst; er wirkte; sie hat als Anwältin gewirkt; ABER: ihr segensreiches Wirken
wirk|lich
die **Wirk|lich|keit**
wirk|sam; wirksame Medizin
die **Wirk|sam|keit**
der **Wirk|stoff**
die **Wir|kung**
der **Wir|kungs|grad** (einer Maschine)
wir|kungs|voll
die **Wir|kungs|wei|se**
wirr (ungeordnet; verworren); wirre Gedanken
der **Wirr|kopf**

der *oder* das **Wirr|warr** (Durcheinander); des Wirrwarrs
der **Wir|sing;** des Wirsings
der **Wir|sing|kohl**
der **Wirt;** des Wirts *oder* Wir|tes; die Wir|te
die **Wir|tin;** die Wirtinnen
die **Wirt|schaft**
wirt|schaf|ten; du wirtschaftest; er wirtschaftete; sie hat gut gewirtschaftet
wirt|schaft|lich; wirtschaftliche Fragen; eine wirtschaftliche Notlage
der **Wirt|schafts|auf|schwung**
die **Wirt|schafts|kri|se**
die **Wirt|schafts|po|li|tik**
der **Wirt|schafts|prü|fer**
die **Wirt|schafts|prü|fe|rin**
das **Wirt|schafts|wachs|tum**
das **Wirts|haus**
der **Wisch** (wertloses Schriftstück); des Wischs *oder* Wi|sches; die Wi|sche
wi|schen; du wischst; er wischte; sie hat Staub gewischt
die **Wisch|ges|te** (beim Touchscreen)
der **Wisch|lap|pen**
der **Wi|sent** (ein Wildrind); des Wisents; die Wi|sen|te
wis|pern; du wisperst; sie wisperte; er hat mir etwas ins Ohr gewispert
die **Wiss|be|gier** *oder* **Wiss|be|gier|de**
wiss|be|gie|rig
wis|sen; du weißt; sie weiß; er wusste; sie hat alles gewusst
das **Wis|sen;** des Wissens; meines Wissens; ohne mein Wissen; er hat das wider besseres Wissen (obwohl er es besser wusste) getan
die **Wis|sen|schaft**
der **Wis|sen|schaft|ler;** des Wissenschaftlers; die Wissenschaftler
die **Wis|sen|schaft|le|rin;** die Wissenschaftlerinnen
wis|sen|schaft|lich; wissenschaftliches Arbeiten
das **Wis|sens|ge|biet**
wis|sens|wert; wissenswerte Neuigkeiten; ABER: es gibt viel Wissenswertes
wis|sent|lich (in vollem Bewusstsein); er hat mich wissentlich beleidigt
wit|tern (ahnen; *Jägersprache:* durch den Geruchssinn wahrnehmen); ich wittere; du witterst; der Hund witterte eine Spur; sie hat Gefahr gewittert
die **Wit|te|rung** (das Wittern)
die **Wit|te|rung** (Wetterlage)
die **Wit|we;** die Witwen
der **Wit|wer;** des Witwers; die Witwer
der **Witz;** des Wit|zes; die Wit|ze
der **Witz|bold;** des Witzbolds *oder* Witzbol|des; die Witz|bol|de
wit|zeln; du witzelst; sie witzelte; er hat nur gewitzelt; witzle *oder* witzele nicht dauernd!
wit|zig
die **Wit|zig|keit;** Witzigkeit kennt keine Grenzen
witz|los; witz|lo|ser; am witz|lo|sesten
das **WLAN** ['veːlaːn] = wireless local area network (Computernetzwerk mit Funktechnik)
die **WM** = Weltmeisterschaft
wo; wo ist sie?; ich finde ihn, wo immer er auch sein mag; sie geht wieder dahin, wo sie hergekommen ist; ABER: das Wo spielt keine Rolle; ↑ *auch:* woanders; woher; wohin; womöglich
wo|an|ders; ich werde ihn woanders suchen; ABER: wo anders (wo sonst) als hier sollte ich ihn suchen?
wo|bei
die **Wo|che**
das **Wo|chen|bett** (Zeitraum von 6 bis 8 Wochen nach der Entbindung)
das **Wo|chen|en|de**
das **Wo|chen|end|haus**
das **Wo|chen|end|ti|cket**
die **Wo|chen|kar|te**
wo|chen|lang; er war wochenlang krank; ABER: er war drei Wochen lang krank
der **Wo|chen|start**
der **Wo|chen|tag**
wo|chen|tags
wö|chent|lich (jede Woche); sie hat ihre Mutter wöchentlich besucht
wo|chen|wei|se
die **Wöch|ne|rin** (Frau während des Wochenbetts); die Wöchnerinnen
Wo|dan *oder* **Wo|tan** (höchster germanischer Gott, Odin)
der **Wod|ka** (ein Branntwein); des Wodkas; die Wodkas

W
wir

wo|durch
wo|für
die **Wo|ge** (hohe, starke Welle)
wo|ge|gen
wo|her; sie geht dahin zurück, woher sie gekommen ist; ABER: sie geht wieder dahin, wo sie hergekommen ist
wo|hin; beobachte, wohin sie geht!; ABER: beobachte, wo sie hingeht!
wohl; bes|ser; am bes|ten *oder* wohl|ler; am wohls|ten; wohl ihr!; wohl oder übel (ob sie wollte oder nicht) musste sie dableiben; das ist wohl das Beste; leben Sie wohl!; wohl bekomms! *oder* wohl bekomm's!; sich wohl fühlen *oder* wohlfühlen; dort wird es ihm wohl ergehen *oder* wohlergehen; ↑ABER: das Wohlergehen; sie wird es wohl (wahrscheinlich) tun; ↑ABER: wohltun; der wohl bekannte *oder* wohlbekannte Schriftsteller; ABER NUR: der besser bekannte, am besten bekannte, bestbekannte Schriftsteller; ein [sehr] wohl behütetes *oder* wohlbehütetes Geheimnis; [besonders] wohl erzogene *oder* wohlerzogene Kinder; ABER NUR: noch wohlerzogenere Kinder; ↑ABER: wohlbehalten; wohlgemerkt; wohlhabend; wohltätig; wohltuend; wohlwollend

! Beachte: Weil das Adjektiv *wohl* in verschiedenen Bedeutungen gebraucht wird, unterscheiden sich die Vergleichsformen. Wenn man *wohl* im Sinne von »gut« verwendet, lauten sie »besser« und »am besten«: »Dieses Bild hat mir besser/am besten gefallen.« Meint *wohl* dagegen »gesund« oder »behaglich«, wird es mit »wohler« und »am wohlsten« gesteigert: »Nach der Behandlung habe ich mich wohler/am wohlsten gefühlt.«

das **Wohl;** des Wohls; auf dein Wohl!; zum Wohl!
wohl|auf (gesund); sie ist wieder wohlauf
das **Wohl|be|fin|den**
wohl|be|hal|ten (ohne Schaden zu nehmen; unverletzt); wohlbehalten ankommen
wohl|be|hü|tet ↑wohl
wohl|be|kannt ↑wohl
wohl|er|ge|hen ↑wohl
das **Wohl|er|ge|hen;** des Wohlergehens; sie fragte nach seinem Wohlergehen
wohl|er|zo|gen ↑wohl
die **Wohl|fahrt**
der **Wohl|fahrts|staat**
sich **wohl|füh|len** ↑wohl
wohl|ge|merkt (damit kein Missverständnis entsteht); er hat das, wohlgemerkt, freiwillig getan
wohl|ha|bend (reich); wohlhabende Kaufleute
woh|lig (behaglich); ein wohliges Gefühl
der **Wohl|stand;** des Wohlstands *oder* Wohl|stan|des
die **Wohl|stands|ge|sell|schaft**
die **Wohl|tat**
wohl|tä|tig; Geld für wohltätige Zwecke
wohl|tu|end (angenehm); wohltuende Ruhe
wohl|tun; die Wärme wird dir wohltun; das hat ihr wohlgetan
wohl|weis|lich (aus gutem Grund); sie ist wohlweislich nicht auf ihn eingegangen
das **Wohl|wol|len** (freundliche Gesinnung); des Wohlwollens
wohl|wol|lend; eine wohlwollende Beurteilung
die **Wohn|an|schrift**
der **Wohn|block;** die Wohnblocks *oder* Wohn|blö|cke
woh|nen; ich wohne; du wohnst; sie wohnte; er hat lange Zeit hier gewohnt
das **Wohn|ge|biet**
die **Wohn|ge|mein|schaft**
das **Wohn|haus**
wohn|lich; ein wohnliches Zimmer
das **Wohn|mo|bil** (größeres Automobil, dessen hinterer Teil wie ein Wohnwagen gestaltet ist); des Wohnmobils; die Wohnmobile
der **Wohn|ort**
der **Wohn|raum**
der **Wohn|sitz**
die **Woh|nung**
der **Wohn|wa|gen**
das **Wohn|zim|mer**
wöl|ben; eine Decke wölben; sich wöl-

ben; die Brücke hat sich über den Fluss gewölbt

die **Wöl|bung**

der **Wolf;** des Wolfs *oder* Wol|fes; die Wöl|fe

die **Wöl|fin;** die Wölfinnen

der **Wolfs|hun|ger**

die **Wolfs|milch** (eine Pflanze)

die **Wol|ga** (Strom in Osteuropa)

die **Wol|ke**

der **Wol|ken|bruch;** die Wol|ken|brü|che

der **Wol|ken|krat|zer** (Hochhaus); des Wolkenkratzers; die Wolkenkratzer

wol|ken|los; ein wolkenloser Himmel

wol|kig

die **Woll|de|cke**

die **Wol|le**

wol|len (aus Wolle); ein wollener Pullover

wol|len; du willst; sie will; sie wollte; sie hat gewollt; ich habe das nicht gewollt; ABER: ich habe [ihm] helfen wollen

wol|lig (aus Wolle); wollige Decken

der **Woll|lap|pen** *oder* **Woll-Lap|pen**

die **Wol|lust** (*gehoben für:* sinnliche Begierde); die Wol|lüs|te

wol|lüs|tig

wo|mit

wo|mög|lich (möglicherweise); sie kommt womöglich schon heute

wo|nach

die **Won|ne** (große Freude)

won|nig; ein wonniges Baby

wo|r|an

wo|r|auf

wo|r|auf|hin; er spielte vor, woraufhin man ihn sofort in der Band wollte

wo|r|aus

wo|r|in

der *oder* die **Wor|k|a|ho|lic** [vœːɐ̯kəˈhɔlɪk] (jemand, der zwanghaft ständig arbeitet); des Workaholics; die Workaholics

das *oder* der **Work-out** [ˈvœːɐ̯kʔaʊ̯t] *oder* **Work|out** (Fitnesstraining); des Work-outs *oder* Workouts; die Work-outs *oder* Workouts

der **Work|shop** [ˈvœːɐ̯kʃɔp] (Arbeitstreffen; Kurs; Seminar); des Workshops; die Workshops

der **World|cup** [ˈvœːɐ̯ltkap] (Weltmeisterschaft [in verschiedenen Sportarten]; Siegestrophäe bei einer Weltmeisterschaft); des Worldcups; die Worldcups

das **World Wide Web** [ˈwœːɐ̯ld ˈwai̯d ˈwɛb] (*EDV:* weltweites Informationssystem im Internet; *Abkürzung:* WWW); des World Wide Web *oder* World Wide Webs

das **Wort;** die Wör|ter *und* Wor|te; mit anderen Worten; seine letzten Worte; ich will nicht viele Worte machen; aufs Wort; Wort für Wort; Wort halten; jemanden beim Wort nehmen; sie ließ mich nicht zu Wort *oder* Worte kommen

! Beachte: Es hängt von der Bedeutung ab, welche Pluralform des Nomens *Wort* die richtige ist: Wenn einzelne Wörter ohne Rücksicht auf deren Sinnzusammenhang gemeint sind, heißt es *Wörter:* »Das Diktat besteht aus 150 Wörtern; diese Liste enthält zahlreiche (Fremd)wörter.« Im Sinne von »zusammenhängende Äußerung; Erklärung, Begriff« lautet die Mehrzahl dagegen *Worte:* »Er fand in seiner Rede viele feierliche Worte; sie verabschiedete sich mit bewegten Worten.«

die **Wort|art;** die Wort|ar|ten

die **Wort|bil|dung**

wort|brü|chig (sein gegebenes Versprechen brechend); wortbrüchig werden

das **Wör|ter|buch**

die **Wort|fa|mi|lie**

wort|ge|wandt; wort|ge|wand|ter; am wort|ge|wand|tes|ten

die **Wort|her|kunft**

wort|karg (wenig redend); ein wortkarger Außenseiter

der **Wort|laut;** des Wortlauts *oder* Wortlau|tes; die Rede im Wortlaut

wört|lich; die wörtliche Rede

wort|los (schweigend)

der **Wort|schatz;** die Wort|schät|ze

der **Wort|wech|sel**

wort|wört|lich (Wort für Wort); etwas wortwörtlich wiedergeben

wo|r|ü|ber

wo|r|um

wo|r|un|ter

Wo|tan *vergleiche:* **Wo|dan**

wo|von

wo|vor
wow! [vaʊ̯] (Ausruf der Bewunderung, des Erstaunens)
wo|zu
das **Wrack** (stark beschädigtes Fahrzeug); des Wracks *oder* Wra|ckes; die Wracks, *selten:* Wra|cke
wrin|gen; du wringst; er wringt; er wrang; sie hat die Wäsche gewrungen; wring *oder* wringe die Wäsche!
die **WTO** = World Trade Organization (Welthandelsorganisation)
der **Wu|cher;** des Wuchers
der **Wu|che|rer;** des Wucherers; die Wucherer
die **Wu|che|rin;** die Wucherinnen
wu|chern; du wucherst; er wucherte; sie hat gewuchert (Wucher getrieben); ABER: das Unkraut ist *oder* hat gewuchert (hat sich übermäßig ausgebreitet)
der **Wu|cher|preis**
die **Wu|che|rung**
die **Wu|cher|zin|sen** *Plural;* sie verlangten Wucherzinsen (stark überhöhte Zinsen)
der **Wuchs;** des Wuch|ses; die Wüch|se; die Bäume stehen in vollem Wuchs
die **Wucht;** mit voller Wucht
wuch|tig; wuchtige Schläge
wüh|len; du wühlst; sie wühlte; er hat in der Kiste gewühlt; wühl *oder* wühle nicht!
die **Wühl|maus**
der *oder* die **Wulst** (längliche, gerundete Verdickung); des Wuls|tes *oder* der Wulst; die Wüls|te
wuls|tig; eine wulstige Narbe
wund; wund sein, werden; wund reiben *oder* wundreiben; sich die Füße wund laufen *oder* wundlaufen; sich den Mund wund reden *oder* wundreden; die Kranke hat sich den Rücken wund gelegen *oder* wundgelegen
die **Wun|de**
das **Wun|der;** des Wunders; die Wunder; Wunder tun; das ist doch kein Wunder; du wirst dein blaues Wunder erleben; er glaubt[,] Wunder was getan zu haben *(umgangssprachlich);* er glaubt, Wunder *oder* wunders wie geschickt er sei *(umgangssprachlich)*
wun|der|bar
die **Wun|der|ker|ze**
das **Wun|der|kind**
wun|der|lich (sonderbar); wunderliche Einfälle
sich **wun|dern;** du wunderst dich; sie wunderte sich; er hat sich gewundert; wundere dich nicht!
wun|der|neh|men; es nimmt mich wunder; es nahm sie wunder; es hat uns wundergenommen
wun|der|schön
wun|der|voll
sich **wund|lau|fen** ↑wund
sich **wund|lie|gen** ↑wund
sich **wund|re|den** ↑wund
sich **wund|rei|ben** ↑wund
die **Wund|sal|be**
der **Wund|starr|krampf** (eine Infektionskrankheit)
der **Wunsch;** des Wunschs *oder* Wun|sches; die Wün|sche
die **Wün|schel|ru|te** (zum Aufspüren von Wasser- oder Erzadern)
wün|schen; du wünschst; sie wünschte; er hat gewünscht; wünsch *oder* wünsche ihm alles Gute!; sich wünschen; ich habe mir ein Fahrrad gewünscht
wün|schens|wert
wunsch|los; wunschlos glücklich sein
der **Wunsch|satz**
der **Wunsch|traum**
die **Wür|de**
wür|de|los
der **Wür|den|trä|ger**
die **Wür|den|trä|ge|rin**
wür|de|voll
wür|dig; ein würdiger Nachfolger
wür|di|gen; du würdigst; er würdigte; sie hat ihre Arbeit gewürdigt; würdige sie!
die **Wür|di|gung**
der **Wurf;** des Wurfs *oder* Wur|fes; die Würfe
der **Wür|fel;** des Würfels; die Würfel
wür|feln; du würfelst; sie würfelte; er hat eine Sechs gewürfelt; würfle *oder* würfele weiter!
der **Wurf|speer**
der **Wurf|spieß**
das **Wurf|zelt** (Zelt, das sich mit einem Wurf entfaltet)
der **Wür|ge|griff**

wür|gen; du würgst; sie würgte; er hat ihn gewürgt; würg *oder* würge ihn nicht!; ABER: mit Hängen und Würgen (*umgangssprachlich für:* mit knapper Not)

der **Wür|ger** (jemand, der einen anderen würgt); des Würgers; die Würger

der **Wurm;** des Wurms *oder* Wur|mes; die Wür|mer; *Verkleinerungsform:* das Würmchen

wur|men (*umgangssprachlich für:* ärgern); das wurmt mich; es wurmte ihn; die Niederlage hat ihn gewurmt

der **Wurm|fort|satz** (am Blinddarm)

wur|mig (wurmstichig)

wurm|sti|chig; wurmstichige Äpfel

die **Wurst;** die Würs|te; es geht um die Wurst (*umgangssprachlich für:* um die Entscheidung); ABER: das ist mir wurst, *auch:* wurscht (*umgangssprachlich für:* das ist mir völlig gleichgültig)

das **Würst|chen**

wurs|teln (*umgangssprachlich für:* ohne Ziel arbeiten); ich wurst[e]le; du wurstelst; er wurstelte; sie hat immer nur gewurstelt

wurs|tig (*umgangssprachlich für:* gleichgültig); ein wurstiges Benehmen

die **Wurs|tig|keit** *(umgangssprachlich)*

die **Wür|ze**

die **Wur|zel;** die Wurzeln

wur|zeln; der Baum wurzelt; er wurzelte; er hat tief gewurzelt

das **Wur|zel|werk**

wür|zen; du würzt; er würzte; sie hat die Soße gut gewürzt; würz *oder* würze die Suppe!

wür|zig; würzige Speisen

das **Wu|schel|haar** (lockiges oder unordentliches Haar)

wu|sche|lig; eine wuschelige Mähne

wu|seln (*umgangssprachlich für:* sich schnell und unruhig bewegen; hektisch arbeiten); ich wus[e]le; du wuselst; sie wuselte; er ist um die Ecke gewuselt; ABER: sie hat im Keller gewuselt

wüst; wüs|ter; am wüs|tes|ten

der **Wust** (Durcheinander, ungeordnete Menge); des Wusts *oder* Wus|tes

die **Wüs|te**

der **Wüst|ling** (zügelloser Mensch); des Wüstlings; die Wüst|lin|ge

die **Wut**

der **Wut|an|fall**

der **Wut|bür|ger** *(Zeitungsjargon)*

die **Wut|bür|ge|rin**

wü|ten (toben, rasen); du wütest; sie wütete; er hat gewütet; wüt *oder* wüte nicht mehr!

wü|tend

wut|ent|brannt

der **Wü|te|rich;** des Wüterichs *oder* Wü|te|ri|ches; die Wü|te|ri|che

wut|schäu|mend; ABER: vor Wut schäumend

WWF = World Wide Fund for Nature (eine Naturschutzorganisation)

das **WWW** = World Wide Web

X

das **X** [ɪks] (Buchstabe); des X; die X; jemandem ein X für ein U vormachen; ABER: das x in Hexe

die **x-Ach|se** *(Mathematik)*

die **Xan|thip|pe** (*umgangssprachlich für:* zänkische Frau, nach der Ehefrau des Philosophen Sokrates); die Xanthippen

die **X-Bei|ne** *Plural*

x-bei|nig *oder* **X-bei|nig**

x-be|lie|big *(umgangssprachlich);* ein x-beliebiges Buch; ABER: jeder x-Beliebige; etwas x-Beliebiges

das **X-Chro|mo|som** (*Biologie:* eines der beiden Geschlechtschromosomen)

x-fach *(umgangssprachlich);* ein x-fach erprobtes Mittel

das **x-Fa|che;** des x-Fachen

x-för|mig *oder* **X-för|mig**

XL = extra large (Kleidergröße: sehr groß)

x-mal *(umgangssprachlich);* das habe ich dir schon x-mal gesagt

der *oder* die **XML** *(EDV)* = Extensible Markup Language (Sprache, mit der die Struktur von Dokumenten beschrieben wird)

XS = extra small (Kleidergröße: sehr klein)

x-te; die x-te Potenz; zum x-ten Mal; zum x-ten Male

XXL = extra extra large (Kleidergröße: extrem groß)
XXS = extra extra small (Kleidergröße: extrem klein)
das **Xy|lo|fon** *oder* **Xy|lo|phon** (ein Musikinstrument); des Xylofons *oder* Xylophons; die Xy|lo|fo|ne *oder* Xy|lo|pho|ne

Y

das **Y** ['ʏpsilɔn] (Buchstabe); des Y; die Y; ABER: das y in Rhythmus
die **y-Ach|se** *(Mathematik)*
die **Yacht** *vergleiche:* **Jacht**
yal|lah! ['jala] (los!, vorwärts!, beeil dich!)
der **Yan|kee** ['jɛŋki] (Spitzname für den US-Amerikaner); des Yankees; die Yankees
das **Yard** (englisches und amerikanisches Längenmaß); des Yards; die Yards; 5 Yard *oder* Yards
das **Y-Chro|mo|som** (*Biologie:* eines der beiden Geschlechtschromosomen)
der **Yen** [jɛn] *oder* **Jen** (Währungseinheit in Japan); des Yen[s] *oder* Jen[s]; die Yen[s] *oder* Jen[s
der **Ye|ti** (legendärer Schneemensch im Himalajagebiet); des Yeti *oder* Yetis; die Yetis
yip|pie *oder* **jip|pie** ['jɪpi, *auch:* jɪ'piː] (Ausruf der Freude)
das, *auch:* der **Yo|ga** ['joːga] (indisches philosophisches System [mit körperlichen und geistigen Übungen]); des Yoga[s]
der **Youngs|ter** ['jaŋstɐ] (junger Nachwuchssportler); des Youngsters; die Youngster *oder* Youngsters
der **Young|ti|mer** ['jaŋtaɪ̯mɐ] (älteres, gepflegtes Fahrzeug, das noch kein Oldtimer ist); des Youngtimers; die Youngtimer
das **You|tube** *oder* **You|Tube®** ['juːtjuːp] (*Markenbezeichnung:* ein Internetportal für Videos); des YouTube, Youtube *oder* YouTubes, Youtubes *(meist ohne Artikel)*
das **You|tube-Vi|deo** *oder* **You|tube|vi|deo**
das **Yp|si|lon** ['ʏpsilɔn] (der Buchstabe Y); des Ypsilon *oder* Ypsilons; die Ypsilons
die **Yuc|ca** (Palmlilie); die Yuccas
der **Yup|pie** ['jʊpi, *auch:* 'japi] (junger, karrierebewusster, in einer Großstadt lebender Mensch); des Yuppies; die Yuppies

Z

das **Z;** des Z; die Z; ABER: das z in Gazelle
die **Za|cke** *oder* der **Za|cken;** der Zacke *oder* des Zackens; die Zacken
za|ckig; zackige Felsbrocken; ein zackiger (*umgangssprachlich für:* schneidiger) Soldat
zag|haft; zag|haf|ter; am zag|haf|tes|ten
Za|g|reb (Hauptstadt Kroatiens)
zäh; zä|her; am zähs|ten *oder* zä|hes|ten
zäh|flüs|sig; zähflüssiger Verkehr
die **Zäh|flüs|sig|keit**
die **Zäh|heit**
die **Zä|hig|keit**
die **Zahl**
das **Zahl|ad|jek|tiv**
zahl|bar (zu [be]zahlen); zahlbar in drei Monatsraten
zähl|bar (sich zählen lassend, als Zahl angebbar); zählbare Gewinne
zah|len; du zahlst; sie zahlte; er hat den Beitrag gezahlt; zahl *oder* zahle bitte pünktlich!
zäh|len; du zählst; er zählte; sie hat das Geld gezählt; zähl *oder* zähle es!
der **Zah|len|raum;** der Zahlenraum bis zehn
der **Zäh|ler;** des Zählers; die Zähler
die **Zahl|kar|te**
zahl|los; zahllose Anrufer
zahl|reich
der **Zahl|tag**
die **Zah|lung**
die **Zäh|lung**
das **Zah|lungs|mit|tel**
der **Zah|lungs|ver|kehr;** bargeldloser Zahlungsverkehr
die **Zahl|wei|se**
das **Zahl|wort;** die Zahl|wör|ter
zahm; ein zahmes Tier
zäh|men; du zähmst; er zähmte; sie hat den Löwen gezähmt; zähm *oder* zähme ihn!
die **Zäh|mung**

der **Zahn;** des Zahns *oder* Zah|nes; die Zäh-ne; *Verkleinerungsform:* das Zähnchen
der **Zahn|arzt**
die **Zahn|ärz|tin**
die **Zahn|bürs|te**
die **Zahn|creme** *oder* **Zahn|crème**
zäh|ne|knir|schend; ABER: mit den Zähnen knirschend
das **Zahn|fleisch**
zahn|los; ein zahnloser Mund
die **Zahn|lü|cke**
die **Zahn|pas|ta**
das **Zahn|rad**
die **Zahn|rei|ni|gung**
der **Zahn|schmerz** *meist Plural*
der **Zahn|sto|cher;** des Zahnstochers; die Zahnstocher
das **Zahn|weh**
Za|i|re [*auch:* zaˈiːɐ̯] (früherer Name der Republik Kongo)
der **Za|i|rer;** des Zairers; die Zairer
die **Za|i|re|rin;** die Zairerinnen
za|i|risch
der **Zan|der** (ein Raubfisch); des Zanders; die Zander
die **Zan|ge**
der **Zank;** des Zanks *oder* Zan|kes
zan|ken; du zankst; er zankte; sie hat mit ihm gezankt; sich zanken; sie haben sich gezankt
zän|kisch (streitlustig); zänkische Kinder
das **Zäpf|chen;** des Zäpfchens; die Zäpfchen
zap|fen; du zapfst; er zapfte Bier; sie hat Bier gezapft; zapf *oder* zapfe mir ein Bier!
der **Zap|fen;** des Zapfens; die Zapfen
der **Zap|fen|streich** (*Militär:* Ende der Ausgehzeit); der Große Zapfenstreich
die **Zapf|säu|le** (bei Tankstellen)
zap|pe|lig, zapp|lig; ein zapp[e]liger Junge
zap|peln; du zappelst; sie zappelte; er hat auf dem Stuhl gezappelt; zapple *oder* zappele nicht immer!
zap|pen [*auch:* ˈzɛpn̩] (*umgangssprachlich für:* mit der Fernbedienung in rascher Folge von einem Programm ins andere schalten); ich zappe; du zappst; er zappte; sie hat immer gezappt
der **Zar** (ehemaliger russischer Herrschertitel); des/dem/den Za|ren; die Za|ren
die **Zar|ge** (*fachsprachlich für:* Seitenwand; Tür-, Fenstereinfassung); die Zargen
die **Za|rin;** die Zarinnen
zart; zar|ter; am zar|tes|ten
die **Zart|heit**
zärt|lich
die **Zärt|lich|keit**
der **Zas|ter** (*umgangssprachlich für:* Geld); des Zasters
die **Zä|sur** (Einschnitt innerhalb einer Entwicklung, eines Verses oder eines Musikstücks); die Zä|su|ren
der **Zau|ber;** des Zaubers
der **Zau|be|rer;** des Zauberers; die Zauberer
zau|ber|haft (entzückend)
die **Zau|be|rin;** die Zauberinnen
der **Zau|ber|künst|ler**
die **Zau|ber|künst|le|rin**
zau|bern; ich zaubere; du zauberst; er zauberte; sie hat eine Taube aus dem Hut gezaubert
der **Zau|ber|stab**
der **Zau|ber|wür|fel**
zau|dern (zögern); du zauderst; er zauderte; sie hat lange gezaudert; zaudere nicht länger!
der **Zaum** (über den Kopf und ins Maul von Pferden gelegte Vorrichtung aus Riemen und Metall [zum Lenken und Führen]); des Zaums *oder* Zau|mes; die Zäu|me; ein Pferd im Zaum halten
zäu|men (einem Pferd den Zaum anlegen); du zäumst; sie zäumte; sie hat das Pferd gezäumt; zäume das Pferd!
das **Zaum|zeug**
der **Zaun;** des Zauns *oder* Zau|nes; die Zäu-ne
der **Zaun|gast** (jemand, der aus einiger Entfernung zusieht [ohne eingeladen zu sein oder dafür bezahlt zu haben]); die Zaun|gäs|te
der **Zaun|kö|nig** (ein Vogel)
der **Zaun|pfahl**
zau|sen; der Wind zauste; der Wind hat die Haare gezaust
der *oder* das **Za|zi|ki** *oder* **Tsa|t|si|ki** (Joghurt mit Knoblauch und Gurkenstückchen); des Zazikis *oder* Tsatsikis; die Zazikis *oder* Tsatsikis
z. B. = zum Beispiel
das **ZDF** = Zweites Deutsches Fernsehen
das **Ze|b|ra;** des Zebras; die Zebras

der **Ze|b|ra|strei|fen**
die **Ze|che** (Rechnung für Speisen und Getränke); seine Zeche bezahlen
ze|chen (viel Alkohol trinken); ich zeche; du zechst; sie zechte; er hat bis zum frühen Morgen gezecht
der **Ze|cher;** des Zechers; die Zecher
die **Ze|che|rin;** die Zecherinnen
der **Zech|prel|ler** (jemand, der ein Gasthaus verlässt, ohne zu bezahlen); des Zechprellers; die Zechpreller
die **Zech|prel|le|rei**
die **Zech|prel|le|rin;** die Zechprellerinnen
die **Ze|cke** (eine blutsaugende Milbe)
die **Ze|der** (ein immergrüner Nadelbaum); die Zedern
das **Ze|dern|holz**
die **Ze|he** *oder* der **Zeh;** der Zehe *oder* des Zehs; die Zehen; die kleine, große Zehe *oder* der kleine, große Zeh
die **Ze|hen|spit|ze;** auf Zehenspitzen gehen
zehn; wir sind zu zehnen *oder* zu zehnt; alle zehn Finger; ABER: die Zehn Gebote; ↑ *auch:* acht
die **Zehn** (Zahl); die Zehnen; ↑ *auch:* acht, die Acht
das **Zehn|cent|stück** *oder* **Zehn-Cent-Stück** (*mit Ziffern:* 10-Cent-Stück)
der **Zeh|ner;** des Zehners; die Zehner
der **Zehn|eu|ro|schein** *oder* **Zehn-Eu-ro-Schein** (*mit Ziffern:* 10-Euro-Schein)
zehn|fach; die zehnfache Menge
das **Zehn|fa|che**
das **Zehn|fin|ger|sys|tem** (Methode, schnell auf einer Schreibmaschine oder Computertastatur zu schreiben)
der **Zehn|kampf**
zehn|mal ↑ achtmal
das **Zehn|me|ter|brett** (*mit Ziffern:* 10-Meter-Brett *oder* 10-m-Brett)
zehn|te ↑ achte
das **Zehn|tel** ↑ Achtel
zehn|tens
zeh|ren (etwas Vorhandenes aufbrauchen, um davon zu leben); ich zehre; du zehrst; er zehrte; sie hat von ihren Ersparnissen gezehrt
das **Zei|chen;** des Zeichens; die Zeichen
der **Zei|chen|block;** die Zeichenblocks *oder* Zei|chen|blö|cke
die **Zei|chen|set|zung**
der **Zei|chen|trick|film**
zeich|nen; du zeichnest; er zeichnete; sie hat das gezeichnet; zeichne ein Bild!
der **Zeich|ner;** des Zeichners; die Zeichner
die **Zeich|ne|rin;** die Zeichnerinnen
zeich|ne|risch; zeichnerisches Talent
die **Zeich|nung**
der **Zei|ge|fin|ger**
zei|gen; du zeigst; sie zeigte; er hat ihr das Haus gezeigt; zeig *oder* zeige es ihr!
der **Zei|ger;** des Zeigers; die Zeiger
der **Zei|ge|stock;** die Zei|ge|stö|cke
die **Zei|le**
zei|len|wei|se
der **Zei|sig** (ein Vogel); des Zeisigs; die Zeisi|ge
zeit; *nur in:* zeit meines, deines usw. Lebens (mein, dein usw. Leben lang); diesen Urlaub wirst du zeit deines Lebens nicht vergessen

Zeit

- zu meiner Zeit; zu jeder Zeit
- auf Zeit; auf Zeit spielen *(Sport)*
- es ist an der Zeit
- von Zeit zu Zeit
- zu der Zeit, zu Zeiten Karls des Großen
- alles zu seiner Zeit
- zu aller Zeit; ABER: all[e]zeit
- zu jeder Zeit; ABER: jederzeit
- Zeit haben; Zeit rauben; Zeit sparen

Getrennt- und Zusammenschreibung:

- eine Zeit lang *oder* Zeitlang;
- Zeit raubend *oder* zeitraubend; Zeit raubende *oder* zeitraubende Arbeiten; ABER NUR: viel Zeit raubende Arbeiten; [noch] zeitraubendere, besonders zeitraubende Arbeiten;
- Zeit sparend *oder* zeitsparend; Zeit sparende *oder* zeitsparende Methoden; ABER NUR: viel Zeit sparende Methoden; [noch] zeitsparendere, besonders zeitsparende Methoden

das **Zeit|al|ter;** des Zeitalters; die Zeitalter
die **Zeit|ar|beit** (befristete Arbeit)
der **Zeit|druck;** des Zeitdrucks *oder* Zeitdruckes
die **Zeit|form** (Tempus)
der **Zeit|geist;** des Zeitgeists *oder* Zeitgeistes

zeit|ge|mäß; zeit|ge|mä|ßer; am zeit|ge|mä|ßes|ten; zeitgemäße Technik
der **Zeit|ge|nos|se**
die **Zeit|ge|nos|sin**
zeit|ge|nös|sisch (gegenwärtig); zeitgenössische Malerei
die **Zeit|ge|schich|te**
zeit|gleich
zei|tig; zeitiges Aufstehen
die **Zeit|kar|te** (für beliebig viele Fahrten in einem Zeitabschnitt)
die **Zeit|lang** ↑ Zeit
zeit|le|bens; er hat zeitlebens hart gearbeitet; ABER: er hat zeit seines Lebens hart gearbeitet
zeit|los (nicht zeitgebunden)
die **Zeit|lu|pe**
zeit|nah *oder* **zeit|na|he**
der **Zeit|plan**
der **Zeit|punkt**
der **Zeit|raf|fer** *(Film);* des Zeitraffers; die Zeitraffer
zeit|rau|bend ↑ Zeit
der **Zeit|raum**
die **Zeit|rech|nung;** vor unserer Zeitrechnung
die **Zeit|rei|se** (*besonders Science-Fiction:* [mithilfe einer Zeitmaschine] erfolgendes Sichversetzen in eine andere Zeit)
die **Zeit|schrift**
die **Zeit|span|ne** (Zeitabschnitt)
zeit|spa|rend ↑ Zeit
die **Zei|tung;** die Zeitung lesenden *oder* zeitunglesenden Hotelgäste
der **Zei|tungs|ar|ti|kel**
der **Zei|tungs|aus|trä|ger**
die **Zei|tungs|aus|trä|ge|rin**
der **Zei|tungs|be|richt**
die **Zei|tungs|re|dak|ti|on**
der **Zeit|ver|treib**
zeit|wei|lig; zeitweilige (vorübergehende) Probleme
zeit|wei|se; sie war nur zeitweise (hin und wieder) da
das **Zeit|wort** (Verb); die Zeit|wör|ter
die **Zeit|zo|ne** (Zone, in der überall die gleiche Uhrzeit gilt)
ze|le|b|rie|ren (feierlich ausführen, feiern); ich zelebriere; du zelebrierst; sie zelebrierte; der Priester hat eine Messe zelebriert (gelesen)
die **Zel|le**
der **Zell|kern**
das **Zel|lo|phan,** *fachsprachlich und als Markenbezeichnung:* **Cel|lo|phan** (glasklare Folie); des Zellophans *oder* Cellophans
der **Zell|stoff**
die **Zell|tei|lung**
das **Zel|lu|loid,** *fachsprachlich:* **Cel|lu|loid** (ein Kunststoff); des Zelluloids *oder* Zel|lu|loi|des, *fachsprachlich:* Celluloids *oder* Cel|lu|loi|des
die **Zel|lu|lo|se,** *fachsprachlich:* **Cel|lu|lo|se** (ein Zellstoff); die Zellulosen, *fachsprachlich:* Cellulosen
das **Zelt;** des Zelts *oder* Zel|tes; die Zel|te
die **Zelt|bahn**
zel|ten; du zeltest; sie zeltete; er hat am Bodensee gezeltet; zelte hier!
das **Zelt|la|ger**
die **Zelt|pla|ne**
der **Ze|ment** (Baustoff); des Zements *oder* Ze|men|tes; die Ze|men|te
ze|men|tie|ren (mit Zement ausfüllen, verputzen); du zementierst; er zementierte; er hat den Weg zementiert; sie hat ihre Macht zementiert (gefestigt); zementier *oder* zementiere das Loch!
der **Ze|nit** (Scheitelpunkt); des Zenits *oder* Ze|ni|tes; der Zenit (Höhepunkt) ihrer Karriere
zen|sie|ren (benoten; prüfen); ich zensiere; du zensierst; sie zensierte; die Lehrerin hat die Aufsätze zensiert
die **Zen|sur** ([Schul]note); die Zen|su|ren
der **Zen|ti|me|ter** (*Zeichen:* cm)
zen|ti|me|ter|dick; ABER: mehrere Zentimeter dick
das **Zen|ti|me|ter|maß**
der **Zent|ner** (50 kg); des Zentners; die Zentner
zent|ner|wei|se
zen|t|ral (in der Mitte liegend); in zentraler Lage
das **Zen|t|ral|ab|i|tur** (einheitliche Reifeprüfung innerhalb eines [Bundes]landes)
der **Zen|t|ral|af|ri|ka|ner** (Einwohner der Zentralafrikanischen Republik)
die **Zen|t|ral|af|ri|ka|ne|rin**
zen|t|ral|af|ri|ka|nisch; ABER: die Zentralafrikanische Republik
die **Zen|t|ral|bank**
die **Zen|t|ra|le**

die **Zen|t|ral|hei|zung**

der **Zen|t|ra|lis|mus** (Konzentration der Entscheidungsgewalt in einer Stelle); des Zentralismus

das **Zen|t|ral|ner|ven|sys|tem** (im Gehirn und Rückenmark)

zen|t|rie|ren (auf die Mitte einstellen); ich zentriere; du zentrierst; er zentrierte; sie hat das Rad zentriert

die **Zen|t|ri|fu|gal|kraft** (Fliehkraft bei krummliniger Bewegung)

die **Zen|t|ri|fu|ge** (Schleudergerät zur Trennung von Flüssigkeiten); die Zentrifugen

die **Zen|t|ri|pe|tal|kraft** (zum Mittelpunkt einer krummlinigen Bewegung hin gerichtete Kraft)

das **Zen|t|rum** (Mittelpunkt; Innenstadt); des Zentrums; die Zentren

der **Zep|pe|lin** (ein Luftschiff); des Zeppelins; die Zep|pe|li|ne

das, *seltener:* der **Zep|ter** (Herrscherstab); des Zepters; die Zepter

zer|bre|chen; du zerbrichst; er zerbricht; er zerbrach; sie hat das Glas zerbrochen; er ist an seinem Leid zerbrochen; zerbrich nichts!; sich den Kopf zerbrechen

zer|brech|lich; zerbrechliche Ware

die **Ze|re|mo|nie** [*auch:* tsereˈmoːni̯ə] (feierliche Handlung; Förmlichkeit); die Ze|re|mo|ni|en *oder* Ze|re|mo|ni|en

ze|re|mo|ni|ell; ein zeremonieller Empfang

das **Ze|re|mo|ni|ell** ([Regeln und Verhaltensweisen für] feierliche Handlungen); des Zeremoniells; die Ze|re|mo|ni|el|le

zer|fah|ren (verwirrt, gedankenlos)

der **Zer|fall** (Zusammenbruch, Zerstörung); des Zerfalls *oder* Zer|fal|les; die Zer|fäl|le

zer|fal|len; die Mauer zerfällt; sie zerfiel; sie ist zerfallen

zer|fet|zen; ich zerfetze; du zerfetzt; er zerfetzte den Brief; eine Granate hat sein Bein zerfetzt

zer|fled|dern (*umgangssprachlich für:* durch häufigen Gebrauch abnutzen; zerfetzen); du zerfledderst; sie zerfledderte; er hat sein Heft zerfleddert; zerfleddere dein Heft nicht!; ein zerfleddertes Buch

zer|flei|schen; der Tiger zerfleischte seine Beute; er hat seine Beute zerfleischt

zer|flie|ßen; sie sind in Tränen zerflossen (haben stark geweint)

zer|klei|nern; du zerkleinerst; sie zerkleinerte; er hat das Holz zerkleinert; zerkleinere das Holz!

zer|klüf|tet; zerklüftetes Gestein

zer|knirscht (schuldbewusst); ein zerknirschtes Gesicht machen

zer|knit|tern; du zerknitterst; sie zerknitterte; er hat sein Heft zerknittert; zerknittere dein Heft nicht!

zer|knül|len; ich zerknülle; du zerknüllst; sie zerknüllte; er hat den Zettel zerknüllt

zer|krat|zen; ich zerkratze; du zerkratzt; sie zerkratzte den Spiegel; die Dornen haben seine Beine zerkratzt

zer|le|gen; du zerlegst; sie zerlegte; er hat den Motor in seine Bestandteile zerlegt; zerleg *oder* zerlege den Satz in seine Glieder!

zer|lumpt; zerlumpte Kleidung

zer|mal|men (zerquetschen); die Maschine zermalmte den Sperrmüll; eine Gerölllawine hat die Scheune zermalmt

zer|mür|ben (mürbe machen); ich zermürbe; du zermürbst; das Warten zermürbte mich; es hat mich zermürbt

zer|quet|schen; ich zerquetsche; du zerquetschst; er zerquetschte; sie hat die Kartoffeln zerquetscht

das **Zerr|bild**

zer|rei|ßen; du zerreißt; sie zerreißt; sie zerriss; er hat den Stoff zerrissen; zerreiß *oder* zerreiße den Fahrschein nicht!

die **Zer|reiß|pro|be**

zer|ren; ich zerre; du zerrst; er zerrte; der Hund hat an der Leine gezerrt

zer|rin|nen (langsam zerfließen; sich auflösen); der Schnee zerrann; ihre Hoffnung ist zerronnen

die **Zer|rung** (Überdehnung von Muskeln, Sehnen oder Bändern)

zer|rüt|tet (völlig erschöpft; zerstört); zerrüttete Nerven

zer|schel|len; das Flugzeug zerschellte; es ist an der Felswand zerschellt

zer|schla|gen; er zerschlug einen Teller;

die Polizei hat einen Verbrecherring zerschlagen

zer|schmet|tern; ein Geschoss zerschmetterte sein Bein; die Bombe hat das Haus zerschmettert

zer|set|zen (auflösen); der elektrische Strom zersetzte die Säure; die Fäulnis hat den Körper zersetzt

zer|split|tern; die Scheibe zersplitterte; sie ist zersplittert; zersplittertes Holz

zer|stäu|ben; ich zerstäube; du zerstäubst; er zerstäubte; sie hat Parfüm zerstäubt

zer|stö|ren; du zerstörst; er zerstörte; sie hat das Bild zerstört; zerstör *oder* zerstöre es nicht!

die **Zer|stö|rung**

zer|streu|en; du zerstreust; die Polizei zerstreute die Demonstranten; sie hat alle Bedenken zerstreut; zertreu *oder* zerstreue sie!

zer|streut; ein zerstreuter Professor

die **Zer|streut|heit**

die **Zer|streu|ung**

zer|stü|ckeln; sie zerstückelte; sie hat den Apfel zerstückelt

das **Zer|ti|fi|kat** (Bescheinigung, Zeugnis); des Zertifikats *oder* Zer|ti|fi|ka|tes; die Zer|ti|fi|ka|te

zer|trüm|mern; du zertrümmerst; sie zertrümmerte; er hat die Scheiben zertrümmert; zertrümmer *oder* zertrümmere nichts!

die **Zer|ve|lat|wurst** *oder* **Ser|ve|lat|wurst** (eine Dauerwurst)

das **Zer|würf|nis;** des Zerwürfnisses; die Zerwürfnisse

zer|zau|sen; der Wind zerzauste ihr Haar; er hat ihr Haar zerzaust; zerzauste Haare

ze|tern (wehklagend schreien); du zeterst; sie zeterte; er hat gezetert; zetere nicht so!

der **Zet|tel;** des Zettels; die Zettel

das **Zeug;** des Zeugs *oder* Zeu|ges; die Zeuge; jemandem etwas am Zeug flicken (*umgangssprachlich für:* über jemanden etwas Nachteiliges sagen)

der **Zeu|ge;** des/dem/den Zeugen; die Zeugen

zeu|gen; ich zeuge; du zeugst; sie zeugte vor Gericht (sagte als Zeugin aus); er hat ein Kind gezeugt; die Arbeit zeugt von Fleiß (lässt Fleiß erkennen)

die **Zeu|gen|an|ga|be** *meist Plural*

der **Zeu|gen|auf|ruf** (*besonders schweizerisch für:* polizeiliche Bitte an Zeugen eines Ereignisses, sich zu melden)

die **Zeu|gen|aus|sa|ge**

die **Zeu|gin;** die Zeuginnen

das **Zeug|nis;** des Zeugnisses; die Zeugnisse

! Nomen auf *-nis* werden im Nominativ Singular nur mit einem *s* geschrieben, obwohl der Genitiv Singular und die Pluralformen mit Doppel-s gebildet werden.

die **Zeug|nis|über|ga|be**

die **Zeu|gung** (Befruchtung beim Geschlechtsakt)

zeu|gungs|fä|hig

Zeus (höchster griechischer Gott)

z. H. = zu Händen

die **Zi|cke** (weibliche Ziege); die Zicken; *Verkleinerungsform:* das Zick|lein

zi|cken (*umgangssprachlich für:* Schwierigkeiten machen); du zickst; er zickte; sie hat gezickt; zick *oder* zicke nicht so!

die **Zi|cken** (*umgangssprachlich für:* Dummheiten) *Plural;* mach keine Zicken!

zi|ckig (überspannt, eigensinnig)

der **Zick|zack;** des Zickzacks *oder* Zick|zackes; die Zick|za|cke; im Zickzack laufen; ABER: zickzack laufen

die **Zie|ge**

der **Zie|gel;** des Ziegels; die Ziegel

die **Zie|ge|lei**

zie|gel|rot

der **Zie|gel|stein**

der **Zie|gen|bock**

der **Zie|gen|pe|ter** (eine Infektionskrankheit)

zie|hen; du ziehst; sie zieht; sie zog; er hat den Wagen gezogen; zieh *oder* ziehe ein Los!

die **Zieh|har|mo|ni|ka;** die Ziehharmonikas *oder* Ziehharmoniken

die **Zie|hung**

das **Ziel;** des Ziels *oder* Zie|les; die Zie|le

ziel|be|wusst; zielbewusstes Vorgehen

zie|len; du zielst; er zielte; sie hat schlecht gezielt; ziel *oder* ziele genau!

ziel|füh|rend (erfolgreich); zielführende

Maßnahmen; ABER: zum Ziel führende Maßnahmen

die **Ziel|ge|ra|de** (einer Lauf-, Rennbahn)

die **Ziel|grup|pe**

die **Ziel|li|nie**

ziel|los; ziellos umherirren

die **Ziel|schei|be**

die **Ziel|set|zung**

ziel|si|cher; ein zielsicherer Schütze

ziel|stre|big; zielstrebiges Vorgehen

zie|men (angemessen sein; sich gehören); es ziemt mir; dieser Empfang hat mir geziemt; sich ziemen; es hat sich geziemt, ihr zu gratulieren

ziem|lich (fast, annähernd)

die **Zier** (Zierde, Schmuck)

die **Zier|de** (Verzierung)

zie|ren; das Bild zierte; es hat das Zimmer geziert; sich zieren (sich bescheiden stellen); er hat sich geziert; zier *oder* ziere dich nicht so!

zier|lich; zierliche Hände

die **Zier|pflan|ze**

der **Zier|rat** [ˈtsiːraːt, *auch:* ˈtsiːɐ̯raːt]; des Zierrats *oder* Zier|ra|tes; die Zier|ra|te

die **Zif|fer;** die Ziffern; die arabischen, römischen Ziffern

das **Zif|fer|blatt**

zig *(umgangssprachlich);* zig Euro; er fuhr mit zig Sachen in die Kurve; ABER: zigfach; ein Zigfaches; sie hat ihm das zigmal gesagt; Zighundert *oder* zighundert Menschen; Zigtausende *oder* zigtausende Menschen

die **Zi|ga|ret|te**

die **Zi|ga|ret|ten|kip|pe**

der, *auch:* das **Zi|ga|ril|lo** (kleine Zigarre); des Zigarillos; die Zigarillos

die **Zi|gar|re**

der **Zi|geu|ner;** des Zigeuners; die Zigeuner

! Die Bezeichnungen *Zigeuner, Zigeunerin* werden vom Zentralrat Deutscher Sinti und Roma als diskriminierend abgelehnt. Deshalb sollte die Menschengruppe lieber als *Sinti und Roma* bezeichnet werden.

die **Zi|geu|ne|rin;** die Zigeunerinnen

zig|fach, zig|hun|dert, zig|mal, zig|tau|send ↑zig

die **Zi|ka|de** (grillenähnliches Insekt); die Zikaden

das, *auch:* der **Zi|ka-Vi|rus** *oder* **Zi|ka|vi|rus** (ein durch Stechmücken verbreitetes Virus)

das **Zim|mer;** des Zimmers; die Zimmer

der **Zim|me|rer** (Handwerker, der bei Bauten die Teile aus Holz herstellt); des Zimmerers; die Zimmerer

die **Zim|me|rin** (Handwerkerin, die bei Bauten die Teile aus Holz herstellt); die Zimmerinnen

der **Zim|mer|mann** (Zimmerer); die Zimmer|leu|te

zim|mern; ich zimmere; du zimmerst; er zimmerte; sie hat den Schrank gezimmert

zim|per|lich ([über]empfindlich)

die **Zim|per|lie|se** *(umgangssprachlich für:* zimperliches Mädchen)

der **Zimt** (ein Gewürz); des Zimts *oder* Zimtes; die Zim|te

das **Zink** (chemisches Element, Metall; *Zeichen:* Zn); des Zinks *oder* Zin|kes

das **Zink|blech**

die **Zin|ke** (Zacke); die Zinken

zin|ken (mit Zinken, Zeichen versehen); du zinkst; er zinkte; er hat die Karten gezinkt; zinke die Karten nicht!

der **Zin|ken** ([Gauner]zeichen; *umgangssprachlich für:* große Nase); des Zinkens; die Zinken

das **Zinn** (chemisches Element, Metall; *Zeichen:* Sn); des Zinns *oder* Zin|nes

der **Zinn|be|cher**

die **Zin|ne** (zahnartiger Mauerabschluss); die Zinnen

der **Zin|no|ber** (eine rote Farbe; *auch umgangssprachlich für:* Blödsinn, wertloses Zeug); des Zinnobers

zin|no|ber|rot (ein Farbton); ABER: das **Zin|no|ber|rot**

der **Zins** (Ertrag); des Zin|ses; die Zin|sen

die **Zins|er|hö|hung**

der **Zin|ses|zins**

der **Zins|fuß** (in Prozent ausgedrückte Höhe der Zinsen); die Zins|fü|ße

zins|los; ein zinsloser Kredit

die **Zins|rech|nung**

der **Zins|satz**

die **Zins|sen|kung**

der **Zi|o|nis|mus** (Bewegung zur Gründung und Sicherung eines nationalen jüdischen Staates); des Zionismus der **Zi|o|nist** (Anhänger des Zionismus); des/dem/den Zi|o|nis|ten; die Zi|o|nis|ten

die **Zi|o|nis|tin;** die Zionistinnen

der **Zip|fel;** des Zipfels; die Zipfel

die **Zip|fel|müt|ze**

die **Zipp|ho|se** (Hose, deren Beine mit Reißverschlüssen befestigt sind)

zir|ka *vergleiche:* **cir|ca**

der **Zir|kel;** des Zirkels; die Zirkel

der **Zir|kel|kas|ten**

zir|keln (einen Kreis ziehen; [ab]messen; *umgangssprachlich für:* genau ausprobieren, an eine bestimmte Stelle befördern); ich zirk[e]le; du zirkelst; er zirkelte; der Spieler hat den Ball um die Mauer gezirkelt

die **Zir|ku|la|ti|on** (Umlauf, Kreislauf); die Zir|ku|la|ti|o|nen

zir|ku|lie|ren; das Blut zirkulierte in den Adern; Luft ist, *seltener:* hat im Raum zirkuliert

der **Zir|kus** *oder* **Cir|cus;** des Zirkus *oder* Circus; die Zirkusse *oder* Circusse

das **Zir|kus|pferd** *oder* **Cir|cus|pferd**

zir|pen; die Grille zirpte; sie hat gezirpt

die **Zir|rho|se** (*Medizin:* Wucherung im Bindegewebe eines Organs); die Zirrhosen

die **Zir|rus|wol|ke** (Federwolke)

zi|schen; du zischst; er zischte; er hat gezischt; zisch *oder* zische nicht!

der **Zisch|laut**

die **Zis|ter|ne** (unterirdischer Behälter für Regenwasser); die Zisternen

die **Zi|ta|del|le** (Festung; Kern einer Festung); die Zitadellen

das **Zi|tat** (wörtlich angeführte Belegstelle; bekannter Ausspruch); des Zitats *oder* Zi|ta|tes; die Zi|ta|te; ein Zitat anbringen

die **Zi|ther** (ein Saiteninstrument); die Zithern

zi|tie|ren (wörtlich anführen); du zitierst; sie zitierte; sie hat ihn zitiert; zitier *oder* zitiere den Text richtig!

das **Zi|t|ro|nat** (kandierte Zitronenschale); des Zitronats *oder* Zi|t|ro|na|tes; die Zi|t|ro|na|te

die **Zi|t|ro|ne**

der **Zi|t|ro|nen|fal|ter**

zi|t|ro|nen|gelb

die **Zi|t|ro|nen|säu|re**

die **Zi|t|rus|frucht** (Zitrone, Apfelsine usw.)

zit|te|rig *oder* **zitt|rig;** zitterige *oder* zittrige Hände

zit|tern; ich zittere; du zitterst; er zitterte; er hat am ganzen Körper gezittert; zitternde Knie

die **Zit|ze** (Säugeorgan); die Zitzen

der **Zi|vi** (*umgangssprachlich kurz für:* jemand, der Zivildienst leistet); des Zivis; die Zivis

zi|vil (bürgerlich; nicht militärisch); die zivile Luftfahrt; zivile (niedrige) Preise

das **Zi|vil** (Zivilkleidung); des Zivils; er kommt in Zivil

die **Zi|vil|be|völ|ke|rung**

die **Zi|vil|cou|ra|ge** (Mut im bürgerlichen Leben)

der **Zi|vil|dienst** (anstelle des Wehrdienstes); Zivildienst leisten; der Zivildienst Leistende *oder* Zivildienstleistende; die Zivildienst Leistenden *oder* Zivildienstleistenden

die **Zi|vi|li|sa|ti|on** (die durch den Fortschritt verbesserten Lebensbedingungen); die Zi|vi|li|sa|ti|o|nen

zi|vi|li|siert (Zivilisation besitzend); zivilisierte Menschen

der **Zi|vi|list** (Bürger; Nichtsoldat); des/dem/den Zi|vi|lis|ten; die Zi|vi|lis|ten

die **Zi|vi|lis|tin;** die Zivilistinnen

der **Zi|vil|schutz** (Schutz der Zivilbevölkerung im Kriegs- und Katastrophenfall)

der **Zo|bel** (ein Marder; sein Pelz); des Zobels; die Zobel

zo|cken (*umgangssprachlich für:* Glücksspiele machen; *Jugendsprache auch für:* ein [Computer]spiel spielen); ich zocke; du zockst; sie zockte; er hat am Computer gezockt; zock *oder* zocke nicht!

die **Zo|fe;** die Zofen

der **Zoff** (*umgangssprachlich für:* Ärger, Streit, Unfrieden); des Zoffs

sich **zof|fen** (sich streiten); du zoffst dich; die beiden haben sich wieder gezofft; zoff *oder* zoffe dich nicht immer mit ihr!

zö|ger|lich

zö|gern; du zögerst; er zögerte; er hat gezögert; zögere nicht länger!; ohne zu zögern; ABER: ohne Zögern

der **Zög|ling;** des Zöglings; die Zög|lin|ge

das, *fachsprachlich:* der **Zö|li|bat** (Ehelosigkeit aus religiösen Gründen); des Zölibats *oder* Zö|li|ba|tes
der **Zoll** (Abgabe); des Zolls *oder* Zol|les; die Zöl|le; Zoll [be]zahlen
der **Zoll** (ein Längenmaß); des Zolls *oder* Zol|les; die Zoll; 3 Zoll breit
der **Zoll|be|am|te,** die **Zoll|be|am|tin** die
zol|len (*gehoben für:* erweisen, entgegenbringen); du zollst; er zoll|te; er hat ihr Dank gezollt; zolle ihr mehr Respekt!
zoll|frei; zollfreie Waren
die **Zoll|kon|t|rol|le**
der **Zöll|ner** (*veraltend für:* Zollbeamter); des Zöllners; die Zöllner
der **Zoll|stock;** die Zoll|stö|cke
der **Zom|bie** (wiedererweckter Toter); des Zombie *oder* Zombies; die Zombies
die **Zo|ne** (Gebietsstreifen)
die **Zo|nen|gren|ze** (Grenze zwischen Besatzungszonen; *Verkehrswesen:* Zahlgrenze)
der **Zoo;** des Zoos; die Zoos
die **Zoo|lo|gie** (Tierkunde)
zoo|lo|gisch
das *oder* der **Zoom** [zuːm] (Kameraobjektiv mit veränderlicher Brennweite); des Zooms; die Zooms
zoo|men [ˈzuːmən] (das Objekt, das fotografiert werden soll, im Bild näher heranholen oder weiter wegrücken); ich zoome; du zoomst; er zoomte; er hat den Vogel gezoomt
das **Zoo-Or|ches|ter** *oder* **Zoo|or|ches|ter**
der **Zopf;** des Zopfs *oder* Zop|fes; die Zöp|fe
der **Zorn;** des Zorns *oder* Zor|nes
zor|nig; zornige Blicke
die **Zo|te** (unanständiger Witz); die Zoten
zo|tig; zotige Anspielungen
zot|te|lig *oder* **zott|lig;** zott[e]liges Fell
zot|tig (struppig)
z.T. = zum Teil
Ztr. = Zentner
zu; zu dem Punkt; zu zweien *oder* zu zwein, zu zweit; vier zu eins (4 : 1)
zu|al|ler|erst
zu|al|ler|letzt
zu|al|ler|meist
das, *seltener:* der **Zu|be|hör;** des Zubehörs *oder* Zu|be|hö|res; die Zu|be|hö|re
der **Zu|ber** ([Holz]bottich); des Zubers; die Zuber
zu|be|rei|ten; er bereitete das Essen zu; er hat die Speisen zubereitet
die **Zu|be|rei|tung**
zu|be|we|gen; sie bewegte ihre Hand auf den Griff zu; sich zubewegen; er hat sich auf die Straße zubewegt; ABER: sie war nicht dazu zu bewegen (zu überreden)
zu|brin|gen; sie brachte viel Zeit auf Reisen zu; sie hat eine Nacht im Freien zugebracht
der **Zu|brin|ger;** des Zubringers; die Zubringer
die **Zu|brin|ger|stra|ße**
die **Zuc|chi|ni** [tsʊˈkiːni], *besonders fachsprachlich:* der **Zuc|chi|no** [tsʊˈkiːno] (ein gurkenähnliches Gemüse); der Zucchini, *seltener:* des Zucchinos; die Zucchini *meist Plural*
die **Zucht;** die Zuch|ten
züch|ten; ich züchte; du züchtest; er züchtete; er hat Rosen gezüchtet
der **Züch|ter;** des Züchters; die Züchter
die **Züch|te|rin;** die Züchterinnen
züch|ti|gen (*gehoben für:* durch Schlagen bestrafen); du züchtigst; er züchtigte; er hat ihn mit einem Stock gezüchtigt; züchtige ihn nicht!
die **Züch|ti|gung**
das **Zucht|tier**
zu|ckeln (*umgangssprachlich für:* langsam gehen oder fahren); ich zuck[e]le; du zuckelst; er zuckelte; er ist gemütlich nach Hause gezuckelt
zu|cken; du zuckst; sie zuckte; sie hat mit den Schultern gezuckt; zuck *oder* zucke nicht dauernd!
zü|cken (schnell herausholen); du zückst; er zückte Papier und Bleistift; er hat ein Messer gezückt; zück *oder* zücke den Geldbeutel!
der **Zu|cker;** des Zuckers; die Zucker
zu|cker|frei; zuckerfreie Bonbons
die **Zu|cker|gla|sur**
zu|cker|krank
die **Zu|cker|krank|heit** (dauerhaft erhöhter Zuckergehalt des Blutes)
zu|ckern; ich zuckere; du zuckerst; er zuckerte den Nachtisch; er hat das Obst gezuckert
die **Zu|cker|rü|be**
zu|cker|süß

zu|de|cken; sie deckte das Loch zu; sie hat das Kind zugedeckt; sich zudecken; sie hat sich schnell zugedeckt

zu|dem (außerdem); es war kalt und zudem regnete es; ABER: er kam zu dem Haus

zu|dring|lich (aufdringlich, lästig)

die **Zu|dring|lich|keit**

zu|ei|n|an|der; zueinander sprechen; zueinanderfinden *oder* zueinander finden (zusammenfinden); sie haben endlich zueinandergefunden *oder* zueinander gefunden; zueinanderhalten *oder* zueinander halten (zusammenhalten); sie haben immer zueinandergehalten *oder* zueinander gehalten; zueinanderpassen *oder* zueinander passen; ich finde, dass sie gut zueinanderpassen *oder* zueinander passen; ↑ aufeinander

zu|ei|n|an|der|fin|den ↑ zueinander

zu|ei|n|an|der|hal|ten ↑ zueinander

zu|ei|n|an|der|pas|sen ↑ zueinander

zu|erst; zuerst einmal; der zuerst genannte Name; ABER: der zuerst Genannte

die **Zu|fahrt**

die **Zu|fahrts|stra|ße**

der **Zu|fall;** des Zufalls *oder* Zu|fal|les; die Zu|fäl|le

zu|fal|len; die Tür fiel zu; sie ist [mir] zugefallen

zu|fäl|lig

zu|fas|sen; ich fasse zu; du fasst zu; er fasste zu; die Polizei hat blitzschnell zugefasst

die **Zu|flucht**

der **Zu|fluchts|ort**

der **Zu|fluss;** des Zu|flus|ses; die Zu|flüs|se

zu|fol|ge; dem Befehl zufolge; ABER: zufolge des Befehls

zu|frie|den; zufrieden machen, sein, werden; zufrieden stellen *oder* zufriedenstellen; wir haben alle Kunden zufrieden gestellt *oder* zufriedengestellt; ein zufrieden stellendes *oder* zufriedenstellendes Ende; ABER NUR: ein [noch] zufriedenstellenderes Ende

sich **zu|frie|den|ge|ben** (sich begnügen); er hat sich damit zufriedengegeben

die **Zu|frie|den|heit**

zu|frie|den|las|sen (in Ruhe lassen); ihr sollt ihn zufriedenlassen!

zu|frie|den|stel|len ↑ zufrieden

zu|fü|gen; er fügte ihm Schaden zu; er hat mir [ein] Unrecht zugefügt

zu Fuß *vergleiche:* **Fuß**

der **Zug;** des Zugs *oder* Zu|ges; die Zü|ge; im Zuge des Wiederaufbaus; Zug um Zug; der 10-Uhr-Zug

die **Zu|ga|be**

der **Zu|gang;** des Zugangs *oder* Zu|gan|ges; die Zu|gän|ge

zu|gäng|lich; eine schwer zugängliche Stelle

die **Zug|bin|dung** (Gültigkeit eines Tickets nur für bestimmte Züge)

zu|ge|ben (gestehen); sie gab ihren Irrtum zu; sie hat alles zugegeben

zu|ge|ge|be|ner|ma|ßen (wie man zugeben muss)

zu|ge|gen (anwesend, dabei); zugegen bleiben, sein

zu|ge|hen; er geht auf das Haus zu; es ging sehr fröhlich zu

zu|ge|hö|rig; ein Auto mit den zugehörigen Papieren

der **Zü|gel;** des Zügels; die Zügel

zü|gel|los; zü|gel|lo|ser; am zü|gel|lo|ses|ten

zü|geln; du zügelst; er zü|gel|te; er hat sein Temperament gezügelt; zügle *oder* zügele deine Neugier!

das **Zu|ge|ständ|nis;** des Zugeständnisses; die Zugeständnisse

zu|ge|ste|hen; sie gestand es ihm zu; sie hat ihm einen Rabatt zugestanden

zu|gig (windig); ein zugiger Hausflur

zü|gig (rasch, ohne Stockung); ein zügiges Tempo

die **Zug|kraft** (Anziehungskraft)

zug|kräf|tig; ein zugkräftiger (viel Publikum anziehender) Film

zu|gleich

zu|grei|fen; er griff zu; er hat zugegriffen

der **Zu|griff;** des Zugriffs *oder* Zu|grif|fes; die Zu|grif|fe; Zugriff auf *oder* zu Daten

zu|grun|de *oder* **zu Grun|de;** zugrunde *oder* zu Grunde gehen, legen; er ist dabei, sich zugrunde *oder* zu Grunde zu richten; der zugrunde liegende *oder* zu Grunde liegende *oder* zugrundeliegende Vertrag

die **Zug|spit|ze** (höchster Berg Deutschlands)
zu|guns|ten *oder* **zu Guns|ten; zugunsten** *oder* zu Gunsten bedürftiger Kinder; ABER: dem Freund zugunsten *oder* zu Gunsten
zu|gu|te|hal|ten (*gehoben für:* positiv anrechnen); man kann ihm seine Ehrlichkeit zugutehalten
zu|gu|te|kom|men (sich positiv für jemanden auswirken); seine Sprachkenntnisse sind ihm bei der Bewerbung zugutegekommen
die **Zug|ver|bin|dung**
der **Zug|vo|gel**
zu|hau|se ↑ Haus
das **Zu|hau|se;** sie freut sich auf ihr [schönes] Zuhause; er hat kein Zuhause mehr; ↑ ABER: Haus

! Groß und in einem Wort schreibt man *Zuhause* nur, wenn ein Artikel oder ein Pronomen vorangeht: *das Zuhause / mein, euer Zuhause.* In allen anderen Fällen sind die Schreibungen *zu Hause* und *zuhause* richtig.

zu Hil|fe *vergleiche:* **Hil|fe**
zu|hin|terst; er stand zuhinterst in der Schlange
zu|hö|ren; du hörst zu; sie hörte zu; sie hat mir kaum zugehört; hör *oder* höre gut zu!
der **Zu|hö|rer**
die **Zu|hö|re|rin**
die **Zu|hö|rer|schaft**
zu|kom|men; er kam auf mich zu; ihm ist eine wichtige Rolle zugekommen; sie hat mir eine Nachricht zukommen lassen
die **Zu|kunft**
zu|künf|tig; die zukünftige Chefin
die **Zu|kunfts|aus|sich|ten** *Plural*
zu|kunfts|ori|en|tiert
zu|kunfts|träch|tig; eine zukunftsträchtige (gute Zukunftsaussichten habende) Entwicklung
die **Zu|la|ge**
zu|lan|gen (*umgangssprachlich);* du langst zu; er langte zu; er hat beim Essen kräftig zugelangt; lang *oder* lange ordentlich zu!
zu|läng|lich (*gehoben für:* genügend, ausreichend); zulängliche Erfahrungen
zu|las|sen; du lässt die Tür zu; der Richter ließ die Frage zu; er hat die Demonstration zugelassen; sein Motorrad ist [noch] nicht zugelassen
zu|läs|sig (erlaubt); eine zulässige Frage
die **Zu|las|sung;** die Zulassung zur Prüfung
zu|las|ten *oder* **zu Las|ten; zulasten** *oder* zu Lasten des Angeklagten; ABER: die Kosten gehen zu ihren Lasten
der **Zu|lauf;** des Zulaufs *oder* Zu|lau|fes; die Zu|läu|fe
zu|lau|fen; die Katze lief ihnen zu; sie ist ihnen zugelaufen
zu|leid *oder* **zu|lei|de** *und* **zu Leid** *oder* **zu Lei|de;** jemandem etwas zuleid[e] *oder* zu Leid[e] tun
die **Zu|lei|tung**
zu|letzt; sie kam zuletzt; ABER: sie kam zu guter Letzt
zu|lie|be; er hat es ihr zuliebe getan
zum (zu dem); er ging zum Haus
zu|ma|chen; er machte die Tür zu; er hat sie fest zugemacht; er versuchte[,] die Tür zuzumachen
zu|mal (vor allem; besonders weil); alle, zumal die Fans, waren begeistert
das **Zum|ba** (*Markenbezeichnung:* Fitnesstraining zu lateinamerikanischer Musik); des Zumbas *(meist ohne Artikel)*
zu|meist (meistens)
zu|min|dest; ich erwarte zumindest Respekt; ABER: zum Mindesten
zu|müll|len *(umgangssprachlich);* sie müllte mich mit Papieren zu; sie hat mich mit E-Mails zugemüllt
zu|mut|bar; zumutbare Belastungen
zu|mu|te *oder* **zu Mu|te;** mir ist gut, schlecht zumute *oder* zu Mute
zu|mu|ten; sie mutete ihm zu viel zu; sich zumuten; sie hat sich zu viel zugemutet
die **Zu|mu|tung**
zu|nächst; zunächst ging er nach Hause, dann trafen wir uns; zunächst dem Hause *oder* dem Hause zunächst (in unmittelbarer Nähe des Hauses)
die **Zu|nah|me** (Vermehrung)
der **Zu|na|me** (Familienname)
das **Zünd|blätt|chen**
zün|deln (*besonders süddeutsch, öster-*

reichisch für: mit Feuer spielen); du zündelst; die Kinder zündelten; sie haben gezündelt; zündle *oder* zündele nicht!
zün|den; du zündest; er zündete; sie hat den Motor gezündet; zünde den Motor!; zündende (begeisternde) Ideen
der **Zün|der;** des Zünders; die Zünder
die **Zünd|flam|me**
das **Zünd|holz;** die Zünd|höl|zer
die **Zünd|ker|ze**
der **Zünd|schlüs|sel**
die **Zün|dung**
zu|neh|men; er nahm kräftig zu; er hat an Gewicht zugenommen
zu|neh|mend (mehr und mehr)
die **Zu|nei|gung**
die **Zunft** (ein Berufsverband); die Zünf|te
zünf|tig; ein zünftiges (ordentliches) Essen
die **Zun|ge**
zün|geln; die Flamme züngelte; die Schlange hat gezüngelt
der **Zun|gen|schlag**
zu|nich|te; zunichte (zerstört) sein
zu|nich|te|ma|chen (zerstören); das Wetter hat all unsere Pläne zunichtegemacht
zu|nich|te|wer|den (zerstört werden); weil seine Hoffnungen mit einem Schlag zunichtewurden
zu|nut|ze *oder* **zu Nut|ze;** sich etwas zunutze *oder* zu Nutze machen
zu|oberst; die Hemden lagen im Koffer zuoberst
zu|ord|nen; du ordnest zu; er hat die Namen den Adressen zugeordnet; jedem X ist genau ein Y zugeordnet; ordne die Einträge zu!
zu|pa|cken; er packte zu; jeder hat zugepackt; pack *oder* packe zu!
zup|fen; ich zupfe; du zupfst; er zupfte; er hat ihn am Haar gezupft; zupf *oder* zupfe nicht immer an deinen Haaren!
das **Zupf|in|s|t|ru|ment**
zur (zu der); zur Schule gehen
zu|ran|de *oder* **zu Ran|de;** er ist mit der Aufgabe nicht zurande *oder* zu Rande gekommen (er hat sie nicht bewältigt)
zu|ra|te *oder* **zu Ra|te;** sie hat ihn zurate *oder* zu Rate gezogen (um Rat gefragt)

zu|rech|nungs|fä|hig (bei [klarem] Verstand); ist er noch zurechnungsfähig?
die **Zu|rech|nungs|fä|hig|keit**
sich **zu|recht|fin|den;** er fand sich zurecht; er hat sich gut zurechtgefunden
zu|recht|kom|men; sie kam zurecht; sie ist mit der Maschine zurechtgekommen
zu|recht|le|gen; er legte sich das Werkzeug zurecht; er hat ihm alles zurechtgelegt; sich zurechtlegen; er hat sich die Sachen zurechtgelegt
zu|recht|ma|chen; er macht das Essen zurecht; sie hat sich zurechtgemacht
zu|recht|wei|sen (streng ermahnen); sie wies ihn zurecht; sie hat ihn deswegen zurechtgewiesen
die **Zu|recht|wei|sung**
zu|re|den; er redete ihm zu; er hat ihm gut zugeredet; red *oder* rede ihm gut zu!
Zü|rich [*schweizerisch* ˈtsʏrɪç] (Stadt in der Schweiz)
zür|nen (*gehoben für:* zornig sein); du zürnst; sie zürnte; sie hat ihm, *auch:* mit ihm tagelang gezürnt; zürne nicht!
zu|rück; wieder zurück sein; ABER: es gibt kein Zurück mehr
zu|rück|be|hal|ten; er behielt etwas zurück; er hat den Betrag zurückbehalten
zu|rück|füh|ren; es führte kein Weg zurück; sie hat die Gruppe zum Hotel zurückgeführt; das Unglück ist auf menschliches Versagen zurückzuführen
zu|rück|ge|ben; sie gab das Buch zurück; sie hat mir den Schlüssel zurückgegeben; gib mir das sofort zurück!
zu|rück|ge|hen; er ging zurück; die Produktion ist zurückgegangen; geh *oder* gehe nach Hause zurück!; diese Redensart geht auf Luther zurück
zu|rück|hal|ten; sie hielt mich zurück; sie hat die Nachricht zurückgehalten; halt *oder* halte dich gefälligst zurück!
zu|rück|hal|tend (bescheiden); ein zurückhaltender Mensch
die **Zu|rück|hal|tung** *Plural selten*
zu|rück|keh|ren; er kehrte zurück; er ist in seine Heimat zurückgekehrt; kehr *oder* kehre zurück!
zu|rück|kom|men; der Brief kam

zurück; er ist endlich zurückgekommen; komm schnell zurück!

zu|rụ̈ck|le|gen; sie legte den Kopf zurück; sie hat die Strecke zu Fuß zurückgelegt; leg *oder* lege dir etwas Geld zurück!

zu|rụ̈ck|neh|men; der Verkäufer nahm das Gerät zurück; er hat seine Behauptung zurückgenommen; nimm das sofort zurück!

zu|rụ̈ck|rei|chen; er reichte mir das Buch zurück; sie hat die Unterlagen wieder zurückgereicht; diese Tradition reicht bis ins letzte Jahrhundert zurück

zu|rụ̈ck|schre|cken; ich schrecke zurück; er schreckte vor nichts zurück; er ist davor zurückgeschreckt

zu|rụ̈ck|set|zen; der Fahrer setzte [den Wagen] zurück; setz *oder* setze den Wagen zurück!; man hat ihn immer zurückgesetzt (kränkend benachteiligt)

zu|rụ̈ck|tre|ten; der Minister trat gestern zurück; er ist einen Schritt zurückgetreten; er hat seinen Gegner zurückgetreten (ihn seinerseits getreten)

zu|rụ̈ck|zie|hen; sie zog ihre Hand zurück; sie hat den Antrag zurückgezogen; sich zurückziehen (entfernen); sie hat sich in ihr Zimmer zurückgezogen

der **Zu̲|ruf;** des Zurufs *oder* Zu|ru|fes; die Zu|ru|fe; der Hund gehorchte auf Zuruf

zu̲|ru|fen; er rief mir etwas zu; er hat mir etwas zugerufen

zur|ze̲it (jetzt); sie ist zurzeit krank; ABER: sie lebte zur Zeit Goethes

die **Zu̲|sa|ge**

zu̲|sa|gen; das Zimmer sagte mir zu (gefiel mir); sie hat mir Hilfe zugesagt (versprochen)

zu|sạm|men; zusammen mit ihren Mitarbeiterinnen; zusammen sein; wir sind lange zusammen gewesen; solange wir zusammen sind, zusammen waren; ABER: das Zusammensein

die **Zu|sạm|men|ar|beit**

zu|sạm|men|ar|bei|ten (Hand in Hand arbeiten); sie arbeiteten zusạmmen; sie haben zusạmmengearbeitet; ABER: sie können nicht mehr zusạmmen (gemeinsam, in einem Raum) ạrbeiten

zu|sạm|men|be|kom|men; sie bekamen das Geld nicht zusammen; er hat die nötigen Unterschriften zusammenbekommen; ABER: wir haben das Geschenk zusammen (gemeinsam) bekommen

zu|sạm|men|bre|chen; die Brücke brach zusammen; die Frau ist plötzlich zusammengebrochen

der **Zu|sạm|men|bruch**

zu|sạm|men|fah|ren (vor Schreck zusammenzucken); bei dem Knall fuhr er zusammen; die Autos sind zusạmmengefahren (zusammengestoßen); ABER: nach München sind sie zusạmmen (gemeinsam) gefa̲hren

zu|sạm|men|fas|sen; die Reporterin fasste die Ereignisse zusammen; sie hat den Inhalt zusammengefasst

die **Zu|sạm|men|fas|sung**

zu|sạm|men|ge|setzt; ein zusammengesetztes Wort

der **Zu|sạm|men|halt;** des Zusammenhalts *oder* Zu|sam|men|hal|tes

zu|sạm|men|hal|ten; wir hielten zusammen; wir haben immer fest zusammengehalten

der **Zu|sạm|men|hang;** des Zusammenhangs *oder* Zu|sam|men|han|ges; die Zu|sam|men|hän|ge; die beiden Punkte stehen im *oder* in Zusammenhang; kannst du das in den Zusammenhang einordnen?

zu|sạm|men|hän|gen; er hängte die beiden Bilder zusammen; er hat die Bilder zusammengehängt; ABER: die beiden Bilder hingen zusammen; die Krankheit hat mit dem Alter zusammengehangen; ↑*auch:* hängen

zu|sạm|men|hang|los; zusammenhanglose Sätze

zu|sạm|men|kom|men; sie kamen jeden Monat zusammen; ABER: sie sind zusammen (gemeinsam) zum Treffen gekommen; es ist wieder einiges an Spenden zusammengekommen

die **Zu|sạm|men|kunft** (Treffen, Versammlung); die Zu|sam|men|künf|te

zu|sạm|men|le|ben; sie lebten viele Jahre zusammen; sie haben lange Zeit zusammengelebt; sich zusammenleben; sie haben sich gut zusammengelebt (aufeinander eingestellt); ABER: das **Zu|sạm|men|le|ben;** des Zusammenlebens

die **Zu|sạm|men|le|gung**
zu|sạm|men|neh|men; er nahm alle seine Kraft zusammen; er hat seinen ganzen Mut zusammengenommen; sich zusammennehmen (beherrschen); nimm dich gefälligst zusammen!; alles zusammengenommen macht es 50 Euro
zu|sạm|men|pas|sen; die Farben passten gut zusammen; die beiden haben nicht zusammengepasst
der **Zu|sạm|men|prall**
zu|sạm|men|pral|len; die Autos prallten zusammen; sie sind mitten auf der Kreuzung zusammengeprallt
zu|sạm|men|rü|cken; sie rückten die Tische zusammen; er hat die Stühle zusammengerückt; sie sind auf der Bank näher zusammengerückt
der **Zu|sạm|men|schluss**
zu|sạm|men|schrau|ben; sie schraubte das Regal zusammen; sie hat das Regal zusammengeschraubt
zu|sạm|men|schrei|ben (in einem Wort schreiben); diese beiden Wörter werden zusammengeschrieben; ABER: das nächste Buch werden wir wieder zusạmmen (gemeinsam) schreiben
das **Zu|sạm|men|sein;** des Zusammenseins; ein gemütliches Zusammensein
zu|sạm|men|set|zen; er setzte das Puzzle zusammen; er hat die Teile zusammengesetzt; sich zusammensetzen; sie haben sich gestern zusammengesetzt
die **Zu|sạm|men|set|zung**
das **Zu|sạm|men|spiel**
zu|sạm|men|spie|len; die Stürmer spielten gut zusammen; die Mannschaft hat gut zusammengespielt; ABER: die Kinder haben schön zusạmmen (gemeinsam) gespielt
zu|sạm|men|ste|cken; er steckte die Kabel zusammen; die beiden haben den ganzen Tag zusammengesteckt (sie waren immer zusammen)
zu|sạm|men|stel|len; die Gruppe stellte sich zusammen; die Köchin hat das Menü zusammengestellt
die **Zu|sạm|men|stel|lung**
der **Zu|sạm|men|stoß**
zu|sạm|men|sto|ßen; sie stießen zusammen; sie sind zusammengestoßen
zu|sạm|men|tra|gen (sammeln); ich habe die Informationen, Fakten zusammengetragen
zu|sạm|men|tref|fen (begegnen); sie trafen vor dem Kino zusammen; sie sind gestern mit Freunden zusammengetroffen; ABER: das **Zu|sạm|men|tref|fen**
zu|sạm|men|zäh|len; sie zählte alles im Kopf zusammen; sie hat die Stimmen zusammengezählt; ABER: sie haben die Stimmen zusạmmen (gemeinsam) gezählt
zu|sạm|men|zie|hen; sie zog die Brauen zusammen; er hat die Zahlen zusammengezogen; sie ist mit ihrem Freund zusammengezogen
zu|sạm|men|zu|cken; er zuckte zusammen; er ist vor Schreck zusammengezuckt
der **Zu|satz;** des Zu|sat|zes; die Zu|sät|ze
zu|sätz|lich; zusätzliche Kosten
zu|schạn|den *oder* **zu Schạn|den;** zuschanden *oder* zu Schanden machen, werden
zu|schau|en; ich schaue zu; sie schau|te zu; sie hat mir dabei zugeschaut
der **Zu|schau|er;** des Zuschauers; die Zuschauer
die **Zu|schau|e|rin;** die Zuschauerinnen
die **Zu|schau|er|schaft**
der **Zu|schlag;** die Zu|schlä|ge
zu|schla|gen; er schlug das Buch zu; er hat die Tür zugeschlagen; die Tür ist zugeschlagen; ABER: sie haben unser Kind nicht zu schlagen
zu|schlie|ßen; sie schloss die Tür zu; sie hat zugeschlossen; schließ *oder* schließe endlich zu!; ABER: ich habe vor[,] die Tür zu schließen
zu|schnei|den; sie schnitt den Stoff für ein Kleid zu; sie hat den Stoff zugeschnitten; ABER: sie hat vergessen[,] das Brot zu schneiden
der **Zu|schnitt;** des Zuschnitts *oder* Zuschnit|tes; die Zu|schnit|te
die **Zu|schrift;** die Zu|schrif|ten
zu|schul|den *oder* **zu Schul|den;** sich etwas zuschulden *oder* zu Schulden kommen lassen
der **Zu|schuss;** des Zu|schus|ses; die Zuschüs|se

zu|se|hen; sie sah zu; sie hat dem Feuerwerk zugesehen

zu|se|hends (so schnell, dass man fast dabei zusehen kann); er hat sich zusehends erholt

zu|sper|ren; er sperr|te das Fenster zu; er hat es zugesperrt; sperr *oder* sperre die Tür zu!

das **Zu|spiel** *(Sport);* des Zuspiels *oder* Zuspie|les; die Zu|spie|le

zu|spie|len; er spielte ihm den Ball steil zu; er hat ihm den Ball genau zugespielt

der **Zu|spruch** (Trost; Zulauf); des Zuspruchs *oder* Zu|spru|ches; Zuspruch brauchen

der **Zu|stand;** des Zustands *oder* Zu|stan|des; die Zu|stän|de

zu|stan|de *oder* **zu Stan|de;** zustande *oder* zu Stande bringen, kommen; ABER: das **Zu|stan|de|kom|men**

zu|stän|dig; die zuständige Sachbearbeiterin

die **Zu|stän|dig|keit**

zu|stat|ten|kom|men (hilfreich, nützlich sein)

zu|ste|hen; dieses Recht stand ihm zu; es hat ihm rechtmäßig zugestanden

zu|stei|gen ([als Mitfahrer] einsteigen); sie stieg am Rathaus zu; ist noch jemand zugestiegen?

zu|stel|len; die Post stellte den Brief zu; sie hat ihr das Paket zugestellt

die **Zu|stell|ge|bühr**

die **Zu|stel|lung**

zu|stim|men; sie stimmte mir zu; sie hat dem Plan zugestimmt; stimm *oder* stimme doch endlich zu!

die **Zu|stim|mung**

zu|sto|ßen; er stieß mit dem Messer zu; er hat die Tür zugestoßen; es ist ihm etwas zugestoßen (passiert)

zu|ta|ge *oder* **zu Ta|ge;** zutage *oder* zu Tage (zum Vorschein) bringen, fördern, treten

die **Zu|tat;** die Zu|ta|ten (beim Kochen) *meist Plural*

zu|tei|len; sie teilte ihm eine neue Aufgabe zu; man hat ihm seine Portion zugeteilt

die **Zu|tei|lung**

zu|teil|wer|den (gewährt werden); ihm ist eine hohe Ehre zuteilgeworden

zu|tiefst; sie war zutiefst beleidigt

zu|tra|gen; er trug ihr die Neuigkeit zu; er hat es ihr zugetragen; sich zutragen (ereignen); das hat sich damals so zugetragen; ABER: wir haben schwer zu tragen

zu|träg|lich *(gehoben für:* günstig, hilfreich); das Rauchen ist der Gesundheit nicht zuträglich

zu|trau|en; er traute mir das zu; er hat es mir nicht zugetraut

das **Zu|trau|en;** des Zutrauens

zu|trau|lich; eine zutrauliche Katze

zu|tref|fend (richtig); zutreffende Aussagen

das **Zu|tref|fen|de;** des Zutreffenden; Zutreffendes ankreuzen

der **Zu|tritt;** des Zutritts *oder* Zu|trit|tes; Zutritt verboten!

zu|tun *(umgangssprachlich für:* hinzufügen; [ver]schließen); sie tat noch etwas Wasser zu; sie hat die ganze Nacht kein Auge zugetan; tu den Mund zu!; sich zutun; die Tür hat sich hinter ihm zugetan

das **Zu|tun** (Mitwirkung, Hilfe); ohne mein Zutun

zu|un|guns|ten *oder* **zu Un|guns|ten** ↑ zugunsten

zu|un|terst; etwas zuunterst in die Tasche packen

zu|ver|läs|sig; zuverlässige Mitarbeiter

die **Zu|ver|läs|sig|keit**

die **Zu|ver|sicht** (Optimismus)

zu|ver|sicht|lich

das **Zu|viel;** des Zuviel *oder* Zuviels; ein Zuviel ist besser als ein Zuwenig

zu|vor *(gehoben für:* vorher); am Abend zuvor

zu|vor|kom|men (schneller sein); er kam mir zuvor; er ist mir zuvorgekommen

zu|vor|kom|mend (höflich); ein zuvorkommender Verkäufer

der **Zu|wachs** (Vermehrung, Erhöhung); des Zu|wach|ses; die Zu|wäch|se

die **Zu|wachs|ra|te**

der **Zu|wan|de|rer** (jemand, der zuwandert, zugewandert ist)

die **Zu|wan|de|rer|fa|mi|lie**

die **Zu|wan|de|rin**

die **Zu|wan|de|rung**

A B C D E F G H I J K L M N O P Q R S T U V W X Y Z zuw

das **Zu|wan|de|rungs|ge|setz**
zu|we|ge *oder* **zu We|ge;** etwas zuwege *oder* zu Wege (zustande) bringen
zu|wei|len (manchmal)
zu|wen|den; er wandte *oder* wendete sich seinem Nachbarn zu; er hat sich einem neuen Thema zugewandt *oder* zugewendet; ↑ *auch:* wenden
die **Zu|wen|dung** (Geldspende; freundliche Aufmerksamkeit)
das **Zu|we|nig;** ein Zuwenig an Liebe
zu|wi|der; das Essen ist mir zuwider
zu|wi|der|han|deln (Verbotenes tun); er handelt dem Befehl zuwider; er hat der Vorschrift zuwidergehandelt
zu|zei|ten (bisweilen); zuzeiten hat sie schlechte Laune; ABER: sie lebte zu Zeiten Karls des Großen
zu|zie|hen; sie zieht den Vorhang zu; sie hat ihn zugezogen; sich etwas zuziehen; sie hat sich einen Schnupfen zugezogen; sie ist neu zugezogen; ABER: versuche[,] daran zu ziehen
zu|züg|lich (unter Hinzurechnung); zuzüglich der, aller Kosten; ↑ abzüglich
der **Zwang;** des Zwangs *oder* Zwan|ges; die Zwän|ge
zwän|gen; er zwängte das Buch in den Korb; ich habe mich ins Abteil gezwängt
zwang|los; zwang|lo|ser; am zwang|lo|ses|ten
die **Zwangs|ar|beit**
der **Zwangs|ar|bei|ter**
die **Zwangs|ar|bei|te|rin**
zwangs|läu|fig (nicht anders möglich; automatisch); eine zwangsläufige Entwicklung
zwangs|wei|se (durch Zwang)
zwan|zig ↑ achtzig
das **Zwan|zig|cent|stück** *oder* **Zwan|zig-Cent-Stück** (*mit Ziffern:* 20-Cent-Stück)
der **Zwan|zig|eu|ro|schein** *oder* **Zwan|zig-Eu|ro-Schein** (*mit Ziffern:* 20-Euro-Schein)
zwan|zigs|te ↑ achte
das **Zwan|zigs|tel** ↑ Achtel
zwar; er ist zwar alt, aber noch sehr rüstig; sie hat viel Obst, und zwar Äpfel, Birnen, Pflaumen
der **Zweck** (Sinn, Absicht); des Zwecks *oder* Zwe|ckes; die Zwe|cke
zweck|dien|lich (*Amtssprache:* dem Zweck förderlich); eine zweckdienliche Maßnahme
zweck|ent|spre|chend; zweckentsprechende Kleidung; ABER: eine dem Zweck entsprechende Kleidung
zweck|los
zweck|mä|ßig; zweckmäßige Kleidung
die **Zweck|mä|ßig|keit**
zwecks (*Amtssprache:* zum Zweck von); sie nahmen ihn zwecks einer Überprüfung mit
zwei; wir sind zu zweien *oder* zu zweit; herzliche Grüße von uns zweien; die Meinung zweier Gutachter; ↑ acht
das **Zwei|cent|stück** *oder* **Zwei-Cent-Stück** (*mit Ziffer:* 2-Cent-Stück)
zwei|deu|tig; eine zweideutige Bemerkung
zwei|di|men|si|o|nal
die **Zwei|drit|tel|mehr|heit**
zwei|ei|ig; zweieiige Zwillinge
zwei|ein|halb; in zweieinhalb Stunden
der **Zwei|er|bob** *(Sport)*
zwei|er|lei; zweierlei Sorten
das **Zwei|eu|ro|stück** *oder* **Zwei-Eu|ro-Stück** (*mit Ziffer:* 2-Euro-Stück)
zwei|fach ↑ achtfach
die **Zwei-Fak|tor-Au|then|ti|fi|zie|rung** (*mit Ziffer:* 2-Faktor-Authentifizierung; *EDV:* zweistufige Prüfung der Nutzeridentität); die Zwei-Faktor-Authentifizierungen
der **Zwei|fel;** des Zweifels; die Zweifel
zwei|fel|haft; zweifelhafte Geschäfte
zwei|fel|los
zwei|feln; du zweifelst; er zweifelte; er hat gezweifelt; zweifle *oder* zweifele nicht daran!
der **Zwei|fels|fall**
zwei|fels|frei
der **Zweig;** des Zweigs *oder* Zwei|ges; die Zwei|ge
zwei|glei|sig; zweigleisige Bahnstrecken
zwei|glie|de|rig *oder* **zwei|glied|rig;** ein zweigliederiges *oder* zweigliedriges Wort
die **Zweig|stel|le**
zwei|häu|sig (*Botanik:* nur mit männlichen oder nur mit weiblichen Blüten); eine zweihäusige Pflanze

Z
zuw

zwei|hun|dert
der **Zwei|hun|dert|eu|ro|schein** *oder* **Zwei|hun|dert-Eu|ro-Schein** (*mit Ziffern:* 200-Euro-Schein)
zwei|jäh|rig (zwei Jahre dauernd); eine zweijährige (*mit Ziffer:* 2-jährige) Ausbildung; ↑ *auch:* achtjährig
zwei|jähr|lich (alle zwei Jahre); die Wettkämpfe finden zweijährlich (*mit Ziffer:* 2-jährlich) statt
der **Zwei|kampf**
zwei|mal (*mit Ziffer:* 2-mal); ein- bis zweimal (*mit Ziffern:* 1- bis 2-mal); ↑ achtmal
zwei|ma|lig
das **Zwei|rad**
zwei|rä|de|rig *oder* **zwei|räd|rig;** ein zweiräd[e]riger Wagen
zwei|sei|tig
zwei|spra|chig (zwei Sprachen sprechend; in zwei Sprachen); er ist zweisprachig aufgewachsen; ein zweisprachiges Wörterbuch
zwei|spu|rig; zweispurige Autobahnen
zwei|stel|lig; eine zweistellige Zahl
zwei|stim|mig (zweistimmig singen)
zwei|stö|ckig; zweistöckige Häuser
zwei|stün|dig (zwei Stunden dauernd)
zwei|tä|gig ↑ zweijährig
zwei|täg|lich ↑ zweijährlich
zweit|bes|te; sie ist die zweitbeste Schülerin; ABER: sie ist die Zweitbeste in der Klasse
zwei|te; er ist zweiter Geiger; sie singt die zweite Stimme; in zweiter Reihe stehen; etwas aus zweiter Hand kaufen; im zweiten Stock; der zweite Bildungsweg; ABER: er hat wie kein Zweiter gearbeitet; jeder Zweite ist kurzsichtig; es ist noch ein Zweites zu erwähnen; zum Ersten, zum Zweiten, zum Dritten; die Zweite Bundesliga; das Zweite Programm (Zweites Deutsches Fernsehen); der Zweite Weltkrieg; ↑ *auch:* achte
zwei|tens
zweit|klas|sig; zweitklassige Vereine
der **Zweit|li|gist** *(Sport)*
zweit|ran|gig
die **Zweit|spra|che**
zwei|wö|chent|lich (alle zwei Wochen)
zwei|wö|chig (zwei Wochen dauernd)
die **Zwei|zim|mer|woh|nung** (*mit Ziffer:* 2-Zimmer-Wohnung)
das **Zwerch|fell**
der **Zwerg;** des Zwergs *oder* Zwer|ges; die Zwer|ge
zwer|gen|haft; in dem Märchen treten zwergenhafte Gestalten auf
der **Zwerg|pla|net** (kleinerer Himmelskörper im Sonnensystem mit eigener Umlaufbahn um die Sonne)
die **Zwetsch|ge,** *auch:* **Zwetsch|ke** *oder* **Zwet|sche** (eine pflaumenähnliche Frucht); die Zwetschgen, *auch:* Zwetschken *oder* Zwetschen
der **Zwi|ckel** (keilförmiger Einsatz); des Zwickels; die Zwickel
zwi|cken; du zwickst; sie zwickte; sie hat mich gezwickt; zwick *oder* zwicke mich nicht!
die **Zwick|müh|le** (Stellung im Mühlespiel)
der **Zwie|back;** die Zwie|bä|cke *oder* Zwie|ba|cke
die **Zwie|bel;** die Zwiebeln
zwie|beln (*umgangssprachlich für:* schikanieren); ich zwieb[e]le; du zwiebelst; er zwiebelte mich; er hat mich dauernd gezwiebelt; zwieble *oder* zwiebele ihn doch nicht dauernd!
das **Zwie|ge|spräch**
das **Zwie|licht** (Dämmerlicht)
zwie|lich|tig (verdächtig); zwielichtige Gestalten
der **Zwie|spalt** (innere Zerrissenheit); die Zwie|spal|te *oder* Zwie|späl|te
zwie|späl|tig; zwiespältige Gefühle
die **Zwie|tracht** (Streit)
der **Zwil|ling;** des Zwillings; die Zwil|lin|ge; siamesische (miteinander verwachsene) Zwillinge
das **Zwil|lings|paar**
die **Zwin|ge** (ein Werkzeug)
zwin|gen; du zwingst; sie zwingt; sie zwang; sie hat uns dazu gezwungen; zwing *oder* zwinge uns nicht!
zwin|gend; zwingende Gründe
der **Zwin|ger** (fester Turm; Gehege, Käfig); des Zwingers; die Zwinger
zwin|kern (blinzeln); ich zwinkere; du zwinkerst; er zwinkerte; er hat mit den Augen gezwinkert
der *oder* das **Zwin|ker|smi|ley** […smaịli]
zwir|beln; du zwirbelst; er zwirbelte; er

A B C D E F G H I J K L M N O P Q R S T U V W X Y Z zwi

hat seinen Bart gezwirbelt; zwirb[e]le den Faden!

der **Zwirn** (ein Garn); des Zwirns *oder* Zwir- nes; die Zwir|ne

der **Zwirns|fa|den**

zwi|schen

zwi|schen|drin (*umgangssprachlich für:* zwischendurch); etwas zwischendrin erledigen

zwi|schen|durch (*umgangssprachlich);* ein kleiner Imbiss für zwischendurch

der **Zwi|schen|fall**

die **Zwi|schen|lan|dung**

zwi|schen|mensch|lich; zwischen- menschliche Beziehungen

der **Zwi|schen|raum**

der **Zwi|schen|ruf**

die **Zwi|schen|zeit** (Zeit dazwischen; *Sport:* für eine Teilstrecke gemessene Zeit)

zwi|schen|zeit|lich

der **Zwist** (Streit); des Zwists *oder* Zwis|tes; die Zwis|te

die **Zwis|tig|keit**

zwit|schern; der Vogel zwitscherte; die Amsel hat gezwitschert

der **Zwit|ter** (Wesen mit weiblichen und männlichen Geschlechtsmerkmalen); des Zwitters; die Zwitter

zwölf; wir sind zu zwöl|fen *oder* zu zwölft; es ist fünf [Minuten] vor zwölf; die zwölf Apostel; ↑acht, die Acht

die **Zwölf** (Zahl); die Zwöl|fen; ↑Acht

zwölf|jäh|rig ↑achtjährig

der **Zwölf|kampf** *(Turnen)*

zwölf|mal ↑achtmal

zwölf|te ↑achte

das **Zwölf|tel;** des Zwölftels; die Zwölftel; ↑Achtel

zwölf|tens

das **Zy|an|ka|li** (ein stark giftiges Salz); des Zyankalis

zy|k|lisch (kreisförmig; regelmäßig wie- derkehrend); zyklische Bewegungen

der **Zy|k|lon** (ein Wirbelsturm); des Zyklons; die Zy|k|lo|ne

der **Zy|k|lop** (einäugiger Riese der grie- chischen Sage); des/dem/den Zy|k|lo- pen; die Zy|k|lo|pen

der **Zy|k|lus** (Kreis[lauf]; Reihe); des Zyklus; die Zyklen

der **Zy|lin|der** (geometrischer Körper; hoher Herrenhut); des Zylinders; die Zylinder

der **Zy|lin|der|hut**

zy|lin|d|risch; ein zylindrisches Glas

der **Zy|ni|ker** (ein zynischer Mensch); des Zynikers; die Zyniker

die **Zy|ni|ke|rin;** die Zynikerinnen

zy|nisch (auf grausame Weise spöt- tisch); zy|ni|scher Humor

der **Zy|nis|mus** (zynische Einstellung; zyni- sche Äußerung); des Zynismus; die Zynismen

Zy|pern (Insel und Staat im Mittel- meer)

der **Zy|p|rer** *oder* **Zy|p|ri|o|te;** des Zyprers *oder* Zyprioten; die Zyprer *oder* Zyprio- ten

die **Zy|p|re|rin** *oder* **Zy|p|ri|o|tin;** die Zypre- rinnen *oder* Zypriotinnen

die **Zy|p|res|se** (ein Nadelbaum); die Zypressen

zy|p|ri|o|tisch *oder* **zy|p|risch**

die **Zys|te** (krankhafter, mit Flüssigkeit gefüllter Hohlraum im Gewebe); die Zysten

zz., zzt. = zurzeit

die **3-D-Bril|le** *oder* **3D-Bril|le** *vergleiche:* dreidimensional

der **3-D-Dru|cker** *oder* **3D-Dru|cker**

der **3-D-Film** *oder* **3D-Film** *(Film, Fern- sehen)*

das **5-G-Netz** *oder* **5G-Netz** (Mobilfunk- standard mit hoher Datenübertra- gungsrate)

die **80er-Jah|re** *oder* **80er Jah|re** ↑achtzi- ger

Regeln zur deutschen Rechtschreibung

A Buchstabenregeln

Bei den Buchstabenregeln handelt es sich um die Wortschreibung im engeren Sinn: Welche Buchstaben werden aneinandergereiht? Nicht immer kannst du den Lauten und Lautverbindungen auch eindeutig Buchstaben zuordnen. Die Buchstabenregeln sagen dir beispielsweise, ob du *Beume* oder *Bäume, Wurtzel* oder *Wurzel, du sitzst* oder *du sitzt* schreiben musst. Nicht zu den Buchstabenregeln gehören die Regeln der Getrennt- und Zusammenschreibung, Groß- und Kleinschreibung sowie der Schreibung mit Bindestrich. Diese Gebiete der Rechtschreibung behandeln wir in eigenen Abschnitten (B, C, D).

Es gibt viele Buchstabenregeln und viele Ausnahmen dazu. Wir wollen uns im Folgenden auf die **sicheren Regeln** beschränken, also auf die Regeln, zu denen es gar keine oder wenigstens nicht allzu viele Ausnahmen gibt. Bei diesen Regeln lohnt es sich, wenn du sie dir einprägst.

Wenn diese Regeln bei einem Zweifelsfall nicht weiterhelfen, musst du im Wörterbuchteil dieses Schülerdudens nachschlagen. Dort findest du für einzelne Wörter die richtige Schreibung.

1 Die Wortstammregeln

1.1 die Fart oder die Fahrt? du stelst oder du stellst?

Bei Unsicherheiten dieser Art ist es oft hilfreich, nach dem **Wortstamm** zu fragen. Der Wortstamm ist der Kern der Wörter, an den Präfixe (Vorsilben, Vorbausteine) und Suffixe (Endungen, Nachbausteine) angefügt werden können.

Für die Schreibung des Wortstammes gilt die folgende Regel:

A 1 Ein **Wortstamm** wird in allen Wörtern, in denen er vorkommt, **gleich geschrieben:**

fahr...
fahren, ich fahre, du fährst, er/sie fährt, wir sind gefahren
Fahrer, Fahrt, Vorfahrt, Fahrbahn

stell...
stellen, ich stelle, du stellst, er/sie stellt, ich stellte, ich habe gestellt
Stellung, Gestell, Stellwand

Diese Wörter gehören zu einer Wortfamilie.

1.2 **Rat** oder **Rad?**

Oft ist nicht recht klar, mit welchem Konsonanten (Mitlaut) ein Wortstamm endet: mit *d* oder *t*, mit *b* oder *p*, mit *s* oder *ß*? In solchen und ähnlichen Fällen hilft dir die folgende Probe (Verlängerungsprobe):

A 2 Vergleiche mit einer verwandten Wortform, die auf eine Endung ausgeht wie: ***-e, -en, -er, -es, -in, -ung.*** Wenn du dir die Wortform deutlich vorsprichst, hörst du, auf welchen Laut der Wortstamm endet:

der Dieb (wegen: des Diebes, die Diebin)
sei lieb (wegen: lieben, die Liebe)

das Los (wegen: des Loses, die Lose, verlosen, die Verlosung)
bloß (wegen: ein bloßer Zufall, entblößen)

billig (wegen: ein billiges Buch)
bläulich (wegen: ein bläuliches Licht)

der Käfig (wegen: die Käfige)
der Rettich (wegen: die Rettiche)

Hier musst du überlegen, in welcher Bedeutung du das Wort gebrauchen möchtest.

das Rad (wegen: des Rades, die Räder)
der Rat (wegen: des Rates, raten)

1.3 **Felle** oder **Fälle?** **Leute** oder **Läute?**

Oft ist unklar, ob man ein Wort mit *e* oder *ä,* mit *eu* oder *äu* schreiben soll. Hier merkst du dir am besten, wann *ä* oder *äu* zu verwenden ist.

A 3 Ein Wort wird mit ***ä*** oder ***äu*** geschrieben, wenn es ein **verwandtes Wort** mit ***a*** oder ***au*** gibt:

die Hände (wegen: die Hand)
die Fälle (wegen: der Fall)
fällen, das Gefälle (wegen: fallen)
fälschen, der Geldfälscher (wegen: falsch)
die Stärke (wegen: stark)

läuten (wegen: laut)
die Bäume, das Bäumchen (wegen: der Baum)
bläulich (wegen: blau)
wiederkäuen (wegen: kauen)

Wenn es kein verwandtes Wort mit *a* oder *au* gibt, schreibt man *e* oder *eu:*

die Felle (wie: das Fell)
die Werke (wie: das Werk, werken)

die Leute
neulich (wie: neu)

Einige wenige Wörter haben *ä* oder *äu,* obwohl es im Deutschen keine verwandten Wörter mit *a* oder *au* gibt:

ähnlich, dämmern, Geländer, Lärm, März, Schärpe, -wärts
(zum Beispiel: abwärts, aufwärts)

Knäuel, sich räuspern, Säule, sich sträuben, täuschen

Einige Wörter werden aber mit *e* geschrieben, obwohl es verwandte Wörter mit *a* gibt. Wenn du dir unsicher bist, schlägst du am besten im Wörterverzeichnis nach.

schmecken (Geschmack), sprechen (Sprache)

Bei manchen Wörtern entscheidet die Bedeutung über die richtige Schreibung:

Lärche (Baum), aber Lerche (Vogel),
Beeren (Früchte), aber Bären (Tier),
Ehre (Ansehen), aber Ähre (Bestandteil von Getreidepflanzen)

1.4 **Schiffahrt** oder **Schifffahrt** oder **Schiff-Fahrt?** **Seelefant** oder **Seeelefant** oder **See-Elefant?**

A 4 Wenn in einem zusammengesetzten Wort **drei gleiche Buchstaben** zusammentreffen, werden auch alle drei geschrieben:

Schifffahrt, Schifffracht
Schritttempo, Kontrollleuchte
Flusssand, Flussstrecke
Seeelefant, Hawaiiinseln

Um schwer lesbare Wörter verständlicher zu machen, kannst du einen Bindestrich setzen:

Seeelefant (besser lesbar: See-Elefant)
Zooorchester (besser lesbar: Zoo-Orchester)

2 Ergänzende Regeln für die Schreibung der Konsonanten (Mitlaute)

2.1 **Geheimnis** oder **Geheimniss?** **Freundinen** oder **Freundinnen?**

A 5 Bei den Endungen ***-in*** und ***-nis*** wird der letzte Konsonant (Mitlaut) nur dann verdoppelt, wenn eine weitere Endung angefügt wird:

-in: die Ärztin → die Ärztinnen
die Königin → die Königinnen

-nis: das Geheimnis → des Geheimnisses, die Geheimnisse
die Kenntnis → die Kenntnisse

Diese Regel gilt auch für viele Wörter auf *-as, -is, -os* und *-us:*

-as: die Ananas → die Ananasse
der Atlas → des Atlasses, die Atlasse (neben: die Atlanten)

-is: der Iltis → die Iltisse
der Kürbis → des Kürbisses, die Kürbisse

-os: der Albatros → die Albatrosse
das Rhinozeros → die Rhinozerosse

-us: der Diskus → die Diskusse
der Globus → die Globusse (neben: die Globen)

2.2 **Haken** oder **Hacken?** **Wurzel** oder **Wurtzel?**

Hier merkst du dir am besten, wann du *ck* und *tz* schreiben musst.

A 6 In deutschen Wörtern steht nach einem **kurzen betonten** Vokal (Selbstlaut) ***ck*** statt ***kk*** und ***tz*** statt ***zz*:**

hacken, ich hacke, er/sie hackt; der Hacken (Ferse); entdecken, du entdeckst; Fackel; dick; Schnecke
putzen, er/sie putzt; Dutzend; Platz, platzieren; Katze

In allen übrigen Fällen schreibst du einfaches *k* oder *z.*
Du schreibst außerdem einfaches *k* oder *z,* wenn ein **langer** oder ein **doppelter Vokal** (Selbstlaut) vorangeht:

Haken, Paket, wir erschraken, häkeln, Pauke, heikel
(jemanden) duzen, Schnauzbart, reizen

Du schreibst einfaches *k* oder *z,* wenn ein **Konsonant** (Mitlaut) vorangeht:

merken, winken, Balken
Wurzel, Ranzen, Pilz

Verdoppelt werden die Konsonanten *k* und *z* nur in einigen Fremdwörtern (Wörtern aus anderen Sprachen) wie:

Akku, Mokka, Sakko;
Pizza, Razzia, Skizze

2.3 **Strasse** oder **Straße?** **Gasse** oder **Gaße?**

A 7 Wenn in einem Wortstamm auf einen **langen** oder einen **doppelten Vokal** (Selbstlaut) ein einfacher, scharfer (stimmloser) s-Laut folgt, schreibt man **Eszett (ß):**

Straße, Sträßchen; groß, Größe; grüßen, er/sie grüßt
draußen; heiß, heißer, am heißesten; heißen, er/sie heißt

Wenn der Vokal (Selbstlaut) **kurz** ist, schreibt man **Doppel-s (ss):**

Gasse, Gässchen; Kuss, küssen, er/sie küsst; vermissen, er/sie vermisst, misslich

Das Eszett (ß) gibt es jetzt auch als Großbuchstaben. Wenn du ein Wort ganz in Großbuchstaben schreiben willst, kannst du das Eszett entweder großschreiben (ẞ) oder es durch Doppel-s ersetzen:

STRAẞE oder STRASSE, GROẞ oder GROSS, GRÜẞEN oder GRÜSSEN

Bei den unregelmäßigen Verben (Tätigkeitswörtern, Zeitwörtern) musst du genau darauf achten, ob du den Vokal (Selbstlaut) vor dem s-Laut lang oder kurz aussprichst:

wissen, ihr wisst, er/sie wusste, ich habe gewusst; *aber:* ich weiß, er/sie weiß
schließen, er/sie schließt; *aber:* ich schloss, wir schlossen, sie haben geschlossen

2.4 **Hexe** oder **Hechse?** **Axe** oder **Achse?**

A8 Für die Lautverbindung [ks] schreibt man im Allgemeinen den Buchstaben ***x*:**

Axt, boxen, Hexerei, mixen, Taxi, verflixt, Xylofon

! **Beachte:** In den folgenden Wörtern wird entgegen der Grundregel *chs* geschrieben:

Achse (aber: axial), Achsel, Büchse, Dachs, Echse, Flachs, Fuchs, Hachse (auch: Haxe), Lachs, Luchs, Ochse, sechs, Wachs, wachsen, Wechsel

! **Beachte:** Manchmal ist das *s* an einen Wortstamm angefügt, der auf *-g*, *-k* oder *-ck* ausgeht! Beispiele:

flugs (wegen: der Flug)
die Streiks (wegen: der Streik)
der Knicks (wegen: knicken)

2.5 **du sitzt** oder **du sitzst?** **du reißt** oder **du reißst?**

A9 Wenn der Stamm eines Verbs (Tätigkeitsworts, Zeitworts) auf einen s-Laut ausgeht, wird die Endung ***-st*** zu ***-t*** verkürzt:

reisen (Stamm: reis…) → du reist
hassen (Stamm: hass…) → du hasst

reißen (Stamm: reiß...) → du reißt
mixen (Stamm: mix...) → du mixt

scherzen (Stamm: scherz...) → du scherzt
sitzen (Stamm: sitz...) → du sitzt

2.6 **das reizenste** oder **das reizendste Kleid?** **der trockenste** oder **der trockendste Kuchen?**

Der **Superlativ**, die höchste Steigerungsstufe von Adjektiven (Eigenschaftswörtern), wird mit der Buchstabenverbindung *-st* gebildet. Manchmal weiß man nicht, ob vor dem *-st* noch ein *d* oder *t* steht.

A 10 Die **Schreibung des Superlativs** leitet sich vom Positiv (von der Grundstufe) ab: Wenn der Stamm des Wortes im Positiv auf ***-d*** oder ***-t*** endet, dann **muss** der Buchstabe auch im Superlativ **erscheinen**.

trocken:	der trockene Kuchen → der trockenste Kuchen
entlegen:	die entlegene Insel → die entlegenste Insel
reizend:	das reizende Kleid → das reizendste Kleid
bedeutend:	das bedeutende Werk → das bedeutendste Werk
erbittert:	die erbitterten Feinde → die erbittertsten Feinde
gemäßigt:	die gemäßigte Ansicht → die gemäßigtste Ansicht

3 Ergänzende Regeln für die Schreibung der Vokale (Selbstlaute)

3.1 **Sib** oder **Sieb?** **Tiger** oder **Tieger?**

Als Faustregel kannst du dir merken:

A 11 Für den **lang gesprochenen i-Laut** schreibt man in **deutschen** Wörtern ***ie***, in **Fremdwörtern (Wörtern aus anderen Sprachen)** ***i.***

Deutsche Wörter:

Knie, sie, wie, Sieb, Miete, Tier, frieren, Diele, ziemlich, Biest, gießen

Fremdwörter:

Krise, Ventil, stabil, Maschine, Turbine, Kino, Archiv

Wenn du Regel A 11 beherrschst, musst du dir nur noch die folgenden Ausnahmen einprägen.

! **Beachte:** In einigen deutschen Wörtern schreibt man für den lang gesprochenen i-Laut einfaches *i*:

dir, mir, wir; gib, du gibst, er gibt (aber: ergiebig); Bibel, Biber, Brise, Fibel, Igel, Nische, Prise, Primel, Tiger

Unterscheiden musst du zwischen gleichlautenden, aber unterschiedlich geschriebenen Wörtern. In diesem Fall entscheidet die Bedeutung über die richtige Schreibung:

Lid (am Auge)	Lied (Gesangsstück)
Stil (Bau-, Schreibart usw.)	Stiel (z. B. am Hammer)
wider (gegen)	wieder (erneut)
Mine (Bergwerk, Kern eines Bleistifts)	Miene (Gesichtsausdruck)

! **Beachte:** Man schreibt *ie,* wenn fremde Wörter auf *-ie, -ier, -ieren* enden:

Industrie, Magie, Batterie
Manier, Scharnier, Offizier
regieren, er/sie regiert, die Regierung

Einzelfälle wie die folgenden musst du auswendig lernen:

Geysir, Saphir, Souvenir, Vampir

Zur Buchstabengruppe *ieh* vergleiche die Regel A 12.

! **Beachte:** Die Buchstabengruppe *ih* steht nur bei den folgenden Pronomen (Fürwörtern):

ihm, ihn, ihnen, ihr (→ *ihre, ihren, ihrem ...*)

Zur Buchstabengruppe *ieh* vergleiche die Regel A 12.

3.2 **es gefiel mir** oder **es gefiehl mir?**

A 12 Die Buchstabengruppe ***ieh*** steht nur in Formen von Verben (Tätigkeitswörtern, Zeitwörtern), deren Grundform (Infinitiv) die Buchstabenverbindung ***eh*** oder ***eih*** aufweist:

sehen → du siehst, er/sie sieht
befehlen → du befiehlst, er/sie befiehlt
leihen → ich lieh, ich habe geliehen

Aber:

fallen → ich fiel
gefallen → es gefiel mir
schreien → ich schrie, ich habe geschrien

! **Beachte:** Die Buchstabengruppe *ieh* steht außerdem in den folgenden vier Wörtern:

fliehen, ziehen, Vieh, wiehern

3.3 **Kloster** oder **Klohster?** **Wut** oder **Wuht?**

In vielen Wortstämmen schreibt man nach einem lang gesprochenen Vokal (Selbstlaut) noch ein *h*. Dieses sogenannte Dehnungs-h kann man aber nicht hören. Beispiele:

Stahl, zahm, kühn, sehr

Solche Schreibungen verführen manche dazu, fälschlich nach allen lang gesprochenen Vokalen ein *h* zu setzen. Wenn du auch dazu neigst, zu viele *h* zu schreiben, helfen dir die folgenden Regeln. Sie sagen dir, wann im Deutschen ganz sicher **kein Dehnungs-h** steht.

A 13 Wenn im Wortstamm auf den langen Vokal (Selbstlaut) noch **zwei oder mehr Konsonanten** (Mitlaute) folgen, steht **kein Dehnungs-h:**

Kloster, Wüste, Trost, Mond

Beachte die folgenden beiden Ausnahmen:

ahnden, fahnden

A 14 Wenn im Wortstamm auf den langen Vokal (Selbstlaut) noch ein **Verschlusslaut** oder ein **Reibelaut** folgt, steht **kein Dehnungs-h.**

Verschlusslaute sind: *p, b, t, d, k, g.* Man schreibt also ohne *h:*

Stapel, loben, Wut, Not, Planet, laden, fad, Haken, Luke, Regen, Weg

Ausnahmen:

Fehde; Draht (gehörte ursprünglich zu: drehen)

Reibelaute sind: *f, v, w, s, ß, sch, ch.* Man schreibt also ohne *h:*

Ofen, Ufer, Frevel, Möwe, Rose, grüßen, suchen

3.4 **Härchen** oder **Häärchen?**

A 15 Die Umlaute ***ä*** und ***ö*** werden **nie verdoppelt.**

Diese Regel gilt auch für Wörter, die zu Wörtern mit *aa* und *oo* gehören:

das Härchen (trotz: das Haar); das Pärchen (trotz: das Paar); die Säle (Mehrzahl von: der Saal); das Bötchen (trotz: das Boot)

3.5 **Reie** oder **Reihe?** **Keiser** oder **Kaiser?**

A 16 Die Schreibung mit ***ei*** ist der **Normalfall.** Du musst dir also nur die Wörter mit ***eih*** und ***ai*** merken.

Beispiele für den Normalfall:

Blei, drei, schreien, Weizen, schneien, Feier

In den folgenden Wörtern wird *eih* geschrieben:

gedeihen, Geweih, die Geweihe, leihen (nicht zu verwechseln mit: Laien), Reihe, Reiher, verzeihen, weihen, Weiher

In einigen Wörtern wird *ai* geschrieben. Beispiele:

Kaiser, Hai, Mai, Mais

Unterscheiden musst du zwischen gleichlautenden, aber unterschiedlich geschriebenen Wortstämmen. In diesem Fall entscheidet die Bedeutung über die richtige Schreibung:

Laib (zum Beispiel Brotlaib)	Leib (Körper)
Laich (zum Beispiel Froschlaich)	Leiche (toter Mensch)
Saite (zum Beispiel bei der Geige)	Seite (im Buch)
Waise (elternloses Kind)	Weise (Art)

B Regeln zur Getrennt- und Zusammenschreibung

Ob ein Wort getrennt oder zusammengeschrieben wird, lässt sich nicht immer in Regeln festlegen. Wir zeigen deshalb nur eine Auswahl derjenigen Fälle, die einigermaßen sicher geregelt sind.

Wenn du beim Schreiben Zweifel hast, ob eine Regel zutrifft oder nicht, schlägst du am besten im Wörterverzeichnis dieses Schülerdudens nach.

1 Verbindungen mit Verben (Tätigkeitswörtern, Zeitwörtern)

1.1 **spazieren gehen** oder **spazierengehen?** **sitzen bleiben** oder **sitzenbleiben?**

B 1 Die **Grundform** des Verbs (Infinitiv) steht gewöhnlich **getrennt** von einer folgenden Verbform:

schwimmen lernen → Sie hat in den Sommerferien schwimmen gelernt.
spazieren gehen → Er ist in der Mittagspause im Park spazieren gegangen.

Wenn eine Verbindung mit dem Verb *bleiben* oder *lassen* nicht wörtlich gemeint ist, sondern in einer übertragenen Bedeutung gebraucht wird, kannst du sie auch zusammenschreiben:

Sie ist während der Pause im Klassenraum *sitzen geblieben.* (Sie sitzt tatsächlich.)
Aber: Er ist im letzten Schuljahr wegen seiner schlechten Mathekenntnisse *sitzen geblieben / sitzengeblieben* (nicht versetzt worden).
Ich habe den Teller *fallen lassen.* (Er ist tatsächlich auf den Boden gefallen.) Ich habe meinen Plan *fallen lassen / fallenlassen* (aufgegeben).

1.2 **radfahren** oder **Rad fahren?** **anteilnehmen** oder **Anteil nehmen?**

B 2 Man schreibt **Verbindungen aus Nomen** (Substantiv, Hauptwort) und **Verb** (Tätigkeitswort, Zeitwort) meistens **getrennt:**

Abstand halten, Ahnung haben, Anteil nehmen, Auto fahren, Eis essen, Folge leisten, Fuß fassen, Gefahr laufen, Klavier spielen, Not leiden, Rad fahren, Radio hören, Schlange stehen, Schritt halten, Ski laufen, Tee trinken, Zeitung lesen

Wenn die folgenden (zum Teil kaum noch als solche erkennbaren) Nomen mit einem Verb verbunden sind, wird jedoch zusammengeschrieben:

heim-	heimbringen, heimfahren, heimführen, heimgehen, heimkehren, heimleuchten, heimreisen, heimsuchen, heimzahlen (und weitere)
irre-	irreführen, irreleiten; (außerdem:) irrewerden
preis-	preisgeben
stand-	standhalten
statt-	stattfinden, stattgeben, statthaben
teil-	teilhaben, teilnehmen

Diese Bestandteile schreibst du übrigens auch dann klein, wenn sie allein am Satzende stehen (Regel D 8):

teilnehmen → Ich nehme am Rennen teil.
preisgeben → Gib dieses Geheimnis nicht preis!

1.3 **fertigsein** oder **fertig sein?**

B 3 Verbindungen mit dem Verb (Tätigkeitswort, Zeitwort) ***sein*** schreibt man immer **getrennt:**

fertig sein → Ich melde mich, sobald ich *fertig bin*. Gegen neun Uhr wird sie wohl *fertig sein*. Ohne deine Hilfe wäre ich um elf Uhr noch nicht *fertig gewesen*.

Ebenso: beisammen sein, vorbei sein, dabei sein, da sein, schade sein, pleite sein, los sein, fertig sein

1.4 **kaputt machen** oder **kaputtmachen?**

B 4 Verbindungen aus einfachen **Adjektiven** (Eigenschaftswörtern) und **einem folgenden Verb** (Tätigkeitswort, Zeitwort) werden getrennt oder zusammengeschrieben, wenn durch das Adjektiv das Ergebnis eines Vorgangs bezeichnet wird, den das Verb ausdrückt:

kaputt machen / kaputtmachen → er hat sein Spielzeug vor Wut *kaputt gemacht / kaputtgemacht.*
leer essen / leeressen → sie wird ihren Teller diesmal *leer essen / leeressen.*

Wenn das Adjektiv gesteigert oder erweitert ist, musst du es getrennt vom folgenden Verb schreiben:

Er lässt sich seine Haare beim nächsten Mal *kürzer schneiden* / *ganz kurz schneiden*. Du musst die Tomaten *kleiner schneiden* / *sehr klein schneiden*.

1.5 **wahr sagen** oder **wahrsagen?**

B 5 Verbindungen aus einem **Adjektiv** (Eigenschaftswort) und **einem folgenden Verb** (Tätigkeitswort, Zeitwort) werden zusammengeschrieben, wenn sich eine neue Gesamtbedeutung ergibt:

fernsehen → Wir haben den ganzen Abend *ferngesehen (TV geschaut).*
hochrechnen → Sofort nach dem Ende der Wahl wurde das Ergebnis *hochgerechnet (vorausberechnet).*
wahrsagen → Er hat sich seine Zukunft *wahrsagen* lassen (*voraussagen* lassen).

2 Verbindungen mit Adjektiven (Eigenschaftswörtern) und Partizipien (Mittelwörtern)

2.1 **jahrelang** oder **Jahre lang?**

B 6 Man schreibt **zusammen,** wenn der **erste Bestandteil** aus einer **Wortgruppe verkürzt** worden ist:

jahrelang (= *mehrere Jahre* lang), fingerbreit (= *einen Finger* breit), herzerwärmend (= *das Herz* erwärmend), butterweich (= weich *wie Butter*), angsterfüllt (= *von Angst* erfüllt), freudestrahlend (= *vor Freude* strahlend), knöcheltief (= *bis zum Knöchel* tief)

2.2 **Aufsicht führend** oder **aufsichtführend?** **gut gemeint** oder **gutgemeint?**

B 7 Verbindungen mit einem wie ein Adjektiv gebrauchten **Partizip** (Mittelwort) **als zweitem Bestandteil** können getrennt oder zusammengeschrieben werden:

der Aufsicht führende *oder* aufsichtführende Lehrer
gut gemeinte *oder* gutgemeinte Ratschläge

ein Aufsehen erregender *oder* aufsehenerregender Kinofilm
weit gehende *oder* weitgehende Forderungen
tief greifende *oder* tiefgreifende Veränderungen

Wenn aber die Verbindung als Ganze näher bestimmt oder gesteigert ist, musst du sie zusammenschreiben:

ein <u>besonders</u> *aufsehenerregender* Kinofilm
weitgehend<u>ere</u>/weitgehend<u>ste</u> Forderungen

Dagegen ist nur die Getrenntschreibung richtig, wenn sich eine nähere Bestimmung allein auf den ersten Bestandteil der Verbindung bezieht:

ein *großes Aufsehen erregender* Kinofilm

2.3 **schwer verständlich** oder **schwerverständlich?**

B 8 Verbindungen aus einem **einfachen Adjektiv** (Eigenschaftswort) und **einem weiteren Adjektiv** können getrennt oder zusammengeschrieben werden:

schwer verständliche *oder* schwerverständliche Begriffe, allgemein gültige *oder* allgemeingültige Regeln, leicht verdauliche *oder* leichtverdauliche Speisen

Ist jedoch das erste Adjektiv näher bestimmt, ist nur die Getrenntschreibung richtig:

ein *sehr schwer verständlicher* Begriff
ganz leicht verdauliche Speisen

3 Zusammensetzungen mit Nomen (Substantiven, Hauptwörtern)

3.1 **Stein Treppe** oder **Steintreppe?**

B 9 **Zusammengesetzte Nomen** (Substantive, Hauptwörter) schreibt man **zusammen:**

Steintreppe, Altbau, Wochenlohn, Faultier, Fünfkampf, Ichbezogenheit, Rastplatz, Taschenrechner, Außenpolitik, Nebeneingang, Backform, Nichtraucher

3.2 **Neunzigerjahre** oder **neunziger Jahre?**

B 10 Ableitungen von **Grundzahlen** (Kardinalzahlen) auf ***-er*** schreibt man **mit einem folgenden Nomen** (Substantiv, Hauptwort) **zusammen:**

die Achterbahn, die Zehnergruppe

In Verbindung mit *Jahr* kannst du auch getrennt schreiben (die Ableitung auf *-er* ist dann kleingeschrieben):

in den Neunzigerjahren *oder* in den neunziger Jahren

3.3 **ein viertel Kilo** oder **ein Viertelkilo?**

B 11 Wenn **Bruchzahlen auf *-tel*** oder ***-stel*** vor einer Maßangabe stehen, schreibt man sie entweder getrennt und klein oder zusammen und groß:

ein viertel Kilogramm *oder* ein Viertelkilogramm
ein zehntel Millimeter *oder* ein Zehntelmillimeter
eine tausendstel Sekunde *oder* eine Tausendstelsekunde

Zur Großschreibung vergleiche auch die Regel D 12.

3.4 **die Schweizer Berge** oder **die Schweizerberge?**

B 12 **Ableitungen von geografischen Eigennamen auf *-er*** schreibt man nur dann mit dem folgenden Nomen (Substantiv, Hauptwort) **zusammen,** wenn sich die Ableitung auf **Personen** bezieht:

die Schweizergarde (= die Garde des Papstes, die aus Schweizern besteht)
der Römerbrief (= Brief des Apostels Paulus an die Römer)

Als **Normalfall** kannst du dir die **Getrenntschreibung** merken; die Ableitung von geografischen Eigennamen bezieht sich dann unmittelbar auf das betreffende Gebiet oder die betreffende Ortschaft. Beispiele:

die Schweizer Berge (= die Berge der Schweiz)
das Brandenburger Tor (= Tor in Berlin)
das Genfer Abkommen (= das Abkommen, das in Genf getroffen wurde)

3.5 **beim Feuer anfachen** oder **beim Feueranfachen?**

B 13 Wortgruppen mit einer **Grundform** des Verbs (Infinitiv) kann man in Nomen (Substantive, Hauptwörter) umwandeln. Das nennt man **Nominalisierung** (Substantivierung). Es entsteht dann jeweils ein einziges Nomen, das man **zusammen- und großschreibt:**

Feuer anfachen → beim Feueranfachen
Schlange stehen → während des Schlangestehens
sauber machen → beim Saubermachen
sitzen bleiben → das Sitzenbleiben

Wenn du umfangreichere Wortgruppen mit einer Grundform in ein Nomen umwandelst, musst du den Bindestrich verwenden (vergleiche die Regel C 5):

Kastanien aus dem Feuer holen → das Kastanien-aus-dem-Feuer-Holen

Hier wird neben den Nomen (Substantiven, Hauptwörtern) das letzte Wort großgeschrieben: *das Holen.*

3.6 **das klein Gedruckte** oder **das Kleingedruckte?**

B 14 Wenn eine Wortgruppe mit einem **Adjektiv** (Eigenschaftswort) oder einem **Partizip** (Mittelwort) wie **ein Nomen** (Substantiv, Hauptwort) **gebraucht** wird, behalten die vorangehenden Wörter ihre Selbstständigkeit:

auf der Wiese liegend → die auf der Wiese Liegenden
vom Blitz überrascht → die vom Blitz Überraschten
vom Nikotin abhängig → ein vom Nikotin Abhängiger

Aber nach Regel B 6:

nikotinabhängig → ein Nikotinabhängiger

Bei besonders häufig gebrauchten Wortverbindungen ist auch Zusammenschreibung möglich; Getrenntschreibung ist aber nie falsch:

klein gedruckt → im klein Gedruckten *oder* im Kleingedruckten
nicht zutreffend → das nicht Zutreffende *oder* das Nichtzutreffende

C Regeln zur Schreibung mit Bindestrich

Bei den Regeln für den Bindestrich kannst du dir drei Anwendungsbereiche merken:

1. Man setzt einen Bindestrich bei Zusammensetzungen und Ableitungen mit **Ziffern, Einzelbuchstaben** und **Abkürzungen.**
2. Mit dem Bindestrich kannst du **unübersichtliche Zusammensetzungen** so gliedern, dass sie leichter zu lesen und damit zu verstehen sind.
3. Mit dem Bindestrich kannst du **Eigennamen** von den übrigen Teilen einer Zusammensetzung abtrennen.

1 Der Bindestrich bei Ziffern, Einzelbuchstaben und Abkürzungen

1.1 **17jährig** oder **17-jährig?** **Fußball WM** oder **Fußball-WM?**

C 1 Der Bindestrich steht bei **Zusammensetzungen und Ableitungen mit Ziffern, Einzelbuchstaben und Abkürzungen:**

Ziffern: 17-jährig, der 17-Jährige, 3-Tonner, 8-Zylinder;
5-mal, 100-prozentig, 1-zeilig, 3-silbig

Einzelbuchstaben: A-Dur, b-Moll, i-Punkt, S-Kurve, s-Laut, T-Shirt, x-beliebig, etwas x-Beliebiges, x-mal, y-Achse; Dativ-e;
(außerdem:) der x-te Versuch, zum x-ten Mal, die n-te Potenz

Abkürzungen: km-Bereich, S-Bahn, Fußball-WM;
H_2O-gesättigt, VIP-Lounge, Kfz-Papiere, UV-bestrahlt

Abgekürzte Bestandteile: Abt.-Leiter, Abt.-Ltr. (= Abteilungsleiter), Tel.-Nr. (= Telefonnummer), Dipl.-Ing. (= Diplomingenieur)

! **Beachte:** Bei Abkürzungen und Ziffern, auf die nur eine **Endung** folgt, darfst du keinen Bindestrich setzen:

SPDler, der 15er, ein 32stel, 100 %ig

Nach Einzelbuchstaben dagegen steht ein Bindestrich:

der x-te Versuch, zum x-ten Mal

Bildet eine Verbindung aus Ziffern und Endung den vorderen Teil einer Zusammensetzung, so setzt du nur nach der Endung einen Bindestrich:

ein 100stel-Millimeter, die 10er-Reihe, eine 5er-Gruppe

1.2 **800-Jahrfeier** oder **800-Jahr-Feier?** **S-Bahn Wagen** oder **S-Bahn-Wagen?**

C 2 Bei **mehrgliedrigen Zusammensetzungen mit Ziffern, Abkürzungen und Einzelbuchstaben** musst du zwischen allen Bestandteilen einen Bindestrich setzen:

800-Jahr-Feier, 2-Euro-Stück, 35-Stunden-Woche, 80-Cent-Briefmarke, 8-Zylinder-Motor (*aber:* Achtzylindermotor), 400-m-Lauf, 400-Meter-Lauf, 2-kg-Hanteln, 3-Zimmer-Wohnung, $^1/_2$-kg-Packung

S-Bahn-Wagen, A-Dur-Tonleiter, S-Kurven-reich (*aber:* kurvenreich), Vitamin-B-haltig (*aber:* vitaminhaltig), UV-Strahlen-gefährdet (*aber:* strahlengefährdet), Dipl.-Ing.-Ök. (Diplom-Ingenieur-Ökonom)

Vergleiche auch die Regel C 3.

2 Der Bindestrich bei unübersichtlichen Zusammensetzungen

2.1 **das Kopf an Kopf-Rennen** oder **das Kopf-an-Kopf-Rennen?**

C 3 Zusammensetzungen können Bestandteile enthalten, die **auf eine Wortgruppe oder auf eine Zusammensetzung mit Bindestrich zurückzuführen** sind. Bei solchen Zusammensetzungen musst du hinter jedem Wort einen Bindestrich setzen:

sie rannten *Kopf an Kopf* → das *Kopf-an-Kopf*-Rennen
die Gespräche zwischen *Nord* und *Süd* → die *Nord-Süd*-Gespräche
etwas *ad hoc* bilden → die *Ad-hoc*-Bildung
ein Laden für diejenigen, die das Motto *»Do it yourself«* verfolgen → der *Do-it-yourself*-Laden
das *Make-up* für den Abend → das Abend-*Make-up*

Die folgenden Beispiele enthalten Ziffern, Abkürzungen und Einzelbuchstaben:

der Lauf über eine Strecke von *400 Metern* → der *400-Meter*-Lauf
der Lauf über eine Strecke von *400 m* → der *400-m*-Lauf
eine Wohnung mit *3 Zimmern* → die *3-Zimmer*-Wohnung
ein Wagen der *S-Bahn* → der *S-Bahn*-Wagen

reich an *S-Kurven* → *S-Kurven*-reich
die Anreicherung mit *Vitamin B* → die *Vitamin-B*-Anreicherung
Vitamin B enthaltend → *Vitamin-B*-haltig

Vergleiche hierzu auch die Regel C 2.

Die folgenden Beispiele enthalten Eigennamen:

das Denkmal für *Karl May* → das *Karl-May*-Denkmal
der Kanal zwischen *Elbe* und *Havel* → der *Elbe-Havel*-Kanal

Vergleiche hierzu auch die Regel C 7.

2.2 **Haushaltmehrzweckküchenmaschine** oder **Haushalt-Mehrzweckküchenmaschine?**

C 4 Zur **Gliederung** unübersichtlicher Zusammensetzungen oder zur **Hervorhebung** einzelner Bestandteile einer Zusammensetzung kannst du einen Bindestrich setzen.

Beispiele für die Gliederung mit Bindestrich:

Haushalt-Mehrzweckküchenmaschine,
Arbeiter-Unfallversicherungsgesetz, Lotto-Annahmestelle

Beispiele für die Hervorhebung durch einen Bindestrich:

der dass-Satz, die Ich-Erzählung, die Kann-Bestimmung,
die Hoch-Zeit, der Ist-Stand

Vergleiche hierzu auch die Regel A 4.

2.3 **das Löcher in den Himmel Starren** oder **das Löcher-in-den-Himmel-Starren?**

C 5 **Verbindungen mit einem Verb** (Tätigkeitswort, Zeitwort) können **als Ganzes zu einem Nomen** (Substantiv, Hauptwort) gemacht werden. Wenn eine solche Verbindung **unübersichtlich** wird, musst du sie mit Bindestrichen gliedern:

Löcher in den Himmel starren → Dein ständiges Löcher-in-den-Himmel-Starren macht mich nervös.

auf die lange Bank schieben → Mit diesem ewigen Auf-die-lange-Bank-Schieben kommen wir nicht weiter.

Vergleiche hierzu auch die Regeln B 13 und D 14.

3 Der Bindestrich bei Zusammensetzungen mit Eigennamen

3.1 die Goetheausgabe oder die Goethe-Ausgabe?

C 6 Wenn in einer Zusammensetzung ein **einfacher Eigenname an erster Stelle** steht, kannst du einen Bindestrich setzen, um den Namen hervorzuheben:

die Goethe-Ausgabe *oder* die Goetheausgabe
die Beethoven-Halle *oder* die Beethovenhalle

die Ganges-Ebene *oder* die Gangesebene
die Balkan-Halbinsel *oder* die Balkanhalbinsel
Moskau-freundlich *oder* moskaufreundlich

! **Beachte:** Bei Zusammensetzungen mit einem Eigennamen als zweitem Bestandteil und bei Zusammensetzungen aus zwei Namen *musst* du einen Bindestrich setzen:

Frau Müller-Weber; die Bäcker-Anna, der Schneider-Karl;
Blumen-Richter, Foto-Müller; Annaberg-Buchholz, Baden-Württemberg

3.2 die Albrecht Dürerallee oder die Albrecht-Dürer-Allee?

C 7 Bei **Zusammensetzungen mit mehrteiligen Eigennamen oder mit mehreren Eigennamen** musst du zwischen allen Bestandteilen der Zusammensetzung einen Bindestrich setzen:

die Albrecht-Dürer-Allee, der Kaiser-Karl-Ring,
die Ernst-Ludwig-Kirchner-Straße, das Goethe-Schiller-Archiv

der Elbe-Havel-Kanal, die Oder-Neiße-Grenze

Vergleiche hierzu auch die Regel C 3.

D Regeln zur Groß- und Kleinschreibung

Großschreibung triffst du im Deutschen in vier Bereichen an:

1. am **Satzanfang** sowie bei Überschriften (Titeln)
2. bei **Nomen** (Substantiven, Hauptwörtern) sowie bei Wörtern, die wie Nomen gebraucht werden (Nominalisierungen, Substantivierungen)
3. bei **Eigennamen**
4. bei der höflichen **Anrede** *(Sie, Ihnen, Ihr…)*

Wir gehen auf diese Bereiche der Reihe nach ein.

1 Satzanfänge und Überschriften

1.1 Grundregel

D 1 **Satzanfänge** schreibt man **groß:**

Gestern hat es geregnet.
Vor dem Öffnen bitte Stecker ziehen.
Hat sie das wirklich gesagt?
Komm doch auch mit!
Guten Morgen!

1.2 Die Großschreibung nach Doppelpunkt

D 2 Nach einem **Doppelpunkt** schreibst du **groß,**

1. wenn eine **direkte Rede** folgt;
2. wenn ein **selbstständiger Satz** folgt.

Beispiele:

Sie fragte: »*Reist* er noch heute ab?«
Er sagte: »*Ich* weiß es noch nicht.«
Alle baten: »*Bleib* doch noch bis zum Abendessen!«

Beachten Sie bitte folgenden Hinweis: *Alle* Bänke sind frisch gestrichen.
Es ist nicht zu bestreiten: *Die* Ferien vergehen wie im Fluge.

Aufgabe: *Setze* die richtigen Buchstaben ein!

Die Regel gilt auch für Ausdrücke, die einem Satz nahekommen, aber nicht die Form eines vollständig ausgebildeten Satzes haben:

Sie rief: »*Ja!*«
In der Anleitung steht: *Vor* dem Öffnen des Deckels bitte Stecker ziehen.

! **Beachte:** Wo die in Regel D 2 genannten Bedingungen nicht zutreffen, schreibst du klein.
So musst du kleinschreiben, wenn auf den Doppelpunkt eine Aufzählung folgt:

Der Karton enthält: *eine* Aufbauanleitung, zwanzig Spielsteine sowie einen Würfel.

1.3 Überschriften (Titel)

D 3 Das erste Wort einer **Überschrift** (eines Titels) schreibt man **groß:**

Mein Lieblingstier (Überschrift eines Aufsatzes)
Schweres Unwetter in Marokko (Titel einer Zeitungsnachricht)

Die Regel gilt auch, wenn Überschriften und Titel im laufenden Text genannt werden. Meist setzt man sie dann in Anführungszeichen (Regel E 15):

Mir hat »*Das* kleine Gespenst« gut gefallen.

Im Zeitungsartikel »*Schweres* Unwetter in Marokko« ist von vielen umgestürzten Bäumen die Rede.

1.4 Sehr geehrte Frau Beer, ...
Liebe Anna!

D 4 Die **Anrede in Briefen** wird meist als frei stehende Zeile angeordnet. Das erste Wort musst du daher wie in Überschriften **großschreiben.**

Am Schluss der Anrede kannst du ein Komma oder ein Ausrufezeichen setzen. Für den Absatz nach der Anrede gilt dann:

D 5 Wenn du nach der Anrede ein **Komma** setzt, beginnt der folgende Absatz **klein.**
Wenn du nach der Anrede ein **Ausrufezeichen** setzt, beginnt der folgende Absatz mit einem **großen** Buchstaben.

Sehr geehrte Frau Beer, *entsprechend* unserer telefonischen Vereinbarung schicken wir Ihnen hiermit … Mit freundlichen Grüßen Oskar Schneider	*Liebe* Anna! *Wie* am Telefon versprochen, schicke ich dir zusammen mit diesem Brief … Viele Grüße Oskar

Großgeschrieben wird auch das erste Wort der Schlussformel.

2 Die Großschreibung der Nomen (Substantive, Hauptwörter)

Großschreibung gilt im Deutschen nicht nur für eigentliche **Nomen** (Substantive, Hauptwörter), sondern auch für **Nominalisierungen** (Substantivierungen). Nominalisierungen sind Wörter, die in ihrer ursprünglichen Wortart zwar keine Nomen darstellen, aber in der Wortgruppe oder im Satz wie Nomen gebraucht werden. Sie werden in diesem nominalisierten Gebrauch wie Nomen großgeschrieben.

2.1 Eigentliche Nomen

D6 **Nomen** (Substantive, Hauptwörter) schreibt man **groß:**

Die *Katze* sprang auf den *Baum.*
In der *Küche* roch es nach *Zimt.*
Im *Sommer* genießen wir die *Wärme* und die frische *Luft.*
Sie zeigte *Verständnis* für meine *Lage.*
Ich komme heute *Abend* bei dir vorbei.

Achte auf Nomen (Substantive, Hauptwörter), die Teil fester Wortverbindungen sind. Sie werden ebenfalls großgeschrieben:

auf Abruf, in Bezug (auf eine Sache), (auf etwas) Bezug nehmen, Auto fahren, Rad fahren, Schlange stehen, etwas außer Acht lassen, jemandem zu Hilfe kommen, etwas in Kauf nehmen, Gefahr laufen, Angst haben, (auf etwas) Wert legen

2.2 Aus Nomen (Substantiven, Hauptwörtern) entstandene andere Wörter

In einigen Verwendungsweisen werden ursprüngliche Nomen (Substantive, Hauptwörter) wie Wörter anderer Wortarten gebraucht. Du musst sie dann kleinschreiben.

Die Regeln D 7 bis D 12 zeigen dir die wichtigsten Fälle.

2.2.1 **an etwas Schuld sein** oder **an etwas schuld sein?**

D 7 In Verbindung mit den Verben (Tätigkeitswörtern, Zeitwörtern) ***sein, bleiben*** und ***werden*** schreibst du folgende Wörter **klein:**
angst (und bange), gram, leid, pleite, recht, schuld.

Beispiele:

Ihr wird angst [und bange]. Sie ist diese Geschichte leid. Er ist pleite. Mir ist das recht. Er ist schuld daran. (*Aber:* Es ist seine Schuld.)

In Verbindung mit anderen Verben schreibst du nach der Grundregel für Substantive (Regel D 6) groß:

Die Firma machte Pleite. Ich habe Angst. Du hast mir Angst gemacht. Sie hat keine Schuld. Sie trägt daran keine Schuld.

2.2.2 **ich nehme Teil** oder **ich nehme teil?**

D 8 Aus Nomen (Substantiven, Hauptwörtern) entstandene **Verbzusätze** schreibt man **klein, auch wenn sie vom Verbstamm abgetrennt werden:**

teilnehmen (Teilnahme) → Ich nehme daran teil.
preisgeben (Preisgabe) → Wir geben unser Ziel nicht preis.

2.2.3 **abends** oder **Abends?**

D 9 Aus Nomen (Substantiven, Hauptwörtern) entstandene **Wörter** auf ***-s*** und ***-ens*** schreibt man **klein:**

abends, morgens, nachts, dienstags, sonntags, anfangs,
willens (willens sein), rechtens (rechtens sein, etwas rechtens machen);

abseits, angesichts, falls, mangels, mittels, namens, seitens;
teils ... teils

Wenn aber einem Wort der bestimmte/unbestimmte Artikel vorangeht, handelt es sich um ein Nomen (Substantiv, Hauptwort), das man großschreibt:

eines Abends, des Nachts

2.2.4 **kraft ihres Amtes** oder **Kraft ihres Amtes?**

D 10 Die folgenden aus Nomen (Substantiven, Hauptwörtern) entstandenen **Präpositionen** (Verhältniswörter) schreibt man **klein:**
dank, kraft, laut, statt, an ... statt, trotz, wegen, von ... wegen, um ... willen, zeit.

Beispiele:

kraft ihres Amtes, laut seiner Behauptung, um des Friedens willen, von Amts wegen, zeit seines Lebens

Du erkennst die Präpositionen daran, dass sie einen bestimmten Fall (Kasus) vergeben. Die Präposition *kraft* vergibt z.B. den Genitiv *(ihres Amtes).*

2.2.5 **ein bisschen** oder **ein Bisschen?**

D 11 Die folgenden Wörter sind **Indefinitpronomen** (unbestimmte Fürwörter, unbestimmte Zahlwörter). Du musst sie daher **kleinschreiben:**
(ein) bisschen, (ein) paar

Beispiele:

Er hat ein *bisschen* übertrieben. Mit ein *bisschen* Geduld wird dir die Aufgabe gelingen!
Mit diesem *bisschen* Sand kannst du keine Burg bauen. Es kamen nur *ein paar* (= einige wenige) Leute. Mit diesen *paar* Leuten wird die Konzerthalle nicht voll.

Aber: Zum Glück hatte ich *ein Paar* (= zwei) Handschuhe bei mir.

2.2.6 **ein viertel Liter** oder **ein Viertelliter?**

D 12 Wenn **Bruchzahlen** auf ***-tel*** und ***-stel*** vor einer Maßangabe stehen, schreibt man sie entweder getrennt und klein oder zusammen und groß:

ein viertel Liter *oder* ein Viertelliter
ein zehntel Millimeter *oder* ein Zehntelmillimeter
eine tausendstel Sekunde *oder* eine Tausendstelsekunde

Sonst schreibst du Bruchzahlen auf *-tel* und *-stel* nach der Grundregel für Nomen (Substantive, Hauptwörter) groß (Regel D 6):

ein Drittel, das erste Fünftel, neun Zehntel des Umsatzes, um drei Viertel größer, um [ein] Viertel nach sieben

Vergleiche hierzu auch die Regel B 11.

2.3 Wie Nomen (Substantive, Hauptwörter) gebrauchte Verben (Tätigkeitswörter, Zeitwörter)

2.3.1 **das warten** oder **das Warten?**

D 13 **Verben** (Tätigkeitswörter, Zeitwörter), die **wie Nomen** (Substantive, Hauptwörter) gebraucht sind (Nominalisierung, Substantivierung), werden **großgeschrieben.**

Dass ein Verb (Tätigkeitswort, Zeitwort) wie ein Nomen (Substantiv, Hauptwort) gebraucht ist, kannst du meist an einem der folgenden Merkmale erkennen:

a) Es geht ihm ein Wort wie *das, dem, dieses, ein, etwas* voran (= Begleiter).
b) Es geht ihm ein Wort wie *mit, für, am, im, ins, beim, zum* voran (= Präpositionen/Verhältniswörter).
c) Man kann im fraglichen Satz oder in der Wortgruppe ohne Weiteres ein Wort wie *das, dem, dieses, ein, etwas* (= Begleiter) vor das Wort setzen.

Beispiele:

Ich schenkte *dem* lauten *Knistern* keine Beachtung.
Das Warten fällt mir schwer.
Miriam ist *beim Spielen* ein Missgeschick passiert.
Der Redner kam *ins Stocken.*

Ich verbrachte viel Zeit mit *Nachdenken.*
Ihre Hobbys sind *Singen* und *Tanzen* (= *das Singen* und *das Tanzen*).

2.3.2 beim Fenster putzen oder beim Fensterputzen?

D 14 **Verbindungen mit einem Verb** (Tätigkeitswort, Zeitwort) können **als Ganzes zu einem Nomen** (Substantiv, Hauptwort) gemacht werden. Wenn eine solche Verbindung unübersichtlich wird, solltest du sie mit dem Bindestrich gliedern:

Fenster putzen → das Fensterputzen
Feuer anfachen → beim Feueranfachen
sauber machen → das Saubermachen

Wenn die Verbindung von mehreren Wörtern schwer lesbar ist, dann setzt du zwischen die Wörter Bindestriche und schreibst alle substantivischen Bestandteile groß:

Hand in Hand arbeiten → das Hand-in-Hand-Arbeiten (das Arbeiten)

Vergleiche hierzu auch die Regeln B 13 und C 5.

2.4 Wie Nomen (Substantive, Hauptwörter) gebrauchte Adjektive (Eigenschaftswörter)

2.4.1 ein unbekannter oder ein Unbekannter? etwas neues oder etwas Neues?

D 15 **Adjektive** (Eigenschaftswörter), die wie **Nomen** (Substantive, Hauptwörter) gebraucht sind (Nominalisierung, Substantivierung), werden **großgeschrieben:**

Vor der Tür stand ein *Unbekannter.*
Die *Großen* fressen die *Kleinen.*
Das nie *Erwartete* trat ein.
Sie ist die *Beste.*
Die Klassenarbeiten sind im *Allgemeinen* nicht schlecht ausgefallen.
Die Kommissarin hielt alle auf dem *Laufenden.*
Sie hat die Regeln des *Langen* und *Breiten* erklärt.
Er hat den *Kürzeren* gezogen.

Häufig gehen solchen Adjektiven Wörter wie *etwas, nichts, viel, wenig, alles* voraus:

> Ich kann dir <u>*etwas*</u> *(nichts, viel, wenig, allerlei …) Neues* erzählen.
> In der Zeitung stand <u>*viel*</u> *(nichts, allerlei …) Interessantes.*
> Es gab für mich <u>*nichts*</u> *Aufregenderes.*
> Zum Knabbern gab es *Süßes* und *Salziges* (= … <u>*etwas*</u> *Süßes* und <u>*etwas*</u> *Salziges*).

Beachte aber auch die Regel D 18:

> Sie suchte etwas *anderes* oder *Anderes.*

Zu den Adjektiven (Eigenschaftswörtern) gehören auch die **Ordnungszahlen** (Ordinalzahlen) sowie die verwandten Wörter *nächste* und *letzte;* diese Wörter können daher ebenfalls wie Nomen (Substantive, Hauptwörter) gebraucht werden:

> Er kam als *Dritter* an die Reihe.
> Trotz ihrer Verletzung wurde sie noch *Viertletzte.*
> Jeder *Fünfte* lehnte das Projekt ab.
> Der *Nächste,* bitte!
> Liebe deinen *Nächsten* wie dich selbst!
> Als *Letztes* muss der Deckel angeschraubt werden.

Die Grundregel D 15 kennt fünf Ausnahmen. Wir behandeln sie in den Regeln D 16 bis D 20.

2.4.2 Die großen Fische fressen die Kleinen oder Die großen Fische fressen die kleinen?

D 16 Manchmal wird **nach einem Adjektiv** (Eigenschaftswort) ein **Nomen** (Substantiv, Hauptwort) **eingespart,** wenn es im selben Satz (oder in einem vorangehenden Satz) schon an anderer Stelle auftritt und nicht noch einmal wiederholt werden soll. Du kannst dir das betreffende Nomen aber immer noch zu dem Adjektiv hinzudenken. Das Adjektiv wird deshalb kleingeschrieben:

> Die großen Fische fressen die *kleinen* (= die *kleinen* Fische).
> Alte Schuhe sind meist bequemer als *neue* (= als *neue* Schuhe).
> Der Verkäufer zeigte mir seine Auswahl an Socken. Die *gestreiften* und *gepunkteten* (= die *gestreiften* und die *gepunkteten* Socken) gefielen mir am besten.

2.4.3 am Schnellsten oder am schnellsten? aufs Herzlichste oder aufs herzlichste?

D 17 **Superlative** (Steigerungsformen auf ***-ste***) mit ***am*** schreibt man **klein,** wenn man mit ***wie?*** danach fragen kann:

Dieser Weg ist *am steilsten.* (Frage: *Wie* ist der Weg?)
Dieses Auto fährt *am schnellsten.* (Frage: *Wie* fährt das Auto?)

Superlative mit *aufs* (= *auf das*) kannst du groß- oder kleinschreiben, wenn sie sich mit *Wie?* erfragen lassen:

Sie hat uns *aufs Herzlichste* (oder: *aufs herzlichste*) gedankt. (Frage: *Wie* hat sie uns gedankt?)
Sie hat alles *aufs Beste* (oder: *aufs beste*) geregelt. (Frage: *Wie* hat sie alles geregelt?)

! **Beachte:** Superlative mit *am* und *aufs,* die sich **nicht** mit *Wie?* erfragen lassen, schreibt man nach der Grundregel D 15 groß:

Es fehlt ihnen *am / an dem Nötigsten.* (Frage: *Woran* fehlt es ihnen?) Wir müssen *aufs / auf das Beste* hoffen. (Frage: *Worauf* müssen wir hoffen?)

2.4.4 die vielen oder die Vielen? etwas anderes oder etwas Anderes?

D 18 Die vier Wörter ***viel, wenig, ein, andere*** werden im Allgemeinen **kleingeschrieben.** Das gilt auch für ihre Steigerungsformen:

Das haben schon *viele (die meisten; wenige, die wenigsten)* erlebt.
Sie hat das *wenige,* was noch da war, in einer Kiste verstaut.
Die *einen* kommen, die *anderen* gehen.
Sie hatte etwas *anderes* erwartet.

Man kann diese Wörter aber auch als Nomen (Substantive, Hauptwörter) auffassen und großschreiben:

Er hat sich über das *wenige / Wenige* gefreut.
Sie suchte nach etwas ganz *anderem / Anderem.*
Die *meisten / Meisten* sind erleichtert.

2.4.5 **von klein auf** oder **von Klein auf?** **seit langem** oder **seit Langem?**

D 19 Es gibt feste **Wendungen,** die aus einer **bloßen Präposition** (einem Verhältniswort, Vorwort) und einem undeklinierten (ungebeugten) **Adjektiv** (Eigenschaftswort) bestehen. Solche Wortgruppen schreibt man **klein.**

in bar, gegen bar (bezahlen); auf ewig; von fern; von früh auf, von früher her; von klein auf; von nah; (eine Anzeige) gegen unbekannt, nach unbekannt (verreisen)

Paarformeln:

durch dick und dünn; von nah und fern; von früh bis spät; über kurz oder lang

Paarformeln mit Farbbezeichnungen:

schwarz auf weiß (etwas schwarz auf weiß beweisen); blau in blau, grau in grau

! **Beachte:** Feste Wendungen mit Adjektiven (Eigenschaftswörtern), die auf *-em* oder *-es* enden, kann man auch als Nomen (Substantive, Hauptwörter) auffassen und großschreiben:

vor kurzem *oder* Kurzem, seit kurzem *oder* Kurzem; seit langem *oder* Langem, vor langem *oder* Langem, seit längerem *oder* Längerem, vor längerem *oder* Längerem; von nahem *oder* Nahem; von neuem *oder* Neuem, seit neuestem *oder* Neuestem; von weitem *oder* Weitem, bei weitem *oder* Weitem, bis auf weiteres *oder* Weiteres, ohne weiteres *oder* Weiteres

2.4.6 **die ersten zehn** oder **die ersten Zehn?** **die böse dreizehn** oder **die böse Dreizehn?**

D 20 Die **Grundzahlen** (Kardinalzahlen) von 0 bis 999 999 schreibt man **klein:**

Sie kam schließlich doch noch unter die ersten *zehn.* Was *drei* wissen, wissen bald *dreißig.* Diese *drei* kommen mir bekannt vor. Sie rief um *fünf* an. Wir waren an die *zwanzig.* Er sollte die Summe durch *acht* teilen.

! **Beachte:** Man schreibt Grundzahlen (Kardinalzahlen) von 0 bis 999 999 nur dann groß, wenn sie die Ziffer oder den Zahlwert als solchen bezeichnen:

Sie fürchtete sich vor der bösen *Dreizehn*. Der Zeiger nähert sich der *Elf*.
Sie hat lauter *Einsen* im Zeugnis. Er würfelt eine *Sechs*.

Zahlen wie *Million, Milliarde* usw. sind Nomen (Substantive, Hauptwörter); du musst sie daher immer großschreiben:

Diese Maschine kostet mehr als eine *Million* Euro.
Auf der Erde leben über sieben *Milliarden* Menschen.

2.5 Wie Nomen (Substantive, Hauptwörter) gebrauchte andere Wörter

2.5.1 das gewisse etwas oder das gewisse Etwas?

D 21 **Pronomen** (Fürwörter), die **wie Nomen** (Substantive, Hauptwörter) gebraucht sind (Nominalisierung, Substantivierung), werden großgeschrieben:

Das Kleid hatte das gewisse *Etwas*.
Er bot ihr das *Du* an.
Dieser Hund ist eine *Sie* und kein *Er*.
Jetzt stehen wir vor dem *Nichts*.

! **Beachte aber:** Pronomen (Fürwörter), die als **Stellvertreter** für ein Nomen oder eine Wortgruppe gebraucht werden, schreibt man klein:

Kann mir *jemand* helfen?
In diesem Wald hat sich schon *mancher* verirrt.
So *etwas* kann *jedem* passieren.
Sie hat *alles* aufgeschrieben.
Ich hatte noch *einiges* vor.

2.5.2 ein durcheinander oder ein Durcheinander? im nachhinein oder im Nachhinein?

D 22 **Unveränderliche (unflektierbare) Wörter,** die **wie Nomen** (Substantive, Hauptwörter) gebraucht sind (Nominalisierung, Substantivierung), werden großgeschrieben:

Es herrschte ein großes *Durcheinander*.
Sie bekam im *Nachhinein* doch noch recht.

Uns stört dieses ewige *Hin* und *Her.*
Der Ball flog ins *Aus.*
Er bestand die Prüfung mit *Ach* und *Krach.*
Ohne *Wenn* und *Aber* erledigte er die Hausaufgaben.

3 Die Großschreibung der Eigennamen

3.1 Grundregel

D 23 **Eigennamen** schreibt man **groß.**

Einfache Eigennamen sind immer Nomen (Substantive, Hauptwörter). Deshalb schreibt man sie auch nach Regel D 6 groß:

Da kommt *Anna.*
Sie reist nach *Genf.*

Beachte, dass es daneben auch mehrteilige Eigennamen gibt (vergleiche die Regel D 24).

3.2 das rote Kreuz oder das Rote Kreuz? die höhere Schule oder die Höhere Schule?

D 24 In **mehrteiligen Eigennamen** kommen außer Nomen (Substantiven, Hauptwörtern) oft auch **Adjektive** (Eigenschaftswörter) vor. Man schreibt sie ebenfalls groß, damit man die ganze Fügung als Eigennamen erkennt:

der *Alte* Fritz, Iwan der *Schreckliche,* Holbein der *Jüngere*
die *Vereinigten* Staaten [von Amerika], die *Schwäbische* Alb, der *Indische* Ozean
das *Rote* Kreuz, die *Deutsche* Bank, die *Schweizerischen* Bundesbahnen, der *Thüringer* Wald

Von den mehrteiligen Eigennamen musst du die sogenannten festen Begriffe unterscheiden, die keine einzigartigen Gegebenheiten bezeichnen, sondern Gattungen von Personen, Dingen oder Handlungen. Für feste Begriffe gilt die folgende Grundregel:

D 25 In **festen Begriffen** schreibt man die **Adjektive** (Eigenschaftswörter) gewöhnlich **klein:**

die *innere* Medizin, der *erste* Spatenstich, der *schwarze* Tee, die *schwarze* Magie, das *schwarze* Schaf, die *schwedischen* Gardinen, die *höhere* Mathematik, die *höhere* Schule, der *italienische* Salat

Wenn du hervorheben willst, dass der mehrteilige Begriff eine andere Gesamtbedeutung hat, kannst du das Adjektiv auch großschreiben:

das schwarze Brett *oder* das Schwarze Brett (eine Anschlagtafel)
der blaue Brief *oder* der Blaue Brief (eine unangenehme Mitteilung)

Zur Grundregel D 25 gibt es weitere Ausnahmen:

! **Beachte:** Drei Fallgruppen von festen Begriffen werden großgeschrieben, obwohl es sich dabei nicht um mehrteilige Eigennamen handelt:

1. **Titel, Ehren- und Amtsbezeichnungen:**

   der Heilige Vater, der Regierende Bürgermeister, der Erste Staatsanwalt, die Königliche Hoheit

2. **offizielle und kirchliche Feier- und Gedenktage:**

   der Heilige Abend, der Erste Mai, der Internationale Frauentag

3. **Bezeichnungen der Tier- und Pflanzenarten in der Biologie:**

   der Rote Milan (ein Greifvogel), das Fleißige Lieschen (eine Zimmerpflanze), der Indische Elefant, die Schwarze Witwe (eine Spinne)

Benennungen für besondere Anlässe und Kalendertage kannst du klein- oder großschreiben.

das neue/Neue Jahr, die goldene/Goldene Hochzeit

3.3 **die schweizerischen Berge** oder **die Schweizerischen Berge? die schweizer Berge** oder **die Schweizer Berge?**

D 26 **Von Eigennamen abgeleitete Adjektive** (Eigenschaftswörter) schreibt man klein:

die *darwinsche* Evolutionstheorie, der *freudsche* Versprecher, eine *kafkaeske* Situation, die *schweizerischen* Berge, die *österreichischen* Alpen, die *italienischen* Nudeln, der *englische* Tee, die *russische* Sprache

Wenn du die Person, von der das Adjektiv abgeleitet wird, hervorheben möchtest, setzt du vor die Endung ein Apostroph und schreibst das Adjektiv groß.

die *Darwin'sche* (oder *darwinsche*) Evolutionstheorie, der *Freud'sche* (oder *freudsche*) Versprecher, die *Schiller'schen* Balladen (oder *die schillerschen* Balladen)

Beachte, dass das Adjektiv (Eigenschaftswort) nach Regel D 24 großgeschrieben wird, wenn die ganze Fügung aus Adjektiv und Nomen einen mehrteiligen Eigennamen bildet:

die *Schweizerischen* Bundesbahnen, die *Deutsche* Bahn,
die *Deutsche* Bank

Außerdem gibt es zu Regel D 26 eine Ausnahme:

! **Beachte:** Ableitungen von geografischen Eigennamen auf **-er** werden großgeschrieben:

die *Salzburger* Festspiele, die *Schweizer* Berge, die *Berliner* Kunstszene, die *Leipziger* Innenstadt, der *Thüringer* Wald

Beachte auch die Getrennt- und Zusammenschreibung, Regel B 12.

4 Die höfliche Anrede *Sie*

D 27 Die **Pronomen** (Fürwörter) für die **höfliche Anrede** schreibt man groß: ***Sie, Ihnen, Ihr*** *(→ Ihre, Ihren, Ihrem ...):*

Bitte rufen *Sie* mich bald an.
Ich danke *Ihnen* für *Ihren* Brief.
Die Nachbarin fragte: »Haben *Sie Ihre* Schlüssel wiedergefunden?«

Alle übrigen Anredepronomen (Anredefürwörter) schreibt man gewöhnlich klein. In Briefen oder E-Mails darfst du sie allerdings auch großschreiben:

Ich danke *dir/Dir* für *deinen/Deinen* Brief.
Ich danke *euch/Euch* für *euren/Euren* Brief.
Mit dieser Mail lade ich *dich/Dich* und *deine/Deine* Familie zu meiner Geburtstagsfeier ein.

! **Beachte:** Das Reflexivpronomen (rückbezügliche Fürwort) **sich** wird immer kleingeschrieben:

Haben Sie *sich* hier bereits eingelebt?

E Regeln zur Zeichensetzung

In diesem Abschnitt gehen wir auf die folgenden Satzzeichen ein:

1. Satzschlusszeichen: Punkt, Fragezeichen, Ausrufezeichen
2. Doppelpunkt
3. Semikolon (Strichpunkt)
4. Komma (Beistrich)
5. Gedankenstrich
6. Klammern
7. Anführungszeichen
8. Auslassungspunkte

Im Anschluss an diese Zeichen behandeln wir noch weitere Zeichen, die nicht zu den Satzzeichen im engeren Sinn gehören. Es sind die folgenden:

9. Apostroph (Auslassungszeichen)
10. Ergänzungsstrich
11. Abkürzungspunkt
12. Punkt bei Ordnungszahlen

1 Die Satzschlusszeichen

E 1 Den **Schluss eines Satzes** kannst du mit einem Punkt, einem Fragezeichen oder einem Ausrufezeichen kennzeichnen.
Normalerweise setzt du einen **Punkt.**
Nach Fragen setzt du ein **Fragezeichen.**
Nach Ausrufen und Aufforderungen setzt du ein **Ausrufezeichen.**

Beispiele:

Sie singt.
Sie ist fröhlich.

Wann kommst du zurück?
Habt ihr Durst?
Ihr habt wirklich keinen Durst?
Fertig?

Komm mit!
Du kommst jetzt mit!
Hurra!

! **Beachte:** Indirekte Fragesätze (Fragenebensätze) stehen ohne Fragezeichen:

Er erkundigte sich, wann sie kommen könne.
Sie fragte uns, ob wir wirklich keinen Durst hätten.

Zur **Anrede im Brief** vergleiche die Regel D 4.
Zum **Abkürzungspunkt** vergleiche die Regel E 21.
Zum **Punkt bei Ordnungszahlen** vergleiche die Regel E 22.

E 2 Der **Punkt** wird in bestimmten Fällen **weggelassen.**

Am Ende von Überschriften:

Warnung vor Sturmböen
Schneeverwehungen behindern Autoverkehr

Bei Sätzen, die in einen anderen Satz eingebettet sind, auch bei direkter Rede:

Eines Tages – es war mitten im Sommer – hagelte es.
»Dieses Gerät kann man sicher reparieren«, meinte sie.
»Aller Anfang ist schwer« ist ein beliebter Spruch.

Zur Kombination von Anführungszeichen und anderen Satzzeichen bei der direkten Rede vergleiche die Regel E 14.

2 Der Doppelpunkt

E 3 Der Doppelpunkt zeigt an, dass **etwas Weiterführendes** folgt. Er steht deshalb unter anderem vor Aufzählungen und vor der direkten Rede:

Sie hat viele Hobbys: Klettern, Fußballspielen, Wandern, Musikhören.
Er sagte: »Bring mir das Computerspiel bitte bis morgen zurück!«

Bei der Groß- und Kleinschreibung nach einem Doppelpunkt hilft dir die Regel D 2 weiter.

3 Das Semikolon (der Strichpunkt)

E4 **Zwischen Teilsätzen** steht manchmal ein **Semikolon** (Strichpunkt). Es trennt die Teile eines Satzes stärker als das Komma, aber schwächer als der Punkt:

Im Hausflur war es still; ich drückte erwartungsvoll auf die Klingel. Sie wohnt in einem Haus mit einem großen Garten; daher gehen wir sie gerne besuchen. Wir müssen uns überlegen, mit welchem Zug wir fahren wollen; wenn wir den früheren Zug nehmen wollen, müssen wir uns beeilen.

Du kannst das Semikolon außerdem zur Gliederung zusammengehörender Wortgruppen innerhalb längerer Aufzählungen verwenden:

In dieser fruchtbaren Gegend wachsen Roggen, Gerste, Weizen; Kirschen, Pflaumen, Äpfel; ferner Tabak und Hopfen.

4 Das Komma

Kommas stehen in drei Fällen:

1. bei **Reihungen** (Aufzählungen)
2. zwischen **Teilsätzen**
3. bei **Zusätzen**

4.1 Das Komma in Reihungen (Aufzählungen)

4.1.1 Grundregel

E5 Die einzelnen Glieder einer **Reihung** (Aufzählung) werden mit **Komma** voneinander abgetrennt:

Der Karton enthält eine Anleitung, ein Spielfeld, zwanzig Karten, vier Figuren.

Zu Reihungen mit Teilsätzen vergleiche die Regel E 7.

! **Beachte:** Zwischen *Adjektiven* (Eigenschaftswörtern), die einem *Nomen* (Substantiv, Hauptwort) *vorangehen,* darfst du nur dann ein Komma setzen, wenn sie *gleichrangig* sind, das heißt mit dem gleichen Gewicht vor dem Nomen stehen. Du kannst dir dann oft ein »und« zwischen den Adjektiven denken oder die Adjektive in ihrer Reihenfolge tauschen:

ein süßes, klebriges Getränk (= ein süßes *und* klebriges Getränk); ein großer, verdienter Erfolg (= ein großer *und* verdienter Erfolg); ein älterer, freundlicher Herr (= ein freundlicher, älterer Herr)

Du darfst aber **kein Komma** setzen, wenn das dem Nomen (Substantiv, Hauptwort) näher stehende Adjektiv (Eigenschaftswort) mit diesem schon eine engere Verbindung eingegangen ist, die als Ganzes durch das erste Adjektiv näher bestimmt wird:

ein gut gehendes *italienisches Geschäft* (ein italienisches Geschäft, das gut geht); eine lange *hölzerne Tafel* (eine hölzerne Tafel, die lang ist); alte *gotische Bauwerke* (gotische Bauwerke, die alt sind)

Beachte, dass du mit der Kommasetzung den Sinn eines Satzteils verändern kannst. Lies die folgenden Fügungen zur Probe laut vor! Ein Komma ist zu setzen, wenn du stattdessen auch »und zwar« oder »diesmal« einsetzen könntest:

am *nächsten für ihn günstigen Tag* (am nächsten von mehreren günstigen Tagen)
am *nächsten, [und zwar] für ihn günstigen Tag* (der vorangehende Tag war nicht günstig)

4.1.2 Reihungen (Aufzählungen) mit *und, oder*

E 6 Es steht **kein Komma,** wenn die Teile der Reihung (Aufzählung) mit einem der folgenden Wörter (Konjunktionen, Bindewörter) verbunden sind:
und, *sowie, wie, sowohl … als auch, weder … noch*
oder, *entweder … oder, beziehungsweise* (abgekürzt: *bzw.*)

Beispiele:

Sie kaufte *rote, grüne* **und** *gelbe* Paprika.
Sie kaufte *rote* **sowie** *grüne* **und** *gelbe* Paprika.
Er kaufte **weder** *rote Äpfel* **noch** *grüne Birnen* **oder** *Orangen.*

Zu Reihungen von Teilsätzen vergleiche die Regel E 8.

! **Beachte:** Nicht zu den oben stehenden Wörtern (Konjunktionen, Bindewörtern) gehören Wörter mit entgegensetzender Bedeutung wie: *aber, sondern, doch, jedoch.* Wenn diese Wörter in Reihungen (Aufzählungen) auftreten, darfst du das Komma nicht weglassen:

Sie las ein *dickes,* **aber** *spannendes* Buch.
Er hat mir ein *süßes,* **jedoch** *erfrischendes* Getränk eingeschenkt.
Sie reist *nicht nach Bonn,* **sondern** *nach Köln.*

4.2 Das Komma bei Teilsätzen

4.2.1 Grundregel

E7 **Teilsätze** trennt man mit **Komma** voneinander ab. Wenn die Teilsätze **eingeschoben** sind, musst du am **Anfang** und am **Schluss** ein Komma setzen!

Beispiele:

Die Musik wird leiser, der Vorhang hebt sich, das Spiel beginnt.
Sobald die Dämmerung eintritt, jagen die Fledermäuse nach Insekten.
Die Fledermäuse jagen, *sobald die Dämmerung eintritt*, nach Insekten.
Die Fledermäuse jagen nach Insekten, *sobald die Dämmerung eintritt*.
Sie sah, *dass es regnete*, und spannte ihren Regenschirm auf.

Anreden und Ausrufewörter zählen für die Zeichensetzung wie Teilsätze:

Anna, kauf bitte gelbe Birnen! – *Ja,* ich werde gelbe Birnen mitbringen.

! **Beachte:** Teilsätze enthalten immer mindestens ein Verb (Tätigkeitswort, Zeitwort). Fügungen mit ***als*** oder ***wie*** darfst du daher nur dann mit **Komma** abtrennen, wenn sie ein **Verb** (Tätigkeitswort, Zeitwort) enthalten, also als Teilsätze anzusehen sind:

Mathilda rannte noch schneller, *als Sarah letzte Woche gerannt war.*
Sarah rannte fast so schnell, *wie Mathilda eine Woche vorher gerannt war.*
Er kam früher, *als er es angekündigt hatte,* von der Arbeit nach Hause.
Jona gab das Geld aus, *als wäre er ein Millionär.*

Aber ohne Komma:

Mathilda rannte noch schneller *als Sarah.*
Sarah rannte fast so schnell *wie Mathilda.*
Er kam früher *als angekündigt* von der Arbeit nach Hause.
Jona gab das Geld aus *wie ein Millionär.*

4.2.2 Teilsätze mit *und, oder*

E8 Es steht **kein Komma,** wenn die Teilsätze mit einem der folgenden Wörter (Konjunktionen, Bindewörter) verbunden sind:
und, *sowie, wie, sowohl… als auch, weder… noch*
oder, *entweder… oder, beziehungsweise* (abgekürzt: *bzw.*)

Beispiele:

Anna liest ein Buch ***und*** *Felix löst ein Kreuzworträtsel*.

Er erkundigte sich, *was es Neues gebe* ***und*** *ob die Post gekommen sei*.

! **Beachte:** Zwischen selbstständigen Teilsätzen kannst du aber ein Komma setzen, wenn du die Gliederung des Satzes deutlich machen willst. Du erkennst selbstständige Teilsätze daran, dass sie auch mit einem Satzschlusszeichen voneinander getrennt werden können.

Meine Schwester hat mich oft in meiner neuen Wohnung besucht[,] und wir saßen bis spät in die Nacht zusammen. (Meine Schwester hat mich oft in meiner neuen Wohnung besucht. Wir saßen bis spät in die Nacht zusammen.)
Kommst du mit, oder hast du etwas anderes vor? (Kommst du mit? Hast du etwas anderes vor?)

Auf diese Weise können auch Fehllesungen vermieden werden in Sätzen wie:

Ich fotografierte die Berge, und meine Frau lag in der Sonne.
Wir warten auf euch, oder die Kinder gehen schon voraus.

Kein Komma: Meine Schwester hat mich oft in meiner neuen Wohnung besucht und mit mir Kuchen gebacken.

4.2.3 Fügungen mit Infinitiven (Grundformen) und Partizipien (Mittelwörtern)

E9 Fügungen mit einem **Infinitiv** (einer Grundform) oder einem **Partizip** (Mittelwort) können Teilsätzen nahekommen. Du kannst sie dann mit Komma vom Rest des Satzes abgrenzen.
Wenn die Fügungen **eingeschoben** sind, setzt du entweder am **Anfang** und am **Schluss** ein Komma oder überhaupt keins.

Beispiele für Fügungen mit einem Infinitiv (einer Grundform):

> Er *zögerte[,]* den Schalter *zu drehen.*
> Sie *versuchte[,]* das Gerät *zu flicken.*
> *Solche Flächen zu berechnen[,]* ist nicht einfach.

> Je nachdem mit zwei Kommas oder gar keinem Komma:

> Nicht bereit *seinen Plan zu ändern* verließ er die Sitzung.
> Nicht bereit, *seinen Plan zu ändern,* verließ er die Sitzung.

Beispiele für Fügungen mit einem Partizip (Mittelwort):

> *Durch eine Tasse Kakao gewärmt[,]* werden wir die Wanderung fortsetzen.
> Er kletterte[,] *laut und wütend schimpfend[,]* die Leiter nach oben.

Vergleiche hierzu auch die Regel E 10.

! Beachte: Die Kommas müssen gesetzt werden,

1. wenn die Fügung mit *um, ohne, als, statt, anstatt* oder *außer* **eingeleitet** wird:

> Du brauchst viel Fantasie, *um* auf diesem Bild etwas zu erkennen.
> *Anstatt* für die Prüfung zu lernen, verbrachte sie den Abend im Kino.

2. wenn die Fügung von einem **Nomen** (Substantiv, Hauptwort) oder einem **hinweisenden Wort abhängig** ist:

> Er hatte nicht die *Absicht,* sich dafür zu entschuldigen.
> Erinnere mich *daran,* dir das Buch zurückzugeben.
> Mit Reisetaschen bepackt, *so* warteten wir auf den Bus.

Manchmal kannst du mit dem Setzen des Kommas die Satzgliederung deutlich machen oder Fehllesungen und Missverständnisse vermeiden.

Je nachdem, wie du das Komma im folgenden Beispiel setzt, drückst du einen anderen Sinn aus:

> Ich hoffe, jeden Tag in die Stadt gehen zu können. (Ich hoffe, dass ich jeden Tag in die Stadt gehen kann.)
> Ich hoffe jeden Tag, in die Stadt gehen zu können. (Ich hoffe jeden Tag, dass ich in die Stadt gehen kann.)

4.3 Das Komma bei Zusätzen

E 10 **Zusätze und Nachträge** trennt man mit **Komma** ab.
Wenn der Zusatz **eingeschoben** ist, musst du am **Anfang** und am **Schluss** des Zusatzes ein Komma setzen:

Sie isst gern Obst, *besonders Bananen.*
Obst, *besonders Bananen,* isst sie gern.

Durch den Sumpf watete ein Saurier, *ein Triceratops.*
Durch den Sumpf watete ein Saurier, *ein Triceratops,* und fraß Schachtelhalme.

Der Patient rief nach einem Arzt, *ganz bleich im Gesicht.*
Der Patient, *ganz bleich im Gesicht,* rief nach einem Arzt.

Das Reh blieb stehen, *vom Scheinwerferlicht geblendet.*
Das Reh, *vom Scheinwerferlicht geblendet,* blieb stehen.

Das erste Training findet nächste Woche statt, *und zwar am Dienstag.*
Nächste Woche, *und zwar am Dienstag,* findet das erste Training statt.

Zusätze kann man oft statt mit Kommas auch mit Gedankenstrichen oder Klammern abgrenzen (vergleiche auch die Regeln E 12 und E 13):

Seine Kopfbedeckung, *ein Strohhut,* lag auf dem Tisch.
Seine Kopfbedeckung – *ein Strohhut* – lag auf dem Tisch.
Seine Kopfbedeckung *(ein Strohhut)* lag auf dem Tisch.

5 Der Gedankenstrich

E 11 Mit dem Gedankenstrich kündigst du an, dass **etwas Weiterführendes** folgt oder dass du das Folgende als **etwas Unerwartetes** ansiehst:

Sie trat in das Zimmer und sah – eine Schlange. Im Hausflur war es still – ich drückte erwartungsvoll auf die Klingel. Plötzlich – ein lauter Freudenruf!

E 12 Mit dem Gedankenstrich grenzt man **Zusätze** ab.
Wenn der Zusatz **eingeschoben** ist, musst du am **Anfang** und am **Schluss** des Zusatzes einen Gedankenstrich setzen:

Eines Tages – es war mitten im Sommer – hagelte es. Letzten Sommer – erinnerst du dich? – hagelte es. Wir gingen in die Hütte – einen kalten

Raum mit kleinen Fenstern – und zündeten ein Feuer an. Emilia isst gern Obst – besonders Apfelsinen und Bananen.

Oft kannst du statt Gedankenstrichen auch Kommas oder Klammern wählen (vergleiche die Regeln E 10, E 13).

! **Beachte:** Kommas, die zum Satz gehören, der den Zusatz einschließt, dürfen nicht weggelasssen werden. Du findest solche Kommas am einfachsten heraus, indem du den Zusatz probehalber streichst:

Sie betonte – *ich weiß es noch ganz genau* –, dass sie pünktlich sein werde.
→ Sie betonte, dass sie pünktlich sein werde.

6 Die Klammern

E 13 Mit Klammern schließt man **Zusätze** ein:

Dieses Bild (es ist das letzte und bekannteste des Künstlers) wurde nach Amerika verkauft. Mein Onkel (ein großer Tierfreund) und seine Katzen leben in einer alten Mühle. Sie isst gern Obst (besonders Apfelsinen und Bananen).

Oft kannst du statt Klammern auch Kommas oder Gedankenstriche wählen (vergleiche die Regeln E 10, E 13).

! **Beachte:** Kommas, die zum Text außerhalb des Eingeklammerten gehören, dürfen nicht weggelasssen werden. Du findest solche Kommas am einfachsten heraus, indem du den Zusatz probehalber streichst:

Sie betonte *(ich weiß es noch ganz genau),* dass sie pünktlich sein werde.
→ Sie betonte, dass sie pünktlich sein werde.

7 Die Anführungszeichen

7.1 Direkte Rede

E 14 Mit Anführungszeichen schließt man etwas **wörtlich Wiedergegebenes** ein. Dies gilt insbesondere für die **direkte Rede:**

Sie sagte: »Geht nach Hause!«
»Geh nach Hause!«, rief seine Mutter.

»Begleitest du mich ins Kino?«, fragte Anna ihren Freund.
»Wenn wir einen Liebesfilm schauen«, antwortete er, »dann komme ich nicht mit.«

Steht die direkte Rede an erster Stelle, wird der Punkt weggelassen. Ausrufezeichen und Fragezeichen müssen gesetzt werden.

»Ich helfe dir«, sagte Pauline.
»Hilf mir!«, rief Pauline.

Für die Kombination von Anführungszeichen und anderen Satzzeichen kannst du dich an die folgenden Muster halten:

1. Der Begleitsatz geht voran:

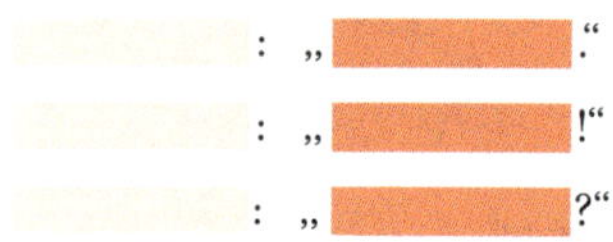

2. Der Begleitsatz ist eingeschoben:

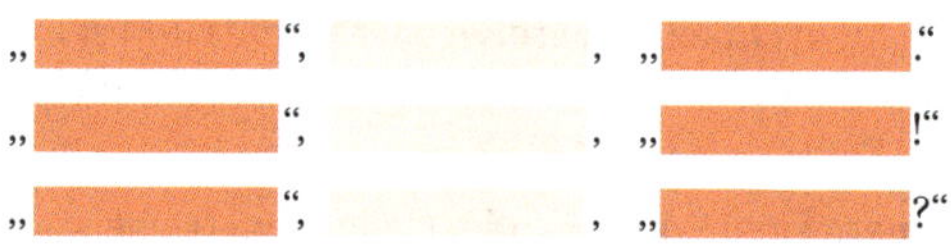

3. Der Begleitsatz steht am Ende:

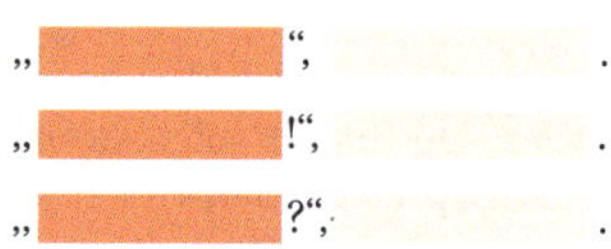

4. Mischung aus 1 und 3: Ein Teil des Begleitsatzes geht voran, der Rest steht am Ende:

Sie verspricht: »Ich komme morgen vorbei«, und steigt ins Auto.
Er fragt: »Kannst du mir die Milch geben?«, und streckt den Arm aus.

7.2 Anführungszeichen zur Hervorhebung

E 15 Mit Anführungszeichen kannst du Wörter oder Teile innerhalb eines Textes **hervorheben** und in bestimmten Fällen deutlich machen, dass du zu ihrer Verwendung **Stellung nimmst,** dich **auf sie beziehst.** Das betrifft zum Beispiel:

Überschriften, Werktitel, Namen von Zeitungen und dergleichen:

Sie las den Artikel »Neue Insektenart entdeckt« in der »National Geographic«.
Sie liest Grimms Märchen »Der Froschkönig«.

Äußerungen, Wortgruppen oder Wörter, über die du eine Aussage machen willst:

Das Sprichwort »Eile mit Weile« hört man oft.
Sein kritisches »Die Suppe ist zu salzig« ärgerte den Kellner.
Die Präposition »ohne« verlangt den Akkusativ.
Alle seine Freunde nannten ihn »Supertalent«.

Wörter oder Wortgruppen, die du anders als sonst oder üblich – zum Beispiel ironisch oder übertragen – meinst:

Und du willst ein »treuer Freund« sein? Er bekam wieder einmal seine »Grippe«. Sie sprang diesmal »nur« 6,60 Meter.

8 Die Auslassungspunkte

E 16 Mit **drei Punkten** (Auslassungspunkten) zeigst du an, dass du in einem Wort, einem Satz oder einem Text **Teile ausgelassen** hast:

Du bist ein E…! (Esel)
Scher dich zum …! (Teufel)
»… ihm nicht weitersagen«, hörte er ihn gerade noch sagen.

9 Der Apostroph (das Auslassungszeichen)

9.1 **Iris Vorschlag** oder **Iris' Vorschlag?** **Annas neue Pläne** oder **Anna's neue Pläne?**

E 17 Der **Apostroph** (das Auslassungszeichen) steht im **Genitiv** (Wesfall) **von Eigennamen,** die auf einen **s-Laut** (geschrieben: -s, -ss, -ß, -tz, -z, -x, -ce) ausgehen. Man zeigt damit an, dass aus lautlichen Gründen die Endung **-s** nicht angefügt werden kann:

Iris → *Iris'* Vorschlag
Felix → *Felix'* Kopfhörer
Maurice → *Maurice'* Auto
Moritz → *Moritz'* Fahrrad

! **Beachte:** Bei Eigennamen, an die du die Endung *-s* anfügen kannst, setzt du besser keinen Apostroph:

Anna → *Annas* neue Pläne
Michael → *Michaels* Kopfhörer

9.2 **Mir gehts gut** oder **Mir geht's gut?**

E 18 Wenn sich die **Kurzform** des Pronomens (Fürwortes) ***es*** an ein vorangehendes Wort anlehnt, muss **kein Apostroph** (Auslassungszeichen) gesetzt werden:

Mir *gehts* gut. Sie hat Angst, *wenns* donnert. *Nimms* mit! *Brings* mir zurück!

Du kannst aber mit dem Apostroph deutlich machen, dass eine umgangssprachliche oder sonst schwer verständliche Verbindung vorliegt:

Mir *geht's* gut.
Nimm's mit!
Wann hast *du's* verraten?
Auf vereisten Straßen fährt *sich's* schlecht.

9.3 **aufs Dach** oder **auf's Dach?**

E 19 Wenn ***das*** mit einem vorangehenden Wort (z. B. einer Präposition, einem Verhältniswort) verschmolzen ist, steht in allgemein gebräuchlichen Verbindungen **kein Apostroph** (Auslassungszeichen):

auf das Dach → *aufs* Dach
in das Zimmer → *ins* Zimmer

um das Haus herum → *ums* Haus herum
hinter das Licht führen → *hinters* Licht führen

Ein Apostroph ist aber empfehlenswert, wenn du Wörter, die in der gesprochenen (Umgangs)sprache Auslassungen enthalten, schriftlich wiedergibst:

So 'n Quatsch!
Er saß *auf'm* Tisch.

10 Der Ergänzungsstrich

E 20 Mit dem Ergänzungsstrich zeigst du an, dass du in einer **Zusammensetzung** oder einer **Ableitung** einen **Bestandteil ausgelassen** hast, der vom Leser sinngemäß zu ergänzen ist.

Der letzte Bestandteil ist zu ergänzen:

Haupt- und Nebeneingang (= Haupt*eingang* und Nebeneingang); Eisenbahn-, Straßen-, Luft- und Schiffsverkehr; zucker- und fetthaltig; ein- und ausladen; An- und Verkauf; Natur- und synthetische Gewebe

Der erste Bestandteil ist zu ergänzen:

Verkehrslenkung und -überwachung (= Verkehrslenkung und *Verkehrs*überwachung); Schulbücher, -hefte, -mappen und andere -utensilien; herbeitragen oder -schleppen; bergauf und -ab

Der erste und der letzte Bestandteil sind zu ergänzen:

Textilgroß- und -einzelhandel (= Textilgroß*handel* und *Textil*einzelhandel); Werkzeugmaschinen-Import- und -Exportgeschäfte

11 Der Abkürzungspunkt

E21 Abkürzungen werden meist mit einem **Punkt** gekennzeichnet:

Bd. (= Band), Bde. (= Bände), Bsp. (= Beispiel), d. h. (= das heißt), etc. (= et cetera). Jh. (= Jahrhundert), des Jh.s (= des Jahrhunderts), o. Ä. (= oder Ähnliche/Ähnliches), Tel. (= Telefon), u. a. (= unter anderem), usw. (= und so weiter), v. (= von), v. a. (= vor allem), z. B. (= zum Beispiel)

Für bestimmte Abkürzungen bestehen zum Teil auch andere Regelungen. Schlage im Zweifelsfall im Wörter- oder im Abkürzungsverzeichnis dieses Schülerdudens nach.

Am Ende eines Satzes ist der Abkürzungspunkt zugleich Satzschlusspunkt. Du darfst also nur *einen* Punkt setzen. Beispiel:

Sie schnitt Äpfel, Birnen, Kiwis usw.

! **Beachte:** Ohne Punkt stehen Abkürzungen von international festgelegten Maßen und von Himmelsrichtungen:

m (= Meter)
g (= Gramm)
km/h (= Kilometer je/pro Stunde)
A (= Ampere)
Hz (= Hertz)
NO (= Nordost)
SSW (= Südsüdwest)

! **Beachte:** Ohne Punkt stehen außerdem die sogenannten **Initial- oder Buchstabenwörter.** Das sind Abkürzungen, die man beim Lesen buchstabiert:

das Kfz (gesprochen: ka-ef-zet = Kraftfahrzeug)
der IQ (gesprochen: i-ku = Intelligenzquotient)
die GmbH (gesprochen: ge-em-be-ha = Gesellschaft mit beschränkter Haftung)

12 Der Punkt bei Ordnungszahlen

E22 Nach **Ordnungszahlen,** die **in Ziffern** geschrieben sind, steht ein **Punkt:**

die 20. Auflage, der 65. Geburtstag, zum 5. Mal, Heinrich VIII.
(= Heinrich der Achte)

Am Ende eines Satzes ist der Punkt bei der Ordnungszahl zugleich Satzschlusspunkt. Du darfst also nur *einen* Punkt setzen. Beispiel:

An der Wand hing ein Bild von Papst Benedikt XVI.

F Regeln zur Worttrennung am Zeilenende

1 Einfache und abgeleitete Wörter

1.1 dro-hen oder droh-en? Schü-le-rin oder Schül-er-in?

F1 Einfache Wörter trennt man am Zeilenende so, wie sie sich bei langsamem Sprechen in **Silben** zerlegen lassen. Du darfst dich dabei nicht am Wortstamm orientieren.

Mau-er, Stu-be, frie-ren, Krä-he, Pa-ra-dies, Fre-quenz

! Beachte: Diese Regel gilt auch für Wörter, die Suffixe (Endungen) aufweisen. Endungen, die mit einem Vokal (Selbstlaut) anfangen, nehmen daher den vorangehenden Konsonanten (Mitlaut) auf die neue Zeile mit:

Schü-ler, Schü-le-rin, Schü-le-rin-nen
dro-hen, Dro-hung, Dro-hun-gen
Än-de-rung, Än-de-run-gen
nach-tei-lig

! Beachte: Ein einzelner Vokal (Selbstlaut) am Wortanfang darf nicht abgetrennt werden. Manche Wörter lassen sich deshalb gar nicht trennen:

Abend, ewig, üben, Igel, egal

1.2 **stam-pfen** oder **stamp-fen?** **Schwe-ster** oder **Schwes-ter?**

F 2 Von zwei oder mehr **Konsonanten** (Mitlauten) kommt nur der **letzte** auf die neue Zeile:

Was-ser, stamp-fen, schlüpf-rig, nied-rig, wack-lig, ei-gent-lich, Geg-ner, Schwes-ter, Kas-ten, fins-ter, Wes-pe, sit-zen, Sit-zung, Ach-sel, Quad-rat, möb-liert, Mag-net

Manche Fremdwörter können auch anders getrennt werden. Die Trennung nach Regel F 2 ist aber immer korrekt.

1.3 **Zuc-ker** oder **Zu-cker?** **kat-ho-lisch** oder **ka-tho-lisch?**

F 3 Die **Buchstabengruppen** ***ck, ch, sch*** bleiben immer zusammen, in Fremdwörtern auch ***ph, rh, sh, th,*** sofern sie für einen einzelnen Laut stehen:

Zu-cker, ste-cken, dre-ckig
ste-chen, Kno-chen, Kö-chin
Fla-schen, zwi-schen, klat-schen, Fäl-schung
Stro-phe, Myr-rhe, Ca-shew-nuss, ka-tho-lisch

2 Zusammensetzungen und Wörter mit Präfixen (Vorsilben)

2.1 **Arm-ban-duhr** oder **Arm-band-uhr?** **Besch-luss** oder **Be-schluss?**

F 4 **Zusammengesetzte Wörter** und Wörter mit **Präfixen (Vorsilben)** werden bei der Silbentrennung in ihre Bestandteile aufgelöst.

Zusammengesetzte Wörter:

Arm-band-uhr, Zimmer-pflanzen, Fenster-scheibe, Week-end, Sweat-shirt

Wörter mit Präfixen (Vorsilben):

Be-schluss, ver-stehen, miss-achten, Pro-gramm, at-traktiv, Kon-struk-tion

Die einzelnen Bestandteile können weiter nach den Regeln F1 bis F3 getrennt werden:

Zimmer-pflanzen → Zim-mer-pflan-zen
ver-stehen → ver-ste-hen
Kon-struktion → Kon-struk-ti-on

2.2 **wor-auf** oder **wo-rauf?** **in-ter-es-sant** oder **in-te-res-sant?**

F5 Es gibt sowohl **deutsche** als auch **fremde Wörter,** die von der Sprachgeschichte oder von der Herkunftssprache her gesehen Zusammensetzungen sind, aber oft nicht (mehr) als solche empfunden oder erkannt werden. Solche Wörter kannst du auch nach den Regeln F1 bis F3 trennen:

da-rum *oder* dar-um, wa-rum *oder* war-um, wo-rauf *oder* wor-auf, he-rüber *oder* her-über, ei-nan-der *oder* ein-an-der

in-te-res-sant *oder* in-ter-es-sant, Chry-san-the-me *oder* Chrys-an-the-me, Hek-tar *oder* Hekt-ar, He-li-kop-ter *oder* He-li-ko-pter, Pä-da-go-gik *oder* Päd-ago-gik

Wenn du dir unsicher bist, schlage im Wörterverzeichnis nach.

Grammatische Fachbegriffe

Ableitung: Wort, das sich mit einem nicht selbstständig vorkommenden Wortteil (↑Präfix; ↑Suffix) zu einem neuen Wort verbunden hat, z. B. *ver*ändern; Dumm*heit*.

Adjektiv: Wort, das eine Eigenschaft oder ein Merkmal bezeichnet, das ausdrückt, wie jemand oder etwas ist, wie etwas vor sich geht oder geschieht; Eigenschaftswort, z. B. ein *großes* Haus; das Haus ist *groß;* er läuft *schnell.*
Die meisten Adjektive können zwischen ↑Artikel und ↑Nomen stehen und ↑Vergleichsformen bilden.

Adverb: Wort, das den Umstand des Ortes, der Zeit, der Art und Weise oder des Grundes näher bezeichnet, die räumlichen, zeitlichen usw. Beziehungen kennzeichnet; Umstandswort, z. B. ich komme *bald;* er läuft *sehr* schnell; das Buch *dort; hoffentlich* geht alles gut.
Adverbien sind nicht veränderbar.

Akkusativ: der vierte Fall; Wenfall, z. B. ich suche *den Marktplatz;* ich lese *ein Buch.*

Apostroph: Auslassungszeichen, mit dem angezeigt wird, dass man in einem Wort einen oder mehrere Buchstaben weggelassen hat, z. B. *bist du's?* (für: bist du es?); *D'dorf* (für: Düsseldorf).

Artikel: Wort, das Geschlecht, Fall und Zahl eines Nomens angibt; **bestimmter Artikel** (der, die, das), **unbestimmter Artikel** (ein, eine).

Begleiter: Wort, das vor dem Nomen steht und sich auf das Nomen bezieht, z. B. ein Artikel, ein Adjektiv, ein Pronomen oder ein Zahlwort (*das* Hemd; *warmes* Essen; *ihre* Schuhe; *erster* Klasse fahren).

Dativ: der dritte Fall; Wemfall, z. B. das Buch gehört *mir/dem Mann.*

Demonstrativpronomen: Pronomen, das auf etwas Bekanntes [nachdrücklich] hinweist; hinweisendes Fürwort, z. B. *dieses* Buch gefällt mir besser.

Eigenname: ein- oder mehrteiliges Wort, das ein ganz bestimmtes, einmalig vorkommendes Lebewesen oder Ding bezeichnet, z. B. eine Person *(Alexander Schmidt),* ein Land *(Italien),* ein Gebäude *(der Schiefe Turm von Pisa),* eine Organisation *(das Rote Kreuz).*

Genitiv: der zweite Fall; Wesfall, z. B. das Haus *des Vaters.*

Indefinitpronomen: Pronomen, das eine Person, Sache oder Zahl in ganz allgemeiner und unbestimmter Weise bezeichnet; unbestimmtes Fürwort, z. B. *alle* waren gekommen; er hat *etwas* mitgebracht.

Indirekter Fragesatz: ↑Nebensatz, der mit einem Fragewort eingeleitet wird; Fragenebensatz, z. B.: Weißt du, *wann* er kommt? Erkläre mir bitte, *wie* das geht.

Infinitiv: Form des Verbs, die ein Sein oder Geschehen ohne Verbindung mit Person, Zahl usw. angibt; Nennform; ↑Wortstamm und *-(e)n*, z. B. *kommen, laufen, wandern.*

Initialwort: Abkürzungswort, das sich aus den Anfangsbuchstaben der vollen Wortformen zusammensetzt und beim Sprechen oder Lesen buchstabiert wird; Buchstabenwort, z. B. *ICE* = *I*nter*c*ity*e*xpress,
PLZ = *P*ost*l*eit*z*ahl.

Interrogativpronomen: Pronomen, das eine Frage kennzeichnet; Fragefürwort, z. B.: *Was* hast du gesagt? *Wer* steht dort?

Kardinalzahl: Zahlwort, das eine bestimmte Anzahl oder Menge bezeichnet; Grundzahl, z. B. die Hand hat *fünf* Finger.

Kasus: Fall; ↑Nominativ, ↑Genitiv, ↑Akkusativ, ↑Dativ.

Komparativ: Vergleichsform des Adjektivs, die die Ungleichheit zweier (oder mehrerer) Wesen oder Dinge feststellt; 1. Steigerungsstufe, z. B. Tim ist *größer* als Klara.

Konjunktion: Wort, das zwischen Wörtern, Wortgruppen oder Sätzen eine (räumliche, zeitliche, ursächliche o. ä.) Beziehung kennzeichnet; Bindewort, z. B. er *und* sie; ich hoffe, *dass* es gelingt.

Konsonant: Mitlaut; Konsonantbuchstaben: b, c, d, f, g, h, j, k, l, m, n, p, q, r, s, t, v, w, x, z.

Nebensatz: Teilsatz, der von einem übergeordneten Teilsatz abhängig ist, z. B.: Er ist müde, *weil er kaum geschlafen hat.*

Nomen: Wort, das ein Lebewesen, Ding oder einen Begriff u. Ä. benennt; Substantiv, Hauptwort, Dingwort, Namenwort, Nennwort, z. B. *(der) Vater, (der) Stuhl, (die) Schönheit, (die) Freude, (die) Drehung.*

Nominalisierung: zu einem Nomen gewordenes Wort einer anderen Wortart, z. B. nominalisierter Infinitiv (das *Spielen,* zum *Spielen*), nominalisiertes Adjektiv (das *Schöne*).

Nominativ: der erste Fall; Werfall, z. B. *der Vater* kommt nach Hause.

Ordinalzahl: Zahlwort, das angibt, an welchem Punkt einer Reihenfolge oder Rangordnung eine Person oder Sache steht; Ordnungszahl, z. B. er wohnt im *zweiten* Stock.

Partikel: Wortart, die in ihrer Form nicht veränderbar ist, z. B. Adverb, Konjunktion, Präposition.

Partizip: nicht gebeugte Form des Verbs, die eine Mittelstellung zwischen Verb und Adjektiv einnimmt; Mittelwort; **Partizip I** (Partizip Präsens, Mittelwort der Gegenwart, z. B. der *lobende* Lehrer), **Partizip II** (Partizip Perfekt, Mittelwort der Vergangenheit, z. B. der *gelobte* Schüler).

Personalpronomen: Pronomen, das angibt, von welcher Person oder Sache die Rede ist: von der Person, die spricht (ich, wir), von der Person, die angesprochen wird (du, ihr) oder von der Person oder Sache, über die gesprochen wird (er, sie, es; sie [Plural]); persönliches Fürwort, z. B. *ich* lese *es* (das Buch) *dir* vor.

Positiv: Grundstufe der Vergleichsformen (↑Komparativ, ↑Superlativ), z. B. Tim ist *groß;* Tim ist genauso *groß* wie Klara.

Possessivpronomen: Pronomen, das ein Besitz- oder Zugehörigkeitsverhältnis ausdrückt; besitzanzeigendes Fürwort, z. B. *mein* Buch; *unser* Vater.

Präfix: nicht trennbarer Wortteil, der vor ein Wort gesetzt wird, wodurch ein neues Wort entsteht, z. B. be- (*be*werten), er- (*er*freuen), ver- (*ver*stehen), un- (*un*nötig).

Präposition: Wort, das in Verbindung mit einem anderen Wort, meist einem ↑Nomen, ein (räumliches, zeitliches, ursächliches o. ä.) Verhältnis kennzeichnet; das einen ↑Kasus vergibt; Verhältniswort, z. B. sie geht *in* das Zimmer; er tut es *aus* Liebe; das Kind spielte *mit* dem Baukasten.

Pronomen: Wort, das statt eines Nomens stehen oder dieses begleiten kann; Fürwort, Stellvertreter, Begleiter, z. B. *sie* brachte das neue Auto mit, das *mein* Vater bestellt hatte.

Reibelaut: Laut, der entsteht, wenn die Luft beim Ausströmen aus dem Mund so eingeengt wird, dass ein Reibegeräusch entsteht, z. B. *f, s.*

Stellvertreter: ↑Pronomen.

Substantiv: ↑Nomen.

Substantivierung: ↑Nominalisierung.

Suffix: Wortteil, der an ein Wort (Besitz-*tum*) oder einen ↑Wortstamm (vernachlässig-*bar*) angehängt werden kann, wodurch ein anderes Wort gebildet wird, z. B. -chen (Tür*chen*), -in (Verkäufer*in*), -lich (pflanz*lich*).

Superlativ: Vergleichsform des ↑Adjektivs, die den höchsten Grad feststellt, der überhaupt oder innerhalb einer getroffenen Auswahl von zwei (oder mehreren) Wesen oder Dingen zu erreichen ist, z. B. Tim ist der *größte* unter den Schülern; der Betrieb arbeitet mit *modernsten* Maschinen.

Verb: Wort, das ein Geschehen, einen Vorgang, einen Zustand oder eine Tätigkeit bezeichnet; das in verschiedene Zeitformen gesetzt werden kann; Zeitwort, Tätigkeitswort, z. B. *gehen, liegen, (sich) verändern.*
Bei den **regelmäßigen (»schwachen«) Verben** bleibt der Stammvokal in allen gebeugten Formen gleich: *schenken – schenkte – geschenkt.* Die **unregelmäßigen (»starken«) Verben** ändern dagegen ihren Stammvokal: *sprechen – sprach – gesprochen.*

Verbzusatz: Bestandteil eines Verbs, der sich in bestimmten Formen vom ↑Verb abtrennen lässt, z. B. *an*führen, um *an*zuführen, *an*führend, er hat *an*geführt, wenn ich *an*führe / *an*führte, aber: er führt *an* / führte *an.*

Vergleichsform: Form (↑Positiv, ↑Komparativ oder ↑Superlativ) des ↑Adjektivs – manchmal auch des ↑Adverbs –, durch die Beziehungen und Verhältnisse bestimmter Art zwischen mindestens zwei Wesen oder Dingen gekennzeichnet werden.

Verschlusslaut: Laut, der entsteht, wenn die Lippen zunächst geschlossen sind (sodass die Luft für kurze Zeit nicht aus dem Mund austreten kann) und sich dann schnell öffnen, z. B. *b, p.*

Vokal: Selbstlaut; Vokalbuchstaben: a, e, i, o, u, ä, ö, ü; für Diphthonge (doppelte Vokale): au, ei (ai), eu (äu, oi, oy).

Wortstamm: Kernbestandteil eines Wortes, der die Bedeutung trägt und mit dem ↑ Präfixe und ↑ Suffixe verbunden werden, z. B. Ver*kauf, schenk*te.

Zahlwort: Wort, das eine Zahl bezeichnet, etwas zahlenmäßig näher bestimmt; Numerale; **bestimmte Zahlwörter** (z. B. *eins, hundertste;* ↑ Kardinalzahl; ↑ Ordinalzahl), **unbestimmte Zahlwörter** (z. B. *manche, mehrere, viele*).

Zusammensetzung: Wort, das aus zwei oder mehreren Wörtern zusammengesetzt ist, z. B. *Glückwunsch, Kaufhaus, wunderschön, kleinstädtisch, umbiegen, untergehen.*

Wortkunde

A Wortbildung

Wörter können sich auf ganz verschiedene Weise verändern. Man kann Wörter konjugieren oder deklinieren, also ihre grammatischen Formen (z. B. Kasus oder Person) so verändern, dass sie in einen bestimmten Satzzusammenhang passen. Dann spricht man von **Flexion:**

ich lache, du lachst, ich lachte ...; ich gehe, du gehst, ich ging ...

der alte Baum, den alten Baum, dem alten Baum, des alten Baumes, die alten Bäume ...

Bei der **Wortbildung** entstehen jedoch neue Wörter. So kann man beispielsweise zwei eigenständige Wörter zu einem Wort mit neuer Bedeutung zusammensetzen:

Baum + Haus → Baumhaus

Je nach Wortart kann das **zusammengesetzte Wort** (= Zusammensetzung) flektiert (gebeugt) werden:

die Fenster des Baumhaus<u>es</u>
→ *Baumhaus* wird dekliniert.

Wenn man z. B. das Adjektiv »lustig«, genauer betrachtet, erkennt man, dass Wörter nicht nur aus Wörtern mit eigener Bedeutung zusammengesetzt sein können, sondern dass man mithilfe von Endungen wie *-ig, -isch, -ung, -keit* und anderen ebenfalls neue Wörter bilden kann. Das nennt man **Ableitung:**

Lust + ig → lustig

Mensch + lich → menschlich

menschlich + keit → Menschlichkeit

Schon kleine Kinder erschaffen neue Wörter, darunter auch solche, die man in keinem Wörterbuch findet. Die Eltern von Nele haben, als sie vier bis sechs Jahre alt war, ihre selbst erfundenen Wörter gesammelt:

1. Du bist so *babyrich.*
2. Du musst immer der *Bestimmer* sein!
3. Sophie macht immer so eine *Pfuierei* beim Essen.
4. Wir sind mit einem *Safariauto* Elefanten gucken gegangen.
5. Mama hat eben die Einfahrt vor unserem Haus *gebest.*

Wie man im Deutschen Wörter bildet und wie neue Wörter entstehen können, stellen wir in den folgenden Abschnitten dar. Die Aufgaben sollen helfen, das Gelesene selbstständig oder gemeinsam im Unterricht zu vertiefen. Du kannst die Aufgaben allein, gemeinsam mit einem Lernpartner oder einer -partnerin oder auch in einer größeren Gruppe bearbeiten. Nicht zu allen Aufgaben gibt es eindeutige Lösungen – diese Aufgaben sollen vor allem zum Nachdenken, Erforschen und Diskutieren anregen.

Aufgabe

1. Lies Neles Worterfindungen. Stelle Vermutungen über die Bedeutung der kursiv gedruckten Wörter an.
2. Erkläre, wie Nele die neuen Wörter gebildet hat.
3. Erzähle anderen, wie du selbst als kleines Kind neue Wörter erfunden hast. Du kannst deine Eltern fragen oder auch von den Worterfindungen deiner jüngeren Geschwister oder Freunde berichten.
4. Erfinde eigene neue Wörter und bilde damit Sätze. Lass die anderen herausfinden, was die Wörter bedeuten und wie sie gebaut sind.

Bausteine von Wörtern – Silben und Morpheme

Wörter bestehen aus zwei unterschiedlichen »Bausteinen«: lautliche Bausteine (= Silben) und Bedeutungsbausteine (= Morpheme).

Zum einen kann man Wörter in lautliche Einheiten, in **Silben** zerlegen:

lustig → lus-tig

Im Wörterverzeichnis dieses Nachschlagewerkes sind die Grenzen dieser Silben bei allen Wörtern mit einem senkrechten Strich (|) angegeben: **lus|tig, Lust|lo|sig|keit.**

Zum anderen können wir im Wort *lustig* zwei Bedeutungsteile erkennen: *Lust* und *-ig,* wobei die Bedeutung und Funktion von *-ig* darin besteht, aus einem Nomen ein Adjektiv zu machen: *lust-ig, nerv-ig, spaß-ig.* Solche Wortbausteine nennt man **Morpheme.** Morpheme sind die kleinsten sprachlichen Einheiten, die eine Bedeutung tragen. Es kann sich dabei um eine »richtige« oder auch nur um eine grammatische Bedeutung wie »Plural« handeln. So besteht das Wort *(die) Autos* aus *Auto + s,* wobei *Auto* die Bedeutung »Fahrzeug« und das *-s* die Bedeutung »Plural« hat.

Morpheme schreibt man möglichst immer gleich (vgl. Regel A1): *Wälder* wie *Wald, Felder* wie *Feld, Wahrheit* wie *wahr, ver-* vor Verben immer mit *v: ver-kaufen, ver-lieben, ver-missen …*

Morpheme wie *ver-, vor-* etc. werden häufig als Vorsilben bezeichnet. Das ist eigentlich nicht ganz korrekt, da es sich dabei nicht primär um Silben, sondern um Ableitungsmorpheme, die **vor** dem Wortstamm stehen, handelt. Deshalb bezeichnet man sie am besten als *Präfixe* (oder Vormorpheme). Dasselbe gilt für Morpheme, die **nach** dem Wortstamm stehen, etwa *-ig (lust-ig)* oder *-ung (Heiz-ung).* Diese nennt man besser *Suffixe* (oder Nachmorpheme) statt Nachsilben.

Wir unterscheiden vier Typen von Morphemen: Stammmorpheme, Ableitungsmorpheme, Flexionsmorpheme und Fugenmorpheme.

1. Stammmorpheme

Stammmorpheme tragen eine richtige, eine eigene Bedeutung. Häufig kommen sie auch als selbstständige Wörter vor: *Lust, Spaß, schön, dort* usw.

Bei Verben ist nicht der Infinitiv der Stamm, sondern der Teil des Verbs, an den die Endungen (z. B. -en oder -e) angefügt werden – also das, was in allen Konjugationsformen gleich bleibt:

	arbeit-en
(ich)	**arbeit**-e
(du)	**arbeit**-est
(sie)	**arbeit**-et
	arbeit-e! **arbeit**-et!
(die)	**Arbeit**
(der)	**Arbeit**-er

Regelmäßige Verben wie z. B. *arbeiten* oder *lachen* bilden ihre Formen immer mit demselben Stammmorphem aus. Einige Verben haben jedoch mehr als ein Stammmorphem. Das Verb *trinken* hat beispielsweise verschiedene Stämme: *trink* (im Präsens), *trank* (im Präteritum), *trunk* (beim Partizip II). Wenn Verben nicht *regelmäßig* das gleiche Stammmorphem ausbilden, bezeichnen wir sie als *unregelmäßige Verben:*

Infinitiv **trink**-en ***Präsens*** (ich) **trink**-e (du) **trink**-st (er) **trink**-t ***Imperativ*** **trink**! **trink**-t!	***Präteritum*** (ich) **trank** (du) **trank**-st (er) **trank** ***Perfekt*** (ich habe) ge-**trunk**-en

Zu all diesen Formen des Stammmorphems können dann auch andere Wörter gebildet werden:

(der) **Trink**er, Zauber**trank, Trunk**enheit, be**trunk**en

Aufgabe

1. Suche mindestens acht unregelmäßige Verben und schreibe ihre Stammmorpheme auf. Notiere anschließend zu den Stammmorphemen passende Konjugationsformen, zum Beispiel:

   Stammformen: nehm-en: **nehm, nimm, nomm, nahm, nähm**

   Konjugationsformen: (ich) **nehm**-e, (du) **nimm**-st, **nimm!,**
   (ich habe) ge-**nomm**-en, (sie) **nahm**-en, (wir) **nähm**-en

2. Notiere zu mindestens fünf deiner unregelmäßigen Verben möglichst viele verwandte Wörter mit den verschiedenen Stammmorphemen, zum Beispiel:

   sing-en: **Sing**-vogel, **Säng**-er, **Sing**-erei, Ge-**sang**

2. Ableitungsmorpheme (Präfixe und Suffixe)

Es gibt im Deutschen zwei Gruppen von Ableitungsmorphemen. Ableitungsmorpheme können entweder vor einem Stammmorphem stehen (wie in *Vor-freude*) oder danach (wie in *freund-lich*). Häufig werden sie auch als Vorsilben und Nachsilben bezeichnet. Da es bei der Bildung von Wörtern aber nicht um Sprechsilben, sondern um Morpheme und ihre Bedeutung geht, verwenden wir dafür die aus dem Lateinischen stammenden Fachausdrücke *Präfix* (vor dem Stamm, Vormorphem) und *Suffix* (Nachmorphem).

Präfix	***Suffix***
ver-laufen	gelb-**lich**
Vor-sicht	Arbeit-**er**
Ab-sicht	Dumm-**heit**
Un-sinn	trink-**bar**

Stammmorpheme können sich auch mehrfach mit Präfixen und Suffixen verbinden:

un-glaub-**lich**

Un-**vor**-sicht-**ig**-**keit**

Die verschiedenen Ableitungsmorpheme werden wir im Abschnitt »Ableitungen« noch genauer untersuchen.

3. Flexionsmorpheme (Konjugations- und Deklinationsendungen)

Mit dem Begriff »Flexion« bezeichnet man in der Sprachwissenschaft die Veränderung grammatischer Merkmale von Wörtern. Bei den Verben sind dies: Person, Numerus (Singular/Plural), Tempus (Zeit), Modus (Indikativ/Imperativ/Konjunktiv) und Genus Verbi/Diathese (Aktiv/Passiv):

ich lache – du lachst (Person); *ich lache – wir lachen* (Numerus); *ich lache – ich lachte* (Tempus); *er lacht – er lache* (Modus)

ich fahre – du fährst (Person); *ich fahre – wir fahren* (Numerus); *ich fahre – ich fuhr* (Tempus); *ich fahre – ich führe* (Modus); *ich fahre – ich werde gefahren* (Genus Verbi/Diathese)

Bei Nomen, Adjektiven, Artikeln und Pronomen sind die grammatischen Merkmale die vier Kasus (Fälle) und der Numerus (Singular/Plural):

der Mann – des Mannes (Kasus), *der Mann – die Männer* (Numerus)

Bei Adjektiven, Artikeln und Pronomen passt sich das Genus an das begleitete Nomen an:

großer Mann, großes Kind, große Frau

Manchmal, aber nicht immer, wird die Flexion mit einem Flexionsmorphem angezeigt

(du) geh-st, (des) Mann-es, (ein) schön-es (Buch)
Aber: (der) Adler – (die) Adler; (der) Mann, (den) Mann

Bei den unregelmäßigen Verben wird die Flexion auch durch eine Veränderung des Stammmorphems angezeigt:

(ich) komme – (ich) kam

Im Gegensatz zu den Ableitungsmorphemen bilden Flexionsmorpheme keine neuen Wörter, sondern verändern nur die grammatischen Eigenschaften der Wörter, sodass sie in die Wortgruppe oder in den Satz passen. Deshalb gehen wir im Folgenden nicht mehr näher auf die Flexionsmorpheme ein.

4. Fugenmorpheme – Scharniere zwischen zusammengesetzten Wörtern

Wer Wörter in Stamm- und Ableitungsmorpheme zerlegt, wird irgendwann feststellen, dass es Wortteile gibt, die sich weder als Stamm- noch als Ableitungs- oder gar Flexionsmorphem bestimmen lassen:

Leben-s-freude

arbeit-s-los

Sonne-n-schein

Storch-en-nest

Solche Morpheme bezeichnet man als Fugenmorpheme. Ein Fugenmorphem übernimmt die Aufgabe eines Bindeglieds zwischen zwei Wortstämmen, man könnte es daher mit einem Scharnier vergleichen: Sie schaffen eine Verbindung zwischen zwei Wortstämmen, sodass ein neues Wort entsteht.

Manchmal ist man unsicher, ob zwischen zwei Stämmen ein Fugenmorphem steht oder nicht. Dann sorgt in aller Regel das Nachschlagen im Wörterverzeichnis für Klarheit:

Geschichtsbuch → In dieser Zusammensetzung ist das Fugen-s unbedingt erforderlich.

Verbandkasten oder Verbandskasten → Hier bleibt es den Sprechenden und Schreibenden überlassen, ob sie das Fugen-s gebrauchen oder nicht.

Schadenersatz/Schadensersatz → Während im allgemeinen Sprachgebrauch die Form ohne Fugen-s überwiegt, wird unter Juristen oder Versicherungsfachleuten häufiger die Form mit dem Fugenmorphem verwendet.

Merkkasten

Morpheme sind die kleinsten Wortbausteine, die eine Bedeutung tragen. Sie können eine »richtige« oder eine grammatische Bedeutung besitzen.

Silben sind lautliche Einheiten eines Wortes.

Stammmorpheme tragen die eigentliche Bedeutung eines Wortes. Sie können oft auch allein im Satz stehen.

Ableitungsmorpheme verbinden sich mit einem Stammmorphem oder einem ganzen Wort. Sie bilden so ein in seiner Bedeutung verändertes neues Wort. Ableitungsmorpheme können als **Präfixe** (vor dem Stamm, Vormorphem) oder als **Suffixe** (nach dem Stamm, Nachmorphem) auftreten.

Es gibt noch weitere Morpheme, die jeweils besondere Funktionen übernehmen: Flexionsmorpheme (Konjugations- und Deklinationsendungen), Fugenmorpheme (Bindeglieder).

Aufgabe

1. Bestimme den Typ der dick gedruckten Morpheme.

   wir **schreib**en; Schicksal**s**schlag, **be**laden, des Haus**es,** Geduld**s**faden, **geduld**ig, **un**geduldig, lächer**lich,** Tag**es**licht, Heiz**ung**

2. Bilde mit dem Stammmorphem **leb** so viele neue Wörter, wie dir in vier Minuten einfallen. Unterstreiche immer das Stammmorphem.

Verfahren der Wortbildung

Neue Wörter können auf unterschiedliche Weise gebildet werden. Im Deutschen sind folgende Typen anzutreffen:

Zusammensetzung: Stammmorpheme werden aneinandergefügt: *Zauber-trank, Trink-becher.*

Ableitung: Mithilfe eines Ableitungsmorphems wird ein Stammmorphem zu einem neuen Wort abgeleitet: *trink-bar* (mit Suffix), *ver-lieb-en* (mit Präfix). Mit dem Anhängen eines Suffixes wird häufig auch die Wortart geändert: *trink* = Verb, *trinkbar* = Adjektiv. An gewissen Suffixen kann man daher auch direkt die Wortart ablesen: So sind Wörter auf *-ung* und *-heit* immer Nomen *(die Lichtung, die Gesundheit),* Wörter auf *-bar* und *-lich* immer Adjektive *(wunderbar, herzlich).*

Umwandlung (Konversion): Aus einem Wort wird ein neues Wort gebildet, ohne dass ein Ableitungsmorphem hinzugefügt wird: *trinken → das Trinken, blau → das Blau, (die) Klasse → (das war) klasse.* Diese Form der Wortbildung bereitet vor allem bei der Rechtschreibung Schwierigkeiten: Alle Verben im Infinitiv können auch als Nomen gebraucht, also in ein Nomen »umgewandelt« werden. Diese Nominalisierung kann man zwar nicht hören, man muss sie jedoch beim Schreiben durch einen großen Anfangsbuchstaben zeigen. Im Deutschen kann man übrigens nahezu jedes Wort einer beliebigen Wortart mithilfe der Konversion in ein Nomen verwandeln:

*rot → dieses **R**ot gefällt mir besonders*

*etwas → es hat das gewisse **E**twas*

*du → jemandem das **D**u anbieten*

*nein → ich akzeptiere kein **N**ein*

Kurzwörter: Manchmal werden von längeren Wörtern oder bei Zusammensetzungen Teile weggekürzt: ***Abi*** für ***Abi**tur,* ***Info*** für ***Info**rmation,* ***Krimi*** für ***Krimi**nalroman,* ***Kripo*** für ***Kri**minal**po**lizei,* ***Schiri*** für ***Schi**eds**ri**chter.* Zu diesen Kurzwörtern zählen auch Abkürzungen ohne Punkt(e), die nicht buchstabiert, sondern wie »normale« Wörter ausgesprochen werden: *Aids* (für ***a**cquired **i**mmune **d**eficiency **s**yndrome*), *BAföG* oder *Bafög* (für ***B**undes**a**usbildungs**fö**rderungs**g**esetz*).

Wortkreuzungen/Kofferwörter: Gelegentlich werden auch einzelne Silben oder andere Teile aus zwei Wörtern zusammengezogen: *Bollywood* aus ***Bo**mbay* und *Ho**llywood**,* *Camcorder* aus ***Cam**era* und *Re**corder**,* *Motel* aus ***Mot**or* und *Ho**tel**,* *Smog* aus ***smo**ke* und *fo**g**,* *Teuro* aus ***teu**er* und *Eu**ro***

Neuerfindungen: Dass Wörter völlig frei erfunden werden, kommt eher selten vor. Als Firmen- oder Produktbezeichnungen sind Kunstnamen wie *Arcandor* (ein ehemaliger Handels- und Touristikkonzern) oder *Pril* (ein Geschirrspülmittel) bekannt geworden. Häufiger werden Morpheme oder Wörter aus anderen Sprachen übernommen und mit einer in der Ursprungssprache nicht gebräuchlichen Bedeutung verknüpft: So heißt etwa das Gerät, das wir im Deutschen als *Handy* bezeichnen, im Englischen *mobile (phone), handy* bedeutet im Englischen hingegen *handlich* oder *praktisch.* Auch einen *Showmaster* kennen Engländer und Amerikaner nicht, da dieses Schein-Fremdwort im deutschen Sprachraum gebildet worden ist – nach dem Vorbild des angloamerikanischen *quizmaster.*

Zusammensetzungen

Eine Besonderheit des Deutschen liegt darin, dass in fast beliebiger Menge Stämme zu komplexen Wörtern kombiniert werden können. Das vielleicht längste deutsche Wort heißt:

Donaudampfschifffahrtsgesellschaftsraddampferkapitänskajütentürsicherheitsschlüssel

Selbst wenn man Bindestriche setzen würde, um die einzelnen Bestandteile voneinander abzugrenzen, ließe sich das Wort nicht gut lesen. Daher werden Zusammensetzungen meist nur mit zwei oder drei Stämmen gebildet.

Am häufigsten werden Nomen als Bestandteile verwendet: *Autoreifen, Haustür, Türschloss, Fußballverein, Handtuchhalter …*

Als Erstglieder können neben Nomen auch Adjektive, Verbstämme und (seltener) Präpositionen auftreten: *Hausboot, Schnellboot, Tretboot, Beiboot.* Während man Nomen fast frei miteinander verbinden kann, lassen sich Adjektive mit typischen Ableitungsmorphemen wie *-ig* und *-bar* nicht mit einem Nomen verbinden (das Sternchen kündigt jeweils eine nicht korrekt gebildete Form an):

*salzig + Wasser → *Salzigwasser* (aber: *Salzwasser, Süßwasser, Salzigkeit*)

*trinkbar + Wasser → *Trinkbarwasser* (aber: *Trinkwasser, Trinkbarkeit*)

Aufgaben

1. Suche mindestens 15 zweiteilige Nomen, das heißt Wörter, die aus einem Nomen und einem Wort der gleichen oder einer anderen Wortart bestehen:

Beispiele: Dampfschiff, Brotkorb, Schnellzug, Hochhaus, Guckloch, Hörgerät.

Nutze dazu auch das Wörterverzeichnis in diesem Buch.

2. Bestimme die Wortart des ersten Bestandteiles.

Beispiel: Dampfschiff → Dampf = Nomen

3. Vergleiche die Wortarten der ersten Bestandteile. Gib an, zu welchen Wortarten du viele und zu welchen du wenige Beispiele gefunden hast.

Zusammensetzungen mit Fugenmorphemen

Manchmal tritt zwischen zwei Stammmorphemen noch ein weiteres Element auf:

Verein-s-heim, Geburt-s-tag, Arbeit-s-zeit

Auf den ersten Blick sieht dieses *s* wie ein Genitiv-s aus: *das Heim des Vereins.* Das kann jedoch nicht zutreffen, da dieses Morphem auch bei Zusammensetzungen auftritt, deren erster Bestandteil den Genitiv gar nicht mit angehängtem -s bildet: *Arbeit-s-zeit = Zeit der Arbeit, Geburt-s-tag = Tag der Geburt.* Solche Elemente werden daher treffender als **Fugenelemente** oder **Fugenmorpheme** bezeichnet.

Kern in einer Zusammensetzung – Grundwort und Bestimmungswort

Zusammensetzungen zeichnet eine weitere grammatische Besonderheit aus: Der Träger der grammatischen und semantischen Merkmale (= Bedeutung) ist immer der ganz rechts stehende Stamm. Das heißt: *Dampfschiff* meint ein Schiff (und nicht *Dampf*) und es ist ein Nomen im Neutrum (sächlich) wie *das Schiff* (und nicht im Maskulinum wie *der Dampf*), *Dampfschifffahrt* bezeichnet eine Fahrt und hat auch das Genus von *Fahrt.*

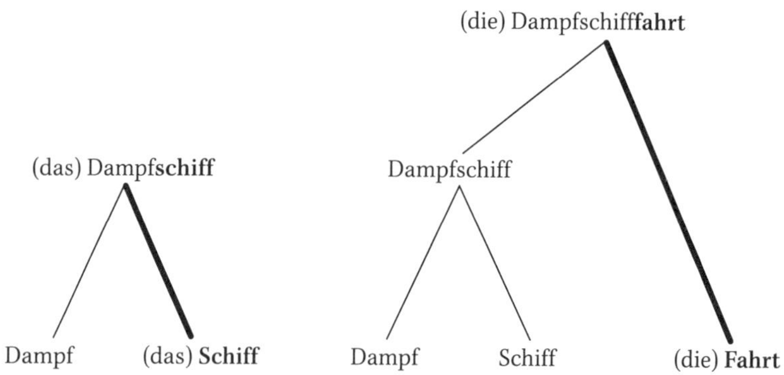

Andere Wörter, die vor einer Zusammensetzung stehen und diese inhaltlich näher bestimmen, können sich daher immer nur auf den ganz rechts stehenden Teil beziehen: *das rote Dampfschiff* ist ein rotes Schiff (und nicht ein Schiff mit rotem Dampf).

Sprachliche Ausdrücke, die gegen dieses grammatische Prinzip verstoßen, drücken falsche oder unlogische Zusammenhänge aus: *der siebenköpfige Familienvater* hätte sechs Köpfe zu viel und *die achtstöckige Hausbesitzerin* wäre eine Frau, die so groß wie acht Stockwerke ist. Richtig und eindeutig wären also nur *der Vater einer siebenköpfigen Familie* und *die Besitzerin eines achtstöckigen Hauses*, auch wenn diese Umschreibungen mehr Platz benötigen.

Allgemein lässt sich also sagen, dass bei einer Zusammensetzung das **Grundwort** ganz rechts und das **Bestimmungswort** links davor steht, wobei das Bestimmungswort wiederum eine Zusammensetzung sein kann:

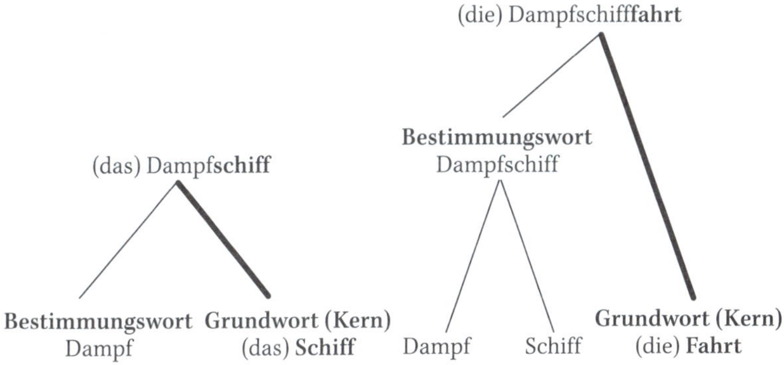

Ob ein Stammmorphem als Bestimmungs- oder Grundwort gilt, hängt also davon ab, an welcher Stelle es in einer Zusammensetzung steht. Das kannst du mit dem Worttreppenspiel ausprobieren. Beim Worttreppenspiel wechselt jeweils das Grundwort zu einem Bestimmungswort, für das der nächste Spieler einen Stamm finden muss:

Worttreppen-Spiel

Bildet eine 4er-Gruppe. Der jüngste Spieler oder die jüngste Spielerin beginnt und wählt ein zusammengesetztes Wort aus. Nun macht ihr am besten im Uhrzeigersinn weiter. Der nächste Spieler oder die nächste Spielerin bildet aus dem letzten Teil der Zusammensetzung ein neues zusammengesetztes Wort und so weiter. Schreibt die einzelnen Schritte als Worttreppe auf:

Hochhaus
Haustür
Türschloss

Gewinnregel 1: Wer kein zusammengesetztes Wort bilden kann, bekommt einen Punkt. Wer am Schluss am wenigsten Punkte hat, gewinnt.

Gewinnregel 2: Diejenige Gruppe, die die längste Wörtertreppe bilden konnte, hat gewonnen.

Natürlich könnt ihr selbst noch weitere Regeln erfinden.

Da die meisten Zusammensetzungen aus zwei Wörtern bestehen, finden sich in diesem Wörterbuch viele aus zwei Stämmen zusammengesetzte Stichwörter, aber kaum solche mit drei oder gar vier. Die Bedeutung der folgenden Zusammensetzungen scheint sich auf den ersten Blick von selbst zu ergeben:

Wörterbuch = Buch mit Wörtern, Rätselbuch = Buch mit Rätseln

Bei den folgenden Zusammensetzungen muss man das Verhältnis von Bestimmungswort und Grundwort jedes Mal neu prüfen:

Lederschuh (Schuh aus Leder), *Turnschuh* (Schuh zum Turnen), *Damenschuh* (Schuh für Damen), *Frauenschuh* (Schuh für Frauen)

Schweineschnitzel (Schnitzel aus Schwein), *Kinderschnitzel* (Schnitzel für Kinder)

Frustkauf (Kauf aus Frust), *Hamsterkauf* (Kauf, mit dem man wie ein Hamster Vorräte hortet), *Hauskauf* (Kauf eines Hauses), *Kreditkauf* (Kauf unter Zuhilfenahme eines Kredits)

Aufgaben

1. Wähle ein Bestimmungswort aus. Notiere zu diesem Bestimmungswort so viele Zusammensetzungen wie möglich.
2. Gib das zwischen Grundwort und Bestimmungswort bestehende Bedeutungsverhältnis an:

Wörter zum Bestimmungswort *Dampf*

Dampfmaschine = Maschine, die mit Dampf betrieben wird
Dampfnudel = Nudel, die im Dampf gegart wird
Dampfbügeleisen = Bügeleisen, das mithilfe von Dampf bügelt
...

Viele Zusammensetzungen haben mehr als nur eine Bedeutung. So kann zum Beispiel »Hosenträger« bedeuten: *jemand, der eine Hose als Kleidungsstück trägt* oder *Träger (Stoffstück), der das Rutschen der Hose verhindert.*

Bei manchen Wörtern besteht hingegen eine feste Bedeutung: *Nachtfalter – ein Insekt (Falter), das vor allem in der Nacht aktiv ist.* Wenn man seiner Fantasie freien Lauf lässt, könnte die Zusammensetzung aber auch bedeuten: *ein Wesen, das die Nacht (zusammen)faltet.* Eine solche ausgedachte Bedeutung von *Nachtfalter* kannst du als Ausgangspunkt für ein Gedicht oder eine Fantasiegeschichte nehmen: *Immer wenn die Nacht langsam zu Ende geht, kommt der Nachtfalter, nimmt die Nacht und faltet sie für den nächsten Abend zusammen. Doch heute ist etwas anders ...*

Aufgabe

Schreibe zu einer der folgenden oder einer selbst gewählten Zusammensetzung eine Geschichte oder ein Gedicht. Dabei darf das Wort **nicht** in seiner alltäglichen Bedeutung verwendet werden:

> *Zierpflanze, Zugvogel, Uhrzeiger, Kinderwagen, Löwenzahn, Blumenstrauß*

Viele Zusammensetzungen haben auch eine übertragene Bedeutung. Ein *Handschuh* ist nicht ein Schuh für die Hände, sondern seine Bedeutung ergibt sich daraus, dass der Handschuh die Hände schützt und wärmt wie der Schuh die Füße.

Aufgabe

Gib die Bedeutung der folgenden Wörter an. Beachte dabei die Bedeutung des Grund- und des Bestimmungswortes:

> *Fingerhut, Hühnerauge, Pudelmütze, Pechvogel, Eselsohr, Löwenzahn, Fuchsschwanz* (Pflanze), *Schaukelpferd*

Beispiel: Ein *Fingerhut* umgibt, bedeckt, schützt den Finger wie der Hut den Kopf. Oder: Ein *Fingerhut* sieht aus wie ... Oder: ...

Wir haben oben gesagt, dass die meisten Zusammensetzungen aus zwei Stämmen bestehen. Im Prinzip kann man aber im Deutschen fast beliebig lange Wörter bilden, selbst wenn diese kaum noch zu verstehen sind. So wird ein Gerät, das dazu dient, eine gewollte Bruchstelle in der Eierschale zu erzeugen, als *Eierschalensollbruchstellenverursacher* verkauft. *Eierköpper* wäre sicher auch eine passende Bezeichnung, nur bringt der *Eierschalensollbruchstellenverursacher* genau auf den Punkt, wie das Gerät funktioniert: Es verursacht in der Eierschale eine Sollbruchstelle, das heißt eine *Bruchstelle,* die genau dort sein *soll.*

Besonders in der deutschen Rechts- und Verwaltungssprache finden sich viele solcher »Wortungetüme«. Meist gibt es eine Abkürzung, um sie nicht ausschreiben zu müssen. Fachfremde Menschen können aus der Abkürzung jedoch kaum die einzelnen Wortbestandteile oder gar die Bedeutung der Zusammensetzung erschließen.

> *Grundstücksverkehrsgenehmigungszuständigkeitsübertragungsverordnung* (GrundVZÜV)

> *Rindfleischetikettierungsüberwachungsaufgabenübertragungsgesetz* (RflEttÜAÜG)

Aufgabe: Bandwurmberufsbezeichnungserfindungen

Auf (mindestens) einer Seite von Streichholzschachteln gibt es eine Fläche, an der man den Kopf des Zündholzes reiben kann, um es anzuzünden. Den Personen, die diese Flächen auf die Schachteln kleben, könnte also die folgende Berufsbezeichnung zugeordnet werden *Zündholzschachtelseitenzündblattankleber.*

Erfinde selbst solche langen Berufsbezeichnungen und beschreibe den Beruf.

Beispiel: *Ein Backofeninnenlampenmonteur ist eine Person, die die Innenlampen im Backofen montiert.*

Ein Limonadenflaschenhalsformer ist eine Person, die …

Wer sich solche Bandwurmzusammensetzungen genauer ansieht, stellt fest, dass es sich dabei immer um paarweise Zusammensetzungen handelt: Zwei Morpheme verbinden sich zu einem Wort, an dieses Wort können dann wieder Morpheme angeschlossen werden:

Dampf + Schiff → Dampfschiff

Dampfschiff + Fahrt → Dampfschifffahrt

Amateur + Fußball → Amateurfußball

National + Mannschaft → Nationalmannschaft

Amateurfußball + Nationalmannschaft
→ Amateurfußballnationalmannschaft

Um den Aufbau solcher komplexen Wörter besser sichtbar zu machen, verwendet man in der Sprachwissenschaft eine sogenannte Baumdarstellung (die entsprechende Grafik zur Zusammensetzung *Dampfschifffahrt* ist bereits auf der Seite 654 abgebildet). Aus welchen Bestandteilen eine Zusammensetzung gebildet wird, zeigen die einzelnen Verästelungen oder Zweige an.

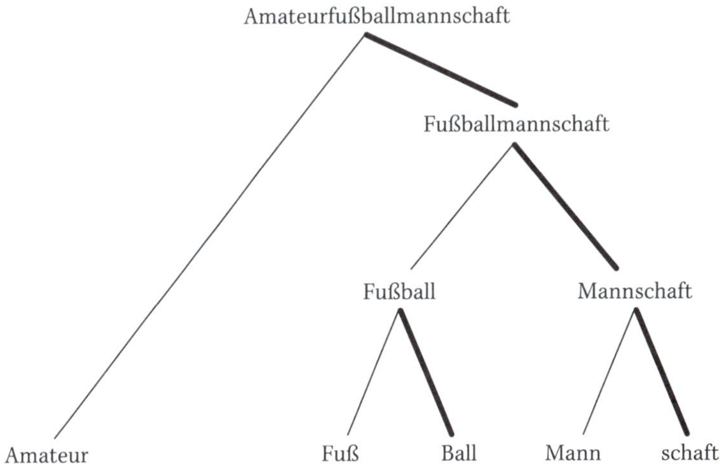

Wer das Wort *Mannschaft* genauer betrachtet hat, dem ist aufgefallen, dass es sich auch bei diesem um eine Verbindung zweier Morpheme handelt. Im Gegensatz zu den bisher vorgestellten Fällen ist das zweite Morphem allerdings ein *Ableitungsmorphem.* Wörter, die man aus Stammmorphem + Ableitungsmorphem bildet, nennt man *Ableitungen.* Diese schauen wir uns im nächsten Kapitel etwas genauer an.

Ableitungen

Es gibt zwei Hauptformen von Ableitungen: Zum einen lässt sich mithilfe von Präfixen (Vormorphemen) aus einem Stamm ein neues Wort mit veränderter Bedeutung bilden:

Präfix + Stamm

*lieben – **ver**lieben*

*Knall – **Ur**knall*

*gut – **un**gut*

Insbesondere bei Verben gibt es eine ganze Reihe von Präfixen, die sich mit dem gleichen Verbstamm verbinden können und die Bedeutung des Verbs so erweitern:

*sprechen → **ver**sprechen, **be**sprechen, **ab**sprechen, **zu**sprechen, **mit**sprechen, **nach**sprechen …*

Zum anderen können mithilfe von Suffixen (Nachmorphemen) neue Wörter gebildet werden, meistens wechselt dabei die Wortart:

Stamm + Suffix

*liefer(n) – Liefer-**ung*** (Verb → Nomen/Substantiv)

*frei – Frei-**heit*** (Adjektiv → Nomen/Substantiv)

*Glück – glück-**lich*** (Nomen/Substantiv → Adjektiv)

*zart – zärt-**lich*** (Adjektiv, ohne Wortartwechsel)

Ableitungsmorpheme haben keine eigentliche Bedeutung, sie verändern jedoch die Bedeutung des mit ihnen verbundenen Stamms.

Es gibt Ableitungsmorpheme wie *-erei,* die eine relativ klare Bedeutung haben wie ›wiederholtes unerwünschtes Ereignis‹ oder ›Ort, an dem etwas getan wird‹:

-erei (Ereignis)

*Renn-**erei***

*Schrei-**erei***

-erei (Ort)

*Bäck-**erei***

*Schrein-**erei***

Die meisten Ableitungsmorpheme haben jedoch nur eine unbestimmte Bedeutung:

*mensch-**lich*** (= wie ein Mensch)

*leidenschaft-**lich*** (= Leidenschaft haben, zeigen)

*Liefer-**ung*** (= Nomen zu *liefern; das, was geliefert wird*)

Für manche Bedeutungen gibt es mehrere Ableitungsmorpheme. So finden sich für Verkleinerungen oder Verniedlichungen die Morpheme *-chen* oder *-lein:*

*Mann → Männ**lein**, Männ**chen***

*Holz → Hölz**lein**, Hölz**chen***

Aufgaben

1. Notiere in drei Minuten so viele Nomen, wie dir einfallen.
2. Überprüfe, welche dieser Nomen sich mit *-chen* und welche sich mit *-lein* verbinden können. Notiere zu jedem Nomen die möglichen Ableitungen.

3. Untersuche die Bedeutung und den Gebrauch der Nomen, bei denen beide Ableitungsmorpheme stehen können. Du kannst auch im Internet recherchieren.

Beispiel: *Männlein* und *Männchen:* Beide Bildungen sind möglich, aber *Männlein* wird für »sehr kleiner Mann« oder in der Redewendung »Männlein und Weiblein« gebraucht. *Männchen* wird zwar ebenfalls für »(sehr) kleiner Mann« gebraucht, daneben aber auch für die Bezeichnung des *Männchens* gegenüber dem *Weibchen* bei Tieren.

4. Heißt es *Strichmännlein* oder *Strichmännchen?* Führe zuerst eine Umfrage in deinem Freundes- oder Bekanntenkreis durch. Recherchiere anschließend im Internet.

a) Präfixe

Sehr viele Verbstämme können sich mit Präfixen verbinden. Manche Präfixe sind fest mit dem Verbstamm verknüpft: *entscheiden → bis ich mich entscheide, ich entscheide mich.* Andere trennen sich je nach Satzzusammenhang vom Verb: *einkaufen → weil ich einkaufe,* aber: *ich kaufe ein.* Wir unterscheiden daher zwischen untrennbaren und trennbaren Präfixen.

Wichtige untrennbare Präfixe bei Verben

be-	bestehen, beschreiben, bedecken
ent-	entstehen, entwerfen, entdecken
er-	erraten, ertragen, erleben
miss-	missverstehen, misstrauen, missdeuten
ver-	verstehen, verlieben, verloben
zer-	zerlegen, zerreißen, zerteilen

Besonders interessant, aber auch schwer zu fassen, ist das Präfix *ver-*. Bei manchen Ableitungen gibt es gar kein frei existierendes Stammmorphem: *verlieren (lier), verrecken (reck), verderben (derb).*

Wichtige trennbare Präfixe bei Verben

ab-	abstehen, abschreiben, ablegen
an-	anstehen, anlegen, anstellen
auf-	aufstehen, aufschreiben, auflegen
aus-	auslaufen, auslegen, ausstellen
bei-	beistehen, beilegen, beitragen
ein-	einstehen, einlegen, eintragen
los-	loslaufen, losrennen, loslösen
nach-	nachstehen, nachtragen, nachlegen
vor-	vorführen, vortragen, vorlegen
zu-	zustehen, zuwandern, zuschreiben

Wichtige Präfixe, die getrennt oder verbunden mit einem Verb auftreten

durch-	durchstehen *(ich **stehe** das **durch**)*, durchleben *(ich **durchlebe** eine schwierige Zeit)*
über-	überlaufen *(die Suppe **läuft über**)*; überstehen *(ich **überstehe** diese schwierige Zeit)*
um-	umkippen *(die Leiter **kippt um**)*; umkreisen *(Möwen **umkreisen** das Boot)*
unter-	untertauchen *(ich **tauche unter**)*; unternehmen *(ich **unternehme** eine Reise)*

Präfixe, die einmal mit dem Verb verbunden bleiben, einmal vom Verb getrennt stehen können, unterscheiden sich hinsichtlich ihrer Betonung: Beim normalen Sprechen liegt die Betonung bei den trennbaren Präfixen auf dem Präfix, bei den untrennbaren auf dem Verbstamm:

> *weil ich diese Belastung **durchstehe** – weil ich eine schwierige Zeit **durchlebe***
>
> *weil ich **untertauchen** muss – weil ich eine große Reise **unternehme***

Gelegentlich existiert die gleiche Wortverbindung sowohl mit trennbarem als auch mit nicht trennbarem Präfix. Bei diesen Verbindungen unterscheidet sich nicht nur die Betonung, sondern auch die Bedeutung:

durch-brechen:	*er **bricht** die Tafel Schokolade **durch** ↔ ein Demonstrant **durchbricht** die Sperre*
über-setzen:	*wir **setzen** mit dem Auto aufs Festland **über** ↔ wir **übersetzen** den Text ins Deutsche*
um-fahren:	*er **umfährt** das Schild ↔ er **fährt** das Schild **um***

Einige fremdsprachige Präfixe

dis-	disharmonieren, disqualifizieren
re-	reaktivieren, reflektieren, reimportieren
sub-	subklassifizieren, subkategorisieren

Aufgabe

1. Notiere zu mindestens sechs der oben aufgeführten Präfixe Verben. Unterstreiche jeweils das Stammmorphem. Du kann das Wörterverzeichnis in diesem Buch zu Hilfe nehmen.
2. Notiere zu jedem Stamm weitere Verben, die sich mit einem der oben aufgeführten Präfixe bilden lassen: reiß → reißen, aufreißen, zerreißen.

3. Diskutiere anschließend mit einem Lernpartner oder einer -partnerin die folgenden Fragen:

a) Welches Präfix kann sich mit den meisten Verben verbinden?

b) Welcher Verbstamm kann sich mit den meisten Präfixen verbinden?

c) Welche Bedeutungsunterschiede bestehen zwischen den verschiedenen abgeleiteten Verben, die denselben Stamm besitzen?

d) Besonders knifflig: Welche Bedeutungen haben die einzelnen Präfixe?

Mit Nomen und Adjektiven verbinden sich die Präfixe *erz-* und *ur-*, *miss-* und *un-* sowie *ex-*: *Erz-feind, Ur-knall, ur-alt, Miss-gunst, Un-gnade, Ex-profi.*

Bei der Analyse von komplexen Wortformen wird man immer wieder auf unbekannte Morpheme stoßen, die zwar alle Eigenschaften von Stämmen aufweisen, jedoch gar nicht selbstständig auftreten können: *versöhnen, versöhnlich, aussöhnen (*söhnen)*[1]. Dies gilt auch für komplexe Morphemgruppen, die ohne entsprechendes Präfix nicht vorkommen: ***unpässlich*** *(*pässlich).*

Das Präfix »un-«

Präfixe können unterschiedlich leicht mit Stämmen verbunden werden. In Wörtern wie *unbedarft, unentwegt, ungestüm, Ungetüm* ist das Präfix *un-* zwar gut erkennbar, die Stämme *bedarft, entwegt, gestüm* und *Getüm* gibt es im heutigen Deutsch jedoch nicht mehr. Das ist auf das hohe Alter des Ableitungsmorphems *un-* zurückzuführen: Im Laufe der Jahrhunderte sind die Ursprungsformen aus dem Deutschen verschwunden, nur die Ableitungen mit *un-* blieben aktiv. Neubildungen wie *Unwort* sind selten. Das heißt: Im Gegenwartsdeutschen kann man Nomen nicht mehr oder allenfalls sehr selten produktiv mit *un-* verbinden: **Unidee, *Unsatz* oder **Unpolitiker.* In der Werbung oder in den Medien werden aber häufig genau solche eigentlich nicht möglichen Wortbildungen genutzt, um die Wirkung und die Einprägsamkeit zu erhöhen. So wäre es durchaus denkbar, dass eine Vereinigung den *Unpolitiker des Jahres* wählt (und tatsächlich finden sich dafür mit einer Internet-Suchmaschine schon heute knapp 500 Belege).

Gegen das soeben Gesagte scheinen Nomen wie *Unfruchtbarkeit, Unnahbarkeit* oder *Unwirtlichkeit* zu sprechen. Um zu verstehen, warum diese Beispiele keine Gegenbeispiele darstellen, müssen wir uns genauer anschauen, wie diese Wörter zustande kommen.

Komplexe Wortformen werden nicht auf einmal gebildet, sondern durch paarweises Verbinden von Morphemen. Für die Wortform *Unfruchtbarkeit* werden nicht die

[1] Mit dem Zeichen * wird hier und auf den folgenden Seiten angezeigt, dass diese Wortbildung nicht möglich ist.

Morpheme *un, frucht, bar* und *keit* in einem Durchgang miteinander verknüpft, sondern zuerst der Stamm *frucht* mit dem Suffix *-bar* zu *fruchtbar* (und nicht etwa *un-* mit *frucht* zur **Unfrucht),* dann das Präfix *un-* mit *fruchtbar* zu *unfruchtbar,* und erst am Schluss wird aus *unfruchtbar* mit dem Ableitungsmorphem *-keit* das komplexe Nomen *Unfruchtbarkeit* gebildet. Grafisch lässt sich das folgendermaßen darstellen:

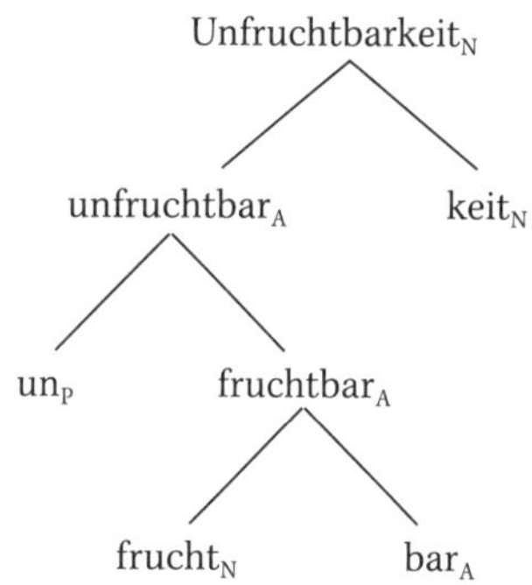

Das Präfix *un-* kann sich jedoch nicht nur mit Nomen verbinden, sondern auch mit Adjektiven oder Partizipien, und hier sind dann die Möglichkeiten fast grenzenlos: *unschön, ungut, ungefragt, ungesagt.* Gegenbeispiele wie **unkurz* lassen sich meist damit erklären, dass nur dann Ableitungen gebildet werden können, wenn es dafür nicht bereits ein Wort mit genau dieser Bedeutung gibt. So gibt es zu den Adjektiven *nah* und *kurz* bereits die Gegenwörter *fern* und *lang,* weshalb die Bildung von **unkurz* und **unlang* sozusagen blockiert ist.

b) Suffixe

Wie Präfixe so verbinden sich auch Suffixe regelmäßig mit ganz bestimmten Typen von Stämmen. Im Gegensatz zu den Präfixen verändern jedoch die meisten Suffixe die Wortartmerkmale des Stamms:

- Der Verbstamm *entdeck* bildet mit *-ung* ein Nomen *(Entdeck-ung).*
- Der Verbstamm *trink* bildet mit *-bar* ein Adjektiv *(trink-bar).*
- Der Adjektivstamm *blöd* bildet mit *-el* das Verb *blödeln* (das *-n* ist die Infinitivendung).

Suffixe lassen sich daher sowohl danach ordnen, mit welchen Stämmen sie sich verbinden können, als auch danach, zu welcher Wortart sie führen. In der folgenden Tabelle sind die häufigsten Suffixe des Deutschen hinsichtlich dieser beiden Eigenschaften geordnet:

Tabelle Suffixe

	Nomen-Stamm	Adjektiv-Stamm	Verb-Stamm
Nomen-Suffix	-chen, -lein, -in, -ler, -schaft, -tum, -ling, -heit: *Männ-chen, Männ-lein, Schüler-in, Künst-ler, Mann-schaft, Besitz-tum, Schreiber-ling, Kind-heit*	-keit, -heit, -ling: *Heiter-keit, Frei-heit, Fremd-ling*	-er, -nis, -ung, -ling, -erei: *Lern-er, Ereig-nis, Entdeck-ung, Prüf-ling, Such-erei*
Adjektiv-Suffix	-haft, -ig, -isch, -lich: *spaß-haft, lust-ig, tier-isch, sport-lich*	-lich: *gelblich, fröhlich*	-bar, -lich, -sam, -end: *trink-bar, frag-lich, rat-sam, reiz-end*
Verb-Suffix		-el: *blöd-el-n, fremd-el-n*	-el: *brumm-el-n, hüst-el-n*

Untersuchungen zum deutschen Wortschatz haben gezeigt, dass etwa 60% der Suffixe Nomen bilden, immerhin noch 33% Adjektive und nur 7% Verben. Das heißt: Mit Suffixen werden im Deutschen vor allem Nomen gebildet, mit Präfixen werden vor allem Verben verändert. Adjektive stehen sowohl bei der Suffigierung (Ableitung mit Suffix) wie auch bei der Präfigierung (Ableitung mit Präfix) zwischen diesen beiden Polen.

Das Suffix »-er«

Suffixe kann man daraufhin untersuchen, mit welchen Typen von Verben sie sich verbinden, welche grammatischen Eigenschaften und welche Bedeutungsmerkmale die abgeleiteten Wortformen haben. So erzeugen die meisten *er*-Ableitungen von Verben ein Nomen, das das Subjekt einer verbalen Handlung bezeichnet:

backen – Bäcker

trinken – Trinker

finden – Finder

Abgeleitete Nomen auf *-er*, die Personen bezeichnen, können entweder eine Berufsgruppe benennen oder sie bezeichnen eine Person, die eine Handlung aus Gewohnheit oder auch nur vereinzelt ausübt:

- Ein *Bäcker* ist jemand, der beruflich backt.
- Ein *Trinker* ist jemand, der regelmäßig zu viel Alkohol trinkt.
- Ein *Finder* ist jemand, der etwas gefunden hat.

Für solche Ableitungen können nur Verben als Basis genommen werden, die als Subjekt einen Handelnden haben. So sind Bildungen wie *schmerzen* → **Schmerzer* nicht möglich, da wir nicht sagen können: **Der Mann schmerzt.* Mit anderen Worten: Suffixe verlangen nicht nur Stämme einer bestimmten Wortart, sondern machen auch Einschränkungen bei der Bedeutung des Stamms.

Neben den geläufigen *er*-Ableitungen für Handelnde finden sich auch solche für Instrumente oder Ergebnisse einer Handlung:

> *öffnen – Öffner, abziehen – Abzieher* (= Instrumente/Hilfsmittel)
>
> *jauchzen – Jauchzer, hopsen – Hopser* (= Ergebnis einer Handlung)

Aber auch solche *er*-Ableitungen lassen sich als Personenbezeichnungen deuten: Ein *Büchsenöffner* wird meist als Instrument oder Hilfsmittel verstanden, um eine Büchse zu öffnen, aber es könnte sich auch um die Bezeichnung für einen Menschen handeln, der berufs- oder gewohnheitsmäßig Büchsen öffnet (ganz ähnlich wäre es beim *Türöffner*).

Vorsicht: Nicht alle Nomen, die auf *-er* enden, sind Ableitungen von einem Verbstamm:

> *Hammer, Wetter, Leber, Mutter ...*

Die Wortfamilie

Wörter, die das gleiche Stammmorphem haben, bilden eine Wortfamilie. Ein- und derselben Wortfamilie können Wörter verschiedener Wortarten angehören: *fahren, du fährst, die Fahrbahn, befahrbar ...* Die Verwandtschaft dieser Wörter drückt sich in einer der grundlegendsten Rechtschreibregeln aus, der Wortstammregel: Wörter, die zur gleichen Wortfamilie gehören, schreibt man möglichst gleich:

> *backen, Bäcker, Bäckerei; Wald, Wälder, Wäldchen; Feld, Felder;*
> *Tag, Tage, betagt.*

Die Ableitungsbeziehung, die zwischen den Wörtern besteht, kann man in einem Wortfamilien-Netz darstellen. Das Wort, das den Ausgangspunkt bildet, nennt man das **Kernwort.** Welches Wort in einer Wortfamilie den Kern bildet, ist nicht immer eindeutig erkennbar und lässt sich zum Teil nur aus der Sprachgeschichte klären. Im folgenden Netz ist nicht das Verb *sichern*, sondern das Adjektiv *sicher* das Kernwort:

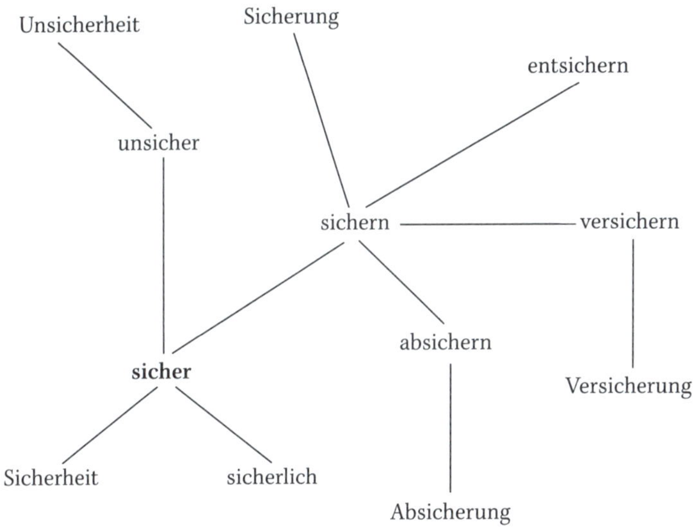

Nicht immer ist klar, ob zwei Wörter der gleichen Wortfamilie zuzuordnen sind. Der Begriff »Wortfamilie« ist also nicht eindeutig festgelegt, sondern vielmehr spiegelt sich darin auch unser Sprachgefühl wider. Für den einen gehören manche Wörter mehr, für den anderen weniger stark zusammen. So kann man beispielsweise gut begründen, dass *fahren* und *erfahren* (im Sinn von *in Erfahrung bringen*) zwei verschiedene Wortfamilien bilden. Aber genauso gut kann man dafür argumentieren, dass alle den gleichen Wortstamm *fahr* haben und dass *erfahren* ja auch etwas mit *fahren* zu tun hat: Im übertragenen Sinn mache ich dann *Erfahrungen*, wenn ich durch Erlebnisse, durch die Zeit *fahre*.

Aufgaben

1. Führt zu zweit das Wortfamilien-Netz von *sicher* fort: *verunsichern, versicherbar …*
2. Bilde zum Kernwort *fahren* oder *fallen* ein möglichst großes Wortfamilien-Netz.
3. Bilde zu einem selbst gewählten Kernwort (Verben eignen sich besonders dafür) ein möglichst großes Wortfamilien-Netz.

4. Bilde mit den folgenden Wörtern verschiedene Wortfamilien: (Für diese Aufgabe gibt es nicht die eine ›richtige‹ Lösung, sondern es sind viele unterschiedliche Gruppierungen möglich.)

Weg, weg, wegen, Wagen, Wiege, wägen, wiegen, gewogen, verwegen, Gewicht, Wucht, Waage, wagen, Woge, bewegen, wackeln, aufwiegeln.

Diese Wörter sind sprachgeschichtlich alle aus dem gleichen Stamm hervorgegangen. Heute sind aber die Bedeutungsunterschiede so groß, dass wir nicht mehr alle Ausdrücke zu einer Wortfamilie zählen würden.
Erkläre deine Zuordnungen der Wörter zu den Wortfamilien.
Diskutiere deine Ergebnisse mit einem Lernpartner oder einer -partnerin.

Das Wortfeld – Wörter mit einer ähnlichen Bedeutung

Wörter lassen sich nicht nur aufgrund ihrer Stammverwandtschaft einander zuordnen, sondern auch nach ihrer ähnlichen Bedeutung. Sie bilden dann zusammen ein *Wortfeld.* So kann man die Eigenschaft »schön« auch mit folgenden Adjektiven oder Partizipien ausdrücken:

> *hübsch, ansehnlich, gut aussehend, attraktiv, ansprechend, niedlich, nett, süß, fein, adrett, toll, großartig, atemberaubend*

Diese Wörter bilden also ein Bedeutungsfeld, auch wenn sie jeweils etwas (leicht) Verschiedenes bedeuten. *Ein schönes Kaninchen* kann man sicher auch *süß* oder *niedlich* nennen, aber wohl kaum als *attraktiv* oder *atemberaubend* bezeichnen.

Welche Wörter zu einem Wortfeld gehören und worin ihr jeweiliger Bedeutungsunterschied besteht, lässt sich nicht immer eindeutig entscheiden. Wir müssen uns hier auf unser zum Teil unterschiedlich ausgeprägtes Sprachgefühl verlassen. Teilweise lässt sich ein Bedeutungsunterschied auf verschiedene Handlungssituationen, auf Gruppensprachen oder auf Sprachregionen zurückführen: *Hasenohr* heißt in der Fachsprache des Jägers *Löffel, cool* für *toll* verwendet man umgangssprachlich, *Fleischer* verwendet man im Norden und *Metzger* im Süden des deutschen Sprachraums. Diese Wörter sind also nicht im engeren Sinn *synonym (= bedeutungsgleich).* Sie bezeichnen zwar den gleichen »Gegenstand« in der Welt, haben jedoch unterschiedliche Verwendungskontexte. So kennt man im Deutschen für den *Kopf* auch die Bezeichnung *Haupt, Birne, Schädel, Kürbis, Rübe* und andere mehr, aber wie die folgenden Beispiele zeigen, lässt sich nicht jedes Wort in einem konkreten Satz mit der gleichen Bedeutung oder Wirkung gebrauchen:

> *Anna wäscht ihrem Baby* ***den Kopf*** *mit einem milden Shampoo.*

> *Anna wäscht ihrem Baby* ***die Rübe*** *mit einem milden Shampoo.*

Anna wäscht ihrem Baby ***das Haupt*** *mit einem milden Shampoo.*

Anna wäscht ihrem Baby ***den Kürbis*** *mit einem milden Shampoo.*

Anna wäscht ihrem Baby ***den Schädel*** *mit einem milden Shampoo.*

Aufgabe

Führe in deinem Freundes- oder Bekanntenkreis eine Umfrage durch: Welche der folgenden Wörter werden verwendet oder sind zumindest bekannt? In welchen Situationen werden die Wörter genutzt? Gibt es Bedeutungsunterschiede zwischen den Wörtern?

Samstag/Sonnabend, Semmel/Brötchen/Weck, Fleischer/Schlachter/Metzger/Fleischhauer, Junge/Knabe/Bub, Dachboden/Boden/Speicher/Bühne/Estrich, tschüss/tschau/ade/servus/adieu, fegen/kehren/wischen, kneifen/zwicken/klemmen

essen/speisen/tafeln/fressen/futtern/mampfen/runterschlingen/dinieren/sich ernähren/einnehmen

verrückt/crazy/bescheuert/(geistig) umnachtet/bekloppt/beknackt/geisteskrank/blöd/schwachsinnig/plemplem

Diskutiere deine Ergebnisse mit einem Lernpartner oder einer -partnerin.

Einen besonderen Fall stellen Fremdwörter dar. Eine große Fülle an sinnverwandten Wörtern ergibt sich dadurch, dass anstelle des ursprünglich deutschen Wortes ein Fremdwort gebraucht werden kann. Zum Teil wirkt das Fremdwort gehobener, akademischer oder einfach internationaler – in vielen Fällen hat sich das Fremdwort auch schon so weit verbreitet, dass es kaum mehr als fremd wahrgenommen wird. Nicht selten hat das neuere Fremdwort das ältere deutsche Wort auch völlig verdrängt:

Adresse/Anschrift
Baby/Kleinkind
Bibliothek/Bücherei
Cousin/Vetter
Hobby/Steckenpferd
Idee/Gedanke
Inflation/Geldentwertung
Match/Wettspiel
Orthografie/Rechtschreibung
Reportage/Bericht
Zentrum/Mittelpunkt
exzellent/ausgezeichnet

nonstop/pausenlos
progressiv/fortschrittlich
reduzieren/vermindern
reservieren/freihalten

Aufgaben

1. Gib an, ob dir das deutsche Wort oder das Fremdwort aus der Liste vertrauter ist. Falls beide Ausdrücke bekannt sind: Beschreibe Situationen, in denen du eher das fremde oder eher das deutsche Wort verwenden würdest. Bilde dazu Beispielsätze.
2. Manche Fremdwörter lassen sich nur schwer durch einen ebenso passenden deutschen Ausdruck ersetzen. Notiere kurze und treffende »Übersetzungen« für die folgenden Fremdwörter: *Alphabet, Charme, cool, Fitness, joggen, Konzentration, Niveau, Phobie, recyceln, reparieren, Smartphone, Tastatur*.
   Diskutiere deine Übersetzungen mit einem Lernpartner oder einer -partnerin.
3. Notiere weitere Fremdwörter, für die sich nur schwer eine Entsprechung im Deutschen finden lässt. Verwende dazu auch das Wörterverzeichnis. Gib die Fremdwörter einem Lernpartner oder einer -partnerin zum Übersetzen.

Gleichlautende Wörter mit unterschiedlicher Bedeutung

So wie ganz unterschiedliche Wörter das Gleiche bezeichnen können, bedeuten Wörter, die gleich geschrieben werden, manchmal ganz Unterschiedliches. So bezeichnet *süß* eine Geschmacksrichtung wie *salzig, bitter, scharf,* aber es bedeutet auch *niedlich, schön, attraktiv. Erde* kann *Boden, Humus* oder *Planet, Welt* bedeuten. Mit *Mutter* kann *Elternteil* oder *Gegenstück zu einer Schraube* gemeint sein. Wie diese Beispiele zeigen, kann die Beziehung zwischen den beiden Bedeutungen eine *direkt* oder *indirekt begründete* sein, sie kann aber auch kaum oder gar *nicht motiviert* sein.

Motivierte gleichlautende Wörter

Bei zwei Wörtern mit gleicher Lautung und unterschiedlicher Bedeutung kann eine enge Beziehung zwischen den Dingen, auf die sie sich beziehen, bestehen. Man spricht dann auch davon, dass *ein* Wort zwei oder mehrere Bedeutungen hat. So ist die *Post* eine Einrichtung, die in der *Post* (= Gebäude) die *Post* (= Briefe, Pakete etc.)

verwaltet und bearbeitet. Im Folgenden geben wir eine kleine Auswahl solcher Wörter an, wobei immer nur zwei mögliche Bedeutungen angegeben sind:

Schule	Unterricht	Gebäude
Tor	Gehäuse bei Ballspielen	Treffer beim Ballspiel
Papier(e)	Schreibmaterial	Ausweise
Glas	durchsichtiges Material	Trinkgefäß
grün	Farbe	unreif, unerfahren
verlieren	einen Verlust erleiden	eine Niederlage hinnehmen
Drachen	Fabelwesen	Fluggerät
Fliege	Insekt	Kleidungsstück
Löffel	Besteckteil	Hasenohr
Pony	kleines Pferd	Frisur
hölzern	aus Holz	steif im Benehmen
mager	fettarm (Fleisch)	gering (Ergebnis)
mild	angenehm (Wetter)	nachsichtig (Strafe)

Nicht motivierte gleichlautende Wörter

Wenn überhaupt kein Zusammenhang zwischen zwei Bedeutungen besteht, handelt es sich nicht mehr um *ein* Wort mit mehreren Bedeutungen, sondern um *zwei* Wörter mit unterschiedlichen Bedeutungen. Diese Unterscheidung ist jedoch nicht immer leicht zu treffen. Häufig braucht man dazu Kenntnisse über die Herkunft der Wörter und ihre Entwicklung in der Sprachgeschichte. So wird das *Schloss* (= prachtvolles Gebäude) heute kaum noch mit dem *Schloss* (= Schließvorrichtung einer Tür) in Verbindung gebracht, auch wenn beide Wörter auf einen gemeinsamen Ursprung (einschließen, sichern) zurückgehen.

Wir geben im Folgenden auch dazu eine nicht vollständige Auswahl an Beispielen:

Bremse	Blockiervorrichtung (an Fahrzeugen)	stechendes Insekt
Hahn	Vogel	Sanitärteil, Absperrung (für Flüssigkeit, Gas)
Kapelle	kleine Kirche	Musikgruppe
Mutter	Elternteil	Gegenstück zu Schraube
Nagel	Horn, Teil des Fingers/Fußes	Metallstift

Pflaster	Straßenbelag	Wundabdeckung
Ton	Erde, Werkstoff	Klang, Schallereignis
Bank	Sitzgelegenheit	Geldinstitut

In einigen wenigen Fällen werden solche Wörter unterschiedlich geschrieben: malen (Bild) ↔ mahlen (Getreide), Stiel (zum Anfassen) ↔ Stil (Ausdrucksweise).

Teekesselspiel

Zwei Spieler oder Spielerinnen überlegen sich ein Wort mit mindestens zwei verschiedenen Bedeutungen, z. B. *Raupe.* Jeder umschreibt eine der Bedeutungen möglichst treffend. Einer sagt beispielsweise: »Mein Teekessel frisst Blätter«. Daraufhin stellt der andere fest: »Mein Teekessel schiebt Erde weg.« Falls nach einer Weile niemand aus der Klasse auf das richtige Wort gekommen ist, könnt ihr den Ratenden auch mit weiteren Hinweisen auf die Sprünge helfen. In der folgenden Übersicht findet ihr viele Beispiele für solche Teekesselwörter:

Band	- Musikgruppe, Gewebestreifen, Buch
Bauer	- Landwirt, Vogelkäfig
Birne	- Obst, Glühbirne
Blatt	- am Baum, im Buch, Reihe von Spielkarten
Flügel	- Klavier, Körperteil des Vogels, Gebäudeteil
Futter	- Nahrung für Tiere, Mantel- bzw. Handschuhfutter
Gang	- langer Flur, Gang im Menü, Gehweise
Gericht	- Mahlzeit, Institution, in der Recht gesprochen wird
Kiefer	- Baum, Teil des Kopfes
Krebs	- Krankheit, Tier, Sternzeichen
Kunde	- Käufer, Nachricht
Leiter	- Leiter zum Klettern, Führer einer Gruppe
Maus	- Nagetier, Steuerungsgerät für den Computer
Messe	- Gottesdienst, Ausstellung
Pass	- Ausweis, Gebirgspass
Puppe	- zum Spielen, Stadium der Entwicklung eines Schmetterlings
Rock	- Kleidungsstück, Musikrichtung
Schimmel	- Pilzbelag auf schlecht gewordenen Lebensmitteln, Pferd
Steuer	- Abgabe, Lenkrad
Strauß	- Blumengebinde, flugunfähiger Vogel
Tau	- Seil, feuchter Niederschlag
Taube	- Vogel, gehörlose Frau
Umzug	- Parade, Wohnungswechsel
Veilchen	- blaues Auge, Blume
Weide	- Baum, Wiese für Kühe/Pferde/Schafe ...
Wirbel	- Knochen, Trommelspiel, Luft- oder Wasserstrudel
Zug	- Bahn, Zug beim Spielen, Luftzug

B Geschichten von (neuen) Wörtern

Wörter kann man bilden, neu erfinden: Sie waren nicht einfach schon immer da, und wenn sie einmal da sind, bleiben sie nicht immer genau gleich. Sie können sich verändern – Wörter haben ihre eigenen Geschichten. Im Folgenden präsentieren wir dazu einige ausgewählte »Wortgeschichten«.

Unsere Lebenswelt verändert sich ständig: Es werden neue Dinge erfunden, es entstehen neue Situationen, es werden neue Ereignisse und Tätigkeiten wichtig – für all das kann man neue Wörter brauchen.

Neue deutsche Wörter

Im Januar 2006 wollte es nicht mehr aufhören zu schneien, sodass die Schneelast auf den Dächern bedenkliche und auch gefährliche Ausmaße annahm: Der Schnee musste von den Dächern entfernt werden, und zwar mit einer Schaufel – die Dächer wurden folglich *abgeschaufelt.* Das Geschehen an und für sich ist zwar nichts Neues, doch seit 2006 wird das Verb *abschaufeln* vor allem in der Wendung *das Dach abschaufeln* gehäuft geschrieben, sodass es als ›neues‹ Wort Eingang in ein Wörterbuch fand, das vor allem **Neologismen** (so bezeichnet man sprachliche Neubildungen) aufführt. Wahrscheinlich hat man in gewissen schneereichen Regionen Deutschlands, Liechtensteins, Österreichs und der Schweiz und in Südtirol das Wort *abschaufeln* bereits vorher verwendet, Verbreitung im ganzen deutschen Sprachraum und in der Presse fand es aber verstärkt nach diesem für den ganzen deutschen Sprachraum außergewöhnlichen Ereignis.

WORTKUNDE

Aufgabe

Im Kapitel zur Wortbildung haben wir den *Eierschalensollbruchstellenverursacher* (als einen Apparat, mit dem sich ein gekochtes Ei köpfen lässt) vorgestellt. Auch dies ist ein Gerät, das neu auf den Markt gekommen ist und einen neuen Namen brauchte. Natürlich hätte man es auch ganz einfach *Eierköpper* nennen können, aber das wäre weder originell noch genau.

a) Benenne Alltagsgegenstände originell und auffällig um, zum Beispiel *Schmutzentfernungsluftansaugmaschine* (= Staubsauger).

b) Erfinde selbst neue Gegenstände und gib ihnen passende Bezeichnungen.

Fremde Wörter und fremde Morpheme

Fremdwörter haben wie einheimische Wörter auch ihre eigenen Geschichten. Große Verbreitung erreichte zuerst in der Schweiz das Wort *Grounding*: Die schweizerische Fluggesellschaft »Swissair« musste 2002 ihren Flugbetrieb einstellen, da sie zahlungsunfähig war und die Treibstofflieferanten sich weigerten, die Flugzeuge zu betanken. *Grounding* bezeichnet seither im Deutschen die definitive Einstellung des Flugbetriebs. Ein solches Grounding erlitt im Januar 2010 auch die deutsche »Blue Wings« und 2017 »Air Berlin«. Im Englischen selbst verfügt *grounding* über mehrere Bedeutungen. Bezogen auf den Flugverkehr meint es eigentlich »Flugverbot«. Fremdwörter werden also häufig nicht mit der genau gleichen Bedeutung aus ihrer Herkunftssprache übernommen und ins Deutsche eingebunden, sondern sie können mit der Eindeutschung (auch) neue Bedeutungen annehmen.

Ganz ähnliche Geschichten lassen sich in Büchern oder im Internet zu *Computer, Handy, Netiquette, Oldtimer, Smoking* und anderen Fremdwörtern recherchieren.

Die Geschichte des Wortes »Handy«

Oft hört man, das Wort »Handy« habe überhaupt nichts mit dem Englischen zu tun: »›Handy‹ [...] ist gar kein englisches Wort, es klingt nur so. Aber im Englischen heißt es anders: ›mobile‹ oder ›cellular phone‹ und ›Handy‹ ist eine deutsche Kreation«, meinte etwa der Sprachkritiker Bastian Sick in der Fernsehsendung »ZDF-Nachtstudio«. Doch so einfach ist die Sache nicht. Auch wenn im englischsprachigen Raum das Gerät eine andere Bezeichnung hat, findet sich bereits im Jahr 1940 eine ähnliche Bezeichnung für ein ähnliches Gerät. Damals stellte die Firma »Motorola« in Amerika ein kleines, handliches Funkgerät her. Dieses neue Gerät wurde als »Handie-Talkie« bezeichnet, im Unterschied zum schwereren »Walkie-Talkie«. Da inzwischen Motorola selbst Handys produzierte, verbreitete die Presseabteilung diese Geschichte natürlich gern. Die Bezeichnung »Handie-Talkie« hat sich jedoch in der Sprachgemeinschaft nie breit durchgesetzt, und es ist davon auszugehen, dass in den 1990er-Jahren, als die Handys massenhaft auf den Markt kamen, kaum jemand davon gewusst hat. Aber eine wirklich gesicherte Erklärung können auch die Sprachwissenschaftler nicht anbieten. Einige vermuten, dass das Nomen »Handy« zum englischen Adjektiv »handy« (= handlich, geschickt, praktisch) gebildet wurde. Aber gesichert ist auch diese Erklärung nicht.

Die Risotteria, die Spielothek und Skiathlon

Im Italienischen meint *trattoria* ein einfaches Speiselokal, *pizzeria* eines, das vornehmlich Pizzas anbietet; die *gelateria* ist entsprechend eine Eisdiele und die *caffetteria* ein Café. Das italienische Ableitungsmorphem *-(e)ria* wurde im deutschen Sprachraum in Analogie dazu auf Restaurants übertragen, deren Speisekarte überwiegend aus Reisgerichten besteht. In Italien dagegen sucht man vergebens nach dem Wort *Risotteria* oder entsprechenden Lokalen.

Ähnliches lässt sich beim Wort *Bibliothek* beobachten. Neben der schon länger bekannten *Spielothek* (für eine Spielhalle) oder der *Vinothek* (für einen Weinhandel) findet sich inzwischen auch die *Ludothek* (für einen Spieleverleih). Und wer mit einer Suchmaschine im Internet recherchiert, findet auch *Cino-* oder *Cinethek, Nailothek* und andere mehr.

Auch im Sport werden immer wieder neue Disziplinen und damit neue Wörter geschaffen. So wurde im Jahr 2003 im Skilanglauf eine neue Disziplin gegründet, bei der zwei Langlauftechniken in ein Rennen aufgenommen wurden, nämlich in der ersten Hälfte die klassische Technik und in der zweiten Hälfte die moderne *Skating*-Technik. Nach dem Muster von *Triathlon* wurde daraus für die neue Disziplin der Ausdruck *Skiathlon* (neben »Doppelverfolgung« oder »Ski-Duathlon«) etabliert.

apolitisch oder unpolitisch?

Fremde Präfixe, die sich mit Adjektivstämmen verbinden und relativ häufig vorkommen, sind *a-* und *in-:*

- Das Präfix *a-* findet sich in Wörtern wie *asozial* oder *apolitisch* und verändert die Bedeutung anders als das (deutsche) Präfix *un-*. Deutlich wird dies, wenn man die Paare einander gegenüberstellt. So meint *asozial* ›gegen die Gesellschaft gerichtet, die Gemeinschaft schädigend‹, *unsozial* dagegen ›den Interessen breiter Bevölkerungskreise nicht entsprechend‹. Beispielsweise würde man von *unsozialen*, aber kaum von *asozialen* Mietpreisen sprechen.
- Das fremde Präfix *in-* weist dagegen im Vergleich zu *un-* keine andere Bedeutung auf, *in-* und *un-* stehen sozusagen in Konkurrenz zueinander: *indirekt* – **undirekt, indiskret* – **undiskret.* Bei manchen Ableitungen sind beide Formen nebeneinander gebräuchlich: *inkorrekt* – *unkorrekt, instabil* – *unstabil.* Nicht möglich sind dagegen **inschön* (aber *unschön*), **infreundlich* (aber *unfreundlich*), **ingut* (aber *ungut*) und andere mehr.

Zur Flexion fremder Wörter

Wenn fremde Verben wie *joggen, checken* oder *shoppen* ins Deutsche übernommen werden, konjugiert man sie wie deutsche Verben. Ähnliches gilt für Nomen: Während das Englische nur eine Form des bestimmten Artikels kennt (»the«), unterscheidet das Deutsche zwischen maskulinem (männlichem), femininem (weiblichem) und neutralem (sächlichem) Artikel. Das betrifft natürlich auch die Fremdwörter, die aus dem Englischen übernommen wurden: *der Shop, die Band, das Tackling* (= Abwehrreaktion im Sport). Dabei kann es zu unterschiedlichen Zuweisungen des Genus (grammatischen Geschlechts) kommen. Das passiert gelegentlich, wenn es mehrere deutsche Übersetzungswörter gibt. Zum Beispiel kann man *das* oder *der Event* sagen, weil mit dem englischen Nomen sowohl *das* Ereignis als auch *der* sportliche Wettkampf gemeint sein kann. Manchmal gibt es auch Unterschiede zwischen den verschiedenen deutschsprachigen Ländern: Während besonders in Norddeutschland nur *die Mail* oder *E-Mail* üblich ist, heißt es in der Schweiz entweder *die* oder *das Mail/E-Mail.*

Aufgabe

1) Fremdwörter werden nicht erst heute kritisch gesehen: Sprachpfleger versuchen seit mehreren Hundert Jahren, die sprachliche Einbürgerung von Fremdwörtern möglichst zu verhindern. So beklagte der Leipziger Stadtbibliothekar Gustav Wustmann schon 1891, dass Wörter wie *individuell, zentral, Moment* oder *normal* gänzlich ohne Not gebraucht würden, weil doch viel aussagekräftigere deutsche Wörter zur Verfügung ständen.

   Finde für die von Wustmann für überflüssig gehaltenen Fremdwörter *retour, engagieren, funktionieren, Resultat, individuell, zentral, Moment, Epoche, Vagabund* und *normal* jeweils mindestens ein deutsches Wort. Diskutiere deine Lösungen mit einem Lernpartner oder einer -partnerin.

2) Lies die Liste auf Seite 669 f. [Adresse/Anschrift, Baby/Kleinkind ...] und nimm zu folgender Frage Stellung:
   Gibt es Paare, die für dich nicht gleichwertig sind? Worin besteht der Unterschied? Verdeutliche die Unterschiede mit Verwendungsbeispielen, etwa so:

   liiert meint so etwas wie »eine (Liebes)beziehung habend«, während *verbunden* mehr »vertraut« oder »zugehörig« meint: *mit verbundener Hand ↔ *mit liierter Hand; sich einander verbunden fühlen ↔ *sich liiert fühlen; der Popstar ist unglücklich liiert ↔ *er ist unglücklich verbunden ...*

Aus Alt mach Neu – Wortwandel und Wörterfriedhof

In einer Sprache werden nicht nur laufend neue Wörter gebildet und erfunden, vielmehr verändern sich die Bedeutung und der Gebrauch vieler Wörter im Laufe der Zeit allmählich. Und einige Wörter geraten auch in Vergessenheit oder bestehen nur noch als Teil eines komplexen Wortes. So würde heute wohl niemand mehr seinen Onkel als *Oheim* bezeichnen, und vom Bestandteil *Him* in *Himbeere* weiß niemand mehr, woher er eigentlich kommt und was er bedeutet.

Vom Haupt über den Becher zum Kopf

Im Althochdeutschen – das ist die Zeit ab etwa 750 nach Christus – und im Mittelhochdeutschen (ab dem 11. Jahrhundert) war *houbit* bzw. *houbet* der gebräuchlichste Ausdruck für den Kopf als Körperteil. Dieser Ausdruck wurde aber auch verwendet, um den obersten oder wichtigsten Gegenstand einer bestimmten Klasse oder Gattung zu bezeichnen, das heißt, er wurde auch im bildlichen, übertragenen Sinn verwendet. So meinte *Hauptstadt* die vornehmste Stadt eines Landes oder Gebiets und bezeichnet heute das politische Zentrum eines Landes oder Staates. Im Verlauf des Mittelhochdeutschen beginnt sich auch der Ausdruck *Kopf* durchzusetzen. Zunächst wird er vor allem im Sinne von »Becher« oder »Trinkgefäß« verwendet. Nun haben aber Becher und Köpfe – so scheint es – nicht viel gemeinsam. Wie kommt es also zu einer solchen Veränderung? Schon früh, so wird berichtet, wurde *Kopf* in Kampfschilderungen verwendet, das heißt für Situationen, in denen einer einem anderen das Schwert auf den Kopf haut: *Er haute ihn auf den Kopf.* Dieser Gebrauch des Wortes *Kopf* galt als derb (vergleiche dazu die Beispielsätze zu *Kopf, Haupt, Rübe* und anderen bedeutungsähnlichen Wörtern auf der Seite 668). Zudem handelt es sich, ähnlich wie bei *Haupt* in *Hauptstadt,* um einen übertragenen Gebrauch. Im Laufe der (Sprach)geschichte verlor sich der derbe Charakter des übertragenen Gebrauchs von *Kopf,* während *Haupt* immer mehr nur für positive oder »gehobene« Situationen verwendet wurde.

Der **Bedeutungswandel** von *Kopf* stellt also zuerst eine **Bedeutungserweiterung** dar, indem neue Verwendungsweisen des Wortes hinzukommen; später erfährt *Kopf* wieder eine **Bedeutungsverengung,** das heißt, dass die Verwendungsweisen eingeschränkt werden. Die Verwendungsweisen von *Haupt* haben sich demgegenüber im Lauf der letzten Jahrhunderte auf den sogenannten gehobenen Gebrauch verengt; als Bestimmungswort mit der Bedeutung von »wichtigste« ist es jedoch nach wie vor sehr produktiv: *Hauptabteilung, Hauptargument, Haupteingang, Hauptfach …*

geil

Wörter können über längere Zeit hinweg mehrere Bedeutungswandel durchmachen. Ein berühmtes Beispiel ist das Wort *geil:* Dieses Adjektiv bedeutete im Mittelalter *froh, ausgelassen.* Man sprach also von einem *geilen Fest* als einem frohen und ausgelassenen Fest. Wie häufig für den Bereich der Sexualität wählt man statt einer direkten Bezeichnung oder eines Fachbegriffs eine alltagssprachliche Umschreibung: *miteinander schlafen* anstelle von *Geschlechtsverkehr haben.* Für *sexuelle Erregung* wurde daher schon früh (im 15. Jahrhundert) das Wort für *fröhlich* und *ausgelassen* – eben: *geil* – verwendet. Nun werden Wörter aus dem Sexualwortschatz oder der Vulgärsprache gerne auch in der Jugend- und Szenensprache verwendet. Die anfangs allen bekannte sexuelle Bedeutung kann sich jedoch mit der Zeit verlieren. Und genau das ist mit dem Wort *geil* passiert: Die meisten jungen Sprecherinnen und Sprecher des Gegenwartsdeutschen haben die Bedeutung von *geil* zuerst wahrscheinlich als *toll, großartig, super* usw. kennengelernt, lange bevor ihnen die sexuelle Bedeutung des Wortes bewusst geworden ist. So ist also beim Wort *geil* im heutigen Sprachgebrauch die mittelalterliche Bedeutung wieder in den Vordergrund getreten.

Der Tollpatsch in der Hängematte

Eine Hängematte *hängt* zwar in der Luft und hat auch eine große Ähnlichkeit mit einer *Matte,* dennoch ist das Wort nicht als Zusammensetzung aus *hängen* und *Matte* entstanden. Vielmehr geht *Hängematte* auf das haitianische Wort *hamaka* zurück. Europäische Schiffsleute haben die in der Karibik gebräuchliche Schlafstelle *hamaka* übernommen und damit auch die ursprüngliche Bezeichnung. Bereits im Jahr 1529 steht in einer deutschen Reisebeschreibung das Wort *Hamaco. Hamach* und ähnliche Bezeichnungen zeugen von der sich schnell wandelnden Benennung. Im Niederländischen taucht schon früh das Wort *hangmak* und später dann auch *hangmat* auf.

Im Deutschen findet sich dann in der Übersetzung eines niederländischen Buches aus dem Jahr 1673 zum ersten Mal die Bezeichnung *Hängematte.*

Wörter legen also mitunter falsche Fährten: Werden Wörter im Verlauf der Zeit von den Sprecherinnen und Sprechern mit einer falschen Herkunft in Verbindung gebracht, bezeichnet man dies als **Volksetymologien.** Solche falschen Fährten können sich auch auf die Rechtschreibung auswirken: So schrieb man *Tollpatsch* vor einiger Zeit noch mit einem *l,* da es auf das ungarische Wort *talpas* bzw. *talp* zurückgeht, das »breitfüßig« bzw. »Sohle« bedeutet. Zuerst wurden damit in Österreich ungarische (Fuß)soldaten bezeichnet, weil diese statt Schnürstiefel große, mit Schnüren befestigte Sohlen getragen haben – so nimmt man jedenfalls an. Da *Tollpatsch* jedoch wie eine Zusammensetzung aus *toll* (verrückt) und *patschen* (laut zuschlagen, ohrfeigen, mit der Peitsche knallen) erscheint, wurde das Wort trotz seiner Herkunft häufig mit Doppel-l geschrieben. Seit der Rechtschreibreform von 1996 gilt diese Schreibung als die einzig richtige.

Und schließlich ist das *Murmeltier* zwar ein Tier, es *murmelt* aber nicht (es gibt vielmehr schrille Pfeiftöne von sich); *ausgepowert* hat nichts mit dem englischen *power* ›Kraft‹ zu tun, sondern vielmehr mit dem französischen ›pauvre‹ (= arm), und der *Polier* ist eigentlich keiner, der *polieren,* sondern *parlieren* und damit ein Wortführer sein sollte (eine kurze Erläuterung dieser Berufsbezeichnung ist im Wörterverzeichnis dieses Buches zu finden).

Aufgabe

Mit Volksetymologien kann man andere Menschen ganz schön hinters Licht führen. So könnte man behaupten, *Walnuss* sei eine Nuss, die wie ein Wal aussieht.

Führe andere auf falsche Fährten, indem du zu Wörtern wie *Gastronomie, Armbrust, Pleitegeier, Hamsterkauf* oder *Haudegen* eine glaubhafte, aber falsche Herkunftsgeschichte erfindest. Du kannst auch im Wörterverzeichnis schmökern und selbst Wörter heraussuchen, zu denen du falsche Fährten legen möchtest.
Tipp: Zerlege Wörter so, dass ihre Sinneinheiten nicht mehr deutlich werden, also zum Beispiel *Frust-ration, Abt-eile. Abteile* wäre demnach früher nicht die Bezeichnung für abgegrenzte Räume gewesen, sondern würde von einem *Abt in Eile* (= Abt-Eile) stammen, der mit schnellen Schritten von Raum zu Raum ging und …

Das Fräulein und der Hundsfott

Wörter können »aus der Mode kommen« und veralten; im schlimmsten Fall können sie auch wieder ganz aus dem Wortschatz verschwinden, also aussterben. Viele Wörter bleiben sozusagen sprachliche Eintagsfliegen. Das trifft beispielsweise für einige

Wörter aus der Musikkultur oder der Modewelt zu. Ein Ausdruck wie *knarzig*, der eine Zeit lang gerne in der Musik- oder Popkultur für einen bestimmten *Sound* verwendet wurde, scheint wieder nahezu verschwunden zu sein. Aber auch Schimpfwörter unterliegen starken Veränderungen: *Hundsfott* bezeichnete zunächst ab dem 16. Jahrhundert einen Feigling, um 1800 einen »niederträchtigen Kerl«, ist aber in der Gegenwart als Schimpfwort ungebräuchlich (dagegen wird *Hundsfott* in der Schifffahrt nach wie vor als Fachwort für eine Öse an einem Gehäuse, das eine Art Flaschenzug ist, verwendet).

Das Alter der Wörter oder Ausdrücke ist also nicht entscheidend dafür, dass ein Wort ausstirbt. Besonders alte Wörter wie *Vater, Mutter, Fuß, Stein, Furz* und viele andere kennen noch keine Gebrauchsspuren, die auf ein Veralten hindeuten würden. Das lässt sich damit erklären, dass Wörter so lange verwendet werden, wie es für die Sprecherinnen und Sprecher Gründe oder Situationen gibt, in denen der Gebrauch nach wie vor sinnvoll ist oder nicht andere Wörter attraktiver werden. Folgende Wörter sind ausgestorben oder ungebräuchlich geworden, weil sie nicht mehr in die moderne Welt passen oder es mittlerweile andere Wörter gibt: das frühere *Beinkleid* wurde längst von der *Hose* abgelöst, *Fräulein* ist veraltet (und kann von Frauen als unangebracht empfunden werden, weil junge, unverheiratete Männer ja auch nicht als »Herrchen« bezeichnet oder angeredet werden); ausgestorben ist schließlich auch der *Hagestolz* (als Bezeichnung für einen älteren Mann, der aus Überzeugung nicht geheiratet hat).

Ausgestorben sind nicht nur Nomen, Adjektive oder Verben. Auch Partikeln können aussterben. Wer kennt schon noch *ahi, fia* oder *juppheidi?* Dagegen gibt es *pfui* bereits seit dem 12. Jahrhundert, *oho* mindestens seit dem 16. Jahrhundert.

Von Fremdlinginnen und Gästinnen

Im Zuge der Emanzipation (= Gleichberechtigung von Mann und Frau) wollen Frauen und auch Männer bei der Verwendung eines maskulinen (männlichen) Nomens für Personenbezeichnungen Frauen nicht einfach nur mitmeinen, sondern auch sprachlich deutlich erkennbar benennen. So reden wir heute häufig nicht mehr nur von Schülern und Lehrern, sondern von Schülerinnen und Schülern bzw. von Lehrerinnen und Lehrern. Will man diese Doppelformen vermeiden, können Bezeichnungen gewählt werden, die beide Geschlechter umfassen: *die Lehrperson, der Lehrende, der Lernende.*

In älteren Ausgaben dieses Wörterbuchs waren bei Personenbezeichnungen wie *Arbeiter, Arzt, Held* oder *Wächter* nur die maskulinen (männlichen) Formen verzeichnet. Die dazu passenden femininen (weiblichen) Formen *Arbeiterin, Ärztin, Heldin* und *Wächterin* dagegen fehlten fast gänzlich. Sie scheinen in einem Rechtschreibwörterbuch auf den ersten Blick auch nicht unbedingt nötig zu sein, denn man kann diese Formen doch ohne Schwierigkeit mit dem Ableitungsmorphem *-in* bilden. Wörterbücher müssen immer eine Auswahl treffen, denn zum einen wollen sie handlich und übersichtlich bleiben, zum anderen verfolgen sie immer auch bestimmte Zwecke. Ein kleineres Wörterbuch muss mit dem verfügbaren Platz erst recht möglichst sparsam umgehen. Aus dieser Überlegung heraus macht es beispielsweise wenig Sinn, alle möglichen Zusammensetzungen mit *Arbeit* als Grundwort aufzuführen: *Dreharbeit, Denkarbeit, Feinarbeit, Gelegenheitsarbeit, Gartenarbeit, Halbtagsarbeit, Näharbeit, Knochenarbeit, Prüfungsarbeit* und so weiter. Gerade Wortreihen, die nicht schwierig zu bilden sind oder deren Bedeutung relativ problemlos aus den einzelnen Bestandteilen erschließbar ist, müssen nicht zwingend in ein Wörterbuch aufgenommen werden.

Man könnte also in Bezug auf die femininen (weiblichen) Formen von Personenbezeichnungen ganz ähnlich argumentieren. Denn diese lassen sich – wie oben bereits angedeutet – im Normalfall ganz leicht bilden: *Arbeiter-in, Held-in* ... sind einfache Ableitungen mit dem Suffix *-in*. Bei einer Reihe von Personenbezeichnungen funktioniert dieses Ableitungsschema allerdings nicht oder nur mit Einschränkungen (Bauer → Bäuerin, Kollege → Kollegin). Während noch vor einigen Jahren Ableitungen wie *Bösewichtin* oder *Schelmin* als seltsam empfunden und abgelehnt wurden, scheinen diese Ableitungen heute gut möglich zu sein. Das heißt, an Wortbildungen, die auf den ersten Blick ungewöhnlich erscheinen, kann man sich durchaus gewöhnen.

Aber es gibt auch das Umgekehrte: In Friedrich Schillers historischem Drama »Maria Stuart« (1800) heißt es zum Beispiel: »Ihr habt mich stets als eine Feindin nur und Fremdlingin betrachtet«, und auch der Dichter Friedrich Hölderlin spricht in seinem Klagegedicht »Brod und Wein« (1800/1801) von der »Fremdlingin unter den Menschen«. In unserer Zeit wirkt die Bildung *Fremdlingin* jedoch nicht nur fremd, sondern falsch.

Aufgabe

Beschäftige dich mit einem der folgenden Problemfälle. Diskutiere im Anschluss deine Überlegungen mit einem Lernpartner oder einer -partnerin:

- Bei Nomen auf *-el* scheint die *in*-Ableitung generell nicht möglich zu sein: **Kumpelin, *Flegelin, *Schlingelin.* Gilt das Gleiche auch für *Witzbold, Schmierfink, Störenfried* und *Unhold*, oder haben wir uns in diesen und anderen Fällen einfach noch nicht an die *in*-Ableitungen gewöhnt: *die Witzboldin, die Schmierfinkin, die Störenfriedin, die Unholdin?* Recherchiere im Internet, wie häufig und in welchen Zusammenhängen und Textsorten diese Formen zu finden sind.
- Einer Legende zufolge soll im 11. Jahrhundert eine Päpstin Johanna im Amt gewesen sein. Diese Legende wurde in mehreren Büchern literarisch verarbeitet und auch verfilmt. Die Bildung *Päpstin* ist also mehrfach belegt.

Stelle Vermutungen an, warum die meisten Wörterbücher diese *in*-Ableitung trotzdem nicht aufführen? Überprüfe, ob die *in*-Ableitungen *Kaplanin, Prälatin, Priesterin* und *Predigerin* im Wörterbuch zu finden sind. Führe mögliche Gründe für deine Beobachtungen an.

- Im Wörterverzeichnis dieses Buches sind die Wortformen *Arbeiterin, Heldin, Piratin* etc. aufgeführt, nicht aber das Wort *Freibeuterin.* Außerdem findet sich die *in*-Ableitung *Feldspielerin,* aber *Feldjägerin* oder *Feldherrin* sind nicht erwähnt. Notiere mögliche Gründe für diese Auswahl.
- Der Blick in die Gegenrichtung lohnt sich ebenfalls: Notiere mögliche Gründe, warum sich in vielen Wörterbüchern die Wortformen *Kindergärtnerin* und *Kosmetikerin,* nicht aber *Kindergärtner* und *Kosmetiker* finden lassen.
- Notiere mögliche maskuline (männliche) Formen zu *Primaballerina, First Lady, Hebamme, Heulsuse* und *Krankenschwester.* Beschreibe, wie diese Formen auf dich wirken.
- Bilde zu *Cowboy, Nörgelpeter* und *Prahlhans* mögliche feminine (weibliche) Formen. Beschreibe, worin mögliche Schwierigkeiten bestehen.
- Notiere verschiedene Vorschläge für feminine (weibliche) Formen zu den Wörtern *Rowdy, Profi, Wessi, Messie* oder *Zombie.* Welcher Vorschlag gefällt dir am besten? Begründe deine Entscheidung.

Kurze Wörter: Krimi oder Kriro?

Wer oft die gleichen langen Wörter schreiben muss oder nur wenig Platz zum Schreiben hat, wird Wörter abkürzen. Solche **Kurzformen** lassen sich in Abkürzungen und Kurzwörter aufteilen:

a) **Abkürzungen** sind Kurzformen, die nur in der Schrift verwendet und mit einem Punkt gekennzeichnet werden, etwa *S.* für *Seite, bzw.* für *beziehungsweise, frz.* für *französisch.*

b) Dagegen werden **Kurzwörter** auch in ihrer gekürzten Form gesprochen, sie haben »Wortcharakter« und können deshalb auch einen Artikel bei sich haben und dekliniert werden: *das Abo (**Abo**nnement)* – die Abos, *der Perso (**Perso**nalausweis), die Kripo (**Kri**minal**po**lizei).* Teilweise werden die Buchstaben einzeln ausgesprochen, also buchstabiert: *der Lkw/LKW (**L**ast**k**raft**w**agen)* – des Lkws/LKWs.

Damit Kurzformen verständlich sind, ist es wichtig, dass sie möglichst immer in der gleichen Form gebraucht werden: Wer von *Kriro, Krifi, Krimro* oder *Krimfi* statt von einem *Krimi* (dem gängigen Kurzwort für *Kriminalfilm* oder *-roman*) spricht, riskiert, nicht verstanden zu werden.

Am Schluss dieses Wörterbuchs findest du ein Verzeichnis mit häufig gebrauchten Abkürzungen und Kurzwörtern; auch im Stichwortverzeichnis begegnen dir Abkürzungen und Kurzwörter.

Aufgabe

1) Schlage im Wörterverzeichnis nach, wofür *dpa, etc., evtl., GG, I.N.R.I.* und *UNICEF* stehen.
2) Manchmal entstehen regelrecht ›Abkürzungsungetüme‹, deren Vollform man nicht erschließen kann. Erfinde für *BAA-ASpG-DV* und *UNHCR* eigene Vollformen, die Sinn ergeben. Recherchiere anschließend im Internet die tatsächliche Bedeutung der beiden Abkürzungen.
3) Erfinde für *Hinterachsbremsassistent, elektronische Bremskraftverteilung* und *Zentimeter-Gramm-Sekunden-System* eigene Abkürzungen und Kurzwörter. Recherchiere anschließend im Internet die tatsächliche Abkürzung.
4) Abkürzungen und Kurzwörter sind in der elektronischen Kommunikation sehr verbreitet: *ot, cu, ka, kiss* oder *hdl, 2L8* kennst du vielleicht (wenn nicht, findest du die Auflösungen beispielsweise im Duden-Wörterbuch der Abkürzungen). Welche dieser Formen verwendest du, wenn du selbst SMS schreibst oder dich mit anderen in sozialen Netzwerken austauschst? Erstelle eine Liste mit Abkürzungen, die du verwendest, und den dazu gehörigen Erklärungen. Tausche dich mit Lernpartnern und -partnerinnen über Gemeinsamkeiten und Unterschiede aus.

C Wortschatz – wie viele Wörter gibt es im Deutschen?

Wie viele Wörter gibt es im Deutschen? Wie viele Wörter braucht oder kennt eine Sprecherin oder ein Sprecher des Deutschen? Um diese Fragen beantworten zu können, scheint es das Einfachste zu sein, das umfangreichste Wörterbuch einer Sprache zurate zu ziehen: Gezählt wird dann, was in diesem Wörterbuch als Stichwort fett gedruckt ist. Das vielbändige historische »Deutsche Wörterbuch« der Brüder Jacob und Wilhelm Grimm (sie haben auch die berühmten Hausmärchen zusammengestellt), das zwischen 1854 und 1961 entstand, umfasst rund 350 000 Stichwörter, das einbändige »Deutsche Universalwörterbuch« von Duden enthält etwa 145 000. Dieser Rechtschreib-Schülerduden führt hingegen »nur« rund 30 000 Stichwörter aus der Allgemeinsprache auf. Was würde passieren, wenn man alle in den verschiedensten Fachsprachen gebräuchlichen Ausdrücke auch in allgemeinen Wörterbüchern aufnehmen würde? Allein der »Pschyrembel« als das führende deutsche Medizinwörterbuch verzeichnet zu seinem Fachgebiet mehr als 20 000 Begriffe. Auf diese Weise käme man für das Deutsche auf viele Hunderttausend Wörter – je nachdem, auf welche Quellen man sich stützt.

Kaum zu glauben ist, dass es trotz dieser eindrucksvollen Menge an Wörtern immer noch Lücken im deutschsprachigen Wortschatz gibt. So fehlt beispielsweise ein Gegen(satz)wort zu *durstig* (so wie die Gegenwörter zu *arm, starten* und *Zustimmung* eben *reich, landen* und *Ablehnung* lauten). Zur Jahrtausendwende veranstaltete ein bekannter Hersteller von Erfrischungsgetränken eine öffentlichkeits- und werbewirksame »Suchaktion« nach einem passenden Ausdruck für das Gefühl des Nicht-mehr-durstig-Seins, und daraufhin gingen rund 45 000 mehr oder weniger originelle Vorschläge zur Schließung dieser Wortlücke ein. Als Sieger aus dem Wettbewerb ging letztlich *sitt* hervor – was unverkennbar in Bezug zum bekannten Adjektiv *satt* steht. Im Allgemeinwortschatz hat sich diese Wortneuschöpfung allerdings bis heute nicht durchsetzen können.

Etwas anders liegt der Fall bei dem Gegenstand, dem wohl fast jeder regelmäßig an der Kasse eines beliebigen Supermarktes begegnet, mit dessen Benennung man sich jedoch schwertut: Wie heißt eigentlich dieser Stab aus Holz oder Kunststoff, mit dem eine Käuferin oder ein Käufer die Ware auf dem Transportband von den Produkten abgrenzt, die nicht mehr zu ihr oder ihm gehören? Vielleicht *Warenteiler, Bezahlstopper* oder gar *Separator*? Hier kann man sich die Namensfindung insofern erleichtern, als im Normalfall alles, was massenhaft produziert wird und gekauft werden kann, bereits von seinem Hersteller mit einer Artikelbezeichnung versehen wurde. Im Bestellkatalog findet sich die Bezeichnung *Kassentrennstab* oder kurz *Trennstab*.

Aufgabe

1) Sammle weitere Wortschatzlücken. Stelle Vermutungen an, warum sie bestehen. Folgende Beispiele kannst du diskutieren: Jeder Finger einer menschlichen Hand trägt einen eigenen Namen – wie aber sieht es mit den einzelnen Zehen eines Fußes aus? Wie würdest du es nennen, wenn du ein mit Smartphone geführtes Telefongespräch beendest? Beim stationären Telefonapparat hatte man es einfach und sprach ganz treffend vom *Auflegen* oder *Einhängen* des Hörers auf/in die Gabel.

2) Stelle Vermutungen an, warum in mehrbändigen allgemeinsprachlichen Wörterbüchern Stichwörter wie *aprilfrisch, durchschnupfsicher* oder *preisberühmt* nicht aufgeführt werden, obwohl sie vielen von uns bekannt sind? Finde auch eine Erklärung dafür, dass Zusammensetzungen wie *Klimaschutzdebatte* oder *Steuersenkungspaket* in Wörterbüchern nicht verzeichnet sind.

Häufig liest man, dass die englische Sprache über viel mehr Wörter verfügt als die deutsche. Das zwanzigbändige Oxford English Dictionary von 1989 enthält tatsächlich über 500 000 Einträge, also einiges mehr als das grimmsche Deutsche Wörterbuch. Stimmt es also, dass der Wortschatz des Englischen größer als der des Deutschen ist? Was ist überhaupt ein Wort bzw. was zählt als Wort? Oder anders gefragt: Zählen die englischen und deutschen Wörterbuchmacher und -macherinnen gleich?

Ein Blick in ein Wörterbuch zeigt, dass dieses nicht nur Stammmorpheme enthält, sondern auch Ableitungen und Zusammensetzungen. Allerdings enthält auch ein sehr umfangreiches Wörterbuch wie das zehnbändige von Duden aus dem Jahr 1999 nicht alle möglichen Ableitungen und Zusammensetzungen: Zu *Dampf* verzeichnet es beispielsweise *Dampfschiff, Dampfschifffahrt* und sogar *Dampfschifffahrtsgesellschaft*, nicht aber *Dampfschifffahrtskapitän* oder *Dampfschifffahrtsgesellschaftsjubiläumsfeier.*

Wörterbuchredaktionen kommen bei der Auswahl der Wörter also nicht umhin, nach bestimmten Kriterien vorzugehen. Dass englische Wörterbücher mehr Wörter als deutsche aufführen, könnte also daran liegen, dass ein anderes Auswahlverfahren herangezogen wird. Hinzu kommt, dass sich Sprachen ganz wesentlich in ihren Wortbildungsmöglichkeiten unterscheiden: Während im Deutschen *Dampfschiff* als ein Wort aufzufassen ist (dasselbe gilt für das Englische mit *steamship*), müssen im Französischen für denselben Begriff drei Wörter gezählt werden: *bateau à vapeur.*

Wie viele Wörter kennt ein einzelner Mensch, dessen Muttersprache Deutsch ist? Das ist natürlich individuell sehr verschieden. Aus der Spracherwerbsforschung kann man folgende Zahlen gewinnen: Wenn Kinder in die Schule kommen, können sie ungefähr 5 000 Wörter selbst aktiv verwenden und etwa 15 000 Wörter verstehen, wenn sie diese lesen oder hören. Mit 16 Jahren sind es schon sehr viel mehr: Jugendliche haben dann im Regelfall einen aktiven Wortschatz von bis zu 15 000 Wörtern und verfügen passiv über 60 000 Wörter, die sie kennen, aber selten oder nie gebrauchen.

Aufgabe

Schätze, wie viele Wörter du selbst verstehen oder verwenden kannst. Gehe dazu wie folgt vor:

1) Bereite ein Blatt Papier vor, das in zwei Spalten aufgeteilt ist.
2) Nimm dieses Wörterbuch und schlage nacheinander zehn Seiten aus dem Wörterverzeichnis auf. Diese Seiten sollten aber nicht zusammenhängen, sondern Wörter aus ganz verschiedenen Bereichen des Alphabets enthalten.
3) Gehe alle fett gedruckten Stichwörter einer Seite durch. Mache für die Wörter, die du zwar kennst, selbst aber nicht verwenden würdest, mit einem Bleistift einen Strich in der rechten Spalte. Die Wörter, die du kennst und auch selbst gebrauchst, hältst du mit einem Strich in der linken Spalte fest.
4) Zähle alle links stehenden Striche und schreibe das Ergebnis ganz unten hin.
   Genauso verfährst du mit den rechts stehenden Strichen.
5) Multipliziere jede Zahl mit 50: Die Gesamtzahl für die links stehenden Striche gibt dir an, wie viele Wörter du verwendest (= produktiver/aktiver Wortschatz), an der Gesamtzahl für alle rechts stehenden Striche kannst du die ungefähre Größe deines passiven Wortschatzes ablesen.

Wer es noch genauer wissen will, kann jede Spalte einer Wörterbuchseite in **drei** Unterspalten einteilen: *ich kenne das Wort gut - ein bisschen - gar nicht; ich verwende das Wort häufig - gelegentlich - gar nicht*

Ziemlich sicher kennst du aber mehr Wörter: Die errechneten Zahlen können dir nur ungefähr angeben, wie gut du mit dem Grundwortschatz vertraut bist. Du kennst darüber hinaus zahlreiche Wörter zu deinem Hobby, aus der Musik- oder Popkultur, aus dem Sprachgebrauch deiner Gruppe, in der du dich am häufigsten aufhältst, Wörter, die auf einen Gebrauch in deiner Heimatregion beschränkt sind – Wörter also, von denen die meisten in einem kleineren Wörterbuch nicht zu finden sind. Hinzu kommt, dass Wörterbücher je nach ihrem Gebrauchszweck eine ganz unterschiedliche Auswahl treffen müssen: Würdest du dieselbe Rechnung mit dem Wörterbuch der medizinischen Fachbegriffe durchführen, wäre dein Ergebnis mit Sicherheit deutlich schlechter.

Aufgabe

Wenn du ganz genau wissen willst, wie viele Wörter du kennst, solltest du die zehn Seiten, die du zuvor schon bearbeitet hast, um die alphabetisch passenden Wörter erweitern, die du zusätzlich kennst, die aber auf diesen zehn Seiten **fehlen**. Danach könntest du die Stichwörter dieser zehn Seiten neu auszählen und auf den Gesamtumfang des Stichwortteils hochrechnen. Um dich zu überprüfen, könntest du dasselbe nach einem halben oder auch ganzen Jahr wiederholen und so ausrechnen, wie sich dein aktiver und dein passiver Wortschatz in der Zwischenzeit weiterentwickelt haben. Hier trifft das Schlagwort vom lebenslangen Lernen wirklich zu: Neue Wörter lernen und bilden wir unser ganzes Leben lang.

D Herkunft der Wörter (Etymologie)

Wortgeschichte

Am Beispiel einiger Wortfamilien und Wortfelder hast du einen Einblick in den Aufbau des deutschen Wortschatzes unserer Zeit gewinnen können. Dieser Wortschatz hat auch eine Geschichte, denn er hat sich mit der deutschen Sprache in über 1200 Jahren zu seinem heutigen Bestand entwickelt.

Viele Wörter im Deutschen, Englischen und in den skandinavischen Sprachen stammen aus der gemeinsamen germanischen Urzeit, wir finden sie auch in der längst ausgestorbenen Sprache der Goten wieder, z. B. deutsch *Winter,* englisch *winter,* schwedisch *vinter,* gotisch *wintrus;* deutsch *Schiff,* englisch *ship,* schwedisch *skepp,* gotisch *skip;* deutsch *Heu,* englisch *hay,* schwedisch *hö,* gotisch *hawi;* deutsch *neu,* englisch *new,* schwedisch *ny,* gotisch *niujis.*

Das Adjektiv *neu* haben auch andere europäische Sprachen: lateinisch *novus,* griechisch *néos,* russisch *novyj.* Sie gehören zusammen mit dem Altindischen zu der großen Familie der indogermanischen Sprachen.

Aus dem Duden, Band 7, »Herkunftswörterbuch« kannst du mehr über solche indogermanischen Erbwörter erfahren, z. B. über *Vater, Mutter, Bruder* und andere Verwandtschaftsnamen.

Es gibt aber in einer Sprache auch Wörter, die aus anderen Sprachen übernommen wurden. Wo Völker aufeinandertreffen, sei es durch Eroberung oder im friedlichen Handelsverkehr, da wandern auch Kulturgüter vom einen zum anderen und zugleich die zugehörigen Ausdrücke.

Wörter wie *Mauer, Ziegel, Kalk, Mörtel, Keller, Pfeiler, Fenster* gehören ebenso zu unserer Sprache wie etwa *Wand, Balken, Brett, Zimmer, Tür.* Allerding stammen sie aus dem Lateinischen. Sie haben alle mit dem Steinbau zu tun, und den haben unsere germanischen Vorfahren von den Römern gelernt. So kamen die lateinischen Wörter *murus, tegula, calx, mortarium, cellarium, pilarium, fenestra* in unsere Sprache. Diese lateinischen Fachwörter sind sogenannte **Lehnwörter** geworden. Das sind aus einer fremden Sprache entlehnte Wörter, die sich in ihren Lauten und Formen wie einheimische Wörter weiterentwickelt haben.

Im altgermanischen Hausbau wurden Holz und Flechtwerk verwendet. Das Wort *Wand* ist mit *winden* verwandt, es bedeutet eigentlich »das Gewundene, Geflochtene«. *Zimmer* bedeutete ursprünglich »Bauholz, Gebäude aus Holz«. (Noch heute errichtet der *Zimmermann* Fachwerk und Dachgerüste aus Holz, er *zimmert* sie!)

Lehnwörter aus dem Lateinischen gibt es auch in anderen Bereichen. Zum Beispiel wurden viele Gemüse- und Obstarten durch die Klostergärten des Mittelalters bei uns heimisch: der *Kohl* (lateinisch *caulis*), der *Kürbis (cucurbita),* die *Zwiebel (cepula),* die *Kirsche (ceresia),* der *Pfirsich* (*malum persicum,* d. h. »persischer Apfel«).

Besonders am »persischen Apfel« siehst du, dass auch die Römer oft nur Vermittler waren. Sie haben Kirschen, Pfirsiche, Pflaumen und andere Früchte selbst erst im Orient kennengelernt und die Bezeichnungen dafür meist aus dem Griechischen entlehnt.

Aufgabe

Notiere verschiedene Obst- und Gemüsearten und schlage ihre Bezeichnungen im Herkunftswörterbuch nach.

Sehr groß war der Einfluss des Lateinischen im Bereich von Christentum und Kirche, aber auch hier hat es oft nur griechische Wörter weitergegeben: *Kloster* (lateinisch *claustrum* zu *claudere* »verschließen«), *Abt* (lateinisch-griechisch *abbas,* eigentlich »Vater«), *Mönch* (lateinisch *monachus,* griechisch *monachós*). Einige Wörter sind durch gotische Missionare direkt aus dem Griechischen ins Deutsche gelangt, z. B. *Engel* (griechisch *ángelos,* eigentlich »Bote«) und *Teufel* (griechisch *diábolos,* eigentlich »Verleumder«), aber auch der Wochentagsname *Samstag* (griechisch *sámbaton, sábbaton* aus hebräisch *schabbāt* »Sabbat«).

Neben den Lehnwörtern gibt es seit alter Zeit **Fremdwörter** im Deutschen. Wir erkennen sie meist daran, dass sie sich nicht völlig angepasst haben, sondern in Schreibung, Betonung und Aussprache von deutschen Wörtern abweichen. Manche haben auch fremde Ableitungsmorpheme wie *ex-, kon-, pro-; -ion, -ismus, -ieren.* Solche Wörter können ihren fremden Charakter über Jahrhunderte hinweg bewahren. Die Fremdwörter *Natur, Fundament, Apostel* sind z. B. schon im 9. Jahrhundert entlehnt worden, das Wort *Bibliothek* immerhin um 1500.

Wir haben bisher vor allem auf die ältere Zeit der deutschen Sprachgeschichte geschaut, auf das sogenannte Althochdeutsche. In dieser Zeit, die etwa von Kaiser Karl dem Großen bis zum Beginn der Kreuzzüge reicht (8.–11. Jahrhundert), wurde der Grundstein gelegt, sodass sich das Deutsche im Kreise der anderen Sprachen Europas entwickeln konnte. Dem Althochdeutschen folgte die mittelhochdeutsche Periode (12.–15. Jahrhundert), die vor allem vom Rittertum und später von den Kaufleuten und Handwerkern in den aufstrebenden Städten bestimmt war, und schließlich begann um 1500 mit dem Humanismus und der Reformation (Luthers Übersetzung der Bibel) die neuhochdeutsche Zeit, in der wir heute noch leben.

Der deutsche Wortschatz hat sich natürlich nicht nur durch Lehn- und Fremdwörter erweitert, sondern vor allem durch die Bildung von Ableitungen und Zusammensetzungen. Die Regeln, nach denen das geschehen ist und immer noch geschieht, sind im Teil A der Wortkunde, Wortbildung, behandelt worden (S. 669 ff.).

Manche Wörter sind auf diese Weise nach fremdsprachlichen Vorbildern geschaffen worden, so althochdeutsch *wolatāt (Wohltat)* nach lateinisch *beneficium* (zu *bene* »gut« und *facere* »machen, tun«) oder althochdeutsch *gifatero* (*Gevatter,*

Taufpate, eigentlich »Mitvater«) nach lateinisch *compater* (zu *con-* »zusammen, mit« und *pater* »Vater«). Man nennt solche Wörter **Lehnübersetzungen,** weil sie die Bestandteile der fremden Wörter einzeln auf Deutsch wiedergeben. Jüngere Bildungen dieser Art sind etwa *Großmutter* (um 1400 nach französisch *grandmère*), *Blumenkohl* (16. Jahrhundert, nach italienisch *cavolfiore* »Kohlblume«) und *Fußball* (18. Jahrhundert, nach englisch *football*).

In großer Zahl sind Ableitungen und Zusammensetzungen in den verschiedenen Fachsprachen entstanden. Manche von ihnen gehen in die älteste Zeit der deutschen Sprache zurück, so die Rechtssprache *(Richter, Gericht, Schöffe, Räuber, Diebstahl, Vormund)* und die Sprache des Schmiedes *(Amboss, Blasebalg, Esse, schweißen),* andere haben sich erst später entwickelt, so die Bergmannssprache *(Bergwerk, Bergbau, Steiger, Flöz, Fundgrube, Kobalt)* im 14. bis 16. Jahrhundert und die Seemannssprache *(Ballast, Bugspriet, Fallreep)* in der niederdeutschen Sprache des 14. bis 17. Jahrhunderts (älter sind z. B. *Backbord* und *Steuerbord*).

Auch Lehn- und Fremdwörter sind weiterhin fast immer über den Sprachgebrauch bestimmter Berufe oder Gesellschaftsschichten ins Deutsche gelangt. So hat das Rittertum der mittelhochdeutschen Zeit aus dem Französischen Wörter wie *Abenteuer, Turnier, Lanze, Visier* (am Helm) entlehnt, und später sind Wörter des Gesellschaftslebens, wie *Dame, Kavalier, Perücke, Mode,* oder des Kriegswesens, wie *Armee, Artillerie, Offizier, Bataillon,* hinzugekommen. Auch die feine Küche benutzt viele französische Fremdwörter: *Ragout, Sauce, Omelett, Biskuit, Fondue, Bouillon.*

Schon im Mittelalter hat das italienische Bankwesen großen Einfluss gehabt: *Kasse, Konto, Bilanz, Kredit, Kapital, Firma, brutto* und *netto* gehören hierher. Auch *Bank* selbst, ein ursprünglich germanisches Wort für die Sitzbank, das ins Italienische entlehnt worden war, kam mit der Bedeutung »langer Tisch des Geldwechslers« und danach »Geldinstitut« ins Deutsche zurück. Außerdem hat sich das Italienische besonders im 17. und 18. Jahrhundert auf die Sprache der Musik ausgewirkt: *Kantate, Sonate, Sopran, Klarinette, Fagott, Violine, Adagio.*

Das Englische hat erst in neuerer Zeit das Deutsche beeinflusst, so im Seewesen *(Flagge, Paddel, Shanty),* in der Küche *(Beefsteak, Pudding, Punsch, Drink)* und vor allem im Sport *(Tennis, Hockey, Derby, boxen, fair, knock-out).* In großer Zahl sind englische und amerikanische Wörter nach dem Zweiten Weltkrieg bei uns üblich geworden, wie z. B. *Bluejeans, Doping, Job, Matchball, Party, Recycling, Sponsor, Teenager, T-Shirt* und in jüngerer Zeit aus dem Bereich der EDV: *Browser, Cyberspace, Internet, online, Update.*

In diesem kurzen Überblick konnten nur die wichtigsten Sprachen genannt werden, die auf den deutschen Wortschatz eingewirkt haben. Entlehnungen aus anderen Sprachen kommen nur vereinzelt vor, z. B. stammen *Peitsche, Tornister, Pistole* aus dem Polnischen oder Tschechischen, *Siesta, Silo, Zigarre* aus dem Spanischen, *Ski* aus dem Norwegischen und *Sauna* aus dem Finnischen. Eine große Rolle spielen nach wie vor das Lateinische und das Griechische, und zwar vor allem im Wortschatz der Wissenschaften und der Technik. Mit Wortelementen aus den beiden alten Sprachen können jederzeit Fachwörter neu gebildet werden, die dann oft internationale Geltung besitzen. Solche internationalen Wörter sind z. B. (aus griechischen Bestandteilen:) *Automat, Telefon, Biologie, Elektron, Thermostat,* (aus lateinischen Bestandteilen:) *Transformator, Kompressor, Aggregat, Koordinaten.* Eine griechisch-lateinische Mischbildung ist z. B. *Automobil.* Gerade diese Wörter der Gegenwartssprache zeigen uns – neben vielen anderen – die starke Verflechtung der deutschen Sprache mit den anderen Kultursprachen. Obwohl jede Sprache ihre Eigenart bewahrt und sich in der Lautung und Schreibung, in den grammatischen Formen und im Satzbau von den anderen unterscheidet, bestehen viele Übereinstimmungen, die auf der gemeinsamen Kultur und Zivilisation der Völker beruhen.

Verzeichnis gebräuchlicher Abkürzungen und Kurzwörter

Abb.	Abbildung
Abk.	Abkürzung
Abs.	Absatz, Absender/-in
ABS	Antiblockiersystem
Abt.	Abteilung
ADS	Aufmerksamkeitsdefizitsyndrom
AG	Aktiengesellschaft, Arbeitsgemeinschaft
Aids	acquired immune deficiency syndrome (erworbenes Immunschwächesyndrom)
Akk.	Akkusativ
allg.	allgemein
ARD	Arbeitsgemeinschaft der öffentlich-rechtlichen Rundfunkanstalten in Deutschland
A. T.	Altes Testament
Anh.	Anhang
Anm.	Anmerkung
Art.	Artikel
Aufl.	Auflage
Ausg.	Ausgabe
BAföG	Bundesausbildungsförderungsgesetz
Bd., Bde	Band, Bände
Bed.	Bedeutung
bes.	besondere, besonders
Bez.	Bezeichnung
BIP	Bruttoinlandsprodukt
BKA	Bundeskriminalamt
BRD	Bundesrepublik Deutschland
Bsp.	Beispiel
bspw.	beispielsweise
Bw.	Bundeswehr
bzw.	beziehungsweise
ca.	circa, zirka
CD	Compactdisc
CDU	Christlich-Demokratische Union
cm	Zentimeter
CSU	Christlich-Soziale Union
dass.	dasselbe
Dat.	Dativ
DDR	Deutsche Demokratische Republik (1949–1990)
ders.	derselbe
DFB	Deutscher Fußball-Bund
DGB	Deutscher Gewerkschaftsbund
dgl.	dergleichen, desgleichen
d. Gr.	der Große
d. h.	das heißt
d. i.	das ist
dies.	dieselbe
d. J.	dieses Jahres
DJH	Deutsches Jugendherbergswerk
DNA	desoxyribonucleic acid (Desoxyribonukleinsäure)
Dr.	Doktor/-in
DSL	digital subscriber line (digitale Anschlussleitung)
dt.	deutsch
Dtl., Dtschl.	Deutschland
DVD	digital versatile disc
ebd.	ebenda
EDV	elektronische Datenverarbeitung und -übermittlung
ehem.	ehemalig, ehemals
eigtl.	eigentlich
Einf.	Einführung
Einl.	Einleitung
EM	Europameisterschaft
engl.	englisch
Erg.	Ergänzung
ersch.	erschienen
erw.	erweitert
etc.	et cetera (und so weiter)
etw.	etwas
EU	Europäische Union
EUR	Euro
europ.	europäisch
ev.	evangelisch
e. V.	eingetragener Verein
Ew.	Einwohner
f.	feminin
f., ff.	folgend[e]

FAQ	frequently asked questions
FDP	Freie Demokratische Partei
fem.	feminin
FH	Fachhochschule
FIFA	Fédération Internationale de Football Association (Internationaler Fußballverband)
Forts.	Fortsetzung
Fr.	Frau
franz., frz.	französisch
geb.	geborene[r]
gebr.	gebräuchlich, gebraucht
gegr.	gegründet
gen.	genannt, genehmigt
Gen.	Genitiv
ges.	gesammelt
GG	Grundgesetz
ggf.	gegebenenfalls
GmbH	Gesellschaft mit beschränkter Haftung
griech.	griechisch
Ggs.	Gegensatz
hg., hrsg.	herausgegeben
Hg., Hrsg.	Herausgeber/-in
hist.	historisch
Hr.	Herr
i. A.	im Allgemeinen
i. B.	im Besonderen, in Bezug
i. d. R.	in der Regel
i. e. S.	im engeren Sinn
insb., insbes.	insbesondere
internat.	international
IOK	Internationales Olympisches Komitee
IQ	Intelligenzquotient
ISBN	internationale Standardbuchnummer
ISDN	integrated services digital network (Kommunikationsnetz)
ital.	italienisch
i. w. S.	im weiteren Sinn
Jh.	Jahrhundert
jmd., jmdm.	jemand, jemandem

jmdn., jmds.	jemanden, jemandes
Jts.	Jahrtausend
kath.	katholisch
Kfz	Kraftfahrzeug
KG	Kommanditgesellschaft
Kl.	Klasse
km	Kilometer
Kr.	Kreis
l	Liter
L	large (Kleidergröße)
LAN	local area network (lokales Netzwerk)
Landw.	Landwirtschaft
lat.	lateinisch
Lkw, LKW	Lastkraftwagen
Lit.	Literatur
lol	laughing out loud (laut herauslachend)
m	Meter
m.	männlich, maskulin
M	medium (Kleidergröße)
MA	Mittelalter
mask.	maskulin
max.	maximal
MdB	Mitglied des Bundestages
MdEP	Mitglied des Europäischen Parlaments
MdL	Mitglied des Landtags
Med.	Medizin
min.	minimal
mind.	mindestens
Mio.	Million[en]
Mitgl.	Mitglied
Mrd.	Milliarde[n]
MwSt., Mw.-St.	Mehrwertsteuer
nat.	national
NATO	North Atlantic Treaty Organization (Nordatlantikpakt)
n. Chr.	nach Christus
NOK	Nationales Olympisches Komitee
Nom.	Nominativ
Nr.	Nummer
NS	Nationalsozialismus

N. T.	Neues Testament
o. ä.	oder ähnlich
o. Ä.	oder Ähnliche[s]
od.	oder
österr.	österreichisch
Päd.	Pädagogik
PC	Personal Computer; Political Correctness
PH	Pädagogische Hochschule
PIN	personal identification number (persönliche Geheimzahl)
Pkw, PKW	Personenkraftwagen
Pl.	Plural
PLZ	Postleitzahl
Prof.	Professor/-in
Psych.	Psychologie
rd.	rund (ungefähr)
Rel.	Religion
Rep.	Republik
Rundf.	Rundfunk
russ.	russisch
s.	siehe
S	small (Kleidergröße)
S.	Seite
schweiz.	schweizerisch
Sg.	Singular
SMS	Short Message Service
sog.	sogenannt, so genannt
span.	spanisch
SPD	Sozialdemokratische Partei Deutschlands
Spr.	Sprache
St.	Sankt
staatl.	staatlich
stellv.	stellvertretende/-r
Stellv.	Stellvertreter/-in
Str.	Straße
stud.	studentisch
Stud.	Student/-in
svw.	so viel wie
Tel.	Telefon
TH	technische Hochschule
Tsd.	Tausend
TÜV	Technischer Überwachungs-Verein
TV	Television
u.	und
u. a.	und andere(s), unter anderem
u. ä.	und ähnlich
u. Ä.	und Ähnliche[s]
UEFA	Union of European Football Associations (Europäischer Fußballverband)
u. M.	unter dem Meeresspiegel
ü. M.	über dem Meeresspiegel
Univ.	Universität
urspr.	ursprünglich
USA	United States of America (Vereinigte Staaten von Amerika)
usw.	und so weiter
u. U.	unter Umständen
u. v. a.	und viele[s] andere
v.	von
v. a.	vor allem
v. Chr.	vor Christus
Verf.	Verfasser/-in
verh.	verheiratet
Verw.	Verwaltung
Verz.	Verzeichnis
vgl. [d.]	vergleiche [dort]
w.	weiblich
wiss.	wissenschaftlich
Wiss.	Wissenschaft
WLAN	wireless local area network (Computernetzwerk mit Funktechnik)
WM	Weltmeisterschaft
WWW	World Wide Web
XL	extra large (Kleidergröße)
XS	extra small (Kleidergröße)
XXL	extra extra large (Kleidergröße)
XXS	extra extra small (Kleidergröße)
z. B.	zum Beispiel
ZDF	Zweites Deutsches Fernsehen
z. T.	zum Teil
zus.	zusammen
zw.	zwischen
zz., zzt.	zurzeit
z. Z., z. Zt.	zur Zeit

111 im Deutschen besonders häufig falsch geschriebene Wörter und Fügungen

Korrekte Schreibung	Falsch-schreibungen
aggressiv	agressiv
annullieren	anullieren, annu-lieren, anulieren
Armaturenbrett	Amaturenbrett
Atmosphäre	Athmosphäre, Athmosfäre, Atmosfäre
auf Deutsch	auf deutsch
aufs Geratewohl	aufs Geradewohl, aufs Gratewohl
außerdem	ausserdem
auswendig	auswändig
autorisieren, autorisiert	authorisieren, autho-risiert
Ballett	Balett
Billard	Billiard
Biskuit	Bisquit
bisschen	bischen
bloß	blos
brillant	brilliant
dass	das
delegieren	deligieren
derselbe, dieselbe, dasselbe	der selbe, die selbe, das selbe
detailliert	detalliert
dilettantisch	dilletantisch, dillet-tantisch
Eiffelturm	Eifelturm
Ekstase	Extase
E-Mail	Email, eMail
endgültig	entgültig, endgültich
exzellent	excellent, exellent
Fronleichnam	Frohnleichnam
Galerie	Gallerie
galoppieren	galloppieren, gallo-pieren

Korrekte Schreibung	Falsch-schreibungen
Garderobe	Gaderobe
gar kein	garkein
gar nicht	garnicht
Geisel: jemanden als Geisel nehmen	jemanden als Geißel nehmen
Geißel: jemanden mit einer Geißel schlagen	jemanden mit einer Geisel schlagen
geißeln	geiseln
genießen	geniessen, geniesen
Gratwanderung	Gradwanderung
Grieß	Gries
grölen	gröhlen
(du) hältst	(du) hälst
im Voraus	im voraus, im vorraus, im Vorraus
Interesse	Interresse, Intresse
Karosserie	Karrosserie
Karussell	Karrusell, Karrussell, Karrussel, Karusell
Katastrophe	Katastrofe
kolossal	kollossal
Konkurrenz	Konkurenz
krakeelen	krakelen, krakehlen, krackelen
Libyen	Lybien
lizenzieren	lizensieren
mahlen: wer zuerst kommt, mahlt zuerst	wer zuerst kommt, malt zuerst
Maschine	Maschiene, Machine
miserabel	mieserabel
morgendlich	morgentlich, morgenlich

Korrekte Schreibung	Falschschreibungen
nämlich	nähmlich
original	orginal
Ouvertüre	Overtüre
Papst	Pabst
parallel	paralel
piken	pieken
Poleposition	Poolposition
rau	rauh
Reflexion	Reflektion
Reling	Reeling
Rentier	Renntier
Reparatur	Reperatur
Rhythmus	Rythmus, Rhytmus
Rückgrat	Rückrat
Saite: andere Saiten aufziehen	andere Seiten aufziehen
Satellit	Sattelit, Sattellit
seid (doch ruhig!)	seit (doch ruhig!)
seit (gestern)	seid (gestern)
selig	seelig
separat	seperat
Silvester	Sylvester (nur als Vorname so korrekt)
spreizen	spreitzen
Standard	Standart
aus dem Stegreif	aus dem Stehgreif
über die Stränge schlagen	über die Strenge schlagen
Streuselkuchen	Streußelkuchen, Streusselkuchen
Strophe	Strofe
symmetrisch	symetrisch
sympathisch	symphatisch
Terabyte	Terrabyte

Korrekte Schreibung	Falschschreibungen
Terrasse	Terasse
todsicher	totsicher
todlangweilig	totlangweilig
todtraurig	tottraurig
Triumph	Triumpf
triumphieren	triumpfieren
übersät	übersäht, überseht
unentgeltlich	unentgeldlich, unendgeltlich, unendgeldlich
vermeintlich	vermeindlich
verpönt	verpöhnt
Verlies	Verließ
Verwandtschaft	Verwandschaft
Verzeichnis	Verzeichniss, Verzeichniß
vorausgehen	vorrausgehen
Voraussetzung	Vorraussetzung
(ihr) wart	(ihr) ward, (ihr) wahrt
(jemandem etwas) weismachen	(jemandem etwas) weißmachen, weissmachen
weiß (angestrichen)	weis (angestrichen)
(du) weißt (es genau)	(du) weist, (du) weisst (es genau)
widerlegen	wiederlegen
widerspiegeln	wiederspiegeln
Widerspuch	Wiederspruch
Widerstand	Wiederstand
widerstehen	wiederstehen
zartbesaitet	zartbeseitet
zu Ende	zuende
zu viel, zu viele	zuviel, zuviele
zumindest, zum Mindesten	zumindestens